Artur-Axel Wandtke (Hrsg.)

Medienrecht
Praxishandbuch

Band 2:
Schutz von Medienprodukten

# Medienrecht

## Praxishandbuch

Herausgegeben von
Artur-Axel Wandtke

Band 2:
Schutz von Medienprodukten

Redaktionelle Bearbeitung:
Dr. Kirsten-Inger Wöhrn

2., neu bearbeitete Auflage

De Gruyter

Herausgeber:
Dr. *Artur-Axel Wandtke*, em. o. Professor der Humboldt-Universität zu Berlin

ISBN 978-3-11-024868-5
e-ISBN 978-3-11-024869-2

*Bibliografische Information der Deutschen Nationalbibliothek*

Die Deutsche Nationalbibliothek verzeichnet diese Publikation
in der Deutschen Nationalbibliografie; detaillierte bibliografische Daten sind im Internet
über http://dnb.d-nb.de abrufbar.

© 2011 Walter de Gruyter GmbH & Co. KG, Berlin/Boston

Datenkonvertierung/Satz: WERKSATZ Schmidt & Schulz GmbH, Gräfenhainichen
Druck: Hubert & Co. GmbH & Co. KG, Göttingen

∞ Gedruckt auf säurefreiem Papier

Printed in Germany

www.degruyter.com

# Vorwort

Die Medien spielen für die Unternehmen und für die Nutzer in den Informations- und Kommunikationsprozessen eine immer stärker werdende Rolle. Dem Medienrecht als Gestaltungsmittel kommt dabei sowohl ein kulturelles als auch ein wirtschaftliches Gewicht zu. Die rechtlichen Rahmenbedingungen für die Produktion, Verbreitung und Nutzung von Medienprodukten werden für die Unternehmen und für die Nutzer immer komplexer. Das betrifft zB die Schutzfähigkeit von Medienprodukten genauso wie Werbemaßnahmen und den Schutz von Persönlichkeitsrechten. Mit der vorliegenden Publikation wird der Versuch unternommen, eine systematische und problemorientierte Darstellung der Rechtsfragen auf dem Gebiet des Medienrechts aufzuzeigen. Es werden schwerpunktmäßig in der zweiten Auflage die Rechtsfragen aufgeworfen, die sich vor allem aus der Vermarktung der Medienprodukte zwischen den Unternehmen in der realen und der virtuellen Medienwelt ergeben. Das betrifft die Produktion, Distribution und Konsumtion immaterieller Güter als Medienprodukte (zB Zeitungsartikel, Musikwerke, Computerspiele, Filme) im Internet und die Vermarktung von Persönlichkeitsrechten. Deshalb werden medienrechtliche Grundsätze und Spezifika einzelner Rechtsgebiete erläutert (zB Presse-, Rundfunk-, Werbe-, Wettbewerbs-, Urheber-, Kartell-, Telemedien-, Telekommunikations-, Design-, Marken-, Datenschutz- und Medienstrafrecht) und deren Anwendungsprobleme dargestellt. Da das Medienrecht ein stark expandierendes Rechtsgebiet ist, war es erforderlich, vor allem die neuen höchstrichterlichen Entscheidungen *sowie neuere Literatur* einzuarbeiten. In der zweiten Auflage sind zudem auch neue Rechtsgebiete (Theater- und Sportrecht) aufgenommen *sowie bereits bearbeitete ausgeweitet* worden. Aufgrund des Umfangs des Medienrechts wurde eine fünfbändige Herausgabe desselben als notwendig erachtet. In den einzelnen Bänden werden die spezifischen Rechtsprobleme angesprochen.

Die Publikation wendet sich in erster Linie an Rechtsanwälte, Richter, Staatsanwälte und Juristen in den Unternehmen. Sie gilt aber auch für die Masterausbildung von Rechtsanwälten auf dem Spezialgebiet des Medienrechts.

Im zweiten Band der Publikation werden zunächst die einzelnen Medienprodukte erörtert. Sie bilden im Wesentlichen die Grundlage für die Verbreitung und Nutzung derselben im technologischen Zeitalter. Schwerpunkte sind Filme, Musik, Fotos, Computerspiele, Bücher und andere Medienprodukte sowie deren rechtlicher Regelungsinhalt.

Mein Dank gilt vor allem meiner wissenschaftlichen Mitarbeiterin, Frau Dr. Kirsten-Inger Wöhrn, die mit Engagement das schwierige Publikationsprojekt zu organisieren und redaktionell zu bearbeiten vermochte.

Den Lesern bin ich für kritische Hinweise und Anregungen dankbar.

Berlin, im Juni 2011                                    Artur-Axel Wandtke

# Verzeichnis der Bearbeiter

Rechtsanwältin Dr. **Sabine Boksanyi**, Fachanwältin für Urheber- und Medienrecht, München

Professor Dr. **Oliver Castendyk**, MSc. (LSE), Berlin

Rechtsanwalt Dr. **Ilja Czernik**, Salans, Berlin

Rechtsanwältin Dr. **Claire Dietz**, LL.M. (Fordham University), Linklaters LLP, Berlin

Rechtsanwalt Dr. **Jan Ehrhardt**, Ehrhardt Anwaltssozietät, Berlin

Rechtsanwalt Dr. **Soenke Fock**, LL.M., Fachanwalt für Gewerblichen Rechtsschutz, Wildanger Rechtsanwälte, Düsseldorf

Rechtsanwalt **Alexander Frisch**, LOH Rechtsanwälte, Berlin

Hon. Professor **Hans Joachim von Gottberg**, Freiwillige Selbstkontrolle Fernsehen e.V., Berlin

Rechtsanwalt **Matthias Hartmann**, HK2 Rechtsanwälte, Berlin

Professor Dr. **Bernd Heinrich**, Humboldt-Universität zu Berlin

Dr. **Thomas Tobias Hennig**, LL.M., Georg-August-Universität Göttingen

Rechtsanwalt Dr. **Ulrich Hildebrandt**, Lubberger Lehment, Berlin, Lehrbeauftragter der Heinrich-Heine-Universität, Düsseldorf

Professor Dr. **Thomas Hoeren**, Westfälische Wilhelms-Universität Münster

Rechtsanwalt Dr. **Ole Jani**, CMS Hasche Sigle, Berlin

Rechtsanwalt Dr. **Michael Kauert**, Heither & von Morgen – Partnerschaft von Rechtsanwälten, Berlin

Rechtsanwalt Dr. **Volker Kitz**, LL.M. (New York University), Köln,

Rechtsanwalt Dr. **Alexander R. Klett**, LL.M. (Iowa), Reed Smith LLP, München

Dr. **Gregor Kutzschbach**, Bundesministerium des Innern, Berlin

Rechtsanwältin **Andrea Kyre**, LL.M., Leiterin der Rechtsabteilung Grundy UFA TV Produktions GmbH, Berlin

Rechtsanwalt Dr. **Wolfgang Maaßen**, Justiziar des BFF Bund Freischaffender Foto-Designer, Düsseldorf

Professor Dr. **Ulf Müller**, Fachhochschule Schmalkalden

Dr. **Maja Murza**, LL.M., Justiziarin, Berlin

Rechtsanwältin Dr. **Claudia Ohst**, Berlin, Fachanwältin für Informationstechnologierecht, Justiziarin der BBAW, Lehrbeauftragte der Humboldt-Universität zu Berlin

Rechtsanwalt Dr. **Stephan Ory**, Püttlingen, seit 2001 Lehrbeauftragter der Universität des Saarlandes, Vorsitzender des Medienrates der Landesmedienanstalt Saarland

Rechtsanwalt Dr. **Jan Pohle**, DLA Piper UK LLP, Köln, Lehrbeauftragter der Carl-von-Ossietzky-Universität Oldenburg sowie der Heinrich-Heine-Universität Düsseldorf

Rechtsanwalt Dr. **Cornelius Renner**, LOH Rechtsanwälte, Berlin, Fachanwalt für Gewerblichen Rechtsschutz, Lehrbeauftragter an der Humboldt-Universität zu Berlin

Professor Dr. **Sebastian Schunke**, Professor für privates Wirtschaftsrecht, Hochschule für Wirtschaft und Recht, Berlin

Rechtsanwalt Dr. **Axel von Walter**, München, Fachanwalt für Urheber- und Medienrecht, Lehrbeauftragter an der Ludwig-Maximilians-Universität München

Professor Dr. **Artur-Axel Wandtke**, em. o. Professor der Humboldt-Universität zu Berlin

Rechtsanwalt Dr. **Bernd Weichhaus**, LL.M., Lubberger Lehment, Berlin

Rechtsanwalt Dr. **Marcus von Welser**, LL.M., München, Fachanwalt für Gewerblichen Rechtsschutz, Lehrbeauftragter an der Humboldt-Universität zu Berlin

Rechtsanwältin Dr. **Kirsten-Inger Wöhrn**, Dierks + Bohle Rechtsanwälte, Berlin

# Inhaltsübersicht

# Abkürzungsverzeichnis

| | |
|---|---|
| aA | anderer Ansicht |
| abl | ablehnend |
| ABl | Amtsblatt der Europäischen Gemeinschaft |
| Abs | Absatz |
| abw | abweichend |
| AbzG | Gesetz betreffend die Abzahlungsgeschäfte (Abzahlungsgesetz) |
| aE | am Ende |
| aF | alte Fassung |
| AfP | Archiv für Presserecht |
| AG | Amtsgericht; Arbeitsgemeinschaft |
| AGB | Allgemeine Geschäftsbedingungen |
| AGC | Automatic Gain Control |
| AGICOA | Association de Gestion Internationale Collective des Œuvres Audiovisuelles |
| AIPPI | Association Internationale pour la Protection de la Propriété Industrielle |
| allg M | allgemeine Meinung |
| Alt | Alternative |
| AmtlBegr | Amtliche Begründung |
| Anm | Anmerkung |
| AP | Arbeitsrechtliche Praxis (Nachschlagewerk des Bundesarbeitsgerichts) |
| ArbG | Arbeitsgericht |
| ArbNErfG | Gesetz über Arbeitnehmererfindungen |
| ARD | Arbeitsgemeinschaft der öffentlich-rechtlichen Rundfunkanstalten der Bundesrepublik Deutschland |
| ARGE | Arbeitsgemeinschaft |
| ASCAP | American Society of Composers, Authors and Publishers (www.ascap.com) |
| ASCII | American Standard Code for Information Interchange |
| AuR | Arbeit und Recht |
| ausdr | ausdrücklich |
| Az | Aktenzeichen |
| AVA | Allgemeine Vertragsbestimmungen zum Architektenrecht |
| | |
| BAG | Bundesarbeitsgericht |
| BAGE | Entscheidungen des Bundesarbeitsgerichts |
| BayObLG | Bayerisches Oberstes Landesgericht |
| BB | Betriebs-Berater |
| BDS | Bund Deutscher Schriftsteller |
| BdÜ | Bund deutscher Übersetzer |
| Begr | Begründung |
| Bek | Bekanntmachung |
| Beschl | Beschluss |
| BFH | Bundesfinanzhof |
| BG | (Schweizerisches) Bundesgericht |
| BGB | Bürgerliches Gesetzbuch |
| BGBl | Bundesgesetzblatt |
| BGH | Bundesgerichtshof |
| BGHSt | Entscheidungen des Bundesgerichtshofes in Strafsachen |
| BGHZ | Entscheidungen des Bundesgerichtshofes in Zivilsachen |

| | |
|---|---|
| BIEM | Bureau International gérant les Droits de l'Enrégistrement et de la Reproduction Méchanique |
| BKartA | Bundeskartellamt |
| BlPMZ | Blatt für Patent-, Muster- und Zeichenwesen |
| BMJ | Bundesministerium der Justiz |
| BNotO | Bundesnotarordnung |
| BOS(chG) | Bühnenoberschiedsgericht |
| BPatG | Bundespatentgericht |
| BR-Drucks | Bundesrats-Drucksache |
| BRegE | Entwurf der Bundesregierung |
| BRRG | Beamtenrechtsrahmengesetz |
| BSHG | Bundessozialhilfegesetz |
| Bsp | Beispiel |
| bspw | beispielsweise |
| BT | Bundestag |
| BT-Drucks | Bundestags-Drucksache |
| BuB | Buch und Bibliothek |
| Buchst | Buchstabe |
| BVerfG | Bundesverfassungsgericht |
| BVerfGE | Entscheidungen des Bundesverfassungsgerichts |
| BVerfGG | Gesetz über das Bundesverfassungsgericht (Bundesverfassungsgerichtsgesetz) |
| BVerwG | Bundesverwaltungsgericht |
| bzgl | bezüglich |
| bzw | beziehungsweise |
| | |
| CGMS | Copy Generation Management System |
| CIS | Common Information System |
| CISAC | Confédération Internationale des Sociétés d'Auteurs et Compositeurs |
| CLIP | European Max Planck Group for Conflict of Laws in Intellectual Property |
| CMMV | Clearingstelle Multimedia (www.cmmv.de) |
| CORE | Internet Council of Registrars (www.corenic.org) |
| CPRM/CPPM | Content Protection for Recordable and Prerecorded Media |
| CR | Computer und Recht |
| CRi | Computer und Recht International |
| CSS | Content Scrambling System |
| c't | Magazin für computertechnik |
| | |
| DAT | Digital Audio Tape |
| DB | Der Betrieb |
| DEFA | Deutsche Film AG (www.defa-stiftung.de) |
| DENIC | Domain Verwaltungs- und Betriebsgesellschaft eG (www.denic.de) |
| ders | derselbe |
| dies | dieselbe(n) |
| DIN-Mitt | Mitteilungen des Deutschen Instituts für Normung e.V. |
| Diss | Dissertation |
| DLR-StV | Staatsvertrag über die Körperschaft des öffentlichen Rechts „Deutschlandradio" |
| DMCA | Digital Millennium Copyright Act (US-Bundesgesetz) |
| DOI | Digital Object Identifier |
| Dok | Dokument |
| DPMA | Deutsches Patent- und Markenamt |
| DRiG | Deutsches Richtergesetz |
| DRM | Digital Rights Management |
| DStR | Deutsches Steuerrecht |

| | |
|---|---|
| DTCP | Digital Transmission Content Protection |
| DtZ | Deutsch-Deutsche Rechts-Zeitschrift |
| DuD | Datenschutz und Datensicherheit |
| DVB | Digital Video Broadcasting |
| DVBl | Deutsches Verwaltungsblatt |
| DVD | Digital Versatile Disc |
| DZWIR | Deutsche Zeitschrift für Wirtschafts- und Insolvenzrecht |
| | |
| E | Entwurf |
| ECMS | Electronic Copyright Management System |
| EG | Europäische Gemeinschaft |
| EGBGB | Einführungsgesetz zum Bürgerlichen Gesetzbuch |
| EGV | Vertrag zur Gründung der Europäischen Gemeinschaft |
| Einf | Einführung |
| Einl | Einleitung |
| EIPR | European Intellectual Property Review |
| ENTLR | Entertainment Law Review |
| EPA | Europäisches Patentamt |
| epd-medien | Evangelischer Pressedienst – Medien |
| EU | Europäische Union |
| EuFSA | Europäisches Fernsehschutzabkommen |
| EuG | Europäisches Gericht erster Instanz |
| EuGH | Europäischer Gerichtshof |
| EuGV(V)O | Verordnung (EG) Nr. 44/2001 des Rates über die gerichtliche Zuständigkeit und die Anerkennung und Vollstreckung von Entscheidungen in Zivil- und Handelssachen |
| EuGVÜ | Europäisches Gerichtsstands- und Vollstreckungsübereinkommen |
| EUPL | European Union Public Licence |
| EuZW | Europäische Zeitschrift für Wirtschaftsrecht |
| EV | einstweilige Verfügung |
| EVertr | Einigungsvertrag |
| EWG | Europäische Wirtschaftsgemeinschaft, jetzt EG |
| EWiR | Entscheidungen zum Wirtschaftsrecht |
| EWS | Europäisches Wirtschafts- und Steuerrecht |
| | |
| f | folgende |
| FDGewRS | Fachdienst Gewerblicher Rechtsschutz |
| ff | folgende |
| FFG | Gesetz über Maßnahmen zur Förderung des deutschen Films (Filmförderungsgesetz) |
| FIDE | Féderation Internationale pour le droit Européen |
| FinG | Finanzgericht |
| Fn | Fußnote |
| FS | Festschrift |
| FSK | Freiwillige Selbstkontrolle der deutschen Filmwirtschaft |
| FuR | Film und Recht |
| | |
| GA | Goltdammer's Archiv für Strafrecht |
| GATT | General Agreement on Tariffs and Trade |
| GBl | Gesetzblatt (der DDR) |
| GebrMG | Gebrauchsmustergesetz |
| gem | gemäß |
| GEMA | Gesellschaft für musikalische Aufführungs- und mechanische Vervielfältigungsrechte (www.gema.de) |
| GeschmMG | Geschmacksmustergesetz |

XIII

| | |
|---|---|
| GewStG | Gewerbesteuergesetz |
| GG | Grundgesetz |
| ggf, ggfs | gegebenenfalls |
| gif | Graphic Interchange Format (Format für Bilddateien) |
| GmbH | Gesellschaft mit beschränkter Haftung |
| GMBl | Gemeinsames Ministerialblatt |
| GNU | GNU's Not Unix |
| GPL | GNU General Public License |
| GPRS | General Packet Radio Service |
| grds | grundsätzlich |
| GRUR | Gewerblicher Rechtsschutz und Urheberrecht |
| GRUR Int | Gewerblicher Rechtsschutz und Urheberrecht International |
| GRUR-RR | Gewerblicher Rechtsschutz und Urheberrecht Rechtsprechungs-Report |
| GrZS | Großer Senat für Zivilsachen |
| GTA | Genfer Tonträgerabkommen |
| GÜFA | Gesellschaft zur Übernahme und Wahrnehmung von Filmaufführungsrechten (www.guefa.de) |
| GVBl | Gesetz- und Verordnungsblatt |
| GVL | Gesellschaft zur Verwertung von Leistungsschutzrechten (www.gvl.de) |
| GWB | Gesetz gegen Wettbewerbsbeschränkungen |
| GWFF | Gesellschaft zur Wahrnehmung von Film- und Fernsehrechten (www.gwff.de) |
| | |
| Halbbd | Halbband |
| HalblSchG | Gesetz über den Schutz der Topographien von mikroelektronischen Halbleitererzeugnissen (Halbleiterschutzgesetz) |
| HS | Halbsatz |
| HauptB | Hauptband |
| Hdb | Handbuch |
| HDCP | High-bandwidth Digital Content Protection |
| hL | herrschende Lehre |
| hM | herrschende Meinung |
| Hrsg | Herausgeber |
| | |
| ICANN | Internet Corporation for Assigned Names and Numbers (www.icann.org) |
| idF | in der Fassung |
| idR | in der Regel |
| idS | in diesem Sinne |
| iE | im Ergebnis |
| IFPI | International Federation of the Phonographic Industry (www.ifpi.org) |
| IIC | International Review of Industrial Property and Copyright Law |
| IMHV | Interessengemeinschaft Musikwissenschaftlicher Herausgeber und Verleger (Gründungsname v. 1.3.1966 der heutigen VG Musikedition) |
| insb | insbesondere |
| InstGE | Entscheidungen der Instanzgerichte zum Recht des geistigen Eigentums |
| IPQ | Intellectual Property Quaterly |
| IPR | Internationales Privatrecht |
| IPRax | Praxis des Internationalen Privat- und Verfahrensrechts |
| ISO | International Standards Organization |
| iSd | im Sinne des/der |
| iSv | im Sinne von |
| IT | Informationstechnologie |
| ITRB | Der IT-Rechtsberater |
| ITU | International Telecommunication Union |
| IuKDG | Informations- und Kommunikationsdienste-Gesetz |

| | |
|---|---|
| IuR | Informatik und Recht |
| iVm | in Verbindung mit |
| | |
| jpg | Dateinamenerweiterung von Bilddateien im Format JPEG, benannt nach der *Joint Photographic Experts Group* der ITU und der ISO |
| Jura | Juristische Ausbildung |
| jurisPR-WettbR | juris PraxisReport Wettbewerbs- und Immaterialgüterrecht |
| jurisPT-ITR | juris PraxisReport IT-Recht |
| JurPC | Internet-Zeitschrift für Rechtsinformatik und Informationsrecht |
| JVEG | Justiz-Vergütungs- und Entschädigungsgesetz |
| JW | Juristische Wochenschrift |
| JZ | Juristenzeitung |
| | |
| Kap | Kapitel |
| KG | Kammergericht; Kommanditgesellschaft |
| krit | kritisch |
| KSVG | Gesetz über die Sozialversicherung der selbständigen Künstler und Publizisten (Künstlersozialversicherungsgesetz) |
| KUG | Gesetz betreffend das Urheberrecht an Werken der bildenden Künste und der Photographie |
| KUR | Kunstrecht und Urheberrecht |
| K&R | Kommunikation und Recht |
| KWG | Kreditwesengesetz |
| | |
| LAG | Landesarbeitsgericht |
| LAN | Local Area Network |
| LG | Landgericht; *(in Österreich:)* Landesgericht |
| LGPL | GNU Lesser General Public License |
| lit | litera (Buchstabe) |
| LM | Lindenmaier/Möhring, Nachschlagewerk des Bundesgerichtshofes |
| LPG | Landespressegesetz |
| LUG | Gesetz betreffend das Urheberrecht an Werken der Literatur und der Tonkunst |
| LZ | Leipziger Zeitschrift für Deutsches Recht |
| | |
| MA | Der Markenartikel |
| MarkenG | Markengesetz |
| MarkenR | Zeitschrift für deutsches, europäisches und internationales Markenrecht |
| MDR | Monatsschrift für Deutsches Recht |
| MDStV | Mediendienste-Staatsvertrag |
| Mio | Million |
| MIR | Medien Internet und Recht |
| Mitt | Mitteilungen (der deutschen Patentanwälte) |
| MMA | Madrider Markenrechtsabkommen |
| MMR | Multimedia und Recht, Zeitschrift für Informations-, Telekommunikations- und Medienrecht |
| mp3 | Dateinamenerweiterung für bestimmte mpeg-Tondateien |
| mpeg | Komprimierungsstandard für digitale Bewegtbilder und Toninformationen, benannt nach der *Moving Pictures Experts Group* der ISO |
| MPL | Mozilla Public License |
| MR-Int | Medien und Recht international |
| MünchKommBGB | Münchener Kommentar zum BGB |
| mwN | mit weiteren Nachweisen |
| | |
| Nachw | Nachweise |
| nF | neue Fassung |

XV

| | |
|---|---|
| NJ | Neue Justiz |
| NJW | Neue Juristische Wochenschrift |
| NJW-RR | NJW-Rechtsprechungs-Report Zivilrecht |
| NJW-CoR | NJW-Computerreport |
| NJWE-WettbR | NJW-Entscheidungsdienst Wettbewerbsrecht (jetzt GRUR-RR) |
| n rkr | nicht rechtskräftig |
| NV | Normalvertrag |
| | |
| ÖBGBl | Österreichisches Bundesgesetzblatt |
| ÖBl | Österreichische Blätter für gewerblichen Rechtsschutz und Urheberrecht |
| ÖSGRUM | Österreichische Schriftenreihe zum Gewerblichen Rechtsschutz, Urheber- und Medienrecht |
| öUrhG | öst. UrhG |
| OGH | Oberster Gerichtshof (Wien) |
| ÖJZ | Österreichische Juristenzeitung |
| OLG | Oberlandesgericht |
| OLGZ | Entscheidungen der Oberlandesgerichte in Zivilsachen |
| OMPI | Organisation Mondiale de la Propriété Intellectuelle |
| OPAC | Online Public Access Catalogue |
| OVG | Oberverwaltungsgericht |
| OWiG | Gesetz über Ordnungswidrigkeiten |
| | |
| PatG | Patentgesetz |
| PDA | Personal Digital Assistant |
| pdf | portable document format |
| PGP | Pretty Good Privacy |
| php | PHP: Hypertext Preprocessor |
| PIN | Personal Identification Number |
| pma | post mortem auctoris |
| PR | Public Relations |
| PrPG | Gesetz zur Stärkung des Schutzes des geistigen Eigentums und zur Bekämpfung der Produktpiraterie |
| PVÜ | Pariser Verbandsübereinkunft zum Schutz des gewerblichen Eigentums |
| | |
| RA | Rom-Abkommen |
| RabelsZ | Zeitschrift für ausländisches und internationales Privatrecht |
| RBÜ | Revidierte Berner Übereinkunft zum Schutz von Werken der Literatur und der Kunst |
| RdA | Recht der Arbeit |
| RefE | Referentenentwurf |
| RegE | Regierungsentwurf |
| RG | Reichsgericht |
| RGBl | Reichsgesetzblatt |
| RGSt | Entscheidungen des Reichsgerichts in Strafsachen |
| RGZ | Entscheidungen des Reichsgerichts in Zivilsachen |
| RIAA | Recording Industry Association of America |
| RIDA | Revue Internationale du Droit d'Auteur |
| RiStBV | Richtlinien für das Strafverfahren und das Bußgeldverfahren |
| RIW | Recht der Internationalen Wirtschaft |
| RL | Richtlinie |
| Rn | Randnummer |
| Rspr | Rechtsprechung |
| RzU | E. Schulze (Hg), Rechtsprechung zum Urheberrecht |
| | |
| S | Seite, Satz |

| | |
|---|---|
| s | siehe |
| SACEM | Société des Auteurs, Compositeurs et Éditeurs de Musique (www.sacem.fr) |
| SatÜ | Brüsseler Satellitenübereinkommen |
| SchSt | Schiedsstelle nach dem Gesetz über die Wahrnehmung von Urheberrechten und verwandten Schutzrechten |
| SCMS | Serial Copyright Management System |
| SigG | Gesetz zur digitalen Signatur – Signaturgesetz |
| SJZ | Süddeutsche Juristenzeitung |
| SMI | Schweizerische Mitteilungen zum Immaterialgüterrecht |
| so | siehe oben |
| sog | so genannte(r/s) |
| SortenSchG | Sortenschutzgesetz |
| SpuRt | Zeitschrift für Sport und Recht |
| STAGMA | Staatlich genehmigte Gesellschaft zur Verwertung musikalischer Urheberrechte |
| StGB | Strafgesetzbuch |
| StPO | Strafprozessordnung |
| str | strittig |
| stRspr | ständige Rechtsprechung |
| StV | Staatsvertrag |
| su | siehe unter/unten |
| | |
| TCPA | Trusted Computing Platform Alliance |
| TDG | Gesetz über die Nutzung von Telediensten (Teledienstegesetz) |
| TKG | Telekommunikationsdienstegesetz |
| TKMR | Telekommunikations- & Medienrecht |
| TMG | Telemediengesetz |
| TRIPS | WTO-Übereinkommen über handelsbezogene Aspekte der Rechte des geistigen Eigentums |
| TV | Tarifvertrag |
| TVG | Tarifvertragsgesetz |
| Tz | Textziffer |
| | |
| ua | unter anderem |
| uä | und ähnliches |
| UFITA | Archiv für Urheber-, Film-, Funk- und Theaterrecht |
| UMTS | Universal Mobile Telecommunications System |
| UmwG | Umwandlungsgesetz |
| URG | Urheberrechtsgesetz (der DDR) |
| UrhG | Urheberrechtsgesetz |
| UrhGÄndG | Gesetz zur Änderung des Urheberrechtsgesetzes |
| Urt | Urteil |
| UStG | Umsatzsteuergesetz |
| UWG | Gesetz gegen den unlauteren Wettbewerb in der Fassung vom 3. Juli 2004 |
| | |
| Var | Variante |
| VerlG | Gesetz über das Verlagsrecht |
| VersG | Versammlungsgesetz |
| VFF | Verwertungsgesellschaft der Film- und Fernsehproduzenten (www.vffvg.de) |
| VG | Verwertungsgesellschaft; Verwaltungsgericht |
| VG Bild-Kunst | Verwertungsgesellschaft Bild-Kunst (www.bildkunst.de) |
| VGF | Verwertungsgesellschaft für Nutzungsrechte an Filmwerken |
| vgl | vergleiche |
| VG Media | Gesellschaft zur Verwertung der Urheber- und Leistungsschutzrechte von Medienunternehmen mbH |

XVII

| | |
|---|---|
| VG Musikedition | Verwertungsgesellschaft zur Wahrnehmung von Nutzungsrechten an Editionen (Ausgaben) von Musikwerken (www.vg-musikedition.de) |
| VG Satellit | Gesellschaft zur Verwertung der Leistungsschutzrechte von Sendeunternehmen |
| VG WORT | Verwertungsgesellschaft der Wortautoren (www.vgwort.de) |
| VO | Verordnung |
| VPRT | Verband Privater Rundfunk und Telemedien |
| VS | Verband deutscher Schriftsteller |
| | |
| WahrnG | Gesetz über die Wahrnehmung von Urheberrechten und verwandten Schutzrechten |
| WAN | Wide Area Network |
| WAP | Wireless Application Protocol |
| WCT | WIPO Copyright Treaty |
| WIPO | World Intellectual Property Organization (www.wipo.org) |
| WM | Wertpapier-Mitteilungen |
| WPPT | WIPO Performances and Phonograms Treaty |
| WRP | Wettbewerb in Recht und Praxis |
| WRV | Weimarer Reichsverfassung |
| WTO | World Trade Organization (www.wto.org) |
| WUA | Welturheberrechtsabkommen |
| WuW | Wirtschaft und Wettbewerb |
| | |
| XML | Extensible Markup Language |
| | |
| zB | zum Beispiel |
| ZBR | Zeitschrift für Beamtenrecht |
| ZBT | Zentralstelle Bibliothekstantieme |
| ZDF | Zweites Deutsches Fernsehen |
| ZEuP | Zeitschrift für Europäisches Privatrecht |
| ZfBR | Zeitschrift für deutsches und internationales Bau- und Vergaberecht |
| ZFS | Zentralstelle Fotokopieren an Schulen |
| ZfZ | Zeitschrift für Zölle |
| ZGR | Zeitschrift für Unternehmens- und Gesellschaftsrecht |
| ZHR | Zeitschrift für das gesamte Handels- und Wirtschaftsrecht |
| ZIP | Zeitschrift für Wirtschaftsrecht |
| zit | zitiert |
| ZKDSG | Zugangskontrolldiensteschutzgesetz |
| ZPO | Zivilprozessordnung |
| ZPÜ | Zentralstelle für private Überspielungsrechte |
| ZS | Zivilsenat |
| ZSEG | Gesetz über die Entschädigung von Zeugen und Sachverständigen (Zeugen- und Sachverständigen-Entschädigungsgesetz) |
| ZSR NF | Zeitschrift für Schweizerisches Recht – Neue Folge |
| ZUM | Zeitschrift für Urheber- und Medienrecht |
| ZUM-RD | Rechtsprechungsdienst der ZUM |
| zust | zustimmend |
| ZVV | Zentralstelle Videovermietung |
| ZZP | Zeitschrift für Zivilprozess |

# Kapitel 1

# Urheberrecht

## Literatur

*Anderson* The Long Tail – Nischenprodukte statt Massenmarkt München 2007; *Bargheer/ Bellem/Schmidt* Open Access und Institutional Repositories – Rechtliche Rahmenbedingungen, in: Spindler (Hrsg) Rechtliche Rahmenbedingungen von Open Access-Publikationen Göttingen 2006, 1; *Bauer/von Einem* Handy-TV – Lizenzierung von Urheberrechten unter Berücksichtigung des „2. Korbs" MMR 2007, 698; *von Berger* Die angemessene Übersetzung – Eine Quadratur des Kreises? ZUM 2007, 249; *Bortloff* Internationale Lizenzierung von Internet-Simulcasts durch die Tonträgerindustrie GRUR Int 2003, 669; *Castendyk* Lizenzverträge und AGB-Recht ZUM 2007, 169; *Delp* Das Recht des geistigen Schaffens in der Informationsgesellschaft, 2. Aufl München 2003; *Dreier/Schulze* Urheberrecht Kommentar, 3. Aufl München 2008 (zit Dreier/ Schulze/*Bearbeiter*); *Dietz* Das Projekt Künstlergemeinschaftsrecht der IG Medien ZRP 2001, 165; *Goldstein* Copyright's Highway, 2. Aufl Stanford 2003; *Flatau* Neue Verbreitungsformen für Fernsehen und ihre rechtliche Einordnung: IPTV aus technischer Sicht ZUM 2007, 1; *Fringuelli* Internet TV, Frankfurt aM 2004; *Fromm/Nordemann* (Hrsg) Urheberrecht, Kommentar, 10. Aufl Stuttgart (zit Fromm/Nordemann/*Bearbeiter*); Handig Urheberrechtliche Aspekte bei der Lizenzierung von Radioprogrammen im Internet GRUR Int 2007, 206; *Hilty* Urheberrecht und Wissenschaft, in Sieber/Hoeren (Hrsg) Urheber für Bildung und Wissenschaft – Anforderungen an das Zweite Gesetz zur Regelung des Urheberrechts in der Informationsgesellschaft, Bonn 2005, 174; *Jani* Urheberrechtspolitik in der 14. und 15. Wahlperiode des deutschen Bundestages UFITA 2006/II, 511; *ders* Der Buy-Out-Vertrag im Urheberrecht Berlin 2003; *ders* Was sind offensichtlich rechtswidrige Vorlagen? Erste Überlegungen zur Neufassung von § 53 Abs 1 S 1 UrhG ZUM 2003, 842; *ders* Eingescannte Literatur an elektronischen Leseplätzen – Was dürfen Bibliotheken? GRUR-Prax 2010, 27; *ders* Alles Eins? – Das Verhältnis des Rechts der öffentlichen Zugänglichmachung zum Vervielfältigungsrecht ZUM 2009, 722; *Köhler/Bornkamm* UWG, Kommentar, 28. Aufl München 2010 (zit Köhler/Bornkamm/*Bearbeiter*); *Kühling/Gauß* Suchmaschinen – eine Gefahr für den Informationszugang und die Informationsvielfalt? ZUM 2007, 881; *Langhoff/Oberndörfer/Jani* Der „Zweite Korb" der Urheberrechtsreform – Ein Überblick über die Änderungen des Urheberrechts nach der zweiten und dritten Lesung im Bundestag ZUM 2007, 593; *Lanier* You are not a Gadget, London 2010; *Lehmann* Ausschließlichkeitsrechte, Vergütungsansprüche und zwingende Mindestnutzungsrechte in einer digitalen Welt, in Loewenheim (Hrsg) Festschrift für Wilhelm Nordemann, München 2004; *Leutheusser-Schnarrenberger* Urheberrecht am Scheideweg? – Von der politischen Bedeutung für Urheber ZUM 1996, 631; *Leutheusser-Schnarrenberger* „Berliner Rede zum Urheberrecht" v 14.6.2010, abrufbar unter www.bmj.bund.de; *Loewenheim* Handbuch des Urheberrechts, 2. Aufl München 2010; *Marly* Softwareüberlassungsverträge, 4. Aufl München 2004; *Mantz* Creative Commons-Lizenzen im Spiegel internationaler Gerichtsverfahren GRUR Int 2008, 20; *Metzger* Urheberrechtsschranken in der Wissensgesellschaft: „Fair Use" oder enge Einzeltatbestände?, in Leistner (Hrsg) Europäische Perspektiven des Geistigen Eigentums, Tübingen 2010, 101; *Müller* Festlegung und Inkasso von Vergütungen für die private Vervielfältigung auf der Grundlage des „Zweiten Korbes" ZUM 2007, 777; *Nordemann, W* Das neue Urhebervertragsrecht, München 2002 (zit Nordemann); *Ott* Zulässigkeit der Erstellung von Thumbnails durch Bilder- und Nachrichtensuchmaschinen ZUM 2007, 119; *Pakuscher* Der Richtlinienvorschlag der EU-Kommission zur Schutzfristenverlängerung für ausübende Künstler und Tonträgerhersteller ZUM 2009, 89; *Palandt* Bürgerliches Gesetzbuch, 70. Aufl München 2011 (zit Palandt/*Bearbeiter*); *Poll* Neue internetbasierte Nutzungsformen – das Recht der Zugänglichmachung auf Abruf (§ 19a UrhG) und seine Abgrenzung zum Senderecht (§§ 20, 20b UrhG) GRUR 2007, 476; *Reinbothe* Die EG-Richtlinie zum Urheberrecht in der Informationsgesellschaft GRUR Int 2001, 733; *ders* Das Urheberrecht im Wandel der Zeiten ZEuS 2004, 367; *Runge* Die Vereinbarkeit einer Content-Flatrate für Musik mit dem Drei-Stufen-Test GRUR Int 2007, 130; *Schack* Urheber- und Urhebervertragsrecht, 5. Aufl Tübingen 2010; *ders* Rechtsprobleme der Online-Übermittlung GRUR 2007, 639; *Schaefer* Alles oder nichts! Erwiderung auf Jani, Alles eins? – Das Verhältnis des Rechts der öffentlichen Zugänglichmachung zum Vervielfältigungsrecht ZUM 2010, 150; *Schaefer* Vom Nutzen neuer Nutzungsarten, in: Loewenheim (Hrsg) Festschrift für Wilhelm Nordemann, München 2004; *Schippan* § 95a – eine Vorschrift (erstmals) richtig auf dem Prüfstand ZUM 2006, 853; *Schricker* Urheberrecht zwischen Industrie- und Kulturpolitik GRUR 1992, 242; *Schricker/Loewenheim* (Hrsg) Urheberrecht, Kommentar, 4. Aufl München 2010 (zit Schricker/Loewenheim/*Bearbeiter*); *Schulze* Urheberrecht der Architekten NZBau 2007, 537 (Teil 1), 611 (Teil 2); *ders* Die Einräumung unbekannter Nutzungsrechte nach neuem Urheberrecht UFITA 2007/III, 641; *Spindler* Europäisches Urheberrecht in der Informationsgesellschaft GRUR 2002, 105; *ders* Ausgewählte urheberrechtliche Probleme von Open Source Software unter der GPL, in: Büllesbach/Dreier (Hrsg) Wem gehört die Information im 21. Jahrhundert? – Proprietäre versus nicht proprietäre Verwertung digitaler Inhalte Köln 2004, 115; *Spindler/Weber* Die Umsetzung der Enforcement-Richtlinie nach dem Regierungsentwurf für ein Gesetz zur Verbesserung der Durchsetzung von Rechten des geistigen Eigentums ZUM 2007, 257; *Wandtke* Zur kulturellen und sozialen Bedeutung des Urheberrechts UFITA 123 (1993), 5; *ders* Grenzenlose Freiheit und Grenzen des Urheberrechts ZUM 2005, 769; *Wandtke/Bullinger* Praxiskommentar zum Urheberrecht, 3. Aufl München 2009 (zit Wandkte/Bullinger/*Bearbeiter*); *von Zimmermann* Recording-Software für Internetradios MMR 2007, 553.

*Übersicht*

Ole Jani

Ole Jani

# § 1
# Einleitung

Kaum ein Gebiet des Zivilrechts hat in den vergangenen Jahren ähnlich an Bedeutung gewonnen, wie das Urheberrecht. Das Urheberrecht hat in der modernen Medien- und Informationsgesellschaft eine Schlüsselfunktion; auf den neuen digitalen Märkten, die noch lange nicht ausgereift sind, wird das Urheberrecht zum zentralen Ordnungsfaktor. Die grundlegenden Fragen, auf die das Urheberrecht Antworten geben soll, sind vor Jahrhunderten mit dem Siegeszug des Buchdrucks erstmals gestellt worden. Damals erkannten die Autoren und Verleger, dass sie ein Instrument brauchten, um das Verhältnis von schöpferischer Leistung und mechanischer Tätigkeit zu regeln. Das Urheberrecht schuf den Rechtsrahmen für neue Geschäftsmodelle und die Verbreitung von Geisteswerken durch Kopien[1]. Am Beginn des 21. Jahrhunderts stellen wir in einem neuen technologischen Kontext dieselben Fragen erneut. **1**

Die Urheberrechtsindustrien, die Medien- und die Kulturwirtschaft, aber auch die Wissensbranchen sind von großer und stetig wachsender volkswirtschaftlicher Bedeutung. Die Wachstumsraten in diesem Bereich sind erheblich größer als in vielen anderen Industriezweigen.[2] **2**

Grundlage des Urheberrechts in Deutschland ist das Gesetz über Urheberrecht und verwandte Schutzrechte (Urheberrechtsgesetz), das am 1.1.1966 in Kraft getreten ist. Das Urheberrechtsgesetz ist seit dem mehrfach geändert worden und unterliegt seit einigen Jahren in zunehmendem Maße europarechtlichen Einflüssen. **3**

---

[1] *Goldstein* 21.

[2] *Reinbothe* ZEuS 2004, 367, 371.

# § 2
## Grundlagen des Urheberrechts

**4**    Objekt des urheberrechtlichen Schutzes ist das Werk, Inhaber dieses Schutzes ist der Urheber. Der Urheber und sein Werk stehen deshalb am Anfang und im Mittelpunkt der urheberrechtlichen Verwertung. Die Voraussetzungen für den urheberrechtlichen Schutz und der Umfang dieses Schutzes sind im Urheberrechtsgesetz abschließend geregelt. Urheberrechtliches Schaffen kann allerdings unter anderen rechtlichen Gesichtspunkten, zB aufgrund des Markenrechts zusätzlichen Schutz genießen.[3]

**5**    Das Urheberrecht schützt den Urheber gem § 11 UrhG in seinen geistigen und persönlichen Beziehungen zum Werk und in der Nutzung des Werkes. Zugleich dient es der Sicherung einer angemessenen Vergütung für die Nutzung des Werkes. Das Urheberrecht gewährt dem Urheber also ein umfassendes und ausschließliches Recht an seinem Werk mit zugleich einer vermögensrechtlichen und einer persönlichkeitsrechtlichen Ausprägung. Diese unterschiedlichen Elemente des Urheberrechts erfahren ihre Konkretisierung in den Urheberpersönlichkeitsrechten und den Verwertungsrechten, die im Sinne der „monistischen Theorie" eine untrennbare Einheit bilden.[4] In seiner Konzeption kennt das Urheberrecht mit anderen Worten kein Rangverhältnis zwischen Persönlichkeitsrechten und Vermögensrechten – sie sollen vielmehr zwei Seiten derselben Medaille sein. Ob Urheberpersönlichkeitsrecht und Verwertungsrechte tatsächlich gleichbedeutend sind, ist allerdings fraglich. Der Blick auf die heutige Praxis der Schaffung und Verwertung urheberrechtlich geschützter Werke zeigt, dass urheberpersönlichkeitsrechtliche und vermögensrechtliche Belange oftmals in einander fließen, die wirtschaftliche Komponente des Urheberrechts aber regelmäßig überwiegt und auch die Geltendmachung persönlichkeitsrechtlicher Interessen wirtschaftlichen Zielen dienen kann.

## I. Urheberrecht und geistiges Eigentum

**6**    Das Urheberrecht ist Eigentumsrecht und steht unter dem besonderen verfassungsrechtlichen Schutz von Art 14 GG.[5] Auch das europäische Recht bekennt sich ausdrücklich zu einem eigentumsrechtlichen Schutz des Urheberrechts.[6] Der deutsche Begriff des „geistigen Eigentums", dem das Urheberrecht zuzuordnen ist, hat Entsprechungen in anderen Rechtsordnungen („intellectual property" im angloamerikanischen Raum und „propriété intellectuelle" in Frankreich). „Geistiges Eigentum" beschreibt, worum es sich beim Urheberrecht und den anderen Immaterialgüterrechten im Kern handelt – um ein dem Rechtsträger zugeordnetes absolutes Vermögensrecht. Dieser Begriff ist gleichwohl nicht unumstritten.[7] Das deutsche Zivilrecht verwendet den Eigentumsbegriff an sich nur im Zusammenhang mit Sachen. Der BGH hat aber schon 1954 in einer grundlegenden Entscheidung zur Vergütung des Urhebers im Zusammenhang mit der urheberrechtlichen Werkschöpfung von geistigem Eigentum

---

[3] S *Hildebrandt/Hennig/Weichhaus* Band 3 Kap 5.
[4] Schricker/Loewenheim/*Loewenheim* § 11 UrhG Rn 1; Möhring/Nicolini/*Ahlberg* Einl UrhG Rn 12; Dreier/Schulze/*Schulze* § 11 UrhG Rn 2; Wandtke/Bullinger/*Bullinger* § 11 UrhG Rn 1; *Rehbinder* Rn 92.

[5] BVerfG GRUR 1980, 44, 46 – Kirchenmusik; BVerfGE 31, 229, 240 f – Kirchen- und Schulgebrauch.
[6] Zum europäischen Urheberrecht s Band 1 Kap 3.
[7] Abl zB *Rehbinder* Rn 97.

Ole Jani

gesprochen.[8] Und auch der Gesetzgeber hat diesen Begriff anerkannt.[9] In der Informationsgesellschaft steht das Recht des geistigen Eigentums in wachsendem Maße gleichrangig neben dem Recht des traditionellen Sacheigentums. Dieser Prozess ist die zwingende Konsequenz der aktuellen gesellschaftlichen und volkswirtschaftlichen Veränderungen, die auch für die Rechtsentwicklung nicht folgenlos bleiben können. Das Recht des geistigen Eigentums, wird in den kommenden Jahren deshalb weiter an Bedeutung gewinnen.

Soweit es um seine vermögensrechtlichen Elemente geht, ist das Urheberrecht spätestens im digitalen Zeitalter endgültig zu einem Bestandteil des Wirtschaftsrechts geworden.[10] Wenn das Urheberrecht gelegentlich als „Arbeitsrecht der geistig Schaffenden"[11] bezeichnet wird, dann ist diese Umschreibung falsch. Zwar soll das Urheberrecht dem Urheber ein angemessenes Einkommen aus der Verwertung seiner Werke verschaffen (§ 11 S 2 UrhG) und damit dem Prinzip nach auch die Lebens- und Arbeitsbedingungen der Kreativen sichern. Das Urheberrecht schützt jedoch allein die ideellen und wirtschaftlichen Rechte am Werk; es verfolgt keine sozialpolitischen Ziele.[12] Ob ein Werk wirtschaftlich erfolgreich ist, ob die finanziellen und ideellen Investitionen in seine Schöpfung lohnen, kann das Urheberrecht nicht beantworten. Das Urheberrecht garantiert nicht den Erfolg. Wenn allerdings ein Erfolg eintritt, dann weist das Urheberrecht diese Erträge dem Rechtsinhaber zu. Der Grundsatz lautet: „Ernten soll, wer gesät hat".[13] Ewiger Streitpunkt ist freilich, welcher Anteil dem Urheber im konkreten Fall gebührt und was der Werkmittler beanspruchen kann. Kristallisationspunkt dieser Debatte ist der im Urheberrecht seit langem anerkannte Grundsatz der **angemessenen Vergütung**, der bei der Novelle des Urhebervertragsrechts im Jahr 2002 auch ausdrücklich in das Gesetz aufgenommen worden ist (§ 32 Abs 1 UrhG).[14]

**7**

## II. Urheberrecht und Persönlichkeitsrecht

In Kontinentaleuropa hat das Urheberrecht neben der vermögensrechtlichen Schutzrichtung zugleich immer auch eine damit untrennbar verbundene persönlichkeitsrechtliche Komponente gehabt. Darin liegt der fundamentale konzeptionelle Unterschied zum Urheberrecht angloamerikanischer Prägung. Im Zentrum steht der kreative Mensch;[15] dieser persönlichkeitsrechtliche Bezug des Urheberrechts kontinentaleuropäischer Prägung wird besonders deutlich in dem französischen Begriff des „droit d'auteur".

**8**

---

**8** BGHZ 17, 266, 278 – Magnettonaufnahme.
**9** Vgl zB das „Gesetz zur Stärkung des Schutzes des geistigen Eigentums und zur Bekämpfung der Produktpiraterie", BGBl 1990 I S 42, und jüngst den Entwurf für das „Gesetz zur Verbesserung der Durchsetzung von Rechten des geistigen Eigentums", BT-Drucks 16/5048.
**10** Dreier/Schulze/*Dreier* Einl UrhG Rn 13; Wandtke/Bullinger/*Wandtke* Einl UrhG Rn 20; *Jani* ZUM 2003, 842 f.
**11** *Schricker* GRUR 1992, 242, 244; *Wandtke*

UFITA 123 (1993), 5, 13; *Däubler-Gmelin* ZUM 1999, 266.
**12** *Jani* 153 mwN; so zutreffend auch die Auffassung der der Bundesregierung, BT-Drucks 14/1106, 3.
**13** *Goldstein* 7.
**14** Zum Urhebervertragsrecht s Rn 181 ff.
**15** *Reinbothe* ZEuS 2004, 367, 370; *Leutheusser-Schnarrenberger* „Berliner Rede zum Urheberrecht" v 14.6.2010, abrufbar unter www.bmj.bund.de.

§ 3
**Die Bedeutung des Urheberrechts in der Informationsgesellschaft**

## I. Die Informationsgesellschaft

**9**     Ein Schlüsselbegriff in der jüngeren Debatte um die Fortentwicklung des Urheberrechts ist – sowohl auf der politischen als auch auf der wissenschaftlichen Bühne – der Begriff „Informationsgesellschaft". Schon früh war klar, dass die Bedeutung des Urheberrechts in der **Informationsgesellschaft** wächst.[16] Doch was ist die Informationsgesellschaft? Die für die Urheberrechtsentwicklung so wichtige Informationsgesellschafts-RL[17] verwendet diesen Terminus, ohne ihn zu beschreiben. Sie setzt ihn als bekannt voraus. Und auch die juristische Literatur knüpft hier oftmals an die Bezeichnung an, ohne nach ihrem Gehalt zu fragen. Ebenso wird der Begriff seit Jahren in der rechtspolitischen Debatte verwendet. Eine allgemeingültige Definition dessen, was Informationsgesellschaft ist, gibt es nicht.[18] An dieser Stelle soll „Informationsgesellschaft" als Arbeitsbegriff verstanden werden, der Ausgangs- und Anknüpfungspunkt für die urheberrechtlichen Fragen ist, die sich im Zusammenhang mit der modernen digitalen Kommunikationstechnik stellen.

## II. Märkte sind im Umbruch

**10**     Das Urheberrecht schützt eine Fülle unterschiedlicher Leistungen, angefangen bei den klassischen Kunstformen, wie Theater, Malerei usw. Das wirtschaftliche Potential des Urheberrechts liegt heute aber in den Massenmedien, in der Auswertung von Musik, Filmen und Multimedia. Die wichtigste Zielgruppe in diesen Bereichen sind junge Leute unter dreißig. Sie sind im Zeitalter des Internet aufgewachsen und für sie ist der schnelle und unbegrenzter Zugang zu urheberrechtlich geschützten Inhalten („Content") eine Selbstverständlichkeit. Die Unterhaltungsindustrie der analogen Welt von gestern ist ihnen fremd. Das Bedürfnis, Musik in der Hand halten zu können, eine Plattensammlung anzulegen und das *artwork* einer CD als Teil der Musik zu genießen, schwindet. Die Konsumenten von heute haben ihre Musiksammlung auf dem PC und weil die Festplatte mit eigener legal erworbener Musik kaum gefüllt werden kann, beschaffen sie sich noch mehr Musik in sog „Tauschbörsen" oder über andere rechtswidrige Quellen, wie zB sog „Sharehoster". Ein moderner MP3-Player mit einer 60GB-Festplatte hat ein Fassungsvermögen von 10 000 bis 15 000 Musiktiteln, das entspricht ca 500 bis 1 000 CDs. Bei einem durchschnittlichen Preis von € 1,– pro Titel fasst der Spieler also Musik im Gegenwert von € 15 000,–. Hier wird durch technische Möglichkeiten ein Nachfragepotenzial geschaffen, das für den durchschnittlichen Nutzer aus rechtmäßigen (kostenpflichtigen) Quellen kaum zu befriedigen ist. Mit den wachsenden technischen Möglichkeiten sinkt deshalb bei vielen die Hemmschwelle, auf illegale Angebote zuzugreifen. Die digitale Technik eröffnet für die Herstellung und die Verwertung urheberrechtlich geschützter Werke, anderseits bisher ungeahnte neue Möglichkeiten.

---

**16**  So bereits *Leutheusser-Schnarrenberger* ZUM 1996, 631.

**17**  RL 2001/29/EG v 22.5.2001 zur Harmonisierung bestimmter Aspekte des Urheberrechts und der verwandten Schutzrechte in der Informationsgesellschaft (ABl L 167 v 22.6.2001, 10).

**18**  Ausf zu den unterschiedlichen Ansätzen einer Begriffsbestimmungen *Delp* 13 ff.

Ole Jani

Das digitale Zeitalter hat für Urheber insofern einen Januskopf. Die Digitaltechnik **11** schafft nicht nur neue Chancen, sondern eben auch eine völlig neue Dimension der Bedrohung für das geistige Eigentum – sobald ein Werk digitalisiert ist, kann es ohne Qualitätsverlust massenhaft vervielfältigt werden. Einmal im Internet zugänglich gemacht, kann das Werk dem Rechtsinhaber in den Tiefen des digitalen Universums völlig entzogen werden. In diesem Zustand der Angst vor dem totalen Kontrollverlust stellen viele die Regelungskraft des Urheberrechts in Frage. Richtig ist zwar, dass das Urheberrecht durch das Internet und die neuen digitalen Techniken in die Defensive geraten ist.[19] Für Pessimismus besteht jedoch kein Anlass, wenn es dem Gesetzgeber gelingt, auf die aktuellen Fragen die richtigen Antworten zu geben. Ob das Urheberrecht auch in Zukunft seine Aufgaben bewältigt, ist also in erster Linie eine politische Frage. Entscheidend ist, ob die Politik den Mut hat, sich offensiv zum Schutz des Urheberrechts als Eigentumsrecht zu bekennen. Das wird immer schwieriger, weil der Gesetzgeber in der urheberrechtspolitischen Debatte inzwischen das Bedürfnis hat, die widerstreitenden Interessen einer Vielzahl von Beteiligten in Einklang zu bringen. Die Interessen der betroffenen Gruppen – Urheber, Verwerter und Nutzer – stehen in einer Wechselbeziehung zueinander. Der notwendige Interessenausgleich darf aber nicht so weit gegen, dass darüber der Kern des Urheberrechts als Eigentumsrecht in Frage gestellt wird.

Geistiges Eigentum ist flüchtig, und es liegt in der Natur der Sache, dass geistiges **12** Eigentum verletzt werden kann, ohne dass diese Verletzung zu einer sichtbaren Beeinträchtigung führt.[20] Wer eine fremde Sache wegnimmt oder verbraucht, der greift unmittelbar in ihre Substanz ein. Wer eine fremde Sache in Besitz nimmt, schließt den rechtmäßigen Besitzer automatisch vom Besitz aus. Bei der Verletzung des geistigen Eigentums bleibt die tatsächliche Nutzungsmöglichkeit des Rechtsinhabers dagegen zunächst unberührt. Die Herstellung einer illegalen Kopie stellt einen Eingriff in das Urheberrecht dar, ohne die tatsächliche Möglichkeit zur Herstellung rechtmäßiger Kopien zu beeinträchtigen. Mangelndes Unrechtsbewusstsein lässt sich jedoch weder mit der Komplexität des Urheberrechts noch mit dem jugendlichen Alter des Verletzers rechtfertigen. Zu Recht hat dies zB auch das OLG Hamburg klargestellt und darauf hingewiesen, dass auch minderjährigen Internet-Nutzern bewusst sein muss, dass das Internet nicht dazu berechtigt, sich unerlaubt und gegen den Willen des Berechtigten fremde Werke anzueignen.[21]

Das Dilemma des Urheberrechts ist, dass das geistige Eigentum so wenig offen- **13** sichtlich als Eigentum erscheint. Im Mittelpunkt der öffentlichen Wahrnehmung steht auch im Internet-Zeitalter das Sacheigentum. Der Inhaber einer CD oder einer DVD ist oftmals der Auffassung, er dürfe damit – weil er diesen Datenträger zu Eigentum erworben hat – nach Belieben verfahren und bezieht diese Befugnis auch auf die auf dem Träger verkörperten Inhalte. Dieselbe Erwartung haben viele in Bezug auf Werke, die als Datei in nicht phyischer Form Online erworben werden.[22] Im Hinblick auf die Interessen der Nutzer ist in der urheberrechtlichen Debatte immer wieder zu hören, das Urheberrecht stehe dem freien Informationsaustausch entgegen. Sofern hier nicht ein verfassungsrechtliches Argument bewusst instrumentalisiert wird, um den Schutz des geistigen Eigentums zu diskreditieren, beruht dieser Einwand zumeist auf dem fundamentalen Missverständnis, die Information als solche sei Gegenstand des ur-

---

**19** *Reinbothe* ZEuS 2004, 367, 378.
**20** *Goldstein* 12.
**21** OLG Hamburg GRUR-RR 2007, 385.

**22** S dazu Rn 122 zur Frage der „Erschöpfung" von Nutzungsrechten im Online-Bereich.

heberrechtlichen Schutzes. Das ist indes nicht der Fall, und das Urheberrecht kann insofern mit der Informationsfreiheit gar nicht in Widerspruch geraten.[23]

## III. Die Fortschreibung des Urheberrechts als rechtspolitische Daueraufgabe

**14**     Das Urheberrecht hat immer auf technische Veränderungen reagieren müssen und diese Änderungen bislang im Wesentlichen auch gut bewältigt. Für alle technischen Neuerungen – von der Schallplatte, über den Rundfunk bis zum Computerprogramm – hat der Gesetzgeber im Urheberrecht Lösungen gefunden. Der Adaptionsprozess, in dem sich das Urheberrecht befindet, ist also keineswegs durch die digitale Revolution ausgelöst worden – das Urheberrecht war und ist ein „work-in-progress". Die beschleunigte technische Entwicklung hat aber dazu geführt, dass die Entwicklungszyklen kürzer geworden sind. Allein seit dem Jahr 2002 ist das Urheberrecht insgesamt fünf Mal umfassend geändert worden[24] und die nächsten Urheberrechtsnovellen stehen bereits auf der Agenda. Das Urheberrecht muss angepasst werden an die neuen Rahmenbedingungen, die die digitale Technik für die Schaffung und die Verwertung von Werken setzt.[25]

**15**     Die Bundesregierung hat sich vorgenommen, das Urheberrecht auch in der 17. Legislaturperiode weiterzuentwickeln. Ihre urheberrechtspolitischen Vorstellungen hat die Bundesjustizministerin in ihrer „Berliner Rede zum Urheberrecht" skizziert. Nach umfassenden Konsultationen der beteiligten Kreise soll Anfang 2011 der Referentenentwurf für ein „Drittes Gesetz zur Regelung des Urheberrechts in der Informationsgesellschaft" (**„Dritter Korb"**) veröffentlicht werden. Dieses Gesetz soll ua eine gesetzliche Regelung für sog „verwaiste Werke" enthalten, sowie Korrekturen der Vorschriften über die Geräte- und Leermedienabgabe. Ferner werden neben anderen Themen eine Beteiligung der Sendeunternehmen an der Geräte- und Leermedienabgabe sowie die Schaffung eines neuen Leistungsschutzrechts für Presseverleger[26] diskutiert. Auch die Enquete-Kommission des Deutschen Bundestags „Kultur in Deutschland" hat sich in der 16. Legislaturperiode ausführlich mit Fragen des Urheberrechts, insb in Bezug auf das Urhebervertragsrecht und die kollektive Rechtewahrnehmung durch Verwertungsgesellschaften befasst.[27] Die Enquete Kommission „Internet", die im Frühjahr 2010 ihre Arbeit aufgenommen hat, wird ebenfalls erneut urheberrechtliche Themen behandeln.[28]

---

23 *Reinbothe* ZEuS 2004, 367, 380.
24 Reform des Urhebervertragsrechts durch das „Gesetz zur Stärkung der vertraglichen Stellung der Urheber und ausübenden Künstler", BGBl 2002 I S 1155; Umsetzung der Informationsgesellschafts-RL durch das „Gesetz zur Regelung des Urheberrechts in der Informationsgesellschaft", BGBl 2003 I S 1774, Umsetzung der Folgerechts-RL durch das „Fünfte Gesetz zur Änderung des Urheberrechtsgesetzes", BGBl 2006 I S 2587; Zweites Gesetz zur Regelung des Urheberrechts in der Informationsgesellschaft"

(„Zweiter Korb"), BGBl 2007 I S 2513; Umsetzung der Durchsetzungs-RL durch das „Gesetz zur Verbesserung der Durchsetzung von Rechten des geistigen Eigentums", BGBl I 2008 S 1191.
25 So ausdrücklich auch Erwägungsgrund 5 der Informationsgesellschafts-RL.
26 Rn 99.
27 Abschlussbericht der Enquete-Kommission BT-Drucks 16/7000.
28 Einsetzungsbeschluss, BT-Drucks 17/950.

Ole Jani

## IV. Der neue Markt im Internet

### 1. Konvergenz der Medien

Was vor einigen Jahren noch Zukunftsvisionen waren, ist heute Realität: die Verschmelzung von Computer, Internet, Fernsehen, Telefon und anderen Geräten. Diese **Konvergenz der Medien** schafft für die Anbieter der Inhalte (Musik, Filme, Presseerzeugnisse usw) völlig neue Perspektiven. Jeder Inhalt soll in Zukunft zu jeder Zeit auf jedem Gerät empfangbar sein, und diese technischen Veränderungen wirken sich unmittelbar auf die Wertschöpfungskette aus. Heute werden Filmprojekte von Anfang an für die Vermarktung in allen Medien konzipiert. Die klassische Verwertungskaskade, die mit der Primärauswertung im Kino beginnt und an deren Ende die Sendung im Free-TV steht, gibt es zwar immer noch. Diese zeitliche Staffelung wird jedoch zunehmend ergänzt und überlagert durch eine simultane Auswertung in den verschiedenen Medien. Die zentrale Rolle spielt auch hierbei das Internet. Parallel zum Kinostart erscheinen zu den großen Kinoproduktionen interaktive Anwendungen, Computerspiele usw. Solche Angebote waren noch vor wenigen Jahren Zusatzgeschäfte unter der Rubrik „Merchandising". Heute sind sie integraler Bestandteil der Vermarktung, für die der Film nicht zwingend mehr die Hauptsache ist, sondern teilweise nur noch als Plattform für eine Vielzahl zusätzlicher Angebote dient. Diese Veränderungen sind auch in Bezug auf andere Werkarten zu beobachten und haben für das Urheberrecht gravierende Folgen. Das Urheberrecht gründet auf der Annahme, dass die einzelnen Formen der Nutzung geschützter Werke voneinander abgegrenzt und eindeutig bestimmten Nutzungsrechten zugeordnet werden können. Diese Abgrenzung wird jedoch zunehmend schwieriger.[29]

**16**

Einer der Schlüsselbegriffe um die Konvergenz der Medien ist Internet-TV oder **„IPTV"**. IPTV ist ein technisches Verfahren, bei dem die Bild- und Tonsignale des Fernsehens über den Internetprotokoll (IP) übermittelt werden.[30] Neben der herkömmlichen Verbreitung über Satellit, Kabel usw wird mit dieser Technik des „Internetfernsehens" eine neue Form des Vertriebs über die Telefonleitung geschaffen. Mit IPTV erreicht die Konvergenz der Medien eine weitere Entwicklungsstufe. Auch im audiovisuellen Bereich liegt die Zukunft in Übertragungsformen, die klassische Verbreitungsformen mit modernen digitalen Kommunikationsmitteln verbinden. Diese Verbindung verbessert nicht nur die Qualität der übermittelten Signale, sondern sie schafft vor allem die technischen Voraussetzungen für neue Geschäftsmodelle. Durch das dem Internet immanente Merkmal der Interaktivität und durch den Einsatz komplexer DRM-Systeme wird IPTV die Individualisierung des Fernsehkonsums weiter vorantreiben. Auch bei IPTV stellt sich die Frage nach seiner urheberrechtlichen Einordnung. Hier ist vieles noch unbeantwortet. Das gilt insb für die Frage, ob IPTV eine neue Nutzungsart iSv §§ 31a, 137l UrhG ist und wo die Grenze zwischen Sendung (§ 20 UrhG) und öffentlicher Zugänglichmachung (§ 19a UrhG) zu ziehen ist.

**17**

### 2. Atomisierung der Märkte

Das Internet ist ein gigantischer Wachstumsmarkt, dessen wirkliche Potentiale noch lange nicht erschöpft sind. Dieser Markt unterscheidet sich von den herkömm-

**18**

---

**29** Ausf *Poll* GRUR 2007, 476, 479 ff.
**30** Zu den technischen Aspekten von Internet-TV und anderen Technologien zur digitalen

Bildübertragung *Fringuelli* 34 ff; *Flatau* ZUM 2007, 2.

lichen Märkten der analogen Welt aber nicht nur in seiner Dynamik und seinen Wachstumsraten. Er unterliegt zum Teil völlig anderen Gesetzmäßigkeiten. Auch im Internet lässt sich Geld zwar nur dann verdienen, wenn die Einnahmen höher sind, als die eigenen Kosten. Dass die betriebswirtschaftlichen Grundregeln auch für das Internet gelten, muss spätestens seit dem Platzen der ersten Internetblase jedem klar sein. Aber die Möglichkeiten, die das Internet eröffnet, lassen sich nicht so leicht kategorisieren und die alten Rezepte des Marketings funktionieren nicht mehr ohne weiteres. Das vielleicht wichtigste Phänomen ist die Atomisierung und Individualisierung der Märkte. Die relative wirtschaftliche Bedeutung der Hits und Blockbuster schwindet. Der Blick verschiebt sich: vom Mainstream auf eine Vielzahl von Nischenmärkten. Diese Märkte sind an sich nicht neu und die ihnen zugrunde liegende Nachfrage war latent immer schon vorhanden. Aber sie zu bedienen wird online zum ersten Mal wirtschaftlich attraktiv.

**19**     Die Konzentration der Medienindustrie auf einige wenige Hits war die Folge der Beschränkung von Übertragungskapazitäten, Lagerraum und Vertriebskanälen in der physischen Welt: Weil der Regalplatz in den Plattenläden begrenzt ist, wird er für die Hits genutzt und nicht mit CDs belegt, die sich nur einmal im Jahr verkaufen.[31] Im Internet spielen diese Beschränkungen keine Rolle – die Ökonomie des Vertriebs ist durch die digitalen Formate radikal verändert worden. Der Vertrieb im Internet ist nahezu beliebig skalierbar. Ob ein Musiktitel aus einem Onlineshop einmal oder 1000 Mal heruntergeladen wird, ist für den Anbieter kaum relevant. Kosten für Lagerhaltung fallen nicht an und der Rechtsinhaber kann den Kunden theoretisch direkt erreichen und den Zwischenhandel als zusätzliche Marktstufe ausschalten. Die Distributionskosten werden marginal, Speicherung und Übertragung der digitalen Daten kosten so gut wie nichts und ein großer Teil der ohnehin geringen Kosten werden beim download vom Kunden getragen; plötzlich können auch Kleinstbeträge attraktiv sein.[32]

**20**     Im Onlinehandel ergibt die Summe der vielen Nischenmärkte ein enormes Potential. Ähnliche Vorteile haben Geschäftsmodelle, die zwar auf körperliche Werkexemplare setzen, diese aber „On-Demand" erstellen und über das Internet vertreiben. Auch hier werden Herstellungskosten variabilisiert und Logistikkosten massiv reduziert. Zugleich werden dadurch auch neue Märkte erschlossen, weil diese Produktions- und Vertriebsmechanismen auch kleine Auflagen rentabel machen. Auf diese Weise lassen sich zB im Buchmarkt hochspezialisierte Marktsegmente erschließen, die für den klassischen Buchverlag aufgrund der traditionellen Kostenstruktur eines Verlagsproduktes unattraktiv gewesen sind.

**21**     Allerdings wird man den sog „Long Tail"[33] in seiner wirtschaftlichen Bedeutung nicht überschätzen dürfen. Das Massengeschäft bleibt auch im Internetzeitalter die wichtigste Grundlage für die Verwertung urheberrechtlich geschützter Inhalte. Werke, die mit Hilfe von Filmproduzenten, Musikunternehmen, Verlagen und anderen „**Verwertern**" geschaffen und vermarktet werden, werden auch in der Online-Welt den größten Teil der Medienwirtschaft ausmachen. Bis heute gibt es trotz der technischen Möglichkeiten, die das Internet für einen direkten Vertrieb theoretisch eröffnet, keine Anzeichen dafür, dass die Selbstvermarktung von Künstlern im Internet Medienunternehmen als Werkmittler entbehrlich macht.[34] Die Vorstellung, im Internet würden die

---

**31** *Anderson* 9.
**32** *Anderson* 9.
**33** Diese Bezeichnung für das Geschäft in sehr

kleinen und speziellen Nischen im Internet geht auf *Anderson* zurück.
**34** Dazu *Lanier* 87 ff.

Verwertungsunternehmen als sog „Intermediäre" obsolet, ist insofern naiv. In der Diskussion um den richtigen Schutz des Urheberrechts in der digitalen Welt müssen deshalb auch die legitimen Interessen der Werkmittler ihren Platz haben.

### 3. Entmaterialisierung des Vertriebs

Ob die CD und andere körperliche Vertriebsformen wirklich schon tot sind, darf **22** bezweifelt werden – die BluRay-Disc als neues Format für die Vermarktung von Filmen ist Beleg dafür, dass physische Werkexemplare va für hochauflösende Filme und andere Werke, die viel Speicherplatz benötigen, mittelfristig einen festen Platz in der Verwertungskette behalten. In manchen Bereichen konzentrieren sich die Unternehmen dagegen bereits heute auf ein reines Online-Angebot. Vorreiter sind auch hier die Anbieter in den Nischenmärkten, die eben durch die konsequente Nutzung der digitalen Technik überhaupt erst erschlossen werden können. Die Medien- und Unterhaltungsindustrie ist in einem Umbruch, der gerade erst begonnen hat und dessen Ergebnisse noch überhaupt nicht absehbar sind. In einer Welt, in der die Inhalte von ihren Trägern vollständig entkoppelt werden können, wird noch deutlicher, dass es bei der Verwertung kreativer Leistungen im Kern um den Handel mit Rechten geht. Das Urheberrecht dient nicht allein der Verwaltung und der Abwicklung wirtschaftlicher Transaktionen, sondern es ist zugleich auch selbst das Objekt dieser Transaktionen. Das Urheberrecht ist also keineswegs ein überkommenes Relikt aus der analogen Ära, das mit dem Buchdruck vor 400 Jahren in die Welt kam. Ein robustes und funktionierendes Urheberrecht ist auch in der digitalen Welt die notwendige Voraussetzung dafür, dass die technischen Möglichkeiten in neue Geschäftsmodelle umgesetzt werden können.

### 4. Web 2.0 – Nutzer werden zu Urhebern

Neue Fragestellungen ergeben sich auch aus dem veränderten Verhalten der Nut- **23** zer und den neuen interaktiven Möglichkeiten. Im Internet der zweiten Generation, dem „Web 2.0", verschwimmen die starren Trennlinien zwischen Inhalteanbietern und Konsumenten. Im Zentrum vieler Internetangebote steht heute „User Generated Content". In Videoportalen (zB myvideo, YouTube), Blogs, Online-Enzyklopädien (zB Wikipedia), in virtuellen Welten (Second Life usw) oder mit Hilfe von Social Software wie StudiVZ, Myspace, Facebook usw. Die Kreativität der Nutzer geht jedoch oftmals einher mit einer großen Unbekümmertheit in Bezug auf Fragen des geistigen Eigentums. Die digitale Technik erlaubt die Kombination von Eigenem mit Fremdem innerhalb von Sekunden. Inhalte in digitalem Format lassen sich beliebig verbinden und bearbeiten. Der digitale Eklektizismus fördert auch neue Formen der Kommunikation, die sich in den bestehenden Rechtsrahmen einfügen. Das zu akzeptieren, fällt vielen Nutzern nicht leicht. Das Urheberrecht erscheint vielen zu unrecht als Anachronismus. Die andauernde Debatte um die Modernisierung des Urheberrechts in der Informationsgesellschaft zeigt, wie schwer es das Urheberrecht oftmals hat, sich gegen den von der Internetgeneration geprägten Zeitgeist zu behaupten. Im Web 2.0 wird das nicht einfacher. Die besonderen Möglichkeiten, die eine freie Nutzung und Bearbeitung fremder Inhalte im Internet für die Weiterentwicklung und Verbreitung dieser Werke eröffnen, werden teilweise aber auch gezielt gefördert. Angebote wie Wikipedia basieren gerade auf diesem Prinzip des kollektiven Schaffens, bei dem der einzelne Urheber zum Teil gänzlich anonym bleibt. Für diese nichtkommerziellen Bereiche sind alternative Lizenzmodelle entwickelt worden, die sich in das bestehende Urheberrechtssystem einfügen, zugleich aber den Nutzern weit reichende Freiheiten gewähren.[35]

## V. Digital Rights Management und technische Schutzmaßnahmen

### 1. Digital Rights Management

**24**    Ein Schlüsselbegriff der Debatte um das Urheberrecht in der Informationsgesellschaft lautet „Digital Rights Management" (DRM). Eine rechtliche Definition dieses Begriffs gibt es nicht. In einem engeren Sinne handelt es sich dabei um technische Maßnahmen gem § 95a UrhG. In einem weiteren Sinne sind unter DRM alle Techniken zu verstehen, die der Kontrolle von Urheberrechten im digitalen Kontext dienen. Eine der ersten trivialen Formen von DRM war der **Kopierschutz**. Die Musikindustrie erhoffte sich von diesem Hilfsmittel, dass sie die wuchernden Kopieraktivitäten der Konsumenten dadurch eindämmen und den Nachschub für die „Tauschbörsen" reduzieren können. Da die CD als inzwischen recht alter technischer Standard einen Kopierschutz aber nicht vorsieht, beeinträchtigte der Kopierschutz massiv die Nutzbarkeit von CDs. Die Musikindustrie hat den Einsatz von Kopierschutz auf CDs deshalb geräuschlos weitgehend wieder eingestellt. Anders verhält es sich mit der DVD. Nahezu alle Film- und Musik-DVDs sind kopiergeschützt. Das eigentliche Anwendungsfeld von DRM sind aber nicht die Offline-Medien, sondern die neuen Vertriebskanäle im Internet. Nachdem der Onlinehandel von Musik und Filmen nach einem schleppenden Beginn inzwischen als etabliert gelten darf, hat auch die Entwicklung von DRM inzwischen an Dynamik gewonnen. Mit Hilfe von DRM lassen sich differenzierte Nutzungsbedingungen, Preismodelle und Produktvarianten auf technischem Wege realisieren.

**25**    Der Einsatz von DRM variiert in den einzelnen Medienbereichen. Während DRM bei Filmen, Games und eBooks durchaus Standard ist, erfolgt der Musikvertrieb im Internet inzwischen weitgehend DRM-frei. Als einer der ersten hatte *Steve Jobs*, dessen Unternehmen Apple mit iTunes als Wegbereiter des digitalen Musikvertriebs gilt, zum Verzicht auf DRM aufgefordert.[36] Diese Form des technischen Urheberrechtsschutzes sei gescheitert. Da die Verwerter bei Tonträgern weitgehend auf Kopierschutz verzichten und DRM nur im Online-Vertrieb eingesetzt wird, sei nur ca 10 % der Musikverkäufe geschützt (2 Mrd Lieder von insgesamt 20 Mrd Titeln, die im Jahr 2006 weltweit verkauft worden sind). Der Nutzen von DRM stehe deshalb in keinem Verhältnis zu dem Aufwand, den die Verwerter für den Einsatz von DRM betreiben müssen.

**26**    Welche Verwertungsformen sich am Ende tatsächlich durchsetzen, ist offen. In jedem Fall ist es aber keine Frage des Urheberrechts, sondern der Marktentwicklung. Dabei ist auch zu berücksichtigen, dass es noch keine einheitlichen Standards für DRM gibt. Heute existieren unterschiedliche DRM-Systeme nebeneinander. Teilweise liegt dies daran, dass die Technologien noch nicht ausgereift sind. Teilweise sind die Schutzmaßnahmen aber auch integraler Bestandteil unterschiedlicher, miteinander konkurrierender Geschäftsmodelle. Ob der Wettbewerb um Inhalte auf Dauer auch

---

[35] S Rn 263 ff.
[36] *Jobs* www.apple.com/hotnews/
thoughtsonmusic (Stand 16.11.2007).

Ole Jani

als Wettbewerb der technischen Systeme erfolgreich geführt werden kann, erscheint indes zweifelhaft. Den Ruf nach technologieneutralen Formaten und nach **Interoperabilität** werden die Anbieter nicht ignorieren können. Einige Vertriebsformen, die als geschlossene Systeme konzipiert sind,[37] sind heute (noch) sehr erfolgreich. Möglicherweise werden sich aber auch bei den technischen Schutzmaßnahmen und Dateiformaten einheitliche Standards durchsetzen – ähnlich, wie bei den körperlichen Speichermedien.

## 2. Schutz technischer Maßnahmen

**Technische Schutzmaßnahmen** dienen dazu, die Zugänglichkeit oder die Nutzbarkeit des Werkes zu beschränken oder auszuschließen. Da jede technische Maßnahme mit technischen Mitteln überwunden werden kann, hat der Gesetzgeber auch die technischen Maßnahmen unter einen besonderen Schutz vor Umgehung gestellt (§§ 95a ff UrhG). Dieser Schutz basiert auf den Vorgaben der Informationsgesellschafts-RL, die ihrerseits der Umsetzung der WIPO-Verträge (WPPT und WCT) dienen. Schutzmaßnahmen sind gem § 95a Abs 2 S 1 UrhG alle Technologien, Vorrichtungen und Bestandteile, die im normalen Betrieb dazu bestimmt sind, geschützte Werke oder andere nach dem Urheberrechtsgesetz geschützte Schutzgegenstände betreffende Handlungen, die vom Rechtsinhaber nicht genehmigt sind, zu verhindern oder einzuschränken. **27**

Wirksame technische Maßnahmen dürfen gem § 95a Abs 1 UrhG ohne die Zustimmung des Rechtsinhabers nicht umgangen werden, soweit dem Handelnden bekannt ist oder den Umständen nach bekannt sein muss, dass die Umgehung erfolgt, um den Zugang zu dem derart geschützten Werk oder dessen Nutzung zu ermöglichen. Das Verbot umfasst darüber hinaus auch die Anleitung zur Umgehung oder die Werbung für Produkte zur Umgehung (§ 95a Abs 3 Nr 1 UrhG). Unzulässig ist danach auch der Verweis auf Bezugsquellen rechtswidriger Softwareprodukte im Rahmen redaktioneller Beiträge im Internet, wenn durch entsprechende Hyperlinks auf die Angebote in der Berichterstattung ein Bezug der rechtswidrigen Umgehungssoftware ermöglicht wird.[38] Der Schutz technischer Maßnahmen ist nicht unumstritten. Kritiker befürchten, dass der technische Schutz den Urheberschutz faktisch überholen werde und die Rechtsinhaber auf diese Weise eine übermäßige Kontrolle über das Werk erlangen, die auch nicht zwingend im Interesse der Urheber sein müsse.[39] **28**

Nach § 95b Abs 2 S 2 UrhG sind Schutzmaßnahmen dann „wirksam", wenn durch sie die Nutzung eines geschützten Werkes oder sonstigen Schutzgegenstandes vom Rechtsinhaber durch eine Zugangskontrolle, einen Mechanismus zur Kontrolle der Vervielfältigung oder sonstige Schutzmechanismen, wie Verschlüsselung, Verzerrung usw, die die Erreichung des Schutzziels sicherstellen, unter Kontrolle gehalten wird. Der Wirksamkeit technischer Maßnahmen steht nicht entgegen, dass sie im Einzelfall umgangen werden können. Andernfalls liefe das Verbot aus § 95a Abs 1 UrhG mit jeder einmal erfolgreichen Umgehung und der damit erwiesenen Unwirksamkeit der Maßnahme ins Leere.[40] Der Einsatz technischer Maßnahmen beschränkt die **29**

---

37 Als prominentes Beispiel sei hier „i-Tunes" von Apple erwähnt, dessen Musikangebot und die zugehörige Soft- und Hardware eine Einheit bilden.
38 OLG München GRUR-RR 2005, 372 – AnyDVD; Vorinstanz LG München I GRUR-RR 214 – DVD-Kopierschutz.

39 *Schack* Rn 829 mwN.
40 BT-Drucks 15/38, 26; *Schack* Rn 832; Wandtke/Bullinger/*Wandtke/Ohst* § 95a UrhG Rn 51.

Nutzbarkeit des Werkstücks. Das Urheberrechtsgesetz verpflichtet die Rechtsinhaber deshalb dazu, über die technischen Maßnahmen zu informieren und die Werkstücke entsprechend zu kennzeichnen (§ 95d UrhG). Der Verbraucher soll dadurch die Möglichkeit erhalten, den technischen Schutz bei seiner Kaufentscheidung zu berücksichtigen. Diese Regelung ist interessengerecht, denn sie schafft Transparenz.

**30**    Da technische Schutzmaßnahmen ohne Rücksicht auf den konkreten Nutzungszweck wirken, kann ihr Schutz mit den gesetzlichen Ausnahmen der Schrankenbestimmungen[41] kollidieren. Um zu gewährleisten, dass die Begünstigten die privilegierten Werknutzungen (insb Vervielfältigungen) tatsächlich vornehmen können, sind einige Schranken gegenüber technischen Schutzmaßnahmen deshalb durchsetzungsstark ausgestaltet. Diese Regelung gilt nicht für alle Schranken, sondern nur für diejenigen, die § 95b Abs 1 UrhG abschließend aufzählt. Nicht in diesem Katalog enthalten ist die Herstellung digitaler Kopien zum privaten Gebrauch.[42] Ob die Befugnis zur Herstellung von Privatkopien durchsetzungsstark ausgestaltet werden soll, war politisch umstritten. Im Rahmen der Umsetzung der Informationsgesellschafts-RL hatte der Gesetzgeber auf eine abschließende Entscheidung dieser Frage zunächst ausdrücklich verzichtet.[43] Das Thema wurde mit dem „Zweiten Korb" zwar erneut aufgegriffen. Die Befürworter einer durchsetzungsstarken Privatkopie konnten sich im Bundestag jedoch nicht durchsetzen. Die Zulässigkeit der Privatkopie steht deshalb auch weiterhin unter dem Vorbehalt, dass der Rechtsinhaber das Werk nicht mit Kopierbeschränkungen versieht.[44]

# § 4
## Die Bedeutung des europäischen Urheberrechts

## I. Europäische Harmonisierung des Urheberrechts

**31**    Die urheberrechtspolitische Entwicklung in Deutschland wird inzwischen durch die europäische Rechtssetzung dominiert. Mit Ausnahme der Reform des Urhebervertragsrechts, die der deutsche Gesetzgeber vor einigen Jahren auf eigene Initiative vorgenommen hat, werden die wichtigen urheberrechtlichen Weichen heute in Brüssel gestellt. Die Auseinandersetzung mit dem Urheberrecht fand auf der europäischen Bühne zunächst nicht als rechtspolitische Debatte, sondern vor den Gerichten als Teil der Diskussion um die Zukunft des Wettbewerbsrechts und unter dem Gesichtspunkt des Missbrauchs marktbeherrschender Stellungen statt. Erst ab Anfang der neunziger Jahre begann die Europäische Kommission die Regelungen der nationalen Urheberrechtsordnungen durch Richtlinien zu harmonisieren. Die Befugnis zu dieser urheberrechtlichen Normsetzung ist Ausfluss des Auftrags zur Verbesserung der Rahmenbedingungen des Binnenmarktes durch Rechtsangleichung und den Abbau von Handelshemmnissen. Zentrale Rechtsgrundlage für die Harmonisierungsmaßnahmen im Urheberrecht ist daher Art 114 (ex-Art 95) des EG-Vertrages.[45] Bis heute sind ins-

---

[41] S Rn 134 ff.
[42] Zur Privatkopie s Rn 140 ff.
[43] BT-Drucks 15/38, 15.
[44] BT-Drucks 16/1828, 18.
[45] Vgl beispielhaft die Präambel der Informa-

tionsgesellschafts-RL in der es heißt:
„... gestützt auf den Vertrag zur Gründung der Europäischen Gemeinschaft, insb auf Art 47 Abs 2, Art 55 und Art 95 ...".

Ole Jani

gesamt **acht Richtlinien** zum Urheberrecht in Kraft getreten,[46] die inzwischen auch alle in das deutsche Urheberrecht umgesetzt worden sind. Die „Durchsetzungs-RL" bildet nur den vorläufigen Schlusspunkt der Harmonisierung. Die EU-Kommission bereitet zurzeit eine Richtlinie vor, mit der ein europäischer Rechtsrahmen für die kollektive Rechtewahrnehmung durch Verwertungsgesellschaften geschaffen wird. Dadurch soll zum einen die grenzüberschreitende Lizenzierung vor allem von Online-Rechten erleichtert werden. In diesem Bereich ist in Folge der sog „Online Recommendation" aus dem Jahr 2005[47] eine erhebliche Rechtsunsicherheit durch eine Zersplitterung der Repertoires eingetreten.[48] Außerdem soll diese Richtlinie den Wettbewerb der europäischen Verwertungsgesellschaften untereinander verbessern. Bereits seit 2008 wird eine Richtlinie zur Verlängerung der Schutzfrist für Tonaufnahmen[49] diskutiert. Das Europäische Parlament hat im Sommer 2009 einen Kompromissvorschlag gebilligt, der anstelle der von der Kommission vorgeschlagenen Schutzfristverlängerung auf 95 Jahre eine Schutzfristverlängerung auf 70 Jahre vorsieht. Bislang fehlt der Richtlinie jedoch die Mehrheit im Ministerrat. Ein weiteres Thema auf der europäischen Urheberrechtsagenda ist eine Regelung über die Nutzung sog verwaister Werke („orphan works"). Außerdem will die Kommission die Debatte über die Auswirkungen des Urheberrechts auf Wissenschaft, Forschung und Unterricht in der digitalen Welt fortsetzen.[50] Das Europäische Parlament hat am 23.9.2010 seine Entschließung zur Durchsetzung von Rechten des geistigen Eigentums im Binnenmarkt („Gallo-Report") verabschiedet,[51] in dem das Parlament ebenfalls für einen starken Urheberrechtsschutz eintritt. Das Europäische Parlament widerspricht ausdrücklich der Auffassung der Kommission, dass der rechtliche Rahmen für die Durchsetzung des Urheberrechts in der Europäischen Union bereits ausreicht und hinreichend harmonisiert ist. Die Abgeordneten des Europäischen Parlaments fordern, dass in die Diskussion über weitere Maßnahmen zur Verbesserung der Rechtsdurchsetzung im Internet auch die Internetserviceprovider einbezogen werden.

Da das europäische Recht keine Kompetenz-Kompetenz kennt, bedarf jede urheberrechtliche Maßnahme einer ausdrücklichen Rechtfertigung auf der Grundlage des EG-Vertrages. Die Befugnis zur europäischen Rechtsetzung im Urheberrecht ist **32**

---

[46] RL 2009/24/EWG v 23.4.2009 über den Rechtsschutz von Computerprogrammen („**Computer-RL**"); RL 92/100/EWG v 19.11.1992 zum Vermiet- und Verleihrecht sowie zu bestimmten dem Urheberrecht verwandten Schutzrechten im Bereich des geistigen Eigentums in der kodifizierten Fassung v 27.12.2006 („**Vermiet- und Verleih-RL**"); RL 93/83/EWG v 27.9.1993 zur Koordinierung bestimmter urheber- und leistungsschutzrechtlicher Vorschriften betreffend Satellitenrundfunk und Kabelweiterverbreitung („**Satelliten- und Kabel-RL**"); RL 93/98/EWG v 29.10.1993 zur Harmonisierung der Schutzdauer des Urheberrechts und bestimmter verwandter Schutzrechte in der kodifizierten Fassung v 27.12.2006 („**Schutzdauer-RL**"); RL 96/9/EG v 11.3.1996 über den rechtlichen Schutz von Datenbanken („**Datenbank-RL**"); RL 2001/29/EG v 22.5.2001 zur Harmonisierung bestimmter Aspekte des Urheberrechts

und der verwandten Schutzrechte in der Informationsgesellschaft („**Informationsgesellschafts-RL**"); RL 2001/84/EG v 27.9.2001 über das Folgerecht des Urhebers des Originals eines Kunstwerkes („**Folgerechts-RL**"); RL 2004/48/EG v 29.4.2004 zur Durchsetzung der Rechte am geistigen Eigentum („**Durchsetzungs-RL**").
[47] „Empfehlung der Kommission v 18.10.2005 für die länderübergreifende kollektive Wahrnehmung von Urheberrechten und verwandten Schutzrechten, die für legale Online-Musikdienste benötigt werden", ABl L 276 v 21.10.2005, 54 ff Online Recommendation.
[48] Vgl *Jani* ZUM 2009, 722 ff.
[49] S Rn 70.
[50] Grünbuch „Urherrechte in der wissensbestimmten Wirtschaft", KOM(2008) 466 endg.
[51] (2009/2178(INI)).

also nicht umfassend und erstreckt sich zB nicht auf das Urhebervertragsrecht. Auch im Urheberrecht gilt ferner der Grundsatz der Subsidiarität, so dass der Gemeinschafts-gesetzgeber den nationalen Gesetzgeber nicht ersetzt.[52] Ein zusammenhängendes europäisches Urheberrecht „aus einem Guss" wird es daher auch in Zukunft nicht geben; trotz der Harmonisierung, die noch nicht am Ende ist, wird das Urheberrecht in bestimmten Bereichen weiterhin durch nationale Besonderheiten geprägt bleiben.

## II. Urheberrecht als Eigentumsrecht

**33**     Auch im europäischen Recht ist das Urheberrecht heute ausdrücklich als Bestand-teil des Eigentumsrechts anerkannt.[53] Ziel auch des europäischen Rechts ist die Schaf-fung eines Rechtsrahmens, in dem sich schöpferische Tätigkeit in ihren kreativen und wirtschaftlichen Aspekten entfalten kann. Ausdrücklich stellt die Informationsgesell-schafts-RL fest, dass Urheber und ausübende Künstler für die Nutzung ihrer Werke eine **angemessene Vergütung** erhalten müssen, wenn sie weiter schöpferisch und künstlerisch tätig sein sollen. Dieser Grundsatz wird auf die Produzenten übertragen, auch sie müssen nach den europäischen Vorgaben eine angemessene Vergütung erhal-ten können, damit sie urheberrechtlich geschützte Werke und deren Verwertung finan-zieren können. Das europäische Urheberrecht bekennt sich damit nicht erst an dieser Stelle ausdrücklich auch zu einem **Investitionsschutz**: „Nur wenn die Rechte des geistigen Eigentums angemessen geschützt werden, kann eine angemessene Vergütung der Rechtsinhaber gewährleistet und ein zufrieden stellender Ertrag dieser Investitio-nen sichergestellt werden."[54] Im Zentrum der Harmonisierungsbemühungen steht also die gewerbliche Verwertung des geistigen Eigentums; persönlichkeitsrechtliche Aspekte spielen hingegen eine untergeordnete Rolle.[55] Eine stärkere Beachtung des Urheber-persönlichkeitsrechts auf europäischer Ebene mag erstrebenswert sein. Angesichts der unterschiedlichen Bedeutung des Urheberpersönlichkeitsrechts in den nationalen Ur-heberrechtsordnungen der Mitgliedstaaten ist damit aber kaum zu rechnen. Es stellt sich im Übrigen die Frage, ob und inwieweit die EU hier überhaupt eine Regelungs-kompetenz hätte.

## § 5
## Die Urheberschaft

## I. Der Urheber als Kreativer

**34**     Dem deutschen Urheberrecht liegt das sog **Schöpferprinzip** zugrunde, das in § 7 UrhG und in § 2 Abs 2 UrhG seinen gesetzlichen Ausdruck gefunden hat. Danach ist Urheber eines Werkes derjenige, der das Werk tatsächlich schafft, das heißt, wer durch eine individuelle geistige Leistung einen sinnlich wahrnehmbaren Gegenstand schöpfe-risch gestaltet hat.[56] Die urheberrechtliche Schöpfung umfasst damit ausschließlich

---

[52] *Reinbothe* GRUR Int 2001, 733, 734.
[53] Informationsgesellschafts-RL, Erwägungs-grund 9.
[54] Informationsgesellschafts-RL, Erwägungs-grund 10.

[55] Dazu krit *Delp* 380 f.
[56] Möhring/Nicolini/*Ahlberg* § 7 UrhG Rn 2; Schricker/Loewenheim/*Loewenheim* § 2 UrhG Rn 11; *Schack* Rn 183.

Ole Jani

den kreativen Akt, nicht aber vorbereitende oder begleitende wirtschaftliche oder organisatorische Leistungen. Produzenten als diejenigen natürlichen oder juristischen Personen, die ein urheberrechtlich geschütztes Werk unter eigener Verantwortung auf eigenes Risiko von einem oder mehreren vertraglich dazu verpflichteten Urhebern schaffen lassen (zB Filmproduzenten), sind aufgrund dieses Schöpferprinzips deshalb keine Werkschöpfer im Sinne des Urheberrechts. Aus diesem Grunde können sie auch kein originäres Urheberrecht erwerben und damit keine ursprüngliche Berechtigung zur Verwertung eines Werkes erlangen. Der urheberrechtliche Schutz setzt aufgrund des Schöpferprinzips in jedem Fall menschliches Schaffen einer natürlichen Person voraus. Werke, die mit technischen Mitteln erzeugt werden, sind daher nicht geschützt.[57] Werke, die mit Hilfe von Computern geschaffen werden („Animationen"), sind nicht geschützt, soweit sie lediglich das Ergebnis des technischen Prozesses im Computer sind, weil es hier an der persönlich-geistigen Leistung des Urhebers fehlt. Die der Animation regelmäßig zugrunde liegenden kreativen Vorarbeiten sind nach den allgemeinen Grundsätzen urheberrechtlich schutzfähig.

Der urheberrechtliche Schutz entsteht außerdem auch nicht dadurch, dass vorgefundene Gegenstände („objets trouvés") zum Werk erklärt werden.[58] Zur Begründung des Rechtsschutzes nach deutschem Recht ist es schließlich unbeachtlich, ob das nationale Recht im Land der Erstveröffentlichung eines ausländischen Werkes vom Schöpferprinzip abweichend die Rechtsstellung des Urhebers und originären Rechtsinhabers einem Dritten, insb dem Arbeitgeber oder Besteller eines Werkes zuweist.[59] **35**

## II. Das Urheberrecht entsteht durch Realakt

Das Urheberrecht kennt keine formalen Schutzvoraussetzungen, wie etwa den Eintrag in ein Register oder eine Schutzrechtsanmeldung beim Deutschen Patent- und Markenamt. In diesem **Grundsatz der Formfreiheit** liegt ein ganz wesentlicher Unterschied des Urheberrechts zu den gewerblichen Schutzrechten (zB Patent-, Gebrauchsmuster-, Geschmackmusterrecht etc). Die Formfreiheit des Urheberrechts hat heute auch im internationalen Rahmen aufgrund von der RBÜ und TRIPs allgemeine Gültigkeit. Sie erleichtert die Entstehung des Schutzes, kann jedoch andererseits die Rechtsverfolgung erschweren. Der urheberrechtliche Schutz entsteht unmittelbar und automatisch durch den **Realakt** der Schaffung des urheberrechtlich schutzfähigen Werkes, also sobald das Werk in seiner konkreten Form objektiv wahrnehmbar ist.[60] Der Urheber muss dazu nicht mit Schöpfungsbewusstsein handeln; auch auf die Geschäftsfähigkeit des Urhebers (§§ 104 ff BGB) kommt es nicht an.[61] **36**

## III. Nachweis der Priorität des Werkes

Im Gegensatz zu den gewerblichen Schutzrechten schließt im Urheberrecht der Schutz eines älteren Werkes den Schutz eines jüngeren gleichartigen Werkes nicht a priori aus. Im seltenen Extremfall kann dies durch eine sog „Doppelschöpfung"[62] **37**

---

[57] Wandtke/Bullinger/*Thum* § 7 UrhG Rn 6.
[58] Schricker/Loewenheim/*Loewenheim* § 2 UrhG Rn 16.
[59] BGH MMR 1998, 35, 36 – Spielbankaffaire.

[60] Dreier/Schulze/*Schulze* § 7 UrhG Rn 3; *Rehbinder* Rn 249.
[61] Wandtke/Bullinger/*Thum* § 7 UrhG Rn 3.
[62] S Rn 84.

dazu führen, dass zwei identische Werke nebeneinander bestehen. In Bezug auf noch unveröffentlichte Werke kann es in der Praxis jedoch schwierig sein, den Nachweis über die eigene Urheberschaft zu führen, wenn jemand anderes die Urheberschaft zu unrecht für sich in Anspruch nimmt. Es kommt nicht selten vor, dass ein Urheber, etwa durch Einsendung eines Manuskripts, sein Werk einem Dritten anbietet, der vorgibt, an der Nutzung nicht interessiert zu sein. Wenig später wird dann aber eben dieses Werk durch den Dritten (oder eine sonstige nicht autorisierte Person) unter anderem Namen verwertet. Um diesem Fall vorzubeugen, empfiehlt es sich, zum Nachweis der Priorität der eigenen Urheberschaft das Werk bei einem Rechtsanwalt oder Notar zu hinterlegen und den Zeitpunkt der Hinterlegung dokumentieren zu lassen. Im Verletzungsprozess kann der Urheber dann nachweisen, dass sein Werk am Tag der Hinterlegung in der hinterlegten Form bereits existiert hat.

## IV. Allein der Urheber entscheidet über die Veröffentlichung seines Werkes

**38**  Die Entstehung des Schutzes durch das Urheberrecht hängt nicht davon ab, dass das Werk veröffentlicht wird. Im Gegenteil umfasst das Urheberrecht auch das Recht zur Veröffentlichung (§ 12 UrhG), und diese Befugnis ist sowohl unter persönlichkeitsrechtlichen wie unter ökonomischen Gesichtspunkten von erheblicher Bedeutung. Das **Veröffentlichungsrecht** ist das Recht des Urhebers, darüber zu entscheiden, ob und in welcher Form sein Werk iSv § 6 Abs 1 UrhG der Öffentlichkeit zugänglich gemacht wird. Ein Werk ist im urheberrechtlichen Sinne nur dann veröffentlicht, wenn es mit Zustimmung des Berechtigten einer Mehrzahl von Personen, deren Kenntnisnahme der Urheber nicht beeinflussen kann, erstmals zugänglich gemacht wird.[63] Die Veröffentlichung ist ein unwiderruflicher Realakt; das Veröffentlichungsrecht gehört zum Kern des Urheberpersönlichkeitsrechts, denn erst durch die irreversible Veröffentlichung tritt das Werk aus der Privatsphäre des Urhebers heraus und wird zum Gegenstand des Rechtsverkehrs.[64] Das Veröffentlichungsrecht ist deshalb als solches nicht übertragbar. Der Urheber kann aber schuldrechtliche Vereinbarungen über die Ausübung des Veröffentlichungsrechts treffen. In der urhebervertraglichen Praxis wird das Veröffentlichungsrecht oftmals nicht gesondert erwähnt, denn es ist in den vertragsgegenständlichen Nutzungsrechten regelmäßig enthalten.[65] Räumt der Urheber seinem Vertragspartner bzgl eines noch unveröffentlichten Werkes zB das Recht zur Vervielfältigung und zur Verbreitung ein, ist eine zusätzliche Vereinbarung über das Recht zur erstmaligen Veröffentlichung des Werkes deshalb nicht erforderlich.

## V. Ein besonderer Urhebervermerk ist nicht notwendig

**39**  Da das Urheberrecht automatisch entsteht, ist nicht erforderlich, dass an dem Werk ein besonderer **Urheberrechtsvermerk**, wie zB das weltweit gebräuchliche ©-Zeichen, angebracht wird. Der ©-Copyright-Vermerk, der seine Grundlage in Art III WUA[66] hat, dient der Erleichterung eines internationalen Urheberrechtsschutzes. Die Vertrags-

---

[63] Schricker/Loewenheim/*Dietz* § 12 UrhG Rn 7.
[64] *Schack* Rn 267.

[65] BGHZ 15, 249, 257 – Cosima Wagner.
[66] Welturheberrechtsabkommen v 6.9.1952, BGBl 1955 II S 101 ff.

Ole Jani

staaten des WUA, die die Gewährung des Urheberrechtsschutzes an formale Anforderungen knüpfen, sollen diese Formalien in Bezug auf ausländische Werke als erfüllt ansehen, wenn auf allen Exemplare des Werkes, die mit Zustimmung des Urhebers oder eines anderen Inhabers des Urheberrechts veröffentlicht worden sind, von der ersten Veröffentlichung des Werkes an das Copyright-Symbol ©, der Name des Urheberrechtsinhabers sowie die Jahreszahl der Veröffentlichung angebracht sind.[67] Diese Bestimmung ist inzwischen allerdings weitgehend bedeutungslos, weil inzwischen fast alle Staaten Mitglied der RBÜ sind und wie das deutsche Urheberrecht einen formlosen Schutz vorsehen.

## VI. Die Urheberschaft wird vermutet

### 1. Die Vermutungsregelung des § 10 UrhG

§ 10 UrhG begründet die widerlegbare **Vermutung der Urheberschaft** iSv § 292 ZPO durch die Bezeichnung des Urhebers auf dem Werk. An welcher Stelle der Urheber auf dem Werk benannt wird, ist grds unerheblich und je nach Werkart unterschiedlich. Bei Computerprogrammen wird der Urheber zB üblicherweise im Quellcode genannt.[68] Werden mehrere Personen als Urheber bezeichnet, so geht die Vermutung dahin, dass sie das Werk als Miturheber (§ 8 UrhG) geschaffen haben.[69] Die Urheberbezeichnung muss nicht mit dem bürgerlichen Namen des Urhebers identisch sein. Auch Künstlernamen, **Pseudonyme** usw erzeugen diese Vermutungswirkung, sofern der Urheber unter diesen Bezeichnungen bekannt ist (§ 10 Abs 1 S 2 UrhG). Welche Anforderungen an die Bekanntheit des Pseudonyms zu stellen sind, ist umstritten. Im Hinblick auf die Funktion der Urheberbezeichnung als Mittel zur Identifizierung des Urhebers dürfen an die Bekanntheit der Urheberbezeichnung aber keine übersteigerten Anforderungen gestellt werden.[70] Die Urhebervermutung ist widerlegbar,[71] sie führt aber zu einer Umkehr der Beweislast.[72] Wer die Vermutung angreifen will, muss deshalb den vollen Gegenbeweis dafür erbringen, dass der als Urheber Bezeichnete nicht der wahre Urheber ist.[73]

**40**

### 2. Erweiterung der Vermutungsregel auf Leistungsschutzrechte

Der Grundsatz der Vermutung der Urheberschaft ist durch die Durchsetzungs-RL auch gemeinschaftsrechtlich ausdrücklich anerkannt und gem Art 5 lit b) dieser Richtlinie auf die Inhaber von verwandten Schutzrechten erweitert worden. In seiner neuen Fassung ist § 10 UrhG daher auf Leistungsschutzrechte entsprechend anwendbar. Mit der Ausweitung der Vermutungsregel trägt die Richtlinie dem Umstand Rechnung, dass Inhaber von Leistungsschutzrechten in der Durchsetzung ihrer Rechte ohne eine Vermutungsregel zu ihren Gunsten oftmals behindert waren.[74] Das gilt vor allem für Tonträgerhersteller. Nach bisheriger Rechtslage war eine entsprechende Anwendung von § 10 UrhG auf das Leistungsschutzrecht zB des Tonträgerherstellers (§ 85 UrhG)

**41**

---

[67] Wandtke/Bullinger/*Thum* § 10 UrhG Rn 57.
[68] LG Frankfurt aM ZUM-RD 2006, 525, 526.
[69] Dreier/Schulze/*Schulze* § 10 UrhG Rn 24.
[70] Fromm/Nordemann/*A Nordemann* § 10 UrhG Rn 39.
[71] BGH GRUR 1994, 39, 40 – Buchhaltungs-

programm; BGH GRUR 2003, 231, 233 – Staatsbibliothek.
[72] Wandtke/Bullinger/*Thum* § 10 UrhG Rn 23; *Rehbinder* Rn 292.
[73] Wandtke/Bullinger/*Thum* § 10 UrhG Rn 24.
[74] Erwägungsgrund 19 der Durchsetzungs-RL.

ausgeschlossen, der „**P-Vermerk**" gem Art 5 des Genfer Tonträgerabkommens von 1971 auf einem Tonträger erzeugte keine Vermutungswirkung.[75] Dieses Defizit ist nunmehr durch die notwendige Anpassung von § 10 UrhG durch eine eindeutige gesetzliche Regelung behoben worden.

### 3. Vermutung zugunsten der Inhaber von Nutzungsrechten

**42**    Über die Vorgaben der Durchsetzungs-RL hinaus hat der Gesetzgeber die Regel über die Vermutung der Rechtsinhaberschaft auch auf Inhaber ausschließlicher Nutzungsrechte ausgedehnt, soweit es um Verfahren des einstweiligen Rechtsschutzes oder um Unterlassungsansprüche geht (§ 10 Abs 3 UrhG). Von dieser Bestimmung profitieren vor allem die Verwerter, die das Urheberrecht nicht mit einem eigenen Leistungsschutzrecht ausgestattet hat (zB Verleger oder Bildagenturen), die aber vergleichbare rechtliche und wirtschaftliche Interessen wie die leistungsschutzberechtigten Verwerter haben.[76] Die Urheberbezeichnung entfaltet ihre Vermutungswirkung nur, wenn das Werk iSv § 6 Abs 2 UrhG erschienen ist. Diese Einschränkung ergibt sich nicht aus der Durchsetzungs-RL, sondern beruht auf einer Entscheidung des deutschen Gesetzgebers.[77] Da die Vermutungsregel in Bezug auf die Inhaber abgeleiteter Nutzungsrechte auf Unterlassungsansprüche beschränkt ist, ist in Bezug auf alle anderen Ansprüche, insb auf Schadensersatz, ein Nachweis der Aktivlegitimation erforderlich.

## VII. Die Unübertragbarkeit des Urheberrechts als Ganzes

### 1. Keine Übertragbarkeit des Urheberrechts zu Lebzeiten

**43**    Dass das Urheberrecht als Ganzes nicht übertragbar ist (§ 29 Abs 1 UrhG), ist die logische Konsequenz aus der persönlichkeitsrechtlichen Verankerung des Urheberrechts. Das Urheberrecht bezieht seine Legitimation aus der Verbindung zwischen dem Schöpfer und seinem Werk und dient zugleich dem Schutz dieser Verbindung. Die **Übertragung des Urheberrechts** auf einen Dritten würde mithin das persönlichkeitsrechtliche Band zwischen Werk und Urheber zerschneiden und dem Urheberrecht damit seine Grundlage entziehen. Ganz anders stellt sich die Situation in Urheberrechtsordnungen dar, in deren Zentrum der wirtschaftliche Schutz steht. Das US-amerikanische Copyright bspw ist vollständig übertragbar. Klauseln in Urheberrechtsverträgen, die eine Übertragung des Urheberrechts vorsehen, sind nach deutschem Recht dagegen nichtig und unbeachtlich. Inwieweit sie Rückschlüsse auf den Vertragszweck und auf den von den Parteien gewollten Umfang der Rechtseinräumung zulassen, ist eine urhebervertragsrechtliche Frage, auf die an anderer Stelle einzugehen sein wird.[78]

### 2. Das Urheberrecht ist vererblich

**44**    Einzige Ausnahme von der Unübertragbarkeit des Urheberrechts ist seine **Vererbbarkeit** (§ 28 Abs 1 UrhG). Der Erbe des Urhebers erwirbt nicht nur die vermögens-

---

[75] BGH GRUR 2003, 228 – P-Vermerk; LG München I ZUM-RD 2007, 205; Wandtke/Bullinger/*Thum* § 10 UrhG Rn 51; aA Fromm/Nordemann/*A Nordemann* § 10 UrhG Rn 16; *Schack* Rn 702.

[76] *Spindler/Weber* ZUM 2007, 257.
[77] Mit Hinweis auf die Durchsetzungs-RL abl *Spindler/Weber* ZUM 2007, 257, 258.
[78] S Rn 210.

Ole Jani

rechtlichen Befugnisse, sondern er tritt im Wege der Gesamtrechtsnachfolge (§ 1922 BGB) vollständig in die Rechtsstellung des Urhebers ein und wird damit auch Inhaber der Urheberpersönlichkeitsrechte.[79] Erben mehrere Personen das Urheberrecht, finden die Vorschriften über die Erbengemeinschaft Anwendung. Gem § 2033 Abs 1 BGB kann durch notariell beurkundeten Vertrag jeder Miterbe über seinen Anteil am Nachlass verfügen, aber nicht über einen Teil des Urheberrechts; diesbezüglich können die Erben nur gemeinschaftlich verfügen.[80] Allerdings ist auch hier § 2039 BGB zu beachten. Danach kann jeder Erbe Leistung an alle Miterben verlangen und diese Forderung auch gerichtlich geltend machen. § 2039 BGB findet auch in Bezug auf das ererbte Urheberrecht Anwendung.[81] Bei der gerichtlichen Durchsetzung ist der klagende Miterbe gesetzlicher Prozessstandschafter der übrigen Miterben. Da jeder Miterbe nach § 2039 BGB Ansprüche alleine geltend machen kann, kann das Urteil auch gegenüber jedem Miterben anders ausfallen. Es liegt kein Fall der notwendigen, sondern nur der einfachen Streitgenossenschaft vor.[82] Die Miterben werden durch die Erbschaft auch nicht zu Miturhebern iSv § 8 UrhG.[83] Im Fall der gesetzlich ausdrücklich zugelassen Vererbung des Urheberrechts wird der Grundsatz durchbrochen, dass Urheber aufgrund des Schöpferprinzips stets nur eine natürliche Person sein kann; der Urheber kann sein Urheberrecht auch einer juristischen Person, zB einer Stiftung vererben.

## VIII. Das deutsche Urheberrecht kennt keine „work-made-for-hire"-Vereinbarung

Über die Rechtsstellung des Urhebers kann nicht disponiert werden.[84] Es ist es **45** daher nicht möglich, im Wege der rechtsgeschäftlichen Vereinbarung festzulegen, dass ein anderer als der Schöpfer des Werkes als Urheber angesehen werden soll, der dadurch die originären Rechte an dem Werk erwerben würde. Aufgrund des Schöpferprinzips ist jegliche Vereinbarung dieser Art ausgeschlossen. In dieser unveränderlichen Bindung des Urheberrechts an den Werkschöpfer liegt der wesentliche Unterschied des Urheberrechts zum US-amerikanischen Copyright, bei dem gem Sec 201(b) US Copyright Act durch sog **„work made for hire"**-Vereinbarungen auch der Produzent Urheber sein kann. Zwar entsteht gem Sec 201(a) US Copyright Act auch nach US-amerikanischem Recht das Copyright grds in der Person des Autors. Im Gegensatz zum deutschen Urheberrecht, dessen Anknüpfungspunkt ausnahmslos die Person des Werkschöpfers und dessen ideelle Beziehung zum Werk ist, stellt das US-amerikanische Copyright-Law insgesamt aber die ökonomischen Interessen unter dem Gesichtspunkt des Investitionsschutzes in den Vordergrund. Das US-amerikanische Copyright ist kein „Author's Right".

Die Philosophie des Copyrights ist, dass derjenige das Anrecht auf die finanziellen **46** Erträge haben sollte, der das finanzielle Risiko für die Herstellung und die Vermarktung des Produkts trägt, in dem sich das Werk des Autors verkörpert, wer auch immer

---

[79] Wandtke/Bullinger/*Block* § 28 UrhG Rn 8.
[80] Schricker/Loewenheim/*Schricker* § 28 UrhG Rn 10; Wandtke/Bullinger/*Block* § 28 UrhG Rn 11.
[81] OLG Stuttgart Urt v 6.10.2010, Az 4 U 106/10 – Stuttgarter Hauptbahnhof.

[82] BGHZ 23, 213.
[83] BGH GRUR 1982, 308, 310 – Kunsthändler; Schricker/Loewenheim/*Schricker/Loewenheim* § 28 UrhG Rn 10.
[84] S Rn 34.

das sein mag. Im Sinne seines ökonomisch geprägten Ansatzes kann das Copyright anders als das deutsche Urheberrecht originär auch in einer juristischen Person, vor allem in der Person des Arbeitgebers, entstehen.[85] Alternativ zu dem originären Erwerb durch eine „work made for hire"-Vereinbarung ist im US-amerikanischen Recht gem Sect. 101 US Copyright Act auch eine nachträgliche Übertragung des Urheberrechts („transfer of Copyright ownership") möglich.

## IX. Im Prozess: die urheberrechtliche Aktivlegitimation

**47**     Bei der Geltendmachung urheberrechtlicher Ansprüche stellt sich zunächst die Frage nach der **Aktivlegitimation**. Aktivlegitimiert ist nach den allgemeinen Grundsätzen derjenige, dem der Anspruch zusteht bzw dessen Recht beeinträchtigt worden ist. Neben dem Urheber und seinen Rechtsnachfolgern kann das auch der Inhaber von Nutzungsrechten sein, sofern er ein ausschließliches Nutzungsrecht hat, das auch den Urheber von der Nutzung des Werkes ausschließt (§ 31 Abs 3 UrhG). Das einfache Nutzungsrecht (§ 31 Abs 2 UrhG) ist grds nicht aktivlegitimiert.[86] Im Erbfall kann bei entsprechender letztwilliger Verfügung des Urhebers auch ein Testamentsvollstrecker (§ 2197 BGB) zur Wahrnehmung der Rechte aus dem Urheberrecht aktivlegitimiert sein.

§ 6

## Das Werk

### I. Das Werk als Objekt des urheberrechtlichen Schutzes

**48**     Urheberrecht und **Kunst** werden oftmals miteinander in Verbindung gebracht. Die beiden Begriffe gehören aber nicht zwingend zusammen. Kunst ist grds keine urheberrechtliche Kategorie.[87] Das Urheberrecht schützt den Urheber in seinen persönlichen und vermögensrechtlichen Beziehungen zu dem von ihm geschaffenen **Werk** (§ 7 UrhG). Dieser objektbezogene Schutz setzt einen Gegenstand voraus, der als **persönliche geistige Schöpfung** urheberrechtlich schutzfähig ist (§ 2 Abs 2 UrhG). § 2 Abs 1 UrhG zählt bestimmte Werkarten auf; diese Aufzählung ist beispielhaft und nicht abschließend. Der urheberrechtliche Werkbegriff ist ein Rechtsbegriff, der als solcher in vollem Umfang der gerichtlichen Überprüfung unterliegt.[88] Der Werkbegriff ist der Schlüsselbegriff im Urheberrecht.

### II. Allgemeine Voraussetzungen für die Schutzfähigkeit

**49**     Das Werk muss nach der Legaldefinition in § 2 Abs 2 UrhG eine **persönliche geistige Schöpfung** sein. Es muss sich also im Sinne des Schöpferprinzips[89] um eine mensch-

---

[85] *Schack* Rn 26.
[86] Dreier/Schulze/*Schulze* § 31 UrhG Rn 51; Schricker/Loewenheim/*Schricker/Loewenheim* Vor §§ 28 ff UrhG Rn 49.
[87] Zu diesem Thema eingehend *Wandtke* ZUM 2005, 769.

[88] BGH GRUR 1958, 677 – Candida; Wandtke/Bullinger/*Wandtke* Einl UrhG Rn 4 mwN.
[89] S Rn 34.

liche Leistung handeln, in der der „menschliche Geist" zum Ausdruck kommt.[90] Rein mechanische, reproduzierende Tätigkeiten können daher keine urheberrechtlich schutzfähigen Leistungen hervorbringen. Das Werk muss außerdem sinnlich wahrnehmbar sein; dies setzt voraus, dass der Urheber dem Werk eine Form gegeben hat, die allerdings nicht von Dauer sein muss; auch flüchtige Ausdrucksformen können deshalb Werkcharakter haben.[91]

Bei Werken, die das Ergebnis einer geringen eigenschöpferischen Leistung sind, stellt sich die Frage, ob sie die Voraussetzungen für einen urheberrechtlichen Schutz erfüllen. Die Rechtsprechung stellt an die notwendige Individualität des Werkes grundsätzlich keine besonders hohen Anforderungen und verlangt lediglich, dass das Werk über das rein Handwerkliche hinausgeht.[92] Nicht erforderlich ist, dass ein Werk gegenüber bestehenden Werken absolut neuartig ist. **50**

Auch Werke von nur geringer Individualität können also Schutz durch das Urheberrecht genießen; man spricht hier von Werken der „Kleinen Münze".[93] Derartige Werke finden sich namentlich in Bereichen, in denen urheberrechtliches Schaffen vor allem zu Alltags- und Gebrauchszwecken erfolgt. Für einen Schutz technischer Darstellungen (§ 2 Abs 1 Nr 7 UrhG) soll es nach den Grundsätzen der „kleinen Münze" zB ausreichen, wenn die Daten nicht wahllos aufgelistet werden, sondern ein Sachverhalt auf strukturierte Weise und für den Laien verständlich aufbereitet wird.[94] In der allzu großzügigen Anerkennung urheberrechtlicher Schutzfähigkeit von Werken der sog „**Kleinen Münze**" liegt allerdings die Gefahr einer Inflation des Urheberrechts, die in letzter Konsequenz zu Lasten des Urheberrechts insgesamt ginge. Zu Recht wird in der Literatur[95] deshalb eine gewisse **Gestaltungshöhe** gefordert. Sie ist für den Urheberrechtsschutz bestimmend, da es um die Feststellung geht, welche schöpferischen Leistungen in den Urheberrechtsschutz miteinbezogen werden und welche nicht. Setzte man, wie teilweise gefordert, die Hürde sehr niedrig an, so würde die Zahl der urheberrechtlich geschützten Werke ausufern und das Urheberrecht im Ergebnis geschwächt werden. Wegen der umfangreichen Befugnisse des Urhebers und der langen Schutzdauer von 70 Jahren post mortem auctoris (§ 64 UrhG) ist deshalb die Gestaltungshöhe ein notwendiges Korrektiv. Andererseits ist aber das Erfordernis der Gestaltungshöhe kein starrer Maßstab, sondern er kann bei einzelnen Werkarten durchaus unterschiedlich sein. In diesem Sinne stellt auch die Rechtsprechung bei der „angewandten Kunst" unter Verweis auf die Möglichkeit eines Schutzes durch das Geschmacksmusterrecht an den urheberrechtlichen Schutz in der Regel noch strengere Anforderungen.[96] Diese Differenzierung zwischen sog zweckfreier und gebrauchsbezogener Kunst ist verfassungsrechtlich unbedenklich.[97] Diese modifizierten Schutzvoraussetzungen gelten auch für **Computergrafiken**, wie zB computergenerierte Visualisierungen architektonischer Pläne. Computergrafiken können als angewandte Werke der bildenden Kunst nach § 2 Abs 1 Nr 4 UrhG durchaus urheberrechtlichen Schutz **51**

---

90 BGH GRUR 1998, 916, 917 – Stadtplanwerk; Schricker/Loewenheim/*Loewenheim* § 2 UrhG Rn 18.
91 BGHZ 37, 1, 7 – AKI; Schricker/Loewenheim/*Loewenheim* § 2 UrhG Rn 20 mwN.
92 BGH ZUM 1992, 427 – Bedienungsanweisung.
93 So bereits das Reichsgericht in RGZ 81, 120, 122; außerdem zB KG GRUR-RR 2001, 292 – Bachforelle.

94 LG München I ZUM-RD 2007, 435 – Fonds-Prospekt.
95 Wandtke/Bullinger/*Bullinger* § 2 UrhG Rn 24; *Rehbinder* Rn 153; *Schack* Rn 10.
96 BGH GRUR 1957, 291 – Europapost; 1959, 298f – Rosenthal-Vase.
97 BVerfG NJW-RR 2005, 686.

genießen. Allerdings ist auch hier erforderlich, dass das Werk die Durchschnittsgestaltung deutlich überragt. Der Umstand, dass die computergestützte Erstellung nicht völlig automatisiert verläuft und mit erheblichem Aufwand bei der manuellen Eingabe der erforderlichen Programmierbefehle verbunden ist, reicht dafür jedoch in der Regel nicht aus.[98] **Computerprogramme** (§ 2 Abs 1 Nr 1 UrhG) sind aufgrund europarechtlicher Vorgaben schutzfähig, wenn sie das Ergebnis der eigenen geistigen Schöpfung sind (§ 69a Abs 3 UrhG). Zwar gilt auch hier uneingeschränkt das Schöpferprinzip. Ästhetische oder qualitative Kriterien spielen aber keine Rolle. Eine fehlende Schöpfungshöhe ist deshalb bei Computerprogrammen so gut wie ausgeschlossen.[99]

**52**    Texte, die sich im Wesentlichen auf die **Wiedergabe tatsächlicher Ereignisse** konzentrieren und unter Zweckmäßigkeitsgesichtspunkten verfasst sind, sind urheberrechtlich nicht geschützt, denn solche Texte erfüllen nicht das Kriterium der persönlich-geistigen Schöpfung.[100] Das gilt auch für Film- und Fernsehberichte über tatsächliche und aktuelle Ereignisse (Tagesschauen)[101] oder Aufzeichnungen von Sendungen ohne besondere filmische Gestaltung (Dauerwerbesendungen usw).[102]

## III. Werkarten (§ 2 Abs 1 UrhG)

**53**    Ausgangspunkt aller urheberrechtlichen Überlegungen ist die Frage, ob eine bestimmte Schöpfung überhaupt Werkqualität iSd Urheberrechtsgesetzes hat. Das Urheberrechtsgesetz benennt in § 2 Abs 1 UrhG beispielhaft bestimmte Werkarten, die urheberrechtlichen Schutz genießen können: Sprachwerke, wie Schriftwerke, Reden und Computerprogramme (§ 2 Abs 1 Nr 1 UrhG), Werke der Musik (§ 2 Abs 1 Nr 2 UrhG), pantomimische Werke einschließlich der Werke der Tanzkunst (§ 2 Abs 1 Nr 3 UrhG), Werke der bildenden Kunst einschließlich Werke der Baukunst und der angewandten Kunst und Entwürfe solcher Werke (§ 2 Abs 1 Nr 4 UrhG), Lichtbildwerke (Fotografien) einschließlich der Werke, die ähnlich wie Lichtbildwerke geschaffen werden (§ 2 Abs 1 Nr 5 UrhG), Filmwerke einschließlich der Werke, die ähnlich wie Filmwerke geschaffen werden (§ 2 Abs 1 Nr 6 UrhG) sowie Darstellungen wissenschaftlicher oder technischer Art, wie Zeichnungen, Pläne, Karten, Skizzen, Tabellen und plastische Darstellungen (§ 2 Abs 1 Nr 7 UrhG). Ob ein Werk im Rahmen dieser Kategorien tatsächlich geschützt ist, richtet sich nach den abstrakten Schutzvoraussetzungen gem § 2 Abs 2 UrhG.

**54**    Der Katalog des § 2 Abs 1 UrhG ist nicht abschließend und damit offen für Neues. Es besteht also kein Bedürfnis dafür, **Multimediawerke** ausdrücklich als neue Werkart in den Katalog des § 2 Abs 1 UrhG aufzunehmen.[103] In welche Werkkategorie ein Multimediawerk einzuordnen ist, muss anhand der Umstände des Einzelfalls beantwortet werden. Auch beim Multimediawerk muss dabei mit Blick auf die für den Betrachter wahrnehmbare Formengestaltung zunächst eine Zuordnung zu den bekannten Werkarten erfolgen.[104] Multimediawerke können aber durchaus als unbenannte Werkart eigenständig schutzfähig sein.[105] Charakteristisch für solche Multimediawerke ist

---

[98] OLG Köln Urt v 20.3.2009, Az 6 U 183/08 – 3D-Messestände.
[99] Schricker/Loewenheim/*Loewenheim* § 69a UrhG Rn 19.
[100] LG Düsseldorf ZUM-RD 2007, 367, 368.
[101] LG Berlin GRUR 1962, 207, 208 – Mai-

feiern; Schricker/Loewenheim/*Katzenberger* § 95 UrhG Rn 9 f.
[102] BGH GRUR 2000, 703, 704 – Mattscheibe.
[103] *Leutheusser-Schnarrenberger* ZUM 1996, 631, 633.
[104] LG Köln MMR 2006, 52, 53.
[105] *Schack* Rn 248.

Ole Jani

die Verbindung einzelner Elemente zu einer Einheit, die mehr ist als die Summe ihrer Teile, weil durch sie ein Gesamtkunstwerk entsteht.[106] Insoweit ähnelt das Multimediawerk dem Filmwerk, bei dem ebenfalls eine Vielzahl von Beiträgen, die für sich genommen urheberrechtlich schutzfähig sein können, zu einem neuen Ganzen zusammengefügt wird. Ob durch die Kombination von Einzelteilen ein selbstständig geschütztes Multimediawerk entsteht, hängt davon ab, ob die Bearbeitung, Anordnung, und Zusammenstellung der Elemente eine persönliche geistige Schöpfung iSv § 2 Abs 2 ist.[107] Konstitutiv für Multimediawerke ist das interaktive Element, bei dem der Nutzer Art und Verlauf der Nutzung des Werkes bestimmt.[108]

Die schöpferische Leistung bei **Musikwerken** kann sich aus der Gestaltung der Melodie, dem Aufbau der Tonfolgen, dem Rhythmus, der Instrumentierung und der Orchestrierung ergeben; die künstlerische Bedeutung des Musikstückes ist für die Frage der Schutzfähigkeit unbeachtlich.[109] Gerade im Bereich der Musikkomposition kommt dem Prinzip der „Kleinen Münze" eine besondere Bedeutung zu, die urheberrechtlichen Anforderungen an die Schutzfähigkeit von Musikwerken sind nach ständiger Rechtsprechung sehr gering.[110] Als Musikwerk können deshalb zB auch Klingeltöne für Mobiltelefone urheberrechtlich geschützt sein.[111] **55**

Dass Entwürfe für **Bauwerke** urheberrechtlich geschützt sein können, ist in jüngerer Zeit durch eine Reihe spektakulärer Prozesse in das Bewusstsein der Öffentlichkeit gerückt.[112] Das Urheberrecht des Architekten gerät immer wieder in Konflikt mit den Gebrauchsinteressen des Bauherrn. Inwieweit das Architektenurheberrecht zugunsten der eigentumsrechtlichen Befugnisse des Gebäudeinhabers zurücktreten muss, ist eine schwierige Frage der Interessenabwägung im Rahmen des Entstellungsverbots aus § 14 UrhG.[113] **56**

Die genaue **Einordnung eines Werkes** in die Kategorien des § 2 Abs 1 UrhG, die mitunter schwierig sein kann, ist für die Praxis solange von geringer Bedeutung, wie es allein darauf ankommt, ob ein Werk überhaupt dem urheberrechtlichen Schutz unterliegt. Da das Urheberrechtsgesetz aber bestimmte Rechtsfolgen an die eindeutigen Einordnung des Werkes in den Katalog von § 2 Abs 1 UrhG knüpft, ist die Frage nach der Werkkategorie nicht nur von akademischem Interesse. Für Filmwerke gelten die urhebervertragsrechtlichen Sonderbestimmungen der §§ 88, 89 UrhG. Der rechtliche Rahmen für die Herstellung und Nutzung von Computerprogrammen wird in den europarechtlich fundierten Vorschriften der §§ 69a ff UrhG vorgegeben. Hier ist eine eindeutige Zuordnung des Werkes zwingend notwendig. **57**

Auch **Webseiten** können urheberrechtlich geschützt sein, wenn ihre Gestaltung die Schutzanforderungen aus § 2 Abs 2 UrhG erfüllt.[114] Webseiten, die nur auf einer HTML-Datei basieren, sind keine Computerprogramme.[115] Sofern ihre optischen Gestaltungsmerkmale über das rein Handwerkliche hinausgehen, können sie als ein Werk **58**

---

106 Wandtke/Bullinger/*Bullinger* § 2 UrhG Rn 151.
107 Loewenheim/*A Nordemann* § 9 Rn 191; Schricker/Loewenheim/*Loewenheim* § 2 UrhG Rn 4.
108 Wandtke/Bullinger/*Bullinger* § 2 UrhG Rn 152; *Schack* Rn 248.
109 BGH GRUR 1991, 533 – Brown Girl II.
110 BGH GRUR 1968, 312, 323 – Haselnuss; BGH GRUR 1971, 266, 268 – Magdalenenarie; BGH GRUR 1991, 533, 535 – Brown-Girl II.

111 LG Hamburg ZUM 2001, 443, 444 – Klingelton für Handys.
112 Zum Urheberrecht in der Architektur eingehend *Schulze* NZBau 2007, 537 und 611.
113 S Rn 105a.
114 OLG Hamm MMR 2005, 106; OLG Düsseldorf MMR 1999, 729.
115 Wandtke/Bullinger/*Grützmacher* § 69a UrhG Rn 18.

der angewandten Kunst geschützt sein. Nach einer Entscheidung des OLG Rostock kommt aber auch ein Schutz als Sprachwerk (§ 2 Abs 1 Nr 1 UrhG) in Betracht, wenn die Webseite aufgrund ihrer sprachlichen Gestaltung so optimiert wird, dass sie bei der Eingabe von Schlüsselbegriffen aus der Alltagssprache in eine Suchmaschine unter den ersten Suchergebnissen erscheint.[116] Diese Auffassung ist abzulehnen. Zum einen funktionieren Suchmaschinen heute in der Regel auf der Basis von Links, so dass Schlagwörter in der Webseite auf die Suchmaschinenergebnisse kaum noch Einfluss haben, das gilt insb für die Suchmaschine Google, auf die der Beschluss des OLG Rostock sich ausdrücklich bezieht.[117] Darüber hinaus sind die Auswahl und die Anordnung von Schlagwörtern, die den logischen und technischen Kriterien der Suchmaschine folgen, keine persönliche geistige Schöpfung. Die Gestaltung wird ausschließlich durch die technischen Anforderungen der Suchmaschinen vorgegeben, denn nur wenn diese berücksichtigt werden, lässt sich das gewünschte Ergebnis erzielen. Einen Spielraum für individuelle Gestaltung iSv § 2 Abs 2 UrhG gibt es hier deshalb nicht.

## IV. Schutz von Entwürfen, Werktiteln und Werkteilen

### 1. Entwürfe

**59**    Werke entstehen in der Regel im Rahmen eines Prozesses, in dessen Verlauf der Urheber **Entwürfe** fertigt, aus denen sich die Endfassung des Werkes erst herausbildet. Auch diese Vorstufen des Werkes können bereits urheberrechtlich als eigenständiges Werk geschützt sein, sofern auch sie im Sinne der allgemeinen Kriterien eine individuelle Schöpfung sind.[118] Das ist insb dann der Fall, wenn das eigentliche Werk in einer anderen Werkart oder einem anderen Medium entsteht. Hier ist von Fall zu Fall allerdings zu prüfen, ob die Transformation eine Bearbeitung ist und ausgehend von dem urheberrechtlich selbstständig geschützten Entwurf ein neues Werk geschaffen wird, oder ob die Umsetzung des Entwurfs lediglich eine Vervielfältigung (§ 16 UrhG) ohne zusätzliche eigenschöpferischen Elemente darstellt. Diese Abgrenzungsfrage spielt zB bei Plänen für Bauwerke eine Rolle.

### 2. Werktitel

**60**    **Werktitel** sind in der Regel nicht selbstständig schutzfähig, da Ihnen aufgrund ihrer Kürze die Werkqualität fehlt.[119] Ein urheberrechtlicher Titelschutz kann im Einzelfall möglich sein, wenn der Titel eines – urheberrechtlich geschützten – Werkes ausnahmsweise selbst und unabhängig von dem Werk als eigentümlich einzustufen ist. Dies wird zumeist jedoch abzulehnen sein.[120] Auch ohne dass der Titel eines Werkes urheberrechtlich geschützt ist, ist es allerdings unzulässig, ihn als unselbstständigen Bestandteil des Werkes ohne die Zustimmung des Urhebers zu ändern (§ 39 Abs 1 UrhG). Unabhängig davon kann der Titel eines Werkes gem §§ 5, 15 MarkenG kenn-

---

**116** OLG Rostock GRUR-RR 2008, 1.
**117** Zur Technik der Suchmaschinen *Kühling/Gauß* ZUM 2007, 881.
**118** Dreier/Schulze/*Schulze* § 2 UrhG Rn 187.
**119** BGHZ 26, 52, 60 – Sherlock Holmes;

BGH GRUR 1977, 543, 544 – Der 7. Sinn; Wandtke/Bullinger/*Bullinger* § 2 UrhG Rn 65.
**120** BGHZ 26, 52, 59 f – Sherlock Holmes; BGHZ 68, 132, 134 – Der 7. Sinn.

zeichenrechtlich geschützt werden.[121] Ferner kommt ergänzend auch hier ein wettbewerbsrechtlicher Schutz in Betracht.

### 3. Werkteile und Werkausschnitte

Einzelne **Werkteile** können selbstständigen urheberrechtlichen Schutz genießen, wenn sie für sich genommen die Schutzanforderungen des § 2 UrhG als persönlich-geistige Schöpfung erfüllen. Das wird umso weniger der Fall sein, je kleiner der Werkteil ist. Die Frage nach dem selbstständigen urheberrechtlichen Schutz von Werkteilen gewinnt im digitalen Kontext an Bedeutung. Werke, die in digitaler Form vorliegen, können in beliebig kleine Teile zerlegt werden, die dann als Material für neue Werke zur Verfügung stehen. Die technischen Grenzen, die der Werkbearbeitung in der analogen Welt gesetzt waren, sind aufgehoben. Da Stadtpläne und Landkarten als technische Darstellung (§ 2 Abs 1 Nr 7 UrhG) urheberrechtlich geschützt sein können,[122] ist die Nutzung von Ausschnitten aus einem **Stadtplan** zB auf einer Website ohne die Zustimmung des Rechtsinhabers unzulässig.[123] Dasselbe gilt für Ausschnitte aus Fotografien. Da die urheberrechtliche Schutzfähigkeit einen bestimmten Umfang des Werkes voraussetzt, fehlt kurzen Ausschnitten („**Snippets**") von Texten, die insgesamt als Werk geschützt sind, in der Regel die Schutzfähigkeit. Der EuGH hat entschieden, dass ein Satz aus 11 Wörtern die für eine Schutzfähigkeit hinreichende Länge haben kann.[124] Zugleich hat der EuGH in dieser Entscheidung aber klargestellt, dass der urheberrechtliche Werkbegriff **nicht durch das europäische Recht definiert** wird und dass die Entscheidung über die Schutzvoraussetzungen deshalb den nationalen Gerichten vorbehalten ist.

**61**

Bei Musik ist grds nur die **Melodie** geschützt (§ 2 Abs 1 Nr 2 UrhG). Der „Sound" der Musik ist dagegen nicht monopolisierbar. Da die Melodie die kleinste urheberrechtlich schutzfähige Einheit eines Musikwerks ist, genießen deshalb auch sog Klangdateien in der Regel keinen urheberrechtlichen Schutz.[125] Einzelne Töne oder Akkorde unterliegen nicht dem Schutz durch das Urheberrecht, denn sie müssen zur Benutzung durch die Allgemeinheit frei bleiben. Das sog Sampling von Sounds, bei dem kleinste Teile unterschiedlicher Musikwerke neu zusammengesetzt werden, stellt daher in der Regel keinen Eingriff in das Urheberrecht an den zugrunde liegenden Ausgangswerken dar, wenn die genutzten Werkteile wegen ihrer Kürze keinen selbstständigen urheberrechtlichen Schutz genießen.[126] Wird aus einer fremden Tonaufnahme eine kurze, aber charakteristische und fortlaufend wiederholte Rhythmussequenz im Wege des **Sampling** übernommen und einer anderen Tonaufnahme in ebenfalls fortlaufender Wiederholung unterlegt, kann allerdings das Leistungsschutzrecht des Tonträgerherstellers an der Tonaufnahme (§ 85 UrhG) verletzt sein. Anders als beim Urheberrecht genießen hier nämlich auch **kleinste Teile** der geschützten Aufnahme (BGH: „kleineste Tonfetzen") eigenständigen Schutz.[127]

**62**

---

[121] BGH GRUR 2003, 342 – Winnetous Rückkehr; zur Schutzfähigkeit von Werktiteln ausf *Hildebrandt/Hennig/Weichhaus* Band 3 Kap 5.
[122] BGH GRUR 1988, 33, 35 – topographische Landkarten; OLG Frankfurt GRUR 1988, 816 – Stadtpläne; LG München I GRUR-RR 2007, 145.
[123] BGH GRUR 2005, 854 – Kartografische Gestaltungen; OLG Hamburg KuR 2006, 528.

[124] EuGH GRUR 2009, 1041 – Infopaq ./. DDF.
[125] LG Rottweil ZUM 2002, 490.
[126] *Schricker/Loewenheim/Loewenheim* § 2 UrhG Rn 122; *Wandtke/Bullinger/Bullinger* § 2 UrhG Rn 71; *Schack* Rn 219.
[127] BGH GRUR 2009, 403 – Metall auf Metall.

## V. Das Urheberrecht schützt die Form – die Ideen bleiben frei

**63**    Am Anfang eines jeden Werkes steht eine Idee. Das Urheberrecht gewährt gleichwohl keinen Schutz der Ideen, sondern es ist ein reiner **Formenschutz**.[128] In diesem Prinzip stimmen das kontinentaleuropäische Urheberrecht und das Copyright angloamerikanischer Prägung überein.[129] Der Schutz von Ideen ist die Domäne des Patentrechts; im geschäftlichen Verkehr kommt ein Ideenschutz nach Maßgabe des Wettbewerbsrechts in Betracht.[130] Im Urheberrecht bleiben die dem Werk zugrunde liegenden Ideen im Interesse der Allgemeinheit indes frei und können von jedermann benutzt werden.[131] Das gilt bspw auch für sog Fernsehformate (Konzepte für Fernsehshows, -serien usw).[132] Eine Ausnahme bildet die Fortsetzung von Werken der Literatur. Hier kann die Übernahme der Handlungsstränge und der Protagonisten des Ausgangswerkes in das Urheberrecht des Autors des ursprünglichen Werkes eingreifen.[133] Das Urheberrecht monopolisiert auch nicht bestimmte **Informationen** und Nachrichten. Die Berichterstattung bleibt frei. Ebenso frei sind bestimmte Techniken und Stile, die der Urheber zur Herstellung des Werkes einsetzt oder entwickelt. Auch in Bezug auf den Ideenschutz gibt es freilich Grenzfälle, in denen die Frage der Schutzfähigkeit schwierig zu beantworten sein kann. Das gilt insb für komplexe Sprachwerke, bei denen sich die ästhetische Gestaltung des Textes nicht von seinem Inhalt trennen lässt. Hier erstreckt sich der urheberrechtliche Schutz deshalb auch auf den Inhalt des Werkes.[134] Für Computerprogramme regelt § 69a Abs 2 S 2 UrhG ausdrücklich, dass die Ideen und Grundsätze, die einem Computerprogramm einschließlich der Schnittstellen zugrunde liegen, nicht geschützt sind.

## VI. Amtliche Werke sind urheberrechtlich nicht geschützt

### 1. Grundsatz der Gemeinfreiheit amtlicher Werke

**64**    Amtliche Werke (Gesetze, Verordnungen, amtliche Bekanntmachungen usw) sind vom urheberrechtlichen Schutz ausgenommen (§ 5 UrhG). Amtliche Werke sind Werke, die im amtlichen Interesse zur allgemeinen Kenntnisnahme veröffentlicht worden sind (§ 5 Abs 2 UrhG). Diese Beschränkung der Schutzfähigkeit ist keine urheberrechtliche Schranke, die den Inhalt des urheberrechtlichen Schutzes wie die §§ 44a ff UrhG begrenzt, sondern sie spricht den amtlichen Werken den Urheberrechtsschutz schlechthin ab. **Amtliche Werke** sind deshalb gemeinfrei.[135] Allerdings ist nicht jedes Werk, das im Auftrag einer Behörde erstellt wird, automatisch ein amtliches Werk, wenn die Behörde dieses Werk sich nicht im Rahmen ihrer eigenen hoheitlichen Tätigkeit zu Eigen macht.[136] Amtliche Werke können nachträglich urheberrechtlichen Schutz er-

---

**128** BGH GRUR 1999, 923, 924 – Tele-Info-CD; OLG München GRUR 1990, 674, 675 – Forsthaus Falkenau; Schricker/Loewenheim/*Loewenheim* § 2 UrhG Rn 50; Wandtke/Bullinger/*Bullinger* § 2 UrhG Rn 39 mwN.

**129** *Goldstein* 14.

**130** Dazu Band 3 Kap 1.

**131** BGH GRUR 1987, 704, 706 – Warenzeichenlexika; BGH GRUR 1991, 449, 453 – Betriebssystem.

**132** BGH GRUR 2003, 876, 878 – Sendeformat.

**133** S Rn 83.

**134** Wandtke/Bullinger/*Bullinger* § 2 UrhG Rn 38.

**135** Wandtke/Bullinger/*Marquardt* § 5 UrhG Rn 1.

**136** OLG Köln ZUM 2001, 527 – Deutsche Rechnungslegungsstandards.

Ole Jani

langen, insb wenn sie redaktionell aufbereitet werden, etwa durch Anmerkungen, Kommentierungen etc. Telefonbücher sind keine amtlichen Werke.[137]

## 2. Schutzfähigkeit privater Normwerke als Ausnahme

Das Urheberrecht an privaten Normwerken (zB DIN-Normen) wird gem § 5 Abs 3 **65** UrhG durch die Bestimmungen in § 5 Abs 1 und 2 UrhG auch dann nicht berührt, wenn Gesetze, Verordnungen, Erlasse oder amtliche Bekanntmachungen auf sie verweisen, ohne ihren Wortlaut wiederzugeben. Die Nutzung privater Normwerke ist deshalb auch dann lizenzpflichtig, wenn sie durch staatliche Bezugnahme allgemein verbindlich werden und dadurch rechtssatzähnlichen bzw -ergänzenden Charakter erhalten.[138] Der urheberrechtliche Schutz privater Normwerke erlischt allerdings, wenn in amtlichen Werken, zB in Gesetzen, auf derartige private Normwerke in einer Art und Weise Bezug genommen wird, dass sie Bestandteil der eigenen Willensbetätigung der Behörde werden und dadurch in der hoheitlichen Erklärung aufgehen. Maßgeblich dafür ist, dass die Behörde sich das private Werk erkennbar zu Eigen macht.[139]

## 3. Pflicht zur Erteilung einer Zwangslizenz bei privaten Normwerken

Besteht an privaten Normwerken ein Urheberrecht, ist der Urheber verpflichtet, **66** jedem Verleger zu angemessenen Bedingungen ein Recht zur nicht ausschließlichen Vervielfältigung und Verbreitung einzuräumen (§ 5 Abs 3 S 2 UrhG). Durch diese **Zwangslizenz** soll sichergestellt werden, dass die Verbreitung privater Normwerke, an denen der Urheberschutz fortbesteht, ungehindert möglich ist.[140] Die Zwangslizenz betrifft nur die körperliche Verwertung, nicht auch die Lizenzierung eines Rechts zur öffentlichen Wiedergabe zB durch öffentliche Zugänglichmachung in Online-Diensten. Sofern der Urheber bereits einem Dritten ein ausschließliches Vervielfältigungs- und Verbreitungsrecht an seinem Werk eingeräumt hat, trifft die Pflicht zur Erteilung einer Zwanglizenz diesen Dritten.[141] Als Ausgleich für die Einräumung des einfachen Nutzungsrechts im Wege der Zwangslizenz hat der Urheber einen Anspruch auf eine angemessen Vergütung. Hier gelten die allgemeinen urhebervertragsrechtlichen Bestimmungen der §§ 31 ff UrhG.[142]

## § 7
# Das Urheberrecht ist ein zeitlich befristetes Monopolrecht

## I. Das Urheberrecht erlischt nach Ablauf der Schutzfrist

Das Urheberrecht gewährt dem Schöpfer eines Werkes ein Monopolrecht, indem es **67** dem Urheber die volle Kontrolle über das Werk zuweist und andere von der Nutzung des Werkes grds ausschließt. Dieses Monopolrecht findet seine Legitimation sowohl in

---

[137] BGHZ 141, 329 – Tele-Info-CD.
[138] Schricker/Loewenheim/*Katzenberger* § 5 UrhG Rn 26.
[139] So bereits BGH GRUR 1990, 1003, 1004 – DIN-Normen.
[140] Beschlussempfehlung und Bericht des

Rechtsausschusses, BT-Drucks 15/837, 4; Wandtke/Bullinger/*Marquardt* § 5 UrhG Rn 27; Loewenheim/*Götting* § 31 UrhG Rn 15c.
[141] Dreier/Schulze/*Dreier* § 5 UrhG Rn 16; Wandtke/Bullinger/*Marquardt* § 5 UrhG Rn 27.
[142] Loewenheim/*Götting* § 31 UrhG Rn 15d.

der persönlichkeitsrechtlichen Ausprägung des Urheberrechts, als auch in seinem eigentumsrechtlichen Charakter. Durch die Gewährung eines Exklusivrechts soll ein Anreiz gesetzt werden für kreatives Schaffen und für Investitionen in kreative Prozesse.[143] Das urheberrechtliche Exklusivrecht wird durch die sog Schranken der §§ 44a ff UrhG zugunsten bestimmter Nutzungszwecke und Nutzergruppen jedoch begrenzt. Darüber hinaus wird das Urheberrecht zeitlich befristet gewährt: Es endet nach Ablauf der gesetzlichen **Schutzfrist**, 70 Jahre nach dem Tod des Urhebers (§ 64 UrhG). Danach wird das Werk gemeinfrei, das heißt, es erlöschen sämtliche aus dem Urheberrecht fließenden persönlichkeits- und vermögensrechtlichen Befugnisse des Urhebers bzw seiner Rechtsnachfolger, einschließlich der vom Urheberrecht abgeleiteten Nutzungsrechte. Das Werk kann dann von jedermann zustimmungsfrei und ohne Beschränkungen genutzt und verändert werden.[144] Das Urheberrecht erlischt am Ende des Jahres, in dem die Schutzfrist abläuft (§ 69 UrhG). Ist ein Werk von mehreren Urhebern gemeinsam geschaffen worden, ist der Tod des am längsten lebenden Urhebers maßgeblich (§ 65 UrhG). Umstritten ist, ob die urheberpersönlichkeitsrechtlichen Belange mit zunehmendem zeitlichen Abstand zum Tod des Urhebers an Bedeutung verlieren. Eine generelle **Verblassung des Urheberpersönlichkeitsrechts** durch Zeitablauf dürfte mit dem System des Urheberrechts nicht zu vereinbaren sein, denn das Urheberpersönlichkeitsrecht lässt sich von den vermögensrechtlichen Befugnissen nicht trennen[145] und das Urheberrecht insgesamt verblasst nicht. Allerdings ist es sachgerecht, dass die urheberpersönlichkeitsrechtlichen Interessen bei der Interessenabwägung – z.B. im Rahmen von § 14 UrhG[146] – Laufe der Zeit an Gewicht verlieren.[147]

**68**  Der gesetzlichen Befristung des Urheberrechts steht es allerdings nicht entgegen, dass die Erben des Urhebers auch nach Ablauf der Schutzfrist aufgrund einer entsprechenden vertraglichen Vereinbarung an den Erlösen aus einer Verwertung des Werkes beteiligt werden. Dies ist etwa dann der Fall, wenn der Nutzungsvertrag vorsieht, dass der Urheber bzw seine Rechtsnachfolger so lange Zahlungen vom Verwerter erhalten, wie dieser selbst Einkünfte aus der Verwertung des Werkes erzielt.[148] Hier beruht die Vergütungspflicht dann allerdings auf einer vertraglichen Regelung, die nicht an die urheberrechtliche Schutzfrist gekoppelt ist.

**69**  Die zeitliche Begrenzung gehört zu den wesentlichen Merkmalen des Urheberrechts, das durch die **Schutzdauer-RL**[149] auf europäischer Ebene harmonisiert worden ist. Die zeitliche Begrenzung hat ihren Grund in der Prämisse, dass das kulturelle Schaffen als Teil der kulturellen Identität einer Gesellschaft irgendwann für jedermann frei nutzbar sein muss, um so als Quelle für künftiges Schaffen zur Verfügung zu stehen.[150]

**70**  Die Schutzfristen für Leistungsschutzrechte sind deutlich kürzer als die urheberrechtliche Schutzfrist. Sie enden in der Regel 50 Jahre ab dem Erscheinen des jeweiligen Schutzgegenstandes (vgl §§ 72 Abs 3, 82, 85 Abs 3, 87 Abs 3, 94 Abs 3 UrhG).

---

[143] So ausdrücklich auch das europäische Recht, vgl Erwägungsgrund 10 der Informationsgesellschafts-RL.
[144] Wandtke/Bullinger/*Lüft* § 64 UrhG Rn 13; Schricker/Loewenheim/*Katzenberger* § 64 UrhG Rn 5; *Rehbinder* Rn 534.
[145] S Rn 5.
[146] S Rn 108 ff.
[147] BGH GRUR 1989, 106, 107 – Oberam-

mergauer Passionsspiele II; BGH GRUR 2008, 984, 986 – St. Gottfried; OLG Stuttgart GRUR-RR 2010, 56, 59 – Stuttgart 21.
[148] LG München I ZUM 2007, 674, 678.
[149] RL 93/98/EWG des Rates v 29.10.1993 zur Harmonisierung der Schutzdauer des Urheberrechts und bestimmter verwandter Schutzrechte (ABl EG L 248/15 v 6.10.1993).
[150] *Reinbothe* ZEuS 2004, 367, 371.

Ole Jani

Vor dem Hintergrund, dass die ersten Aufnahmen, von Künstlern, die auch heute noch Bestseller sind in den nächsten Jahren gemeinfrei werden, wird insb von der Musikwirtschaft die Forderung nach einer Verlängerung der Schutzfristen erhoben. Auf europäischer Ebene wird zurzeit eine Richtlinie diskutiert, mit der die **Schutzfrist für Tonaufnahmen** und Tonträger von derzeit 50 auf **70 Jahre** verlängert werden soll.[151] Mit dieser Richtlinie soll nicht nur die Rechtsstellung der Tonträgerhersteller, sondern auch die Einkommenssituation ausübender Künstler im Alter verbessert werden. Die Initiative für diese Richtlinie ist auf ein geteiltes Echo gestoßen. Sie wird von der Musikindustrie begrüßt. Kritiker bezweifeln dagegen, ob die angestrebten Einkommenseffekte tatsächlich bei denen eintreten, die die EU-Kommission im Blick hat – zusätzliche Einnahmen aus alten Aufnahmen seien nur aus sehr bekannten Titeln zu erwarten, deren Interpreten in den meisten Fällen bereits heute wirtschaftlich abgesichert sind. Auch die grundsätzliche volkswirtschaftliche Rechtfertigung einer erneuten Verlängerung der Leistungsschutzrechte wird diskutiert. Obwohl das Europäische Parlament einem Kompromissvorschlag zugestimmt hat, liegt das Vorhaben auf Eis, weil im Ministerrat nach wie vor die erforderliche Mehrheit fehlt.[152]

## II. Eine Urhebernachfolgevergütung wäre systemfremd

Seit Jahren wird ua in Deutschland immer wieder die Einführung einer sog **Ur-** **71** **hebernachfolgevergütung** gefordert, durch die die Nutzung eines Werkes auch nach Ablauf der urheberrechtlichen Schutzfrist zugunsten einer Förderung junger oder bedürftiger Künstler vergütungspflichtig bleibt.[153] Der Gesetzgeber hat diese Forderung aber zu Recht nicht aufgegriffen und seine Ablehnung zuletzt im Rahmen der Debatte um den „Zweiten Korb"[154] erneut bekräftigt.[155] Die Schaffung einer solchen Vergütungspflicht würde den gemeinschaftsrechtlichen Vorgaben zur Harmonisierung der Schutzdauer und dem Konzept des befristeten Schutzes überhaupt widersprechen. Alle Früchte aus dem Werk stehen dem Urheber und nach dessen Tod für einen gewissen Zeitraum dessen Erben zu. Für die Sozialisierung eines Restwertes des Werkes nach Ablauf der Schutzfrist ist kein Raum. Im Übrigen ist zu berücksichtigen, dass das Urheberrecht als Teil des Eigentumsrechts nicht zum Vehikel für sozialpolitische Zwecke gemacht werden darf.[156]

---

151 Vorschlag für eine Richtlinie des Europäischen Parlaments und des Rates zur Änderung der RL 2006/116/EG des Europäischen Parlaments und des Rates über die Schutzdauer des Urheberrechts und bestimmter verwandter Schutzrechte, KOM(2008) 464/3 in der vom Europäischen Parlament gebilligten Fassung v 23.4.2009; ausf *Pakuscher* ZUM 2009, 89 ff.
152 S Rn 31.

153 Insb *Dietz* ZRP 2001, 165.
154 „Zweites Gesetz zur Regelung des Urheberrechts in der Informationsgesellschaft", BGBl 2007 I S 2513.
155 Zur rechtspolitischen Debatte um die Urhebernachfolgevergütung *Jani* UFITA 2006/II, 511, 533 f.
156 In diesem Sinne auch *Rehbinder* Rn 535.

§ 8

## Doppelter Rechtsschutz

### I. Urheberrechtsschutz schließt anderweitigen Schutz nicht aus

**72**  Der Schutz eines Werkes durch das Urheberrecht schließt nicht aus, dass das Werk zugleich auch aufgrund anderer immaterialgüterrechtlicher oder sonstiger Bestimmungen geschützt ist – sog **doppelter Rechtsschutz**. In Betracht kommen hier vor allem ein Schutz durch das Markenrecht, oder ein ergänzender wettbewerbsrechtlicher Leistungsschutz.[157] Dabei ist allerdings zu berücksichtigen, dass der Sonderrechtsschutz des Urheberrechts gegenüber dem wettbewerbsrechtlichen Leistungsschutz nach herrschender Auffassung vorrangig und die gleichzeitige Anwendung des UWG ausgeschlossen ist.[158]

### II. Doppelter Rechtsschutz birgt die Gefahr von Wertungswidersprüchen

**73**  Der doppelte Rechtsschutz ist grds unbedenklich. Er kann aber problematisch werden, wenn durch ihn die grundlegenden Wertungen des Urheberrechts in Frage gestellt werden. Das gilt etwa für die Abgrenzung des Formenschutzes vom Ideenschutz. Ein weiterer Aspekt ist die Schutzfrist. Während das Urheberrecht aus guten Gründen befristet ist,[159] ist eine Befristung dem Markenrecht generell fremd. Der BGH hat bspw bestätigt, dass der Titel „Winnetou" markenrechtlich geschützt ist.[160] Faktisch führt diese Entscheidung auch zu einer Ausdehnung des Schutzes der urheberrechtlich an sich gemeinfreien Werke Karl Mays, da eine Verwertung dieser Werke ohne die Nutzung ihres berühmten Titels kaum denkbar ist.

§ 9

## Mehrzahl von Urhebern

**74**  Die meisten urheberrechtlich geschützten Werke sind heute das Ergebnis eines arbeitsteiligen Schaffensprozesses. Entweder schaffen die Beteiligten das Werk als Miturheber (§ 8 UrhG). Oder einzelne separate Werke und Beiträge werden zu einer neuen Einheit zusammengefügt. Man spricht dann von verbundenen Werken (§ 9 UrhG).

### I. Die Miturheberschaft

**75**  Wird ein Werk von mehreren gemeinsam geschaffen, ohne dass sich die einzelnen Werkbeiträge gesondert verwerten lassen, erwerben alle Beteiligten als sog **Miturheber** das Urheberrecht gemeinsam (§ 8 UrhG). Die Miturheberschaft setzt nicht voraus, dass alle Beteiligten an allen Elementen des Werkes mitgewirkt haben; Miturheberschaft besteht auch, wenn ein Werk im Rahmen einer Arbeitsteilung als „Teamwork"

---

[157] BGHZ 26, 52 – Sherlock Holmes.
[158] BGHZ 44, 288, 295 f – Apfel-Madonna; BGH GRUR 1992, 697, 699 – Alf; Köhler/Bornkamm/*Köhler* § 4 UWG Rn 9.7 mwN.

[159] S Rn 69.
[160] BGH GRUR 2003, 342 – Winnetous Rückkehr.

Ole Jani

entsteht. Voraussetzung ist allerdings, dass jeder einen schöpferischen Beitrag leistet und die einzelnen Beiträge im Gesamtwerk untrennbar verknüpft werden. Auch die Miturheberschaft entsteht automatisch durch den Realakt der gemeinsamen Schöpfung. Das Verhältnis der Miturheber untereinander ergibt sich unmittelbar aus dem Urheberrechtsgesetz. Danach entsteht durch die Miturheberschaft eine **Gesamthandsgemeinschaft**, ähnlich einer Gesellschaft bürgerlichen Rechts,[161] und das Recht zur Veröffentlichung und zur Verwertung des Werkes steht den Miturhebern nur gemeinsam zu. Es gilt das Prinzip der Einstimmigkeit. Ein Miturheber darf seine Einwilligung aber nicht wider Treu und Glauben verweigern (§ 8 Abs 2 UrhG). Er kann gegenüber den anderen auf seinen Anteil an den Verwertungsrechten verzichten (§ 8 Abs 4 UrhG), nicht aber auch auf die urheberpersönlichkeitsrechtlichen Befugnisse.[162] Aus dem Prinzip der Einstimmigkeit folgt auch das in § 8 Abs 2 S 3 UrhG normierte Erfordernis, dass der einzelne Miturheber nur auf Leistung an alle Miturheber klagen kann. Eine Klage im Namen der Urhebergemeinschaft ist ausgeschlossen. Daran hat sich auch durch die geänderte Rechtsprechung zur Parteifähigkeit der BGB-Gesellschaft[163] nichts geändert.[164] Bei der Unterlassungsklage ist die Klage gem § 8 Abs 2 S 3 UrhG jedoch auch durch einen einzelnen Miturheber möglich.[165]

## II. Der Gehilfe ist kein Urheber

Bloße Assistenten und **Gehilfen** werden nicht zu Miturhebern.[166] Sie arbeiten zwar **76** mit dem Urheber zusammen, leisten dabei aber keinen selbstständigen schöpferischen Beitrag, sondern führen in einem Verhältnis der Unterordnung die Anweisungen des Urhebers zur Umsetzung von dessen Vorstellungen aus.[167] Das betrifft insb diejenigen, die unter Anleitung des Urhebers dessen schöpferische Idee lediglich handwerklich umsetzen, zB indem sie ein Manuskript erstellen, Korrekturen ausführen, Zeichnungen oder Modelle anfertigen, Recherchen durchführen usw.

## III. Urheberschaft bei Werkverbindungen

Werden mehrere selbstständige Werke miteinander verbunden (zB Texte und Grafi- **77** ken zu einem Werbeprospekt oder Text und Musik zu einem Lied), dann sind die Urheber der selbstständigen Teilwerke **Urheber verbundener Werke** (§ 9 UrhG). Die Verwertung der Werkverbindung setzt den Erwerb der entsprechenden Nutzungsrechte in Bezug auf alle urheberrechtlich geschützten Einzelwerke von den jeweiligen Urhebern durch einen Nutzungsvertrag voraus. Die Verbindung iSv § 9 UrhG ist keine tatsächliche Handlung, sondern die rechtsgeschäftliche Vereinbarung der beteiligten Urheber über eine gemeinsame Verwertung ihrer Beiträge.[168] Durch die Werkverbindung entsteht kein neues Werk mit separater Urheberschaft.

---

161 Schricker/Loewenheim/*Loewenheim* § 8 UrhG Rn 10; Wandtke/Bullinger/*Thum* § 8 UrhG Rn 22.
162 BGH GRUR Int 1974, 66 – Cavalleria Rusticana.
163 BGH NJW 2001, 1056.
164 *Spindler* Open Source 116, 127.
165 BGH GRUR 2003, 1035 – Hundertwasserhaus; BGH GRUR 1995, 212, 213 – Videozweit-

auswertung III; Wandtke/Bullinger/*Thum* § 8 UrhG Rn 41.
166 Wandtke/Bullinger/*Thum* § 8 UrhG Rn 20; Schricker/Loewenheim/*Loewenheim* § 8 UrhG Rn 8.
167 BGH GRUR 1985, 529 – Happening.
168 Schricker/Loewenheim/*Loewenheim* § 9 UrhG Rn 7; Dreier/Schulze/*Schulze* § 9 UrhG Rn 6.

## IV. Sammelwerke und Datenbanken

### 1. Sammelwerke

**78**     Eine besondere Form der Werkverbindung, die als eigenständiges Werk selbstständig geschützt wird, sind Sammlungen von Werken, Daten oder anderen unabhängigen Elementen, die aufgrund der Auswahl oder Anordnung der Elemente eine persönliche geistige Schöpfung iS der allgemeinen Voraussetzungen des § 2 Abs 2 UrhG darstellen – sog **Sammelwerke**. Zur Begründung des urheberrechtlichen Schutzes reicht die rein handwerkliche, schematische oder routinemäßige Auswahl oder Anordnung jedoch nicht aus; diejenige Auswahl oder Anordnung, die jeder auf diese Weise vornehmen würde, stellt keine individuelle Schöpfung dar. Das gilt insb, wenn die Auswahl oder Anordnung sich aus der Natur der Sache oder dem jeweiligen Zweck ergibt.[169]

**79**     Werden die Elemente des Sammelwerks systematisch oder methodisch angeordnet, die einzeln mit Hilfe elektronischer oder sonstiger Mittel zugänglich sind, liegt ein Datenbankwerk vor (§ 4 Abs 2 iVm § 4 Abs 1 UrhG). Auch hier ist im Sinne der allgemeinen Grundsätze des Urheberrechts aber notwendig, dass die Sammlung aufgrund der Anordnung oder Auswahl ihrer Elemente eine persönliche geistige Schöpfung ist. Auswahl im urheberrechtlichen Sinne ist das Sichten, Sammeln, Bewerten und Zusammenstellen unter der Berücksichtigung besonderer Auslesekriterien.[170] Für den Schutz einer Sammlung als Datenbankwerk ist notwendig aber auch ausreichend, dass die Sammlung in ihrer Struktur, die durch Auswahl oder Anordnung des Inhalts der Datenbank geschaffen worden ist, einen individuellen Charakter hat und ein gewisser Spielraum für eine individuelle Anordnung der Daten besteht.[171] Diese Individualität der Auswahl oder der Anordnung der Daten kann vor allem in der Konzeption der Informationsauswahl liegen.[172] Die Verkörperung der auf persönlicher geistiger Schöpfung beruhenden Konzeption in einer Datenbank ist zwar Voraussetzung für den urheberrechtlichen Schutz als Datenbankwerk; der Urheber muss die dafür notwendigen nichtschöpferischen Arbeiten aber nicht selbst erbracht haben.[173] Als Datenbankwerk können zB **Websites** geschützt sein. Die Rechtsprechung ist hier jedoch noch uneinheitlich.[174]

### 2. Datenbanken

**80**     Sammlungen, die das Kriterium der Individualität nicht erfüllen, sind als (bloße) Datenbank durch ein sui-generis-Recht leistungsschutzrechtlich geschützt (§§ 87a ff UrhG). Darunter fallen Sammlungen von Werken, Daten oder anderen unabhängigen Elementen, die systematisch oder methodisch angeordnet und einzeln mit Hilfe elektronischer Mittel oder auf sonstige Weise zugänglich sind, und deren Beschaffung, Überprüfung oder Darstellung eine nach Art und Umfang wesentliche Investition erfordert (§ 87a UrhG). Weil Datenbanken keine persönlichen geistigen Schöpfungen und deshalb keine Werke iSv § 2 UrhG sind, unterfallen sie nicht dem Schutz nach § 4 Abs 2 UrhG. Durch das **Leistungsschutzrecht** aus § 87a UrhG ist aber die Investition

---

**169** OLG Nürnberg GRUR 2002, 607 – Merkblätter für Patienten; *Delp* 273.
**170** Schricker/Loewenheim/*Loewenheim* § 4 UrhG Rn 34; Wandtke/Bullinger/*Marquardt* § 4 UrhG Rn 10.
**171** BGH GRUR 2007, 685 – Gedichttitelliste I; LG Hamburg MMR 2000, 761, 762; OLG Hamburg MMR 2001, 533.

**172** BGH GRUR 1980, 227, 231 – Monumenta Germanae Historica; BGH GRUR 1987, 704 – Warenzeichenlexika.
**173** BGH GRUR 2007, 685 – Gedichttitelliste I.
**174** Wandtke/Bullinger/*Marquardt* § 4 UrhG Rn 14 f mwN.

Ole Jani

des Datenbankherstellers, der auch eine juristische Person sein kann, geschützt. Dieses Leistungsschutzrecht basiert auf den gemeinschaftsrechtlichen Vorgaben der **Datenbank-RL**. Schutz als Datenbank können zB umfangreiche E-Mail-Addresskataloge genießen, die im Internet zur Kontaktaufnahme mit bestimmten Dienstleistern bereitgestellt werden;[175] auch Telefonbücher fallen in den Schutzbereich des § 87a UrhG.[176] Voraussetzung für den leistungsschutzrechtlichen Schutz ist, dass der Datensammlung ein erkennbares schutzwürdiges Ordnungsprinzip zugrunde liegt. Eine lediglich chronologische oder alphabetische Anordnung soll dafür indes nicht ausreichen.[177] Das Recht des Urhebers an einem Datenbankwerk und das Leistungsschutzrecht des Datenbankherstellers bestehen unabhängig voneinander, da diese Rechte verschiedene Schutzgegenstände betreffen.[178]

# § 10
# Bearbeitung und Benutzung

## I. Die Bearbeitung

### 1. Begriff der Bearbeitung

Eine besondere Form der Nutzung urheberrechtlich geschützter Werke sind Bearbeitungen oder andere Umgestaltungen (Kürzungen, Ergänzungen, Änderungen der Größe, Farbgebung, Verfilmung etc). Es findet hier die Veränderung eines vorhandenen Werkes statt, durch welche die individuellen Züge dieses Werkes eine neue Gestalt bekommen. Das Originalwerk, das als Vorlage dient, „schimmert" jedoch durch.

**81**

### 2. Das Recht zur Bearbeitung

Das Recht zur Bearbeitung ergibt sich unmittelbar aus dem Urheberrechtsgesetz; Bearbeitungen sind gem § 23 UrhG grds zulässig. Einer Zustimmung des Urhebers des Ausgangswerks bedarf es erst, wenn die Bearbeitung veröffentlicht (§ 6 UrhG) oder verwertet (§§ 15 ff UrhG) werden soll. Bei der Verfilmung eines Werkes, der Ausführung von Plänen und Entwürfen eines Werkes der bildenden Künste, dem Nachbau eines Werkes der Baukunst und bei der Bearbeitung oder Umgestaltung eines Datenbankwerkes ist dieser Grundsatz der Herstellungsfreiheit aber durchbrochen; hier darf bereits die Bearbeitung selbst nur mit Zustimmung des Urhebers erfolgen (§ 23 S 2 UrhG). Die Bearbeitung und Umgestaltung von **Computerprogrammen** ist in § 69c Nr 2 UrhG speziell geregelt; auch hier sind die Übersetzung, die Bearbeitung, das Arrangement und andere Umarbeitungen bereits an sich unzulässig.

**82**

Unabhängig davon, ob und unter welchen Voraussetzungen Bearbeitungen und Übersetzungen eines Werkes verwertet werden dürfen, werden sie unbeschadet des Urheberrechts am bearbeiteten Werk gem § 3 UrhG selbst wie selbstständige Werke geschützt, wenn sie eine persönliche geistige Schöpfung iSv § 2 Abs 2 UrhG des Bearbeiters sind – sog Bearbeiterurheberrecht.[179] Der Eingriff in das Recht zur Bearbei-

**83**

---

[175] LG Düsseldorf MMR 2003, 539.
[176] BGHZ 141, 329 – Tele-Info-CD.
[177] OLG Nürnberg NJW-RR 2002, 771 – Stufenaufklärung nach Weissauer.

[178] BGH GRUR 2007, 685 – Gedichttitelliste I.
[179] Wandtke/Bullinger/*Bullinger* § 23 UrhG Rn 3; *Rehbinder* Rn 215.

tung durch eine unzulässige Bearbeitung bzw deren Verwertung setzt allerdings nicht voraus, dass die Bearbeitung ihrerseits Werkcharakter hat.[180]

### 3. Die Nutzung einer Bearbeitung ist zustimmungsbedürftig

**84**  Wer ein Werk in bearbeiteter Form verwenden will, muss deshalb im Nutzungsvertrag auch das entsprechende Bearbeitungsrecht erwerben. Allein der Erwerb eines Nutzungsrechts reicht dazu nicht aus, denn dies berechtigt nicht zur Änderung des Werks, seines Titels oder seiner Urheberbezeichnung (§ 39 Abs 1 UrhG). Soweit über das Recht zur Bearbeitung keine ausdrückliche Vereinbarung getroffen wurde, kann es aber durch stillschweigende Rechtseinräumung Vertragsgegenstand werden, wenn die Möglichkeit einer Bearbeitung durch den Vertragszweck vorausgesetzt wird. Verwerter sollten die erforderlichen Beareitungsrechte jedoch ausdrücklich durch Vertrag erwerben. Soweit Fragen offen bleiben, können diese auf sachgerechte Weise im Wege der stets notwendigen Interessenabwägung beantwortet werden. Änderungen des Werkes und seines Titels, zu denen der Urheber seine Einwilligung nach Treu und Glauben nicht versagen kann, sind stets zulässig (§ 39 Abs 2 UrhG); das gilt etwa für Änderungen, die vor einer vertraglich vereinbarten Vervielfältigung erforderlich sind, um die technischen Voraussetzungen für diese Vervielfältigung zu schaffen.[181]

### 4. Bearbeitung durch Übernahme von Inhalten

**85**  Obwohl die dem Werk zugrunde liegenden Ideen grds nicht geschützt sind,[182] kann eine unfreie Benutzung ausnahmsweise auch in der Übernahme des Werkinhalts liegen. Die Grenze zwischen Form und Inhalt verschwimmt an dieser Stelle; da aber Form und Inhalt nicht (immer) voneinander getrennt werden können, ist es im Hinblick auf den einheitlichen Werkbegriff des Urheberrechtsgesetzes richtig, auch bei der Übernahme des Inhalts unter bestimmten Voraussetzungen eine unfreie Bearbeitung anzunehmen. Das gilt insb für **Fortsetzungen** eines Werkes, die auf den inhaltlichen Grundzügen (Handlung, Charaktere usw) des Originalwerks wesentlich aufbauen.[183]

### 5. Die Doppelschöpfung ist keine Bearbeitung

**86**  Keine Bearbeitung und deshalb urheberrechtlich unbedenklich ist die sog **Doppelschöpfung**, bei der ein Urheber ohne Kenntnis des älteren Werkes ein neues, mit dem vorbestehenden identisches Werk schafft.[184] Hierin liegt ein wichtiger Unterschied des Urheberrechts zu den gewerblichen Schutzrechten, für die das Prioritätsprinzip gilt, denn die objektive **Neuheit** des Werkes ist kein Kriterium für seine urheberrechtliche Schutzfähigkeit.[185] Gerade bei umfangreicheren und komplexen Werken ist eine Doppelschöpfung allerdings kaum vorstellbar, so dass sie in der Praxis eine geringe Rolle spielt. Die Beweislast dafür, dass es sich um eine unbewusste Doppelschöpfung handelt, liegt bei demjenigen, der sich darauf beruft.

---

**180** Schricker/Loewenheim/*Loewenheim* § 23 UrhG Rn 4.
**181** Eingehend mit Beispielen Schricker/Loewenheim/*Dietz* § 39 UrhG Rn 14 ff.
**182** S Rn 63.
**183** BGHZ 141, 280 – Laras Tochter.

**184** Dreier/Schulze/*Schulze* § 23 UrhG Rn 29; Schricker/Loewenheim/*Loewenheim* § 23 UrhG Rn 28.
**185** Wandtke/Bullinger/*Bullinger* § 23 UrhG Rn 20; Dreier/Schulze/*Schulze* § 23 UrhG Rn 29.

Ole Jani

### 6. Die Zulässigkeit von „Abstracts"

Von praktischer Bedeutung, insb auch im Kontext der Online-Medien, sind eigenständige kurze Zusammenfassungen urheberrechtlich geschützter Texte, sog „Abstracts". Die Erstellung solcher Abstracts ist kein Eingriff in das Vervielfältigungsrecht (§ 16 UrhG). Ihre Nutzung tangiert daher auch nicht das Verbreitungsrecht (§ 17 UrhG). Abstracts können jedoch eine abhängige **Bearbeitung** des Originaltextes (§ 23 UrhG) sein und ihre Veröffentlichung damit die Zustimmung des Urhebers des Originaltextes erfordern.[186] Ob ein Abstract eine abhängige Bearbeitung ist, oder ob eine freie Benutzung (§ 24 UrhG) des Originaltextes vorliegt, hängt davon ab, ob die Zusammenfassung trotz übereinstimmender Formulierungen in der Gesamtschau einen so großen **äußeren Abstand zum Ausgangstext** hat, dass sie als ein selbständiges Werk anzusehen ist.[187] Handelt es sich bei der Textzusammenfassung um eine abhängige Bearbeitung, so ist ihre Veröffentlichung oder Verwertung gem § 12 Abs. 2 UrhG stets nur mit Einwilligung des Urhebers des bearbeiteten Werkes zulässig.[188]

**87**

### II. Freie Benutzung

Von der Bearbeitung ist die sog freie Benutzung zu unterscheiden. Ein selbstständiges Werk, das in freier Benutzung des Werkes eines anderen geschaffen worden ist, darf nach § 24 Abs 1 UrhG ohne Zustimmung des Urhebers des benutzten Werkes veröffentlicht und verwertet werden. Eine Ausnahme gilt für die Verwendung von **Melodien** (§ 24 Abs 2 UrhG), durch die eine freie Benutzung von Musikwerken praktisch ausgeschlossen ist.[189] Melodien im urheberrechtlichen Sinne sind geschlossene Tonfolgen, die dem Werk seine individuelle Prägung geben.[190] Eine freie Bearbeitung liegt vor, wenn das Originalwerk nur eine Anregung für ein neues, selbstständiges Werk ist; das ist der Fall, wenn die Wesenszüge des Originals gegenüber dem neuen Werk verblassen[191] oder völlig zurücktreten.[192] Bei der Frage, ob diese Voraussetzung erfüllt ist, sind strenge Maßstäbe anzulegen, denn § 24 UrhG soll dem Bearbeiter nicht die Arbeit abnehmen, die mit der Schaffung eines eigenständigen Werkes verbunden ist.[193] Entscheidend sind dabei nicht die Unterschiede zwischen den streitgegenständlichen Werken, sondern ihre Gemeinsamkeiten;[194] das heißt, bei weitgehender Übereinstimmung der wesentlichen Merkmale kommt es nicht mehr darauf an, ob das nachschöpfende Werk auch von dem verletzten Werk abweicht.

**88**

Mit der Möglichkeit zur freien Benutzung geschützter Werke trägt das Urheberrecht dem Bedürfnis Rechnung, dass die Auseinandersetzung mit vorhandenen Werken für die Entwicklung und die Entfaltungsmöglichkeit der Kunst von großer Bedeutung ist.[195] Bei

**89**

---

[186] Schricker/Loewenheim/*Loewenheim* § 23 UrhG Rn 7; Wandtke/Bullinger/*Bullinger* § 23 UrhG Rn 9.
[187] BGH GRUR 2011, 134 – Perlentaucher.
[188] BGH GRUR 2011, 134 – Perlentaucher.
[189] Dreier/Schulze/*Schulze* § 24 UrhG Rn 42; Loewenheim/*Loewenheim* § 8 Rn 17.
[190] BGH GRUR 1988, 812, 814 – Ein bisschen Frieden; Schricker/Loewenheim/*Loewenheim* § 26 UrhG Rn 28.
[191] BGH GRUR 2002, 799, 800 – Stadtbahnfahrzeug; BGH WRP 2003, 1235, 1237 – Gies-Adler; Dreier/Schulze/*Schulze* § 24 UrhG Rn 8.

[192] BGHZ 26, 52 – Sherlock Holmes.
[193] BGH GRUR 1999, 984, 987 – Laras Tochter; BGH GRUR 1994, 206, 208 – Alcolix; Schricker/Loewenheim/*Loewenheim* § 24 UrhG Rn 15; Wandtke/Bullinger/*Bullinger* § 24 UrhG Rn 12.
[194] LG München I ZUM-RD 2007, 435, 437 – Fonds-Prospekt; LG Düsseldorf ZUM 2007, 556, 558 – Bronzeengel.
[195] Wandtke/Bullinger/*Bullinger* § 24 UrhG Rn 1.

freier Benutzung eines anderen Werkes hat der Urheber des vorbestehenden Werkes gegen den Urheber des neuen Werkes keinen Anspruch auf Urheberbenennung (§ 13 UrhG). Er kann auch nicht den Hinweis verlangen, dass sein Werk als Anregung gedient hat. Der Urheber des neuen Werkes darf umgekehrt den ersten Urheber nicht ohne dessen Einwilligung als an dem neuen Werk Beteiligten bezeichnen.[196] Eine derartige Bezugnahme kann das Namensrecht (§ 12 BGB) oder das allgemeine Persönlichkeitsrecht des Urhebers des älteren Werkes verletzen.[197]

## III. Plagiate und Fälschungen

### 1. Plagiate

**90**     Ein Plagiat ist die identische oder ähnliche Nachbildung eines Originalwerks, die der Hersteller als seine eigene Schöpfung ausgibt,[198] er maßt sich die Urheberschaft an. Urheberrechtlich gesehen kann das **Plagiat** eine Vervielfältigung sein (§ 16 UrhG), wenn gegenüber dem Originalwerk keinerlei Änderungen vorgenommen werden. Nicht zuletzt um den „geistigen Diebstahl" zu verschleiern, wird der Plagiator regelmäßig Veränderungen vornehmen (Satzbau, Worte usw). Insoweit stellt das Plagiat dann eine unfreie Bearbeitung des Originalwerkes iSv § 23 UrhG dar. Der Urheber hat gegen den Plagiator Ansprüche auf Unterlassung und Schadensersatz (§§ 97 ff UrhG) sowie auf Anerkennung seiner Urheberschaft (§ 13 UrhG).

**91**     Als Plagiat wird man auch die an sich als Zitat zulässige Übernahme von Werken oder Werkteilen ansehen müssen, wenn der Nutzer die gem § 63 UrhG erforderliche Quellenangabe unterlässt.[199] Plagiate kommen in vielen Werkbereichen vor und auch dort, wo man sie nicht vermutet – sogar in der juristischen Literatur. Einen Film zu plagiieren wäre aus praktischen Gründen wohl kaum möglich. Das dem Film zugrunde liegende Drehbuch kann aber sehr wohl ein Plagiat sein. In der Musik wird der Plagiatsvorwurf immer wieder unter dem Gesichtspunkt des „Melodienklau" erhoben.[200]

### 2. Fälschungen sind keine Urheberrechtsverletzung

**92**     Beim umgekehrten Fall der **Werkfälschung** gibt der tatsächliche Urheber sein Werk als die Schöpfung eines anderen aus. Der Betroffene ist damit nicht in seinem Urheberrecht verletzt, so dass ihm auch keine urheberrechtlichen Rechtsbehelfe zur Verfügung stehen. Er kann sich aber auf das aus dem allgemeinen Persönlichkeitsrecht oder dem Namensrecht (§ 12 BGB) fließenden **„droit de non paternité"** berufen.[201] Da die fälschliche Zuschreibung eines Werkes den Ruf eines Urhebers und damit sein Gesamtwerk empfindlich beeinträchtigen kann, hat der BGH dieses Recht auch den Erben eines bereits seit langem verstorbenen Urhebers zuerkannt.[202]

---

**196** OLG Brandenburg NJW 1997, 1162 f – Stimme Brecht.
**197** Wandtke/Bullinger/*Bullinger* § 13 UrhG Rn 9.
**198** BGH GRUR 1960, 503 – Plagiatsvorwurf I; *Rehbinder* Rn 385.

**199** *Rehbinder* Rn 385; Schricker/Loewenheim/ *Schricker* § 51 UrhG Rn 15.
**200** BGH GRUR 1991, 531 – Brown Girl I.
**201** *Rehbinder* Rn 402; Wandtke/Bullinger/ *Bullinger* § 13 UrhG Rn 16.
**202** BGHZ 107, 384 – Emil Nolde.

## IV. Ghostwriting

Beim Ghostwriting verzichtet der Urheber nicht nur auf eine Bezeichnung als **93** Urheber, sondern er verzichtet gänzlich auf die Anerkennung seiner Urheberschaft. An Stelle des tatsächlichen Urhebers wird ein Dritter als Autor ausgegeben. Um den Zweck des Ghostwritings nicht zu vereiteln, darf der Urheber grds auch gar nicht offenbaren, wer das Werk tatsächlich geschaffen hat. Das Schöpferprinzip[203] und der Umstand, dass das Werkschaffen ein Realakt ist, schließen jegliche Form der Stellvertretung aus.[204] Um das Werk als eigenes ausgeben und verwerten zu können, erwirkt der Dritte vom Urheber auf vertraglichem Wege Nutzungsrechte. Das Urheberrecht selbst verbleibt beim tatsächlichen Urheber. Der Urheber verzichtet durch schuldrechtliche Vereinbarung gegenüber einem Dritten auf seine Rechte aus § 13 UrhG, die tatsächliche Urheberschaft bleibt aber unberührt.[205] Unter urheberrechtlichen Gesichtspunkten liegt beim Ghostwriting also ein vom Urheber autorisiertes Plagiat vor.[206] Ghostwriting-Abreden sind grds unbedenklich. Allerdings darf die an sich zulässige schuldrechtliche Einschränkungen der Ausübung des Urheberpersönlichkeitsrechts auch hier nicht zu seiner Entwertung führen. Der Verzicht des Urhebers auf Anerkennung seiner Urheberschaft darf deshalb nicht dauerhaft sein; die Möglichkeit, zu einem späteren Zeitpunkt wieder als Urheber des Werkes in Erscheinung zu treten, muss dem Urheber belassen bleiben.[207] Im Einzelfall ist darüber hinaus zu beachten, ob die Verbreitung einer Publikation unter anderem Namen unter dem Gesichtspunkt der Irreführung aus wettbewerbsrechtlichen Gründen unzulässig sein kann.[208]

## V. Aufgedrängte Kunst

### 1. Begriff der „Aufgedrängten Kunst"

Ein besonderer Fall, in dem die Interessen des schöpferisch tätigen Urhebers mit **94** den Interessen Dritter kollidieren können, ist die **„aufgedrängte Kunst"**. Darunter sind Werke zu verstehen, die der Urheber unter Missachtung des Sacheigentums eines Dritten herstellt. Das klassische Beispiel hierfür sind **Graffiti** an fremden Sachen (Hauswände usw). Auch Graffiti können, wenn sie die allgemeinen urheberrechtlichen Schutzvoraussetzungen erfüllen, urheberrechtlich geschützt sein. Da der urheberrechtliche Schutz unabhängig davon entsteht, ob das Werk gegen Gesetze verstößt, kommt es auf die Eigentumsbeeinträchtigung aus urheberrechtlicher Sicht zunächst nicht an und das Urheberrecht entsteht auch bei solchen Werken in vollem Umfang.[209]

### 2. Das Recht zur Verwertung und Beseitigung von aufgedrängter Kunst

In der Regel werden die Eigentümer vor allem ein Interesse an der Beseitigung der **95** Graffiti, also an der Zerstörung des Werkes haben. Diese Beseitigung greift in das Recht des Urhebers ein. Der Eigentümer des Untergrundes wird nach § 950 Abs 1

---

**203** S dazu Rn 34.
**204** *Schack* Rn 305.
**205** Schricker/Loewenheim/*Dietz* § 13 UrhG Rn 28.
**206** Wandtke/Bullinger/*Bullinger* § 13 UrhG Rn 22; zum Plagiat s oben Rn 90 f.

**207** Wandtke/Bullinger/*Bullinger* Vor §§ 12 ff UrhG Rn 7; *Schack* Rn 378.
**208** KG UFITA 80 (1977), 368, 372 – Manfred Köhnlechner.
**209** *Schack* Rn 399.

BGB automatisch auch Eigentümer des Werkes.[210] Sein Eingriff in das Urheberrecht durch Beseitigung des Werkes ist daher gerechtfertigt, weil das Sacheigentum insoweit dem Recht des Urhebers vorgeht. Der Eigentümer darf das Werk aber nicht verwerten.[211] Befürworter einer entsprechenden Anwendung des Erschöpfungsgrundsatzes aus § 17 Abs 2 UrhG kommen hier zu einem anderen Ergebnis und lassen die zustimmungs- und vergütungsfreie Verwertung aufgedrängter Kunst durch den Eigentümer damit zu.[212] Dieser Ansatz ist durchaus plausibel. Entweder wird die aufgedrängte Kunst geschaffen, obwohl sie unzulässiger Weise auf dem Eigentum eines Dritten aufgebracht wird. Dann muss der Urheber sich fragen lassen, warum er nicht einen anderen Untergrund gewählt hat, der ihm die Herrschaft über sein Werk sichert. Oder – was bei Graffiti die Regel sein dürfte – das Werk wurde unter Missachtung fremden Eigentums geschaffen, weil gerade diese Eigentumsverletzung Teil der (künstlerischen) Aktion ist. Dann ist erst recht zweifelhaft, ob die Verwertungsinteressen des Urhebers beachtlich sein können. Gegen die Anwendung des Erschöpfungsgedankens spricht der grundsätzliche Einwand, dass er nicht analogiefähig ist.

**96**     Insb bei Graffiti macht der Urheber aufgedrängter Kunst häufig keinen Gebrauch von seinem Urheberbenennungsrecht aus § 13 UrhG. Darin liegt jedoch nicht automatisch ein Verzicht auf dieses Recht.[213] Solange der Eigentümer sich nicht zur Beseitigung des Werks entschließt, kann er die nachträgliche Signierung des Werkes unter urheberrechtlichen Gesichtspunkten deshalb nicht unterbinden. Darauf, dass die Signierung eine weitere Eigentumsbeeinträchtigung darstellt, kommt es nicht an. Der Eigentümer ist aber nicht verpflichtet, den Urheber zu fragen, ob er namentlich genannt werden möchte.

## § 11
## Die Leistungsschutzrechte

### I. Allgemein

**97**     Neben dem Schutz des Urhebers gewährt das Urheberrecht bestimmten Personen für ihre Leistungen sog Leistungsschutzrechte. Die durch diese Rechte geschützten Leistungen sind urheberrechtlich geschützten Werken ähnlich oder stehen mit deren Verwertung in Zusammenhang. Dieser Bezug kommt in der englischen und der französischen Bezeichnung der Leistungsschutzrechte – *„neighbouring rights"* bzw *„droits voisins"* – besser zum Ausdruck als in der deutschen Terminologie. Objekt des leistungsschutzrechtlichen Schutzes sind im Gegensatz zum Urheberrecht überwiegend nicht die Ergebnisse kreativ-künstlerischen Schaffens, sondern organisatorische, technische und wirtschaftliche Leistungen. Dem abschließenden Katalog der Leistungsschutzrechte liegt kein erkennbares System zugrunde[214]. So kann man durchaus fragen, warum den Verlegern bislang kein Leistungsschutzrecht zugebilligt wird.

---

[210] Wandtke/Bullinger/*Wandtke/Grunert* Vor §§ 31 ff UrhG Rn 54.
[211] BGHZ 129, 331, 333 – Mauer-Bilder; Wandtke/Bullinger/*von Wolff* § 97 UrhG Rn 32.
[212] So zB *Schack* Rn 399; zum Erschöpfungsgrundsatz s Rn 117 ff.

[213] BGH AfP 2007, 358, 360 – Staatsgeschenk.
[214] Schricker/Loewenheim/*Schricker* Einl UrhG Rn 28.

Ole Jani

**98** Das Urheberrecht enthält Leistungsschutzrechte für die Hersteller wissenschaftlicher Ausgaben und nachgelassener Werke (§ 70 und § 71 UrhG), für Lichtbildner (§ 72 UrhG), für Tonträgerhersteller (§ 85 UrhG), für Sendeunternehmen (§ 87 UrhG), für Hersteller von Datenbanken (§§ 87a ff UrhG), für Hersteller von Filmen und Laufbildern (§ 94 UrhG) sowie für ausübende Künstler (§§ 73 ff UrhG).

**99** Im Rahmen der Debatte um den „Dritten Korb"[215] wurde kontrovers über die Schaffung eines neuen **Leistungsschutzrechts für Presseverleger** diskutiert. Ziel dieses von der Bundesregierung befürworteten neuen Schutzrechts ist eine Stärkung der Rechtsposition der Verleger gegenüber sog „Aggregatoren", die Presseinhalte im Internet in ihren eigenen Internetangeboten zusammenfassen. Das Vorhaben ist sehr umstritten. Kritiker befürchten einen ungerechtfertigten Schutz alter Geschäftsmodelle. Tatsächlich würde ein Leistungsschutzrecht für Presseverleger, das sich an den bestehenden Leistungsschutzrechten orientiert und sich in die urheberrechtliche Systematik einfügt, jedoch eine Schutzlücke beseitigen können, ohne dass dies die Presseverlage vor der Aufgabe bewahrt, auf die Heausforderungen der digitalen Welt mit neuen Geschäftsmodellen zu reagieren. Das Anliegen der Presseverlage, ein eigenes Recht als Instrument gegen die Übernahme ihrer Leistungen im Internet durch andere zu haben, ist legitim. Allerdings müsste ein solches Leistungsschutzrecht auf die spezifischen Bedingungen der Verwertung von Presseinhalten im Internet zugeschnitten werden. Zu prüfen ist deshalb, ob das Leistungsschutzrecht den gesamten Katalog der Verwertungsrechte (§§ 15 ff UrhG) umfassen muss; womöglich reicht es aus, den Verlagen ein ausschließliches Recht der öffentlichen Zugänglichmachung (§ 19a UrhG) zuzuweisen, wenn damit die gewerbliche Nutzung ihrer Inhalte durch Dritte bereits ausreichend erfasst wird. Auch in Bezug auf die Schutzfrist wird der Gesetzgeber sich nicht an den bestehenden Leistungsschutzrechten orientieren können. Angesichts des sehr kurzen Zeitraums, in dem die primäre Auswertung von Presseinhalten typischerweise stattfindet, erscheint auch die vergleichsweise kurze Schutzfrist von 15 Jahren bei Datenbanken zu lang. Im Koalitionsvertrag für die 17. Legislaturperiode haben die Koalitionsparteien erklärt, dass sie die Schaffung eines Leistungsschutzrechts für Presseverleger anstreben.

**100** Die Leistungsschutzrechte gewähren den Begünstigten wie das Urheberrecht bestimmte Ausschließlichkeitsrechte, die sich vor allem auf die Verwertung der geschützten Leistung beziehen. Die herstellerbezogenen Leistungsschutzrechte schützen die jeweilige wirtschaftlich-organisatorische Leistung bei der Herstellung von Tonträgern, Filmen, Datenbanken, Sendungen usw. Das Leistungsschutzrecht der ausübenden Künstler schützt die künstlerische Darbietung. Auch der leistungsschutzrechtliche Schutz ist zeitlich begrenzt; die Schutzfristen sind hier jedoch kürzer als die urheberrechtliche Schutzfrist; je nach Leistungsschutzrecht dauert der Schutz zwischen 15 und 50 Jahren ab dem Erscheinen oder der Herstellung des jeweiligen Schutzgegenstandes.

**101** Die Leistungsschutzrechte sind **europarechtlich nicht abschließend** geregelt. Der nationale Gesetzgeber ist deshalb frei, weitere Leistungsschutzrechte zu schaffen.

---

[215] S Rn 15.

## II. Ausübende Künstler

**102**  Ausübende Künstler im Sinne des Urheberrechtsgesetzes sind Personen, die als Schauspieler, Sänger, Tänzer usw ein Werk vortragen, aufführen oder bei einem Vortrag oder einer Aufführung künstlerisch mitwirken (§ 73 UrhG). Voraussetzung ist, dass es sich um die Interpretation eines urheberrechtlich geschützten Werkes handelt; Artisten, Akrobaten, Varietékünstler, Zauberer usw sind deshalb keine ausübenden Künstler iSd Urheberrechtsgesetzes.[216] Das gleiche gilt für Personen, die bei einer Aufführung lediglich technische oder organisatorische Beiträge liefern.[217]

**103**  Durch das Leistungsschutzrecht erfahren die ausübenden Künstler in persönlichkeits- und in verwertungsrechtlicher Hinsicht praktisch weitgehend den gleichen Schutz wie die Urheber. Insb wird der ausübende Künstler in die Lage versetzt, an der wirtschaftlichen Nutzung seiner Darbietung teilzuhaben. Der ausübenden Künstler hat das **ausschließliche Recht**, seine Darbietung auf Bild- oder Tonträger aufzunehmen sowie das ausschließliche Recht, derartige Träger zu vervielfältigen und zu verbreiten (§ 77 UrhG). Darüber hinaus gibt das Urheberrechtsgesetz dem ausübenden Künstler gem § 78 UrhG ein ausschließliches Recht zur öffentlichen Wiedergabe (insb Sendung und öffentliche Zugänglichmachung) seiner Darbietung. Auch von den betroffenen ausübenden Künstlern müssen daher vor einer Verwertung der geschützten Leistung die jeweiligen Nutzungsrechte vertraglich erworben werden. Gem § 79 UrhG sind die für Nutzungsverträge mit Urhebern geltenden vertragsrechtlichen Bestimmungen der §§ 31 ff UrhG entsprechend anwendbar. Eine Ausnahme bestand bislang insoweit, als Gegenstand von Verträgen mit ausübenden Künstlern schon immer auch Nutzungsrechte bzgl unbekannter Nutzungsarten sein konnten, denn § 31 Abs 4 aF UrhG[218] war hier gem § 79 Abs 2 UrhG nicht anwendbar.[219] Erbringen mehrere ausübende Künstler gemeinsam eine Darbietung (zB als Mitwirkende in einem Film oder als Musiker einer Band), ohne dass sich ihre Beiträge gesondert verwerten lassen, so stehen ihnen – ähnlich wie Miturheber – die Verwertungsrechte gemeinsam zu. Keiner der beteiligten Künstler darf seine Einwilligung zur Verwertung aber wider Treu und Glauben verweigern (§ 80 Abs 1 UrhG).

**104**  Die Schranken des Urheberrechtsgesetzes finden auf die Rechte der ausübenden Künstler entsprechende Anwendung (§ 83 UrhG), so dass bestimmte Nutzungen auch hier zustimmungsfrei zulässig sind. In persönlichkeitsrechtlicher Hinsicht wird der ausübende Künstler gem § 75 UrhG ähnlich wie der Urheber gegen Entstellungen und Beeinträchtigungen seiner Darbietung geschützt. Außerdem hat er das Recht, in Bezug auf seine Darbietung als ausübender Künstler anerkannt zu werden (§ 74 UrhG). Der ausübende Künstler hat deshalb grds einen Anspruch auf Namensnennung. Dieser Anspruch ist allerdings dann ausgeschlossen, wenn mehrere Künstler eine Darbietung erbracht haben und die Nennung aller einen unverhältnismäßigen Aufwand erfordern würde. Weitere Beschränkungen können sich darüber hinaus im Einzelfall aus den jeweiligen Branchenübungen ergeben.[220]

---

**216** Schricker/Loewenheim/*Krüger* § 73 UrhG Rn 10.
**217** Wandtke/Bullinger/*Büscher* § 73 UrhG Rn 8.
**218** S Rn 217 f.

**219** S auch BGH GRUR 2003, 234 – EROC III; krit Schicker/Loewenheim/*Krüger* § 79 UrhG Rn 9 mwN.
**220** Schricker/Loewenheim/*Vogel* § 74 UrhG Rn 9.

Ole Jani

# § 12
# Das Urheberpersönlichkeitsrecht

Anknüpfungspunkt für das Urheberpersönlichkeitsrecht ist die Verbindung des **105** Werkes mit der schöpferischen Persönlichkeit des Urhebers; das Urheberpersönlichkeitsrecht schützt den Urheber in seinen geistigen und persönlichen Beziehungen zum Werk. Hierzu gehören vor allem die Befugnis, über die Erstveröffentlichung des Werkes zu entscheiden (§ 12 Abs 1 UrhG), das Recht auf Anerkennung der Urheberschaft (§ 13 UrhG) sowie der Schutz vor Entstellungen des Werkes (§ 14 UrhG) und die Möglichkeit zum Rückruf von Nutzungsrechten wegen gewandelter Überzeugung (§ 42 UrhG). Die persönlichkeitsrechtlichen Befugnisse des Urhebers finden ihre verfassungsrechtliche Grundlage in Art 1 und 2 GG. Auch aus der ökonomischen Perspektive sind die Urheberpersönlichkeitsrechte von Bedeutung. Beruft der Urheber sich zu Recht auf die Urheberpersönlichkeitsrechte, kann dies die Verwertung des Werkes empfindlich beeinträchtigen oder gar völlig vereiteln. Die wirtschaftlichen Konsequenzen für den Vertragspartner des Urhebers können dann erheblich sein. Bei der Gestaltung von Nutzungsverträgen sollten deshalb auch die urheberpersönlichkeitsrechtlichen Aspekte beachtet werden.

## I. Der Urheber hat einen Anspruch auf Anerkennung seiner Urheberschaft

Der Urheber hat ein Recht auf die Anerkennung seiner Urheberschaft (§ 13 S 1 **106** UrhG). Negativer Ausdruck dieses Anspruchs ist das Recht des Urhebers, mit seinem Werk nicht oder unter anderem Namen (**Pseudonym**) in Verbindung gebracht zu werden. Maßt sich ein Dritter die Urheberschaft an seinem Werk oder Teilen davon an, so kann der Urheber verlangen, dass die wahre Urheberschaft festgestellt wird.[221] Der Urheber kann ferner bestimmen, ob sein Werk mit einer Urheberbezeichnung versehen werden soll. Der Urheber hat deshalb grds einen Anspruch auf Namensnennung. Dieser Anspruch kann allerdings durch eine entsprechende Branchenüblichkeit beschränkt oder ganz ausgeschlossen sein. Hat der Urheber seine Urheberbezeichnung bereits an dem Werk angebracht (zB seine Signatur auf dem Werkoriginal), kann er verlangen, dass diese Urheberbezeichnung nicht entfernt wird, sondern erhalten bleibt.[222] Haben mehrere ein Werk gemeinsam geschaffen, so haben die Urheber den Anspruch auf Anerkennung ihrer Urheberschaft auch gegen den jeweiligen anderen Miturheber, der nicht die Alleinurheberschaft beanspruchen darf.

Der Werkverwerter darf die Urheberbezeichnung ohne Zustimmung des Urheber- **107** rechts grds auch nicht verändern. Zwar sind Änderungen des Werkes und seines Titels gem § 39 Abs 2 UrhG zulässig, wenn der Urheber seine Einwilligung nach Treu und Glauben nicht versagen kann. Die Urheberbezeichnung wird von dieser Bestimmung aber nicht erfasst; insoweit bedarf es immer der Zustimmung des Urhebers.[223] Das Recht auf Anerkennung der Urheberschaft gehört zum Kern des Urheberpersönlichkeitsrechts und ist damit nicht abdingbar.[224] Auf vertraglichem Wege kann der Ur-

---

**221** BGH GRUR 1972, 713, 714 – Im Rhythmus der Jahrhunderte; KG UFITA 80, 1977, 368, 374 – Manfred Köhnlechner.
**222** OLG Stuttgart NJW-RR 1995, 935, 936 – Copyright-Aufkleber.

**223** Dreier/Schulze/*Schulze* § 39 UrhG Rn 8; Wandtke/Bullinger/*Wandtke/Grunert* § 39 UrhG Rn 22.
**224** *Rehbinder* Rn 649.

heber sich Dritten gegenüber aber mit schuldrechtlicher Wirkung zur Einwilligung in eine bestimmte Urheberbezeichnung verpflichten.[225]

## II. Der Schutz vor Entstellungen

### 1. Allgemein

**108** Neben dem Recht auf Anerkennung der Urheberschaft ist wichtigster Ausdruck des Urheberpersönlichkeitsrechts das Recht des Urhebers, **Entstellungen** oder andere Beeinträchtigungen seines Werkes zu verbieten, die geeignet sind, seine berechtigten geistigen oder persönlichen Interessen am Werk zu gefährden (§ 14 UrhG). Unter Entstellung ist jede tiefgreifende Verfälschung, Verzerrung oder Verstümmelung der Wesenszüge eines Werkes zu verstehen.[226] Eine Entstellung kann zB in der Kürzung eines Films liegen[227] Die Beeinträchtigung ist der Oberbegriff und erfasst auch verfälschende Eingriffe in ein urheberrechtlich geschütztes Werk, die nicht den Grad einer Entstellung erreichen; die Entstellung ist ein besonders schwerer Fall der Beeinträchtigung.[228] Hat der Urheber – insb im Rahmen einer Nutzungsrechtseinräumung – vertraglich seine Erlaubnis zur Werkänderung erteilt, kann diese Änderung in der Regel nicht die Urheberinteressen aus § 14 UrhG verletzen. Der Urheber, der einem konkreten Eingriff in das Werk zugestimmt hat, ist daran grds gebunden und kann eine Verwertung des so geänderten Werkes nicht ohne weiteres im Nachhinein aus § 14 UrhG verbieten und zwar selbst dann nicht, wenn es sich der Sache nach tatsächlich um eine gröbliche Entstellung (§ 93 UrhG) handelt.[229] Ein Verstoß gegen das Entstellungsverbot liegt nur vor, wenn der Eingriff in das Werk die berechtigten Belange des Urhebers verletzen kann. Das ist im Wege der Interessenabwägung zu ermitteln.

**109** Änderungen, die der Urheber nach Treu und Glauben nicht verweigern kann, sind zulässig (§ 39 Abs 2 UrhG). Allerdings muss der Nutzer darlegen und beweisen, dass sein Interesse vorrangig ist. An pauschale Änderungsvereinbarungen sind deshalb grds strenge Anforderungen zu stellen.[230]

### 2. Das Entstellungsverbot bei Werken der Baukunst

**110** Das Entstellungsverbot spielt auch im Bereich der Architektur eine wichtige Rolle. Hier kommt es immer wieder zu Auseinandersetzungen um die Frage, inwieweit der Eigentümer beim Bau von den Plänen des Architekten abweichen oder vorhandene Gebäude durch Umbauten verändern darf.[231] Aufgrund der urheberpersönlichkeitsrechtlichen Befugnisse besteht ein generelles Änderungsverbot. Der Urheber kann dem Bauherrn aber die Befugnis zur Änderung vertraglich gestatten (§ 39 UrhG). Da Änderungen in das Urheberpersönlichkeitsrecht eingreifen, müssen sie konkretisiert werden. Wenn der Urheber einem konkreten Änderungsvorhaben zugestimmt hat, ist

---

**225** Zum „Ghostwriting" s Rn 91.
**226** Wandtke/Bullinger/*Bullinger* § 14 UrhG Rn 3.
**227** OLG Frankfort aM GRUR 1989, 203, 205 – Wüstenflug.
**228** Schricker/Loewenheim/*Dietz* § 14 UrhG Rn 19.
**229** Grundlegend OLG München, GRUR 1986, 460 – Die unendliche Geschichte.

**230** *Schulze* NZBau 2007, 611, 612.
**231** BGHZ 62, 331, 334 – Schulerweiterung; BGH GRUR 2008, 984 – St. Gottfried; OLG Stuttgart GRUR-RR 2010, 56 – Stuttgart 21; zum Urheberrecht des Architekten ausf *Schulze* NZBau 2007, 537 und 611.

für eine weitergehende Interessenabwägung kein Raum mehr. Eine Entstellung scheidet aus. Aufsehen erregte in jüngster Zeit der Streit um den Bau des Berliner Hauptbahnhofs. Der Bauherr hatte im Untergeschoss abweichend von den Entwürfen des Architekten eine Flachdeckenverkleidung eingezogen. Das Landgericht Berlin sah darin eine Entstellung des Architektenentwurfs und verurteilte den Bauherrn zur Beseitigung dieser Verkleidung und zur Umsetzung der ursprünglichen Pläne, die eine gewölbeförmige Verkleidung vorsehen.[232] Das – nicht rechtskräftige – Urteil[233] hat das Bewusstsein der Öffentlichkeit für den Stellenwert des Urheberrechts an Bauwerken erheblich gesteigert. Die Entscheidung des Landgerichts zeigt sehr deutlich, welche wirtschaftlichen Konsequenzen die Missachtung des Architektenurheberrechts für den Bauherrn haben kann. Auch bei Immobilientransaktionen ist deshalb dringend zu empfehlen, dass das Urheberrecht einen festen Platz in der Due Diligence erhält. Zuletzt hat der Prozess um den Stuttgarter Hauptbahnhof Aufsehen erregt. Einer der Enkel des Architekten des alten Bahnhofsgebäudes hatte sich unter Berufung auf sein ererbtes Urheberrecht dagegen gewehrt, dass für das Großprojekt „Stuttgart 21" die Seitenflügel des Gebäudes abgerissen werden. Das Gericht hat zwar auch hier eine Entstellung angenommen; im Rahmen der Interessenabwägung hat das Gericht jedoch den Interessen des Bauherrn an der Änderung des Gebäudes den Vorrang eingeräumt.[234]

# § 13
# Die Werkverwertung

Die vermögensrechtliche Ausprägung des urheberrechtlichen Monopols findet seine Konkretisierung in den **Verwertungsrechten**, deren Gehalt in § 15 UrhG im Sinne einer Generalklausel[235] zusammengefasst wird: Der Urheber hat das ausschließliche Recht, sein Werk in **körperlicher Form** zu verwerten sowie in **unkörperlicher Form** öffentlich wiederzugeben. In den nachfolgenden Bestimmungen werden die in § 15 UrhG benannten Verwertungsrechte näher bestimmt. Die Aufzählung der Verwertungsrechten ist nicht abschließend.[236] In seiner durch die Verwertungsrechte konkretisierten vermögensrechtlichen Komponente garantiert das Urheberrecht dem Urheber das umfassende Recht, sein Werk einschließlich seiner Bearbeitungen (§ 23 UrhG) auf alle bekannten und zukünftigen Nutzungsarten selbst zu nutzen.[237] Jede Nutzung eines urheberrechtlich geschützten Werkes durch Dritte setzt deshalb grds die Zustimmung des Urhebers voraus. Das Verwertungsrecht ist damit zugleich (positives) Nutzungsrecht und (negatives) Verbotsrecht.[238] Dies entspricht auch der Absicht des Gesetzgebers, dessen Ziel es war, die ausschließliche Befugnis des Urhebers so umfassend zu gestalten, dass möglichst jede Art der Nutzung seines Werkes seiner Kontrolle unterliegt.

**111**

---

**232** LG Berlin GRUR 2007, 964.
**233** Die Parteien haben sich schließlich außergerichtlich geeignet.
**234** OLG Stuttgart GRUR-RR 2010, 56 – Stuttgart 21.
**235** Wandtke/Bullinger/*Heerma* § 15 UrhG Rn 2.
**236** Wandtke/Bullinger/*Heerma* § 15 UrhG Rn 11.

**237** Möhring/Nicolini/*Kroitzsch* § 15 UrhG Rn 13; Wandtke/Bullinger/*Heerma* § 15 UrhG Rn 2.
**238** Schricker/Loewenheim/*Schricker* Einl UrhG Rn 19; Wandtke/Bullinger/*Heerma* § 15 UrhG Rn 2.

## I. Die Körperliche Verwertung

### 1. Das Vervielfältigungs- und Verbreitungsrecht

**112**    Das Recht zur körperlichen Verwertung eines Werkes umfasst das Vervielfältigungs- und das Verbreitungsrecht sowie das Ausstellungsrecht. Das **Vervielfältigungsrecht** (§ 16 UrhG) ist das Recht, auf beliebige Weise und in beliebiger Zahl Vervielfältigungsstücke des Werkes herzustellen. Eine Unterscheidung zwischen digitaler und analoger Technik findet dabei nicht statt[239]. Vervielfältigungsstücke sind sämtliche körperlichen Fixierungen eines Werkes oder eines Teils davon, die geeignet sind, das Werk den menschlichen Sinnen auf irgendeine Art mittelbar oder unmittelbar wahrnehmbar zu machen,[240] Vervielfältigungsstücke sind insb Fotokopien, Ausdrucke, Aufnahmen auf Bild- oder Tonträgern (Videokassetten, CD, DVD, Disketten, Festplatten usw).[241] Auch das Herunterladen von Inhalten aus dem Internet und deren Speicherung auf einem Datenträger oder die erstmalige Digitalisierung eines Werkes zB mittels eines Scanners sind Vervielfältigungen iSv § 16 UrhG. Die Digitalisierung eines Werkes verändert seinen Charakter nicht, sondern stellt zunächst lediglich eine Vervielfältigung iSv § 16 dar.[242]

**113**    Das **Verbreitungsrecht** (§ 17 UrhG) berechtigt dazu, das Original des Werkes oder Vervielfältigungsstücke der Öffentlichkeit anzubieten oder in Verkehr zu bringen. Die reine Übermittlung von Daten ist keine Verbreitung, weil hier keine körperliche Fixierung des Werkes weitergegeben wird.[243]

### 2. Zur Zulässigkeit der Herstellung und Nutzung von „Thumbnails" (Bildersuche)

**114**    Die Nutzung des Internets ist ohne **Suchmaschinen** heute nicht denkbar. Inzwischen werden über die Eingabe bestimmter Suchbegriffe nicht nur Texte, sondern auch Bilder gefunden. Die Bilder werden von den Suchmaschinenbetreibern indexiert, verkleinert, komprimiert und als Vorschaubilder, sog „Thumbnails", auf eigenen Servern, gespeichert. Wer das Foto in größerer Version ansehen möchte, kann den Thumbnail anklicken, der einen Link auf die Bilddatei enthält. Die bloße Verkleinerung und gröbere Auflösung von Fotos, um sie als sog Thumbnails im Internet öffentlich zugänglich zu machen, stellt keine Bearbeitung dar, denn die Herstellung von Thumbnails ist keine eigenschöpferische Leistung, sondern lediglich ein technischer Vorgang[244]; soweit man eine Bearbeitung im Hinblick auf die Verkleinerung und Kompression der Vorlage gleichwohl bejahen wollte, ist jedenfalls die Schwelle zur unfreien Benutzung nicht überschritten.[245] Die Herstellung eines Thumbnails ist aber eine Vervielfältigung des Originalbilds (§ 16 UrhG).[246] Die öffentliche Zugänglichmachung dieser Verkleinerungen im Internet greift in das Ausschließlichkeitsrecht des

---

**239** Wandtke/Bullinger/*Heerma* § 16 UrhG Rn 13; Schricker/Loewenheim/*Loewenheim* § 16 UrhG Rn 16 f; BGH GRUR 1999, 325, 327 – Elektronische Pressearchive.
**240** BGHZ 17, 266, 270 – Grundig-Reporter.
**241** Schricker/Loewenheim/*Loewenheim* § 16 UrhG Rn 17 mwN.
**242** Dreier/Schulze/*Schulze* § 16 UrhG Rn 13; Wandtke/Bullinger/*Heerma* § 16 UrhG Rn 13.

**243** BGH GRUR 1999, 707 – Kopienversanddienst; Schricker/Loewenheim/*Loewenheim* § 17 UrhG Rn 5.
**244** AA OLG Jena MMR 2008, 408.
**245** *Ott* ZUM 2007, 125; aA LG Hamburg MMR 2004, 558 – Thumbnails; Wandtke/Bullinger/*Thum* § 72 UrhG Rn 23.
**246** LG Erfurt MMR 2007, 393; *Ott* ZUM 2007, 125, 127.

Ole Jani

Rechseinhabers aus § 19a UrhG ein.[247] Grds ist die Nutzung fremder Lichtbilder zur Herstellung und Zugänglichmachung von Thumbnails deshalb ohne eine entsprechende Lizenz unzulässig. Diese urheberrechtliche Bewertung steht in einem Spannungsverhältnis zu der Bedeutung der Suchmaschinen für das Internet. Der BGH stand deshalb vor einer schwierigen Situation. Er wollte die Bildersuche im Internet nicht verhindern, musste dieses gewünschte Ergebnis jedoch mit den Vorgaben des Urheberrechts in Einklang bringen. Zu Recht hat der BGH entschieden, dass sich Betreiber von Bildersuchmaschinen nicht auf eine Ausnahme- oder Schrankenbestimmung des Urheberrechts berufen können. Der BGH hat zugleich aber eine die Rechtswidrigkeit ausschließende (**schlichte**) **Einwilligung** des Berechtigten angenommen, sofern das Bild mit dessen Einwilligung im Internet zugänglich gemacht wird.[248] Der BGH hat diese Entscheidung damit begründet, dass der Berechtigte eine urheberrechtlich relevante Handlung nicht nur durch die Einräumung von Nutzungsrechten legalisieren könne, sondern dass auch eine einfache Einwilligung die Rechtswidrigkeit beseitigt; eine solche Einwilligung setzt keine auf den Eintritt dieser Rechtsfolge gerichtete rechtsgeschäftliche Willenserklärung voraus.[249]

Die Entscheidung des BGH ist im Ergebnis richtig; ihre Begründung ist rechtsdogmatisch jedoch nicht überzeugend. Die Annahme einer konkludenten Zustimmung kann in diesem Fall sachgerecht sein. Sie darf aber nicht dazu führen, dass das System der Schranken ausgehöhlt wird. Eine allgemeine Interessenabwägung zwischen den Belangen von Rechtsinhabern und Nutzern ist dem deutschen Urheberrecht nämlich fremd. Eine allzu großzügige Annahme konkludenter Zustimmung könnte zu einem Opt-Out-Modell führen, bei dem nicht mehr der Nutzer die Zustimmung einholen, sondern der Rechtsinhaber einer zunächst als zulässig angenommen Nutzung widersprechen muss.[250] Das ist mit der Regel-Ausnahme-Systematik des Urheberrechts nicht zu vereinbaren. Von einer konkludenten Einwilligung ist jedenfalls nur auszugehen, wenn die Nutzung der Thumbnails auch im Interesse des Rechtsinhabers liegt. Das ist dann nicht der Fall, wenn die Bilder unberechtigt im Internet zugänglich gemacht werden. Eine Einwilligung des Rechtsinhabers scheidet hier aus. Wie der BGH diese Fallkonstellation beurteilt, ist offen. Eine Entscheidung steht für 2011 an.

**115**

### 3. Symbolische Handlungen sind keine Verbreitung

Wird ein Werkstück lediglich zur Schau gestellt, ohne dass damit zugleich auch die Aufforderung zum Eigentums- oder Besitzerwerb verbunden ist, liegt darin kein Eingriff in das Verbreitungsrecht. Auch die symbolische Übergabe eines Werkstücks an einen Dritten erfüllt den Tatbestand des § 17 UrhG nicht.[251]

**116**

### 4. Die Erschöpfung des Verbreitungsrechts

**a) Der urheberrechtliche Erschöpfungsgrundsatz.** Das **Verbreitungsrecht** (§ 17 UrhG) berechtigt dazu, das Original des Werkes oder Vervielfältigungsstücke der Öffentlichkeit anzubieten oder in Verkehr zu bringen. Dieses Exklusivrecht des Ur-

**117**

---

[247] LG Hamburg MMR 2004, 558, 561 – Thumbnails (da § 19a UrhG damals noch nicht in Kraft war, hat das LG sich mit der Annahme eines unbenannten Verwertungsrechts beholfen).

[248] BGH GRUR 2010, 628 – Vorschaubilder.
[249] BGH GRUR 2010, 628 – Vorschaubilder.
[250] *Ott* ZUM 2007, 125, 126.
[251] BGH AfP 2007, 358 – Staatsgeschenk.

hebers zur körperlichen Verwertung erfährt durch den **Erschöpfungsgrundsatz** gem § 17 Abs 2 UrhG eine wichtige Einschränkung: Sind das Original oder Vervielfältigungsstücke des Werkes mit Zustimmung des zur Verbreitung Berechtigten im Gebiet der Europäischen Union oder eines anderen Vertragsstaates des Abkommens über den Europäischen Wirtschaftsraum im Wege der Veräußerung in Verkehr gebracht worden, so ist ihre Weiterverbreitung – mit Ausnahme der **Vermietung** – zulässig. Damit wird das Prinzip durchbrochen, wonach der Urheber auch bei mehreren aufeinanderfolgenden Nutzungen zustimmen muss. In Art 4 Abs 2 der Informationsgesellschafts-RL ist die gemeinschaftsweite Erschöpfung des Verbreitungsrechts in Bezug auf das Original oder auf Vervielfältigungsstücke eines Werks europarechtlich ausdrücklich kodifiziert worden. Die Erschöpfung erstreckt sich jedoch nur auf das Gebiet der EU und des EWR; außerhalb dieses Gebietes tritt keine Erschöpfung ein.[252]

**118**   Das Anbieten ist im wirtschaftlichen Sinne zu verstehen und stellt gegenüber dem Inverkehrbringen eine eigenständige Verbreitungshandlung iSv § 17 UrhG dar. Der Tatbestand des Anbietens ist deshalb auch schon dann verwirklicht, wenn im Geltungsbereich des Urheberrechtsgesetzes zum Erwerb des Werkexemplars im Ausland aufgefordert wird.[253] Dieser weite Schutz ist sachgerecht und entspricht der gemeinschaftsrechtlichen Zielsetzung effektiven Schutzes geistigen Eigentums. Zu Recht geht der BGH deshalb davon aus, dass diese rechtliche Bewertung mit dem europäischen Recht auch unter dem Gesichtspunkt des freien Warenverkehrs (Art 34 bis 36 AEUV (ex-Art 28, 29, 30 EGV)) zu vereinbaren sei, weil insoweit ein dem freien Warenverkehr gegenüber vorrangiges Interesse besteht. Ob eine Verbreitung darüber hinaus auch schon dann vorliegt, wenn das Werkstück in der Öffentlichkeit gezeigt wird, ohne dass Dritten die Möglichkeit einer Benutzung eingeräumt wird, war bis vor kurzem offen. Der EuGH hat diese Frage aufgrund eines Vorlagebeschlusses, des BGH[254] inzwischen negativ beantwortet. Die Verbreitung iSv Art 4 Informationsgesellschafts-RL setze stets eine Eigentumsübertragung voraus. Eine weitere Auslegung des Verbreitungsbegriffs ist nach Auffassung des EuGH nicht möglich. Es obliege insoweit allein dem Gemeinschaftsgesetzgeber, neue Rechte zu schaffen.[255] Dieses Urteil des EuGH, das die grundlegende Frage nach dem Verhältnis zwischen europäischem und supranationalem Urheberrecht betrifft, ist auf Kritik gestoßen. In der Tat scheint der EuGH verkannt zu haben, dass Art 6 WCT keine Maximalrechte definiert, sondern **Mindeststandards** feslegt. Der Gemeinschaftsgesetzgeber hat deshalb durchaus die Möglichkeit, über die Vorgaben des WCT hinauszugehen. Das hat er mit Art 4 der Informationsgesellschafts-RL entgegen der Auffassung des EuGH getan. Unter dieser Prämisse hat der EuGH das Verbreitungsrecht aus Art 4 Informationsgesellschafts-RL deshalb unzutreffend auf die Vorgaben des Art 6 WCT reduziert.[256] Auch die Erwägungsgründe der **Informationsgesellschafts-RL** sprechen gegen die Interpretation des EuGH. Die Richtlinie erklärt ein hohes Schutzniveau mit ausdrücklich zu einem wesentlichen Ziel der europäischen Urheberrechtsgesetzgebung.[257] Nach bisheriger Rechtsprechung in Deutschland war eine Eigentumsübertragung nicht Voraussetzung für ein Inverkehrbringen iSv § 17 Abs 1 UrhG, und der BGH ver-

---

**252** EuGHE 1971, 487 – Polydor.

**253** BGH ZUM 2007, 744 – Bauhaus in Italien.

**254** BGH EWiR 2007, 189 – Le-Corbusier, mit Anmerkung von *Wandtke*.

**255** EuGH GRUR Int 2008, 593 – Le-Corbusier-Möbel II, mit Anmerkung von *von Welser*.

**256** *Von Welser* GRUR Int 2008, 596.

**257** Vgl Erwägungsgründe 9 und 11 der Informationsgesellschafts-RL; idS auch BGH EWiR 2007, 189 – Le-Corbusier.

Ole Jani

trat ebenfalls diese Auffassung.[258] Dieser Ansatz lässt sich nach der EuGH-Entscheidung nicht mehr aufrechterhalten. Welche **praktischen Auswirkungen** diese Entscheidung haben wird, bleibt indes abzuwarten. Für andere Verwertungsbereiche, insbes von Filmen, Musik, Literatur usw, sind Konstellationen, die mit dem der EuGH-Entscheidung zugrundeliegenden Sachverhalt vergleichbar sind, kaum denkbar. Die Sorge, dass das Urteil des EuGH einen neuen Markt für Piraterieware schaffte,[259] dürfte deshalb weitgehend unbegründet sein. Die Voraussetzungen, die der EuGH für das Verbreitungsrecht bestimmt hat, gelten konsequenter Weise auch für die Frage der **Erschöpfung** des Verbreitungsrechts. In diesem Kontext hat der EuGH die Position der Rechtsinhaber daher gestärkt, denn die Eingriffsschwelle für eine Erschöpfung des Ausschließlichkeitsrechts aus § 17 Abs 1 UrhG ist jetzt höher.

**119** Dem Erschöpfungsgrundsatz liegt der Gedanke zugrunde, dass der Urheber mit der Veräußerung die Herrschaft über das Werkstück aufgibt. Die Erschöpfung ist wesentliche Voraussetzung dafür, dass Werkstücke, die mit Zustimmung des Rechtsinhabers in den Wirtschaftskreislauf eingeführt worden sind, auch auf nachgelagerten Marktstufen verkehrsfähig sind. Den Belangen des Rechtsinhabers ist dadurch genügt, dass er bei der ersten Veräußerung die Möglichkeit hatte, ein Entgelt zu verlangen.[260]

**120** b) **Keine Verallgemeinerungsfähigkeit des Erschöpfungsgrundsatzes.** Nach dem klaren Wortlaut des § 17 Abs 2 UrhG setzt die Anwendbarkeit des Erschöpfungsgrundsatzes die **Verbreitung eines Werkstücks** iSv § 17 Abs 1 UrhG voraus. Der BGH hat in ständiger Rechtsprechung klargestellt, dass sich die Verbreitung im urheberrechtlichen Sinne auf die Verwertung in körperlicher Form beschränkt.[261] Erfasst ist damit ausschließlich der Handel mit physisch erfassbaren Werkexemplaren.[262] Die Online-Übertragung fällt damit selbst dann nicht unter § 17 UrhG, wenn sie zu dem Ergebnis führt, dass der Empfänger eine Kopie erstellt.[263] Dass der Erschöpfungsgrundsatz, der strikt an das Verbreitungsrecht des Urhebers geknüpft ist, deshalb durch unkörperliche Nutzungen ebenfalls nicht berührt wird, hat der BGH jüngst bestätigt.[264] Das Verbreitungsrecht soll dem Urheber die Verwertung des Werks in körperlicher Form ermöglichen (§ 15 Abs 1 UrhG). Die Begrenzung des Verbreitungsrechts durch den Erschöpfungsgrundsatz dient dagegen dem allgemeinen Interesse an einem freien Warenverkehr. Innerhalb eines einheitlichen Wirtschaftsraums soll das mit Zustimmung des Berechtigten durch Veräußerung in Verkehr gebrachte Werkstück ungeachtet des urheberrechtlichen Schutzes frei zirkulieren dürfen. Die Rechtsfolge der Erschöpfung soll demnach nur Behinderungen des Warenverkehrs infolge der Ausübung des Verbreitungsrechts begrenzen.[265]

Diese Auffassung entspricht auch den Vorgaben der Informationsgesellschafts-RL, die für die Auslegung des deutschen Urheberrechts heranzuziehen ist und deren Art 4 Abs 2 den Erschöpfungsgrundsatz auch ausdrücklich allein auf das Verbreitungsrecht

**258** Vgl KG GRUR 1996, 968 – Möbel-Nachbildungen; OLG Köln GRUR-RR 2007, 1 – Nachbildungen von Le-Corbusier-Möbeln; BGH EWiR 2007, 189 – Le-Corbusier.
**259** So *von Welser* GRUR Int 2008, 596.
**260** Wandtke/Bullinger/*Heerma* § 17 UrhG Rn 13.
**261** Vgl BGHZ 11, 135, 144 – Lautsprecherübertragungen; BGH GRUR 1986, 742, 743 – Videofilmvorführung.

**262** Schricker/Loewenheim/*Loewenheim* § 17 UrhG Rn 4; OLG Frankfurt aM MMR 2009, 544; OLG Düsseldorf MMR 2009, 629; OLG München MMR 2008, 601; LG Berlin ZUM-RD 2010, 78, 79.
**263** Fromm/Nordemann/*Dustmann* § 17 UrhG Rn 9; Dreier/Schulze/*Schulze* § 17 UrhG Rn 6.
**264** BGH GRUR 2010, 822 – Half Life 2.
**265** BGH GRUR 2010, 822 – Half Life 2.

bezieht. An anderer Stelle macht die Informationsgesellschafts-RL ausdrücklich klar, dass sich die Frage der Erschöpfung weder bei Dienstleistungen allgemein noch bei Online-Diensten im Besonderen stellt. Dies gilt auch für materielle Vervielfältigungsstücke eines Werks oder eines sonstigen Schutzgegenstands, die durch den Nutzer eines solchen Dienstes mit Zustimmung des Rechtsinhabers hergestellt worden sind.[266]

**121**    Zwar ist die Erschöpfung kein allgemeiner Rechtsgedanke und die übrigen Verwertungsrechte werden durch die Erschöpfung grds nicht berührt.[267] Im Interesse der Verkehrsfähigkeit führt die Erschöpfung des Verbreitungsrechts aber zugleich auch zu einer gewissen **Einschränkung anderer Verwertungsrechte** in Bezug auf die mit Zustimmung des berechtigten in Verkehr gebrachten Werkstücke,[268] insb des Vervielfältigungsrechts und des Recht der öffentlichen Wiedergabe. Der Weitervertrieb von Waren ist oft mit **Werbemaßnahmen** verbunden, auf denen das geschützte Werkstück abgebildet ist. Urheberrechtlich relevante Nutzungshandlungen, die in diesem Rahmen vorgenommen werden, sind ebenfalls zulässig, soweit die Werbung für die jeweilige Vertriebsform üblich ist. Zulässig sind daher zB Abbildungen des Schutzgegenstandes in Prospekten oder Werbeanzeigen, auch im Internet. Auf europäischer Ebene hat der EuGH eine ähnliche Entscheidung unter dem Gesichtspunkt der Gewährleistung des freien Warenverkehrs getroffen.[269]

### 5. Zur Frage der Erschöpfung im Online-Bereich

**122**    a) **Erschöpfung des Verbreitungsrechts bei Vertrieb ohne Datenträger?** Im digitalen Kontext wird die körperliche Verwertung zunehmend ersetzt durch die unkörperliche Verwertung. An die Stelle auf einem Datenträger fixierter Werkexemplare tritt die Lizenz als Gegenstand des Rechtsgeschäfts. Diese Entwicklung hat gerade erst begonnen und wird weitergehen, denn sie ist die logische Konsequenz aus den typischen Vermarktungsmöglichkeiten, die die digitale Technik bietet. Die Erschöpfung tritt nur in Bezug auf das Verbreitungsrecht ein; das Vervielfältigungsrecht kann sich nicht erschöpfen.[270]

**123**    In diesem Prozess der Entmaterialisierung stellt sich die Frage, inwieweit die Reichweite des Erschöpfungsgrundsatzes auf den Bereich der unkörperlichen Verwertung ausgedehnt werden kann. Von aktueller Bedeutung ist dieses Problem vor allem in Bezug auf die Veräußerung **„gebrauchter" Softwarelizenzen.** Die Frage der Erschöpfung von Urheberrechten ist jedoch keine softwarespezifische Frage. Sie stellt sich überall dort, wo der Vertrieb von Nutzungsrechten die herkömmliche Verbreitung von Werkexemplaren ersetzt. Dies gilt ebenso für den reinen Online-Vertrieb zB von Musik, wie für die Weitergabe einer unkörperlichen Datei, zB per E-Mail. Die dabei notwendigen Vervielfältigungen sind ebenfalls nicht vom Erschöpfungsgrundsatz gedeckt. Aus urheberrechtlicher Sicht sind die Zugänglichmachung des Werks durch den Rechtsinhaber in einem Online-Shop (Upload) und die anschließende Vervielfältigung durch den Nutzer (Download) zunächst zwei getrennte Vorgänge, die unterschiedliche Verwertungsrechte betreffen.[271] Unter wirtschaftlichen Gesichtspunkten stellen sich

---

[266] Erwägungsgrund 29 der Informationsgesellschafts-RL.
[267] BGH GRUR 2005, 940, 942 – Marktstudien.
[268] BGH ZUM 2000, 1082, 1084 – Parfumflakons.

[269] EuGH GRUR Int 1998, 140, 144 – Dior/Evora.
[270] BGHZ GRUR 1991, 449 – Betriebssystem; BGH GRUR 2001, 512 – Parfumflakon.
[271] S Rn 112, 130 ff.

die beiden Handlungen aus der Perspektive des Verwerters jedoch als ein einheitlicher Akt zum Vertrieb eines urheberrechtlich geschützten Werkes dar. Während bei der klassischen Distribution vom Rechtsinhaber autorisierte Vervielfältigungsstücke des Werkes (CDs, DVDs usw) weitergegeben werden, erfolgt die körperliche Fixierung nun durch den Nutzer selbst. Befürworter einer Anwendbarkeit des Erschöpfungsgrundsatzes auf diese Vertriebsformen argumentieren mit den vermeintlichen Erwartungen des Erwerbers, ein dem herkömmlichen Werkexemplar wirtschaftlich und rechtlich gleichwertiges Gut zu erhalten. Der Erwerber müsse über die Dateien ebenso frei verfügen können, wie über ein Buch oder eine DVD. Diese Sicht verkennt jedoch, dass das Urheberrecht streng unterscheidet zwischen körperlichen und unkörperlichen Nutzungen. Der Online-Vertrieb unterliegt daher anderen Regeln als die Verbreitung physischer Werkstücke. In der Rechtsprechung der Instanzgerichte hat sich inzwischen eine – zum Teil nicht rechtskräftige – Rechtsprechung entwickelt, die sich nahezu einhellig gegen eine Anwendung des Erschöpfungsgrundsatzes auf unkörperliche Verbreitungsformen ausspricht.[272] Eine höchstrichterliche Entscheidung durch den BGH steht noch aus. In einem Verfahren, das die Rechtmäßigkeit der Veräußerung „gebrauchter" Software zum Gegenstand hat, hat der Bundesgerichtshof die zentrale Frage, ob sich das Verbreitungsrecht auch dann erschöpft, wenn das Computerprogramm durch Download aus dem Internet erworben wird, zur Vorabentscheidung dem **EuGH** vorgelegt.[273]

b) **Keine analoge Anwendbarkeit des Erschöpfungsgrundsatzes.** Der in § 17 Abs 2 **124** UrhG geregelte Erschöpfungsgrundsatz ist auch nicht analog auf Downloadangebote anwendbar. Eine Analogie kann allenfalls dann in Betracht kommen, wenn im Gesetz eine **planwidrige Regelungslücke** besteht und eine vergleichbare Interessenlage die analoge Anwendung erforderlich macht. Beide Voraussetzungen sind nicht erfüllt. Es gibt keinerlei Anhaltspunkte dafür, dass der Gesetzgeber bei der Schaffung des § 17 Abs 2 UrhG und den Urheberrechtsreformen der vergangenen Jahre den Fall der Online-Übermittlung von urheberrechtlich geschützten Werken übersehen hätte. Auch das europäische Recht enthält in der Informationsgesellschafts-RL Ausführungen zu diesem Thema, die keine Anhaltspunkte für eine ausfüllungsbedürftige Regelungslücke geben. Ebenso wenig besteht eine vergleichbare Interessenlage. Bei einem Vervielfältigungsstück, das der Nutzer bei online übertragenen Werken selbst hergestellt hat, existiert gerade kein körperliches Vervielfältigungsstück iSv § 17 Abs 2 UrhG, das vom Rechtsinhaber „in Verkehr" gebracht worden ist. Es kann von Vornherein kein Bedürfnis nach einer „Erhaltung" der Verkehrsfähigkeit, der die Erschöpfung des Verbreitungsrechts dient, bestehen. Soweit der Veräußerer lediglich die Lizenz weitergibt und nicht zugleich auch die Software, kommt es auf die Frage der Erschöpfung gar nicht an. In diesem Fall ist die Rechtmäßigkeit stattdessen allein unter vertragsrechtlichen Gesichtspunkten im Hinblick auf die Zulässigkeit einer Weiterübertragung von Nutzungsrechten gem §§ 34, 35 UrhG zu beurteilen.[274]

Der BGH hat zwar entschieden, dass die Verwertungsrechte über die gesetzlich ge- **125** regelten Fälle im Interesse der Verkehrsfähigkeit eingeschränkt werden müssen, sofern die geschützten Gegenstände mit Zustimmung des Berechtigten in Verkehr gesetzt

---

**272** Ua OLG Düsseldorf Urt v 29.6.2009, Az I-20 U 247/08; OLG München Urt v 3.7.2008, Az 6 U 2759/07; OLG München Urt v 3.8.2006, Az 6 U 1818/06; LG Frankfurt aM Urt v 6.1.2010, Az 2-06 O 556/09; LG Mann-

heim Urt v 22.12.2009, Az 2 O 37/09; LG Berlin ZUM-RD 2010, 78, 80.
**273** BGH Beschl v 3.2.2011, Az I ZR 129/08.
**274** *Schack* GRUR 2007, 639, 644.

worden sind.[275] Diese Rechtsprechung lässt sich aber nicht auf den Online-Vertrieb übertragen. Denn der Vertrieb von Vervielfältigungsstücken und der Online-Vertrieb sind nur scheinbar miteinander vergleichbar. Der Käufer einer Musik-CD erwirbt Eigentum an dem Werkträger, jedoch keine urheberrechtlichen Befugnisse. Für die Nutzung der CD zum privaten Gebrauch sind solche Befugnisse auch nicht erforderlich. Beim Online-Vertrieb handelt es sich dagegen nicht um einen (Sach-)Kauf, sondern der Nutzer erwirbt aufgrund eines Linzenzvertrages urheberrechtliche Nutzungsrechte. Aufgrund dieser Rechte ist er befugt, die Vervielfältigungen vorzunehmen, die nötig sind, um das Musikwerk zu nutzen. Im Rahmen eines solchen Lizenzvertrages ist für eine (analoge) Anwendung des Erschöpfungsgrundsatzes kein Raum. Die „Weitergabe" von unkörperlich erworbenen Werkexemplaren (zB Musikdateien) setzt zwingend weitere Vervielfältigungen voraus (bei der Herstellung einer CD oder beim Versand der Datei per E-Mail). Die Vervielfältigungsstücke, die der Nutzer herstellt, sind nicht vom Rechtsinhaber iSv § 17 Abs 1 UrhG in Verkehr gebracht worden. Soweit sich der Nutzer bei der Herstellung von Kopien auf sein Recht aus § 53 Abs 1 UrhG beruft, ist eine Verbreitung solcher Vervielfältigungsstücke nach § 53 Abs 6 UrhG ausdrücklich untersagt. Auch insoweit bietet das Urheberrecht keinen Ansatzpunkt für eine (doppelt) analoge Anwendung von § 17 Abs 2 UrhG. Der Rechtsinhaber kann die Übertragbarkeit der Nutzungsrechte beschränken oder ganz ausschließen (§ 34 UrhG). In diesem Sinne stellt auch die Informationsgesellschafts-RL in Erwägungsgrund 29 ausdrücklich klar, dass sich die Frage der Erschöpfung bei Online-Diensten nicht stellt. Dies gilt auch für materielle Vervielfältigungsstücke eines Werks oder eines sonstigen Schutzgegenstands, die durch den Nutzer eines solchen Dienstes mit zustimmung des Rechtsinhabers hergestellt worden sind. Aufgrund der Fülle denkbarer Sachverhalte, die im Zuge der technischen Entwicklung weiter zunehmen wird, wäre es Aufgabe des Gesetzgebers, das Urheberrecht soweit erforderlich sinnvoll weiterzuentwickeln.[276] Die klaren gemeinschaftsrechtlichen Vorgaben lassen für nationale Regelungen hier jedoch keinen Raum. Endgültige Klarheit wird hier erst die höchstrichterliche Entscheidung durch den BGH bringen. Inwieweit das kommende Urteil des BGH zur Erschöpfung auf per Download erworbene Software verallgemeinerungsfähig sein wird, bleibt abzuwarten.

### 6. Die Ausstellung von Werken ist vergütungsfrei

**126**    Das Ausstellungsrecht des Urhebers besteht nur solange, wie das Werk nicht veröffentlicht ist. Nach Veröffentlichung kann der Urheber eine Ausstellung seines Werkes in Museen, Galerien usw nicht mehr verhindern, denn das Ausstellungsrecht ist mit der Veröffentlichung des Werkes erschöpft.[277] Da dem Urheber ein Verbotsrecht insoweit also nicht zusteht, hat er nach geltendem Recht auch keinen Anspruch auf eine Vergütung für spätere Ausstellungen seines Werkes. Die Schaffung einer solchen **Ausstellungsvergütung** ist seit Jahren immer wieder Gegenstand der rechtspolitischen Diskussion. Der Gesetzgeber hat in der Vergangenheit einen Vergütungsanspruch für Ausstellungen erwogen,[278] ihn dann aber doch verworfen,[279] weil eine gesetzliche Rege-

---

[275] BGH ZUM 2000, 1082, 1084 – Parfumflakons; BGH GRUR 1986, 736, 737 f – Schallplattenvermietung; zust Wandtke/Bullinger/ *Heerma* § 15 UrhG Rn 25.

[276] Kategorisch dagegen *Schack* GRUR 2007, 639, 643.

[277] Schricker/Loewenheim/*Vogel* § 18 UrhG Rn 4 mwN.

[278] Koalitionsvereinbarung zwischen der SPD und Bündnis 90/Die Grünen v 16.10.2002, 69.

[279] Referentenentwurf für ein „Zweites Gesetz zur Regelung des Urheberrechts in der Informa-

Ole Jani

lung zur Ausstellungsvergütung die wirtschaftliche Position der ausübenden Künstler nur scheinbar verbessern würde. Gerade die zu fördernde Kunst junger und noch unbekannter Künstler könnte durch eine solche Vergütung aus dem Ausstellungsbetrieb verdrängt werden. Negative Auswirkungen wären aber auch auf die private Kunstförderung und Ausstellungstätigkeit zu befürchten. Das Bundesjustizministerium hat außerdem auf die schlechten Erfahrungen mit der 1996 in Österreich eingeführten und 2000 wieder abgeschafften Ausstellungsvergütung verwiesen. Diese ablehnende Haltung ist zu unterstützen.

## II. Die unkörperliche Werkverwertung durch öffentliche Wiedergabe

### 1. Die Öffentlichkeit der unkörperlichen Verwertung

Eine dem Urheber vorbehaltene unkörperliche Verwertung liegt überhaupt nur dann **127** vor wenn der Vorgang öffentlich erfolgt. Das Tatbestandsmerkmal der **Öffentlichkeit** ist einer der Schlüsselbegriffe des Urheberrechts. In Bezug auf unkörperliche Vorgänge berühren Nutzungen, die in der Privatsphäre stattfinden das Urheberrecht grds nicht. Darin liegt ein wichtiger Unterschied zu den körperlichen Verwertungsformen und für die die Frage der Öffentlichkeit keine Rolle spielt. So ist insb die Herstellung von Vervielfältigungsstücken stets rechtswidrig, sofern sie sich nicht in den engen Grenzen der Schranken bewegen.[280] Was das Urheberrecht unter Öffentlichkeit versteht, ergibt sich aus der Legaldefinition in § 15 Abs 3 UrhG. Die Wiedergabe ist danach öffentlich, wenn sie für eine Mehrzahl von Mitgliedern der Öffentlichkeit bestimmt ist. Zur Öffentlichkeit gehört jeder, der nicht mit demjenigen, der das Werk verwertet, oder mit den anderen Personen, denen das Werk in unkörperlicher Form wahrnehmbar oder zugänglich gemacht wird, durch persönliche Beziehungen verbunden ist. Diese Definition entspricht den von der Rechtsprechung entwickelten Grundsätzen und ist auch bei der Konkretisierung des Öffentlichkeitsbegriffs in anderen Vorschriften des Urheberrechtsgesetzes heranzuziehen.[281] Öffentlichkeit kann nur bei einer Mehrzahl von Personen bestehen. Dieses Erfordernis ist nicht im Sinne einer starren Grenze zu verstehen. Es kommt hier vielmehr auf die Umstände des Einzelfalls an, wobei die schwierigen Fälle diejenigen sind, in denen der betroffene Personenkreis besonders klein ist. Je mehr Personen, desto eher fehlt es an der persönlichen Verbundenheit. Je weniger Personen betroffen sind, desto eher sind sie persönlich verbunden.[282] Starre Grenzen gibt es hier jedoch nicht, Die persönliche Verbundenheit liegt dann vor, wenn bei den Mitgliedern der Veranstaltung des Gefühl erzeugt wird, einer geschlossenen Veranstaltung anzugehören; das ist zB nicht der Fall bei einer Party mit Kostenbeitrag, deren Gäste nicht alle miteinander bekannt sind.[283] Erscheinungsformen der öffentlichen Widergabe sind insb Vortrag und Aufführung (§ 19 UrhG), öffentliche Zugänglichmachung (§ 19a UrhG), und die Sendung (§ 20 UrhG).

---

tionsgesellschaft" v 27.9.2004, 39; Zustimmung für eine Ausstellungsvergütung äußert ua *Schack* Rn 441.
**280** Zu den Schranken des Urheberrechts Rn 134 ff.
**281** Wandtke/Bullinger/*Heerma* § 15 UrhG Rn 14.

**282** Öffentlich im urheberrechtlichen Sinne sind zB größere Betriebsfeiern, BGHZ 17, 376, 379, oder Hochschulvorlesungen, OLG Koblenz 1987, 699, 700.
**283** LG Oldenburg GRUR-RR 2007, 177 – Musik und Videos im Stall.

## 2. Kabelweitersendung

**128**    a) **Hotelfernsehen ist Kabelweitersendung.** Ein umfangreiches Fernsehprogramm-angebot gehört heute zur Standardausstattung von Hotels. Da heute nahezu jedes Hotel über Zimmerfernsehen verfügt, hat das Hotelfernsehen inzwischen erhebliche Ausmaße. Um seine urheberrechtliche Beurteilung wird seit vielen Jahren immer wieder gestritten. Es geht um die Frage, ob die Weiterleitung des Sendesignals durch das Hotel eine urheberrechtlich relevante Nutzung darstellt. Zur Umsetzung der Kabel-RL[284] ist im Urheberrechtsgesetz ein ausschließliches Verwertungsrecht der Kabelweitersendung (§ 20b UrhG) geschaffen worden;[285] Der deutsche Gesetzgeber hat die Bestimmungen zur **Kabelweitersendung** dabei nicht auf grenzüberschreitende Sende-vorgänge innerhalb der EU beschränkt,[286] sondern auch auf diejenigen Kabelweiter-sendungen erstreckt, die innerhalb Deutschlands der Ermöglichung oder Verbesserung des Empfangs von Rundfunksendungen dienen. Eine Unterscheidung zwischen natio-nalen und grenzüberschreitenden Sendungen in diesem Zusammenhang hat der Gesetz-geber zutreffend als sachlich nicht gerechtfertigt angesehen.[287] Das Recht zur Kabel-weitersendung ist das Recht, ein gesendetes Werk im Rahmen eines zeitgleich, unverändert und vollständig weiter übertragenen Programms durch Kabelsysteme oder Mikrowellensysteme weiterzusenden (§ 20b Abs 1 UrhG).[288] Der BGH hat in Übereinstimmung mit der Rechtsprechung des EuGH[289] entschieden, dass auch die Weiterleitung des Sendesignals eine urheberrechtlich relevante Nutzung in Form der Weitersendung ist.[290] Entscheidend ist dabei allerdings, ob das Hotel selbst für den Sendevorgang verantwortlich ist. Das ist dann nicht der Fall, wenn das Hotel lediglich die Fernsehgeräte bereitstellt, und die Weiterleitung der Sendesignale ein Dritter über-nimmt.[291] Die urheberrechtliche Relevanz des Hotelfernsehens auch unmittelbar aus § 20 UrhG abgeleitet, und die von einem Hotelbetreiber vorgenommene Weiterleitung von Fernsehprogrammen mittels einer Kabelverteilungsanlage an verschiedene Emp-fangsgeräte, die den Gästen auf ihren Zimmern zur Verfügung stehen, als Sendung an die Öffentlichkeit iSd §§ 87, 20 UrhG eingeordnet.[292]

**129**    b) **Keine Regelung durch das Europäische Recht.** Ob und inwieweit auch die Ver-breitung von Fernsehsignalen im internen Netz von Hotels in das Recht zur Kabel-weitersendung eingreift, wird von der Kabel-RL nicht geregelt. Diese Frage ist nach einem Urteil des Europäischen Gerichtshofs aus dem Jahr 2000 stattdessen weiterhin ausschließlich nach nationalem Recht zu beurteilen.[293] Empfängt ein Hotel durch eine hoteleigene Empfangsanlage (Kabel, Satellit etc) Sendungen und speist es diese in ein hoteleigenes Kabelsystem ein, um sie zu den einzelnen Hotelzimmern weiterzuleiten, so fällt dies in Deutschland in den Anwendungsbereich des Kabelweitersendungsrechts aus § 20b UrhG.[294] Hotels müssen deshalb in Deutschland das Kabelweitersendungs-

---

**284** RL 93/83/EWG des Rates v 27.9.1993 zur Koordinierung bestimmter urheber- und leistungsschutzrechtlicher Vorschriften be-treffend Satellitenrundfunk und Kabelweiter-verbreitung (Kabel-RL).
**285** Viertes Gesetz zur Änderung des Urheber-rechtsgesetzes v 8.5.1998, BGBl 1998 I S 902.
**286** So aber Art 1 Abs 3 der Kabel-RL.
**287** AmtlBegr des Regierungsentwurfs BT-Drucks 13/4796, 13.
**288** Vgl auch Art 1 Abs 3 der Kabel-RL und die

AmtlBegr des Regierungsentwurfs, BT-Drucks 13/4796, 13.
**289** EuGH GRUR 2007, 225 – SGAE/Rafael.
**290** BGH GRUR 2010, 530, 531.
**291** BGH GRUR 2010, 530, 532.
**292** OLG Hamm Urt v 4.9.2007, Az 4 U 38/07.
**293** EuGH GRUR Int 2000, 548.
**294** OLG München ZUM-RD 2002, 150; Wandtke/Bullinger/*Ehrhardt* §§ 20–20b UrhG Rn 20.

recht gegen die Zahlung einer Vergütung vertraglich erwerben. Die Interessenvertreter des Hotelgewerbes haben immer wieder versucht, eine Bereichsausnahme für Hotels durchzusetzen. Zu Recht hat der Gesetzgeber diese Forderung nicht erfüllt. Eine derartige Verengung des Sendebegriffs wäre mit den urheberrechtlichen Prinzipien kaum zu vereinbaren. Der Begriff der Kabelweitersendung in § 20b UrhG ist nicht technologieneutral. Eine Weitersendung über das Internetprotokoll (IPTV) fällt deshalb nicht unter § 20b UrhG.[295] Der Gesetzgeber prüft im Rahmen der nächsten Urheberrechtsnovelle § 20b UrhG technologieneutral auszugestalten. Im Hinblick auf die zunehmende Konvergenz der Medien wäre das zu begrüßen.

c) **Technologieneutrale Ausgestaltung?** Die Kabelweitersendung erfasst gem § 20b **129a** Abs 1 UrhG nur Weiterleitungsvorgänge „durch Kabelsysteme oder Mikrowellensysteme". Diese enge Definition schließt insbesondere eine Einbeziehung der Übermittlungsvorgänge im Internet aus, die zeitgleiche und unveränderte Weitersendung von Fernsehsendungen über das Internetprotokoll stellt keine Kabelweitersendung gem § 20b UrhG dar[296]. Im Rahmen des „Dritten Korbes"[297] überlegt der Gesetzgeber daher die Kabelweitersendung **technologieneutral** auszugestalten. Dafür spricht, dass der starre Bezug auf bestimmte Weiterleitungssysteme technisch überholt ist und dem Tempo der technischen Entwicklung nicht gerecht wird. Maßgeblich sollte nicht der technische Weg sein, sondern allein die „zeitgleiche, unveränderte und vollständige Weiterübertragung" des Signals. Durch eine technologieneutrale Regelung würden daher auch neue Übertragungsformen, wie DVB-T, DVB-H, DMB, A-DSL und dem „Live-Streaming" dem Recht der Kabelweitersendung unterfallen. Kritiker wenden ua ein, dem deutschen Gesetzgeber fehle für eine solche Regelung die Gesetzgebungskompetenz, weil sie nicht mit der Satelliten- und Kabel-RL in Einklang stünde. Das erscheint indes nicht überzeugend, denn der Anwendungsbereich der RL ist nicht abschließend.[298]

**3. Die öffentliche Zugänglichmachung: das Verwertungsrecht des 21. Jahrhunderts**

a) **Das Recht des „making available".** Aus technischen Gründen lassen sich die **130** Nutzungsvorgänge im Internet nicht unter die klassischen Verwertungsrechte subsumieren. Insb eine Anwendung des Senderechts scheidet hier aus.[299] Die digitale Technik erfordert deshalb eine Erweiterung des Urheberrechts um ein neues Verwertungsrecht, und diese Aufgabe ist auf internationaler Ebene gelöst worden. Bereits 1996 ist durch den **World Copyright Treaty** (WCT) in Art 8 ein neues ausschließliches Verwertungsrecht des „**making available**" geschaffen worden, um die digitale Lücke im Urheberrecht zu schließen. Dieses **Recht der öffentlichen Zugänglichmachung** hat mit der Informationsgesellschafts-RL Eingang in das europäische Urheberrecht gefunden und ist im Zuge der Umsetzung dieser Richtlinie 2003 auch in das deutsche Urheberrecht aufgenommen worden. Nach dem neuen § 19a UrhG hat der Urheber das ausschließliche Recht, sein Werk drahtgebunden oder drahtlos der Öffentlichkeit in einer Weise zugänglich zu machen, dass es Mitgliedern der Öffentlichkeit von Orten und zu Zeiten ihrer Wahl zugänglich ist. Zustimmungspflichtige Verwertungshandlung ist die Bereitstellung des Werkes in einem Netz zum Abruf. Wie beim Sende-

---

[295] LG Hamburg ZUM 2009, 582, 586.
[296] LG Hamburg ZUM 2009, 882 – Zattoo.
[297] S Rn 15.

[298] Erwägungsgrund 32 der Satelliten- und Kabel-RL (s Fn 46).
[299] *Schack* Rn 458.

recht kommt es auf die tatsächliche Wahrnehmung nicht an. Die nachfolgenden Nutzungshandlungen, die der Nutzer vornehmen muss, um das zugänglich gemachte Werk wahrzunehmen, haben als nachgelagerte Vervielfältigungshandlungen eigenständige urheberrechtliche Relevanz gem § 16 UrhG.[300] Da es auf die Rechtmäßigkeit der Vervielfältigung nicht ankommt, bleibt die unzulässige Zugänglichmachung als Verstoß gegen § 19a UrhG auch dann rechtswidrig, wenn die Vervielfältigung durch eine Schranke gedeckt wäre.[301] Diese urheberrechtlich wichtige Unterscheidung der Zurverfügungstellung (Upload) und des Abrufs (download) eines Werkes ist von aktueller Bedeutung im Kontext der sog „**Tauschbörsen**". Wer Musikwerke zum Download über das Internet anbietet, macht diese Werke iSv § 19a öffentlich zugänglich.[302]

**131**    **b) Wachsende Bedeutung des Rechts der öffentlichen Zugänglichmachung.** Bereits heute ist erkennbar, dass das Internet – allein oder in Kombination mit anderen Medien – zum wichtigsten Kanal für die Verwertung urheberrechtlich geschützter Werke wird. Damit wächst die Bedeutung des Rechts der öffentlichen Zugänglichmachung. Die Entwicklung des Urheberrechts begann, als mit der Erfindung des Buchdrucks die technischen Voraussetzungen für massenhaftes Kopieren geschaffen wurden. Im Zentrum des traditionellen Urheberrechts steht deshalb das Recht der Vervielfältigung. Sinnbild für die Entmaterialisierung der Werkverwertung im digitalen Zeitalter ist das Recht der öffentlichen Zugänglichmachung. Es ist das Verwertungsrecht des 21. Jahrhunderts.

**132**    **c) Die urheberrechtliche Einordnung von „Internetradios".** Ausübende Künstler haben bei der Sendung (§ 20 UrhG) von Darbietungen, die auf einem Tonträger erschienen sind, kein Verbotsrecht, sondern nur einen Vergütungsanspruch (§ 79 UrhG), an dem die Tonträgerhersteller teilhaben (§ 86 Abs 2 UrhG). Inwieweit auch Internet-Radios und andere durch streaming im Internet verbreitete Angebote unter dieses sog „Sendeprivileg" fallen, ist strittig und hängt von der Programmgestaltung im Einzelnen ab. Wenn das Angebot eine starke interaktive Komponente hat und vom Nutzer an Orten und zu Zeiten seiner Wahl abgerufen werden kann, liegt keine Sendung vor. Stattdessen handelt es sich dann um eine öffentliche Zugänglichmachung iSv § 19a UrhG, für die stets ein vertraglicher Rechteerwerb erforderlich ist.[303] Nach wohl überwiegender Auffassung fallen das Webcasting und das Simulcasting unter das Senderecht.[304] Bei diesen Internetangeboten können die Nutzer den Programmablauf nicht beeinflussen, so dass hier eine Ähnlichkeit zum herkömmlichen Radio besteht. Das Programm wird zeitgleich und unverändert über das Internet übertragen. Die Voraussetzungen von § 19a UrhG sind damit nicht erfüllt. Das gilt auch für IPTV.[305] Je stärker die Interaktivität ist, desto eher wird man zu dem Ergebnis kommen, dass das Angebot den Anwendungsbereich des Senderechts verlässt. Strittig ist derzeit vor allem noch die Einordnung von Mischformen, wie „near-on-demand"-Diensten, bei denen die Nutzer nicht einzelnen Titel abrufen können, sondern lediglich die Wahl zwischen mehreren Programmen haben, deren Ablauf sie in Gang setzen können. Der

---

[300] Wandtke/Bullinger/*Heerma* § 16 UrhG Rn 14; Schricker/Loewenheim/*Loewenheim* § 16 UrhG Rn 23.
[301] *Schack* Rn 461.
[302] Wandtke/Bullinger/*Bullinger* § 19a UrhG Rn 11; OLG Hamburg ZUM-RD 2005, 273, 276.

[303] Wandtke/Bullinger/*Schaefer* § 86 UrhG Rn 5.
[304] Ausf Wandtke/Bullinger/*Büscher* § 78 UrhG Rn 8; *Handig* GRUR Int 2007, 206, 209; *Poll* GRUR 2007, 475, 480; aA *Bortloff* GRUR Int 2003, 669, 675.
[305] *Poll* GRUR 2007, 475, 480.

Ole Jani

BGH hat sog Multicasting dem Senderecht zugeordnet; der Umstand, dass die Übermittlung einer musikalischen Darbietung im Rahmen eines Mehrkanaldienstes dem Empfänger weiter gehende Verwendungsmöglichkeiten einräumt und damit die Primärverwertung stärker beeinträchtigen kann als die Übermittlung im Rahmen einer herkömmlichen Radiosendung, sei unbeachtlich.[306]

**133** Da heute eine Vielzahl von Internetangeboten ihren Ursprung nicht in Deutschland haben, stellt sich neben der Frage nach der materiellrechtlichen Einordnung der Nutzungshandlungen die Frage, ob die Lizenzierung im Sinne des Sendelandprinzips nur in dem Land erfolgen muss, in dem der Server seinen Standort hat, oder ob nach der sog **Bogsch-Theorie**[307] das Recht all derjenigen Länder maßgeblich sein soll in dem das Angebot abrufbar ist. Dieser Ansatz hat sich bereits bei der herkömmlichen Sendung als zu weitgehend erwiesen. Seine Anwendung auf Internetsachverhalte, die grds weltweit zugänglich sind, würde dazu führen, dass für alle Länder dieser Welt eine Lizenz erforderlich ist. Das ist unmöglich, und ein legaler Betrieb von Musikprogrammen im Internet wäre kaum möglich. Die Beschränkung auf den Serverstandort nach dem Sendelandprinzip würde den Rechteerwerb radikal vereinfachen. Hier besteht jedoch die Gefahr, dass der Urheberrechtschutz insgesamt leidet, wenn die Betreiber der Angebote in Länder mit besonders niedrigem Schutzniveau ausweichen. Es werden deshalb Mittelwege diskutiert, etwa eine Begrenzung auf bestimmte Empfangsländer, in denen die Nutzung des Angebots intendiert ist, oder eine Anknüpfung an den Sitz des Unternehmens.[308] Eine endgültige und allseits akzeptierte Klärung der Frage steht noch aus.

## § 14
## Die Schranken des Urheberrechts

### I. Das System der Schranken

#### 1. Schranken als Ausnahme von den urheberrechtlichen Exklusivrechten

**134** Das Urheberrecht ist zwar umfassend aber nicht schrankenlos. Die Ausschließlichkeitsrechte werden durch die „Schranken" in §§ 44a ff UrhG zugunsten bestimmter Nutzergruppen oder bestimmter Nutzungszwecke begrenzt. Das ist Ausdruck der verfassungsrechtlich gebotenen Sozialbindung des urheberrechtlichen Eigentums.[309] Es geht bei den Schranken darum, welche Mindestnutzungsrechte das Urheberrecht bestimmten Nutzern gewähren muss, um diesen Interessenausgleich zu bewältigen. Der Konflikt zwischen den privaten Interessen des Rechtsinhabers und denjenigen der Öffentlichkeit und ihrer Mitglieder ist systemimmanent. Das Urheberrecht schließt per definitionem andere vom Zugriff auf das Werk aus. Die Antwort auf die Frage nach der Grenze zwischen privatnützigem Urheberrecht und dem „public domain" ergibt sich dagegen keineswegs aus dem Urheberrecht selbst.[310] Sie ist stattdessen das Ergeb-

---

**306** BGH GRUR 2004, 669, 670 – Musikmehrkanaldienst.
**307** Benannt nach dem ehem. Generaldirektor der WIPO, Árpád Bogsch; zum Inhalt der Theorie eingehend Schricker/Loewenheim/ *Katzenberger* Vor §§ 120 ff UrhG Rn 141.

**308** *Handig* GRUR Int 2007, 206, 214 ff.
**309** *Delp* 318; Schricker/Loewenheim/*Melichar* Vor §§ 44 ff UrhG Rn 1.
**310** *Goldstein* 10.

nis einer wertenden Betrachtung und ist im Laufe der Zeit immer wieder modifiziert worden. Beispiele hierfür sind die Regelung der urheberrechtlichen Schutzfristen[311] oder im Bereich der Schranken die Zulässigkeit von privaten Vervielfältigung. Bei dieser Wertung ist jedoch stets zu beachten, dass die Schranken grds eng auszulegende Ausnahmen vom umfassenden Urheberrechtsschutz darstellen.[312] Eingriffe in das Verwertungsrecht des Urhebers können nur durch ein **gesteigertes öffentliches Interesse** gerechtfertigt werden[313].

### 2. Abschließende Regelung der Schranken durch das Gemeinschaftsrecht

**135**     Auch das europäische Urheberrecht bekennt sich ausdrücklich zu einem angemessenen Interessenausgleich zwischen den verschiedenen Kategorien von Rechtsinhabern und Nutzern,[314] und das System der urheberrechtlichen Schranken in Bezug auf das Vervielfältigungsrecht und das Recht der öffentlichen Wiedergabe ist heute durch das europäische Recht abschließend geregelt.[315] Die Informationsgesellschafts-RL definiert in Art 5 welche Ausnahmen die Mitgliedstaaten vom urheberrechtlichen Ausschließlichkeitsrecht schaffen dürfen. Das deutsche Urheberrecht enthält seit vielen Jahren solche Schranken, die im Laufe der Zeit stetig weiterentwickelt worden sind. Im Zuge der Umsetzung der Informationsgesellschafts-RL und zuletzt mit dem „Zweiten Korb" hat der Gesetzgeber das Schrankensystem an die Anforderungen des Gemeinschaftsrechts angepasst. Die Schranken regeln einzelne, genau beschriebene Ausnahmen.

**136**     Eine Generalklausel, die ähnlich wie die „fair-use-Doktrin" des US-amerikanischen Copyright Law eine flexible Einzelfallregelung erlaubt, kennen des europäische und das deutsche Urheberrecht nicht. Angesichts der sehr dynamischen Entwicklung der technischen Möglichkeiten und immer neuer Nutzungsformen ist das Konzept, das dem Prinzip des **„fair use"** zugrundeliegt, jedoch ein Ansatz, der Beachtung verdient. Das Urteil des BGH zur Zulässigkeit der Bildersuche im Internet[316] hat deutlich gezeigt, dass die gewünschten, rechtlich und volkswirtschaftlich sinnvollen Ergebnisse sich mit der bestehenden starren Schrankensystematik nicht immer erreichen lassen. Kritiker wenden ein, „fair use" würde zu einer erheblichen Rechtsunsicherheit führen. Diese Kritik ist ernstzunehmen, denn „fair use" würde das hergebrachte System des Gesetzesrechts durch ein System des „case law" ersetzen. Das könnte die Verunsicherung im Umgang mit dem Urheberrecht noch verstärken und falsche Erwartungen an per se weitergehende Nutzerbefugnisse wecken. Richtig ist, dass „fair use" ein **unbestimmter Rechtsbegriff** ist, der durch die Rechtsprechung aufgrund von Einzelfallentscheidungen konkretisiert werden müsste. Das ist im deutschen Zivilrecht, das seit jeher mit unbestimmten Rechtsbegriffen operiert („Treu und Glauben"), allerdings nichts Neues. Die Gerichte könnten zur Ausfüllung einer neuen „fair use"-Schranke die in den vergangenen Jahren zu den heutigen Schranken ergangene Rechtsprechung heranziehen. „Fair use" würde daher nicht zu einer völligen Neuausrichtung des bestehenden Regel-/Ausnahmeprinzips führen. Eine Generalklausel könnte zugleich auf vorhandene Technologien flexibel reagieren („fine tuning"). Das müsste keineswegs

---

311 S Rn 67 ff.
312 BGHZ 50, 147 – Kandinsky I; BGHZ 87, 126 – Zoll- und Finanzschulen; BGHZ 123, 149 – Verteileranlagen; *Delp* 318; Wandtke/Bullinger/*Lüft* Vor §§ 44a ff UrhG Rn 1 mwN.
313 BVerfG GRUR 2010, 999, 1002 – Drucker + Plotter.

314 Erwägungsgrund 31 der Informationsgesellschafts-RL.
315 Erwägungsgrund 32 der Informationsgesellschafts-RL.
316 S Rn 114 f.

zwingend immer zu einer Ausweitung der Nutzerbefugnisse führen. Wo festgestellt wird, dass bei neuen Technologien bestimmte Ausnahmeregelungen in ungerechtfertigter Weise überdehnt werden, weil die Nutzungsintensität nicht dem ursprünglichen Regelungszweck entsprechen und den Ausnahmecharakter der Schranken („Drei-Stufen-Test") nicht wahren,[317] kann im Wege des „fair use" auch eine **Reduzierung der Nutzerbefugnisse** möglich und geboten sein. Es spricht deshab viel dafür, das Konzept des „fair use" ausführlich zu diskutieren. Die Schaffung einer „fair use"-Schranke wäre freilich nur über eine Änderung der Informationsgesellschafts-RL möglich.

## II. Zustimmungsfreie Nutzungen sind grds vergütungpflichtig

Zum Ausgleich für den Rechtsverlust, den der Urheber durch die Schranken erleidet, **137** gewährt das Urheberrechtsgesetz gesetzliche Vergütungsansprüche. Diese Ansprüche, die nur durch Verwertungsgesellschaften wahrgenommen werden könne, sollen den Urheber dafür entschädigen, dass er die erlaubnisfreie Nutzung seines Werkes in bestimmten Fällen dulden muss. Wegen des besonderen Schutzes des Urheberrechts durch Art 14 GG darf die zustimmungsfreie Nutzung aus verfassungsrechtlichen Gründen nur in engen Grenzen und absoluten Ausnahmefällen auch entschädigungslos gestattet werden.[318] Der Spielraum des Gesetzgebers ist dadurch eingeschränkt. Vergütungsfreie Nutzungen sind zB zulässig für Veranstaltungen der Jugendhilfe, der Sozialhilfe, Alten- und Wohlfahrtspflege und der Gefangenenbetreuung, sofern sie nach ihren sozialen oder erzieherischen Zweckbestimmungen nur einem bestimmten, abgegrenzten Personenkreis zugänglich sind (§ 52 Abs 1 S 3 UrhG).

## III. Zentraler Prüfungsmaßstab ist der Drei-Stufen-Test

### 1. Die internationalrechtlichen Grundlagen des Drei-Stufen-Tests

Gem Art 9 Abs 2 RBÜ bleibt den Verbandsländern zwar vorbehalten, die Verviel- **138** fältigung in gewissen Sonderfällen zu gestatten. Voraussetzung dafür ist jedoch, dass eine solche Vervielfältigung weder die normale Auswertung des Werkes beeinträchtigt noch die berechtigten Interessen des Urhebers unzumutbar verletzt. Diese Voraussetzung ist als allgemeiner Grundsatz für eine Beschränkung der urheberrechtlichen Ausschließlichkeitsrechte als „Drei-Stufen-Test" bekannt geworden und findet im Gemeinschaftsrecht in Art 5 Abs 5 der Informationsgesellschafts-RL seine Kodifizierung, mit dem der Gemeinschaftsgesetzgeber Art 10 Abs 1 WCT und Art 16 Abs 2 WPPT umgesetzt hat.[319] Auch die von der Richtlinie erlaubten Ausnahmen und Beschränkungen des Urheberrechts dürfen danach „nur in bestimmten Sonderfällen angewandt werden, in denen die normale Verwertung des Werks oder des sonstigen Schutzgegenstandes nicht beeinträchtigt wird und die berechtigten Interessen des Rechtsinhabers nicht ungebührlich verletzt werden". Die Informationsgesellschafts-RL lässt an der restriktiven Funktion des Drei-Stufen-Tests keine Zweifel und weist in Erwägungsgrund 44 ergänzend darauf hin, dass die von den Mitgliedstaaten festgelegten Ausnahmen und Beschränkungen insb die gesteigerte wirtschaftliche Bedeutung, die solche Ausnahmen oder Beschränkungen im neuen elektronischen Umfeld erlan-

---

[317] S Rn 138 f.
[318] BVerfGE 49, 382 – Kirchenmusik.

[319] *Reinbothe* GRUR Int 2001, 733, 740.

gen können, angemessen berücksichtigen sollen. Der Umfang bestimmter Ausnahmen oder Beschränkungen sei daher noch enger zu begrenzen. Die Anwendung sämtlicher Schranken des Urheberrechtsgesetzes muss sich aus diesem Grund an den Kriterien des „Drei-Stufen-Tests" messen lassen, und aufgrund der gegenüber der RBÜ in der Informationsgesellschafts-RL vorgenommenen Erweiterung gilt dies auch für die Beschränkungen der Ausschließlichkeitsrechte von Leistungsschutzberechtigten.

### 2. Der Drei-Stufen-Test als Auslegungs- und Gestaltungsregel

**139**     Schon nach der bisherigen Rechtsprechung des BGH[320] ist der „Drei-Stufen-Test" der entscheidende Maßstab für die Anwendung der einschlägigen Vorschriften des Urheberrechtsgesetzes. Der „Drei-Stufen-Test" ist jedoch nicht nur eine Auslegungsregel für bestehende Schranken. Er gibt darüber hinaus vor allem auch eine Handlungsanweisung an den Gesetzgeber, die Schranken von Anfang an im Einklang mit dem „Drei-Stufen-Test" auszugestalten.[321] Darauf hat zutreffend auch die Bundesregierung[322] hingewiesen. Der Gesetzgeber hat sich bedauerlicherweise gleichwohl nicht dazu durchringen können, den „Drei-Stufen-Test" als „Schranken-Schranke" ausdrücklich im Urheberrechtsgesetz zu verankern. Sowohl bei der Umsetzung der Informationsgesellschafts-RL als auch beim Zweiten Korb hat die Bundesregierung entsprechende Forderungen zurückgewiesen. Der Drei-Stufen-Test sei bei der Formulierung der Schranken bereits hinreichend berücksichtigt worden.[323] Gerade weil das so ist, vermag die Begründung der Bundesregierung nicht zu überzeugen, denn es liegt im Interesse der Rechtsklarheit, dass alle relevanten Bestimmungen unmittelbar im Urheberrechtsgesetz enthalten sind. Dies gilt allemal für die zentrale Schranke des § 53 UrhG über Vervielfältigungen zum privaten Gebrauch, die ohne urheberrechtliche Spezialkenntnisse kaum noch verständlich ist.

## IV. Vervielfältigungen für den privaten und sonstigen eigenen Gebrauch

### 1. Die Privatkopie bleibt grds zulässig

**140**     Gem § 53 Abs 1 UrhG dürfen einzelne Vervielfältigungsstücke eines urheberrechtlich geschützten Werkes durch eine natürliche Person zum privaten Gebrauch auf beliebigen Trägern hergestellt werden (**Privatkopien**), sofern sie weder unmittelbar noch mittelbar Erwerbszwecken dienen. Wie viele Vervielfältigungsstücke danach zulässig sind, regelt das Gesetz nicht. Nach der Rechtsprechung liegt die Obergrenze bei sieben Exemplaren[324]. Diese Obergrenze ist willkürlich. Unter Berücksichtigung des Gebots der engen Auslegung von Schranken[325] kann die maximal zulässige Zahl von Kopien je nach dem Zweck und Art der Vervielfältigung deshalb auch niedriger sein. Von der Befugnis zur Vervielfältigung gem § 53 Abs 1 UrhG sind Computerprogramme und Datenbanken ausgenommen.

---

[320] BGHZ 141, 13, 34 – Kopienversanddienst.
[321] *Jani* ZUM 2003, 842, 844.
[322] BT-Drucks 15/38, 40.
[323] BT-Drucks 16/1828, 21.

[324] BGH GRUR 1978, 474 – Vervielfältigungsstücke.
[325] S Rn 134.

Ole Jani

## 2. Es gibt kein Recht auf Privatkopien

a) **Die Privatkopie ist kein Gewohnheitsrecht.** Entgegen einer weitverbreiteten Auffassung schafft das Urheberrecht kein Recht auf Privatkopien. Ein solches Recht lässt sich insb auch nicht aus dem Grundrecht auf Informationsfreiheit (Art 5 GG) herleiten, denn dieses Grundrecht begründet keine Verpflichtung der Rechtsinhaber, den Nutzern urheberrechtlich geschützte Werke unentgeltlich zur Verfügung zu stellen. Eine vergütungsfreie Nutzung ist nur in wenigen Ausnahmefällen und unter der Voraussetzung eines besonderen öffentlichen Interesses zulässig.[326] Auch Art 14 GG begründet kein Recht auf Privatkopien. Der Ruf der Verbraucher nach weitgehenden Kopiermöglichkeiten ist verständlich; er ist aber ohne jede Rechtfertigung. Die Vertreter der gegenteiligen Auffassung verkennen insb, dass die Privatkopie nicht einem verfassungsrechtlich geschützten Interesse dient (insb nicht Art 5 GG), sondern in ihrem Ursprung allein dem Umstand geschuldet war, dass die private Vervielfältigung nicht kontrollierbar war.[327] Diese Beschränkung hat sich auch nicht im Laufe der Zeit zu einem positiven Gewohnheitsrecht verfestigt. Der Nutzer, der zwei Exemplare einer Musik-CD benötigt, um sie im Wohnzimmer und im Auto zur Verfügung zu haben, kann sich für seinen Wunsch, die CD nur einmal kaufen zu müssen und das zweite Exemplar kostengünstig selbst herzustellen, also nicht auf eine verfassungsrechtlich geschützte Position berufen. Es ist verfassungsrechtlich deshalb auch völlig unbedenklich, dass es dem Berechtigten heute gestattet ist, mit technischen Schutzmaßnahmen auch die (digitale) Privatkopie zu unterbinden. Denn diese Maßnahme führt allein dazu, dass der Verbraucher so viele Werkstücke erwerben muss, wie er benötigt. Damit gilt für urheberrechtlich geschützte Werke nichts anderes als für andere Gebrauchsgegenstände. Es ist aus diesem Grunde richtig, dass der Gesetzgeber die Privatkopie weder bei der Umsetzung der Informationsgesellschafts-RL noch im Rahmen des Zweiten Korbes nicht „durchsetzungsstark" gegenüber technischen Schutzmaßnahmen ausgestaltet hat.[328]

**141**

b) **Das Recht zur Herstellung von Sicherungskopien.** Die Forderung nach einem Anspruch auf die Herstellung von Privatkopien wird auch begründet mit der angeblichen Notwendigkeit, „Sicherungskopien" zu erstellen. Dieses Bedürfnis ist aus Sicht der Verbraucher nachvollziehbar. Auch dieser Argumentation fehlt jedoch die rechtliche Grundlage. Das Risiko, dass der Werkträger untergeht, muss grds der Nutzer tragen. Eine zwingende Ausnahme gilt aufgrund der Computerprogramm-RL lediglich für Computerprogramme. Gem § 69d Abs 2 UrhG darf die Erstellung einer Sicherungskopie eines Computerprogramms durch eine Person, die zur Benutzung des Programms berechtigt ist, nicht vertraglich untersagt werden, wenn die Kopie für die Sicherung künftiger Benutzung erforderlich ist. Diese Befugnis ist systematisch und inhaltlich mit der Gestattung von Privatkopien nicht zu vergleichen.

**142**

**Sicherungskopie** ist eine Vervielfältigung eines Computerprogramms auf einem beliebigen Datenträger, auf die zurückgegriffen wird, wenn das Originalprogramm aus irgendwelchen Gründen nicht mehr nutzbar ist. Die Herstellung der Sicherungskopie ist nur zulässig, soweit sie erforderlich ist; das ist dann nicht der Fall, wenn dem

**143**

---

[326]  BVerfGE 31, 229 – Kirchen- und Schulgebrauch; Schricker/Loewenheim/*Melichar* Vor §§ 44a ff UrhG Rn 11.
[327]  Schricker/Loewenheim/*Loewenheim* § 53

UrhG Rn 5; Wandtke/Bullinger/*Lüft* § 53 UrhG Rn 4.
[328]  Zum Schutz technischer Maßnahmen Rn 27 ff.

Softwarenutzer vom Rechtsinhaber eine Sicherungskopie zur Verfügung gestellt wird.[329] Ob auch das bloße Angebot zum Austausch unbrauchbarer Datenträger ausreicht, ist umstritten. Im Hinblick auf den Zweck der Bestimmung des § 69d Abs 2 UrhG, dem Nutzer schnell zum Ersatz zu verhelfen, kann ein solches Angebot, bei dem der Nutzer den Ersatzdatenträger anfordern muss, die Sicherungskopie nicht ersetzen[330]. Während die Privatkopieschranke die Herstellung einzelner Kopien gestattet, ist bei der Sicherungskopie umstritten, wie viele Vervielfältigungsstück zulässig sein sollen. Der Gesetzgeber ging davon aus, dass nur eine Kopie zulässig ist.[331] Die Frage ist mit Blick auf den Sicherungszweck zu beantworten und danach werden mehrere Kopien nur ausnahmsweise von § 69c gedeckt sein.[332] Die Sicherungskopie darf ferner erst dann genutzt werden, wenn dies aufgrund einer Unbrauchbarkeit des Originaldatenträgers notwendig wird.

**144**    Der Anspruch auf die Herstellung einer Sicherungskopie gewährt kein Selbsthilferecht zur Überwindung technischer Maßnahmen. Der Berechtigte hat dann vielmehr gegen den Rechtsinhaber einen Anspruch auf Beseitigung des technischen Schutzes bzw auf Lieferung einer Sicherungskopie.[333]

### 3. Keine Kopien von offensichtlich rechtswidrigen Vorlagen

**145**    Das Recht zur Herstellung von Privatkopien findet außerdem dort seine Grenze, wo ein Werk mit technischen Schutzmaßnahmen ausgestattet ist, die die Kopierfähigkeit des Werkes beschränken oder ausschließen.[334] Im Übrigen darf die für die Kopie verwendete Vorlage nicht **offensichtlich rechtswidrig** hergestellt oder öffentlich zugänglich gemacht worden sein. Ob eine Vorlage offensichtlich rechtswidrig hergestellt worden ist, beurteilt sich deshalb nach den jeweiligen objektiven Umständen.[335] Von einer offensichtlichen Rechtswidrigkeit wird man unter anderem dann ausgehen müssen, wenn ein unzulässiges Angebot geschützter Werke an unbekannte Dritte unentgeltlich erfolgt, obwohl derartige Werke üblicherweise nur entgeltlich erworben werden können. Bei Downloadangeboten von Filmen wird die offensichtliche Rechtswidrigkeit dadurch indiziert, dass die exklusive Auswertung im Kino noch nicht abgeschlossen ist oder noch gar nicht begonnen hat. Aufgrund der öffentlichen Berichterstattung sind aber auch die einschlägig bekannten Filesharing-Systeme für Musikdateien (Bittorrent, EDonkey usw) offensichtlich rechtswidrig. Es ist bekannt, dass die Musikindustrie derartige Kanäle für einen legalen Musikvertrieb nicht nutzt.

**146**    Bei den sog „Tauschbörsen" liegt die Urheberrechtsverletzung nicht in der Herstellung einer körperlichen der Vorlage, sondern in deren unerlaubter öffentlicher Zugänglichmachung. Ob auch dieses Upload eine Herstellung iSv § 53 Abs 1 UrhG ist, war unklar.[336] Der Gesetzgeber hat § 53 Abs 1 UrhG im „Zweiten Korb" deshalb ergänzt und klargestellt, dass auch die offensichtlich rechtswidrige öffentliche Zugänglichmachung erfasst ist. Damit wird der ursprünglichen Intention entsprechend die Privatkopie auch bei Nutzung derartiger Quellen unzulässig.[337]

---

[329] Wandtke/Bullinger/*Grützmacher* § 69d UrhG Rn 54.
[330] Wandtke/Bullinger/*Grützmacher* § 69d UrhG Rn 54 mwN.
[331] BT-Drucks 12/4022, 12.
[332] Wandtke/Bullinger/*Grützmacher* § 69d UrhG Rn 56; Dreier/Schulze/*Dreier* § 69d UrhG Rn 17.
[333] Schricker/Loewenheim/*Loewenheim* § 69d

UrhG Rn 19; Dreier/Schulze/*Schulze* § 69d UrhG Rn 19; Wandtke/Bullinger/*Grützmacher* § 69d UrhG Rn 57.
[334] Dazu Rn 29.
[335] Dreier/Schulze/*Dreier* § 53 UrhG Rn 12; *Jani* ZUM 2003, 842.
[336] *Jani* ZUM 2003, 842, 847; Schricker/Loewenheim/*Loewenheim* § 53 Rn 14a.
[337] BT-Drucks 16/1828, 26.

Ole Jani

#### 4. „Tauschbörsen" bleiben illegal

Der Gebrauch des Ausdrucks „Tausch" ist umgangssprachlich vielfältig. Beim **147**
Tausch iSv § 480 BGB werden per definitionem zwei Sachen ausgetauscht mit der
Folge, dass sie Besitzer und Eigentümer wechseln. Wer also zB eine Musik-CD tauscht,
gibt sie her, um dafür vom Tauschpartner eine andere Sache zu erhalten. Der Begriff
„Tauschbörse" ist deshalb irreführend, denn ein Austausch findet gerade nicht statt.
Das vermeintliche Tauschobjekt wird stattdessen vervielfältigt. Die Tauschbörsen sind
deshalb treffender als „Kopierbörsen" zu bezeichnen. Diese Feststellung ist keineswegs nur eine juristische Spitzfindigkeit, sondern sie beschreibt die urheberrechtliche
Brisanz der „Tauschbörsen" und die Gefahr, die von ihrer verniedlichenden Bezeichnung ausgeht. Der Tausch von körperlichen Exemplaren urheberrechtlich geschützter
Werke ist harmlos und wegen des Erschöpfungsgrundsatzes[338] urheberrechtlich nicht
relevant; die Nutzung von „Tauschbörsen" dagegen stellt eine erhebliche Beeinträchtigung des Urheberrechts dar, weil es sich hierbei tatsächlich nicht um Tauschvorgänge
handelt. Die Einspeisung eines Werkes in einer „Tauschbörse" ist eine öffentliche Zugänglichmachung iSv § 19a UrhG. Jegliche Nutzung von Werken im Internet ist ohne
die Einwilligung des Rechtsinhabers stets unzulässig. Das gilt etwa für die Nutzung
von Stadtplanausschnitten oder für die in letzter Zeit populären Websites mit **Son-
gtexten**, die als Sprachwerk (§ 2 Abs 2 Nr 1 UrhG) selbstständig urheberrechtlich
geschützt sind. Da es sich bei Tauschbörsen unverändert um ein Massenphänomen
handelt, das nur sehr schwer in den Griff zu bekommen ist, gehen die Rechtsinhaber,
vor allem die Musikindustrie, gegen die Nutzer verstärkt auch mit strafrechtlichen
Mitteln vor.

„Tauschbörsen" und Peer-to-Peer-Netzwerke bleiben für die Medienwirtschaft eine **148**
Herausforderung; allerdings gewinnen andere Formen der rechtswidrigen Verbreitung, insb sog **„One-Click-Sharehoster"** und Streaming-Dienste, an Bedeutung. Ob
bzw unter welchen Voraussetzungen die Betreiber von Sharehosting-Diensten für die
über ihre Dienste begangenen Urheberrechtsverletzungen als Störer oder sogar als
Täter verantwortlich sind, ist umstritten. Einige Gerichte nehmen eine umfassende
Haftung mit der Begründung an, dass diese Dienste solche Urheberrechtsverletzungen
bezwecken. Das OLG Hamburg hat zB entschieden, ein Geschäftsmodell, das **auf
Grund seiner Struktur** durch die Möglichkeit des anonymen Hochladens in Pakete
zerlegter, gepackter und mit Kennwort gegen den Zugriff geschützter Dateien der
massenhaften Begehung von Urheberrechtsverletzungen wissentlich Vorschub leistet,
könne von der Rechtsordnung nicht gebilligt werden. Die vom BGH zum Schutze des
Dienstebetreibers vorgesehenen Begrenzungen von Prüfungspflichten könnten insb
dann nicht Platz greifen, wenn der Betreiber ihm zumutbare und naheliegende Möglichkeiten, die Identität des Nutzers zum Nachweis einer etwaigen Wiederholungs-
handlung festzustellen, willentlich und systematisch ungenutzt lässt.[339] Andere
Gerichte sind hier zurückhaltender.[340] Eine höchstrichterliche Entscheidung steht
noch aus.

---

[338] S Rn 117.
[339] OLG Hamburg GRUR-RR 2009, 95 –
Rapidshare.

[340] OLG Düsseldorf MMR 2010, 483 –
Rapidshare.

### 5. Kopien für den privaten Gebrauch

**149**     Erlaubt sind nur Vervielfältigungen zum privaten Gebrauch. **Privater Gebrauch** setzt voraus, dass die Vervielfältigung ausschließlich zum Gebrauch in der Privatsphäre zur Befriedigung rein persönlicher Bedürfnisse außerberuflicher sowie außerwirtschaftlicher Art dienen soll.[341] Von der Privatsphäre umfasst sind auch Familienmitglieder und Freunde. Wenn die Vervielfältigungsstücke aber unmittelbar oder mittelbar auch beruflichen oder gewerblichen Zwecken dienen, liegt privater Gebrauch nicht mehr vor.[342] Das Recht zur Herstellung von Privatkopien gilt zudem nur für natürliche Personen, nicht für juristische Personen. Die Vervielfältigung darf auf beliebigen Trägern erfolgen. Es findet damit keine Differenzierung nach der verwendeten Technik statt; mithin sind nicht nur analoge, sondern auch digitale Kopien sind zulässig. Das Recht zur Herstellung privater Vervielfältigungen gestattet damit sowohl die Anfertigung von Fotokopien, als auch die Aufzeichnung von Werken auf Videokassetten, CD-R, DVD-R und sonstigen Datenträgern. Erlaubt ist damit zB die Herstellung von Kopien einer CD zur Nutzung im eigenen Auto, die Vervielfältigung geschützter Werke mittels eines Scanners oder das Herunterladen und die Speicherung von Inhalten aus dem Internet auf der Festplatte des privaten Computers zu rein privaten Zwecken. Gem § 53 Abs 6 UrhG dürfen die als Privatkopie oder Kopie zum sonstigen eigenen Gebrauch rechtmäßig hergestellten Kopien nicht verbreitet werden.

### 6. Kopien durch die analoge Lücke sind keine Umgehung technischer Schutzmaßnahmen

**150**     Umstritten ist, ob sich die Verbraucher zur Herstellung von Vervielfältigungen die sog „**analoge Lücke**" zu nutze machen dürfen, oder ob digitale Kopien auch dann gegen das Verbot einer Umgehung technischer Schutzmaßnahmen[343] verstoßen, wenn sie über einen analogen Umweg erstellt werden. Bei Vervielfältigungen in der „analogen Lücke" wird nicht die digitale Datei, sondern das mit ihr erzeugte analoge Signal kopiert und redigitalisiert, ohne dass es dabei zu spürbaren Qualitätseinbußen kommt. Da der Kopierschutz auf dem digitalen Ausgangsmaterial angebracht ist, das nicht unmittelbar vervielfältigt wird, werde konsequenter Weise auch nicht der auf der digitalen Datei aufgebrachte Schutzmechanismus umgangen.[344] Diese Auffassung schafft zwar tatsächlich eine Lücke, sie ist aber zutreffend, denn die digitalen Schutzmechanismen sollten direkte digitale Kopien verhindern, nicht aber auch analoge Kopien. Zwar stellt die Nutzung der analogen Lücke keinen Urheberrechtsverstoß dar. Der Rechtsinhaber ist dennoch nicht völlig schutzlos gestellt. Nach Auffassung des LG Frankfurt aM sollen die Bewerbung und der Vertrieb von Software, die der Ausnutzung der analogen Lücke dient, aber einen Wettbewerbsrechtsverstoß gem §§ 3, 4 Nr 10 und 8 UWG darstellen.[345] Die Bestimmungen des UWG sind zum Schutz vor Umgehung weiterhin neben § 95a UrhG anwendbar, da die Informationsgesellschafts-RL gem ihres Art 9 andere Vorschriften unberührt lässt.[346]

---

**341** BGH GRUR 1978, 474 – Vervielfältigungsstücke.

**342** BGH GRUR 1993, 899 – Dia-Duplikate; Schricker/Loewenheim/*Loewenheim* § 53 UrhG Rn 12a.

**343** S Rn 27 ff.

**344** LG Frankfurt aM ZUM 2006, 881.

**345** LG Frankfurt aM ZUM 2006, 881.

**346** Wandtke/Bullinger/*Ohst* § 95a UrhG Rn 6.

**7. Zur Zulässigkeit von Kopien durch Dritte**

**a) Voraussetzungen für die Zulässigkeit.** § 53 Abs 1 S 2 UrhG erlaubt die Herstel- **151** lung der Vervielfältigungsstücke zum eigenen Gebrauch unter bestimmten Voraussetzungen durch Dritte. Dritte können auch Gewerbeunternehmen sein (zB Copyshops). Durch diese Erweiterung der Schranke sollen auch diejenigen in den Genuss der Befugnis zum Kopieren kommen, die nicht über ein eigenes Vervielfältigungsgerät verfügen.[347] Grds muss die Herstellung durch einen Dritten unentgeltlich erfolgen, es sei denn, es handelt sich um Vervielfältigungen auf Papier oder ähnlichem bzw Vervielfältigungen mittels fotomechanischer Verfahren (Reprografie). Unentgeltlich ist die Vervielfältigung durch einen Dritten dann, wenn lediglich Gebühren oder Entgelte erhoben werden, die die Kostendeckung nicht überschreiten. Die Tätigkeit des Dritten muss sich in jedem Fall auf die technisch-mechanische Tätigkeit beschränken und auf konkreten Anweisungen des von § 53 Abs 1 UrhG Begünstigten beruhen.[348] Unzulässig ist deshalb insb, dass der Dritte die Auswahl der zu vervielfältigenden Werke übernimmt.[349] Auch die digitale Kopie durch Dritte ist zulässig, wenn der Hersteller keine Vergütung für die Kopie erhält. Angesichts der inzwischen massenhaften Verbreitung digitaler Vervielfältigungsgeräte ist fraglich, ob das ursprüngliche Anliegen des Gesetzgebers, auch jenen die Kopiermöglichkeit zu verschaffen, die kein eigenes Gerät haben, im digitalen Kontext noch berechtigt ist. Die Vertreter der Rechtsinhaber fordern, die digitale Kopie von der Befugnis zum Herstellen lassen auszunehmen.

**b) Online-Video-Recorder.** Der private Nutzer darf Fernsehsendung zum privaten **152** Gebrauch aufzeichnen. Die Nutzung eines Videorekorders zur Herstellung von Kopien für den privaten Gebrauch ist damit ohne weiteres von der Schranke des § 53 Abs 1 UrhG gedeckt, das gilt insb auch für die Aufzeichnung von Sendungen zum sog Time-Shift. Im Internet gibt es seit einiger Zeit Anbieter virtueller „**Online-Video-Recorder**" (OVR). Hier ist fraglich, ob sich dieses Geschäftsmodell noch im Rahmen von § 53 Abs 1 UrhG bewegt. Dafür kommt es entscheidend darauf an, ob die Kopie vom Nutzer selbst oder vom Diensteanbieter angefertigt wird. Für die Frage, wer **Hersteller der Kopie** ist, ist eine **technische Betrachtung** maßgeblich.[350] Ist der Diensteanbieter Hersteller der Kopie, so ist diese Kopie nur dann rechtmäßig, wenn die digitale Kopie unentgeltlich hergestellt wird und sie gem § 53 Abs 1 S 2 UrhG dem durch § 53 Abs 1 UrhG privilegierten Nutzer zuzurechnen ist. Das ist nur dann der Fall, wenn der Diensteanbieter lediglich als „technisches Werkzeug" für den Nutzer an dessen Stelle die Kopie erzeugt. Die Grenzen der vom Gesetzgeber mit § 53 Abs 1 S 2 UrhG beabsichtigten Privilegierung des Herstellenlassens von Kopien werden dann überschritten, wenn der Diensteanbieter durch seine Leistungen die urheberrechtsrelevante Nutzung in weitaus größerem Maße als mit der Privilegierung vom Gesetzgeber beabsichtigt erschließt.[351] Insb **Recherchedienste**, die dem Nutzer die gewünschten Quellen recherchieren, sind deshalb unzulässig. Mag auch die reine Recherche für sich genommen urheberrechtlich irrelevant sein, so können die Verlinkung und der Kopiervorgang nicht von ihr losgelöst betrachtet werden, da eben die Gesamtheit des Servicepakets gerade Sinn und Zweck des Dienstes ist und über ein bloßes Herstellen iSd § 53 Abs 1

---

[347] Schricker/Loewenheim/*Loewenheim* § 53 UrhG Rn 19.
[348] BGH GRUR 1997, 459 CB-Infobank I; BGH GRUR 1997, 464 – CB-Infobank II.
[349] OLG Köln GRUR 2000, 414.

[350] BGH GRUR 2009, 845, 846 – Online-Videorekorder.
[351] BGH, GRUR 1997, 459, 463 – CB-Infobank I.

S 2 UrhG hinaus geht. Angesichts der sich daraus ergebenden höheren Intensität der Erschließung wird der Ausnahmecharakter des § 53 UrhG missachtet.[352] Sofern der Nutzer die Kopie selbst anfertigt, kann der OVR gegen das Recht der Weitersendung verstoßen, wenn er das Sendesignal an den Nutzer auf dessen Speicherplatz weiterleitet.[353]

**153**     Anders ist die Rechtslage, wenn der OVR vom Inhalteanbieter selbst zur Verfügung gestellt wird. Derartige Angebote sind vor allem im Zuge von IPTV vorstellbar, bei denen der Provider dem Kunden in der von ihm gelieferten Hardware (set-top box usw) oder auf seinem Server die technische Möglichkeit gibt, für bestimmte Zwecke Kopien der übermittelten Inhalte anzufertigen. Soweit die Inhalte nicht vollständig „on demand" angeboten werden, sondern bestimmten Ausstrahlungsrhythmen folgen, wird es auch hier vor allem um die Möglichkeit zum „time shift" gehen. Soweit die Angebote tatsächlich zu Zeiten nach Wahl des Nutzers abgerufen werden können, wird der OVR zur Herstellung eines persönlichen Filmarchivs in Betracht kommen. In Verbindung mit DRM ließe sich die Nutzbarkeit dieses Archivs an den Bestand des Abonnements koppeln. Kündigt der Nutzer das Abo, so verliert er auch die Berechtigung zur Nutzung der von ihm erstellten Kopien. In diesem Kontext bewegen wir jedoch uns nicht im Anwendungsbereich der Privatkopieschranke, sondern die Befugnis zur Herstellung der Kopie ergibt sich aus dem Nutzungsvertrag, den Anbieter und Nutzer schließen.

### 8. Intelligente Aufnahmesoftware

**154**     Von zunehmender Beliebtheit sind Computerprogramme, die als „intelligente Aufnahmesoftware" bezeichnet werden. Diese Software, die teilweise sogar unentgeltlich abgegeben wird, scannt gleichzeitig eine Vielzahl (legaler) Musikprogramme im Internet, entnimmt diesen Programmen automatisch die gewünschten Musiktitel und speichert sie auf der Festplatte des Computers. Die Software kann über die sog ID3-Tags, die jedem Titel zugeordnet sind, die erforderlichen Informationen über die Musikstücke ermitteln und führt vollautomatisiert die Kopieraufträge des Nutzers durch.[354] Auch hier stellt sich die Frage, ob und unter welchen Umständen die Nutzer sich auf die Privatkopieschranke des § 53 Abs 1 UrhG berufen können. Insoweit ist die Rechtsprechung des BGH zum Herstellerbegriff und zur Frage der Zulässigkeit von Kopien durch Dritte maßgeblich. Bei Aufnahmediensten für Musik besteht jedoch oft die Besonderheit, dass diese Dienste ihren Nutzern nicht offenlegen, aus welcher Quelle sie den gewünschten Titel auswählen. Während der Nutzer bei Online-Videorecordern die konkrete Sendung und den genauen Sendeplatz angibt, überlässt der Nutzer bei Aufnahmediensten die **Auswahl der Quelle** in der Regel dem Dienst und erfährt die Identität der Kopiervorlage überhaupt nicht. Nach der Rechtsprechung des BGH ist für die Bestimmung des Hestellers der Kopie nicht allein auf die rein technische Durchführung der Vervielfältigung abzustellen, weil die Tatbestände der Verwertungsrechte und ihrer Schranken Vorgänge der Werknutzung, nicht technische Vorgänge als solche, umschreiben.[355] Entscheidend ist deshalb der Umfang der Kontroll-, Steuerungs- und Einflussmöglichkeiten, die der Kunde eines Dienstes auf den Verviel-

---

[352] BGH, GRUR 1997, 464, 466 – CB-Infobank II.
[353] BGH GRUR 2009, 845 – Online-Videorekorder.

[354] *Von Zimmermann* MMR 2007, 553, 554.
[355] BGH GRUR 1999, 707, 709 – Kopienversanddienst; ebenso Schricker/Loewenheim/ *Loewenheim* § 53 UrhG Rn 27.

Ole Jani

fältigungsvorgang hat. Mit anderen Worten: Entscheidend ist, bei wem die **Organisationshoheit** über Gegenstand und Umfang der Vervielfältigungen liegt.[356] Diese Organisationshoheit hat nur dann der Kunde des Dienstes, wenn er während des gesamten Aufnahmevorgangs die Herrschaft über das Geschehen hat. Wesentliches Kriterium dafür ist, wer das konkrete Werkstück auswählt, das als Vorlage für die Kopie benutzt wird.[357] Um selbst Hersteller zu sein, muss der Kunde deshalb insb die konkrete Anfangszeit der Aufnahme bestimmen und die Quelle auswählen, aus der die Vervielfältigung erzeugt werden soll.[358] Wenn der Kunde die Kopiervorlage nicht selbst auswählt, scheidet er als Hersteller der Kopie aus – auf die übrigen Umstände des Kopiervorgangs kommt es dann nicht mehr an. Jedenfalls dann, wenn die Auswahl der Kopiervorlage nicht durch den Nutzer erfolgt, sind Aufnahmedienste Hersteller der Kopie.

**155**   Es ist nicht von der Hand zu weisen, dass diese Form der Privatkopie ein geradezu industrielles Ausmaß annimmt und erheblich in Verwertungsinteressen der Musikwirtschaft eingreift. Dabei ist auch zu berücksichtigen, dass die Rechtsinhaber selbst von vornherein beschränkte Möglichkeiten haben, weil ihnen durch das sog „Sendeprivileg" in Bezug auf die Sendung erschienener Tonträger gem § 78 Abs 1 Nr 2 UrhG kein Verbotsrecht zusteht.[359] Der Einsatz intelligenter Aufnahmesoftware geht damit über das mit der Privatkopieschranke Bezweckte deutlich hinaus. Die Forderung der Musikwirtschaft nach einem Verbot intelligenter Aufnahmesoftware ist deshalb nachvollziehbar. Der Bundestag hat angekündigt, ein Verbot der intelligenten Aufnahmesoftware im Rahmen der nächsten Urheberrechtsnovelle zu prüfen.[360] Aufgrund der schnellen technischen Entwicklung und im Hinblick darauf, dass das Urheberrecht grundsätzlich technologieneutral ist und ihm Verbote bestimmter Geschäftsmodelle deshalb fremd sind, erscheint eine gesetzliche Regelung jedoch schon aus systematischen Gründen kaum realistisch. Die Diskussion um „intelligente Aufnahmesoftware" macht deshalb deutlich, wie wichtig eine Rechtsprechung ist, die flexibel auf neue Technologien reagieren kann, um auf diese Weise ein angemessenes Schutzniveau zu erhalten. Dass eine solche **Flexibilität der urheberrechtlichen Rechtsprechung** nicht nur möglich, sondern aus verfassungsrechtlichen Gründen zur Vermeidung „absoluter Schutzlücken" sogar geboten ist, hat das BVerfG jüngst in mehreren Entscheidungen ausdrücklich festgestellt:[361] Die Gerichte sind – so das BVerfG in Fortführung seiner bisherigen Rechtsprechung wörtlich – „befugt und verpflichtet zu prüfen, wie das Gesetzesrecht auf neue Zeitumstände anzuwenden ist"[362] Im Licht dieser Entscheidungen darf bezweifelt werden, dass die strikte Auslegung des Begriffs des Herstellerbegriffs im Rahmen von § 53 UrhG verfassungskonform ist. Mit einer normativen Betrachtung dieses Begriffs ließen sich auch Anbieter von „intelligenter Aufnahmesoftware" leichter als bisher fassen. Die urheberrechtliche Bewertung solcher Dienste kann dann der Rechtsprechung überlassen bleiben.

---

[356] Schricker/Loewenheim § 53 UrhG Rn 27; Dreier/Schulze/*Dreier* § 53 UrhG Rn 14.
[357] BGH GRUR 1999, 707, 709 – Kopienversanddienst.
[358] BGH GRUR 1999, 707, 709 – Kopienversanddienst.
[359] Das Sendeprivileg ist – gerade im digitalen Kontext – umstritten Schricker/Loewenheim/*Krüger* § 78 UrhG Rn 9 f mwN.

[360] BT-Drucks 16/5939, 4.
[361] BVerfG GRUR 2010, 999, 1002 – Drucker + Plotter; BVerfG GRUR 2011, 72, 76 – Drucker + Plotter II.
[362] BVerfG GRUR 2010, 999, 1002 – Drucker + Plotter.

## V. Flüchtige Vervielfältigung

**156**     Im Internet sind zunehmend auch Angebote abrufbar, bei denen die geschützten Werke rechtswidrig als sog „Stream" angeboten werden. Anders als bei den klassischen „Tauschbörsen" lädt der Nutzer das Werk nicht dauerhaft herunter, sondern nur vorübergehend während er es betrachtet. Nach Beendigung des Streams können die Daten nicht erneut genutzt werden. Derartige flüchtige Vervielfältigungen fallen ausdrücklich auch unter das Vervielfältigungsrecht aus § 16 UrhG. Das Urheberrechtsgesetz enthält für flüchtige Vervielfältigungen deshalb eine gesonderte Schranke. § 44a UrhG erklärt flüchtige Vervielfältigungen für zulässig, die integraler Bestandteil eines technischen Verfahrens und ohne eigenständige wirtschaftliche Bedeutung sind. Voraussetzung ist, dass die Vervielfältigung begleitend ist und zur Übertragung in einem Netz oder zu einer rechtmäßigen Werknutzung dient.[363] § 44a UrhG basiert auf Art 5 Abs 1 der Informationsgesellschafts-RL und ist die einzig **zwingende Ausnahme vom Vervielfältigungsrecht**, die von allen Mitgliedstaaten in das nationale Urheberrecht einzufügen war.

**157**     Unklar ist, ob auch das bloße Sichtbarmachen von Inhalten am Bildschirm eine Vervielfältigung ist. Dagegen spricht, dass hierbei keine körperliche Wiedergabe stattfindet, sondern es sich um eine unkörperliche Wiedergabe handelt. Sofern diese unkörperliche Wiedergabe – im Regelfall – nicht öffentlich ist, erfüllt sie nicht den Tatbestand der öffentlichen Widergabe iSv § 15 UrhG und ist damit ohne eigenständige urheberrechtliche Relevanz. Soweit zur Sichtbarmachung am Bildschirm zuvor eine kurzzeitige Speicherung im Arbeitsspeicher erfolgt, handelt es sich um eine Vervielfältigung iSv § 16 UrhG, die als vorübergehende Vervielfältigung im Rahmen des sog Browsing ebenfalls gem § 44a UrhG zulässig ist.[364]

## VI. Der Kopienversand auf Bestellung

**158**     Der BGH hat den Kopienversand durch Bibliotheken per Post und per Telefax grds für zulässig erachtet, sofern der Besteller sich auf § 53 UrhG berufen kann und wenn der Versand auf Einzelbestellung erfolgt.[365] Zugleich schuf der BGH im Wege der Rechtsfortbildung einen gesonderten Anspruch des Urhebers auf angemessene Vergütung für den Kopienversand. Zur Zulässigkeit des sonstigen elektronischen Kopienversands hatte sich der BGH seinerzeit nicht geäußert. Er war aber Gegenstand einer Entscheidung des OLG München, die kurz vor Verabschiedung des „Zweiten Korbs" erging und den gesetzgeberischen Handlungsbedarf bestätigte.[366] Gegenstand des vom OLG München entschiedenen Rechtsstreits war der elektronische Kopienversand durch den Kopienversanddienst „Subito". Das OLG München erklärte den elektronischen Kopienversand durch E-Mail, Internet-Download usw für unzulässig. Der BGH hatte in seiner Entscheidung die Erwartung geäußert, dass der Gesetzgeber die Zulässigkeit des Kopienversands mittelfristig gesetzlich regeln werde.[367] Mit dem durch den „Zweiten Korb" neu geschaffen § 53a UrhG hat der Gesetzgeber die Rechtsprechung

---

[363] Einzelheiten bei Schricker/Loewenheim/*Loewenheim* § 44a UrhG Rn 5 ff.

[364] Wandtke/Bullinger/*von Welser* § 44a UrhG Rn 3 mwN.

[365] BGH GRUR 1999, 707 – Kopienversanddienst.

[366] OLG München MMR 2007, 525 – Elektronischer Kopienversand.

[367] BGH GRUR 1999, 707, 714 – Kopienversanddienst.

des BGH zum zustimmungsfreien Versand von Kopien durch Bibliotheken gesetzlich nachvollzogen, um die gesetzliche Lücke, die der BGH vorübergehend durch Analogie ausgefüllt hatte, zu schließen. § 53a UrhG lehnt sich im Einklang mit dieser Zielsetzung stark an die vom BGH entwickelten Grundsätze an. Der Tatbestand des § 53a UrhG ist in seinen wesentlichen Elementen wortlautgleich mit dem Leitsatz des BGH. Darüber hinaus erklärt § 53a UrhG aber auch die Übermittlung von Kopien in sonstiger elektronischer Form für zulässig, soweit die Kopie als grafische Datei versendet wird und funktional an die Stelle der Einzelübermittlung in körperlicher Form tritt.[368] Der elektronische Versand ist unzulässig, wenn der Zugang zu den Beiträgen oder kleinen Teilen eines Werkes nicht mittels einer vertraglichen Vereinbarung zu angemessenen Bedingungen offensichtlich öffentlich zugänglich ist.[369] Mit diesen Einschränkungen wollte der Gesetzgeber die elektronische Primärverwertung durch die Verlage schützen.[370] In Übereinstimmung mit der Rechtsprechung des BGH ist der Kopienversand gem § 53a Abs 2 UrhG vergütungspflichtig.

## VII. Sonstige Vervielfältigungen zum eigenen Gebrauch

Während gem § 53 Abs 1 UrhG nur die Vervielfältigung zum privaten Gebrauch **159** zulässig ist, erfasst § 53 Abs 2 UrhG auch berufliche und erwerbswirtschaftliche Zwecke sowie juristische Personen.[371] Der eigene Gebrauch iSv § 53 Abs 2 UrhG ist dadurch gekennzeichnet, dass Vervielfältigungsstücke zur eigenen Verwendung und nicht zur Weitergabe an Dritte hergestellt werden.[372] Aus diesem Grunde ist das Vervielfältigungsrecht aus § 53 Abs 2 UrhG überschritten, wenn das Vervielfältigungsstück zur Verwendung durch außenstehende Dritte bestimmt ist. Nicht von der Schranke des § 53 Abs 2 UrhG gedeckt sind daher zB sog Recherchedienste, die im Auftrag ihrer Kunden Recherchen zu bestimmten Themen durchführen ihren Kunden dann Kopien der recherchierten Beiträge übermitteln.[373]

§ 53 Abs 2 Nr 1 UrhG erlaubt, einzelne Vervielfältigungsstücke zum eigenen wis- **160** senschaftlichen Gebrauch herzustellen, wenn und soweit die Vervielfältigung zu diesem Zweck geboten ist. Vervielfältigungen zu wissenschaftlichen Zwecken können nicht nur Wissenschaftler im eigentlichen Sinne (insb an Universitäten) herstellen. Maßgeblich ist allein, dass die Vervielfältigung für das „methodisch-systematischen Streben nach Erkenntnis" verwendet werden soll;[374] daher werden durch § 53 Abs 2 Nr 1 UrhG auch kommerzielle Forschungseinrichtungen in Unternehmen privilegiert. Die Zulässigkeit der Vervielfältigung nach § 53 Abs 2 Nr 1 UrhG hängt im Übrigen davon ab, dass die Vervielfältigung geboten, also erforderlich ist. Da die urheberrechtlichen Schranken eng auszulegen sind, wird Erforderlichkeit zu verneinen sein, sofern das Werk ohne erheblichen Aufwand – durch Kauf, durch Ausleihe in einer Bibliothek usw – beschafft werden kann.

Nach § 53 Abs 2 Nr 2 UrhG dürfen einzelne Vervielfältigungsstücke eines Werkes **161** zur Aufnahme in ein eigenes Archiv hergestellt werden. Ausschließlicher Archivzweck ist die Bestandssicherung. Ein Archiv iSv § 53 UrhG ist eine unter sachlichen Gesichts-

---

368 Wandtke/Bullinger/*Jani* § 53a UrhG Rn 20; BT-Drucks 16/1828, 27.
369 Dazu eingehend Wandtke/Bullinger/*Jani* § 53a UrhG Rn 26 ff.
370 Wandtke/Bullinger/*Jani* § 53a UrhG Rn 32.

371 BGHZ 134, 250 – CB-Infobank I.
372 Wandtke/Bullinger/*Lüft* § 53 UrhG Rn 23.
373 BGHZ 134, 250 – CB-Infobank I.
374 Schricker/Loewenheim/*Loewenheim* § 53 UrhG Rn 22.

punkten geordnete Sammlung vorhandener Werke aller Art zum internen Gebrauch.[375] Interner Gebrauch ist immer dann nicht mehr gegeben, wenn die archivierten Vervielfältigungsstücke auch Dritten zur Nutzung zugänglich sind. Voraussetzung ist für die Zulässigkeit der Vervielfältigung auch hier, dass die Vervielfältigung zur Archivierung geboten ist; darüber hinaus muss der Archivbetreiber ein eigenes Werkstück als Vorlage benutzen. Dies gilt für jede erneute Archivierung eines Dokumentes, auch wenn diese nur unter einem anderen Stichwort erfolgt.[376] Die Vervielfältigung zu Archivzwecken ist darüber hinaus nur unter der Voraussetzung zulässig, dass die Vervielfältigung auf Papier oder einem ähnlichen Träger mittels fotomechanischer oder ähnlicher Verfahren (insb Fotokopie) vorgenommen wird, eine ausschließlich analoge Nutzung des Archivs stattfindet oder das Archiv keinen unmittelbaren oder mittelbar wirtschaftlichen Erwerbszweck verfolgt. Ein elektronisches Pressearchiv, das ein Unternehmen zur Benutzung durch eine Mehrzahl von Mitarbeitern einrichtet, ist deshalb kein Archiv iSd § 53 Abs 2 Nr 2 UrhG. Damit ist die Herstellung digitaler Vervielfältigungen für elektronische Archive – denen heute die größte Bedeutung zukommen wird – im gewerblichen Umfeld praktisch ausgeschlossen.

**162** Gem § 53 Abs 2 Nr 4 UrhG ist es zulässig, auch zum sonstigen eigenen Gebrauch einzelne Vervielfältigungsstücke von kleinen Teilen eines erschienen Werkes, von einzelnen – auch kompletten – Beiträgen aus Zeitungen und Zeitschriften oder von seit mindestens zwei Jahren vergriffenen Werken zu erstellen. Voraussetzung ist, dass die Vervielfältigung mittels fotomechanischem Verfahren (zB durch Fotokopie) erfolgt oder eine sonstige ausschließlich analoge Nutzung stattfindet. Ein Werkteil ist klein im Sinne dieser Vorschrift, wenn er 10 bis 20 % des Werkes nicht übersteigt.[377] Eine starre Grenze besteht hier aber nicht.

## VIII. Zugänglichmachung zur Veranschaulichung im Unterricht

**163** Mit § 52a UrhG wurde auf der Grundlage einer Kann-Bestimmung der Informationsgesellschafts-RL[378] eine neue Schranke in das Urheberrechtsgesetz eingefügt. Sie erlaubt die öffentliche Zugänglichmachung von kleinen Teilen eines Werkes, Werken geringen Umfangs sowie einzelnen Beiträgen aus Zeitungen oder Zeitschriften zur Veranschaulichung im Unterricht. Außerdem dürfen Werke für einen bestimmt abgegrenzten Kreis von Personen für deren eigene wissenschaftliche Forschung öffentlich zugänglich gemacht werden; ein Anwendungsbeispiel hierfür sind sog „Semesterapparate", in denen Dozenten bestimmte Literatur für ihre Vorlesung zusammenstellen. Da die öffentliche Zugänglichmachung zweckgebunden ist und nur für den bestimmt abgegrenzten Kreis von Unterrichtsteilnehmern erfolgen darf, müssen die Angebote auf geeignete Weise, zB durch ein Passwort, vor dem Zugriff von Nutzern geschützt werden, die nicht geschützt werden, so dass nur die Studierenden der jew. Lehrveranstaltung Zugang zu den Texten haben.

**164** Für Schulbücher und Filmwerke sieht § 52a Abs 2 UrhG zugunsten der Rechtsinhaber eine Ausnahme von der Schranke vor, die im Verlauf der parlamentarischen

---

[375] BGHZ 134, 250 – CB-Infobank I; Schricker/Loewenheim/*Loewenheim* § 53 UrhG Rn 25.
[376] BGHZ 134, 250 – CB-Infobank I.

[377] OLG Karlsruhe GRUR 1997, 818 – Referendarkurs.
[378] Informationsgesellschafts-RL, Art 5 Abs 3 lit a.

Ole Jani

Beratungen durch den Rechtsausschuss eingefügt worden ist.[379] Die Verlage sahen in dieser Schranke einen unverhältnismäßigen Eingriff in ihre Nutzungsbefugnisse und befürchteten eine massive Gefährdung ihrer digitalen Verwertungsmöglichkeiten. Der Bundestag hat die Geltung von § 52a UrhG deshalb zunächst befristet (sog „sunset provision"); gem § 137k UrhG sollte § 52a UrhG am 31.12.2006 automatisch außer Kraft treten. Da bei Ablauf dieser Frist noch keine belastbaren Erkenntnisse über die Auswirkungen von § 52a UrhG vorlagen, hat der Bundestag diese Befristung zunächst bis zum 31.12.2008 verlängert.[380] Das Bundesministerium der Justiz hatte dem Rechtsausschuss des Bundestags im Frühjahr 2008 seinen Bericht über die die Evaluation von § 52a UrhG übermittelt und darin die Empfehlung ausgesprochen, die Befristung von § 52a UrhG aufzuheben und § 137k UrhG ersatzlos zu streichen. Zugleich wies es Forderungen der Nutzer nach einer Ausweitung von § 52a UrhG zurück. Der Bundestag sah in dem Bericht des Justizministeriums jedoch keine hinreichende Entscheidungsgrundlage; aus diesem Grunde ist die Befristung von § 52a UrhG ein weiteres Mal bis zum 31.12.2012 verlängert worden. Der Gesetzgeber muss jetzt bis 2012 eine Entscheidung treffen. Andernfalls läuft ist die Schranke des § 52a UrhG ab dem 1.1.2013 endgültig nicht mehr anwendbar; eine öffentliche Zugänglichmachung urheberrechtlich geschützter Werke zu den in § 52a Abs 1 UrhG genannten Zwecken wäre dann ohne Einwilligung der Rechtsinhaber nicht mehr zulässig.

## IX. Elektronische Leseplätze

§ 52b UrhG gestattet öffentlich zugänglichen Bibliotheken, Museen und Archiven, **165** Werke aus ihren Beständen in ihren Räumen an elektronischen Leseplätzen zu Zwecken der wissenschaftlichen Forschung und für private Studien zugänglich zu machen. Mit dieser neu geschaffenen Schranke sollen die Benutzer der privilegierten Einrichtungen Werke an elektronischen Leseplätzen in gleicher Weise **wie in analoger Form** nutzen können. Es soll damit dem öffentlichen Bildungsauftrag insb der öffentlichen Bibliotheken Rechnung getragen und zugleich ein Schritt zur **Förderung der Medienkompetenz** der Bevölkerung unternommen werden.[381] § 52b UrhG ist mit dem „Zweiten Korb" in das Urheberrechtsgesetz eingefügt worden.[382] Die elektronischen Leseplätze müssen eigens für die Nutung gem § 52b UrhG eingerichtet werden. Dadurch ist ausgeschlossen, dass Nutzer der Einrichtungen über ein Netzwerk Zugang zu den Elektronischen Werken mit ihren eigenen Geräten haben; die Beschränkung auf die Räume der privilegierten Räume schließt darüber hinaus Internet-Angebote usw aus, die von beliebigen Orten nach Wahl des Nutzers abgerufen werden können.[383] Außerdem dürfen die Einrichtungen nur Werke zugänglich machen, die sie in ihrem Bestand haben, und es dürfen grds nicht mehr Exemplare eines Werkes an den eingerichteten elektronischen Leseplätzen gleichzeitig zugänglich gemacht werden, als der Bestand der Einrichtung umfasst. Mit dieser Einschränkung, die den Vorgaben der Informationsgesellschafts-RL entspricht,[384] soll sichergestellt werden, dass die Bibliotheken die elektronischen Leseplätze nicht dazu nutzen, ihre Angebote zu Lasten der Verlage

---

379  BT-Drucks 15/837, 8.
380  Fünftes Gesetz zur Änderung des Urheberrechtsgesetzes v 10.11.2006, BGBl I 2006 S 2587.
381  BT-Drucks 16/1828, 26.
382  Zur rechtspolitischen Debatte um dieses

Gesetz *Jani* UFITA 2006/II, 511, 522 ff; *Langhoff/Oberndörfer/Jani* ZUM 2007, 593.
383  Wandtke/Bullinger/*Jani* § 52b UrhG Rn 14 f.
384  Wandtke/Bullinger/*Jani* § 52b UrhG Rn 31.

zu erweitern, indem sie die Anschaffung zusätzlicher Werkexemplare ersparen.[385] Die Urheber haben für die Zugänglichmachung ihrer Werke an elektronischen Leseplätzen einen Anspruch auf angemessene Vergütung.

**166** Der Gesetzgeber ist davon ausgegangen, mit § 52b UrhG va die Nutzung analoger Werkstücke (Bücher, Zeitungen) aus den Beständen der privilegierten Einrichtungen in digitaler Form zu ermöglichen.[386] Das setzt zwangsläufig voraus, dass die Werke zunächst im Wege der Digitalisierung aufbereitet werden. Dieser Vorgang greift in das Vervielfältigungsrecht (§ 16 UrhG) der Urheber und der Verlage ein. Dass § 52b UrhG keine ausdrückliche Regelung über die erforderliche Berechtigung zur Herstellung dieser vorbereitenden Vervielfältigungen enthält, muss als Redaktionsversehen des Gesetzgebers gewertet werden. Es ist davon auszugehen, dass § 52b UrhG zugunsten der privilegierten Einrichtungen eine ungeschriebene **Annexbefugnis** zur Herstellung der Digitalisate und ihrer Zugänglichmachung an elektronischen Leseplätzen enthält.[387] Umstritten ist, ob die Nutzer der Leseplätze diese Angebote zur Anfertigung von Kopien für den eigenen Gebrauch nutzen dürfen. Das OLG Frankfurt aM hat entschieden, dass die privilegierten Einrichtungen ihren Nutzern solche **„Anschlussnutzungen"** weder in digitaler noch in analoger Form gestatten dürfen.[388]

**167** Die Ausnahmeregelung des § 52b UrhG findet keine Anwendung, wenn der Leseplatz-Nutzung **„vertragliche Regelungen"** entgegenstehen. Hier ist umstritten, ob dabei – wie im Anwendungsbereich von § 53a UrhG – bloße Angebote des Verlags zum Abschluss eines Vertrags über die Leseplatznutzung zu angemessenen Bedingungen ausreichen. Die Rechtsprechung verneint dies.[389]

## X. Zulässigkeit von Zitaten

**168** Der Schutz des Urheberrechts steht in einem Spannungsverhältnis zu dem Bedürfnis der Allgemeinheit, sich mit fremden Werken auseinanderzusetzen. Diesem Bedürfnis trägt das Urheberrecht vor allem mit dem Zitatrecht Rechnung. Zulässig ist die Vervielfältigung, Verbreitung und öffentliche Wiedergabe eines veröffentlichten Werkes, wenn in einem durch den Zweck gebotenen Umfang Stellen des Werkes in einem selbstständigen Werk als Zitat angeführt werden. Zulässig sind Zitate außerdem, wenn einzelne Werke nach dem Erscheinen in ein selbstständiges wissenschaftliches Werk zur Erläuterung aufgenommen oder einzelne Stellen eines erschienen Werkes der Musik in einem selbstständigen Werk der Musik angeführt werden. Das Zitatrecht erfasst insb Zitate in Sprachwerken (Texten). Zitate sind aber auch in anderen Werkarten, wie zB Filmen und Multimediawerken oder auf Websites zulässig, sofern dies durch einen Zitatzweck gedeckt ist. Wird auf ein fremdes Werk nur verwiesen, dann liegt kein Zitat vor; deshalb ist auch das Setzen eines Hyperlinks im Internet kein Zitat.[390] Ein Rückgriff auf das Zitatrecht oder andere Schranken ist hier aber auch gar nicht erforderlich, weil Links auf fremde Dateien kein Eingriff in das Vervielfälti-

---

**385** Wandtke/Bullinger/*Jani* § 52b UrhG Rn 30.
**386** BT-Drucks 16/5939, 44.
**387** OLG Frankfurt aM GRUR-RR 2010, 1 – Elektronische Leseplätze; Dreier/Schulze/*Dreier* § 52b UrhG Rn 14; Wandtke/Bullinger/*Jani* § 52b UrhG Rn 19; Fromm/Nordemann/*Dustmann* § 52b UrhG Rn 10.

**388** OLG Frankfurt aM GRUR-RR 2010, 1 – Elektronische Leseplätze.
**389** OLG Frankfurt aM GRUR-RR 2010, 1 – Elektronische Leseplätze.
**390** Möhring/Nicolini/Waldenberger § 51 UrhG Rn 1; Schricker/Loewenheim/*Schricker/Spindler* § 51 UrhG Rn 7.

Ole Jani

gungsrecht darstellen.[391] Wer Inhalte ohne besonderen Schutz im Internet öffentlich zugänglich macht, muss nach Meinung des BGH damit rechnen, dass seine Inhalte mit fremden Inhalten durch Links verknüpft werden. Diese Auffassung verdient Zustimmung. Die Verknüpfung von Seiten ist ein wesentliches Merkmal des dezentral strukturierten Internet. Wer in diese Strukturen nicht eingebunden werden möchte, der kann dies durch geeignete technische Maßnahmen verhindern.

Es ist auch das Zitat von ganzen Bildern und Fotos möglich, der Abdruck eines **169** ganzen Zeitungsartikels dürfte als Zitat jedoch in der Regel nicht gerechtfertigt sein.[392] Bei jedem Zitat ist stets eine deutliche Quellenangabe erforderlich (§ 63 UrhG). Weil das Zitatrecht nur in den engen Grenzen der gesetzlich definierten Zitatzwecke besteht, spielt es im Bereich der gewerblichen Nutzung urheberrechtlich geschützten Materials so gut wie keine Rolle. Als Faustregel gilt: Immer dann, wenn die Übernahme der fremden Werkteile dazu dient, eigenen Aufwand zu ersparen, fehlt der Zitatzweck und sind die Grenzen des nach § 51 UrhG Zulässigen überschritten.[393]

Eine besondere Form ist das **Musikzitat**, das in § 51 S 2 Nr 3 UrhG besonders **170** geregelt wird. Danach ist es zulässig, einzelne Stellen eines erschienenen Musikwerks in einem anderen Musikwerk aufzunehmen. Auch hier darf der aus dem zitierten Werk übernommene Teil nur ein kleiner Ausschnitt sein, wobei starre Obergrenzen nicht gelten, sondern eine Einzelfallbetrachtung anzustellen ist. Auch beim Musikzitat ist der Zitatzweck zu beachten. Die entnommene Melodie darf dem zitierenden Werk daher nicht zugrundegelegt werden.[394] Auch das Musikzitat muss unverändert angeführt werden; außerdem gilt auch hier die Pflicht zur Quellenangabe, soweit das möglich ist (zB auf Noten und Tonträgern).

## XI. Elektronische Pressespiegel

### 1. Die Voraussetzungen für die Zulässigkeit von Pressespiegeln

Auch Beiträge in Zeitungen und Zeitschriften sind in der Regel als Sprachwerke **171** (§ 2 Abs 1 Nr 1 UrhG) urheberrechtlich geschützt.[395] Ihre Nutzung ist dementsprechend nach Maßgabe der §§ 15 ff UrhG ebenfalls grds dem Autor als Urheber, bzw dem Verlag, der die Nutzungsrechte vom Autor erworben hat, vorbehalten. Mit dem Kauf einer Zeitung oder Zeitschrift ist ein Erwerb urheberrechtlicher Befugnisse, insb des Rechts zur Vervielfältigung, nicht verbunden. Von erheblicher praktischer Bedeutung in Unternehmen, Verbänden, Behörden usw sind Übersichten über Presseveröffentlichungen zu bestimmten Themen usw. Solche Presseschauen sind aber als sog Pressespiegel gem § 49 Abs 1 UrhG auch ohne vertraglichen Rechteerwerb grds zustimmungsfrei zulässig. § 49 UrhG schränkt die entsprechenden Verwertungsrechte aus § 16 UrhG und § 17 UrhG ein[396] und gestattet im Interesse des Informationsbedürfnisses der Allgemeinheit die Vervielfältigung und die Verbreitung einzelner Zeitungsartikel ohne die Zustimmung des Urhebers bzw des Rechtsinhabers in anderen „Informationsblättern". Auch Pressespiegel, die Unternehmen, Behörden, Verbände usw für den internen Gebrauch erstellen, fallen unter diesen Oberbegriff.[397]

---

[391] BGH GRUR 2003, 958 – Paperboy.
[392] LG Hamburg UFITA 54 (1969) 324, 328.
[393] KG GRUR 1970, 616, 618; LG Berlin GRUR 2000, 797 – Screenshots.
[394] Wandtke/Bullinger/*Lüft* § 51 UrhG Rn 20.

[395] Wandtke/Bullinger/*Bullinger* § 2 UrhG Rn 53.
[396] Dreier/Schulze/*Dreier* § 49 UrhG Rn 16; Wandtke/Bullinger/*Lüft* § 49 UrhG Rn 10.
[397] BGH ZUM 2002, 740, 742 – Elektronischer Pressespiegel; Wandtke/Bullinger/*Lüft*

**172** § 49 Abs 1 UrhG nennt als zulässige Quelle Zeitungen und andere lediglich Tages-interessen dienende Informationsblätter, ohne diese Begriffe näher zu definieren. Maß-geblich ist, dass die Publikation der Übermittlung von Tagesneuigkeiten dient; eine tägliche Erscheinungsweise ist indes nicht erforderlich. Auch wöchentlich erscheinende Publikumszeitschriften fallen, soweit sie sich überwiegend mit tagesaktuellen Themen befassen, in den Anwendungsbereich von § 49 UrhG.[398] Die Verwendung von Arti-keln aus online verfügbaren Quellen, wie zB dem Internetangebot einer Zeitung, in herkömmlichen Pressespiegeln ist ebenfalls nach den allgemeinen Kriterien zulässig.[399] Reine Fachzeitschriften sind aufgrund der fehlenden Bezugnahme auf Tagesereignisse indes keine nach § 49 Abs 1 UrhG zulässigen Quellen.[400]

**173** Ohne Einschränkungen zulässig ist die Vervielfältigung, Verbreitung und öffent-liche Wiedergabe von vermischten Nachrichten tatsächlichen Inhalts und von Tages-neuigkeiten, die durch die Presse oder Funk veröffentlicht worden sind (§ 49 Abs 2 UrhG). Solche Nachrichten erfüllen mangels geringer Individualität meist ohnehin nicht die urheberrechtlichen Schutzvoraussetzungen des § 2 UrhG.[401] Die übernom-menen Artikel dürfen aufgrund des für alle urheberrechtlichen Schranken geltenden um-fassenden Änderungsverbotes gem § 62 UrhG aber grds nicht verändert werden.[402] Sämtliche Artikel, die nach § 49 Abs 1 UrhG auf zulässige Weise in einen Presse-spiegel aufgenommen werden, müssen ferner gem § 63 Abs 3 UrhG deutlich mit einer Angabe der Quelle versehen werden, aus der neben dem Urheber auch die Publikation hervorgeht, der der übernommene Artikel entstammt.

**174** § 49 UrhG bezog sich in der Vergangenheit nur auf Artikel; in Pressespiegeln durf-ten deshalb nur Sprachwerke iSv § 2 Abs 1 Nr 1 UrhG aufgenommen werden.[403] Diese Beschränkung ist aufgehoben worden. Der Gesetzgeber hat das Pressespiegel-privileg auch auf die im Zusammenhang mit den Artikeln veröffentlichten Abbildun-gen ausgedehnt.

## 2. Der elektronische Pressespiegel

**175** Lange umstritten war die Zulässigkeit des elektronischen Pressespiegels. In einem Grundsatzurteil hat der BGH den elektronischen Pressespiegel unter zwei Voraus-setzungen schließlich für zulässig erklärt.[404] Der elektronische Pressespiegel muss in Form einer grafischen Datei zugänglich gemacht werden, die sich im Falle der Spei-cherung nicht zu einer Volltextrecherche und zur Einstellung in ein digitales Archiv eignet.[405] Außerdem muss der elektronische Pressespiegel auf die unternehmens- oder behördeninterne Verbreitung beschränkt sein.[406] Es wäre im Interesse der Rechtsklar-heit sinnvoll gewesen, wenn die richtige Entscheidung des BGH vom Gesetzgeber in

§ 49 UrhG Rn 10; Schricker/Loewenheim/*Melichar* § 49 UrhG Rn 12.
[398] BGH ZUM 2005, 651; OLG Köln ZUM 2000, 243; Schricker/Loewenheim/*Melichar* § 49 UrhG Rn 5; Wandtke/Bullinger/*Lüft* § 49 UrhG Rn 4.
[399] Wandtke/Bullinger/*Lüft* § 49 UrhG Rn 6.
[400] Dreier/Schulze/*Dreier* § 49 UrhG Rn 7, § 63 UrhG Rn 27.
[401] OLG Hamburg GRUR 1978, 308 – Artikelübernahme; LG Düsseldorf ZUM-RD 2007, 367; Wandtke/Bullinger/*Lüft* § 49 UrhG Rn 16.

[402] Dreier/Schulze/*Dreier* § 49 UrhG Rn 2.
[403] Wandtke/Bullinger/*Lüft* § 49 UrhG Rn 3; Schricker/Loewenheim/*Melichar* § 49 UrhG Rn 4.
[404] BGH ZUM 2002, 740 – Elektronischer Pressespiegel.
[405] BGH ZUM 2002, 740, 743 – Elektroni-scher Pressespiegel.
[406] BGH ZUM 2002, 740, 743 – Elektroni-scher Pressespiegel; Dreier/Schulze/*Dreier* § 49 UrhG Rn 20.

Ole Jani

einer entsprechenden Änderung von § 49 UrhG aufgegriffen worden wäre. Für eine gesetzliche Regelung des elektronischen Pressespiegels sah der Bundestag aber keine Notwendigkeit.[407]

## XII. Die Katalogbildfreiheit

Ohne vorherige Rechtseinräumung zulässig ist es, öffentlich ausgestellte sowie zur **176** öffentlichen Ausstellung oder zum öffentlichen Verkauf bestimmte Werke der bildenden Künste und Lichtbildwerke durch den Veranstalter zur Werbung zu vervielfältigen, zu verbreiten und öffentlich zugänglich zu machen, soweit dies zur Förderung der Veranstaltung erforderlich ist (§ 58 Abs 1 UrhG). Zulässig ist außerdem die Vervielfältigung und Verbreitung von Werken der bildenden Kunst und von Lichtbildwerken in Verzeichnissen, die von öffentlich zugänglichen Bibliotheken, Bildungseinrichtungen oder Museen in inhaltlichem oder zeitlichem Zusammenhang mit einer Ausstellung oder zur Dokumentation von Beständen herausgegeben werden und mit denen kein eigenständiger Erwerbszweck verfolgt wird (§ 58 Abs 2 UrhG). Werbung ist zulässig, soweit sie zur Förderung der Veranstaltung (Ausstellung oder Verkauf) erforderlich ist. Zulässig sind daher vor allem Titelbilder auf Katalogen, Werbeprospekte oder Plakate.[408] Von § 58 UrhG erfasst sind nicht nur klassische Kataloge in Form von Druckwerken, sondern auch Verzeichnisse, die mit Hilfe digitaler Medien hergestellt werde, zB auf CD-ROM. Die Katalogbildfreiheit nach § 58 Abs 2 UrhG erstreckt sich nicht auch auf die öffentliche Zugänglichmachung, so dass eine Verbreitung derartiger Verzeichnisse über das Internet nicht von § 58 UrhG gedeckt ist. In Bezug auf Maßnahmen zum Zwecke der Förderung einer Ausstellung ist dies nach § 58 Abs 1 UrhG hingegen zulässig. Unter § 58 Abs 2 UrhG fallen nur von dem jeweiligen Veranstalter selbst herausgegebene Kataloge und Werkverzeichnisse; Dritte sind nicht berechtigt, im eigenen Namen begleitende Werke herauszugeben. Dies ist auch dann der Fall, wenn der Veranstalter seinerseits auf die Herausgabe eines Kataloges verzichtet, denn die Dokumentation darf keinen eigenständigen Erwerbszeck haben, das ergibt sich auch aus den europäischen Vorgaben aus Art 5 Abs 2 lit c) der Informationsgesellschafts-RL. Der sachliche und räumliche Umfang des Rechts aus § 58 UrhG richtet sich nach dem Ausstellungszweck.[409] Außerhalb des Anwendungsbereichs des § 58 UrhG liegen Kataloge dann, wenn sie sich auf die Erläuterung der Ausstellung beziehen.[410] Im Vordergrund muss die Wiedergabe des Werkes als Bestandteil der Ausstellung stehen. Eine von der Ausstellung oder Versteigerung unabhängige Darstellung der Werke fällt nicht unter § 58 UrhG. Ein von einem Reisebuchverlag herausgegebener Museumsführer wird nicht von § 58 UrhG erfasst. Die Katalogbildfreiheit gilt insb nicht für „Merchandising", mit dem Museen Kunstwerke aus ihren Beständen vermarkten (als Aufdruck auf Tassen, Krawatten, T-Shirts, als Poster und Postkarten).[411] Die Berechtigung aus § 58 UrhG gilt zudem nur für die Dauer der Ausstellung oder Versteigerung und mit einem ganz geringen Vorlauf und ohne Nach-

---

[407] BT-Drucks 16/1828, 21.
[408] Dreier/Schulze/*Dreier* § 58 UrhG Rn 7; Wandtke/Bullinger/*Lüft* § 58 UrhG Rn 6; nach früherer Rechtslage waren Werbemaßnahmen von § 58 UrhG nicht gedeckt, vgl dazu BGH GRUR 1993, 822 – Katalogbild.

[409] BGH GRUR 1993, 822 – Katalogbild; BGHZ 126, 313 – Museumskatalog.
[410] BGHZ 126, 313 – Museumskatalog.
[411] Dreier/Schulze/*Dreier* § 58 UrhG Rn 7.

frist für den Verkauf der Restbestände.[412] Die Katalogbildfreiheit ist, wie die übrigen Schranken des Urheberrechts auch, eng auszulegen.[413]

## XIII. Die Panoramafreiheit

**177**     Werke, die sich bleibend an öffentlichen Wegen, Straßen und Plätzen befinden, dürfen mit Mitteln der Malerei, Grafik, durch Lichtbild oder durch Film vervielfältigt, sowie verbreitet und öffentlich wiedergegeben werden (§ 59 UrhG). Voraussetzung ist, dass das Werk (Gebäude usw) jedermann frei zugänglich ist. Mit dieser sog Panoramafreiheit erlaubt es das Gesetz als Ausnahme vom ausschließlichen Verwertungsrecht des Urhebers, bspw Postkarten oder Bildbände mit Straßenansichten zu vertreiben ohne Rücksicht auf urheberrechtlich geschützte Werke (wie Gebäude oder Denkmäler), die möglicherweise auf diesen Ansichten zu sehen sind. Bei Bauwerken bezieht sich dieses Recht aus § 59 UrhG nur auf die äußere Ansicht. Entscheidend ist das Tatbestandsmerkmal „bleibend". Ein Werk befindet sich dann nicht bleibend an einem Ort, wenn es im Sinne einer zeitlich befristeten Ausstellung präsentiert wird. Unerheblich ist dabei, ob das Werk nach dem Abbau fortbesteht oder untergeht. Aus diesem Grund ist die Verwendung von Abbildungen des von Christo und Jeanne-Claude „verhüllten Reichstags" in Berlin ohne Zustimmung der Künstler nicht zulässig.[414] Bleibend sind jedoch Denkmäler, Skulpturen („Kunst am Bau") Gebäude usw. Abbildungen solcher Objekte können auch zu gewerblichen Zwecken (Merchandising, Werbung oä) ohne Zustimmung des Urhebers verwertet werden. Auf die Bestimmung über die Panoramafreiheit kann sich nur berufen, wer das geschützte Werk von einem allgemein und öffentlich zugänglichen Ort aus – zB mit den Mitteln der Fotografie – fixiert. Von dem Zweck der gesetzlichen Regelung ist daher nicht gedeckt, wenn das geschützte Werk aus der Perspektive eines für das allgemeine Publikum unzugänglichen Ort (zB aus dem Fenster einer Privatwohnung oder aus der Luft) vervielfältigt oder wiedergegeben werden soll.[415] § 59 UrhG lässt das zivilrechtliche Eigentum am Werk unberührt, der Eigentümer kann deshalb den Blick auf das Werkstück durch die Öffentlichkeit jederzeit ausschließen. Ist ein Werk von öffentlichen Straßen aus sichtbar, hat der Eigentümer aber keinen Abwehranspruch gegen eine Vervielfältigung, wie bspw durch die Verbreitung von Lichtbildern.[416]

**178**     Ist das Kunst- oder Bauwerk gemeinfrei, ist die fotografische Abbildung des Objekts unter urheberrechtlichen Gesichtspunkten unbeschränkt zulässig. Allerdings kann auch in diesen Fällen das Eigentumsrecht Grenzen setzen. In seiner grundlegenden Entscheidung „Schloss Tegel" hatte der BGH zunächst offengelassen, ob die unzulässige Einwirkung auf das Eigentum am Gebäude bereits im Fotografieren selbst liegt, oder ob sich die Eigentumsverletzung erst aus den Begleitumständen (zB dem unbefugten Betreten des Grundstücks) ergibt.[417] Diese Frage hat der BGH in einer späteren Entscheidung dahingehend beantwortet, dass die Abbildung als solche noch keine Eigentumsbeeinträchtigung darstellt.[418] In einem jüngeren Fall hat sich eine Stiftung nicht auf ihr Eigentumsrecht berufen, sondern das kommerzielle Fotografieren in

---

[412] Schricker/Loewenheim/*Vogel* § 58 UrhG Rn 21.
[413] Wandtke/Bullinger/*Lüft* § 58 UrhG Rn 2.
[414] BGHZ 150, 6 – Verhüllter Reichstag; Schricker/Loewenheim/*Vogel* § 59 UrhG Rn 12.

[415] BGH NJW 2004, 594 – Hundertwasser-Haus.
[416] BGH GRUR 1990, 390 – Friesenhaus.
[417] BGH GRUR 1975, 500 – Schloss Tegel.
[418] BGH GRUR 1990, 390, 391 – Friesenhaus.

Ole Jani

den von ihr verwalteten Schlossgärten unter Verweis auf ihr Hausrecht untersagt. Das Gericht hat hier in Übereinstimmung mit der Rechtsprechung des BGH entschieden, dass die Fotografie an sich keine Eigentumsverletzung begründe. Ob die Parkordnung ein Abwehrrecht begründet, ließ das Gericht offen.[419]

Die zulässige Abbildung im Rahmen der Panoramafreiheit ist nicht vergütungs- **179** pflichtig. Jeder kann, ohne den Künstler zu fragen, Abbildungen von Kunstwerken im öffentlichen Raum anfertigen und diese dann gewerblich etwa als Postkarten oder in Büchern nutzen, ohne eine Lizenzgebühr zahlen zu müssen. In Anbetracht der wirtschaftlichen Bedeutung, die der Vertrieb von Postkarten, Bildbänden usw heute hat, sind in letzter Zeit Forderungen nach einer Vergütungspflicht für die Abbildung von Werken erhoben worden, wenn die Abbildung gewerblich genutzt werden soll. Der Gesetzgeber hat sich mit dieser Frage bislang noch nicht eingehend befasst. Eine Vergütungspflicht würde sich durchaus in das urheberrechtliche Vergütungssystem einfügen – auch mit Blick auf die gemeinschaftsrechtlichen Vorgaben.[420] Von einer Vergütungspflicht sollten allerdings Bauwerke ausgenommen sein. Gerade bei Innenstadtansichten würde der Vergütungsanspruch andernfalls erhebliche praktische Probleme auslösen und die Erstellung von Bildbänden usw erheblich erschweren. Außerdem müsste sichergestellt sein, dass der Vergütungsanspruch nur dann entsteht, wenn das Werk erkennbar im Zentrum der Abbildung steht und nicht lediglich Beiwerk ist.[421]

## XIV.  Zwangslizenzen

Die Schranken gewähren dem Begünstigten eine gesetzliche Lizenz, auf die Zustim- **180** mung des Rechtsinhabers kommt es für die Nutzung nicht an. In einigen Fällen bleibt das Urheberrecht dahinter zurück und gibt dem privilegierten Nutzer lediglich einen Anspruch auf die Erteilung einer **Zwangslizenz**. Der Nutzer kann also vom Rechtsinhaber die Einräumung der vorgesehenen Nutzungsrechte verlangen. Er ist anders als im Rahmen der Schranken jedoch nicht unmittelbar zur Nutzung berechtigt, so dass eine Nutzung vor Erteilung der Zwangslizenz rechtswidrig ist. Wenn der Rechtsinhaber die Rechtseinräumung verweigert, so muss der Anspruchsberechtigte den Rechteinhaber auf die Erteilung der Zwangslizenz verklagen. Die Zwangslizenz greift also nicht wie die Schranken in das Ausschließlichkeitsrecht ein, sondern sie schränkt die Freiheit des Urhebers in der Ausübung dieses Rechts ein.[422] Die Zwangslizenz ist als Ausnahme vom Prinzip der auch für Urheberrechtsverträge geltenden Abschlussfreiheit systematisch dem Urhebervertragsrecht zuzuordnen. Zwangslizenzen hat der Gesetzgeber zB bzgl der Nutzung privater Normwerke geschaffen (§ 5 Abs 3 UrhG); außerdem für die Herstellung von Tonträgern (§ 42a UrhG).

---

419 OLG Brandenburg ZUM 2010, 356.
420 Zum europäischen Kontext der Norm: Schricker/Loewenheim/*Vogel* § 59 UrhG Rn 5.
421 Das sieht auch die entsprechende Handlungsempfehlung der Enquete-Kommission

„Kultur in Deutschland" vor, BT-Drucks 16/7000, 267.
422 Wandtke/Bullinger/*Bullinger* § 42a UrhG Rn 1; *Schack* Rn 481.

# § 15
## Das System der pauschalen Abgaben für private Vervielfältigungen

### I. Die Grundlagen der pauschalen Vergütung und ihre Neuregelung im „Zweiten Korb"

**181**    Zum Ausgleich für den Rechtsverlust, den die Urheber durch die gesetzliche Zulässigkeit von Kopien für den privaten und sonstigen eigenen Gebrauch erleiden, gewährt das Gesetz einen Vergütungsanspruch (§§ 54 ff UrhG). Diese Vergütung wird in Form einer pauschalen Abgabe auf Vervielfältigungsgeräte und Speichermedien erhoben. Die Abgabe ist von den jeweiligen Herstellern und Händlern zu entrichten, die sie in der Regel an den Endverbraucher weitergeben. Das Vergütungsaufkommen aus diesen Abgaben wird durch die Verwertungsgesellschaften (GEMA, GVL, VG WORT usw) eingezogen und nach bestimmten Verteilungsschlüsseln an die Berechtigten ausgeschüttet. Das Vergütungssystem ist durch das Zweite Gesetz zur Regelung des Urheberrechts in der Informationsgesellschaft umfassend überarbeitet worden.[423] Ausgangspunkt der Debatte war die Frage nach der Zukunft der Pauschalabgaben im digitalen Zeitalter.

**182**    Die Aussicht darauf, dass mittelfristig Systeme für eine individuelle Lizenzierung von Privatkopien einsatzbereit sind, darf nicht dazu führen, dass in der Zeit bis zu deren Durchsetzung eine faktische Vergütungsfreiheit besteht. Unabhängig von der Verbreitung von DRM-Systemen werden bis auf Weiteres ungeschützte Quellen massenhaft weiterhin als Kopiervorlage zur Verfügung stehen. Hier bleibt die pauschale Abgabe deshalb auch weiterhin das Mittel der Wahl zur Gewährleistung einer angemessenen Vergütung der Rechtsinhaber. Zu Recht hat der Gesetzgeber sich nach einer sehr hitzigen Debatte im Rahmen des Zweiten Korbs zur pauschalen **Geräteabgabe** ausdrücklich bekannt und bekräftigt, dass zentrale Bemessungsgrundlage für diese Abgabe auch weiterhin Art und Umfang der urheberrechtlich relevanten Nutzungen ist. Die Bundesregierung hatte zunächst beabsichtigt, die Abgabe an die Preise der Vervielfältigungsgeräte zu koppeln, um die Belastung der Geräteindustrie zu reduzieren. Die Abgabe sollte 5 % des Gerätepreises nicht überschreiten dürfen. Eine unmittelbare und starre Koppelung der urheberrechtlichen Abgaben an die Preise der Vervielfältigungsgeräte und Speichermedien wäre aber falsch gewesen. Anknüpfungspunkt für die Bemessung der Abgabe müssen grds die urheberrechtlich relevante Nutzung und deren wirtschaftlicher Wert bleiben; hierüber können die Herstellerpreise jedoch keinen Aufschluss geben. Dabei ist auch zu berücksichtigen, dass die Vergütungspflicht zwar nicht diejenigen trifft, die die urheberrechtlich relevanten Nutzungen vornehmen. Aber die Hersteller der Geräte profitieren von der Möglichkeit dieser Nutzungen insofern unmittelbar auch selbst, als viele Geräte erst durch diese Möglichkeiten für die Nutzer interessant sind; der Erfolg der vergütungspflichtigen Produkte hängt zu einem großen Teil von der Verfügbarkeit kopierfähiger urheberrechtlich geschützter Werke ab.[424] Diese Erkenntnis hat sich nach langem Ringen auch beim Gesetzgeber eingestellt.

**183**    Das neue Vergütungsrecht unterscheidet nicht mehr zwischen Vervielfältigungen im Wege der Bild- und Tonaufzeichnung und im Wege der Reprografie, sondern unter-

---

[423] „Zweites Gesetz zur Regelung des Urheberrechts in der Informationsgesellschaft", BGBl 2007 I S 2513.

[424] *Müller* ZUM 2007, 777, 778.

Ole Jani

wirft alle Geräte und Speichermedien der Vergütungspflicht, deren Typ allein oder in Verbindung mit anderen Geräten, Speichermedien oder Zubehör zur Vornahme von urheberrechtlich relevanten Vervielfältigungen benutzt wird. Ergänzend zu dieser Abgabe unterliegt gem § 54c UrhG auch der Betrieb von Ablichtungsgeräten einer gesonderten Vergütungspflicht. Diese sog **Betreiberabgabe** soll dem Umstand Rechnung tragen, dass beim gewerblichen Betrieb von Kopiergeräten für Dritte (Copyshops) eine besonderes intensive Nutzung der Geräte auch für die Herstellung von Kopien urheberrechtlich geschützter Werke erfolgt. Die Geräte- und die Betreiberabgabe sind Elemente eines einheitlichen „dualen Systems" zur Entschädigung der Rechteinhaber.[425] Vergütungspflichtig sind herkömmliche Fotokopiergerte und vergleichbare Geräte. Für die Vergütungspflicht ist ausreichend, dass die Nutzung der Geräte für urheberrechtlich relevante Kopien wahrscheinlich ist (§ 54c Abs. 2 UrhG). Dem BGH zufolge ist die Betreiberabgabe auch dann in voller Höhe geschuldet, wenn nur „eine geringe **Wahrscheinlichkeit**" besteht, dass mit dem betroffenen Geräte solche Vervielfältigungen hergestellt werden.[426] Diese weite Auslegung von § 54c UrhG dürfte nach der Entscheidung des EuGH „Padawan/SGAE"[427] gemeinschaftsrechtswidrig sein. Auch bei der Betreiberabgabe, weil diese starre Handhabung die europarechtlichen Vorgaben ignoriert. Übernimmt zB ein Unternehmen im Rahmen eines Outsourcing vollständig den Betrieb von Kopiergeräten in einem anderen Unternehmen und ist dabei die Herstellung von Privatkopien ausgeschlossen, weil lediglich eigenes Material des Unternehmen vervielfältigt wird, kann eine Betreiberabgabe bei europarechtskonformer Betrachtung auch dann nicht geschuldet sein, wenn die Geräte dem Wortlaut nach womöglich im Sinne von § 54c UrhG entgeltlich für einen Dritten bereitgehalten werden. Eine höchstrichterliche Klärung dieser Frage steht indes noch aus.

## II. Die Anknüpfungspunkte für die Vergütung

### 1. Die tatsächliche Nutzung der Geräte

Das Urheberrechtsgesetz unterwirft jetzt alle Geräte der Vergütungspflicht, die für Vervielfältigungen nach § 53 Abs 1 bis 3 UrhG typischerweise genutzt werden. Es kommt also auf die tatsächliche Verwendung der Gerätetypen an. Ein Verwendungszweck spielt entgegen der bisherigen Rechtslage keine Rolle mehr. Diese Abkehr von dem subjektiven Kriterium, wonach ein Gerät zur Vornahme von Vervielfältigungen erkennbar bestimmt sein muss, stellt einen Paradigmenwechsel dar. Die Frage nach der generellen Vergütungspflicht ist jetzt nach rein objektiven empirisch nachprüfbaren Daten zu ermitteln. Ein wesentlicher Streitpunkt zwischen den Beteiligten ist damit beseitigt.    **184**

Nach dem Regierungsentwurf sollten nur solche Geräte überhaupt vergütungspflichtig sein, die in nennenswertem Umfang für urheberrechtlich relevante Vervielfältigungen genutzt werden. Diese De-minimis-Regelung hat der Rechtsausschuss mit guten Gründen abgelehnt.[428] Nach der Gesetzesbegründung soll für die Bemessung der Vergütung allerdings der übliche Gebrauch des Geräts maßgeblich sein; nicht jedes nur theoretisch zur Vervielfältigung nutzbare Gerät soll in die Vergütungspflicht ein-    **185**

**425** BT-Drucks 14/3972, 26.
**426** BGH GRUR 2009, 480, 481 – Kopierläden II.

**427** EuGH GRUR 2010, 5 – Padawan/SGAE.
**428** Dazu *Langhoff/Oberndörfer/Jani* ZUM 2007, 593, 594.

bezogen werden. Insoweit besteht sehr wohl ein Zusammenhang zwischen der Vergütungshöhe und dem Ausmaß der tatsächlichen Nutzung des Gerätetyps.[429]

**186**     Das System der Geräte- und Leerträgerabgabe hat seine Grundlage in Art 5 Abs 2 der Informationsgesellschafts-RL. Danach muss der nationale Gesetzgeber den Urhebern und den Inhabern verwandter Schutzrechte einen „gerechten Ausgleich" gewähren, wenn ihr Vervielfältigungsrecht zugunsten bestimmter Nutzungen beschränkt wird. Der „**gerechte Ausgleich**" ist nach der Rechtsprechung des EuGH ein gemeinschaftsrechtlicher Begriff, der einheitlich auszulegen ist.[430] Der gerechte Ausgleich ist auf der Grundlage des Schadens zu berechnen, der den Urhebern geschützter Werke in Folge der Ausnahme für Privatkopien entsteht. Aus diesem Grunde kommt es auf den mutmaßlichen Gebrauch der Geräte an; eine **unterschiedslose Anwendung** der Abgaben auf sämtliche Geräte und Speichermedien, die eindeutig anderen (gewerblichen) Nutzern und nicht privaten Nutzern überlassen werden, ist nach der Entscheidung des EuGH mit der Informationsgesellschafts-RL deshalb nicht vereinbar.[431] Da das Urheberrechtsgesetz auf die tatsächliche Nutzung von Geräten abstellt, dürfte das deutsche Vergütungsrecht in seiner 2008 in Kraft getretenen Fassung mit den Vorgaben des EuGH in Einklang stehen.

## 2. Einzelfälle

**187**     Die Frage, welche Gerätetypen vergütungspflichtig sind, hat in den vergangenen Jahren in einer Vielzahl von Prozessen die Gerichte beschäftigt. Ausgangspunkt der Auseinandersetzung war stets, ob das jeweilige Gerät zur Vornahme urheberrechtlich relevanter Vervielfältigungen bestimmt sei. Bei einer Vielzahl von Speichermedien und Vervielfältigungsgeräten steht eine abschließende Klärung noch aus. Auch nach der Novelle des Vergütungsrechts werden die wesentlichen Fragen weiterhin durch die Gerichte geklärt werden müssen. Gleichwohl verbindet der Gesetzgeber mit dem neuen Vergütungssystem die Erwartung, dass es zu einer schnelleren und effektiveren Festsetzung der Vergütungshöhe als nach dem bisherigen System kommt, bei dem die Vergütungssätze durch den Gesetzgeber festgelegt worden sind. Sollten sich diese Erwartungen nicht erfüllen, will der Bundestag sich erneut mit dem Vergütungsrecht befassen und gegebenenfalls zur bisherigen staatlichen Festsetzung der Vergütung zurückkehren.[432]

**188**     Geräte, die schon bislang der Vergütungspflicht unterlagen, werden nun erst recht vergütungspflichtig sein. Da bei den noch offenen Fällen die Einstufung als Vervielfältigungsgerät oftmals unstreitig ist, weist das Gesetz mit dem Wegfall der subjektiven Kriterien[433] auch hier einen eindeutigen Weg. Grundlegend für die vergütungsrechtliche Einordnung digitaler Geräte ist die Entscheidung des BGH, in der er die Vergütungspflicht von **Scannern** als Teil einer Funktionseinheit zur Herstellung digitaler Kopien grds bejaht.[434] Zur Höhe der Vergütung für Scanner hat der BGH sich in einer weiteren Entscheidung aus dem Jahr 2009 geäußert.[435] Ob CD-/DVD-Brenner, MP3-Player,[436] PC[437] unter die Vergütungspflicht fallen, ist höchstrichterlich bislang

---

[429] BT-Drucks 16/5939, 45.
[430] EuGH GRUR 2011, 5 Padawan/SGAE.
[431] EuGH GRUR 2011, 5 Padawan/SGAE.
[432] BT-Drucks 16/5939, 3.
[433] S Rn 184.
[434] BGH GRUR 2002, 246, 248 – Scanner.

[435] BGH GRUR 2010, 57.
[436] Die Schiedsstelle nach dem WahrnG hat eine Vergütungspflicht angenommen: ZUM 2007, 946.
[437] LG München I MMR 2005, 255.

nur teilweise und nur für das bis zum 31.12.2007 geltende Recht entschieden,[438]. Instanzgerichtliche Urteile liegen zu diesen Geräten teilweise schon vor, sind aber überwiegend nicht rechtskräftig, da die Vergütungsfrage für alle Gerätetypen vom BGH entschieden wird. Zum alten Recht hat der BGH eine Vergütubngspflicht für PC[439] sowie für sog **Kopierstationen**[440] abgelehnt. In Bezug auf **PC** haben sich die Beteiligten unter dem neuen Recht inzwischen teilweise außergerichtlich geeinigt.

Zu Recht und in Übereinstimmung mit der Literatur[441] sind sowohl die Bundesregierung als auch der Bundesrat in der Debatte um das neue Vergütungsrecht davon ausgegangen, dass auch diese Geräte und Gerätekombinationen vergütungspflichtige Vervielfältigungsgeräte iSv §§ 54 ff UrhG sind.[442] Der Vergütungspflicht unterliegen die Geräte auch dann, wenn sie in Geräte integriert sind, die auch urheberrechtlich irrelevante Nutzungen ermöglichen, wie zB der MP3-Player im Mobiltelefon.[443] Für Überraschung hat der BGH gesorgt, als er eine Vergütungspflicht für Drucker entgegen der beiden Vorinstanzen abgelehnt hat.[444] Der BGH ist der Auffassung, dass Drucker nicht iSv § 54a Abs 1 S 1 UrhG (aF) zur Vornahme von Vervielfältigungen durch Ablichtung eines Werkstücks bestimmt sind, denn allein mit einem Drucker könne nicht vervielfältigt werden. Im Zusammenwirken mit anderen Geräten (Scanner) seien Drucker zwar zur Vornahme von Vervielfältigungen geeignet. Soweit ein Drucker im Zusammenspiel mit einem Scanner und einem PC verwendet wird, sei die vergütungspflichtige Nutzungsmöglichkeit aber bereits durch die Vergütungspflicht des Scanners berücksichtigt. Eine Vergütungspflicht weiterer Geräte in der Funktionseinheit komme nach bislang geltendem Urheberrecht nicht in Betracht. Die gesetzlich vorgesehene Vergütung könne nach dieser Rechtslage weder auf verschiedene Geräte aufgeteilt noch für eine Gerätekombination mehrfach verlangt werden. Ob diese kategorische Ausnahme der Drucker von der Vergütungspflicht den verfassungsrechtlichen Vorgaben standhält, ist zweifelhaft. Das **Bundesverfassungsgericht** hat das Urteil aufgehoben; es verstoße gegen die Garantie des gesetzlichen Richters aus Art 101 Abs 1 S 2 GG, weil der BGH die Vorlagepflicht zum EuGH nicht erörtert habe.[445] Es sei zu klären, ob Art 5 Abs 2 lit a der Informationsgesellschafts-RL so ausgelegt werden darf, dass nur Vervielfältigungen von analogen, nicht aber von digitalen Vorlagen umfasst sind und damit Urheber digitaler Vorlagen vom Genuss der Geräteabgabe nach dem nationalen System ausgeschlossen werden dürfen. Die Entscheidung des BVerfG hat Bedeutung für den Zeitraum vom 22.12.2002 (Art 10 Abs 2 Informationsgesellschafts-RL) bis zum 31.12.2007, seit das neue Vergütungsrecht gilt. In seiner neuen Fassung bestimmt § 54 UrhG, dass eine Vergütung auch für solche Geräte zu zahlen ist, die nur in Verbindung mit anderen zur Herstellung von Vervielfältigungen benutzt werden.[446] In der Entscheidung über die Gerätevergütung für PC[447] hat der

**189**

---

**438** Das OLG Stuttgart hat eine Vergütungspflicht bejaht für Drucker (GRUR 2005, 943 – Drucker- und Plotterabgabe), für Multifunktionsgeräte (GRUR 2005, 944, 946 – Multifunktionsgeräteabgabe). Nach Auffassung des LG München I sind auch PC abgabenpflichtig (CR 2005, 217).
**439** BGH GRUR 2009, 53.
**440** BGH ZUM 2008, 778.
**441** Dreier/Schulze/*Dreier* § 54a UrhG Rn 4 f; Schricker/Loewenheim/*Loewenheim* § 54a UrhG Rn 9 f; Wandtke/Bullinger/*Lüft* § 54a UrhG Rn 5.

**442** BT-Drucks 16/1828, 29 und 43.
**443** *Müller* ZUM 2007, 777, 779.
**444** BGH Urteil v 6.12.2007, Az I ZR 94/05; Vorinstanzen OLG Stuttgart GRUR 2005, 943 und LG Stuttgart MMR 2005, 262; gegen eine Abgabepflicht für Drucker ebenfalls OLG Düsseldorf Urt v 23.1.2007, Az 12 O 110/05.
**445** BVerfG GRUR 2010, 999 – Drucker + Plotter.
**446** Dreier/Schulze/*Dreier* § 54 UrhG Rn 2
**447** BGH GRUR 2009, 53.

BGH mit ähnlicher Argumentation die Vergütungspflicht für den Zeitraum bis 31.12.2007 abgelehnt und sich ebenfalls nicht mit den gemeinschaftsrechtlichen Vorgaben auseinandergesetzt. Außerdem müsse auch bei neuen technischen Geräten die Eigentumsrechte der Urheber aus Art 14 Abs 1 GG gewährleistet werden. Des halb sei zu prüfen, inwieweit eine restriktive Auslegung der Vergütungsvorschriften (hier: § 54a UrhG aF) zu Lasten der Urheber eine absolute Schutzlücke entsteht.

Im Anschluss an seine Drucker-Entscheidung hat das BVerfG auch die Auffassung des BGH verworfen, PC seien keine gem § 54a Abs 1 UrhG aF vergütungspflichtigen Vervielfältigungsgeräte.[448] Auch Die Entscheidung des BGH, dass CD-Kopierstation nicht nach § 54a Abs 1 UrhG aF vergütungspflichtig sind,[449] ist verfassungsrechtlich dagegen nicht zu beanstanden.[450] Nach einem weiteren Urteil des BGH ist für sog „Multifunktionsgeräte" die urheberrechtliche Vergütung dagegen in voller Höhe zu zahlen.[451] Nach der für die Entscheidung maßgeblichen alten Rechtslage kommt es dem BGH zufolge nicht darauf an, in welchem Ausmaß das Gerät zur Vervielfältigung urheberrechtsneutrale Schriftstücke genutzt wird. Der BGH hat damit die Rechtsprechung der Vorinstanz im Kern bestätigt.[452] Auch hier ist offen, welche Auswirkungen das neue Vergütungsrecht haben wird.

### III. Kriterien für die Höhe der Vergütung

**190**  Bemessungsgrundlage der Vergütung soll vorrangig die tatsächliche Nutzung des jeweiligen Gerätetyps sein, die durch empirische Untersuchungen zu ermitteln ist.[453] Zu berücksichtigen ist dabei gem § 54a Abs 1 S 2 UrhG die Verwendung **von technischen Schutzmaßnahmen** iSv § 95a UrhG.[454] Das entspricht den Vorgaben der Multimedia-RL und soll die Nutzer bei zunehmender Verbreitung von DRM-Systemen vor einer ungerechtfertigten Doppelzahlung bewahren. Diese Regelung ist sachgerecht, weil sie das hergebrachte System erhält, wo es bis auf weiteres ohne Alternative ist, und es zugleich es für neue Technologien öffnet. Diese neuen Rahmenbedingungen ermöglichen ein Nebeneinander von pauschaler Vergütung und individueller Lizenzierung, wobei die beiden Modelle wie in einem System kommunizierender Röhren reagieren.[455]

**191**  Gem § 54a Abs 2 UrhG soll in Anlehnung an die BGH-Rechtsprechung zur Vergütung von Scannern[456] der funktionelle Zusammenhang von mehreren vergütungspflichtigen Gerätekomponenten berücksichtigt werden.[457] Die Vergütung für Geräte ist gem § 54a Abs 2 UrhG so zu gestalten, dass sie auch mit Blick auf die Vergütungspflicht für in diesen Geräten enthaltene Speichermedien oder andere, mit diesen funktionell zusammenwirkende Geräte oder Speichermedien insgesamt angemessen ist. Dabei sind die nutzungsrelevanten Eigenschaften der Geräte und Speichermedien, insb die Leistungsfähigkeit von Geräten sowie die Speicherkapazität von Speichermedien, zu berücksichtigen (§ 54a Abs 3 UrhG).

---

**448** BVerfG GRUR 2011, 225 – Gerätevergütung für Computer.
**449** BGH GRUR 2008, 993 – CD-Kopierstationen.
**450** BVerfG GRUR 2011, 227 – CD-Kopierstationen.
**451** BGH Urt v 30.1.2008, Az 170299/04.

**452** OLG Stuttgart GRUR 2005, 944.
**453** BT-Drucks 16/1829, 29.
**454** S Rn 27 ff.
**455** BT-Drucks 16/1828, 15.
**456** BGH GRUR 2002, 246 – Scanner.
**457** BT-Drucks 16/1829, 29.

Ole Jani

Der Gesetzgeber hat sich abweichend von den heftig kritisierten Plänen der Bundesregierung auch gegen eine Begrenzung der Abgaben auf max 5 % des Gerätepreises entschieden.[458] Diese Entscheidung verdient ausdrückliche Zustimmung. Eine unmittelbare und starre Koppelung der urheberrechtlichen Abgaben an die Preise der Vervielfältigungsgeräte und Speichermedien wäre falsch. Anknüpfungspunkt für die Bemessung der Abgabe müssen nach den allgemeinen urheberrechtlichen Prinzipien die urheberrechtlich relevante Nutzung und deren wirtschaftlicher Wert bleiben; hierüber können die Herstellerpreise jedoch keinen Aufschluss geben. Allerdings verlangt § 54a Abs 4 UrhG, dass die Abgaben die Hersteller von Geräten und Speichermedien nicht unzumutbar beeinträchtigen dürfen. Sie müssen deshalb in einem wirtschaftlich angemessenen Verhältnis zum Preisniveau des Geräts oder des Speichermediums stehen. Mit dieser Bestimmung werden die Interessen der Geräteindustrie auch im Gesetz durchaus berücksichtigt; Die Bewertung der Vergütung erfolgt danach allerdings auf flexible Weise angesichts der Umstände des jeweiligen Einzelfalls.

**192**

## IV. Verfahren zur Festlegung der Vergütungssätze

Die Festlegung der Vergütungshöhe ist nach neuem Recht ausschließlich Sache der Beteiligten; die gesetzliche Festlegung der pauschalen Vergütungssätze durch den Gesetzgeber (Anlage zu § 54d Abs 1 UrhG aF) ist ersatzlos gestrichen worden. Die Verwertungsgesellschaften werden jetzt gem § 13a Abs 1 S 2 UrhWG zu Verhandlungen mit Verbänden der Hersteller von Geräten und Speichermedien über den Abschluss eines Gesamtvertrags verpflichtet, um die Vergütungshöhe gem § 54a UrhG einvernehmlich zu ermitteln. Scheitern diese Verhandlungen, so muss die Schiedsstelle angerufen werden, die gem § 14 Abs 5 UrhWG die maßgebliche Nutzung iSv § 54a Abs 1 UrhG durch empirische Untersuchungen ermitteln muss. Wenn die Bemühungen der **Schiedsstelle** nicht zu einer Einigung führen, kann die Verwertungsgesellschaft einseitig einen Tarif aufstellen. Mit diesem Verfahren soll nach dem Willen des Gesetzgebers zum einen eine objektive sachliche Grundlage für das Ausmaß der tatsächlichen Nutzung geschaffen werden, zum anderen aber auch der gesamte Verfahrensablauf effizienter ausgestaltet werden. Dazu gehört auch die Beschränkung der Sachverhaltsermittlung auf ein Gutachten. Es soll verhindert werden, dass beide Parteien mit großem Aufwand Gutachten anfertigen lassen, die jeweils von der Gegenseite zurückgewiesen werden, mit dem Ergebnis, dass sie ohnehin durch eine eigene Erhebung der Schiedsstelle bzw des zuständigen Gerichts ersetzt werden müssen. Aus diesem Grunde wird die notwendige gutachterliche Erhebung per Gesetz sogleich bei der Schiedsstelle konzentriert.[459] Diese Regelung geht auf einen gemeinsamen Vorschlag der Parteien zurück, dessen Umsetzung das Bundesjustizministerium bereits im Februar 2006 zugestimmt hatte.[460] Allerdings sind im Verlauf der ersten Verhandlungen über Tarife Unstimmigkeiten im neuen Recht erkennbar geworden. Das betrifft insb die Frage, ob die Verwertungsgesellschaften Tarife ohne empirische Gutachten aufstellen dürfen, wenn die für die Erstattung eines solchen Gutachtens erforderlichen Gesamtvertrags-

**193**

---

[458] BT-Drucks 16/1828; vgl auch *Langhoff/Oberndörfer/Jani* ZUM 2007, 593, 594.
[459] BT-Drucks 16/5939, 85 f.

[460] S hierzu die Meldung des Instituts für Urheber- und Medienrecht v 23.2.2006 (abrufbar unter www.urheberrecht.org/news/2590).

verhandlungen nicht zustandekommen. Der Gesetzgeber will die verfahrensrechtlichen Bestimmungen im Rahmen des „Dritten Korbes" deshalb überprüfen und ggf anpassen.

# § 16
# Urhebervertragsrecht

## I. Allgemeines

### 1. Begriff und Funktion des Urhebervertragsrechts

**194**    Der Rechtsverkehr im Urheberrecht wird durch die besonderen Bestimmungen des Urhebervertragsrechts geregelt. Als Urhebervertragsrecht werden im weiteren Sinn alle Regelungen von Verträgen angesehen, die im Zusammenhang mit der Schöpfung und Verwertung urheberrechtlich geschützter Werke stehen. Das Urhebervertragsrecht ist also jener Ausschnitt des Urheberrechts, der die rechtlichen Beziehungen zwischen Urhebern und Verwertern oder zwischen Verwertern über die Nutzung eines urheberrechtlich geschützten Werkes regelt.[461] Verträge unmittelbar zwischen Urhebern und Werknutzern, den „Endverbrauchern", sind in der Praxis selten. Denn die Verwertung erfolgt in der Regel über mehrere Marktstufen, so dass in erster Linie Verwertungsverträge zwischen Urhebern und Verwertern einerseits sowie zwischen mehreren Verwertern andererseits von Bedeutung sind. Es kann dabei unterschieden werden zwischen „primärem" und „sekundärem" Urhebervertragsrecht. Unterscheidungsmerkmal ist dabei, auf welche Stufe der Verwertung der konkrete Vertrag sich bezieht: Das primäre Urhebervertragsrecht beschreibt als Urheberrecht im engeren Sinn denjenigen Ausschnitt aus dem gesamten Spektrum urheberrechtlich relevanter Verträge, bei dem der Urheber des vertragsgegenständlichen Werkes selbst als Vertragspartner beteiligt ist.[462] Verträge über Nutzungsrechte zwischen dem Vertragspartner des Urhebers (Primärverwerter) und weiteren Verwertern auf nachgelagerten Verwertungsstufen (Sekundärverwerter) bzw Verträge zwischen Verwertern und Endverbrauchern bilden demgegenüber das sekundäre Urhebervertragsrecht. Diese Verträge leiten sich stets von der primären Vertragsbeziehung ab. Gegenstand des Rechtsverkehrs können grundsätzliche alle aus dem Urheberrecht fließenden Befugnisse sein, über die der Urheber sowohl mit dinglicher als auch mit lediglich schuldrechtlicher Wirkung disponieren kann.

### 2. Das Urhebervertragsrecht ist offen für bereichsspezifische Sonderregelungen

**195**    In der Debatte um die Kodifizierung des Urhebervertragsrechts hatten sich für eine gesetzliche Regelung zwei Lösungsansätze herausgebildet: entweder die bestehenden Vorschriften zum Urhebervertragsrecht zu erweitern; oder aber ein eigenständiges Urhebervertragsrecht zu schaffen, das neben allgemeinen Grundsätzen einen „Besonderen Teil" mit Regelungen zu einzelnen urheberrechtlichen Vertragstypen enthält. Für diese Alternative hatte sich das Begriffspaar „Kleine Lösung" und „Große Lösung"

---

[461] Wandtke/Bullinger/*Wandtke/Grunert*
Vor §§ 31 ff UrhG Rn 1.

[462] Schricker/Loewenheim/*Schricker*
Vor §§ 28 ff UrhG Rn 21.

Ole Jani

herausgebildet. Da es angesichts der Vielfalt urheberrechtlicher Nutzungen nicht möglich ist, die sich stetig ändernden Rahmenbedingungen der Urheberrechtswirtschaft gesetzlich befriedigend zu erfassen, hat der Gesetzgeber eine Große Lösung zu Recht abgelehnt. Die Begründung des „Gesetzes zur Stärkung der vertraglichen Stellung von Urhebern und ausübenden Künstlern", mit dem das Urhebervertragsrecht 2002 umfassend reformiert wurde, verweist darauf, dass in einzelnen Bereichen branchenspezifische Regelungen und Vertragspraktiken bestehen, die sich zu einem erheblichen Teil im Rechtsverkehr grds bewährt haben.[463] Der Gesetzgeber hat deshalb einen Mittelweg eingeschlagen. Das urhebervertragsrechtliche System ist nicht lediglich punktuell ergänzt, sondern hinsichtlich der die Vergütung betreffenden Regeln völlig verändert worden. Zugleich enthält das Gesetz auch weiterhin keine bereichsspezifischen Detailregelungen. Eine Ausnahme bildet der **Verlagsvertrag**, der in seinen Grundzügen außerhalb des Urheberrechtsgesetzes im Verlagsgesetz geregelt ist.[464] Einige vertragsrechtliche Sonderbestimmungen enthält das Urheberrechtsgesetz außerdem für **Filmwerke**.

Der Gesetzgeber hatte von Anfang an anerkannt, dass der Herstellung und Verwertung von Filmen ein besonderes wirtschaftliches Engagement und Risiko erfordert. Der Gesetzgeber hat zugunsten des Filmherstellers deshalb ein Regelwerk geschaffen, das den Rechteerwerb von der Vielzahl der am Film Beteiligten erleichtern soll. Dabei sind auch die persönlichkeitsrechtlichen Befugnisse der Mitwirkenden beschnitten worden (§ 93 UrhG). Die Besonderheiten der unterschiedlichen Werk- und Verwertungsformen finden ihren Ausdruck in der Vielzahl unterschiedlicher Urheberrechtsverträge,[465] die sich im Laufe der Zeit herausgebildet haben.

**196**

### 3. Das neue Urhebervertragsrecht

Das Urhebervertragsrecht hat einen sozialen Ansatz. Es soll die formale Vertragsfreiheit dort begrenzen, wo die Urheber als typischerweise schwächere Verhandlungspartner nicht über die Verhandlungsmacht verfügen, die sie benötigen, um ihre Interessen hinreichend durchzusetzen. Unter dieser Prämisse ist das Urhebervertragsrecht durch das Gesetz zur Stärkung der vertraglichen Stellung von Urhebern und ausübenden Künstlern[466] im Jahr 2002 grundlegend überarbeitet worden. Kernelemente sind ein ausdrücklicher Anspruch des Urhebers auf angemessene Vergütung (§ 32 UrhG), ergänzt durch einen Anspruch auf „Fairnessausgleich" (§ 32a UrhG) sowie die Möglichkeit zum Abschluss sog gemeinsamer Vergütungsregeln (§ 36 UrhG). Ziel der Novelle war die Stärkung der vertraglichen Stellung von Urhebern und ausübenden Künstlern. Dabei wird zwar die Vertragsfreiheit als das dem Urhebervertragsrecht zugrunde liegende Prinzip insgesamt nicht in Frage gestellt. Prämisse des neuen Urhebervertragsrechts ist aber, dass die gesetzliche Garantie einer formalen Vertragsfreiheit nicht automatisch und nicht in jedem Fall für alle an einem Rechtsgeschäft Beteiligten auch eine Vertragsfreiheit im materiellen Sinne gewährleistet, wenn es an der erforderlichen strukturellen Vertragsparität fehlt.[467]

**197**

---

463 BT-Drucks 14/6433, 8.
464 Zum Verlagsrecht eingehend *Kitz* Kap 6.
465 S *Czernik* Kap 2 und *Schunke* Kap 3 (Film- und Musikrecht).

466 BGBl 2002 I S 1155.
467 Begründung des Regierungsentwurfs, BT-Drucks 14/6433, 7.

## II. Der Nutzungsvertrag

### 1. Keine Nutzung ohne den vertraglichen Erwerb von Nutzungsrechten

**198** Wer ein urheberrechtlich geschütztes Werk verwerten möchte, ohne dessen Urheber zu sein, muss grds auf vertraglichem Wege die entsprechenden einzelnen Nutzungsrechte durch **Rechtseinräumung** erwerben. Die Notwendigkeit eines vertraglichen Rechteerwerbs besteht auch dann, wenn der Urheber das Werk im Auftrag des Verwerters erstellt hat, da auch der Besteller eines Werkes die Rechte zur Nutzung aufgrund des Schöpferprinzips nicht originär erwerben kann.[468] Eine Ausnahme vom Erfordernis des vertraglichen Rechtserwerbs besteht nur in den abschließend geregelten Fällen, in denen die urheberrechtliche Nutzung unter bestimmten tatbestandlichen Voraussetzungen aufgrund der **Schranken** des Urheberrechtsgesetzes von Gesetzes wegen zulässig ist.

### 2. Der Erwerb von Nutzungsrechten durch Vertrag

**199** Da eine Übertragung des Urheberrechts als Ganzes oder in Teilen ausgeschlossen ist (§ 29 UrhG), ist ein nachträglicher Eintritt in die Stellung des Urhebers durch Vertrag nicht möglich. Auch bei einer vertraglichen Rechtseinräumung verbleibt das Urheberrecht im Kern deshalb immer bei dem eigentlichen Schöpfer des Werkes. Zur Rechtseinräumung schließt der Urheber mit seinem Vertragspartner einen urheberrechtlichen **Nutzungsvertrag**, der nach den allgemeinen Vorschriften des Bürgerlichen Gesetzbuches zustande kommt und der unabhängig von etwaigen dienst- oder werkvertraglichen Vereinbarungen über die Herstellung des Werkes ist. Häufig werden diese Vereinbarungen jedoch in einem einheitlichen Vertragswerk zeitgleich mit dem Nutzungsvertrag festgeschrieben. Das Urheberrecht lässt die Verpflichtung zur Einräumung von Nutzungsrechten an künftigen, also erst noch zu schaffenden Werken, unter den Voraussetzungen von § 40 Abs 1 UrhG ausdrücklich zu.

### 3. Für Nutzungsverträge bestehen grds keine Formerfordernisse

**200** Für urheberrechtliche Verträge bestehen grds keine Formerfordernisse. Abreden über die Nutzung oder sonstige Verwendung eines Werkes können deshalb insb auch mündlich getroffen werden. Es empfiehlt sich aber aus Beweisgründen und zur Vermeidung späterer Unklarheiten und Missverständnisse die einzelnen Befugnisse und den Umfang der Nutzungsrechte stets schriftlich festzuhalten. Eine Ausnahme gilt für die Rechtseinräumung bzgl **künftiger Werke** (§ 40 Abs 1 UrhG). Verpflichtet sich ein Urheber zur Einräumung von Nutzungsrechten an Werken, die noch nicht bestehen und entweder überhaupt nicht näher oder nur der Gattung nach bestimmt sind, muss der Vertrag zwingend in schriftlicher Form geschlossen werden. Im Hinblick auf den Grundsatz des Übertragungszwecks (§ 31 Abs 5 UrhG) empfiehlt es sich generell, die vertragsgegenständlichen Rechte und Pflichten genau zu beschreiben. In der Praxis werden Urheberrechtsverträge heute fast immer schriftlich geschlossen.

---

[468] BGH GRUR 1973, 663, 665 – Wählamt.

Ole Jani

#### 4. Nutzungsrechte, Verwertungsrechte, Nutzungsarten

**a) Verwertungsrechte und Nutzungsrechte.** Während die Verwertungsrechte als über- **201** geordnete Begriffe abstrakt die Befugnisse des Urhebers zur Verwertung seines Werkes beschreiben, spricht man von Nutzungsrechten in Bezug auf die für eine konkrete Nutzungsart erforderlichen Rechte.[469] So beinhaltet zB das Vervielfältigungsrecht gem § 16 UrhG umfassend jede Form der Vervielfältigung; ein Nutzungsrecht zur Vervielfältigung kann sich demgegenüber immer nur auf eine konkrete Form der Vervielfältigung (zB Fotokopie, Vervielfältigung auf CD usw) beziehen. Das Nutzungsrecht beschreibt somit immer nur den Ausschnitt des Verwertungsrechts, den der Erwerber benötigt, um das Werk auf eine bestimmte Art zu nutzen und der damit Gegenstand der Rechtseinräumung ist.[470] Ein Nutzungsrecht ist gem § 31 Abs 1 S 1 UrhG das Recht, ein Werk „auf einzelne oder alle Nutzungsarten zu nutzen"; jeder Nutzungsart steht also ein gesondertes Nutzungsrecht gegenüber.

**b) Nutzungsarten.** Nutzungsarten sind die jeweiligen nach der Verkehrsauffassung **202** als solche hinreichend klar abgrenzbaren selbstständigen wirtschaftlich-technischen Verwendungsformen, die gegenüber übrigen Nutzungsarten eine neue Möglichkeit bietet, urheberrechtlich geschützte Werke wahrzunehmen.[471] Die Nutzungsrechte und die Nutzungsarten stehen in einer Wechselbeziehung; der Umfang des Nutzungsrechts ergibt sich aus der entsprechenden Nutzungsart, während die jeweiligen Nutzungsarten zugleich einem Nutzungsrecht entsprechen, das die erforderlichen Befugnisse zur Nutzung enthält.

Die **inhaltliche Aufspaltung** von Nutzungsrechten ist aus Gründen der Verkehrs- **203** fähigkeit und der Rechtsklarheit jedoch insoweit begrenzt, als sie nur an konkreten und hinreichend bestimmten Nutzungsarten möglich ist.[472] Diese Begrenzung der dinglichen Aufspaltbarkeit, die zugleich auch die inhaltliche Gestaltungsfreiheit der Vertragsparteien beschränkt, soll eine unübersichtliche und unklare Rechtslage verhindern.[473] Voraussetzung für die dingliche Beschränkung eines Nutzungsrechts ist daher, dass sich diese Beschränkung auf eine nach der Verkehrsauffassung hinreichend klar abgrenzbare, wirtschaftlich-technisch einheitliche und selbstständige Nutzungs- bzw Verwertungsform bezieht.[474] Die urhebervertragsrechtlichen Grenzen der inhaltlichen Aufspaltbarkeit beziehen sich also auf die Aufspaltung innerhalb eines oder mehrerer Nutzungsrechte in Bezug auf unterschiedliche Nutzungsvorgänge, nicht dagegen auf das Verhältnis von zwei separaten Nutzungsrechten in Bezug auf einen

---

[469] Wandtke/Bullinger/*Wandtke/Grunert* Vor §§ 31 ff UrhG Rn 23 f; Möhring/Nicolini/ *Spautz* § 31 UrhG Rn 1; Schricker/Loewenheim/ *Schricker/Loewenheim* Vor §§ 28 ff UrhG Rn 20.
[470] Schricker/Loewenheim/*Schricker/Loewenheim* §§ 31/32 UrhG Rn 1.
[471] BGH GRUR 1992, 310, 311 – Taschenbuchlizenz; Schricker/Loewenheim/*Schricker/ Loewenheim* §§ 31/32 UrhG Rn 38; Wandtke/ Bullinger/*Wandtke/Grunert* Vor §§ 31 ff UrhG Rn 25.
[472] Dreier/Schulze/*Schulze* § 31a UrhG Rn 28; Fromm/Nordemann/*JB Nordemann* § 31 UrhG Rn 12.

[473] Wandtke/Bullinger/*Wandtke-Grunert* § 31 UrhG Rn 14 f.
[474] BGH GRUR 2003, 416, 418 – Angemessene Vertragsklausel in Softwarelizenzvertrag; BGH GRUR 1959, 200, 202 – Der Heiligenhof; BGH GRUR 1986, 736, 737 – Schallplattenvermietung; BGH GRUR 1990, 669, 671 – Bibelreproduktion; BGH GRUR 1992, 310, 311 – Taschenbuch-Lizenz; zum Begriff der Nutzungsart: BGH ZUM 2005, 816 ff – Der Zauberberg; Wandtke/Bullinger/*Wandtke-Grunert* § 31 UrhG Rn 14 ff.

solchen einheitlichen Nutzungsvorgang. Das Heraufladen (**Upload**) einer Videodatei, deren Tonspur ein urheberrechtlich geschütztes Musikwerk enthält, auf den Server eines Internetportals geht mit einer Vervielfältigung des betreffenden Musikwerkes einher. Die Vervielfältigung zum Zwecke der Online-Nutzung ist nach Auffassung des OLG München jedoch keine selbstständige, als solche lizenzierbare Nutzungsart innerhalb der Nutzungsart „Online-Nutzung".[475]

**204**     c) **Die Beschränkung der Nutzungsrechte.** Das Urheberrechtsgesetz unterscheidet zwischen einfachen und ausschließlichen Nutzungsrechten sowie beschränkten und unbeschränkten Nutzungsrechten (§ 31 Abs 1 S 2 UrhG). Das einfache Nutzungsrecht berechtigt dessen Inhaber zur Nutzung des Werkes neben dem Urheber oder Dritten (§ 31 Abs 2 UrhG), während das ausschließliche Nutzungsrecht seinem Inhaber ein Exklusivrecht verleiht, das Werk unter Ausschluss aller anderen Personen einschließlich des Urhebers auf die ihm erlaubte Art zu nutzen; außerdem darf er seinerseits einfache Nutzungsrechte einräumen (§ 31 Abs 3 UrhG). Gem § 32 UrhG kann das Nutzungsrecht räumlich, zeitlich oder inhaltlich beschränkt eingeräumt werden. Das jeweilige Nutzungsrecht berechtigt dann zur Werknutzung nur innerhalb eines definierten Zeitraumes, eines geografischen Gebietes oder in bestimmten Nutzungsarten. Die beschränkte Einräumung von Nutzungsrechten in räumlicher, zeitlicher und inhaltlicher Hinsicht führt zur dinglichen Beschränkung des Nutzungsrechts.[476]

**205**     Das Internet kennt nur scheinbar keine Grenzen. Auch für die Online-Nutzung von Werken in offenen Netzen ist eine räumliche Beschränkung der Nutzungsrechte deshalb möglich[477] und in der Praxis von wachsender Bedeutung. Ein wichtiges Beispiel für die begrenzte Lizenzierung für Online-Nutzungen ist der Online-Vertrieb von Musik. Die großen internationalen Anbieter betreiben eine Vielzahl nationaler Online-Shops, deren Angebote keineswegs identisch sind.

### 5. Die Einsschränkung des Abstraktionsprinzips im Urheberrecht

**206**     Auch im Urheberrecht gilt das allgemeine zivilrechtliche Trennungsprinzip, wonach zwischen schuldrechtlichem Verpflichtungsgeschäft und dinglicher Verfügung unterschieden werden muss.[478] Neben der Rechtseinräumung ist deshalb für den Erwerb von Nutzungsrechten auch der Abschluss eines entsprechenden Nutzungsvertrages erforderlich. Der schuldrechtliche Nutzungsvertrag fällt in der Praxis häufig zeitlich mit der Rechtseinräumung zusammen, so dass die Verfügung vielfach gleichzeitig mit Abschluss des Urheberrechtsvertrages erfolgt.[479] Ob im urheberrechtlichen Rechtsverkehr auch das Abstraktionsprinzip gilt, das heißt, ob Verpflichtungs- und Verfügungsgeschäft unabhängig voneinander wirksam sind, ist streitig: Nach überwiegender Auffassung, die auch von der Rechtsprechung geteilt wird,[480] ist das **Abstrak-**

---

[475] OLG München ZUM 2010, 709 (nicht rechtskräftig); ebenso *Schaefer* ZUM 2010, 150; aA *Jani* ZUM 2009, 722.

[476] Dreier/Schulze/*Schulze* § 31 UrhG Rn 28; Wandtke/Bullinger/*Wandtke/Grunert* § 31 UrhG Rn 4 mwN.

[477] AA Wandtke/Bullinger/*Wandtke/Grunert* § 31 UrhG Rn 10.

[478] Schricker/Loewenheim/*Schricker/Loewenheim* Vor §§ 28 ff UrhG Rn 19, 58; Wandtke/Bullinger/*Wandtke/Grunert* Vor §§ 31 ff UrhG Rn 6; *Schack* Rn 591.

[479] Schricker/Loewenheim/*Schricker/Loewenheim* Vor §§ 28 ff UrhG Rn 19; *Rehbinder* Rn 600.

[480] BGH GRUR 1982, 308, 309 – Kunsthändler; BGH GRUR 1976, 706, 708 – Serigrafie; Wandtke/Bullinger/*Wandtke/Grunert* Vor §§ 31 ff UrhG Rn 50; Schricker/Loewenheim/*Schricker/Loewenheim* Vor §§ 28 ff UrhG Rn 61 mwN.

Ole Jani

tionsprinzip im Urheberrecht nicht anwendbar; mit der Unwirksamkeit des Verpflichtungsgeschäfts entfällt daher aufgrund kausaler Bindung auch die urheberrechtliche Verfügung, das heißt, auch die Rechtseinräumung ist gegenstandslos. Dies lässt sich besonders mit der Regelung in § 9 Abs 1 VerlG begründen; diese Vorschrift, wonach die Zweckbindung zwischen Verpflichtungs- und Verfügungsgeschäft für das Verlagsrecht ausdrücklich vorgeschrieben ist, ist ein Grundsatz, der sich verallgemeinern und auf alle urheberrechtlichen Nutzungsrechte übertragen lässt.[481] Auch wenn man davon ausgeht, dass für das Verhältnis von Verfügungs- und Verpflichtungsgeschäft auch im Urheberrecht das Abstraktionsprinzip gilt,[482] muss man letztlich zum gleichen Ergebnis kommen, weil das Abstraktionsprinzip im Urheberrecht dann jedenfalls durch Anwendung der Zweckübertragungstheorie zurückgedrängt wird, wonach der Umfang der dinglichen Rechtseinräumung sich im Zweifel nach dem Zweck des schuldrechtlichen Vertrages richtet. Die Einräumung eines Nutzungsrechts erfolgt deshalb nur unter der stillschweigenden Bedingung, dass das zugrunde liegende Kausalgeschäft gültig ist; denn bei dessen Nichtigkeit kann der gewollte Zweck nicht erreicht werden. Verpflichtungs- und Verfügungsgeschäft sind im Urheberrecht damit auf eine Weise miteinander verbunden, die einer inhaltlichen Abstraktion entgegensteht.[483]

#### 6. Den Erwerber der Nutzungsrechte trifft grds keine Ausübungspflicht

Es besteht für den Erwerber von Nutzungsrechten im Urheberrecht keine gesetzliche Pflicht zur Ausübung seiner Nutzungsrechte, und zwar auch dann nicht, wenn es sich um ausschließliche Nutzungsrechte handelt.[484] Eine Ausnahme bilden lediglich Verlagsverträge, für die § 16 VerlG die Auswertungspflicht in Form einer Vervielfältigungspflicht vorsieht. Tatsächlich sind Verwerter von Nutzungsrechten nicht nur daran interessiert, diese Nutzungsrechte unmittelbar selbst auszuwerten, sondern sie wollen diese Nutzungsrechte zunächst oftmals lediglich auf Vorrat zu besitzen. Dieses „Horten" von Nutzungsrechten wird kritisiert. Dass Verwerter nicht in der Lage sind, das Werk auf all die Nutzungsarten auszuwerten, für die sie die Rechte erwerben, trifft jedoch häufig nicht (mehr) zu; viele Unternehmen in der Medienindustrie besetzen die Verwertungskette heute umfassend bis in die nachgeordneten Bereiche. Das gilt auch für die Ausdehnung der Wertschöpfungskette in die digitalen Medien. Bei den großen Unternehmen bieten außerdem vertikale und horizontale Diversifizierung die Möglichkeit zur umfassenden Verwertung innerhalb des Konzernverbundes. Darüber hinaus können die Nutzungsrechte zu einem späteren Zeitpunkt gegebenenfalls auch an Dritte weiter übertragen werden.

**207**

#### 7. Rückruf der Nutzungsrechte

Der Urheber hat das Recht, ein ausschließliches Nutzungsrecht zurückzurufen, wenn der Verwerter das Recht nicht oder nur unzureichend ausübt und dadurch berechtigte Interessen des Urhebers verletzt. Dieses **Rückrufsrecht** wegen Nichtausübung aus § 41 Abs 1 UrhG dient neben dem Schutz der ideellen auch den wirtschaft-

**208**

---

481 Schricker/Loewenheim/*Schricker/Loewenheim* Vor §§ 28 ff UrhG Rn 61.
482 *Rehbinder* Rn 602; *Schack* Rn 591.
483 *Rehbinder* Rn 602.
484 Wandtke/Bullinger/*Wandtke/Grunert*

Vor §§ 31 ff UrhG Rn 68; Möhring/Nicolini/ *Spautz* § 41 UrhG Rn 3; Fromm/Nordemann/ *J B Nordemann* Vor §§ 31 ff UrhG Rn 175; *Schack* Rn 1074.

lichen Belangen des Urhebers.[485] Es ist ein Gestaltungsrecht, das durch empfangsbedürftige Willenserklärung ausgeübt wird und unmittelbar verfügende Wirkung hat;[486] die Nutzungsrechte fallen also an den Urheber zurück, ohne dass es einer Zustimmung oder sonstigen Mitwirkung des Vertragspartners bedarf. Auf dieses Recht kann der Urheber auch nicht im Voraus verzichten, und seine Ausübung lässt sich gem § 41 Abs 4 UrhG durch Vereinbarung für höchstens fünf Jahre ausschließen; von dieser Möglichkeit wird in Urheberrechtsverträge heute oftmals Gebrauch gemacht. Damit vertragliche Verpflichtungen nicht leerlaufen, kann das Rückrufsrecht gem § 41 Abs 2 UrhG allerdings nicht vor Ablauf von zwei Jahren seit Einräumung oder Übertragung des Nutzungsrechts oder, wenn das Werk später abgeliefert wird, seit der Ablieferung geltend gemacht werden. Bei einem Beitrag zu einer Zeitung beträgt die Frist drei Monate, bei einem Beitrag zu einer Zeitschrift, die monatlich oder in kürzeren Abständen erscheint, sechs Monate und bei einem Beitrag zu anderen Zeitschriften ein Jahr. Eine generelle Ausnahme statuiert das Urheberrechtsgesetz für Filmwerke, auf die das Rückrufsrecht gem § 90 UrhG nicht anwendbar ist. Soweit das Rückrufsrecht besteht, bezieht es sich zudem immer nur auf einzelne konkrete Rechte, so dass nicht alle Rechte zurückgerufen werden können, wenn nur einzelne vernachlässigt worden sind.[487] Daraus folgt, dass durch die Ausübung des Rückrufsrechts grds auch keine Vertragsauflösung herbeigeführt werden kann.

**209**　　Ein Rückruf ermöglicht das Urheberrecht außerdem aus rein persönlichkeitsrechtlichen Gründen, wenn dem Urheber wegen „gewandelter Überzeugung" eine Verwertung seines Werkes nicht mehr zugemutet werden kann (§ 42 UrhG) sowie bei der Veräußerung eines Nutzungsrechts zusammen mit einem Unternehmen (§ 34 Abs 3), wenn dem Urheber die Ausübung des Nutzungsrechts durch den Erwerber nach Treu und Glauben nicht zuzumuten ist. Beim Rückruf wegen gewandelter Überzeugung ist der Urheber gem § 42 Abs 3 UrhG verpflichtet, seinen Vertragspartner angemessen zu entschädigen. Nicht zuletzt deswegen ist die praktische Bedeutung dieses Rückrufsrechts gering.[488]

## III. Voraussetzungen für eine umfassende Rechtseinräumung

### 1. Keine pauschale Rechtseinräumung

**210**　　**a) Der Vertragszweck als Auslegungsmaßstab.** Der Umfang der Rechtseinräumung muss von den Vertragsparteien nicht im Detail bestimmt werden.[489] Ist eine die Rechtseinräumung betreffende Vereinbarung aber ihrem Inhalt und Umfang nach auslegungsbedürftig, weil die Beteiligten die Rechtseinräumung nicht eindeutig geregelt haben, dann ist der Umfang der vertragsgegenständlichen Nutzungsrechte unter Anwendung der **Zweckübertragungstheorie** auf der Grundlage des Vertragszwecks zu bestimmen.[490] Diese Zweckübertragungstheorie gehört zu den tragenden Fundamenten des Urhebervertragsrechts und ist in § 31 Abs 5 UrhG als verbindliche Auslegungsnorm ausdrücklich geregelt. Ausgangspunkt ist die Prämisse, dass der Urheber

---

[485] Schricker/Loewenheim/*Schricker/Peukert* § 41 UrhG Rn 4; Wandtke/Bullinger/*Wandtke* § 41 UrhG Rn 2; Möhring/Nicolini/*Spautz* § 41 UrhG Rn 1.
[486] *Schack* Rn 633.
[487] BGH GRUR 1973, 328 – „Musikverleger II".

[488] Schricker/Loewenheim/*Dietz* § 42 UrhG Rn 3.
[489] Schricker/Loewenheim/*Schricker/Loewenheim* Vor §§ 28 ff UrhG Rn 65; Dreier/Schulze/*Schulze* § 31 UrhG Rn 116.
[490] *Schack* Rn 1104 f.

im Zweifel keine weitergehenden Nutzungsrechte einräumt, als der Vertrag es erfordert.[491] Gem § 31 Abs 5 UrhG richtet sich der Umfang der Rechtseinräumung deshalb nach dem mit dem Vertrag verfolgten Zweck, wenn die Nutzungsarten, auf die sich das Recht erstrecken soll, bei der Einräumung des Nutzungsrechts nicht einzeln bezeichnet worden sind. Eine Auslegung anhand des Vertragszwecks findet also dann nicht statt, wenn die Nutzungsrechte im Vertrag ausdrücklich und einzeln bezeichnet werden. Weder die Zweckübertragungstheorie noch § 31 Abs 5 UrhG sind dann anwendbar.[492] Dieses Erfordernis einer Einzelbezeichnung soll gewährleisten, dass dem Urheber die Tragweite der von ihm vorgenommenen Verfügung bewusst wird.

**b) Umfassende Rechtseinräumung bei Einzelbezeichnung der Nutzungsrechte.** Das **211** Urheberrecht enthält keine Vorschrift, die einen höchstzulässigen Umfang einzuräumender Nutzungsrechte definiert; es wird den Vertragsparteien nicht ein bestimmtes Maximum zulässiger Rechtseinräumung vorgeschrieben. Eine den Vertragszweck überschreitende umfassende Rechtseinräumung, wie sie insb den **Buy-out-Vertrag** kennzeichnet, ist unter der Voraussetzung einer genauen Einzelbezeichnung der Nutzungsrechte deshalb möglich. Der Urheber kann einem Verwerter also Nutzungsrechte für alle bekannten Nutzungsarten einräumen und ihn dadurch berechtigen, das Werk auf sämtliche zur Zeit der Rechtseinräumung bekannten Nutzungsarten zu nutzen.

Das Bedürfnis einer konkretisierenden und gegebenenfalls einschränkenden Aus- **212** legung des Vertrages besteht auch in dem Fall, in dem die Nutzungsrechte lediglich pauschal („sämtliche Nutzungsrechte" etc) eingeräumt werden.[493] Dem steht es gleich, wenn nur die im Gesetz genannten Verwertungsrechte gem §§ 15 ff UrhG (Vervielfältigungsrecht etc) im Vertrag Erwähnung finden, denn diese Verwertungsrechte beschreiben nur generell die urheberrechtlichen Befugnisse, nicht aber konkrete einzelne Nutzungsarten, denen entsprechende Nutzungsrechte zugrunde liegen. Die Bezeichnung der Nutzungsarten unter Bezugnahme auf konkrete wirtschaftliche Vorgänge (etwa der Herstellung von Katalogen, dem Vertrieb von CDs usw) ist ohnehin aussagekräftiger als die Aufzählung abstrakter und insoweit erläuterungsbedürftiger Verwertungsrechte. Der Vertragszweck ist in diesen Konstellationen sowohl dafür maßgeblich, ob ein bestimmtes Nutzungsrecht überhaupt Vertragsgegenstand ist, ob es als ausschließliches oder einfaches Recht eingeräumt wird, als auch für die Frage der inhaltlichen, räumlichen und zeitlichen Reichweite der Nutzungsrechte.

Von erheblicher praktischer Bedeutung ist die Frage nach dem Umfang der Rechts- **213** einräumung unter anderem in Bezug auf Filmwerke. Das Urheberrechtsgesetz erkennt mit den Sondervorschriften der §§ 88 ff UrhG, die § 31 Abs 5 UrhG als lex specialis vorgehen,[494] das besondere Interesse des Filmherstellers an einer umfassenden Werkauswertung an.

### 2. Pauschale Enthaltungspflichten des Urhebers

Das Bestreben des Verwerters, über sämtliche Rechte am Werk zu verfügen, kommt in **214** Nutzungsverträgen gelegentlich in Bestimmungen zum Ausdruck, wonach die dem Urheber ausnahmsweise verbleibenden Rechte dauerhaft blockiert werden. Die Formu-

---

[491] St Rspr, zB BGH GRUR 1996, 121, 122 – Pauschale Rechtseinräumung; BGH ZUM 1998, 497, 500 – Comic-Übersetzungen; BGH MMR 2002, 231, 231f – Spiegel-CD-ROM.

[492] LG München I ZUM-RD 2007, 257; *Schack* Rn 1105; *Jani* 93 mwN.
[493] BGH GRUR 1996, 121, 122 – Pauschale Rechtseinräumung.
[494] *Schack* Rn 617.

lierungen lauten etwa: „Soweit entgegen den Absichten der Vertragspartner einzelne Nutzungsarten von der vorstehenden Rechtsübertragung nicht erfasst werden, ist der Autor verpflichtet, eine eigene Nutzung oder eine solche durch Dritte für die Dauer des Vertrages zu unterlassen". Dem Urheber würde durch solche **Enthaltungspflichten** die Möglichkeit, über die ihm verbleibenden Rechte zu disponieren, dauerhaft genommen, wenn der Vertrag für die gesamte Schutzfrist abgeschlossen worden ist. Von praktischer Bedeutung sind solche Klauseln besonders für Nutzungsrechte an unbekannten Nutzungsarten, die bisher aufgrund von § 31 Abs 4 UrhG auch bei noch so ausführlichen Rechtekatalogen nicht Vertragsgegenstand eines Nutzungsvertrages werden konnten. Die Enthaltungspflicht des Urhebers ist im Urheberrecht nicht besonders geregelt; grds ist jedoch davon auszugehen, dass der Urheber zur Verwertung der ihm verbliebenen Rechte in der Lage sein muss. Derartige Vertragsbestimmungen verstoßen deshalb sowohl gegen die Zweckübertragungstheorie, als auch gegen § 31 Abs 5 UrhG. Im Kern sollen diese Regelungen gewährleisten, dass Rechte, die dem Urheber verbleiben, auch seiner freien Disposition unterliegen. Pauschale Enthaltungspflichten, die als Auffangregelung alle nicht vertragsgegenständlichen Rechte erfassen, höhlen diese Rechtsstellung des Urhebers aus.[495] Die wirksame Einräumung umfassender Nutzungsrechte kann deshalb nicht durch eine solche Klausel ergänzt werden. Eine spezielle Enthaltungspflicht kann sich für den Urheber unter Umständen allerdings aus § 2 VerlG, § 1 UWG oder ergänzend aus vertraglichen Nebenpflichten gem § 242 BGB ergeben.

### 3. Kein gutgläubiger Erwerb von Nutzungsrechten

**215**     Ein **gutgläubiger Erwerb von Nutzungsrechten** ist ausgeschlossen, denn es fehlt bei der Rechtseinräumung ähnlich wie beim Forderungserwerb an einem begleitenden Umstand (zB Eintragung in einem Register, Besitz usw) der den für die Gutgläubigkeit notwendigen Rechtsschein erzeugt.[496] Da die Urheberbezeichnung lediglich eine widerlegbare Vermutung begründet[497] und damit keine abschließende Auskunft über die wahre Urheberschaft gibt, ist ein gutgläubiger Erwerb von Nutzungsrechten auch vom Scheinurheber nicht möglich.[498] Das gilt auch für den Fall, dass der vermeintliche Alleinurheber nur Miturheber ist. Der Verwerter erwirbt die erforderlichen Nutzungsrechte nur von seinem Vertragspartner, nicht auch von dem anderen Miturheber.

### 4. Kein Rechteerwerb bei lückenhafter Rechtekette

**216**     Anfänglicher Inhaber der Nutzungsrechte ist wegen des Schöpfungsprinzips stets der Urheber. Auf den nachgelagerten Ebenen kann die sog **Rechtekette** durch weitere Verträge und Rechtseinräumungen beliebig verlängert werden. Der jeweils letzte in dieser Kette erwirbt die Nutzungsrechte jedoch nur dann, wenn die Kette bis zu ihm lückenlos ist. Gerade in Bereichen, in denen die Werkverwertung über einen langen Zeitraum und über eine Vielzahl von Verwertungsstufen erfolgt, wie zB bei Filmwerken, kann es im Einzelfall schwierig sein, diese Rechtekette nachzuweisen. Ohne diesen Nachweis ist eine rechtmäßige Verwertung jedoch ausgeschlossen. Beweispflichtig ist stets derjenige, der das behauptete Nutzungsrecht für sich in Anspruch nimmt.

---

**495** *Jani* 110.
**496** BGHZ 5, 116, 119 – Parkstraße; BGH GRUR 1959, 200, 203 – Der Heiligenhof; Schricker/Loewenheim/*Schricker/Loewenheim*

Vor §§ 28 ff UrhG Rn 63; Wandtke/Bullinger/*Wandtke/Grunert* §§ 31 ff UrhG Rn 47 mwN.
**497** S Rn 40.
**498** *Rehbinder* Rn 292.

## IV. Rechtsgeschäfte über unbekannte Nutzungsarten

### 1. Bisherige Rechtslage

**a) Grundsatz des Verbots.** Das Urheberrechtsgesetz hat bis vor kurzem die Einräumung von Nutzungsrechten für noch nicht bekannte neue Nutzungsarten sowie Verpflichtungen hierzu für unwirksam erklärt (§ 31 Abs 4 UrhG aF). Mit dieser Bestimmung sollte verhindert werden, dass der Urheber über Nutzungsrechte zu Bedingungen verfügt, die nicht marktgerecht sind bzw dass er über seine Rechte disponiert, ohne bei Vertragsschluss die wirtschaftliche Tragweite absehen zu können.[499] Dem Urheber sollte, wenn neue Nutzungsarten entwickelt werden, stets die Entscheidung darüber vorbehalten bleiben, ob und gegen welches Entgelt er mit der Nutzung seines Werkes auch auf die neu erfundene Art einverstanden ist. Auch umfassende Nutzungsverträge waren durch § 31 Abs 4 UrhG zwingend auf bekannte Nutzungsarten begrenzt.

**217**

**b) Die Zulässigkeit von „Risikogeschäften".** Die Rechtsprechung hatte bereits für eine gewisse Öffnung des Verbots gesorgt, indem sie sog „Risikogeschäfte" für zulässig erklärte. Eine Nutzungsart, die zwar technisch bekannt ist, die in ihrer zukünftigen wirtschaftlichen Bedeutung aber noch nicht vollständig eingeschätzt werden kann, sollte danach, obwohl sie im Sinne des Gesetzes noch unbekannt ist, Gegenstand der Rechtseinräumung sein können, wenn die Einräumung dieser Nutzungsrechte von den Vertragsparteien erörtert und ausdrücklich vereinbart werden.[500] Trotz der durch die Figur des „Risikogeschäfts" eröffneten Möglichkeiten erwies sich § 31 Abs 4 UrhG im Hinblick auf die neuen Medien jedoch zunehmend als Hemmnis.

**218**

### 2. Neues Recht

Das strikte gesetzliche Verbot des § 31 Abs 4 UrhG hat sich im Kontext der digitalen Medien und der beschleunigten technischen Entwicklung zusehends als Hemmnis für die Auswertung urheberrechtlich geschützter Werke erwiesen.[501] Teilweise ist der Nacherwerb von Rechten mit hohen Transaktionskosten verbunden. Teilweise ist der Rechteerwerb gänzlich unmöglich, weil die Rechtsinhaber nicht mehr identifiziert werden können. Bereits im Zuge der Urhebervertragsrechtsreform begann deshalb eine Diskussion über eine Neuregelung zugunsten einer größeren Vertragsfreiheit in Zukunft und über eine Erleichterung des nachträglichen Rechtserwerbs im Rahmen bestehender Verträge. Mit dem „Zweiten Korb" ist § 31 Abs 4 UrhG abgeschafft worden. Dieser radikale Schritt ist richtig[502] und wird in Bezug auf künftige Verträge die Werkauswertung erheblich vereinfachen. Das ist auch im Interesse der Urheber. Ob die Regelung für Altverträge (§ 137l UrhG) gelungen ist, darf man bezweifeln. Viele Fragen im Zusammenhang mit dem nachträglichen Rechtserwerb werden erst von den

**219**

---

**499** Schricker/Loewenheim/*Schricker/Loewenheim* §§ 31/32 UrhG Rn 25; Wandtke/Bullinger/*Wandtke/Grunert* § 31 UrhG Rn 38.
**500** BGH GRUR 1995, 212, 214 – Videozweitauswertung III.
**501** *Castendyk/Kirchherr* ZUM 2003, 751, 755 ff; *Schaefer* FS Nordemann 227.
**502** Im Zuge der Novelle des Urhebervertragsrechts in der 14. Legislaturperiode des Dt Bun-

destags war bereits eine Bereichsausnahme von § 31 Abs 4 für den Fall diskutiert worden, wenn die unbekannten Nutzungsrechte einer Verwertungsgesellschaft eingeräumt werden (vgl Schricker/Loewenheim/*Schricker/Loewenheim* § 31 Rn 25a). Für eine Beibehaltung des bisherigen § 31 Abs 4 *Wandtke* FS Nordemann 263; *Schack* Rn 622.

Gerichten geklärt werden. Hier besteht in den kommenden Jahren ein erheblicher juristischer Klärungs- und Beratungsbedarf. Insofern ist die Abschaffung von § 31 Abs 4 UrhG keineswegs die Lösung aller Probleme.

**220**     **a) Zulässigkeit der Einräumung von Rechten für unbekannte Nutzungsarten.** Auch Rechte an noch unbekannten Nutzungsarten können nun zum Gegenstand von Urheberrechtsverträgen gemacht werden (§ 31a Abs 1 UrhG). Zum Schutz der Urheber schreibt das Gesetz hier jedoch die schriftliche Form vor.

**221**     Zur Wahrung seiner Interessen hat der Urheber außerdem ein Widerrufsrecht, durch dessen Ausübung er die Rechtseinräumung rückgängig machen kann. Das Widerrufsrecht erlischt drei Monate, nachdem der Verwerter an den Urheber eine Mitteilung über die beabsichtigte Nutzung abgesendet hat. Durch den wirksamen Widerruf fallen die Rechte rückwirkend (ex tunc) an den Urheber zurück. So lange dem Urheber das Recht zum Widerruf zusteht, ist die Rechtseinräumung bzw die Verpflichtung hierzu also schwebend unwirksam.[503] Erst mit Ablauf der Widerrufsfrist erlangt der Vertragspartner endgültige Klarheit über den Bestand der Rechte. Die Rechtsfolgen des Widerrufs sind gesetzlich allerdings nicht ausdrücklich geregelt, und schon jetzt zeichnet sich ab, dass diese Frage bis zu einer höchstrichterlichen Klärung strittig sein wird. Nach der Gegenauffassung entfaltet der Widerruf seine Wirkung nur für die Zukunft.[504] Filmurheber und Urheber verfilmter Werke steht das Widerrufsrecht nicht zu (§§ 88 Abs 1, 89 Abs 1 UrhG). Mit dieser Ausnahme wollte der Gesetzgeber den urheberrechtlich bereits anerkannten besonderen Interessen des Filmherstellers Rechnung tragen und die ungehinderte Filmauswertung in unbekannten Nutzungsarten gewährleisten.[505] Diese umstrittene Entscheidung ist richtig, denn sie fügt sich in das bestehende filmrechtliche System des Urheberrechts ein. Gleichwohl ist sie nicht unumstritten und der Gesetzgeber selbst scheint von der Regelung nicht recht überzeugt zu sein, denn er hat bereits angekündigt, das Thema bei der nächsten Urheberrechtsnovelle erneut zu diskutieren.[506]

**222**     Sind mehrere Werke oder Werkbeiträge zu einer Gesamtheit zusammengefasst, die sich in der neuen Nutzungsart in angemessener Weise nur unter Verwendung sämtlicher Werke oder Werkbeiträge verwerten lässt, so kann der Urheber das Widerspruchsrecht gem § 31a Abs 3 UrhG nicht wider Treu und Glauben ausüben. Mit dieser Bestimmung soll die Blockade der Auswertung durch einzelne Beteiligte verhindert werden und war vor allem auch dann, wenn an dem Werk nicht nur Urheber, sondern auch andere (zB ausübende Künstler) beteiligt sind. Der Gesetzgeber hat erkannt, dass in einer solchen „Gemengelage"[507] die Rechte des einzelnen im Interesse der Werkverwertung zurücktreten müssen. Miturheber können ihr Widerrufsrecht nach den allgemeinen urheberrechtlichen Grundsätzen wegen der gesamthänderischen Bindung des Urheberrechts stets nur gemeinsam ausüben.

**223**     Der Urheber hat im Fall der Nutzung des Werks in der neuen Nutzungsart einen gesetzlichen Anspruch auf angemessene Vergütung (§ 32c UrhG). Die Bemessung dieser Vergütung erfolgt nach den allgemeinen Kriterien aus § 32 UrhG oder anhand gemeinsamer Vergütungsregeln. Ein gesonderter Vergütungsanspruch besteht dann nicht, wenn für die Vergütung eine tarifvertragliche Regelung gilt (§ 32c Abs 1 iVm

---

[503] Wandtke/Bullinger/*Wandtke*/*Grunert* § 31a UrhG Rn 74.
[504] Mestmäcker/Schulze/*Scholz* § 137l UrhG Rn 30.
[505] BT-Drucks 18/1828, 33.
[506] BT-Drucks 16/5939, 4.
[507] Zu dieser Problematik *Schaefer* FS Nordemann 227, 232 f.

32 Abs 4 UrhG). Wenn der Vertragspartner des Urhebers einem Dritten die Rechte für die neuen Nutzungsart übertragen hat, so ist die gesonderte Vergütung von dem Dritten zu zahlen (§ 32c Abs 2 UrhG).

**b) Übergangsregelung für Altverträge.** Für Altverträge, die im Geltungsbereich des § 31 Abs 4 UrhG aF geschlossen worden sind und bei denen die Nutzungsrechte an unbekannten Nutzungsarten deshalb nicht Vertragsgegenstand geworden sind, hat der Gesetzgeber in § 137l UrhG eine besondere Regelung geschaffen. Wenn der Urheber seinem Vertragspartner im Rahmen des ursprünglichen Vertrags alle wesentlichen Nutzungsrechte ausschließlich sowie zeitlich und räumlich unbeschränkt eingeräumt hat, gelten die bei Vertragsschluss unbekannten Nutzungsrechte ebenfalls als eingeräumt. § 137l UrhG verschafft dem Vertragspartner des Urhebers also rückwirkend auf den Zeitpunkt des Vertragsschluss im Wege einer „Übertragungsfiktion" auch die unbekannten Nutzungsrechte.[508] Es handelt sich dabei nicht lediglich um eine Vermutungsregelung, sondern um eine echte gesetzliche Lizenz.[509] Unklar, weil ebenfalls nicht ausdrücklich im Gesetz geregelt, ist, ob der Vertragspartner durch die gesetzliche Fiktion einfache oder ausschließliche Nutzungsrechte erwirbt. Im Hinblick auf den Zweck der Norm, dem Vertragspartner die umfassende Nutzung des Werkes auch in neuen Nutzungsarten zu ermöglichen, sprechen die besseren Argumente für ausschließliche Nutzungsrechte.[510]

**224**

Ob Gegenstand des ursprünglichen Vertrags alle wesentlichen Nutzungsrechte waren, ist unter Berücksichtigung der allgemeinen urhebervertragsrechtlichen Grundsätze eine Frage des Einzelfalls, wobei der Vertrag dem Verwerter in jedem Fall im Rahmen des Vertragszwecks die Möglichkeit zur umfassenden und dauerhaften Auswertung des Werkes geben muss.[511] Im Hinblick auf die Bedeutung von § 137l für die Auswertung von Archivbeständen liegt in dieser Frage ein nicht unerhebliches Konfliktpotenzial. Neben der unverändert zentralen Frage, was eine neue Nutzungsart ist, wird deswegen vor allem der notwendige Umfang der Nutzungsrechte im Altvertrag in den kommenden Jahren die Gerichte beschäftigen.[512]

**225**

Der Urheber kann dieser Rechteübertragung innerhalb einer Frist widersprechen. Für Nutzungsarten, die zwischenzeitlich bekannt geworden sind, ist die Frist ein Jahr ab Inkrafttreten von § 137l UrhG. Ein Widerspruch war hier also nur bis zum 31.12. 2008 möglich. Für andere unbekannte Nutzungsrechte beträgt die Frist drei Monate ab dem Zeitpunkt, in dem der Vertragspartner an den Urheber die Mitteilung über die geplante Nutzung abgesendet hat. Durch wirksamen Widerspruch fallen die vom Widerspruch erfassten Nutzungsrechte mit Wirkung für die Zukunft an den Urheber zurück.[513] Darin liegt ein wesentlicher Unterschied zu 31a UrhG, bei dem der Widerruf ex tunc auf den Zeitpunkt der Rechtseinräumung zurückwirkt.[514]

**226**

Das Widerspruchsrecht steht auch Filmurhebern zu; anders als § 31a UrhG enthält § 137l UrhG aus verfassungsrechtlichen Gründen keine Bereichsausnahme. Auch der

**227**

---

508 Da es sich um eine gesetzlich angeordnete Rechtseinräumung handelt, wäre es richtig, von „Einräumungsfiktion" zu sprechen. Die in der Gesetzbegründung verwendete Bezeichnung ist insofern falsch; sie hat sich aber durchgesetzt, vgl Wandtke/Bullinger/*Jani* § 137l UrhG Rn 16.
509 Wandtke/Bullinger/*Jani* § 137l UrhG Rn 17; Mestmäcker/Schulze/*Scholz* § 137l UrhG Rn 10.

510 Wandtke/Bullinger/*Jani* § 137l UrhG Rn 25; *Schulze* UFITA 2007/III, 641, 692; aA Mestmäcker/Schulze/*Scholz* § 137l UrhG Rn 23.
511 Wandtke/Bullinger/*Jani* § 137l UrhG Rn 8.
512 Wandtke/Bullinger/*Jani* § 137l UrhG Rn 7 ff.
513 Wandtke/Bullinger/*Jani* § 137l UrhG Rn 40 mwN; aA *Schulze* UFITA 2007/III, 641, 701.
514 S Rn 221.

Widerspruch ist jedoch ausgeschlossen, wenn mehrere Werke oder Werkbeiträge zu einer Gesamtheit zusammengefasst sind, die sich in der neuen Nutzungsart in angemessener Weise nur unter Verwendung sämtlicher Werke oder Werkbeiträge verwerten lässt. Auch hier wollte der Gesetzgeber auf diese Weise sachlich nicht gerechtfertigte Blockaden durch einzelne Beteiligte verhindern. Diese Bestimmung entspricht § 31a Abs 3 UrhG.

**228**  Wenn der Urheber nicht widerspricht, steht ihm für die Nutzung des Werkes in der neuen Nutzungsart eine zusätzliche angemessene Vergütung zu, die aber grds nur durch eine Verwertungsgesellschaft geltend gemacht werden kann. Mit dieser Verwertungsgesellschaftpflicht wollte der Gesetzgeber verhindern, dass Nutzungen im Ergebnis unentgeltlich erfolgen, weil der Verwerter den Urheber oder seine Erben nicht auffinden kann. Es soll sichergestellt werden, dass für die Nutzung in jedem Fall gezahlt wird. Mit der Übertragung des Vergütungsanspruchs auf Verwertungsgesellschaften hat der Gesetzgeber jedoch einen Systembruch begangen und eine Regelung geschaffen, die in der Praxis zu erheblichen Schwierigkeiten führen wird.[515] Es ist insb völlig unklar, wie die Verwertungsgesellschaften für derartige Ansprüche Tarife aufstellen sollen, denn der Sache nach handelt es sich bei dem Vergütungsanspruch aus § 137l Abs 5 UrhG um einen Anspruch für Primärverwertung aufgrund eines Nutzungsvertrags. Das ist typischerweise gerade nicht das Feld der Verwertungsgesellschaften sondern der individuellen Rechtewahrnehmung. § 137l Abs 5 UrhG führt zu einer Vermischung des individuellen und des kollektiven Urheberrechts, deren Konsequenzen noch nicht absehbar sind. Die Vertragsparteien können der Verwertungsgesellschaftspflichtigkeit allerdings entkommen, indem sie nach Eintritt der Übertragungsfiktion in Bezug auf zwischenzeitlich bekannt gewordene Nutzungsarten eine ausdrückliche Vergütungsvereinbarung treffen. Diese Vereinbarung verdrängt den Anspruch aus § 137l Abs 5 UrhG.[516] Zugleich verliert der Urheber gem § 137l Abs 3 UrhG sein Widerspruchsrecht.

**229**  Sofern der Vertragspartner des Urhebers sämtliche ursprünglichen Nutzungsrechte auf einen Dritten übertragen hat, wirkt die Übertragungsfiktion gem § 137l Abs 2 UrhG zu dessen Gunsten. Der Widerspruch ist dem Dritten gegenüber zu erklären, der auch die zusätzliche Vergütung schuldet.

Für Verträge, die vor Inkrafttreten des Urheberrechtsgesetzes am 1.1.1966 geschlossen wurden, bleibt es bei der bisher geltenden Rechtslage. Ob unbekannte Nutzungsarten Vertragsgegenstand sind, ist gemäß der Zweckübertragungslehre anhand des Vertragszwecks zu ermitteln.

**230**  c) „Verwaiste Werke". § 137l UrhG setzt voraus dass der Rechtsinhaber bekannt ist. Die Vorschrift ist deshalb keine Hilfe bei sog „verwaisten Werken" (engl „orphan works"), bei denen die Rechtsinhaber bzw deren Rechtsnachfolger ganz oder teilweise nicht mehr auffindbar sind.[517] Aus diesem Grunde können viele ältere Werke noch immer nicht in den digitalen Medien ausgewertet werden, weil die erforderlichen Nutzungsrechte nicht vorhanden sind. Wegen des Urheberrechtstrafrechts lässt sich dieses Problem nicht durch vertragliche Hinterlegungs- und Freistellungsregelungen, etwa mit Verwertungsgesellschaften, lösen. Im Rahmen der nächsten Urheberrechtsnovelle („Dritter Korb") soll deshalb eine gesetzliche Regelung über die Nutung verwaister

---

**515** Wandtke/Bullinger/*Jani* § 137l UrhG Rn 79.
**516** Wandtke/Bullinger/*Jani* § 137l UrhG Rn 70.

**517** Wandtke/Bullinger/*Jani* § 137l UrhG Rn 6;
*Spindler/Heckmann* GRUR Int 2008, 271, 276.

Werke geschaffen werden. Aufgrund seiner wirtschafts- und kulturpolitischen Bedeutung wird das Thema auch auf europäischer Ebene diskutiert.

### 3. Der Begriff der unbekannten Nutzungsart

Auch nach der Aufhebung des Verbots aus § 31 Abs 4 UrhG aF bleibt die unbekannte Nutzungsart ein wichtiges urhebervertragsrechtliches Thema, weil sie auch künftig Anknüpfungspunkt für wichtige Rechtsfragen bleibt. Ob der Anwendungsbereich des neuen § 31a UrhG eröffnet ist oder ob eine Nutzung von der Übertragungsfiktion des § 137l UrhG erfasst wird, kann nur beantwortet werden, wenn klar ist, ob die Nutzung einmal unbekannt war. Die Kernfrage, ob und unter welchen Umständen eine Nutzungsart neu ist, muss deshalb auch künftig immer wieder aufs Neue beantwortet werden. Insofern bedeutet die Abschaffung von § 31 Abs 4 UrhG keineswegs das Ende aller Probleme. **231**

Die Bekanntheit der urheberrechtlichen Nutzungsarten, gehört zu den besonders strittigen Fragen des Urheberrechts. Von aktueller praktischer Bedeutung ist diese Frage im Zusammenhang mit den Neuen Medien.[518] Die Literatur setzt den Zeitpunkt der Bekanntheit mit Blick auf die wirtschaftliche Bedeutung des Videomarktes zum Teil noch später.[519] Der BGH knüpft die Bekanntheit der Nutzungsart an drei Kriterien: Die neue Nutzungsart darf nicht nur eine bestehende Nutzungsart ersetzen, sondern sie muss zusätzliche neue Märkte erschließen.[520] Die neue Nutzungsart darf nicht allein durch den technischen Forschritt bedingt sein, sondern sie muss auch aus Sicht der Endnutzer eine spürbare technische Veränderung verursachen.[521] Schließlich muss sich die neue Nutzungsart auch in ihrer äußeren Form von den bisher bekannten Nutzungsarten unterscheiden.[522] Dieses vom BGH entwickelte Bewertungsraster wird auch künftig im Anwendungsbereich der neuen §§ 31a und 137l UrhG den Maßstab bilden. **232**

Die Videoauswertung von Filmen ist nach überwiegender Auffassung eine eigenständige Nutzungsart. In der Frage, ab wann die Nutzung bekannt war, gehen die Meinungen jedoch auseinander. Dem BGH zufolge war die Nutzungsart 1968 noch unbekannt.[523] Die direkte Satellitenausstrahlung von Rundfunksendungen ist dagegen im Verhältnis zu herkömmlichen terrestrischen Sendungen keine neue Nutzungsart.[524] Die öffentliche Zugänglichmachung urheberrechtlich geschützter Werke (zB von Fotos oder Werbetexten) im Internet, etwa im Online-Auftritt eines Unternehmens, wird jedenfalls bis Mitte der 90er Jahre als eine unbekannte Nutzungsart anzusehen sein. Die Verbreitung von Fotos auf CD-ROM ist nach instanzgerichtlicher Auffassung ab 1994 bekannt;[525] der BGH hat den Zeitpunkt des Bekanntwerdens offen gelassen.[526] Hingegen ist die Musik-CD gegenüber der Schallplatte keine neue Nutzungsart, denn bei der CD handelt es sich nicht um eine zusätzliche Nutzung, die neben bisherige Nutzungsarten tritt und eine wirtschaftlich eigenständige Verwertung erlaubt.[527] Vielmehr hat die CD als eine technische Neuerung die herkömmlichen Langspielplatten **233**

---

[518] Beispiele bei Wandtke/Bullinger/*Wandtke/ Grunert* § 31 UrhG Rn 44 ff.

[519] Wandtke/Bullinger/*Wandtke/Grunert* § 31 UrhG Rn 65; Schricker/Loewenheim/*Schricker/ Loewenheim* § 31 UrhG Rn 30.

[520] BGH GRUR 2005, 937, 939 – Der Zauberberg.

[521] BGH GRUR 1997, 215, 217 – Klimbim.

[522] BGH GRUR 1992, 310, 311 – Taschenbuchlizenz.

[523] BGH GRUR 1991, 133, 136 – Videozweitauswertung.

[524] BGH GRUR 1997, 215 – Klimbim.

[525] KG MMR 1999, 727.

[526] BGH ZUM 2002, 214, 217.

[527] BGH GRUR 2003, 234, 236 – EROC III.

fast vollständig verdrängt. Ob aus denselben Erwägungen auch die DVD gegenüber der bisher bekannten Verwertungsform der Vervielfältigung und Wiedergabe auf Videobändern eine eigenständige neue Nutzungsart iSv § 31 Abs 4 UrhG darstellt, war lange Zeit umstritten. Der BGH[528] hat schließlich die ablehnende Auffassung der Instanzgerichte[529] bestätigt. Die mit der digitalen Aufzeichnungstechnik und der enormen Speicherkapazität der **DVD** einhergehende technische Verbesserung allein verleihe der DVD-Auswertung nicht den Charakter einer neuen Nutzungsart im Sinne einer technisch und wirtschaftlich eigenständigen Verwendungsform des Werks. Auch hier erfolge stattdessen vor allem eine Substitution unterschiedlicher Trägermedien infolge technischer Neuerungen. Mit derselben Begründung und unter Bezug auf die „Zauberberg"-Entscheidung des BGH soll auch die **Blu-Ray-Disc** keine neue Nutzungsart sein. Die Blu-Ray Disc sei gegenüber der DVD und der VHS-Videokassette keine wirtschaftlich eigenständigen Verwendungsform, weil auch kein neuer Absatzmarkt erschlossen wird.[530] Eine neue Nutzungsart stellt jedoch gegenüber der herkömmlichen Darbietung eines Musikwerkes die Nutzung einer urheberrechtlich geschützten Melodie als **Handy-Klingelton** dar, die zumindest bis 1999 iSv § 31 Abs 4 UrhG unbekannt war.[531] Zeitschriftenangebote im Internet waren nach Auffassung des OLG Hamburg spätestens 1993 nicht mehr unbekannt.[532] Video-On-Demand ist gegenüber der Sendung und der Videogrammauswertung eine eigenständige Nutzungsart.[533] Für viele Nutzungen, die aktuell an Bedeutung gewinnen, Push-Dienste, Handy-TV, Internet-TV/IPTV usw steht die Klärung, ob es sich dabei um neue Nutzungsarten handelt, noch aus. Das gilt auch für audiovisuelle Angebote, die mit Mobiltelefonen empfangen werden können, sog Handy-TV. Im Lichte der Rechtsprechung des BGH werden hier aber weniger Nutzungsarten im urheberrechtlichen Sinne neu sein, als es auf den ersten Blick den Anschein hat. Soweit Internet-TV lediglich eine neue Form der Datenübertragung (mittels Internetprotokoll) ermöglicht, bei dem jedoch die herkömmlichen Übertragungswege (Kabel, Satellit usw) genutzt werden, führt allein die Umstellung auf das IP-Signal nicht zu einer neuen Nutzungsart.[534] In Bezug auf Handy-TV dürfte eine neue Nutzungsart trotz technischer Parallelen zum herkömmlichen Fernsehen dagegen wohl anzunehmen sein, weil dieses Medium nicht lediglich bestehende Angebote ersetzt, sondern auf ein verändertes Nutzerverhalten mit einer neuartigen Angebotsstruktur reagiert.[535]

## V. Das Postulat der angemessenen Vergütung

### 1. Der Urheber hat Anspruch auf eine angemessene Vergütung

**234**    Dem Urheberrecht liegt als tragender Leitgedanke das bereits vom Reichsgericht[536] ausgesprochene und auch vom BGH[537] mehrfach bestätigte Prinzip zugrunde, wonach der Urheber angemessen an dem wirtschaftlichen Nutzen zu beteiligen ist, der

---

[528] BGH GRUR 2005, 937, 938 – Zauberberg.
[529] OLG München ZUM 2002, 922; OLG Köln GRUR-RR 2003, 367.
[530] LG München I ZUM 2011, 269.
[531] BGH GRUR 2009, 395, 397 – Klingeltöne.
[532] OLG Hamburg NJOZ 2005, 4335 – Yacht-Archiv.
[533] *Fringuelli* 131, der allerdings den Zeitpunkt der Bekanntheit offen lässt.
[534] *Fringuelli* 134.

[535] *Bauer/von Einem* MMR 2007, 698, 700.
[536] RGZ 118, 282, 285 – Musikantenmädel; RGZ 122, 65, 68 – Tanzschlager-Liederbuch; RGZ 128; 102, 113 – Schlager-Liederbücher.
[537] Unter anderem BGHZ 11, 135, 143 – Lautsprecherübertragung; BGH GRUR 1996, 121, 122 – Pauschale Rechtseinräumung; BGH ZUM 1998, 497, 500 – Comic-Übersetzungen; BGH ZUM 2000, 160, 162 – Comic-Übersetzungen II.

Ole Jani

aus seinem Werk gezogen wird. Das Prinzip der angemessenen Vergütung ist Ausdruck der Eigentumsgarantie aus Art 14 Abs 1 GG.[538] Auch im Gemeinschaftsrecht ist die angemessene Vergütung heute als wesentliche Voraussetzung für eine funktionierende Urheberrechtsordnung anerkannt. In Erwägungsgrund 10 der Informationsgesellschafts-RL heißt es zB ausdrücklich: „Wenn Urheber und ausübende Künstler weiter schöpferisch und künstlerisch tätig sein sollen, müssen sie für die Nutzung ihrer Werke eine angemessene Vergütung erhalten." In der Literatur ist dieser Grundsatz der angemessenen Vergütung ebenfalls unumstritten.[539] Heute stellt § 11 S 2 UrhG ausdrücklich fest, dass das Urheberrecht zugleich „der Sicherung einer angemessenen Vergütung für die Nutzung des Werkes" dient. Diese Bestimmung, die durch die Urhebervertragsrechtsnovelle 2002 geschaffen worden ist, erhebt das Postulat der angemessenen Vergütung zu einem allgemeinen Auslegungsgrundsatz.

### 2. Der urheberrechtliche Beteiligungsgrundsatz gilt auch für ausübende Künstler

Der urheberrechtliche Beteiligungsgrundsatz gilt gem § 79 Abs 2 UrhG auch für die ausübenden Künstler. Auch vor dieser ausdrücklichen gesetzlichen Regelung war in der Rechtsprechung anerkannt, dass nicht nur dem Urheber, sondern auch dem ausübenden Künstler das wirtschaftliche Ergebnis seiner Tätigkeit zuzuordnen ist und dass er grds an jeder Nutzung seiner Darbietung angemessen zu beteiligen sei.[540]

**235**

### 3. Die vertraglich vereinbarte Vergütung hat Vorrang

Der Urheber hat gem § 32 Abs 1 UrhG für die Einräumung von Nutzungsrechten und die Erlaubnis zur Werknutzung Anspruch auf die vertraglich vereinbarte Vergütung. Damit gilt auch für das Urheberrecht zunächst der Vorrang der vertraglichen Vergütungsabrede.[541] Das ist insofern bemerkenswert, als der Regierungsentwurf noch eine Entkopplung von Vertrag und Vergütungsanspruch vorgesehen hatte: § 32 Abs 1 S 2 UrhG-E gab dem Urheber einen gesetzlichen, und damit vom Vertrag letztlich unabhängigen Vergütungsanspruch gegen jeden, der das Werk aufgrund eines vom Urheber eingeräumten Nutzungsrechtes oder einer Erlaubnis des Urhebers nutzt. Diese Konstruktion ist im Laufe der parlamentarischen Beratungen und im Lichte der massiven Kritik am Regierungsentwurf zugunsten einer die grundsätzliche Vertragsfreiheit respektierenden Lösung aufgegeben worden.

**236**

### 4. Gesetzlicher Korrekturanspruch bei Unangemessenheit

Soweit die vereinbarte Vergütung jedoch nicht angemessen ist, gibt § 32 Abs 1 S 3 UrhG dem Urheber gegen seinen Vertragspartner aber einen gesetzlichen Anspruch auf Einwilligung in eine Vertragsänderung, durch die dem Urheber die angemessene Vergütung gewährt wird. Bleibt die vertragliche Vereinbarung hinter den Anforderun-

**237**

---

538 BVerfG GRUR 1980, 44, 46 – Kirchenmusik; BVerfGE 31, 229, 240 f – Kirchen- und Schulgebrauch.
539 Wandtke/Bullinger/*Wandtke/Grunert* § 32 UrhG Rn 22 f; Möhring/Nicolini/*Gass* § 61 UrhG Rn 27; Schricker/Loewenheim/*Schricker/Loewenheim* Einl UrhG Rn 15 f; *Rehbinder* Rn 609; *Schack* Rn 615; *Jani* 113 mwN.

540 BGH UFITA 32 (1960), 200, 214 – Künstlerlizenz Schallplatten; BGH UFITA 32 (1960), 223, 227 – Figaros Hochzeit; Schricker/Loewenheim/*Krüger* Vor §§ 73 ff UrhG Rn 15.
541 BT-Drucks 14/8058, 42.

gen, die an die Vergütung unter dem Aspekt der Angemessenheit zu stellen sind, zurück, greift also subsidiär eine gesetzliche Korrektur. Das Gleiche gilt für den Fall, dass die Höhe der Vergütung überhaupt nicht vereinbart ist; gem § 32 Abs 1 S 2 UrhG gilt dann die angemessene Vergütung aber von Gesetzes wegen als vereinbart. Gem § 32 Abs 1 S 3 UrhG hat der Urheber dann einen Anspruch gegen seinen Vertragspartner auf Einwilligung in eine entsprechende Vertragsänderung. Diesen Anspruch kann der Urheber sofort mit dem Anspruch auf Zahlung der Differenz zwischen ursprünglich vereinbarter und angemessener Vergütung verbinden.[542] Das Recht, die Vergütung autonom zu bestimmen, wird den Vertragsparteien damit nur in den durch die Angemessenheit gezogenen Grenzen belassen, so dass der Urheber aus § 32 Abs 1 UrhG nunmehr einen gesetzlichen Anspruch auf angemessene Vergütung hat.

### 5. Kriterien zur Bestimmung der Angemessenheit der Vergütung

**238**    a) Der „gerechte Preis" im Urheberrecht? Fraglich ist, was die angemessene Vergütung ist. Das Urheberrecht enthält keine Bestimmungen über Mindestvergütungssätze für die Nutzung urheberrechtlicher Werke.[543] Die Höhe der urheberrechtlichen Vergütung ist auch nach der Urhebervertragsrechtsreform im Jahr 2002 im Grundsatz ausschließlich Sache der Vertragsparteien. Welche Gegenleistung zu erbringen ist, kann in einer auf Privatautonomie und freier Marktwirtschaft aufbauenden Rechtsordnung nicht festgeschrieben werden, da es für einen „gerechten Preis" (iustum pretium) in der Regel keine objektiven Maßstäbe gibt.[544] Aus dem Grundsatz der Vertragsfreiheit und dem Prinzip der freien Preisbildung im System des marktwirtschaftlichen Güteraustauschs folgt, dass der Inhalt vertraglicher Vereinbarungen grds auch dann gültig und bindend ist, wenn er bei objektiver Betrachtung und im Sinne eines objektiven Interessenausgleichs ungerecht erscheint. Das heißt, auch der für eine Partei unvorteilhafte Vertragsschluss ist durch die Vertragsfreiheit gedeckt. Die richterliche Intervention in Kalkulations- und Preisbildungsfragen ist damit grds unzulässig, so dass auch die Äquivalenz von Leistung und Gegenleistung im Urheberrecht nicht zum Gegenstand einer Überprüfung gemacht werden kann. Der urheberrechtliche Grundsatz der angemessenen Vergütung darf deshalb nicht dahin missverstanden werden, dass sich aus ihm abstrakte Aussagen zur Mindesthöhe der urheberrechtlichen Vergütung für einzelne Nutzungen ableiten ließen. Das Urheberrecht enthält keine verbindlichen rechtlichen Maßstäbe für die Preisgestaltung. Dies wäre auch gar nicht möglich, weil angesichts der abwechslungsreichen urheberrechtlichen Verwertungslandschaft rechtliche Beurteilungsmaßstäbe gar nicht zur Verfügung stehen können.

**239**    b) Die „redliche Branchenübung" als Maßstab. § 32 Abs 2 S 1 UrhG enthält eine Legaldefinition des Begriffs der urheberrechtlichen Angemessenheit. Die Vergütung ist danach angemessen, wenn sie im Zeitpunkt des Vertragsschlusses dem entspricht, was im Geschäftsverkehr nach Art und Umfang der eingeräumten Nutzungsmöglichkeit, insb nach Dauer und Zeitpunkt der Nutzung, unter Berücksichtigung aller Umstände üblicher- und redlicherweise zu leisten ist. Der Versuch einer abstrakten und allgemeingültigen Definition dessen, was angemessen ist, muss scheitern, wenn die Definition nicht offen ist für die Vielzahl individueller Einflussfaktoren. Der Gesetzgeber hat sich

**542** Wandtke/Bullinger/*Wandtke/Grunert* § 32 UrhG Rn 18; Schricker/Loewenheim/*Schricker/Loewenheim* § 32 UrhG Rn 22; *Nordemann* 66.
**543** Fromm/Nordemann/*J B Nordemann* Vor §§ 31 ff UrhG Rn 159; Schricker/Loewen-

heim/*Schricker/Loewenheim* § 32 UrhG Rn 28; Wandtke/Bullinger/*Wandtke/Grunert* § 32 UrhG Rn 22 f.
**544** *Jani* 121 mwN.

Ole Jani

bemüht, diese notwendige Einzelfallbetrachtung zu ermöglichen. Damit ist die Legaldefinition im Ergebnis ohne großen praktischen Wert. Es bleibt der Rechtsprechung überlassen, die Fülle unbestimmter Rechtbegriffe zu konkretisieren. Wie schwer das ist, zeigt die bisherige Rechtsprechung. Der Gesetzgeber hatte bei der Reform des Urhebervertragsrechts und der Schaffung des Vergütungsanspruchs zur Begründung vor allem auf die nach seiner Einschätzung unzureichende Vergütung der Literaturübersetzer[545] verwiesen. Und die Übersetzervergütung steht bislang auch im Zentrum der Auseinandersetzung darum, wann Vergütung iSv § 32 UrhG angemessen ist. Die bislang vorliegenden Urteile der Instanzgerichte[546] illustrieren eindrucksvoll, wie schwer die Aufgabe ist, die der Gesetzgeber den Gerichten übertragen hat. Auch innerhalb der Gerichte bestehen erhebliche Differenzen darüber, was angemessen sei. Als Beispiel sei hier nur die unterschiedliche Bewertung von Nebenrechtserlösen bei der Übersetzervergütung durch zwei Senate des OLG München erwähnt. Während der 6. Zivilsenat eine einheitliche Beteiligung in Höhe von 10 % der Nettoerlöse für sachgerecht hält,[547] erscheint dem 29. Zivilsenat eine Beteiligung in Höhe von 50 % angemessen.[548] Im Gegensatz zum 6. Senat verkennt der 29. Senat dabei, dass die Aufteilung nicht lediglich zwischen Übersetzer und Verlag erfolgt, sondern dass auch die Autoren einen angemessenen Anteil haben müssen. Eine hälftige Verteilung, bei der der Autor leer ausgeht, ist mit den Vorgaben des Urheberrechts kaum zu in Einklang zu bringen. Nach diesem Flickenteppich instanzgerichtlicher Urteile hat der **BGH** inzwischen höchstrichterlich entschieden, dass sowohl Übersetzer eines literarischen Werkes als auch Übersetzer von Sachbüchern, denen für die zeitlich unbeschränkte und inhaltlich umfassende Einräumung sämtlicher Nutzungsrechte an ihrer Übersetzung lediglich ein für sich genommen übliches und angemessenes Seitenhonorar als Garantiehonorar zugesagt ist; gem § 32 Abs 1 S 3, Abs 2 S 2 UrhG ab dem 5000. verkauften, bezahlten und nicht remittierten Exemplar des übersetzten Werkes eine **zusätzliche Vergütung** beanspruchen können, die bei gebundenen Büchern 0,8 % und bei Taschenbüchern 0,4 % des Nettoladenverkaufspreises beträgt. Besondere Umstände können es als angemessen erscheinen lassen, diese Vergütungssätze zu erhöhen oder zu senken. Darüber hinaus kann ein solcher Übersetzer nach Auffassung des BGH gem § 32 Abs 1 S 3, Abs 2 S 2 UrhG grundsätzlich nicht mehr die Hälfte des Nettoerlöses sondern nur 1 Fünftel des Erlöses beanspruchen, den der Verlag dadurch erzielt, dass er Dritten das Recht zur Nutzung des übersetzten Werkes einräumt.[549] Dabei ist unter Nettoerlös der Betrag zu verstehen, der nach Abzug der Vergütungen weiterer Rechtsinhaber verbleibt und auf die Verwertung der Übersetzung entfällt. Aufgrund der branchen- und produktspezifischen Besonderheiten in den einzelnen Bereichen der Medienwirtschaft sind die Entscheidungen jedoch nicht verallgemeinerungsfähig. Bis auf weiteres müssen alle

---

[545] BT-Drucks 16/8058, 43.
[546] Erstinstanzliche Urteile ua LG Stuttgart ZUM 2009, 77; LG München I ZUM 2009, 794; LG Hamburg ZUM 2008, 603; LG München I ZUM 2006, 73; LG München I ZUM 2006, 154; LG München I ZUM 2006, 159; LG Hamburg ZUM 2006, 683; LG Berlin ZUM 2006, 904. Urteile von Berufungsgerichten ua KG ZUM 2009, 407; OLG München ZUM-RD 2009, 268; OLG München ZUM 2007, 142; OLG München ZUM 2007, 308, 315; OLG München ZUM 2007, 317; OLG München ZUM-RD 2007, 182; OLG München ZUM-RD 2007, 166.

[547] OLG München ZUM 2007, 308, 316.
[548] OLG München ZUM 2007, 142, 151.
[549] BGH GRUR 2011, 328 – Destructive Emotions. BGH ZUM 2011, 408 – Angemessene Übersetzungsvergütung V; BGH ZUM 2011, 403 – Angemessene Übersetzungervergütung IV; BGH ZUM-RD 2011, 212 – Angemessene Übersetzervergütung III; BGH ZUM-RD 2011, 208 Angemessene Übersetzervergütung BGH GRUR 2009, 1148 – Talking to Addison; BGH ZUM 2010, 8; BGH ZUM 2010, 255; BGH ZUM-RD 2010, 16.

Beteiligten daher trotz erster Entscheidungen des BGH von Fall zu Fall entscheiden, was angemessen ist. Angemessen ist im Zweifel die Vergütung, bei der keiner der Vertragspartner das Bedürfnis nach einer gerichtlichen Klärung hat.

**240** Unter „Redlichkeit" ist eine gleichberechtigte Berücksichtigung der Interessen der Verwerter einerseits sowie der Interessen der Urheber und ausübenden Künstler andererseits zu verstehen. Die „Üblichkeit" der Vergütung entspricht der Gesetzesbegründung[550] zufolge ausdrücklich der aus anderen Regelungsbereichen bekannten Branchenübung. Nur wo eine redliche Branchenübung gänzlich fehlt, wird ausnahmsweise eine wertende Korrektur geboten sein; hier werden dann als redlich anerkannte Vergütungspraktiken aus ähnlichen Branchen oder bzgl ähnlicher Werke als Vergleichsmaßstab herangezogen werden können.[551]

**241** Die angemessene Vergütung iSv § 32 Abs 1 UrhG soll nur einen Rahmen abstecken, in dem sich eine vertragliche Vereinbarung bewegen kann.[552] Da nach der Begründung des Gesetzes[553] für die Beurteilung der Angemessenheit zudem ausdrücklich alle individuellen Faktoren wie Art und Umfang der Werknutzung, Investitionen, Risikotragung, Kosten, Zahl der hergestellten Werkstücke oder zu erreichende Einnahmen zu berücksichtigen sind, wird eine (gerichtliche) Bewertung im Zweifel eher zurückhaltend ausfallen müssen: Angesichts des betriebswirtschaftlichen Charakters dieser Parameter muss im Einzelfall auch eine Vergütung, die von der Branchenübung abweicht, angemessen sein können. Die Branchenübung kann nämlich immer nur als grober Maßstab dienen, da sie die in den individuellen Faktoren zum Ausdruck kommenden Besonderheiten des jeweiligen Werkes und des jeweiligen Verwertungsunternehmens nicht abbildet. Die angemessene Vergütung ist deshalb nicht misszuverstehen als eine genau zu beziffernde Größe, sondern sie gibt einen Rahmen vor, der nicht in Richtung einer unangemessen niedrigen Vergütung unterschritten werden darf. Auch künftig gilt also im Urheberrecht kein vom Einzelfall unabhängiger abstrakter Angemessenheitsmaßstab. Es verträge sich außerdem nicht mit dem Ziel der Novelle, wenn der Korrekturanspruch zu einer massenhaften Infragestellung vertraglicher Vereinbarungen führte; es wäre ein Missverständnis der gesetzlichen Konzeption, wenn auch geringfügige Abweichungen von der Angemessenheit ohne weiteres zu einem mit hohem Aufwand und hohen Kosten verbundenen Nachforderungsverfahren führen könnten.

**242** Das Urheberrecht hat nicht die Aufgabe, dem Urheber ein bestimmtes Einkommen zu garantieren.[554] Darauf hat auch das OLG München zutreffend hingewiesen und betont, dass die wirtschaftliche Situation der Übersetzer für die Angemessenheitsprüfung ohne Relevanz ist; § 32 UrhG orientiert sich nicht am Prinzip der Alimentation unter dem Gesichtspunkt der Bedürftigkeit, sondern am zivilrechtlichen Grundsatz von Leistung und Gegenleistung.[555] Diese Feststellung ist wichtig, denn in einer Zeit, in der es Mode ist, garantierte Mindestlöhne zu fordern, muss klargestellt werden, dass das Urheberrecht Eigentumsrecht und kein Sozialrecht ist.

**243** c) **Eine Vergütung kann ausnahmsweise auch vollständig entfallen.** Das Prinzip der angemessenen Vergütung schließt auch nicht aus, dass die Vergütung im konkre-

---

[550] BT-Drucks 14/8058, 43.
[551] Zu den Kriterien für die Beurteilung der Angemessenheit urheberrechtlicher Honorare ausf Schricker/Loewenheim/*Schricker/Loewenheim* § 32 UrhG Rn 32 ff; Wandtke/Bullinger/*Wandtke/Grunert* § 32 UrhG Rn 31 ff; *Jani* 124 ff.

[552] Schricker/Loewenheim/*Schricker/Loewenheim* § 32 UrhG Rn 29; *Jani* 301.
[553] BT-Drucks 14/8058, 43.
[554] *Jani* 151 f.
[555] OLG München GRUR-RR 2007, 385.

Ole Jani

ten Fall vollständig entfällt oder dass der Urheber für die Nutzung seines Werkes sogar seinerseits ein Entgelt bezahlt. Ein Beispiel für diese Konstellation ist der üblicherweise zu entrichtende **Druckkostenzuschuss** bei der Publikation wissenschaftlicher Werke.[556] Der Urheber kann auch von sich aus auf eine Vergütung ganz verzichten. Der Gesetzgeber hat das in § 32 Abs 3 S 2 UrhG klargestellt, der die Befugnis des Urhebers zur Einräumung unentgeltlicher einfacher Nutzungsrechte für jedermann ausdrücklich regelt.

**d) Die Zulässigkeit von Pauschalhonoraren.** Das **Pauschalhonorar** ist im Urheberrecht eine durchaus gebräuchliche und als Ausdruck der Vertragsfreiheit grds auch zulässige Form der Vergütung. Trotz teils anders lautender Forderungen hat daran zu recht auch die umfassende Änderung des Urhebervertragsrechts nichts geändert.[557] Das Beteiligungsprinzip ist zwar als Grundlage für eine angemessene Vergütung anerkannt;[558] Das Beteiligungsprinzip gilt aber nicht absolut, und es besteht damit auch nach neuem Urhebervertragsrecht keine gesetzliche Pflicht zur Beteiligungsvergütung. Das Pauschalhonorar bleibt deshalb als Vergütungsmodell eine gleichberechtigte Option.[559] Es wird insb immer dort ökonomisch sinnvoll und interessengerecht sein, wo eine fortlaufende Beteiligung des Urhebers im Hinblick auf Art und Umfang des vertragsgegenständlichen Werkes einen unverhältnismäßigen Aufwand bedeuten würde. Das gilt zB für Werke, an deren Herstellung eine Vielzahl von Personen mit jeweils geringen Einzelleistungen beteiligt ist. Auch beim Pauschalhonorar ist freilich die Angemessenheit der Vergütung zu wahren. Das ist naturgemäß schwieriger als bei der Beteiligungsvergütung, aber nicht a priori ausgeschlossen.

**e) Der Zeitpunkt des Vertragsschlusses.** Für die Frage der Angemessenheit ist neben der inhaltlichen Konkretisierung von besonderer Bedeutung, auf welchen Zeitpunkt bei der Beurteilung der Angemessenheit abzustellen ist. Gem § 32 UrhG Abs 2 UrhG kommt es ausdrücklich allein auf die redliche Branchenübung „zum Zeitpunkt des Vertragsschlusses" an. Die Feststellung, ob die vertraglich vereinbarte Vergütung angemessen ist, erfolgt also anhand einer objektiven Betrachtung ex ante,[560] so dass Umstände, die nach Vertragsschluss entstehen, unbeachtlich sind. Der Vertragspartner des Urhebers verhält sich deshalb stets redlich, wenn er dem Urheber das zugesteht, was unter den bei Vertragsschluss in der jeweiligen Branche maßgeblichen Verhältnissen als angemessen gilt. Dies ist auch die einzig sachgerechte Lösung, denn die Vertragspartner müssen sich darauf verlassen können, dass die Grundlage der vertraglichen Vereinbarung nicht durch nachträgliche Veränderungen der Umstände in Frage gestellt wird. Würde man auf den bei Vertragsschluss nicht in jedem Fall bestimmbaren Zeitpunkt der Nutzung abstellen, wäre auch bei redlichem Verhalten beider Parteien keine verbindliche und abschließende Festlegung einer angemessenen Vergütung möglich, weil die Beurteilung des Honorars unter dem Vorbehalt einer ungewissen zukünftigen Entwicklung stünde. Ein (unerwarteter) späterer Erfolg des Werkes kann also nicht dazu führen, dass eine bei Vertragsschluss übliche und redliche Vergütung nachträglich unangemessen wird. Eine spätere Korrektur der ursprünglich vereinbarten Vergütung aufgrund nachträglicher Veränderungen der Rahmenbedingun-

**244**

**245**

---

556 Wandtke/Bullinger/*Wandtke/Grunert* § 32 UrhG Rn 34.
557 Wandtke/Bullinger/*Wandtke/Grunert* § 32 UrhG Rn 38; Dreier/Schulze/*Schulze* § 32 UrhG Rn 56.

558 BGH ZUM 2002, 218, 220 – Scanner.
559 BT-Drucks 14/6433, 14; *Jani* 313.
560 Schricker/Loewenheim/*Schricker/Loewenheim* § 32 UrhG Rn 27; Wandtke/Bullinger/*Wandtke/Grunert* § 32 UrhG Rn 11.

gen bleibt auf die Fälle beschränkt, in denen im Ausnahmefall die Voraussetzungen für einen „Fairnessausgleich" gem § 32a UrhG erfüllt sind.[561]

**246**     f) **Darlegungs- und Beweislast.** Die Darlegungs- und Beweislast hinsichtlich der Voraussetzungen des Anspruchs auf Vertragsänderung trifft nach den allgemeinen prozessualen Grundsätzen den Urheber. Allerdings hat der Urheber, soweit dies zur Realisierung seiner gesetzlichen Korrektur- bzw Vergütungsansprüche erforderlich ist, einen Anspruch auf Erteilung der zur Geltendmachung der angemessenen Vergütung erforderlichen Auskünfte. Ein solcher Anspruch (zB auf Rechnungslegung bei Stückzahllizenzen) folgt als Nebenpflicht aus dem Nutzungsvertrag.[562]

### 6. Die Konkretisierung der Angemessenheit durch gemeinsame Vergütungsregeln

**247**     a) **Das Institut der gemeinsamen Vergütungsregeln.** Mit der Novelle des Urhebervertragsrechts hat der Gesetzgeber als Ergänzung des Anspruchs auf angemessene Vergütung die Möglichkeit zum Abschluss von **gemeinsamen Vergütungsregeln** geschaffen (§ 36 UrhG). Diese Regelung ist eine gesetzliche Ausnahme zum Kartellverbot des § 1 GWB, dem freie Urheber und ausübende Künstler an sich unterfallen.[563] Die Voraussetzungen und das Verfahren für den Abschluss gemeinsamer Vergütungsregeln sind in § 36 Abs 2 bis 4 und § 36a UrhG geregelt. Mit den gemeinsamen Vergütungsregeln wird die Konkretisierung dessen, was angemessen ist, auf die Beteiligten verlagert. Vereinigungen von Urhebern und Vereinigungen von Werknutzern oder einzelnen Werknutzern können die Angemessenheit der in einem bestimmten Bereich (Übersetzerhonorare usw) zu zahlenden Vergütungen nach § 32 UrhG einvernehmlich und losgelöst von den einzelnen Nutzungsverträgen definieren.

**248**     b) **Vermutungswirkung der gemeinsamen Vergütungsregeln.** Gem § 32 Abs 2 S 1 UrhG ist die vertraglich vereinbarte Vergütung stets angemessen, wenn sie anhand gemeinsamer Vergütungsregeln iSv § 36 UrhG ermittelt wird. Eine weitere Prüfung der Angemessenheit ist unter diesen Umständen weder erforderlich noch möglich, denn diese gesetzliche Vermutung der Angemessenheit ist unwiderleglich.[564] Eine Korrektur der vertraglichen Vergütung gem § 32 Abs 1 S 3 UrhG ist dementsprechend ausgeschlossen, soweit sie auf einer gemeinsamen Vergütungsregel beruht.

**249**     c) **Rechtspolitische Zielsetzung.** Nach den Vorstellungen des Gesetzgebers sollen die gemeinsamen Vergütungsregeln den Begriff der Angemessenheit inhaltlich ausfüllen und die jeweilige Branchenpraxis prägen.[565] § 36 UrhG liegt die Erwartung zugrunde, dass es den urheberrechtlichen Vertragspartnern über ihre Verbände nicht nur vereinzelt gelingt, die Angemessenheit gem § 32 UrhG durch für beide Seiten befriedigende Vergütungsmodelle auszufüllen, sondern dass gemeinsame Vergütungsregeln flächendeckend entstehen werden und eine gerichtliche Überprüfung der Angemessenheit nach § 32 Abs 2 S 3 UrhG in der überwiegenden Zahl der Fälle deshalb gar nicht erforderlich sein wird. Die ersten praktischen Erfahrungen mit dem Rechts-

---

[561] S Rn 250 ff.
[562] BGHZ 125, 322, 329 – Cartier-Armreif.
[563] BT-Drucks 14/6433, 12; Dreier/Schulze/*Schulze* § 36 UrhG Rn 3; Wandtke/Bullinger/*Wandtke/Grunert* § 36 UrhG Rn 3.

[564] Wandtke/Bullinger/*Wandtke/Grunert* § 36 UrhG Rn 17; Schricker/Loewenheim/*Schricker/Loewenheim* § 32 UrhG Rn 28; aA wohl Dreier/Schulze/*Schulze* § 36 UrhG Rn 8.
[565] BT-Drucks 14/6433, 12.

Ole Jani

institut der gemeinsamen Vergütungsregeln, das der Gesetzgeber selbst als „juristisches Neuland" bezeichnet hat, müssen indes als enttäuschend bezeichnet werden. Bis heute sind gemeinsame Vergütungsregeln, soweit ersichtlich, nach langwierigen Verhandlungen nur für Belletristik-Autoren (2005).[566] Die hochgesteckten Erwartungen an das Urhebervertragsrecht haben sich insofern bislang nicht erfüllt und es ist zweifelhaft, ob die gemeinsamen Vergütungsregeln jemals die Bedeutung erlangen, die der Gesetzgeber ihnen zugedacht hat.

## 7. Der Beteiligungsgrundsatz beim Bestseller

**a) Der Anspruch auf „Fairnessausgleich".** Weil der Vergütungsanspruch des § 32 **250** Abs 1 UrhG nicht auf die tatsächliche Werknutzung abstellt, hat der Gesetzgeber in einem neuen § 32a UrhG den Gedanken des alten „Bestsellerparagrafen" (§ 36 UrhG aF) aufgegriffen und ergänzend einen Anspruch auf „Fairnessausgleich" geschaffen, durch den unter bestimmten Voraussetzungen auch eine nachträgliche Vergütungskorrektur möglich ist: Hat der Urheber einem anderen ein Nutzungsrecht zu Bedingungen eingeräumt, die dazu führen, dass die vereinbarte Gegenleistung unter Berücksichtigung der gesamten Beziehungen des Urhebers zu dem anderen in einem auffälligen Missverhältnis zu den Erträgen und Vorteilen aus der Werknutzung steht, hat der Urheber gegen seinen Vertragspartner einen Anspruch auf eine Änderung des Vertrages, durch die ihm „eine den Umständen nach weitere angemessene Beteiligung" gewährt wird (§ 32a Abs 1 UrhG). Auf diesen Anspruch kann der Urheber im Voraus gem § 32a Abs 3 S 1 UrhG nicht verzichten. Der Gesetzgeber hatte bei Schaffung dieses Anspruchs vor allem Nutzungsverträge vor Augen, in denen der Urheber pauschal vergütet wird; sofern die ursprüngliche Vergütung dem Beteiligungsprinzip folgt, geht der Gesetzgeber davon aus, dass ohnehin eine erfolgs- und ertragsabhängige (Nach-) Vergütung vertraglich vereinbart wird.[567]

**b) Vorteile und Erträge aus der Werkverwertung als Anknüpfungspunkt.** Anknüp- **251** fungspunkt des Anspruchs aus § 32a UrhG ist im Gegensatz zu dem Anspruch aus § 32 UrhG die tatsächliche Nutzung des Werkes bzw deren Erfolg. In Ergänzung zu der Betrachtung ex ante, wie sie im Rahmen der Vergütungskontrolle nach § 32 UrhG maßgeblich ist, eröffnet § 32a UrhG auf diese Weise die Möglichkeit zu einer Vergütungskontrolle ex post. Der Anspruch aus § 32a UrhG kann damit auch dann entstehen, wenn die ursprünglich vereinbarte Vergütung bei Vertragsschluss iSv § 32 UrhG angemessen war. Im Gegensatz zu dem alten § 36 UrhG, der nur von „Erträgnissen" sprach, sind im Rahmen von § 32a UrhG nun ausdrücklich sämtliche geldwerten „Vorteile aus der Nutzung des Werkes" zu berücksichtigen, und damit ausdrücklich auch solche Vorteile, die nicht unmittelbar auf Umsatzgeschäfte mit der Nutzung zielen (zB Werbung oder die Werknutzung im eigenen Betrieb).[568] Dabei ist auf die **Bruttoerträgnisse** abzustellen, nicht hingegen auf dessen Gewinn.[569] Allerdings lassen sich **Werbeerlöse** aufgrund der Buchungspraxis idR nicht einer bestimmten Sendung zuordnen.[570] Wenn aufgrund nachprüfbarer Tatsachen klare Anhaltspunkte für

---

[566] Abrufbar unter www.bmj.bund.de/ verguetungsregeln bzw www.boersenverein.de.
[567] BT-Drucks 14/8058, 45.
[568] Dreier/Schulze/*Schulze* § 32a UrhG Rn 29; Schricker/Loewenheim/*Schricker/Loewenheim* § 32a UrhG Rn 17; BT-Drucks 14/8058, 46.

[569] LG München I GRUR-RR 2009, 385.
[570] KG ZUM 2010, 346, 351; KG ZUM 2010, 532, 535; *Jani* 145 ff.

einen Anspruch aus § 32a UrhG bestehen, kann der Urheber Auskunft und ggf. Rechnungslegung verlangen, um die weiteren Voraussetzungen seines Anspruchs ermitteln und die zu zahlende Vergütung berechnen zu können. Der Miturheber bezüglich eines Filmwerks ist allein für Auskunftsansprüche nach § 242 BGB iVm § 32a UrhG aktivlegitimiert.[571] Gem § 132 Abs 3 S 3 UrhG findet § 32a UrhG auch auf Verträge Anwendung, die zwar **vor Inkrafttreten** dieser Norm abgeschlossen wurden, aus denen aber die das Missverhältnis begründenden Erträge nach Inkrafttreten entstanden sind.[572]

**252**      c) **Korrekturanspruch bei auffälligem Missverhältnis.** Das den Anspruch auslösende Missverhältnis zwischen der ursprünglichen Vergütung des Urhebers und den aus der Nutzung gezogenen Vorteilen muss auffällig sein. Die Anspruchsvoraussetzungen sind damit gegenüber dem früheren „Bestsellerparagrafen" (§ 36 UrhG aF), bei dem ein grobes Missverhältnis erforderlich war, reduziert worden. Ein auffälliges Missverhältnis soll nunmehr jedenfalls dann vorliegen, wenn die vereinbarte Vergütung um 100 % von der angemessenen Beteiligung abweicht; unter Umständen sollen aber auch bereits geringere Abweichungen ausreichen können.[573] Es kommt im Gegensatz zu § 36 UrhG (aF) nicht darauf an, ob das Missverhältnis vorhersehbar war.[574] In dogmatischer Hinsicht bedeutet dies, dass § 32a UrhG im Gegensatz zum alten § 36 UrhG nicht als eine spezialgesetzliche Ausprägung des Grundsatzes vom Wegfall der Geschäftsgrundlage anzusehen ist, sondern einen echten gesetzlichen Ergänzungsanspruch darstellt. Da § 32a Abs 1 UrhG in seinem Kern dem alten „Bestsellerparagrafen" gleichwohl entspricht, kann auf die vorhandene Rechtsprechung zurückgegriffen werden. Dazu gehört auch die Einschränkung, dass § 32a UrhG bei untergeordneten Beiträgen, die für den wirtschaftlichen Erfolg des Rechtsinhabers keine maßgebliche Rolle spielen zurückhaltend anzuwenden sein wird;[575] dies gilt vor allem bei der Vergütung ausübender Künstler. Gerade dort, wo an der Werkherstellung eine Vielzahl von Personen beteiligt ist, wie zB bei Filmwerken, wird es für marginale Beiträge auch im Erfolgsfall keiner weiteren Beteiligungsvergütung mehr bedürfen. Als Ergänzung zu § 32a UrhG hat der Urheber gem § 242 BGB gegen seinen Vertragspartner einen **Auskunftsanspruch**, wenn aufgrund einer Vielzahl von Nutzungen über Jahre hinweg eine hinreichende Wahrscheinlichkeit besteht, dass eine vor Jahren getroffene Pauschalhonorarvereinbarung über die Werknutzung im auffälligem Missverhältnis zu den Erträgen und Vorteilen aus der Nutzung stehen.[576]

**253**      d) **Anspruch gegen Dritte in der Lizenzkette.** Hat der Vertragspartner des Urhebers das ihm eingeräumte Nutzungsrecht einem Dritten übertragen oder diesem einzelne Nutzungsrechte eingeräumt und ergibt sich das auffällige Missverhältnis aus den Erträgen oder Vorteilen, die dieser Dritte aus der Werknutzung zieht, so richtet sich der Anspruch des Urhebers aus § 32a Abs 1 UrhG gem § 32a Abs 2 UrhG nicht gegen

---

[571] OLG München ZUM 2010, 808 – Das Boot; KG ZUM 2010, 532, 533.
[572] So auch OLG München ZUM-RD 2008, 131 – Pumuckl II; LG Hamburg 2008, 608.
[573] BT-Drucks 14/8058, 45.
[574] Wandtke/Bullinger/*Wandtke/Grunert* § 32a UrhG Rn 15; Schricker/Loewenheim/*Schricker/Loewenheim* § 32a UrhG Rn 22; BT-Drucks 14/8058, 46; OLG München GRUR-RR 2008, 37, 38 – Pumuckel II.

[575] OLG Naumburg NJW-RR 2006, 488 – Firmenlogo.
[576] OLG München GRUR-RR 2008, 37, 40 – Pumuckl II; LG München I GRUR-RR 2007, 187 – Pumuckl – Illustrationen; zum Auskunftsanspruch nach § 36 UrhG (aF); BGH GRUR 2002, 602, 603.

seinen Vertragspartner, sondern der tatsächliche Werknutzer haftet dem Urheber unmittelbar. Da der Urheber mit diesem Werknutzer keine Vertragsbeziehung unterhält, kann der Anspruch des Urhebers hier nicht wie bei § 32a Abs 1 UrhG auf eine Vertragsergänzung gerichtet sein. Stattdessen ist der Dritte dem Urheber gegenüber aufgrund einer gesetzlich angeordneten Haftungsverlagerung unmittelbar zur Leistung verpflichtet. In dem Maße, wie sich der Anspruch gegen den dritten Werknutzer richtet, wird der Vertragspartner des Urhebers gem § 32a Abs 2 S 2 UrhG von seiner Haftung befreit. Zu berücksichtigen sind bei diesem Durchgriffsanspruch gem § 32a Abs 2 S 1 UrhG „die gesamten Beziehungen in der Lizenzkette". Was darunter zu verstehen ist, wird in der Begründung des Gesetzes allerdings nicht erläutert. Insb ist unklar, ob diese Berücksichtigung im Rahmen der Berechnung des auffälligen Missverhältnisses, also auf Tatbestandsebene, oder auf der Rechtsfolgenseite für die Ermittlung der nach den Umständen angemessenen weiteren Beteiligung erfolgen soll.

## VI. Keine Vorausabtretung gesetzlicher Vergütungsansprüche

Im Jahr 2002 hat der Gesetzgeber einen neuen § 63a UrhG geschaffen, der ein **254** grundsätzliches Verzichts- und Abtretungsverbot für gesetzliche Vergütungsansprüche statuiert. In der bisherigen Vertragspraxis war es durchaus üblich, dass die Urheber auch gesetzliche Vergütungsansprüche an ihren Vertragspartner abtreten. Mit § 63a UrhG soll dafür gesorgt werden, dass die Ansprüche dem Urheber erhalten bleiben und in der Praxis nicht leer laufen. Die von § 63a UrhG umfassten Ansprüche können im Voraus nur an eine Verwertungsgesellschaft oder zusammen mit der Einräumung des Verlagsrechts dem Verleger abgetreten werden, wenn dieser sie durch eine Verwertungsgesellschaft wahrnehmen lässt, die Rechte von Verlegern und Urhebern gemeinsam wahrnimmt. Die Erweiterung der Abtretbarkeit auf Verlagsverträge ist mit dem „Zweiten Korb" nachträglich erfolgt. Da Verleger im Gegensatz zu anderen Verwertern kein eigenes Leistungsschutzrecht haben, hatte § 63a UrhG in der Praxis zu Schwierigkeiten geführt, weil den Verlegern die mittelbare Beteiligung an den gesetzlichen Vergütungsansprüchen abgeschnitten wurde. Die Ergänzung soll gewährleisten, dass die Verleger auch in Zukunft an den Erträgen der VG WORT angemessen zu beteiligen sind. Die Beschränkung auf eine Sonderregelung für Verleger rechtfertigt sich daraus, dass eine Regelung für diejenigen Verwerter, denen Leistungsschutzrechte zustehen, nicht erforderlich ist. Sie können nämlich den Verwertungsgesellschaften eigene Rechte zur Wahrnehmung übertragen.[577]

§ 63a UrhG gilt nur für Verträge, die nach Inkrafttreten dieser Vorschrift geschlos- **255** sen worden sind (§ 132 Abs 3 UrhG). Das Verbot aus § 63a UrhG gilt auch für Anwartschaften auf zukünftige Ansprüche, die auf der Vorausabtretung künftiger Ansprüche beruhen. Die Anwartschaften erstarken zwar erst in Zukunft zum Vollrecht, allerdings automatisch und ohne weiteres Rechtsgeschäft. Für eine (nachträgliche) Anwendung des § 63a UrhG ist deshalb kein Raum.[578]

---

[577] BT-Drucks 16/1828, 32.
[578] Schricker/Loewenheim/*Schricker/Loewenheim* Vor §§ 28 ff UrhG Rn 30.

## VII. AGB-rechtliche Kontrolle von Nutzungsverträgen

**256**    Auch der BGH wird sich der nach herrschender Meinung bereits früher möglichen **Inhaltskontrolle** von Rechtseinräumungsklauseln jetzt nicht mehr verschließen können. Der BGH hatte eine Inhaltskontrolle mit der Begründung abgelehnt, eine derartige Inhaltskontrolle sei so lange nicht möglich, wie der Gesetzgeber im Urhebervertragsrecht untätig bleibt; bis dahin gelte im Urheberrecht eine nahezu unbeschränkte Vertragsfreiheit.[579] Diese Auffassung ist mit dem „Gesetz zur Stärkung der vertraglichen Stellung von Urhebern und ausübenden Künstlern" gegenstandslos, weil der Gesetzgeber die vom BGH geforderte Regelung des Urhebervertragsrechts damit – wenn auch mit fraglichem Erfolg – vorgenommen hat. Dass auch urheberrechtliche Nutzungsverträge einer AGB-Kontrolle zugänglich sind, folgt nunmehr auch unmittelbar aus § 11 S 2 UrhG, wonach das Urheberrecht zugleich „der Sicherung einer angemessenen Vergütung für die Nutzung des Werkes" dient.[580] Diese Bestimmung erhebt das Postulat der angemessenen Vergütung zu einem allgemeinen Auslegungsgrundsatz und ermöglicht auch nach Auffassung des Gesetzgebers[581] die Vorschriften des Urheberrechtsgesetzes auch im Rahmen der AGB-Kontrolle nach diesem Normzweck auszulegen. Die umfassende und den Vertragszweck überschreitende Einräumung von Nutzungsrechten ist nach Auffassung des KG gleichwohl auch weiterhin keine unangemessene Benachteiligung des Urhebers gem § 307 Abs 1 und 2 BGB, denn § 31 Abs 5 UrhG hat auch nach der Urhebervertragsrechtsreform 2002 keine Leitbildfunktion; auch die pauschale Abgeltung einer umfassenden Rechtseinräumung im Wege des „Buy-Out" sei nach wie vor AGB-rechtlich nicht zu beanstanden.[582] Das KG hat hier seine bisherige restriktive Rechtsprechung[583] und die Rechtsprechung des BGH[584] hierzu fortgesetzt. Zu beachten ist, dass auch Urheberrechtsverträge der AGB-Kontrolle in jedem Fall insoweit entzogen sind, als die Klauseln **Leistungsbeschreibungen** enthalten. Noch ungeklärt ist auch, in welchem Verhältnis eine AGB-Kontrolle zum Korrekturanspruch des Urhebers bei unangemessener Vergütung (§ 32 Abs 1 UrhG) steht. Für eine AGB-Kontrolle ist neben diesen spezialgesetzlichen Bestimmungen zur Angemessenheitskontrolle kein Raum.

Die unwirksamen Klauseln werden gem § 306 Abs 2 BGB durch das dispositive Gesetzesrecht ersetzt. Nur im Ausnahmefall führt die Unwirksamkeit einzelner Klauseln nach § 306 Abs 3 BGB zur Gesamtunwirksamkeit des Vertrages, der Vertrag bleibt also im Übrigen grds wirksam.[585] Das für einen Ersatz der unwirksamen Klauseln geeignete dispositive Recht umfasst das Gesetzesrecht im eigentlichen Sinne sowie das Richterrecht, das sich in derartigen Fällen gebildet hat. Ferner besteht die Möglichkeit zur richterlichen Vertragsergänzung, falls kein dispositives Recht zur Verfügung steht. Soweit die Unwirksamkeit nach § 306 BGB die Rechtseinräumung betrifft, richtet sich der Umfang der vertragsgegenständlichen Nutzungsrechte nach dem Vertragszweck oder aber nach der einschlägigen speziellen Vermutungsregel (zB nach § 88 UrhG). Soweit die Transparenz der Vergütungsklausel betroffen ist, steht kein ergänzendes Gesetzesrecht zur Verfügung. Hier müssen die Vertragsparteien selbst die notwendige Korrektur herbeiführen, indem sie eine neue Vergütungsklausel schaffen, die dem urheberrechtlichen Transparenzgebot gerecht wird.[586]

---

**579** BGH GRUR 1984, 45, 48 – Honorarbedingungen: Sendevertrag.
**580** Wandtke/Bullinger/*Bullinger* § 11 UrhG Rn 4.
**581** BT-Drucks 14/8058, 40 f.
**582** KG ZUM 2010, 799.

**583** KG GRUR 1984, 509 – Honorarbedingungen: Urheber/Fernsehen.
**584** BGH GRUR 1984, 45 – Honorarbedingungen Sendevertrag.
**585** Palandt/*Heinrichs* § 306 BGB Rn 10.
**586** *Jani* 274.

Ole Jani

## VIII. Buy-out-Verträge

### 1. Begriff des Buy-Out-Vertrages

Der Buy-out-Vertrag ist ein urheberrechtliches Vertragsmodell, bei dem der Ur- **257**
heber seinem Vertragspartner die Nutzungsrechte an seinem Werk als ausschließliche
Rechte sowie räumlich und inhaltlich unbeschränkt für die Dauer der gesetzlichen
Schutzfrist einräumt. Als Gegenleistung erhält der Urheber ein von der späteren
tatsächlichen Werknutzung und deren Erfolg unabhängiges einmaliges Pauschalhonorar.[587] Durch den Buy-Outs erlangt der Vertragspartner des Urhebers eine umfassende
und dauerhafte Verfügungsmacht über das Werk. Der Buy-out-Vertrag ist typischerweise eine Vertrag mit freiberuflich tätigen Kreativen. Die Anwendung des Buy-out-
Vertrages ist nicht auf einen bestimmten urheberrechtlichen Werk- oder Auswertungs-
bereich beschränkt; grds können sämtliche urheberrechtlichen Vertragsverhältnisse als
Buy-Out ausgestaltet werden. Seine praktische Bedeutung hat das Buy-out aber vor
allem im Bereich der Film und Fernsehproduktion sowie im Journalismus.

### 2. Urheberrechtliche Beurteilung des Buy-out-Vertrages

Der Buy-out-Vertrag ist zulässiger Ausdruck der urhebervertragsrechtlichen Ge- **258**
staltungsfreiheit. Da die Anforderungen, die nach Maßgabe des allgemeinen urheberrechtlichen Beteiligungsgrundsatzes und gem § 32 UrhG an die Vergütung zu stellen
sind, generell auch durch die einmalige Pauschalvergütung erfüllt werden können, ist
nicht ausgeschlossen, dass auch ein Buy-out-Vertrag für beide Vertragsparteien zu
dauerhaft angemessenen Bedingungen führt. Bzgl der künftigen Werknutzung und des
Erfolges dieser Nutzung haftet diesem Vertragsmodell jedoch eine besondere Prognose-
unsicherheit an; dadurch ist die Gefahr einer nachträglich eintretenden Unangemes-
senheit der Vergütung größer als bei anderen Vergütungsmodellen mit begrenztem
Umfang der vertragsgegenständlichen Nutzungsrechte oder einer fortlaufenden Beteiligungsvergütung.

## IX. Vertraglicher Schutz vor fehlerhafter Rechtseinräumung

### 1. Vereinbarung einer Rechtegarantie

Da ein gutgläubiger Erwerb von Nutzungsrechten ausgeschlossen ist,[588] kann der- **259**
jenige, der sich Nutzungsrechte vertraglich einräumen lässt, nicht darauf vertrauen,
dass der Vertragspartner über die Rechte tatsächlich verfügen darf. Ist der Vertragspartner nicht in der Lage, Nutzungsrechte in dem vertraglich vereinbarten Umfang
wirksam einzuräumen, etwa weil er sie bereits einem Dritten eingeräumt hat oder niemals Inhaber der Rechte war, so schlägt der Rechtserwerb fehl. In diesem Fall hat der
Vertragspartner Ersatzansprüche nach den allgemeinen Vorschriften des BGB, insb
über den Rechtskauf (§ 453 BGB) und die Abtretung (§§ 398 ff BGB).[589] Es empfiehlt
sich aber, auf diese Haftung sowie die Pflicht des Urhebers, den Bestand der Rechte
und ihre Verfügbarkeit zu gewährleisten, im Vertrag ausdrücklich hinzuweisen. Zur
Absicherung sollte ein Vertrag stets eine ausdrückliche **Rechtegarantie** enthalten, in

---

[587] Ausf zu diesem Vertragsmodell *Jani* 39.
[588] S Rn 215.

[589] *Rehbinder* Rn 604; Loewenheim/*Schwarz-
Reber* § 74 Rn 12.

welcher der Vertragspartner versichert, dass er berechtigt ist, über die urheberrechtlichen Befugnisse an dem vertragsgegenständlichen Werk alleine und in dem vertraglich vorausgesetzten Umfang zu verfügen, dass er bislang keine der Rechtseinräumung nach diesem Vertrag entgegenstehenden Verfügungen getroffen hat und dass das Werk frei von Rechten Dritter ist (Nutzungsrecht an dem Werk zugrunde liegenden Vorlagen, Persönlichkeitsrechte etc). Dritte können auch Miturheber sein. Für den Fall, dass einzelne Rechte dennoch nicht übertragen worden sind, oder Dritte Ansprüche geltend machen, hat der Erwerber aus allgemeinem Zivilrecht in der Regel einen **Schadensersatzanspruch** nach §§ 311a Abs 2, 437 Nr 3, 435 BGB.[590] Er kann außerdem vom Vertrag wegen Nichterfüllung zurücktreten §§ 323, 326 Abs 5, 437 Nr 2, 435 BGB.

### 2. Vertraglicher Schutz vor einer Inanspruchnahme durch Dritte

**260**  In Ergänzung zur Garantie über den Bestand und die Verfügbarkeit der vertragsgegenständlichen Rechte empfiehlt sich aus Sicht des Verwerters eine **Freistellungsklausel**. Soweit die Verwertung des Werkes entgegen der Zusicherung doch Rechte Dritter verletzt (wegen entgegenstehender vorrangiger Nutzungsrechte usw) und der Verwerter dadurch von diesen Dritten auf Unterlassung, Schadensersatz oder auf sonstige Weise in Anspruch genommen wird, stellt der Vertragspartner den Verwerter von diesen Ansprüchen in vollem Umfang frei bzw wird ihm den durch die Inanspruchnahme entstehenden Schaden ersetzen. Die Freistellungsklausel sollte Folgeschäden, die dem Verwerter durch die mangelnde Verwertbarkeit des Werkes entstehen, einschließen.

### X. Werkvertragsrechtliche Vertragsbestandteile

**261**  Unabhängig von der Rechtseinräumung als Voraussetzung für die rechtmäßige Verwertung des Werkes sind die vertraglichen Vereinbarungen über die Herstellung des Werkes zu beurteilen. Insoweit sind die allgemeinen werkvertragsrechtlichen Bestimmungen des (§§ 631 ff BGB) maßgeblich. Soll der Urheber also zunächst mit der Schaffung des Werkes beauftragt werden, muss zusätzlich zu dem urheberrechtlichen Nutzungsvertrag auch ein **Werkvertrag** geschlossen werden, in dem das herzustellende Werk näher bestimmt wird und die Modalitäten der Herstellung (Termin der Ablieferung etc) geregelt sind. In der Regel wird der Werkvertrag mit dem Nutzungsvertrag kombiniert und als ein einheitlicher Vertrag abgeschlossen.

**262**  Der Werkauftrag sollte möglichst genau definiert werden; aus dem Vertrag sollten sich die wesentlichen Merkmale des Werkes ohne weiteres ergeben. Der Vertrag sollte außerdem eine klare Vereinbarung über Fristen für die Ablieferung des Werkes in seiner endgültigen Fassung bzw der einzelnen Vorstudien sowie über die Abnahme und die Pflicht des Auftragnehmers zur Nachbesserung enthalten. Soweit der Auftraggeber ein besonderes Interesse daran hat, dass der Vertragspartner das Werk selbst herstellt (zB wegen besonderer künstlerischer Fähigkeiten), kann es sinnvoll sein, im Vertrag ausdrücklich zu regeln, dass der Vertragspartner seine Leistung persönlich erbringen muss und Hilfskräfte nur mit Genehmigung des Auftraggebers hinzuziehen darf.

---

**590** Wandtke/Bullinger/*Wandtke/Grunert* Vor §§ 31 ff UrhG Rn 48; Schricker/Loewenheim/*Schricker/Loewenheim* Vor §§ 28 ff UrhG Rn 63.

Ole Jani

Weil urheberrechtliche Vereinbarungen nicht automatisch auch Wirkung hinsichtlich des Sacheigentums an einem Werkstück entfalten, sollte ein Werkvertrag über die Herstellung urheberrechtlich geschützter Werke zusätzlich stets auch eine ausdrückliche Regelung über die sachenrechtliche Eigentumsverschaffung im Sinne des Bürgerlichen Gesetzbuches enthalten. Mit einer solchen Klausel wird klargestellt, dass der Urheber als Auftragnehmer dem Auftraggeber das Eigentum an dem Werk überträgt. Diese Vereinbarung sollte im Interesse des Auftraggebers die Übertragung des Eigentums an allen Gegenständen einschließen, die der Urheber im Zusammenhang mit dem Auftrag in allen Stadien des Schöpfungsprozesses herstellt (zB Zeichnungen, Pläne, Skizzen, Plastiken, Bilder, Figuren, Modelle, Fotografien, schriftliche Aufzeichnungen jeder Art, etc).

# § 17
# Alternative Lizenzmodelle

## I. Open Source, Copyleft, Creative Commons & Co

Inzwischen gibt es immer mehr Werke, die vor allem über das Internet als „User Generated Content"[591] erstellt und fortentwickelt werden und bei denen eine Zuordnung des kreativen Ergebnisses zu einem bestimmten Urheber nicht mehr im Vordergrund steht oder überhaupt nicht mehr möglich ist. Zunächst betraf dies vor allem die Entwicklung von Computerprogrammen als sog **Open-Source**-Software, ein weiteres Beispiel ist die Onlineenzyklopädie Wikipedia. Diese neuartigen Konzepte der Werknutzung und Werkbearbeitung sind mit den klassischen Urheberrechtsverträgen nicht zu realisieren. Es haben sich deshalb neuartige Lizenzmodelle herausgebildet, die berücksichtigen, dass die Urheber kein finanzielles Interesse verfolgen oder sogar gänzlich auf eine Anerkennung ihrer Urheberschaft verzichten.    **263**

Der Urheber kann auf sein Urheberrecht nicht verzichten. Aber er kann ein einfaches unentgeltliches Nutzungsrecht an jedermann einräumen (§§ 32 Abs 3 S 2 UrhG, 32a Abs 3 S 3, 32c Abs 3 S 2 UrhG). Mit dieser sog „Linux-Klausel" hat der Gesetzgeber dem wachsenden Bedürfnis nach Lizenzmodellen Rechnung getragen, die nicht auf dem Gedanken eines Monopolrechts beruhen, sondern von dem Ansatz einer kollektiven Schaffung und Weiterentwicklung des Werks geprägt sind.[592] Verfahren, durch die eine unbeschränkte Verbreitung von Kopien und Bearbeitungen eines Werkes ermöglicht werden, werden auch als **„Copyleft"** bezeichnet. Alle Ansätze stimmen darin überein, dass derjenige, der von den Rechten Gebrauch macht, nachfolgenden Nutzern seiner Werkfassung dieselben umfassenden Rechte gewähren muss. Damit wird sichergestellt, dass die freien Werke frei bleiben und nicht durch spätere Nutzer monopolisiert werden. Eine weit verbreitet Form dieser Lizenz nach dem Copyleft-Prinzip ist die GNU General Public License (GPL).[593] Sie ist eine besondere Form der Einräumung urheberrechtlicher Nutzungsrechte und gestattet jedermann, der die Bedingungen akzeptiert, die Vervielfältigung, Verbreitung und Veränderung des Werkes, wenn die Weitergabe ebenfalls wieder unter den Bedingungen dieser Lizenz    **264**

---

591 S Rn 23.
592 BT-Drucks 14/6433, 15; eingehend *Jaeger/Metzger* passim.

593 www.gnu.org/copyleft/fdl.html (Stand 14.3.2011); ausf *Marly* 186 ff; *Jaeger/Metzger* passim.

erfolgt, insb auf die GPL hingewiesen, der Lizenztext der GPL beigefügt, der Quellcode offen gelegt und auf einen Gewährleistungsausschluss hingewiesen wird.[594] Um die Einhaltung dieser Lizenzbedingungen in der gesamten Rechtekette zu gewährleisten, steht die Lizenz unter einer auflösenden Bedingung (§ 158 Abs 2 BGB). Verstößt der Nutzer bei der Bearbeitung der Software gegen Lizenzvoraussetzungen, verliert er die durch die GPL gewährten Nutzungs- und Bearbeitungsrechte automatisch.[595] Die Lizenzbedingungen der GPL sind als allgemeine Geschäftsbedingungen anzusehen, die einer Prüfung nach §§ 305 ff BGB unterfallen.[596] Ein anderes Lizenzmodell ist das des „Creative Commons" (CC).[597] Diese Lizenz wurde 2001 an der Stanford Universität entwickelt; sie steht für alle Werkarten zur Verfügung und ermöglicht dem Rechtsinhaber eine abgestufte Rechtevergabe, zB die Beschränkung auf bloße Vervielfältigung, das Verbot der Bearbeitung, das Verbot der kommerziellen Nutzung usw, und die einzelnen Bedingungen können auch beliebig kombiniert werden. Auch die CC-Lizenzen sind Allgemeine Geschäftsbedingungen.

**265**  Die Verbreitung von GPL- und CC-Lizenzen nimmt zu. Für bestimmte Nutzungen, bei denen eine unmittelbare kommerzielle Verwertung nicht im Vordergrund steht, haben diese Lizenzen inzwischen auch etablierte Verwerter für sich entdeckt. Trotz der „Linux-Klausel" ist das deutsche Urheberrecht auf diese neuen Formen der Rechtseinräumung gleichwohl nicht wirklich vorbereitet. Viele Fragen sind in diesem Bereich noch ungelöst. Das gilt insb auch für die rechtlichen Beziehungen der an der Entwicklung der Werke beteiligten Urheber untereinander sowie die kollisionsrechtliche Einordnung im Hinblick auf die Beschränkung des deutschen Urheberrechtsschutzes auf den Geltungsbereich des Urheberrechtsgesetzes.[598] Die CC-Lizenzen sind so flexibel, dass sie an die jeweilige nationale Urheberrechtsordnung angepasst werden können. Die Rechtsprechung hatte bislang nur wenig Gelegenheit, CC- und ähnliche Lizenzen nach deutschen Urheber- und AGB-Recht zu beurteilen.[599]

## II. Open Access

**266**  Eine besondere Form der Einräumung unentgeltlicher Nutzungsrechte für wissenschaftliche Veröffentlichungen ist das sog Open Access-Modell. Die Grundlagen für die Publikation im Rahmen von **Open Access** sind festgehalten in der „Berlin Declaration on Open Access to Knowledge in the Sciences and Humanities" vom Oktober 2003[600]. Open Access Veröffentlichungen werden mit Einverständnis des Urhebers im Internet dauerhaft und kostenfrei öffentlich zugänglich gemacht.[601] Mit dieser Form der Publikation soll nicht nur der weltweite digitale Zugang zu wissenschaftlichen Arbeiten gefördert werden. Sie ist vor allem auch der Versuch der Wissenschaftsorganisationen, sich von den großen Wissenschaftsverlagen unabhängig zu machen. Ob es tatsächlich gelingt, die etablierten internationalen Zeitschriften durch überzeugende Open Access Angebote zumindest teilweise zu ersetzen, bleibt abzuwarten. Auch die Befürworter von Open Access räumen ein, dass es bis dahin noch ein weiter Weg ist. Sollten Open Access Plattformen großer Wissenschaftsorganisationen, wie der Max-

---

[594] Wandtke/Bullinger/*Grützmacher* § 69c UrhG Rn 73.
[595] *Rehbinder* Rn 558; Dreier/Schulze/*Dreier* § 69a UrhG Rn 11.
[596] LG Frankfurt aM ZUM-RD 2006, 525.
[597] www.creativecommons.org.

[598] *Spindler* OpenSource 126 f und 133 f.
[599] Zur Rechtsprechung in anderen Ländern *Mantz* GRUR Int 2008, 20, 21 ff.
[600] Abrufbar unter oa.mpg.de/lang/berlin-prozess/berliner-erklaerung (Stand 14.3.2011).
[601] *Bargheer/Bellem/Schmidt* 6.

Planck-Gesellschaft, sich auch international als Alternative zu den klassischen Publikationsformen durchsetzen, wäre dies durchaus geeignet, Wettbewerb auf dem Markt für wissenschaftliche Publikationen zu fördern.

Die Publikation in Open Access Angeboten ist für viele Wissenschaftler heute noch **267** unattraktiv, weil diese Foren nicht über die notwendige Reputation verfügen. Die Frage nach der Beseitigung dieses strukturellen Nachteils gleicht dem Dilemma von Henne und Ei. Nur wenn renommierte Wissenschaftler hochrangige Beiträge liefern, kann sich Open Access etablieren. Die Bereitschaft, Open Access gegenüber anerkannten Zeitschriften den Vorzug zugeben, wird andererseits entscheidend davon abhängen, dass Open Access für den Autor und seine wissenschaftlichen Ziele eine gleichwertige Alternative bietet. Als Ausweg aus dieser Situation wird vonseiten der Wissenschaftsvertreter zunächst eine Erleichterung der Zweitverwertung per Open Access gefordert, um den Anbietern so den Aufbau eines attraktiven Basisangebots zu ermöglichen. Zu diesem Zweck fordern Bibliotheks- und Wissenschaftsorganisationen eine entsprechende Ergänzung des § 38 UrhG, durch die für die Autoren wissenschaftlicher Beiträge ein Zweitverwertungsrecht geschaffen werden. Insb die Urheber von überwiegend im Rahmen einer mit öffentlichen Mitteln finanzierten Lehr- und Forschungstätigkeit entstanden Werke sollen die Befugnis haben, das Werk nach Ablauf eines Jahres seit Veröffentlichung selbst oder mit Hilfe Dritter zu nicht kommerziellen Zwecken anderweitig zu verwerten. Und zwar auch dann, wenn der Verlag, der die Erstveröffentlichung besorgt hat, ein ausschließliches Nutzungsrecht erworben hat.[602] Diese Regelung soll den wissenschaftlichen Autoren eine Publikation ihrer Werke in Open Access Plattformen erleichtern und das nach Meinung der Befürworter dieser Regelung ungleiche Kräfteverhältnis zwischen den Verlagen und den wissenschaftlichen Autoren korrigieren. Das Erstverwertungsrecht des Verlegers würde nach ihrer Meinung nicht ungebührlich beeinträchtigt, da der Inhalt der Veröffentlichung nur mit nicht der Erstveröffentlichung entsprechender Paginierung erlaubt sein soll und damit in nicht zitierfähiger Form anderweitig zugänglich gemacht würde. Hintergrund des Vorschlags ist die vonseiten der Wissenschaft immer wieder vorgebrachte Kritik an der „Kommerzialisierung des Wissens", das mit öffentlichen Mitteln erzeugt wurde. Aus urheberrechtlicher Sicht ist die Forderung nach einem unverzichtbaren Zweitverwertungsrecht aber nicht unproblematisch. Wenn die Verfasser von wissenschaftlichen Aufsätzen usw ihre Forschungsergebnisse aus freier Entscheidung in kommerziellen Zeitschriften publizieren, um vom Ruf dieser Publikationen zu profitieren, dann steht das im Widerspruch zur Kritik an eben jenem kommerziellen System, dessen man sich selbst ganz bewusst und freiwillig bedient. Ob die Forschungsergebnisse mit öffentlichen Mitteln zustande gekommen sind, kann an dieser Stelle keine Rolle spielen. Die Kritiker aus der Wissenschaft wollen von den Vorzügen des kommerziellen Systems profitieren und zugleich frei in der Verfügung über ihre Werke bleiben. Wenn deutsche Autoren internationalen Zeitschriften keine vollwertigen ausschließlichen Nutzungsrechte mehr einräumen können, würde das den Urhebern aber weit mehr schaden als nützen. Ein Vorschlag zur Ergänzung von § 38 UrhG, den der Bundesrat in der Diskussion um den „Zweien Korb" gemacht hatte, ist von der Bundesregierung zurückhaltend bewertet und nicht weiterverfolgt worden.[603] Gesetzgeber hat angekündigt, er werde sich mit dieser Frage eingehend im Rahmen des Dritten Korbes befassen.[604]

---

**602** Statt aller *Hilty* 174, 191 f.
**603** BT-Drucks 16/1828, 39, 47.
**604** BT-Drucks 16/5939, 4.

### III. Die „Kulturflatrate" als Lösung aller Probleme im Internet?

**268**   Viele sehen den Kampf gegen illegale Nutzungen geschützter Werke im Internet als eine Schlacht, die nicht zu gewinnen ist. Befürworter der sog „Kulturflatrate" oder Content-Flatrate schlagen deshalb vor, gegen „Tauschbörsen" und ihre Nutzer nicht mit den nach ihrer Meinung untauglichen Mitteln des Urheberrechts vorzugehen, sondern diese Nutzungen zu dulden und zu vergüten. Dieses Vergütungsmodell ist als „Licence globale" anlässlich der Umsetzung der Multimedia-RL sehr intensiv in Frankreich diskutiert worden. Ihre Anhänger konnten sich allerdings nicht durchsetzen. Die Debatte hält jedoch angesichts der unaufhaltsamen Verbreitung des Internets als Massenmedium an, und die Idee der Kulturflatrate gewinnt vor allem in Bezug auf die Nutzung von Musikwerken in „Tauschbörsen"[605] auch in Deutschland weiter Anhänger.[606]

**269**   Die Kulturflatrate würde eine zusätzliche Schranke des Vervielfältigungsrechts (§ 16 UrhG) und des Recht der öffentlichen Zugänglichmachung (§ 19a UrhG) schaffen und die unautorisierte Verbreitung urheberrechtlich geschützter Werke über das Internet legalisieren. Eine pauschale Abgeltung würde die Primärverwertung durch der Rechtsinhaber massiv beeinträchtigen. Es ist deshalb zweifelhaft ob die Kulturflatrate überhaupt mit dem „Drei-Stufen-Test"[607] zu vereinbaren wäre[608] und damit fraglich, ob eine Grundlage im europäischen Recht hat. Problematisch ist dabei nicht so sehr der Eingriff in das Vervielfältigungsrecht – insofern könnte man an die bestehenden Regeln zur Privatkopie anknüpfen. Filesharing stellt zugleich immer auch einen Eingriff in das Recht der öffentlichen Zugänglichmachung dar. Dieses Exklusivrecht in seinem wichtigsten Anwendungsbereich auf einen reinen Vergütungsanspruch zu reduzieren, würde die urheberrechtspolitischen Bemühungen der vergangenen Jahre auf einen Streich erheblich entwerten. Denn die Ausschließlichkeitsrechte die das Urheberrecht gewährt, sind mehr als das: Sie geben dem Urheber die Befugnis darüber zu entscheiden, ob und zu welchen Bedingungen sein Werk genutzt werden darf.[609]

Vorbild für die Kulturflatrate ist die klassische Urheberrechtsabgabe auf Vervielfältigungsgeräte.[610] Als Pauschalabgabe soll sie auf Breitband-Internetanschlüsse erhoben werden, um damit die Down- und Uploads geschützter Werke im Internet abzugelten. Die Abgabe basiert auf der These, dass eine Kontrolle der Nutzungen mit den Mitteln des Urheberrechts und mit vertretbarem Aufwand überhaupt nicht möglich ist. Der Kampf der Rechtsinhaber gegen die illegalen Filesharing-Systeme sei nicht zu gewinnen. Filesharing sei ein gesellschaftliches Phänomen, das zu akzeptieren sei. Dieses Postulat der normativen Kraft des Faktischen ist bedenklich. Zwar unterliegt das Urheberrecht durchaus einem Wandel und ist an veränderte gesellschaftliche Bedingungen anzupassen. Auch mag für einzelne Rechtsinhaber die Kulturflatrate als „Spatz in der Hand" kurzfristig attraktiver erscheinen als nicht durchsetzbare Exklusivrechte. Eine vollständige Legalisierung des Filesharing – für einzelne oder sämtliche Werkarten – würde jedoch zu einem völligen Paradigmenwechsel führen, der an den Wurzeln des Urheberrechts als Eigentumsrecht rührt. Das Ziel, mit dem Urheber Anreize für künstlerisches Schaffen und für Investitionen in deren wirtschaftliche Verwertung zu setzen, würde in Frage gestellt.

---

**605** Dazu Rn 147.
**606** ZB www.privatkopie.net.
**607** S Rn 138 f.
**608** *Runge* GRUR Int 2007, 130, 136.

**609** So auch Leutheusser-Schnarrenberger „Berliner Rede zum Urheberrecht" v 14.6.2010; abrufbar unter bmj.bund.de.
**610** S Rn 181 ff.

# Kapitel 2
# Filmrecht

## Literatur

*Baur* Der Filmherstellerbegriff im Urheber-, Filmförderungs- und Steuerrecht UFITA 2004/III, 665; *Becker* Juristisches Neuland ZUM 2005, 303; *ders* Docufiction – ein riskantes Format ZUM 2008, 265; *Berauer* Filmstatistisches Jahrbuch 2006 Baden-Baden 2006; *C Berger* Verträge über unbekannte Nutzungsarten nach dem „Zweiten Korb" GRUR 2005, 907; *D Berger* Zum Anspruch auf angemessene Vergütung (§ 32 UrhG) und weitere Beteiligung (§ 32a UrhG) bei Arbeitnehmer-Urhebern ZUM 2003, 173; *ders* Der Anspruch auf angemessene Vergütung gemäß § 32 UrhG: Konsequenzen für die Vertragsgestaltung ZUM 2003, 521; *ders* Die Neuregelung der Privatkopie in § 53 Abs 1 UrhG im Spannungsverhältnis von geistigem Eigentum, technischen Schutzmaßnahmen und Informationsfreiheit ZUM 2004, 257; *Beucher/von Frentz* Kreditsicherung bei Filmproduktionen ZUM 2002, 511; *Bohr* Die urheberrechtliche Rolle des Drehbuchautors ZUM 1992, 121; *ders* Fragen der Abgrenzung und inhaltlichen Bestimmung der Filmurheberschaft UFITA 78 (1977), 95; *Bortloff* Internationale Lizenzierung von Internet-Simulcasts durch die Tonträgerindustrie GRUR Int 2003, 669; *Brandi-Dohrn* Der urheberrechtliche Optionsvertrag im Rahmen der Verträge über künftige Werke nach deutschem, österreichischem, schweizerischen und französischem Recht München 1967; *Brauneck/Brauner* Optionsverträge über künftige Werke im Filmbereich München 2006, 513; *Brauner* Das Haftungsverhältnis mehrerer Lizenznehmer eines Filmwerkes innerhalb einer Lizenzkette bei Inanspruchnahme aus § 32a UrhG ZUM 2004, 96; *Brehm* Filmrecht, Handbuch für die Praxis Gerlingen 2001; *Breloer* Verfilmung, Verfilmungsrecht und Fernsehfilm Berlin 1973; *Büscher/Müller* Urheberrechtliche Fragestellungen des Audio-Video-Streamings GRUR 2009, 558; *Chakraborty* Das Rechtsinstitut der freien Benutzung im Urheberrecht Baden-Baden 1997; *Czernik* Die Collage in der urheberrechtlichen Auseinandersetzung zwischen Kunstfreiheit und Schutz des geistigen Eigentums Berlin, 2008; *ders* § 137l UrhG – Eine ungewöhnliche Übergangsregelung GRUR 2009, 913; *Delp* Das Recht des geistigen Schaffens in der Informationsgesellschaft Medienrecht Urheberrecht Urhebervertragsrecht 2. Aufl München 2003; *Dreier/Schulze* Urheberrecht Kommentar, 3. Aufl München 2008 (zit Dreier/Schulze/*Bearbeiter*); *Dreyer/Kotthoff/Meckel* Urheberrecht, Kommentar, 2. Aufl Heidelberg 2009 (Dreyer/Kotthoff/Meckel/*Bearbeiter*); *Diesbach/Bohrmann/Vollrath* »Public-Viewing« als Problem des Urheber- und Wettbewerbsrechts ZUM 2006, 265; *Eickmeier/ Eickmeier* Die rechtlichen Grenzen des Doku-Dramas. Zur Zulässigkeit der Verfilmung des Lebens- und Charakterbildes einer Person der Zeitgeschichte ZUM 1998, 1; *Eickmeier/Fischer-Zernin* Ist der Formatschutz am Ende? – Der gesetzliche Schutz des Fernsehshowformats nach der „Sendeformat"-Entscheidung des BGH GRUR 2008, 755; *Fangerow/Schulz* Die Nutzung von Angeboten auf www.kino.to – Eine urheberrechtliche Analyse des Film-Streamings im Internet GRUR 2010, 677; *Fischer/Reich* Der Künstler und sein Recht 2. Aufl München 2007 (zit Fischer/Reich/*Bearbeiter*); *Flechsig* Formatschutz und Anforderungen an urheberrechtlich geschütztes Werkschaffen ZUM 2003, 767; *Flechsig/Kuhn* Das Leistungsschutzrecht des ausübenden Künstlers in der Informationsgesellschaft ZUM 2004, 14; *Franz* Die Übertragung von DVD-Rechten auf zweiter Stufe in Altverträgen ZUM 2006, 306; *Fromm/Nordemann* (Hrsg) Urheberrecht, Kommentar, 10. Aufl Stuttgart (zit Fromm/Nordemann/*Bearbeiter*); *Fuchs* Avantgarde und Erweiterter Kunstbegriff Eine Aktualisierung des Kunst- und Werkbegriffs im Verfassungs- und Urheberrecht Baden-Baden 2000; *von Gamm* Urheberrechtsgesetz, Kommentar München 1968; *Gerlach* Ausübende Künstler als Kreative 2. Klasse? ZUM 2008, 372; *Götting* Schöpfer vorbestehender Werke, ZUM 1999, 3; *ders* Die Regelung der öffentlichen Wiedergabe nach § 87 Abs 1 Nr 3 UrhG ZUM 2005, 185; *Graef* Das Recht am „Remake" – Rückrufmöglichkeiten des Wiederverfilmungsrechts GRURPrax 2010, 192; *Grün* Der Ausschluss der Unterlassungsklage und des vorläufigen Rechtsschutzes in urheberrechtlichen Verträgen ZUM 2004, 733; *Habersack* Die Anerkennung der Rechts- und Parteifähigkeit der GbR und der akzessorischen Gesellschafterhaftung durch den BGH BB 2001, 477; *Haesner* Zitate in Filmwerken GRUR 1986, 854; *von Have/Eickmeier* Der gesetzliche Rechtsschutz von Fernseh-Show-Formaten ZUM 1994, 269; *Heeschen* Urheberpersönlichkeitsrecht und Multimedia Berlin 2003; *Heidmeier* Das Urheberpersönlichkeitsrecht und der Film Frankfurt aM 1996; *Hertin* Urheberrecht München 2004; *Hess* Urheberrechtsprobleme der Parodie Baden-Baden 1993; *Hofmann* Virtuelle Personal Video Recorder vor dem Aus? – Kritische Analyse der bisherigen Rechtsprechung zu virtuellen PVR, MMR 2006, 793; *Homann* Praxis-Handbuch Filmrecht 2. Aufl Berlin 2004; *Huber* Zulässigkeit von Veränderungen am fertiggestellten Filmwerk im Hinblick auf das Urheberpersönlichkeitsrecht des Filmregisseurs Frankfurt aM 1993; *Jacobshagen* Filmrecht – Die Verträge Bergkirchen 2005; *Jani* Der Buy-Out-Vertrag im Urheberrecht Berlin 2003; *ders* Was sind offensichtlich rechtswidrig hergestellte Vorlagen? – Erste Überlegungen zur Neufassung von § 53 Abs 1 S 1 UrhG ZUM 2003, 842; *Katzenberger* Die urheberrechtliche Stellung der Filmarchitekten und Kostümbildner ZUM 1988, 545; *Kellerhals/Lehmkuhl* Wer profitiert von der Übertragungsfiktion des § 137l Abs 1 UrhG in der Lizenzkette? ZUM 2010, 677; *Klages* (Hrsg) Grundzüge des Filmrechts München 2004; *Kreile/Höfinger* Der Produzent als Urheber ZUM 2003, 719; *Krüger* Kritische Bemerkungen zum Regierungsentwurf für ein Gesetz zur Regelung des Urheberrechts in der Informationsgesellschaft aus der Sicht eines Praktikers ZUM 2003, 122; *Loewenheim* (Hrsg) Handbuch des Urheberrechts, 2. Aufl München 2010 (zit Loewenheim/*Bearbeiter*); *Mainzer Rechtshandbuch der Neuen Medien* Heidelberg 2003 (zit *Bearbeiter* in Mainzer Rechtshandbuch); *Metzger* Rechtsgeschäfte über das Droit moral im deutschen und französischen Urheberrecht München 2002; *Moser* Tonträgerrechte ZUM 1996, 1025; *Nordemann* Das neue Urhebervertragsrecht München 2002; *ders* Nutzungsrechte oder Vergütungsansprüche Zur Systematik moderner Urheberrechtsordnungen GRUR 1979, 280; *Ory* Durchsetzung einer „Gemeinsamen" Vergütungsregel nach § 36 UrhG gegen den Willen einer Partei ZUM 2006, 914; *Ott* Der Filmproduzent ist kein Urheber ZUM 2003, 765; *Palandt* Bürgerliches Gesetzbuch, 70. Aufl München 2011 (zit Palandt/*Bearbeiter*); *Paschke* Urheberrechtliche Grundlagen der Filmauftragsproduktion ZUM 1984, 403; *Pense* Der urheberrechtliche Filmherstellerbegriff des § 94 UrhG ZUM 1999, 121; *Peters* Fernseh- und Filmproduktion Baden-Baden 2003; *Platho* „Colorization" – und die Möglichkeiten ihrer Verhinderung durch die Mitwirkenden am Filmwerk GRUR 1987, 424; *Poll* Neue internetbasierte Nutzungsformen – Das Recht der Zugänglichmachung auf Abruf (§ 19a UrhG) und seine Abgrenzung zum Senderecht (§§ 20, 20b UrhG) GRUR 2007, 476; *ders* Anmerkung zu dem Urteil des KG Berlin vom 27.6.2003 – 5 U 96/03 ZUM 2003, 866; *ders* Urheberschaft und Verwertungsrechte am Filmwerk ZUM 1999, 29; *Rademann* Kino.ko – Filmgucken kann Sünde sein ZUM 2010, 387; *Reber* Die Redlichkeit der Vergütung (§ 32 UrhG) im Film- und Fernsehbereich GRUR 2003, 393; *Reinhard/Distelkötter* Die Haftung des Dritten bei Bestsellerwerken nach § 32a Abs 2 UrhG, ZUM 2003, 269–276; *Reinhart* Das Institut der freien Benutzung im Urheberrecht UFITA 103 (1986), 65; *Reupert* Der Film im Urheberrecht Neue Perspektiven nach hundert Jahren Film Baden-Baden 1995; *Schack* Rechtsprobleme der Online-Übermittlung GRUR 2007, 639; *ders* Zur Beteiligung der Sendeunternehmen an der Geräte- und Speichermedienabgabe des § 54 I UrhG GRUR Int 2009, 490; *ders* Urheber- und Urhebervertragsrecht, 5. Aufl Tübingen 2010; *Schmidt* Der Vergütungsanspruch des Urhebers nach der Reform des Urhebervertragsrechts ZUM 2002, 781; *Schricker* (Hrsg) Urheberrecht auf dem Weg zur Informationsgesellschaft Baden-Baden 1997 (zit *Schricker* Informationsgesellschaft); *Schricker/Loewenheim* (Hrsg) Urheberrecht, Kommentar, 4. Aufl München 2010 (zit Schricker/Loewenheim/*Bearbeiter*); *Scholz* Zum Fortbestand abgeleiteter Nutzungsrechte nach Wegfall der Hauptlizenz – Zugleich Anmerkung zu BGH „Reifen Progressiv" GRUR 2009, 1107; *Spindler* Europäisches Urheberrecht in der Informationsgesellschaft GRUR 2002, 105; *Straßer* Die Abgrenzung der Laufbilder vom Filmwerk Baden-Baden 1995; *Schulz* Das Zitat in Film- und Multimediawerken ZUM 1998, 221; *Schulze* Vergütungssysteme und Schrankenregelungen GRUR 2005, 828; *ders* Zur Beschränkung des Filmherstellungsrechts bei Musikwerken GRUR 2001, 1084; *ders* Urheber- und leistungsschutzrechtliche Fragen virtueller Figuren ZUM 1997,

77; *Schwarz* Der Options- und Verfilmungsvertrag, in: Becker/Schwarz (Hrsg) Aktuelle Rechtsprobleme der Filmproduktion und Filmlizenz Baden-Baden 1999, 201; *ders* Schutzmöglichkeiten audiovisueller Werke von der Idee bis zum fertigen Filmwerk – aus der Sicht anwaltlicher Beratung ZUM 1990, 317; *ders* Der ausübende Künstler ZUM 1999, 40; *ders* Die Vereinbarung angemessener Vergütungen und der Anspruch auf Bestsellervergütungen aus Sicht der Film- und Fernsehbranche ZUM 2010, 107; *Schwarz/Klingner* Rechtsfolgen der Beendigung von Filmlizenzverträgen GRUR 1998, 103; *Seydel* Die Zitierfreiheit als Urheberrechtsschranke unter besonderer Berücksichtigung der digitalen Werkverwertung im Internet Köln 2002; *Ulmer-Eilfort* Zur Zukunft der Vervielfältigungsfreiheit nach § 53 UrhG im digitalen Zeitalter in Zollner/Fitzner (Hrsg) Festschrift für Wilhelm Nordemann Baden-Baden 1999, 285; *Umbeck* Rechtsübertragungsklauseln bei der Filmauftrags- und Koproduktion öffentlich-rechtlicher Rundfunkanstalten München 2000; *Veit* Filmrechtliche Fragestellungen im digitalen Zeitalter Baden-Baden 2003; *Ullrich* Webradioportale, Embedded Videos & Co. – Inline-Linking und Framing als Grundlage urheberrechtlich relevanter (Anschluss-)Wiedergaben ZUM 2010, 853; *Ventroni* Das Filmherstellungsrecht Baden-Baden 2001; *Wallner* Der Schutz von Urheberwerken gegen Entstellungen unter besonderer Berücksichtigung der Verfilmung Frankfurt aM 1995; *Wandtke* Die Rechtsfigur „gröbliche Entstellung und die Macht der Gerichte", in Ohly/Bodewig/Dreier/Götting/Haedicke/Lehmann (Hrsg) Perspektiven des geistigen Eigentums und Wettbewerbsrechts, Festschrift für Gerhard Schricker zum 70. Geburtstag München 2005, 609; *Wandtke/Holzapfel* Ist § 31 IV UrhG noch zeitgemäß? GRUR 2004, 285; *Weber* Der Optionsvertrag JuS 1990, 249; *Weltersbach* Produzent und Producer ZUM 1999, 55; *Wente/Härle* Rechtsfolgen einer außerordentlichen Vertragsbedingung auf die Verfügungen in einer „Rechtekette" im Filmlizenzgeschäft und ihre Konsequenzen für die Vertragsgestaltung GRUR 1997, 96; *Wille* Einräumung von Rechten an unbekannten Nutzungsarten als überraschende Klausel iS des § 305c I BGB GRUR 2009, 470; *Zlanabitnig* Zum Entstellungsschutz von Filmwerken AfP 2005, 35.

*Übersicht*

Ilja Czernik

Ilja Czernik

# § 1
## Der Film als Sinnbild zahlreicher Probleme

**1**   Das Urheberrecht durchlebt im Moment den stärksten Wandel überhaupt. Die bisherige Balance der analogen Welt ist in der digitalen Wirklichkeit spätestens mit der Nutzung des Internets als Massenkommunikationsmittel längst aus den Fugen geraten.[1] Dabei hat das Internet den Wunsch vieler Nutzer nach einer Gratiskultur zusätzlich noch befördert. Denn urheberrechtlich geschützte Werke und dabei insb Film können durch Digitalisierung praktisch ohne Qualitätsverlust über Interplattformen wie kino.to, rapidshare oder shift tv auf jedem mit dem Internet verbundenen Computer kostenlos angeschaut werden. Dieser neuen Bedrohungslage muss sich das Urheberrecht stellen, weswegen im folgenden die wichtigsten Felder in dieser Hinsicht diskutiert werden.

**2**   Eine weitere Besonderheit beim Film besteht darin, dass es sich nicht auf die Primärverwertung nämlich die Kinoverwertung beschränkt. Filme können in verschiedenen Nutzungsarten ausgewertet werden, was verschiedene Lizenzpartner voraussetzt. Darüber hinaus kommt beim Film ein Element zum Tragen, dass bei multimedialen Werken mehr und mehr zum Bestimmenden wird. Denn während einem Maler

---

[1] Vgl dazu *Lawrence Lessig* „Es geht nicht darum Madonnas Musik zu stehlen", SZ-Interview mit Andreas Zielke, www.sueddeutsche.de/kultur/artikel/62/95966/.

Ilja Czernik

die Leinwand reicht, einem Schriftsteller ein Blatt Papier, ist der Film nur in den seltensten Fällen das Produkt einer einzelnen Person. Der Film ist als Gesamtwerk das Produkt der Arbeit vieler Kreativer, die mit ihrer Leistung einen notwendigen Beitrag für sein Gelingen beisteuern. Das Zusammenspiel der Beteiligten, ihre Rechtsverhältnisse zueinander aber auch mit Dritten sowie ihre Rechtstellung wird daher im nachfolgenden ausführlich beleuchtet.

Im Filmbereich spielt die verfassungsrechtlich normierte Kunstfreiheit eine große **3** Rolle. Denn auch hier geht es um Fragen der unentgeltlichen und einwilligungsfreien Verwertbarkeit bereits bestehender Werke im nachgeschaffenen Film. Einen Ausgleich zwischen den Interessen der Beteiligten ist dabei nicht immer leicht, weswegen nachfolgend die wichtigsten Problemstellungen hierzu diskutiert werden.

Im Ergebnis mag man den Film heute gleichsam als Beispiel für eine neue Genera- **4** tion von urheberrechtlichen Problemen erkennen. Diese Probleme verlangen bereits heute von der urheberrechtlichen Bewertung des Films dasjenige ab, was mit der Zunahme von Verwertungsmöglichkeiten in der Zukunft urheberrechtlich geschützte Werke aller Kategorien vor eine grundlegend neue Betrachtung stellen wird. Insofern sind die nachfolgenden Ausführungen nicht nur auf das Filmwerk beschränkt, sind aber durch dessen Besonderheiten bestimmt.

## § 2
## Der Film als Medienprodukt

Als Film gilt jede **Bildfolge oder Bild-/Tonfolge,** die durch Aneinanderreihung von **5** Einzelbildern den Eindruck eines bewegten Bildes vermittelt.[2]

### I. Das Filmwerk

#### 1. Der Film als geistiges Produkt

Ein Film kann ausweislich des Wortlauts in **§ 2 Abs 1 Nr 6 UrhG** ein urheber- **6** rechtlich geschütztes Werk sein. Dazu bedarf es eigener schöpferischer Leistungen der Filmemacher, die die Komposition der Bild- oder Bild-/Tonfolge als geistiges Produkt iSd § 2 Abs 2 UrhG erkennen lassen. Die Anforderungen daran liegen auch beim Film nicht über den generell für den Werkcharakter im Allgemeinen geltenden Voraussetzungen.[3] Insb kommt es für die Feststellung der Schutzfähigkeit des Filmes nicht auf seine Länge an. So können auch **kurze Abschnitte** eines Filmes persönlich geistige Schöpfungen sein, solange es sich bei diesen um zusammenhängende Bild- bzw Bild- und Tonfolgen handelt, die eine eigenschöpferische Prägung erkennen lassen.[4]

Die für den Urheberrechtsschutz des Films erforderliche Schöpfungshöhe kann an- **7** hand einer Vielzahl von Einzelkriterien bestimmt werden, die vor allem beim Fiktivfilm gegeben erfüllt sein sollten. So gelten vor allem eine dramaturgisch durchgearbei-

---

[2] Umfassend zum Filmbegriff *Veit* 14 ff.
[3] Vgl dazu unten Rn 7 ff.
[4] OLG Hamburg GRUR 1997, 822 (1. LS) – Edgar-Wallace-Filme; generell zu dieser Frage zuletzt BGH GRUR 2008, 1081, 1082 – Starlight Express.

tete Handlung,[5] die Ausgestaltung der Filmszenerie[6] etwa durch Kulissenbauten, Kostümwahl, Örtlichkeiten, Figurenzeichnung und Bewegungsabläufe der Dargestellten, Kameraeinstellungen und besondere Arten der Beleuchtung[7], die gewählten Schnitte und der Einsatz technischer Mittel[8] als **Indizien für individuelles Schaffen** und damit für eine Werkeigenschaft des Films. **Maßgebliches Feststellungskriterium** ist dabei immer eine **Gesamtbetrachtung des Films.** Diese muss erkennen lassen, dass tatsächlicher Geschehensablauf und künstlerische Regieleistung in einer Weise miteinander verbunden worden sind,[9] dass dabei eine eigene Prägung zum Tragen kommt.[10] Zu beachten ist, dass die schöpferische Tätigkeit nicht auf die Filmaufnahmephase beschränkt ist. Auch in der sog Post-Production-Phase kann durch Sammlung, Auswahl und Zusammenstellung des Bildmaterials und der einzelnen Bildmotive der Film Individualität erhalten.[11]

**8**      Jede Entscheidung in dieser Frage bleibt immer einer **Feststellung im Einzelfall** überlassen.[12] Zu beachten ist dabei, dass sich die **Individualität eines Filmes immer aus dem Film selbst** ergeben muss.[13]

### 2. Zur Urheberrechtsfähigkeit von Realitätsabbildenden Filmwerken

**9**      Regelmäßig werden vor allem dann Zweifel an der Urheberrechtsfähigkeit von Filmen geäußert, wenn diese wie Reality Soaps die Realität abbilden. Diese Zweifel sind aber unberechtigt. Denn **maßgebliches Feststellungskriterium bleibt auch hier allein** § 2 Abs 2 UrhG. Dieser kann auch bei Reality Soaps oder anderen wirklichkeitsabbildenden Filmen erfüllt sein. So findet sich in der Rechtsprechung für diese Fälle eine gelungene definitorische Festlegung, die man wohl generell als unteren Gradmesser für die schöpferische Gestaltung eines Filmwerkes ansehen kann und nach der **wirklichkeitsabbildende Filme als grds urheberrechtlich schützenswert** angesehen werden müssen: So liegt nach Auffassung des BGH bei wirklichkeitsabbildenden Geschehnissen dann eine persönlich geistige Schöpfung vor, wenn Auswahl, Anordnung und Sammlung des Stoffes sowie die Art der Zusammenstellung der einzelnen Bildfolgen das Ergebnis individuellen Schaffens sind.[14]

**10**      **Keine Voraussetzungen** für den Urheberrechtsschutz ist eine **dauerhafte Fixierung auf einem körperlichen Träger**, so dass auch **Live-Sendungen** Filmwerke sein können.[15] Weiter gilt, dass auch die **Art und Weise der Herstellung** keine Rolle für die Bestimmung der Werkeigenschaft spielt.[16] Entscheidend ist allein der äußere Eindruck, der eine bewegte Bildfolge erkennen lassen muss.[17]

---

5 BGH GRUR 1984, 730, 733 – Filmregisseur.
6 Loewenheim/*A Nordemann* § 9 Rn 172.
7 OLG Hamburg GRUR 1997, 822 (1. LS) – Edgar-Wallace-Filme.
8 KG ZUM 2003, 863, 864 – „Beat Club".
9 BGH GRUR 1984, 730, 732 f – Filmregisseur.
10 KG ZUM 2003, 863, 864 – „Beat Club", vgl dazu zust *Poll* ZUM 2003, 866.
11 OLG Hamburg BeckRS 2010, 20829.
12 Vgl zuletzt besonders ausf in dieser Frage KG ZUM 2003, 863, 864 – „Beat Club".
13 Dreier/Schulze/*Schulze* § 89 UrhG Rn 5; Loewenheim/*A Nordemann* § 9 Rn 166.

14 BGHZ 9, 262, 268 – Lied der Wildbahn I; BGH GRUR 1984, 730, 732 – Filmregisseur; vgl zuletzt auch bei OLG Frankfurt ZUM 2002, 226, 227 – Meisterwerke; vgl umfassend zur Rechtsprechung des BGH bei *Reupert* 53 ff.
15 Vgl dazu auch die AmtlBegr zum UrhG von 1965, UFITA 45 (1965/II), 251; sowie bei BGHZ 37, 1, 6 – AKI; Wandtke/Bullinger/ *Bullinger* § 2 UrhG Rn 121.
16 Vgl dazu auch die Bsp bei Wandtke/Bullinger/*Bullinger* § 2 UrhG Rn 122.
17 Wandtke/Bullinger/*Bullinger* § 2 UrhG Rn 120.

### 3. Zur Gleichbehandlung von filmähnlichen Werken gegenüber „klassischen" Filmwerken

Im Zuge der medialen Revolution hat sich der Film auch in seiner Herstellung ver-**11** ändert. Denn seit Edison mit dem Kinetoskop die erste Filmmaschine erfunden hat, ist gerade der Filmbereich durch zahlreiche Weiterentwicklungen gegangen. Fernseh-filme, digital aufgezeichnete Filme, Zeichentrickfilme, computeranimierte Filme, 3-D-Filme und Computerspiele haben die Palette rund um den klassischen Kinofilm erweitert. Diese Entwicklung im medialen Bereich hat dazu geführt, dass der Filmbegriff heute weit ausgelegt wird. Teilweise wird im Zusammenhang mit diesen Erscheinungen von **filmähnlichen Werken** gesprochen, teilweise werden die beschriebenen Filmformen bereits direkt als Filmwerke anerkannt.[18] Bedeutung für die Frage der Werk-eigenschaft hat diese Unterteilung nicht, da § 2 Abs 1 Nr 6 Alt 2 UrhG filmähnliche Werke mit in den Urheberschutz einbezieht. Teilweise werden aber Unterscheidungen im Umgang mit §§ 88 ff UrhG getroffen. Danach gibt es Stimmen, die eine Anwendung dieser Sonderregelungen auf filmähnliche Werke ablehnen. Dies ist jedoch nicht nachvollziehbar, da die **Sonderregelungen der §§ 88 ff UrhG nicht von der Art und Weise der Herstellung abhängig** sind, sondern vielmehr an die durch die Vielzahl der Mitwirkenden und die hohen Herstellungskosten bedingten Besonderheiten des filmischen Schaffens anknüpfen.[19] Diese sind aber bei den filmähnlichen Werken in gleicher Weise gegeben. Eine grundsätzliche Andersbehandlung filmähnlicher Werke lässt sich damit unter Beachtung von Sinn und Zweck des Gesetzes nicht vornehmen.

### 4. Der Film als ein Gesamtwerk

Eine Besonderheit des Filmwerks besteht darin, dass das Filmwerk als Gesamtwerk **12** geschützt wird.[20] Denn durch die Zusammenfassung der verschiedenen optischen und akustischen Signale im Wege einer einheitlichen Darstellung, ordnen sich die einzelnen Werkbeiträge dem Film als Hauptwerk unter und werden auf diese Weise zu einem **untrennbaren Teil** desselben.[21]

So ist es dann auch der **Filmtext** nicht etwa mehr Sprachwerk als vielmehr aus-**13** schließlich Bestandteil des einheitlichen Filmwerkes.[22]

---

[18] Für die genaue Zuordnung vgl *Veit* 29 ff, der im Zusammenhang mit Computerspielen jedoch von einer eigenständigen und über den entwicklungsoffenen Tatbestand des § 2 Abs 2 UrhG geschützten Werkart ausgeht (49); dem widersprechen sowohl Rechtsprechung (OLG Köln GRUR 1992, 312, 313 – Amiga Club; OLG Hamburg GRUR 1990, 127, 128 – Super Mario III; BayObLG GRUR 1992, 508, 509 – Verwertung von Computerspielen), als auch die ganz überwiegende Meinung in der Literatur (vgl statt vieler Dreyer/Kotthoff/Meckel/*Dreyer* § 2 UrhG Rn 250, 259; Wandtke/Bullinger/*Bullinger* § 2 UrhG Rn 129) die sowohl die

statische als auch die sich durch die interaktive Handlung des Benutzers ergebende variable Bildfolge als Filmwerke ansehen.
[19] Vgl dazu die AmtlBegr zum UrhG von 1965, UFITA 45 (1965/II), 316.
[20] *Hertin* Rn 98; Dreyer/Kotthoff/Meckel/*Dreyer* § 2 UrhG Rn 246, der zusätzlich darauf hinweist, dass die Wiedergabe eines Filmes deswegen auch nur als Vorführung nach § 19 Abs 4 UrhG nicht aber als Aufführung gewertet werden darf.
[21] Fischer/Reich/*Reich* § 3 Rn 25.
[22] BGH GRUR 1987, 362, 363 – Filmzitat.

## II. Das Laufbild

### 1. Definition und Schutzzweck des Laufbildes

**14**     Dort, wo der von § 2 Abs 2 UrhG vorausgesetzte Grad an schöpferischer Leistung nicht erreicht wird, spricht man vom Film als sog Laufbild. Hierbei wird durch die ‚Verfilmung' **nichts Eigenständiges** geschaffen.[23] Dennoch bestimmt § 95 UrhG, dass die §§ 88, 89 Abs 4, 90, 93, 94 UrhG entsprechend anzuwenden sind. Dies hat ua zur Folge, dass auch kürzeste Filmausschnitte eines Filmwerkes, da diesen Laufbildcharakter nach Maßgabe des § 95 UrhG zugestanden werden muss, über § 95 iVm § 94 UrhG geschützt sind.[24]

**15**     Dabei ist fraglich, ob es eines solchen absolut wirkenden Leistungsschutzrechtes nach § 95 iVm § 94 UrhG zugunsten des Laufbildherstellers wirklich bedarf. Denn zum einen wird die Gestaltungs- und Benutzungsfreiheit nachschaffender Künstler und privater Nutzer dadurch zusätzlich noch bei Werken beschränkt, die keine persönliche geistige Schöpfung sind, zum anderen könnte die Produzentenleistung beim Laufbild auch unter wettbewerbsrechtlichen Gesichtspunkten bereits ausreichend geschützt sein. Angesichts dessen sollte der Laufbildschutz zumindest durch eine **großzügige Anwendung der Schrankenregelungen der §§ 23, 44a ff UrhG**, sowie im speziellen der Regelung über die freie Benutzung nach § 24 UrhG abgefedert werden. Dies folgt nicht zuletzt aus der fehlenden Individualität des Laufbildes. Zudem wird hier anders als bei Lichtbildern kein Mindestmaß an handwerklicher Leistung verlangt, was einen Leistungsschutz möglicherweise noch gerechtfertigt hätte.

**16**     Die Existenz des § 95 UrhG führt nicht dazu, dass im Filmbereich die sog **kleine Münze** nicht geschützt wird. Daran könnte man zwar angesichts der Regelung des § 95 UrhG denken. Dieser Überlegung wird jedoch Sinn und Zweck des § 95 UrhG nicht gerecht. Denn mit § 95 UrhG soll nicht etwa in erster Linie ein „Machwerk" geschützt werden, vielmehr gibt § 95 UrhG dem Produzenten eines Laufbildes ein verwandtes Schutzrecht an die Hand, um dessen organisatorische und wirtschaftliche Leistung zu würdigen und ihn vor finanziellen Risiken abzusichern;[25] (was einmal mehr dafür spricht, dass hier kein kreatives, sondern ein ausschließlich, vom Sinn und Zweck des Urhebergedankens eigentlich nicht erfasstes wettbewerbsrechtliches Schutzrecht vorliegt).

### 2. Anwendungsbeispiele

**17**     Als Laufbilder gelten nach der üA in Literatur und Rechtsprechung[26] insb **pornografische Filme**, da ihnen keine individuelle Anschauung oder Gestaltungsweise des Schöpfers mitgegeben sei, sondern sie sich ausschließlich als sexuell stimulierend erweisen sollen.[27] Dogmatisch überzeugt diese Wertung nicht, da eine Verweigerung des Urheberrechtsschutzes hier vor allem über eine sittliche Wertung begründet wird, die aber bei der Bestimmung der Schutzfähigkeit von Werken keinerlei Rolle spielen

---

**23** So bereits die AmtlBegr zum UrhG von 1965, vgl dazu UFITA 45 (1965/II), 321.
**24** OLG Frankfurt ZUM 2005, 477, 479 – tvtotal.
**25** OLG München NJW-RR 1997, 1405, 1406 –

Boxveranstaltung; Loewenheim/*A Nordemann* § 9 Rn 174.
**26** OLG Hamburg FuR 1984, 661, 662 – Pornofilme; *Reupert* 59 f; *Straßer* 129 ff.
**27** *Straßer* 131.

darf. Unabhängig von moralischen Überlegungen sollte auch ein pornografisches Werk ausschließlich an den Voraussetzungen des § 2 Abs 2 UrhG gemessen werden.[28]

Weiter wurden von der Rechtsprechung **reine Naturaufnahmen** unter Fehlen jeg- **18** licher eigener Prägung,[29] **Tages- und Wochenschauen**, die lediglich über politische, wirtschaftliche und kulturelle Ereignisse berichten und die ausschließlich aneinander-gereiht und nicht etwa gestalterisch auf der Grundlage einer gedanklich schöpferi-schen Tätigkeit zusammengefügt wurden,[30] sowie bloße **Filmaufnahmen von Theater-aufführungen** als Laufbilder gewertet.[31] In der Erweiterung der vermarktungstech-nischen Möglichkeiten wird daneben zunehmend eine Anwendung des Laufbild-schutzes bei sog Flashcards diskutiert. Hierbei handelt es sich um sehr kurze Film-sequenzen aus einem bestehenden Filmwerk, in denen trailerartig Kurzporträts von Filmcharaktern online abrufbar gemacht werden. Weiterhin ist an einen Laufbild-schutz bei bewegten Icons, Bildfolgen, isoliert man diese von der Hompage, sowie bei Bildschirmschonern zu denken.

Letztlich lässt sich keine abschließende Kategorisierung von Inhalten festhalten, **19** aus denen der Laufbildschutz folgt. Jede Wertung bleibt im Einzelfall von einer Ent-scheidung nach den oben festgestellten Kriterien abhängig.[32] Kein Laufbildcharakter kommt jedenfalls Aufzeichnungen zu, die mittels einer Überwachungskamera aufge-zeichnet werden. Hierin liegt keine dem Sinn und Zweck des § 95 UrhG entsprechende Aufzeichnung. Denn im Aufstellen der Überwachungskamera und in der bloßen Auf-nahme liegt keine schützenswerte organisatorische Leistung, mit der ein wirtschaft-liches Risiko eingegangen wird, das über § 95 UrhG ausgeglichen werden müsste.

## III. Die Einzelbilder im Film

### 1. Lichtbildwerke und Lichtbilder

Die im Film enthaltenen **Einzelbilder** werden nicht als Filmwerk geschützt. Sie **20** werden vielmehr als **Lichtbildwerke nach § 2 Abs 1 Nr 5 UrhG**, sowie, sollten sie den Anforderungen einer persönlich geistigen Schöpfung nicht genügen, als **Lichtbilder nach § 72 UrhG** angesehen.[33]

Zu beachten ist dabei, dass ein **Lichtbildwerk** immer auch ein **Werk der bildenden** **21** **Kunst** sein kann.[34] Diese Feststellung ist deswegen entscheidend, da das **Folgerecht** nach § 26 Abs 1 UrhG in diesem Fall ausnahmsweise auf das konkrete Einzelbild, nicht jedoch auf den Film, Anwendung findet.

**28** So auch *Veit* 58 Fn 191.
**29** BGHZ 9, 262, 265 – Lieder der Wildbahn I.
**30** LG Berlin GRUR 1962, 207, 208 – Mai-feiern; vgl zur Abgrenzung auch bei LG Mün-chen I ZUM 1993, 370, 373 – Videorechte an NS Propaganda-Filmen.
**31** Diese Kategorien gelten in der Literatur als allgemein anerkannt vgl dazu statt vieler Dreyer/Kotthoff/Meckel/*Dreyer* § 2 UrhG

Rn 260; Schricker/Loewenheim/*Loewenheim* § 2 UrhG Rn 187.
**32** Vgl dazu Rn 14.
**33** BGHZ 9, 262, 264 – Lieder Wildbahn I.
**34** Dies wird insb bei Einzelbildern von Com-puterspielen angenommen, vgl *Schulze* ZUM 1997, 77, 78; *Veit* 41; Wandtke/Bullinger/*Bullin-ger* § 2 UrhG Rn 130.

### 2. Schutzdauerproblematik bei Lichtbildwerken, die aus Laufbildern entnommen sind

**22**  Für die Feststellung der Werkeigenschaft eines Einzelbildes kommt es nicht darauf an, ob es einem Filmwerk entnommen wurde. Vielmehr muss das Filmeinzelbild als solches fotografisch gestaltet worden, mithin eine persönlich geistige Schöpfung sein. Damit können auch solche Einzelbilder Lichtbildwerke sein, die einem Laufbild entnommen sind. Dies ist freilich nicht ganz unproblematisch. So besteht hier eine Schwierigkeit in der Bestimmung der Schutzdauer von Lichtbildwerken. Denn während der Laufbildschutz nach §§ 95 iVm 94 Abs 3 UrhG 50 Jahre nach dem Erscheinen oder der ersten erlaubten Wiedergabe erlischt, gilt das entnommene Einzelbild über § 65 Abs 1 UrhG bis 70 Jahre nach dem Tod des längstlebenden Miturhebers als urheberrechtlich geschützt. Es kann also passieren, dass das **Filmeinzelbild als Lichtbildwerk einer längeren Schutzfrist unterliegt als das Laufbild, aus dem es entnommen wurde.** Dies erscheint vielen als unbillig, weil dadurch jede Verwertung des Laufbildes unterbunden werden kann. Deswegen wird zu Recht eine **grundsätzliche Trennung von Laufbild und dem aus ihm entnommenen Lichtbildwerk** vertreten. Die Schutzfrist für Lichtbildwerk findet damit nur dann Anwendung, wenn das Filmeinzelbild auch tatsächlich einzeln verwertet wird. Mit der Folge, dass nach Ablauf der Schutzdauer des Laufbildes das komplette Laufbild einwilligungsfrei benutzt werden darf, soweit hieraus nicht ausschließlich ein einzelnes Lichtbild verwendet werden soll.[35]

### 3. Screenshots

**23**  Eine weitere Frage iRd Lichtbild- und Lichtbildwerkschutzes ist die der erlaubnis- und vergütungsfreien Nutzung von Einzelbildern (screenshots = aus einem Filmwerk, bspw in Zeitungen. Grds greift die Verwendung einzelner **Screenshots** in das Recht des Urhebers am Lichtbildwerk oder Lichtbild ein.[36] Vor allem Programmzeitschriften verwenden aber nun oftmals zur Vorankündigung von Programmereignissen Filmeinzelbilder, die dem Fernsehzuschauer einen Vorgeschmack auf die Ausstrahlung geben sollen. Dazu ist festzustellen, dass die Verwendung einzelner Lichtbilder aus urheberrechtlich geschützten Fernsehsendungen zur Illustrierung des Inhalts eines angekündigten Programmpunkts nach Auffassung der Rspr. Nach § 50 UrhG zulässig sein sollen. Die Programmpunkte der großen Fernsehsender seien danach jedenfalls am Sendetag auch dann **Tagesereignisse** iSd § 50 UrhG, wenn sie Banalitäten zum Gegenstand hätten. Die Ankündigung dieses Fernsehprogramms in einer Programmzeitung stelle daher eine Berichterstattung dar, die Tagesinteressen Rechnung trage.[37]

### 4. Die Erstreckungsregelung des § 89 Abs 4 UrhG

**24**  § 89 Abs 4 UrhG stellt ausdrücklich klar, dass die Vermutungsregel des § 89 Abs 1 UrhG in jedem Fall auf Lichtbildwerke und Lichtbilder angewandt wird. Dem Filmhersteller ist damit im Zweifel das ausschließliche Recht eingeräumt, das Lichtbild oder Lichtbildwerk sowie alle Umgestaltungen und Bearbeitungen daran, auf alle bekannten Nutzungsarten zu nutzen.

---

[35] Loewenheim/*A Nordemann* § 9 Rn 154.
[36] LG Berlin ZUM 2000, 513, 514 – screenshots.

[37] OLG Köln GRUR-RR 2005, 105 f.

## IV. Der Formatschutz

Die Fernsehlandschaft wird heute von sog **Formaten** bestimmt.[38] Hierbei handelt es sich um einen aus dem Medienbereich kommenden Begriff. Gemeint ist „die Gesamtheit aller charakteristischen Merkmale, die geeignet sind, auch Folgen der Show ungeachtet ihres jeweils unterschiedlichen Inhalts als Grundstruktur zu präsentieren und damit zugleich dem Publikum zu ermöglichen, sie ohne weiteres als Teil einer Sendereihe zu erkennen".[39] Als derartige Charakteristika gelten ua Titel und Logo einer Sendung, ein den Sendeverlauf bestimmender Grundgedanke, bestimmte Mitwirkende und Abläufe oder der Einsatz einer Erkennungsmelodie.[40]

**25**

Neben einer umfassenden Lizenzierungspraxis hat es in der Vergangenheit immer wieder zahlreiche gerichtliche Auseinandersetzungen gegeben. Denn, wo man heute hinschaut, finden sich in der Fernsehlandschaft ähnliche Formate, seien es Quiz-, Koch- oder Chartshows. Lange **umstritten** war deswegen auch die **rechtliche Schutzfähigkeit** sog Fernsehformate.[41] Diese Diskussion wurde dabei sowohl unter urheberrechtlichen Gesichtspunkten als auch wettbewerbsrechtlichen Aspekten geführt.

**26**

### 1. Fernsehshowformate

Die gerichtliche Durchsetzung eines Formatschutzes erweist sich seit der BGH-Entscheidung „Sendeformate" als wenig erfolgversprechend. Geht der BGH doch davon aus, dass „**das Format einer Fernsehshowreihe … im Allgemeinen nicht urheberrechtlich schutzfähig**" ist.[42] Als Begründung führt der BGH dabei an, dass nur das konkrete Ergebnis einer schöpferischen Formgebung geschützt sein könne, nicht aber die vom Inhalt losgelöste Anleitung zur Formgestaltung, unabhängig davon, ob sie sich als individuelles und damit eigenartiges Leistungsergebnis präsentiert.[43] **Geschützt ist danach nur die konkrete Sendung** als solche, nicht aber das Format, da es nur den Rahmen vorgebe.

**27**

Richtig daran ist, dass die bloße Idee, die keine entsprechende Verkörperung gefunden hat oder die sich nur in gemeinfreien Überlegungen äußert, nicht schutzfähig sein kann. Es sollten jedoch auch iF von Showformaten dort Ausnahmen gemacht werden, wo derart prägende Merkmale einer Show bestehen und übernommen werden, die nur das Ergebnis einer individuellen Schöpfung sein können.[44] Im praktischen Ergebnis wird damit zwar nach diesem Verständnis zur Entscheidung des BGH kein Unterschied bestehen. Denn einen tatsächlichen Anwendungsfall, der eindeutig auf einer sklavischen Übernahme beruht, hat es bisher in dieser Deutlichkeit noch nicht gegeben.[45] **Allerdings sollte man dennoch ein gewisses Mindestmaß an Anstren-**

**28**

---

[38] Vgl dazu umfassend *Eickmeier/Fischer-Zernin* GRUR 2008, 755 ff.
[39] BGH ZUM 2003, 771, 772 – Sendeformate.
[40] Vgl dazu und zu weiteren Merkmalen BGH ZUM 2003, 771, 772 – Sendeformate.
[41] Vgl *Eickmeier/Fischer-Zernin* GRUR 2008, 755 ff; *Flechsig* ZUM 2003, 767 ff; *Have/Eickmeier* ZUM 1994, 269 ff; *Schwarz* ZUM 1990, 317 ff.
[42] BGH ZUM 2003, 771, 1. LS – Sendeformat; anders die unterinstanzliche Rechtsprechung, die zwar zumindest von einer grundsätzlichen Schutzfähigkeit von Fernsehformaten ausgeht

im Ergebnis aber Werkschutz wegen mangelnder Übernahme prägender Werkteile regelmäßig abgelehnt hat und damit der in der Literatur angeführten Gesichtspunkten gefolgt ist (OLG München ZUM 1999, 244, 246 – Augenblick).
[43] BGH ZUM 2003, 771, 773 – Sendeformat.
[44] Vgl auch *Eickmeier/Fischer-Zernin* GRUR 2008, 755, 760.
[45] Schließlich gilt, dass, selbst wenn das Format durch hinreichende Individualität gekennzeichnet und damit ein Werk iSd § 2 Abs 2 UrhG wäre, eine Verletzung der Urheberrechte zusätzlich davon abhängig ist, dass auch tat-

---

gung von den nachschaffenden Showentwicklern verlangen. Dies wäre gerade im Interesse einer pluralistischen Fernsehlandschaft, in der verschiedene Formate um die Gunst des Zuschauers ringen.

**29**      Auch aus wettbewerbsrechtlicher Sicht wird man in der Auseinandersetzung als von Nachahmung Betroffener keinen Erfolg haben. So hat die Rechtsprechung wettbewerbsrechtlichen Schutz regelmäßig verneint.[46] Danach komme **unter Beachtung der generellen Nachahmungsfreiheit im Wettbewerbsrecht ein ergänzender wettbewerbsrechtlicher Leistungsschutz nur in Ausnahmefällen in Betracht**[47]. Ein solcher Ausnahmefall sei nur dann anzunehmen, wenn die Benutzung und Auswertung des fremden, nachgeahmten Arbeitsergebnisses die Übernahme als wettbewerbswidrig erscheinen lasse,[48] was etwa im Falle eines Vertrauensbruchs oder bei sklavischer Nachahmung der Fall sei.[49] Angesichts der zahlreichen Veränderungen, die aber regelmäßig im Vorfeld vorgenommen werden, sei ein Wettbewerbsverstoß bereits mangels identischer oder beinahe identischer Übernahme zu verneinen. Zumal eine abstrakte Spielidee nicht schutzfähig sei.[50] Dies ist konsequent, denn wo die Sondervorschriften des UrhG Formatschutz verneinen, können nicht die Regeln des UWG systemwidrig zu einer Umkehrung der urheberrechtlichen Prinzipien führen.

### 2. Fernsehserienformate

**30**      Mit den Feststellungen des BGH zum Schutz von Fernsehshowformaten ist aber noch nichts über die Schutzfähigkeit von Fernsehserien und deren fiktiven Inhalten gesagt. Denn diese Frage hatte der BGH in der angesprochenen Entscheidung nicht abschließend beantwortet. Vielmehr weist er ausdrücklich daraufhin, dass man zwischen Fernsehserien- und Fernsehshowkonzepten unterscheiden müsse.[51] Während es bei letzteren darum gehe, ob deren allgemeines Konzept geschützt werden könne, stelle sich **bei** Fernsehserienformaten die Frage nach dem inhaltlichen Zusammenhang und danach, ob einzelne Elemente der Serie urheberrechtlich geschützt sein können.[52] Unter gleichzeitiger Beachtung der unterinstanzlichen Rechtsprechung steht damit auch nach der Formatentscheidung des BGH einer Schutzfähigkeit solcher Konzepte grds nichts entgegen. So können **tragende Charaktere oder die im Konzept zum Ausdruck kommende Fabel, die dem Konzept individuellen Charakter verleihen, sehr wohl urheberrechtlich geschützt sein.** Zu beachten ist dabei aber immer, dass Handlungsideen nur in ihrer konkreten Ausgestaltung schutzfähig sein können.[53] Schutzunfähig sind zudem auch all diejenigen Teile des Inhalts, die der fremde Urheber nicht selbst geschaffen hat, sondern die dem freiem Gemeingut oder fremden Schöpfungen entnommen wurden.[54]

---

sächlich Elemente übernommen wurden, die urheberrechtlich geschützt sind. Darüber hinaus dürfte die Nachahmungsshow auch nicht als freie Benutzung iSd § 24 UrhG entstanden sein; vgl dazu auch bei von Hartlieb/Schwarz/ *U Reber* S 131 f; *Peters* 74.
**46** Vgl OLG München AfP 1992, 381 f – Dall-As; OLG Düsseldorf WRP 1995, 1032 ff – Taxi-TV/Taxi-Talk; OLG Hamburg ZUM 1996, 245 ff – Goldmillion.
**47** OLG Düsseldorf WRP 1995, 1032, 1034 – Taxi-TV/Taxi-Talk.
**48** OLG Düsseldorf WRP 1995, 1032, 1034 – Taxi-TV/Taxi-Talk.

**49** Vgl von Hartlieb/Schwarz/*U Reber* 132.
**50** OLG Hamburg ZUM 1996, 245 f – Goldmillion; OLG München AfP 1992, 381 (1. Ls) – Dall-AS.
**51** BGH ZUM 2003, 771, 772 – Sendeformat.
**52** BGH ZUM 2003, 771 (1. Ls) – Sendeformat.
**53** KG BeckRS 2010, 02452; OLG München ZUM 1999, 149, 151 – Das doppelte Lottchen; OLG München GRUR 1990, 674, 676 – Forsthaus Falkenau; LG Berlin ZUM 2009, 781, 784.
**54** OLG München ZUM 1999, 149, 151 – Das doppelte Lottchen.

## V. Zur Urheberrechtsfähigkeit von Exposé, Treatment, Drehbuch und Synchron-/Dialogbuchfassung

Die rechtliche Klärung der Werkeigenschaft von Exposé, Treatment und Drehbuch **31** ist für den Filmhersteller von Bedeutung, entscheidet diese doch darüber, ob er daran ein Nutzungsrecht erwerben muss oder nicht, und welche Anforderungen gegebenenfalls an eine erlaubnisfreie Benutzungen gestellt werden müssen. In einem Grobschema lassen sich **drei Entwicklungsstadien von der Idee bis zum kurbelfertigen Drehbuch** ausmachen.

Bevor ein Drehbuch geschrieben wird und damit erste umfangreiche Investitionen **32** getätigt werden, wird zunächst mit dem **Exposé** ein knapper Entwurf der dem Projekt zugrunde liegenden Idee angefertigt.[55] Hierin werden dann die wesentliche Filmhandlung- und aufbau stichwortartig geschildert.[56] Entscheidet man sich in Folge dessen dafür, dass das Projekt vielversprechend ist, lässt man idR ein Filmkonzept ausfertigen. In diesem sog **Treatment** wird das inhaltliche Konzept erstmals ausführlich, unter Aufschlüsselung der einzelnen Handlungsstränge, der Charaktere und der verschiedenen Settings, beschrieben.[57] Erst danach entstehen das vollständige **Drehbuch** und damit die dramatische Grundlage des Films.

Während das Drehbuch grds als **urheberrechtlich geschützt** angesehen werden **33** muss, ist die Sachlage bei den bloß konzeptionell geprägten Treatments und Exposés nicht so eindeutig. Die Festlegung der Werkeigenschaft ist in diesen Fällen, wie so oft, eine Entscheidung des Einzelfalls. Wohltuend ist, dass der BGH keine quantitativen Maßstäbe an die Festlegung der Schutzfähigkeit knüpft, sondern das Exposé oder das Treatment danach überprüft, ob nicht im Einzelfall der Handlung mit ihren dramatischen Konflikten und Höhepunkten oder den darin vorkommenden Charakteren Individualität und damit Werkeigenschaft zukommt. So hat der BGH dann auch einem eine Seite umfassenden Exposé die urheberrechtliche Werkfähigkeit zuerkannt.[58] **Dialogbbuch- und Synchronfassungen** gelten ebenfalls als urheberrechtlich geschützt.[59]

Zu beachten gilt gerade in den Fällen von Exposé und Treatment, dass **die Voraus- 34 setzungen für das Vorliegen einer freien Benutzung nach § 24 UrhG von der Rechtsprechung zu Recht niedrig angesetzt** werden. So liegt etwa in der Übernahme bloßer Ideen generell keine Urheberrechtsverletzung, wenn die konkrete Ausgestaltung eine andere ist.[60]

---

[55] *Detlef Michel* meint dazu: „Acht Seiten sollte ein Exposé für einen Spielfilm von 90 Minuten Dauer umfassen. Auf weniger Seiten kann ein Spielfilm nicht vollständig erzählt werden, mehr als acht Seiten liest keiner, also acht Seiten."

[56] OLG München GRUR 1990, 674, 676 – Forsthaus Falkenau; OLG München UFITA 60, 317, 318.

[57] BGH GRUR 1962, 531, 533 – Bad auf der Tenne II.

[58] BGH GRUR 1963, 40, 42 – Straßen – gestern und morgen; OLG München GRUR 1990, 674, 675 – Forsthaus Falkenau (Exposés); speziell zur Schutzfähigkeit des Treatments BGH GRUR 1962, 531, 533 – Bad auf der Tenne II.

[59] *Wandtke/Bullinger/Manegold* § 88 UrhG Rn 29; aA für die Synchronfassung LG München FuR 1984, 534, 535 – All about Eve.

[60] OLG München GRUR 1990, 674, 675 f – Forsthaus Falkenau.

## § 3
## Urheber und Produzenten eines Filmwerkes

**35**  Die Frage der Beteiligung am Filmwerk hat die Rechtsprechung immer wieder beschäftigt. Diese Unsicherheit rührt aus der Vielzahl der an der Herstellung Beteiligten, von denen jeder einen mehr oder minder künstlerischen Beitrag leistet.

**36**  Bereits seit langem umstritten ist daher, wer Urheber des Filmwerkes ist. Doch nicht nur die künstlerische Filmherstellung ist das Ergebnis einer arbeitsteiligen Produktion. Auch die Filmfinanzierung und -herstellung ist zunehmend dadurch gekennzeichnet, dass auf der Seite des sog Filmproduzenten der Kreis der Beteiligten sukzessive erweitert wurde. Deswegen ist es mindestens ebenso entscheidend zu klären, wem die Rechte aus § 94 UrhG tatsächlich im Einzelfall zukommen.

## I. Die Urheberschaft am Filmwerk

### 1. Allgemeine Betrachtungen der Urheberschaft am Filmwerk

**37**  Die Frage der Urheberschaft am Film gehört mit zu den am längsten geführten Kontroversen des Filmrechts.[61] Dies liegt nicht zuletzt daran, dass das **Filmwerk erst durch die Arbeiten vieler zum urheberrechtlich geschützten Werk** wird. Gleichzeitig findet sich in Deutschland, anders als in vielen anderen europäischen Ländern, die oftmals den Drehbuchautor, den Komponisten der Filmmusik und den Regisseur sowie den Produzenten als Filmurheber benennen,[62] keine gesetzliche Aufzählung darüber, wer Filmurheber ist.

**38**  Im Filmurheberrecht gilt zunächst das **Schöpferprinzip** des § 7 UrhG. Besonderheiten bei der Herstellung eines Filme bestehen jedoch darin, dass die Filmherstellung nicht in einer, sondern in **mehreren Phasen** verläuft. In diesen Phasen können die Beteiligten unterschiedlich stark involviert sein können. Es gilt daher, in jeder einzelnen Phase bei jedem Beteiligten zu prüfen, ob sein konkreter Beitrag für die Bestimmung der Filmwerkeigenschaft bedeutsam ist.

**39**  Es kann sich hierbei freilich sogar ergeben, dass ein Einzelner mehrfach relevante Beiträge geleistet hat, was dann besondere Beachtung verdient. Die generelle Beachtung von **Mehrfachfunktionen** des Beteiligten ist nämlich deswegen so bedeutsam, als diese gleichsam Einfluss auf die Verteilung der Erlöse aus der Nutzung des Filmwerkes haben kann. Schließlich richtet sich der Prozentsatz der Ausschüttung nach Art und Umfang der schöpferischen Beiträge.

### 2. Konkrete Bestimmung der Filmurheberschaft

**40**  Für die Frage der Anerkennung der Urheberschaft am Filmwerk ist es **nicht entscheidend, wie umfangreich der schöpferische Beitrag im Einzelnen** ist, sondern dass überhaupt ein schöpferischer Beitrag vorliegt. Welche Leistung jedoch in diesem Zusammenhang als urheberrechtlich anerkannt wird, ist nicht abschließend geklärt. Dies ist aber entscheidend, denn wird jemand schöpferisch tätig oder übt er gar eine **Doppel- oder Mehrfunktion** aus, so muss unterschieden werden, ob es sich beim Film-

---

[61] So bereits die AmtlBegr zum UrhG von 1965, vgl dazu UFITA 45 (1965/II), 318.

[62] Vgl zu den einzelnen gesetzlichen Regelungen *Poll* ZUM 1999, 29, 33.

beitrag um eine Beteiligung am Film iSd § 2 Abs 2 UrhG handelt oder ob nur ein mittelbarer Werkbeitrag vorliegt. Denn je nachdem richtet sich die Nutzungsrechtseinräumung nach § 88 Abs 1 UrhG oder § 89 Abs 1 UrhG.

**Europäische Vorgaben** helfen in dieser Frage nicht weiter. Zwar benennt Art 2 **41** Abs 1 der RL 93/98 EWG vom 29.10.1993 zur Harmonisierung der urheberrechtlichen Schutzdauer den Regisseur als den Urheber des Filmwerks, besagte Richtlinie stellt es den Mitgliedsstaaten jedoch darüber hinaus frei, weitere Personen zu Miturhebern am Filmwerk zu erklären.

Die im deutschen Urheberrecht bestehende Unsicherheit wurde auch nicht durch **42** die in Folge der Schutzdauer-RL aufgenommene Regelung des § **65 Abs 2 UrhG** beseitigt. Darin werden zwar Hauptregisseur, Urheber des Drehbuchs, Urheber der Dialoge, Komponist der für das Filmwerk komponierten Musik als Urheber des Filmwerkes genannt, die hM lehnt jedoch trotz dieser gesetzlichen Vorgabe eine Urheberstellung des Drehbuchautors und des Filmkomponisten ab.[63]

So verlockend eine gesetzliche Regelung wäre, so ist der hM hier jedoch zu folgen. **43** So sollte man sich vor einer abschließenden Kategorisierung der Filmurheber, wie § 65 Abs 2 UrhG sie vorsieht, schon deshalb hüten, da gerade der Film gezeigt hat, wie sehr die technische Entwicklung im Fluss ist und wie schnell sich neue Filmarten (bspw die sog CGI-Filme) entwickeln können. Neue Filmformen bringen aber neue Beteiligte hervor, die ebenfalls Schutz bedürfen und die bei einer abschließenden Regelung womöglich vom Schutz ausgeschlossen wären.[64] Die deutsche Einzelfallmethode ist daher beizubehalten. Denn mit dieser lassen sich bisher unbekannte Filmmiturheber im Wege der **Einzelfallgerechtigkeit** auch in Zukunft erfassen. Denn die Frage der Zuerkennung der Urheberschaft ist trotz Angleichung der §§ 88, 89 UrhG noch bedeutend. Und das nicht nur wegen der sozialen Anerkennung der Leistung des Filmschaffenden, sondern auch unter ideellen Gesichtspunkten, etwa wenn es um die Frage der Namensnennung geht.[65] Weitere Bedeutung erlangt die Frage, wenn es um die Pflicht der Wahrnehmungsgesellschaft geht, einen Wahrnehmungsvertrag abzuschließen, sowie in Beteiligungsfragen am Einnahmeverteilungsschlüssel.[66]

Als Grundgerüst für die **Zuerkennung der Filmurheberschaft** lässt sich nach der **44** hM zunächst festmachen, dass all diejenigen Beteiligten als Filmurheber in Betracht kommen, die eine vom Film ununterscheidbare Leistung erbringen, die den Voraussetzungen des § 2 Abs 2 UrhG genügt. Entscheidendes Kriterium ist danach, dass der Beitrag im Filmwerk aufgeht und nicht unabhängig davon verwertet werden kann.[67] Dabei kommt es nicht darauf an, ob der Beitrag während oder erst nach den Dreharbeiten erbracht wurde. Die Folge ist, dass die Urheber der sog vorbestehenden Werke, dh Werke, die auch außerhalb des Filmes verwertet werden können, wie etwa das Drehbuch oder die Filmmusik, nach der hM nicht Urheber des Filmwerkes sein können.[68] Etwas differenzierter sieht dies hingegen die sog **Lehre vom Doppelcharakter**, wonach zumindest die Schöpfer sog filmbestimmter Werke ebenfalls Miturheber des Filmwerkes sein sollen. Die Besonderheit der filmbestimmten Werke bestehe näm-

---

[63] Vgl dazu Rn 44.
[64] Vgl zur Frage der Digitalisierung umfassend bei *Veit*.
[65] Schricker/Loewenheim/*Katzenberger* Vor §§ 88 ff UrhG Rn 73.
[66] Wandtke/Bullinger/*Manegold* Vor §§ 88 UrhG Rn 43.

[67] Dreier/Schulze/*Schulze* § 89 UrhG Rn 6; Schricker/Loewenheim/*Katzenberger* Vor §§ 88 ff UrhG Rn 61; *Wallner* 87.
[68] So etwa Dreyer/Kotthoff/Meckel/*Dreyer* § 2 UrhG Rn 263; von Hartlieb/Schwarz/*Dobberstein-Schwarz* 120.

lich darin, dass sie, anders als die sog filmunabhängigen Werke, „die vor der Herstellung des Filmwerkes als selbstständige Werke vorhanden waren und als Vorlage für die Herstellung dienten (wie Roman, Bühnenstück oder Schlager)", „bereits unmittelbar mit der Zweckbestimmung für das Filmwerk geschaffen wurden".[69] Hieraus resultiert dann auch die Argumentation der Lehre vom Doppelcharakter. So vernachlässige die hM in ihrer Betrachtung, dass es sich bei Filmwerken um „synchronistische Werkeinheiten", also um Gesamtkunstwerke aus einer Vielzahl einzelner Beiträge handele.[70] Dazu zählten die filmbestimmten Werke. So seien diese nicht nur wesentliche Beiträge zum Filmwerk,[71] als auch mit diesem zu einer untrennbaren Einheit – dem Filmwerk – verschmolzen[72]. Die Folge sei, dass den Schöpfern filmbestimmter Werke ein Doppelschutz zustehe, nach dem ihnen einmal Alleinurheberschaft an den filmbestimmten Werken zukomme, sie darüber hinaus aber auch Filmurheber seien. Die Rechtsprechung ist der Lehre vom Doppelcharakter bisher nicht gefolgt.

**45**　Überzeugen können beide Auffassungen nicht, da sie nur unzureichend den schöpferischen Charakter der Leistung im Einzelfall und seine Bedeutung für das Filmwerk berücksichtigen. **Besser ist es, eine Differenzierung danach zu ziehen, ob einer mittelbar oder unmittelbar an der Schöpfung des Filmwerkes mitgewirkt hat. Unmittelbar ist ein schöpferischer Beitrag immer dann, wenn mit diesem der Film steht und fällt und der Film keine Bearbeitung desselben ist (Lehre von der Unmittelbarkeit).** Dies gilt insb für das **Drehbuch**, denn ohne dieses wäre eine filmische Ausführung einer Vorlage nicht möglich. Insb aber ist das Drehbuch nicht so ohne weiteres austauschbar, als der besondere Charakter des Filmes maßgeblich durch das Drehbuch beeinflusst und kanalisiert wird. Schließlich ist das Drehbuch die dramatische Bearbeitung der Vorlage. Besonders deutlich wird diese Überlegung am Film *The Boston Strangler* von 1968. Dieser war nach der ersten Drehbuchfassung des britischen Dramatikers Sir Terence Rattigan zunächst als Komödie vorgesehen, bevor man sich später entschloss, Rattingan durch Edward Anhalt zu ersetzen, der aus dem zugrunde liegenden Tatsachenbericht einen Psychothriller schrieb. Dies zeigt, wie sehr ein Drehbuch unmittelbaren Einfluss auf die konkrete Filmgestaltung ausübt und dabei zum Stützpfeiler und entscheidenden Werkbeitrag schöpferischen Filmschaffens wird. **Der Film ist dabei, sofern während der filmischen Umsetzung keine umfassenden Veränderungen vorgenommen werden, keine erneute Bearbeitung des Drehbuchs,** da es sich bei diesem dann um die Anweisung zur filmischen Ausführung handelt. Das Drehbuch wird in einem solchen Fall nämlich nicht verändert, sondern vielmehr vollendet.[73] Darin unterscheidet es sich gerade von der Vorlage, die erst durch das Drehbuch bearbeitet werden muss, um eine filmische durchführbare Grundlage zu schaffen.

**46**　Gleicht die hier vertretene Ansicht im Ergebnis noch der Lehre vom Doppelcharakter, ist jedoch gegenüber dieser eine differenziertere Bewertung bei der **Filmmusik** zu treffen. Diese führt als filmbestimmtes Werk nicht per se zur Miturheberschaft ihres Komponisten, sondern ist nur dann unmittelbarer Teil des Filmwerkes, **wenn sie für den Film identitätsstiftend ist**, also der Film nach ihrem kompletten oder teilweisen Austausch seine Aussage bzw seinen besonderen Charakter verloren hätte.

---

[69] AmtlBegr zum UrhG von 1965, vgl dazu UFITA 45 (1965/II), 318.
[70] Schricker/Loewenheim/*Katzenberger* Vor §§ 88 ff UrhG Rn 65.
[71] *Bohr* ZUM 1992, 121, 126 ff; *Katzenberger* ZUM 1988, 545, 549; *Reupert* 104 f.

[72] Schricker/Loewenheim/*Katzenberger* Vor §§ 88 ff UrhG Rn 65.
[73] *Bohr* ZUM 1992, 121, 125; *Straßer* 59.

Gleiches gilt für die **Kostümierungen** und die **Szenenbilder.** So zeigt sich die besondere Individualität des Films *William Shakespeares Romeo and Juliet* von Baz Luhrmann aus dem Jahre 1996 darin, dass unter weitestgehender Verwendung der Originaltexte, diese gerade dadurch kontrastiert werden, in dem die Handlung in ein modernes und fiktives „Verona Beach" der 90er Jahre in den USA verlegt wird, wo die Schauspieler moderne Alltagskleidung tragen und Schwerter durch Schusswaffen und Schlösser durch Wolkenkratzer ersetzt wurden. Dadurch erhält der Film eine **eigene Note, die ihn von bisherigen Verfilmungen unterscheidet** und die erst durch die schöpferische Leistung der Requisiteure zur Geltung kommt.

### 3. Allgemein anerkannte Filmurheber

**Generell anerkannt als Urheber** sind, soweit sie eine persönlich geistige Schöpfung **47** erbringen, der Regisseur[74], der Mischtonmeister,[75] der Kameramann,[76] der Cutter,[77] der Filmtonmeister und der Beleuchter.[78] Diese **Aufzählung ist freilich nicht verallgemeinerungsfähig**, als jede Zuerkennung der Urheberschaft einer genauen Prüfung unterliegt, innerhalb derer sowohl die einzelne Tätigkeit des Schutzbegehrenden, als auch die daraus resultierende Urheberleistung stets für den konkreten Einzelfall untersucht wird.[79] Denn grds gilt nach der Rechtsprechung das sog Letztentscheidungsrecht. Dh, dass derjenige kein Urheber sein kann, dessen Gestaltungswillen dem eines anderen so untergeordnet ist, dass er dessen Wille lediglich ausführt, ohne aber eigene schöpferische Ideen zu verwirklichen.[80] Dies gilt insb, wenn der Produzent konkret, kreative Vorgaben im Vorfeld vertraglich festlegt oder konkret während des Drehs macht.

### 4. Gibt es ein Produzentenurheberrecht?

Weitestgehende Einigkeit besteht darin, dass der Filmhersteller **grds kein originäres 48 Urheberrecht** am Filmwerk erwirbt, **sofern er nicht einen schöpferischen Beitrag leistet** und seine Arbeit sich nicht allein auf die Finanzierung der Filmherstellung beschränkt.[81] Diese Feststellung wurde schon im Regierungsentwurf deutlich gemacht.[82] Zwar gab es in der Vergangenheit immer wieder Stimmen, die dem Produzenten generell den Urheberstatus zubilligen wollten, da die organisatorische Beteiligung des Produzenten, die maßgeblich zum Zusammenhalt der kreativen Kräfte führe, eine schöpferische Leistung sei.[83] Dieser Konstruktion bedarf es jedoch nicht. Zwar sind **bloße**

---

[74] So bereits die AmtlBegr zum UrhG von 1965, vgl dazu UFITA 45 (1965/II), 316 f, 318; vgl dazu auch BGH GRUR 1991, 133, 135 – Videozweitauswertung I; BGH GRUR 1984, 730 II – Filmregisseur.
[75] BGH GRUR 2002, 961 (1. Ls) – Mischtonmeister; OLG Köln ZUM 2000, 320, 323 – Schlafes Bruder.
[76] So bereits die AmtlBegr zum UrhG von 1965, vgl dazu UFITA 45 (1965/II), 316, 318; vgl dazu auch OLG Köln GRUR-RR 2005, 337, 338 – Veröffentlichungsbefugnis einer Kamerafrau.
[77] So bereits die AmtlBegr zum UrhG von 1965, vgl dazu UFITA 45 (1965/II), 316, 318.

[78] Dreier/Schulze/*Schulze* § 89 UrhG Rn 12 ff; vgl zu den einzelnen Werkbeiträgen auch umfassend *Heidmeier* 123 ff.
[79] BGH GRUR 2002, 961, 963 – Mischtonmeister; OLG Köln GRUR-RR 2005, 337, 338 – Veröffentlichungsbefugnis einer Kamerafrau.
[80] LG München I ZUM 1999, 332, 337 – Miturheberschaft des Kameramannes.
[81] So etwa bei *Bohr* UFITA 78 (1977), 95, 116; *Reupert* 87 f.
[82] Von Hartlieb/Schwarz/*U Reber* 173; Loewenheim/*A Nordemann* § 9 Rn 183.
[83] *Kreile/Höfinger* ZUM 2003, 719, 731; *Poll* ZUM 1999, 29, 35; *Weltersbach* ZUM 1999, 55, 58.

**Visionen** des Produzenten, die nicht von ihm selbst umgesetzt werden, sondern für deren Entwicklung er der Hilfe Dritter bedarf, **nicht schutzfähig**,[84] doch liegt eine schöpferische Leistung des Produzenten immer schon dann vor, wenn er etwa den sog Final Cut oder die zu verfilmende Geschichte maßgeblich mitbestimmt. Regelmäßig ist er schon deswegen bereits als Urheber geschützt.

**49**  Einer Anerkennung des Urheberrechts an den Produzenten wegen bloß organisatorischer Leistungen bedarf es somit im Ergebnis nicht, denn dem Produzenten ist im Rahmen einer Einzelfallentscheidung ein Urheberrecht am Film zuzuerkennen, wenn sich seine schöpferische Leistung soweit konkretisiert hat, dass man von einer persönlich geistigen Schöpfung iSd § 2 Abs 2 UrhG sprechen kann.[85] Dies wird regelmäßig der Fall sein.

### 5. Zu den Rechtsverhältnissen der am Film beteiligten Urheber

**50**  Die **Urheber des Filmwerks** sind unter der **hM** problemlos als **Miturheber** iSv § 8 UrhG anzusehen, da die von ihr als Filmurheber anerkannten Beteiligten ihre Beiträge nicht gesondert verwerten können.[86] Dabei ist zu berücksichtigen, dass bereits ein geringfügiger eigenschöpferischer Beitrag ausreicht, um Miturheber zu sein.[87]

**51**  Schwieriger wird die Sachlage zu beurteilen, wenn man wie die Lehre vom Doppelcharakter oder wie die hier vertretene Lehre von der Unmittelbarkeit auch solche Beteiligte als Urheber ansieht, deren Beiträge sich prinzipiell gesondert verwerten ließen. Die Vertreter der Lehre vom Doppelcharakter gehen gleichwohl teilweise unter Berufung auf Sinn und Zweck von § 8 UrhG davon aus, dass auch nach ihrem Verständnis von der Filmurheberschaft von einer Miturheberschaft zwischen den einzelnen Filmurhebern auszugehen ist.[88]

**52**  Bei dem **Rechtsverhältnis zwischen Urhebern vorbestehender Werke untereinander sowie zwischen Filmurhebern und Urhebern vorbestehender Werke, die nicht zugleich Filmurheber sind,** handelt es sich grds nicht um einen Anwendungsfall des § 9 UrhG. Dies ist damit zu begründen, dass sich die Urheber dieser vorbestehenden Werke nicht mit den Filmurhebern zu einer gemeinsamen Verwertung zusammenschließen, sondern vielmehr dem Filmhersteller die Nutzung an den vorbestehenden Werken überlassen. Ebenso wenig kann von einer Werkverbindung der vorbestehenden Werke untereinander ausgegangen werden. Es besteht vielmehr an den vorbestehenden Werken Alleinurheberschaft.[89] Eine andere Wertung wird man jedoch dort treffen müssen, wo die Beteiligten sich im Vorfeld bereits bewusst zusammengeschlossen haben, mit dem konkreten Ziel, ein Filmwerk zu schaffen und zu diesem ihre kreativen Kräfte zu bündeln und darauf auszurichten, da dann der klassische Fall der Werkverbindung nach § 9 UrhG gegeben ist; wobei bei nicht näherer Konkretisierung der Gesellschaftsform im Zweifel eine GbR vorliegt.

**53**  Die Werkschöpfung gilt in diesem Fall dann nicht als gemeinschaftlich, wenn entgegen der ursprünglichen Planung ein Regisseur oder ein **sonstiger Mitwirkender abgelöst und durch einen anderen ersetzt** wird. Dann handelt es sich beim im Anschluss daran fertiggestellten Filmwerk um die **Bearbeitung** eines unvollendeten Filmwerkes iSd §§ 3, 23 UrhG.[90]

---

[84] *Ott* ZUM 2003, 765.
[85] Ähnl von Hartlieb/Schwarz/*U Reber* 173.
[86] BGH GRUR 2009, 1046, 1049 – Kranhäuser; BGHZ 123, 208, 212 – Buchhaltungsprogramm.
[87] BGH GRUR 2009, 1046 – Kranhäuser.
[88] Vgl dazu umfassend bei *Reupert* 108 ff.
[89] Loewenheim/*Schwarz-Reber* § 12 Rn 32.
[90] Loewenheim/*Schwarz-Reber* § 12 Rn 38; *Schack* Rn 289.

## II. Der Herstellerbegriff beim Film

Die Feststellung, wer **Hersteller eines Filmwerkes** ist, ist deswegen von so entscheidender Bedeutung, da zum einen § 94 UrhG dem Produzenten ein eigenes, in seiner Person originär entstehendes Leistungsschutzrecht zubilligt, das er nicht erst mühsam durch vertraglich Abreden als Nutzungsrecht erwerben muss und das er auch dann geltend machen kann, wenn die Nutzungsrechtseinräumung gescheitert ist oder der Urheber bestimmte Nutzungsrechte von der Übertragung ausgenommen hat. Daneben knüpfen die §§ 88, 89 UrhG jeweils eine Vermutungsregel an die Person des Filmherstellers, wonach ihm im Zweifel das ausschließliche Recht eingeräumt wird, das vorbestehende bzw das Filmwerk auf alle bekannten Nutzungsarten zu benutzen.

**54**

### 1. Zur Filmherstellereigenschaft im Allgemeinen

Der BGH hat zur Frage der **Herstellereigenschaft** Stellung bezogen und entschieden, dass der Filmhersteller diejenige natürliche oder juristische Person ist, die die **wirtschaftliche Verantwortung und die organisatorische Tätigkeit**[91] **übernommen hat**, die erforderlich sind, um den Film als fertiges Ergebnis der Leistung aller bei seiner Schaffung Mitwirkenden und damit als ein zur Auswertung geeignetes Werk herzustellen.[92] Entscheidend sind dabei nicht die subjektiven Vorstellungen der Beteiligten, sondern die **objektiven Verhältnisse**. Dies bedeutet, der Filmhersteller muss das mit der Stellung eines Filmherstellers verbundene wirtschaftliche Risiko tatsächlich tragen. Weiter kommt es darauf an, dass er die notwendigen Entscheidungen, zu denen der BGH exemplarisch den Abschluss der entsprechenden Verträge mit den Vertragspartnern zählt, in die Tat umsetzt und in ihren wirtschaftlichen Folgen verantwortet.[93] Diese Entscheidungspraxis des BGH überzeugt, weil sie interessengerecht ist. Denn es gilt zu berücksichtigen, dass die Herstellung eines Filmes regelmäßig eine erhebliche organisatorische und wirtschaftliche Leistung darstellt.[94] Eine Belohnung darf aber dann auch nur demjenigen zu Gute kommen, der diese Leistung tatsächlich erbracht hat. Ob die dem Produzenten zustehenden Rechte aufgrund vertraglicher Regelungen dann noch auf andere übergehen, ist dabei unerheblich.

**55**

Geschützt ist dann auch nicht etwa der Filmträger als materielles Gut, sondern die im Filmträger verkörperte organisatorische und wirtschaftliche Leistung des Filmherstellers.[95] Das Recht des Filmherstellers am Filmträger erfasst daher auch solche den Film betreffenden Verwertungshandlungen, die vom Filmträger nicht unmittelbar Gebrauch machen. Hierzu zählen unter anderem die Aufzeichnung eines im Fernsehen gesendeten Films sowie die anschließende Vorführung, Weitergabe und Ausstrahlung dieser Aufzeichnung.[96] Vom Schutz des Filmherstellers umfasst sind auch auch Teile eines Filmwerkes,[97] nicht jedoch Einzelbilder.

**56**

---

[91] Zur Gewichtung der einzelnen unternehmerischen Leistungen iRd Filmherstellung vgl umfassend *Baur* UFITA 2004/III, 665, 735 ff.
[92] BGH NJW 1993, 1470, 1471 – Filmhersteller; BGH UFITA 55 (1970), 313, 316 ff – Triumph des Willens; die hier gezogenen Schlussfolgerungen zum Filmherstellerbegriff werden vom BFH unter steuerrechtlichen Gesichtspunkten ebenfalls angewandt, vgl dazu BFH DB 1996, 254 – ZDF-Auftragsproduktion.

[93] BGH NJW 1993, 1470, 1471 – Filmhersteller; KG GRUR-RR 2010, 372, 373; OLG Düsseldorf GRUR-RR 2002, 121, 122 – Das weite Land.
[94] So bereits die AmtlBegr zum UrhG von 1965, vgl dazu UFITA 45 (1965/II), 321.
[95] BGH GRUR 2008, 693, 694 – TV Total; BGH GRUR 1993, 472 – Filmhersteller.
[96] BGH GRUR 2008, 693, 694 – TV Total.
[97] BGH GRUR 2008, 693, 694 – TV Total.

Für den Herstellerschutz nach § 94 UrhG ist das Vorliegen eines bestimmten quantitativen unternehmerischen Mindestaufwandes nicht erforderlich. Das bedeutet insb, dass es auf die Höhe der durch die den Hersteller getätigten Investitionen nicht ankommt.[98]

**57** Dies zugrunde legend wäre es falsch, den Angestellten eines Unternehmens, der besagte Tätigkeit durchgeführt hat, als Filmhersteller zu betrachten. Vielmehr muss in **analoger Anwendung der Vorschrift des § 85 Abs 1 S 2 UrhG** davon ausgegangen werden, dass, wenn der Film in einem Unternehmen durch Hinzuziehung seiner Angestellten hergestellt worden ist, das Unternehmen, in dem diese beschäftigt sind, als der privilegierte Filmhersteller gilt.[99] Dies ist schon deswegen gerechtfertigt, da das Unternehmen, trotz Delegation der organisatorischen Einzelleistungen auf einen Dritten, die wirtschaftlichen Folgen tragen muss.[100] Entscheidend ist es damit, auf die wirtschaftliche und organisatorische Gesamtverantwortung abzustellen[101] und nicht auf die Verantwortlichkeit Dritter in der Herstellung bloß einzelner Teilbereiche des Films Ansonsten wird man bei geteilter Verantwortung in diesen Fällen schon von einer Koproduktion oder Auftragsproduktion ausgehen müssen.[102]

### 2. Beachtung der Besonderheiten bei einzelnen Produktionsformen

**58** Unübersichtlich scheint die genaue Bestimmung der Person des Filmherstellers in den Fällen zu werden, in denen organisatorische und wirtschaftliche Verantwortung nicht durchgehend in der Hand einer einzelnen natürlichen oder juristischen Person liegt, sondern wo es zu **Koproduktionen** und **Auftragsproduktionen** kommt, wo **Filmfonds** auftreten, wo im Grunde die Produktionsstrukturen komplexer werden.[103] Dennoch lassen sich auch diese komplexeren Fragestellungen mit den oben benannten Grundüberlegungen des BGH interessengerecht lösen.

**59** **a) Koproduktion.** Mit einer Koproduktion bezeichnet man die Gemeinschaft mehrerer inländischer oder ausländischer Partner, die sich zumindest als GbR[104] zur Produktion eines Filmes zusammengeschlossen haben.[105] Das Merkmal der Koproduktion sagt freilich noch nichts über die rechtliche Einordnung der Beteiligten als Hersteller aus. Diese ist vielmehr nach den hergebrachten Grundsätzen des BGH[106] zu bestimmen. Danach ist es im Einzelfall festzustellen, ob den Beteiligten mehr oder minder gleichermaßen Entscheidungsbefugnis zukommt und sie das entsprechende wirtschaftliche Risiko tragen. Ist dies der Fall, muss man neben den Gesellschaftern auch die **GbR** als solche, als Filmhersteller ansehen.[107] Denn nach der überzeugenden

**98** OLG Hamburg BeckRS 2010, 20829.
**99** So auch BGH NJW 1993, 1470, 1471 – Filmhersteller; BFH DB 1996, 254 – ZDF-Auftragsproduktion; OLG Hamburg BeckRS 2010, 20829.
**100** *Baur* UFITA 2004/III, 665, 749.
**101** KG GRUR-RR 2010, 372, 373; OLG Hamburg BeckRS 2010, 20829; OLG Düsseldorf GRUR-RR 2002, 121, 122 – Das weite Land.
**102** Vgl dazu Rn 59 ff.
**103** Vgl dazu auch die Musterverträge bei *Jacobshagen* 85 ff.

**104** LG München I ZUM 2005, 336, 339 – TV-Serie; von Hartlieb/Schwarz/*U Reber* 247.
**105** Vgl umfassend zur Koproduktion bei *Umbeck* 22 ff; von Hartlieb/Schwarz/*U Reber* 245 ff.
**106** BGH NJW 1993, 1470 ff – Filmhersteller.
**107** AA Schricker/Loewenheim/*Katzenberger* Vor §§ 88 ff UrhG Rn 36; Wandtke/Bullinger/*Manegold* § 94 UrhG Rn 53, die noch ausschließlich von einer Mitherstellereigenschaft der Gesellschafter in Gesamthandsbindung ausgehen.

Gruppenlehre[108], der sich auch der BGH angeschlossen hat, ist die BGB-Außengesellschaft als Rechtsträgerin selbst Träger des Gesamthandsvermögens, zu dem dann aber auch die Leistungsschutzrechte und übertragenen Nutzungsrechte nach §§ 88, 89 UrhG als Vermögensrechte zählen.[109]

Gerade bei größeren Produktionen wird man zudem oftmals eine andere Gesellschaftsform als die der GbR wählen. Ist dies geschehen, erwirbt auch in diesen Fällen die Personen- bzw Kapitalgesellschaft die Rechte am Film in ihrer Funktion als Filmhersteller.[110]       **60**

Anders ist jedoch die Sachlage zu beurteilen, wenn man sich unter den Koproduzenten auf einen sog **executive producer** geeinigt hat. Wird dieser im eigenen Namen und auf eigene Rechnung tätig, ist ausschließlich dieser als Filmhersteller anzusehen.[111] Dies folgt nicht zuletzt aus der Grundüberlegung des § 94 UrhG, der ja gerade das wirtschaftliche Risiko und die organisatorische Leistung belohnen will. Es sollte in diesen Fällen dann im Gesellschaftsvertrag vereinbart werden, dass die dem executive producer kraft seiner Stellung als Filmhersteller zustehenden Rechte seine Einlage in die Gesellschaft sind. Umgekehrt bleibt die Gesellschaft dennoch Filmhersteller, wenn der bestellte executive producer ausschließlich auf Rechnung und im Namen der Gesellschaft und damit als geschäftsführender Gesellschafter tätig wird.       **61**

b) **Auftragsproduktion.** Bei einer Auftragsproduktion wird der Film im Auftrag eines Dritten hergestellt. Man unterscheidet die **echte und die unechte Auftragsproduktion.**[112] Während erstere dadurch gekennzeichnet ist, dass der Auftragnehmer als selbstständiger und weisungsunabhängiger Unternehmer die Herstellung des Films und damit einhergehend das wirtschaftliche Risiko tatsächlich übernimmt, ist die unechte Auftragsproduktion im Gegenzug dadurch geprägt, dass der Auftragnehmer vollständig den Weisungen des Auftraggebers unterworfen ist. Diese unterschiedliche Ausgestaltung der Auftragsproduktion hat dazu geführt, dass die Herstellerfrage unterschiedlich beantwortet werden muss. So ist bei der echten Auftragsproduktion zunächst der Auftragnehmer Filmhersteller.[113] Denn zum einen trifft er die maßgeblichen Entscheidungen alleine oder aber in Absprache mit dem Auftraggeber, niemals aber ist der Auftraggeber alleinverantwortlich für die Organisation. Zum anderen aber trägt der Auftragnehmer regelmäßig das **wirtschaftliche Risiko.** Denn entweder ist eine Vergütung nach den Bestimmungen des § 640 BGB, die für die echte Auftragsproduktion gelten,[114] davon abhängig, dass die Auftragsproduktion abgenommen wird, zum anderen aber wird bei **Fernsehproduktionen,** bei denen der Auftraggeber eine Sendeanstalt ist, das wirtschaftlich bedeutendere Sendehonorar an die tatsächliche Ausstrahlung geknüpft.[115]       **62**

**Diese Wertung kann nicht durch vertragliche Binnenregelungen abgeändert werden.** Zwar ist der Auftragnehmer in diesen Fällen verpflichtet, dem Auftraggeber alle       **63**

---

[108] Vgl zu den einzelnen Argumenten für die Verrechtlichung der BGB-Außengesellschaft ua bei *Habersack* BB 2001, 477 ff.
[109] Vgl dazu BGHZ 146, 341, 343 ff – Parteifähigkeit einer BGB-Gesellschaft.
[110] Von Hartlieb/Schwarz/*U Reber* 247.
[111] Von Hartlieb/Schwarz/*U Reber* 247.
[112] Vgl zur Auftragsproduktion ausf *Umbeck* 8 ff; von Hartlieb/Schwarz/*U Reber* 252 ff.

[113] OLG Bremen BeckRS 2009, 06508; OLG München NJW-RR 1997, 1405, 1406 – Boxveranstaltung.
[114] Von Hartlieb/Schwarz/*U Reber* 253; *Pense* ZUM 1999, 121, 124.
[115] *Pense* ZUM 1999, 121, 124; Wandtke/Bullinger/*Manegold* § 94 UrhG Rn 33.

ausschließlichen Nutzungsrechte einzuräumen,[116] er selbst bleibt aber dennoch Filmhersteller iSd UrhG.[117] Auch bei den sog **Festpreisproduktionen**, bei denen sich das Sendeunternehmen verpflichtet, die Filmfinanzierung zu einer bestimmten Summe zu übernehmen, ändert sich an dieser Wertung nichts, so lange der Auftragnehmer nicht Verträge im Namen des Auftraggebers abschließt und das wirtschaftliche Risiko auch bei Kostenüberschreitung nicht tragen muss;[118] mithin eine unechte Auftragsproduktion vorliegt. Bei der **unechten Auftragsproduktion** bleibt nämlich der **Auftraggeber Filmhersteller**, da hier der Auftraggeber sowohl die entscheidenden organisatorischen als auch die wirtschaftlichen Risiken übernimmt.[119] So erstellt er ua das Budget, trägt das Risiko für die Produktion und nimmt das kurbelfertige Drehbuch ab. Zudem handelt es sich bei der unechten Auftragsproduktion um einen Geschäftsbesorgungsvertrag, wonach der Auftragnehmer lediglich die Tätigkeit, nicht aber die Abnahme schuldet[120] und sein wirtschaftliches Risiko schon deswegen minimiert ist.

**64**        c) **Filmfonds.** Die zur Auftragsproduktion getroffenen Wertungen gelten auch für den Fall, in dem der Auftraggeber ein sog Filmfonds ist.[121] Dies wird zwar teilweise dahingehend abgemildert, wonach es ausreichen soll, wenn der Filmfonds im Wesentlichen die wirtschaftliche Gesamtverantwortung trägt.[122] Dies allein reicht jedoch nicht aus, um Sinn und Zweck des § 94 UrhG zu genügen.[123]

### 3. Filmherstellungsphasen und ihre Bedeutung

**65**        Die Filmherstellung lässt sich grob in vier Phasen einteilen: (1) **Stoffentwicklung und Stoffsuche**, (2) **Projektentwicklung**, (3) **Produktionsphase und** (4) **Auswertungsphase**, wobei sich die Produktionsphase wiederum in die sog Vorproduktion, die Dreharbeiten und die sog Endproduktion aufteilen lässt.[124] **In jeder Phase kann ein Produzent ausscheiden und durch einen neuen ersetzt werden.** Damit drängt sich praktisch von selbst die Frage auf, ab welchem Zeitpunkt Herstellereigenschaft eintritt und wie die Behandlung mehrerer Produzenten in ihrem Verhältnis zueinander zu erfolgen hat.

**66**        Die **Filmherstellung ist ein Realakt** mit der Folge, dass ein tatsächliches Leistungsergebnis erst mit der Fixierung des Films in Form der sog **Nullkopie** eintritt.[125] Wer in diesem Zeitpunkt die wirtschaftliche und organisatorische Gesamtverantwortung trägt, gilt nach der hM als Filmhersteller.[126] Dies führt dazu, dass eine Mitherstellereigenschaft unter ausgewechseltem und ersetzendem Produzent nicht so ohne weiteres angenommen werden kann. Derjenige Produzent, der vor Erstellung der Nullkopie ausscheidet, wird nämlich nicht als Filmhersteller angesehen, da er das fertige Film-

---

116 Vgl Schütze/Weipert/*Hertin* Bd 3/I IX 41 Anm 5.
117 KG GRUR 1999, 721 – DEFA-Film; KG MMR 2003, 110, 112 – Paul und Paula.
118 OLG Düsseldorf GRUR-RR 2002, 121, 123 – Das weite Land; KG ZUM 1999, 415, 416 – Defa Studio.
119 OLG Bremen BeckRS 2009, 06508; OLG München NJW-RR 1997, 1405, 1406 – Boxveranstaltung; Schricker/Loewenheim/*Katzenberger* Vor §§ 88 ff UrhG Rn 35 mwN.
120 Von Hartlieb/Schwarz/*U Reber* 256.

121 Vgl dazu ausf bei Wandtke/Bullinger/*Manegold* § 94 UrhG Rn 48.
122 Möhring/Niccolini/*Lütje* § 94 UrhG Rn 6, 9 ff.
123 Wandtke/Bullinger/*Manegold* § 94 UrhG Rn 49.
124 Vgl dazu im Einzelnen *Baur* UFITA 2004/III, 665, 672 ff.
125 Wandtke/Bullinger/*Manegold* § 94 UrhG Rn 21.
126 *Baur* UFITA 2004/III, 665, 734; *Pense* ZUM 1999, 121, 125 f; Wandtke/Bullinger/*Manegold* § 94 UrhG Rn 21, 47.

werk nicht mehr als Gesamtwerk fertiggestellt und der kommerziellen Verwertbarkeit zugeführt hat.[127]

Diese am Wortlaut des § 94 UrhG orientierte und sich iRv Sinn und Zweck der **67** europäischen Vorgaben der Vermiet- und Verleih-RL 93/98/EWG sowie der Informations-RL 2001/29/EG bewegende Auffassung wird jedoch kritisiert. So wird ua bemängelt, dass derjenige, der erst kurz vor Fertigstellung des Films in die laufende Produktion eintritt, trotz fehlender Leistung dennoch als Filmhersteller angesehen werden müsse.[128] Besser sei es nach dieser Auffassung, bei **vertikaler Arbeitsteilung** von einer Mitherstellereigenschaft auszugehen, die im Einzelfall aber durchaus einer Alleinherstellerschaft weichen könne, wenn der Zweitproduzent nochmals maßgebliche eigene organisatorische Leistungen innerhalb der Produktion vornehme.[129] Schon aufgrund dieser Überlegung überzeugt die Kritik am hier gewählten Herstellerbegriff nicht. Selbst wenn ein Filmhersteller erst kurz vor der Fixierung der Nullkopie in die Produktion eintritt und diese übernimmt, liegt immer auch in der Organisierung der Erstfixierung ein wichtiger Leistungsbeitrag, müssen doch die einzelnen filmbestimmten Leistungen noch auf einem Filmträger zusammengeführt werden.[130] Davon abgesehen, wird der vormalige Produzent ausgezahlt, entfällt sein wirtschaftliches Risiko und damit eine der grundlegenden Komponenten für die Zuerkennung der Herstellereigenschaft.

Eine andere Bewertung wird man aber freilich immer dann treffen müssen, wenn **68** der **ausscheidende Produzent** nach wie vor Teile des wirtschaftlichen Gesamtrisikos zu tragen hat, etwa in dem sein Honorar erfolgsmäßig an die Verwertung des Filmwerkes gekoppelt ist. Dann liegt nämlich kein Ausscheiden des vormaligen Produzenten aus der Produktion vor. Sein Leistungsbeitrag sowie das von ihm zu tragende wirtschaftliche Risiko machen ihn im Einzelfall zum Mithersteller.[131]

### 4. Einzelfragen zur Herstellereigenschaft

Zur Herstellereigenschaft muss zusätzlich noch in bestimmten **Einzelfragen** Stel- **69** lung bezogen werden. Danach gilt, angesichts der Grundüberlegungen zum Filmherstellerbegriff, zu Recht, dass dasjenige **Sendeunternehmen** Filmhersteller ist, das selbst Filme produziert.[132] Ist der Film in Gemeinschaftsproduktion von Senderunternehmen/Rundfunkanstalten und Produktionsunternehmen entstanden, kommt es darauf an, wer nach den og Voraussetzungen das Kosten- und Abnahmerisiko trägt.[133] **Filmhersteller** sind weiterhin der **Synchronproduzent**, wenn der Tonteil ganz oder neu geschaffen wird,[134] sowie **ifd Nachkolorierung**,[135] derjenige, der die entsprechende Nachbearbeitung vornimmt, da hier die zusätzlichen Elemente regelmäßig eigenständig geschaffen wurden und die Nachbearbeitung mit einem zumindest nicht unerheblichen wirtschaftlichen Aufwand verbunden war.[136] Dieser wirtschaftliche und organisatorische Neuaufwand ist zudem immer **bei Neuverfilmungen** gegeben. Denn hier

[127] Wandtke/Bullinger/*Manegold* § 94 UrhG Rn 47.
[128] Dreier/Schulze/*Schulze* § 94 UrhG Rn 7.
[129] Dreier/Schulze/*Schulze* § 94 UrhG Rn 7.
[130] *Pense* ZUM 1999, 121, 125 f.
[131] Vgl als Beispiel für eine Abwägung in dieser Frage exemplarisch OLG München NJW 2003, 683, 684 – Alpensinfonie.
[132] AllgA vgl statt vieler Dreier/Schulze/*Schulze* § 94 UrhG Rn 12 mwN.

[133] OLG Düsseldorf GRUR 2002, 238.
[134] Dreier/Schulze/*Schulze* § 94 UrhG Rn 15 mwN.
[135] Dreier/Schulze/*Schulze* § 94 UrhG Rn 17 mwN.
[136] Schricker/Loewenheim/*Katzenberger* § 94 UrhG Rn 13; Wandtke/Bullinger/*Manegold* § 94 UrhG Rn 24.

entsteht ein völlig neues Filmwerk, dem neue organisatorische Leistungen und wirtschaftliche Risiken zugrunde liegen.[137] Ein weiterer Effekt dieser Herangehensweise ist iÜ, dass der Filmhersteller gegen Neuverfilmungen nicht aus § 94 UrhG vorgehen kann, da sein Leistungsschutzrecht aus § 94 UrhG immer auf die konkrete im Film verkörperte Leistung beschränkt ist.[138]

**70**    **Kein Filmherstellungsrecht** entsteht hingegen **bei der automatisierten Digitalisierung von Filmen** zur Herstellung von DVDs.[139] Denn hierin liegt eine bloße Vervielfältigungshandlung ohne für die Filmherstellung maßgebliche organisatorische Leistung. Gleiches gilt in den Fällen, in denen bereits bestehende Filmwerke lediglich um bisher nicht gezeigte Szenen ergänzt werden. Dies gilt grds für solche Bearbeitungen, die ohne schöpferische Leistung aus bestehenden Filmausschnitten neu zusammengeschnitten werden, um sie erneut zu vermarkten.[140] Anders ist dies hingegen bei solchen **Filmcollagen** zu beurteilen, bei denen etwas völlig eigenes, dh ein neues Werk iSd § 2 Abs 2 UrhG, entsteht. Hier kommt es nicht auf einen erheblichen wirtschaftlichen Aufwand an, da ein nach § 24 UrhG zu beurteilender und damit vom Ausgangswerk selbstständiger Film entstanden ist.[141]

**71**    Weiterhin ist grds der **Tonträgerhersteller kein Filmhersteller**. Denn aufgrund der Besonderheit des Filmwerkes als Gesamtwerk wird die verwendete Tonspur Teil des Filmes. Die Rechte des Filmherstellers erstrecken sich mithin auch darauf, wenn nicht im Vorfeld eine Koproduktion vereinbart wurde, nach der der Tonträger- und der Hersteller des übrigen Films arbeitsteilig in der Herstellung des Gesamtwerkes zusammenwirken. Dann wird aber der Tonträgerhersteller mglw dennoch nicht Filmhersteller, sondern die der Vereinbarung zugrunde liegende Gesellschaft.[142]

**72**    Dagegen bleiben hinsichtlich der Tonspur die Rechte nach § 85 UrhG beim Tonträgerhersteller, wenn die Herstellung des beabsichtigten Films scheitert.[143] Bei **erstmaliger Fixierung einer Live-Sendung** durch eine Aufzeichnung beim Empfang mittels Recorder entsteht ebenfalls keine Herstellereigenschaft beim Aufzeichnenden. Nicht etwa deshalb, weil ansonst eine unüberschaubare Vielzahl von Filmherstellern begründet wäre,[144] sondern weil darin schon keine organisatorische und wirtschaftlich belohnenswerte Leistung liegt.[145] Auch an die **Live-Sendung selbst** ist keine Filmherstellereigenschaft gekoppelt. Denn die Live-Sendung ist zwar ein Filmwerk, mangels materiellen Trägers liegt aber im Zeitpunkt der Erstausstrahlung keine Nullkopie vor. So fehlt es daher bereits an einer ganz entscheidenden Voraussetzung für die Zuerkennung der Herstellereigenschaft. Es entstehen damit an der Live-Sendung nur die Rechte des Sendeunternehmens aus § 87 UrhG.

**73**    Die Wertungen des Urheberrechts in der Frage des Filmherstellers und die des **Medienerlasses der Bundesregierung** laufen parallel. Insb wird die urheberrechtliche Einordnung des Filmherstellers nicht modifiziert, da dieser ausschließlich iRv steuerrechtlichen Gründen Bedeutung erlangt.[146]

---

[137] Schricker/Loewenheim/*Katzenberger* § 94 UrhG Rn 17.

[138] Wandtke/Bullinger/*Manegold* § 94 UrhG Rn 7.

[139] Wandtke/Bullinger/*Manegold* § 94 UrhG Rn 25 mwN.

[140] Vgl dazu OLG Stuttgart ZUM-RD 2003, 586, 588.

[141] In dieser Frage ähnl Wandtke/Bullinger/ *Manegold* § 94 UrhG Rn 28; vgl umfassend *Czernik* Die Collage, 275 ff.

[142] Vgl dazu oben Rn 59 ff.

[143] Loewenheim/*Schwarz-Reber* § 42 Rn 11.

[144] So aber Wandtke/Bullinger/*Manegold* § 94 UrhG Rn 22; Loewenheim/*Schwarz-Reber* § 42 Rn 18.

[145] Dies benennend ua auch Dreier/Schulze/ *Schulze* § 94 UrhG Rn 21, 26; Schricker/Loewenheim/*Katzenberger* § 94 UrhG Rn 14.

[146] Vgl ausf zum Medienerlass Wandtke/Bullinger/*Manegold* § 94 UrhG Rn 50.

# § 4
# Filmverträge und Filmauswertung

Im Filmurheberrecht gilt es, zwischen der **Verfilmungsphase** und der **Auswertungs- 74
phase** zu unterscheiden. Es handelt sich dabei jeweils um unterschiedliche Ebenen, an
denen zum Teil ganz unterschiedliche Interessengruppen beteiligt sein können. Um die
vertraglichen Regelungen dennoch unter einen übergeordneten Rahmen subsummie-
ren zu können, spricht man in der Gesamtheit der Verträge von sog Filmverträgen, dh
von Verträgen, „durch die Rechte zum Zwecke der Herstellung und Auswertung eines
Filmes erworben oder an Dritte lizenziert werden".[147]

## I. Gebräuchliche vorvertragliche Vereinbarungen im Filmbereich

Filmverträge sind oftmals in ihrer rechtlichen Wirkung ganz unterschiedlich aus- 75
gestaltet. Neben dem Vertrag, mithin der klassischen Angebot-Annahme-Situation,
finden sich gerade im Filmbereich zahlreiche **vorvertragliche Regelungen** mit mehr
oder minder weitreichender rechtlicher und vor allem bindender Wirkung. So finden
sich unter anderem der Vorvertrag, der Optionsvertrag, aber auch die im Wirtschafts-
verkehr gerne genutzten Letter of Intent und Deal of Memo, deren rechtliche Bindungswirkung sich, wenn es Streit gibt, oftmals gar nicht so einfach bestimmen lassen,
wie man noch im Zeitpunkt der Niederschrift annahm.

### 1. Der Vorvertrag

Von den besagten vorvertraglichen Regelungen ist in der Praxis der **Vorvertrag** die 76
am wenigsten genutzte vertragliche Vereinbarung im Vorfeld. Schließlich wird durch
den Vorvertrag **nur eine Abschlusspflicht** begründet, wonach den Vertragsparteien die
Verpflichtung obliegt, zu einem späteren Zeitpunkt einen sog Hauptvertrag abzuschließen.[148] Dies hat zur Folge, dass der Berechtigte zunächst auf Abgabe einer zum
Abschluss des Hauptvertrages führenden Willenserklärung klagen muss (§ 894 ZPO),
bevor er seinen Vorvertragspartner aus dem Hauptvertrag in Anspruch nehmen kann.

### 2. Der Optionsvertrag

Weit interessanter gestaltet sich da die Möglichkeit des **Optionsvertrages**, da durch 77
diesen den Parteien ein weitgehender Spielraum in der konkreten Ausgestaltung der
Rechtsbeziehungen eingeräumt wird.[149] Zusätzlich ermöglicht der Optionsvertrag **bereits zu einem frühen Zeitpunkt die Erlangung einer gesicherten Rechtsposition.** Dies
kann deswegen interessant sein, da man nicht immer bereits alle rechtlichen und
finanziellen Details geregelt haben wird, sich aber dennoch die Chance auf ein lukra-
tives Geschäft nicht entgehen lassen möchte.

a) **Formen des Optionsvertrages.** Der klassische Optionsvertrag zeichnet sich da- 78
durch aus, dass, anders als beim Vorvertrag,[150] kein schuldrechtlicher Anspruch auf

---

[147] Loewenheim/*Schwarz-Reber* § 74 Rn 1.
[148] BGHZ 102, 384, 388 – Architektenvertrag;
Palandt/*Heinrichs* Einf v § 145 BGB Rn 19.

[149] So die Einschätzung *Brauneck/Brauner*
ZUM 2006, 513, 522.
[150] Vgl hierzu Rn 76.

Abschluss eines Hauptvertrages, sondern ein Gestaltungsrecht begründet wird.[151] Diese Absolutheit gilt jedoch gerade im Filmurheberrecht nur bedingt. So unterscheidet man heute zwischen zwei den Beteiligten zur Verfügung stehenden Gestaltungsmöglichkeiten des Optionsvertrages: dem einfachen und dem qualifizierten Optionsvertrag. Während die **einfache Option** nur den Vertragsgegenstand sowie die vertragliche Vereinbarung eines Erstanbietungsrechtes des Werkes regelt,[152] werden in dem sog **qualifizierten Optionsvertrag** bereits alle wesentlichen Vertragsbedingungen des Filmvertrages von vornherein festgelegt.[153]

**79**     b) **Einfache Option.** Diese unterschiedliche Ausgestaltung hat Folgen. So kann nach der hM bei Wahl des bloß einfachen Optionsvertrages der Vertragspartner entscheiden, ob er den Vertrag zu den vom Optionsberechtigten bei Ausübung des Optionsrechtes genannten Bedingungen annimmt oder ein anderweitig ergangenes günstiges Angebot eines Dritten vorzieht.[154] Das einfache Optionsrecht führt damit nur zum Erstanbietungsrecht,[155] wodurch aber keine vorweggenommene Bindung des Urhebers vorliegt, sondern es dem Urheber überlassen bleibt, ob er den Vertrag zu den vom Optionsberechtigten genannten Bedingungen annimmt oder Rechte am optionierten Werk einem Dritten zu für ihn günstigeren Konditionen einräumen will.[156] Dennoch ist auch die einfache Option etwas anderes als ein Vorvertrag im oben genannten Sinne, wird doch keine bloße Abschlusspflicht begründet.[157] Bei der einfachen Option handelt es sich vielmehr um einen mehrfach bedingten Optionsvertrag, in Folge dessen der Berechtigte ebenso wie iFd qualifizierten Option ein obligatorisches Anwartschaftsrecht am Werk erhält.[158]

**80**     c) **Qualifizierte Option.** Bei der **qualifizierten Option** führt hingegen bereits eine einseitige Erklärung des Filmherstellers den Vertragsschluss herbei. Nur beim qualifizierten Optionsvertrag handelt es sich damit um einen **aufschiebend bedingten Vertrag**, der durch die Abgabe der Optionserklärung, dh mit Ausübung des Gestaltungsrechts einseitig zwingend zu einem unbedingten wird.[159]

**81**     d) **Erste und letzte Option.** Eine besondere Optionsvereinbarung liegt vor, wenn dem Optionsberechtigten sowohl die **erste als auch die letzte Option** eingeräumt wird. Hierin liegt nach Auffassung der Rechtsprechung zugunsten des Optionsbegünstigten eine Rechtsposition begründet, die über die Einräumung eines Erstanbietungsrechts

---

[151] Palandt/*Heinrichs* Einf v § 145 BGB Rn 23.
[152] LG München I GRUR-RR 2009, 417 – Anatomieatlas; *Braneck/Brauner* ZUM 2006, 513, 516; *Brandi-Dohrn* 61, insofern etwas verwirrend bei *Hohmann* 83.
[153] LG München I GRUR-RR 2009, 417 – Anatomieatlas; Loewenheim/*Schwarz-Reber* § 74 Rn 101.
[154] LG München I GRUR-RR 2009, 417, 418 – Anatomieatlas; LG Hamburg ZUM 2002, 158, 159 f – Option als Vorrechtsvereinbarung; *Hohmann* 83; *Peters* 216.
[155] OLG München ZUM 2008, 68, 69.
[156] Vgl hierzu ausf bei *Braneck/Brauner* ZUM 2006, 513, 516.
[157] *Braneck/Brauner* ZUM 2006, 513, 517.

[158] BGHZ 22, 347, 350 – Verlagsrechtlicher Optionsvertrag; *Braneck/Brauner* ZUM 2006, 513, 516; iFd qualifizierten Option wird teilweise auch gefordert der qualifizierten Option dingliche Wirkung zuzugestehen, da dann auch der Sukzessionsschutz gem § 33 UrhG dem optionsberechtigten Produzenten zugute kommen würde, vgl dazu *Braneck/Brauner* ZUM 2006, 513, 520.
[159] Vgl dazu BGHZ 47, 387, 391; teilweise wird das Optionsrecht auch als langfristig ausgestaltetes Angebot angesehen (*Hohmann* 83) bzw als Vertrag sui generis (*Braneck/Brauner* ZUM 2006, 513); vgl zur rechtlichen Einordnung umfassend bei *Weber* JuS 1990, 249 ff.

bzw eines Erstverhandlungsrechts hinausgeht.[160] Zu Recht, denn hier werden Option und Vorkaufsrecht vermengt, in dem nämlich neben der Zugriffsmöglichkeit über das Ziehen der „Ersten Option" dem Optionsberechtigten die Möglichkeit gegeben wird, auch nach Verstreichenlassen der Optionsfrist, den Verfilmungsvertrag durch Ausübung der „Letzten Option", zu den Konditionen abzuschließen, zu denen der Optionsverpflichtete die Rechte einem Dritten angeboten hat, sofern dieses Angebot an den Dritten den rechtlichen Anforderungen an Ernstlichkeit genügt.[161]

**82**  e) **Auslegungsmaßstab.** Schon aufgrund der unterschiedlichen Rechtsfolgen sollten die Parteien immer genau festlegen und sich vor allem bewusst sein, welche Optionsmöglichkeit sie ihrer Einigung zugrunde legen wollen. Die **bloße Wahl des Wortes Option, einfache Option oder qualifizierte Option ist dabei nicht aussagekräftig.**[162] Entscheidend ist vielmehr die Reichweite der inhaltlich angestrebten Bindung. Ob dabei eine einfache oder eine qualifizierte Optionsabrede gewollt ist, bestimmt sich also durch Auslegung des gesamten Vertrages. So ist ein übereinstimmender Wille beider Parteien dem Wortlaut des Vertrages und jeder anderweitigen Interpretation immer vorrangig.[163]

**83**  Das Fehlen einer Vergütungsvereinbarung führt nicht dazu, das Vorliegen einer qualifizierten Option abzulehnen, da nach § 32 Abs 1 S 2 UrhG nunmehr auch bei unterbliebener ausdrücklicher vertraglicher Abrede eine angemessene Vergütung zumindest als konkludent vereinbart gilt.[164] **Die Angemessenheit einer Optionsvergütung richtet sich grds nach der Länge der Ausübungsfrist** und wird teilweise mit 5–10 %,[165] teilweise aber auch mit 10–15 %[166] des Honorars, das bei Verfilmung des Werkes gezahlt würde, taxiert, wobei bei Ausübung des Optionsrechts Options- und Verfilmungsvergütung regelmäßig miteinander verrechnet werden.[167]

**84**  f) **Form.** Grds bedarf der Optionsvertrag wegen § 40 Abs 1 UrhG nur dann der **Schriftform,** wenn das optionierte Werk noch nicht näher bzw nur der Gattung nach bestimmt ist. Ist dies nicht der Fall, kann der Optionsvertrag formlos geschlossen werden. Allerdings ist eine schriftliche Vereinbarung schon aus Gründen der Beweisbarkeit anzuraten.

**85**  g) **Fristenregelungen.** Empfehlenswert ist es zudem, die Ausübung des Optionsrechts unter eine für den Verpflichteten **überschaubare Frist** zu stellen, notfalls dem Verpflichteten die Möglichkeit zu geben, eine Erklärung des Optionsberechtigten durch Aufforderung unter einer angemessenen Fristsetzung herbeizuführen.[168] Andernfalls könnte bei einer zeitlich unbegrenzten Bindung, ohne Möglichkeit der Vertragsanpassung, die Rechtsprechung eine solche Vereinbarung durchaus als sittenwidrig

[160] OLG München ZUM 2008, 68, 69, die Rechtsauffassung des OLG München wurde bestätigt in BGH GRUR 2010, 418, 419 – Neues vom Wixxer.
[161] OLG München ZUM 2008, 68, 69; die Rechtsauffassung des OLG München wurde bestätigt in BGH GRUR 2010, 418, 419 – Neues vom Wixxer.
[162] LG München I GRUR-RR 2009, 417, 418 – Anatomieatlas; LG Hamburg ZUM 2002, 158, 160 – Option als Vorrechtsvereinbarung.

[163] BGH NJW 1994, 1528, 1529; OLG Köln NJW-RR 1998, 890 (2. LS); LG München I GRUR-RR 2009, 417, 418 – Anatomieatlas.
[164] *Brauneck/Brauner* ZUM 2006, 513, 519.
[165] Loewenheim/*Schwarz-Reber* § 74 Rn 107; *Schwarz* 205 Fn 17.
[166] Dreier/Schulze/*Schulze* § 88 UrhG Rn 40.
[167] Vgl hierzu auch ausf bei *Brehm* 94.
[168] *Hohmann* 84.

werten.[169] Zumindest aber wird eine angemessene Frist fingiert, deren Dauer nicht immer dem Optionsberechtigten gefallen wird. Als **übliche Frist** werden dabei idR zwölf bis vierundzwanzig Monate angesehen.[170] Als zulässig anerkannt ist zudem grds die Vereinbarung einer **Verlängerungsoption** gegen Zahlung einer weiteren Optionsvergütung,[171] die zumeist eine anteilige Gebühr bezogen auf den ersten Optionszeitraum darstellt und daher regelmäßig zwischen 50 und 100 % der anfänglichen Optionsvergütung liegt.[172]

**86**    h) **Bestimmtheitserfordernis.** Probleme bereitet ein Optionsvertrag immer dann, wenn der **Vertragsgegenstand nicht hinreichend bestimmt** werden kann. Diese Problematik tritt vor allem in den Fällen auf, in denen das optionierte Werk noch nicht fertiggestellt ist oder noch gar nicht begonnen wurde und es sich deswegen auch noch nicht in seinen Einzelheiten bestimmen lässt. Dennoch sollte das dem Optionsvertrag zugrunde liegende Werk im Vertragstext zumindest dergestalt bezeichnet werden, dass später durch einen **objektiven Dritten** zweifelsfrei nachvollzogen werden kann, dass Vertragsgegenstand des Optionsvertrages das nunmehr streitgegenständliche Werk war. Eine entsprechende Bestimmbarkeit des Vertragsgegenstandes in diesem Sinne kann entweder über eine **inhaltsbezogene** (zB über ein dem Optionsvertrag zugrunde gelegtes Exposé) oder eine **personenbezogene Werkfeststellung** (zB über eine zeitliche Komponente: „das nächste Werk") erfolgen.[173] Dies braucht es schon deswegen, als auch ein Optionsvertrag den gesetzlichen Vertragsvoraussetzungen genügen muss. Eine Auslegung erfolgt hierbei nach den Regeln der §§ 133, 157 BGB.[174]

**87**    i) **Verkehrsfähigkeit der Option.** Die **Abtretung eines Optionsrechts** ist nicht so ohne weiteres möglich, sondern bedarf der Zustimmung des Verpflichteten. Dies folgt nicht zuletzt aus der besonderen persönlichen Vertrauensbeziehung zwischen Urheber und Optionsberechtigten.[175]

**88**    j) **Rückgabepflichten.** Zu beachten ist weiter, dass in dem Fall, in dem ein Optionsrecht nicht ausgeübt wird, nach der Rechtsprechung **keine Rückgabepflicht des Optionsberechtigten an dem ihm übergebenen Material** besteht,[176] da sich eine derartige Pflicht aus dem Optionsvertrag ohne eine ausdrückliche, vertraglich vereinbarte Rückverschaffungspflicht nicht herleiten lasse. Danach handele sich bei der Verschaffung des Eigentums an Manuskripten und Unterlagen nicht um eine ihrer Natur nach vorläufigen Leistung, sondern um eine auf Dauer angelegte Regelung der Eigentumsverhältnisse an den übergebenen Gegenständen.[177] Aus diesem Grund könne eine Eigentumsrückübertragung auch nicht auf bereicherungsrechtlichen Vorschriften begründet werden.[178] Ob eine Rückgabepflicht ausnahmsweise dann angenommen wer-

---

[169] Vgl dazu BGHZ 22, 347, 354 – Verlagsrechtlicher Optionsvertrag; LG Hamburg ZUM 2002, 158, 160 – Option als Vorrechtsvereinbarung; aA ua *Brauneck/Brauner*, die wegen § 40 UrhG von einer grundsätzlichen Zulässigkeit langfristiger Bindungen auch über künftige Werk ausgehen, ZUM 2006, 513, 522 mwN.
[170] Loewenheim/*Schwarz-Reber* § 74 Rn 103.
[171] Vgl *Hohmann* 85.
[172] *Brehm* 94; Loewenheim/*Schwarz-Reber* § 74 Rn 107.

[173] Vgl dazu ausf bei *Brauneck/Brauner* ZUM 2006, 513, 514 f.
[174] OLG München ZUM 2008, 68, 69.
[175] *Peters* 218 f mwN.
[176] BGH ZUM 1999, 478 ff – Hunger und Durst; OLG München ZUM 2000, 66 ff – Vera Brühne.
[177] OLG München ZUM 2000, 66, 68 – Vera Brühne.
[178] BGH ZUM 1999, 478, 479 f – Hunger und Durst; OLG München ZUM 2000, 66, 68 – Vera Brühne.

Ilja Czernik

den kann, wenn der Optionsvertrag frühzeitig bspw durch Kündigung[179] beendet wird,[180] ist zweifelhaft. Denn die dazu ergangene Entscheidung des BGH gründet sich mehr auf der besonderen Situation beim Musikverlagsvertrag, denn auf dem Umstand der vorzeitigen Beendigung.[181] Es ist daher ratsam, eine solche Rückgabeverpflichtung bereits als schriftliche Vertragsklausel in die Optionsvereinbarung mit aufzunehmen. Dies ist schon allein deswegen anzuraten, als es dem Verpflichteten obliegt, die Übergabe von Material im Einzelnen zu beweisen.

### 3. Deal Memo und Letter of Intent

Für Verwirrung sorgen regelmäßig die in der Filmbranche häufig zu findenden Letter of Intent und Deal Memo, denn teilweise werden sie bereits als rechtsverbindliche Regelungen verstanden.[182] **89**

a) **Letter of intent.** Bei einem **Letter of Intent** handelt es sich jedoch zunächst nur um eine unverbindliche Absichtserklärung, bei der einzelne für die Vertragsverhandlungen wesentliche Punkte benannt werden.[183] Ziel eines Letters of Intent ist es, dem Vertragspartner Nachhaltigkeit und Vertrauen in die Ernstlichkeit der Verhandlungsabsichten zu signalisieren. **90**

b) **Deal Memo.** Ähnliches gilt für den **Deal Memo**,[184] der auch als memo of understanding bezeichnet wird. Hier liegt eine Niederschrift einzelner bisher erreichter Zwischenergebnisse vor, die zunächst keine rechtliche Bindungswirkung entfalten.[185] **91**

**Consideration.** Insofern ist vor einer unreflektierten Übernahme englischer Begriffe zu warnen. Denn auch das Common Law, aus dem die Begriffe kommen, kennt eine grundsätzliche Trennung zwischen einem Vertrag im Rechtssinne und den schlichten vorvertraglichen Regelungen ohne Bindungswirkung.[186] Die bloße Benutzung der Begriffe führt damit nicht automatisch bereits zu einer rechtlich bindenden Einigung.[187] **Bindungswirkung** ist damit bei einem Letter of Intent oder einem memo of understanding immer nur dann gegeben, wenn consideration, dh eine inhaltlich bestimmte Einigung der Parteien vorliegt, von der alle wesentlichen Bedingungen, die die Parteien der Einigung zugrunde legen wollen, erfasst sind.[188] Zusätzlich dürfen die Parteien nicht zum Ausdruck gebracht haben, dass sie an die Vereinbarung nicht gebunden sein wollen.[189] Ist ein Deal Memo bspw nicht von allen Vertragsparteien unterschrieben worden, ist nicht von einer Bindungswirkung auszugehen.[190] Dabei kommt es bei **92**

**179** Zur Kündigung vgl im Einzelnen *Brauneck/Brauner* ZUM 2006, 513, 521.
**180** Dies überlegend *Peters* 219 Fn 409 unter Verweis auf BGH ZUM 1999, 478, 479 f – Hunger und Durst.
**181** Vgl hierzu BGH ZUM 1999, 478, 480 3. Abschnitt – Hunger und Durst.
**182** Dies gilt zumindest für den Letter of Intent, der nach *Homann* im Filmbereich grds eine rechtsverbindliche Regelung darstellt, 82.
**183** *Brehm* 90; *Peters* 214.
**184** Muster bei *Jacobshagen* 143 f.
**185** *Brehm* 91 f; *Homann* 82; Loewenheim/*Schwarz-Reber* § 74 Rn 102; *Peters* 214.

**186** OLG München GRUR-RR 2008, 137, 138 – Optionsklausel; OLG München ZUM 2001, 439, 441 – murder in the first.
**187** Vgl zu den vier, sich aus einer sog quick note ergebenden denkbaren rechtlichen Bedeutungen OLG München ZUM 2001, 439, 441 – murder in the first.
**188** Vgl dazu auch BGH GRUR 2010, 418 ff – Neues vom Wixxer.
**189** OLG München ZUM 2001, 439, 441 – murder in the first.
**190** LG Mannheim ZUM-RD 2007, 205, 207.

der Feststellung, ob im Einzelnen eine bindende Vereinbarung getroffen werden sollte, auch darauf an, außerhalb der Vertragsurkunde liegende Umstände mit zu berücksichtigen.[191]

## II. Die entscheidenden Verträge in der Verfilmungsphase

### 1. Der Verfilmungsvertrag

**93**  **Das Verfilmungsrecht ist kein Verwertungsrecht** iSd § 15 UrhG. Schon die amtliche Begründung weist ausdrücklich daraufhin, dass der Gesetzgeber verzichtet hat, das Verfilmungsrecht als ein eigenständiges Verwertungsrecht zu konzipieren.[192] Die Verfilmung wird deswegen entweder als Vervielfältigung, sofern das Werk in den Film veränderungslos hineinkopiert wird, oder als Bearbeitung angesehen.[193] Wird bspw lediglich eine Konzert- oder eine Theateraufführung aufgezeichnet, ohne dass es zu Veränderungen kommt, liegt hierin nur eine Vervielfältigung, keine Bearbeitung.[194] Die Verfilmung eines Drehbuchs ist dabei wegen des Medienbruchs aber immer eine Bearbeitung.[195]

**94**  Das Verfilmungsrecht ist aber ein **Bündel von verschiedenen Nutzungsrechten,**[196] die der Produzent von den Urhebern der einzelnen vorbestehenden Werke erwerben muss, bevor er das Filmwerk herstellen und nachfolgend verwerten darf.[197]

**95**  **a) Der Verfilmungsvertrag und seine Besonderheiten gegenüber den allgemeinen Regeln des UrhG.** Die Nutzungsrechtseinräumung am vorbestehenden Werk erfolgt im Wege des sog **Verfilmungsvertrages.** Dabei handelt es sich um einen **Lizenzvertrag sui generis,**[198] dessen Inhalt durch die §§ 31 ff, 88, 90 UrhG sowie ergänzend durch die Vorschriften über den Rechtskauf (§ 453 BGB), die Rechtspacht (§ 581 BGB) und die Abtretung (§ 398 BGB) bestimmt wird.[199]

**96**  **aa) Verfilmungspflicht.** Eine **Verfilmungspflicht besteht trotz des Verfilmungsvertrages nicht.**[200] Das folgt schon aus der grundsätzlichen Möglichkeit des Urhebers, die Nutzungsrechtseinräumung wegen Nichtausübung (§ 41 UrhG) zurückzurufen, die wegen § 90 S 2 UrhG, trotz der dispositiven Regelung des § 90 S 1 UrhG,[201] auch im Filmurheberrecht besteht.

**97**  **bb) Rückrufsrechte.** Das **Rückrufsrecht wegen Nichtausübung** setzt zunächst voraus, dass der Produzent mit der Herstellung des Films noch nicht begonnen hat. Wird mit den Dreharbeiten begonnen und werden diese kurz danach wieder unterbrochen, so stellt dies für sich genommen die Rückrufsmöglichkeit des Urhebers nicht wieder

---

**191** OLG München ZUM 2001, 439, 441 f – murder in the first.
**192** Vgl dazu die AmtlBegr zum UrhG von 1965, UFITA 45 (1965/II), 317.
**193** Vgl statt vieler BGHZ 123, 142, 146 – Videozweitauswertung II; BGH GRUR 2006, 319, 321 – Alpensinfonie; Wandtke/Bullinger/*Manegold* § 88 UrhG Rn 22; aA *Breloer* 63; zur Auseinandersetzung vgl umfassend *Ventroni* 93 ff.
**194** BGH NJW 2007, 679, 681 – Alpensinfonie.

**195** Wandtke/Bullinger/*Manegold* Vor §§ 88 ff UrhG Rn 23.
**196** *Ventroni* 98.
**197** Zu den Nutzungsrechten im Allgemeinen vgl *Jani* Band 2 Kap 1.
**198** *Brehm* 95; Loewenheim/*Schwarz-Reber* § 74 Rn 12; *Peters* 230.
**199** Loewenheim/*Schwarz-Reber* § 74 Rn 12.
**200** BGHZ 27, 90, 98 – Die Privatsekretärin.
**201** *Beucher/Frentz* ZUM 2002, 511, 513.

Ilja Czernik

her. Dazu bedarf es einer längeren Unterbrechung, aus der ersichtlich wird, dass es bereits an der für den Privilegierungstatbestand des § 90 S 1 UrhG notwendigen Voraussetzung der Ernstlichkeit fehlt und deutlich wird, dass es dem Produzenten letztlich einzig und allein darauf ankommt sich die Rechte auf Vorrat zu sichern.[202] Die Dreharbeiten müssen daher den planmäßigen Abschluss erkennen lassen.[203] Hierzu zählt insb auch, dass sich der Filmhersteller um eine hinreichende Finanzierung bemüht.[204] Das Rückrufsrecht wegen Nichtausübung setzt weiter die Beachtung der **gesetzlichen Mindestfrist** in § 41 Abs 2 S 1 UrhG voraus. Danach darf das Rückrufsrecht nicht vor Ablauf von zwei Jahren seit Einräumung oder Übertragung des Nutzungsrechtes (die Optionsfrist wird nicht auf die Rückfrist angerechnet)[205] ausgeübt werden. Zudem wird nach § 41 Abs 3 UrhG vom Urheber verlangt, dass er eine **angemessene Nachfrist** zur zureichenden Ausübung des Nutzungsrechtes gestellt hat, bevor er den Rücktritt erklären kann. Ob eine Nachfrist angemessen ist oder nicht, hängt dabei stark vom Einzelfall, dh vor allem von der geplanten Verfilmungsart ab. So wird etwa bei Kinofilmen eine Nachfrist von neun bis zwölf Monaten, bei Fernsehproduktionen eine Nachfrist von sechs Monaten und bei Fernsehserien eine Nachfrist von mehr als zwölf Monaten als angemessen angesehen.[206] In jedem Fall muss dem Produzent aber nicht so viel Zeit eingeräumt werden, dass er in die Lage versetzt wird, das bisher weder organisatorisch noch wirtschaftlich geplante Projekt zu beginnen.[207] Ist dem Filmhersteller eine zu kurz bemessene Frist eingeräumt worden, wird eine angemessene Frist in Gang gesetzt.[208]

**98** Auch das **Rückrufsrecht wegen gewandelter Überzeugung** nach § 42 UrhG kann der Urheber des vorbestehenden Werkes, wie schon beim Rückrufsrecht in § 41 UrhG, ausschließlich in Bezug auf das Filmherstellungsrecht selbst geltend machen (§ 90 S 2 UrhG), die spätere Auswertung eines bereits hergestellten Filmwerkes kann vom Urheber des vorbestehenden Werkes nicht mehr verhindert werden.[209]

**99** Diese **Beschränkungen in den Rückrufsrechten** des Urhebers gelten allerdings nur für die in § 88 Abs 1 UrhG genannten Rechte, weitergehende Verfügungen, wie die Einräumung der Computerspielrechte, können vom Urheber auch noch nach Fertigstellung des Filmwerks und zudem von den Nutzungsrechtsinhabern auf der zweiten Stufe zurückgerufen werden.[210]

**100** Doch gilt es auch in diesem Zusammenhang festzustellen, dass die Urheberrechtsreform 2007 ihre Spuren hinterlassen hat. Unterfallen doch nunmehr, anders als das vorher der Fall war, wegen des Wortlauts der §§ 88, 89 UrhG auch unbekannte Nutzungsarten dem Anwendungsbereich des § 90 S 1 UrhG.[211]

**101** cc) **Zustimmung zur Übertragung.** Doch nicht nur die Rückrufsrechte des Urhebers erfahren im Filmurheberrecht eine Änderung, auch die **Zustimmungsrechte** nach den §§ 34, 35 UrhG weichen von den allgemeinen Regelungen ab:

**102** So kann der Vertragspartner des Urhebers das Verfilmungsrecht zwar vor Drehbeginn nur nach dessen vorheriger Zustimmung (§ 34 UrhG) an einen Dritten weiterübertragen, gleiches gilt, wenn er diesem Nutzungsrechte auf zweiter Stufe einräumen

202 Mestmäcker/Schulze/*Obergfell* § 90 Rn 7.
203 Mestmäcker/Schulze/*Obergfell* § 90 Rn 8; ähnl *Graef* GRUR-Prax 2010, 192.
204 LG München I ZUM 2007, 758, 760.
205 *Brehm* 79; Loewenheim/*Schwarz-Reber* § 74 Rn 65.
206 Loewenheim/*Schwarz-Reber* § 74 Rn 65.
207 Loewenheim/*Schwarz-Reber* § 74 Rn 65.
208 LG München I ZUM 2007, 758, 761.
209 *Beucher/Frentz* ZUM 2002, 511, 513.
210 *Homann* 287.
211 Mestmäcker/Schulze/Obergfell § 90 Rn 5.

will (§ 35 UrhG), wobei jedoch die Zustimmung gem § 34 Abs 1 S 2 UrhG nicht wider Treu und Glauben verweigert werden darf. Nach Drehbeginn lassen sich jedoch alle in § 88 UrhG benannten Nutzungsrechte zustimmungsfrei übertragen.[212]

**103**     **b) Die Nutzungsrechtseinräumung im Wege des Verfilmungsvertrages.** Durch den Verfilmungsvertrag erwirbt der Produzent ein Bündel an eigenständigen **Nutzungsrechten mit dinglicher Wirkung.**[213]

**104**     **aa) Sachliche Reichweite der Nutzungsrechtseinräumung nach § 88 UrhG.** Besondere Beachtung iRv Verfilmungsverträgen ist § 88 UrhG zu schenken. Dieser findet zwar hauptsächlich Anwendung in Verfilmungsverträgen mit Filmherstellern und in Sendeverträgen auf der Grundlage von sog Honorarbedingungen,[214] entfaltet aber seine Wirkung auch iRv Arbeitsverträgen bei angestellten Urhebern, solange zugleich Nutzungsrechte eingeräumt werden.[215]

**105**     Wegen § 88 Abs 1 UrhG ist davon auszugehen, dass dem Produzenten im Zweifel das Verfilmungsrecht als ein Bündel ausschließlicher Nutzungsrechte am Film eingeräumt wird, wodurch es ihm erlaubt ist, das Filmwerk auf alle bekannten und unbenannten Nutzungsarten in Anspruch zu nehmen. Diese Nutzungsrechte betreffen ausschließlich die Verwertung des konkreten Filmwerkes, wobei allerdings auch das **Recht zur Werbung** (Trailer); **Klammerteilrechte** (zB Making of) **Restematerialverwertung** (zB Director's cut) sowie das **Synchronisationsrecht** von der Rechtseinräumungsvermutung des § 88 Abs 1 UrhG mit umfasst sind, da dies regelmäßig dem gemeinsamen Vertragszweck entspricht.[216] Damit wird die Zweckübertragungsregelung des § 31 Abs 5 UrhG für den Fall verdrängt, dass die Parteien keine oder keine anderweitige vertragliche Regelung getroffen haben.[217] Dies gilt insb auch seit der Zauberberg-Entscheidung des BGH, der dies für § 89 Abs 1 UrhG ausdrücklich angenommen hat[218] und deren Grundsätze auch für § 88 UrhG Wirkung entfaltet. Schließlich tritt mit § 88 Abs 1 UrhG an die Stelle der bisherigen nur eingeschränkten Vermutung der Rechtseinräumung des § 88 Abs 1 Nr 2–4 UrhG aF die Vermutung der umfassenden Rechtseinräumung,[219] deren Wirkung mit der gesetzgeberischen Entscheidung im Zuge der Urheberreform 2007 noch verstärkt wird.[220]

**106**     Eine Besonderheit an der Nutzungsrechtseinräumung beim Verfilmungsvertrag besteht zudem darin, dass der Produzent zusätzlich das **Recht zur Bearbeitung erhält**, das normalerweise wegen § 37 Abs 1 UrhG beim Urheber verbleibt.[221] Dies folgt bereits aus der Eigenart der Verfilmung, die regelmäßig eine Bearbeitung der vorbestehenden Werke (Romanvorlage) sein wird, ist aber zudem in § 88 Abs 1 Var 2 UrhG gesetzlich kodifiziert.[222] Dabei gilt freilich zu beachten, dass die Grenze der Bearbei-

---

**212** Von Hartlieb/Schwarz/*N Reber* 143.
**213** Dreier/Schulze/*Schulze* § 88 UrhG Rn 14 mwN.
**214** Vgl dazu die Vertragsmuster bei Schütze/Weipert/*Hertin* Bd 3/I 962 ff.
**215** Schricker/Loewenheim/*Katzenberger* § 88 UrhG Rn 28.
**216** *Homann* 103; Loewenheim/*Schwarz-Reber* § 74 Rn 56.
**217** *Homann* 99; *Peters* 228.
**218** BGH ZUM 2005, 816, 818 – Der Zauberberg.

**219** Schricker/Loewenheim/*Katzenberger* § 88 UrhG Rn 2b.
**220** Dreier/Schulze/*Schulze* § 88 UrhG Rn 3; vgl iÜ zur einschränkenden Auslegung des § 89 UrhG unter Rn 117; die dort genannten Grundsätze gelten auch hier.
**221** Vgl zum Bearbeitungsrecht *Jani* Kap 1.
**222** Vgl iÜ zur Problematik des Bearbeitungsrechtes am Drehbuch unter der hM unter Rn 130.

tungsfreiheit einerseits die gröbliche Entstellung nach §§ 14, 93 UrhG[223] bildet, andererseits das Bearbeitungsrecht inhaltlich ausschließlich auf den konkreten Akt der Filmherstellung beschränkt ist,[224] dh eine Bearbeitung des vorbestehenden Werkes außerhalb des Filmwerkes nicht erlaubt ist.

Inhaltlich beschränkt ist das Verfilmungsrecht bereits durch seine Natur als **konkret auf den Film bezogenes Recht**. Somit hat die Vermutungsregel des § 88 Abs 1 UrhG keine Aussagekraft bzgl der Reichweite der Nutzungsrechtseinräumung bei außerfilmischen Verwertungsmaßnahmen.[225] Zugleich werden von der Einräumungsvermutung des § 88 Abs 1 UrhG weder gesetzliche Vergütungsansprüche noch das sog Zweitwiedergaberecht erfasst.[226] Hingegen ist die bisher vertretene Auffassung, wonach eine Nutzungsrechtseinräumung nach dem konkreten Verfilmungszweck bestimmt ist, spätestens seit der Urheberrechtsreform 2007 mit dem Wortlaut des § 88 UrhG nicht mehr vereinbar.

**107**

**bb) Räumliche Reichweite des § 88 UrhG.** Daraus, dass § 88 Abs 1 UrhG dem Produzenten die Möglichkeit gibt, Übersetzungen des Filmwerkes auf alle bekannten Nutzungsarten zu nutzen, wird geschlossen, dass das Filmherstellungsrecht prinzipiell räumlich unbeschränkt eingeräumt wird.[227] Man spricht deswegen vom sog **Prinzip des Weltverfilmungsrechts**.[228] Im Rahmen der räumlichen Nutzungsrechtseinräumung gilt es an dieser Stelle noch auf eine Besonderheit im Zusammenhang mit den DEFA-Filmen hinzuweisen. Die Wiedervereinigung hat nicht zu einer automatischen Ausdehnung von Lizenzen, die bislang entweder ausschließlich für das alte Bundesgebiet oder das Gebiet der ehemaligen DDR beschränkt vergeben waren, auf den jeweils hinzukommenden Teil geführt. Die Lizenzgebiete der Rechteinhaber haben sich damit nicht vergrößert. Im Bedarfsfall müsste daher nachlizensiert werden.[229]

**108**

**cc) Zeitliche Reichweite des § 88 UrhG.** Grds wird zudem von einer **zeitlich unbegrenzten Nutzungsrechtseinräumung** ausgegangen, wobei jedoch zu beachten ist, dass bei Vorliegen einer zeitlichen Begrenzung diese im Zweifel nicht nur auf die Herstellungsphase beschränkt ist, sondern auch für die Auswertungsphase Wirkung entfaltet.[230] Dies ist freilich nicht zwingend. **Die Länge der Auswertungsphase kann abweichend geregelt werden**, was zu einem Nebeneinander verschiedener ausschließlicher Nutzungsrechte führt.[231]

**109**

**dd) Sonstiger Geltungsbereich des § 88 UrhG.** Vertragspartei des Urhebers muss nicht immer ein Filmhersteller sein. So kann das Verfilmungsrecht bereits im Wege eines Verlagsvertrages einem Verlag als Nebenrecht eingeräumt sein. Dennoch gilt auch in dieser Vertragskonstellation § 88 UrhG.[232] Dies ist deswegen entscheidend, da bei einer entsprechenden Weiterübertragung des Verfilmungsrechts oder bei der Einräumung eines Nutzungsrechts zweiter Stufe, der Verlag schließlich nur diejenigen

**110**

---

223 Zur gröblichen Entstellung vgl Rn 301 ff.
224 Vgl hierzu auch bei Dreier/Schulze/*Schulze* § 88 UrhG Rn 35.
225 Schricker/Loewenheim/*Katzenberger* § 88 UrhG Rn 36g.
226 Schricker/Loewenheim/*Katzenberger* § 88 UrhG Rn 36h.
227 Dreier/Schulze/*Schulze* § 88 UrhG Rn 38.

228 Schricker/Loewenheim/*Katzenberger* § 88 UrhG Rn 34.
229 BGHZ 147, 244, 261 f; BGH BeckRS 2010, 04094 – Der Name der Rose.
230 BGHZ 5, 116, 121 – Parkstraße 13.
231 *Homann* 104.
232 Fromm/Nordemann/*Hertin* § 88 UrhG Rn 9 mwN.

Rechte übertragen kann, die ihm selbst zustehen[233]. Im Übrigen findet § 88 UrhG weiter dann Anwendung, wenn der Verlag einem Filmhersteller das Verfilmungsrecht weiterüberträgt.[234] Der Anwendungsbereich des § 88 UrhG endet aber in dem Moment, in dem es zu Vertragsbeziehungen zwischen Filmhersteller und anderen Nutzern kommt, die den fertigen Film auswerten wollen.[235] Dies hat ua zur Folge, dass bspw das Synchronisationsrecht nicht mehr als über § 88 UrhG eingeräumt angesehen werden kann, sondern gesondert erworben werden muss.[236]

**111**     Die Regelung des § 88 Abs 1 UrhG gilt in der jetzigen Form seit dem 1.1.2008, sowie rückwirkend für alle seit dem 1.1.1966 geschlossenen Verträge, sofern von der Möglichkeit des § 137l UrhG Gebrauch gemacht wurde. Sofern hiervon kein Gebrauch gemacht wurde, gilt § 88 Abs 1 UrhG aF wegen § 132 Abs 3 S 1 UrhG nur für Verträge, die nach dem **30.6.2002** geschlossen wurden. Hinsichtlich solcher Verträge, die vor diesem Stichtag vereinbart wurden, findet nach wie vor § 88 Abs 1 UrhG aF mit seiner nur eingeschränkten Auslegungsregel in den Nr 1–5 Anwendung. Danach gilt es insb zu beachten, dass nach § 88 UrhG aF eine Übertragung aller Nutzungsarten nur dann anzunehmen ist, wenn diese gesondert eingeräumt wurden, was insb bei der Videozweitauswertung ein Problem ist.[237]

**112**     Für Verträge, die **vor 1965** geschlossen wurden, gilt § **88 Abs 1 UrhG aF analog**. Zwar scheidet eine direkte Anwendung der Vermutungsregelung wegen § 132 Abs 1 UrhG aus, allerdings galt in der Rechtsprechung schon damals die später in § 88 Abs 1 UrhG aF kodifizierte Rechtsvermutung.[238] Auf eine Besonderheit gilt es noch im Rahmen von DDR-Altverträgen hinzuweisen. Zwar gilt das bundesdeutsche Urheberrecht seit dem 3.10.1990 nunmehr bundeseinheitlich auch im Beitrittsgebiet, allerdings unterfallen Filmverträge, die vor dem 3.10.1990 geschlossen wurden wegen Art 232 § 1 EGBGB nach wie vor dem Urhebervertragsrecht der DDR.[239]

**113**     ee) **Vertragliche Vereinbarungen.** Trotz der gesetzlichen Vorteile des § 88 UrhG kommt diesem in der Praxis eine weit geringere Bedeutung zu, als man annehmen mag, da idR eine genaue Aufschlüsselung der einzelnen Nutzungsarten oftmals sogar im Wege des Formularvertrages erfolgt. **Formularverträge mit buy-out Charakter** sind nach Auffassung der Rechtsprechung auch mit Blick auf die Regelungen der §§ 305 ff BGB AGB-rechtlich wirksam.[240] Es sollte nur darauf geachtet werden, dass der Vertrag nicht den Eindruck erweckt, das Entgelt für bestimmte Nutzungen wären von einer nachträglichen Vereinbarung abhängig oder das Entgelt beziehe sich nur auf einen Teil der Nutzungsrechte oder weitergehende Ansprüche des Urhebers nach den §§ 32, 32a UrhG wären ausgeschlossen.[241]

**114**     Darüber hinaus sollte immer darauf geachtet werden, dass sämtliche Rechte enthalten sind, die der Filmhersteller für die spätere Auswertung benötigt. Eine unzureichende Auflistung geht dabei zu seinen Lasten und kann wie eine Entscheidung des OLG Köln zum Synchronrecht zeigt, unschöne Auswirkungen haben. In der angesprochenen Entscheidung hatte der Filmhersteller nämlich nur das Recht erhalten, den

---

**233** Schricker/Loewenheim/*Katzenberger* § 88 UrhG Rn 28.
**234** Dreier/Schulze/*Schulze* § 88 UrhG Rn 26; Fromm/Nordemann/*Hertin* § 88 UrhG Rn 9.
**235** Dreier/Schulze/*Schulze* § 88 UrhG Rn 26.
**236** Mestmäcker/Schulz/*Obergfell* § 88 Rn 23.
**237** Vgl dazu umfassend Schricker/Loewenheim/*Katzenberger* § 88 UrhG Rn 32 ff.

**238** Vgl dazu bei RGZ 140, 231, 244 f – Tonfilm; BGHZ 5, 116, 122 – Parkstraße; BGH GRUR 1955, 596, 597 – Lied der Wildbahn I.
**239** BGHZ 147, 244, 249.
**240** BGH GRUR 1984, 45, 49 – Honorarbedingungen: Sendevertrag; KG ZUM 2010, 799.
**241** KG ZUM 2010, 799; LG Hamburg BeckRS 2010, 00905.

Originalfilm in jeder beliebigen Sprache mit Untertiteln zu versehen. Darin lag nach Auffassung des OLG Köln aber nicht ohne weiteres die Befugnis, den Film auch zu synchronisieren. So seien das Recht, eine (deutsch) untertitelte Originalfassung eines Films sowie eine (deutschen) Synchron-/Voice-over-Fassung herzustellen, verschiedene Nutzungsrechte, die getrennt und verschiedenen Berechtigten eingeräumt werden können.[242]

**c) Das Recht zum Remake.** Die ausschließlichen Nutzungsrechte des Produzenten **115** sind auf die konkrete und von ihm hergestellte Filmfassung beschränkt. Das **Recht zum Remake** verbleibt daher nach dem Grundsatz der einmaligen Verfilmung[243] in § 88 Abs 2 S 1 UrhG im Zweifel beim Urheber.[244] Dem Filmhersteller ist es deswegen untersagt, nach Fertigstellung weitere Dreharbeiten vorzunehmen. Ein Film gilt dabei als fertig gestellt, wenn der Regisseur die Nullkopie abgenommen und die Freigabe erklärt hat.[245]

Nach § 88 Abs 2 S 2 UrhG kann der Urheber spätestens nach zehn Jahren die Ver- **116** filmungsrechte anderweitig vergeben. Dabei kann dieser auf zehn Jahre festgelegte Verwertungszeitraum vertraglich verkürzt oder verlängert werden.[246]

Darüber hinaus kann sich der Filmhersteller das Remake-Recht auch vertraglich **117** einräumen lassen. So wird branchenüblich zutreffend davon ausgegangen, dass es sich beim Remake-Recht um ein eigenständiges Nutzungsrecht handelt.[247] Eine formularmäßige Rechtseinräumung wird dabei als ausreichend angesehen.[248]

Interessant ist in diesem Zusammenhang noch, ob sich der Urheber das einge- **118** räumte Remake-Recht wegen Nichtausübung zurückholen kann. Dies ist zu bejahen. So richtet sich auch hier das Rückrufsrecht wegen Nichtausübung nach den herkömmlichen Grundsätzen.[249] Unternimmt der Filmhersteller also keine Anstalten, die ihm eingeräumten Wiederverfilmungsrechte zu nutzen, kann der Urheber die Wiederverfilmungsrechte nach Fristsetzung selbstständig zurückrufen.[250] Um Planungssicherheit für beide Seite zu haben, sollten abweichende Vorstellungen also schriftlich fixiert werden.[251]

## 2. Die Mitwirkungsverträge und die Vermutungsregelung des § 89 UrhG

**Die Filmentstehung bedarf der Mitwirkung einzelner Filmurheber,** deren Beteili- **119** gung über sog Mitwirkungsverträge sichergestellt wird. Denn anders als bei den vorbestehenden Werken fehlt es ja gerade am **fertigen Endprodukt,** welches erst noch geschaffen werden muss. Probleme in diesem Zusammenhang bereitet oftmals auch die Abnahme,[252] da der Film als geistiges Produkt mehr noch als handwerkliche Produkte einem gewissen künstlerischen Gestaltungsspielraum unterliegen.

**242** OLG Köln NJOZ 2008, 174 – Voice over.
**243** Schricker/Loewenheim/*Katzenberger* § 88 UrhG Rn 55.
**244** Dieser Grundsatz galt schon vor 1965 bspw in BGH GRUR 1957, 614, 615 – Ferien vom Ich.
**245** KG NJW-RR 1986, 608 – Paris Texas.
**246** BGH GRUR 1976, 382, 384 – Kaviar; 1969, 364, 367 – Fernsehauswertung.
**247** Vertragliche Formulierungen hierzu finden sich ua bei *Graef* GRUR-Prax 2010, 192.
**248** BGH GRUR 1984, 45, 48 f – Honorarbedingungen: Sendevertrag.
**249** Vgl dazu Rn 97 ff.
**250** Wandtke/Bullinger/*Manegold* § 88 Rn 61; *Graef* GRUR-PRax 2010, 192.
**251** Formulierungsvorschläge hierzu finden sich ua bei *Graef* GRUR-PRax 2010, 192.
**252** Vgl dazu näher unter Rn 132 ff.

**120**   **a) Reichweite der Nutzungsrechtseinräumung.** Neben den schuldrechtlichen Beteiligungsvereinbarungen iRd Mitwirkungsvertrages,[253] werden oftmals zugleich auch **Nutzungsrechtsvereinbarungen** geschlossen. Denn neben der Mitwirkung verpflichtet sich der Filmurheber regelmäßig auch dazu, die entsprechenden Nutzungsrechte an den Filmhersteller zu übertragen. Diese Nutzungsrechtseinräumungen richten sich dabei nach den §§ 31 ff UrhG. Daneben gilt es jedoch auch, die zu § 88 Abs 1 UrhG parallele Regelung des § 89 Abs 1 UrhG zu beachten. Zweck des § 89 Abs 1 UrhG ist es nämlich, wie bei § 88 Abs 1 UrhG auch, dem Filmhersteller weitestgehend ungestört die Auswertung des Films zu gewährleisten.

**121**   Grundvoraussetzung für die Eröffnung des Anwendungsbereiches der Vermutungsregelung in § 89 Abs 1 UrhG ist zunächst, dass der Film nach § 2 Abs 1 Nr 6, Abs 2 UrhG eine schöpferisch geistige Leistung darstellt, da nur dann der Hersteller neben den Rechten an den vorbestehenden Werken auch die Nutzungsrechte am Filmwerk erwerben muss.

**122**   Das bedeutet, dass **§ 89 UrhG anders als § 88 UrhG nicht auf den Laufbilderschutz anwendbar** ist.[254]

**123**   Darüber hinaus entsprechen sich die Anwendungsbereiche der §§ 88 Abs 1, 89 Abs 1 UrhG jedoch. Insb gilt es auch im Zusammenhang mit § 89 Abs 1 UrhG, den Vorrang der ausdrücklichen vertraglichen Einigung zu beachten.[255] Des Weiteren gilt auch hier mittlerweile, dass wegen des Wortlauts und des klaren Bekenntnisses des Gesetzgebers zum buy-out durch die Urheberrechtsreform 2007 eine nach dem Vertragsgegenstand über § 31 Abs 5 UrhG beschränkte Nutzungsrechtseinräumung, wie sie teilweise in der Vergangenheit angedacht wurde,[256] nicht mehr vertretbar ist.[257] Zumal von jeher der BGH der Vermutungsregel des § 89 Abs 1 UrhG gegenüber der Zweckübertragungsregelung des § 31 Abs 5 UrhG den Vorrang gewährt.[258] Mithin ist es nunmehr unerheblich ob ein Kino- oder Fernsehfilm gedreht werden soll. Eine Nutzungsrechtseinräumung erfolgt vollumfänglich.

**124**   Der weitere Umfang der Rechtseinräumung entspricht dem bereits zum Verfilmungsvertrag Gesagten[259]. Danach erwirbt der Filmhersteller von den Filmurhebern im Zweifel ein ausschließliches Nutzungsrecht, welches **weltweit und zeitlich unbeschränkt** eingeräumt wird. Das ausschließliche Nutzungsrecht des Filmherstellers ist dabei auf das **konkrete Filmwerk** beschränkt. Dem Filmhersteller ist es aber gleichwohl erlaubt, Teile des Films zu Werbezwecke auszugliedern (**Klammerteilauswertung**).[260]

**125**   Nicht erfasst von der Nutzungsrechtseinräumung ist das Recht zu einer **selbstständigen Verwertung des Beitrags außerhalb des Filmwerkes.** Der Filmhersteller darf also zB im Zweifel nicht einen schöpferischen Einfall des Regisseurs für einen anderen Film verwenden.[261] Das bedeutet im Umkehrschluss, dass die Filmurheber vorbehaltlich anderweitig vertraglicher Regelung ihre Beiträge auch außerhalb des Filmwerkes verwerten dürfen.[262] Insofern sollten immer vertragliche Regelungen getroffen werden, wenn dieses unterbunden werden soll.

---

253 Vgl dazu ua Rn 129 ff.
254 Schricker/Loewenheim/*Katzenberger* § 89 UrhG Rn 5 mwN.
255 *Franz* ZUM 2006, 306, 309; Dreier/Schulze/*Schulze* § 89 UrhG Rn 2.
256 *Klages/Dreier-Kalscheuer* Rn 900.
257 Mestmäcker/Schulze/Obergfell § 88 Rn 10, 17 f.

258 BGH ZUM 2005, 816, 818 – Der Zauberberg.
259 Vgl dazu unter Rn 93 ff.
260 Vgl dazu unter Rn 105.
261 So bereits die AmtlBegr zum UrhG von 1965, vgl dazu UFITA 45 (1965/II), 319.
262 So bereits die AmtlBegr zum UrhG von 1965, vgl dazu UFITA 45 (1965/II), 319; vgl

Ilja Czernik

Weiter ist zu beachten, dass das Recht zur Neuverfilmung unter Verwendung geschützter Filmbeiträge nicht mit übertragen wurde, sondern es dazu einer zusätzlichen Nutzungsrechtseinräumung bedarf.[263] Zu beachten ist zum Abschluss auch, dass die Rspr des BGH zu Lizenzrechtsfragen bei DEFA-Filmen auch iRd § 89 UrhG gilt.[264]

**126**

b) **Die doppelte Verfügungsbefugnis.** Ein entscheidender Unterschied zwischen den Regelungen der §§ 88, 89 UrhG besteht darin, dass den Filmurhebern ausnahmsweise eine **doppelte Verfügungsbefugnis** zukommt. Denn nach § 89 Abs 2 UrhG kann der Urheber des Filmwerkes, obwohl er Dritten (bspw der GEMA) bereits Nutzungsrechte am Filmwerk eingeräumt hat, dieselben Rechte dem Filmhersteller beschränkt oder unbeschränkt einräumen. Dabei spielt es keine Rolle, ob nur einzelne Nutzungsformen oder alle Nutzungsrechte am Filmwerk übertragen wurden. Denn in jedem Fall steht eine Verfügung darüber unter der auflösenden Bedingung des § 89 Abs 2 UrhG.[265]

**127**

Sinn und Zweck des § 89 Abs 2 UrhG ist nach der zutreffenden Vorstellung des Gesetzgebers die Wahrung der persönlichen Handlungsfreiheit der Filmschaffenden und dient damit zugleich der Rechtssicherheit des Filmherstellers.[266] Denn dieser erlangt wirksam, trotz bereits erfolgter Nutzungsrechtseinräumung an Dritte, ein ausschließliches Nutzungsrecht am Filmwerk, wobei der einzelne Dritten darauf beschränkt ist, Schadensersatzansprüche bspw gegen den Filmregisseur geltend zu machen.[267] Dies mag zwar auf den ersten Blick nicht gerechtfertigt erscheinen. Die Rechte des Dritten werden dennoch ausreichend berücksichtigt und zwar insofern, als die doppelte Verfügungsbefugnis bspw des Filmregisseurs unter einer **zweifachen Bedingung** gestellt wurde. Danach kann (1) der Filmurheber nur die in § 89 Abs 1 UrhG bezeichneten Rechte übertragen, darüber hinaus ist eine Verfügung des Filmurhebers, trotz vorheriger Nutzungsrechtseinräumung, (2) nur gegenüber einem Filmhersteller wirksam. Diese Konstruktion überzeugt deswegen, da ein Dritter, der nicht Filmhersteller ist, regelmäßig wissen muss, dass die zu seinen Gunsten erfolgte Nutzungsrechtseinräumung nicht von Dauer sein muss. Insofern weiß der Dritte in diesen Fällen regelmäßig, dass er sich auf ein Risikogeschäft einlässt, dass sich als uU nachteilig für ihn erweisen kann. Einen überhöhten Schutz des Dritten braucht es daher, angesichts dieser besonderen Sachverhaltskonstellation und seiner Kenntnis davon, nicht.

**128**

### 3. Besondere Vertragsformen auf der Verfilmungsebene

a) **Der Drehbuchvertrag.** Beim **Drehbuchvertrag** ist danach zu **differenzieren**, ob bereits ein **fertiges Drehbuch** vorliegt oder ob dieses **erst für den Film angefertigt werden muss.** Während im ersten Fall ein urheberrechtlicher Nutzungsvertrag zustande kommt, kann es sich bei der Verpflichtung zur Herstellung eines Drehbuches in der

**129**

---

dazu auch Schricker/Loewenheim/*Katzenberger* § 89 UrhG Rn 20.
263 Möhring/Nicolini/*Lütje* § 89 UrhG Rn 19.
264 Vgl dazu oben Rn 108, 112.
265 Von Hartlieb/Schwarz/*N Reber* 143; Wandtke/Bullinger/*Manegold* § 89 UrhG Rn 34.

266 AmtlBegr zum UrhG von 1965, vgl dazu UFITA 45 (1965/II), 319; vgl iÜ auch bei Dreier/Schulze/*Schulze* § 89 UrhG Rn 36.
267 Schricker/Loewenheim/*Katzenberger* § 89 UrhG Rn 22.

Regel um einen Werkvertrag gem den §§ 631 ff BGB[268] oder um einen Arbeitsvertrag,[269] wobei die Mitwirkung am Film sich auch Folge eines Gesellschaftsvertrag sein kann.[270] Drehbuchautoren einer Rundfunkanstalt gelten dabei als Arbeitnehmer, wenn sie in die Arbeitsorganisation der Anstalt eingegliedert und deshalb persönlich abhängig sind. Die Eingliederung in die fremde Arbeitsorganisation zeigt sich insb daran, dass der Beschäftigte einem Weisungsrecht seines Vertragspartners (Arbeitgebers) unterliegt. Das Weisungsrecht kann Inhalt, Durchführung, Zeit, Dauer und Ort der Tätigkeit betreffen. Arbeitnehmer ist derjenige, der nicht im Wesentlichen frei seine Tätigkeit gestalten und seine Arbeitszeit bestimmen kann.[271] Ein weiteres Kennzeichen der abhängigen oder unselbständigen Arbeit ist zudem, daß der in die Arbeitsorganisation der Anstalt eingegliederte Mitarbeiter seine Arbeitskraft nicht nach selbstgesetzten Zielen den Bedürfnissen des Marktes in eigener Verantwortung verwertet, sondern sie für die Verwirklichung der Rundfunk- und Fernsehprogramme der Anstalten einsetzt.[272]

**130**     Beim Drehbuchvertrag kann die genaue Beurteilung der zugestandenen Reichweite der Rechtseinräumung Probleme bereiten. Dies vor allem dann, wenn der Produzent an dem kurbelfertigen Drehbuch Änderungen vornehmen will. Die Beurteilung der **Bearbeitungsbefugnis des Produzenten am Drehbuch** ist dabei nicht unumstritten. So wird vertreten, dass bei Nutzungsverträgen mit Drehbuchautoren die Bearbeitungsbefugnis des Produzenten nach § 88 Abs 1 UrhG stillschweigend abbedungen wurde und der Produzent sich dieses Recht ausdrücklich einräumen lassen muss,[273] sofern nicht Änderungen vorgenommen werden sollen, die schon unter § 39 Abs 2 UrhG erlaubt wären.[274]

**131**     Insofern sollte, wenn gewünscht, in die vertragliche Vereinbarung immer eine Klausel aufgenommen werden, in der sich der Produzent ein Bearbeitungsrecht ausdrücklich einräumen lässt, um insoweit Probleme bereits im Vorfeld auszuräumen.

**132**     Schwierigkeiten treten darüber hinaus immer wieder dann auf, wenn es um die **Abnahme des Drehbuches**[275] nach § 640 BGB geht.[276] Grds ist der Filmhersteller nach § 640 Abs 1 S 1 BGB verpflichtet, das vertragsmäßig hergestellte Werk abzunehmen, wobei er die Abnahme nicht wegen unwesentlicher Mängel verweigern darf (§ 640 Abs 1 S 2 BGB).

**133**     Ein wesentlicher Mangel liegt erst dann vor, wenn es dem Besteller unzumutbar ist, die Leistung als im wesentlichen, vertragsgemäße Erfüllung anzunehmen und sich mit den Mängelrechten aus § 634 BGB zu begnügen.[277] Grds darf die Abnahme vor allem nicht schon deswegen verweigert werden, weil das Drehbuch dem **Geschmack des Filmherstellers** nicht entspricht. Wer einen Künstler mit der Herstellung eines Kunstwerkes beauftragt, muss sich vorher mit dessen künstlerischen Eigenarten und Auffassung vertraut machen.[278]

**134**     Um dieses negative Ergebnis zu verhindern, wird bereits im Vorfeld versucht, häufig über eine AGB-Klausel im Drehbuchvertrag, eine Abnahme als vertragsgemäßes

---

[268] *Brehm* 95; Schütze/Weipert/*Hertin* Bd 3/I IX 30 Anm 3; vgl ausf bei Fischer/Reich/*Reich* § 10 Rn 133 ff.
[269] BAG Urt v 23.4.1980, Az 5 AZR 426/79.
[270] Dreier/Schulze/*Schulze* § 89 UrhG Rn 23.
[271] BAG ZUM 2007, 507, 508.
[272] BAG Urt v 23.4.1980, Az 5 AZR 426/79.
[273] *Homann* 100.
[274] *Homann* 100.

[275] Die nachfolgenden Überlegungen gelten für den Film als solchen entsprechend.
[276] Vgl insb zur Fristsetzung in diesem Fall bei *Brehm* 94.
[277] Palandt/*Sprau* § 640 BGB Rn 8; zur Frage der Zumutbarkeit vgl auch BGH NJW 1981, 1448 f – Abnahme.
[278] BGHZ 19, 382 (2. LS) – Kirchenfenster; KG ZUM-RD 1999, 337.

Ilja Czernik

Werk erst dann als bindend und vor allem vergütungsauslösend anzunehmen, wenn der Produzent die Leistung als vertragsgemäß ansieht.[279] Solche Formularklauseln im Drehbuchvertrag, die grds zulässig sind,[280] führen jedoch strategisch gesehen nur bedingt zum Erfolg. Schließlich gilt es zu beachten, dass zwar der Gestaltungsspielraum eines Urhebers vertraglich eingeengt werden kann, eine spätere Abnahmeverweigerung nach der Rechtsprechung jedoch einen Verstoß des Drehbuchautors gegen **konkrete Vorgaben im Vorfeld** voraussetzt, für die der Produzent darlegungs- und beweisbelastet ist.[281] Denn selbst wenn man zugunsten des Filmproduzenten von einem vertraglich vereinbarten „extrem subjektiven" Fehlerbegriff gem § 633 BGB ausgeht, entbindet das nach Auffassung der Rechtsprechung den Produzenten nicht davon, die tatsächliche Abweichung zwischen Soll- und Ist-Beschaffenheit der Arbeiten „seines" Drehbuchautors konkret darzulegen. Diese Vorgaben müssen dabei so konkret sein, dass nur ausdrücklich vertraglich festgelegte Hinweise zum Inhalt und zur Art und Weise der Darstellung die Gestaltungsfreiheit des Autors beschränken können. Danach reicht es nicht aus, dass der Produzent dem Drehbuchautor ein nur sehr **vages und unbestimmt gehaltenes Exposé** übergibt, nachdem der Drehbuchautor sich richten soll.[282] Die Rechtsprechung gesteht zwar zu, dass bei unkörperlichen Werken die Billigung der Arbeiten durch den Besteller im Vordergrund stehen mag. Das berechtige den Produzenten jedoch nicht dazu, jegliche Missbilligung des Werkes schlicht als Mangel zu charakterisieren und damit die Honoraransprüche des Drehbuchautors für die von ihm geleistete Arbeit in Frage zu stellen.[283] Zusammenfassend lässt sich damit sagen, dass das Werk eines Drehbuchautors bereits dann abnahmefähig ist, wenn es trotz subjektiven Fehlerbegriffs den **vereinbarten Zweckgedanken und die tragende Idee** des Filmherstellers zum Ausdruck bringt, auch wenn es nicht seinem Geschmack oder seinen Qualitätsvorstellungen entspricht,[284] denn Abweichungen vom perfekten sind hinzunehmen.[285] Aus diesem Grund sollten bereits im Vorfeld stringente und transparente Vorgaben an den Drehbuchautoren gemacht werden, die sich quasi als Abhakliste lesen lassen. Je weniger Punkte dieser Abhakliste umgesetzt werden, desto eher ist es mit Erfolg möglich, iR gerichtlicher Auseinandersetzung die Berechtigung der Abnahmeverweigerung zu beweisen.

Derartige Vorgaben unter Einhaltung strenger Dokumentation bedarf es auch deswegen, da es nach der Rspr dem Filmproduzenten idR nicht hilft, **den Drehbuchvertrag nach § 649 S 1 BGB** zu **kündigen.** Diese Möglichkeit bleibt ihm zwar bis zur Vollendung des Werkes, dh bis zur Abnahme, unbenommen.[286] Der **Drehbuchautor ist aber im Ausgleich dazu berechtigt, die vereinbarte Vergütung zu verlangen** (§ 649 S 2 BGB). Diese Rechtsfolge aus § 649 BGB kann zwar sowohl individualvertraglich als auch formularvertraglich in den Grenzen des § 308 Nr 7 BGB pauschaliert werden,[287] dabei müssen aber der Umfang der geleisteten Arbeit und die notwendigen Auslagen des Autors angemessen berücksichtigt werden. **Pauschalabgeltungen**, die auf der Einschätzung des Produzenten beruhen, sind für den Drehbuchautor nur dann verbindlich, wenn sie der Billigkeit entsprechen (§ 315 Abs 3 S 1 BGB).[288] Ob eine

**135**

---

[279] Vgl dazu den Mustervertrag bei *Jacobshagen* 43.
[280] OLG Hamburg ZUM-RD 1998, 557, 559 – Dr Monika Lindt.
[281] KG ZUM-RD 1999, 337, 338.
[282] KG ZUM-RD 1999, 337, 338.
[283] KG ZUM-RD 1999, 337, 339.
[284] KG ZUM-RD 1999, 337, 339.
[285] BGHZ 19, 382 ff – Kirchenfenster.

[286] OLG Hamburg ZUM-RD 1998, 557, 558 – Dr Monika Lindt; KG ZUM-RD 1999, 337, 339.
[287] OLG Hamburg ZUM-RD 1998, 557, 559 – Dr Monika Lindt; Palandt/*Sprau* § 649 BGB Rn 13 mwN.
[288] OLG Hamburg ZUM-RD 1998, 557, 559 – Dr Monika Lindt.

Entschädigung billig ist oder nicht, ist vom Produzent darzulegen und gegebenenfalls zu beweisen. Stellt sich heraus, dass die vom Produzenten bestimmte Vergütung unbillig ist, wobei Unbilligkeit nicht erst dann vorliegt, wenn die getroffene Bestimmung grob unbillig ist, wird eine billige Entschädigung durch das zu erkennende Gericht durch Urteil festgelegt (§ 315 Abs 3 S 2 BGB).[289] Dem steht nicht entgegen, dass der Drehbuchautor keine abnahmefähigen und verfilmungsreifen Drehbücher abliefert und für den Produzenten das gezahlte Honorar in keinem Gegenverhältnis steht, da dies ja gerade Sinnbild des § 649 BGB ist.[290]

**136**      Verweigert der Besteller die Abnahme des Werkes, erwirbt er auch **keine Nutzungsrechte**. Etwas anderes kann sich aber aus besonderen Umständen ergeben, sofern diese dem Urheber bekannt sind. So hat das OLG Hamburg in einem Fall trotz fehlender Abnahme eine stillschweigende vertragliche Nutzungsrechtseinräumung für den Fall angenommen, als eine Notlage die einmalige Nutzung des Werkes erforderlich machte.[291]

**137**      b) **Der Regievertrag.** Die besondere Situation beim Regievertrag besteht darin, dass, anders als bei den vorbestehenden Werken, ein fertiges und damit verwertbares Produkt noch nicht vorliegt. Der Hersteller muss deswegen mit dem Filmregisseur nicht nur eine Nutzungseinräumungsvereinbarung an noch zu erstellenden Filmwerk nach §§ 31 ff UrhG treffen, sondern diesen auch zur Herstellung des Filmes verpflichten. Die Möglichkeiten, den Regisseur vertraglich zur Mitwirkung zu verpflichten, geschieht regelmäßig im Wege des sog Mitwirkungsvertrages.[292] Dabei kann es sich je nach konkreter Ausgestaltung der vertraglichen Vereinbarung um einen **Mischvertrag zwischen Dienst- und Werkvertrag**[293] (eine Mischung aus den benannten Vertragstypen deswegen, da der Regisseur mit der Inszenierung der Produktion nicht nur ein konkretes Arbeitsergebnis schuldet, sondern er oftmals auch eine Reihe von Leitungsaufgaben, wie die Überwachung des Schnitts oder der Synchronisationsarbeit übernimmt) oder aber, bei Festanstellung des Regisseurs bspw bei einem Fernsehsender, um einen Arbeits- und Dienstvertrag handeln,[294,295] wobei auch eine andere Form des Mitwirkungsvertrages denkbar ist.

**138**      Einer **Schriftform** nach § 40 UrhG bedarf es dazu grds nicht. Der Filmregisseur kann sich auch stillschweigend zur Nutzungsrechtseinräumung und Mitwirkung verpflichten.[296]

**139**      Die Mitwirkung des Regisseurs ist, vorbehaltlich einer anderweitigen Regelung, ausschließlich auf den **konkret vereinbarten Film** beschränkt.[297] Ausschnitte aus seinem Film können daher nicht so ohne Weiteres in andere Filme inkorporiert werden. Nur in Ausnahmefällen, etwa bei Filmurheber in Arbeitsverhältnissen bzw Werbe-

---

[289] OLG Hamburg ZUM-RD 1998, 557, 559 – Dr Monika Lindt.

[290] OLG Hamburg ZUM-RD 1998, 557, 559, 560 – Dr Monika Lindt; vgl zu dieser Problematik insgesamt auch bei *Brehm* 96.

[291] Vgl dazu ausf OLG Hamburg ZUM-RD 2006, 16, 24 – Still waiting.

[292] Vgl dazu von Hartlieb/Schwarz/*U Reber* 269; sowie bei Fischer/Reich/*Reich* § 10 Rn 136 f.

[293] Vgl dazu LG München I ZUM 2000, 414, 416 – down under.

[294] BGH GRUR 1991, 133, 135 – Videozweitauswertung I; BAG Urt v 23.4.1980, Az 5 AZR 426/79.

[295] Zur Abgrenzung zwischen bloßem Dienstvertrag vom Arbeitsvertrag vgl Rn 129.

[296] BGH GRUR 1960, 199, 200 – Tofifa.

[297] Dreier/Schulze/*Schulze* § 89 UrhG Rn 25.

Ilja Czernik

und Propagandafilme,[298] ist die Übernahme einzelner Filmausschnitte in andere Filme, ohne eine dahingehende weitere Vereinbarung mit dem Filmregisseur, zulässig.[299]

**140** Problematisch kann es sein, den **Regisseur eines Films zu kündigen,** da beim ihm das sog Erstveröffentlichungsrecht liegt. Dies hat zur Folge, dass der Regisseur trotz Kündigung darüber entscheiden kann, ob sein Werk als vollendet freizugeben ist.[300] Allerdings beschränkt sich sein Verbotsrecht einzig auf die von ihm angefertigten Filmteile. Sollten diese bereits an den Produzenten zur Abnahme übergeben worden sein, liegt darin eine endgültige Freigabeerklärung.[301] In jedem Fall sollten für diesen Fall eindeutige vertragliche Regelungen getroffen werden, nach denen der Regisseur eine Freigabe auch nach Kündigung nicht verweigern darf, wenn nicht ausnahmsweise Gründe vorliegen, die eine Weigerung rechtfertigen, wobei diese sich wiederum am Grundsatz des § 8 Abs 2 S 2 UrhG zu orientieren haben, dessen allgemeiner Wertungsgesichtspunkt in diesem Fall nicht nur den Miturhebern zu Gute käme, sondern über die Vertragsklausel auch dem Produzenten.[302]

**141** Darüber hinaus ist aber ein Kündigung des Regisseurs nur dann zulässig, wenn ein **hinreichender Grund** vorliegt, der eine derart drastische Maßnahme rechtfertigt, was insb nur dann gegeben sein wird, wenn der Regisseur in irgendeiner Weise mitverantwortlich gehandelt hat,[303] bspw auf eine wirtschaftlich kaum verwertbare Schnittfassung besteht.

**142** In diesem Zusammenhang gilt es ferner zu beachten, dass **Vereinbarungen, die es einem der Vertragspartner untersagen Konflikte vor staatlichen Gerichten auszutragen** und die die Vertragspartner darauf beschränken, die Probleme untereinander zu lösen, **sittenwidrig sind.**[304]

**143** c) **Der Musikverfilmungsvertrag. Musikurheber** können auf zweifache Weise am Filmwerk beteiligt sein. Entweder sie werden beauftragt, exklusiv für den Film eine Filmmusik zu komponieren oder es wird im Film eine bereits vorhandene Komposition des Musikurhebers verwendet.

**144** Im ersten Fall handelt es sich um eine sog **Auftragskomposition.** Dieser liegt ein **Kompositionsvertrag** zugrunde. Dabei handelt es sich dogmatisch um eine Mischung aus Werk- und Lizenzvertrag, werden doch dem Filmhersteller zugleich, die für die Filmverwertung notwendigen, Nutzungsrechte eingeräumt.[305] Neben dem Kompositionsvertrag werden zusätzlich häufig auch **Musikproduktionsverträge** geschlossen. Danach ist der Filmkomponist verpflichtet, nicht nur die Musik zu komponieren, sondern diese unter Übertragung der entsprechenden Leistungsschutzrechte an der Musikproduktion nach § 85 UrhG[306] und der an der Aufnahme Beteiligter nach §§ 74 ff UrhG,[307] als fertig produziertes Endprodukt auf einem Tonträger dem Film-

---

**298** Zu den einzelnen Ausnahmen in den oben genannten Fällen vgl auch bei BGH UFITA 55 (1970), 313, 322 f – Triumph des Willens (Propagandafilm); BGH GRUR 1960, 609, 611 ff – Wägen und Wagen (Werbefilm); LG Berlin GRUR 1962, 207, 208 – Maifeiern (angestellter Kameramann).
**299** Vgl dazu auch bei Schricker/Loewenheim/ *Katzenberger* § 89 UrhG Rn 15.
**300** LG München I ZUM 2000, 414, 416 – down under.
**301** OLG München ZUM 2000, 767, 772 – down under.

**302** Vgl hierzu Rn 298.
**303** OLG München ZUM 2000, 767, 773 – down under; *Brehm* 163.
**304** OLG München ZUM 2000, 767, 770 – down under; LG München I ZUM 2000, 414, 415 – down under; einschränkende Beurteilung von *Brehm* 163 f.
**305** *Ventroni* 44.
**306** *Ventroni* 44 Fn 132.
**307** Dies betrifft die Leistungsschutzrechte nach §§ 74 ff UrhG. Dazu bedarf es deswegen einer vertraglichen Abrede, als die Vermutungsregel aus § 92 UrhG ausschließlich die konkrete Ver-

---

hersteller zur weiteren Benutzung zur Verfügung zu stellen. Dafür erhält er regelmäßig eine Pauschalvergütung.[308]

**145**     In der Praxis kommt den in den Kompositionsverträgen niedergelegten Vereinbarungen über die Filmverwendungsrechte mit Ausnahme des Filmherstellungsrechtes, bei dem die Verfügung des Musikurhebers als Nichtberechtigten in der Praxis nicht thematisiert wird,[309] **lediglich schuldrechtliche Bedeutung** zu,[310] denn die Filmverwendungsrechte wurden im Wege der Vorausübertragung bereits der GEMA übertragen und werden von ihr wahrgenommen.

**146**     Diese Rechtsfolge ist die Konsequenz der strikten Zweiteilung zwischen Filmwerk und vorbestehenden Werken.[311] Nach der hier vertretenen Lehre von der Unmittelbarkeit kommt es jedoch darauf an, ob sich die Komposition als für den Film unmittelbar oder mittelbar herausstellt. Je nachdem, ist dann die Vermutungsregelung aus § 88 UrhG oder aus § 89 UrhG einschlägig. Dies hat Auswirkungen. Denn wegen § 89 Abs 2 UrhG könnte der Filmkomponist, sollte er Filmurheber sein, die in § 89 Abs 1 UrhG bezeichneten Nutzungsrechte gleichwohl dem Filmhersteller wirksam einräumen.[312]

**147**     Aber auch unter der hM ist es dem Urheber nicht unbenommen, die Auswertung seines Musikwerkes selbst vorzunehmen. Denn Filmverwendungsrechte werden nur unter einer auflösenden Bedingung an die **GEMA** übertragen.[313] Der Urheber kann daher unter den Voraussetzungen des § 1i des GEMA-Berechtigungsvertrages Rückübertragung der für die Filmherstellung und -auswertung notwendigen Nutzungsrechte verlangen, sofern es sich bei dem Filmwerk nicht um eine Eigen- oder Auftragsproduktion für das **Fernsehen** handelt (§ 1i Abs 3 GEMA Berechtigungsvertrag).[314]

**148**     Der Zustimmung des Berechtigten bedarf es zudem immer dann, wenn die Musik für einen **Werbespot** verwendet wird (§ 1k GEMA-Berechtigungsvertrag).[315] Der BGH geht dabei sogar so weit, dass die Rechte an dieser Nutzungsform von den Rechteinhabern selbst wahrzunehmen sind und nicht über das Tarifsystem der GEMA abgegolten werden können.[316] Im Normalfall liegen die Rechte aber bei der GEMA und können von dieser eingeholt werden. Geschieht dies nicht, ist die GEMA berechtigt, diese Verstöße gerichtlich zu verfolgen. Die Vermutung der Wahrnehmungsbefugnis, der Urheberrechtsschutzfähigkeit und der Rechtsverletzung gilt dabei grundsätzlich auch auf die musikalische Vertonung pornografischer Filme.[317]

**149**     Bei vorbestehenden Musikwerken, die nicht filmbestimmt geschaffen wurden, sondern bereits vor Herstellung des Films vorhanden waren, werden sog **Filmmusiklizenzverträge**, in denen das Filmherstellungsrecht eingeräumt wird, abgeschlossen.[318] Die Ausgestaltung orientiert sich dabei rein formal an der Entscheidung des BGH zur

---

wertung des Filmwerkes nicht aber die isolierte Verwertung der Filmmusik als Soundtrack mitumfasst, *Moser* ZUM Sonderheft 1996, 1025, 1026 f; *Ventroni* 45.

[308] Vgl umfassend *Moser* ZUM Sonderheft 1996, 1025, 1026; *Ventroni* 44.

[309] *Ventroni* 44 Fn 131.

[310] Fischer/Reich/*Reich* § 10 Rn 149; *Moser* ZUM Sonderheft 1996, 1025, 1026; *Ventroni* 44.

[311] Vgl dazu unter Rn 45.

[312] Vgl dazu unter Rn 121 f.

[313] Dreier/Schulze/*Schulze* § 88 UrhG Rn 19;

Schricker/Loewenheim/*Katzenberger* § 88 UrhG Rn 30.

[314] Vgl dazu auch bei Dreier/Schulze/*Schulze* § 88 UrhG Rn 20.

[315] Vgl dazu auch OLG Hamburg GRUR 1991, 599, 600 – Rundfunkwerbung; OLG München NJW 1998, 1413, 1415 – Carmina Burana.

[316] BGH BeckRS 2009, 87215 – Nutzung von Musik für Werbezwecke.

[317] BGH NJW 1998, 1249, 1250 – GEMA-Vermutung III; OLG Hamburg ZUM 2009, 421, 422 – WOS.

[318] *Ventroni* 45.

Videozweitauswertung, nach der eine gegenständliche Aufspaltung des Filmherstellungsrechts nicht möglich sei.[319] Allerdings wird diese Entscheidung im Ergebnis durch eine schuldrechtliche Aufteilung der Gesamtvergütung, die sich an der Vornahme der einzelnen Auswertungshandlungen orientiert und unter gleichzeitiger Vertragsstrafenvereinbarung iFe Folgenauswertung ohne Abgeltungszahlung geschlossen wird, praktisch nicht beachtet.[320]

Doch es werden nicht nur Verträge mit den Musikurhebern geschlossen, daneben **150** schließen die Filmhersteller oftmals direkt mit der **GEMA Nutzungsverträge** ab. Diese ist nämlich nach § 11 Abs 1 WahrnG dazu verpflichtet, jedermann Nutzungsrechte an den von ihr wahrgenommenen Rechten auf Verlangen zu angemessenen Bedingungen einzuräumen oder die dazu erforderlichen Einwilligungen zu erteilen.

Das hat ua dazu geführt, dass sich die einzelnen Fernsehsender zweckmäßiger **151** Weise die Nutzung des von der GEMA wahrgenommenen Repertoires für Eigen- und Auftragsproduktionen unter Zahlung einer **Pauschallizenz** haben einräumen lassen.

Daneben finden sich häufig **Rahmenverträge**, die bereits allgemeine Vertragsbe- **152** dingungen vorgeben, nach denen Nutzungsrechte durch Einzelverträge eingeräumt werden können. Schließlich ist die GEMA nach § 12 WahrnG verpflichtet, mit Vereinigungen, deren Mitglieder nach dem Urheberrechtsgesetz geschützte Werke oder Leistungen nutzen oder zur Zahlung von Vergütungen nach dem Urheberrechtsgesetz verpflichtet sind, über die von ihr wahrgenommenen Rechte und Ansprüche Gesamtverträge zu angemessenen Bedingungen abzuschließen.[321]

## III. Die entscheidenden Verträge in der Auswertungsphase

### 1. Gemeinsamkeiten zwischen den verschiedenen Filmlizenzverträgen auf der Auswertungsebene

Der Filmhersteller wird in der Regel die Auswertung des Films nicht selbst vorneh- **153** men wollen und können, sondern sich dazu der Hilfe Dritter bedienen. Diesen muss er dafür die entsprechenden Nutzungsrechte am Werk einräumen. Hierbei gilt es zu beachten, dass die Reichweite der Vergabe von Sublizenzen uU durch Regelungen des FFG oder anderer Fördergesetze eingeschränkt werden kann. Denn wenn ein Filmprojekt Zuwendungen bspw nach dem FFG erhält sind diese ua an die Einhaltung einer festen Auswertungskaskade gebunden. Ein Filmhersteller sollte daher vorher genau prüfen, ob der Sublizenzvertrag den Fördervorgaben entspricht. Denn ein Verstoß hiergegen, führt idR dazu, dass der Förderungsbescheid widerrufen wird und er uU den gesamten Förderbetrag, zumindest aber einen nicht unerheblichen Teil zurückzahlen muss.

a) **Die Reichweite der Sublizenz.** Die Reichweite der Sublizenzvergabe wird primär **154** durch die vertragliche Vereinbarung zwischen Urheber und Filmhersteller bestimmt. So kann der Filmhersteller zunächst nur diejenigen Rechte einräumen, die ihm selbst vom Urheber im Wege der Hauptlizenz eingeräumt wurden. Die Vergabe von Subli-

---

**319** BGH GRUR 1994, 41, 42 f – Videozweitauswertung II.
**320** *Ventroni* 46; vgl dazu auch bei *Schulze* GRUR 2001, 1084 f.

**321** Vgl im Übrigen umfassend zur Rechtspraxis der GEMA im Filmbereich *Ventroni* 48 ff; sowie allgemein *Schunke* Kap 3.

zenzen ist nämlich in ihrer Reichweite sowohl **inhaltlich, räumlich als auch zeitlich akzessorisch zum Inhalt der Hauptlizenz.**

**155**     Da es einen **gutgläubigen Erwerb von Nutzungsrechten** nicht gibt, wäre eine vertragliche Leistungspflicht, die einen den Umfang der Hauptlizenz überschreitenden Inhalt aufweist und die nicht durch eine vertragliche Ausnahmegenehmigung des Urhebers erlaubt wäre, nach § 275 Abs 1 BGB ausgeschlossen. Der Hauptlizenznehmer wäre dem Sublizenznehmer, wenn nicht bereits eine Garantiehaftung für den Rechtsbestand vertraglich vereinbart sein sollte, wegen **anfänglicher Unmöglichkeit** nach § 311a BGB schadensersatzpflichtig.[322]

**156**     Darüber hinaus hängt der Inhalt der Nutzungsrechtseinräumung entscheidend von der konkreten vertraglichen Vereinbarung zwischen Filmhersteller und Drittem ab. Die §§ 88, 89 ff UrhG entfalten auf der **Auswertungsebene zwischen Filmhersteller und Drittem** nämlich keine Wirkung, da sie schon dem Wortlaut nach nur zwischen dem Filmhersteller und den Urheber bzw deren Rechtsnachfolgern gelten. Die Nutzer des Filmwerkes auf der zweiten Ebene können sich mithin gegenüber dem Filmhersteller oder dem Filmverleih im Zweifel nicht auf die Vermutungsregelungen der §§ 88, 89 UrhG berufen,[323] wenn es darum geht, die Reichweite ihrer Nutzungsrechtsübertragung festzustellen.

**157**     Allerdings findet bei der Vergabe von Sublizenzen die Zweckübertragungsregel des § 31 Abs 5 UrhG Anwendung.[324]

**158**     Neben der Weiterlizenzierung von Nutzungsrechten an Rechten des Urhebers kann der Filmproduzent nach § 94 Abs 2 UrhG dem Dritten auch Lizenzen an dem ihm aus § 94 Abs 1 UrhG zukommende Leistungsschutzrecht einräumen. Anzuwenden sind insoweit die §§ 31 ff UrhG sowie die §§ 398 ff, 413 BGB.[325] Dies galt auch schon vor 2003, als eine Einräumung von Nutzungsrechten am Leitungsschutzrecht des Filmherstellers unter analoger Anwendung der §§ 31 ff UrhG aF anerkannt war.

**159**     Vom Leistungsschutzrecht des § 94 Abs 1 S 1 UrhG umfasst, sind die dem Urheber zustehenden Verwertungsrechte aus den §§ 16, 17, 19 Abs 4, 19a, 20, 20a und 20b Abs 1 UrhG.[326] Die Reichweite der Nutzungsrechtseinräumung am Leistungsschutzrecht des Filmherstellers wird dabei ebenfalls vom Zweckübertragungsgrundsatz des § 31 Abs 5 UrhG bestimmt.[327]

**160**     **b) Aktivlegitimation des Produzenten bei Nutzungsrechtseinräumung an Dritte.** Räumt der Produzent ein ausschließliches Nutzungsrecht an dem von ihm produzierten Film bspw einer Fernsehanstalt ein und sieht die vertragliche Gestaltung vor, dass der Vertragspartner das Werk zeitlich, räumlich und inhaltlich unbeschränkt benutzen darf, führt dies dazu, dass der Produzent in Bezug auf die von ihm übertragenen Rechte seine Aktivlegitimation verliert. Damit kann er nicht gegen Rechtsverletzungen Dritter vorgehen.[328] Dies gilt allerdings nur soweit, als die verletzten Nutzungsrechte von der Übertragung auf den Vertragspartner auch erfasst waren.[329]

---

[322] *Homann* 288; Loewenheim/*Schwarz-Reber* § 74 Rn 247.
[323] Vgl dazu auch *Franz* ZUM 2006, 306, 310.
[324] BGHZ 9, 262, 265 – Lieder der Wildbahn I; OLG München ZUM-RD 1998, 101, 105 ff.
[325] Schricker/Loewenheim/*Katzenberger* § 94 UrhG Rn 40.
[326] Vgl im Einzelnen dazu bei Schricker/Loewenheim/*Katzenberger* § 94 UrhG Rn 21 ff.

[327] OLG Düsseldorf GRUR-RR 2002, 121, 122 – Das weite Land.
[328] BGH GRUR 1957, 614, 616 – Ferien vom Ich; OLG Köln GRUR-RR 2005, 179 – Standbilder im Internet.
[329] BGH GRUR 1992, 697, 698 – ALF; OLG Köln GRUR-RR 2005, 179 – Standbilder im Internet.

**c) Das Zurückholen der Rechte durch den Produzenten oder den Urheber vom Dritten.** Der Filmhersteller kann die weitere Übertragung der Nutzungsrechte durch seinen Vertragspartner nicht durch Ausübung eines **Vetorechts aus §§ 34, 35 UrhG** stoppen, da deren Anwendungsbereich nicht durch § 94 Abs 2 UrhG auf die Leistungsschutzrechte des Filmherstellers erstreckt wird. Nach Ansicht des BGH soll der Filmhersteller aber zumindest einen **allgemeinen Zustimmungsvorbehalt** geltend machen können.[330] Denn dieser sei im gesamten gewerblichen Schutzrecht bei Nutzungsrechtseinräumungen üblich und Filmverwertungsverträgen sogar immanent. Schließlich brächte der Filmhersteller regelmäßig bei einer Erlösbeteiligung dem Lizenznehmer auf der zweiten Stufe nicht nur ein besonderes Vertrauen entgegen. So sei es typischer Vertragszweck, dass die Auswertung durch den konkreten Vertragspartner vorgenommen werde. Der BGH erkennt dem allgemeinen Zustimmungsvorbehalt sogar dingliche Wirkung zu und gesteht im Verletzensfalle Schadensersatzansprüche nach § 97 UrhG zu.[331]

§ 161

Zudem soll sich ein **Rückrufsrecht des Filmherstellers**, dem grds keines aus §§ 41, 42 UrhG zusteht, gegenüber seinen Lizenzpartnern **nach §§ 30, 32 VerlG analog** herleiten lassen. Voraussetzung sei es, dass der Lizenznehmer keine vertraglich adäquate Verwertung des Werkes vornimmt.[332]

§ 162

**Den Urhebern stehen solche Möglichkeiten nicht zu**, da wegen § 90 S 1 UrhG die §§ 41, 42 UrhG keine Anwendung zu Gunsten des Urhebers finden.[333] Deswegen kann ein Urheber seinen Vertrag gegenüber seinem Vertragspartner nur unter **Rückgriff auf die herkömmlichen schuldrechtlichen Gestaltungsrechte beenden.**

§ 163

Problematisch ist, ob durch die Beendigung des schuldrechtlichen Vertrages die an den Sublizenznehmer erteilten Nutzungsrechte ebenfalls wegfallen,[334] dh ob die Sublizenz zur Hauptlizenz akzessorisch ist.[335] Hierfür könnte ein Blick auf die Regelungen zum Verlagsvertrag sprechen. Dieser als der einzige (im VerlG) gesetzlich geregelte Urhebervertrag wird von verschiedenen Seiten als Sinnbild für einen allgemeinen gesetzgeberischen Willen zum Urhebervertragsrecht gesehen. Die im VerlG getroffenen Wertungen seien deswegen auf alle urheberrechtlichen Verträge analog anzuwenden. Dies gelte insb auch für § 9 Abs 1 VerlG, wonach das Nutzungsrecht am Werk mit der Beendigung des schuldrechtlichen Vertragsverhältnisses erlösche.[336] Folgt man dieser Ansicht, wären die Sublizenznehmer erheblichen Gefahren ausgesetzt. Sie würden mit Beendigung des Vertrages automatisch zu Nichtberechtigten und wäre damit ab Kenntnis des Umstandes uU sogar nach § 97 Abs 1 UrhG schadensersatzpflichtig. Gerade bei Lizenzketten, wie sie im Filmurheberrecht die Regel sind, wären die Sublizenznehmer daher mit einem stark erhöhten wirtschaftlichen und rechtlichen Risiko belastet, ohne dass sie es gleichzeitig in der Hand hätten, dieses zu beeinflussen.

§ 164

Der BGH hat nun grundlegende Maßstäbe aufgestellt, wie sich der **Fortbestands der einfachen Sublizenz** zum Rückruf der Hauptlizenz verhält. So musste sich der

§ 165

330 BGH NJW-RR 1987, 181, 182 – Videolizenzvertrag.
331 BGH NJW-RR 1987, 181, 182 – Videolizenzvertrag; dafür auch *Homann* 297.
332 Schütze/Weipert/*Hertin* Bd 3/I IX 34 Anm 4; *Homann* 298.
333 Vgl dazu Rn 96.
334 Dafür OLG München, FuR 1983, 605, 606 ff; OLG Hamburg GRUR Int 1998, 431,

435; OLG Hamburg ZUM 2001, 1005, 1007 – TTT; dagegen BGH GRUR 2009, 946 – Reifen Progressiv.
335 Vgl dazu ua OLG Hamburg ZUM 2001, 1005, 1007 – TTT; *Homann* 290; *Went/Härle* GRUR 1997, 96, 99.
336 OLG Hamburg ZUM 2001, 1005, 1007 – TTT; *Went/Härle* GRUR 1997, 96, 99.

BGH jüngst mit der Frage beschäftigen, ob der Rückruf nach § 41 UrhG wegen Nichtausübung automatisch auch zu einem Wegfall der Enkelrechte führe. Dies hat der BGH unter anderem damit verneint, dass der Urheber der Erteilung weiterer Nutzungsrechte durch den Inhaber des ausschließlichen Nutzungsrechts nach § 35 Abs 1 UrhG zugestimmt hätte. Da er folglich einer Weiterverwertung seiner Rechte sehenden Auges zugestimmt hätte, müsse er es hinnehmen, dass sein ausschließliches Nutzungsrecht beim Rückfall mit einfachen Nutzungsrechten belastet sei.[337]

**166** Es fragt sich nun, ob man diese Grundsätze auf den Fall des am Filmwerk beteiligten Urhebers und dessen „Rücktrittsrechte" übertragen kann.[338] Dagegen spricht, dass § 35 UrhG für den am Filmwerk beteiligten Urheber nicht gilt. Anders als bei anderen Urhebern kann ein Filmhersteller Filmlizenzen am fertigen Filmwerk einräumen, ohne dass der Urheber es im Vorfeld in der Hand hat, dies zu verhindern. Damit fehlt aber eine wesentliche Grundlage, die den BGH bewogen hat, eine Ausnahme vom fehlenden Abstraktionsprinzip zuzulassen. Darüber hinaus hat der BGH auch deutlich gemacht, dass seine Entscheidung keine Blaupause für sämtliche „Rückrufe" der Hauptlizenz sein dürfe.[339] **Dennoch gilt es, die wirtschaftlichen Interessen der Sublizenznehmer zu beachten.** Dies schon aus dem Grund, als diese ohne ihr Zutun eine Rechtsposition verlieren, die ihnen deswegen eingeräumt werden konnte, weil der Urheber seinem Hauptlizenznehmer ein ausschließliches Nutzungsrecht am Filmwerk übertragen hat. Die negativen Folgen, die sich für Sublizenznehmer bei Wegfall der Hauptlizenz ergeben, sind damit vom Urheber mitverantwortlich in die Welt gesetzt worden. Es ist aus Rechtschutz- und Fairnessgründen daher notwendig, bei Beendigung des vertraglichen Schuldverhältnisses mit dem Hauptlizenznehmer von einer **Vertragsübernahmepflicht des Urhebers** bezogen auf die bestehenden Sublizenzverträge auszugehen. Der Gedanke, dass jemandem Schutzpflichten gegenüber einem am Vertrag nicht Beteiligten obliegen, ist dem Zivilrecht dabei nicht fremd. Eine unberechtigte Verweigerung der Fortführung der Sublizenzen durch die Urheber selbst wäre in diesem Fall dann nach § 8 Abs 2 UrhG analog im Übrigen unbeachtlich.

**167** Diese Überlegung ist dabei auch praktisch durchsetzbar. Schließlich ist der Hauptlizenznehmer bei berechtigter Beendigung des Hauptlizenzvertrages immer verpflichtet, diesen Umstand seinen Sublizenznehmern mitzuteilen. Zusätzlich zu dieser ohnehin schon bestehenden vertraglichen Pflicht gilt es dann, von ihm als nachvertragliche Pflicht nach §§ 311 Abs 1, 241 Abs 2 BGB zu verlangen, dass er zusätzlich noch die Namen der Hauptlizenzgeber seinen Vertragspartnern benennen muss, damit sich diese mit den Urhebern zum Zweck der Fortsetzung der bisherigen Sublizenzverträge in Verbindung setzen könnten.

**168** Ungeachtet dessen, ist es den Parteien der Hauptlizenz grds anzuraten, für den Fall der Beendigung ihres schuldrechtlichen Vertrages entsprechende vertragliche Folgen für die Sublizenzen zu treffen.[340]

---

**337** BGH GRUR 2009, 946, 948 – Reifen Progressiv.
**338** Vgl hierzu auch bei *Scholz* GRUR 2009, 1107 ff.

**339** BGH GRUR 2009, 946, 947 – Reifen Progressiv.
**340** BGH ZUM 1986, 278, 279 – Alexis Sorbas.

Ilja Czernik

## 2. Besondere Vertragsformen auf der Auswertungsebene[341]

**a) Der Filmverleih- und Filmvertriebsvertrag.** Erster Ansprechpartner des Filmherstellers und oftmals dessen einziger Vertragspartner ist der Filmverleih bzw der Filmvertrieb. **169**

**Filmverleih meint die inländische Kinoauswertung, Filmvertrieb die internationale Auswertung.**[342] Beiden liegen regelmäßig sog Filmlizenzverträge zugrunde, in denen der Filmhersteller dem Verleih bzw dem Vertrieb mehr oder minder weitreichende Nutzungsrechtspakete an dem Filmwerk einräumt, damit dieser dann das Filmwerk entsprechend umfassend auswerten kann.[343] **170**

Seltener tritt das Verleihunternehmen als **Stellvertreter des Produzenten** auf. Dann müsste es nämlich mit dem Produzenten einen Agenturvertrag (§ 675 BGB iVm §§ 611 ff BGB) geschlossen haben und die Auswertung des Films im Namen, zumindest aber für Rechnung des Produzenten übernommen haben.[344] **171**

Gelegentlich ist das Verleihunternehmen auch **Koproduzent** des Films, in dem es an der Produktion über eine Produktionstochtergesellschaft beteiligt ist.[345] **172**

Filmverleihverträgen sind zunächst **Nutzungsrechtsverträge sui generis.**[346] Ihre nähere **schuldrechtliche Qualifizierung** hängt maßgeblich von der konkreten vertraglichen Ausgestaltung ab. Seltener handelt es sich bei dem Filmverleihvertrag (so im Fall des sog **outright sale**) um einen **Rechtskauf** (§ 453 iVm §§ 433 ff BGB). Dieser liegt nämlich nur im Falle einer unbefristeten und unbeschränkten Entäußerung der Nutzungsrechte an das Verleihunternehmen vor.[347] Der **Regelfall** sind eher Filmbestellverträge, die ihrem Wesen nach als **Pachtverträge** nach § 581 iVm §§ 535 ff BGB angesehen werden müssen.[348] Sie sind deswegen Pachtverträge, als die oftmals in Filmverleihverträgen vertraglich festgelegte zeitliche Begrenzung gerade das typische Charakteristikum eines Pachtvertrages ist.[349] **173**

Ist das Filmwerk noch nicht fertiggestellt oder werden in dem Filmverleihvertrag Nutzungsrechtseinräumung über mehrere noch in der Zukunft zu erstellende Filme (sog **output-agreements**)[350] vereinbart, finden zusätzlich noch die §§ 631 ff BGB Anwendung.[351] Eine Nutzungsrechtseinräumung an zukünftigen Filmwerken ist möglich und wird als **pre-sale-Vertrag** bezeichnet.[352] **174**

Die Möglichkeiten der Auswertung für den Verleih/Vertrieb richten sich in ihrer Reichweite nach den übertragenen Nutzungsrechten. Diese können auf einzelne, unter inhaltlichen, räumlichen und zeitlichen Gesichtspunkten begrenzte Nutzungsarten beschränkt sein, wobei eine derartige Aufspaltung der Gesamtrechte in einzelne Teilbefugnisse immer dingliche Wirksamkeit entfaltet (§ 31 Abs 1 S 2 UrhG). Damit richtet sich der Umfang der eingeräumten Rechte nach den vertraglich vorgesehenen Nutzungsarten, die deswegen in der vertraglichen Vereinbarung auch immer einzeln und ausdrücklich benannt werden sollten.[353] **175**

---

341 Zu den einzelnen Musterverträgen vgl auch *Jacobshagen* 242 ff.
342 *Homann* 296.
343 Vgl zum Filmverleihvertrag insb BGH UFITA 71 (1974), 184 ff – Filmauswertungs- und Bestellverträge.
344 Loewenheim/*Schwarz-Reber* § 74 Rn 218.
345 Loewenheim/*Schwarz-Reber* § 74 Rn 219.
346 BGHZ 9, 262, 264 – Lied der Wildbahn.
347 Loewenheim/*Schwarz-Reber* § 74 Rn 225.

348 Allg für Lizenzverträge vgl Fromm/Nordemann/*Hertin* Vor § 31 UrhG Rn 62; für Filmlizenzverträge vgl *Homann* 296.
349 Loewenheim/*Schwarz-Reber* § 74 Rn 225.
350 Loewenheim/*Schwarz-Reber* § 74 Rn 228.
351 Insb zum Problem der Abnahme vgl Rn 126 ff.
352 Von Hartlieb/Schwarz/*Schwarz* 418; Loewenheim/*Schwarz-Reber* § 74 Rn 229.
353 *Homann* 297.

**176** Soll sich die vertragliche Vereinbarung ausschließlich auf die **reine Kinoauswertung** beschränken, müssen dem Verleih oder dem Vertrieb unter Angabe der Nutzungsart zumindest das Vervielfältigungs-, Verbreitungs- und Vorführungsrecht eingeräumt werden, wobei das Vorführungsrecht an im Filmwerk verwendeten Musikwerken vom Filmhersteller nicht vergeben werden kann, sondern zusätzlich von der GEMA eingeholt werden muss. Soll der Film vom Vertrieb oder vom Verleih beworben werden, bedarf es zusätzlich der Klammerteilauswertungsrechte.

**177** Regelmäßig werden die Vertragspartner das Filmwerk ganz oder teilweise verwenden dürfen. Ist ihm dies vertraglich gestattet, kann der Filmhersteller nicht dagegen vorgehen, dass der Filmverleiher zu Werbezwecken Bilder aus dem Filmwerk verwendet.[354]

**178** Ist der Filmhersteller an den Einspielergebnissen seiner Vertragspartei beteiligt, ergibt sich für diese eine **Auswertungspflicht**, ohne dass eine solche vorher ausdrücklich vertraglich vereinbart worden sein muss.[355] Eine Verletzung der Auswertungspflicht kann dabei sogar zu einer Schadensersatzhaftung wegen positiver Vertragsverletzung führen.[356] Trotz dieser weitreichenden Folge ist der Filmverleih aber dennoch nicht unbedingt zur bestmöglichen Filmauswertung verpflichtet.[357] So müssen in diesem Zusammenhang auch die Interessen des Filmverleihs angemessen berücksichtigt werden, eine bloße einseitige Berücksichtigung der Interessen des Filmherstellers gilt als unzumutbar.[358] Es ist zu bedenken, dass gerade auch der Filmverleih regelmäßig eigene Interessen haben wird. Bspw will er mit den Kinobesitzern dauerhaft zusammen arbeiten und wird aus diesem Grund nicht in der Lage sein, die insoweit bloß einseitigen Interessen des Filmherstellers gegen die Kinobesitzer rücksichtslos durchzusetzen.[359]

**179** Im Falle einer gerichtlichen Auseinandersetzung ist es aber nach der Rspr Sache des Filmverleihs/-vertriebs darzulegen und zu beweisen, dass ihm die Erfüllung von Auswertungspflichten unzumutbar ist.[360] Der Filmhersteller trägt lediglich die Beweislast dafür, dass sein Vertragspartner objektiv gegen seine Vertragspflichten verstoßen hat und dass dadurch ein Schaden entstanden ist.[361]

**180** b) **Der Filmbestellvertrag.** Die sog Filmbestellverträge werden mit den einzelnen Betreibern der **Kinotheater** geschlossen.[362] Auf diese finden neben den §§ 31 ff UrhG noch die §§ 535 ff BGB entsprechend Anwendung.[363]

---

[354] OLG Köln GRUR-RR 2005, 179 – Standbilder im Internet.
[355] BGH ZUM 2003, 135, 136 – Filmauswertungspflicht; BGHZ 2, 331, 335 – Filmverwertungsvertrag.
[356] BGH ZUM 2003, 135, 136 – Filmauswertungspflicht; BGH GRUR 1980, 38, 40 – Fullplastverfahren.
[357] BGH ZUM 2003, 135, 137 – Filmauswertungspflicht.
[358] BGH ZUM 2003, 135, 137 – Filmauswertungspflicht.
[359] BGH ZUM 2003, 135, 137 – Filmauswertungspflicht.

[360] BGH ZUM 2003, 135, 137 – Filmauswertungspflicht; BGH UFITA 71 (1974), 184, 188 – Filmauswertungs- und Bestellverträge.
[361] BGHZ 61, 118, 120 – Beweislast; BGH ZUM 2003, 135, 137 – Filmauswertungspflicht.
[362] Vgl zum Filmbestellvertrag insb BGH UFITA 71 (1974), 184 ff – Filmauswertungs- und Bestellverträge; von Hartlieb/Schwarz/*Schwarz* 177 ff; *Reupert* 249 f.
[363] Vgl insb zu den schuldrechtlichen Vereinbarungs- und Haftungsmöglichkeiten bei von Hartlieb/Schwarz/*Klingner* 499 ff; Schütze/Weipert/*Hertin* Bd 3/I IX 35 Anm 12; *Homann* 299 ff.

IdR erwirbt der Betreiber des Kinotheaters im Gegensatz zum Filmverleih[364] nur **181** ein **einfaches und nicht-exklusives Nutzungsrecht**.[365] Dadurch wird er berechtigt, den Film vorzuführen. Auch hier gilt, wie schon beim Verleihvertrag, dass die Vorführungsrechte vom Kinotheater für im Filmwerk verwendete Musik zusätzlich noch bei der GEMA erworben werden müssen.

Zudem soll auch hier bei entsprechender Umsatzbeteiligung des Verleihs oder des **182** Produzenten an den Kinoeinnahmen eine Auswertungspflicht des Kinotheaters bestehen.[366]

Da dem Kinotheater **keine ausschließliche Rechtsposition** zukommt, kann es nicht **183** gegen etwaige Verletzer vorgehen. Dies gilt auch dann, wenn ihm eine Priorität gegenüber anderen Kinotheatern durch den Filmverleih oder den Filmhersteller eingeräumt wird, in dem ihm bspw das Erstaufführungsrecht zugesagt wird. Teilweise wird dazu zwar vertreten, dass die Gewährung der Ausübung der Uraufführungsrechte iSv § 12 UrhG bei Verletzung der Prioritätsstellung durch ein rangniedrigeres Theater zu einem bereicherungsrechtlichen Anspruch gegen dieses führt,[367] die hM belässt es aber bei dem vertraglichen Anspruch des Kinotheaters gegen seinen Vertragspartner.[368]

**c) Der Videogrammrechtevertrag.** Unter **Videogrammrechte** (teilweise auch als **184** **AV-Rechte** bezeichnet)[369] versteht man das Recht zur Vervielfältigung und Verbreitung zum Zweck der nichtöffentlichen Wiedergabe des Filmwerks auf einem körperlichen Träger wie der DVD, der VHS-Kassette, dem USB-Stick oder in Zukunft vor allem der Blu-ray Disc oder der HD-DVD.[370]

Unter den Videogrammen spielt heute die DVD-Nutzung die überragende Rolle. **185** So betrug 2005 der Anteil des DVD-Umsatzes am Videomarkt 96,7 % auf dem Kaufmarkt und 98,4 % auf dem Verleihmarkt.[371] Damit hat die DVD die VHS-Kassette als körperlichen Träger vom Markt verdrängt. Allerdings entfalten die Grundsätze, die zum **Videolizenzvertrag** entwickelt worden sind, auch beim DVD-Lizenzvertrag ihre Wirkung. Dies schon deshalb, da die DVD gegenüber der VHS-Kassette nicht als neue Nutzungsart[372] anzusehen ist.[373] So tritt durch die DVD für den Verbraucher zwar eine technische Verbesserung ein, es wird mit der DVD aber kein neuer, von der VHS-Kassette abgrenzbarer Markt erschlossen, sondern nur ein bereits bestehender Markt mit einem neuen Trägermedium besetzt.[374]

Die Rechte zur Video-/DVD-Auswertung müssen separat erworben werden, da **186** diese sowohl gegenüber der Kinovorführung als auch der Fernsehausstrahlung eine

---

**364** Vgl dazu von Hartlieb/Schwarz/*Schwarz* 448.
**365** Von Hartlieb/Schwarz/*Klingner* 492; Loewenheim/*Schwarz-Reber* § 74 Rn 215.
**366** BGH UFITA 71 (1974), 184, 188 – Filmauswertungs- und Bestellverträge; Schütze/Weipert/*Hertin* Bd 3/I IX 35 Anm 6; *Homann* 300; noch weitergehend von Hartlieb/Schwarz/*Klingner* 506 ff.
**367** *Homann* 300.
**368** Schütze/Weipert/*Hertin* Bd 3/I IX 35 Anm 5.
**369** *Peters* 196.
**370** OLG München ZUM 1998, 413, 415 –

Video-on-demand; Fromm/Nordemann/*Hertin* Vor § 88 UrhG Rn 7; *Schwarz* 209.
**371** *Berauer* 51.
**372** Vgl zum Begriff der neuen Nutzungsart grundlegend BGH GRUR 1991, 133 ff – Videozweitauswertung I; BGH GRUR 1997, 215 ff – Klimbim; BGH ZUM 2005, 816, 817 – Der Zauberberg.
**373** BGH ZUM 2005, 816, 818 – Der Zauberberg; OLG München ZUM 2002, 922, 929 – Der Zauberberg.
**374** BGH ZUM 2005, 816, 819 – Der Zauberberg; OLG München ZUM 2002, 922, 928 – Der Zauberberg.

**selbstständige Nutzungsart** darstellen.[375] Eine **Ausnahme gilt nur iRv Musiklizenzen**. Hier besteht in der Rechtsprechung die Auffassung, dass mangels eines Video-Verfilmungsrechts, als eigenem Verwertungsrecht, den Berechtigten für die Videozweitauswertung kein zusätzliches Nutzungsentgelt über die Einräumung eines eigenständigen Nutzungsrechts zustände. Es reicht damit in diesen Fällen aus, wenn sich der Verwerter die entsprechenden Vervielfältigungs- und Verbreitungsrechte durch die GEMA einräumen lässt.[376]

**187**  In der Regel wird der Filmverleih die DVD-Verwertung nicht selbst übernehmen, sondern die für die Auswertung notwendigen Videogrammrechte, sofern sie ihm vom Filmhersteller als ausschließliches Nutzungsrechts übertragen wurden und dieser nicht selbst aktiv wird, an einen **DVD-Hersteller auf der zweiten Nutzungsebene** übertragen. Damit erhält der DVD-Hersteller die Möglichkeit, Filmwerke und daneben Bonusmaterial wie Trailer, deleted scenes und Making ofs zu vervielfältigen und zu vertreiben. Darüber hinaus wird dem DVD-Hersteller zusätzlich noch das Recht eingeräumt, Sublizenzen an Videotheken und Verkaufsstellen in Form von einfachen Nutzungsrechten vergeben zu können. Zu beachten ist dabei, dass **das Videovermietrecht und das Videoverkaufsrecht** jeweils von einander abgrenzbare selbstständige Nutzungsarten sind, die separat eingeräumt werden können.[377] Aus diesem Grund kommt es entscheidend darauf an, genau zu klären, welche Art von Sublizenzen an die weiteren Verwerter in der Lizenzkette vergeben werden dürfen. Dies hängt von der an den DVD-Hersteller übertragenen Hauptlizenz ab. Wurde diesem nur das ausschließliche Recht des Videoverkaufs eingeräumt, ist er im Zweifel nicht berechtigt, an Dritte Sublizenzen über die Videovermietung zu erteilen.[378]

**188**  Von den Videogrammrechten nicht umfasst ist das Recht zur Übermittlung von Filmwerken im sog **on-demand-Verfahren**[379] oder unter zuhilfenahme sonstiger interaktiver Dienste.[380] Denn hierbei handelt es sich anders als bei den herkömmlichen Videogrammen wie der DVD oder der VHS-Kassette, nicht um eine körperliche Verwertungsmöglichkeit.[381] Zudem findet aus Sicht des Verbrauchers eine andere Form der Nutzung statt. So kann der Endnutzer direkt über einen online-Dienst den gewünschten Film per Kabel auf seinen Bildschirm laden.[382] Damit unterscheidet sich diese Art der Konsumierung aber von der herkömmlichen DVD-Nutzung, die zunächst voraussetzte, dass sich der Heimkonsument einen körperlichen Träger beschafft und diese in das entsprechende Abspielgerät einlegt.[383]

**189**  d) **Der Fernsehlizenzvertrag.** Die Sendung des Films im **Fernsehen** ist eine **selbstständige Nutzungsart**, die gesondert übertragen werden muss.[384]

**190**  Ist ein Nutzungsrecht zur fernsehmäßigen Nutzung erst einmal eingeräumt, kann der Fernsehsender dieses **umfassend nutzen**. Der Film kann dabei sowohl über Kabel

[375] BGH GRUR 1991, 133, 136 – Videozweitauswertung I; OLG Düsseldorf ZUM 2002, 221, 223 – Videorechte an Fernsehproduktionen; OLG München ZUM-RD 1998, 101, 106.

[376] BGH GRUR 1994, 41, 44 – Videozweitauswertung II; vgl dazu bei *Schulze* GRUR 2001, 1084 ff.

[377] BGH NJW-RR 1987, 181, 182 – Videolizenzvertrag.

[378] BGH NJW-RR 1987, 181, 182 – Videolizenzvertrag.

[379] Von Hartlieb/Schwarz/*N. Reber* 137; *Homann* 91; Klages/*Schlünder* Rn 928; *Peters* 196 f; *Weber* in Mainzer Rechtshandbuch IX Rn 68; aA OLG München ZUM 1998, 413, 415 – Video-on-demand.

[380] *Homann* 90.

[381] *Homann* 91; *Weber* in Mainzer Rechtshandbuch IX Rn 42.

[382] Klages/*Schlünder* Rn 927 f.

[383] *Peters* 197.

[384] BGH UFITA 78 (1977), 179, 182 – Es muss nicht immer Kaviar sein.

als auch über Satellit ausgestrahlt werden, da hierin keine Unterschiede der Nutzungsmöglichkeit aufgrund technischen Fortschritts liegen. So finden sich darin keine technischen Unterschiede im Übermittlungsvorgang, die dazu führen, dass sich die Werknutzung wesentlich verändert.[385] Gleiches gilt für die Pay-TV Nutzung, da die Art der
Werknutzung sich nicht vom Free-TV unterscheidet. Der Sendevorgang ist bei Free-
TV und Pay-TV vom Grundsatz her der gleiche, eine besondere Art der Nutzung ist
allein durch die zuhilfenahme von Verschlüsselungstechniken beim Pay-TV nicht gegeben.[386]

Fernsehsender erhalten neben der Übertragung des Senderechts oftmals auch **Be-**       **191**
**arbeitungsbefugnisse**, davon umfasst ist nicht nur die Klammerteilauswertung, sondern auch die Anpassung ausländischer Serien an deutsche Sehgewohnheiten, indem
bspw der Vor- und Nachspann angepasst werden. Zudem brauchen sie das Bearbeitungsrecht auch, um den Film mit Werbung unterbrechen zu können. Wurde ein ausländischer Film noch nicht synchronisiert und bleibt dies dem Fernsehsender überlassen, bedarf es zusätzlich auch des Synchronrechtes.

Im Übrigen gilt es in der vertraglichen Vereinbarung genau aufzuschlüsseln, welche       **192**
Nutzungsarten dem Fernsehsender eingeräumt werden sollen, denn aufgrund des
Zweckübertragungsgrundsatz in § 31 Abs 5 UrhG ist bei der Verwertung des Films
vor einer Reihe von eigenständigen Nutzungsarten auszugehen.[387]

Ist nur eine Einräumung von Rechten zwecks fernsehmäßiger Verwertung vorge-       **193**
sehen, sind die Auswertungsmöglichkeiten des Fernsehsenders ausschließlich auf die
Fernsehausstrahlung beschränkt. Die **Videogrammverwertung** ist vom bloßen Fernsehlizenzvertrag nicht mehr mit umfasst.[388]

Gleiches gilt für das sog **Video-on-demand**. Hierbei handelt es sich gegenüber dem       **194**
Fernsehen um eine selbstständige Nutzungsart. Denn der Film erreicht den Nutzer
nicht herkömmlich, im Wege eines von ihm nicht beeinflussbaren Empfangs eines in
der Abfolge vorgegebenen Programms Video-on-demand zeichnet sich vielmehr dadurch aus, dass das Werk individuell und dabei vor allem zu einem vom Nutzer
gewünschten Zeitpunkt abgerufen werden kann.[389]

Ob das sog **Internet-TV** im Streaming-Verfahren[390] gegenüber der herkömmlichen       **195**
Fernsehsendung eine eigenständige Nutzungsart darstellt, wird vor allem angesichts
der zukünftigen Entwicklung der Fernsehtechnik in Zweifel gezogen.[391] Entscheidendes Kriterium in diesem Zusammenhang ist mE ob weiterhin das typische Fernseh-
publikum angesprochen wird oder ein Benutzerkreis, der sich durch andere Sehgewohnheiten auszeichnet[392] und dem sich durch das Internet neue Verwendungs-

---

[385] BGH GRUR 1997, 215, 217 – Klimbim.
[386] KG ZUM-RD 2000, 384, 386; *Weber* in
Mainzer Rechtshandbuch IX Rn 64.
[387] Vgl zur Anwendung des § 31 Abs 5 UrhG
bei Fernsehlizenzverträgen OLG München
ZUM-RD 1998, 101, 105 ff.
[388] OLG München ZUN-RD 1998, 101, 106;
OLG Düsseldorf GRUR 2002, 121, 122 – Das
weite Land.
[389] Von Hartlieb/Schwarz/*N Reber* S 137;
*Homann* 304; *Peters* 196; *Weber* in Mainzer
Rechtshandbuch IX Rn 66 ff; vgl dazu auch
OLG München ZUM 1998, 413, 416 – video-
on-demand.

[390] Zur Streaming Technik vgl *Bortloff* GRUR
Int 2003, 669, 670; *Veit* 107 ff.
[391] Insb vertreten von *Schwarz* ZUM 2007,
816, 822 ff; *Weber* in Mainzer Rechtshandbuch IX Rn 92; für eine eigenständige Nutzungsart von Sendungen im Wege des Simul-
castings hingegen *Bortloff* GRUR Int 2003, 669,
675; *Homann* 90; vgl dazu auch umfassend bei
Klages/*Schlünder* Rn 920 ff, insb 926; unschlüs-
sig *Poll* GRUR 2007, 476, 482.
[392] Hierfür bspw Klages/*Schlünder* Rn 924.

möglichkeiten ergeben. Sollte die Fernsehtechnik dahin gehen, dass Fernsehen nur noch über Internet empfangbar ist, wird mE nur der Übertragungsweg verändert, neue Konsumenten werden hier nicht generiert, sondern diese werden das eine Gerät (Fernseher) lediglich durch das neue Multifunktionsgerät (Multimediacomputer) ersetzen. Ob ein Konsum des gesendeten Programms im Wege des Streams oder herkömmlich erfolgt, macht dabei keinen Unterschied. Dies entspricht letztlich dem Wechsel von der VHS-Kassette zur DVD.[393] Damit fehlt es aber an der vom BGH verlangten neuen Benutzergruppe. Allerdings hat bspw das LG München I die Digitalisierung eines bereits im „Normal-"Fernsehen gesendeten Beitrags zwecks anschließenden „Ins-Netz-Stellens" als neue Nutzungsart angesehen.[394] In jedem Fall gilt es aber zu berücksichtigen, dass bestimmte **Nutzungsformen** von der Rechteübertragung ausgeschlossen und nebeneinander lizenziert werden können.[395] Damit kann in Lizenzverträgen wirksam zwischen den klassischen Fernsehrechten und den Online-Fernsehrechten mit dinglicher Wirkung differenziert werden.[396]

**196**    Vor allem Fernsehlizenzverträge[397] sehen oftmals eine **Enthaltungspflicht** des Filmherstellers vor. Danach ist es dem Filmhersteller untersagt, das Filmwerk bspw im Wege der DVD auszuwerten. Dabei gilt es jedoch festzustellen, dass nach der Rspr die in Nutzungsrechtsverträgen zu findenden typischen Enthaltungspflichten allerdings keine dingliche, sondern nur schuldrechtliche Wirkung entfalten.[398] Zudem gilt es zu berücksichtigen, dass das Urheberrecht vom Leitbild ausgeht, dass eine Enthaltungspflicht bzgl nicht übertragener Nutzungsrechte nicht besteht (§§ 31 Abs 4, 5, 41, 42 UrhG; 2 VerlG). Insoweit droht bereits bei der Vertragsformulierung die Gefahr, dass die zudem oftmals als Standardformulierung aufgenommene Vertragsklausel in ihrer Pauschalität **AGB**-rechtlich unverhältnismäßig ist,[399] hier gilt es aufzupassen.

**197**    e) **Der Internetrechtevertrag.** Die Internetauswertung ist **keine einheitliche Nutzungsart.**[400] Sie besteht vielmehr aus einer Vielzahl einzelner Nutzungsarten, wie dem video-on-demand, dem download-Recht ua, die gesondert übertragen werden müssen. Einer Einzelübertragung ist zudem in den Fällen möglich, in denen bestimmte Nutzungsformen von der Nutzungsrechtseinräumung ausgeschlossen sein sollen.[401] Im Übrigen gelten hier die allgemeinen Überlegungen zu den Lizenzverträgen im Allgemeinen[402] und im Filmurheberrecht.[403]

---

[393] Zu den Grundsätzen vgl deswegen BGH ZUM 2005, 816, 819. Der Zauberberg; sowie unter Rn 182.

[394] LG München I ZUM-RD 2000, 77.

[395] Vgl etwa zur räumlichen Aufteilung bei BGH GRUR 1997, 215, 218 – Klimbim; *Poll* GRUR 2007, 476, 482.

[396] *Poll* GRUR 2007, 476, 482.

[397] Vgl dazu unter Rn 186.

[398] OLG Düsseldorf GRUR 2002, 121, 122 – Das weite Land.

[399] OLG Düsseldorf GRUR 2002, 121, 122 – Das weite Land; vgl dazu umfassend *Umbeck* 156 ff.

[400] So im Ergebnis va Klages/*Schlünder* Rn 914 ff, 916.

[401] Vgl dazu unter Rn 195.

[402] Vgl dazu Band 1 Kap 6.

[403] Vgl dazu unter Rn 153 ff.

# § 5
## Das Vergütungssystem der §§ 32 ff UrhG und seine Besonderheiten beim Film

Die Vergütungsfrage rückt im Urheberrecht mehr und mehr in den Vordergrund. **198**
Denn neben der vertraglich festgelegten Vergütung, die im Ausgleich zur Nutzungs-
rechtsübertragung steht, erlangen gesetzliche Vergütungsansprüche mehr und mehr an
Bedeutung.

Es ist eines der **Grundprinzipien des Urheberrechts,** dass der Urheber angemessen **199**
an dem wirtschaftlichen Nutzen seines Werkes zu beteiligen ist. Diese Leitbildfunktion
der angemessenen Vergütung findet sich in **§ 11 S 2 UrhG** wieder und wird auch vom
Gesetzgeber ausdrücklich betont[404]. Oftmals wird aber gerade bei einem Über-
raschungsfilm (wie bspw *Passion Christi* oder der Film *My Big Fat Greek Wedding*)
das Budget nicht so umfangreich bemessen sein, dass der Urheber im Vorfeld bereits
entsprechend am Erfolg beteiligt ist.

Das UrhG sieht drei Ansatzpunkte vor, mit denen Unverhältnismäßigkeiten zwi- **200**
schen Nutzungsvergütungen einerseits und wirtschaftlichem Ertrag andererseits ausgeglichen werden sollen – die **Regelung des § 32 UrhG,** die des sog **Bestsellerparagrafen** § 32a UrhG und die des § 32c UrhG bei der **Übertragung von unbekannten
Nutzungsarten.** Alle drei Regelungen finden auch im Filmurheberrecht Anwendung.

Sowohl bei § 32 UrhG als auch bei § 32a Abs 1 UrhG und § 32c UrhG handelt es **201**
sich um **gesetzliche Korrekturansprüche,** die der Vertragsanpassung dienen sollen.
Denn Grundvoraussetzung ist in allen drei Fällen das Vorliegen eines wirksamen Nutzungsvertrages. Es handelt sich daher bei den §§ 32, 32a Abs 1, 32c Abs 1 UrhG
jeweils um eine gesetzlich indizierte, **objektive Inhaltskontrolle des zugrundeliegenden
Vertrages,**[405] auf die vom Urheber weder formularmäßig noch durch Individualvereinbarung wirksam im Voraus verzichtet werden kann, §§ 32 Abs 3 UrhG, 32a Abs 3
UrhG, 32c Abs 3 UrhG ggf iVm § 307 Abs 1 BGB.

Trotz der Internationalität im Film, dh trotz ausländischer Produktion, trotz inter- **202**
nationaler Koproduktion, gilt es zu beachten, dass, sobald eine für die Erhöhung der
Vergütung maßgebliche Nutzungshandlung im Inland erfolgt ist, sich die §§ 32, 32a
UrhG wegen § 32b Abs 2 UrhG als **zwingende Normen gegenüber dem ausländischen
Recht** durchsetzen.[406] Dies gilt trotz fehlender Verweisung des § 32b UrhG auf § 32c
UrhG in diesem Zusammenhang, schon aufgrund der vergleichbaren Sachverhalte
selbstverständlich entsprechend.

## I. Die angemessene Vergütung nach § 32 UrhG im Filmbereich

Es ist Wesensmerkmal des Urheberrechts, dass ein Urheber an der Verwertung sei- **203**
nes Werkes angemessen beteiligt wird (§ 11 S 2 UrhG). Sieht ein Vertrag keine angemessene Vergütung vor, kann ein Urheber nach § 32 UrhG von seinem Vertragspartner nach § 32 UrhG Vertragsanpassung verlangen.[407]

---

[404] Vgl dazu AmtlBegr BT-Drucks 14/8058, 2.
[405] *Berger* ZUM 2003, 173.
[406] Vgl dazu AmtlBegr BT-Drucks 14/8058, 20.

[407] Vgl dazu auch BGH GRUR 2009, 1148, 1150 – Talking to Addison; OLG Naumburg ZUM 2005, 759, 761 – Logo; für den Fall des angestellten Urhebers vgl ua bei *Berger* ZUM 2003, 173 ff.

### 1. Vorrang der vertraglichen Abrede

**204**     § 32 Abs 1 UrhG stellt zunächst ausdrücklich klar, dass der Vorrang der vertraglichen Vergütungsabrede zu beachten ist.[408]

### 2. Anspruch auf angemessene Vergütung

**205**     § 32 UrhG sieht darüber hinauis eine Anpassung einer bereits im Zeitpunkt des Vertragsschlusses nicht angemessenen Vergütungsabrede vor. Dazu ist zu prüfen, ob das dem Nutzungsvertrag zugrundegelegte Honorar aus einer Betrachtung ex ante, dh im Zeitpunkt des Vertragsschlusses unangemessen ist. Ist dies der Fall, kann vom Urheber eine entsprechende Differenz zwischen Honorar und Korrekturanspruch nachträglich geltend gemacht werden.[409] Dieser ergänzende Vergütungsanspruch ist dabei gegenüber dem Vertragspartner anzumelden. § 32 UrhG sieht **keinen isolierten Vergütungsanspruch gegenüber jedermann** vor.

**206**     a) **Angemessenheit bei Vorliegen gemeinsamer Vergütungsregelungen.** Ein Honorar gilt grds dann als angemessen, wenn eine **gemeinsame Vergütungsregel** der vereinbarten Vergütung zugrundegelegt wurde (§ 36 UrhG)[410] oder sich die Höhe der Vergütung aus einem **Tarifvertrag** ergibt (§ 32 Abs 4 UrhG). In diesen Fällen besteht Rechtssicherheit für die beteiligten Vertragsparteien, da für diese Vergütungsregeln eine unwiderlegliche Vermutung der Angemessenheit gilt. Zu beachten ist dabei, dass ausländische Vergütungsregeln, wie die **Vereinbarungen der amerikanischen Guilds**, auch in Deutschland diese Wirkung entfalten.[411]

**207**     b) **Angemessenheit bei Fehlen gemeinsamer Vergütungsregelungen.** Schwieriger wird es jedoch dann, wenn es an festgelegten Vergütungsregeln fehlt. Dann muss die Angemessenheit gem § 32 Abs 2 S 2 UrhG im Wege einer wertenden Überprüfung des Einzelfalls, unter Zugrundelegung der im Zeitpunkt des Vertragsschlusses im Geschäftsverkehr geltenden, sich nach Art und Umfang der eingeräumten Nutzungsmöglichkeit, insb nach Dauer und Zeitpunkt der Nutzung orientierender **Üblichkeit und Redlichkeit** festgestellt werden.

**208**     Maßgeblicher Anknüpfungspunkt für die Betrachtung der zu überprüfenden Umstände ist der Zeitpunkt des Vertragsschlusses, da anspruchsauslösend die Einräumung der Nutzungsrechte und nicht erst die tatsächliche Nutzung ist.[412] Die Betrachtungsweise ist nach der amtlichen Begründung des Gesetzgebers **ex ante** und **objektiv**.[413] Bei **Optionsverträgen**, die vor allem im Filmrecht eine Rolle spielen, wird man bereits den Abschluss des Optionsvertrages als maßgeblichen Zeitpunkt für die Ermittlung der Angemessenheit ansehen müssen, wenn die Bindung des Urhebers an den Optionsvertrag so ausgestaltet ist, dass man sie als vorweggenommene Einigung ansehen muss.[414] **Angemessenheit setzt also zunächst voraus, dass die Vergütung dem**

---

**408** *Schmidt* ZUM 2002, 781, 783.
**409** BGH GRUR 2009, 1148, 1150 – Talking to Addison.
**410** Vgl zu den gemeinsamen Vergütungsregeln und insb dem Problem der Durchsetzung gemeinsamer Vergütungsregeln trotz abgelehnter Einigungsvorschläge bei *Ory* ZUM 2006, 915 ff.
**411** Von Hartlieb/Schwarz/*U Reber* 168, zu den

Guilds im Einzelnen von Hartlieb/Schwarz/ *U Reber* 173 mwN; sowie *Reber* GRUR 2003, 393, 396.
**412** *Berger* ZUM 2003, 521, 522; *Jani* 303.
**413** So auch BGH GRUR 2009, 1148, 1150 – Talking to Addison.
**414** Wie hier auch *Berger* ZUM 2003, 521, 526; von Hartlieb/Schwarz/*U Reber* 172.

**Üblichen entspricht**, was in vergleichbaren Situationen durch die Branche gezahlt wird.

c) **Übliche Vergütungssätze beim Kino- und TV-Produktionen.** Bei **Kinoproduk-** **209** **tionen** wird die Überprüfung der Üblichkeit einer Vergütungsbeteiligung an das zur Verfügung stehende Budget gekoppelt. So gelten in der Rechtsprechung Beteiligungen des Drehbuchautors am Budget in Höhe von 2–3 % und bei Regisseuren in Höhe von 2–5 % als üblich.[415] Konkret bedeutet das einen Vergütungsrahmen von € 95 000,– bis € 55 000,– bei Regisseuren, sowie € 55 000,– bis € 145 000,– bei Drehbuchautoren.[416] Dabei handelt es sich freilich um Mittelwerte, die je nach Marktwert der Beteiligten sowie nach Arbeitseinsatz höher oder niedriger ausfallen können.[417]

Bei der Herstellung sog **TV-Produktionen** gelten unter Berücksichtigung der Um- **210** stände des Einzelfalls für den Regisseur Honorare von € 40 000,– bis € 125 000,– als üblich. Bei Drehbuchautoren werden im öffentlich-rechtlichen Rundfunk üblicherweise € 23 000,– Grundhonorar und Wiederholungshonorare von 100 % pro Ausstrahlung im ersten und zweiten Programm und bei Ausstrahlung im Dritten Programm 20 % pro Ausstrahlung gezahlt. Im Privatfernsehen sind buy-out Honorare zwischen € 45 000,– und € 60 000,– die Regel.[418] Treatments werden generell mit Einmalzahlungen zwischen € 3 000,– und € 7 500,– abgegolten. Für Exposés werden € 2 000,– bis € 3 500,– gezahlt.[419]

d) **Korrektiv der Redlichkeit. Die bezahlte Vergütung darf aber nicht nur üblich,** **211** **sondern muss darüber hinaus auch redlich sein.** Der BGH stellte noch in einer Entscheidung zu § 36 UrhG aF fest, dass eine entsprechende Branchenüblichkeit einer bestimmten Honorierung noch nichts darüber aussagt, ob die Honorierung auch angemessen ist.[420] Danach gilt vor allem die Abwälzung des Auswertungsrisikos durch unangemessene Beteiligungsregeln als unzumutbar.[421] Diesen Grundsatz hat der BGH in seiner neuen Talking to Addision Entscheidung noch einmal bestätigt.[422] In keinem Fall darf es zu einer bloß einseitigen Bevorzugung nur einer der Parteien kommen. Das bedeutet jedoch nicht, dass fehlende Angemessenheit erst dann anzunehmen ist, wenn die Vergütungsvereinbarung sittenwidrig ist.[423]

e) **Abwägung im Einzelfall.** Abschließend gilt es zu beachten, dass jede Abwä- **212** gungsentscheidung eine **Frage des Einzelfalls** darstellt, in der von einer Gleichberechtigung der Interessen der Konfliktparteien auszugehen ist, wodurch auch ein gewisser

---

[415] OLG München ZUM 1999, 579 – approved budget of film.

[416] Vgl dazu eingehend Stellungnahme der Filmwirtschaft v 21.8.2001 zum Regierungsentwurf eines Gesetzes zur Stärkung der vertraglichen Stellung von Urhebern und ausübenden Künstlern, 30; abrufbar unter www.urheberrecht.org/UrhGE-2000/ download/stellungnahmen/SPIO_Stellungn_ 21_08_2001.pdf.

[417] Vgl dazu im Einzelnen *Brehm* 97, 160; sowie *Peters* 29.

[418] Vgl dazu eingehend Stellungnahme der Filmwirtschaft v 21.8.2001 zum Regierungs

entwurf eines Gesetzes zur Stärkung der vertraglichen Stellung von Urhebern und ausübenden Künstlern S 30, abrufbar unter www.urheberrecht.org/UrhGE-2000/download/ stellungnahmen/SPIO_Stellungn_21_08_2001. pdf; sowie bei *Peters* 28.

[419] *Peters* 28.

[420] BGH GRUR 2002, 602, 604 – Musikfragmente.

[421] *Reber* GRUR 2003, 393, 397.

[422] BGH GRUR 2009, 1147, 1150.

[423] BGH GRUR 2009, 1147, 1150; *Reber* GRUR 2003, 393, 394.

Spielraum in der Betrachtung eröffnet wird.[424] So verstoßen etwa **buy-out Honorare** grds auch unter der Regelung des § 32 UrhG nicht per se gegen das Gebot der Redlichkeit.[425] Dies wird zum einen bereits durch den im Gesetz eindeutig vorgesehenen Vorrang der Individualabrede in § 32 Abs 1 S 1 UrhG formuliert, zum anderen aber ist jede Pauschalvergütung, unabhängig davon, ob sie als buy-out konzipiert wird, zunächst immer am konkreten Fall nach den genannten Kriterien zu überprüfen, bevor verabsolutiert über ihr das Urteil der Unredlichkeit gefällt werden kann.[426] Um sicher zu gehen, sollte der Verwerter bei umfangreichen und vor allem bei langfristigen Rechtseinräumungen jedoch von vornherein auch bei buy-out-Verträgen zusätzlich mit Beteiligungssätzen arbeiten, die an einzelne Nutzungsrechtseinräumungen, also bspw bei Filmwiederholungen, anknüpfen.[427] Denn diese Form ist sicherlich am ehesten geeignet, Sinn und Zweck des § 32 Abs 2 S 2 UrhG zu entsprechen.

**213**    f) **Auskunftsanspruch.** Oftmals wird der Urheber gar nicht die Möglichkeit haben, eine branchenübliche Budgetbeteiligung nachzuprüfen, da ihm die entsprechenden Unterlagen des Verwerters nicht zur Verfügung stehen. Zur praktischen Durchsetzung seines Anspruchs aus § 32 UrhG, der auf Abgabe einer Willenserklärung auf Vertragsänderung zu richten ist, steht dem Urheber deswegen ein **Auskunftsanspruch** gegen seinen Vertragspartner zur Seite. Dieser wurde zwar gesetzlich nicht näher geregelt, ergibt sich jedoch aus der schon vorher praktizierten BGH-Rechtsprechung. Danach gilt es, dass der Vertragspartner des Urhebers immer dann auskunftspflichtig ist, wenn (1) zwischen den Parteien eine **Sonderverbindung** besteht, (2) der Auskunftsbegehrende in entschuldbarer Weise über das Bestehen oder den Umfang seines Anspruchs im **Ungewissen** ist, er sich aber gleichzeitig diese Information nicht anderweitig beschaffen kann und (3) der Vertragspartner des Urhebers **unschwer in der Lage** ist, die Auskunft zu erteilen.[428] Für die Gewährung der Auskunftserteilung muss zudem bereits feststehen, dass dem Urheber ein Anspruch auf Einwilligung in eine Vertragsanpassung zusteht. Der Urheber kann aber grundsätzlich nur dann, wenn aufgrund **nachprüfbarer Tatsachen** klare Anhaltspunkte für einen solchen Anspruch bestehen, Auskunftserteilung verlangen, um im Einzelnen die weiteren Voraussetzungen dieses Anspruchs ermitteln und die zu zahlende Vergütung berechnen zu können.[429] Es müssen aufgrund nachprüfbarer Tatsachen klare Anhaltspunkte für einen Vergütungsanspruch vorliegen.[430] Solche Anhaltspunkte sind bspw **mehrfache Wiederholungen des Filmwerks, Einschaltquoten**, die keinen angemessen Gegenwert in der gezahlten Vergütung gefunden haben.[431] Keinen Einfluss auf die Berechnung einer angemessenen Vergütung sollen hingegen die mit der Sendung erzielten Werbeeinnahmen haben.[432] Einen Auskunftsanspruch mit Verweis auf die **Werbeeinnahmen** zu stützen, ist nicht erfolgversprechend, da nach Auffassung des KG die Werbeeinnah-

**424** *Berger* ZUM 2003, 521, 522; Wandtke/Bullinger/*Wandtke-Grunert* § 32 UrhG Rn 31.
**425** KG BeckRS 2010, 05766; KG BeckRS 2010, 02452; aA aber *Nordemann* 78.
**426** BGH GRUR 2009, 1147, 1150 – Talking to Addison; *Berger* ZUM 2003, 521, 524; *Reber* GRUR 2003, 393, 395 ff.
**427** So letztlich auch BGH GRUR 2009, 1147, 1150; *Berger* ZUM 2003, 521, 525.
**428** BGHZ 95, 285, 287 f – GEMA-Vermu-

tung II; OLG München ZUM 2010, 808, 813; Palandt/*Heinrichs* § 261 BGB Rn 9 ff.
**429** BGH ZUM-RD 2009, 433, 436 – Mambo No 5; OLG München ZUM 2010, 808, 813; KG ZUM 2010, 346, 347.
**430** OLG München BeckRS 2010, 18319 – Das Boot.
**431** KG BeckRS 2010, 05766.
**432** KG BeckRS 2010, 0576; KG BeckRS 2010, 02452.

Ilja Czernik

men in der Regel keinen bestimmten Sendungen unmittelbar zugeordnet werden können.[433]

Zu raten ist, schon bei Vertragsschluss schriftlich die Erwägungen niederzulegen, **214**
die eine ausnahmsweise niedrige Vergütung rechtfertigen. Zusätzlich sollte eine genaue **Dokumentation der Kostenberechnungen und der erwarteten Einnahmen** fixiert werden.[434]

g) **Aktivlegitimation.** Auch wenn Filme Mehrurheberwerke sind, kann jeder ein- **215**
zelne Miturheber selbst den Hersteller auf eine angemessene Vergütung in Anspruch nehmen. Es ist nicht Voraussetzung, dass die Miturheber gemeinschaftlich Klage erheben. § 8 UrhG findet auf die Nachvergütungsregelungen weder unmittelbar noch analog Anwendung.[435] Dies gilt auch für die Auskunftsansprüche.[436]

## II. Der Fairnessausgleich aus § 32a UrhG im Filmbereich

Der sog Bestsellerparagraph des § 32a UrhG gesteht dem Urheber eine zusätzliche **216**
Beteiligung für den Fall zu, dass das Werk einen so von den Parteien nicht erwarteten, und deshalb sich nicht in der Vergütung niederschlagenden Erfolg verbucht. Bei § 32a UrhG handelt es sich also um einen Fairnessausgleich, „der ex-post ein **auffälliges Missverhältnis zwischen den Erträgen und Vorteilen der Nutzung und der Vergütung** korrigiert".[437]

### 1. Anwendungsvoraussetzungen des § 32a UrhG

§ 32a Abs 1 UrhG gewährt Vertragsanpassung für den Fall, dass Nutzungsrechte **217**
zu Bedingungen eingeräumt wurden, die dazu führen, dass die Vergütung unter Berücksichtigung der gesamten Beziehungen des Urhebers zu dem anderen in einem *auffälligen Missverhältnis* zu den *Erträgen* und *Vorteilen* stehen.[438]

a) **Erträge.** Als **Erträge** iSd § 32a UrhG gelten alle aus der Nutzung erzielten Brutto- **218**
erlöse.[439] Die Kosten, die der Nutzer aufwenden muss, um das Werk entsprechend zu vermarkten, werden hierbei zunächst nicht anspruchsmildernd berücksichtigt,[440] da der Urheber andernfalls das Betriebsrisiko des Verwerters mittragen müsste.[441]

---

**433** KG BeckRS 2010, 0576; KG BeckRS 2010, 02452.
**434** Vgl zu weiteren Hinweisen für die praktische Ausgestaltung und Begründbarkeit der Vergütungssätze im späteren Verfahren bei *Peters* 32 ff.
**435** OLG München ZUM 2010, 808, 812; LG München I ZUM 2010, 733, 739 – Tatort Vorspann; LG München I ZUM 2009, 794 – Das Boot; Fromm/Nordemann/*Czychowski* § 32 UrhG Rn 142; Dreier/Schulze/*Schulze* § 32a UrhG Rn 66.
**436** OLG München BeckRS 2010, 18319 – Das Boot.

**437** AmtlBegr BT-Drucks 14/8058, 46.
**438** Vgl zu § 32a UrhG ausf *Jani* Band 2 Kap 1.
**439** BGH GRUR 2002, 153, 154 – Kinderhörspiele; Wandtke/Bullinger/*Wandtke/Grunert* § 32a UrhG Rn 11 mwN; offen gelassen OLG München ZUM 2010, 808, 815; KG ZUM 2010, 346, 349; aA Schwarz ZUM 2010, 107 ff.
**440** BGH NJW 1991, 3150, 3151 – Horoskop Kalender.
**441** Wandtke/Bullinger/*Wandtke/Grunert* § 32a UrhG Rn 11 mwN.

**219**　　b) **Gegenleistungen.** **Gegenleistungen** iSd § 32a UrhG sind vor allem Vergütungs-ansprüche, die nicht notwendig entgeltlich, sondern auch als geldwerter Vorteil erfolgt sein können.[442] Bloß ideelle Gegenleistungen müssen aber bei der Überprüfung der vereinbarten Vergütung unberücksichtigt bleiben.[443]

**220**　　c) **Auffälliges Missverhältnis.** Von einem **auffälligen Missverhältnis**[444] zwischen diesen beiden Positionen ist ausweislich der amtlichen Begründung jedenfalls dann auszugehen, „wenn die vereinbarte Vergütung um 100 % von der angemessenen Betei-ligung abweicht.[445] Nach Maßgabe der Umstände können aber bereits geringere Abweichungen ein auffälliges Missverhältnis begründen".[446] Umgekehrt können Um-stände vorliegen, aus denen sich im Einzelfall ergibt, dass kein grobes Missverhältnis vorliegt; dazu zählen ua: ein hohes unternehmerisches Risiko, die Verwendung von urheberrechtlichen Leistungen Dritter etc.[447]

**221**　　d) **Korrektiv gemeinsame Vergütungsregelungen.** Angemessenheit wird auch hier für den Fall **unwiderleglich vermutet**, in dem die Vergütung tarifvertraglich bestimmt oder durch eine gemeinsame Vergütungsregel erfasst ist (§ 32a Abs 4 UrhG).[448]

## 2. § 32a UrhG und sein allgemeiner Anwendungsbereich gegenüber Sublizenznehmern

**222**　　Anders als bei § 32 UrhG beschränkt sich die Regelung des § 32a UrhG jedoch nicht allein auf den konkreten Vertragspartner, sondern der Fairnessausgleich aus § 32a UrhG kann **gegenüber jedermann** geltend gemacht werden, mit der Folge, dass, wenn sich das auffällige Missverhältnis aus den Erträgen (wozu auch Lizenzerlöse zählen) eines Sublizenznehmers ergibt, dieser dem Urheber nach Maßgabe des § 32a Abs 1 UrhG haftet (§ 32a Abs 2 UrhG).[449]

**223**　　Der Anwendungsbereich des § 32a Abs 2 UrhG gilt im Besonderen im Film-urheberrecht, da hier Lizenzketten die Regel sind.[450] Dem können auch nicht dogma-tische Einwände entgegengesetzt werden, die darauf abzielen, dass § 32a Abs 2 UrhG der Privatautonomie systemfremd ist, indem einem Sublizenznehmer die Möglichkeit gegeben werde, in fremde Vertragsverhältnisse einzugreifen.[451] Im Gegenteil, bleiben doch die vertraglichen Vereinbarungen zwischen Urheber und Produzent auch in Bezug auf die Vergütungsfrage unberührt. § 32a Abs 2 UrhG darf deswegen nicht, wie die §§ 32, 32a Abs 1 UrhG, als Vertragsanpassungsanspruch begriffen werden, son-dern als Fairnessanspruch der aus dem Beteiligungsgrundsatz des § 11 Abs 2 UrhG herrührt.[452]

---

[442] Wandtke/Bullinger/*Wandtke/Grunert* § 32a UrhG Rn 8.

[443] Dreier/Schulze/*Schulze* § 32a UrhG Rn 27; Wandtke/Bullinger/*Wandtke/Grunert* § 32a UrhG Rn 9.

[444] Vgl dazu ausf in der Abwägung bei BGH GRUR 2002, 153, 154 – Kinderhörspiel.

[445] OLG München ZUM 2010, 808, 813; KG ZUM 2010, 346, 349.

[446] AmtlBegr BT-Drucks 14/8058, 19.

[447] BGH NJW 1991, 3150, 3151 – Horoskop Kalender; *Peters* 43.

[448] Vgl Rn 206.

[449] Vgl dazu auch umfassend bei *Reinhard/Distelkötter* ZUM 2003, 269 ff.

[450] Vgl dazu auch unter Rn 232 ff.

[451] So aber *Weber* in Mainzer Rechtshandbuch der Neuen Medien IX Rn 85.

[452] Vgl im Einzelnen zudem unter Rn 203.

## 3. Sonderprobleme

Aufgrund der Regelung des § 32a Abs 2 UrhG gilt es vor allem im Filmbereich, folgendes zu beachten:

**224**

a) **Freistellungsklauseln.** Grds besteht die Möglichkeit des Lizenznehmers, Rückgriff auf den Produzenten zu nehmen, etwa in dem der Produzent seinen Lizenznehmer von Inanspruchnahme Dritter freistellt.[453]

**225**

aa) **Generelle Freistellungsklauseln.** Bei generellen Freistellungsklauseln sollte man sich als Produzent jedoch vorher sicher sein, ob man angesichts der Regelung des § 32a Abs 2 UrhG den Lizenznehmer auch von derartigen Nachvergütungsansprüchen des Urhebers freistellen möchte. Denn bei all denjenigen Verträgen, die nach Inkrafttreten der Regelung des § 32a Abs 2 UrhG geschlossen wurden, wird man davon ausgehen müssen, dass bei allgemeingehaltenen Freistellungsklauseln der Wille der Parteien dahin geht, dass auch diese von der Freistellung mit umfasst sind.[454] So kann sich bei der nunmehr eindeutigen Regelung des § 32a Abs 2 UrhG der Produzent nicht darauf berufen, er hätte diese Folge seiner Willenserklärung nicht vorhersehen können. Auch ist nicht davon auszugehen, dass der zwingende Charakter des § 32a UrhG einer solchen Regelung entgegensteht.[455] Denn zum einen widerspräche dies dem Grundsatz der Privatautonomie, die hier auch aufgrund der Bekanntheit des Regelungscharakters keinen übermäßigen Schutz bedarf.[456] Zum anderen aber schützt § 32a UrhG den Urheber und nicht den Produzenten. Eine Schlechterstellung des Urhebers ist aber mit der generellen Möglichkeit der Freistellung nicht gegeben, da diese ihn nicht hindert, gegen den Dritten vorzugehen.

**226**

**Eine andere Wertung wird man nur dann treffen können, wenn dies der Einzelfall verlangt.**[457] Bei allen Verträgen, bei denen die Nutzungshandlung vor dem 28.3.2002 vorgenommen werden, gilt es im Wege der ergänzenden Vertragsauslegung den hypothetischen Willen der Parteien herauszufiltern.[458]

**227**

bb) **Freistellungsklauseln bei Auftragsproduktionen. Bei der echten Auftragsproduktion** ist zwar der Auftragnehmer der eigentliche Filmhersteller und damit primärer Vertragspartner der Urheber, regelmäßig werden die Erträgnisse und Vorteile, die geeignet sind, ein auffälliges Missverhältnis zu begründen, aber ausschließlich vom Auftraggeber erwirtschaftet. Insofern spielt hier der Vertragsanpassungsanspruch aus § 32a Abs 1 UrhG kaum eine Rolle. Der Fokus liegt bei der echten Auftragsproduktion daher auf § 32a Abs 2 S 1 UrhG.

**228**

Angesichts der besonderen Situation bei der echten Auftragsproduktion wird man ausnahmsweise nicht von einer wirksamen, die Haftung nach § 32a Abs 2 UrhG mit umfassenden Freistellungsvereinbarung ausgehen können. Denn Wesen der Auftragsproduktion ist es, dass der Auftragnehmer mit Abnahme des Werkes auch sämtliche Rechte an den Auftraggeber überträgt. Damit trägt allein der Auftraggeber den Mehrwert des Films. Es wäre nicht gerechtfertigt, dem Auftragnehmer, der diesen Mehrwert gerade nicht für sich generieren kann, diese Risiken zusätzlich aufzubürden,

**229**

---

**453** *Peters* 44.
**454** *Peters* 44.
**455** So aber von Hartlieb/Schwarz/*U Reber* 171.

**456** So im Ergebnis ähnl *Reinhard/Distelkötter* ZUM 2003, 269, 275 f.
**457** Vgl dazu Rn 221 ff.
**458** Vgl dazu eingehend *Peters* 44 f.

ohne dass er dafür einen Gegenwert erwirtschaften kann.[459] Eine solche Freistellungsvereinbarung muss man als nach § 138 Abs 1 BGB sittenwidrig ansehen.

**230**      cc) **Freistellungsklauseln bei Koproduktionen.** Bei **Koproduktionen** wird oftmals die der Koproduktion zugrunde liegende Gesellschaft der Vertragspartner der Urheber sein. Insofern findet gegenüber ihr der Vertragsanpassungsanspruch aus § 32a Abs 1 UrhG Anwendung.

**231**      Bei der Wahl eines sog **executive producer** hingegen, der sämtliche Rechte am Film in die Gesellschaft mit einbringt, gilt, ähnlich wie bei der echten Auftragsproduktion, dass regelmäßig diese über § 32a Abs 2 UrhG in Anspruch genommen werden muss, da auch nur diese die Möglichkeit besitzt, die Rechte am Film gewinnbringend einzusetzen.[460] Aus diesem Grund wäre auch eine Vereinbarung der Gesellschaft gegenüber dem executive producer, die sie von der Haftung nach § 32a Abs 2 UrhG freistellt, denselben Bedenken ausgesetzt wie bei der echten Auftragsproduktion.[461]

### b) Haftungsproblematiken iRv § 32a UrhG bei Lizenzketten

**232**      aa) **Allgemeine Grundaussagen zur Haftung bei mehreren Lizenznehmern.** Treten **Missverhältnisse** sowohl nach § 32a Abs 1 UrhG als auch nach § 32a Abs 2 UrhG auf, kann der Urheber **sowohl gegen den Filmhersteller, als auch gegen den Dritten** vorgehen. Dies ist vor allem dann der Fall, wenn der Produzent an den Erträgen des Dritten beteiligt ist. Aber auch wenn der Produzent selbst noch Nutzungsrechte am Werk hält und sich aus diesen ein auffälliges Missverhältnis zu der gezahlten Vergütung ergibt, kann der Urheber einen Anspruch aus Fairnessgründen haben. Dieses Verständnis von § 32a UrhG bedarf es deswegen, da der Urheber auf diese Weise den Vorteil der besseren Durchsetzbarkeit auf seiner Seite hat.[462] Dagegen steht auch nicht der **Wortlaut des § 32 Abs 2 S 2 UrhG.** Dieser ist nämlich **teleologisch zu reduzieren.** So soll nach dem Wortlaut des § 32 Abs 2 S 2 UrhG zwar die Haftung des anderen (des Produzenten) entfallen, wenn dem Urheber gegen den Dritten ein Anspruch nach § 32 Abs 2 S 1 UrhG zukommt, dies widerspricht jedoch Sinn und Zweck des § 32a UrhG, wonach jeder für die Erträge einstehen muss, die bei ihm selbst angefallen sind. Dh die Haftung des privilegierten Produzenten entfällt nur dort, wo (1) die Erträge ausschließlich beim Dritten generiert werden[463] und sie entfällt (2) ganz, wenn die Beteiligung des Produzenten an den Erträgen des Dritten bzw die aus der Verwertung der eigenen Nutzungsrechte generierten Erträge in keinem auffälligen Missverhältnis zur Vergütung des Urhebers stehen.

**233**      Nur im ersten Fall besteht im Filmurheberrecht zwischen dem Dritten und dem Produzenten ein **Teil-Gesamtschuldverhältnis,** wobei allerdings die Gesamtschuld nur diejenigen Pflichten erfasst, die bei beiden deckungsgleich sind. Dh der Produzent haftet nur in Höhe der ihm zugeflossenen Erträge und des sich daraus ergebenden auffälligen Missverhältnisses. Trotz gegenteiliger Stimmen in der Literatur[464] ist diese Gestaltung der Rechtsbeziehungen der Lizenznehmer untereinander im Filmurheberrecht sachgerecht und folgt bereits mittelbar aus der Wertung des § 34 Abs 4 UrhG.

---

[459] *Brauner* ZUM 2004, 96, 103; vgl dazu auch bei *Jani* 311 f; *Nordemann* 102.
[460] Vgl dazu schon unter Rn 61.
[461] Vgl dazu schon unter Rn 221.
[462] *Reinhard/Distelkötter* ZUM 2003, 269, 271.

[463] *Brauner* ZUM 2004, 96, 102; *Reinhard/ Distelkötter* ZUM 2003, 269, 270 f.
[464] *Brauner* ZUM 2004, 96, 98 ff; *Berger* GRUR 2003, 680.

Dieser sieht eine gesamtschuldnerische Haftung des Gesamtschuldners nämlich in dem Fall vor, in dem § 34 Abs 1 UrhG nicht anwendbar ist. Dies ist aber gerade im Filmurheberrecht auf der hier interessierenden Auswertungsebene der Fall. Insofern gilt es, den Rechtsgedanken des § 34 Abs 4 UrhG aufzugreifen und entsprechend anzuwenden. Dies führt dazu, dass, wenn der Dritte dem Urheber wegen § 32a Abs 2 S 1 UrhG eine angemessene Vergütung zahlt, er den Produzenten anteilig nach § 426 Abs 2 BGB in Anspruch nehmen kann.[465]

Ein Teil-Gesamtschuldverhältnis besteht aber freilich dann nicht, soweit es um die Haftung aus bei den Beteiligten liegenden verschiedenen Nutzungsrechten geht, die unabhängig voneinander zu Mehrerträgen geführt haben.[466]  **234**

**bb) Die Freistellungsregelung des § 32a Abs 2 UrhG bei Sublizenznehmern.** Im  **235** Filmbereich ist es die Regel, dass an verschiedene Sublizenznehmer Einzellizenzen vergeben werden. Diese haften dem Urheber nach § 32a Abs 2 UrhG unabhängig voneinander. Zu beachten ist dabei, dass die **Freistellungsregelung** in § 32a Abs 2 S 2 UrhG in diesem Zusammenhang grds auch für alle anderen Sublizenznehmer und nicht nur zugunsten des Vertragspartners gilt. Die Regelung des § 32a Abs 2 S 2 UrhG entfaltet hier jedoch dann keine Wirkung, soweit Sublizenznehmer an den Erlösen anderer Sublizenznehmer, die zu einem auffälligen Missverhältnis führen, partizipieren.[467] Denn es kann dem Urheber grds nicht zum Nachteil gereichen, dass eine Nutzungsrechtsaufspaltung erfolgt ist.

**cc) Haftung der Sublizenznehmer bei Gesamtaddition der Einzelbeträge.** Proble-  **236** matisch ist eine Haftung der Sublizenznehmer aus § 32a Abs 2 UrhG dann, wenn sich das auffällige Missverhältnis erst zeigt, wenn man die Erträge der verschiedenen Sublizenznehmer zu einem Gesamtbetrag addiert, gleichzeitig aber die jeweils einzelnen Erträge der Einzellizenznehmer kein auffälliges Missverhältnis aufweisen. Eine Haftung nach §32a Abs 2 S 1 UrhG **entfällt in diesem Zusammenhang**. Nicht nur, dass die praktische Durchsetzung der Rechte aus § 32a Abs 2 UrhG schwierig wäre. Der Urheber wird zudem nicht über die Maßen schutzlos gestellt, da der Produzent, als sein Vertragspartner regelmäßig an den Einzellizenzierungen entsprechend hoch beteiligt sein wird. Gegen diesen ergibt sich damit eine Haftung regelmäßig schon nach § 32a Abs 1 UrhG.[468]

**c) § 32a UrhG bei Miturheberschaft und anderen Urhebergemeinschaften.** Die  **237** Besonderheit beim Film besteht darin, dass zu seinem Bestehen mehrere ihren Beitrag geleistet haben. Daran knüpft denklogisch die Frage an, wer von den Beteiligten nun zusätzlich nach § 32a UrhG vergütet werden muss. Nur derjenige, der die Kausalität seines Werkbeitrages für den Erfolg beweisen kann? Nein, denn nach der amtlichen Begründung muss der Werkbeitrag **nicht ursächlich für den eingetretenen Erfolg** sein (wobei jedoch bloß untergeordnete Beiträge zurückhaltend beurteilt werden sollen).[469] Dies ergibt sich im Filmurheberrecht schon aufgrund des besonderen Werk-

---

[465] Für eine allgemeine Annahme eines Gesamtschuldverhältnisses zwischen den Lizenznehmern auch außerhalb des Filmurheberrechts *Reinhard/Distelkötter* ZUM 2003, 269, 271.
[466] So auch bei allgemeiner Annahme eines Gesamtschuldverhältnisses vertreten von *Reinhard/Distelkötter* ZUM 2003, 269, 272.

[467] *Brauner* ZUM 2004, 96, 102; *Reinhard/Distelkötter* ZUM 2003, 269, 272 f.
[468] Vgl dazu auch bei *Brauner* ZUM 2004, 96, 102 f.
[469] AmtlBegr BT-Drucks 14/8058, 19.

charakters des Films als Gesamtwerk, in dem sich die einzelnen Werkbeiträge nicht ohne weiteres aufsplitten lassen.[470] Darüber hinaus spricht aber auch der Wortlaut des § 32a Abs 1 UrhG selbst für diese Annahme.

**238** Vertragsregelungen, die die einzelnen Beteiligten dazu zwingen, ihre Ansprüche nach § 32a UrhG nur im Wege der **notwendigen Streitgenossenschaft** geltend zu machen, werden als sittenwidrig nach § 138 BGB oder als unwirksam nach § 307 BGB angesehen.[471] Denn Sinn und Zweck ist es gerade, dass der Urheber sich gegen unangemessene Vergütungen zu Wehr setzen kann. Dies darf ihm aber im Gegenzug nicht durch die vertragliche Voraussetzung der vorherigen Bildung einer notwendigen Streitgenossenschaft verbaut werden. Dies ist angesichts der gesetzlichen Regelung konsequent. Eine solche Regelung wäre zudem auch in praktischer Hinsicht eine mittelbare Umgehung des Grundsatzes der Unverzichtbarkeit des Rechts aus § 32a UrhG, da eine vom Gesetzgeber nicht gewollte Gefahr besteht, dass der Urheber mit seinem Anspruch schon im Vorfeld scheitert, unabhängig davon, ob tatsächlich ein Anspruch nach § 32a UrhG dem Grunde nach besteht oder nicht.

**239** Auch eine ergänzende Beteiligung am Erfolg eines Filmwerkes nach § 32a UrhG setzt zunächst oft voraus, dass ein Urheber Auskunftsansprüche geltend machen muss, um Anhaltspunkte für eine angemessene Höhe seiner Beteiligung zu bekommen. Die Grundsätze hierfür sind mit denjenigen zu § 32 UrhG vergleichbar.[472] Eine Besonderheit ist nur hinsichtlich des Anwendungsbereiches des § 32a UrhG hinzuweisen. Dessen Regelungsgehalt fand sich bis 2002 in § 36 UrhG, der strengere Anforderungen an ein Missverhältnis zwischen Vergütung und Ertrag stellte (grobes und unerwartetes Missverhältnis). Wegen der hiernach geltenden Übergangsregelung des § 132 UrhG findet § 32a UrhG nur dann auf Altverträge Anwendung, soweit die für das auffällige Missverhältnis verantwortlichen Erträge und Vorteile des Nutzers nach dem 28.3.2002 entstanden sind. Bei einem bis zum Stichtag eingetretenen Missverhältnis ist dagegen weiterhin § 36 UrhG aF anzuwenden, es sei denn ein bis zum Stichtag eingetretenes auffälliges Missverhältnis wird danach fortgesetzt und gesteigert.[473] Generell gilt noch, dass die bis zum Stichtag erzielten Erträge und Vorteile in die nach § 32a Abs 1 UrhG gebotene Berücksichtigung der gesamten Beziehungen einzubeziehen ist.[474]

## III. Die Vergütung für unbekannte Nutzungsarten nach § 32c UrhG

### 1. Die Einräumung von Nutzungsrechten an unbekannten Nutzungsarten

**240** a) **Allgemein.** Seit dem 1.1.2008 können nach § 31a Abs 1 UrhG an unbekannten Nutzungsarten Nutzungsrechte eingeräumt werden.[475]

**241** b) **Schriftformerfordernis und Widerspruchsmöglichkeiten.** Damit sich der Urheber bei Vertragsschluss über die Reichweite seiner Handlung bewusst wird, können entsprechende Vereinbarungen hierüber nur **schriftlich** unter den Voraussetzungen des § 126 BGB getroffen werden, § 31a Abs 1 S 1 UrhG.[476] Zudem gibt man dem Urheber mit § 31a Abs 1 S 2 UrhG die Möglichkeit, seine Einwilligung in die Verwer-

---

470 Vgl dazu oben Rn 12.
471 *Peters* 51.
472 Vgl insoweit Rn 198 ff.
473 KG BeckRS 2010, 05766; aA OLG München BeckRS 2010, 18319 – Das Boot.

474 KG BeckRS 2010, 05766.
475 Vgl dazu *Jani* Kap 1.
476 Krit zum Schriftformerfordernis insb *Berger* GRUR 2005, 907, 909.

Ilja Czernik

tung seines Werkes iR von unbekannten Nutzungsarten auch **nachträglich widersprechen** zu können.

c) **AGB-rechtliche Besonderheiten.** Bei Nutzungsrechtseinräumungen in AGB sollte **242** man sich die Übertragung der Rechte an unbekannten Nutzungsarten gesondert unterschreiben lassen. Dies ist bei der Verwendung von **AGB** deswegen sinnvoll, weil man hierdurch verhindert, dass die Einräumung von Rechten an unbekannte Nutzungsarten als überraschend iSd § 305c BGB angesehen wird.[477] Zu dieser Einschätzung könnte man derzeit noch kommen. Denn immerhin war die Einräumung von Rechten an unbekannten Nutzungsarten bis vor kurzem über vierzig Jahre nicht möglich. Nicht jeder Urheber hat aber nun diesen Paradigmenwechsel mitbekommen und insofern kann die Neuregelung für diesen tatsächlich überraschend sein. Es schadet deswegen auch nicht, wenn man den Urheber gesondert und schriftlich über die Einräumung der Rechte an unbekannten Nutzungsarten hinweist.

d) **Verpflichtung zur Dokumentation und Inmformation.** Weiter sollte für die Zu **243** kunft sichergestellt werden, dass iRd Vertragsgestaltung beiden Parteien umfangreiche **Dokumentations- und Informationspflichten** aufgegeben werden, die sie zwingen dem Vertragspartner bspw Änderungen in der Anschrift oder ähnlichem mitzuteilen. Dies ist nicht zuletzt mit Blick auf § 31a UrhG sinnvoll. Danach muss der Verwerter den Urheber nämlich benachrichtigen, dass er die Verwertung des Werkes in der neuen Nutzungsart plant. Dies geht aber nur, wenn er weiß, wohin er die Benachrichtigung verschicken soll. Zudem sollte eine Verpflichtung bestehen, jede Weiterlizenzierung an den Urheber zu melden. Dies macht für den Verwerter schon deswegen Sinn, weil insofern eine Weiterleitung der Rechte und Pflichten aus § 31a, 32c UrhG auf den neuen Lizenzinhaber erfolgt. Zwar ergibt sich eine solche Verpflichtung schon nach Sinn und Zweck der Regelung des § 31a UrhG. Einer allgemeine vertragliche Verpflichtung würde mit Blick § 242 BGB aber für mehr Rechtssicherheit sorgen.

### 2. Die Sonderregelung des § 137l UrhG

Da § 31a UrhG nicht für die Verträgen vor 2008 gilt, hat der Gesetzgeber § 137l **244** UrhG eingefügt. Dieser sieht vor, dass der Verwerter in Akzessorität zu seinen bisherigen ausschließlichen Nutzungsrechten für diejeingen neuen Nutzungsarten eine gesetzliche Lizenz erhält, die seinen Rechtekanon denklogisch ergänzen.[478] Der Urheber erhält hierfür eine angemessene Vergütung, die jedoch nur von einer Verwertungsgesellschaft wahrgenommen werden kann. Ist er mit dem nachträglichen Erwerb der gesetzlichen Lizenz nicht einverstanden, kann er der Aufnahme der neuen Nutzungsart innerhalb von drei Monaten ab Mitteilung durch den Verwerter wiedersprechen (§ 137l Abs 1 S 3 UrhG).

### 3. Verträge vor 1966

Interessant in diesem Zusammenhang ist noch auf den Umgang mit Verträgen von **245** vor 1966 hinzuweisen. Vor 1966 war die Einräumung von Rechten an unbekannten Nutzungsarten grundsätzlich möglich. Das bedeudet aber nicht zwangsläufig, dass der Verwerter von damals grundsätzlich immer auch Inhaber von Nutzungsrechten an un-

---

[477] Ähnl *Wille* GRUR 2009, 470 ff.   [478] Vgl umfassend *Czernik* GRUR 2009, 913.

bekannten Nutzungsarten wurde. Vielmehr hängt die Übertragung derartige Rechte nach dem allgemeinen Zweckübertragungsgedanke davon ab, ob die Übertragung bezweckt wird. Eine tatsächliche Nutzungsrechtseinräumung wird man folglich nur dann annehmen können, wenn im Vertrag ein in entsprechender Parteiwille unzweideutig zum Ausdruck kommt.[479]

### 4. Die Sonderregelung im Filmurheberrecht

**246**     Für den Filmbereich gilt es im Zusammenhang mit unbekannten Nutzungsarten auf einzelne Besonderheit hinzuweisen. Zwar unterliegen auch im Filmbereich geschlossene Nutzungsverträge über unbekannte Nutzungsarten dem Schriftformerfordernis aus § 31a UrhG iVm § 126 BGB, **allerdings findet die besondere Widerspruchsregelung des § 31a Abs 1 S 2 UrhG im Filmurheberrecht keine Anwendung.** Denn dies würde, so die amtliche Begründung, dem Ziel der Regelungen in §§ 88, 89 UrhG widersprechen, eine möglichst ungehinderte Verwertung des Films in einer unbekannten Nutzungsart durch den Filmhersteller zu gewährleisten.[480] Dies führt für den Filmbereich dazu, dass die über § 31a UrhG zugelassene **Nutzungsrechtseinräumung hier sogar zur Regel erklärt** wird.[481] Grund für diese Bevorzugung der Produzenten im Filmurheberrecht gegenüber solchen, anderer Werkgattungen seien die im Filmbereich auftretenden praktischen Schwierigkeiten beim Nacherwerb von Rechten an unbekannten Nutzungsarten. Diese seien darin begründet, dass an einem Filmwerk typischerweise eine Vielzahl von Urhebern beteiligt seien,[482] welche sich im Nachhinein oftmals nur schwer ermitteln ließen; vor allem dann, wenn es darum gehe, die Erben ausfindig zu machen. Darüber hinaus könne bereits durch die Zustimmungsverweigerung auch nur eines der Urheber die Rechtseinräumung und damit eine Verwertung des Werkes in der unbekannten Nutzungsart zumindest zeitweilig ausgeschlossen werden, wodurch für den Filmhersteller finanzielle und rechtliche Risiken entständen.[483] Diese Situation sei aber weder im Interesse der Urheber, noch der Filmproduzenten, die jeweils aufgrund eigener finanzieller Interessen an einer möglichst umfassenden Verwertung interessiert seien, die jedoch durch die bisherige Regelung des § 31 Abs 4 UrhG aF konterkariert würden.[484]

**247**     Das Widerspruchsrecht aus § 137l UrhG steht hingegen auch dem Filmurheber zu. Eine Bereichsausnahme, wie sie iRd § 31a UrhG iVm § 88 I, § 89 I UrhG vorkommt, gibt es hier nicht. Weit wichtiger iRd § 137l UrhG ist aber die Frage, wer Vergütungs-

---

[479] OLG Köln GRUR-RR 2009, 208.

[480] Vgl dazu die Begründung zum Entwurf eines Zweiten Gesetzes zur Regelung des Urheberrechts in der Informationsgesellschaft durch die Bundesregierung v 22.3.2006, 71, abrufbar unter www.urheberrecht.org/topic/Korb-2/bmj/1174.pdf.

[481] Vgl dazu die Begründung zum Entwurf eines Zweiten Gesetzes zur Regelung des Urheberrechts in der Informationsgesellschaft durch die Bundesregierung v 22.3.2006, 71, 72, abrufbar unter www.urheberrecht.org/topic/Korb-2/bmj/1174.pdf.

[482] Vgl dazu die Begründung zum Entwurf eines Zweiten Gesetzes zur Regelung des Urheberrechts in der Informationsgesellschaft

[483] Vgl dazu die Begründung zum Entwurf eines Zweiten Gesetzes zur Regelung des Urheberrechts in der Informationsgesellschaft durch die Bundesregierung v 22.3.2006, 71, abrufbar unter www.urheberrecht.org/topic/Korb-2/bmj/1174.pdf.

durch die Bundesregierung v 22.3.2006, 71, abrufbar unter www.urheberrecht.org/topic/Korb-2/bmj/1174.pdf.

[484] Vgl dazu die Begründung zum Entwurf eines Zweiten Gesetzes zur Regelung des Urheberrechts in der Informationsgesellschaft durch die Bundesregierung v 22.3.2006, 71, abrufbar unter www.urheberrecht.org/topic/Korb-2/bmj/1174.pdf.

schuldner im Rahmen von Lizenzketten ist. Wie vorstehend ausgeführt, steht dem Urheber für die Verwertung seines Werkes in der neuen Nutzungsart eine gesonderte Vergütung zu. Dies ist selbstverständlich auch dann der Fall, wenn die Nutzung im Rahmen der neuen Nutzungsart nicht durch den Produzenten, sondern einen Sublizenznehmer erfolgt. Vergütungsschuldner soll dabei der tatsächlich Nutzende sein.[485] Auch hier wird man aber jeden in der Lizenzkette in Anspruch nehmen können, der tatsächlich von der neuen Nutzungsart partizipiert. Die Probleme sind insofern die gleichen wie im Rahmen des § 32a UrhG.[486]

### 5. Bewertung der Neuregelungen

Die Regelung des § 31 Abs 4 UrhG aF galt schon immer als unbeliebt. Gerade **248** auch, weil sie dem anglo-amerikanischen Rechtskreis gänzlich fremd war, die Verwerter, die aus diesen Rechtsordnungen kommen, zugleich aber immer wieder bei einer angestrebten globalen Verwertung des Filmwerkes mit ihr konfrontiert wurden. Dies hatte vor allem im Filmbereich für große Irritationen gesorgt. Schließlich darf nicht übersehen werden, dass vor allem die USA mit einem durchschnittlichen Anteil von rund 34 % den Hauptteil der in Deutschland erstaufgeführten Spielfilme ausmachen.[487] Die Diskussionen zu den Änderungen wurde dann auch hart geführt.[488] Es wurde sogar Verfassungsbeschwerde gegen die Neuregelungen erhoben, die aber durch das BVerfG abgewiesen wurde. So seien nach Auffassung des BVerfG die Änderungen (auch die im Filmbereich) verfassungsgemäß.[489]

Die Änderungen mögen verfassungsgemäß sein, ob sie gleichwohl als geglückt **249** angesehen werden können, darüber kann man streiten. Meines Erachtens liegt ein wichtiges Problem der Neuregelung darin, dass keine **praktischen Erleichterungen** eintreten. Auch mit der Einführung der Regelung des § 31a UrhG bleibt es weiter notwendig, den richtigen Urheber bzw dessen Erben ausfindig zu machen. Sieht doch die Neuregelung vor, dass der Urheber über § 32c Abs 1 S 1 UrhG einen vertraglichen Korrekturanspruch erhält. Damit soll es dem Urheber nunmehr ermöglicht werden, im Falle der Vornahme der entsprechenden Nutzungshandlung in der neuen Nutzungsart an den Früchten der Verwertung seines Werkes auch praktisch beteiligt zu werden.[490] Doch dafür müssen der Urheber bzw dessen Erben durch den Filmhersteller erst einmal ausfindig gemacht werden. Es werden also umfassende Informations- und Dokumentationspflichten notwendig, die einen nicht abzuschätzenden Bürokratieaufwand nach sich ziehen können. Darüber hinaus können Produzenten und Verwerter nicht abschließend einschätzen, welche Folgekosten durch § 32c UrhG auf sie zukommen können. Schließlich wurde das Thema der konkreten Ausgestaltung der Vergütung bisher nur unzureichend behandelt. Zuletzt hilft die Neuregelung auch nicht in der **eigentlichen Kernfrage des § 31 Abs 4 UrhG aF** weiter, denn was eine unbekannte Nutzungsart ist, bleibt gesetzlich **nach wie vor ungeklärt**. Damit bleiben

---

**485** Wandtke/Bullinger/*Jani* § 137l UrhG Rn 96; krit *Kellerhals/Lehmkuhl* ZUM 2010, 677.
**486** Vgl dazu Rn 232 ff.
**487** Zu den Anteilen der einzelnen Herstellungsländer im Deutschen Spielfilmsektor vgl auch *Berauer* 24.
**488** Vgl *Becker* ZUM 2005, 303, 306; *Wandtke/Holzapfel* GRUR 2004, 284, 292.

**489** BVerfG GRUR 2010, 332.
**490** Vgl zu dieser und zu den in der Darstellung noch folgenden Überlegungen der Bundesregierung unter Entwurf eines Zweiten Gesetzes zur Regelung des Urheberrechts in der Informationsgesellschaft durch die Bundesregierung v 22.3.2006, 50, abrufbar unter www.urheberrecht.org/topic/Korb-2/bmj/1174.pdf.

die vom BGH entwickelten Grundsätze, trotz der damit verbundenen Unsicherheiten auch in Zukunft anzuwenden.[491]

**250**     Auch nach den Neuregelungen muss der Urheber beweisen, dass die neu aufgenommene Nutzung eine unbekannte Nutzung ist.[492] Anders als beim § 31 Abs 4 UrhG kann er die Verwertung aber nicht mehr im Wege des einstweiligen Rechtsschutzes stoppen. Damit besteht für den Nutzungsberechtigte die Möglichkeit den Film trotz der laufenden Auseinandersetzung im Rahmen der neuen Nutzungsart weiter verwerten zu dürfen.[493] Insofern hat die Neuregelung zumindest den positiven Effekt, dass die vom Produzenten bereits aufgewendeten Kosten schon während der Auseinandersetzung refinanziert werden können und, sollte sich im Prozess herausstellen, dass es sich um eine neue Nutzungsart handelt, er die entsprechenden Gelder zur Nachfinanzierung einnehmen kann. Andernfalls wäre er womöglich mit der Situation konfrontiert, den Urheber ausbezahlen zu müssen, ohne eigene Einnahmen generieren zu können. Dies kann angesichts der hohen wirtschaftlichen Risiken schnell den Ruin bedeuten.

### 6. Das Problem der Bestimmung der Angemessenheit in § 32c UrhG bei unbekannten Nutzungsarten

**251**     Der Urheber hat nach § 32c Abs 1 S 1 UrhG einen Anspruch auf eine gesonderte angemessene Vergütung, wenn der Vertragspartner eine neue Art der Werknutzung nach § 31a UrhG aufnimmt, die im Zeitpunkt des Vertragsschlusses vereinbart, aber noch unbekannt war. Was unter einer **angemessenen Vergütung** zu verstehen ist, soll der Rechtsprechung überlassen bleiben, die diesen Rechtsbegriff zu konkretisieren hat.

**252**     Zwar ist der Begriff der angemessenen Vergütung dem UrhG nicht unbekannt. Auch in § 32 UrhG spricht das UrhG bereits von einer angemessenen Vergütung des Urhebers. Dennoch ist ein Offenlassen der Begriffsdefinition der Angemessenheit, insb ohne prozentuale Vorgaben, iRd § 32c UrhG angesichts der besonderen Situation der Nutzungsrechtseinräumung an unbekannten Nutzungsarten nicht unproblematisch. Besteht doch im Zusammenhang mit § 32c UrhG, anders als bei § 32 UrhG, gerade das Problem, dass es sich hier um eine bisher unbekannte Nutzungsart handelt, zu der weder eine **tarifvertragliche Regelung**, noch eine **gemeinsame Vergütungsregelung** existiert. Auch eine Branchenüblichkeit kann es bei einer Nutzungsart, die bisher weder technisch möglich war, noch wirtschaftlich genutzt wurde, nicht geben. Denn eine Auswertung, unter gleichzeitiger Herausbildung einer **ständigen Übung einer Vergütung**, ist bei unbekannten Nutzungsarten nicht möglich.[494]

**253**     Insofern zeigt sich die Regelung des § 32c UrhG für beide Seiten schon aus diesem Grund als unausgegoren, da sie mehr Fragen als Antworten aufwirft. Zumal gerade die mangelnde Klärung der Angemessenheitsfrage in vielerlei Hinsicht zu Rechtsunsicherheit führt. Denn sowohl Urheber als auch Produzent können sich nicht sicher sein, dass die nach § 32c Abs 1 UrhG an den Urheber gezahlte Vergütung, die auf-

---

[491] Danach gilt eine Nutzungsart nur dann als bekannt, wenn sie nicht nur technisch, sondern auch wirtschaftlich in bedeutsamer Weise bereits genutzt und verwertet wird. Entscheidend ist dabei die subjektive Sicht eines durchschnittlichen Urhebers bei Vertragsschluss, vgl dazu zuletzt BGH GRUR 2005, 937 ff – Der Zauberberg.

[492] Dreier/Schulze/*Schulze* § 31 UrhG Rn 77a.
[493] Für eine Rechtmäßigkeit der Werknutzung va *Berger* GRUR 2005, 907, 910.
[494] Dies kritisierend auch Schricker/Loewenheim/*Schricker* § 31 UrhG Rn 25a.

grund von § 32c Abs 1 S 2 UrhG auf erzwungener Freiwilligkeit beruht, tatsächlich angemessen ist, was insb für den Produzenten zu **Planungsunsicherheit** führt, da dieser im Zeitpunkt der Vornahme der Nutzungshandlung gerade angesichts des vorstehend festgestellten nicht sicher wissen kann, ob er nicht noch zusätzliche Gelder bereit halten muss, für den Fall, dass der scheinbar nach § 32c Abs 1 S 1 UrhG ausbezahlte Urheber eine gerichtliche Überprüfung der bisher gezahlten Vergütung anstrebt.

### 7.  Ein Vorschlag zur Bestimmung der Angemessenheit in § 32c UrhG

Man muss den Urhebern über § 32c UrhG gegenüber den herkömmlichen Grundsätzen zu §§ 32, 32a UrhG eine völlig neue Form der Beteiligung zugestehen. **Angemessenheit in § 32c UrhG bedeutet eine Mindestbeteiligung des Urhebers.** Dh von jedem Bruttobetrag, den der Nutzungsberechtigte einnimmt, ist ein gewisser Betrag an den bzw die von ihm zu benachrichtigenden Urheber auszuschütten. Für beide Seiten interessengerecht ist eine **degressiv gestaffelte Beteiligung**, wie sie auch in der Folgerechts-RL für die Vergütungsregelung des § 26 UrhG gefordert wird.[495] So sind:

– bis zu € 500 000,– 3,00 % der Bruttoerlöse,
– bis zu € 1 000 000,– 2,75 % der Bruttoerlöse,
– bis zu € 2 000 000,– 2,50 % der Bruttoerlöse,
– bis zu € 4 000 000,– 2,25 % der Bruttoerlöse,
– ab     € 4 000 001,– 2,00 % der Bruttoerlöse

an die Urheber auszuschütten.[496] Dies ist interessengerecht. Denn auf diese Weise wird eine **angemessene Langzeitbeteiligung** erreicht, die gerade auch mit Blick auf § 32 UrhG zeitgemäß ist, ist doch aufgrund der Regelung des § 32 UrhG mehr und mehr eine anteilige Vergütungsform in der Vertragspraxis vorzuziehen.[497] Zudem wird man mit einer anteiligen Beteiligungsform, die sich an den Bruttobeiträgen orientiert, zusätzlich dem **Rechtsgedanken des § 32a UrhG** gerecht, der natürlich in diesem Zusammenhang eine Rolle spielen muss, denn es darf nicht sein, dass der Urheber bei der Übertragung unbekannter Nutzungsarten schlechter gestellt wird als bei der Übertragung bei Vertragsschluss bereits bekannter. So ist mit einer, wie hier vorgeschlagenen, anteiligen Beteiligungsform auch im Falle eines Long- oder Bestsellers der Urheber umfassend über die Vergütungsregelung des § 32c UrhG an der wirtschaftlichen Verwertung beteiligt. Damit findet zwar der § 32a UrhG direkt keine Anwendung mehr, sein Rechtsgedanke ist aber bereits ausreichend über § 32c UrhG erfasst.

Einer zusätzlichen Berücksichtigung des § 32a UrhG bedarf es dann nicht mehr, da dessen Grundsatz bereits über den oben vorgeschlagenen Weg vollumfänglich erfasst wird.

**254**

**255**

---

**495** Art 4 Abs 1 Folgerecht-RL (RL 2001/84/EG).
**496** Generell für eine angemessene Vergütung im vorhinein auch Dreier/Schulze/*Schulze* § 31 UrhG Rn 77a.

**497** Vgl dazu auch oben Rn 212.

§ 6

**Der Film und besondere Probleme im Bereich der Schrankenregelungen**

**256**     Das mediale Zeitalter ist durch einen absoluten Öffentlichkeitsbezug gekennzeichnet. Vor allem **Filmwerke** dienen hierbei als **Massenkommunikationsmittel**. Indem das Internet nämlich Kommunikationsplattformen wie Youtube und damit interaktive Gestaltungsmöglichkeiten bereitstellt, auf die von jedem überall und zu jeder Zeit mittels PC und Internetzugangs zurückgegriffen werden kann, sind die filmischen Produkte mehr noch als früher einem globalen Zugriff ausgesetzt, der sich nicht nur in der Verletzung von Urheber- und Leistungsschutzrechten äußert, sondern auch **konkrete künstlerische Reaktionen auf das Vorgefundene** und damit **Kommunikation mit dem Werk und mit anderen Usern** hervorbringt. Doch nicht nur innerhalb der neuen Medien, auch die herkömmlichen Filmgestaltungen haben immer wieder vorbestehendes mit neuem gemischt und damit miteinander kommuniziert. Man denke nur an den Film *Forrest Gump* oder an Dokumentationen, in denen Archivmaterial verwendet wird, um ihnen eine besondere Authentizität zu geben.

**257**     Wie aber ist mit diesem Potential umzugehen? Wie lässt es sich erreichen, dass fremde Ausgangswerke in nachgeschaffene Werke erlaubnisfrei eingefasst werden und damit als Grundlage neuen Werkschaffens herangezogen werden können, ohne dass dafür im Gegenzug eine Vergütung gezahlt werden muss?

**258**     Letztlich handelt es sich bei diesem Konflikt um einen ureigenen verfassungsrechtlichen – nämlich dem Herbeiführen einer **praktischen Konkordanz zwischen Kunst- und Meinungsfreiheit nach Art 5 GG und dem Eigentumsschutz aus Art 14 Abs 1 GG**. Denn dem Recht des Urhebers oder Nutzungsberechtigen an einer möglichst monopolartigen Nutzungsbeschränkung steht das verfassungsrechtlich verbriefte Interesse der Filmschaffenden an freiheitlicher Nutzung gegenüber.

**259**     Da es dem nachschaffenden Filmemacher nicht nur um die **erlaubnisfreie**, sondern vor allem auch um die **vergütungsfreie Verwendung** der vorbestehenden Filmwerk geht, sind für ihn vor allem das Recht der Zitierfreiheit (§ 51 UrhG) und das Recht der freien Benutzung (§ 24 UrhG) in diesem Zusammenhang interessant. Mit diesen stellt das Urheberrecht dem nachschaffenden Filmemacher zwei Instrumente an die Seite, mit denen sich eine künstlerisch motivierte und damit freie Nachschöpfung rechtfertigen lässt und die nichts anderes als der Ausfluss verfassungsrechtlicher Überlegungen sind.

**260**     Da aber längst nicht jede Nutzung über die §§ 24, 51 UrhG gelöst werden kann, gilt es auch andere Schrankenregelungen zu beachten. Auf wesentliche und derzeit diskutierte Schrankenregelungen bzw Fallkonstellationen sei daher im folgenden eingegangen.

## I. Kino.to – Streamportale im Internet

**261**     Filme kostenlos anzuschauen, ist begehrt. Insb im Internet finden sich hierfür zahlreiche Möglichkeiten. Damit sind beileibe nicht nur Videoportale wie YouTube gemeint. Finden sich auf Youtube für gewöhnlich nur kurze Filmschnippel, erlauben andere Webportale dem Internetnutzer einen vollständigen kostenlosen Filmgenuss. So sind gegenwärtig auf einem der beliebtesten deutsche Webportale, www.kino.to,[498]

---

[498] www.alexa.com/siteinfo/kino.to, zuletzt abgerufen am 6.11.2010.

circa 70.000 Filmen und 350.000 Serientitel abrufbar.[499] Regelmäßig handelt es sich dabei um Filme, die zeitgleich noch im Kino laufen, was die Auswertung des Films im Kino nicht unverhältnismäßig beeinflusst. So greifen täglich zwischen 200.000 bis 400.000 deutschsprachige Nutzer auf kino.to zurück, statt sich den gewünschten Film im Kino oder auf DVD anzuschauen.[500]

### 1. Technischer Ablauf

Damit sich ein Internetnutzer einen Film über kino.to anschauen kann, bedarf es folgender Zwischenschritte. Zunächst wird der Film auf einem Server hochgeladen (sog **Upload**). Dieser Upload erfolgt aber nicht auf einem Server von kino.to, sondern auf einem externen Server. Kino.to verlinkt nur sog **embedded codes**. Hierdurch verbleibt der Nutzer zwar nominell auf der Seite von kino.to, wird jedoch tatsächlich auf einen anderer Server weitergeleitet, auf dem der Film liegt. Die Seite von kino.to ist nur noch ein Frame. Der Film ist für den Nutzer dann im Wege des sog **Online-Streaming** abrufbar. Online-Streaming setzt anders als die gängigen Filesharing-Systeme wie rapdishare keinen vorherigen download des Films voraus. Dem Internetnutzer werden beim herkömmlichen Onlinestream durch den Zugriff auf den Server sukzessive Daten übermittelt, die in seinem Arbeitsspeicher (RAM) abgelegt werden. Zum Ausgleich von Schwankungen der Bandbreiten bei der Datenübertragung zwischen dem Server und dem Browser werden die Daten zudem regelmäßig „**gepuffert**". Dazu werden die Daten in dem sog Browser-Cache abgelegt. Diese zwischengespeicherten Daten werden dann durch einen Media-Player wie den Real-Player, VCL-Player oder den Windows-Mediaplayer decodiert und als Film wiedergegeben und der Nutzer kann sich den Film anschauen. Die Daten, die sich nach dem Abspielen noch im Zwischenspeicher befinden, werden je nach Einstellung des Webbrowsers mit dem Ausschalten des Internets gelöscht.[501] Diese Löschung kann man aber verhindern, in dem man die zwischengespeicherte Datei in einen anderen Speicherort kopiert.[502] Werden die Filme im **DivX-Format** angeboten werden werden die Daten nicht nur zwischengespeichert, sondern nach dem Buffering dauerhaft auf der Festplatte in dem Ordner »**Temporary Internet Files**« gespeichert.[503]

**262**

### 2. Urheberrechtliche Einordnung der technischen Abläufe und Verantwortlichkeiten

Bei der urheberrechtlichen Bewertung dieser Vorgänge ist zwischen verschiedenen Personengruppen zu unterscheiden, die am Onlinestreaming beteiligt sind. Hierzu zählen: die Betreiber solcher „Filmportale" wie Kino.to, diejenigen, die die Filme auf den externen Server geladen haben und derjenigen, der sich den Film im Wege des Onlinestreaming anschaut.

**263**

a) **Betreiber von kino.to.** Die Betreiber der Seite kino.to haften als **Täter**. Zwar gilt grundsätzlich, dass, wer einen sog **Hyperlink** setzt, keine eigene Vervielfältigungshandlung vornimmt, noch ein Werk unmittelbar öffentlich zugänglich macht.[504] Die

**264**

---

**499** Wieduwilt, Kann denn Filmegucken Sünde sein?, abrufbar unter www.faz.net.
**500** *Stölzel* Erfolglose Jagd auf die deutschen Raubkopierkönige, abrufbar unter www.wiwo.de.
**501** Zum technischen Vorgang im Einzelnen vgl

*Fangerow/Schulz* GRUR 2010, 677, 678; *Radmann* ZUM 2010, 387, 388.
**502** *Radmann* ZUM 2010, 387, 388.
**503** *Radmann* ZUM 2010, 387, 388.
**504** BGH GRUR 2003, 958, 962 – Paperboy.

Besonderheiten der Streaming-Portale wie kino.to machen jedoch eine abweichende Beurteilung dieser BGH Rechtsprechung notwendig. So ist das Geschäftsmodell von kino.to ausschließlich darauf ausgerichtet, auf unbekannten Servern liegende Daten Nutzern zugänglich zu machen. Ohne die Webportale wäre ein Zugriff auf diese Daten nicht möglich, da sie nicht wie gewöhnliche Webpages über google abrufbar sind und dies auch nicht gewollt ist. Zudem wird bei dem Abrufen über kino.to die konkrete Internetadresse der verlinkten Seite nicht bekannt gemacht. Man wird vielmehr auf eine anonyme Webseite weitergeleitet. Anders also als bei einer Fußnote in einem Buch kann der User die Seite ohne Zuhilfenahme von kino.to nicht selbst aufrufen. Weiter ist zu berücksichtigen, dass das Geschäftsmodell von kino.to oder vergleichbaren Webseiten darauf gerichtet ist, durch Weiterleitung auf fremde Server dem Internetnutzer Filme zugänglich zu machen. Da nun aber der Urheber nach § 11 S 2 UrhG an jeglichen Geschäftsmodellen zu beteiligen ist, die mit seinem urheberrechtlich geschützten Werk Umsätze generieren, muss er auch an Modellen wie kino.to partizipieren. Denn ohne die urheberrechtlich geschützten Filme, würde niemand die Seite kino.to aufrufen. Erfolgt eine Weiterleitung also ohne die Zustimmung des Urhebers, ist die Verlinkung als rechtswidrig und als Eingriff in seine Verwertungsrechte anzusehen. Hierfür spricht im Übrigen auch, dass § 15 UrhG nicht abschließend ist, sondern neue Verwertungsformen zulässt und bereits mit ihrem Entstehen der Bestimmungsmacht des Urhebers unterstellt.[505] Bei Portalen wie kino.to kommt noch dazu, dass die Verlinkung im Wege des Frameing geschieht. Indem die fremden Inhalte aber in den eigenen Webseitenauftritt inkorporiert werden, machen sich die Betreiber von kino.to die öffentliche Zugänglichmachung des urheberrechtlich geschützten Films zu eigen. Die Rechtsprechung sieht daher zumindest bei der Verlinkung durch Portale wie kino.to eine Täterverantwortlichkeit als gegeben an.[506] Betreibern wie kino.to danach zumindest der Vorwurf der öffentlichen Zugänglichmachung iSd § 19a UrhG zu machen. Darüber hinaus ist davon auszugehen, dass auch ein Verstoß gegen § 16 UrhG und damit das Vervielfältigungsrecht des Urhebers erfolgt. Denn wie nachfolgend dargestellt bewirkt der Abruf des Films durch den Nutzer eine nicht gerechtfertigte Vervielfältigungshandlung. Anzumerken ist, dass vorliegend ein Haftung sowohl auf Unterlassung als auch auf Schadensersatz besteht.[507] Die gesamte Konzeption eines Modells wie kino.to (kein Impressum, Wahl einer ausländischen Domain) zeigt, dass den Verantwortlichen die Urheberrechtswidrigkeit ihres Handelns bewusst ist. Auch dass sie keine Schutzmaßnahmen ergreifen, sondern Links zu Servern mit urheberrechtlich relevantem Material setzen, obwohl erkennbar ist, dass die Rechteinhaber mit den Servern nicht in Verbindung stehen, zeigt dass die Betreiber einer Seite wie kino.to vorsätzlich handeln. Abschließend sei noch darauf verwiesen, dass sich die Verantwortlichkeit eines Betreibers wie kino.to nach deutschem Recht richtet. Selbst wenn die Server in Tonga oder einem anderen Land außerhalb der Bundesrepublik Deutschland liegen, zeigen bereits die hohen Zugriffszahlen aus Deutschland und die Verwendung der deutschen Sprache auf der Webseite, dass sich der Inhalt der Seite an deutsche Nutzer richtet. Damit ist nach Auffassung des BGH der Anwendungsbereich des deutschen Urheberrechts bereits eröffnet.[508] Schwieriger als die Verantwortlichkeit ist es, die im Ausland befindlichen Betreiber aufzuspüren, bzw Vollstreckungs-

---

**505** Dies nicht erkennend *Ullrich* ZUM 2010, 853, 858.
**506** BGH ZUM-RD 2010, 456, 460 – Chefkoch.

**507** BGH ZUM-RD 2010, 456, 461 – Chefkoch.
**508** BGH GRUR 2005, 431 – Maritim.

Ilja Czernik

maßnahmen einzuleiten. Insofern dürften derartige Maßnahmen regelmäßig ins Leere laufen.

**b) Betreiber der Server.** Diejenigen, die für den Upload der Datei auf den Server **265** verantwortlich sind, haften bei einem On-Demand-Streaming unproblematisch wegen eines Verstoßes gegen das Vervielfältigungsrecht (§ 16 UrhG) und das Recht auf öffentliche Zugänglichmachung (§ 19a UrhG).[509] Doch auch hier liegt das Problem weniger in Begründung einer urheberrechtlichen Haftung als in der tatsächlichen Habhaftmachung der Täter.

**c) User.** Eine urheberrechtswidrige Handlung begehen schlussendlich noch die **266** Internetnutzer selbst. Das Anschauen der Filme auf dem heimischen Rechner stellt eine Vervielfältigungshandlung iSd § 16 UrhG dar.[510] Schließlich werden die Daten des Films im Webcache auf dem Rechner zwischengespeichert. Dass die Zwischenspeicherung nur temporär sein kann, steht dem nicht entgegen. Zum einen zeigt bereits die Existenz des § 44a UrhG, dass der Gesetzgeber offenkundig davon ausgeht, dass die **vorrübergehende Zwischenspeicherung** eine urheberrechtlich relevante Vervielfältigung bedeutet. Denn sonst bräuchte es § 44a UrhG nicht. Zum anderen zeigt der Wortlaut des § 16 UrhG, dass auch eine nur vorrübergehende Fixierung auf einem Träger für eine **Vervielfältigungshandlung** ausreicht. Diese Vervielfältigungshandlung ist auch nicht durch § 53 UrhG gerechtfertigt.[511] Danach sind nur solche Vervielfältigungshandlungen zulässig, die sich keiner offensichtlich rechtswidrigen Quelle bedienen. Bei Portalen wie kino.to stellen sich damit zwei Fragen: 1. bestehen Anzeichen für das Vorliegen einer **offensichtlich rechtswidrigen Quelle** und 2. aus wessen Sicht bestimmt sich, ob eine Quelle rechtswidrig ist oder nicht, aus der subjektiven **Sicht des Internetnutzers**[512] oder nach objektiven Kriterien[513]. Wichtigstes Argument für die offensichtliche Rechtswidrigkeit bei Onlineportalen wie kino.to ist sicherlich die Tatsache, dass bei kino.to oftmals bereits diejenigen Kinofilme kostenlos zu sehen sind, die zeitgleich im Kino laufen. Es wird wohl kaum einen Internetnutzer geben, der glaubt, dass sich die Filmbranche mit einem kostenlosen Angebot im Netz selbst Konkurrenz macht. Weiter fehlt auf Seiten wie kino.to jeglicher Hinweis darauf, dass eine Zusammenarbeit zwischen der Filmbranche und kino.to erfolgt. Es würde doch aber bei einem Kooperationsmodell nahe liegen, dass sich an irgend einer Stelle ein Hinweis darauf findet, dass die angebotenen Filme vom Server eines Filmstudios anboten werden, mithin ein eigener Kanal besteht, wie dies mittlerweile bei youtube üblich ist. Auch findet sich auf der Seite kein Impressum. Auch dies legt den Verdacht nahe, dass hier illegales Material abrufbar ist. Denn ein Impressum gibt immer derjenige nicht an, der sich einer Haftung entziehen will. Sofern demgegenüber der Einwand erhoben wird, mit einer engen Auslegung des § 53 UrhG würde die Bevölkerung unnötig kriminalisiert, weswegen zudem im Einzelfall überprüft werden müsse, ob die vorgenannten objektiven Anhaltspunkte beim einzelnen Nutzer tatsächlich Zweifel an der Rechtmäßigkeit der Vorlage begründen würden,[514] überzeugt dieser Einwand nicht.

---

[509] *Büscher/Müller* GRUR 2009, 558 f.
[510] KG ZUM-RD 2004, 401, 406; OLG Hamburg ZUM 2010, 434, 438; *Fangerow/Schulz* GRUR 2010, 677, 678; *Radmann* GRUR 2010, 387, 389.
[511] *Radmann* GRUR 2010, 387, 389, aA *Fangerow/Schulz* GRUR 2010, 677, 682.

[512] Hierfür *Berger* ZUM 2004, 257, 260; *Fangerow/Schulz* GRUR 2010, 677, 680; Wandtke/Bullinger/*Lüft* § 53 Rn 16.
[513] Hierfür *Jani* ZUM 2003, 842, 850.
[514] *Fangerow/Schulz* GRUR 2010, 677, 680.

Denn zum einen sind Schrankenregelungen wie § 53 UrhG immer eng auszulegen,[515] da sie eng umgrenzte Ausnahmen von der ausschließlichen Verwertungsbefugnis des Urhebers darstellen. Zum anderen ist die Frage der subjektiven Einsichtsfähigkeit eine Frage der Verschuldensfähigkeit, keine Frage der Rechtfertigung. Kann dem konkreten Nutzer also nicht nachgewiesen werden, dass er in der Lage war, die Rechtswidrigkeit der Vorlage also die Rechtswidrigkeit seines Tuns zu erkennen, scheidet eine Strafbarkeit ebenso aus, wie auch Schadensersatzforderungen nicht durchgesetzt werden können. Insofern droht der beschriebene Effekt der übermäßigen Kriminalisierung nicht. Wohl aber kann der Nutzer auf Unterlassung in Anspruch genommen werden. Dabei kann sich der Nutzer nämlich auch nicht auf § 44a UrhG berufen.[516] So scheidet die Schrankenregelung des § 44a Nr 1 UrhG schon deswegen aus, weil hiervon allenfalls der Vermittler, dh der **Access-Provider**, erfasst ist.[517] Nicht privilegiert sind danach Abspeicherungen in den Arbeitsspeichern der Absender und Empfänger. Auch auf § 44a Nr 2 UrhG kann sich der Internetnutzer nicht berufen. Der Anwendungsbereich von § 44a Nr 2 UrhG auf on-demand-streaming scheitert schon daran, dass nach dem Wortlaut des § 44a UrhG die vorübergehende Vervielfältigungshandlung keine wirtschaftliche Bedeutung haben darf. Dies ist der Fall, wenn die vorübergehende Vervielfältigung eine neue, eigenständige Nutzungsmöglichkeit eröffnet.[518] Die hohen Zugriffszahlen allein auf kino.to, die Beliebtheit von Videoportalen zeigt aber, dass das on-demand-streaming eine hohe wirtschaftliche Bedeutung hat und von Urhebern entsprechend lizenziert werden könnte. Darüber hinaus erlaubt § 44a Nr 2 UrhG nur dann eine Zwischenspeicherung, wenn die eigentliche Nutzung des Filmwerkes unter Zustimmung des Urhebers vorliegt. Dies ist hier nicht der Fall. Daneben ist eine Zwischenspeicherung nach § 44a Nr 2 UrhG möglich, wenn die eigentliche Nutzung im Rahmen einer urheberrechtlichen Schrankenregelung erlaubt ist bzw auch sonst nicht durch das Gesetz beschränkt ist. Hieran könnte man denken, da das UrhG den bloße Wiedergabe des Films scheinbar nicht als Teil der Verwertungsrechte des Urhebers ansieht. Allerdings ist dies fragwürdig, da gerade das On-demand-streaming erst in den letzten Jahren an Bedeutung gewonnen hat. Die Zunahme der Nutzung von Streaming Angeboten, bedingt durch schnellere Internetverbindung, war zum Zeitpunkt der letzten Urheberrechtsreform nicht absehbar. Deswegen überzeugt es nicht, damit zu argumentieren, der Gesetzgeber habe den Fall der bloßen Rezeption nicht geregelt, woraus folge, dass er hierin keine urheberrechtlich schützenswerte Nutzungshandlung sehe.[519] Zum einen steht hiergegen schon der offene Wortlaut des § 15 UrhG, der keine abschließende Aufzählung der urheberrechtlichen Verwertungsrechte beinhaltet. Zum anderen dürfen Schrankenregelungen nach dem **Drei-Stufen-Test** iSd Art 9 Abs 2 RBÜ keine berechtigten Interessen des Urhebers verletzen. Der Urheber hat aber kein Interesse daran, dass Dritte unter Ausschluss seiner Beteiligung Filme über Onlineportale schauen, statt ins Kino zu gehen oder sich eine DVD zu kaufen. Es steht vielmehr in seinem Interesse, dass die Rezeption eines Filmes über ein Portal wie kino.to nicht zulässig ist. Denn hierdurch werden Internetnutzer von Anbietern wie kino.to abgehalten und wenden sich legalen Angebotsplattformen zu. Damit sinkt mittelbar das Interesse an Portalen wie kino.to, was Nachahmer abhalten wird, mit der Folge, dass der Urheber sich nicht noch weiteren Verletzern ausgesetzt sieht.

**515** BGHZ 134, 250 – CB-Infobank I.
**516** *Radmann* GRUR 2010, 387, 389, aA *Fangerow/Schulz* GRUR 2010, 677, 680 f; *Schack* GRUR 2007, 639, 641.
**517** KG ZUM-RD 2004, 401, 407.

**518** Dreier/Schulze/*Dreier* § 44a UrhG Rn 8; *Radmann* GRUR 2010, 387, 390.
**519** AA *Fangerow/Schulz* GRUR 2010, 677, 681.

Ilja Czernik

## II. Online Videorecorder

In den letzten Jahren traten vermehrt Fragen auf, wie Online-Videorecorder ur- **267**
heberrechtlich einzuordnen sind. Online Videorecorder funktionieren nach folgendem
System: Kunden melden sich bei einem Anbieter eines Online-Videorecorders an. Zu
den Anbietern zählten in der Vergangenheit ua **shift.tv, safe.tv oder justmy.tv**. Diese
boten ihren Kunden eine online Programmzeitschrift an, bei der die Kunden das Programm ihrer Wahl aussuchen konnten. Mittels entsprechender Programmierung
konnten sie dann auf dem Server des Anbieters eine Aufzeichnung der gewünschten
Sendung in einer für den Kunden bereit gehaltenen Partition vornehmen. Um die
Dienstleistung zu nutzen, wurde von den Anbietern ein Entgelt erhoben entweder in
Form eines Abbonementpreises oder im Wege des pay per downloads.

### 1. Verantwortlichkeit der Betreiber

Nachdem es in der unterinstanzlichen Rechtsprechung zunächst zu wenig einheit- **268**
lichen Entscheidungen in der urheberrechtliche Bewertung von Online-Videorecordern
kam,[520] hat der BGH im Jahr 2009 klare Leitlinien hierzu aufgestellt.[521] Danach stellt
der BGH zunächst fest, dass das Aufzeichnen der Sendung mittels Online-Videorecordern keine öffentliche Zugänglichmachung durch den Betreiber des Online-Viderecorders bedeute. So fehle es an der notwendigen Mehrzahl von Mitgliedern der Öffentlichkeit, wenn jede einzelne Aufzeichnung nur jedem einzelnen Kunden zugänglich
gemacht werde.[522] Im Übrigen liege in dem Angebot zur Aufzeichnung und zum Abruf künftig ausgestrahlter Sendungen auch deswegen kein öffentliches Zugänglichmachen, weil sich das betreffende Werk zur Zeit des Angebots nicht in der Zugriffs-
sphäre des Vorhaltenden befinde, was § 19a UrhG aber voraussetze.[523] Anders sehe
dies nach Auffassung des BGH jedoch für das **Vervielfältigungs- bzw das Weitersen-**
**dungsrecht** der §§ 16, 20 UrhG aus. Welches Recht verletzt sei, hänge maßgeblich davon ab, wie der Aufzeichnungsvorgang ausgestaltet sei. Sei der Aufnahmevorgang
vollständig automatisiert, sei nach § 53 Abs 1 S 2 UrhG nicht dieser, sondern der
Endnutzer Hersteller der Vervielfältigung.[524] Vollständig automatisiert ist ein Aufnahmevorgang, wenn der Anbieter des Online-Videorecorders lediglich an die Stelle des
Vervielfältigungsgeräts tritt. So muss er also lediglich Werkzeug des Endnutzers sein,
was nur dann der Fall ist, wenn dieser völlig eigenständig die Aufnahme vornimmt.
Den Vorwurf des Verstoßes gegen § 16 UrhG würde dann zwar nur den Endnutzer
treffen. In diesem Fall würde der Anbieter des Online-Videorecorders dann aber einen
Verstoß gegen § 20 UrhG begehen. Denn die empfangenen TV-Signale würden vom
Betreiber auf eine Empfangsstation (den Online-Recorder) weitergeleitet und damit
unerlaubt zugänglich gemacht werden.[525] Erfolgt der Aufnahmeprozess nicht automatisch, liege hingegen ein Verstoß gegen § 16 UrhG durch den Anbieter vor. Dieser sei
auch nicht nach § 53 Abs 1 S 1 UrhG gerechtfertigt, da es bereits wegen der Entgelt-

---

**520** Eine gute Übersicht über die unterinstanzliche Rechtsprechung bietet *Hofmann* MMR
2006, 793.
**521** BGH GRUR 2009, 845 – Online-Videorecorder.
**522** BGH GRUR 2009, 845, 847 – Online-
Videorecorder.

**523** BGH GRUR 2009, 845, 847 – Online-
Videorecorder; aA noch OLG Köln GRUR-RR
2006, 5; LG München I ZUM 2006, 583.
**524** BGH GRUR 2009, 845, 846 – Online-
Videorecorder.
**525** BGH GRUR 2009, 845, 848 – Online-
Videorecorder.

lichkeit an einer **Privatkopie** fehle.[526] Von einer Entgeltlichkeit muss dabei auch dann ausgegangen werden, wenn sich der Betreiber eines Online-Videorecorders nicht durch Abbonementpreise oder pay per download Erlöse fianziert, sondern über Werbung. Der Gesetzgeber macht nämlich durch die extra normierte Aufnahme in § 53 Abs 1 S 2 Alt 2 UrhG zugunsten von Copyshops deutlich, dass generell solche Geschäftsmodelle ausgeschlossen sind, die unter fehlender Beteiligung des Urhebers bei gleichzeitiger Ausnutzung seines urheberrechtlich geschützten Werkes Erlöse produzieren. Dies deckt sich auch mit dem allgemeinen Beteiligungsgrundsatz des § 11 S 2 UrhG wonach der Urheber an sämtlichen Verwertungsformen seines Werkes zu beteiligen ist, wenn diese wirtschaftlich genutzt werden können. Ob dabei der Erlös durch den Endnutzer gezahlt wird oder mittelbar über Werbekunden generiert wird, spielt dabei keine Rolle. Denn ohne die urheberrechtlich geschützten Filme, Serien oder Dokumentation gäbe es das Geschäftsmodell des Online-Viderecorders nicht.

## 2. Verantwortlichkeit der Nutzer

**269**     Weitgehend unbeantwortet ist die Frage geblieben, ob auch die Nutzer des Online-Videorecorders urheberrechtswidrig handeln. Erfolgt die Vervielfältigung durch den Anbieter des Online-Videorecorders, ist die bloße Nutzung für den Privatgebrauch zulässig. Dies folgt aus § 96 UrhG, der bloß die Verbreitung bzw öffentliche Wiedergabe von rechtswidrig hergestellten Vervielfältigungsstücken verbietet. Nehmen die Endnutzer dagegen die Vervielfältigung vor, richtet sich die Zulässigkeit ihres Handelns nach § 53 UrhG. Maßgeblich ist auch, ob das Anbieter eines Online-Videorecorders eine offensichtlich rechtswidrige Quelle ist. Dies wird man wohl verneinen müssen. Selbst einem informierten Internetnutzer werden die Besonderheiten des Senderechts nicht geläufig sein. Für ihn stellt sich die Möglichkeit eines Online-Videorecorders lediglich als technische Neuerung gegenüber bisherigen Aufnahmeformen wie VHS- und Festplatten-Recorder dar. Es bestehen bei Seiten wie safe.tv auch keine Anhaltspunkte dafür, dass eine rechtswidrige Handlung vorgenommen wird, sind doch Betreiber der Seite deutlich erkennbar. Ein weiterer Punkt der gegen eine rechtswidrige Quelle spricht, sind zudem die zahlreichen Tests, die von namenhaften Zeitschriften durchgeführt wurde, um die Anbieter von Online-Videorecorder auf ihre Qualität zu überprüfen. Wenn derartige Tests durchgeführt werden, glaubt der Nutzer, das Angebot stamme aus einer legalen Quelle.

## III. Unwesentliches Beiwerk

**270**     Insb **Reality-Sendungen** führen dazu, dass urheberrechtlich geschützte Werke von der Kamera ungewollt eingefangen werden. Geschieht dies nur im Vorbeigehen, fallen die urheberrechtlich geschützten Werke also nicht weiter auf, ist dies unproblematisch. Denn die Verwendung der fremden Werke wäre dann nach § 57 UrhG gerechtfertigt.[527] Was so einfach klingt, kommt in der Praxis jedoch selten vor. Denn das fremde Werk darf im Film nur **nebensächlich** vorkommen. Schließlich ist § 57 UrhG eng auszulegen, um nicht als ständige Ausrede für urheberrechtswidriges Verhalten

---

[526] BGH GRUR 2009, 845, 846 – Online-Videorecorder; vgl dazu auch instruktiv LG Braunschweig ZUM-RD 2006, 396, 398 f.

[527] Wandtke/Bullinger/*Lüft* § 57 UrhG Rn 2.

herangezogen zu werden.[528] Nebensächlich ist die Verwendung eines urheberrechtlich geschützten Werkes vor allem dann nicht, wenn es in die Handlung eines Films einbezogen wird.[529] Die Grenzziehung wird man also in jedem Fall dort ziehen müssen, wo das fremde Werk nicht mehr ungewollt und zufällig auf dem Film zu sehen ist.[530] **Gebäudeaufnahmen** fallen demnach insb bei Spielfilmen nicht unter die Ausnahmeregelung des § 57 UrhG. Schließlich wird das Setting und dabei insb der Drehort zuvor regelmäßig vom Regisseur aufgrund mit dem Zweck ausgesucht der Aufnahme ihre individuelle Note zu geben. Abgesehen von diesem offensichtlich Fall, bestimmt sich das Vorliegen von Zufälligkeit aus der objektiven Sicht des angesprochenen Betrachters. Die Beurteilung kann somit durch das Gericht selbst erfolgen, ohne dass es der Hinzuziehung eines Sachverständigen bedarf.[531] Und auch die **zufällige Abbildung** eines fremden Werkes reicht nicht aus, um den Anwendungsbereich von § 57 UrhG zu eröffnen. So ist die Verwendung eines urheberrechtlich geschützten Werkes nur dann nach § 57 UrhG zulässig, solange es vom **flüchtigen Betrachter** nicht wahrgenommen und ohne Beeinträchtigung der Gesamtwirkung des Hauptgegenstandes und unmerklich ausgetauscht werden kann.[532] Damit fallen regelmäßig **Musikaufnahmen** aus dem Anwendungsbereich von § 57 UrhG heraus. Denn in dem das Bildgeschehen dem Betrachter nicht isoliert, sondern gemeinsam mit dem Situations- oder Begleitton vermittelt wird, entsteht ein aus Bild und Ton zusammengesetzter Eindruck.[533]

## IV. Panoramafreiheit

**Außenaufnahmen** finden sich häufig in Filmen. Dabei bleibt es nicht aus, dass **Gebäude, Denkmäler oder andere Kunstgegenstände** auf den Filmaufnahmen zu sehen sein können. Sind diese urheberrechtlich geschützt, führt die Abbildung im Film dazu, dass ein Eingriff in die Verwertungsbefugnis des Architekten, Bildhauers oder Künstlers erfolgt. Demnach bedarf es grundsätzlich deren Einwilligung, wenn nicht die vorgenannten Werke sich bleibend auf öffentlichem Gelände befinden und nur ihre Außenansicht wiedergegeben wird. Innenhofaufnahmen scheiden damit ebenso aus, wie Rückseiten eines Gebäudes, die von der Straße nicht zu sehen sind.[534] Man spricht hier von der sog Panaoramafreiheit iSd § 59 UrhG.

Dabei ist darauf zu achten, dass nur Aufnahmen aus der **Perspektive eines normalen Fußgängers** zulässig sind. Werden also für Filmaufnahmen Kameraeinstellungen vorgenommen, die mit der Perspektive eines normalen Fußgänger nicht übereinstimmen, bspw Aufnahmen aus einem gegenüberliegenden Gebäude oder aus einem Hubschrauber, sind diese nicht mehr von § 59 UrhG gedeckt.[535] Dies gilt auch, wenn eine Hecke zur Seite gedrückt werden muss, um eine bessere Aufnahme zu ermöglichen.[536]

**271**

**272**

[528] OLG München NJW 1989, 404 – Werbeprospekt.
[529] Wandtke/Bullinger/*Lüft* § 57 UrhG Rn 2.
[530] BGH GRUR 1982, 104, 106 – Tonfilmgeräte; OLG München NJW 1989, 404 – Werbeprospekt; Loewenheim/*Götting* § 31 Rn Rn 229.
[531] OLG München NJW 1989, 404 – Werbeprospekt.
[532] OLG München ZUM-RD 2008, 554 –

T-Shirt; OLG Hamburg NJW-RR 2000, 1072 – Herzfeuer.
[533] BGH GRUR 1982, 104, 106 – Tonfilmgeräte.
[534] BGH GRUR 2003, 1035, 1037 – Hundertwasserhaus.
[535] BGH GRUR 2003, 1035, 1037 – Hundertwasserhaus; OLG München ZUM 2005, 755, 757 – Hundertwasserhaus.
[536] Wandtke/Bullinger/*Lüft* § 59 UrhG Rn 3.

Zu achten ist noch darauf, dass die Aufnahmen von öffentlich zugänglichen Gelände erfolgen muss. Dazu muss das Gelände im Gemeingebrauch stehen und jedermann frei zugänglich sein. Bei **Parkanlagen** soll dies nach Auffassung der Rspr nicht der Fall sein, wenn die Parkanlage (bspw Ihrem Stiftungszweck nach) gekennzeichnet sei, durch erholungs-, bildungs- und kulturelle Zwecke. Dann würden die Wege innerhalb der Parkanlagen nicht dem allgemeinen Verkehr dienen, sondern hätten die Funktion, den Parkbesucher zu den einzelnen, den Park gestaltenden Elementen hinzuführen.[537] Diese Argumentation überzeugt nicht. Denn gerade erholungs-, bildungs- und kulturelle Anliegen richten sich an die Allgemeinheit und sollen von dieser genutzt werden. Inwiefern ein Unterschied zwischen einer Parkanlage und bspw einer Fußgängerzone bestehen soll, in der sich Skulpturen, Springbrunnen und urheberrechtlich geschützte Baudenkmäler befinden, erschließt sich ebenfalls nicht. Denn auch das Anliegen einer Fußgängerzone kann mittelbar Bildungszwecken dienen, indem wesentliche geschichtliche Gebäude im Rahmen einer Fußgängerzone zusammengefasst werden. Wenig überzeugend ist auch das Argument des OLG Brandenburg, wonach ein Garten der Stiftung Preußischer Kulturbesitz kein öffentliches Gelände darstelle, weil dessen Nutzung ursprünglich der Nutzung der königlichen bzw kaiserlichen Familie, nicht aber der Öffentlichkeit offenstand.[538] Denn maßgeblich ist, ob ein Gelände zum Zeitpunkt der Aufnahme frei zugänglich ist. Hierfür spricht bereits der Wortlaut in § 59 Abs 1 UrhG, der in der Gegenwartsform gehalten ist. So lange also eine Parkanlage einen allgemeinen Zutritt gewährt und nicht nur ausgewählten Gästen offensteht, ist von einem frei zugänglichen Gelände, das dem Gemeingebrauch dient, auszugehen.

**273**  Wichtig ist weiter, dass sich die urheberrechtlich geschützten Werke **bleibend auf dem öffentlichen Gelände** befinden. Zur Bestimmung des Merkmals bleibend, ist dabei nicht allein auf die subjektive Einschätzung des Urhebers abzustellen. Für eine sachgerechte Abgrenzung kommt es vielmehr auf den Zweck an, zu dem das geschützte Werk an dem öffentlichen Ort aufgestellt worden ist.[539] Maßgeblich ist danach, ob die mit Zustimmung des Berechtigten erfolgte Aufstellung oder Errichtung eines geschützten Werks an einem öffentlichen Ort der Werkpräsentation im Sinne einer zeitlich befristeten Ausstellung dient.[540] Darauf ob das Werk gegen Witterungseinflüsse gefeit ist, kommt es dabei nicht an. Folglich werden bspw auch kurzlebige Pflastermalereien[541] oder Graffities[542] bzw Kunst deren Verfall im Wege eines „work in progress" beabsichtigt ist als bleibend angesehen.[543]

**274**  Zu berücksichtigen ist, dass nur die **originalgetreue Abbildung** des Kunstwerkes im Film zulässig ist. Sobald es zu Veränderungen kommt, kann der Urheber hiergegen nach § 14 UrhG vorgehen. Der Maßstab der zulässigen Veränderungen richtet sich dabei nach § 62 Abs 3 UrhG. Danach sind nur solche Änderungen zulässig, die das für die Vervielfältigung angewendete Verfahren mit sich bringen.[544] Aufnahmen in 3-D sind danach als zulässig anzusehen.[545]

---

**537** BGH Urt v 17.12.2010 BeckRS VZR 45/10 OLG Brandenburg ZUM 2010, 356, 360 – Parkanlage.

**538** OLG Brandenburg ZUM 2010, 356, 360 – Parkanlage.

**539** BGH GRUR 2002, 605, 606 – Verhüllter Reichstag; LG Frankenthal GRUR 2005, 577 – Grassofa.

**540** BGH GRUR 2002, 605, 606 f – Verhüllter

Reichstag; LG Frankenthal GRUR 2005, 577 – Grassofa.

**541** LG Berlin NJW 1996, 2380 – Postkarten.

**542** Wandtke/Bullinger/*Lüft* § 59 UrhG Rn 5.

**543** LG Frankenthal GRUR 2005, 577 – Grassofa.

**544** Vgl hierzu LG Mannheim GRUR 1997, 364 – Freiburger Holbein-Pferd.

**545** AA Loewenheim/*Götting* § 31 Rn 239.

Abschließend sei noch darauf hinzuweisen, dass, ist der Anwendungsbereich von **275** § 59 UrhG erst einmal eröffnet, der Eigentümer eines Gebäudes sich daran festhalten lassen muss. Er kann gegen die Abbildung nicht aus seinem **Eigentumsrecht** gem § 903 BGB vorgehen.[546]

## V. Tagesaktuelle Berichterstattung

Gerade in Fernsehnachrichten bleibt es nicht aus, dass über Ausstellungen, Opern-  **276** aufführungen oder die neuesten Kinofilme berichtet wird. Hierfür sieht der Gesetz-geber in § 50 UrhG eine eigene Schrankenregelung vor, die eine zustimmungs- und vergütungsfreie Berichterstattung über **Tagesereignisse** erlaubt.

### 1. Tatsächliche Begebenheit

Berichterstattung meint dabei die wirklichkeitsgetreue und sachliche Schilderung  **277** einer **tatsächlichen Begebenheit**.[547] Spielfilmen fallen daher grundsätzlich schon aus dem Anwendundungsbereich des § 50 UrhG raus. Nur sachlich muss eine Bericht-erstattung aber nicht sein. Nicht allein die nüchterne Agenturnotiz, sondern auch die Reportage, in der das aktuelle Ereignis durch auch ironische Stellungnahmen Dritter beleuchtet wird, kann eine Berichterstattung über Tagesereignisse iSv § 50 UrhG dar-stellen. So kann eine Reportage etwa in einem Politikmagazin wie Monitor, in dem auch Meinungen des Reporters wiedergibt, noch unter § 50 UrhG fallen. Dazu muss jedoch die Vermittlung sachlicher Informationen im Vordergrund stehen.[548]

### 2. Tagesaktuelles Ereignis

Über welches Tagesereignis berichtet wird, ist unerheblich. Ein Tagesereignis ist  **278** jedes **aktuelle Geschehen**, das für die Öffentlichkeit von allgemeinem Interesse ist. Es muss sich dabei nicht um eine Begebenheit aus Politik, Kultur, Sport oder Wirtschaft handeln. Es reicht aus, über Banalitäten und sogar Geschehnisse, die lediglich das Klatschbedürfnis des Publikums befriedigen zu berichten, so lange die Öffentlichkeit ein Interesse daran hat.[549]

Wichtig ist, dass das Publikum ein Interesse daran hat, über die Begebenheit zeit-  **279** nah informiert zu werden. **Tagesaktualität** bestimmt sich daher nicht allein durch den Zeitraum zwischen dem Ereignis und der Berichterstattung, sondern auch durch die Qualität des Ereignisses, über das berichtet wird.[550] Ein derartiges Interesse fehlt Berichten, die zu jedem Zeitpunkt gesendet werden könnten oder die eher allgemeiner Natur sind. Hierzu zählte die Rechtsprechung in der Vergangenheit bspw TV-Doku-mentation über Naturschönheiten des Schwarzwaldes oder über das Leben von Grizzly Bären.[551] Zur Bestimmung der Tagesaktualität ist es weiter entscheidend, auf die Er-scheinungsweise des Mediums abzustellen. So kann eine Reportage über ein Thema einen Monat nach der Begebenheit noch als tagesaktuell angesehen werden, wenn das

[546] BGH GRUR 1990, 390 – Friesenhaus.
[547] Wandtke/Bullinger/*Lüft* § 50 UrhG Rn 2.
[548] BGH GRUR 2008, 693, 696 – tv total; BGH GRUR 2002, 1050, 1051 – Zeitungs-bericht.
[549] BGH GRUR 2008, 693, 696 – tv total;

BGH GRUR 2002, 1050, 1051 – Zeitungs-bericht.
[550] BGH GRUR 2008, 693, 696 – tv total.
[551] BGH GRUR 2008, 693, 696 – tv total; OLG Frankfurt ZUM 2005, 477, 481 – TV Total.

TV-Magazin ebenfalls nur monatlich erscheint.[552] Bei den im Fernsehen üblichen Jahresrückblicken wird man den Anwendungsbereich von § 50 UrhG jedoch auch dann ausschließen müssen, wenn darin über vergangene Tagesereignisse berichtet wurde.[553] Andernfalls wäre der Anwendungsbereich von § 50 UrhG zu stark überdehnt. Denn oftmals werden Zuschauer erst durch den **Jahresrückblick** wieder an diese teilweise mehrere Monate zurückliegende Begebenheit erinnert. Sie setzen sich jedoch nicht vor den Fernseher mit dem Interesse, genau über dieses Geschehen informiert zu werden. Ob neben Reportagen auch aufwendige Dokumentationen, die erst lange nach dem Ereignis erscheinen, noch von § 50 UrhG erfasst sind, ist zu verneinen. Denn schließlich erlaubt eine längere Vorbereitungszeit, die motwendigen Rechte einzuholen. Wer eine Dokumentation erstellt, steht nicht unter dem Zwang zur zeitnahen Berichterstattung.[554] Auch ein Bericht über ein **zukünftiges Ereignis** ist nicht von § 50 UrhG gedeckt, da dieses nicht gegenwärtig ist.[555]

### 3. Berichterstattungszweck

**280**  Eines der wichtigsten Tatbestandsvoraussetzungen des § 50 UrhG ist weiter die Tatsache, dass das **Werk nicht selbst Gegenstand des Berichts** sein darf. Schwerpunkt des Berichts muss daher das Tagesereignis sein, über das berichtet wird.[556] Demnach ist es nicht mit § 50 UrhG vereinbar, wenn bei einer Kunstausstellung Besucher nach ihrem Lieblingsausstellungsstück gefragt werden und dieses dem Zuschauer zur Erläuterung gezeigt wird.[557] Das bedeutet jedoch nicht, dass daß das Werk nicht selbständiger Gegenstand einer Abbildung sein, sondern nur als Hintergrund in Erscheinung treten darf.[558] Es bedarf vielmehr einer jeweiligen Entscheidung im Einzelfall. Maßstab dabei ist, ob sich die Wiedergabe noch im Rahmen des **Berichterstattungszwecks** hält.[559] Demnach sind selbständige Abbildungen zulässig. Diese müssen dabei nicht einmal im Zusammenhang mit dem Tagesereignis gemacht worden sein. So seien nach Auffassung der Rechtsprechng sogar **Archivaufnahmen** zulässig. Es reicht aus, dass das Werk im Rahmen des Ereignisses, über das berichtet wird, in Erscheinung tritt.[560] Das bedeutet, dass sogar eine bewusste Verwendung des fremden Werkes zulässig ist.

### 4. Umfang

**281**  Was den Umfang des gezeigten Werkes betrifft, hängt dies einerseits vom Werk selbst aber auch von den eigenen Leistungen ab.[561] Ein kurzes Lied können ebenso auf dem Film gezeigt werden, wie das komplette Kunstwerk.[562] Eine vierzig minütige Wiedergabe eines Konzertes wird als zu weit gehend angesehen.[563] Hier genügen

---

[552] LG Hamburg GRUR 1989, 591, 592 – Neonrevier; Wandtke/Bullinger/*Lüft* § 50 UrhG Rn 4.
[553] LG Hamburg GRUR 1989, 591, 592 – Neonrevier.
[554] OLG Dresden ZUM 2010, 362, 365.
[555] OLG Dresden ZUM 2010, 362, 365.
[556] BGH GRUR 1983, 25, 27 – Presseberichterstattung und Kunstwerkwiedergabe I.
[557] AG München ZUM 2010, 915, 916 – Lord S.
[558] BGH GRUR 1983, 25, 27 – Presseberichterstattung und Kunstwerkwiedergabe I.

[559] BGH GRUR 1983, 25, 27 – Presseberichterstattung und Kunstwerkwiedergabe I.
[560] BGH GRUR 1983, 25, 27 – Presseberichterstattung und Kunstwerkwiedergabe I.
[561] OLG Köln GRUR-RR 2010, 151, 153 – Zusammenbruch bei Dieter Bohlen; OLG Frankfurt GRUR 1985, 380, 382 – Operneröffnung.
[562] BGH GRUR 1983, 25, 27 – Presseberichterstattung und Kunstwerkwiedergabe I.
[563] OLG Frankfurt GRUR 1985, 380, 382 – Operneröffnung.

Ilja Czernik

kurze Ausschnitte, um dem Informationsinteresse zu genügen. Die Wiedergabe eines zweiminütigen fremden Fernsehbeitrages in einem eigenen dreiminütigen Beitrag kann hingegen zulässig sein, wenn der Bericht eine inhaltliche Auseinandersetzung mit dem fremden Beitrag erkennen lässt.[564]

## VI. Filmzitat

Der Begriff des Filmzitats wird iRd urheberrechtlichen Beurteilung oftmals als **282** wenig aussagekräftig empfunden. Dies liegt darin begründet, dass damit sowohl das zitierende wie auch das zitierte Werk gemeint sein können. Man hat sich allerdings darauf verständigt, darunter das zitierende Werk zu verstehen. Wenn man daher von einem Filmzitat spricht, bedeutet dass damit immer die Übernahme von praktisch jeder anderen Werkart im Filmwerk.[565] Demnach können in Filmwerken Sprachwerke, Lichtbildwerke, Musikwerke aber auch Laufbilder und Lichtbilder verwendet werden. Handelt es sich beim zitierten Werk um ein Filmwerk, dann spricht man auch vom **sog echten Filmzitat oder Filmzitat im engeren Sinne**.[566]

### 1. Begriffsdefinition

Die grundsätzliche Unterscheidung zwischen wissenschaftlichen und anderen Film- **283** werken, sowie zwischen Zitaten in sog vorbestehenden Werke oder in Werken, die in Folge des Films entstehen, die aber nicht selbst das Filmwerk sind, ist spätestens seit Umsetzung des zweiten Korb obsolet geworden. § 51 S 1 UrhG ist danach als Generalklausel formuliert, wobei die früheren Fallgruppen in § 51 S 2 UrhG heute nur noch als Regelbeispiele anzusehen sind. Diese Erweiterung setzte um, was in der Rechtsprechung schon lange anerkannt war. So war seit der **BGH Entscheidung** „Filmzitat"[567] davon auszugehen, dass das Zitatrecht in § 51 UrhG auch auf Filmwerke und dabei va im Dokumentarfilmbereich anzuwenden war. Denn der Grundgedanke des § 51 UrhG, interkommunikatives Schaffen zu fördern, gilt auch hier. Auch bei Filmemachern muss ein kultureller Diskussionsaustausch möglich und vom Gesetzgeber gefördert werden.

Das Filmzitat ist im konkreten Einzelfall nur unter den Voraussetzungen des § 51 **284** UrhG und weiter nur dann zugelassen, wenn die wirtschaftliche Existenz des Urhebers weder bedroht, noch mit einer **Substitutionskonkurrenz** durch das nachgeschaffene Werk zu rechnen ist. Schließlich gilt iRd Zitierfreiheit, dass eine Zitierung immer dann unzulässig ist, wenn eine normale Verwertbarkeit des Werkes nicht mehr garantiert wäre.[568]

### 2. Entlehntes Werk

Das Werk, aus dem zitiert wird (sog **entlehntes Werk**) muss iSv § 6 Abs 1 UrhG **285** veröffentlicht sein. Nach Auffassung der Rechtsprechung gilt ein Werk danach als veröffentlicht, wenn es in analoger Anwendung des § 15 Abs 3 UrhG einer Mehrzahl von

---

564 OLG Köln GRUR-RR 2010, 151, 153 – Zusammenbruch bei Dieter Bohlen.
565 *Seydel* 80.
566 *W Schulz* ZUM 1998, 221, 225; *Haesner* GRUR 1986, 854, 855.

567 BGH GRUR 1987, 362 ff – Filmzitat.
568 BGH GRUR 1986, 59, 60 – Geisteschristentum; BGHZ 50, 147, 153 – Kandinsky I.

Mitgliedern der Öffentlichkeit, die nicht durch persönliche Beziehungen verbunden sind, in körperlicher oder unkörperlicher Form wahrnehmbar oder zugänglich gemacht worden ist.[569]

### 3. Selbständigkeit

**286**    Die Zitatstelle muss dann in ein selbständiges Werk übernommen worden sein. **Selbständig** ist ein Werk, wenn es selbst urheberrechtlich schutzfähig ist. Hintergrund ist, dass nur derjenige, der durch Anstrengung seiner geistigen Kräfte selbst einen Beitrag zur urheberrechtlichen Weiterentwicklung leistet, priviligiert werden soll.[570] Hiernach können Laufbilder immer nur Zitiermaterial sein, niemals aber kann in Laufbildern zitiert werden. Denn da Laufbilder keine urheberrechtlich geschützten Werke sind, kommt ihnen auch keine Selbständigkeit iSd § 51 UrhG zu. Werden nur mehrere Ausschnitte aus Filmwerken aneinander geschnitten, mag zwar die Zusammenstellung als Sammelwerk urheberrechtlich iSd § 4 UrhG geschützt sein, allerdings reicht dies nach Auffassung der Rechtsprechung nicht aus, um dem zitierenden Werk den Charakter eines selbständigen Werkes zu geben.[571] Ein selbständiges Werk liegt nur dann vor, wenn es auch bei Wegdenken des Zitats noch aus sich selbst heraus urheberrechtlich geschützt ist.[572]

### 4. Zitatzweck

**287**    Entscheidendes Zulässigkeitskriterium für ein Zitat ist, ob dieses sich im Rahmen des sog **Zitatzwecks** bewegt. Hiernach reicht es regelmäßig nicht nur aus, dass ein Zitat in einer bloß äußerlichen, zusammenhanglosen Weise eingefügt und angehängt wird. Es muss eine innere Verbindung mit den eigenen Gedanken hergestellt werden. Ein Zitat ist deshalb grundsätzlich nur zulässig, wenn es als **Beleg** des zitierenden Werks, als dessen **Erörterungsgrundlage** oder zumindest dazu dient, sich kritisch mit dem zitierten Werk auseinanderzusetzen.[573] Hiernach können Entlehnungen als Hilfsmittel ua so genutzt werden, dass hierdurch das fremde Werk zum Ausgangspunkt wird oder der Bekräftigung und Erläuterung des eigenen Gedankengangs dient.[574] Der Zitatzweck wird allerdings auch dann erreicht, wenn durch das Zitat die Erörterungen im eigenen Bericht veranschaulicht werden,[575] soweit hierdurch weder eigene Eröterungen ersetzt werden,[576] noch das Zitat lediglich der Ausschmückung des Berichts dient.[577]

---

[569] KG NJW 1995, 3392, 3393 – Botho Strauß; LG Frankfurt GRUR 1987, 168, 169 – Krankheiten auf Rezept.
[570] BGH GRUR 1973, 216, 217 – Handbuch moderner Zitate; BGH NJW 1953, 1258, 1259 – Lied der Wildbahn; KG GRUR-RR 2002, 313 – Übernahme nicht genehmigter Zitate.
[571] BGH GRUR 1987, 362, 363 – Filmzitat; BGH GRUR 1973, 216, 217 – Handbuch moderner Zitate.
[572] BGH NJW 1994, 2891, 2892 – Museumskatalog; BGH GRUR 1986, 59, 60 – Geisteschristentum.

[573] BGH GRUR 2008, 693, 696 – TV Total; BGH GRUR 1986, 59, 60 – Geisteschristentum; OLG Hamburg NJW-RR 2003, 112, 115 f – Maschinenmensch.
[574] BGH GRUR 1986, 59, 60 – Geisteschristentum.
[575] BGH GRUR 1986, 59, 60 – Geisteschristentum.
[576] OLG München ZUM 1998, 417.
[577] BGH GRUR 2008, 693, 696 – TV Total; BGHZ 50, 147, 153 – Kandinsky I; OLG Hamburg NJW-RR 2003, 112, 115 f – Maschinenmensch.

Ilja Czernik

Erfolgt die Verwendung des Zitats als **künstlerisches Gestaltungsmittel** sind Ausnahmen von der strengen Kopplung des Zitatzwecks an die Belegfunktion vorgesehen. Ein Künstler darf nach Auffassung des BVerfG urheberrechtlich geschützte Texte auch dann in sein Werk aufnehmen, soweit sie als solche Gegenstand und Gestaltungsmittel seiner eigenen künstlerischen Aussage bleiben. Ob das Zitat dabei aber nicht bloß der Anreicherung eines Werkes durch fremdes geistiges Eigentum dient, ist auf Grund einer umfassenden Würdigung des gesamten Werkes zu ermitteln.[578] **288**

Bei der Ermittlung des sachlichen **Umfangs** des zitiertes Werkes lassen sich keine arithmetischen Maßstäbe festsetzen. Ob auch eine längere Zitate gerechtfertigt sind, ist unter Berücksichtigung der Besonderheiten des Einzelfalls zu prüfen. Die Grenzen der Zitierfreiheit dürfen dabei nicht nur generell und abstrakt festgelegt werden, vielmehr wird der tatsächliche Umfang durch den konkreten Zitatzweck im Rahmen des zitierenden Werkes, seiner Art, seines Inhalts und Zwecks bestimmt.[579] Je nach Zitatzwecke können daher auch Filmausschnitte mit einer Gesamtlänge von 5 Minuten und 37 Sekunden zulässig sein.[580] **289**

### 4. Quellenangabe

Abschließend ist noch darauf hinzuweisen, dass der Verwender deutlich machen muss, wenn und wen er zitiert. So besteht eine Verpflichtung zur Angabe einer **Quelle** (§ 63 UrhG). Wann die Quellenangabe zu erfolgen hat, muss differenziert betrachtet werden. Während es bei einer Dokumentation sachgerecht ist, wenn die Quelle aus der zitiert wird, eingeblendet wird, wirkt dies bei Spielfilmen störend. Daher sollte bei der Übernahmen von Zitaten in Filmwerken die Quellenangabe nicht im Zeitpunkt der Zitierung erfolgen. Es reicht vielmehr aus, wenn die Quelle im Abspann genannt wird. Diese Einschränkung ergibt sich aus § 63 Abs 2 UrhG. **290**

## VII. Die freie Benutzung beim Film

Eine weitere Form der erlaubnisfreien Bearbeitung ist die filmische Bearbeitung der Ausgangswerke im Wege der **freien Benutzung** nach § 24 Abs 1 UrhG.[581] Ein Erwerb von Nutzungsrechten bedarf es in diesem Fall nicht. Denn in dem ein selbstständiges Werk geschaffen wird, liegt schon gar **kein Eingriff in den Schutzbereich des Werkoriginals** vor. So entsteht mit dem nachgeschaffenen Filmwerk ein eigenes, mit dem Ausgangswerk nicht gleichzusetzendes Produkt künstlerischen Filmschaffens, was ua auch dazu führt, dass der Urheber des Ausgangswerkes nicht aufgrund seiner Urheberpersönlichkeitsrechte gegen die Nachschöpfung vorgehen kann. **291**

### 1. Verblassen

Die Bestimmung der **Voraussetzungen** der freien Benutzung wird seit langem von Rechtsprechung und Literatur diskutiert.[582] Als bisheriges, allgemein anerkanntes Ergebnis lässt sich zusammenfassend sagen, dass ein Filmwerk dann als selbstständig iSd **292**

---

[578] BVerfG ZUM 2000, 867, 869 – Heiner Müller.
[579] BGH GRUR 1987, 362, 364 – Filmzitat; BGH GRUR 1986, 59, 60 – Geisteschristentum; BGHZ 50, 147, 153 – Kandinsky I.

[580] BGH GRUR 1987, 362, 364 – Filmzitat.
[581] Vgl zur freien Benutzung im Einzelnen auch *Jani* Kap 1.
[582] Vgl dazu *Chakraborty* 55 ff.

§ 24 UrhG anerkannt wird, wenn es „gegenüber dem vorbenutzten Werk völlig neue Wege geht".[583] Ob dies der Fall ist, hängt entscheidend davon ab, ob ein **objektiver Vergleich** zwischen Original und Zweitwerk unter Zugrundelegung der **Gemeinsamkeiten** beider Werke[584] im **Einzelfall**[585] ergibt, dass die geistig-ästhetische Gesamtwirkung des nachgeschaffenen Filmwerkes erkennen lässt, das „angesichts der Individualität des neuen Werkes die Züge des benutzten Werkes **verblassen**"[586]. Dies ist aber dann nicht der Fall, wenn sich die schöpferischen Elemente des benutzten Werkes im neuen Werk zeigen,[587] wobei zu beachten ist, dass mit stärkerer Eigenart des benutzten Vorbildes die Anforderungen an die im neuen Werk verkörperte geistige Leistung proportional steigen.[588]

### 2. Antithematische Behandlung

**293**    Ausnahmsweise kann aber auch unter Übernahme der vorgegebenen Formgestaltung in das nachgeschaffene Filmwerk eigenständiges Werkschaffen vorliegen. Dies ist unter der Maßgabe des § 24 UrhG ausnahmsweise dann erlaubt, wenn das nachgeschaffene Werk im Einzelfall einen genügenden **inneren Abstand** zum Ausgangswerk vorweist.[589] Entscheidend dabei ist, dass die Filmmacher mit ihrem Werk zu erkennen geben, dass sie das Ausgangswerk lediglich als Projektionsebene für ihr eigenes selbstständiges Schaffen gewählt und es dementsprechend **antithematisch** bearbeitet haben.[590] Im Grunde soll auch in dieser Herangehensweise des Künstlers ein Verblassen der Individualität des älteren Werkes anzunehmen sein, da man davon ausgeht, dass durch den inneren Abstand des nachgeschaffenen Werkes der eigenschöpferische Gehalt des Ausgangswerkes überlagert wird.[591] So wird in diesem Zusammenhang vom sog **sinngemäßen Verblassen**[592] bzw vom **Verblassen im weiteren Sinne** gesprochen.[593] Ob es im konkreten Fall tatsächlich im Wege der antithematischen Bearbeitung zu einem Verblassen kommt, soll dabei aus der Sicht eines Betrachters zu beurteilen sein, der einerseits das Ausgangswerk kennt, andererseits aber über diejenigen intellektuellen Fähigkeiten verfügt, die es ihm ermöglichen, beide Werke miteinander

**583** Vgl statt vieler BGH GRUR 1963, 40, 42 – Straßen – gestern und morgen; Dreyer/Kotthoff/Meckel/*Dreyer* § 24 UrhG Rn 12; Fromm/Nordemann/*Vinck* § 24 UrhG Rn 2.
**584** KG GRUR 1926, 441, 443 – „Alt Heidelberg" – „Jung-Heidelberg"; RGZ 121, 65, 70 – Rundfunkszenen als Schriftwerk; BGH GRUR 1981, 267, 269 – Dirlada; BGH GRUR 1988, 812, 814 – Ein bisschen Frieden.
**585** Statt vieler BGH GRUR 1988, 812, 814 – Ein bisschen Frieden; BGH GRUR 1994, 191, 193 – Asterix Persiflagen; BGH GRUR 1994, 206, 208 – Alcolix; BGH GRUR 1999, 984, 987 – Laras Tochter; *Hess* 39, Schricker/Loewenheim/*Loewenheim* § 24 UrhG Rn 10, 15.
**586** *Ulmer* 276.
**587** Ua BGH GRUR 1991, 531 – Brown Girl I; BGH GRUR 1991, 533, 535 – Brown Girl II; Dreier/Schulze/*Schulze* § 24 UrhG Rn 16; Dreyer/Kotthoff/Meckel/*Dreyer* § 24 UrhG Rn 18.
**588** BGH GRUR 1965, 45, 47 – Stadtplan; vgl

ua auch bei BGH GRUR 1958, 500, 502 – Mecki-Igel I; BGH GRUR 1978, 305, 306 – Schneewalzer; Wandtke/Bullinger/*Bullinger* § 24 UrhG Rn 10.
**589** So zuletzt va BGH GRUR 2000, 703, 704 – Mattscheibe; BGH GRUR 2003, 956, 958 – Gies Adler.
**590** BGH GRUR 1994, 191, 193 – Asterix Persiflagen; BGH GRUR 1994, 206, 208 – Alcolix; BGH GRUR 1999, 984, 987 – Laras Tochter; BGH GRUR 2000, 703, 704 – Mattscheibe; BGH GRUR 2003, 956, 958 – Gies Adler; vgl in der Literatur zu diesem Kriterium auch *Chakraborty* 73 f; *Delp* 319 ff; Dreier/Schulze/*Schulze* § 24 UrhG Rn 16, 25; Dreyer/Kotthoff/Meckel/*Dreyer* § 24 UrhG Rn 19.
**591** Fromm/Nordemann/*Vinck* § 24 UrhG Rn 2; Schricker/Loewenheim/*Loewenheim* § 24 UrhG Rn 11.
**592** *Chakraborty* 74.
**593** Schricker/Loewenheim/*Loewenheim* § 24 UrhG Rn 11.

zu vergleichen.[594] Damit scheidet der nur durchschnittliche Konsument als Gradmesser aus. Vielmehr bedarf es eines **Sachverständigengutachtens**, das unter Zugrundelegung der Sichtweise eines Betrachters mit durchschnittlichem Fachwissen zu erstellen ist.[595]

### 3. Hohe Anforderungen

Zusammenfassend wird man sagen müssen, dass die Zuerkennung der Selbstständigkeit nach § 24 UrhG davon abhängt, ob sich eine **neue Individualität** im nachgeschaffenen Film zeigt. Dies bedeutet nicht, dass vom nachschaffenden Filmemacher nicht auch grds die geistige Idee des Ausgangswerkes übernommen werden kann. Es darf eben nur nicht die im Ausgangswerk vorhandene Fremdindividualität mit übernommen werden. Mithin muss ein Werk unter Zugrundelegung einer völlig neuen im Werk verkörperten Individualität geschaffen worden sein.

**294**

Dem ist grds zuzustimmen. Denn die Voraussetzungen, die an die Zuerkennung des Status „in freier Benutzung geschaffen" an den Film gestellt werden müssen, müssen zu Recht hoch sein. Dies ergibt sich nicht zuletzt aus der Konzeption des § 24 Abs 1 UrhG, wie sie hier verstanden wird. Diese hat zur Konsequenz, dass der Urheber schon gar nicht in seinen verfassungsmäßigen Rechten aus **Art 14 Abs 1 GG** verletzt ist, da mangels Übernahme der fremden geistigen Schöpfung und damit der fremden Individualität auch keine Leistungsübernahme in dem von Art 14 Abs 1 GG verlangten Sinne vorliegt. Demnach müssen die Voraussetzungen des § 24 Abs 1 UrhG über dem liegen, was generell für eine Schrankenregelung iSd Art 14 Abs 1 S 2 GG verlangt wird.

**295**

### 4. Beachtung der Fundamentalkonzeption

Unproblematisch ist sicherlich der Fall zu beurteilen, in dem ohne Übernahme der ursprünglichen Werkgestaltung ein nachgeschaffenes Werk vorliegt. Dabei gilt es jedoch zu beachten, dass gerade bei Filmwerken, die Fremdindividualität auch dann nicht vollständig überwunden werden konnte, wenn das nachgeschaffene Filmwerk im Ergebnis die individuelle Handlungsstränge, die schöpferischen Personencharakterisierungen oder die Gedankenwelt das Ausgangswerkes übernommen hat.[596]

**296**

Dies muss jedoch nicht immer so sein. So kann, wie oben gesehen, auch in der Übernahme der äußeren Gestaltungsform eine freie Benutzung vorliegen. Dieser im Grunde richtigen Überlegung ermangelt es jedoch an der entsprechenden **dogmatischen Einschätzung** und einem Fehlverständnis zur Auslegung des Rechtsbegriffs persönlich geistige Schöpfung und im Besonderen des Tatbestandsmerkmals der Individualität. Dabei ist dies doch auch der Schlüssel für die Bestimmung der Selbstständigkeit des nachgeschaffenen Werkes iSd § 24 UrhG, das auf den ersten Blick keine antithematische Behandlung des Ausgangswerkes darstellt.

**297**

Individualität wird im Werk heute von der Mehrzahl der Stimmen in Literatur und Rechtsprechung ausschließlich anhand der äußeren materiellen Gestaltung des Werk-

**298**

---

[594] BGH GRUR 1971, 588, 589 – Disney-Parodie; BGH GRUR 1994, 191, 194 – Asterix Persiflagen; BGH GRUR 1994, 206, 209 – Alcolix; Dreyer/Kotthoff/Meckel/*Dreyer* § 24 UrhG Rn 16.

[595] *Chakraborty* 79; *Reinhart* UFITA 103 (1986), 65, 78.
[596] OLG München NJW-RR 2000, 268 – Doppeltes Lottchen; *Hertin* Rn 66; vgl dazu iÜ auch oben Rn 7.

stücks festgestellt.[597] Die Vorstellung aber, dass sich die Individualität im Werk allein in der erkennbaren Formgestaltung zeigt, ist überholt.[598] Denn bevor die Filmschaffenden mit der konkreten Gestaltung beginnen, durchläuft ihr Werkschaffen einen Reflexionsprozess. Darin entwickeln die Filmemacher die künstlerische Leitlinie, mithin die künstlerische Aussage, die sie verfolgen wollen. Diese gilt es als **Fundamentalkonzeption** zu begreifen. Davon abhängig sind ua ihre späteren Gestaltungsentscheidungen, mithin ihre **Werkkonzeption**. Die Werkkonzeption, dh die konkrete Gestaltungsform, die das Werk gefunden hat, ist damit das Ergebnis der Fundamentalkonzeption und wird von dieser bestimmt.[599] **Individualität äußert sich also nicht erst in der Werkkonzeption, sondern vielmehr schon in der Fundamentalkonzeption als deren Ausgangspunkt.** Erst beide Konzeptionen zusammengenommen ergeben die persönlich geistige Schöpfung. Insofern ist es von entscheidender Bedeutung bei der Beurteilung des urheberrechtlichen Werkes nach § 2 Abs 2 UrhG, seinen Entstehungsprozess, mithin also das sog Fundamentalkonzeption, mit in die Überlegungen zu seiner Schutzfähigkeit einzubeziehen.[600]

**299**    Gleichsam ist es für die Beurteilung nach § 24 UrhG bedeutsam, auch die Fundamentalkonzeptionen der zu beurteilenden Werke miteinander zu vergleichen. **So führt bereits die Veränderung der Fundamentalkonzeption zu einer Veränderung der im Werk verkörperten Individualität.** Liegt dem nachgeschaffenen Werk mithin eine grundlegend andere Fundamentalkonzeption zu Grunde, liegt keine Übernahme der fremden Individualität vor, auch wenn es zu einer Übernahme der äußeren Gestaltungsform kommt, da diese auf eine bloß inhaltsleere Hülle reduziert ist. Das Ergebnis kann damit, auch unter Beibehaltung der vorgefundenen äußeren Gestaltung, sein, dass eine eigenständige schöpferische Gestaltung entwickelt wurde, die zur Inspiration auf den künstlerischen Pool des Bestehenden zurückgreift.

# § 7
## Die Sonderstellung des Integritätsinteresses im Filmurheberrecht

**300**    Grds kann ein Urheber nach § 14 UrhG jede **Entstellung oder anderweitige Beeinträchtigung** seines Werkes verbieten, soweit diese geeignet sind, seine berechtigten und persönlichen Interessen am Werk zu gefährden.[601] Dieser weitreichende Schutz wird iRd Filmrechts über die **Ausnahmeregelung des § 93 Abs 1 UrhG** zugunsten des Filmherstellers wieder entschärft. Danach können unter Rücksichtnahme auf die Interessen der anderen am Filmwerk Beteiligten nur solche Entstellungen oder Beeinträchtigungen verboten werden, die gröblich sind.

**301**    § 93 Abs 1 UrhG wirkt hierbei als **zweistufiges Korrektiv**.[602] Er lässt zunächst Entstellungen bis zur Grenze der Gröblichkeit uneingeschränkt zu. Darüber hinaus ist

---

597  Vgl dazu *Jani* Kap 1.
598  Dazu grundlegend *Czernik* Die Collage 230 ff; *Fuchs* 135 ff.
599  *Czernik* Die Collage 236 ff; *Fuchs* 139.
600  *Fuchs* 136.
601  Vgl dazu oben *Jani* Kap 1 Rn 104 f.
602  OLG München GRUR 1986, 460, 461, 464 – Die unendliche Geschichte; Dreier/

Schulze/*Schulze* § 93 UrhG Rn 1; Dreyer/Kotthoff/Meckel/*Meckel* § 93 UrhG Rn 4; von Hartlieb/Schwarz/*Reber* 176; anders aber ua Schricker/Loewenheim/*Dietz* § 93 UrhG Rn 10; Wandtke/Bullinger/*Manegold* § 93 UrhG Rn 17, die das Rücksichtnahmegebot bereits als Ausfluss der Interessenabwägung in den §§ 14, 75 UrhG sehen.

Ilja Czernik

aber, selbst bei Vorliegen einer gröblichen Entstellung, noch nicht mit einer Bejahung des Verbietungsrechts des Urhebers im Prozess zu rechnen. Denn bevor dies der Fall ist, müssen sich seine Interessen zusätzlich noch in einer umfassenden Interessenabwägung aller am Film Beteiligten stellen.[603] Schließlich haben nach § 93 Abs 1 UrhG die einzelnen Urheber bei der Ausübung ihres Integritätsrechtes aufeinander und auf den Filmhersteller angemessen Rücksicht zu nehmen.[604]

Begründet wird diese weitreichende Beschränkung des Integritätsschutzes des einzelnen Urhebers vornehmlich mit der **besonderen Situation beim Film**. Danach sehen sich die Geldgeber eines Filmwerkes einem besonderen finanziellen Risiko ausgesetzt, mit der Folge, dass dem Filmhersteller ein „gewisser Spielraum zugestanden werden (müsse), der es ihm erlaube, eine möglichst weite Verbreitung zu sichern, ohne die eine Einspielung der zu seiner Herstellung aufgewandten Kosten oft nicht möglich sein" wird.[605]    **302**

## I. Der Anwendungsbereich des § 93 UrhG

Der **persönliche Anwendungsbereich** des § 93 UrhG ist klar umrissen. § 93 Abs 1 S 1 legt fest, dass die sich aus § 93 UrhG ergebende Einschränkung sowohl für Urheber des Filmwerkes als auch für Urheber der zur Herstellung des Filmwerkes benutzten Werke gleichermaßen gilt. Im Übrigen findet § 93 Abs 1 S 1 UrhG ausweislich seines Wortlauts auch auf Inhaber verwandter Schutzrechte und durch Verweisung auf § 75 UrhG für ausübende Künstler Anwendung.    **303**

Zu beachten ist ferner, dass nach der Rechtsprechung jeder **nur gegen die Beeinträchtigungen seines eigenen Beitrags** vorgehen kann. Denn „wenn der eigene Werkbeitrag im Rahmen der Verwendung bloßer Filmteile gar nicht benutzt" werde, könne „von einer gröblichen Entstellung nicht die Rede sein".[606]    **304**

Darüber hinaus gilt § 93 UrhG auch zugunsten des **Laufbildherstellers**.[607] Dabei handelt es sich in diesem Fall jedoch nicht um ein Persönlichkeitsrecht im klassischen Sinne, sondern ist diesem nachgebildet. Damit kann es auch juristischen Personen zustehen und kann zudem an Dritte frei übertragen werden (§ 94 Abs 2 UrhG), womit § 94 Abs 1 S 2 UrhG iVm §§ 14, 93 UrhG damit nicht einem ideellen sondern rein wirtschaftlichen Überlegungen geschuldet ist. In diesem Zusammenhang gilt es, zusätzlich auch noch auf eine Besonderheit hinzuweisen. So fällt der **Filmhersteller** wegen § 94 Abs 1 S 2 UrhG nicht unter den persönlichen Anwendungsbereich des § 93 UrhG. Damit bleibt es ihm weiter möglich, grds gegen jede Entstellung oder Beeinträchtigung des Filmwerkes etwa iRd Zweitverwertung vorzugehen.    **305**

Nicht einheitlich wird der gegenständliche Anwendungsbereich bei **Fernsehfilmen** beurteilt. So hat das OLG Saarbrücken im Fall eines für das Fernsehen arbeitenden Dokumentarfilmers ausschließlich eine Verletzung § 14 UrhG geprüft.[608] Ähnlich    **306**

---

**603** Vgl dazu schon die AmtlBegr zum UrhG von 1965, UFITA 45 (1965/II), 320.
**604** Vgl dazu die AmtlBegr zum UrhG von 1965, UFITA 45 (1965/II), 320.
**605** Vgl dazu die AmtlBegr zum UrhG von 1965, vgl dazu UFITA 45 (1965/II), 320, darauf rekurrierte in der Folge va von Hartlieb/Schwarz/*Reber* 176.

**606** OLG Hamburg GRUR 1997, 822, 825 f – Edgar-Wallace-Filme.
**607** Zu den Bedenken dieser Anwendungserstreckung vgl Dreier/Schulze/*Schulze* § 93 UrhG Rn 7.
**608** OLG Saarbrücken UFITA 79 (1977), 364 ff – Dokumentarfilm.

geschehen ist dies in der Entscheidung *Christoph Columbus* des OLG München.[609] Die Literatur geht dennoch überwiegend davon aus, dass § 93 Abs 1 UrhG umfassend Anwendung findet auf: Kinofilme, Fernsehwerke, Fernsehfilme, Multimediaprodukte.[610] Dies ist konsequent. Denn im Zuge einer einheitlichen Anwendung des Filmbegriffs auf alle filmischen Produkte sollte § 93 UrhG auch auf Fernsehfilme angewandt werden.[611]

**307**  Probleme bereitet die Frage der **Zweitverwertung**. Während teilweise eine teleologische Reduktion des § 93 Abs 1 UrhG auf die filmische Erstverwertung gefordert wird,[612] wird von der üA unter dem Argument der Sicherung einer umfassenden filmischen Verwertung eine solche Überlegung abgelehnt.[613] Dabei lässt sich jedoch **besser folgender Kompromiss** andenken: Danach kann man iFd Zweitverwertung ein gewisses Mehr an Rücksicht auf die Interessen des Urhebers im Wege der Interessenabwägung nehmen.[614] Denn schließlich konnte zumindest ein Teil der Investitionen des Filmherstellers bereits im Wege der Erstverwertung oder uU über die FFA[615] generiert werden. Gestaltet sich die Sachlage somit in einer Weise, dass die Investitionskosten bereits teilweise wieder refinanziert wurden, besteht kein Grund, warum man dies nicht im Wege der stets erforderlichen Interessenabwägung entsprechend berücksichtigen sollte. Es sollte also **graduell** in dem Maße, in dem das finanzielle Interesse des Filmherstellers befriedigt wurde, die Interessenlage des Urhebers iRd Abwägungsentscheidung mehr und mehr Gewicht bekommen.

**308**  Einig ist man sich in der Frage der sog **außerfilmischen Verwertungsmaßnahmen**, die heutzutage, wie die Beispiele *Harry Potter* oder *Herr der Ringe* zeigen, vor allem im Merchandisinggeschäft liegen. Hier kann sich der Filmproduzent zu Recht nicht auf die Privilegierung des § 93 Abs 1 UrhG berufen.[616] Denn im Merchandising liegt keine Verwertung des Filmwerkes iSd § 93 Abs 1 UrhG, sondern nur seine mittelbare Auswertung, wie etwa der im Film vorkommenden Filmfiguren. § 93 Abs 1 UrhG ist aber ausweislich seines Wortlautes ausschließlich auf die unmittelbare Verwertung des Films beschränkt.

## II. Der Gröblichkeitsbegriff

**309**  Als gröblich gilt eine Entstellung dann, wenn der **ursprüngliche Sinngehalt völlig verkehrt bzw der wesentliche Teil des Films oder des Werkes** entgegen den Intentionen des Urheberberechtigten **völlig verunstaltet** wurde.[617] Darüber hinaus geht *Schulze*

---

[609] OLG München GRUR Int 1993, 322 ff – Christoph Columbus.
[610] Dreier/Schulze/*Schulze* § 93 UrhG Rn 6; Schricker/Loewenheim/*Dietz* § 93 UrhG Rn 11; in Bezug auf Multimediaprodukte aA *Heeschen* 187.
[611] Vgl dazu oben unter Rn 11.
[612] Vgl dazu va *Wallner* 112 ff; *Wandtke* FS Schricker 609, 613 f; sowie umfassend und Berufung auf den historischen Kontext und den Anwendungsbereich des § 93 UrhG *Zlanabitnig* AfP 2005, 35, 36 f.
[613] Dreyer/Kotthoff/*Meckel* § 93 UrhG Rn 3; Möhring/Nicolini/*Lütje* § 93 UrhG

Rn 14; Schricker/Loewenheim/*Dietz* § 93 UrhG Rn 11; Wandtke/Bullinger/*Manegold* § 93 UrhG Rn 6.
[614] Schricker/Loewenheim/*Dietz* § 93 UrhG Rn 11.
[615] Vgl dazu unten Rn 300.
[616] Vgl dazu auch bei Dreyer/Kotthoff/Meckel/ *Meckel* § 93 UrhG Rn 3; Wandtke/Bullinger/ *Manegold* § 93 UrhG Rn 6.
[617] Grundlegend OLG München GRUR 1986, 460, 461 – Die unendliche Geschichte, unter Berufung auf *von Hartlieb* 2. Aufl 1984, 132, zuletzt ähnlich formuliert auch bei KG GRUR 2004, 497 (1. LS) – Schlacht um Berlin.

Ilja Czernik

auch dann von einer gröblichen Entstellung aus, wenn der Film ohne die betreffende Änderung ausgewertet werden kann.[618]

Letztlich entscheidend für die **Feststellung der Gröblichkeit** bleibt aber nach der Rechtsprechung, die sich hierbei auf den Wortlaut des § 93 UrhG beruft, **eine umfassende Gesamtbetrachtung des Films.** Danach kann zwar zunächst eine isoliert betrachtete Szene entstellend wirken, die Gesamtwirkung des Films kann diesen Eindruck aber wieder relativieren.[619] Als **Gradmesser** ist dabei (auch bei Filmwerken) der Eindruck des Werkes, den es nach dem **Durchschnittsurteil des für Kunst empfänglichen und mit Kunstdingen einigermaßen vertrauten Menschen** vermittelt.[620] Damit wird deutlich, dass eine klare Aussage, wann bereits eine gröbliche Entstellung vorliegt, nicht getroffen werden kann. Jede Entscheidung in dieser Frage bleibt letztlich eine Bewertung des Einzelfalls.[621]

**310**

Zu beachten ist weiter, dass bei der Feststellung der Gröblichkeit auf die **verschiedenen Produktionsstufen eines Filmes** Rücksicht genommen werden muss. So entspricht es der allgemeinen Auffassung, dass es der Herstellung des Filmes immanent ist, dass fremde Werke als Grundlage herangezogen werden. Diese werden dabei aber aufgrund ihrer Transformation in ein neues Medium zwangsläufig verändert.[622] Das bedeutet, dass solche Änderungen, die der sachgerechten filmischen Verwertung dienen, nicht als intensive Entstellung angesehen werden. Damit wird von den Urhebern regelmäßig verlangt, diese hinzunehmen.[623]

**311**

## III. Das Gebot der Rücksichtnahme

Vom Gebot der Rücksichtnahme begünstigt ist nicht nur der Hersteller eines Filmwerks. § 93 Abs 1 S 2 UrhG erweitert den Anwendungsbereich des § 93 UrhG vielmehr auf alle am Filmwerk Beteiligten.

**312**

Von Teilen der Literatur wird das **Gebot der Rücksichtnahme** als bloß deklaratorische Formulierung in § 93 UrhG begriffen. Danach ergebe sich das Gebot der gegenseitigen Rücksichtnahme der Beteiligten bereits aus der Interessenabwägung in den §§ 14, 75 UrhG.[624] Dies widerspricht der Praxis. So trennt die Rechtsprechung bewusst beide Kontrollmechanismen, mit der Folge, dass, obwohl eine Entstellung in der Entscheidung *Die unendliche Geschichte* des OLG München als gröblich angesehen wurde, diese über das Gebot der Rücksichtnahme doch noch erlaubt wurde.[625]

**313**

Dieser Entscheidungspraxis wurde nun vorgeworfen, dass eine derartige **doppelte Interessenabwägung** einzig und allein dazu diene, den Anwendungsbereich des Urhebers noch weiter zu verengen und damit von vornherein den wirtschaftlichen Interessen des Produzenten eine vorzugswürdige Stellung eingeräumt werde.[626]

**314**

618 Dreier/Schulze/*Schulze* § 93 UrhG Rn 9.
619 OLG München GRUR 1986, 460, 462 – Die unendliche Geschichte.
620 OLG München GRUR 1986, 460, 462 – Die unendliche Geschichte, unter Berufung auf BGH GRUR 1974, 675, 677 – Schulerweiterung und BGH GRUR 1983, 107, 110 – Kirchen-Innenraumgestaltung.
621 Wandtke/Bullinger/*Manegold* § 93 UrhG Rn 12 mwN.
622 Vgl dazu auch bei Dreier/Schulze/*Schulze* § 93 UrhG Rn 8.

623 Wandtke/Bullinger/*Manegold* § 93 UrhG Rn 12.
624 Schricker/Loewenheim/*Dietz* § 93 UrhG Rn 10; Wandtke/Bullinger/*Manegold* § 93 UrhG Rn 17; aA Dreyer/Kotthoff/Meckel/*Meckel* § 93 UrhG Rn 4.
625 Vgl dazu OLG München GRUR 1986, 460 ff – Die unendliche Geschichte.
626 *Wandtke* FS Schricker 609, 611.

**315**   Gerade angesichts dieser rigide Entscheidungspraxis sollte man aber in der vorgerichtlichen Auseinandersetzung nach **alternativen Möglichkeiten zur Interessenabsicherung des Urhebers** fahnden, bevor man eine Integritätsverletzung über die §§ 14, 93 UrhG gerichtlich zu verbieten sucht. Als eine Möglichkeit bietet sich mit § 13 UrhG ein **milderes Mittels** gegenüber dem Verbietungsrecht des §§ 14, 93 UrhG an. Denn wenn schon der Anwendungsbereich des § 14 UrhG einschlägig ist, dann wird man auch das Vorliegen der Voraussetzungen nach § 13 UrhG nicht ablehnen können.[627] Danach sollte der Urheber in der **vorgerichtlichen Auseinandersetzung** vom verletzenden Filmhersteller bei einer Beeinträchtigung seines Integritätsinteresses zunächst die Zurückziehung seines Namens verlangen.[628] Zumindest aber sollte er dieses Verlangen als **Hilfsantrag** in der gerichtlichen Auseinandersetzung stellen. Denn durch die Verneinung des Integritätsschutzes zugunsten des Filmproduzenten wird man dessen wirtschaftlichen Interessen bereits umfassend gerecht.[629]

## IV.  In Literatur und Rechtsprechung diskutierte Einzelfragen

**316**   Die mangelnde Absolutheit in der Feststellung, wann man schon von einer gröblichen Entstellung ausgehen kann und ob nicht vielleicht über das Rücksichtnamegebot eine solche ausnahmsweise als unbeachtlich zu betrachten ist, muss zu Rechtsunsicherheit führen. Die wenigen Entscheidungen in der Rechtsprechung zeigen zudem, dass eine gerichtliche Entscheidung aufgrund dieser Unsicherheit und aufgrund von vertraglichen Abreden nur selten gesucht wird. Dennoch haben sich im Laufe der Zeit, **einzelne Problemschwerpunkte** herausgebildet, die bis heute konträr diskutiert werden.

### 1.  Kürzungen des Films

**317**   Eines der entscheidungsträchtigsten Probleme ist bis heute das der **Laufzeitveränderung** geblieben. Die Möglichkeiten des Produzenten wurden dabei zuletzt durch die Rechtsprechung aufgeweicht. So wurde zwar noch in den 90er Jahren die **Kürzung** eines Films um 1/3[630] sowie die Kürzung eines eine Stunde dauernden Fernsehfilms um zehn Minuten[631] als gröblich Entstellung gewertet. Doch bereits gut zehn Jahre später entschied das KG, dass der vom Kläger als Regisseur gedrehte Dokumentarfilm *Schlacht um Berlin* um die Hälfte seiner Laufzeit gekürzt werden durfte, da keine völlige Verkehrung des ursprünglichen Sinngehaltes und auch keine völlige Verunstaltung von urheberrechtlich wesentlichen Teilen des Films entgegen den Intentionen des Urhebers bewirkt worden sei.[632] Diese Einschätzung überzeugt freilich nicht. Denn allein, dass der Urheber gegen diese Art der Kürzung mit dem Argument vorgegangen ist, seine beabsichtige Darstellung werde verkehrt, zeugt eher vom Gegenteil.

**318**   Abgesehen davon sollte in der Tat entscheidend sein, welche Szene herausgeschnitten wurde und welche Bedeutung diese für den Film haben,[633] und ob der geschnit-

---

**627** OLG Saarbrücken UFITA 79 (1977), 364, 366 – Dokumentarfilm.

**628** Dreier/Schulze/*Schulze* § 93 UrhG Rn 16; von Hartlieb/Schwarz/*Reber* 176.

**629** Vgl dazu auch OLG Saarbrücken UFITA 79 (1977), 364, 366 – Dokumentarfilm; Wandtke/Bullinger/*Manegold* § 93 UrhG Rn 13.

**630** OLG Frankfurt GRUR 1989, 203, 205 – Wüstenflug.

**631** LG Berlin ZUM 1997, 758, 761 – Barfuß ins Bett.

**632** Vgl dazu KG GRUR 2004, 497 ff – Schlacht um Berlin.

**633** Wie hier *Wallner* 191, der allerdings diese Abwägungsgedanken iRd § 14 UrhG erörtert.

tene Film unter seiner Verständlichkeit und seiner Aussage leidet, was wohl letztlich nur bei Kernszenen der Fall sein wird. Dies gilt auch bei Veränderungen der Laufgeschwindigkeit im Film. Bei der als **cutting** bekannten Methode kommt es entscheidend auf den Grad der Geschwindigkeitsveränderung an.[634] Dabei gilt jedoch zu bedenken, dass angesichts der geringen Veränderung durch das Hinzufügen von Szenen dieses dem Zuschauer oftmals gar nicht auffallen wird und allein schon deswegen keine schwerwiegende Integritätsbeeinträchtigung vorliegen wird.[635]

Sog **Schnittauflagen**, wie sie von der FSK vorgegeben werden, **müssen akzeptiert werden**.[636] Hatte doch schließlich bereits der Gesetzgeber dieses Fallbeispiel in seiner amtlichen Begründung genannt und hierin eine der Hauptüberlegungen für die Existenzberechtigung des § 93 Abs 1 UrhG gesehen.[637] Eine Ausnahme muss man aber sicherlich dort machen, wo die Filmaussage völlig entwertet wird.    **319**

Generell sollte beachtet werden, dass **grds der am wenigsten einschneidende Weg** zu wählen ist, um das Werk schnitttechnisch anzupassen.[638] Im Allgemeinen sollten zu all diesen Fragen frühzeitig vertragliche Abreden geschlossen werden, die hinreichend konkrete Regelungen dazu formulieren.    **320**

### 2. Nachträgliche Kolorierungen

Bei der **nachträglichen Kolorierung** eines Films (bspw bei *Der längste Tag*) ist bislang nicht einheitlich geklärt, ob darin eine gröbliche Entstellung vorliegt oder nicht.[639] So können Schwarz-Reber aufgrund der fortgeschrittenen Kolorierungstechnik und der Beibehaltung des Sinngehaltes hierin gerade keine gröbliche Beeinträchtigung des Werkes erkennen.[640] Dem kann nicht gefolgt werden. Denn in dem Bewusstsein, dass ein Schwarz-Weiß-Film niemals dasselbe Realitätsgefühl vermitteln kann, wie ein Farbfilm, unterliegt ein **Schwarz-Weiß-Film ganz anderen cineastischen Regeln.** So gilt es zu berücksichtigen, dass Schwarz-Weiß-Filme aufgrund der Besonderheit ihrer Abbildung, nämlich dem Fehlen der Farben, anders konzipiert werden als Farbfilme. Man spricht in diesem Zusammenhang von einer Scheinfarbigkeit, die durch eine vorher abgestimmte Grautonabstufung erreicht wird. Zudem sind Perspektive und Tiefe beim Schwarz-Weiß Film eine andere, gleiches gilt für die Beziehungen der Form.[641] Jede Veränderung aber in diesen Kompositionen bzw jede schwerwiegende Nichtbeachtung führt letztlich zu einer gröblichen Entstellung, die eine Verletzung der Rechte des Urhebers aus §§ 14, 93 UrhG nach sich zieht und die durch nichts gerechtfertigt ist. Im Übrigen lässt sich hier im Rahmen des Rücksichtnamegebotes insb auch nicht mit dem wirtschaftlichen Interesse des Filmherstellers argumentieren. Zwar ist es richtig, dass die Mehrzahl der Konsumenten kolorierte Altfilme den Schwarz-Weiß-Kopien vorzieht, dennoch darf dabei nicht übersehen werden, dass sich die Kosten für    **321**

---

[634] Schricker/Loewenheim/*Dietz* § 93 UrhG Rn 24.
[635] So auch *Wallner* 189, der schon das Vorliegen einer Entstellung nach § 14 UrhG ablehnt.
[636] So auch Dreier/Schulze/*Schulze* § 93 UrhG Rn 9; vgl dazu von Hartlieb/Schwarz/*Reber* 176.
[637] Vgl dazu die AmtlBegr zum UrhG von 1965, UFITA 45 (1965/II), 320.
[638] Dreier/Schulze/*Schulze* § 93 UrhG Rn 9.

[639] Wegen § 129 Abs 1 S 1 UrhG gilt die Regelung des § 93 UrhG auch für solche Schwarz-Weiß-Filme, die vor 1965 gedreht wurden, vgl zur Frage der Urheberschaft alter Schwarz-Weiß-Filme und daraus resultierender Fragestellungen umfassend bei *Heidmeier* 139 ff, sowie bei *Reupert* 139 ff.
[640] Von Hartlieb/Schwarz/*Reber* 177.
[641] Vgl dazu ausf bei *Huber* 80 ff unter Bezugnahme auf *Karkosch* 19 und *Balázs* 137 ff.

die Herstellung des Schwarz-Weiß-Films in der Regel längst amortisiert haben werden. Ein Überwiegen der wirtschaftlichen Interessen des Filmherstellers gegenüber denjenigen des Urhebers ist also abzulehnen.[642]

### 3. Veränderungen im Bildformat

**322**  Für Teile der Literatur ist eine grobe Entstellung zudem bei **Veränderung des Bildformates** gegeben.[643] Dies überzeugt, da das Wegschneiden eines auf 16 : 9 ausgerichteten Films auf ein 4 : 3 Format regelmäßig zu einer **Beschränkung der Gesamtszene** führt und damit **die atmosphärische Dichte zerstört**, zumal, wenn diese durch die Beifügung eines schwarzen Balkens oben und unten als mildere Maßnahme vermieden werden kann.[644]

### 4. Werbeunterbrechungen

**323**  Auch **Werbeunterbrechungen** können nach der Literatur gröblich entstellend sein. Sie sind dies zumindest dann, wenn sie sich nicht an die Vorgaben des Rundfunkstaatsvertrages[645] und der RL 89/552/EWG halten.[646] Allerdings ist die hA an dieser Stelle sehr streng und nimmt eine gröbliche Entstellung schon dann an, wenn der Erzählrhythmus beeinträchtigt wird. Denn der Zuschauer soll über die Dauer des gesamten Films die gleiche Spannung empfinden, die vom Urheber beabsichtigt wurde.[647] So soll es ausreichen, wenn dies bereits bei einer einzigen Unterbrechung nicht mehr gewährleistet werden kann.[648] Vor allem bei künstlerisch ambitionierten Filmen soll daher eine Werbeunterbrechung ausgeschlossen sein,[649] wobei sich dann aber die Frage stellen wird, wann man von einem künstlerisch ambitionierten Film sprechen kann. Ein mehr an Rechtssicherheit ist damit sicherlich nicht erreicht, da nunmehr qualitative und ästhetische Merkmale in die Bewertung des Werkes hineinspielen, die aber bei der künstlerischen Bewertung des Filmes besser außen vor bleiben sollten.

**324**  Doch selbst wenn man eine gröbliche Entstellung annimmt, wird man über das Rücksichtnahmegebot oft dazu kommen, ein **Überwiegen der Interessen des Filmherstellers** anzunehmen. Denn ein Urheber muss heute wissen, dass, wenn sein Film im privaten Fernsehen gezeigt wird, diese durch Werbung unterbrochen werden wird.

**325**  Letztlich wird es daher wohl auf eine **good will Entscheidung** des Sendeunternehmens hinauslaufen, wie dies regelmäßig bei der Ausstrahlung des Films *Schindlers Liste* geschieht, in dem aufgrund der besonderen Thematik des Films auf jede Einblendung von Werbung verzichtet wird. Wenn man sich darauf nicht verlassen will, ist es

---

[642] Dreier/Schulze/*Schulze* § 93 UrhG Rn 9; ähnl vertreten auch schon von *Platho* GRUR 1987, 424, 426; *Huber* 86; vgl dazu auch die Entscheidung des Court d'appel de Paris GRUR Int 1989, 937 ff – John Huston, auf die sich *Schulze* beruft, und in der das Gericht grds bei einer Kolorierung eine Entstellung angenommen hat.
[643] AA von Hartlieb/Schwarz/*Reber* 177.
[644] Dreier/Schulze/*Schulze* § 93 UrhG Rn 9.
[645] Danach dass die Werbeausstrahlung während eines Filmes die Ausnahme ist. Doch auch dann darf Werbung einen Film ausschließlich

unter der Voraussetzung unterbrechen, dass sein gesamter Zusammenhang und sein Wert nicht beeinträchtigt werden, vgl umfassend zu der Frage des RfStV und den Werbeunterbrechungen bei *Heidmeier* 167 ff.
[646] Von Hartlieb/Schwarz/*Reber* 177; *Zlanabitnig* AfP 2005, 35, 38; aA aber Dreyer/Kotthoff/Meckel/*Meckel* § 93 UrhG Rn 2.
[647] *Zlanabitnig* AfP 2005, 35, 38.
[648] *Huber* 93; *Zlanabitnig* AfP 2005, 35, 38.
[649] Schricker/Loewenheim/*Dietz* § 93 UrhG Rn 21.

Ilja Czernik

besser, im Vorfeld diese Fragen vertraglich zu regeln. Wobei konkret festgelegt werden sollte, an welchen Stellen Werbeblöcke eingestrahlt werden. Beachtet werden sollte jedoch, dass nicht gegen die **Regeln des RfStV** verstoßen wird. Dies zieht zwar keine Nichtigkeit des Vertrages nach § 134 BGB nach sich, man wird sich allerdings uU mit der Rundfunkaufsicht auseinander setzen müssen, was eine Verwertung des Films im Fernsehen wertlos machen würde.[650]

### 5. Einblendungen

Teilweise wird auch die **Einblendung des Logos eines Fernsehsenders** im Film als gröbliche Entstellung angesehen.[651] Diese Überlegung ist in der praktischen Durchsetzung nicht haltbar. Schließlich führt das Logo schon aufgrund seiner nur geringen Größe, seiner Einblendung ausschließlich in einer der oberen Bildecke und seiner regelmäßig transparenten Darstellung nicht zu einer intensiven Beeinträchtigung des Filmwerkes.[652]

**326**

### 6. Musikaustausch

Von der Rechtsprechung als gröbliche Entstellung wurde darüber hinaus der **teilweise Austausch der Musik zu einer Fernsehserie** durch die Musik eines anderen angesehen.[653] Dies überzeugt, da der Urheber der Filmmusik diese für das ganze Filmwerk konzipiert und eine Gesamtkomposition entwirft, die hier zerstört würde.

**327**

## V. Rechtsfolgen

Die Rechtsfolgen bei einer Verletzung des Integritätsschutzes iFd §§ 14, 93 UrhG bestimmen sich nach §§ 97 ff UrhG. Dabei wird jedoch übereinstimmend vertreten, dass eine **Entschädigung in Geld** ganz generell nur dann in Betracht kommen soll, wenn sich eine mildere Maßnahme nicht finden lässt.[654] Maßgeblich ist dabei einmal mehr der Umstand des Einzelfalls.

**328**

Zusätzlich gilt es zu beachten, dass das KG in seiner Entscheidung von 1971 unter Zustimmung der herrschenden Meinung in der Literatur[655] festgelegt hat, dass das Vorliegen einer gröblichen Entstellung iSd § 93 Abs 1 UrhG **nicht notwendig einen immateriellen Schadensersatzanspruch** aus § 97 Abs 2 UrhG nach sich zieht, wenn bereits im Vorfeld eine deutliche Distanzierung des Filmherstellers vom betroffenen Urheber erfolgt ist.[656]

**329**

Es gilt also, auf die konkrete Situation des Einzelfalls abzustellen. Dazu zählt, dass dem **Filmhersteller grds niemals ein Anspruch aus § 97 Abs 2 UrhG** zusteht.[657] Seine

**330**

---

**650** Vgl zu dieser Frage *Heidmeier* 176 ff.
**651** *Huber* 97.
**652** Vgl weitere Argumente auch bei *Heidmeier* 186 f; aA *Huber* 96 f, der von einer nicht gerechtfertigten gröblichen Entstellung ausgeht, differenziert die Betrachtung auch bei *Reupert* 158 f, die von Fall zu Fall entscheiden will.
**653** OLG München GRUR Int 1993, 332, 333 – Christoph Columbus.

**654** OLG München GRUR Int 1993, 332, 334 – Christoph Columbus.
**655** Schricker/Loewenheim/*Dietz* § 93 UrhG Rn 25; Wandtke/Bullinger/*Manegold* § 93 UrhG Rn 18.
**656** KG UFITA 59 (1971), 279, 284 – Kriminalspiel.
**657** Fromm/Nordemann/*Hertin* § 94 UrhG Rn 14.

rein vermögensrechtlichen Interessen werden bereits ausreichend über § 97 Abs 1 UrhG gewahrt, denn solange der Filmhersteller keinen eigenen Werkbeitrag erbringt, solange fehlt es auch an einer den zusätzlichen Anspruch aus § 97 Abs 2 UrhG rechtfertigenden Leistung.

## VI. § 93 UrhG im Gesamtkomplex des Integritätsschutzes

**331**  § 14 und § 93 UrhG ergänzen einander. Ihre Verbindungsstelle ist die Abwägungsentscheidung, die auch in den regulären Anwendungsfällen des § 14 UrhG vollzogen werden muss. Hier wirkt § 93 UrhG als Korrektiv, da es die allgemeine Abwägungsentscheidung in § 14 UrhG durch zwei nachfolgende Aspekte ergänzt. Insofern wirkt § 93 UrhG iRd Auslegung um § 39 UrhG. **So kann über § 39 S 2 UrhG nicht rückwirkend das Gröblichkeits- und Rücksichtnamekriterium wieder aufgehoben werden.**[658]

**332**  Das bedeutet aber nicht, dass § 39 UrhG damit bedeutungslos geworden ist. Vielmehr greift er dort ein, wo die dispositive Vorschrift des § 93 UrhG wirksam nach § 39 Abs 1 UrhG abbedungen wurde.[659]

**333**  Nach der Auffassung des OLG München kann dies dabei in zwei Richtungen wirken. Einmal muss ein Filmurheber eine derartige Entstellung, auch wenn sie seiner inneren Intention zuwiderläuft, gegen sich gelten lassen, wenn er nicht **rechtzeitig widersprochen** hat, zum anderen aber, kann der Urheber auch **jegliche Änderung ausschließen.**[660]

## VII. Bewertung der Regelung des § 93 UrhG

**334**  Nicht zu Unrecht ist festgestellt und kritisiert worden, dass der Entstellungsschutz im Geltungsbereich des § 93 UrhG nur in den seltensten Fällen aus inhaltlichen Gründen zum Erfolg führen wird.[661]

**335**  **Diese Schlechterstellung der Urheber muss kritisiert werden.** Denn eine gesetzliche Regelung, die einseitig zu Lasten des Urhebers geht und die Interessenlage damit von vornherein gegen ihn einnimmt, ist übertrieben und de lege ferenda nicht notwendig. So sprechen neben der praktischen Konsequenz gegen die verschärfte Regelung des § 93 UrhG vor allem folgende Argumente:

**336**  Der Filmbereich ist sonach nicht der einzige Bereich, in dem **hohe Investitionen** getätigt werden, bevor ein Produkt verwertet werden kann. So tragen auch die Musikbranche, die Verlagsbranche, aber auch Sendeunternehmen hohe Kosten und müssen mit einer Vielzahl von verschiedenen Urhebern zusammenarbeiten.[662] Zudem wird das Argument des besonderen Investitionsrisikos im Filmbereich gegenüber anderen Kulturbranchen gerade auch dann fragwürdig, wenn man sich die Finanzierungsmodelle der öffentlichen Hand vor Augen hält. Denn anders als in den meisten Branchen

---

**658** Schricker/Loewenheim/*Dietz* § 93 UrhG Rn 15.
**659** Schricker/Loewenheim/*Dietz* § 93 UrhG Rn 18; vgl umfassend dazu bei *Wallner* 215 ff.
**660** OLG München GRUR 1986, 460, 463 – Die unendliche Geschichte.

**661** So deutlich va *Grün* ZUM 2004, 733, 737; Schricker/Loewenheim/*Dietz* § 93 UrhG Rn 10; *Wandtke* FS Schricker 609, 611.
**662** *Wandtke* FS Schricker 609, 610.

Ilja Czernik

möglich, kann sich die Filmindustrie heute durch die verschiedenen **Filmförderfonds** bis zu 16 % der Ausgaben für einen Film durch öffentliche Mittel refinanzieren lassen.[663] Angesichts dessen stellt selbst die Filmwirtschaft fest: „dass wir fest mit 16 % des Budgets planen können, ohne ewig im Konjunktiv reden zu müssen". Dies sei „für eine mittelständische Filmproduktion gar nicht hoch genug zu bewerten". Eine Schlechterstellung der Filmindustrie gegenüber den anderen Branchen, ist damit nicht zu erkennen. Eine Besserbehandlung der Filmhersteller vor dem Gesetz lässt sich also ausschließlich mit dem Argument des hohen Investitionsrisikos nicht rechtfertigen.

Auch die **internationalen Vorgaben** zwingen nicht unbedingt zu einer verschärften **337** Regelung, wie sie von § 93 Abs 1 UrhG vorgesehen ist. So ist auch mit Blick auf die internationalen Regelungen der RBÜ eine Beschränkung der Integritätsrechte des Urhebers fragwürdig. Diese kennt nämlich gerade keine Differenzierung des Integritätsinteresses des Urhebers in Art 6bis Abs 1 RBÜ nach Werkarten. Und auch Art 14bis RBÜ enthält keine Sonderregelung zuungunsten des Urhebers bei der Ausübung seiner Urheberpersönlichkeitsrechte im Filmbereich, zumindest nicht in dem Maße, wie dies durch § 93 Abs 1 UrhG geschieht.[664]

Und schließlich darf die **historische Auslegung** des § 93 UrhG nicht übergangen **338** werden. Die Fallbeispiele des Gesetzgebers in der amtlichen Begründung zum UrhG von 1965 machen deutlich, dass nur solche Änderungen vom Urheber hingenommen werden sollen, die nur unerheblich in seine Rechte eingreifen. Insb sind die vom Gesetzgeber erwähnten Entstellungen ausschließlich solche, die auf unternehmensexterne Zwänge zurückzuführen sind und die vom Filmhersteller nicht durch eigenes wirtschaftliches Handeln beeinflusst werden können.[665]

Letztlich entscheidend sind aber **verfassungsrechtliche Überlegungen**, die die Recht-**339** fertigung des § 93 UrhG endgültig aushebeln. So wird durch die Regelung des § 93 UrhG zunächst das Integritätsinteresse des Urhebers in einer Weise reduziert, die nicht etwa auf eigenverantwortlichem Handeln beruht, als vielmehr auf **gesetzlich vorgegebener Fremdbestimmtheit**. Dies an sich stellt schon einen verfassungsrechtlich bedenklichen Einschnitt in die Rechte des Urhebers dar. Schließlich wird ihm seine de jure autonomy iSd Art 2 Abs 1 GG aus der Hand genommen. Der Urheber kann somit nicht selbst entscheiden, ob er auf sein Integritätsinteresse im Einzelfall verzichten möchte, sondern muss dieses durch den Gesetzgeber hinnehmen. Dies mag man zwar noch hinnehmen, schließlich kann die allgemeine Handlungsfreiheit eingeschränkt werden. Erschwerend tritt jedoch dazu, dass die verfassungsrechtliche Entsprechung des § 14 Abs 1 UrhG, die im Filmbereich vor allem in Art 5 Abs 3 GG zu finden ist, durch den Gesetzgeber nicht hinreichend berücksichtigt wurde. Denn Art 5 Abs 3 GG kann nur durch ein verfassungsrechtlich entsprechendes Gegengewicht auf Seiten des Filmherstellers aufgewogen werden. Ein solches den verfassungsrechtlichen Vorgaben des Art 5 Abs 3 GG entsprechendes und damit ein das Urheberinteresse überragendes Interesse lässt sich hier aber nicht erkennen. Zwar muss man den Leistungsschutzrechten Eigentumscharakter und damit eine verfassungsrechtliche Einbindung über Art 14 Abs 1 GG anerkennen, dies bedeutet jedoch zunächst nur, dass damit eine verfassungsrechtliche Abwägungsentscheidung eröffnet ist. Schließlich gilt nach der Auffassung des BVerfG, dass immer dann, wenn die Kunstfreiheit betroffen ist, eine einzelfallgerechte Problemlösung nur auf Verfassungsebene erzielt werden

---

663 Sagt etwa der Münchner Produzent *Jakob Claussen*, www.sueddeutsche.de/,ra4m3/kultur/artikel/955/124772/.

664 Dreier/Schulze/*Schulze* § 93 UrhG Rn 2.
665 Vgl dazu *Zlanabiting* AfP 2005, 35, 36.

kann. Damit kann der Konflikt zwischen Filmhersteller und Urheber nur in einem Ausgleich der widerstreitenden, verfassungsrechtlich geschützten Belange durch Grundrechtsoptimierung, dh im Wege der praktischen Konkordanz, gelöst werden. Db, es darf keines der Grundrechte überwiegen. Beide, sowohl Filmhersteller als auch Urheber, müssen Einschränkungen hinnehmen. Eine solche vom Grundgesetz geforderte Abwägungsentscheidung wird aber bereits in ausreichender Weise durch die Abwägungsentscheidung in § 14 UrhG gewährleistet. Jede zusätzliche Beschränkung ausschließlich zu Lasten des Urhebers, wie sie von § 93 UrhG vorgesehen ist, ist damit nicht mehr von den grundgesetzlichen Überlegungen erfasst. Damit ist § 93 UrhG unter verfassungsrechtlichen Aspekten mit der Schrankensystematik des Art 5 Abs 3 GG, wie sie vom BVerfG vorgegeben wird, nicht vereinbar und sollte deswegen einschränkend ausgelegt werden.

# § 8
## Besonderheiten in der Anwendung der §§ 12 und 13 UrhG beim Film

**340**     § 93 UrhG schränkt lediglich den Integritätsschutz des Urhebers ein. **Unberührt** bleiben sein **Recht zur Veröffentlichung (§ 12 UrhG)** und sein **Recht auf Anerkennung und Namensnennung (§ 13 UrhG)**.[666] Zu Recht wird zwar das Verbot der Namensnennung in § 13 UrhG auch als Alternative zur Geltendmachung des Entstellungsverbotes gesehen,[667] dies darf jedoch nicht dazu verführen anzunehmen, dass die Beschränkungen aus § 93 UrhG auch iFd § 13 UrhG gelten. Denn § 13 UrhG ist eben nicht bloß Alternative sondern vielmehr eigene Anspruchsgrundlage, und damit losgelöst von der Regelung des § 93 UrhG zu betrachten.[668]

**341**     Allerdings werden auch diese **Urheberpersönlichkeitsrechte und dabei insb das Veröffentlichungsrecht nicht unbeschränkt** gewährt.

**342**     Bereits das Veröffentlichungsrecht steht unter Beachtung des Gebots der Rücksichtnahme. Die Verweigerung der Veröffentlichung eines Films ist nur zulässig, wenn dies nicht dem Grundsatz von Treu und Glauben iSd § 8 Abs 2 S 2 UrhG zuwiderläuft.[669] Andernfalls wären die regelmäßig mit einem hohen Investitionsaufwand betriebenen Filmprojekte immer einem unsicheren und damit wirtschaftlich kaum mehr kalkulierbaren Risiko ausgesetzt, da bereits ein Urheber die Veröffentlichung verhindern könne.[670]

**343**     Weiter ist zu berücksichtigen, dass zwar jeder Urheber nach § 13 UrhG das Recht hat, benannt zu werden. Dies bedeutet aber nicht, dass jeder Urheber das Recht hat, bereits im Vorspann eines Filmes benannt zu werden. Hiergegen steht das anerkennenswerte Interesse des Filmproduzenten, den Vorspann eines Filmes nicht übermäßig

---

[666] So entscheidet bspw über die Veröffentlichungsreife des Filmes der Regisseur und nicht etwa der Filmhersteller, etwas anderes ergibt sich auch nicht aus der Regelung des § 93 UrhG, KG NJW-RR 1986, 608 f – Paris Texas; LG München I ZUM 2000, 414.
[667] OLG Saarbrücken UFITA 79 (1977), 364, 366 – Dokumentarfilm; Wandtke/Bullinger/*Manegold* § 93 UrhG Rn 13.

[668] Schricker/Loewenheim/*Dietz* § 93 UrhG Rn 13.
[669] OLG Köln GRUR-RR 2005, 337 ff – Veröffentlichungsbefugnis einer Kamerafrau.
[670] Vgl dazu OLG Köln GRUR-RR 2005, 337, 338 – Veröffentlichungsbefugnis einer Kamerafrau.

auszudehnen. So können nur diejenigen beanspruchen, im Vorspann genannt zu werden, die wie der Regisseur oder der Kameramann einen maßgeblichen Anteil an der künstlerischen Fertigstellung des Films haben. Den Interessen der übrigen Urheber ist durch eine Bennenung im Nachspann genüge getan.[671] Darüber hinaus kann das Urhebernennungsrecht zwischen den Parteien aber auch vertraglich beschränkt werden, solange dies nicht einem Verzicht für alle Zeiten gleichkommt.[672] Darüber hinaus sind an eine derartige einschränkende Vereinbarung jedoch strenge Anforderungen zu stellen. Im Zweifel ist nach dem Grundsatz der Zweckübertragungslehre zu Gunsten des Urhebers und seines Benennungsrechts zu entscheiden. Eine bloße Branchenübung genügt insb nicht, wenn es sich um eine den gesetzlichen Bestimmungen zuwiderlaufende Unsitte handelt.[673]

## § 9
### Das kommerzialisierte Urheberpersönlichkeitsrecht

Der Urheber eines Filmwerkes oder der Urheber vorbestehender Werke kann vertraglich in eine Beschränkung seines Integritätsinteresses über die Vorgaben von § 39 Abs 2 UrhG hinaus einwilligen. Angesichts der zunehmenden Kommerzialisierung müssen die Urheberpersönlichkeitsrechte heutzutage als zusätzliche Vermögensrechte des Urhebers betrachtet werden. Über diese muss der Urheber dann aber auch in gleichem Maße verfügen können, wie ihm dies im Rahmen seiner Verwertungsrechte bereits möglich ist. Diese Wertung der Urheberpersönlichkeitsrechte ergibt sich schließlich nicht zuletzt als Folge seiner allgemeinen Handlungsfreiheit nach Art 2 Abs 1 GG.[674] So wäre jede andere Entscheidung zu Lasten der freien Selbstbestimmtheit des Urheber darüber ob er seine **Persönlichkeitsrechte kommerzialisieren** darf oder nicht, nichts anderes als eine unnötige und eine dem Grundgesetz fremde, weil **paternalistische Usurpation seiner Entscheidungstätigkeit**.[675] Dies wurde auch vom Gesetzgeber erkannt, der nunmehr in der Neufassung des § 29 Abs 2 UrhG zum Ausdruck bringt, dass Rechtsgeschäfte über Urheberpersönlichkeitsrechte möglich sind.[676] Dh also, dass es gerade auch unter einem liberalen Grundrechtsverständnis die restriktive Regelung des § 93 UrhG schon allein deswegen nicht bedarf, da vertragliche Beschränkungen bis zur Grenze der Zweckübertragungsregel und des § 138 BGB möglich sein müssen.[677] Dieser Weg erscheint damit nicht nur gangbar, sondern als verfassungsrechtliche opportune vor allem aber interessengerechte Möglichkeit, den Besonderheiten im Filmgeschäft zu begegnen.

**344**

---

[671] OLG München GRUR-RR 2008, 37, 43 – Pumuckl-Illustrationen II.

[672] LG München I ZUM 2010, 733, 740 Tatort-Vorspann.

[673] LG München I ZUM 2010, 733, 740 Tatort-Vorspann.

[674] Vgl dazu *Schricker* Informationsgesellschaft 93.

[675] Vgl dazu auch bei *Czernik* Die Collage 132 ff, 412 ff; *Metzger* 98 f.

[676] Wie hier von Hartlieb/Schwarz/*Reber* 178.

[677] In Bezug auf die Reichweite von Rechtsgeschäften über Urheberpersönlichkeitsrechte wie hier *Metzger* 215 ff *Schricker* Informationsgesellschaft 94.

# § 10
## Ausübende Künstler

**345**     Neben Urhebern und Filmherstellern sind an einem Film häufig auch sog ausübende Künstler beteiligt, für die das UrhG in den §§ 73 ff UrhG eigene Regelungen vorsieht.

## I. Definition des ausübenden Künstlers

**346**     Wer ausübender Künstler ist, ist in § 73 UrhG legaldefiniert. Danach ist ausübender Künstler, wer ein Werk oder eine Ausdrucksform der Volkskunst aufführt, singt, spielt oder auf eine andere Weise darbietet oder an einer solchen Darbietung künstlerisch mitwirkt.

## II. Schutzzweck

**347**     Geschützt ist zunächst die Interpretation des Werkes durch den ausübenden Künstlers. Als Interpretation gilt die Vermittlung einer Stimmung, des Empfindens, eines Gefühls oder eines die Phantasie anregenden Sinneseindrucks.[678] Es reicht also nicht bereits aus, einen Text wiederzugeben. Die Darbietung muss einen **künstlerischen Eigenwert** haben.[679]

## III. Schutzberechtigte

**348**     Zu den Schutzberechtigten gehören nach der amtlichen Begründung insb **Schauspieler, Musiker, Tänzer und Sänger** zu den Leistungsschutzberechtigten der § 73 ff UrhG.[680] Zu den Schutzberechtigten zählt die Rechtsprechung darüber hinaus noch der **Synchronsprecher**.[681] Tonmeister,[682] Nachrichtensprecher.[683] Sportler bei Sportübertragungen,[684] Artisten, Moderatoren und Kandidaten in Sendungen wie bspw Quiz-, Talk-, Spielshows oder Kochsendungen oder Mitwirkende eines Reallife-Sendeformates sind hingegen in der Regel nicht als ausübende Künstler anzusehen. Eine Ausnahme wird man nur dort treffen, wo die Mitwirkenden, bspw humorvolle Begebenheiten oder kleinere Anekdoten, kurze Liedtexte, die einer künstlerischen Interpretation zugänglich sind, in ihren Auftritt einarbeiten.[685] Mitwirkende in Dokumentarfilmen können hingegen Leistungsschutzberechtigte iSd §§ 73 ff UrhG sein. Nicht nur, dass Dokumentation heute um inszenierte Darstellungen, in denen bspw geschichtliche Erläuterungen dem Zuschauer plastisch vergegenwärtigt werden, ergänzt werden. Immer dann, wenn in einer Dokumentation **folkloristische Darbietungen**

---

[678] BGH GRUR 1981, 419, 421 – Quizmaster.
[679] BGH GRUR 1981, 419, 421 – Quizmaster.
[680] BT-Drucks IV/270, 90.
[681] BGH GRUR 1984, 119, 120 – Synchronsprecher.
[682] BGH GRUR 1983, 22, 23 – Tonmeister; OLG Hamburg ZUM 1995, 52 – Tonmeister III; OLG Köln GRUR 1984, 345 – Tonmeister II.
[683] LG Hamburg GRUR 1976, 151 – Rundfunksprecher.
[684] Wandtke/Bullinger/*Büscher* § 73 Rn 16; *Winter* ZUM 2003, 531, 535.
[685] BGH GRUR 1981, 419, 421 – Quizmaster.

Ilja Czernik

(hierzu zählen die Erzählung von Volksmärchen, Volksliedern, Volkstänzen oder Ritualen)[686] vorkommen, sind die daran beteiligten ausübende Künstler iSd UrhG.

Die Leistungsschutzrechte der §§ 73 ff UrhG werden aber nicht nur dem Künstler **349** gewährt, der ein Werk vorträgt oder aufführt, sondern auch diejenigen **künstlerisch Mitwirkenden**, die bei einer solchen Aufführung persönlich nach außen nicht in Erscheinung treten.[687] Maßgebend ist, ob die Mitwirkung künstlerisch mitbestimmend ist, wobei es weder auf den Umfang noch auf die Intensität dieser Mitwirkung ankommt, sofern nur überhaupt eine Leistung vorliegt, die die Gesamtgestaltung im künstlerischen Bereich mitbestimmt,[688] die also auf die künstlerische Werkinterpretation einen bestimmenden Einfluss nimmt.[689]

Insb bei der Aufzeichnung einer **Theater- oder Opernaufführung** ist regelmäßig **350** neben den auf der Bühne Mitwirkenden noch der Regisseur der Aufführung als ausübender Künstler anzusehen. Denn der Regisseur einer Theater- bzw Opernaufführung ist anders als der Filmregisseur regelmäßig kein Urheber, sondern wird lediglich als Interpret des bereits bestehenden Stücks angesehen.[690] Dirigenten werden ebenfalls als ausübende Künstler angesehen.[691] Wer allerdings nur technische und organisatorische Leistungen erbringt, wie bspw Aufnahmeleiter, Produzenten, Regieassistenten, Masken-, Bühnen- und Kostümbildner genießt ebenfalls keinen Leistungsschutz nach § 73 UrhG.[692] Maßstab ist folglich, ob die Mitwirkung einen kreativen und künstlerischen Einfluss auf die Werkinterpretation nimmt. Deswegen hat bspw das OLG Hamburg einen Tonregisseur als Leistungsschutzberechtigten iSd § 73 UrhG angesehen, da dieser nicht nur die Absicht des Komponisten umgesetzt habe, sondern unter Anstrengung seiner konkreten, klanglichen Erfindungsgabe am Interpretationsprozess mitgewirkt habe.[693]

Es kann natürlich vorkommen, dass ein Filmschaffender Urheber und ausübender **351** Künstler zugleich sein kann. Dies trifft regelmäßig auf den Regisseur zu, der zugleich noch Schauspieler in seinem eigenen Film ist. Urheber- und Leistungsschutzrechte stehen folglich nebeneinander.[694] Allerdings ist nicht jeder Urheber gleichzeitig auch ausübender Künstler. Insb ein Regisseur, der zwar Einfluss auf die künstlerische Darbietung der Schauspieler nimmt, ist nicht gleichzeitig Leistungsschutzberechtigter iSd § 73 UrhG. Urheber und ausübender Künstler in einer und derselben Person ist deswegen nur, unabhängig von seiner urheberrechtlich geschützten Leistung bei Vortrag oder Aufführung des Werkes noch eine weitere Leistung erbringt, wobei es unerheblich ist, wenn diese gegebenenfalls gleichzeitig vorgenommen wird. Fallen wie beim einen Regisseur hingegen schöpferische Filmgestaltung und künstlerisch mitwirkende Regieleistung untrennbar zusammen, besteht kein Raum für einen gleichzeitigen Urheberrechts- und Leistungsschutz.[695] Diese Unterscheidung ist deswegen entscheidend, weil der Regisseur damit keine zusätzliche Vergütung nach den §§ 78 Abs 2, 77 Abs 2 S 2, 83 iVm § 54 UrhG erhält.

---

**686** Wandtke/Bullinger/*Büscher* § 73 Rn 13.
**687** BGH GRUR 1974, 672, 673 – Celestina; OLG Hamburg GRUR 1976, 708, 710 – Staatstheater.
**688** BGH GRUR 1974, 672, 673 – Celestina; OLG Hamburg GRUR 1976, 708, 710 – Staatstheater.
**689** BGH GRUR 1983, 22, 23 – Tonmeister.
**690** OLG Dresden ZUM 2000, 955, 958; OLG München ZUM 1996, 598 – Iphigenie auf Aulis.

**691** LG Köln ZUM-RD 2008, 211, 212 – X. meets Symphony.
**692** BGH GRUR 1974, 672, 673 – Celestina.
**693** OLG Hamburg GRUR 1976, 708, 710 – Staatstheater.
**694** BGH GRUR 1984, 730, 732 – Filmregisseur.
**695** BGH GRUR 1984, 730, 732 – Filmregisseur.

### III. Die Verwertungsrechte und Vergütungsansprüche des ausübenden Künstlers

**352**  Dem ausübenden Künstler erwachsen aus seiner Darbietung verschiedene Verwertungsrechte und Vergütungsansprüche.

#### 1. Das Aufnahme-/Vervielfältigungs und Verbreitungsrecht

**353**  Der ausübende Künstler hat zunächst das ausschließliche Recht, seine Darbietung auf Bild-/Tonträgern aufzunehmen. Daneben hat er das ausschließliche Recht, diese Aufnahmen zu vervielfältigen und zu verbreiten. Nominell stehen diese Rechte selbständig nebeneinander. Deswegen führt die Einräumung des Aufnahmerechts noch nicht zu einer Erschöpfung des Vervielfältigungs- bzw Verbreitungsrechts.[696] Allerdings werden beide Rechte üblicherweise gleichzeitig eingeräumt.

**354**  Wem es nur erlaubt ist, lediglich einzelne Szenen eines filmischen Darbietung der Schauspieler aufzunehmen, bei dem ist noch nicht zu vermuten, dass ihm damit automatisch das Recht zur Aufnahme bzw Vervielfältigung-/Verbreitung iSd § 77 Abs 1 UrhG eingeräumt wurde. Denn § 77 Abs 1 UrhG setzt voraus, dass die gesamte Darbietung aufgenommen wird.[697]

**355**  **a) Das Aufnahmerecht.** Unter Aufnahme iSd § 77 Abs 1 UrhG versteht man die erstmalige Fixierung der Darbietung. Dabei ist es gleich, mit welchen technischen Mitteln die Aufnahme erfolgt ist. Bei filmischen Darbietungen wird die Kamera regelmäßig das Erstmedium sein. Es ist auch unwesentlich, in welchem Stadium die Aufnahmen erfolgen. So können auch Live-Aufnahmen[698] oder Aufnahmen von Proben Gegenstand einer Vervielfältigung sein, soweit diese Darbietungen schutzwürdig sind. Auch Teilaufnahmen können hiernach geschützt sein.[699]

**356**  **b) Das Vervielfältigungsrecht.** Unter Vervielfältigung iSd § 77 Abs 1 UrhG versteht man jede Übertragung der Aufnahmen von einem Bild-/Tonträger auf einen anderen. Dabei ist es unerheblich, ob die Festlegung unmittelbar oder mittelbar etwa im Wege des „off the air copying"[700] erfolgt.[701] Werden digitale Verbesserungen am Filmwerk vorgenommen, etwa die Umwandlung in HD oder in 3-D lässt dies das Leistungsschutzrecht des ausübenden Künstlers zwar unberührt,[702] ist aber wegen der Sonderregelung des § 92 UrhG ohne Belang.[703] Ein Bearbeitungsrecht steht dem ausübenden Künstler nicht zu.[704] Auch hier muss der ausübende Künstler unter Berufung auf sein Vervielfältigungsrecht vorgehen, wobei darauf hinzuweisen ist, dass auch die Festlegung einer Aufzeichnung in veränderter Form noch Vervielfältigung ist.[705]

---

[696] OLG Hamburg ZUM 1985, 371, 373 – Karajan.
[697] LG München I GRUR 1979, 852 – Godspell; Wandtke/Bullinger/*Büscher* § 77 Rn 3.
[698] Loewenheim/*Vogel* § 38 Rn 62; Wandtke/Bullinger/*Büscher* § 77 UrhG Rn 3.
[699] Wandtke/Bullinger/*Büscher* § 77 UrhG Rn 6.
[700] Hierunter versteht man das Aufnehmen von Rundfunksendungen.

[701] Loewenheim/*Vogel* § 38 Rn 64; Wandtke/Bullinger/*Büscher* § 77 UrhG Rn 5.
[702] OLG Hamburg ZUM-RD 2002, 145 ff.
[703] Dazu Rn 387 ff.
[704] Loewenheim/*Vogel* § 38 Rn 64; Wandtke/Bullinger/*Büscher* § 77 UrhG Rn 6.
[705] BGH GRUR 1991, 529, 530 – Explosionszeichnungen; BGH GRUR 1988, 533, 535 – Vorentwurf II.

Ilja Czernik

c) **Das Verbreitungsrecht.** Unter Verbreitung iSd § 77 Abs 1 UrhG versteht man **357** entsprechend der Legaldefinifition des § 17 UrhG das Recht, die Originalaufnahme oder Vervielfältigungsstücke hiervon in der Öffentlichkeit anzubieten oder in Verkehr zu bringen. Hiervon umfasst sind auch das Verleih- und Vermietrecht, wie in § 77 Abs 1 S 2 UrhG deutlich zum Ausdruck kommt. Dieser verweist nämlich auf den unverzichtbaren Vergütungsanspruch des § 27 UrhG, der für Vermietung und das Verleihen der Aufnahmen entsteht und von einer Verwertungsgesellschaft wahrgenommen werden muss.

## 2. Weitere Verwertungs- und Vergütungsansprüche

§ 78 UrhG gibt dem ausübenden Künstler weitere Verwertungsrechte und Ver- **358** gütungsansprüche an die Hand.

a) **Die Verwertungsrechte.** Zu den Verwertungsrechten zählen das Recht auf öffent- **359** liche Zugänglichmachung, das Senderecht sowie das Recht auf öffentliche Wahrnehmbarmachung.

aa) **Das Recht der öffentlichen Zugänglichmachung.** Das Recht der öffentlichen **360** Zugänglichmachung iSd § 78 Abs 1 Nr 1 UrhG entspricht der Legaldefinition des § 19a UrhG. Danach steht dem ausübenden Künstler das Recht zu, das Werk drahtgebunden oder drahtlos der Öffentlichkeit in einer Weise zugänglich zu machen, dass es Mitgliedern der Öffentlichkeit von Orten und Zeiten ihrer Wahl zugänglich ist. Nach § 78 Abs 1 Nr 1 iVm § 19a UrhG sind von diesem Recht sämtliche Darbietungsformen erfasst, wobei es keine Rolle spielen soll, ob die Darbietung bereits auf einem Bild-/Tonträger festgehalten ist oder nicht.[706] Dies würde aber bedeuten, dass Sendungen im Live-Stream-Format bspw von Theaterstücken ohne Einwilligung der ausübenden Künstler auch unter § 78 Abs 1 Nr 1 UrhG nicht zulässig wären. Dazu in Widerspruch steht aber, dass das Live-Streaming nicht zeitlich ungebunden erfolgt, wie dies für das Recht der öffentlichen Zugänglichmachung charakteristisch ist. Demzufolge beschränkt sich das Recht der öffentlichen Zugänglichmachung vor allem auf Formen der Online-Nutzung wie On-Demand-Streaming oder Downloading, bei denen also eine Aufnahme der Darbietung bereits existiert.

bb) **Das Senderecht.** Neben dem Recht der öffentlichen Zugänglichmachung steht **361** dem ausübenden Künstler nach § 78 Abs 1 Nr 2 UrhG ein „eingeschränktes" Senderecht zu. Eingeschränkt ist das Senderecht deswegen, weil dem ausübenden Künstler ein ausschließliches Senderecht nur so lange verbleibt, wie die Darbietung nicht live gesendet wurde oder eine Aufnahme hiervon erschienen ist bzw öffentlich zugänglich gemacht wurde. Hat der ausübende Künstler hierin sein Einverständnis gegeben, bleibt ihm nur ein Vergütungsanspruch. Der Sendebegriff entspricht dem des § 20 UrhG, wovon terrestrische, kabelgebundene und digitale Sendeformen umfasst sind. Auch das Live-Streaming unterfällt dem Senderecht.[707]

cc) **Das Recht auf öffentliche Wahrnehmbarmachung.** Schlussendlich sieht § 78 **362** Abs 1 Nr 3 UrhG ein Recht auf öffentliche Wahrnehmbarmachung vor. Der ausübende

---

[706] Wandtke/Bullinger/*Büscher* § 78 UrhG Rn 4.
[707] *Poll* GRUR 2007, 476, 480; *Schack* GRUR 2007, 639, 641; Wandtke/Bullinger/*Bullinger* § 19a UrhG Rn 34.

Künstler soll hier vor willkürlicher und heimlicher Erweiterung seines Zuschauerkreises geschützt werden.[708] Der ausübende Künstler hat es daher in der Hand, gegen Maßnahmen (bspw die heimliche Übertragung der Darbietung auf Monitore außerhalb des Veranstaltungsraumes) vorzugehen, die es ermöglichen, seine Darbietung an Zuschauer zu übermitteln, die sich nicht im Raum der Veranstaltung befinden. Entscheidend ist jedoch, dass es sich bei der Darbietung um eine Live-Darbietung handelt.[709] Im Filmbereich spielt diese Regelung daher keine nennenswerte Rolle.

**363**   **b) Die Vergütungsansprüche.** Fast noch wichtiger als die Regelung der Verwertungsrechte sind die in § 78 Abs 2 UrhG geregelten, unverzichtbaren Vergütungsansprüche des ausübenden Künstlers. Denn diese bleiben trotz der Übertragungsregelung des § 92 UrhG auch denjenigen ausübenden Künstlern erhalten, die an einem Filmwerk mitwirken.[710]

**364**   **aa) Vergütungsanspruch für erlaubte Aufnahmen.** § 78 Abs 2 Nr 1 UrhG sieht einen Vergütungsanspruch für die mit Zustimmung des ausübenden Künstlers erfolgte Sendung seiner Darbietung vor. Voraussetzung hierfür ist, dass der Sendung eine Aufzeichnung zugrunde liegt, die erlaubterweise auf einem Bild-/Tonträger aufgenommen worden ist, der erschienen oder erlaubterweise öffentlich zugänglich gemacht worden ist.[711]

**365**   Als **erschienen** gilt nach § 6 Abs 2 UrhG eine Aufnahme, die mit Zustimmung des Berechtigten in genügender Anzahl der Öffentlichkeit angeboten oder in Verkehr gebracht wurde. Die Öffentlichkeit muss dabei die Darbietung jedoch nicht notwendigerweise wahrgenommen haben; die Möglichkeit zur Kenntnisnahme reicht aus.[712] Von einem Erscheinen ist dabei schon dann auszugehen, wenn der ausübende Künstler dem Verleih oder der Vermietung der Aufnahmen mit seiner Darbietung zugestimmt hat, weil dann ein vergleichbarer Verbreitungsgrad erreicht wird.[713] Für den Filmbereich entscheidend ist es, dass es für das Erscheinen genügt, wenn bei einem Verleih oder Vertrieb die erforderlichen Filmkopien bereitgestellt werden.[714] Reguläre Aufführung in einem Kino[715] bzw die Sendung des Filmwerkes durch eine Fernsehanstalt führen ebenfalls zu einem Erscheinen der Darbietung.[716] Nicht ausreichend ist es jedoch, wenn bloß eine einzelne Filmkopien zur Vorführung auf einem Filmfestival bereit gestellt oder vereinzelt Testvorführungen vorgenommen werden.[717] Lediglich das Herstellen von Bild-/Tonträgern durch eine Fernsehanstalt reicht ebenfalls nicht aus, um von einem Erscheinen der Aufnahme auszugehen.[718] In diesen Fällen bleibt der Verbotsanspruch des ausübenden Künstlers bestehen.

**366**   Der Verbotsanspruch des ausübenden Künstlers entfällt allerdings dann wieder, wenn die Darbietung iSd § 19a UrhG öffentlich zugänglich gemacht wurde.

---

[708] Möhring/Nicolini/*Kroitzsch* § 74 UrhG Rn 2; Wandtke/Bullinger/*Büscher* § 78 UrhG Rn 12.
[709] Wandtke/Bullinger/*Büscher* § 78 UrhG Rn 14.
[710] Vgl zu den Besonderheiten des § 92 UrhG unter Rn 387 ff.
[711] Dreier/Schulze/*Dreier* § 78 UrhG Rn 11.
[712] BGH GRUR 1981, 360 – Erscheinen von Tonträgern.
[713] Dreier/Schulze/*Dreier* § 78 UrhG Rn 11; Wandtke/Bullinger/*Büscher* § 78 UrhG Rn 18.

[714] BGH GRUR 1981, 360, 362 – Erscheinen von Tonträgern; BGH GRURInt. 1973, 49, 51 – Goldrausch.
[715] Wandtke/Bullinger/*Marquardt* § 6 UrhG Rn 28.
[716] BGH GRUR 1981, 360, 361 – Erscheinen von Tonträgern.
[717] OLG Frankfurt ZUM 1996, 697, 701 f – Yellow Submarine.
[718] BGH GRUR 1981, 360, 362 – Erscheinen von Tonträgern.

Als eng auszulegende Vorschrift[719] ist zu berücksichtigen, dass nach hM die Sendung des Bild-/Tonträgers im Rahmen von **Werbespots** immer der Einwilligung des ausübenden Künstlers bedarf.[720]  **367**

Die Geltendmachung des **Vergütungsanspruchs** erfolgt durch die **GVL**. Die **Höhe des Vergütungsanspruchs** bemisst sich dabei einerseits nach den Auswirkungen der Zweitverwertung auf die Primärverwertung,[721] nach Nutzungsumfang und Nutzungsintensität, nach Sendeart, -zeit, -form und Reichweite der Sendung.[722] Im Streitfall ist vor dem Gang vor Gericht die Schiedsstelle gem § 14 WahrnG anzurufen.  **368**

**bb) Vergütungsanspruch für erlaubte Wahrnehmbarmachung.** Einen weiteren Vergütungsanspruch sieht § 78 Abs 2 Nr 2 UrhG vor. Danach ist der ausübende Künstler zu beteiligen, wenn seiner Darbietung mittels Bild- oder Tonträger der Öffentlichkeit warnehmbar gemacht wird.  **369**

Was unter **Öffentlichkeit** zu verstehen ist, ist in § 15 Abs 3 S 2 UrhG definiert. Zur Öffentlichkeit gehört danach jeder, der nicht mit demjenigen, der das Werk verwertet, oder mit den anderen Personen, denen das Werk in unkörperlicher Form wahrnehmbar oder zugänglich gemacht wird, durch persönliche Beziehungen verbunden ist. Persönlich Verbundenheit besteht dabei nicht nur bei familiärer oder freundschaftlicher Verbindung.[723] Anders als bei § 15 Abs 3 UrhG vorausgesetzt, ist es für § 78 Abs 2 Nr 2 UrhG erforderlich, dass die Mitglieder der Öffentlichkeit an demselben Ort anwesend sind und sich die Aufzeichnung zusammen anschauen können.[724] Ob die Mitglieder der Öffentlichkeit die Aufzeichnung tatsächlich anschauen, ist dabei dann irrelevant.[725]  **370**

Wurden die wahrnehmbar gemachten Bild-/Tonträger rechtswidrig hergestellt, bleibt es beim Verbotsanspruch des ausübenden Künstlers. Er kann gegen die Vervielfältigungsstücke nach § 96 UrhG vorgehen.  **371**

Die Beurteilung der **Angemessenheit der Vergütung** richtet sich auch hier nach den hergebrachten Kriterien.[726]  **372**

**cc) Vergütungsanspruch für erlaubte Zweitverwertung einer Darbietung.** Schlussendlich sieht § 78 Abs 2 Nr 3 UrhG analog § 22 UrhG zwei Vergütungsansprüche vor, nämlich einmal dafür, wenn die Sendung eine Darbietung öffentlich wahrnehmbar gemacht wurde und zum anderen dafür, wenn die auf öffentlicher Zugänglichmachung beruhende Wiedergabe der Darbietung öffentlich wahrnehmbar gemacht wurde.  **373**

Erfolgte die Sendung, die der öffentlichen Wahrnehmbarmachung der geschützten Darbietung zugrunde liegt, rechtswidrig, kann der ausübende Künstler hiergegen aus § 96 Abs 2 UrhG vorgehen.  **374**

**dd) Vergütungsanspruch nach §§ 32, 32a, 44a ff UrhG.** Dem ausübenden Künstler steht hingegen kein Anspruch auf angemessene Vergütung nach § 32c UrhG wegen  **375**

---

[719] Dreier/Schulze/*Dreier* § 78 UrhG Rn 12.
[720] OLG München ZUM 1995, 32, 35; Dreier/Schulze/*Dreier* § 78 UrhG Rn 12; Wandtke/Bullinger/*Büscher* § 78 UrhG Rn 20.
[721] BGH GRUR 2004, 669 – Musikmehrkanaldienst.
[722] Dreier/Schulze/*Dreier* § 78 UrhG Rn 14; Wandtke/Bullinger/*Büscher* § 78 UrhG Rn 19.
[723] OLG München ZUM 1986, 482, 486.
[724] Dreier/Schulze/*Dreier* § 78 UrhG Rn 16.
[725] BGHZ 123, 149, 152 – Verteileranlage in Haftanstalt.
[726] Vgl dazu Rn 275 ff.

Aufnahme einer neuen Nutzungsart zu. Denn § 79 Abs 2 S 2 UrhG verweist weder auf die Vergütungsregelung des § 32c UrhG noch auf das Widerspruchsrecht aus § 31a Abs 1 S 3 UrhG.[727] Allerdings hat der ausübenden Künstler einen Anspruch auf eine generelle angemessene Vergütung entsprechend § 32 UrhG sowie auf nachträgliche Ergänzungszahlungen entsprechend § 32a UrhG, sollte sich der Film unerwartet als Bestseller herausstellen.[728] Darüber hinaus kann er noch einen Anspruch insb auf Beteiligung an der Geräteabgabe nach § 54 UrhG. Denn die Schrankenregelungen finden wegen des Verweises in § 83 UrhG auf den ausübenden Künstler mit all ihren Vor- und Nachteilen Anwendung.

## IV. Die Persönlichkeitsrechte des ausübenden Künstlers

**376**    Neben Verwertungsrechten und Vergütungsansprüchen stehen dem ausübende Künstler aus seiner Darbietung auch Persönlichkeitsrechte zu. Zu diesen Persönlichkeitsrechten zählen das Anerkennungs- und Namensrecht sowie ein Anspruch auf Integritätsschutz.

### 1. Das Anerkennungsrecht

**377**    Der ausübende Künstler hat nach § 74 Abs 1 S 1 UrhG zunächst das Recht, als solcher anerkannt zu werden. Dies gibt ihm insb das Recht gegen denjenigen vorzugehen, der sich unberechtigterweise als ausübender Künstler der Darbietung ausgibt (sog Anmaßung einer fremden Darbietung). Dazu reicht es schon aus, wenn Dritte irreführenderweise den Eindruck erwecken, sie wären der ausübende Künstler.[729] Daneben besteht ein Recht des ausübenden Künstlers, von Dritten als ausübender Künstler anerkannt zu werden.

**378**    Haben **mehrere ausübende Künstler** an einem Spielfilm mitgewirkt, steht grundsätzlich jedem ein eigenständiger Anspruch auf Anerkennung zu.[730] Im Umkehrschluss bedeutet dies aber gleichzeitig auch, dass ein ausübender Künstler die Nennung der anderen ausübenden Künstler dulden muss.[731]

**379**    **Bezugsobjekt** des Anerkennungsrechts sind alle körperlichen und unkörperlichen Verwertungsformen einer künstlerischen Darbietung.[732]

### 2. Das Benennungsrecht

**380**    Aus dem Anerkennungsrecht folgt das in § 74 Abs 1 S 2 UrhG geregelte **Namensnennungsrecht**. Hiernach steht es dem ausübenden Künstler frei, ob und wie sein Name mit seiner künstlerischen Darbietung in Verbindung gebracht werden kann.

**381**    Bezugsobjekt ist erneut die Darbietung in in allen körperlichen und unkörperlichen Verwertungsformen. Dies unterscheidet den ausübenden Künstler vom Urheber, dem insoweit nur ein Anerkennungs- jedoch kein Namensnennungsrecht zusteht.[733]

---

[727] Krit dazu *Gerlach* ZUM 2008, 372, 373.
[728] Vgl zu den Ansprüchen aus §§ 32, 32 UrhG im Einzelnen unter Rn 205 ff.
[729] BGH GRUR 1963, 40, 43 – Straßen von gestern und morgen.
[730] Vgl hierzu zur insoweit parallelen Bewertung der Anerkennung als Urheber bei OLG Celle GRUR-RR 2001, 125 – Stadtbahnwagen.

[731] BGH GRUR 1972, 713, 714 – Im Rhythmus der Jahreszeiten.
[732] Wandtke/Bullinger/*Büscher* § 74 UrhG Rn 9.
[733] Wandtke/Bullinger/*Büscher* § 74 UrhG Rn 12.

Ilja Czernik

Das Namensnennungsrecht gibt dem Künstler zunächst die Möglichkeit, vom Ver- **382** werter zu verlangen, dass sein Name in einer dem Publikum nachvollziehbaren Weise genannt wird. Ob dabei der **Real- oder der Künstlername** verwendet wird, steht im Belieben des ausübenden Künstlers. Er kann sich allerdings aus seinem Namensnennungsrecht nicht dagegen wehren, wenn sein wirklicher Name etwa im Rahmen einer Werkkritik genannt wird.[734] Gegenüber dem Verwerter kann der ausübende Künstler aufgrund seines Namensnennungsrechts aber verlangen, dass er im Zusammenhang mit der Darbietung nicht genannt wird (**Recht auf Anonymität**). Dies spielt insb dann eine Rolle, wenn der ausübende Künstler sich von einer früheren Darbietung distanzieren will. Zu denken wäre hier insb daran, dass ein Film aufgrund mit dem Künstler nicht abgesprochener zusätzlicher Szenen einen Charakter erhält, der sich mit dem künstlerischen Anspruch oder den Grundsätzen des Künstlers nicht verträgt. Hieran könnte man bspw denken, wenn ein Historienfilm durch das Reinschneiden von Sexszenen einen pornographischen Charakter erhält. Anders ist dies jedoch, wenn dem ausübenden Künstler die Ausrichtung des Films bekannt ist und er zum Zeitpunkt des Drehs damit einverstanden war. Kommt es dann zu keinen Änderungen, sondern ändert der Künstler lediglich seine Meinung, hat er kein Recht auf Anonymität. Denn unter Berücksichtigung der allgemeinen Rücksichtsregelungen der §§ 74, 75 und 39 UrhG müssen auch die Interessen des Filmproduzenten im Rahmen einer Abwägungsentscheidung Berücksichtigung finden. Dieser kann aber ein Interesse daran haben, einen namhaften Schauspieler für sein Filmprojekt zu gewinnen, zahlt hierfür auch eine entsprechende Gage und muss dann das Recht haben, mit dem Namen des Schauspielers Werbung zu machen. Gleiches gilt auch für sog „Jugendsünden" hier kann ein Schauspieler, der erst später Berühmtheit erlangt hat, seine Namensnennung nicht für die Zukunft für einen alten Film verbieten lassen, weil dieser Film seinem Image abträglich sein könnte. Auch hier gilt, dass ein Produzent das Recht haben muss, von der späteren Popularität zu profitieren. So lassen sich oftmals keine anerkennenswerten Interessen ausmachen, warum der Name nun nicht mehr genannt werden darf, obwohl der Schauspieler zum Zeitpunkt des Drehs damit offenkundig kein Problem hatte und mit seiner Nennung einverstanden war. Nur in absoluten Ausnahmefällen wird man davon ausgehen können, dass der Schauspieler sein Recht auf Anonymität umsetzen können wird.

Das Namensnennungsrecht aus § 74 Abs 1 S 2 UrhG gibt dem ausübenden Künst- **383** ler nicht das Recht, gegen die Zuschreibung fremder Darbietungen vorzugehen.[735] Wird jemand fälschlicherweise als ausübender Künstler benannt, kann dieser hiergegen nur aus dem allgemeinen Persönlichkeitsrecht vorgehen, um zu verhindern, dass sein **Lebensbild verfälscht** wird.[736]

Da auch die Persönlichkeitsrechte des ausübenden Künstlers höchstpersönlicher **384** Natur sind, ist ein **Verzicht** hierauf ebenso wenig möglich, wie eine Übertragung dieser Persönlichkeitsrechte auf Dritte. Allerdings müssen es Filmschauspieler wegen § 93 Abs 2 UrhG hinnehmen, nicht genannt zu werden, wenn ihre Nennung für den Filmproduzenten oder einen Sublizenznehmer unverhältnismäßigen Aufwand bedeuten würde. Der Verweis auf eine Branchenübung genügt dafür jedoch nicht.[737] Es ist viel-

---

**734** Wandtke/Bullinger/*Bullinger* § 13 UrhG Rn 13; Wandtke/Bullinger/*Büscher* § 74 UrhG Rn 15.
**735** Wandtke/Bullinger/*Büscher* § 74 UrhG Rn 11.

**736** BGH GRUR 1995, 668, 670 f – Emil Nolde.
**737** LG München I ZUM 2010, 733, 740 – Tatort-Vorspann; Wandtke/Bullinger/*Büscher* § 74 UrhG Rn 19.

mehr eine Frage des Einzelfalls, ob die **Benennung zumutbar** ist. Hierfür trägt der Verwerter die Beweislast.[738] Hiernach wird man davon ausgehen können, dass der Filmabspann im Kino zumindest die ausübenden Künstler nennen muss, die eine Sprechszene haben. Jeder Statist des Films muss dagegen nicht namentlich aufgeführt werden. Zudem wird man davon ausgehen müssen, dass ein Sendeunternehmen das Recht haben muss, den Abspann eines Films so zu kürzen, dass keine unnötige Sendezeit geblockt werden und deswegen die Nebendarsteller, die nur im Abspann genannt werden, nicht bekannt gemacht werden. Darüber hinaus steht dem Filmproduzenten auch hier wie bei der Benennung des Urhebers das Recht zu, die Benennung solcher Schauspieler auf den Nachspann zu beschränken, die nur eine untergeordnete Rolle im Film spielen.[739]

### 3. Der Integritätsschutz

**385**  Dem ausübenden Künstler steht ein Integritätsschutz zu, der jedoch analog zum Urheber unter den strengeren Voraussetzungen des § 93 UrhG steht.[740]

## V. Rechtsverkehr und Vertragsregelungen

**386**  Der ausübende Künstler kann nach § 79 UrhG seine Verwertungsrechte **translativ** übertragen bzw **einfache oder ausschließliche Nutzungsrechte** daran einräumen. Daneben besteht die Möglichkeit der Übertragbarkeit auch hinsichtlich der Vergütungsansprüche. Eine Ausnahme gilt insofern wegen §§ 83, 63a UrhG nur für die Vergütungsansprüche aus dem Aufkommen der Geräte- und Leerträgervergütung.

### 1. Die Sonderregelung des § 92 UrhG

**387**  Im Filmbereich besteht analog den §§ 88, 89 UrhG zugunsten des Filmherstellers eine **Zweifelsregelung**, wonach der Filmhersteller die relevanten Nutzungsrechte erhält. Schließen nämlich Filmhersteller und ausübender Künstler einen Vertrag über dessen Mitwirkung bei Herstellung eines Filmwerkes, so liegt darin im Zweifel hinsichtlich der Verwertung des Filmwerks die Einräumung des Rechts, die Darbietung auf eine der dem ausübenden Künstler nach § 77 Abs 1 und 2 S 1 und § 78 Abs 1 Nr 1 und 2 vorbehaltenen Nutzungsarten zu nutzen.

**388**  Die Sonderregelung des § 92 UrhG gilt allerdings nur im Falle der Mitwirkung an Filmwerken, nicht an Laufbildern. Dies zeigt bereits der Wortlaut des § 92 UrhG, der explizit von einem Filmwerk spricht sowie § 95 UrhG, der § 92 UrhG nicht für entsprechend anwendbar erklärt.

**389**  Keine Anwendung findet § 92 UrhG zudem dann, wenn im Rahmen einer Fernsehsendung Bild-/Tonträger eines anderen Films eingeblendet werden. Zwar wirken die ausübenden Künstlers mittelbar auch am neuen Film, nämlich der Fernsehsendung mit; geschieht dies aber ohne ihre vorherige Einwilligung liegt hierin keine Mitwirkung iSd § 92 UrhG.[741] Dabei muss die Einwilligung gegenüber dem Fernsehsender

---

[738] Wandtke/Bullinger/*Manegold* § 93 UrhG Rn 19.
[739] OLG München GRUR-RR 2008, 37, 43 – Pumuckl-Illustrationen II.

[740] Vgl dazu im Einzelnen Rn 300 ff.
[741] Wandte/Bullinger/*Manegold* § 92 UrhG Rn 4.

Ilja Czernik

erklärt werden. Die einmal erteilte Einräumung der Senderechte gegenüber dem Film-produzenten reicht nicht aus.

Von § 92 UrhG nicht umfasst sind allerdings die dem ausübenden Künstler zu- **390** stehenden **Vergütungsansprüche**. Diese müssten gesondert übertragen werden. Die nach § 92 UrhG erlaubten Nutzungen sind an eine filmspezifische Auswertung des konkreten Filmwerks gekoppelt.[742] Eine gesonderte Verwertung nur einzelner Film-teile ist mit Ausnahme des Trailerrechts nicht zulässig.

Wegen § 92 UrhG gilt auch für ausübende Künstler eine Beschränkung ihrer Rück- **391** rufsrechte. Vorbehaltlich einer vertraglichen Regelung besteht zugunsten des Filmher-stellers die **widerlegliche Vermutung**, dass er berechtigt ist, die Nutzungsrechte am Filmwerk weiterzuübertragen.[743]

Schlussendlich sieht § 92 Abs 2 UrhG wie § 89 Abs 2 UrhG eine **doppelte Abtre-** **392** **tungsbefugnis** vor. Danach kann der ausübende Künstler selbst dann noch dem Film-hersteller Nutzungsrechte an seiner Darbietung einräumen, wenn er diese zuvor Dritten eingeräumt hat,[744] es sei denn, es handelt sich beim Dritten um eine Verwer-tungsgesellschaft, die die gesetzlichen Vergütungsansprüche wahrnimmt.[745]

### 2. Schauspielerverträge

Schließen ausübende Küntler und der Filmhersteller einen Schaupielvertrag, han- **393** delt es sich hierbei wegen der Weisungsgebundenheit regelmäßig um einen Arbeitsver-trag,[746] der eine **Mitwirkungspflicht** der ausübende Künstler am Film begründet. Soll-ten die Mitspracherechte des ausübenden Künstlers besonders stark ausgestaltet sein, kann unter Umständen auch ein einfacher Dienstvertrag vorliegen.[747] Die Unterschei-dung ist dabei von Bedeutung, weil je nach Ausgestaltung die Vorschrift des § 43 UrhG zum **Arbeitnehmerurheberrecht** zu beachten ist. Danach erhält ein Filmherstel-ler über die Nutzungsrechte zur filmische Auswertung hinaus noch Nebenrechte, die eine außerfilmische Verwertung erlauben.[748] Darüber hinaus steht dem Filmhersteller gegenüber ausübende Künstlern in den Grenzen des § 93 UrhG ein **Direktionsrecht** zu.[749]

Vertragliche Pflichten der mitwirkenden Schauspielern sind die **Anwesenheitspflicht** **394** an Drehtagen und die Erbringung der schauspielerischen Leistung. Doch bereits vor dem eigentlichen Drehbeginn kann der Schauspieler verpflichet sein, bspw an Kos-tüm- und Maskenproben mitzuwirken. Und auch mit Ende des Drehs enden nicht notwendigerweise die Verpflichungen eines Schauspielers. Neben **Nachaufnahmen** und **Neusynchronisation**, sind Schauspieler regelmäßig verpflichtet **Promotiontermine** wahrzunehmen. Dabei bestehen oftmals konkrete Veschwiegenheitspflichten und Vor-gaben darüber, welche Auskünfte ein Schauspieler insb über den Prozess der Filmher-stellung geben darf und soll. Um zu verhindern, dass eine Verwertung im Ausland gestoppt wird, sollte zusätzlich noch darauf geachtet werden, dass **Synchron- und** **Voice-over-Rechte**[750] eingeräumt werden. Hierdurch wird verhindert, dass sich ein

---

[742] Wandte/Bullinger/*Manegold* § 92 UrhG Rn 16.
[743] Vgl zu den Rückrufsrechten unter Rn 97 ff.
[744] Vgl zu § 89 Abs 2 UrhG Rn 119 ff.
[745] *Schwarz* ZUM 1999, 40, 45; Wandtke/Bul-linger/*Manegold* § 93 UrhG Rn 18.
[746] Vgl zum Arbeitnehmerbegriff unter Rn 129 sowie BAG ZUM 2007, 507 508; BAG Urt v 23.4.1980, Az 5 AZR 426/79.

[747] BAG NJW 2008, 780; Loewenheim/ *Schwarz-Reber* § 74 Rn 181; Wandtke/Bullin-ger/*Manegold* § 92 UrhG Rn 28.
[748] Loewenheim/*Schwarz-Reber* § 74 Rn 189.
[749] BAG NJW 2008, 780, 781.
[750] Zu den Problemen hierzu vgl auch unter Rn 114.

ausübender Künstler wegen einer ihm unangenehmen Synchronstimme sich auf § 93 UrhG beruft, weil er seine Darbietung entstellt sieht.[751] Daneben sollte immer darauf geachtet werden, dass im Zweifel auch sämtliche Werbe- und Klammerteilrechte eingeräumt werden.

**395**     Als vertragliche Leistung erhält ein Schauspieler regelmäßig eine **Pauschalvergütung.** Dabei sollte von vornherein klar und eindeutig geregelt werden, ob die Vergütung nur für die Drehtage gilt oder auch für vorbereitende Arbeiten, Nacharbeiten und/oder Promotionermine umfasst. Interessant sind in diesem Zusammenhang auch Vereinbarungen zu Nebenarbeiten. Gerade bei Theaterschauspielern kann es schließlich vorkommen, dass diese ein parallel laufendes Engagement an einem Theater haben. Hier sind Ausgleiche zwischen den Interessen beider Parteien zu suchen und vorher konkrete Zeiten festzulegen, zu denen die Anwesenheit des Schauspielers zwingend erforderlich sind.

## VI. Beachtung von Besonderheiten bei Ensembleleistungen

**396**     Schauspieler erbringen ihre Darbietungen regelmäßig als Ensemble. Jede Ensembleleistung bringt es nun mit sich, dass zwischen den Interessen der Beteiligten ein Ausgleich geschaffen wird. Denn ohne Ausgleich hätten einige Leistungsschutzberechtigten es in der Hand, die Verwertung einer Ensembledarbietung zu verhindern. Aus diesem Grund sieht § 80 UrhG **analog zur Miturheberschaft** vor, dass ein einzelnes Ensemblemitglied durch seinen Widerspruch seine Kollegen nicht um eine vielleicht erwünschte zusätzliche Einnahme an ihrer Leistung bringen kann.[752]

### 1. Einheitliche Darbietung

**397**     Voraussetzung des § 80 UrhG ist, neben der Tatsache, dass es sich bei den betroffenen Mitwirkenden um ausübende Künstler handelt, dass es sich bei deren Beiträgen um eine einheitliche Darbietung handelt. Eine einheitliche Darbietung liegt vor, wenn die Beiträge der Künstler sich nicht gesondert verwerten lassen. Maßgeblich hierfür ist nicht, ob eine gesonderte Verwertung wirtschaftlich Sinn macht. Es ist allein entscheidend, ob sich die Beiträge theoretisch trennen lassen.[753]

### 2. Verwertungsgemeinschaft besonderer Art

**398**     Mit dem Vorliegen einer einheitlichen Darbietung entsteht eine Verwertungsgemeinschaft besonderer Art.[754] Danach steht den ausübenden Künstlern das Recht zur Verwertung ihrer Darbietung zur gesamten Hand zu.[755] Inhaberin der Verwertungsrechte ist danach die GbR, die zwischen den Künstlern mit der Aufnahme der einheitlichen Darbietung begründet wurde.[756]

**399**     Ein einzelner Künstler hat es danach nicht in der Hand, die Verwertung eines Filmwerkes entgegen den Grundsätzen von Treu und Glauben zu verweigern. Es gelten

---

[751] Vgl dazu *Schwarz* ZUM 1999, 40, 45.
[752] BT-Drucks IV/270, 94.
[753] LG Köln ZUM-RD 2008, 211, 212 – X. meets Symphony.
[754] Wandtke/Bullinger/*Büscher* § 80 UrhG Rn 7.

[755] BGH GRUR 2005, 502, 503 – Götterdämmerung; OLG Köln ZUM 2001, 166, 169 – The Kelly Family.
[756] So wohl auch Wandtke/Bullinger/*Büscher* § 80 UrhG Rn 9.

Ilja Czernik

insoweit die allgemeinen zu § 8 UrhG entwickelten Grundsätze hier analog. Diese Grundsätze sind auch vor der Vornahme des Rückrufsrechtes wegen Nichtausübung zu beachten.

Ob der ausübender Künstler darüber hinaus sein **Rückrufsrecht wegen gewandel- ter Überzeugung** allein geltend machen kann, ist umstritten. Zutreffenderweise wird man hier nicht von einer gesamthänderischen Bindung dieses Rechts in den Händen der Ensemble-GbR ausgehen können. Denn der Rückruf beruht auf persönlichkeits- rechtlichen Überlegungen. Dass damit die anderen Mitwirkungen in ihren Verwer- tungsmöglichkeiten beschnitten werden, steht dem nicht entgegen. Denn auch bei Ausübung der Persönlichkeitsrechte durch den ausübenden Künstlers werden die anderen in ihren Verwertungsmöglichkeiten betroffen. Für den Filmbereich sind diese Überlegungen letztlich aber ohne Bedeutung, da für ausübende Künstler im Filmbe- reich das Recht zum Rückruf im Interesse einer ungestörten Verwertung des Filmwer- kes nach den §§ 92 Abs 3 UrhG iVm § 90 UrhG ausgeschlossen ist.

**400**

### 3. Aktivlegitimation

Die Persönlichkeitsrechte können ungeachtet § 80 UrhG von jedem ausübenden Künstler **gesondert geltend gemacht** werden.[757] Allerdings gilt auch dies nicht un- beschränkt, so besteht eine derartige Befugnis des ausübenden Künstlers nur bis zur Grenze des Rücksichtnahmegebotes, wie es in § 75 S 2 UrhG zum Ausdruck kommt. Im Übrigen sind im Filmbereich die Einschränkungen des § 93 UrhG zu beachten.

**401**

Es gibt im Zusammenhang mit ausübenden Künstlern noch eine Besonderheit zu beachten. Hat nämlich das Ensemble einen **Vorstand**, sieht § 80 Abs 2 iVm § 74 Abs 2 S 2, 3 UrhG vor, dass dieser allein berechtigt ist, die Rechte aus den §§ 77, 78 UrhG sowie das Rückrufsrecht wegen Nichtausübung geltend zu machen.[758] Die Son- derbestimmung des § 80 Abs 2 UrhG ermächtigt den Vorstand bzw einen vom Ensemble gewählten Vertreter zur Geltendmachung der Verwertungsrechte der Ensem- blemitglieder in **gesetzlicher Prozessstandschaft**.[759] Der Zweck dieser Regelung wird darin gesehen, dass einmal die Position der ausübenden Künstler durch das gemein- same Auftreten gestärkt wird sowie andererseits durch die einheitliche Rechtswahr- nehmung durch einen Vorstand der Rechtsverkehr mit der Verwerterseite erleichtert wird.[760] Nur wenn das Ensemble keinen Vorstand, Leiter oder anderweitig gewählten Vertreter hat, was allerdings bei Filmschauspielern die Regeln ist, kann jeder aus- übende Künstler seine Rechte gesondert wahrnehmen. Er ist dann nicht auf die Rech- tewahrnehmung durch den Vorstand beschränkt.[761]

**402**

Die einheitliche Rechtswahrnehmung bedeutet im Übrigen umgekehrt auch, dass der Vorstand bzw gewählte Vertreter nicht nur aktiv-, sondern auch **passivlegitimiert** ist.[762] Denn sonst würde die Erleichterung des Rechtsverkehrs in einem wesentlichen Punkt nicht eintreten.

**403**

---

757 LG Köln ZUM-RD 2008, 211, 213 – X. meets Symphony.
758 BGH GRUR 1999, 49, 50 – Bruce Spring- steen and his band; OLG München GRUR 1989, 55, 56 – Cinderella.
759 BGH GRUR 2005, 502, 503 – Götter- dämmerung; BGH NJW 1993, 2183, 2184 – The Doors.

760 BGH GRUR 2005, 502, 503 – Götter- dämmerung.
761 BGH GRUR 1999, 49, 50 – Bruce Spring- steen and his band; BGH NJW 1993, 2183, 2184 – The Doors.
762 Wandtke/Bullinger/*Büscher* § 80 UrhG Rn 16.

**404**    Als Leiter eines Ensembles iSd 80 Abs 2 UrhG gilt niemals der **Arbeitgeber** der Ensemblemitglieder.[763]

**405**    Der ausübende Künstler kann seine Rechte unabhängig von den am Film mitbeteiligten Urhebern ausüben.[764] Schließlich wären seine Rechte praktisch wertlos, wenn er dazu immer der Einwilligung der Urheber bedürfte. Bei der Ausübung der Rechte muss aber auch hier ein Interessenausgleich zwischen den Urhebern und den ausübenden Künstlern geschaffen werden. Andernfalls könnten sich beide Interessengruppen gegenseitig lahm legen. Aufgrund des im Urheberrecht immanenten Grundsatzes der gegenseitigen Rücksichtnahme, sind daher die Grundsätze des § 8 UrhG hier ebenfalls analog anzuwenden, soweit die Interessen der einen Gruppe die Interessen der anderen Gruppe berühren.

## VII.  Schutzdauer

**406**    Hinsichtlich der Verwertungs- und Persönlichkeitsrechte des ausübenden Künstlers sind unterschiedliche und komplexe Schutzdauerregelungen zu beachten.

### 1. Schutzdauer Verwertungsrechte und Vergütungsansprüche

**407**    Die Schutzdauer der Verwertungsrechte und der Vergütungsansprüche des ausübenden Künstlers aus den §§ 77, 78 UrhG regelt § 82 UrhG. Danach gilt grundsätzlich eine **fünfzigjährige Schutzdauer** für alle Darbietungen des ausübenden Künstlers.

**408**    Ist die Darbietung (wie beim Film üblich) auf einem Bild-/Tonträger aufgezeichnet worden, erfährt der laufende Schutz des ausübenden Künstlers eine Verlängerung. Der ausübende Künstler erhält mit dem Erscheinen des Bild-/Tonträgers zusätzlich zum bisherigen **Schutzzeitraum** weitere fünfzig Jahren an Schutz dazu. Vorraussetzung hierfür ist, dass der Bild-Tonträger innerhalb der ersten fünfzig Jahre seit dem Jahr der Darbietung erschienen ist.[765]

**409**    Diese **Verlängerungsmöglichkeit** des § 82 UrhG ist insb bei solchen Archivaufnahmen zu beachten, die zunächst im Archiv vergessen wurden und später der Öffentlichkeit präsentiert werden sollen. Läuft die fünfzigjährige Schutzdauer noch und soll die Aufnahme im letzten Jahr der ursprünglichen Schutzdauer erscheinen, kann es passieren, dass der ausübende Künstler in den Genuss von weiteren fünfzig Jahren kommt. Dies hat zur Folge, dass § 82 UrhG einen maximalen Schutz von 100 Jahren vorsieht.

**410**    Zu beachten ist, dass eine Verlängerung der Schutzdauer nur eintritt, wenn es zu einem Erscheinen der Aufnahme innerhalb der ersten fünfzig Jahre kommt, die § 80 UrhG an die Darbietung koppelt. Ist diese Frist einmal verstrichen, kommt eine Verlängerung nicht mehr in Betracht.

**411**    Die Frist selbst berechnet sich nach § 69 UrhG. Danach ist weder der konkrete Tag der Darbietung noch des Erscheinens maßgeblich. Es handelt sich vielmehr um eine

---

[763] BGH GRUR 1999, 49, 50 – Bruce Springsteen and his band.
[764] BGH GRUR 1962, 370, 373 – Schallplatteneinblendung.

[765] Vgl dazu *Schunke* Kap 3.

Ilja Czernik

sog **Silvesterfrist**. Maßgeblich ist also nur das Jahr, in dem die Darbietung erfolgt ist bzw der Träger erschienen ist.

Die Gefahr einer Verlängerung des Schutzes durch eine verzögerte Veröffentlichung des Trägers kann nicht dadurch vorgebeugt werden, dass heimlich aufgenommene Mitschnitte frühzeitig auf den Markt gebracht werden. Die Verwertung unautorisierter Aufnahmen löst den ergänzenden Schutz nicht aus.[766] Die Aufnahmen werden behandelt, als wären sie nicht erschienen.

**412**

### 2. Schutzdauer der Persönlichkeitsrechte

Die Schutzdauer der Persönlichkeitsrechte ist in § 76 UrhG geregelt. Danach erlöschen die Persönlichkeitsrechte regelmäßig mit dem Tod des ausübenden Künstlers. Als **Mindestfrist** gilt dabei jedoch eine Schutzdauer von **fünfzig Jahren**. Sollte der ausübende Künstler nämlich nach seiner Darbietung keine fünfzig Jahre mehr leben, läuft die im Jahr der Darbietung beginnende fünfzigjährige Frist noch über den Tod des Künstlers hinaus. Die Frist berechnet sich auch hier nach § 69 UrhG. Eine weitere Verlängerung der Schutzdauer wie § 82 UrhG sie für auf Bild-/Tonträgern festgehaltenen Darbietungen vorsieht, kennt § 76 UrhG hingegen nicht. Allerdings kann unter Umständen noch nach Ablauf der in § 76 UrhG vorgesehenen Schutzdauer ein persönlichkeitsrechtlicher Schutz bestehen. Dieser wird von Rechtsprechung und Literatur unter Rückgriff auf das allgemeine Persönlichkeitsrecht hergeleitet.[767]

**413**

**Wahrgenommen** werden können die Persönlichkeitsrechte vom Künstler selbst bzw nach seinem Tod von dessen Angehörigen (§ 76 S 4 UrhG). Wer Angehöriger ist, bestimmt sich nach § 60 Abs 2 UrhG. Danach sind Angehörige nicht notwendigerweise mit dem Ehgatten identisch. So gelten als Angehörige ausschließlich Ehegatten und Kinder und wenn diese nicht vorhanden sind die Eltern. Dieser Umstand wurde in der Vergangenheit kritisiert, weswegen eine Abschaffung des § 76 S 4 UrhG gefordert wurde.[768] Dem ist angesichts der auch vom BGH festgestellten Entwicklung der Persönlichkeitsrechte hin zum Wirtschaftsgut[769] zuzustimmen. Persönlichkeitsrechte können einen erheblichen wirtschaftlichen Wert haben. Es muss nun aber dem Inhaber des Wirtschaftsgutes überlassen bleiben, wen er in den Genuss dieses Wertes kommen lassen will. Alles andere wäre ein mit der freiheitlichen Idee des Grundgesetzes nicht zu vereinbarender Paternalismus.

**414**

Bei **Ensembleleistungen** gilt wegen § 76 S 3 UrhG wie bei Miturhebern, dass für die Dauer des Schutzes der Tod des letzten der beteiligten ausübenden Künstler maßgeblich ist.

**415**

Abschließend ist noch auf folgendes hinzuweisen: Besteht eine vertragliche Abrede zwischen Filmproduzent und Schauspieler, die eine **unbefristete Namensnennung** vorsieht, ist davon auszugehen, dass ausnahmsweise auch nach Ablauf der gesetzlichen Frist eine vertragliche Verpflichtung zur Namensnennung besteht. Diese wirkt aber nur interpartes und bindet Dritte nicht.[770] Ist es einem Schauspieler daher wichtig, dass sein Name auch noch weit nach seinem Tod genannt wird, sollte er in dem Vertrag mit dem Filmproduzent eine Klausel aufnehmen, wonach dieser gezwungen wird,

**416**

---

[766] LG Hamburg ZUM 1991, 98, 99 – Bayreuther Orchester.
[767] BGH GRUR 1995, 668, 670 f – Emil Nolde; Wandtke/Bullinger/*Büscher* § 76 UrhG Rn 1; Loewenheim/*Vogel* § 38 Rn 134.

[768] *Krüger* ZUM 2003, 122, 126; ähnl auch *Flechsig/Kuhn* ZUM 2004, 14, 22.
[769] Vgl BGH GRUR 2000, 715 ff – Marlene Dietrich.
[770] Loewenheim/*Vogel* § 38 Rn 136.

eine entsprechende Verpflichtung zur Namensnennung an seine Sublizenznehmer wei-
terzureichen, wobei eine Verpflichtung zur Durchsetzung des Namensnennungsrechts
ebenfalls aufgenommen werden sollte, soll diese Klausel nicht als zahnloser Tiger
enden.

## § 11
## Sendeunternehmen

**417**     Neben Urheber, Produzenten und ausübenden Künstlern gibt es noch eine vierte
Gruppe, die wesentlich für den Filmbereich ist. Es handelt sich dabei um die sog
Sendeunternehmen, die in § 87 UrhG eine eigene Regelung erfahren haben. Als Sendeunternehmen bekannt sind hierbei vor allem die Sender der Privaten Rundfunkveran-
stalter sowie die des öffentlich-rechtlichen Rundfunks.

## I. Definition des Sendeunternehmens

**418**     Als Sendeunternehmen anerkannt sind solche Unternehmen, die eine auf Dauer
angelegte und unmittelbar an die Öffentlichkeit gerichtete Sendetätigkeit iSd §§ 20 f
UrhG in eigener Verantwortung ausüben.[771] Ob das Programm von der Öffentlichkeit
verschlüsselt oder unverschlüsselt empfangen wird, ist dabei ebenso unerheblich,[772]
wie die Rechtsform des Sendeunternehmens sowie ob der Unternehmenszweck kom-
merzieller oder nichtkommerzieller Natur ist.[773] Maßgeblich ist allein, dass der Veranstalter die Struktur des Programms festlegt, die Abfolge plant, die Sendungen zu-
sammenstellt und unter einer einheitlichen Bezeichnung dem Publikum anbietet. Bloße
Zulieferer einzelner Sendungen oder Programmteile sind danach ebensowenig Sendeunternehmen, wie diejenigen Unternehmen, deren sich der Veranstalter zur technischen Übermittlung seines Programms bedient,[774] soweit die zuletzt genannten Über-
mittlungsunternehmen nicht einen Aufwand betreiben, der über das bloße technische
Zugänglichmachen hinaus geht.[775] Nicht notwendig ist, dass der Veranstalter des Programms die einzelnen Sendungen selbst produziert.[776] Hiernach werden Kabelunternehmen, die Kabelerstsendungen vornehmen, Mehrkanaldienste und Nutzer offener
Kanäle sowie Schwarzsender als Sendeunternehmen angesehen.[777] Auftragsprodzen-
ten, Kabelunternehmen, deren Tätigkeit sich auf die Kabelweitersendung beschränkt,
Betreiber kleinerer Gemeinschaftsanlagen sowie Diensteanbieter von Tele-/Medien-
diensten gelten hingegen nicht als Sendeunternehmen.[778] Auch die ARD ist kein Sendeunternehmen, da sie nur ein Zusammenschluss verschiedener öffentlich rechtlicher
Rundfunkanstalten ist. Diensteanbieter von Internet-TV-Sendungen sind nur dann
Sendeunternehmen, wenn sie lineares Programm-Streaming betreiben.[779]

---

[771] BVerfG MMR 1998, 196 – extra-radio;
Wandtke/Bullinger/*Ehrhardt* § 87 UrhG Rn 8.
[772] Loewenheim/*Flechsig* § 41 Rn 10; Wandtke/
Bullinger/*Ehrhardt* § 87 UrhG Rn 10.
[773] BVerfG NJW 1997, 1841, 1842 – Radio
Dreyeckland.
[774] BVerfG MMR 1998, 196 – extra-radio;
BGH GRUR 2010, 530 – Regio Vertrag.
[775] BGHZ 123, 149, 153 f – Verteileranlage.

[776] BVerfG MMR 1998, 196 – extra-radio.
[777] Dreier/Schulze/*Dreier* § 87 UrhG Rn 6;
Wandtke/Bullinger/*Ehrhardt* § 87 UrhG Rn 12,
13.
[778] BVerfG MMR 1998, 196 – extra-radio;
Wandtke/Bullinger/*Ehrhardt* § 87 UrhG Rn 13.
[779] Wandtke/Bullinger/*Ehrhardt* § 87 UrhG
Rn 13.

## II. Schutzzweck des § 87 UrhG

**419** Sendeunternehmen sind, soweit sie nicht an der Produktion eines Films beteiligt sind, keine Filmhersteller iSd § 94 UrhG. Wegen ihrer technischen, organisatorischen und finanziellen Investitionsleistung sind Sendeunternehmen in § 87 UrhG aber mit einem eigenen originären ausschließlichen Leistungsschutzrecht bedacht.[780] Bedient sich ein Sendeunternehmen zur Übertragung einer Sendung bspw eines Kabelunternehmens, bleibt das Sendeunternehmen Leistungsschutzberechtigter iSd § 87 UrhG. Maßgeblicher ist nämlich derjenige, von dem die Ausstrahlung ausgeht.

## III. Gewährte Rechte

**420** Das Leistungsschutzrecht aus § 87 UrhG gewährt dem Sendeunternehmen eine Reihe verschiedene Rechte. Hierzu zählen das Recht der Weitersendung, der öffentlichen Zugänglichmachung, der Vervielfältigung, der Verbreitung und der öffentlichen Wahrnehmbarmachung.

### 1. Das Recht der Weitersendung

**421** Das Recht der Weitersendung in § 87 Abs 1 Nr 1 UrhG schützt die Funksendungen eines Sendeunternehmens vor unerlaubter zeitgleicher und unveränderter, integraler Weiterausstrahlung.[781] Der Anwendungsbereich des Senderechts ist dabei schon mit der Ausstrahlung eröffnet. Ob die Sendung vom Zuschauer tatsächlich auch wahrgenommen wird, ist unerheblich.

**422** a) **Funksendung.** Unter einer Funksendung versteht man die erste Ausstrahlung von Bildern und Tönen, die Teil eines vom Sendeunternehmen vorgegebenen Programms sind, dessen inhaltliche und zeitliche Abfolge vom Sendeunternehmen vorgegeben wird.[782] Die Ausstrahlung erfolgt unter Benutzung elektromagnetischer Schwingungen. Aufgrund mangelnder Interaktion des Zuschauers handelt es sich bei Funksendungen um einseitige Mitteilungen des Sendeunternehmens gegenüber der Öffentlichkeit, die die Sendung deswegen auch unmittelbar und zeitgleich empfangen.[783] Allerdings soll der Anwendungsbereich des § 87 Abs 1 Nr 1 UrhG nicht schon deshalb ausscheiden, wenn die Abgabe des Datenstroms wegen der erforderlichen Aufbereitung des Sendesignals für die Weiterleitung im Internet nicht zeitgleich, sondern zeitversetzt erfolgt, sofern etwa die Herstellung der Aufzeichnung durch den Endnutzer erfolgt und ein Dritter sich nur darauf beschränkt, die Technik bereitzustellen und das Funksignal zu übertragen.[784] Geschützt sind weiter insb folgende Vorgänge vor einer Weitersendung: die Kabelweitersendung[785] sowie die zeitgleiche Weiterübertragung von Rundfunksendungen in Verteileranlagen[786] auch im Rahmen von Hotelverteileranlagen[787] sowie durch eine Interessengemeinschaft von Bürgern einer Kleinstadt, die ihre Mitglieder mittels Kabelempfangs- und Verteileranlagen, mit Fern-

---

[780] Vgl grundlegend zu den Schutzerfordernissen eines Sendeunternehmens BGHZ 37, 1, 7 ff, 11 ff – AKI.
[781] BGH ZUM-RD 2009, 508, 513 – shift tv.
[782] BVerfG MMR 1998, 196 – extra-radio.
[783] BGH ZUM-RD 2009, 508, 513 – shift tv.

[784] BGH ZUM-RD 2009, 508, 513 – shift tv.
[785] BGH GRUR 2000, 699, 700 f – Kabelweitersendung.
[786] BGH GRUR 1994, 45, 46 Verteileranlagen.
[787] BGH GRUR 2010, 530, 531 – Regio Vertrag.

sehprogrammen versorgt.[788] Ebenfalls als Kabelweitersendung wird die Weiterleitung der von privaten Sendeunternehmen ausgestrahlten Programme über Breitbandkabelanschlüsse der Netzebene 3 und 4 angesehen.[789] Aber nicht jede Übermittlung eines geschützten Werkes, die über ein Verteilernetz stattfindet, stellt eine Sendung iSd § 20 UrhG dar, so dass der Rundfunkempfang mit kleineren Gemeinschaftsantennenanlagen nicht von der Genehmigung der Rechteinhaber abhängig ist.[790] Eine Weitersendung liegt zudem nicht vor, wenn nur der Empfang der ausgestrahlten Programme verbessert wird.[791] Als hilfreicher Abgrenzungsmaßstab gilt dabei, ob der Inhalt der Sendung durch eine eigenständige Handlung für ein neues Publikum wiedergegeben wird. In diesem Fall liegt eine Weitersendung vor.[792]

**423**     Immer muss eine Wiedergabe öffentlich erfolgen. Ob eine öffentliche Wiedergabe vorliegt, wird nicht nach technischen Kriterien beurteilt, sondern nur aufgrund einer wertenden Betrachtung.[793] Die Öffentlichkeit muss kein Ausschnitt der Allgemeinheit oder die Allgemeinheit selbst sein. Es genügt, wenn der Kreis der möglichen Zuschauer nicht abgrenzbar ist.[794] Verfolgt derjenige, der die Weitersendung vernimmt Erwerbszwecke, liegt hierin ebenfalls immer ein Indiz für eine öffentliche Wiedergabe.[795]

**424**     **b) Begriff des Sendenden.** Bei der Inanspruchnahme eines möglichen Verletzers ist weiter auf folgendes zu achten: Nur der Sendende nicht aber der Empfänger ist im Falle einer Kabelweitersendung passivlegitimiert.[796] Sendender ist allein derjenige, der darüber entscheidet, welche Funksendungen in das Kabel eingespeist und an eine Öffentlichkeit weitergeleitet werden, nicht dagegen derjenige, der lediglich die hierfür erforderlichen technischen Vorrichtungen bereitstellt und betreibt. Überträgt der Betreiber eines Kabelnetzes Funksendungen durch Einspeisung in eine Kabelanlage auf Grund einer eigenen Entscheidung – und nicht lediglich als Dienstleister beim Signaltransport – weiter, sendet er selbst und ist dafür selbst urheberrechtlich verantwortlich.[797] Das Aufstellen von Empfangsgeräten ist urheberrechtlich allenfalls dann bedeutsam, wenn es zu einer Sendetätigkeit im technischen Sinne hinzutritt[798] bzw wenn der vermeintliche Sendende sich darauf beschränkt, bloß als „notwendiges Werkzeug" des Empfängers tätig zu werden.[799] Eine Sendung liegt also auch dann vor, wenn ein technischer Dienstleister sich nicht nur auf das Weiterleiten beschränkt, sondern auch noch eine Empfangsvorrichtung zur Verfügung stellt, mittels derer die vom Rundfunk übertragene Werkdarbietung wahrnehmbar gemacht werden kann.[800]

## 2. Das Recht der öffentlichen Zugänglichmachung

**425**     Sendeunternehmen steht neben dem Weitersendungsrecht noch das Recht zu, sich gegen eine unzulässige öffentliche Zugänglichmachung zur Wehr zu setzen. Unter dem

---

[788] LG Erfurt ZUM-RD 2009, 141, 142.
[789] KG ZUM 2010, 342.
[790] BGH ZUM-RD 2009, 508, 513 – shift tv.
[791] EuGH ZUM 2007, 132, 135 – öffentliche Wiedergabe; BGH GRUR 2010, 530, 531 – Regio Vertrag; KG ZUM 2010, 342, 346.
[792] BGH GRUR 2010, 530, 531 – Regio Vertrag.
[793] BGH ZUM-RD 2009, 369 – shift-tv; BGH GRUR 1994, 45, 46 – Verteileranlagen.
[794] OLG Hamm ZUM 2007, 918, 921; LG Erfurt ZUM-RD 2009, 141, 142.

[795] EuGH ZUM 2007, 132, 135 – öffentliche Wiedergabe; KG ZUM 2010, 342, 346; OLG Hamm ZUM 2007, 918, 921.
[796] BGH GRUR 2010, 530, 532 – Regio Vertrag.
[797] BGH GRUR 2010, 530, 531 – Regio Vertrag.
[798] BGH GRUR 2010, 530, 532 – Regio Vertrag.
[799] BGH GRUR 2010, 530, 532 – Regio Vertrag; BGH ZUM-RD 2009, 508, 513 – shift tv.
[800] BGH ZUM-RD 2009, 508, 513 – shift tv.

Recht der öffentlichen Zugänglichmachung versteht man das Recht, die Sendung drahtgebunden oder drahtlos der Öffentlichkeit in einer Weise zugänglich zu machen, dass sie Mitgliedern der Öffentlichkeit von Orten und Zeiten ihrer Wahl zugänglich ist.[801]

### 3. Das Verbreitungs- und Vervielfältigungsrecht

Sendeunternehmen steht nach § 87 Abs 1 Nr 2 UrhG das Recht zu, Aufnahmen ihrer Sendungen fertigen und diese ebenso wie Lichtbilder der Sendungen auf Bild-/ Tonträgern zu fixieren. Erlaubt ist jedoch nur die Vervielfältigung der Funkaufnahme selbst,[802] wobei auch die Rechte der übrigen Urheber- und Leistungsschutzberechtigten vorliegen muss. Daneben haben Sendeunternehmen noch ein eigenes Recht zur Verbreitung der Vervielfältigungsstücke, wobei – will das Sendeunternehmen DVDs ihrer Funksendungen selbst verbreiten – ebenfalls noch die Einwilligung der Urheber- und Leistungsschutzberechtigten vorliegen müssen. Abweichend vom Verbreitungsrecht nach § 17 UrhG ist jedoch darauf zu achten, dass Sendeunternehmen wegen § 87 Abs 1 Nr 2 HS 2 UrhG kein Vermietrechtrecht zusteht. **426**

### 4. Das Recht der öffentlichen Wahrnehmbarmachung

Ein weiteres wesentliches Recht von Sendeunternehmen betrifft das in § 87 Abs 1 Nr 3 UrhG geregelte Recht der öffentlichen Wahrnehmbarmachung. Diese Vorschrift ist nicht zuletzt mit den zur Weltmeisterschaft 2006 aufgekommenen **Public Viewings** (dort der § 1) Live-Übertragung von Fußballspielen wieder in den Fokus der Öffentlichkeit gerückt. **427**

Public Viewings darf es nach § 87 Abs 1 Nr 3 UrhG nur dort geben, wo keine Entgelte erhoben werden.[803] Hierunter fallen nicht nur Eintrittsgelder, sondern auch versteckte Zahlungen wie Spenden, Unkostenbeiträge oder Aufschläg auf den Preis von Speisen und Getränken oder Mindestverzehranforderungen,[804] gleiches gilt auch für das Zahlen des Hotelpreises, in dem die Zugangsbeschränkung für die Nutzung des TV-Gerätes auf dem Zimmer liegt.[805] Fernseher in der Hotellobby greifen hingegen nicht in den Anwendungsbereich des § 87 Abs 1 Nr 3 UrhG, da man diese ohne Gast des Hotels zu sein betreten kann.[806] Durch die Generierung von Sponsorengeldern bei öffentlichen Veranstaltungen soll ebenfalls keine öffentliche Wiedergabe iSd § 87 Abs 1 Nr 3 UrhG begründet werden.[807] **428**

Die Kopplung des Wiedergaberechts an die Entgeltlichkeit der Veranstaltung war in der Vergangenheit wiederholt in der Kritik.[808] Insb die Tatsache, dass vergleichbare Rechte von Urhebern (§ 22 UrhG) und ausübenden Künstlern (§ 78 Abs 2 Nr, 3 UrhG) nicht an ein Entgeltlichkeitserfordernis gekoppelt sei, wurde als Wertungswiderspruch betrachtet. Diesen Wertungswiderspruch kann man sich aber auch zunutze machen. Denn man kann überlegen, ob man wegen der gleichzeitigen Ausstrah- **429**

---

**801** Vgl im Einzelnen *Jani* Kap 1.
**802** Loewenheim/*Flechsig* § 41 Rn 35; Wandtke/ Bullinger/*Ehrhardt* § 87 Rn 20.
**803** Zum Zweck der Vorschrift vgl die grundlegenden Überlegungen bei BGHZ 37, 9 ff – AKI.
**804** *Diesbach/Bohrmann/Vollrath* ZUM 2006, 265, 266 f; Loewenheim/*Flechsig* § 41 Rn 40.

**805** *Götting* ZUM 2005, 185.
**806** *Götting* ZUM 2005, 185.
**807** Vgl hierzu eingehend *Diesbach/Bohrmann/ Vollrath* ZUM 2006, 265, 266 f.
**808** Vgl dazu nur *Götting* ZUM 2005, 185 ff.

Ilja Czernik

lung der Zwischenmoderationen gegen die Betreiber von Public Viewing Wänden vorgehen kann. So sind Moderationen wie diejenigen von Gerhard Delling und Günter Netzer, die immerhin mit dem Grimme Preis ausgezeichnet wurden, geeignet Leistungsschutzrechte der ausübenden Künstler zu begründen. Mit einer entsprechenden Übertragung dieser Leistungsschutzrechte auf das Sendeunternehmen könnte man zumindest gegen Teilübertragungen vorgehen.

## IV. Rechtsverkehr

**430**  Sendeunternehmen können ihre Leistungsschutzrechte vollständig übertragen. Dazu können Sendeunternehmen einzelne Rechte aber auch alle Rechte als Gesamtpaket translativ übertragen. Daneben besteht das Recht der Sendeunternehmen einfache und ausschließliche Nutzungsrechte an ihren Leistungsschutzrechten einzuräumen.[809] Die Vorschriften der §§ 31 Abs 1 bis 5, 33 und 38 UrhG finden auf diese Verträge entsprechend Anwendung.

## V. Schrankenbestimmungen

**431**  Sendeunternehmen unterliegen nach § 87 Abs 4 UrhG den Schrankenbestimmungen der §§ 44a ff UrhG. Anders als der Urheber werden Sendeunternehmen aber nach § 87 Abs 4 UhG vom Vergütungsaufkommen der Geräte- und Leerträgervergütung (§ 54 UrhG) ausgeschlossen, was in der Vergangenheit wiederholt Gegenstand kritischer Diskussionen war.[810] Eine deswegen gegen die Bundesrepublik Deutschland eingereichte Klage der VG Media hat der BGH jedoch jüngst als unbegründet zurückgewiesen. Der BGH sah in der unterbliebenen Beteiligung der Sendeunternehmen am Vergütungsaufkommen der **Geräte- und Leerträgervergütung** keinen qualifizierten Verstoß gegen Art 5 Abs 2 lit b der RL 2001/29/EG, wie dies von der VG Media argumentiert worden war.[811] Es ist daher zu erwarten, dass die Diskussionen hierzu in den nächsten Jahren vor allem auf politischer Ebene weiter fortgeführt werden. Trotz § 87 Abs 4 UrhG darf nicht übersehen werden, dass auch Sendeunternehmen jedoch schon jetzt am Vergütungsaufkommen beteiligt sein können. Voraussetzung hierfür ist, dass sie selbst Bild-/Tonträger von ihren Produktionen herstellen.[812]

## VI. Schutzdauer

**432**  Die Schutzdauer der Leistungsschutzrechte von Sendeunternehmen beträgt gem § 87 Abs 3 UrhG 50 Jahre ab Erstausstrahlung. Die Frist berechnet sich nach § 69 UrhG. Geschützt ist jedes Mal nur die Erstsendung. Wird also die Sendung später in einer neuen Programmzusammenstellung gesendet, entsteht kein neuer Leistungsschutz und damit wird keine neue Schutzfrist ausgelöst bzw eine bereits angelaufene Schutzfrist wieder verlängert.[813]

---

[809] BT-Drucks 15/837, 35.
[810] Dazu *Schack* GRUR Int 2009, 490 ff.
[811] BGH GRUR 2010, 924 – gerechter Ausgleich.

[812] BGHZ 140, 94, 100 – Sendeunternehmen als Tonträgerhersteller.
[813] Loewenheim/*Flechsig* § 41 Rn 15; Wandtke/Bullinger/*Ehrhardt* § 87 UrhG Rn 24.

Ilja Czernik

## VII. Kontrahierungszwang

Sendeunternehmen und Kabelunternehmen sind nach § 87 Abs 5 UrhG gegenseitig **433** verpflichtet, einen Vertrag über die Kabelweitersendung iSd § 20b Abs 1 S 1 UrhG zu angemessenen Bedingungen abzuschließen, sofern nicht ein die Ablehnung des Vertragsabschlusses sachlich rechtfertigender Grund besteht, wobei die Verpflichtung des Sendeunternehmens auch für die ihm in bezug auf die eigene Sendung eingeräumten oder übertragenen Senderechte besteht. Hintergrund dieser Regelung ist, dass Sendeunternehmen anders als Urheber die Rechte aus § 20b UrhG selbst wahrnehmen können und diese nicht in eine Verwertungsgesellschaft geben müssen. Deswegen wird einem Sendeunternehmen ein mit § 11 WahrnG vergleichbarer Kontrahierungszwang auferlegt. Auf Verlangen des Kabelunternehmens oder des Sendeunternehmens ist danach der Vertrag gemeinsam mit den in Bezug auf die **Kabelweitersendung** anspruchsberechtigten Verwertungsgesellschaften zu schließen, sofern nicht ein die Ablehnung eines gemeinsamen Vertragsschlusses sachlich rechtfertigender Grund besteht, was ebenfalls der Systematik des § 11 WahrnG entspricht. Als sachlich gerechtfertigten Grund gelten dabei insb das Nichteingehen auf ernsthafte Angebote ohne Angabe von Gründen, nicht ernst gemeinte Angebote, gänzlich überhöhte Preisforderungen, Fehlen der zur Weitersendung benötigten Rechte sowie medienrechtliche Hindernisse.[814]

# § 12
# Beachtung von Persönlichkeitsrechten bei Spielfilmen, Dokumentationen und einfacher Bildberichterstattung

Als **Öffentlichkeitsprodukt** kann ein Film immer auch in die Persönlichkeitssphäre **434** Dritter eingreifen. Dies kann auf vielfältige Weise geschehen; bspw in dem die Lebensgeschichte eines Menschen portraitiert wird oder in dem der Betroffene „Opfer" eines Reportage-Formates wird. Gerade Reportage-Formate finden sich heute häufig im Fernsehen. So ist es derzeit beliebt, Polizisten bei der Arbeit zu filmen, wenn diese sich mit Betrunkenen, Temposündern oder Ladendieben auseinandersetzen. Auch heimliche Bildaufnahmen aus Unternehmen finden sich heute in vielen Verbrauchermagazinen. Dabei steht häufig nicht die Aufdeckung von berichtenswerten Vorgängen im Vordergrund. Selbst profanste Informationen werden durch heimliches Bildmaterial belegt. Dies alles kann problematisch sein. Denn es obliegt grds dem einzelnen „selbst, darüber (zu) befinden ..., wie er sich gegenüber Dritten oder der Öffentlichkeit darstellen will, was seinen **sozialen Geltungsanspruch** ausmachen soll und ob oder inwieweit Dritte über seine Persönlichkeit verfügen können sollen, indem sie diese zum **Gegenstand öffentlicher Erörterung** machen".[815] Geschieht derartiges ohne seine Einwilligung und liegt keine gesetzliche Ausnahme vor, können er und seine Erben/Angehörige dagegen vorgehen.

---

[814] Loewenheim/*Flechsig* § 41 Rn 61; Wandte/ Bullinger/*Ehrhardt* § 87 UrhG Rn 27.
[815] BVerfGE 35, 202, 220 – Lebach I; BVerfGE 63, 131, 142; zuletzt BVerfG Urt v 13.6.2007, Az 1 BvR 1783/05.

## I. Öffentlichkeitsbezug

**435**   Eine Verletzung der Persönlichkeitsrechte setzt einen Öffentlichkeitsbezug voraus. Dh der persönlichkeitsrechtsverletzende Film muss von einer Öffentlichkeit wahrgenommen werden können. Schließlich muss immer noch ein **persönlichkeitsverletzungsfreier Raum** verbleiben, in dem der einzelne seine (auch künstlerisch verarbeitete) Auffassung über Dritte sanktionslos zum Ausdruck bringen können muss.

**436**   Ein Öffentlichkeitsbezug ist regelmäßig nicht schon dann gegeben, wenn das **Drehbuch oder die Nullkopie im internen Bereich** bleibt, mithin ausschließlich von den am Film Beteiligten wahrgenommen werden kann. Es fehlt dann bereits an der Begehungsgefahr.[816] Denn Öffentlichkeit bedeutet in dem hier diskutierten Zusammenhang, dass der Film von einer Mehrzahl von Personen, die nicht in persönlicher Beziehung miteinander verbunden sind, zumindest theoretisch wahrgenommen werden kann.

**437**   Die **Dauer der Darstellung** und damit der verfolgte Öffentlichkeitsbezug spielt hingegen keine Rolle, so kann bereits eine Sekunde ausreichen,[817] um eine öffentliche Darstellung und damit einhergehend eine Persönlichkeitsrechtsverletzung zu begründen.

## II. Filmische Darstellungen unter Berücksichtigung des KUG[818]

**438**   Nach § 22 KUG kommt nach der Stufentheorie der Rechtsprechung dem Abgebildeten das Selbstbestimmungsrecht zu, über die Verwendung seines Bildnisses im Film zu entscheiden.[819] Eine filmische Darstellung kann nur ausnahmsweise ohne Einwilligung[820] des zur Schau gestellten unter den Voraussetzungen der §§ 23 f KUG veröffentlicht werden.

**439**   Man spricht in diesem Zusammenhang vom **Recht am eigenen Bild.** Hierbei handelt es sich um eine **spezielle Ausformung des allgemeinen Persönlichkeitsrechtes,**[821] in dem den §§ 22 ff KUG zunächst grds Vorrang vor der Generalklausel des allgemeinen Persönlichkeitsrechtes aus § 823 BGB iVm Art 1 Abs 1, 2 Abs 1 GG zukommt.[822]

### 1. Erkennbarkeit

**440**   Grundvoraussetzung für den Anwendungsbereich der §§ 22 ff KUG ist, dass im Film eine **Abbildung von real existierenden Personen** vorgenommen wird, die aufgrund der Art und Weise der Darstellung von einem **mehr oder minder großen Bekanntenkreis** erkannt werden können.[823] Dabei ist es ausreichen, dass der Betroffene begründeten Anlass hat anzunehmen, er werde von diesem Personenkreis er-

---

[816] Vgl dazu auch OLG Hamburg 2007, 479, 480 – Contergan I; OLG Hamburg ZUM 2007, 483, 484 – Contergan II.
[817] OLG München ZUM 1999, 848 f – Marlene Dietrich; zwei Sekunden genügten in der Entscheidung BGH NJW 1985, 1617, 1619 – Nacktfoto im Fernsehen.
[818] Vgl ausf zu den Ausnahmen nach § 23 KUG *Renner* Band 4 Kap 3.

[819] BVerfG NJW 2006, 3406, 3407 – „Rivalin" von Uschi Glas.
[820] Vgl dazu Rn 333 ff.
[821] BGH NJW-RR 1987, 231 – Nena.
[822] BGHZ 30, 7, 11 – Catarina Valente.
[823] BGH GRUR 1979, 732, 733 – Fußballtor; OLG Hamburg NJW-RR 1993, 923, 924 – Augenbalken; BGH ZUM 2005, 735, 736 – Esra.

Ilja Czernik

kannt.[824] Auf ein Erkanntwerden vom Durchschnittszuschauer wird nicht abgestellt.[825] Das **Kriterium der Erkennbarkeit wird also grds weit aufgefasst.** Dementsprechend liegt Erkennbarkeit nir nur vor, wenn die Gesichtszüge des Abgebildeten erkannt werden können. Der Regelungsbereich der §§ 22 ff KUG ist vielmehr immer schon dann eröffnet, wenn bestimmte Charakteristika gezeigt werden, die der Person eigen sind[826] oder sich aus anderweitigen begleitenden Umständen eine Erkennbarkeit ergibt.[827] Die **Darstellung der Lebensgeschichte ist von den Regelungen der §§ 22 ff KUG hingegen nicht umfasst.**[828] Das heißt nun aber nicht, dass die Darstellung einer tatsächlich existierenden Persönlichkeit durch einen Schauspieler, wie etwa bei einem **Dokumentarspiel,**[829] dass explizit auf eine bestimmte Person rekurriert und dieses durch eine möglichst detailgetreue Darstellung der Person in ihren äußeren Zügen zeigt, nicht auch vom Regelungsbereich des KUG erfasst sein kann.[830] Es gilt vielmehr bei Filmwerken danach zu unterscheiden, ob eine Darstellungen tatsächlicher Ereignisse unter Übernahme der äußeren Gestalt des Dargestellten vorliegt, oder ob es sich um eine solche Darstellung handelt, die vor allem beim Fiktivfilm eine Rolle spielen wird, und bei der eine Identifizierung nicht aufgrund des äußeren Erscheinungsbildes des Dargestellten erfolgt, sondern aufgrund außerhalb der Abbildung liegender Umstände.[831] Erfolgt dabei eine Darstellung ausschließlich aufgrund des Kontextes und nicht aufgrund der Wiedergabe einer wirklichen „live-Abbildung" ist der Regelungsbereich der §§ 22 ff KUG nicht eröffnet. Lediglich das allgemeine Persönlichkeitsrecht ist anwendbar,[832] wobei mE im Rahmen der Interessenabwägung in gewissem Maße die jeweils entwickelten Grundsätze sowohl zum KUG als auch zum allgemeinen Persönlichkeitsrecht jeweils im anderen Anwendungsbereich Anwendung finden sollten,[833] solange man die jeweiligen Besonderheiten beachtet.[834]

Die Regelungen des KUG finden schließlich auch nicht bei **Filmen über Unternehmen** Anwendung.[835] Diese können ausschließlich, sobald sie in ihrem sozialen Geltungsbereich als Arbeitgeber oder Wirtschaftsunternehmen betroffen sind,[836] im Wege des **Unternehmenspersönlichkeitsrechtes** gegen derartige Darstellungen vorgehen.

**441**

[824] BGH GRUR 1979, 732, 733 – Fußballtor; BGH NJW 1971, 698, 700 – Pariser Liebestropfen.
[825] BVerfG NJW 2004, 3619, 3620 – Rechtsanwalt.
[826] BGH GRUR 2000, 715, 716 – Der Blaue Engel; BGH ZUM 2005, 735, 736 – Esra.
[827] BGH GRUR 2000, 715, 716 – Marlene Dietrich; BGH GRUR 1979, 732, 733 – Fußballtor; OLG Düsseldorf GRUR 1970, 618, (1. LS) – Schleppjagd.
[828] LG Köln ZUM 2009, 324, 329 – Ponto; offen gelassen bei OLG Frankfurt ZUM 2006, 407, 411 – Rothenburg, das jedoch letztlich den zu beurteilenden Fall ausschließlich nach § 823 I BGB iVm Art 1 Abs 1, 2 Abs 1 GG entschied; diskussionslos OLG Hamburg 7 U 142/06, dass seine Bewertung ebenfalls ausschließlich auf den Regelungen zum allgemeinen Persönlichkeitsrecht stützt; in einem anderen Fall auch so

entschieden vom OLG Karlsruhe GRUR 2004, 1058; aA Loewenheim/*Schertz* § 18 UrhG Rn 5.
[829] Vgl allg hierzu von *Becker* ZUM 2008, 323 ff.
[830] Vgl dazu schon BVerfGE 35, 202, 224 – Lebach I; OLG Hamburg NJW 1975, 649, 650 – Opfer eines Mordversuchs.
[831] Wandte/Bullinger/*Fricke* § 22 KUG Rn 6.
[832] OLG München ZUM 2007, 932, 933.
[833] Ähnl auch von *Becker* ZUM 2008, 265, 269.
[834] Vgl hierzu Rn 312, 322.
[835] Vgl dazu zuletzt OLG Hamburg ZUM 2007, 483 ff – Contergan II.
[836] BGH WM 1994, 641, 643 – Jahresabschluss; BGH GRUR 2000, 247 – Vergabepraxis; KG NJW 2000, 2210 – Aufnahmen in Bahn mit versteckter Kamera; OLG Hamburg ZUM 2007, 483, 486 – Contergan II.

## 2. Informationsinteresse

Ausnahmsweise können aber auch Aufnahmen unter Verletzung von § 22 KUG zulässig sein. Ausnahmen vom Selbstbestimmungsrecht des Abgebildeten enthält dabei § 23 Abs 1 KUG.

**442** Als wichtigste Ausnahmeregelung vom Recht am eigenen Bild gilt die Regelung des § 23 Abs 1 Nr 1 KUG. Danach dürfen Bildnisse einer Person einwilligungsfrei verbreitet werden, wenn daran ein besonderes Informationsinteresse der Allgemeinheit besteht und hierdurch keine berechtigte Interessen der Abgebildeten verletzt werden, § 23 Abs 2 KUG.[837]

**443** Ein derartiges Informationsinteresse besteht bei Angelegenheiten des Zeitgeschichte. Unter **Zeitgeschichte** versteht man politische, soziale und kulturelle Geschehnisse an deren Berichterstattung ein gesellschaftliches Interesse besteht.[838] Dies ist der Fall, wenn durch die Berichterstattung eine Debatte von allgemeinem Interesse angeschoben wird.[839] Ein Interesse der Öffentlichkeit auf bloße Unterhaltung zur Befriedigung der eigenen Neugier wird dabei nicht geschützt.[840] Dabei kann das gesellschaftliche Interesse um so ausgeprägter sein, je bekannter der Betroffene ist (sog public figures).[841]

**444** Der Zurschaustellung und Verbreitung von Bildnissen kann das **berechtigte Interesse der Abgebildeten** gegenüber stehen (§ 23 Abs 2 KUG). Hierbei handelt es sich vor allem um Persönlichkeitsinteressen der Abgebildeten, die gerade in der Intim- und Privatsphäre liegen und innerhalb dessen keine Bildnisse gemacht werden dürfen.[842] Berechtigte Interessen stehen zudem auch dann entgegen, wenn die Verwendung der Abbildung allein den wirtschaftlichen Interessen Dritter (etwa zu Werbezwecken) dienen soll,[843] wenn der Abgebildete entstellt wiedergegeben wird[844] und damit eine Darstellung vorliegt, die nicht bloß geringfügig verändert wurde,[845] wenn die Darstellung keine Satire mehr ist, dh wenn es in ihr zu direkten Angriffen auf die personale Würde kommt,[846] sowie wenn durch die Darstellung eine starke soziale Prangerwirkung besteht.[847] Abbildungsfreiheit ist ferner auch dann zu verneinen, wenn es aufgrund der Veröffentlichung zu einer Gefährdung des Abgebildeten kommen kann[848] oder wenn bereits die Bildnisherstellung rechtswidrig war.[849]

---

[837] BGH GRUR 2007, 902, 903 – Abgestuftes Schutzkonzept II.

[838] BGH GRUR 2007, 902, 903 – Abgestuftes Schutzkonzept II.

[839] EGMR GRUR 2004, 1051, 1054 – Caroline von Hannover.

[840] EGMR NJW 2004, 2647, 2649 – Caroline von Hannover; BGH ZUM 2009, 58, 59 – Höllenqualen.

[841] BGH ZUM-RD 2009, 7, 10 – Gesundheitszustand des Ehemanns.

[842] BVerfG GRUR 2000, 446, 450 – Caroline von Monaco (Privatsphäre); BGH GRUR 1996, 923, 925 – Caroline von Monaco II (Privatsphäre); BGH GRUR 1985, 398, 399 – Nacktfoto (Intimsphäre).

[843] BGHZ 20, 345, 350 – Paul Dahlke; BGH

GRUR 2007, 139, 141 – Rücktritt des Finanzministers; BGH GRUR 2000, 715, 717 – Marlene Dietrich; BGH NJW-RR 1987, 231 – Nena; BGH NJW 1997, 1152, 1153 – Bob Dylan.

[844] BGH NJW 1996, 593, 595 – Willy Brandt.

[845] BVerfG AfP 2005, 171, 173 – Fotomontage; BGH WRP 2004, 240, 242 – Fotomontage.

[846] BVerfG NJW 1987, 2661 – konkret.

[847] BVerfG NJW 1987, 2661 – konkret; BGH NJW 1966, 2353, 2355 – Vor unserer eigenen Tür; KG BeckRS 2010, 06841.

[848] OLG München AfP 1991, 435, 436.

[849] BGH GRUR 1996, 923, 925 – Caroline von Monaco II; BGH NJW 1966, 2353, 2355 – Vor unserer eigenen Tür; OLG Frankfurt NJW 1987, 1087, 1088 – Betrunkener.

Ilja Czernik

## III. Filmische Darstellungen unter Berücksichtigung des allgemeinen Persönlichkeitsrechtes

Das allgemeine Persönlichkeitsrecht spielt bei filmischen Darstellungen eine Rolle, **445** die tatsächliche Begebenheiten abbilden und auf diesem Weg auf bestimmte tatsächlich existierende Personen Bezug nehmen.

### 1. Erkennbarkeit

Eine Persönlichkeitsverletzung liegt in diesem Zusammenhang vor, wenn die **dar-** **446** **gestellte Person erkennbar** ist. Ähnlich wie iRd KUG genügt dazu bereits die Wiedergabe von Teilinformationen, sofern sich der Dargestellte hierdurch mühelos ermitteln lässt.[850] Eine Person gilt jedoch dann nicht als erkennbar dargestellt, wenn sich das **Abbild im Film gegenüber dem Urbild in der Realität verobjektiviert** hat. Ob dies der Fall ist, hängt davon ab wie sehr es zu einer Verselbstständigung des Urbildes innerhalb der Darstellung gekommen ist.[851] Dabei geht es bei solcher Fiktionalisierung nicht notwendig um die völlige Beseitigung der Erkennbarkeit, sondern darum, dass dem Leser deutlich gemacht wird, dass er nicht von der Faktizität des Erzählten ausgehen soll[852]. Für eine **ausreichende Verselbstständigung** reicht es dazu nicht aus, die Figur in eine fiktionale Erzählung einzubetten.[853] Entscheidend ist es vielmehr, ob der **verständige Zuschauer** aufgrund des Films und der dort erfolgten Anknüpfung an einen realen Sachverhalt zwangsläufig einen Bezug zu einer an dem zeitgeschichtlichen Geschehen beteiligten Person herstellt und diese als eine solche im Film erkennt.[854] Auf ein Erkanntwerden vom Durchschnittszuschauer wird nicht abgestellt.[855] „Der Schutz des Persönlichkeitsrechts gegenüber künstlerischen Werken würde sonst auf Prominente beschränkt, obwohl gerade die Erkennbarkeit einer Person durch deren näheren Bekanntenkreis für diese besonders nachteilig sein kann."[856] „Die Identifizierung muss sich aber für den mit den Umständen vertrauten Leser aufdrängen. Das setzt regelmäßig eine hohe Kumulation von Identifizierungsmerkmalen voraus."[857]

### 2. Abwägung in den Grenzen paktischer Konkordanz

Die Grenzen des Möglichen und der Grad der notwendigen Verselbstständigung **447** sind jedoch anhand des Informationsinteresses der Öffentlichkeit sowie unter Berücksichtigung der Kunstfreiheit zu bestimmen. Ist ein Film der Öffentlichkeit zugänglich, führt allein eine erkennbare Darstellung der Lebensgeschichte des Betroffenen nicht zu einem Eingriff in seine Persönlichkeitsrechte. Denn durch das spezifische Medium Film kann eine **künstlerische Aussage** und damit Kunst vorliegen, die ihrerseits durch Art 5 Abs 3 S 1 GG als Verfassungsgut geschützt ist.[858]

---

850 BGH ZUM-RD 2009, 429, 430 – Kannibale von Rothenburg; BGH ZUM 2005, 735, 736 – Esra; LG Köln ZUM 2009, 324, 329 – Ponto; LG Koblenz ZUM 2006, 951, 952.
851 BVerfGE 30, 173, 195 – Mephisto; BVerfG ZUM 2008, 323, 324 – Hagener Mädchenmord. BGH ZUM 2005, 735, 738 – Esra.
852 BVerfG Urt v 13.6.2007, Az 1 BvR 1783/05 BVerfG ZUM 2008, 323, 324 – Hagener Mädchenmord.
853 BGH ZUM 2005, 735, 738 – Esra; LG Koblenz ZUM 2006, 951, 952.

854 BVerfG ZUM 2007, 730, 733 – Contergan.
855 BVerfG NJW 2004, 3619, 3620 – Rechtsanwalt.
856 BVerfG Urt v 13.6.2007, Az 1 BvR 1783/05.
857 BVerfG Urt v 13.6.2007, Az 1 BvR 1783/05.
858 BVerfG ZUM 2007, 730, 734 – Contergan; OLG Hamburg ZUM 2007, 479, 481 – Contergan I; OLG Hamburg ZUM 2007, 483, 485 – Contergan II; für einen Horrorfilm OLG Frankfurt ZUM 2006, 409 f – Rothenburg.

**448**     Dabei gilt es zunächst zu beachten, dass sich nicht nur die Filmurheber selbst auf Art 5 Abs 3 GG berufen können, da auch für den Filmhersteller und ggf den Filmverleih der personale Schutzbereich der Kunstfreiheit eröffnet sein kann. Diese **Erstreckung der Kunstfreiheit** auf den eigentlich nicht Kunstschaffenden und damit auf die Filmschaffenden im weiteren Sinne lässt sich damit begründen, dass diese den Film der Öffentlichkeit zugänglich machen und damit am **Kommunikationsprozess Kunst** zwingend teilnehmen und dementsprechend auch geschützt werden müssen.

**449**     Zudem gilt es zu berücksichtigen, dass sich eine Befugnis zur Ausstrahlung immer auch noch im Hinblick auf die **Freiheit der Berichterstattung durch den Rundfunk** ergeben kann (Art 5 Abs 1 S 2 GG), wenn ein ausreichendes Informationsinteresse der Öffentlichkeit an einem sachbezogenen Diskussionsbeitrag besteht.[859] Dies gilt dabei insb dann, wenn der einzelne seine zunächst geschützte Privatsphäre verlässt, in die Gesellschaft hinaustritt und dabei in die persönliche Sphäre seiner Mitmenschen oder in die Belange des Gemeinschaftslebens einwirkt. In diesem Moment verliert er regelmäßig in den Grenzen der Verhältnismäßigkeit gemessen am Informationsinteresse der Öffentlichkeit das ausschließliche Bestimmungsrecht über seinen Privatbereich, soweit nicht sein innerster Lebensbereich betroffen sein sollte.[860]

**450**     Es gilt damit trotz grundsätzlicher Bejahung eines Persönlichkeitseingriffs zusätzlich zu in den og Abwägungskriterien auf einer dritten Stufe den konkreten Film dahingehend zu überprüfen, ob der Persönlichkeitsrechtseingriff unter verfassungsrechtlichen Konkordanzerwägungen ausnahmsweise unter dem Gesichtspunkt des Art 5 GG vom Betroffenen hinzunehmen ist.[861] Einer solchen Herangehensweise ist sachgerecht, da nur so die besonderen Umstände des Einzelfalls hinreichend berücksichtigt werden können,[862] wobei dieses insb auch beim Fiktivfilm gilt.

**451**     Die **Grenze** zwischen den hier beschriebenen kollidierenden Grundrechten ist fließend. Entscheidend ist es im Einzelfall festzustellen, welche nachteiligen Auswirken die Veröffentlichung für das geltend gemachte Freiheitsrecht einerseits und für das Persönlichkeitsrecht des Dargestellten andererseits entfalten.[863] Dabei ist beim Fiktivfilm wegen der hierdurch eröffneten Kunstfreiheit immer deren besondere Bedeutung zu berücksichtigen. Deretwegen bedarf es der Klärung, ob das Persönlichkeitsrecht des Betroffen schwerwiegend beeinträchtigt wird. Es reichen weder eine geringfügige Beeinträchtigung noch die bloße Möglichkeit einer schwerwiegenden Beeinträchtigung aus, um Ansprüche des Betroffenen zu begründen.[864]

**452**     Wird der Grad einer schwerwiegenden Beeinträchtigung erreicht, sind im Rahmen der Abwägung aber noch weitere Aspekte zu berücksichtigen. So gilt zunächst, dass je bekannter eine Person ist, desto eher wird diese unter Achtung ihrer Intimsphäre, sofern sie diese nicht durch auch zum Gegenstand der Öffentlichkeit gemacht hat, eine Darstellung ihres Lebens hinnehmen müssen. So gilt zu berücksichtigen, dass **die Darstellungsfreiheit in Fiktivfilmen** bei public figures schon deswegen großzügiger zu bewerten ist, als sie das nach dem KUG wäre, da schließlich nur eine mittelbare Ab-

---

**859** BVerfG ZUM 2007, 730, 734 – Contergan; OLG Koblenz bei *Staehle* ZUM 2006, 956, 957.
**860** BVerfG NJW 1973, 1226 – Lebach I.
**861** Ähnl auch BVerfG ZUM 2008, 323, 324 – Hagener Mädchenmord, das von einer kunstspezifischen Betrachtung in diesem Zshg spricht.

**862** Vgl dazu auch BVerfG Urt v 13.6.2007, Az 1 BvR 1783/05.
**863** BVerfG ZUM 2007, 730, 732 – Contergan; OLG Hamburg ZUM 2007, 479, 481 – Contergan.
**864** BVerfG GRUR 2007, 1085, 1088 – Esra.

Ilja Czernik

bildung erfolgt. Sog ordinary persons[865] sind hingegen so zu verfremden, so dass sie für das Publikum nicht identifizierbar sind.[866] Ein weiteres Abwägungskriterium ist, ob aus verfassungsrechtlicher Sicht eines **unvoreingenommenen und verständigen Durchschnittspublikums** die konkret beanstandeten Szenen als fiktional oder als historische Wahrheit präsentiert werden. Wurde die „Realität" aus den geschichtlichen Zusammenhängen gelöst und in neue Beziehungen gebracht, für die nicht die Realitätsthematik, sondern das künstlerische Gebot der anschaulichen Gestaltung im Vordergrund steht, ist keine Verletzung des Persönlichkeitsrechts gegeben.[867] Die Vermutung der Fiktionalität gilt im Ausgangspunkt auch dann, wenn hinter den Figuren reale Personen als Urbilder erkennbar sind.[868] Muss der verständige Zuschauer jedoch davon ausgehen, dass mit dem Film ein **Wahrheitsanspruch** über die Verbreitung des Dargestellten als Tatsache verbunden ist, legt dies einen Eingriff in das Persönlichkeitsrecht des Betroffenen nahe.[869] Derartiges kann dabei auch durch entsprechende Zusätze in Vor- und Nachspann vermieden werden.[870] Bei Darstellungen aus der Intimsphäre kann jedoch nur eine zusätzliche Fülle von erkennbaren Abweichungen in den Charakteristika und Handlungsweisen der dargestellten Personen dazu führen, dass die beanstandeten Szenen nicht den Eindruck einer umfassenden tatsachengetreuen Schilderung des realen Geschehens vermitteln.[871] Maßgeblich können dabei auch die szenische Umsetzung, und andere verfremdende Elemente sein. Unter Umständen bedarf es dazu einer Analyse der einzelnen Filmpassagen.[872] Bei deutlich erkennbarer fiktionaler Darstellung unter Einbindung tatsächlicher Geschehnisse ist dabei von einer wesentlich geringeren Beeinträchtigungswirkung auszugehen, als bei solchen Darstellungen, die sich durch eine starke Realitätsnähe auszeichnen. **Zusätzlich Abwägungskriterium** zu Gunsten oder zu Lasten der Rechtsschutzbegehrenden kann zudem die **Zielsetzung eines Films** sein. Auf eine Informationsinteresse kann sich nicht berufen, dessen Zielsetzung einzig auf Unterhaltung und nicht auf einen hinreichenden Beitrag iRd öffentlichen Diskussion abzielt.[873] Denn schließlich fehlt es dann an einem sachbezogenen Beitrag,[874] wenn nicht die Informationsvermittlung sondern ausschließlich die Verfolgung wirtschaftlicher Interessen Ziel des Films sind. Zu einem anderen Ergebnis kommt man dabei auch nicht unter Heranziehung der Kunstfreiheit. Denn diese ist auch nicht unter dieser Maßgabe unverhältnismäßig eingeschränkt. Schließlich besteht nach wie vor, die grundsätzliche Freiheit einen Film über das Geschehen zu drehen. Notwendig dafür wäre nur, dass keine schwerwiegende Verletzung der Persönlichkeitsrechte vorgenommen wird. Eine schwerwiegende Persönlichkeitsverletzung lässt sich nun aber schon dadurch vermeiden, dass eine entsprechende Verselbstständigung des Abbildes gegenüber dem Urbild vorgenommen wird. **Eine gewisse Eigenleistung der Filmemacher ist schließlich nicht zu viel verlangt.**

Als **Mindestwert** lässt sich abschließend festhalten, dass die Grenze des Zulässigen in jedem Fall dann überschritten ist, wenn das Lebensbild einer bestimmten deutlich

**453**

---

[865] BGH ZUM-RD 2009, 7, 10 – Gesundheitszustand des Ehemanns.
[866] Von Hartlieb/Schwarz/*N Reber* 90 f.
[867] LG Köln ZUM 2009, 324, 329 – Ponto.
[868] BVerfG ZUM 2008, 323 – Ehrensache; BVerfG ZUM 2007, 839 – Esra; LG Köln ZUM 2009, 324, 329 – Ponto.
[869] BVerfG ZUM 2007, 730, 733 – Contergan; OLG München ZUM 2007, 932, 934.

[870] BVerfG 2007, 730, 733 – Contergan.
[871] BVerfG ZUM 2007, 730, 733 – Contergan.
[872] Vgl dazu unter OLG Hamburg ZUM 2007, 479, 482 f – Contergan I; OLG Hamburg ZUM 2007, 483, 487 – Contergan II.
[873] OLG Frankfurt ZUM 2006, 407, 411 – Rothenburg.
[874] Zust auch *Staehle* ZUM 2006, 956, 957; aA *Kaboth* ZUM 2006, 412, 414.

zu erkennenden Person **durch frei erfundene Zutaten ausschließlich negativ dargestellt wird**, ohne dass dies dabei als notwendiges künstlerisches Gestaltungsmittel erkennbar wäre.[875]

### 3. Beachtung der Selbstvermarktung

**454**     Zu Lasten des Persönlichkeitsrechtsschutzbegehrenden kann eine entsprechende **Selbstvermarktung** durch ihn selbst gehen.[876] Denn wer seine eigene Geschichte öffentlich macht, kann sich nicht auf denselben Schutzumfang berufen, wie derjenige, der sich vor der Öffentlichkeit oder sogar der Kommerzialisierung der eigenen Person verschließt. Dies gilt dabei auch für Umstände aus der Privatsphäre. Man spricht in diesem Zusammenhang auch von der Selbstbegebung der Privatsphäre. Eine Selbstbegebung der Privatsphäre liegt nicht vor, wenn der Betroffene sein Privatleben künstlerisch verarbeitet hat.[877] Hier besteht lediglich eine mittelbare Öffentlichkeitswirkung, die der Kunst nun einmal immanent ist. So findet künstlerische Betätigung ihre Grundlage oftmals in persönlichen Erlebnissen des Künstlers. Auch ist eine Veröffentlichung von aus der Privatsphäre stammenden Filmen oder Informationen aus Zeiten, in denen der Prominente sein Privatleben noch nicht vermarktet hatte, unzulässig, wenn die Veröffentlichung zu dieser Zeit mangels eines berechtigten Informationsinteresses als rechtswidrig anzusehen gewesen wäre.[878]

### 4. Besonderheiten bei postmortalem Persönlichkeitsrecht

**455**     Grundsätzlich anders ist der Fall zu bewerten, wenn feststeht, dass eine Handlung in das **postmortale Persönlichkeitsrecht** eingreift. Eine Interessenabwägung zu Gunsten des Eingreifenden findet dann nicht statt, da die Handlung hier bereits ausnahmsweise die Rechtswidrigkeit indiziert und der Schutz nicht im Zuge einer Güterabwägung relativiert werden darf.[879]

## IV.  Besonderheiten bei Eingriff in das Persönlichkeitsrecht Minderjähriger

**456**     Bei der Darstellung **Minderjähriger** ist weiter noch folgendes zu beachten: Minderjährige unterliegen einem besonderen Schutz. Sie erfahren nicht nur über Art 1 Abs 1, 2 Abs 1 GG Schutz. Ihr Anspruch auf Sicherung ihres allgemeinen Persönlichkeitsrechts wird durch Art 6 Abs 1, 2 GG verstärkt. Danach besteht eine **Sicherungspflicht** des Staates, Minderjährigen ein gesundes Aufwachsen zu ermöglichen.[880] Hierzu zählt auch, den Minderjährigen vor Beeinträchtigungen ihrer Persönlichkeit durch filmische Darstellungen zu schützen. Dabei gilt letztlich aber auch hier, dass die Entscheidung über den Anspruch des Minderjährigen auf Schutz seiner Persönlichkeit eine Frage der

---

[875] LG Koblenz ZUM 2006, 951, 956; KG NJW-RR 2004, 1415, 1416 – Irene; zust auch *Staehle* ZUM 2006, 956, 957.
[876] BGH ZUM-RD 2009, 429, 432 – Kannibale von Rotenburg; BGH WRP 2008, 1527, 1529 – „Schau mal Dieter"; BGH ZUM 2004, 207; BGH ZUM 2005, 155; LG Koblenz, ZUM 2006, 951. 955; *Kaboth* ZUM 2006, 412, 414.
[877] BGH GRUR 2007, 899, 902 – Grönemeyer.

[878] BGH GRUR 2009, 86, 88 – Gesundheitszustand von Prinz Ernst August von Hannover; BGH ZUM 2009, 58, 60 – Höllenqualen; BGH GRUR 2005, 76, 77 – „Rivalin" von Uschi Glas.
[879] BVerfG ZUM 2008, 323, 324 mwN – Hagener Mädchenmord.
[880] BVerfG NJW 2008, 1793, 1794 f – Caroline von Hannover.

Abwägung im Einzelfalls ist.[881] Auch ein Minderjähriger kann nicht per se einen Schutzraum für sich in Anspruch nehmen, der es ihm ermöglicht, gegen jegliche filmische Darstellung vorzugehen. So besteht oftmal bei **jugendlichen Prominenten,** die mit einem entsprechenden Image vermarktet werden, ein den Schutz der Persönlichkeitssphäre überwiegendes Informationsinteresse,[882] wenn im Film das Image des jugendlichen Prominenten kritisch und wahrheitsgemäß hinterfragt wird. Hintergrund ist, dass im Bewusstsein von Jugendlichen gleichaltrige Prominente eine besondere Leitbildfunktion einnehmen, weswegen eine kritische Überprüfung des vorgelebten Images auf seinen Wahrheitsgehalt möglich bleiben muss. Ein weiteres Abwägungskriterium ist die Entwicklungsphase des Minderjährigen. Je jünger der Minderjährige ist, desto eher ist ihm Schutz zu gewährleisten.[883]

## V. Besonderheiten bei Konfrontation mit dem postmortalen Persönlichkeitsrecht

Der Schutz der Persönlichkeit eines Menschen endet nicht mit dem Tod.[884] Allerdings sind die Schutzwirkungen des verfassungsrechtlichen postmortalen Persönlichkeitsrechts nicht identisch mit denen, mit dem Schutz einer lebenden Person. Postmortal geschützt wird mangels Anbindung an die Menschenwürde nur der allgemeine Achtungsanspruch, der dem Menschen kraft seines Personseins zusteht, sowie der sittliche, personale und soziale Geltungswert, den die Person durch ihre eigene Lebensleistung erworben hat.[885] Dieser Einschränkung gegenüber dem allgemeinen Persönlichkeitsrechts entgegen steht nicht, dass die verstorbene Person im Zeitpunkt ihres Todes noch minderjährig war. Der verstärkte Schutz des Persönlichkeitsrechts **Minderjähriger**[886] findet seinen Grund in dem Bedürfnis, deren weitere Persönlichkeitsentwicklung zu gewährleisten, die bei einem Toten nicht mehr besteht.[887]  **457**

Unproblematisch sind zunächst die vermögenswerten Bestandteile des allgemeinen Persönlichkeitsrechts. Diese gehen nach dem Tod des Persönlichkeitsträgers auf den Erben iSd § 1922 BGB über.[888] So kann der Erbe gegen eine ungefragte Verwendung vermögenswerter persönlichkeitsrechtlicher Merkmale vorgehen.[889] Zu beachten ist allerdings, dass der Schutz der vermögenswerten Bestandteilen des postmortalen allgemeinen Persönlichkeitsrechts nach dem Tod des Persönlichkeitsträger nicht unbefristet fortbesteht. Wie lange der Schutzanspruch aus dem allgemeinen Persönlichkeitsrecht post mortem besteht, war lange Zeit höchst umstritten,[890] bis der BGH im Jahr 2007  **458**

---

881 BVerfG NJW 2000, 1021, 1023 – Caroline von Monaco.
882 BVerfG NJW 2008, 39, 41 – Esra; BGH NJW 2005, 56, 57 – Charlotte Casiraghi II; BGH NJW 2004, 1795, 1797 – Charlotte Casiraghi I; KG Urt v 24.5.2007, Az 10 U 196/06.
883 BVerfG NJW 2003, 3262, 3263 – Geburtstagshoroskop.
884 BVerfG NJW 2006, 3409 – Marlene Dietrich; BGH GRUR 2006, 252, 253 – Postmortales Persönlichkeitsrecht.
885 BVerfG GRUR-RR 2008, 206, 207 – Theaterstück „Ehrensache".
886 Dazu Rn 456.
887 BVerfG GRUR-RR 2008, 206, 208 – Theaterstück „Ehrensache".

888 BVerfG NJW 2006, 3409 ff – Marlene Dietrich; BGH MMR 2007, 106, 107 – kinski-klaus.de; BGH GRUR 2006, 252 ff – Postmortaler Persönlichkeitsschutz; BGH NJW 2000, 2195 ff – Marlene Dietrich.
889 BGH GRUR 2006, 252, 254 – Postmortaler Persönlichkeitsschutz; BGH NJW 2000, 2195 ff – Marlene Dietrich.
890 So werden Schutzdauern von 30 (vgl statt vieler Wenzel/*Burkhardt* Kap 5 Rn 124), bis teilweise 70 Jahren (Schricker/Loewenheim/*Götting* Anh § 60 UrhG § 22 KUG Rn 63 mwN) vorgeschlagen.

die **gesetzliche 10-Jahres-Frist** aus § 22 S 3 KUG als allgemeingültigen Maßstab festgelegt hatte.[891] Maßgebliches Argument hierfür war, dass mit fortlaufender Zeit das Schutzbedürfnis des Verstorbenen abnehme, während gleichzeitig das Bedürfnis der Allgemeinheit, sich mit dem Verstorbenen auseinanderzusetzen, wachsen würde.[892] Diese Auffassung überzeugt nicht, da sie zu einer ungerechtfertigten Enteignung der Erben führen. Zudem benötigt die Allgemeinheit keinen Schutz über die 10 Jahres-Regelung, da den Informationsinteresse der Öffentlichkeit bereits durch das abgestufte Schutzkonzept genüge getan wird.

**459**   Neben den vermögenswerten Interessen bestehen nach dem Tod auch ideelle Bestandteile des Persönlichkeitsrechts fort. Anders als die vermögenswerten Interessen können die ideellen Bestandteile der Persönlichkeit nur von den Angehörigen geltend gemacht werden, nicht von den Erben.[893] Wer **Angehöriger** ist, bestimmt sich entsprechend § 22 S 4 KUG auch im allgemeinen postmortalen Persönlichkeitsrecht. Ein weiterer Unterschied zum vermögenswerten Persönlichkeitsschutz besteht in der Schutzdauer. So wird die Schutzdauer hier individuell bestimmt und kann auch noch über zehn Jahre nach dem Tod des Persönlichkeitsrechtsträgers Bestand haben.[894] Maßstab für den Schutz ist, ob das Persönlichkeitsbild des Verstorbenen im Bewusstsein der Allgemeinheit noch nicht **verblasst** ist. Ein weitere wichtiger Aspekt, den es bei der Geltendmachung der ideellen Interessen aus postmortalem Persönlichkeitsrecht zu beachten gilt, ist die Schutzreichweite. So sind nur solchen Eingriffe in das ideelle Interesse des Verstorbenen widerrechtlich, die nach Art, Ausmaß, Nachhaltigkeit, Anlass, Beweggrund und sonstiger Umstände als besonders schwerwiegend anzusehen sind. Hintergrund hierfür ist, dass die postmortale Menschenwürde nur nach Art 1 Abs 1 GG geschützt ist.[895]

## VI. Besonderheiten bei Konfrontation mit dem Unternehmenspersönlichkeitsrecht

**460**   Auch juristische Personen können Träger des allgemeinen Persönlichkeitsrechts sein. Dabei ist aber zu berücksichtigen, dass ihr Schutz gegenüber dem allgemeinen Persönlichkeitsrecht natürlicher Personen beschränkt ist. Demnach beschränkt sich das sog Unternehmenspersönlichkeitsrecht auf Schutz des sozialen Geltungsanspruch der juristischen Person als Arbeitgeber oder als Wirtschaftsunternehmen.[896] Das Unternehmenspersönlichkeitsrecht ist demnach nichts anderes als Schutz der allgemeinen Handlungsfreiheit gem Art 2 Abs 1 GG im Sinne wirtschaftlicher Betätigungsfreiheit.[897]

**461**   Mangels Anbindung an die Menschenwürde (ein Unternehmen kann sich nicht auf Art 1 Abs 1 GG berufen) nimmt das Unternehmenspersönlichkeitsrecht nach Auffassung der Rspr. gegenüber anderen Grundrechten und dabei insb gegenüber der Kunst-

---

**891** BGH MMR 2007, 106, 107 – kinski-klaus.de.
**892** BGH MMR 2007, 106, 107 f – kinski-klaus.de
**893** Wandtke/Bullinger/*Fricke* § 22 KUG Rn 12; *Wankel* NJW 2006, 3411.
**894** BGH MMR 2007, 106, 108 – kinski-klaus.de; Wandtke/Bullinger/*Fricke* § 22 KUG Rn 11.

**895** BGH GRUR 2006, 252, 253 – Postmortales Persönlichkeitsrecht; OLG Hamm NJW 2002, 609, 610 – Fritz Winter.
**896** BGH NJW 1986, 2951 – Bumms mal wieder.
**897** BVerfG NJW 1994, 1784 – Fallstudie.

freiheit eine schwächere Position ein, als dies bei einer natürlichen Person der Fall wäre.[898] Dies zeigt sich exemplarisch bereits darin, dass nach Auffassung des BGH die sog „**Günstigkeitsregel**" des BVerfG bei Unterlassungsansprüchen gegenüber mehrdeutigen Äußerungen nicht zu Gunsten eines Unternehmen Anwendung finden soll.[899] Die Beeinträchtigung des Unternehmenspersönlichkeitsrechts setzt zudem immer voraus, dass eine gewisse minimale Eingriffsschwelle überschritten wird, weswegen sogar unzutreffende Tatsachenbehauptungen keine Verletzung des Persönlichkeitsrechts bewirken sollen, wenn ihnen im Hinblick auf die freie Entfaltung der Persönlichkeit keine Relevanz zukommt.[900] Dies folgt schon daraus, dass Unternehmensbelange wegen ihrer öffentlichen Position immer auch Öffentlichkeitsbelange sind.

Generell erfolgt ein Eingriff in das Unternehmenspersönlichkeitsrecht ohnehin nur **462** dann, wenn die Verletzung nachhaltigen Einfluss auf die wirtschaftlichen Belange des Unternehmens hat. Derjenige, der sich auf das Unternehmenspersönlichkeitsrecht beruft, muss im Zweifel darlegen, dass er in Folge des Eingriffs wirtschaftliche Nachteile bspw in Form von Umsatzrückgängen erlitten hat bzw solche wirtschaftlichen Nachteile ernsthaft drohen. Diese Einschränkung folgt schon daraus, dass das Unternehmenspersönlichkeitsrecht eben nur die wirtschaftliche Betätigungsfreiheit eines Unternehmens schützt und einziger und damit schützenswerter Wesenszweck eines Unternehmens die Generierung von Gewinnen ist.

## VII. Einverständniserklärungen

Bereits im Vorfeld sollten, um derartigen Unstimmigkeiten zu vermeiden, deswegen **463** die persönlichkeitsrechtlichen Fragen frühzeitig, etwa durch Verzicht auf die Geltendmachung von Schadensersatz- und Unterlassungsansprüchen durch den Betroffenen[901] geklärt werden. Dazu stehen den Beteiligten hauptsächlich **zwei wirksame**[902] **Vertragskonzeptionen** (Gestattungs- und Exklusivvertrag) zur Seite.

### 1. Gestattungs- und Exklusivvertrag

Mit dem **Gestattungsvertrag** vereinbaren die Beteiligten die Einräumung einer Nut- **464** zungsgestattung an Informationen, die zur Verfilmung seiner Geschichte notwendig sind, unter gleichzeitiger Duldungsvereinbarung der damit verbundenen Persönlichkeitsrechtsverletzungen.[903]

Der **Exklusivvertrag** geht in seiner Wirkung noch einen Schritt weiter, da darin der **465** Betroffene verpflichtet wird, einzig und allein dem Produzenten die Informationen über seine Geschichte zu liefern. Die hat zur Folge, dass andere Filmproduzenten dadurch zwar nicht an der Verfilmung gehindert sind, sie aber nicht mehr in der Lage sind, die dafür notwendigen Informationen durch den Betroffenen zu erlangen.[904] Ein **Exklusivrecht** an einer „Story" zu besitzen heißt daher nicht, dass andere nun von der Verfilmung derselben Tatsachen ausgeschlossen wären, auch wenn ihre Verfilmungs-

---

[898] OLG Hamburg NJW 2009, 1510; OLG Köln NJW-RR 2007, 698, 701 – Genmilch.
[899] BGH NJW 2008, 2110 – Genmilch.
[900] OLG Hamburg NJW 2009, 1510.

[901] *Brehm* 63; *Peters* 183.
[902] OLG Hamburg ZUM-RD 1998, 116, 118; OLG Frankfurt ZUM-RD 1998, 277, 280.
[903] Vgl dazu *Peters* 183 mwN.
[904] Vgl dazu auch *Brehm* 63 f.

freiheit mangels Einwilligung in das Eindringen der Persönlichkeitssphäre weit weniger weitreichend ist.[905]

**466**    Dieser dem Grundsatz nach wirksamen Vereinbarung[906] steht dass **allgemeine Informationsinteresse** nur dann entgegen, wenn eine allgemeine zugängliche Informationsquelle durch den Exklusivvertrag zum Schweigen gebracht werden soll.[907] Dies ist regelmäßig nicht schon dann der Fall, wenn dem Exklusivvertrag Informationsmaterial zugrunde liegt, dass dem Betroffenen allein zur Verfügung steht und gegen dessen unberechtigte Veröffentlichung ihm ein Verbietungsrecht zustünde.[908]

**467**    Hat man sich erst einmal auf einen Exklusivvertrag geeinigt, ist es nicht so ohne weiteres möglich, sich davon zu lösen. Der **Exklusivvertrag** wird nämlich grds als ein **Dauerschuldverhältnis** begriffen, dass idR nur aus wichtigem Grund gekündigt werden kann.[909] Jede Verletzung des Exklusivvertrages durch den Vertragspartner des Produzenten würde zudem nicht nur Unterlassungs- sondern auch Schadensersatzansprüche, nach sich ziehen.[910] Und auch der konkurrierende Filmhersteller, der vom Vertragsbruch profitiert, käme im Verletzensfalle uU nicht ungeschoren davon. Denn hat ein anderer Produzent Kenntnis von der von der Person eingegangenen Exklusivverpflichtung, handelt er in Ausnutzung fremden Vertragsbruchs und damit **wettbewerbswidrig**, mit der Folge, dass er mit den entsprechenden Sanktionen nach dem UWG rechnen muss. Des Weiteren wird auch eine Verletzung von § 826 BGB gegeben sein,[911] wenn er den Vertragspartner seines Konkurrenten zum Vertragsbruch animiert hat.

## 2. Einwilligung

**468**    Vor allem im KUG spielt darüber hinaus noch die sog **Einwilligung** eine bedeutende Rolle. Diese kann sowohl ausdrücklich als auch konkludent vorliegen. Dabei ist heute mehr und mehr anerkannt, dass es sich bei der Einwilligung um eine **rechtsgeschäftliche Willenserklärung**[912] handelt, wobei aber auch diejenigen Stimmen, die die Einwilligung als einen Realakt ansehen, die §§ 104 ff BGB analog anwenden, so dass es letztlich keinen Unterschied macht, das eine oder das andere anzunehmen.

**469**    Die Anwendung der Grundsätze über die Geschäftsfähigkeit hat Folgen, so dass eine Abbildung Minderjähriger grds der Einwilligung ihrer gesetzlichen Vertreter bedarf[913] (wobei teilweise auch davon ausgegangen wird, dass es zusätzlich noch immer auch der Einwilligung des Minderjährigen bedarf und damit die gesetzlichen Vertreter nicht ohne dessen Einverständnis in eine Veröffentlichung zustimmen können)[914] und Betrunkene keine wirksame Einverständniserklärung abgeben können.[915]

**470**    Ob eine Einwilligung vorliegt, dafür ist der Verwender darlegungs- und beweisbelastet.[916] Die **Reichweite der Einwilligung** wird, vor allem bei bloß konkludenter

---

**905** Vgl dazu auch umfassend bei *Eickmeier/ Eickmeier* ZUM 1998, 1 ff.
**906** OLG Hamburg ZUM-RD 1998, 116 (1. LS).
**907** BGH MDR 1968, 118, 119 – Lengede; OLG München AfP 1981, 347 (1. LS) – Vera Brühne.
**908** OLG München AfP 1981, 347 (1. LS) – Vera Brühne.
**909** OLG Hamburg ZUM-RD 1998, 116 (2. LS); OLG Frankfurt ZUM-RD 1998, 277, 280, 281.
**910** OLG Frankfurt ZUM-RD 1998, 277, 280.

**911** OLG Hamburg ZUM-RD 1998, 116 (3. LS).
**912** OLG München AfP 1982, 230 (2. LS) – Badewanne.
**913** OLG München AfP 1982, 230 (2. LS) – Badewanne; LG Bielefeld NJW-RR 2008, 715 – Supernanny.
**914** Loewenheim/*Schertz* § 18 Rn 11 mwN.
**915** OLG Frankfurt NJW 1987, 1087 – Betrunkener.
**916** BGHZ 20, 345, 348 – Paul Dahlke; LG Hannover ZUM 2000, 970, 971 – Störfälle.

Erteilung, maßgeblich durch den äußeren Rahmen der Aufnahme[917] aber auch durch ihre Zweckgebundenheit nach § 31 Abs 5 UrhG analog,[918] bestimmt. Zu unterscheiden ist dabei insb zwischen einem bloß privaten Rahmen und der Aufnahme bei einer öffentlichen Veranstaltung, bei der zu erwarten ist, dass entsprechende Filmaufnahmen gemacht werden.[919] Das gilt auch für Passanten, die zufällig während der Filmaufnahme ins Bild geraten sind und die sich nicht sofort gegen die weitere Verwertung der Aufnahme, und dabei insb gegen eine spätere Ausstrahlung gewehrt haben.[920] Gleiches gilt wenn die Anfertigung unter Umständen vorgenommen wurde, die eine spätere Veröffentlichung nahelegen und dem Abgebildeten Sinn und Umfang der geplanten Veröffentlichung erkennbar waren.[921] Letztlich setzt eine konkludente Einwilligung in Filmaufnahmen voraus, dass demjenigen, der aufgenommen wird, bekannt ist, dass er die Aufnahmen und deren Ausstrahlung nicht hinnehmen muss.[922] Weiter ist zu berücksichtigen, dass je weitergehend die geplante Veröffentlichung die Privatsphäre des Betroffenen betrifft, er desto klarer über Verwendung und Art des Beitrags aufgeklärt worden sein muss, wenn seine Duldung der Aufnahmen als wirksame stillschweigende Einwilligung bewertet werden soll.[923]

Darüber hinaus sind auch differenzierte Einwilligungserklärung desjenigen möglich, von dem Filmaufnahmen gemacht werden.[924] So kann sich der Betroffene bspw mit einer Ausstrahlung des Films im Fernsehen einverstanden erklären, die Einwilligung in die Vorführung des Films zu kommerziellen Zwecken im Kino aber vom Eintritt weiterer Bedingungen abhängig machen.[925] **471**

Eine Einwilligung kann nicht widerrufen werden, wenn sich im Nachhinein herausstellt, dass dem Einwilligenden die Tendenz des Beitrages nicht gefällt. Ein solcher **Widerruf** hätte nur dann Erfolg, wenn es vorher genaue Absprachen über die Art und Weise der Darstellung gegeben hätte, die später aber nicht eingehalten wurden.[926] Allerdings kann die Einwilligungserklärung angefochten werden.[927] **472**

## VIII. Wahrheitsbeachtungspflicht

Liegt eine vertragliche Einverständniserklärung des Betroffenen vor oder führt eine verfassungsrechtliche Abwägung dazu, dass Eingriffe in die Persönlichkeitssphäre gerechtfertigt sind, ist auf einer nächsten Stufe immer noch zu prüfen, ob der zu beurteilende Film zutreffende Tatsachen über den Abgebildeten vermittelt. Der Maßstab der hier an gelegt wird, ist ua davon beeinflusst wie genau die historische Abbildung des dargestellten Geschehens sein soll. Somit kommt es darauf an, wie sehr die Filmschaffenden für sich beanspruchen die **soziale Wirklichkeit** darzustellen. Denn je mehr dies beabsichtigt ist, desto stärker steigt das Interesse des Dargestellten an der wahrhaftigen Wirklichkeit seiner Darstellung. Dabei kommt es nicht darauf an, ob eine namentliche Nennung des Dargestellten erfolgt, so lange für einen Teil des sachlich **473**

[917] Vgl ua BGH GRUR 1985, 398 – Nacktfoto.
[918] LG Hannover ZUM 2000, 970, 971 – Störfälle.
[919] OLG Koblenz GRUR 1995, 771 – Werbefoto.
[920] OLG Köln NJW-RR 1994, 865 – Wir im Südwesten.
[921] OLG Frankfurt GRUR 1991, 49 (1. Ls) – Steuerberater.

[922] OLG München ZUM 2009, 429.
[923] OLG München ZUM 2009, 429.
[924] OLG Karlsruhe BeckRS 2010, 22086; OLG München, ZUM 2006, 936; KG NJW-RR 1999, 1703; OLG Hamburg, AfP 1995, 665.
[925] OLG Karlsruhe BeckRS 2010, 22086.
[926] OLG München NJW-RR 1996, 1487, 1489 – Sex Papst.
[927] OLG Karlsruhe BeckRS 2010, 22086.

interessierenden Adressatenkreises aufgrund der mitgeteilten Umstände ohne weiteres dessen Identität zu erkennen ist.[928] Entscheidend ist daher die Art und Weise, nach der Realitätsnähe vermittelt wird. Dies hängt von der Figurenbildung und der Geschichte ab, die dargestellt wird.[929] Grds muss dabei auch innerhalb eines Films eine Abschichtung der Anforderungen an die Wahrhaftigkeit der Darstellung vorgenommen werden. Dies hat zur Folge, dass bei solchen Passagen, die deutlich fiktiver Natur sind, nur schwere Persönlichkeitsrechtsverletzungen anspruchsauslösend sein können, während tatsächlich historische Vorgänge, die auch als solche dargestellt werden und bei denen für den Zuschauer zu erkennen ist, dass es sich dabei um eine im Kern wahrheitsgetreue Wiedergabe handelt, deutliche engere Grenzen in der Freiheit der Darstellung gezogen werden müssen.[930]

**474**  IRd **Unternehmenspersönlichkeitsrechtes** gilt es zusätzlich zu beachten, dass kritische Angriffe der Öffentlichkeit grds in einem weiteren Maße hingenommen werden müssen, als dies iRd allgemeinen Persönlichkeitsrechtes der Fall wäre, denn der Unternehmensbereich ist prinzipiell Öffentlichkeitsbereich.[931] Dies hat zur Folge, dass nur offensichtlich falsche Informationen untersagt werden müssen, wobei allerdings die journalistische Pflicht zur **schonenden Berichterstattung** zu beachten ist.[932]

## IX. Sonderfall Heimliche Bildaufnahmen

**475**  Heimliche Bildaufnahmen sind derzeit en vouge. Es existiert kaum ein Verbraucher- oder Politikmagazin, das sich in einem Bericht nicht einmal heimliche Bildaufnahmen bedient hat. Dabei dürfen heimliche Bildaufnahmen nur unter strengen Voraussetzungen gesendet werden. Generell gilt dabei, dass eine Veröffentlichung der unzulässig erlangten Bilder in der Regel nur dann erfolgen darf, wenn es um die **Aufdeckung von gewichtigen Missständen** geht, durch die die Öffentlichkeit betroffen ist. Dazu müssen auf den heimlichen Aufnahmen Zustände oder Verhaltensweisen dokumentiert werden, die ihrerseits rechtswidrig sind.[933] Das bedeutet ein allgemeines Informationsinteresse wie es etwa für die Abbildung nach § 23 Abs 1 Nr 1, 2 KUG genügt reicht nicht aus, Allerdings kommt der Freiheit der Berichterstattung zumindest ein größeres Gewicht zu, je mehr es sich nicht um eine unmittelbar gegen ein privates Rechtsgut gerichtete Äußerung in Verfolgung eigennütziger Ziele, sondern um einen Beitrag zum geistigen Meinungskampf in einer die Öffentlichkeit berührenden Frage handelt.[934] Wichtig ist, dass die Missstände auf den heimlichen Bildaufnahmen selbst zu sehen sein müssen. Heimliche Bildaufnahmen werden nicht dadurch zulässig, dass sie in einem Bericht vorkommen, der über einen grobe Misstände berichtet, diese aber nicht durch die heimlichen Bildaufnahmen belegt werden. Denn dann braucht es keine heimlichen Bildaufnahmen für den Bericht. Im Rahmen der Abwägungsentschei-

---

[928] BGH ZUM 2005, 735, 736 – Esra; OLG Müchen ZUM 2007, 932, 934.
[929] OLG Hamburg ZUM 2007, 479, 481 f – Contergan I; OLG Hamburg ZUM 2007, 483, 485 f – Contergan II.
[930] OLG Hamburg ZUM 2007, 479, 481 f – Contergan I; OLG Hamburg ZUM 2007, 483, 485 – Contergan II.
[931] OLG Hamburg ZUM 2007, 483, 486 – Contergan II.

[932] Klages/*Albin* Rn 203.
[933] BVerfG NJW 1981, 1089, 1090 f – Wallraff; OLG Hamm ZUM-RD 2005, 131, 135 – Tieraufnahmen; LG Berlin ZUM-RD 2009, 667, 671.
[934] BVerfG NJW 1981, 1089, 1090 f – Wallraff; OLG Hamm ZUM-RD 2005, 131, 135 – Tieraufnahmen; LG Berlin ZUM-RD 2009, 667, 671.

Ilja Czernik

dung ist weiter zu prüfen, ob es nicht ein milderes Mittel als die heimlichen Bildaufnahmen gibt. Insb wenn die Missstände noch auf andere Weise als durch die heimlichen Bildaufnahmen dokumentiert werden können, ist auf die Aussendung der heimlichen Bildaufnahmen zu verzichten.

## X. Rechtsfolgen

Die Verletzung der Persönlichkeitsrechte des Betroffenen resultiert in einer Reihe verschiedener Ansprüche gegen den Verletzer. **476**

### 1. Unterlassungsansprüche

Bei Verletzung des Persönlichkeitsrechts steht dem Betroffenen ein Anspruch auf Unterlassung nach § 1004 BGB analog zu. Dabei ist darauf zu achten, dass sich der Unterlassungsanspruch nur gegen den konkreten Film richten kann. Eine in die Zukunft gerichtete Unterlassungsanspruch, der jedwede filmische Darstellung privater Lebensvorgänge bzw eine kerngleiche filmische Darstellung des Betroffenen ausschließt, ist nicht zulässig.[935] Hierzu fehlt es nicht nur an der erforderlichen Wiederholungsgefahr. Ein abstrakter Verbotsanspruch wäre auch ein eklatanter Verstoß gegen das Prinzip praktischer Konkordanz. So muss sich jeder Anspruch aus einer Persönlichkeitsrechtsbeeinträchtigung einer konkreten auf den Film bezogenen Abwägung mit dem widerstreitenden Grundrecht der Kunstfreiheit stellen.[936] Dies ist aber nicht möglich, wenn noch gar nicht bekannt ist, welche Darstellung vorgenommen wird bzw in welchem Kontext sie veröffentlicht wird.[937] Zumal nicht ausgeschlossen werden kann, dass aufgrund neuer Umstände in Zukunft ein besonderes Informationsinteresse an der Veröffentlichung entstehen kann.[938] **477**

### 2. Bereicherungsansprüche

Die ungefragte Verwendung fremder Bildnisse bzw die Verfilmung einer Lebensgeschichte kann aber nicht nur Unterlassungsansprüche nach sich ziehen. Aus dem Persönlichkeitsrecht des einzelnen können bei Verletzung Ansprüche aus ungerechtfertigter Bereicherung entstehen. Das „erlangte etwas" besteht dabei bereits in der ungefragten Nutzung des Persönlichkeitsrechts, unabhängig davon, ob der Betroffene bereit gewesen wäre, eine entsprechende Einwilligung in die Verwendung seines Bildnisses oder anderweitiger Persönlichkeitsmerkmale zu geben.[939] In dem sich der Verletzer dieser fremden Rechte anmaßt, greift er in das Selbstbestimmungsrecht des **478**

---

935  BGH GRUR 2008, 1024 – Shopping mit Putzfrau auf Mallorca; BGH GRUR 2008, 1017, 1020 – Einkaufsbummel nach Abwahl; BGH GRUR 2008, 446, 447 – „kerngleiche" Berichterstattung; KG ZUM 2007, 538, 539 – Zärtliche Freundschaft.
936  KG ZUM 2007, 538, 539 – Zärtliche Freundschaft.
937  BGH GRUR 2008, 1024 – Shopping mit Putzfrau auf Mallorca; BGH GRUR 2008, 1017, 1020 – Einkaufsbummel nach Abwahl;

BGH GRUR 2008, 446, 447 – „kerngleiche" Berichterstattung.
938  BGH GRUR 2008, 1024 – Shopping mit Putzfrau auf Mallorca; BGH GRUR 2008, 1017, 1020 – Einkaufsbummel nach Abwahl; BGH GRUR 2008, 446, 447 – „kerngleiche" Berichterstattung.
939  BGH GRUR 2007, 139, 140 – Rücktritt des Finanzministers; OLG München WRP 1995, 744, 747.

Betroffenen ein.[940] Hierfür steht dem Betroffenen ein Bereicherungsausgleich in Form einer üblichen **fiktiven Lizenzgebühr** zu. Die Höhe einer solchen Lizenzgebühr richtet sich danach, was vernünftige Vertragspartner vereinbart hätten. Als Anhaltspunkte hierfür können vergleichbare Lizenzverträge herangezogen werden.[941] Unerheblich ist, ob und in welcher Höhe der Verletzer bereit gewesen wäre eine Lizenz für die streitgegenständlichen Persönlichkeitsrechte zu zahlen.[942]

### 3. Materieller Schadensersatzanspruch

**479**  Neben Bereicherungsansprüchen kann der Betroffene wegen Verletzung seiner Persönlichkeitsrechte auch Schadensersatz verlangen. Auch wenn die Möglichkeit der dreifachen Schadensberechneung besteht, gehen die Schadensersatzansprüche regelmäßig ebenfalls auf Zahlung einer fiktiven Lizenzgebühr. Als weitere Voraussetzung ist darauf zu achten, dass dem Verletzer Verschulden vorgeworfen werden können muss.

### 4. Immaterieller Schadensersatzanspruch

**480**  Bei besonders schwerwiegender Persönlichkeitsrechtsverletzung kann der Betroffene direkt aus Art 1 Abs 1, 2 Abs 1 GG zudem einen Anspruch auf „Schmerzensgeld" geltend machen.[943] Schwerwiegend ist eine Persönlichkeitsrechtsverletzung, wenn Bedeutung und Tragweite des Eingriffs, das Ausmaß der Verbreitung und/oder die Nachhaltigkeit bzw Fortdauer der Interessen- und Rufschädigung besonders intensiv in die Persönlichkeitsrechte eingreifen. Auch Anlass und Beweggrund des Verletzers sowie sein Verschuldensgrad können einen schwerwiegenden Eingriff nach sich ziehen.[944] Insb bei einer wiederholten gleichartigen Persönlichkeitsrechtsverletzung sind daher Schmerzensgeldansprüche angezeigt.[945] Liegt ein Verstoß gegen bestehende Unterlassungsverfügungen vor, spricht dies ebenfalls für eine **schwerwiegende Verletzungshandlung**.[946] Neben dem schwerwiegenden Eingriff ist weiter Voraussetzung für den Anspruch, dass den Interessen des Betroffenen nicht in anderer Weise befriedigend genüge getan werden kann.[947] Denn die Zubilligung einer Geldentschädigung beruht auf dem der Gesichtspunkt der **Genugtuung** des Opfers.[948] Die Höhe der Geldentschädigung braucht nicht zu niedrig angesetzt zu werden, denn ein weiterer Grund für die Zuerkennung einer Geldentschädigung liegt in der Verhinderung zukünftiger gleichartiger Eingriffe durch den Verletzer. Insofern soll von der Geldentschädigung ein echter **Hemmungseffekt** ausgehen.[949] Aus diesem Grund können Geldentschädigung und Bereicherungsausgleich bzw materieller Schadensersatz auch selb-

---

[940] BGH NJW 1979, 2205, 2206 – Fußballtorwart.
[941] LG München I AfP 2006, 382, 385; LG Hamburg AfP 1995, 526, 527.
[942] BGH NJW 1956, 1554, 1555 – Paul Dahlke; OLG Hamburg ZUM 2005, 164, 167.
[943] BVerfG NJW 1973, 1221, 1226 – Soraya; BGH NJW 2005, 215, 216; BGH NJW 2000, 2195, 2197 – Marlene Dietrich; BGH GRUR 1995, 224, 228 – Caroline von Monaco I.
[944] BVerfG NJW 2004, 591, 592; BGH GRUR 2006, 252, 254 – Postmortaler Persönlichkeits-

schutz; BGH NJW 2005, 215, 217; BGH NJW 1996, 1131, 1134 – Buchpassage; BGH GRUR 1995, 224, 229 – Caroline von Monaco I.
[945] Wandtke/Bullinger/Fricke § 22 KUG Rn 32.
[946] BGH NJW 2005, 215, 218.
[947] BVerfG NJW 2004, 591, 592; BGH NJW 2005, 215, 217; BGH NJW 2000, 2195, 2197 – Marlene Dietrich; BGH NJW 1996, 1131, 1134 – Buchpassage; BGH GRUR 1995, 224, 228 – Caroline von Monaco I.
[948] BGH NJW 2005, 215, 216.
[949] BGH NJW 2005, 215, 218.

Ilja Czernik

ständig nebeneinander geltend gemacht werden.[950] Eine Begrenzung der Anspruchshöhe tritt nicht ein,[951] da kein Hemmungseffekt erzielt wird, wenn der Verletzer nur so viel zahlen muss, wie er bei rechtmäßigem Verhalten gezahlt hätte.

### 5. Besonderheiten bei Anwendung des postmortalen Persönlichkeitsrechts

Bei Verletzung des postmortalen Persönlichkeitsrechts bestehen nur Unterlassungs-,   **481**
Bereicherungs- und materielle Schadensersatzansprüche. Den Hinterbliebenen steht jedoch besteht kein Anspruch auf „Schmerzensgeld" zu. Hintergrund hierfür ist, dass der ideelle Teil des Persönlichkeitsrechts als höchstpersönliches Recht nicht vererbbar ist, sondern mit dem Tod des Trägers untergeht.[952] Aus diesem Grund besteht ein Anspruch auf Schmerzensgeld der Angehörigen nur, wenn diese durch den Filn unmittelbar in ihrem eigenen Persönlichkeitsrecht verletzt worden wären.[953]

---

**950** BGH GRUR 1959, 430, 434 – Catharina Valente.
**951** OLG Hamm NJW-RR 1996, 538, 540 f; aA OLG München GRUR-RR 2003, 194 2. LS – Blauer Engel.
**952** BGH MMR 2007, 106, 107 –

kinski-klaus.de; BGH GRUR 2006, 252, 253 f – Postmortales Persönlichkeitsrecht; BGH NJW 2000, 2195, 2197 – Marlene Dietrich.
**953** BGH GRUR 2006, 252, 255 – Postmortales Persönlichkeitsrecht; BGH GRUR 1974, 797, 800 – Fiete Schulz.

# Kapitel 3

# Musikrecht

## Literatur

*Apel* Bridgeport Music, Inc V Dimension Films (USA), Metall auf Metall (Germany) and Digital Sound Sampling – „Bright Line Rules"? Zeitschrift für Geistiges Eigentum (ZGE), 2010, 331; *Becker* Musik im Internet – Praktische Erfahrungen bei der Rechteübertragung, Rechteverwaltung und Rechtedurchsetzung, GEMA Jahrbuch München 2002/2003, 90 (zit *Becker* GEMA-Jahrbuch); *ders* Die Lizenzierungspraxis der GEMA bei Ruftonmelodien in Becker ua (Hrsg) FS für Rehbinder, Recht im Wandel seines sozialen und technologischen Umfeldes, München 2002, 187 (zit *Becker* FS Rehbinder); *Boddien* Alte Musik in neuem Gewand. Der Schutz musikalischer Updates und der Quasischutz gemeinfreier Musikaufnahmen, Baden-Baden 2006; *Brandhorst* Musik im Film und die Rechtewahrnehmung durch die GEMA, GEMA-Nachrichten, November 2006, München 2006; *Brauner* Die urheberrechtliche Stellung des Filmkomponisten, Baden-Baden 2001; *Briegleb* Die verschlafene Revolution c't Nr 25, 2007 84; *Castendyk* Gibt es ein „Klingelton-Herstellungsrecht"? ZUM 2005, 9; Fromm/Nordemann Urheberrecht, 10. Aufl Stuttgart ua 2008; *Davis/Troupe* Miles, the Autobiography, New York 1989; *Dörr* Kunstfreiheit und Menschenwürde in der Film- und Fernsehproduktion, www.sichtwechsel.de/media/doc/Kunstfreiheit_und_Menschenw.pdf, 2008; Dreier/Schulze Urheberrechtsgesetz, 3. Aufl München 2008; *Dünnwald* Zum Begriff des ausübenden Künstlers UFITA 52 (1969) 49; *Fellerer* Bearbeitung und Elektronik als musikalisches Problem im Urheberrecht, Berlin 1965; *Gercke* Tauschbörsen und das Urheberstrafrecht – Ein Überblick über die strafrechtliche Bewertung der Tauschbörsennutzung unter Berücksichtigung der Änderungen durch den „Zweiten Korb" der Urheberrechtsreform ZUM 2007, 791; *Goldmann* Die kollektive Wahrnehmung musikalischer Rechte in den USA und Deutschland, München 2001; *Hanser-Strecker* Das Plagiat in der Musik, Frankfurt aM 1968; *Häuser* Sound und Sampling, Der Schutz der Urheber, ausübender Künstler und Tonträgerhersteller gegen digitales Soundsampling nach deutschem und US-amerikanischem Recht, München 2002; *Hertin* Zur Lizenzierung von Klingeltonrechten KUR 2004, 101; *ders* Zum Künstlerbegriff des Urheberrechts und des Rom-Abkommens UFITA 81 (1978) 39; *Hoeren* Das Teledienstmediengesetz NJW 2007, 801; *Klees* Der Erwerb von Handyklingeltönen durch Minderjährige CR 2005, 626; *Klees/Lange* Bewerbung, Nutzung und Herstellung von Handyklingeltöne CR 2005, 684; *Mankowski* Klingeltöne auf dem wettbewerbsrechtlichen Prüfstand GRUR 2007, 1013; *Kreile/Becker/Riesenhuber* Recht und Praxis der GEMA, 2. Aufl Berlin 2008; *Loewenheim* Handbuch des Urheberrechts, 2. Aufl München 2010; *Melichar* Die Wahrnehmung von Urheberrechten durch Verwertungsgesellschaften, München 1983; *Moser* Musik im Film aus wirtschaftlicher und rechtlicher Sicht, in Becker (Hrsg) Musik im Film, Baden-Baden 1993, 29; *ders* Tonträgerrechte ZUM Sonderheft 1996, 1025; *Moser/Scheuermann* Handbuch der Musikwirtschaft, 6. Aufl Starnberg München 2003; *Müller* Festlegung und Inkasso von Vergütungen für die private Vervielfältigung auf der Grundlage des „Zweiten Korbs" ZUM 2007, 777; *Nordemann* Das Recht der Bearbeitung gemeinfreier Werke GRUR 1964, 117; *Palandt* Bürgerliches Gesetzbuch, 70. Aufl München 2011; *Pendzich* Von der Coverversion zum Hit-Recycling. Historische, ökonomische und rechtliche Aspekte eines zentralen Phänomens der Pop- und Rockmusik, Münster 2004; *Peukert/Kur* Stellungnahme des Max-Planck-Instituts für Geistiges Eigentum, Wettbewerbs- und Steuerrecht zur Umsetzung der Richtlinie 2004/48/EG zur Durchsetzung der Rechte des geistigen Eigentums in deutsches Recht GRUR Int 2006, 292; *Poll* Urheberrechtliche Beurteilung der Lizenzierungspraxis von Klingeltönen MMR 2004, 67; *ders* Anmerkung zu OLG Hamburg, Urteil vom 18. Januar 2006 ZUM 2006, 335 – Klingeltöne ZUM 2006, 379;

*ders* Musik in der Werbung WRP 2008, 1170; *Prill* Urheberrecht und Klingeltöne. Die Lizenzierung von Ruftonmelodien und Ringbacktones und das Bearbeitungsrecht gem §§ 23 iVm 14 und 39 UrhG; Baden-Baden 2006; *Riesenhuber* Die Auslegung und Kontrolle des Wahrnehmungsvertrags, Berlin 2004; *ders* Beim Abschluss des Wahrnehmungsvertrags sind die Berechtigten Unternehmer iSv § 14 BGB ZUM 2002, 777; *ders* Nutzung von Musik für Werbezwecke ZUM 2010, 137; *Russ* Das Lied eines Boxers, Grenzen der Rechtswahrnehmung durch die GEMA am Beispiel des Falles „Henry Maske" ZUM 1995, 32; *Schack* Urheber- und Urhebervertragsrecht, 5. Aufl Tübingen 2010; *Schmieder* Werkintegrität und Freiheit der Interpretation NJW 1990, 1945; *Schricker/Loewenheim* Urheberrecht, 4. Aufl München 2010; *Schulze* Zur Beschränkung des Filmherstellungsrechts bei Musikwerken GRUR 2001, 1084; *ders* Teil-Werknutzung, Bearbeitung und Werkverbindung bei Musikwerken – Grenzen des Wahrnehmungsumfangs der GEMA ZUM 1993, 255; *Schunke* Das Bearbeitungsrecht in der Musik und dessen Wahrnehmung durch die GEMA, Berlin 2008; *Spindler* Anmerkung zu OLG Hamburg MMR 2006, 398, 400 – Cybersky MMR 2006, 403; *Schwartmann* Praxishandbuch Medien-, IT- und Urheberrecht, Heidelberg 2008 (zit Schwartmann/*Bearbeiter*); *Schwarz/Brauneck* Verbesserung des Rechtsschutzes gegen Raubkopierer auf der Grundlage der EU-Enforcement-Richtlinie und deren Umsetzung in deutsches Recht ZUM 2006, 701; *Siebert* Die Auslegung der Wahrnehmungsverträge unter Berücksichtigung der digitalen Technik München 2002; *Staats* Aufführungsrecht und kollektive Wahrnehmung bei Werken der Musik, Baden-Baden 2003; *ders* „O Fortuna" – Zur Wahrnehmungsbefugnis der GEMA, Anmerkung zu LG München I, Urteil vom 5. August 2004 – 7 O 155 374/02 ZUM 2005, 789; *Stroh* Der Rechtsschutz von Musiknoten vor unerlaubter Vervielfältigung, Berlin 1995; *Tenschert* Ist der Sound urheberrechtlich schützbar? ZUM 1987, 612; *Ulbricht* Der Handyklingelton – Das Ende der Verwertungsgesellschaften? CR 2006, 468; *von Have/Eickmeier* Das Lied eines Boxers ZUM 1995, 321; *Von Zimmermann* Recording-Software für Internetradios MMR 2007, 553; *Ventroni* Das Filmherstellungsrecht, Baden-Baden 2001; *Ventroni/Poll* Musiklizenzerwerb durch Online-Dienste MMR 2002, 648; *Wandtke* Zum Bühnentarifvertrag und zu den Leistungsschutzrechten der ausübenden Künstler im Lichte der Urheberrechtsreform 2003 ZUM 2004, 505; *ders* Urheberrecht, 2. Aufl München 2010; *Wandtke/Bullinger* Praxiskommentar zum Urheberrecht, 3. Aufl 2009; *Wandtke/Schunke* Einheitliche Lizenzierung der Klingeltöne – eine rechtliche Notwendigkeit? UFITA 2007/I, 61; *Weßling* Der zivilrechtliche Schutz gegen digitales Sound-Sampling, 1. Aufl Baden-Baden 1995.

## *Übersicht*

Sebastian Schunke

# § 1
# Musik im Medienzeitalter

## I. Musik und sein medialer Bezug

**1** Die Musik steht im ständigen Verhältnis zu den Medien. Betrachtet man die Entwicklung des Musikmarktes so fällt auf, dass der Erfolg eines Produktes vor allem durch seine **Medienpräsenz** bestimmt wird. Zu dem Produkt zählen dabei nicht nur das musikalische Werk, sondern auch die Personen, die für dessen Entstehung und Klanglichwerdung zuständig sind. Die Bedeutung der Medien geht aber noch wesentlich weiter: die **Werkschaffung** als solche wird im Wesentlichen durch die sie umgebende mediale Wirklichkeit beeinflusst. So bilden sich **neue Vermarktungsformen** von Musik über das Fernsehen. Dazu gehören **Fernsehshowformate**[1], die nicht bei der musikalischen Qualität des Musikers anknüpfen sondern vorwiegend dessen medienwirksame Vermarktungsfähigkeit im Auge haben. Das besondere Auftreten, das Aussehen, die sexuelle Neigungen, ein Skandal, eine Drogenabhängigkeit oder neuerdings auch die Teilnahme an Entziehungskuren garantieren einen musikalischen Erfolg weit eher, als eine gute Stimme oder eine anspruchsvolle Komposition.

**2** Die neuen Technologien mit der Digitalisierung und dem Internet haben die **traditionellen Musikvermarktungs- und Musikvertriebsformen** revolutioniert und die Musikindustrie in eine **wirtschaftliche Existenzkrise** getrieben.[2] Keine andere Industrie wurde von der digitalen Revolution des 21. Jahrhunderts so hart getroffen wie die Musikbranche.[3] Die CD als zentrales Medium der Musikindustrie hat einen erheblichen

---

1 Vgl dazu Rn 138.
2 Vgl *Briegleb* c't 25/2007, 82 f.

3 Vgl *Tretbar* im Tagesspiegel Berlin v 17.11. 2007, Artikel „Pop und weg" 29.

Wertverlust erfahren.[4] Die durch das Internet hervorgerufene Internationalität und Freiheit von Informationen und der schelle internationale kommunikative Austausch haben weltweit die Einstellung der Verbraucher zum Wert von Musik nachhaltig verändert. Dies wurde unterstützt durch die Entwicklung neuer Technologien wie **mp3** und der Möglichkeit Musiktitel über Downloads zu erwerben wie bspw bei iTunes. Das **Konsumverhalten der Verbraucher** in Bezug auf Musikprodukte hat sich in den letzten Jahren erheblich gewandelt. Die Bereitschaft viel Geld für ein Musikprodukt zu bezahlen ist nicht zuletzt aufgrund der **Tauschbörsen**[5], aber auch dem Verhalten der Plattenindustrien enorm gesunken, während der Drang, möglichst viele Musiktitel auf seinem heimischen Computer, MP3-Handy oder MP3-Player zu besitzen, angestiegen ist. Allein in Deutschland waren im Jahr 2007 auf Rechnern, MP3-Playern und MP3-Handys rund 16,6 Mrd Musikdateien gespeichert. Im Vorjahr waren es noch 8,8 Mrd. Das geht aus der Brennerstudie 2007 hervor, die die Gesellschaft für Konsumforschung (GfK) im Auftrag der Deutschen Phonoverbände erstellt hat. Der Anteil der Deutschen über 10 Jahre, die Musik auf PCs speichern, stieg im Vergleich zu 2005 von 31 auf 37 %. Jede der 23,5 Mio Personen hatte durchschnittlich 614 Titel auf dem PC gespeichert, was rund 14,44 Mrd Musikstücke ergibt. Hinzu kommen weitere zwei Mrd Musikdateien auf MP3-Playern und 128 Mio auf MP3-Handys.[6]

3    Dem erhöhten medialen Einfluss, dem sich der Verbraucher durch Werbung, Internet, Fernsehen und Radio ausgesetzt sieht, die damit einhergehende Informationsflut, sorgt gleichzeitig dafür, dass die Bereitschaft ungewohnte Inhalte zu konsumieren und zu verstehen gesunken ist. Gerade bei einem Produkt, welches primär über das Ohr als Sinnesorgan aufgenommen wird, hat dies erhebliche Auswirkungen auf das Produkt selbst. Zum einen wird deshalb vermehrt probiert, den Verbraucher über den **visuellen Effekt** an die Musik heranzuführen. Zum anderen wird vermieden, dem Verbraucher zu komplexe Inhalte anzubieten, die ihn überfordern könnten.[7] Neben den musikalischen Fähigkeiten eines ausübenden Künstlers oder Komponisten rücken damit die **sonstigen Künstler-Rechte** wie dessen Persönlichkeits- und Merchandisingrechte und damit einhergehend das **Künstler-Image** in den Vordergrund der Rechteverwerter.[8]

4    Gleichzeitig bieten moderne Technologien vollkommen neue Möglichkeiten der **Werkschöpfung** und das Internet Raum für die Bildung und das Fortbestehen musikalischer Subkulturen. Regelmäßig muss sich aber der in **Subkulturen** agierende Künstler oder Musikverwerter fragen, wie er die Medien einsetzen kann, um sein Publikum bei der Informationsflut überhaupt noch zu erreichen. Die direkte Verbindung zum Konsumenten ist sicherlich ein gangbarer Ausweg.[9]

5    Mit diesen neuen Gegebenheiten müssen sich die am Musikmarkt beteiligten Personenkreise bei der Produktentwicklung, Vermarktung und Lizenzierung auseinandersetzen.[10] Ein fundamentales **Umdenken** und eine **Neuausrichtung** der **Musikindustrie** ist die Folge.[11] Die neuen Produktionswege, Absatzmärkte und veränderten Aufnahmestrukturen sorgen für neue rechtliche Fragestellungen in der Erfassung dieser von Medien und modernen Technologien geprägten Musikwelt.

---

4  Vgl Moser/Scheuermann/*Renner* 239, 242.
5  Vgl dazu Rn 126 f.
6  Bericht der IFPI vom 26.4.2007, www.ifpi.de.
7  Ähnl Moser/Scheuermann/*Vormehr* 223, 233 f.

8  Moser/Scheuermann/*Renner* 239, 244.
9  Ähnl Moser/Scheuermann/*Renner* 239, 243.
10  Vgl Moser/Scheuermann/*Renner* 239, 243.
11  Vgl Moser/Scheuermann/*Schenk* 251 ff; *Ventroni/Poll* MMR 2002, 648.

Sebastian Schunke

## II. Die beteiligten Personen und deren Neuorientierung im Mediendschungel

Aufgrund der digitalen Revolution und des durch die Medien bestimmten „karma-kapitalistischen" Konsumverhaltens der Verbraucher haben sich die Marktbedingungen verändert. Die in den 80er und 90er Jahren entwickelten **Rollenverständnisse** der in der Musikindustrie beteiligten Personen hat sich vollkommen gewandelt. Dies führt zu **neuen Vertragstypen** im Musikbusiness. Daraus folgt eine **inhaltliche Neugestaltung** der **traditionellen Vertragstypen** und „Standardverträge". Unter diesen Bedingungen kann die Musik im 21.Jahrhunderts ein zukunftsfähiges Produkt bleiben.

**6**

### 1. Komponist und Texter

Ausgangspunkt jedes musikalischen Schaffens sind die Kompositionen und der Text. Es gibt also einen oder mehrere Komponisten und einen oder mehrere Texter.[12]

**7**

Den neuen Herausforderungen und Chancen durch eine medialisierte Musikland-schaft, muss sich vor allem der **Komponist** eines musikalischen Werkes stellen. Der Komponist bildet durch sein Schaffen den Ursprung für den Musikkreislauf. Im rechtlichen Sinne ist der Komponist der Urheber (§ 7 UrhG) eines musikalischen Werkes iSd **§ 2 Abs 1 Nr 2 UrhG**.[13] Für den Komponisten stellt sich insofern bereits die Frage, welche Arten der Werkschöpfung von dem musikalischen Werkbegriff erfasst werden – sei es, weil der Werkschöpfer neue Formen der Erzeugung eines Musik-werkes benutzt, also besonders innovativ ist – um unter Umständen überhaupt mediale Aufmerksamkeit zu erlangen oder weil das Musikprodukt so einfach gehalten sein muss, um den Verbraucher nicht zu überfordern. Der **Texter** ist gem § 2 Abs 1 Nr 1 UrhG Schöpfer eines urheberrechtlich geschützten Werkes. Erarbeiten zwei Komponisten ein Werk zusammen, liegt in der Regel Miturheberschaft iSd § 8 UrhG vor. Bei dem Zusammenarbeiten von Texter und Komponist kann statt dessen eine Werkverbindung gem § 9 UrhG gegeben sein.[14]

Komponist und Texter müssen sich fragen, wie sie den medialen Anforderungen gerecht werden können, und wie sich dieses in ihren Beziehung zu ihren unmittelbaren Geschäfts- und Vertragspartnern auswirkt. Wie weit sind die traditionellen Strukturen des Musikgeschäfts und damit deren branchenübliche Verträge sinnvoll und wie gestalten sich die Verträge zu neuen Partnern. Komponist und Texter sind üblicherweise **Mitglied der GEMA**[15]. Die Mitgliedschaft ist freiwillig und deren Notwendigkeit wird von jungen Komponisten oft in Frage gestellt, da in vielen Medienbereichen das Stichwort der „GEMA freie Musik" fällt. Neben den Konsequenzen einer Mitgliedschaft in der GEMA steht die **Verlagsbindung** und **Vermarktung der eigenen Persönlichkeit** im Mittelpunkt der Fragen der Komponisten und Texter.

**8**

### 2. Instrumentalisten

Noch mehr als der Komponist steht der Instrumentalist (**Sänger, Pianist, Streicher**) – unabhängig von dem musikalischen Genre in dem er tätig ist (Rock, Pop, Klassik oder Jazz) – im Mittelpunkt der medialen Aufmerksamkeit. Im rechtlichen Sinne handelt es

**9**

---

12 Schwartmann/*Waldhausen* 981, Rn 11.
13 Vgl zum Begriff des Urhebers und dessen Rechten Kap 1 Rn 34 ff.
14 Vgl Wandtke/*Wöhrn* Urheberrecht 2. Kap Rn 151 ff; 175 ff.
15 Zur GEMA vgl Rn 58–108.

sich bei dem Instrumentalisten um einen **ausübenden Künstler iSd §§ 73 ff UrhG** und damit um einen Leistungsschutzberechtigten.[16] Nach § 73 UrhG ist ein ausübender Künstler, wer ein Werk oder eine Ausdrucksform der Volkskunst aufführt, singt, spielt oder auf andere Weise darbietet oder an einer solchen Darbietung künstlerisch mitwirkt. Als ausübender Künstler iSd § 73 UrhG gelten im Bereich der Musik nicht nur die klassischen Instrumentalisten wie Streicher, Klavierspieler oder Bläser, sondern auch der **Dirigent**.[17] Schließen sich mehrere Instrumentalisten zu einer Gruppe zusammen kann dieses in rechtlicher Hinsicht bedeutsam werden. Es könnte sich bei der Gruppe um eine **Gesellschaft bürgerlichen Rechts** (GbR) iSd §§ 705 ff BGB handeln. Dafür müssten die Mitglieder einen Gesellschaftsvertrag iSd § 705 BGB abgeschlossen haben. Es könnte sich aber auch um Dienstverträge iSv § 611 BGB handeln, die der Gruppenchef oder Bandleader mit den einzelnen Mitgliedern abgeschlossen hat. Unterscheidungskriterium ist, ob die Mitglieder einen gemeinsamen Zweck verfolgen und diesen mit eigenen Beiträgen fördern wollen. Der Übergang vom Dienstvertrag zum Gesellschaftsvertrag ist fließend und oft schwer zu ziehen. Handelt es sich um eine GbR sollten die Mitglieder in jedem Fall die Fragen der Beiträge und Auseinandersetzung ausdrücklich und rechtzeitig regeln. Die Unterscheidung ist nicht nur in zivilrechtlicher Hinsicht bedeutsam, sondern auch bei der Frage, ob unter Umständen Beiträge an die **Künstlersozialkasse** gem § 24 Abs 1 S 1 Nr 2 KSVG zu leisten sind. In diesem Bereich ist vieles ungeklärt und strittig.[18] Eine Abgabepflicht des Bandleaders einer Rock-, Jazz-, oder Popgruppe ist aber abzulehnen, da dadurch der Sinn und Zweck der Künstlersozialkasse verfehlt würde und es sich auch nicht um das Betreiben eines Orchesters im Sinne der Vorschrift handelt.

**10**     **Rechtsprechung** und **Teile der Literatur** lassen die Leistung des **Tonmeisters** weder direkt, noch analog unter § 73 UrhG fallen.[19] Der BGH vertritt insoweit einen **engen Darbietungsbegriff**, wonach lediglich die unmittelbare, im Moment der Klangerzeugung durch Instrumente und Stimmen wahrnehmbare Klangdarbietung eine Aufführung iSd § 19 Abs 2 UrhG darstellen soll. Die nachträgliche Beeinflussung stelle kein „Mitwirken" iSd § 73 UrhG dar und zwar auch dann nicht, wenn im Zuschauerraum das Live-Erlebnis mitbestimmt wird.[20] Diese Auffassung geht in vielen Bereichen an der Produktionsrealität von Musik und der Bedeutung der Tontechniker vorbei. Zuzustimmen ist dem BGH lediglich für den Fall, dass der Tonmeister oder Toningenieur nur auf Anweisung Verfremdungseffekte am Tonmaterial vornimmt. In vielen Fällen ist der Toningenieur, Tonmeister oder DJ gleichermaßen eigenständig an der Soundgestaltung der Darbietung, bspw durch Verfremdungseffekte oder Einsatz elektronischer Geräte, mit beteiligt. Gerade im Bereich der **elektronischen Musik** kommt den Toningenieuren oder Djs eine wesentliche Funktion zu: Den Klang des aufführenden Musikers während seines Livespiels zu verändern oder eigenständige Sounds hinzuzufügen. Besonders Schlagzeuger und Sänger sind auf die Mitwirkung des Toningenieurs angewiesen.[21] Entscheidendes Kriterium muss insoweit die Frage

---

[16] Zum Begriff und zu den Rechten des ausübenden Künstlers vgl Wandtke/Bullinger/*Büscher* Vor §§ 73 UrhG Rn 3 ff; sowie Kap 1 Rn 102 ff.
[17] OLG Dresden ZUM 2000, 955; *Wandtke* ZUM 2004, 505, 506; Wandtke/Bullinger/*Büscher* § 73 UrhG Rn 15; *Hertin* UFITA 81 (1987) 39, 46.
[18] Vgl LSG Sachsen BeckRS 2010, 73599.

[19] BGH GRUR 1983, 22, 23 – Tonmeister; OLG Köln GRUR 1984, 345, 347 – Tonmeister II; OLG Hamburg ZUM 1995, 52 – Tonmeister III; Wandtke/Bullinger/*Büscher* § 73 UrhG Rn 8; aA *Nordemann* GRUR 1980, 568, 572; *Tenschert* ZUM 1987, 612, 617 f.
[20] BGH GRUR 1983, 22, 25 – Tonmeister.
[21] Vgl bspw die Aufnahmen des Trompeters *Nils Peter Molvaer* „Solid Ether" ECM 1722.

der **unabhängigen eigenständigen Einflussnahme** des Toningenieurs oder Djs sein.[22] Auf eine zeitliche Komponente abzustellen passt nicht zu den modernen Produktionsformen – auch Instrumentalisten spielen oft nachträglich eine Solopassage oder ein Riff ein, so dass es bei dem Großteil der Aufnahmen gar nicht eine bestimmte unmittelbare Klangerzeugung gibt. Diese Grundsätze gelten gleichermaßen für Live-Darbietungen und für Studio-Darbietungen.[23] So ist es nur konsequent auch bei dem **sog Remix** ein Leistungsschutzrecht nach § 73 UrhG entstehen zu lassen.[24]

Der **Quizmaster** kann als ausübender Künstler gem § 73 UrhG angesehen **11** werden.[25] Das digitale **Remastering** fällt nicht unter § 73 UrhG.[26] **Korrepetitoren, Gesangslehrer** oder sonstige **musikalische Lehrmeister** fallen nicht unter § 73 UrhG. Ihre Einflussnahme im Rahmen der Ausbildung ist nicht ausreichend zur Begründung der Eigenschaft als ausübender Künstler.[27]

Es sind Fälle vorstellbar, in denen schöpferische und darbietende Leistung in einer **12** Person zusammenfallen. Dies kann insb auf den **interpretierenden Jazzmusiker** zutreffen.[28] Ob allein das Spielen eines Solos bereits ausreichend ist neben der Eigenschaft als ausübender Künstler auch Miturheber oder Bearbeiterurheber nach § 3 UrhG zu sein, ist fragwürdig und bedarf der Einzelfallbetrachtung. Die Verneinung einer schöpferischen Leistung des improvisierenden Instrumentalisten lässt sich aber nur bei der Verneinung des **Prinzips der kleinen Münze** und einer engen Auslegung des § 3 UrhG für alle Fälle der musikalischen Gestaltung rechtfertigen.[29] Problematisch ist die Koppelung des Leistungsschutzrechts des § 73 UrhG an den **Werkbegriff.** Im Bereich der Musik fallen damit viele Künstler, die bspw für bestimmte Beateinspielungen zuständig sind, nicht in den Anwendungsbereich des § 73 UrhG. Die Zweitverwertungsrechte des ausübenden Künstlers nimmt die **GVL** in den meisten Fällen wahr.

Neuerdings probieren etablierte Künstler ihr Schicksal aufgrund der geänderten **13** Marktstrukturen in die eigenen Hände zu nehmen. *Prince*, der sich mit seinem Label überworfen hatte, brachte seine neue Platte in Großbritannien als Gratisbeilage einer Sonntagszeitung auf den Markt. Die Band *Radiohead* bot für einen bestimmten Zeitraum ihre neue CD zum freien Download über ihre eigene Homepage an. Die Fans

---

22 So wohl auch OLG Hamburg GRUR 1976, 708 – Staatstheater; *Wandtke* ZUM 2004, 505, 506; *Schack* Rn 674; *Hertin* UFITA 81 (1978) 39, 46 f, der sogar die Möglichkeit einer Miturheberschaft anspricht; Wandtke/Bullinger/*Büscher* § 73 UrhG Rn 17.
23 AA Wandtke/Bullinger/*Büscher* § 73 UrhG Rn 15; OLG Hamburg GRUR 2002, 220 – Remix/Remastering; entscheidend man sich dafür, dass § 73 UrhG nur die persönliche Darbietung und nicht die öffentliche Darbietung meint, ist es nicht ersichtlich, warum der Frage der Mitwirkung zwischen öffentlicher und nicht öffentlicher Darbietung unterschieden werden soll; vgl zur Frage der analogen statt direkten Anwendung des § 73 UrhG auf Studio-Darbietungen Schricker/Loewenheim/*Krüger* § 73 UrhG Rn 16; *Dünnwald* UFITA 52 (1969) 49, 63 f.
24 Unter Remix versteht man die Anpassung einer bestehenden Aufnahme durch Einwirkung auf die Einzelspuren an einen anderen Musik-

stil, sei es durch die Einfügung neuer Tonspuren oder der Einwirkung auf bereits bestehende. Nicht eindeutig insoweit *Boddien* 30 f, der den Begriff wohl enger sieht. Dies entspricht aber nicht der Verwendung im Musikalltag.
25 BGH GRUR 1981, 419.
26 OLG Hamburg GRUR-RR 2002, 220; Wandtke/Bullinger/*Büscher* § 73 UrhG Rn 8; zum Begriff des Remastering vgl *Boddien* 32 f; *Boddien* weist richtigerweise daraufhin, dass ein Bearbeiterurheberrecht beim Remastering ausgeschlossen ist, *Boddien* 79. Beim Remastering stellt sich die Frage, ob ein Leistungsschutzrecht nach § 85 UrhG entstehen kann, vgl dazu Rn 15.
27 Wandtke/Bullinger/*Büscher* § 73 UrhG Rn 17.
28 Ausf insoweit *Schunke* Rn 56 ff; LG München I ZUM 1993, 432, 434; Wandtke/Bullinger/*Büscher* § 73 UrhG Rn 20.
29 Vgl *Schunke* 55 f; 60 f.

konnten selbst entscheiden wie viel sie für den Download bezahlen wollten. Unbekannte Bands hoffen auf Selbstvermarktungen über Plattformen wie *Myspace*. Dort sind die Grenzen aufgrund der Vielzahl der Bandangebote aber vorhersehbar.[30]

### 3. Plattenfirmen

**14**    Die Plattenfirmen haben sich sehr schwer getan mit den neuen Entwicklungen am Markt. Sie sind häufig **Tonträgerhersteller iSd §§ 85 ff UrhG**. Die Begriffe Plattenfirma und Tonträgerhersteller sind nicht inhaltsgleich. Tonträgerhersteller iSd § 85 Abs 1 UrhG ist derjenige, der die organisatorische und wirtschaftliche Hoheit über die Aufnahmen besitzt.[31]

**15**    Dem Tonträgerhersteller steht gem § 85 Abs 1 UrhG das Leistungsschutzrecht der Vervielfältigung, der Verbreitung und der öffentlichen Zugänglichmachung an dem Tonträger zu. Dieses Recht ist nach den Regeln der §§ 31 ff UrhG übertragbar.[32] Strittig im Zusammenhang mit den Leistungsschutzrechten der Tonträgerhersteller ist vor allem der **Beginn des Leistungsschutzes**. In der Popularmusik, gerade in Bereichen des Rap, Techno aber auch des Mainstream-Pop, wird viel mit **Samples** gearbeitet.[33] Fraglich ist, ob kleine Ausschnitte eines Tonträgers in den Schutzbereich des § 85 UrhG fallen.[34] Der Leistungsschutz des Tonträgerstellers setzt gerade nicht bei dem Werkbegriff als Schutzvoraussetzung an, so dass jede ausschnittsweise Nutzung eines Tonträgers hinsichtlich des Herstellerrechts zustimmungsbedürftig ist.[35] Dieser Auffassung ist der BGH grundsätzlich gefolgt.[36] Der BGH diskutiert und bejaht anschließend allerdings die Frage, ob aufgrund einer **analogen Anwendung des § 24 Abs 1 UrhG** die Entnahme ohne Einwilligung des Tonträgerherstellers möglich sein könnte.[37] Im Ergebnis bejaht der BGH eine analoge Anwendung für den Fall, dass der gesamplete Teil nicht durch den das Sample Verwendenden selbst eingespielt werden könne und der gesamplete Teil nicht eine Melodie enthalte.[38] Die analoge Anwendung von § 24 UrhG auf Eingriffe in das Tonträgerherstellerrecht ist abzulehnen. § 24 UrhG ist nicht als allgemeine Schranke konzipiert worden vom Gesetzgeber sondern als Ergänzung zu § 23 UrhG. Ein Bearbeitungsrecht steht dem Tonträgerhersteller nun aber gerade nicht zu. Damit bestehen keine vergleichbaren Interessenslagen, so dass die Voraussetzungen einer Analogie entgegen der Ansicht des BGH nicht vorliegen.[39] Ebenfalls umstritten ist die Frage der Entstehung eines eigenen Tonträgerherstellerrechtes beim **Remastering**.[40] Werden bei dem Remastering lediglich kleine klangliche Veränderung und eine Übertragung auf ein neues Medium vollzogen ist eine Anwen-

---

30   Vgl *Briegleb* c't 25/2007, 84.
31   Ausf zur Frage der Tonträgerherstellereigenschaft vgl Wandtke/Bullinger/*Schaefer* § 85 UrhG Rn 8.
32   Vgl dazu Band 2 Kap 1 Rn 194 ff.
33   Zur Grundlage der Sampletechnik vgl *Häuser* 5 ff; die Bezeichnung Samples stammt aus dem Englischen und bedeutet „Probe", vgl *Weßling* 137.
34   Vgl Wandtke/Bullinger/*Schäfer* § 85 UrhG Rn 25.
35   Ebenso Wandtke/Bullinger/*Schaefer* § 85 UrhG Rn 25; dagegen OLG Hamburg ZUM 1991, 545, 548; vgl zum Streitstand: Schricker/Loewnheim/*Vogel* § 85 UrhG Rn 43.

36   BGH ZUM 2009, 219, 220 f – Metall auf Metall; vgl Wandtke/*Schunke* Urheberrecht 5. Kap Rn 8 ff.
37   BGH ZUM 2009, 219, 222 f – Metall auf Metall; vgl Wandtke/*Schunke* Urheberrecht 5. Kap Rn 10.
38   BGH ZUM 2009, 219, 222 f – Metall auf Metall; vgl *Apel* ZGE 2010, 331, 350.
39   Wandtke/*Schunke* Urheberrecht 5. Kap Rn 10; ebenso *Apel* ZGE 2010, 331, 350.
40   Dafür Wandtke/Bullinger/*Schaefer* § 85 UrhG Rn 16; *Boddien* 110 ff; dagegen Schricker/Loewenheim/*Vogel* § 85 UrhG Rn 25; Dreier/Schulze/*Schulze* § 85 UrhG Rn 21; zum Begriff des Remastering vgl *Boddien* 32 f.

dung des § 85 UrhG unter dem Gesichtspunkt des Schutzzwecks der Norm zu verneinen. In jedem Fall wird durch die Aufarbeitung der Altaufnahmen eine Vervielfältigung des ursprünglichen Tonträgers hergestellt.[41] Im Gegensatz zum Remastering ist beim **Remix** ein Tonträgerherstellerrecht zu bejahen.[42] Daneben können auch Urheberrechte iSd § 3 UrhG entstehen.

Die großen Plattenfirmen, auch Major-Plattenfirmen genannt, wie Sony/BMG, **16** Universal und Warner führen in der Regel **Eigenproduktionen** mit den Künstlern durch, so dass sie Tonträgerhersteller iSd § 85 Abs 1 UrhG sind.[43] Aufgrund der fortgeschrittenen technologischen Entwicklung und den schlechten Absatzzahlen im Tonträgergeschäft, scheuen die kleineren unabhängigen Plattenfirmen, auch Independent-Plattenfirmen[44] genannt, das Risiko eine Produktion von Anfang an (dh bereits die anfallenden Studio- und Künstlerkosten) zu finanzieren. Die fortgeschrittene Computer- und Softwareentwicklung hat zum Entstehen vieler kleiner privater Studios geführt, in dem die Künstler entweder Bänder vorproduzieren oder die Aufnahmen selbst fertig stellen, so dass sie den Plattenfirmen fertige Bänder vorlegen. Dies gilt insb für Newcomer-Bands im Bereich des Pop und Rock und für Nischenmusik wie dem Jazz. In diesem Fall sind die Künstler Tonträgerhersteller iSd § 85 Abs 1 UrhG und die Plattenfirmen müssen sich neben den Künstlerleistungsschutzrechten die Rechte an dem Tonträger übertragen lassen. In der Musikbranche hat sich dafür der Begriff „**Bandübernahmevertrag**" etabliert.[45]

Die **Bedeutung der Plattenfirmen**, zumindest deren Kerngeschäft des physischen **17** Tonträgermarktes, die jahrelang den Musikmarkt beherrschten, wird aufgrund der Entwicklung in der Medienwelt zurückgehen. Der **Tonträgermarkt** wird in vielen Bereichen der Musik aufgrund des geänderten Konsumverhaltens nicht mehr die Haupteinnahmequelle im Bereich der Musikverwertung sein. Der **Downloadmarkt**[46] und andere neue Formen der Musikverwertung wie die **Klingeltonnutzung**[47] werden marktbestimmend werden. So stehen die Plattenfirmen vor der großen Herausforderung ihre Unternehmen umzustrukturieren und sich in neuen Absatzmärkten zu behaupten, sei es durch Ausdehnung auf den **Live-Sektor** oder die Zurückeroberung der **Online-Vermarktung** der eigenen Produkte.

## 4. Musikverlag

Im eigentlichen Sinn ist der Musikverlag[48] dafür zuständig, die Kompositionen, **18** also das urheberrechtliche Werk der Komponisten, kommerziell zu verwerten.

Es gibt konzerngebundene Verlage und unabhängige Verlage. Bei den **konzerngebundenen** Verlagen handelt es sich um Unternehmen, deren Gesellschafter Tonträgerhersteller sind. Hauptzweck dieser konzerngebundenen Verlage ist, an der **GEMA-Ausschüttung** der Komponisten beteiligt zu werden. Das diese Verlage nicht mehr

---

[41] Wandtke/Bullinger/*Schaefer* § 85 UrhG Rn 16.
[42] Ebenso Wandtke/Bullinger/*Schaefer* § 85 UrhG Rn 15; *Boddien* 126, der jedoch den Begriff des Remix anders versteht; vgl Rn 10; aA Schricker/Loewenheim/*Vogel* § 85 UrhG Rn 25.
[43] Ausf zur Struktur des Tonträgermarktes Moser/Scheuermann/*Mahlmann* 178 ff.
[44] Ausf zu den Independent-Plattenfirmen

Moser/Scheuermann/*Vormehr* 223 ff: Unter Independent-Plattenfirmen versteht man in der Regel kleine Plattenfirmen, deren Unabhängigkeit darin besteht, musikalisch und kulturell eigenständige Wege zu gehen.
[45] Vgl dazu Rn 41.
[46] S dazu Rn 126 ff.
[47] S dazu Rn 115 ff.
[48] Vgl zur Geschichte des Musikverlags Moser/Scheuermann/*Sikorski* 281 ff.

Sebastian Schunke

259

primär den Interessen der Urheber sondern denen des Tonträgerherstellers dienen, liegt auf der Hand. Dadurch erscheint die Rechtfertigung einer GEMA-Mitgliedschaft dieser Verlage äußerst zweifelhaft. Diese konzerneigenen Verlage haben sich mittlerweile zu sehr großen Unternehmen entwickelt, die zum Teil marktbeherrschend agieren.[49] Im Gegensatz dazu ist der **unabhängige Musikverleger** nicht an einen Tonträgerhersteller gebunden. Im Rahmen des Verlagsvertrages lässt sich der Verlag wesentliche Rechte an dem Musikwerk von dem Komponisten einräumen.[50]

### 5. Sender

**19**     Den Sendern kommt eine immer bedeutendere Rolle im Musikgeschäft zu. Mit **Showformaten** wie „Deutschland sucht den Superstar", „die Talentshow", „Popstars", „Dschungelcamp" oder „die Chartshow", haben die Sender das Produkt Musik sich wirtschaftlich zu eigen gemacht. Nicht nur die privaten Sender, auch die öffentlich-rechtlichen Sender haben sich vom Kulturauftrag verabschiedet, hin zur stromlinienförmigen Berieselung.[51]

**20**     Das Urheberrecht räumt dem **Sendeunternehmen** in § 87 Abs 1 UrhG ein originäres, ausschließliches Leistungsschutzrecht für seine Produktionen im Hinblick auf deren Weitersendung und öffentliche Zugänglichmachung (Nr 1) Aufzeichnung, Vervielfältigung und Verbreitung auf Bild- oder Tonträger bzw als Lichtbild (Nr 2) und entgeltliche öffentliche Wahrnehmbarmachung (Nr 3) ein. Dieses **Leistungsschutzrecht** ist auf Dritte übertragbar.[52] Die Showformate selbst stellen aber keine urheberrechtlich geschützten Werke dar.[53] Das Verhältnis der Sender zu der GEMA ist in vielen Bereichen sehr unübersichtlich und bereitet Schwierigkeiten bei der Lizenzierung der Musikrechte.[54]

### 6. Manager

**21**     Der Manager ist ein in rechtlicher Hinsicht nicht festgelegter Begriff. Im Musikbereich gibt es ua den Künstler-Manager, den Tourmanager, den Stagemanager oder den Eventmanager. Größte Bedeutung kommt dem **Künstler-Manager** zu. Nicht alle, die sich Manager nennen haben die nötige Erfahrung, Kontakte, Einfluss und das Wissen, um den Aufgaben eines Managers gerecht zu werden. Der Manager kann eine sehr wichtige, sogar die wichtigste Person in der Karriere eines Künstlers sein.

**22**     Der Manager kümmert sich um die Belange des Künstlers sowohl in wirtschaftlicher, als auch in künstlerischer Sicht. Im klassischen Sinn muss das Management sowohl im Innenverhältnis gegenüber dem Künstler als auch im Außenverhältnis gegenüber sämtlichen Dritten der erste Ansprechpartner für die Belange des Künstlers sein und alle für die Entwicklung des künstlerischen Produktes notwendigen Entscheidungen vorbereiten, einleiten und begleiten.[55] Von großer Relevanz ist daher, dass direkt zu Beginn der Vertragsbeziehung die gegenseitigen Rechte und Pflichten schriftlich in einem **Managementvertrag** niedergelegt werden, um für eine ausreichende Transpa-

---

[49] Ausf hierzu Moser/Scheuermann/*Budde* 300.
[50] S dazu 43 ff; 54 ff.
[51] So auch Moser/Scheuermann/*Vormehr* 223, 233.
[52] Ausf zum Leistungsschutzrecht des § 87 UrhG, vgl Wandtke/Bullinger/*Ehrhardt* § 87 UrhG Rn 1 ff.

[53] BGH NJW 2003, 2828, 2830 – Fernsehformat Kinderquatsch mit Michael; Wandtke/Bullinger/*Manegold* § 88 UrhG Rn 33 f.
[54] S Rn 79 ff.
[55] Moser/Scheuermann/*Gottschalk* 451, 452.

renz in dem Vertragsverhältnis zu sorgen.[56] Bei einem solchen Vertrag handelt es sich um einen Dienstleistungsvertrag mit Geschäftsbesorgungscharakter.[57] Die klassischen Managementverträge gehen von einem Exklusivverhältnis aus. Ein **Exklusivverhältnis** ist grundsätzlich zu befürworten, macht aber nur Sinn, wenn die Laufzeit des Vertrages jederzeit bzw zumindest in einem überschaubaren Zeitabschnitt beendet werden kann. Die Regelungen des §§ 621 BGB bieten insofern für beide Seiten bei einem Managementverhältnis eine gerechte Lösung. Eine davon vertraglich abweichende Regelung ist insofern nur ausnahmsweise zu empfehlen. Insb sind feste Laufzeiten zu vermeiden. Ein solches Exklusivverhältnis ist für sich betrachtet nicht nach § 297 SGB III unwirksam.[58]

Schwierigkeiten bereiten bei Managementverträgen regelmäßig die Regelungen zur **Vertretungsmacht** und zur **Vergütung**. Grundsätzlich ist es mit dem Selbstverständnis des modernen Künstlers nicht mehr zu vereinbaren, dem Manager eine generelle Handlungsvollmacht im Rahmen des Vertrages iSd § 167 BGB zu erteilen. Der Künstler sollte die Verträge, die der Manager in Verhandlungen vorbereitet, selbständig lesen, verstehen und unterschreiben. Vertretbar sind gewisse Einzelvollmachten, die der Künstler dem Manager zur Erleichterung von einzelnen Arbeitsvorgängen erteilen kann, zB Hotelbuchungen oder Flugtickets, sofern das finanzielle Risiko überschaubar bleibt. Eine gerechte Vergütungsregelung zu finden ist in der Tat nicht einfach. Möglich sind ein fester Monatssatz, den sich der Künstler regelmäßig nicht leisten kann oder eine prozentuale Beteiligung am Umsatz. Streitige Punkte sind hierbei auf welchen Umsatz sich die Beteiligung des Managers bezieht und ob nach Vertragsende der Manager weiterhin Anspruch auf eine Umsatzbeteiligung hat. Es ist den Parteien zu raten, eine Regelung zu finden, die es ermöglicht, dass nach Ende der Vertragslaufzeit keine weitergehenden Vergütungsansprüche des Managers mehr bestehen – dies würde nur zur Lähmung der weiteren Karriereplanung des Künstlers führen und ist für den Manager nicht wirklich ergiebig. Im übrigen kann eine für den Künstler besonders nachteilige Konstellation aus Exklusivität, Vertretungsmacht und nachvertraglicher Vergütungsabsprache zur Nichtigkeit des Vertrages gem § 138 Abs 1 BGB führen.[59]

**23**

### 7. Konzertagentur

Eine Konzertagentur (auch Booking-Agentur) ist eine Agentur, die Künstler für Live-Veranstaltungen bucht. Sie ist Bindeglied zwischen Veranstaltern von Live-Clubs, Festivals, Open-Air-Konzerten, den Künstlern und gegebenenfalls den Labels der Künstler. Die Konzertagentur sollte mit den Künstlern und deren Plattenfirmen in Bezug auf Promotion und Terminierung eng zusammenarbeiten. Zum **Aufgabenbereich** einer Konzertagentur gehören: Tourneeplanung- und Durchführung, Booking, Buchhaltung, Vertragsaushandlungen, Vermarktung, Künstler- und Kundenbetreuung sowie Pressearbeit. Zum Booking gehört an sich nicht nur das Organisieren von Auftritten sondern auch die Organisation der Flüge, das Beantragen notwendiger Visa oder sonstiger Papiere, die man braucht, um in bestimmte Länder einreisen zu können. Normalerweise reist ein Mitglied der Konzertagentur auf der Konzertreise eines Künstlers mit und kümmert sich so um das rechtzeitige ankommen der Band und die korrekte Bezahlung. In der Regel sind die Konzertagenturen national beschränkt tätig. **Bekannte Booking Agenturen** sind bspw *FourArtist*, die die *Fantastischen Vier* unter

**24**

---

**56** Moser/Scheuermann/*Gottschalk* 451, 452 f.

**57** OLG Hamburg 2008, 144, 146.

**58** Vgl OLG Hamburg ZUM 2008, 144, 145.

**59** AA OLG Hamburg ZUM 2008, 144, 146.

Vertrag haben, *Karsten Jahnke* im Bereich des Pop und der Jazzmusik und die *Urban Agency* für DJs.

**25** Im **Vertrag** sollte eine **Laufzeit** festgelegt werden. Von einer allzu langen Bindung sollte abgesehen werden. Ebenso problematisch sind Exklusivbindungen, da der Künstler mehr denn je von einem erfolgreichen Live-Auftreten abhängig ist. Exklusive Verpflichtungen seitens des Künstlers können daher nur für einen bestimmten, überschaubaren Zeitraum eingeräumt werden.

### 8. Konzertveranstalter

**26** Waren in wirtschaftlicher Hinsicht die Konzertveranstalter in den 80er und 90er Jahren für die Musikindustrie nicht so bedeutungsvoll, so hat sich dieses bei dem zusammenbrechenden Tonträgermarkt des 21. Jahrhunderts grundsätzlich gewandelt. **Das Konzertbusiness boomt.** Allein in Amerika ist der Umsatz von $ 1,7 Mrd im Jahr 2000 auf $ 3,1 Mrd im Jahr 2006 gestiegen.[60] Das Konzertbusiness ist der letzte Zufluchtsort einer direkt erlebbaren Musik – obwohl gerade das visuelle Moment und Showeffekte bei Konzertveranstaltungen eine ganz wesentliche Rolle einnehmen und Playbackkonzerte die Direktheit einer solchen Veranstaltung fraglich erscheinen lassen. Durch die zunehmende Bedeutung von Live-Konzerten verändern sich die Verträge mit Konzertveranstaltern. Madonna hat dies eindrucksvoll durch den Wechsel von ihrer Plattenfirma *Warner Music* zu dem Konzertveranstalter Live Nation bestätigt, dem sie ihre Rechte für $ 120 Mio zur Wahrnehmung eingeräumt hat.[61]

**27** Der **Begriff Veranstalter** wird im Musikbusiness unterschiedlich verstanden. Im Rechtssinn meist Veranstalter das Unternehmen, welches die Darbietung des ausübenden Künstlers veranstaltet (§ 81 UrhG). Dem Veranstalter steht zudem gem § 81 UrhG ein **selbständiges Leistungsschutzrecht** an der Darbietung des ausübenden Künstlers zu.[62] Der Veranstalter soll im Hinblick auf seine organisatorisch-wirtschaftliche Leistung im Kulturbereich privilegiert werden. Damit erhält nur der Veranstalter ein Leistungsschutzrecht, der die organisatorische und finanzielle Verantwortung für die Veranstaltung trägt.[63] Was unter dem Begriff **organisatorische Verantwortung** zu verstehen ist, ist unklar – in jedem Fall kann dazu nicht die künstlerische Gestaltung des einzelnen Konzertes zählen. Das zur Verfügung stellen eines Konzertraumes, bzw dessen Anmietung, die Programmgestaltung, Werbemaßnahmen und der Kartenvorverkauf, deuten jedoch auf eine organisatorische Verantwortung.[64]

**28** Bei Clubkonzerten sind sog „Kassendeals" üblich, dh, dass der Künstler einen bestimmten Prozentsatz der Kasseneinnahmen bekommt. Dadurch mindert sich das finanzielle Risiko des Veranstalters erheblich, so dass in diesen Fällen dem Veranstalter kein Leistungsschutzrecht zusteht. Etwas anderes ergibt sich nur, sofern der Veranstalter durch die Übernahme von Hotelkosten und der Garantie einer Mindestgage das Risiko des Künstlers erheblich mindert. Problematisch ist die Frage der Zuordnung der Veranstaltungseigenschaft bei **gesponsorten Konzerten.** Darum müssen die einzelnen finanziellen Aufwendungen gegeneinander abgewogen werden. War der Künstler für die Sponsoringverträge verantwortlich, scheidet der Betreiber des Konzertraumes regelmäßig als Veranstalter aus, es kann dann aber unter Umständen der

---

**60** *Tretbar* Tagesspiegel Berlin v 17.11.2007, 23.
**61** *Tretbar* Tagesspiegel Berlin v 17.11.2007, 23.
**62** Ausf vgl Wandtke/Bullinger/*Büscher* § 81 UrhG Rn 1 ff.

**63** Wandtke/Bullinger/*Büscher* § 81 UrhG Rn 10.
**64** Wandtke/Bullinger/*Büscher* § 81 UrhG Rn 11.

Sponsor selbst als Veranstalter iSd § 81 UrhG angesehen werden. Voraussetzung für eine Veranstaltung nach § 81 UrhG ist nach überwiegender Auffassung die Anwesenheit eines Publikums.[65]

### 9. Verwertungsgesellschaft

**a) Die GEMA.** Die GEMA ist eine Verwertungsgesellschaft im Sinne des Urheberrechtswahrnehmungsgesetzes.[66] Die Pflichten und Aufgaben der GEMA als Verwertungsgesellschaft bestimmen sich im wesentlichen durch das Urheberrechtswahrnehmungsgesetz.[67]  **29**

Gem § 2 GEMA-Satzung obliegt der GEMA die treuhänderische Verwaltung musikalischer Nutzungsrechte von **Komponisten** und **Textdichtern**. In § 1 GEMA-BV werden dementsprechend der GEMA die Rechte als „Treuhänderin" übertragen. Weiter sind auch die **Verlage** Mitglieder der GEMA, welches bei den Mitgliederversammlung regelmäßig zu Interessenkollisionen zwischen Komponisten und Verlagen führt. Weiter legt der GEMA-BV in § 3 fest, dass die GEMA berechtigt ist, die Ausübung der ihr übertragenen Rechte *im eigenen Namen* durchzuführen. Damit finden die §§ 164 ff BGB keine Anwendung.[68]  **30**

Die kollektive Wahrnehmung durch eine Verwertungsgesellschaft hat unter anderem den Sinn den Rechtserwerb für den Nutzer zu erleichtern. **Zweck der GEMA** ist die umfängliche Rechtswahrnehmung für die Berechtigten.[69] Es wäre ansonsten für den Nutzer sehr schwer Musik in größerem Umfang legal zu nutzen, da es ihm nicht möglich wäre, zum Beispiel bei Radio- oder Konzertveranstaltungen die einzelnen Komponisten zu kontaktieren und in Vertragsverhandlungen zu treten. Gleichzeitig wäre eine Kontrolle der Werknutzung durch den Urheber alleine nicht zu bewältigen.[70]  **31**

Im Übrigen lässt sich verstärkt eine Tendenz des Gesetzgebers feststellen, Nutzungen im Wege der **gesetzlichen Lizenz** zu ermöglichen, die nur durch Verwertungsgesellschaften geltend gemacht werden können.[71] Damit ist ein Urheber, der seine Rechte umfänglich beachtet wissen will, faktisch gezwungen GEMA-Mitglied zu werden.[72]  **32**

Die GEMA ist als Verwertungsgesellschaft bestimmten **Wahrnehmungsgrundsätzen** unterworfen. Gem **§ 11 Abs 1 WahrnG** ist die Verwertungsgesellschaft verpflichtet, auf Grund der von ihr wahrgenommenen Rechte jedermann auf Verlangen zu angemessenen Bedingungen Nutzungsrechte einzuräumen.[73] Sie ist gem § 10 WahrnG im Vorfeld zur Auskunft über ihren Rechtskatalog verpflichtet.[74] Aufgrund des **Abschluss-**  **33**

---

**65** Wandtke/Bullinger/*Büscher* § 81 UrhG Rn 7.
**66** Schricker/Loewenheim/*Reinbothe* Vor §§ 1 ff WahrnG Rn 14; eine fragliche Alternative zur GEMA bietet die VG-Medien.
**67** Im Folgenden WahrnG.
**68** Vgl Palandt/*Ellenberger* Einf v § 164 BGB Rn 6; *Ventroni* 177.
**69** *Schulze* ZUM 1993, 255, 258.
**70** *Schulze* ZUM 1993, 255, 258.
**71** Vgl § 20b Abs 2 S 3, § 26 Abs 5, § 27 Abs 3, § 54 UrhG, sowie die Änderungen bzgl des § 54a nF UrhG im Rahmen des Korb II; ob diese Tendenz aus urheberrechtlicher Sicht zu begrüßen ist, insb unter dem Blickwinkel der Verteilungsgerechtigkeit ist fragwürdig.

**72** *Schulze* ZUM 1993, 255, 258.
**73** Das Urheberrechtswahrnehmungsgesetz bildet das Kernstück der gesetzlichen Regulierung und erkennt positivrechtlich die deutschen Verwertungsgesellschaften an. Es wurde gleichzeitig mit dem Urheberrechtsgesetz in der Reform von 1965 erlassen; vgl *Goldmann* 182; zur Geschichte des Kontrahierungszwanges vgl Fromm/Nordemann/*Nordemann* § 11 WahrnG Rn 1.
**74** Nur in besonderen Fällen ist eine Ausnahme von dem Abschlusszwangprinzip zulässig; vgl OLG München GRUR-RR 2007, 186 f; *Goldmann* 191.

Sebastian Schunke

**zwangprinzips** verliert der Urheber bzgl der der GEMA eingeräumten Nutzungsrechte die Kontrolle darüber, von wem das Werk genutzt werden darf. Zur Garantie der Angemessenheit und Gleichförmigkeit der Lizenzbedingungen ist die Verwertungsgesellschaft verpflichtet, feste Tarife für die einzelnen Nutzungsarten zu erstellen.[75] Der Begriff der angemessenen Bedingungen wird nicht näher definiert.[76] Für bestimmte, regelmäßig wiederkehrende Nutzungsvorgänge ist die GEMA berechtigt, einheitliche Tarife gem § 13 UrhWG aufzustellen.[77] Aus der Konzeption des § 11 UrhWG folgt, dass die GEMA einfache Nutzungsrechte iSd § 31 UrhG einräumt, da sie ansonsten dem Abschlusszwang bei erneuter identischer Nutzung desselben Werkes nicht nachkommen könnte.[78]

**34**     Neben dem Abschlusszwang gilt auch der **Wahrnehmungszwang** für die GEMA als Verwertungsgesellschaft. Gem § 6 Abs 1 WahrnG ist die Verwertungsgesellschaft verpflichtet, die zu ihrem Tätigkeitsbereich gehörenden Rechte und Ansprüche auf Verlangen der Berechtigten zu angemessenen Bedingungen wahrzunehmen. Der Wahrnehmungszwang korrespondiert mit der faktischen Monopolstellung der meisten Verwertungsgesellschaften und dem Abschlusszwang nach § 11 WahrnG.[79] Ohne Wahrnehmungszwang stünde es der GEMA frei, bei Rechten ihrer Wahl oder den Rechten bestimmter Urheber die Wahrnehmung nach eigenem Ermessen zu verweigern.[80] Sowohl für die Rechte, die zwingend verwertungsgesellschaftspflichtig sind,[81] als auch für eine Vielzahl urheberrechtlicher Positionen, die individuell nur schwer durchsetzbar sind, wäre dem Urheber im Einzelfall faktisch die Durchsetzung seiner finanziellen Beteiligungsrechte verwehrt.[82]

**35**     b) **Die GVL.** Die GVL nimmt die Rechte der ausübenden Künstler und Tonträgerhersteller seit 1959 wahr. Die GVL nimmt nicht in demselben Umfang wie die GEMA die Rechte an der Darbietung des **ausübenden Künstlers** und die Leistungsschutzrechte der **Tonträgerhersteller** wahr. Die GVL ist ebenso wie die GEMA dem Urheberrechtswahrnehmungsgesetz unterworfen, so dass gleichfalls das Abschluss- und Wahrnehmungsprinzip für die GVL gilt.[83] Die Gesamterträge der GVL beliefen sich im Jahr 2004 auf € 150,6 Mio. Der GVL gehören 97 000 Musikinterpreten und 13 000 Wortinterpreten an. Die Zahl der Tonträgerhersteller ist im Vergleich von Jahr 2003 bis 2006 um 42 % gestiegen und beträgt 6137. Dies ist ein Zeichen der veränderten Marktbedingungen.[84]

**36**     c) **Aufsicht über die GEMA und die GVL.** In Korrelation zu den durch das WahrnG auferlegten Pflichten, bildet die Aufsicht des **Deutschen Patent- und Marken-**

---

[75] Vgl § 13 Abs 1 WahrnG; eine gerichtliche Überprüfung der Tarife durch den Nutzer ist zulässig; vgl *Goldmann* 193; *Melichar* 39.
[76] Wandtke/Bullinger/*Gerlach* § 11 WahrnG Rn 3; vgl zur Frage der Angemessenheit Fromm/Nordemann/*Nordemann* § 6 WahrnG Rn 5, 6.
[77] Kreile/Becker/Riesenhuber/*Riesenhuber/von Vogel* Kap 14 Rn 47.
[78] Kreile/Becker/Riesenhuber/*Riesenhuber/von Vogel* Kap 14 Rn 41.
[79] Wandtke/Bullinger/*Gerlach* § 6 WahrnG Rn 2; *Goldmann* 185.
[80] *Goldmann* 185; Wandtke/Bullinger/*Gerlach* § 6 WahrnG Rn 2.

[81] Vgl § 20b Abs 2 S 3, § 26 Abs 5, § 27 Abs 3, § 54 UrhG.
[82] Vom Wahrnehmungsumfang nicht umfasst ist das Verhältnis der einzelnen Verwertungsgesellschaften zueinander. Eine ausländische Verwertungsgesellschaft hat keinen Anspruch gegenüber der GEMA auf Abschluss eines Gegenseitigkeitsvertrages; vgl *Goldmann* 185.
[83] S Rn 33, 34.
[84] Bericht des Geschäftsführers über die Entwicklung der GVL seit dem Jahr 2001, S 1, v 31.10.2006.

amts (DPMA) über Verwertungsgesellschaften nach § 18 Abs 1 WahrnG den zweiten Grundpfeiler der Kontrolle kollektiver Wahrnehmung.[85] Mit der staatlichen Aufsichtspflicht über Verwertungsgesellschaften wollte der Gesetzgeber den Gefahren begegnen, die sich aus der **faktischen Monopolstellung** der treuhänderisch tätigen Verwertungsgesellschaft ergeben können.[86] Weitere Gefahren können sich aus der Treuhandstellung der Verwertungsgesellschaften ergeben. Die Urheber vertrauen der Verwertungsgesellschaft einen wesentlichen Teil ihres Vermögens an.[87] Zweck der Aufsicht ist es zu gewährleisten, dass die Verwertungsgesellschaft ihren Verpflichtungen ordnungsgemäß gegenüber ihren Berechtigten und den Nutzern nachkommt. Die Aufsicht wird von der Behörde im Interesse der Allgemeinheit ausgeübt.[88]

## 10. Neue Spieler

Neue Beteiligte im Musikgeschäft sind die **Plattformbetreiber**. Diese bieten mit verschiedenen Portalen den Hauptumsatzmarkt für das Musikgeschäft in der nahen Zukunft. Zudem nehmen die verschiedenen **Telekommunikationsunternehmen** und **Medienunternehmen im weiteren Sinn** eine immer größere Bedeutung in der Frage der Vermarktung von dem Produkt Musik ein. *Apple* als Computerhersteller hat mit iTunes für positive Zahlen im Musikbusiness gesorgt. Es ist nicht auszuschließen, dass solche Unternehmen oder die Telekommunikationsunternehmen wie die *Telekom* oder *Vodafone* selbst nicht nur Inhaltsanbieter von Musik werden, sondern den Musikproduktionsbereich in Zukunft beherrschen wollen.

**37**

## III. Besondere Vertragstypen im Musikbusiness

In der Musikbranche haben sich vor allem in den 80er und 90er Jahren bestimmte Vertragstypen herausgebildet – die mehr oder weniger abgeändert standardisiert von den Vertretern der Branche verwendet wurden. Dies führt in vielen Bereichen dazu, dass Verträge unterschrieben werden, ohne dass sich die beteiligten Kreise über den genauen Inhalt der schriftlich unterschriebenen Bedingungen im klaren sind. Erschwerend kommt hinzu, dass in der durch neue Medien und Technologien bestimmten Musikbranche vollkommen geänderte Produktions-, Absatz- und Vermarktungsbedingungen herrschen, die nicht mehr kompatibel mit den Bestimmungen der Standardverträge sind. Viele Bestimmungen älterer Verträge dürften aufgrund der nicht vorhersehbaren Entwicklungen auf dem Musikmarkt in vielen Bereichen unter das Rechtsinstitut der „**Störung der Geschäftsgrundlage**" fallen. Die Prinzipien des § 313 BGB können aber nur auf Standardverträge angewendet werden, die vor Beginn der veränderten Marktbedingungen im Musikbusiness unterzeichnet wurden, also vor 1999.[89] Von daher ist allen Vertragsparteien abzuraten Standardverträge zu verwenden und sich auf den eigentlichen Sinn und **Zweck von Verträgen** zu besinnen: Die

**38**

---

[85] *Goldmann* 197; bereits § 1 des Gesetzes über die Vermittlung von Musikaufführungsrechten vom 4.7.1933 unterwarf die „Vermittlung von Rechten zur öffentlichen Aufführung von Werken der Tonkunst mit oder ohne Text" einer Genehmigungspflicht; vgl Kreile/Becker/Riesenhuber/*Himmelmann* Kap 18 Rn 1, 5.
[86] Wandtke/Bullinger/*Gerlach* § 18 WahrnG

Rn 1; Kreile/Becker/Riesenhuber/*Himmelmann* Kap 18 Rn 6.
[87] Kreile/Becker/Riesenhuber/*Himmelmann* Kap 18 Rn 9.
[88] Ausf zur Aufsichtspflicht Wandtke/Bullinger/ *Gerlach* § 18 WahrnG Rn 2.
[89] Vgl zur Geschäftsgrundlage Palandt/*Grüneberg* § 313 BGB Rn 1, 7, 14.

Parteien legen fest, was zwischen ihnen rechtens sein soll und nicht was in einer Branche üblich ist.[90]

### 1. Der Gastspielvertrag

**39**     Von wesentlicher Bedeutung im Bereich der Musik ist der Gastspielvertrag. Gastspielvertrag bezeichnet die vertragliche Bindung von ausübendem Künstler und Veranstalter, sei es des Clubbetreibers oder des Festivalorganisators. Die Rechtsnatur des Gastspielvertrages ergibt sich aus den Umständen. In Betracht kommt ein **Dienstvertrag oder ein Werkvertrag**. Ein Gastspielvertrag, in dem sich ein Opernsänger gegen ein bestimmtes Gastspielhonorar verpflichtet, an bestimmten Tagen zu Vorstellungen und Proben zu singen, ist ein gegenseitiger Vertrag über die Erbringung von Dienstleistungen.[91] Neben dem Dienstvertrag bedarf es einer Regelung bzgl der **Einräumung der Nutzungsrechte** der ausübenden Künstler, die ihre Leistung darbieten. Diese Frage wird oft vernachlässigt, wirkt sich aber besonders bei Live-Mitschnitten von Konzerten aus. Fehlt es an einer Absprache muss der Gastspielvertrag gem §§ 133, 157 BGB ausgelegt werden. Aufgrund von §§ 31 Abs 5, 79 Abs 2 UrhG räumt der Künstler nicht die Rechte für die Festlegung seiner Darbietung iSd § 77 Abs 2 UrhG ein.[92] Für den Künstler ist diese Frage erheblich für die Anmeldung von Entgelten bei der **GVL** und damit die Frage der Vergütung seiner Zweitverwertungsrechte. Ohne nachgewiesene Abgeltung der Erstverwertungsrechte hat der Künstler keinen Anspruch auf Vergütung gegenüber der GVL.[93] Die Einwilligung in die Festlegung einer Live-Darbietung zu Rundfunkzwecken deckt aber im Zweifel nicht die Einräumung des Rechts zur Vervielfältigung zum Zwecke des Vertriebs als Schallplatte oder DVD.[94] Die Verwendung der Darbietung des Künstlers zu Werbezwecken bedarf immer der ausdrücklichen Genehmigung.[95]

**40**     Weiter ist die Frage von Bedeutung, ob die Künstler **selbständig tätig oder Arbeitnehmer** sind. Nach den Grundsätzen der Rechtsprechung ist für die Wertung einer Beschäftigung als abhängige ausschlaggebend, dass sie in persönlicher Abhängigkeit verrichtet wird. Dieses äußert sich regelmäßig in der Eingliederung des Beschäftigten in einem fremden Betrieb, sei es, dass er umfassend einem die Zeit, Dauer und der Ort der Arbeit betreffenden Weisungsrecht des Arbeitgebers unterliegt, sei es auch nur, insb bei Diensten höherer Art, dass er funktionsgerecht dienend am Arbeitsprozess des Arbeitgebers teil hat. Demgegenüber kennzeichnen eine selbständige Tätigkeit das eigene Unternehmerrisiko, die Verfügungsfreiheit über die eigene Arbeitskraft sowie die im wesentlichen frei gestaltete Tätigkeit und Arbeitszeit. Weist im Einzelfall eine Tätigkeit sowohl Merkmale der Abhängigkeit wie der Selbständigkeit auf, so kommt es bei der Beurteilung des Gesamtbildes darauf an, welche Merkmale überwiegen. Grundlage der Beurteilung sind die tatsächlichen Verhältnisse. Die in einer vertraglichen Vereinbarung gewählte Bezeichnung oder rechtliche Einordnung einer Tätigkeit ist dagegen nicht maßgebend, wenn sie davon abweicht.[96]

---

**90** Palandt/*Ellenberger* Vor § 145 BGB Rn 1.
**91** BGH NJW 1995, 903.
**92** Vgl zu einzelnen Fallgestaltungen Schricker/Loewenheim/*Krüger* § 79 UrhG Rn 11.
**93** S dazu Rn 112.

**94** Schricker/Loewenheim/*Krüger* § 79 UrhG Rn 11; BGHZ 33, 1 – Künstlerlizenz.
**95** Schricker/Loewenheim/*Krüger* § 79 UrhG Rn 11.
**96** Vgl BSGE 13, 130, 132; BSGE 36, 7 f.

## 2. Der Bandübernahmevertrag

Im Bandübernahmevertrag werden der **Plattenfirma** die **Rechte an dem Master-** **41**
**band** und die **Leistungsschutzrechte der ausübenden Künstler,** die an der Erstellung
des Masters beteiligt waren übertragen, damit die Plattenfirma einen Tonträger (in der
Regel eine CD) produzieren und vertreiben kann. Bandübernahmeverträge sind
heutzutage in Nischenbereichen üblich, da die Plattenfirmen es scheuen, die Produktionskosten von Anfang an zu übernehmen, ohne das musikalische Endergebnis zu
kennen. Die in den 80er und 90er Jahren herausgebildeten Standard-Bandüber-
nahmeverträge, auf die unwissende Vertragsparteien nur zu gerne zurückgreifen,
haben mit den heutigen tatsächlichen Gegebenheiten und Bedürfnissen aus Sicht
eines wirtschaftlich und künstlerisch vernünftig denkenden Menschen nichts mehr
gemein. In einer aufgrund von neuen Technologien, Umsatzeinbußen und neuen
Medien beherrschten Musikwelt von „**Standardverträgen**" und einer Branchenüblichkeit aus den 80er Jahren auszugehen, zeigt schon von vornherein, dass diese
Verträge nicht dem eigentlichen Interessen beider Parteien entsprechen können und
oft von einer Unwirksamkeit nach § 138 BGB auszugehen ist. Es ist daher den Parteien anzuraten, nicht einfach einen Standardvertrag als Basis für eine gemeinsame
Zusammenarbeit zu wählen, auch wenn dieses den Plattenfirmen oft als eine besonders attraktive Lösung erscheint.

Vertragsgegenstand eines Bandübernahmevertrages ist die Lizenzübertragung der **42**
erforderlichen Rechte von einem fertigen Master, welches von dem Künstler zuvor in
Eigenverantwortlichkeit im Tonstudio aufgenommen wurde, damit die Plattenfirma
Kopien des Masters als Produkt am Markt positionieren und vertreiben kann. Problematische Bestimmungen in dem Bandübernahmevertrag sind regelmäßig **die Rechts-**
**einräumung.** Üblicherweise lässt sich die Plattenfirma die Auswertungsrechte **weltweit**
einräumen. Gerade bei in der Bundesrepublik Deutschland ansässigen Plattenfirmen
verwundert diese Regelung, ob ihrer schlechten Marktpräsenz im Ausland. Eine für
die Beteiligten sinnvolle Regelung stellen **Optionsrechte** für den Vertrieb im Ausland
dar. Die Plattenfirma lässt sich regelmäßig Bearbeitungsrechte einräumen und das
Recht Werbung auch für Drittprodukte mit den Vertragsaufnahmen machen zu dürfen. Diese Regelungen sind aus Sicht des Künstlers problematisch, da unmittelbar in
die künstlerische Arbeit und die Außendarstellung eingegriffen wird – diese Rechte
sollten von daher nur nach vorheriger Zustimmung von der Plattenfirma wahrgenommen werden dürfen. Nicht mehr zeitgemäß sind Bestimmungen die den Künstler für
einen längeren Zeitraum **exklusiv** an eine Plattenfirma binden.

## 3. Der Musikverlagsvertrag

In dem Musikverlagsvertrag räumt der Komponist dem Verlag die Nutzungsrechte **43**
an seinen Kompositionen ein. Im Regelfall ist der Komponist als Urheber Mitglied der
GEMA, so dass er mit der GEMA bereits einen Berechtigungsvertrag abgeschlossen
hat und somit diese einen Großteil der Rechte des Urhebers exklusiv wahrnimmt. Die
Rechtseinräumung bezieht sich somit zunächst nur auf die von der GEMA nicht
wahrgenommenen Rechte. Die **Rechtseinräumung bzgl der GEMA-Rechte** lässt sich je
nach Formulierung auf unterschiedliche Weise verstehen. Zum einen wäre eine Schadensersatzpflicht des Komponisten vorstellbar, wenn er seine GEMA-Mitgliedschaft
verschwiegen hat und er damit die Unmöglichkeit der Rechtseinräumung zu vertreten
hat. Weiter wäre an eine Einigung unter einer aufschiebende Bedingung iSd §§ 398,
158 BGB zu denken. Letztlich wäre an einen offenen Einigungsmangel zu denken.

**44** Da der **Berechtigungsvertrag** in vielen Bereichen nicht eindeutig gefasst ist, entstehen bei der Wahrnehmungskompetenz zwischen Verlag und GEMA oft Abgrenzungsfragen.

In den 80er und 90er Jahren hat sich eine Branchenüblichkeit im Verhältnis von Verlag und Komponist herausgebildet, die insb im Hinblick auf nicht bekannte Komponisten sehr zu Lasten der Komponisten ausgestaltet waren. Insb Fragen der **ausschließlichen Rechtseinräumung**, der räumlich, zeitlich und inhaltlichen Unbeschränktheit sind aus musikalischer wie auch wirtschaftlicher Sicht oft nicht nachvollziehbar.[97] Dies gilt erst Recht vor dem Hintergrund, dass in vielen Verlagsverträgen die Pflichten des Verlages nicht genau bezeichnet werden und der Verlagsvertrag oft nur als zusätzliches finanzielles Polster von Tonträgerherstellern und Sendern gesehen wird. Die Frage der Sittenwidrigkeit nach § 138 BGB muss insofern immer wieder gestellt werden.[98] Regelmäßig lässt sich der Verlag im Rahmen des Verlagsvertrages das **Bearbeitungsrecht** ausschließlich einräumen. Durch diese Regelung begibt sich der Komponist, der zugleich ausübender Künstler ist, also seine Werke, wie in der Pop, Rock und Jazzmusik üblich, selbst aufführt, unumwunden in ein großes nicht vermeidbares Haftungsrisiko gegenüber dem Verlag. Die **Jazzmusik** lebt davon, dass bei Live-Konzerten die Stücke jedes Mal anders klingen. Dies bedingt sich schon aufgrund der unterschiedlichen Solopassagen, so dass regelmäßig eine Bearbeitung nach § 23 UrhG gegeben ist. Dasselbe gilt überwiegend für innovative Rock und Popbands, deren Aufführung gerade durch die Andersartigkeit der Darbietung im Gegensatz zur Tonträgereinspielung lebt.

**45** Die **Vertragslaufzeit** beträgt auf Betreiben des Verlages oft die Dauer der Schutzfrist, also bis 70 Jahre nach dem Tod des Urhebers. Eine solche Vertragslaufzeit ist heutzutage bei den ständig wechselnden Gegebenheiten im Musikbusiness nicht mehr hinnehmbar.

**46** Ein Verlagsvertrag kann aus **wichtigem Grund gekündigt** werden. Die Rechtsprechung hatte insofern mehrere Fälle zu entscheiden.[99] Die Fülle der Rechtsstreitigkeiten verdeutlicht schon, dass eine lange Laufzeitregelung in jedem Fall abzulehnen ist.

### 4. Der Künstlerexklusivvertrag

**47** Künstlerexklusivverträge waren in den 80er und 90er Jahren im Rock- und Popbereich zwischen Plattenfirma und ausübendem Künstler, der zugleich auch Komponist sein konnte, üblich. Gegenstand des Künstlerexklusivvertrages war ursprünglich die exklusive Verpflichtung eines ausübenden Künstlers oder einer Künstlergruppe durch ein Tonträgerproduktionsunternehmen zum Zwecke der Herstellung und Auswertung der während der Laufzeit des Vertrages hergestellten Aufnahmen.[100] Die Künstlerexklusivverträge werden mittlerweile in anderen Branchen abgeschlossen. Gerade in Zeiten der neuen **Fernsehshowformate** wird diese Exklusivität nicht nur auf die **künstlerische Leistung**, sondern auch auf die Verwertung der **gesamten Persönlichkeit** des Interpreten ausgedehnt.

---

**97** Zur Einräumung ausschließlicher Nutzungsrechte vgl § 31 Abs 3 UrhG; Schricker/Loewenheim/*Schricker/Loewenheim* § 31 UrhG Rn 10 ff.
**98** Zur bereicherungsrechtlichen Abwicklung vgl BGH GRUR 2000, 685 – Formunwirksamer Lizenzvertrag.

**99** Vgl ausf hierzu bei Schricker/Loewenheim/*Schricker/Loewenheim* § 31 UrhG Rn 27 ff; 41 ff; 63.
**100** *Homann* 251.

Nach der Rechtsprechung ist der Künstlerexklusivvertrag ein urheberrechtlicher **48**
Verwertungsvertrag eigener Art, der verschiedene Elemente des Dienst-, Geschäfts-
besorgungs-, Kauf- sowie Pachtvertrages beinhaltet.[101] Da Künstlerexklusivverträge
die Rechte an künftigen Leistungen regeln, unterliegen sie gem § 79 Abs 2 S 2 iVm
§ 40 Abs 1 S 1 UrhG der **Schriftform**.[102]

Die Wirksamkeit solcher Verträge erscheint sehr fragwürdig. Zunächst liegt **die** **49**
**Nichtigkeit eines Künstlervertrages aus § 138 BGB** nahe, bzw einzelner Bestimmungen oder des ganzen Vertrages[103] aufgrund der Grundsätze der **AGB-Kontrolle** iSd
**§§ 305 ff BGB**. OB der Künstler Unternehmer iSd § 14 BGB iVm § 310 BGB ist,
hängt vom Einzelfall und der Organisationsstruktur des Künstlers ab.[104] **Existenz-**
**gründer** sind bis zum Beginn ihrer unternehmerischen Tätigkeit als Verbraucher anzusehen.[105] In jedem Fall müssen die Verträge der Inhaltskontrolle über § 307 BGB
standhalten.

Ein Rechtsgeschäft ist nach § 138 BGB nichtig, wenn es nach seinem aus der **50**
Zusammenfassung von Inhalt und Beweggrund und Zweck zu entnehmenden
Gesamtcharakter mit den guten Sitten nicht zu vereinbaren ist. Hierbei ist weder das
Bewusstsein der Sittenwidrigkeit noch eine Schädigungsabsicht erforderlich; es genügt
vielmehr, wenn der Handelnde die Tatsachen kennt, aus denen die Sittenwidrigkeit
folgt. Dem steht es gleich, wenn sich jemand bewusst oder grob fahrlässig der Kenntnis erheblicher Tatsachen verschließt. Dadurch können gegenseitige Verträge, auch
wenn der Wuchertatbestand des § 138 Abs 2 BGB nicht in allen Voraussetzungen
erfüllt ist, als wucherähnliche Rechtsgeschäfte nach § 138 Abs 1 BGB sittenwidrig
sein, wenn zwischen **Leistung und Gegenleistung objektiv ein auffälliges Missverhält-**
**nis besteht** und außerdem mindestens ein weiterer Umstand hinzukommt, der den
Vertrag bei Zusammenfassung der objektiven und subjektiven Mittel als sittenwidrig
erscheinen lässt. Ist das Missverhältnis zwischen Leistung und Gegenleistung besonders grob, so kann dies den Schluss auf die bewusste oder grob fahrlässige Ausnutzung eines den Vertragspartner in seiner Entscheidungsfreiheit beeinträchtigenden
Umstand rechtfertigen.[106] Diese von der höchstrichterlichen Rechtsprechung zur
Frage der Sittenwidrigkeit gegenseitiger Verträge aufgestellten Grundsätze sind auf
Künstlerverträge ohne Einschränkung anzuwenden.[107]

Dabei ist es unbedeutend, dass es zwischen unbekannten Newcomern und Pro- **51**
duzenten nicht ungewöhnlich ist, dass sittenwidrige Verträge abgeschlossen werden.
Die **Branchenüblichkeit** ist unbeachtlich. Insoweit findet die Privatautonomie ihre
Grenze.[108]

Folgende Kriterien können eine Sittenwidrigkeit herbeiführen: **mangelndes Mitbe-** **52**
**stimmungerecht des ausübenden Künstlers, ungünstige Vergütungs- und Abrech-**
**nungsregelungen** und **die vertraglich vereinbarte Laufzeitregelung**. Eine Sittenwidrigkeit kann sich aus der Gesamtschau dieser Faktoren ergeben.[109] Grundsätzlich sind

---

**101** BGH GRUR 1989, 198, 201 – Hubert K;
*Homann* 251.
**102** Homann 251.
**103** Vgl die Rechtsfolge der Teilnichtigkeit in
§ 306 Abs 1 BGB sowie der Gesamtnichtigkeit
des § 306 Abs 3 BGB.
**104** Ausf aber mit abweichendem Ergebnis
*Riesenhuber* ZUM 2002, 777, 778 f.
**105** Palandt/*Ellenberger* § 13 BGB Rn 3.

**106** BGH NJW 1993, 1587, 1589; Palandt/
*Ellenberger* § 138 Rn 7, 35, 39.
**107** OLG Karlsruhe ZUM 2003, 785, 786;
OLG München GRUR-RR 2007, 186 f.
**108** OLG Karlsruhe ZUM 2003, 785, 786.
**109** OLG Karlsruhe ZUM 2003, 785, 786;
bestätigt von BVerfG GRUR 2005, 880 und
von OLG Karlsruhe ZUM RD 2007, 76, 78 –
Xavier Naidoo.

Exklusivbindungen nur für einen begrenzten Zeitraum legitim. Verträge, die von einer exklusiven Laufzeit von mehr als 4 Jahre ausgehen, dürften wegen sittenwidriger Knebelung nach § 138 BGB sittenwidrig sein.

**53** Im Übrigen kann bei persönlichkeitsrechtlichen Klauseln **ein Verstoß gegen Art 1 GG vorliegen.** Gerade bei den neuen Fernsehshowformaten, die vor allem die Auswertung der Persönlichkeit des Künstlers und nicht so sehr dessen gesangliche oder kompositorische Leistung im Blickfeld haben, sind solche Verstöße vorprogrammiert.[110]

### 5. Verbindung des Verlagsvertrages mit Künstlervertrag oder Bandübernahmevertrag

**54** Es entspricht der Üblichkeit im Musikgeschäft, dass Künstlerverträge oder auch Bandübernahmeverträge mit Verlagsklauseln oder Verlagsverträgen kombiniert werden. Die Motivation sind vor allem die zusätzlichen Einnahmen die der Produzent dadurch über die **GEMA-Ausschüttungen** und Lizenzierungen bekommt.

**55** Die Künstler werden insb durch die **Verlagsklauseln** faktisch gezwungen einen Verlagsvertrag abzuschließen und damit die Rechte an ihren eigenen Kompositionen zu übertragen. Die Wirksamkeit solcher Verlagsklauseln ist zweifelhaft. Eine **Unwirksamkeit nach § 307 BGB** lehnt das OLG Frankfurt aM jedoch ab.[111] Ein Eingreifen des § 307 BGB mit dem Argument zu verneinen, dass es nicht unüblich sei, dass Tonträgerproduktionsverträge eine Verlagsauswertungsverpflichtung enthalten, ist aber wenig überzeugend. Ebenso verneint das OLG Frankfurt selbst bei einer möglichen Unwirksamkeit der Verlagsklausel eine **Nichtigkeit aus § 139 BGB.**[112]

**56** Auch für den Fall, dass der Künstlervertrag nach § 138 BGB unwirksam ist, soll dieses nicht die Wirksamkeit des gleichzeitig abgeschlossenen Verlagsvertrages nach § 139 BGB erfassen.[113] Es mangelt nach Auffassung des OLG Frankfurt am **Merkmal der Einheitlichkeit.** Dem ist zu widersprechen. Es ist gerade nicht so, wie das OLG Frankfurt behauptet, dass Tonträgerverträge von Verlagsverträgen streng getrennt werden. Genau das Gegenteil ist der Fall. Dass die Beendigung eines Betreuungsvertrages nicht auch zur Beendigung des Verlagsvertrages führt, ist nicht Ausdruck der mangelnden Einheitlichkeit, als vielmehr ein Zeichen der Schwäche des Vertragspartners (Künstlers), dass sich dieser noch über die Vertragsdauer des Produktionsvertrages an den Verlag hat binden lassen – eine zwar übliche aber rechtsunwirksame Vertragspraxis.[114]

### 6. Filmmusikverträge

**57** Die Nutzung von Musik im Film bietet in rechtlicher Hinsicht problematische Fallkonstellationen. Es ist zu unterscheiden zwischen den **Urheberrechten am Musikwerk** und den **Leistungsschutzrechten an der Musikaufnahme.** Das Recht zur Verwendung eines Musikwerkes in einem Film wird als **Filmherstellungsrecht** bezeichnet.[115] Insoweit ist entweder die GEMA als Verwertungsgesellschaft oder sind die Verlage zuständig für die Einräumung der entsprechenden Lizenzen.[116] Das Recht zur Nutzung

---

[110] S Rn 139.
[111] OLG Frankfurt GRUR 2004, 144.
[112] OLG Frankfurt GRUR 2004, 144.
[113] Vgl OLG Frankfurt GRUR 2004, 144.
[114] So wohl auch OLG Zweibrücken ZUM

2001, 346 – AGB-ZDF-Komponistenverträge; *Homann* 274; aA OLG Frankfurt GRUR 2004, 144.
[115] *Homann* 299.
[116] S dazu Rn 79 ff.

der Aufnahme im Film wird teilweise als Einblendungs- oder *master-use* Recht bezeichnet.[117] Rechtsinhaber sind insofern in der Regel die Plattenfirmen. Das Urheberrecht bietet in den §§ 88 ff UrhG Sonderregeln für die Verwendung von urheberrechtlichen Werken im Film.[118]

## IV. Die GEMA im medialen Zeitalter – Laster oder Chance für die Komponisten?

### 1. Der Berechtigungsvertrag

Jede Verwertungsgesellschaft schließt mit dem Berechtigten gem § 6 WahrnG einen **58** **Wahrnehmungsvertrag**, der dessen Rechte und Ansprüche näher regelt. Bei der GEMA wird dieser Wahrnehmungsvertrag als Berechtigungsvertrag bezeichnet, vgl § 3 GEMA-Satzung.[119] Die sich aus dem Berechtigungsvertrag ergebenden Rechtsbeziehungen betreffend die Einräumung oder Übertragung von Nutzungsrechten an die GEMA sind dem **individualrechtlichen Bereich** zuzuordnen. Sie regeln nicht das mitgliedschaftliche Verhältnis sondern die schuldrechtliche **treuhänderische Beziehung**.[120] Es handelt sich um bundesweit angewandte Allgemeine Geschäftsbedingungen.[121] Rechtlich ist der Berechtigungsvertrag als **urheberrechtlicher Nutzungsvertrag sui generis** einzuordnen.[122]

Damit finden nicht nur die §§ 133, 157[123] und §§ 305 ff BGB auf den Berechti- **59** gungsvertrag Anwendung, sondern auch die Bestimmungen zum Urhebervertragsrecht, insb der § 31 Abs 4 UrhG aF,[124] der § 31a UrhG[125] und die Zweckübertragungsregel des § 31 Abs 5 UrhG.[126] Sind Allgemeine Geschäftsbedingungen grundsätzlich als Vertragsbedingungen nach den Regeln der §§ 133, 157 BGB auszulegen, so ergeben sich wegen der Standardisierung Besonderheiten.[127] Die Bestimmungen sind **objektiv auszulegen**, die individuellen Umstände des Einzelfalles sind vorrangig nicht zu berücksichtigen.[128] Bei unklaren Regelungen des Berechtigungsvertrages ist nicht der geäußerte Wille der individuellen Vertragspartner bedeutend; entscheidend ist vielmehr, wie die Regelungen bei einer typisierten, vom Einzelfall losgelösten Betrachtung unter Einbeziehung teleologischer Erwägungen zu verstehen ist.[129] Die **treuhänderische Stellung** der GEMA schränkt das Prinzips des § 31 Abs 5 UrhG inso-

---

[117] *Homann* 299.
[118] Vgl dazu Wandtke/*Schunke* Urheberrecht 7. Kap Rn 61 ff; Wandtke/Bullinger/*Manegold* Vor §§ 88 UrhG Rn 1 ff.
[119] *Homann* 90.
[120] BGH WRP 2005, 1177, 1180 – PRO-Verfahren; Wandtke/Bullinger/*Gerlach* § 6 WahrnG Rn 3.
[121] BGH GRUR 2006, 319, 321 – Alpensinfonie; BGH WRP 2005, 1177, 1180 – PRO-Verfahren; BGHZ 136, 394, 396 f; *Prill* 70; *Landfermann* 139.
[122] *Landfermann* 130.
[123] *Riesenhuber* 46 ff.
[124] BGH GRUR 2006, 319, 321 – Alpensinfonie; BGH GRUR 1986, 62, 65 – GEMA-

Vermutung I; OLG Hamburg ZUM 2002, 480, 484; *Riesenhuber* 59 f.
[125] Ausf zum neu eingefügten § 31a UrhG vgl Wandtke/Bullinger/*Wandtke/Grunert* § 31a UrhG Rn 1 ff.
[126] BGH ZUM 2000, 234, 236 – Musical-Gala; OLG Hamburg GRUR 1991, 599, 600 – Rundfunkwerbung, *Staats* ZUM 2005, 789, 791; Wandtke/Bullinger/*Gerlach* § 6 WahrnG Rn 5; *Siebert* 55; *Riesenhuber* 41 ff; *Landfermann* 138 ff; *Homann* 90.
[127] Palandt/*Grüneberg* § 305c BGB Rn 15; *Riesenhuber* 46 f.
[128] *Riesenhuber* 47; Palandt/*Grüneberg* § 305c BGB Rn 15; *Prill* 70; *Landfermann* 138.
[129] *Landfermann* 138.

fern ein, als dass bei der Anwendung des § 31 Abs 5 UrhG die von der GEMA verfolgten Zwecke mit in die Wertung einzubeziehen sind.[130]

**60**     **a) Zweck.** Dem Berechtigungsvertrag liegt der Zweck zugrunde, der GEMA als Verwertungsgesellschaft zur kollektiven Wahrnehmung Rechte einzuräumen, deren **individuelle Wahrnehmung dem einzelnen Urheberberechtigten nicht möglich** ist, während Rechte, die der Urheberberechtigte individuell verwerten kann, diesem verbleiben sollen.[131]

**61**     Darüber hinaus kommt dem Berechtigungsvertrag noch der Zweck zu, dem Urheber über die kollektive Vertretung durch die Verwertungsgesellschaft die für **sie erforderliche Position gegenüber den wirtschaftlich stärkeren Verwertern** zu verschaffen.[132] Der Berechtigungsvertrag wahrt zusätzlich das **Funktionsinteresse der Verwertungsgesellschaft**.[133]

**62**     **b) Inhalt.** In dem Berechtigungsvertrag der GEMA übertragen die Mitglieder die von der GEMA wahrzunehmenden Nutzungsrechte und bestimmen den Umfang der übertragenen Rechte (§ 1 GEMA-BV). Die Mitglieder erkennen die Geltung des Verteilungsplanes und der Satzung an.[134] Letzteres beinhaltet, dass **einzelne Nutzungsarten** mittels Individualvereinbarung aus dem Wahrnehmungsumfang der GEMA herausgenommen werden können, **nicht jedoch einzelne Werke**.[135] Der Standard-Berechtigungsvertrag der GEMA zielt auf eine umfassende Rechtseinräumung durch den berechtigten Urheber oder Verleger. Übertragen wird das **Aufführungs- und Senderecht** nebst aller Wiedergabemöglichkeiten von Musik durch Fernsehen, Lautsprecher und Tonträger.[136] Die GEMA lässt sich die Rechte übertragen, die Werke mittels **Multimedia-Datenträger** wahrnehmbar zu machen und Werke **der Tonkunst elektronisch** zu übermitteln, wie auch die Rechte zur **mechanischen Vervielfältigung** auf Ton-, Bild-, Multimedia- und anderen Datenträgern sowie die Vervielfältigungs- und Verbreitungsrechte an diesen, wozu die Einspeicherung von Werken der Tonkunst in Datenbanken oder Speicher ähnlicher Art gehört. Des Weiteren werden im Wahrnehmungsvertrag die **gesetzlichen Vergütungsansprüche** abgetreten. Dies korrespondiert mit der gesetzlichen Ausgestaltung dieser Rechte als verwertungsgesellschaftspflichtige Ansprüche, die nur über Organisationen der kollektiven Rechtswahrnehmung geltend gemacht werden können.[137] Die Rechte werden der GEMA **ausschließlich und weltweit** zur Rechtsausübung übertragen.[138] Bei dem Berechtigten selbst verbleibt kein einfaches Nutzungsrecht. Damit sollen die Werke für jedermann nutzbar gemacht werden. Die Rechte an **zukünftigen Werken** werden im Voraus an die GEMA abgetreten, so dass man nur bzgl all seiner Werke GEMA-Mitglied sein kann – ein Komponieren unter einem Pseudonym lässt diese Werke nicht zu **GEMA freien Werken** wer-

---

130 *Riesenhuber* 41, 43; dagegen OLG München ZUM 1997, 275, 279.
131 BGH ZUM 2000, 234, 236, 237 – Musical-Gala.
132 Wandtke/Bullinger/*Gerlach* § 6 WahrnG Rn 5; *Schulze* ZUM 1993, 255, 258.
133 *Riesenhuber* 41; *Landfermann* 138 f; *Schunke* 128 f.
134 In § 6a GEMA-BV erfolgt ein dynamischer Verweis auf den Verteilungsplan und die Satzung in seiner jeweils gültigen Form; vgl *Goldmann* 300.

135 Die Rechtsübertragung erfolgt auch nicht erst mit der Anmeldung des Werkes bei der GEMA, so aber überraschenderweise das OLG Frankfurt GRUR 2006, 578, 580.
136 Vgl § 1 GEMA-BV.
137 *Goldmann* 298; *Schunke* 184.
138 Die Vertragslaufzeit beträgt drei Jahre und verlängert sich automatisch falls keine Kündigung erfolgt, vgl § 10 GEMA-BV iVm § 16 GEMA-BV.

den.[139] Der GEMA-Komponist der ausschließlich eigene Werke auf CD aufnimmt oder diese aufführt[140] bedarf damit ebenso einer GEMA-Lizenz, als wenn ein Künstler fremde Werke zur Aufführung bringt. Aufgrund der **GEMA-Vermutung** obliegt dem Verwender von musikalischen Werken der Nachweis, dass es sich bei der benutzten Komposition nicht um von der GEMA wahrgenommene Werke handelt, sondern um GEMA freie Werke.[141] Die GEMA nimmt in Deutschland aufgrund der Gegenseitigkeitsverträge und begünstigt durch die GEMA-Vermutung das **Weltrepertoire der Musik** wahr, sofern sich keine abweichenden Anhaltspunkte ergeben.[142]

## 2. Die Grauzonen der GEMA-Wahrnehmung

a) **Klingeltonnutzung.** Es besteht Streit darüber, wer in welchem Umfang für die **63** Lizenzierung bei der Klingeltonnutzung zuständig ist. Als mögliche Lizenzpartner kommen die GEMA und die Urheber bzw die Verlage in Betracht.[143] Die GEMA und die Verlage gingen von einem **doppelten Lizenzierungsverfahren** aus. Dem ist der BGH bezüglich der Berechtigungsverträge in den Fassungen von 1996, 2002 und 2005 entgegengetreten.[144] Eine Einbeziehung bei den Verträgen in der Fassung von 1996 scheitert daran, dass es sich bei der Klingeltonnutzung um eine unbekannte Nutzungsart handelt, die wegen § 31 Abs 4 aF UrhG nicht eingeräumt werden konnte. In der neuen Fassung des Berechtigungsvertrages von 12.3.2010 versucht die GEMA erneut ein zweistufiges Lizenzsystem herzustellen. Der BGH lässt in einer weiteren Entscheidung erkennen, dass er die neue Formulierung des GEMA-Berechtigungsvertrages für rechtlich zulässig hält.[145] Man wird also davon ausgehen müssen, dass bei Urhebern, die die neue Version unterzeichnet haben, ein zweistufiges System gegeben ist. Die letzte Entscheidung des BGH ist unglücklich, da das zweistufige Lizenzierungssystem aus rechtlichen und praktischen Gründen abzulehnen ist.[146] Es ist damit für die Lizenzierungspraxis sehr erheblich zu wissen, welcher Berechtigungsvertrag für das betreffende Werk gilt, um zu wissen, ob ein zweistufiges oder ein einstufiges Lizenzierungssystem anzuwenden ist. Ein in der Praxis ernstzunehmendes Problem.

aa) **§ 1h GEMA-BV in der Version vom 25./26.6.2002.** § 1h GEMA-BV[147] um- **64** fasst von seinem Wortlaut[148] in jedem Fall die Einräumung des **Vervielfältigungsrechts nach § 16 UrhG**, wie auch des **Rechts der öffentlichen Zugänglichmachung nach § 19a UrhG**. Strittig ist, inwiefern im Rahmen des GEMA-BV, in der Version vom 25./26.6.2002 das **Bearbeitungsrecht nach § 23 UrhG** und **urheberpersönlichkeits-**

---

**139** *Homann* 91.
**140** Dem Komponisten steht sofern 80 % der aufgeführten Werke Eigenkompositionen sind die Möglichkeit der Netto-Einzelverrechnung zu, welches sich bei der GEMA-Ausschüttung positiv bemerkbar macht.
**141** *Homann* 92.
**142** *Ventroni/Poll* MMR 2002, 648, 651.
**143** S dazu auch Rn 115 ff; ausf *Schunke* 219 ff.
**144** BGH GRUR 2009, 395 ff – Klingeltöne für Mobiltelefone.
**145** BGH MMR 2010, 769, 771 – Klingeltöne für Mobiltelefone.
**146** *Wandtke/Schunke* Urheberrecht 6. Kap Rn 32; vgl Rn 123, 124.

**147** GEMA-BV v 25./26.6.2002.
**148** Die Hereinnahme des letzten Absatzes erfolgte in der Mitgliederversammlung vom 25./26.6.2002 als Reaktion auf die Entscheidung des OLG Hamburg CR 2002, 578 ff, dass die Handynutzung als unbekannte Nutzungsart iSd § 31 Abs 4 aF UrhG anerkannte. Die Klingeltonnutzung von Musikwerken war damit nach Auffassung des Gerichts nicht von der Rechtsübertragung der Berechtigten auf die GEMA im Rahmen des GEMA-BV mit umfasst; vgl *Becker* GEMA-Jahrbuch 90, 109.

rechtliche **Änderungsbefugnisse** iSd §§ 14, 39 UrhG vom Berechtigten auf die GEMA übertragen wurden. Eine **ausdrückliche Rechtseinräumung** sieht § 1h GEMA-BV nicht vor, da lediglich die Nutzungsart „Ruftonmelodie" und nicht die einzelnen Nutzungsrechte erwähnt werden.[149] In Betracht käme von daher nur eine **konkludente Rechtseinräumung** an die GEMA.[150] Dies richtet sich nach den allgemeinen Regeln, insb den §§ 157, 133 BGB.[151] Daneben ist § 31 Abs 5 UrhG zu beachten.[152]

**65**  Man könnte den Parteiwillen nach §§ 133, 157 BGB dahingehend interpretieren, dass das Bearbeitungsrecht und die betroffenen urheberpersönlichkeitsrechtlichen Änderungsbefugnisse bei dem Urheber verbleiben sollen, während das Vervielfältigungsrecht und das Recht der öffentlichen Zugänglichmachung durch die GEMA lizenziert werden sollen. Das Ergebnis wäre ein **doppeltes Lizenzierungssystem**, wie es bis dato von der GEMA und den Verlagen praktiziert wird. In diesem Sinn verneinten die unterinstanzliche Rechtsprechung[153] und Teile der Literatur[154] eine konkludente Übertragung des Bearbeitungsrechts und urheberpersönlichkeitsrechtlicher Änderungsbefugnisse im Rahmen des § 1h GEMA-BV.[155]

**66**  **Vorzuziehen ist jedoch der Ansatz**, dass die Abrede über die Nutzungsart als umfängliche Rechtseinräumung verstanden werden soll iSd § 31 Abs 5 S 2 UrhG iVm §§ 133, 157 BGB.[156] Dem ist der BGH gefolgt.[157] Von einem quasi Monopolisten wie der GEMA ist zu erwarten, dass er die Rechte entweder ganz oder gar nicht wahrnehmen will.[158] Dieses gilt auch für das Bearbeitungsrecht und die urheberpersönlichkeitsrechtlichen Änderungsbefugnisse.[159] Ansonsten würde die GEMA als Vertragspartner an Handlungsstärke verlieren und die GEMA Mitglieder würden sich Rechte herausnehmen, die aus nutzungsrechtlichen Erwägungen unbillig erscheinen. Über die Brücke der Urheberpersönlichkeitsrechte würde das nicht wünschenswerte Ergebnis des Vorenthaltens einzelner Massennutzungsarten erreicht. Damit wäre das Funktionsinteresse der GEMA erheblich gestört.[160]

**67**  Die GEMA müsste das Bearbeitungsrecht wegen § 6 WahrnG an die **Nutzer** einräumen.

---

[149] LG Hamburg ZUM 2005, 485, 487; LG Hamburg ZUM 2005, 483, 484; LG München I ZUM 2005, 920, 921; *Hertin* KUR 2004, 101, 108; *Klees/Lange* CR 2005, 684, 688; so wohl auch *Becker* FS Rehbinder 187, 188; *Becker* GEMA-Jahrbuch 90, 108; *Castendyk* ZUM 2005, 9, 17; *Poll* MMR 2004, 67, 72; *Landfermann* 136. Zu den Voraussetzungen der Auslegung von Willenserklärungen vgl Palandt/*Ellenberger* § 133 BGB Rn 3.

[150] *Landfermann* 137; vgl zur Auslegung von Nutzungsverträgen Wandtke/Bullinger/*Wandtke/Grunert* Vor §§ 31 ff UrhG Rn 133 ff.

[151] Schricker/Loewenheim/*Schricker/Loewenheim* § 31 UrhG Rn 22; vgl Palandt/*Ellenberger* § 133 BGB Rn 7–26.

[152] Vgl Wandtke/Bullinger/*Wandtke/Grunert* § 31 UrhG Rn 70; Schricker/Loewenheim/*Schricker/Loewenheim* § 31 UrhG Rn 69 ff, 74 ff.

[153] LG Hamburg ZUM 2005, 485, 487; LG Hamburg ZUM 2005, 483, 484; LG München I ZUM 2005, 920, 921; OLG Hamburg ZUM 2006, 335; OLG Hamburg ZUM 2008, 438, 441.

[154] *Hertin* KUR 2004, 101, 108; *Klees/Lange* CR 2005, 684, 688; *Landfermann* 136, 170; so wohl auch *Becker* FS Dietz 187, 188; *Becker* GEMA-Jahrbuch 90, 108; unklar insoweit *Prill* 86.

[155] Ausf dazu *Schunke* 220 ff.

[156] In diesem Sinn *Castendyk* ZUM 2005, 9, 17; *Poll* MMR 2004, 67, 72; *Schunke* 224.

[157] BGH GRUR 2009, 395, 398 f – Klingeltöne für Mobiltelefone.

[158] Dies anerkennend OLG Hamburg ZUM 2002, 480, 484.

[159] Zur Frage der Übertragbarkeit der urheberpersönlichkeitsrechtlichen Änderungsbefugnisse vgl *Schunke* 143 ff.

[160] Ausf *Schunke* 224; aA OLG Hamburg ZUM 2008, 438, 441 f.

Aus § 4 des Informationsblatts der GEMA zu dem einschlägigen **Tarif VR-OD 1** geht hervor, dass die GEMA das Bearbeitungsrecht nicht übertragen möchte. Die GEMA koppelt die Lizenzierung des Vervielfältigungsrechtes an eine zuvor eingeholte Einwilligung des Nutzers vom Urheber bzw Verlag. Die GEMA geht entgegen der tatsächlichen Rechtslage davon ausgeht, dass sie nicht befugt ist, Bearbeitungsrechte und urheberpersönlichkeitsrechtliche Änderungsbefugnisse Dritter zu übertragen.[161] Damit verstößt die GEMA derzeit gegen ihre Wahrnehmungspflicht aus §§ 6, 11 WahrG, da die Auslegung des Berechtigungsvertrages zu einem gegenteiligen Ergebnis führt. Die Verlage können den Nutzern die notwendigen Bearbeitungsrechte demnach gar nicht einräumen. Die derzeitige Lizenzpraxis entspricht folglich nicht dem eigentlichen Rechtsverbleib.[162]

**68**    **bb) Ergänzung des GEMA-BV vom 29.6.2005.** Der GEMA-BV wurde am 29.6. 2005 ergänzt. Gem § 1k GEMA-BV überträgt der Berechtigte nicht der GEMA die Rechte zur Bearbeitung, Umgestaltung und/oder Kürzung eines Werkes der Tonkunst zur Verwendung als Ruftonmelodie. Die Befugnis des Berechtigten, die Einwilligung in die Verwendung solcher Werkfassungen im Einzelfall zu erteilen soll unberührt bleiben. Die Ergänzung ist zum 16.12.2005 wirksam geworden. Vor diesem Datum vorgenommene Rechtseinräumungen durch die GEMA richten sich ausschließlich nach dem Berechtigungsplan vom 25./26.6.2002.[163]

**69**    Die Neuformulierung des GEMA-Berechtigungsvertrages lässt bzgl des **Parteiwillens** keine Zweifel offen, dass die GEMA die Bearbeitungsrechte im Zusammenhang mit der Klingeltonnutzung nicht wahrnehmen will. Es besteht damit ein Widerspruch im ausgedrückten Parteiwillen. Einerseits soll gem § 1h GEMA-BV die Nutzungsart „Klingeltonnutzung" eingeräumt werden. Andererseits soll aufgrund der Regelung des § 1k GEMA-BV das erforderliche Bearbeitungsrecht nicht mit übertragen werden.

**70**    Trotz der Änderung des GEMA-Berechtigungsvertrages ist die GEMA weiterhin befugt das Bearbeitungsrecht zu lizenzieren. Zum einen wäre ein doppeltes Lizenzsystem **unzulässig.**[164] Zum anderen wiegt die Abrede über die Nutzungsart schwerer, als ein Vorbehalt, das Bearbeitungsrecht und mögliche Urheberpersönlichkeitsrechte nicht einräumen zu wollen.[165] Gem § 31 Abs 5 S 2 UrhG iVm §§ 133, 157 BGB ist der Vorbehalt rechtlich unbeachtlich.[166] Dem ist der BGH ebenfalls gefolgt.[167] Hat sich der Komponist entschieden, einem Vertragspartner die Nutzungsart der Klingel-

---

161 Nach Auffassung des LG München I ist die GEMA wegen § 11 Abs 1 WahrnG nicht berechtigt, die Lizenzierung des Vervielfältigungs- und Verbreitungsrechts unter die Bedingung des Nachweises einer Bearbeitungsgenehmigung stellen; vgl LG München I ZUM 2005, 920, 921. Eine solche Bedingung ergebe sich weder aus der Treupflicht der GEMA noch unter Treuegesichtspunkten des Mitgliedschaftsverhältnisses, da die GEMA nicht nur verbandsrechtlichen Grundsätzen ihrer Mitglieder verpflichtet sei, sondern aufgrund ihrer faktischen und vom Gesetzgeber gewünschten Monopolstellung als Verwertungsgesellschaft auch der Allgemeinheit aller Nutzer; vgl LG München I ZUM 2005, 920, 922.
162 Ausf *Schunke* 227.

163 Vgl dazu die Ausführungen Rn 64.
164 *Schunke* 230 ff; aA Kreile/Becker/Riesenhuber/*Staudt* Kap 10 Rn 212; *Landfermann* 175 f; *Prill* 88; OLG Hamburg ZUM 2008, 438, 444; LG München I ZUM 2005, 920, 922. Das Gericht sieht in der Formulierung lediglich eine Klarstellung der ohnehin schon geltenden Rechtslage; s ausf Rn 123.
165 So *Wandtke/Schunke* UFITA 2007/I, 61, 84.
166 Zu überlegen wäre auch in § 1k GEMA-BV einen schuldrechtlichen Vorbehalt zu sehen. Dies ist aber mit der Funktionsweise einer Verwertungsgesellschaft nicht zu vereinbaren und verstoße gegen § 11 WahrnG; vgl *Prill* 88.
167 BGH GRUR 2009, 395, 399 f – Klingeltöne für Mobiltelefone.

tonnutzung einzuräumen, hat er notwendigerweise die Einwilligung zur Verwertung und Veröffentlichung einer bearbeiteten Version seiner Komposition gem §§ 133, 157 BGB erteilt.[168] Der neue Berechtigungsvertrag vom März 2010 enthält allerdings eine Formulierung, die nach der Auffassung des BGH wohl ein zulässiges zweistufiges Lizenzsystem ermöglicht.[169] Die Mitglieder werden aber nicht automatisch den Regeln dieses Berechtigungsvertrages unterworfen, so dass bei jedem Werk neu geprüft werden muss, welcher Berechtigungsvertrag mit welchem Lizenzsystem gilt.

**71**    **b) Coverversion oder Bearbeitung?** Bei jeder Einspielung eines Musikwerkes auf einen Tonträger muss sich der ausübende Künstler und der Plattenproduzent die Frage stellen, ob er die Rechte für die Aufnahme eines fremden Werkes ausschließlich bei der GEMA erwerben kann. In der Praxis gehen die meisten Produzenten davon aus, dass eine **GEMA-Lizenz** für den Fall ausreichend ist, sofern es sich um eine „Coverversion" handelt. Zwei rechtliche Probleme sind in diesem Zusammenhang zu prüfen: Zum einen muss geklärt werden, **was eine „Coverversion" im rechtlichen Sinn** bedeutet und zum anderen die Frage, wie **weit die GEMA-Lizenz reicht**, insb, ob auch Bearbeitungen eines Werkes mit von der Lizenz umfasst sind.

**72**    **aa) Coverversion = Vervielfältigung?** In der „Coverversion"-Entscheidung[170] **vertritt der BGH** die Auffassung, dass die Darbietung eines Liedes nur eine Vervielfältigung des Ursprungswerkes iSd § 16 UrhG und nicht zugleich eine Bearbeitung nach § 23 S 1 UrhG darstelle.[171] In der „Alpensinfonie"-Entscheidung[172] bestätigt der BGH indirekt diese Einschätzung, dass Werkinterpretationen bei „notengetreuer" Aufführung keine Bearbeitung nach § 23 UrhG darstellen. Diese Auffassung wird von Teilen der Literatur geteilt.[173] Der geistig-ästhetische Gesamteindruck sei bei Darbietungen von Musikwerken nicht verändert.[174] Die **Werkinterpretation** sei keine urheberrechtlich relevante Änderung.[175] Betrachtet man allein diesen Ansatz liegen die Abgrenzungsprobleme bereits auf der Hand. Wann liegt eine solche **„notengetreue" Einspielung** vor und wann ist das zugrundeliegende Notenmaterial wirklich identisch mit der „Originalkomposition" des Komponisten? Gerade in Genrebereichen wie der Pop oder Rockmusik, ganz zu schweigen von Jazzproduktionen, hilft diese Definition und Einordnung des BGH nicht weiter. Einziger Ausweg ist, dass man in der Interpretation des vom Komponisten vorgegebenen Materials regelmäßig eine **Bearbeitung iSd** § 23 UrhG sieht. Nur so lassen sich Abgrenzungsschwierigkeiten vermeiden.[176]

**73**    Die Begrifflichkeit **„Interpretation"**, sowie die Natur des Menschen bringen es notwendig mit sich, dass jede von Menschenhand gespielte Musiknote zwangsläufig eine Änderung des geistig-ästhetischen Gesamtausdrucks eines Musikwerkes ist.[177] Die ausübenden Künstler prägen entscheidend den vom Hörer wahrgenommenen klang-

---

[168] Es stellt sich dann aber das Problem, dass die GEMA entgegen ihrer Verpflichtung aus § 11 WahrnG das Bearbeitungsrecht den Nutzern nicht einräumt und auch keinen entsprechend hohen Tarif verlangt; aA OLG Hamburg ZUM 2008, 438, 444.
[169] Vgl Rn 63.
[170] BGH GRUR 1998, 376 – Coverversion; nicht ganz eindeutig OLG Hamburg ZUM 2002, 480, 482.
[171] BGH GRUR 1998, 376, 378 – Coverversion.

[172] BGH GRUR 2006, 319, 321 – Alpensinfonie.
[173] *Schulze* ZUM 1993, 255, 256; Schricker/Loewenheim/*Loewenheim* § 23 UrhG Rn 8; Loewenheim/*Czychowski* § 9 Rn 79; Schwartmann/*Waldhausen* 989 Rn 40 ff.
[174] *Schulze* ZUM 1993, 255, 256.
[175] *Schmieder* NJW 1990, 1945, 1947.
[176] Vgl *Schunke* 52 ff.
[177] *Schmieder* NJW 1990, 1945, 1947.

lichen Eindruck der Komposition. Durch seine Phrasierung, Dynamikauffassung, Anschlags- bzw Blastechnik gibt der ausübende Künstler dem Werk sein besonderes Gepräge.[178]

**bb) Umfang der GEMA-Lizenz.** Will die GEMA alleiniger Lizenzpartner bei Ein **74** spielungen von Musikwerken auf Tonträgern sein, so muss sowohl das Vervielfältigungsrecht nach § 16 Abs 2 UrhG, als auch das Bearbeitungsrecht nach § 23 UrhG der GEMA im Rahmen des Berechtigungsvertrages durch die Berechtigten eingeräumt worden sein. Während das **Vervielfältigungsrecht** ausdrücklich von der Rechtseinräumung nach § 1h Abs 1 GEMA-BV umfasst ist, fehlt eine Erwähnung des Bearbeitungsrechts.

Damit liegt zumindest **keine ausdrückliche Einräumung eines Bearbeitungsrechts** **75** und urheberpersönlichkeitsrechtlicher Änderungsbefugnisse durch den GEMA-BV bei Werkinterpretationen im Rahmen von Aufnahmen vor.[179] Es liegt jedoch eine **konkludente Einräumung**[180] des Bearbeitungsrechts und der urheberpersönlichkeitsrechtlichen Änderungsbefugnisse vor. Will ein Urheber das Bearbeitungsrecht nicht einübertragen, obwohl die entsprechende Nutzungsart notwendigerweise ein solches mit umfasst, muss der Urheber einen entsprechenden ausdrücklichen Vorbehalt deutlich machen.[181] Die Nutzungsart der **Werkinterpretation** beinhaltet eine Bearbeitung nach § 23 UrhG. In dem Berechtigungsvertrag ist kein ausdrücklicher Vorbehalt gegeben, so dass von der Einräumung des Bearbeitungsrechts an die GEMA auszugehen ist. Dies ergibt sich auch aus teleologischer Sicht. Sinn und Zweck der GEMA ist die umfassende Rechtswahrnehmung. Nur so kann ein reibungsloser weltweiter Umgang mit Musik und dessen Kontrolle garantiert werden. Dieses ist sowohl im Interesse des Urhebers, als auch der Verwertungsgesellschaft. Ansonsten würde bei jeder Live-Einspielung eines musikalischen Werkes die Unsicherheit herrschen, ob die aktuelle Interpretation zusätzlich einer Einwilligung des Berechtigten bedarf. Ein mit der Musikpraxis nicht zu vereinbarendes Ergebnis.

Die **Rechtsprechung**[182] lässt **kein einheitliches Bild** bei der Frage erkennen, ob der **76** GEMA das Recht zukommen soll, das Bearbeitungsrecht nach § 23 S 1 UrhG und die Urheberpersönlichkeitsrechte nach § 14 UrhG wahrzunehmen. Der BGH geht in mehreren Entscheidungen zumindest inzident von einem Wahrnehmungsumfang der GEMA aus, der auch das Musikbearbeitungsrecht nach § 23 S 1 UrhG mit umfasst.[183] Zumindest **das OLG Hamburg**[184] **sieht über** § 1h GEMA-BV die Möglichkeit der veränderten Einspielung durch den ausübenden Künstler gegeben, ohne dieses jedoch rechtlich näher zu begründen. Der Musikinterpret solle nicht gehindert sein, ein von

---

[178] *Häuser* 32; *Fellerer* 15; *Tenschert* ZUM 1987, 612, 618; wie sehr ausübende Künstler die Darbietung einer Komposition beeinflussen, zeigt sich besonders in der Stilrichtung des Jazz. *Miles Davis* beschreibt dies sehr treffend in seiner Autobiografie: "I had to change the way the band sounded again for Bill's (Bill Evans, Jazzpianist) style by playing different tunes, softer ones at first. Bill played underneath the rhythm and I liked the way he played scales with the band." *Davis/Troupe* 226.
[179] So auch Kreile/Becker/Riesenhuber/*Staudt* Kap 10 Rn 157.

[180] Vgl Wandtke/Bullinger/*Wandtke/Grunert* § 31 UrhG Rn 76.
[181] BGH GRUR 1984, 528, 529 – Bestellvertrag; Wandtke/Bullinger/*Wandtke/Grunert* § 31 UrhG Rn 76.
[182] Vgl BGH ZUM 2000, 234, 237 – Musical Gala; BGHZ 15, 249, 255 f – Cosima Wagner.
[183] Vgl BGH ZUM 2000, 234, 237 – Musical Gala; BGHZ 15, 249, 255 f – Cosima Wagner.
[184] OLG Hamburg ZUM 2002, 480, 482.

Sebastian Schunke      277

der GEMA wahrgenommenes Musikwerk ganz anders – oder überhaupt nicht – arrangiert unter seinem Namen neu einzuspielen und zu nutzen, solange dies **nicht eklatant werkentstellend** sei. In der **Literatur** wird zum großen Teil die Möglichkeit der Wahrnehmung des Bearbeitungsrechts und urheberpersönlichkeitsrechtlichen Änderungsbefugnisse durch die GEMA zu Unrecht verneint.[185]

**77**     Das von den Berechtigten nach § 23 UrhG eingeräumte Bearbeitungsrecht müsste die GEMA im Rahmen der Lizenzierung **Dritten einräumen** und dementsprechend die **Tarife** gestalten.

Der **Tarif VR-T-H 1** stellt die Grundlage für die Vergütungsberechnung bei *Tonträgereinspielungen* dar.[186] Der **Lizenzwert** berechnet sich entweder aus dem Endverkaufspreis netto (Vergütungssatz 10 %) oder Händlerabgabepreis netto.[187] Aus den Allgemeinen Bestimmungen zum **Tarif VR-T-H 1** folgt nicht, dass die GEMA das Bearbeitungsrecht und die dadurch betroffenen urheberpersönlichkeitsrechtlichen Änderungsbestimmungen mit einräumen möchte.

**78**     Eine Nichteinräumung würde aber gegen §§ 6, 11 **WahrnG verstoßen**.[188] Diese Nichterwähnung ist wenig erfreulich und führt in der Praxis bei vielen Produzenten und ausübenden Künstlern zu erheblicher Rechtsunsicherheit, die von der GEMA klargestellt werden muss zugunsten der Wahrnehmung eines umfänglichen Bearbeitungsrechts.[189]

**79**     c) **Filmmusik – rechtliche Widersprüche in der GEMA Wahrnehmung.** Die derzeitigen Regelungen zur Verwendung von Musik im Zusammenhang mit Filmwerken sind von dem Prinzip getragen, dass die betroffenen Nutzungsrechte durch verschiedene Personen, nämlich auf der einen Seite durch die GEMA und auf der anderen Seite durch die Verlage bzw die Urheber wahrgenommen werden können.[190] Grund für **die Zweigleisigkeit der Rechtseinräumung** sollen vor allem wirtschaftliche und urheberpersönlichkeitsrechtliche Erwägungen der Verlage und Urheber sein.[191] Eine ähnliche Problematik stellt sich bei Multimediaprodukten, bei denen Musik regelmäßig mit Bildmaterial verbunden wird.[192]

**80**     aa) **Bedingte Rechtseinräumung gem § 1i Abs 1 GEMA-BV.** Gem § 1i Abs 1 GEMA-BV liegen die **Rechte** zur Benutzung eines Werkes **zur Herstellung von Filmwerken** bei der GEMA. Die Rechtseinräumung erfolgt nach § 1i Abs 1 S 2 GEMA-BV unter **einer auflösenden Bedingung** iSd § 158 Abs 2 BGB.[193] Der Rechtsrückfall vollzieht sich durch eine auf einen **konkreten Fall bezogene schriftliche Mitteilung** des Berechtigten an die GEMA, dass er die Rechte im eigenen Namen selbst wahrnehmen

---

**185** Vgl Schwartmann/*Waldenberger* 3.24 Rn 41; *Ventroni/Poll* MMR 2002, 648, 650; ausf dazu *Schunke* 191 ff.
**186** Vgl Information und Lizenzierung der GEMA zur Vervielfältigung von handelsüblichen Audio-Tonträgern, www.gema.de 3.
**187** Vgl Information und Lizenzierung der GEMA zur Vervielfältigung von handelsüblichen Audio-Tonträgern, www.gema.de 3.
**188** § 11 WahrnG führt nicht zur Unwirksam-

keit eines derartigen Vorbehalts, vgl *Reinbothe* 74 ff.
**189** *Schunke* 194 ff.
**190** *Schulze* GRUR 2001, 1084.
**191** Kreile/Becker/Riesenhuber/*Staudt* Kap 10 Rn 259; *Brandhorst* 136, 137.
**192** *Ventroni/Poll* MMR 2002, 648, 649.
**193** Kreile/Becker/Riesenhuber/*Staudt* Kap 10 Rn 259; vgl die Deutungsvarianten bei *Schunke* 201 ff.

möchte.[194] Der Rückruf des Filmherstellungsrechts bildet in der Praxis den Regelfall, insb, wenn Verlage die Rechte der Urheber wahrnehmen.[195] Hat der Urheber oder Verlag von seinem Rückrufsrecht Gebrauch gemacht, muss der Verwender dem Verlag eine Gebühr für die Nutzung der Musik zur Herstellung des Films zahlen.[196] Diese Gebühr ist frei verhandelbar. Die weiteren Nutzungsrechte, die bei der Verwendung des hergestellten Films betroffen sind, wie das Vervielfältigungs- und Senderecht, verbleiben bei der GEMA.

Alle Verfügungen der GEMA die vor Ausübung des Rückrufsrechts getätigt werden, sind gem **§ 161 BGB unwirksam**, sofern sie die von der Bedingung abhängige Wirkung vereiteln oder beeinträchtigen würde. Damit kann der Urheber unmittelbar und einzelfallbezogen auf die Rechtswirkung Einfluss nehmen.[197]  **81**

**bb) Umfang der Rechtseinräumung nach § 1i Abs 1 GEMA-BV.** § 1i Abs 1 GEMA-BV spricht vom „Recht zur Benutzung eines Werkes zur Herstellung von Filmwerken". Diese Vorschrift ist in **Abgrenzung zu § 1h GEMA-BV** zu verstehen, in der ohne an eine auflösende Bedingung gebunden zu sein, dass Recht der Aufnahme auf Ton- und Bildtonträger sowie die Vervielfältigungs- und Verbreitungsrechte an diesen Trägern der GEMA zur treuhänderischen Wahrnehmung eingeräumt werden.  **82**

Das **Filmherstellungsrecht**[198] umschreibt eine Nutzungsart iSd §§ 31 ff UrhG.[199] Die Nutzungsart der Filmherstellung ist von der anschließenden Verwertung zu trennen. Die Frage nach dem **Umfang der Einräumung von Nutzungsrechten** im Rahmen von § 1i Abs 1 GEMA-BV hat sich nach den Grundsätzen der urheberrechtlichen Vertragsauslegung zu richten.[200] Aufgrund der treuhänderischen Funktion der GEMA ist von einer umfangreichen ausschließlichen Rechtseinräumung von Nutzungsrechten auszugehen, sofern sich nichts Gegenteiliges aus dem Berechtigungsvertrag ergibt. Damit nimmt die GEMA für den Fall, dass das Rückrufsrecht nicht von dem Urheber bzw Verlag ausgeübt wird, neben dem **Vervielfältigungsrecht des § 16 UrhG** sowohl das **Bearbeitungsrecht nach § 23 UrhG**, als auch die dadurch betroffenen urheber-  **83**

---

[194] § 1i Abs 1 S 3 GEMA-BV. In der Praxis vergisst der Urheber/Verlag in vielen Fällen, dieser schriftlichen Mitteilungspflicht nachzukommen. Die daraus resultierende Nichtberechtigung des Urhebers, wird von der GEMA nach bekannt werden grundsätzlich bewilligt, was als Verfügungsermächtigung iSd § 185 Abs 2 BGB zu verstehen ist.

[195] *Ventroni/Poll* MMR 2002 648, 649; meistens haben die Komponisten bzgl ihrer Werke einen Verlagsvertrag abgeschlossen, in dem sie umfänglich alle Rechte an dem Werk dem Verlag einräumen. Komponist und Verlag wiederum sind Mitglieder der GEMA; vgl *Schulze* GRUR 2001, 1084. In den Verlagsverträgen lässt sich der Verleger die Ausübung dieses Rückrufsrechts grundsätzlich übertragen. Ob dieses allerdings zulässig ist, ist zweifelhaft.

[196] *Schulze* GRUR 2001, 1084.

[197] Vgl Palandt/*Ellenberger* § 161 BGB Rn 1.

[198] Das Filmherstellungsrecht wird auch oft als Synchronisationsrecht bezeichnet, vgl *Brandhorst* 136, 137.

[199] Wandtke/Bullinger/*Manegold* § 88 UrhG Rn 5.

[200] Lange umstritten war die Frage, ob bei der Videozweitauswertung eines Kinofilms erneut das Filmherstellungsrecht iSd § 1i GEMA-BV betroffen sei, welches zusätzlich nach Rückruf hätte erworben werden müssen. Es bedarf jedoch keiner gesonderten abspaltbaren Einräumung eines Nutzungsrechts. Vielmehr handelt es sich um eine Lizenzierung des Vervielfältigungs- und Verbreitungsrechts nach §§ 16, 17 UrhG durch die GEMA nach § 1h GEMA-BV; vgl BGH GRUR 1994, 41, 42 – Videozweitauswertung; Kreile/Becker/Riesenhuber/*Staudt* Kap 10 Rn 257. Etwas anderes ergibt sich, sofern es sich um eine Videoerstherstellung handelt, da insofern die unter § 31 ff UrhG fallende Nutzungsart der erstmaligen Verbindung von Film und Musik betroffen ist; Kreile/Becker/Riesenhuber/*Staudt* Kap 10 Rn 258.

persönlichkeitsrechtlichen **Änderungsbefugnisse** umfänglich wahr. Die Einräumung an Dritte bestimmt sich bei der Filmherstellung mit Kinoauswertung nach dem **Tarif VR-TH-F 1**, während die Filmherstellung ohne Kinoauswertung gemäß des **Tarifs VR-TH-F 2** lizenziert wird.[201]

**84**     cc) **Ausnahme für Fernsehproduktionen, § 1i Abs 3 GEMA-BV.** Eine Ausnahme zu der auflösend bedingten Einräumung iSd § 1i Abs 1 GEMA-BV bildet § 1i Abs 3 GEMA-BV. Danach liegen die Filmherstellungsrechte ohne Vorbehalt bei der GEMA, sofern es sich um **Eigen- oder Auftragsproduktionen** von **Fernsehanstalten handelt.**[202]

**85**     Der **Begriff der Fernsehproduktion** umfasst dabei nicht nur Fernsehspielfilme, sondern den gesamten Bereich der filmischen Produktion im Fernsehen, also auch Fernsehshows und Nachrichtensendungen.[203] Dadurch wird es der GEMA ermöglicht im Rahmen ihrer Pauschalverträge den Fernsehsendern das Recht zur Herstellung von Filmwerken einzuräumen. Hintergrund dieser Ausnahmeregelung ist die umfangreiche Musiknutzung bei fernseheigenen Produktionen, so dass eine Einzellizenzierung nur schwer möglich wäre.[204]

**86**     dd) **Abgrenzungsprobleme.** Die Ausnahmeregelung des § **1i Abs 3 GEMA-BV** bringt in der Praxis erhebliche Abgrenzungsschwierigkeiten mit sich.

**87**     (1) **Eigen-, Auftrags- und Koproduktion.** Für die Lizenzierung des Filmherstellungsrechts ist es wegen der Differenzierung in § 1i Abs 3 GEMA-BV von weitreichender wirtschaftlicher und rechtlicher Bedeutung, wann eine **Eigen- bzw Auftragsproduktion in Abgrenzung zur Koproduktion** vorliegt. Der Begriff der Eigen-, Auftrags- und Koproduktion ist weder durch den Berechtigungsvertrag noch durch das UrhG definiert. Damit hängt die Unterscheidung allein von Wertungsgesichtspunkten ab, was zum einen zu erheblicher Rechtsunsicherheit auf Seiten der Sender und Verwerter führt. Auf der anderen Seite ist es nicht nachvollziehbar, wieso aufgrund kleiner Wertungsunterschiede plötzlich die Wahrnehmung von Bearbeitungsrechten und Urheberpersönlichkeitsrechten unproblematisch durch die GEMA erfolgen können soll.

**88**     Eine **Eigenproduktion** liegt vor, wenn der Sender den Film selbst herstellt.[205] Gerade bei der vielschichtigen Filmproduktion und den unterschiedlich ausgestalteten Vertrags- und Herstellungsmodellen ist damit der Rechtsunsicherheit Tür und Tor geöffnet. Die erste Hürde bildet schon die Frage des Bildmaterials. Liegt ein eigene Herstellung vor, wenn auf **fremdes Bildmaterial** zurückgegriffen wird?[206] Zumindest liegt wohl keine Eigenproduktion iSd § 1i Abs 3 GEMA-BV vor, wenn es sich um einen **Werbespot** iSd §1k GEMA-BV handelt, da ansonsten die Ausnahmevorschrift des § 1k GEMA-BV leer liefe.[207]

---

201 Vgl *Brandhorst* 136, 139.
202 Eine Ausnahme von diesem Verfahren ist bei Bühnenaufführungen von dramatisch-musikalischen Werken gegeben; vgl *Brandhorst* 136, 138.
203 Kreile/Becker/Riesenhuber/*Staudt* Kap 10 Rn 263.
204 *Ventroni* 62; Kreile/Becker/Riesenhuber/*Staudt* Kap 10 Rn 263; *Brandhorst* 136, 138.

205 Kreile/Becker/Riesenhuber/*Staudt* Kap 10 Rn 264.
206 Dafür Kreile/Becker/Riesenhuber/*Staudt* Kap 10 Rn 264; dagegen OLG München ZUM 1997, 275, 279.
207 Vgl ausf OLG München ZUM 1997, 275, 278; trotz allem ist auch der Sinn und Zweck dieser Ausnahmevorschrift durchaus fragwürdig.

Sebastian Schunke

**Auftragsproduktionen der Sender** fallen wie die Eigenproduktion unbeschränkt in den Wahrnehmungsbereich der GEMA. Nach dem *OLG München*[208] liegt eine **Auftragsproduktion** bei **Weisungsbindung** und eine **Koproduktion** bei gleichberechtigter Partnerschaft vor, welche jedem Vertragspartner in seinem jeweiligen „natürlichen" Interessengebiet die Federführung zubillige. Andere wiederum sprechen sich gegen ein inhaltliches Mitbestimmungsrecht bzw eine Weisungsbefugnis als Abgrenzungskriterium aus.[209] Zum Teil wird angenommen, dass es unerheblich für das Vorliegen einer Auftragsproduktion im Sinne des GEMA-BV sei, ob der Auftragsproduzent Rechte als Filmhersteller iSd § 94 UrhG erlangt oder ob Dritte iSd § 1i Abs 3 S 2 GEMA-BV beteiligt sind, da eine Drittbeteiligung der Auftragsproduktion immanent sei.[210] Die unterschiedlichen Definitionen veranschaulichen, dass eine verlässliche Abgrenzung der Koproduktion zur Auftragsproduktion nicht möglich ist und der Berechtigungsvertrag unbedingt im Sinne einer einheitlichen Lizenzierung durch die GEMA geändert werden muss.

**89**

(2) **Nutzung durch Dritte.** Selbst bei Eigen- und Auftragsproduktionen ist die **GEMA nicht mehr zuständig**, sofern Dritte an der Herstellung beteiligt sind oder wenn die Fernsehproduktionen **von Dritten genutzt** werden sollen. Insoweit bedarf es gem **§ 1i Abs 3 S 2 GEMA-BV** der gesonderten Einwilligung des Berechtigten.

**90**

Diese **Ausnahme der Ausnahme** hat ebenfalls erheblichen Einfluss auf die Frage der Lizenzierung des Filmherstellungsrechts. Der Berechtigungsvertrag sagt nichts darüber aus, wann es sich um Dritte im Sinne der Vorschrift handelt. Eine **Nutzung durch „Dritte"** könnte bspw bereits bei der **DVD-Produktion** einer Fernsehsendung durch Videohersteller angenommen werden.[211] Die **Wirkung des Einwilligungsvorbehalts** des § 1i Abs 3 GEMA-BV ist ebenfalls umstritten. Diesem könnte lediglich eine **schuldrechtliche**[212] oder eine **dingliche Wirkung** zwischen den Urhebern und der GEMA zukommen.[213] Für eine schuldrechtliche Wirkung spricht der Kontrahierungszwang der GEMA, da § 11 Abs 1 WahrnG ansonsten umgangen würde.[214] Fraglich ist daneben, ob sich der Vorbehalt der Einwilligung nur auf das urheberpersönlichkeitsrechtlich fundierte „Filmherstellungsrecht" bezieht.[215] Es zeigt sich, dass die schwer greifbare Ausnahmevorschrift für erhebliche Rechtsunsicherheit im Bereich der Fernsehproduktion sorgt. Die Regelung des § 1i Abs 3 S 2 GEMA-BV ist unter dem Gesichtspunkt des Kontrahierungszwanges und dem Funktionsinteresse der GEMA nicht haltbar.

**91**

(3) **Senderprivileg.** Fernsehanstalten iSd § **1i Abs 3 GEMA-BV** sollen nur **inländische Sendeanstalten** sein.[216] Andere wiederum lassen auch **ausländische Sendeanstalten** unter das Senderprivileg des § 1i Abs 3 GEMA-BV fallen.[217] Vom **Wortlaut** sind beide Deutungsalternativen zulässig. Würde § 1i Abs 3 GEMA-BV einen sinnvollen Schutz des Urheberpersönlichkeitsrechts beinhalten, wäre es zu unterstützen, das Senderprivileg solchen Sendeanstalten vorzubehalten, die wegen § 41 Abs 1 RStV Urhe-

**92**

---

208 OLG München ZUM 2003, 235, 237.
209 *Ventroni* 224 ff, 232.
210 *Kreile/Becker/Riesenhuber/Staudt* Kap 10 Rn 265.
211 So OLG München ZUM 2003, 235; vgl OLG Hamburg ZUM 1992, 303 ff.
212 Dafür LG Hamburg ZUM-RD 1997, 256 ff; *Poll* ZUM 2003, 237, 238.

213 So OLG Hamburg, ZUM 1992, 303 ff – „Piccolo Bolero"; zum Ganzen *Ventroni* 243 ff.
214 *Poll* ZUM 2003, 237, 238.
215 *Poll* ZUM 2003, 237, 238.
216 *Moser* Musik im Film 53, 75; *Moser* ZUM Sonderheft 1996, 1025, 1027.
217 *Ventroni* 235.

berpersönlichkeitsrechte zu beachten haben. Da jedoch die Regelung des § 1i Abs 3 GEMA-BV ohnehin nicht geeignet ist, verlässliche Abgrenzungskriterien zu geben, erscheint eine Beschränkung des § 1i Abs 3 GEMA-BV auf inländische Sender[218] nicht gerechtfertigt.[219]

**93**  (4) **Abgrenzungsvereinbarung.** Nicht vom Senderprivileg umfasst sind **Bühnenaufführungen dramatisch-musikalischer Werke**. Um für die Sendung von Teilen oder Ausschnitten aus Werken des „Großen Rechts" den Zugriff auf das Filmherstellungsrecht zu erleichtern, wurde zwischen der GEMA und den Rundfunkanstalten die sog „Abgrenzungsvereinbarung" getroffen.[220] Betrachtet man die Regelung der Abgrenzungsvereinbarung, wird der Wahrnehmungsumfang der GEMA noch weiter verschleiert, da sich in der Abgrenzungsvereinbarung viele auslegungsbedürftige Begriffe befinden. So bestimmt die Abgrenzungsvereinbarung bspw, dass das szenische Geschehen des ganzen Werks nicht in seinen wesentlichen Zügen dargeboten werden darf oder das fernseheigene Choreographien konzertanter Werke gezeigt werden dürfen. Die Abgrenzungsvereinbarung nennt weder, was unter wesentlichen Zügen eines Werkes gemeint ist, noch wie der Begriff „fernseheigene Choreographie konzertanter Werke" zu verstehen ist.

**94**  d) **Musik und Bühne – Großes oder Kleines Recht?** Neben der Nutzung im Film, werden Musikwerke im Rahmen von **Bühnenwerken** genutzt.[221] Durch die Inbezugnahme des musikalischen Werkes zu der auf der Bühne dargebotenen visuellen Begebenheit sind neben dem Recht aus § 19 Abs 2 UrhG regelmäßig das **Bearbeitungsrecht nach** § 23 UrhG und die **urheberpersönlichkeitsrechtlichen Änderungsbefugnisse** iSd § 14 UrhG berührt.[222] Es handelt sich bei der Benutzung eines Musikwerkes im Rahmen eines Bühnenwerkes um eine eigene Nutzungsart iSd § 31 UrhG.[223] Werkaufführungen in der **Privatsphäre** berühren weder das Aufführungs- noch das Bearbeitungsrecht.[224] In der Regel wird zwischen den wenig hilfreichen Begriffen „kleines und großes Recht" unterschieden, wenn es um die Frage geht, ob die GEMA die Verwendung von Musik im Rahmen von Bühnenwerken lizenziert („kleines Recht") oder der Urheber, bzw der Verlag selbst.

**95**  Ausgangspunkt ist zunächst § 1a GEMA-BV. Nach § **1a GEMA-BV** überträgt der Berechtigte der GEMA das Recht der Aufführung an Werken der Tonkunst. Unter Aufführungsrecht iSd § 1a GEMA-BV ist nicht nur das **Musikwerk ohne Text** zu verstehen, sondern auch ein **textiertes Musikwerk**.[225] Davon nicht umfasst ist das Recht zur „**Neutextierung**" eines Musikwerkes.[226]

---

[218] Gerade bei bestehenden und zu erwartenden Senderfusionen ist es ohnehin fraglich, was unter inländischen Sendern zu verstehen ist.
[219] Eine Unterscheidung ist auch nur schwer mit europäischem Recht zu vereinbaren.
[220] *Brandhorst* 136, 138; der Text der Abgrenzungsvereinbarung ist teilweise in dem GEMA-Jahrbuch abgedruckt.
[221] Bühnenwerke sind keine besondere Werkart, sondern entweder als dramatische Werke reine Sprachwerke iSd § 2 Abs 1 Nr 1 UrhG (zB Schauspiele), choreografische Werke

nach § 2 Abs 1 Nr 3 UrhG oder Werkverbindungen iSd § 9 UrhG, bei denen die verbundenen Werke verschiedenen Werkkategorien angehören; vgl Schricker/Loewenheim/*Loewenheim* § 2 UrhG Rn 95.
[222] *Schunke* 76, 112.
[223] *Schunke* 138.
[224] Kreile/Becker/Riesenhuber/*Staudt* Kap 10 Rn 49.
[225] Kreile/Becker/Riesenhuber/*Staudt* Kap 10 Rn 1.
[226] *Staats* 89 ff.

Sebastian Schunke

§ 1a GEMA-BV schließt den Wahrnehmungsumfang für die **bühnenmäßige Auf-** **96**
**führung dramatisch musikalischer** Werke in § 1a GEMA-BV aus. Dem Begriff der
**bühnenmäßigen Aufführung** kommt dieselbe Bedeutung zu, wie dem der bühnenmäßigen Darstellung des § **19 Abs 2, 2. Var. UrhG.**[227] Danach liegt eine bühnenmäßige Aufführung jedenfalls in den Fällen vor, in denen das (Musik)-Werk **durch ein**
**für das Auge oder Ohr bewegtes Spiel im Raum** dargeboten wird.[228]

Nach Auffassung des BGH[229] liegt bei **Eisrevuen**, in denen die Musikstücke sowie **97**
die gesungenen Schlagerlieder zur Begleitung von Eislaufdarbietungen gespielt werden, **keine bühnenmäßige Aufführung** der Musikwerke vor, sofern sich die allgemeine
Handlungsführung der Operetten nicht erkennen lasse, sondern willkürlich zur Begleitung der Tänzer zusammengestellt wurden. Eine ähnliche Kostümierung der Tänzer reiche nicht aus.[230] In diesen Fällen wäre damit die GEMA für die Lizenzierung
zuständig. In der Entscheidung „**Musical Gala**" vertritt der BGH[231] die Auffassung,
dass sich aus § 1a Abs 1 GEMA-BV kein gänzlicher Ausschluss des bühnenmäßigen
Aufführungsrechtes iSd § 19 Abs 2 UrhG schließen lässt: „*Gerade Musikwerke kön-*
*nen in Bühnenaufführungen in verschiedenster Weise so integriert werden, dass sie bei*
*diesen Aufführungen auch selbst als bühnenmäßig aufgeführt anzusehen sind, ohne*
*selbst als dramatisch-musikalische Werke angelegt zu sein.*"[232] Eine Rechtswahrnehmung durch die GEMA sei in diesen Fällen zu bejahen.[233] Der BGH nannte als Beispiel, wenn ein Schlager als integrierender Bestandteil einer Bühnenaufführung wiedergegeben würde. Obwohl dieser Schlager bühnenmäßig aufgeführt würde, würde es
sich nach Auffassung des BGH nicht um ein dramatisch-musikalisches Werk handeln,
da der Schlager nicht geeignet sei „*in Szene gesetzt zu werden*", da er kein geschlosse-
nes, dramatisch angelegtes Geschehen vermittele.[234]

Das Unterscheidungskriterium der **objektiven Eignung des in Szene gesetzt werdens** **98**
ist ungeeignet. Die Vorgänge sollten aus urheberpersönlichkeitsrechtlichen Schutz-
gesichtspunkten aus dem Wahrnehmungsumfang der GEMA herausgenommen werden.[235] Bei dem Aneinanderreihen verschiedener Musikwerke, wird im Zusammenhang mit einer Aufführung eine Verbindung zu anderen Komponisten, wie auch zu
dem szenischen Geschehen hergestellt, die Einfluss auf den geistig-ästhetischen Ausdruck des Musikwerks hat. Dadurch erfolgt regelmäßig eine Zweckentfremdung, die
einen Eingriff in das Bearbeitungsrecht und das Urheberpersönlichkeitsrecht mit sich
bringt. Dies erfolgt unabhängig von der Frage, ob eine objektive Eignung zur in Szene
Setzung gegeben ist.

---

[227] So auch BGH ZUM 2000, 234, 237 – Musical-Gala; OLG Braunschweig ZUM 1989, 134 ff – Die Ideal-Operette.
[228] BGH ZUM 2000, 234, 237 – Musical-Gala; BGH GRUR 1960, 604, 605 – Eisrevue I; Wandtke/Bullinger/*Ehrhardt* § 19 UrhG Rn 16.
[229] BGH GRUR 1960, 604, 605 – Eisrevue I.
[230] BGH GRUR 1960, 604, 605 – Eisrevue I; ebenso *von Have/Eickmeier* ZUM 1995, 321, 322.
[231] BGH ZUM 2000, 234, 236 – Musical-Gala, auch abgedruckt in BGH GRUR 2000, 228 – Musical Gala.

[232] BGH ZUM 2000, 234, 236 – Musical-Gala.
[233] BGH ZUM 2000, 234, 237 – Musical-Gala; eine andere Auffassung vertrat der BGH noch in BGH GRUR 1962, 256, 257 – Im weißen Rößl; ebenso LG Hamburg ZUM 1996, 980, 981.
[234] BGH GRUR 2000, 228, 230 – Musical-Gala; dem zust Becker/Kreile/Riesenhuber/*Staudt* Kap 10 Rn 62, 63; vgl zum Ganzen *Schunke* 209 ff.
[235] *Schunke* 212.

**99**     Der **Ausschluss** der GEMA-Wahrnehmung bezieht sich gem § 1a GEMA-BV auf bühnenmäßige Aufführungen dramatisch-musikalischer Werke, **sei es vollständig, als Querschnitt oder in größeren Teilen.** Der GEMA-BV gibt keine eindeutige Definition der Begriffe „vollständig, als Querschnitt oder in größeren Teilen", was die Grauzone des Wahrnehmungsumfangs der GEMA vergrößert. Mangels einer genauen Definition bleibt es augenscheinlich im Dunkeln, in welchen Fällen der Verbindung von Musik mit szenischer Kunst die Wahrnehmungsbefugnis der GEMA eingreift oder individuell von den Urhebern bzw. Verlagen vorgenommen wird.[236]

**100**     Zur **Abgrenzung** von kleinen dem Wahrnehmungsumfang der GEMA zuzurechnenden Bereichen und großen **Werkteilen** schließt die GEMA **Abgrenzungsvereinbarungen** mit den Rundfunk- und Sendeanstalten ab.[237] Diesen Abgrenzungsvereinbarungen können aber nur Indizwirkungen zukommen, da grundsätzlich auf die ursprüngliche Rechtseinräumung zwischen Urhebern und GEMA abzustellen ist, um zu prüfen, welche Rechte die GEMA Dritten gegenüber und damit auch gegenüber Sendeanstalten wahrnehmen kann.[238]

**101**     Zum Teil wird argumentiert, dass der **Wortlaut** dafür spräche, dass die GEMA die Rechte an kleineren Teilen von dramatisch-musikalischen Werken wahrnimmt.[239] Dies ergäbe sich aus § 31 Abs 5 UrhG, da eine Kontrolle durch den Einzelnen nur schwer möglich sei. Die dabei betroffenen Urheberpersönlichkeitsrechte würden bei einer identischen Teilwerknutzung die Wahrnehmung durch die GEMA nicht hindern.[240] Fazit ist, dass aufgrund der vielen nicht genau definierten Begrifflichkeiten im Rahmen der Ausschlussklausel der Wahrnehmungsumfang der GEMA nicht eindeutig ist und damit nicht überzeugt. Eine Wahrung urheberpersönlichkeitsrechtlicher Belange wird dadurch nicht erreicht. Diese Unsicherheit in der Abgrenzung der Wahrnehmungskompetenzen von GEMA und Verlag wird durch die Regel des § **1a Abs 2 GEMA-BV** noch verstärkt.[241]

**102**     e) **Musik im Rahmen von großen Sport- und Politikveranstaltungen oder als Hintergrundmusik.** Die Nutzung von Musik als Hintergrund in **Telefonwarteschleifen** oder bei **Großveranstaltungen** wird im Unterschied zur Nutzung als Werbung im GEMA-BV nicht gesondert geregelt. Diese Ungleichbehandlung ist aus rechtlicher Sicht nicht nachvollziehbar. Die Nutzungshandlungen fallen demnach unter die **allgemeinen Vorschriften des § 1a, b, h GEMA-BV** je nachdem, ob die Musik im Rahmen der Nutzung Live gespielt, gesendet oder aber vom Tonträger abgespielt wird.[242] Das **Bearbeitungsrecht** wird in beiden Vorschriften nicht explizit bei der Einräumung genannt. Um eine wirksame Rechtseinräumung zu erreichen, ist gem §§ 133, 157 BGB iVm § 31 Abs 5 UrhG von einer umfangreichen Rechtseinräumung an die GEMA auszugehen.[243]

---

**236** Vgl *Russ* ZUM 1995, 32, 33.
**237** OLG Hamburg GRUR 1991, 599, 600 – „Rundfunkwerbung".
**238** OLG Hamburg GRUR 1991, 599, 600 – „Rundfunkwerbung" zur Frage, ob Abgrenzungsvereinbarung der GEMA mit Dritten bei der Vertragsauslegung mit herangezogen werden können.
**239** *Staats* ZUM 2005, 789, 791 in Bezug auf das Chorstück „O Fortuna" aus der szenischen Kantate „Carmina Burana".
**240** *Staats* ZUM 2005, 789, 791; *Russ* ZUM 1995, 32, 33.
**241** Vgl dazu *Schunke* 214 ff.
**242** Vgl Kreile/Becker/Riesenhuber/*Staudt* Kap 10 Rn 80.
**243** S Rn 58 ff.

Bei der Benutzung von Tonträgereinspielungen in **Telefonwarteschleifen** gilt der **103**
Tarif W-T 2.[244] Aus den allgemeinen Bestimmungen folgt, dass die GEMA die Rechte
überträgt, die ihr zustehen. Dazu zählen die im Rahmen der Verwendung in einer
Telefonwarteschleife betroffenen Nutzungsrechte einschließlich der Bearbeitungsrechte
und urheberpersönlichkeitsrechtlicher Änderungsbefugnisse. Zweifelhaft ist aber, ob
die Tarifhöhe tatsächlich diesen Tatumstand mit berücksichtigt.

Wird Musik als **Hintergrund in Veranstaltungsräumen** eingesetzt, gilt der allgemeine **104**
Vergütungssatz des **Tarif M-U**. Bei bestimmten Veranstaltungen gelten besondere Vergütungssätze des **Tarif M-U**.[245] Wie bei dem Tarif W-T erfolgt keine explizite Auseinandersetzung zur Frage der Einräumung des Bearbeitungsrechts und der damit verbundenen urheberpersönlichkeitsrechtlichen Änderungsbefugnisse. Wegen des Grund-
gedankens der umfänglichen Rechtseinräumung an die GEMA, folgt aber aus § 31
Abs 5 UrhG, dass bei der Verwendung von Musik als Hintergrund, bei Großveranstaltungen oder bei Telefonwarteschleifen alle notwendigen Nutzungsrechte einschließlich
des Bearbeitungsrechts umfänglich durch die GEMA eingeräumt werden.

f) **Musik und Werbung.** Die Nutzung von Musikwerken innerhalb der Werbung **105**
wird in § **1k GEMA-BV** erwähnt.

Ähnlich wie bei der Klingeltonnutzung verfolgen die GEMA und Verlage bei der
Nutzung von GEMA-Musik im Bereich der Werbung ein **zweistufiges Lizenzsystem**.
Nach § 1k Abs 1 des Berechtigungsvertrages soll die Befugnis, die Einwilligung zur
Benutzung eines Werks zur Herstellung von Werbespots der Werbung betreibenden
Wirtschaft zu erteilen, dem Berechtigten vorbehalten bleiben. Die Herausnahme soll
sich aber nur auf die Einwilligung der Verwendung der Musik zu Werbezwecken und
damit der bearbeitungsrechtlichen und urheberpersönlichkeitsrechtlichen Komponente
der Nutzungsart beziehen.[246] Die sonstigen betroffenen Nutzungsrechte wie bspw das
**Recht der öffentlichen Zugänglichmachung nach** § **19a UrhG**, sofern der Werbespot
im Internet dargeboten wird, sollen bei der GEMA verbleiben. Die Folge ist ein **doppeltes Lizenzierungssystem**. Damit fragt sich, ob § 1k der Berechtigungsverträge in
den Versionen **bis** März 2010 einen wirksamen Einwilligungsvorbehalt des Urhebers
bezüglich der Herstellung von Werbespots zugunsten des Urhebers bzw. des Verlages
enthält.[247] Zunächst stellt sich die Frage, ob durch diesen Einwilligungsvorbehalt
überhaupt eine teilweise Rechtseinräumung an die GEMA wirksam vereinbart wurde.
Der BGH hat dieses verneint.[248] Der BGH führt aus, dass selbst eine stillschweigende
Rechtseinräumung an die GEMA bezüglich der Verwertung eines hergestellten Werbespots nicht aus einem Umkehrschluss aus dem Einwilligungsvorbehalt zugunsten der
Urheber bezüglich der Herstellung eines Werbespots geschlossen werden kann.[249]
Wendet man die zivilrechtlichen Auslegungsgrundsätze der §§ 133, 157 BGB und insb
die Zweckübertragungsregel des § 31 Abs 5 UrhG an, so ist die Argumentation des
BGH nachzuvollziehen, da die einzelnen Nutzungsarten grundsätzlich ausdrücklich

---

**244** Abrufbar unter www.gema.de; vgl
Kreile/Becker/Riesenhuber/*Staudt* Kap 10
Rn 80.
**245** Abrufbar unter www.gema.de.
**246** So auch OLG München ZUM 2007, 60, 63.
**247** Vgl Kreile/Becker/Riesenhuber/*Staudt*
Kap 10 Rn 282; *Schunke* 216 ff.

**248** BGH GRUR 2010, 62 ff – Nutzung von
Musik für Werbezwecke; vgl zum Ganzen
Wandtke/*Schunke* Urheberrecht 5. Kap Rn 34.
**249** BGH GRUR 2010, 62, 64 – Nutzung von
Musik für Werbezwecke.

benannt werden müssen.[250] Die Entscheidung ist von weitreichender praktischer Bedeutung, da dadurch die Lizenzierung der GEMA der letzten Jahre im Bereich der Werbung in vielen Fällen unzulässig war.[251] Die GEMA probiert nunmehr mit einer Änderung des Berechtigungsvertrages die Zweistufigkeit des Lizenzsystems im Bereich der Werbung herzustellen. In diesem Zusammenhang muss jedoch untersucht werden, ob ein solcher von der GEMA vorgesehener Vorbehalt rechtlich überhaupt zulässig ist. Eine zulässige ausschließliche Wirkung käme einem solchen Vorbehalt nur zu, wenn die Herstellung von Werbespots eine von den darauffolgenden Verwertungen abgrenzbare Nutzungsart iSd § 31 UrhG wäre.[252] Dass die Herstellung eines Werbespots eine technisch und wirtschaftlich eigenständige Verwendungsform des Werkes in Abgrenzung zu der anschließenden Verwertung umfasst, wird zu Recht kritisiert, wie auch die ausschließliche Wirkung des Vorbehalts.[253] Der BGH ist insoweit nicht eindeutig.[254] Meines Erachtens geht der BGH davon aus, dass die Verwendung von Musik in der Werbung insgesamt als **eigenständige Nutzungsart** anzusehen sei, es sich damit bei der Herstellung und der anschließenden Verwertung nicht um zwei voneinander zu trennende Nutzungsarten handele.[255] Gegen die Aufspaltung des einheitlichen Vorgangs der Verwertung von Musik zu Werbezwecken in zwei Nutzungsarten spricht, dass der Berechtigte bei der Einwilligung in die Herstellung des Werbespots immer auch die Verwertung gleichzeitig mit im Blick hat. Im Ergebnis wäre eine Aufspaltung der Verwertung bei der Nutzung von Musik im Rahmen der Werbung nur aus urheberpersönlichkeitsrechtlicher Sicht zu rechtfertigen. Als Grund für die gesonderte Behandlung der Benutzung von Werken der Musik zur Herstellung von Werbespots werden neben **wirtschaftliche Interessen** der Berechtigten auch **urheberpersönlichkeitsrechtliche Interessen der Urheber** genannt.[256]

**106**      Die Begründung der Notwendigkeit einer gesonderten Einwilligung wegen urheberpersönlichkeitsrechtlicher Interessen bei der Nutzung von Musik zu Werbezwecken ist jedoch nicht stichhaltig, da die **GEMA befugt ist urheberpersönlichkeitsrechtliche Änderungsbefugnisse wahrzunehmen** und dieses bereits bei anderen Nutzungsarten durchführt.[257] Im Übrigen dient § 1 k in erster Linie einem zusätzlichen Vergütungsinteresse des Urhebers bzw der Verlage. Die Aufspaltung erscheint darüber hinaus aus Gründen der Rechtssicherheit und der Verpflichtung aus § 11 WahrnG äußerst zweifelhaft.[258] Daneben stellen sich wie bei jeder Ausnahmeregelung **Grenzfragen**, die zu Rechtsunsicherheiten bei der Rechtseinräumung zwischen Verlagen und GEMA füh-

---

**250** BGH GRUR 2010, 62, 64 – Nutzung von Musik für Werbezwecke. Die Auffassung des BGHs mit dem Argument widerlegen zu wollen, es handele sich doch insoweit um eine etablierte Praxis, der der BGH nicht als Marktregulierer begegnen dürfe, ist mit den vom BGH zu beachtenden Auslegungskriterien nicht vereinbar und entbehrt jeglicher rechtlichen Grundlage. Es handelt sich um eine sehr bedenkliche Rechtsauffassung, so aber *Riesenhuber* ZUM 2010, 137, 142.

**251** Daraus ergeben sich zahlreiche Folgeprobleme der möglichen Rückabwicklung der vollzogenen Lizenzierung.

**252** So wohl OLG Hamburg GRUR 1991, 599, 560 – The Think Panther Theme; aA *Poll* WRP 2008, 1170, 1172 f.

**253** *Poll* WRP 2008, 1170, 1172; *Staats* 128; aA *Riesenhuber* ZUM 2010, 137, 142.

**254** Vgl dazu *Riesenhuber* ZUM 2010, 137, 138.

**255** BGH GRUR 2010, 62, 63, zu beachten ist aber, dass der BGH die Zweistufigkeit bei eindeutiger Formulierung mit dinglicher Wirkung zumindest bei der Klingeltonnutzung für zulässig erachtet, vgl BGH MMR 2010, 769, 771 – Klingeltöne für Mobiltelefone, vgl Rn 63.

**256** Vgl OLG München ZUM 2007, 60, 64; Kreile/Becker/Riesenhuber/*Staudt* Kap 10 Rn 282.

**257** *Schunke* 230 ff.

**258** S Rn 123 ff.

Sebastian Schunke

ren und letztendlich auf Kosten der Urheber und Nutzer gehen. Eine einheitliche Lizenzierung durch die GEMA wäre rechtlich eindeutig und praktisch möglich und bei Erhöhung der entsprechenden Tarife auch angemessen.[259]

Das **OLG München**[260] hatte einen Fall zu entscheiden, in dem das Chorstück „O Fortuna" für einen **Filmtrailer im Fernsehen** verwendet wurde. Die Musik erklingt nur in dem Trailer, nicht jedoch in dem beworbenen Film. Das OLG vertrat die Ansicht, dass es sich nicht um einen Fall des **§ 1i Abs 3 GEMA-BV** handelte, sondern **§ 1k GEMA-BV** einschlägig sei und damit eine gesonderte Einwilligung des Urhebers erforderlich gewesen wäre.[261] Hier zeigen sich die Abgrenzungsschwierigkeiten zweier Ausnahmevorschriften des GEMA-BV. § 1k GEMA-BV soll das Urheberpersönlichkeitsrecht schützen. Dieses soll nun aber gerade durch die Fernsehanstalten gewährleistet werden, so dass es gem § 1i Abs 3 GEMA-BV keiner gesonderten Einwilligung der Urheber bedarf.[262] Warum nun ausgerechnet bei einem Musikwerk im Rahmen eines Trailers die Fernsehanstalten die Wahrung urheberpersönlichkeitsrechtliche Befugnisse nicht genauso gewährleisten können wie bei Spielfilmen, vermag nicht einzuleuchten.[263]

**107**

Hält man sich aber an den **Wortlaut von § 1k GEMA-BV**, so ist die Auslegung des OLG München nicht fernliegend, da man einen „Trailer" in der Tat unter den Begriff „Werbespot" subsumieren kann.[264] Dieser Zuordnung ist aber aus teleologischer Sicht mit Bedenken zu begegnen, da der Rechtswahrnehmung über § 1i Abs 3 GEMA-BV zur Genüge Rechnung getragen wird. Verfolgt man die Argumentation der Rechtsprechung konsequent, würde daraus folgen, dass bei allen Filmtrailern eine gesonderte Einwilligung des Urhebers erforderlich ist. Dieses kann durch die Fernsehanstalten nur schwer durchgeführt werden.[265]

**108**

## V. Die GVL im medialen Zeitalter

### 1. Wesen und Funktion

Die Gesellschaft zur Verwertung von Leistungsschutzrechten mbH (GVL) nimmt die Rechte der **ausübenden Künstler** und **Tonträgerhersteller** wahr. Zur Übertragung der Nutzungsrechte schließen die Berechtigten mit der GVL einen **Wahrnehmungsvertrag** ab.[266] Im Gegensatz zum Berechtigungsvertrag der GEMA ist die Rechtseinräumung der GVL beschränkt. Zur Beschreibung des Umfangs der Rechtswahrnehmung wird überwiegend darauf hingewiesen, dass die GVL nicht die Erstverwertungsrechte der ausübenden Künstler und Tonträgerhersteller wahrnimmt.[267] Insofern sind die Berechtigten von der Verwertungsgesellschaft unabhängig. Ihnen stehen selbständig die Ausschließlichkeitsrechte zu. Erst- und Zweitverwertungsrechte sind jedoch keine feststehenden Rechtsbegriffe und führen deshalb oft zu Verwirrung.

**109**

**259** Vgl *Schunke* 230 ff.
**260** OLG München NJW 1998, 1413.
**261** OLG München NJW 1998, 1413, 1414.
**262** *Schunke* 205 ff; s Rn 84 ff.
**263** *Schunke* 216 ff.
**264** Vgl ausf zur Subsumtion unter § 1k OLG München NJW 1998, 1413, 1414 ff.

**265** *Schunke* 218.
**266** S dazu Rn 35.
**267** Moser/Scheuermann/*Dünnwald/Gerlach* 708, 709.

### 2. Der Wahrnehmungsvertrag der GVL – Tätigkeitsfeld der GVL

**110**     Der Künstler überträgt der GVL das Recht aus § **77 Abs 1 UrhG,** dh das Recht seine Darbietung auf Bild- oder Tonträger aufzunehmen. Ebenso überträgt er das Recht seine Darbietung öffentlich zugänglich zu machen (§ 78 Abs 1 Nr 1 iVm § 19a UrhG), seine Darbietung zu senden (§ 78 Abs 1 Nr 2 UrhG), seine Darbietung außerhalb des Raumes, in dem sie stattfindet, durch Bildschirm, Lautsprecher oder ähnliche technische Einrichtungen öffentlich wahrnehmbar zu machen (§ 78 Abs 1 Nr 3 UrhG). Diese im Allgemeinen als **Erstverwertungsrecht** bezeichnete Befugnis kann der ausübende Künstler daneben selbständig ausüben und tut dieses im Regelfall auch.

**111**     Für den Bereich der **Zweit- und Drittverwertung** stellt das Urheberrechtsgesetz den Künstlern und Tonträgerherstellern **keine Verbotsrechte** sondern einen Anspruch auf angemessene Vergütung zur Verfügung.[268] Diese Vergütungsansprüche werden von der GVL treuhänderisch wahrgenommen. Darunter fällt vor allem der Vergütungsanspruch für das **Recht seine erlaubterweise auf einen Tonträger aufgenommene Darbietung zu senden** (§ 78 Abs 1 UrhG iVm § 78 Abs 2 Nr 1 UrhG – Tonträgersendung; vgl Abs 1 Nr 2a) des Wahrnehmungsvertrages), **das Recht die Darbietung mittels Bild- oder Tonträger öffentlich wahrnehmbar zu machen** (§ 78 Abs 2 Nr 2 UrhG; Abs 2 Nr 2b Wahrnehmungsvertrag) und **das Recht die Sendung oder die auf öffentlicher Zugänglichmachung beruhende Wiedergabe der Darbietung öffentlich wahrnehmbar zu machen** (§ 78 Abs 2 Nr 3 UrhG; Abs 2 Nr 2c Wahrnehmungsvertrag). Bei der Tonträgersendung wird von den Fernsehanstalten ein prozentualer Anteil an den Rundfunkgebühren und Werbeeinnahmen direkt an die GVL bezahlt.[269]

### 3. Das Verteilungsprinzip

**112**     Die **Bemessungsgrundlage** für die Ausschüttungen des **Künstlers,** ist der Verdienst aus den Einnahmen aus der Erstverwertung seiner Rechte. Dieses kann zu einer Schieflage in der **Verteilungsgerechtigkeit** führen und ist mit dem Prinzip der angemessenen Vergütung des § 11 UrhG und § 32 UrhG, wie auch der Eigentumsgarantie aus Art 14 GG nur schwer vereinbar. Es ist nicht ersichtlich, wieso sich der Wert der Zweitverwertung eines Werkes nach den Verhandlungsfähigkeiten des Künstlers oder dessen Managements bei der Tonträgereinspielung richten soll. Gerade bei Platten in Nischenbereichen wie dem Jazz, die oft über Jahre hinweg im Radio gespielt werden, führt diese Verteilung zu nicht hinnehmbaren Einschnitten in die Eigentumsgarantie des Art 14 GG.[270] Die Verteilungsansprüche für **Tonträgerhersteller** berechnen sich nach Sendeminuten. Die Funkanstalten listen alle gespielten Platten auf. Die GVL hat sich nunmehr entschieden, das bestehende Verteilungsprinzip für ausübende Künstler zu ändern. Es soll nunmehr genau erfasst werden, wann eine Zweitverwertung stattgefunden hat. Die Erfassung erfolgt über die Internetseite www. artsys.gvl.de.

---

**268** Moser/Scheuermann/*Dünnwald/Gerlach* 708, 710.
**269** Moser/Scheuermann/*Dünnwald/Gerlach* 708, 710.

**270** Wandtke/*Schunke* Urheberrecht 6. Kap Rn 22.

# § 2
# Das Musikwerk als Teil des globalisierten Medienzeitalters

Nach allgemeiner Auffassung liegt ein **Musikwerk iSd § 2 Abs 1 Nr 2 UrhG** vor, **113**
sofern Töne als Ausdrucksmittel benutzt werden, wobei es unerheblich ist, auf welche
Weise der Ton erzeugt wird.[271] Diese Definition greift zu kurz. Geräusche oder Klänge,
sei es elektronischer oder natürlicher Art müssen auch als Gestaltungsmittel eines
Musikwerkes iSd § 2 Abs 1 Nr 2 UrhG zugelassen werden.[272] Ein Musikwerk im
Sinne des UrhG muss dem Merkmal der **persönlich geistigen Schöpfung** nach § 2 Abs 2
UrhG genügen. Das Verwenden von technischen Hilfsmitteln wie Computern, Programmen, Synthesizern oder Effektgeräten schließt die Zurechnung eines Werkes zu
der menschlich gestalterischen Tätigkeit eines Urhebers nicht aus.[273] Einer Festlegung
des Werkes in Notenform bedarf es nicht, so dass auch improvisierte Musik in den
Schutzbereich des UrhG fällt.[274]

## I. Jingles und Erkennungsmelodien –
## Abkehr vom Prinzip der kleinen Münze

Zunehmend von Bedeutung im Gebrauch von Musik sind **Werbejingles** und **Erken-** **114**
**nungsmelodien**. Die Firmen benutzen die psychologische Komponente der Musik, um
den Wiedererkennungseffekt für ein Produkt zu steigern. Typische Beispiele wären
Melodien für die „Merci"-Werbung, die Tagesschau oder den Sat1 Sender. Gemeint
sind Jingles und Erkennungsmelodien, deren Kürze und einfache musikalische Struktur. Es stellt sich regelmäßig die Frage nach der **Urheberrechtsschutzfähigkeit** eines
solchen musikalischen Elementes. Voraussetzung einer persönlich geistigen Schöpfung
nach § 2 Abs 2 UrhG ist unter anderem die ausreichende **Individualität**.[275] Durch das
Merkmal der Individualität bzw der schöpferischen Eigentümlichkeit unterscheidet
sich das urheberrechtlich geschützte Werk von der nicht geschützten Masse des Alltäglichen, des Banalen bzw der sich im üblichen Rahmen haltenden Erzeugnisse.[276] Die
Beurteilung der schöpferischen Eigentümlichkeit eines Musikwerkes wird durch das
durch die Rechtsprechung entwickelte **Prinzip der kleinen Münze** entscheidend beeinflusst.[277] Danach werden keine zu hohen Anforderungen an die schöpferische
Eigentümlichkeit iSd § 2 Abs 2 UrhG gestellt, so dass einfache geistige Leistungen in
den Schutzbereich des Urheberrechts fallen können.[278] Wendet man die Grundsätze
der Rechtsprechung auf Jingles und Erkennungsmelodien an, wäre in den überwiegenden Fällen eine schützensfähige Zuordnung unter § 2 Abs 1 Nr 2 UrhG iVm § 2 Abs 2
UrhG zu bejahen. Dem ist jedoch entschieden zu widersprechen. Gerade kurze Jingles

---

**271** Schricker/Loewenheim/*Loewenheim* § 2
UrhG Rn 118; Wandtke/Bullinger/*Bullinger* § 2
UrhG Rn 68; Dreier/Schulze/*Schulze* § 2 UrhG
Rn 134.
**272** *Schunke* 32; *Brauner* 19; *Hanser-Strecker*
43; *Schack* Rn 215; *Weisthanner* 37.
**273** *Schunke* 33; *Stroh* 16, *Boddien* 43.
**274** Wandtke/*Wöhrn* Urheberrecht 2. Kap
Rn 37 ff; Schwartmann/*Kuck* 737, Rn 70.
**275** Schricker/Loewenheim/*Loewenheim* § 2
UrhG Rn 23; Wandtke/Bullinger/*Bullinger* § 2
UrhG Rn 21, 23; *Pendzich* 149; *Riekert* 51.

**276** *Boddien* 46.
**277** Schricker/Loewenheim/*Loewenheim* § 2
UrhG Rn 121.
**278** BGH GRUR 1988, 812, 814 – Ein bißchen
Frieden; BGH GRUR 1988, 810, 811 – Fantasy;
BGH UFITA 51 (1968) 295, 315 – Haselnuß;
BGH GRUR 1991, 533 – „Brown Girl II";
OLG München ZUM 1989, 309; OLG Mün-
chen ZUM 1992, 202, 203.

und einfache Erkennungsmelodien sollten aus dem Schutzbereich des § 2 Abs 2 UrhG herausgenommen werden und eher einen Schutz durch das Markenrecht oder das Leistungsschutzrecht der Tonträgerhersteller erfahren. Die **Rechtsprechung selbst hat das Prinzip der kleinen Münze eingeschränkt**, lässt aber kein einheitliches Bild erkennen.[279] Ähnliche Sachverhalte werden von verschiedenen Gerichten unterschiedlich behandelt – so dass sich keine verlässliche Auskunft geben lässt, ob nach derzeitiger Rechtslage einfache Melodien und Jingles Schutz nach § 2 Abs 2 UrhG genießen.[280] Allein diese Rechtsunsicherheit gebietet schon eine Abschaffung des Prinzips der kleinen Münze.[281]

## II. Klingeltöne – Unzulässigkeit des doppelten Lizenzsystems

### 1. Einleitung

**115**     Besondere Aufmerksamkeit genießt in Rechtsprechung[282] und Literatur[283] die Klingeltonnutzung von Werken der Musik. Bei der **Klingeltonnutzung** handelt es sich um eine eigenständige Nutzungsart iSd § 31 UrhG.[284] Das Anbieten von Klingeltönen beschert der Musikbranche nennenswerte Erträge in Milliardenhöhe.[285] Bis 2009 werden Steigerungsraten von 37 % jährlich auf € 720,– Mio allein in Deutschland prognostiziert.[286] Entsprechend wird um die Verteilung der Einnahmen gekämpft. An dem Verteilungskampf beteiligt sind die **GEMA**, die **Musikverlage**, die **Klingeltonanbieter** und die **Urheber**.[287] Die Nutzer von Klingeltönen sollen Gebühren an die **GEMA** abführen. Zugleich wird eine gesonderte Lizenz von den jeweiligen Urhebern bzw den Verlagen erhoben.[288] Die Vergütung bei der GEMA beträgt 15 % der Vergütungsgrundlage, dazu kommt noch ein entsprechend hoher frei verhandelbarer Satz durch die Musikverleger, so dass die Gesamtlizenz bei ca 30 % des Verkaufspreises liegt.[289]

**116**     Unter Klingeltönen sind Imitationen oder Ausschnitte von Musikwerken insb der Popmusik zu verstehen, die sich der Endnutzer auf sein Mobiltelefon herunterladen

---

[279] Vgl BGH GRUR 1991, 533 – Brown Girl II; OLG München ZUM 2002, 306, 308; LG München I ZUM 2003, 245, 246 f; LG München I GRUR-Prax 2010, 445: Danach ist die 20-sekündige Melodie zu dem Werbetext „Ich liebe es" nicht schützenswert.
[280] Vgl OLG München ZUM 1989, 309 das die Schutzfähigkeit eines Schlagerrefrains bejaht, während OLG Hamburg ZUM 1991, 590, 591 einen Schutz einer vergleichbaren musikalischen Passage nach § 2 UrhG versagt.
[281] Ausf insoweit *Schunke* 38 ff.
[282] BGH GRUR 2009, 395 – Klingeltöne für Mobiltelefone; BGH MMR 2010, 769 – Klingeltöne für Mobiltelefone II; LG Hamburg ZUM 2005, 485; LG Hamburg ZUM 2005, 483; OLG Hamburg ZUM 2006, 335; OLG Hamburg ZUM 2008, 438.
[283] *Landfermann* 1, 165 ff; Schricker/Loewenheim/*Dietz* § 14 UrhG Rn 11a, 11c; *Schunke* 19 ff, 79 ff, 219 ff; *Wandtke/Schunke* UFITA

2007/I, 61; Wandtke/Bullinger/*Bullinger* § 14 UrhG Rn 54; Dreier/Schulze/*Schulze* Vor § 31 UrhG Rn 136a; *Poll* MMR 2004, 67 ff; *Hertin* KUR 2004, 101 ff; *von Einem* ZUM 2005, 540 ff; *Castendyk* ZUM 2005, 9 ff; *Poll* ZUM 2006, 379 ff.
[284] So auch OLG Hamburg ZUM 2002, 480, 481; vgl zum Begriff des Nutzungsrechts Wandtke/Bullinger/*Wandtke/Grunert* Vor §§ 31 ff UrhG Rn 17 ff.
[285] *Klees* CR 2005, 626 f; *Wandtke/Schunke* UFITA 2007/I, 61.
[286] *Mankowski* GRUR 2007, 1013.
[287] Zur GEMA-Problematik s oben Rn 63 ff.
[288] *Von Einem* ZUM 2005, 540; *Hertin* KUR 2004, 101, 107; *Wandtke/Schunke* UFITA 2007/I, 61.
[289] Vgl zur GEMA-Problematik Rn 63; sowie *Wandtke/Schunke* UFITA 2007/I, 61; *Hertin* KUR 2004, 101, 107; *Schunke* 19 ff.

kann und die ertönen, wenn der Endnutzer auf seinem „Handy" angerufen wird.[290] Man unterschiedet zwischen der **Real- und Mastertonnutzung**[291] und **polyphone bzw monophone Klingeltonnutzung.**[292] Neben Unternehmen, die sich auf mobile Informations- und Entertainmentdienste spezialisiert haben,[293] bieten auch Mobilfunkanbieter Handyklingeltöne an. Die Musikbranche selbst oder TV-Sender im Rahmen von Musiksendungen[294] haben diesen Markt in jüngster Zeit für sich entdeckt.[295] So werden Handyklingeltöne der Musikunternehmen massiv im Rahmen der Musikkanäle *Viva* und *MTV* beworben.[296] **Klingeltonwerbung** macht inzwischen den Löwenanteil der Werbung auf Musiksendern im Fernsehen und in Jugendzeitschriften aus.[297] Die Zulässigkeit von Klingeltonwerbung steht auf dem wettbewerbsrechtlichen Prüfstand. Der BGH hat sich erstmals mit der Klingeltonwerbung auseinandergesetzt.[298] Die vom BGH konkret zu beurteilende Fallgestaltung, der unzulässigen Werbung mit Minutenpreisen ist heute vom Markt verschwunden und wird durch fixe Downloadpreise ersetzt. Aber auch insofern bestehen Fragen zur Zulässigkeit.[299]

### 2. Betroffene Rechte

Bei der Herstellung des Klingeltons werden Audio-Dateien mit dem Werkausschnitt auf einem Datenträger gespeichert. Dieser Herstellungsvorgang ist eine **Vervielfältigung des Originalwerkes iSd § 16 UrhG**[300], selbst wenn es sich wie bei monophonen oder polyphonen Klingeltönen um eine erstmalige Einspielung des Werkes handelt. Anschließend wird dieses schützenswerte Werkelement auf einem anderen Medium, nämlich sowohl auf dem Server des Anbieters als auch nach der Übermittlung auf dem Datenspeicher des Mobiltelefons des Nutzers festgelegt. Bei beiden Vorgängen handelt es sich um eine Nutzung, die das Vervielfältigungsrecht nach § 16 UrhG betrifft.[301] Eine andere Beurteilung kann sich ergeben, wenn der Nutzer selbst den Handyklingelton herstellt oder auf sein Handy überspielt.[302] **117**

Das Angebot von Klingeltönen zum Download über das Internet berührt **das Recht des öffentlichen Zugänglichmachens nach § 19a UrhG.**[303] Im Falle eines Vertriebs von Handyklingeltönen auf CD-ROM wird das **Verbreitungsrecht iSd § 17 UrhG** tangiert.[304] **118**

Durch das Ertönen des Klingeltones im Moment des Anrufs könnte gleichzeitig das **Aufführungsrecht nach § 19 Abs 2 UrhG** bzw das Recht der Wiedergabe durch Bild- und Tonträger nach § 21 UrhG betroffen sein, sofern es sich um eine öffentliche **119**

---

[290] *Von Einem* ZUM 2005, 540.
[291] *Klees* CR 2005, 626, 627.
[292] Ausf *Schunke* 82 ff; *Wandtke/Schunke* UFITA 2007/I, 61 ff.
[293] *Jamba! GmbH* oder *ZED Germany GmbH.*
[294] ZB RTL bei dem Fernsehformat „*Deutschland sucht den Superstar*".
[295] *Klees* CR 2005, 626, 627.
[296] *Wandtke/Schunke* UFITA 2007/I, 61, 64 f.
[297] *Mankowski* GRUR 2007, 1013.
[298] BGH GRUR 2006, 775 – Werbung für Klingeltöne; ausf dazu *Mankowski* GRUR 2007, 1013 ff.
[299] Vgl dazu *Mankowski* GRUR 2007, 1013, 1014 ff.

[300] *Wandtke/Schunke* UFITA 2007/I, 61, 65; *Landfermann* 87.
[301] Wobei auch der Downloadvorgang in der Regel nicht durch § 53 Abs 1 S 1 UrhG gerechtfertigt sein wird; ebenso OLG Hamburg GRUR 2006, 323.
[302] Vgl grds zu § 53 Abs 1 S 1 UrhG, Wandtke/Bullinger/*Lüft* § 53 UrhG Rn 8–21.
[303] So auch OLG Hamburg GRUR 2006, 323 – Handy-Klingeltöne II und LG Hamburg ZUM 2005, 483, 484 für den Fall des Downloads von einer Website; *von Einem* ZUM 2005, 540, 541; *Landfermann* 88.
[304] Vgl *Hertin* KUR 2004, 101, 103.

Tonwiedergabe handelt. Nach § 15 Abs 3 UrhG ist eine Wiedergabe öffentlich, wenn sie für eine Mehrzahl von Mitgliedern der Öffentlichkeit bestimmt ist.[305] Entscheidende Bedeutung kommt damit der Frage zu, ob die Wiedergabe **für die Öffentlichkeit bestimmt** war.[306] Ergibt sich die Wiedergabe nur zufällig, so ist die Wiedergabe nicht öffentlich.[307]

**120**  Wird eine vollständige Version eines Originalwerkes als Handyklingelton verwendet, in dem der Master lediglich digital kopiert wird, scheidet eine **Bearbeitung iSd § 23 S 1 UrhG** oder eine Beeinträchtigung iSd **§ 14 UrhG aufgrund einer Kürzung** aus. Sowohl § 23 UrhG als auch § 14 UrhG sind **aber aufgrund der Verwendung eines Musikwerkes in einem neuen Kontext** verletzt. Die Verwendung des **Klingeltons als Signalton** stellt gleichfalls eine Bearbeitung nach § 23 UrhG und eine Beeinträchtigung nach § 14 UrhG dar, da das Musikwerk in einem neuen Sinnzusammenhang erscheint. Es entsteht ein neuer geistig-ästhetischer Gesamteindruck des Werkes.[308] Dies gilt jedoch nicht, wenn ein Werk eigens als Klingelton produziert wurde oder dem Komponisten bewusst war, dass sein Werk als Klingelton verwendet wird. In der **Wiedergabe des Werkes durch einen unzureichenden Handylautsprecher** eine Bearbeitung zu sehen, führt in der Regel zu weit, da die Sendung eines Werkes durch verschiedene Lautsprecher mittlerweile dem von dem Urheber intendierten Gebrauch seines Werkes entspricht und somit keine neue geistig ästhetische Darstellungsweise seines Werkes beinhaltet.[309] Einen Eingriff in das Bearbeitungsrecht aus § 23 UrhG oder das Recht aus § 14 UrhG aufgrund eines möglichen **Merchandising-Effektes** durch die Klingeltonnutzung zu sehen ist abzulehnen, da der Signaltoneffekt eindeutig im Vordergrund steht.[310]

**121**  Bei den Handyklingeltönen werden meistens wiedererkennbare Ausschnitte, die Melodie oder der Refrain eines Werkes entnommen. Rechtsprechung und Literatur müssten aufgrund des absoluten Melodieschutzes und des **Prinzips der kleinen Münze** regelmäßig zu einer Bejahung der Schutzvoraussetzungen nach § 2 Abs 2 UrhG kommen.[311] Bei der Verwendung einfacher musikalischer Motive oder bei eigens hergestellten Klingeltönen kann sich jedoch eine andere Wertung ergeben. Einfache Tonfolgen, die eher in Verbindung mit einem grafischen Moment Aufmerksamkeit erregen, fallen aus dem Schutzbereich des § 2 Abs 2 UrhG heraus. Es liegt dann ein Fall der freien Benutzung nach § 24 UrhG vor. Insoweit gewährt das **Leistungsschutzrecht der Tonträgerhersteller** nach § 85 UrhG Schutz, da § 85 UrhG im Gegensatz zu § 23 UrhG nicht an die eigenschöpferische Leistung anknüpft.[312] Daneben gibt das **Markenrecht** auch die Möglichkeit, musikalische Logos zu schützen.[313] Klingeltöne können als **Hörmarke im Sinn der §§ 3 Abs 1, 4 MarkenG** angemeldet und geschützt wer-

---

**305** Zum Öffentlichkeitsbegriff Dreier/Schulze/*Dreier* § 15 UrhG Rn 37 ff.
**306** Dieses wird teilweise bejaht, vgl *Hertin* KUR 2004, 101, 103; *Landfermann* 92, der § 21 UrhG für gegeben hält.
**307** Dreier/Schulze/*Dreier* § 15 UrhG Rn 46; AG Erfurt GRUR-RR 2002, 160.
**308** OLG Hamburg GRUR 2006, 323 – Handy-Klingeltöne II: bejaht zumindest einen Eingriff in § 14 UrhG; OLG Hamburg ZUM 2008, 438, 441; *Hertin* KUR 2004, 101, 105; *Schunke* 81 ff, 113 ff.

**309** So für die Frage des Eingriffs in § 14 UrhG *von Einem* ZUM 2005, 540, 542; OLG Hamburg ZUM 2002, 480, 484.
**310** *Schunke* 114 f; aA OLG Hamburg GRUR 2006, 323 – Handy-Klingeltöne II.
**311** *Von Einem* ZUM 2005, 540, 541; *Hertin* KUR 2004, 101, 103.
**312** Wandtke/Bullinger/*Schaefer* § 85 UrhG Rn 25. Bei den audiovisuellen Klingeltönen kommt statt § 85 UrhG möglicherweise § 94 UrhG zur Anwendung.
**313** Ausf insoweit *Landfermann* 189 ff.

Sebastian Schunke

den.[314] Gerade bei Klingeltönen, die nur aus kurzen signalartigen Elementen bestehen, ist diese Logofunktion gegeben und nicht die einer eigenschöpferischen Leistung iSd § 2 Abs 2 UrhG.[315]

Bei **polyphonen** und **monophonen Klingeltönen** werden die **Stimmenzahlen im Verhältnis zur Originaltonträgeraufnahme reduziert.** Dieses wird teilweise mit einer Bearbeitung der zugrundeliegenden Komposition gleichgesetzt.[316] Bei genauer Betrachtung der urheberrechtlichen Zusammenhänge ist diese Annahme ungenau. Oft werden die Songs in der Popindustrie von Songwritern geschrieben und dann von den Musikverlagen den Tonträgerfirmen angeboten. Die Tonträgerhersteller verwenden diese Kompositionen für die mit ihnen in Vertragsbeziehungen stehenden ausübenden Künstlern wie Madonna oder Shakira. Die Kompositionsvorlage besteht in diesen Fällen nur aus Melodie, Akkordstruktur und Refrain. Der Song bekommt seine endgültige Struktur durch die Mitwirkung des Produzenten und der ausübenden Künstler. Es muss genau darauf geachtet werden, inwiefern der Klingelton von der zugrundeliegenden Komposition und nicht lediglich von dem auf dem Tonträger festgelegten Klangerlebnis abweicht. Sachgemäß ist es jedoch, in der klanglichen Darstellung eines Werkes regelmäßig eine Bearbeitung iSd § 23 S 1 UrhG zu sehen und damit auch jegliche Form der monophonen oder polyphonen Klingeltonverwertung. Denn durch die Aufnahme eines Klingeltones auf einen Tonträger ist nichts anderes als die Interpretation eines Werkes, wodurch ein bestimmter ästhetischer Eindruck des Werkes hervorgerufen wird, eine konkrete Klangfarbe erzeugt wird, die damit eine Bearbeitung darstellt. Die Wertung darf sich insoweit nicht von der Werkinterpretation bei einer Aufführung oder Einspielung eines „normalen" Tonträgers unterscheiden.[317]

**122**

### 3. Unzulässiges doppeltes Lizenzsystem

Derzeit vertreten sowohl die GEMA als auch die Verlage ein zweistufiges Lizenzsystem bei der Klingeltonnutzung.[318] Dieses **doppelte Lizenzsystem** ist nach richtiger Auffassung **unzulässig.**

**123**

Eine **Nutzungsart** kann nur einheitlich mit allen Rechten an einen Lizenznehmer eingeräumt werden. Denn im Falle einer Nutzungsart mit Bearbeitungscharakter wird zumindest – wenn nicht ausdrücklich – von einer stillschweigenden Erlaubnis der damit verbundenen Änderungen ausgegangen. Es können dann auch entstellende Eingriffe von der Vereinbarung gedeckt sein.[319] Insofern kann sehr wohl der GEMA das Änderungsrecht als urheberpersönlichkeitsrechtliche Komponente übertragen werden.[320] Ein zweistufiges Lizenzierungssystem, welches die jeweilige Nutzung für die Verwerter über die Rechtseinräumung durch die GEMA hinaus von dem durch die Urheber selbst zu vergebenen Recht zur Vornahme notwendiger Bearbeitungen abhängig macht, stellt eine rechtsmissbräuchliche Aufspaltung eines einheitlichen Verwertungsvorganges dar.[321] § 31 Abs 1 UrhG bestimmt, dass der Urheber einem anderen das Recht einräumen kann, das Werk auf einzelne oder alle Nutzungsarten zu nutzen. Dadurch wird vom Wortlaut schon ausgeschlossen, dass es dem Urheber er-

**124**

---

**314** *Landfermann* 189.
**315** *Wandte/Schunke* UFITA 2007/I, 61, 74.
**316** So offensichtlich *von Einem* ZUM 2005, 540, 541.
**317** Ausf zu dieser Frage *Schunke* 219 ff, 230 ff.
**318** S oben Rn 65.

**319** Schricker/Loewenheim/*Dietz* § 14 UrhG Rn 11.
**320** So auch Schricker/Loewenheim/*Dietz* § 14 UrhG Rn 11a.
**321** *Poll* MMR 2004, 67, 75; aA OLG Hamburg ZUM 2008, 438, 441, 445.

laubt sein soll, einem Dritten zwar eine Nutzungsart einzuräumen, die erforderlichen Rechte zur Ausübung dieser Nutzungsart sich aber vorzubehalten oder gar einem Dritten einzuräumen. Die dennoch durchgeführte doppelte Lizenzierung beruht auf der Konstruktion eines **dinglichen Vorbehaltes** bzgl des **Bearbeitungsrechts nach § 23 UrhG**. Die Folge des dinglichen Vorbehalts wäre nach §§ 133, 157 BGB iVm § 31 UrhG, dass das Bearbeitungsrecht und die betroffenen urheberpersönlichkeitsrechtlichen Änderungsbefugnisse bei dem Urheber verbleiben, während die sonstigen von der Nutzungshandlung betroffenen Nutzungsrechte durch die GEMA lizenziert würden. Ein solcher dinglicher Vorbehalt ist aufgrund von § 242 BGB schon rechtlich unbedeutend. Es handelt sich um ein **venire contra factum propium**. Alle Beteiligten (ob Komponist, Verleger, GEMA oder der Lizenznehmer) wissen, dass die Komposition für die Klingeltonherstellung bearbeitet werden muss.[322] Eine nachträgliche Ausübung des Abwehrrechts durch den Komponisten bzw den Rechtsinhaber würde dem Grundsatz des § 242 BGB widersprechen.[323] Ein dinglicher Vorbehalt ist damit selbst für den Fall, dass man einen solchen Parteiwillen gem der §§ 133, 157 BGB annimmt, wegen § 242 BGB unzulässig und die Nichteinräumung des Bearbeitungsrechts unwirksam. Die Abrede über die Nutzungsart wiegt damit schwerer, so dass das Bearbeitungsrecht immer mit eingeräumt wird. In Ausnahmefällen kann von einem **Dissenz nach § 154 BGB** ausgegangen werden. Dies gilt jedoch nicht im Verhältnis der GEMA zum Berechtigten, da ansonsten die Konsequenz eine Nichtübertragung der Rechte auf die GEMA wäre, was zu einem noch größeren Nachteil der Musiknutzung führen würde.

**125**  Im Übrigen müsste man zur **Nichtigkeit eines solchen Nutzungsvorbehalts** kommen.[324] Durch einen dinglichen Vorbehalt würde die **Tarifbindung des § 13 WahrnG** umgangen. Das hätte eine Nichtigkeit nach § 134 BGB iVm § 13 WahrnG zur Folge. Ein Verstoß gegen § **14 WahrnG** ist ebenfalls gegeben.[325] Die Tarifbindung würde durch die vorgeschaltete Individualabrede ausgehebelt. Weiter ist ein solcher dinglicher Vorbehalt mit § 11 WahrnG unvereinbar.[326] Die Nichtigkeit würde nun dazu führen, dass die ganze Rechtseinräumung bzgl der Nutzungsart unwirksam wäre, da man nicht von einem versteckten Einigungsmangel iSd § 155 BGB ausgehen kann. Auch § 306 BGB greift insoweit nicht. Sieht man in den Abreden zwischen GEMA und Berechtigten einen dinglichen Vorbehalt und verneint eine Anwendung von § 242 BGB, wäre demnach die Folge, dass die GEMA nicht Rechtsinhaber bzgl der Nutzungsarten geworden ist. Lässt man die dinglich abspaltbare Wirkung von einzelnen Nutzungsrechten nicht zu, muss diese Wirkung auch Dritten gegenüber zur Geltung kommen. Nutzungsrechte können wegen des fehlenden Publizitäts- und Rechtsscheintatbestandes nicht gutgläubig erworben werden.[327] Folglich wäre die GEMA nicht in der Lage Dritten wirksam die Nutzungsrechte an den jeweiligen Nutzungsarten einzuräumen, da diese Rechte aufgrund der Nichtigkeit bei dem Urheber verblieben sind.[328] **Der BGH vertritt eine andere Auffassung.** Nach den jüngsten Entscheidun-

---

[322] Von den Ausnahmen des § 93 UrhG abgesehen.

[323] *Poll* ZUM 2006, 379, 383; aA *Landfermann* 168.

[324] So auch *Ulbricht* CR 2006, 468, 471.

[325] Einen Verstoß und damit Nichtigkeit bejahend *Ulbricht* CR 2006, 468, 471. Hingegen eine Umgehung des GEMA-Verteilungsplanes anzunehmen, ist fernliegend und auch im

Rahmen von § 138 BGB zwischen Urhebern und Dritten zulässig.

[326] In diesem Sinn *Ulbricht* CR 2006, 468, 472; *Wandtke/Schunke* UFITA 2007/I, 61, 83; aA OLG Hamburg ZUM 2008, 438, 445.

[327] *Wandtke/Bullinger/Wandtke/Grunert* Vor §§ 31 ff UrhG Rn 47.

[328] Vgl zum Ganzen *Schunke* 230 ff.

gen des BGH lässt sich folgendes Bild zeichnen. Vor den Berechtigungsvertrag in der Version des Jahres 2002 hat die GEMA keine Rechte an der Klingeltonnutzung erworben. Die Rechte liegen ausschließlich bei den Berechtigtem Verlag oder Urheber. Durch die Berechtigungsverträge des Jahres 2002 und 2005 wurden der GEMA die vollständigen Rechte bezüglich der Einräumung der Nutzungsart Klingeltonnutzung eingeräumt. Der BGH lässt aber erkennen, dass durch die Änderung des Berechtigungsvertrages im Jahr März 2010 ein zulässiges zweistufiges Lizenzierungssystem bei der Klingeltonnutzung geschaffen wird.[329]

## III.  Up- und Downloading von Musik – Privatkopie oder Rechtsmissbrauch?

### 1.  Einleitung

Neben der Verwendung als Klingelton ist im Zuge der neuen Medien und Technologien das Herunterladen von Musik ein wesentlicher Weg der neuen Generation, Musik zum privaten Gebrauch zu erlangen. Das Herunterladen der **Musik über Tauschbörsen** und die Möglichkeit der **digitalen Privatkopie** werden von der Industrie als Hauptgrund für den Rückgang der Umsätze verantwortlich gemacht. Das Funktionsprinzip von Tauschbörsen basiert auf einer weltweiten Vernetzung der Nutzer über zentrale Knotenpunkte, so genannte Server oder Hubs.[330] Werden die Musikdateien auf Servern zum individuellen Download gespeichert, handelt es sich um **Music-on-Demand** Angebote. Music-on-Demand stellt eine **eigenständige Nutzungshandlung** dar.[331] Auf den Computern kann aber auch lediglich die Informationen gespeichert sein, wie eine gesuchte Datei zu finden ist. Die Diskussion um die Zulässigkeit wurde in der Vergangenheit heftig geführt. Gerade die Bedeutung von **Peer-to-Peer-Filesharing-Netzwerken** hat in letzter Zeit aufgrund medienwirksamer Ermittlungsverfahren und Abmahnverfahren der Industrie abgenommen.[332] Als Music-on-Demand Angebot gelten daneben Angebote von Internetradios, bei denen sich die Nutzer ihr Programm mit eigenen Play- und Favoritenlisten selbst zusammenstellen können.[333]    **126**

Es ist fraglich, ob das Herunterladen von Musik im Rahmen von Tauschbörsen wirklich der Grund für den **Umsatzrückgang** ist. Fakt ist lediglich, dass der **CD-Handel** in weiten Bereichen im Wege der digitalen Revolution Anfang der 90er Jahre zunächst extrem angestiegen ist (CD-Verkäufe), dann jedoch durch das Internet und die sonstige mediale Entwicklung in der Gesellschaft nachließ. In den nächsten Jahren wird der CD Markt noch mehr an Bedeutung verlieren. Hatten die Firmen im ersten Moment den Trend des Downloading verschlafen und damit Platz für viele **Piraterie-**    **127**

---

[329] Vgl. Rn 63 ff; BGH GRUR 2009, 395 ff – Klingeltöne für Mobiltelefone; BGH MMR 2010, 769, 771 – Klingeltöne für Mobiltelefone II.

[330] Vgl Pressemitteilung der IFPI, www.musikindustrie.de/recht_aktuell_einzel.html?&tx_ttnews[tt_news]=10&tx_ttnews[backPid]=59&cHash=f707d6ca7a.

[331] OLG Hamburg ZUM 2007, 869, 870; Wandtke/Bullinger/*Wandtke/Grunert* § 31 UrhG Rn 62.

[332] *Von Zimmermann* MMR 2007, 553; vgl www.heise.de/newsticker/meldung/91122: im ersten Halbjahr 2007 sind 25 000 Strafanzeigen gegen mutmaßliche Raubkopierer ergangen.

[333] Vgl OLG Hamburg ZUM 2007, 869, 870; www.ifpi.de Bericht v 24.5.2007; zu Internetradios vgl Rn 134 ff.

plattformen geschaffen, so legalisiert sich dieser Markt zunehmend und stellt eine der wenigen Chancen dar, dass zukünftig neue Musikproduktionen auch wirtschaftlich interessant sein können. Kostenpflichtige Plattformen wie **iTunes** erfreuen sich einer immer größeren Beliebtheit.[334]

**128**    Es ist ein anerkannter **Leitgedanke des Urheberrechts**, dass der Urheber an den wirtschaftlichen Früchten aus der Verwertung seiner Werke **angemessen zu beteiligen** ist. Dazu zählt auch die Nutzung der Werke in der privaten Spähre.[335] Insofern wird aber das ausschließliche Recht des Urhebers durch § 53 UrhG eingeschränkt, der die **private Kopie** erlaubt. Als Ausgleich für die Zulässigkeit der **Privatkopie** hat der Gesetzgeber 1965 eine gesetzliche Lizenz für die private Vervielfältigung eingeführt, deren Höhe er in § 54d aF UrhG festgelegt hatte.[336] Mit der Umsetzung des Korb 2 gibt es eine solche gesetzlich festgelegte Vergütung nicht mehr, sondern die Höhe der gesetzlichen Lizenz soll nunmehr vertraglich zwischen den Verwertungsgesellschaften und den Herstellern von Geräten und Leermedien vereinbart werden.[337] Es ist also falsch, wenn man sagt, dass die Privatkopie nicht zu einer Vergütung auf Urheberseite führt – natürlich ist bei einer gesetzlich oder zwischen Interessenverbänden ausgehandelten Pauschalvergütung auf die Trägermedien immer das Problem der Verteilungsgerechtigkeit gegeben. Des weiteren wird die Umsetzung der Vergütungshöhe in der Praxis enorme Schwierigkeiten bereiten.[338]

### 2. Die betroffenen Rechte und Rechtsverletzer

**129**    Durch den **Up- und Downloadvorgang** werden die Rechte der Komponisten aus § 19a UrhG und § 16 UrhG, des Tonträgerherstellers aus § 85 Abs 1 UrhG und der ausübenden Künstler aus § 78 Abs 1 UrhG berührt.[339] Für den **Upload-Vorgang** bedarf es in jedem Fall der Zustimmung der Rechtsinhaber an der zugrundeliegenden Komposition, an der Tonträgeraufnahme wie auch die Rechte der ausübenden Künstler.[340] Das **Vervielfältigungsrecht aus** § 16 UrhG und das Recht **der öffentlichen Zugänglichmachung aus** § 19a UrhG an der zugrundeliegenden Komposition (Komponist und Texter) nimmt die **GEMA** wahr, zumindest sofern der Server-Betreiber in Deutschland ansässig ist.[341] Die Tonträgerhersteller nehmen selbständig das Recht der öffentlichen Zugänglichmachung und das Vervielfältigungsrecht aus § **85 Abs 1 UrhG** wahr, so dass insofern nicht die **GVL** zuständig ist.[342] § 86 UrhG findet keine Anwendung, es bedarf eines Nutzungsvertrages zwischen Tonträgerhersteller und Inhaltsanbieter.[343] Gleiches gilt für das Recht der öffentlichen Zugänglichmachung der ausübenden Künstler aus § **78 Abs 1 Nr 1 UrhG**. Der gesetzliche Vergütungsanspruch des § 78 Abs 2 UrhG findet keine Anwendung. Bei der Verwendung „GEMA-freier Musik" ist es dem Betreiber möglich gänzlich ein Portal ohne die Einflussmöglichkeiten der Verwertungsgesellschaften zu führen.

---

**334** *Von Zimmermann* MMR 2007, 553, 554.
**335** *Müller* ZUM 2007, 777.
**336** Schricker/Loewenheim/*Loewenheim* § 54d UrhG Rn 2, 3; *Müller* ZUM 2007, 777.
**337** Vgl zu den Problemen die daraus resultieren *Müller* ZUM 2007, 777 ff.
**338** *Müller* ZUM 2007, 777, 784.
**339** LG Köln ZUM 2007, 568, 571; LG München I MMR 2007, 453, 454; *Ventroni/Poll* MMR 2002, 648, 649; Wandtke/Bullinger/ *Bullinger* § 19a UrhG Rn 11.

**340** Wandtke/Bullinger/*Schäfer* § 85 UrhG Rn 40.
**341** S dazu oben Rn 58 ff; Die GEMA-Vermutung spricht für die Zuständigkeit der GEMA.
**342** OLG Hamburg ZUM 2007, 869, 870; *von Zimmermann* MMR 2007, 553, 555; Wandtke/Bullinger/*Schaefer* § 86 UrhG Rn 5, 7.
**343** OLG Hamburg ZUM 2007, 869, 871.

Sebastian Schunke

**Rechtsverletzer** ist zunächst der **Inhaltsanbieter**, also die Person, die Musikdateien **130**
zum Download auf einer Internetseite bereitstellt. Das Recht aus § 19a UrhG wird
nicht beim Kauf einer CD an den Käufer lizenziert. § 53 UrhG vermag in jedem Fall
eine Verletzung von § 19a UrhG nicht zu legitimieren.[344] In der Regel ist es schwer
diesen Rechtsverletzer ausfindig zu machen. Da der Rechtsverletzer auch strafrechtlich belangt werden kann, können die Rechtsinhaber bei dem Ausfindigmachen der
Person die Strafverfolgungsbehörden einschalten.[345] Die Änderung des Urhebergeset-
zes durch die **Enforcement-RL** gibt den Rechtsinhabern in § 101 UrhG einen Auskunftsanspruch gegenüber den **Service-Providern**, so dass diese die Daten ihrer Kunden herausgeben müssen.[346]

Daneben könnte der **Betreiber der Internetplattform**[347] wie auch die **Softwareent-** **131**
**wickler**[348] von Peer-to-Peer Software Verletzer sein. Problematisch ist insofern, ob die
Betreiber der Internetplattform eine eigene Urheberrechtsverletzung iSd § 97 UrhG
begangen haben oder lediglich der Inhaltsanbieter, der die Musiktitel upgeloaded
hat.[349] Es handelt sich um Fragen der **Kausalität**. Es finden zunächst die allgemeinen
deliktischen Haftungszugrechnungsgrundsätze Anwendung.[350] Die Serverbetreiber können sich im Gegensatz zu den Softwareentwicklern auf die Haftungserleichterung des
TDG bis zum 1.3.2007 und seit dem 1.3.2007 die Haftungserleichterung des inhalts-
gleichen § 9 TMG berufen.[351] Eine **Schadensersatzpflicht** ergibt sich danach nur bei
vorsätzlichem Verhalten.[352] Von der Haftungsfreistellung nicht umfasst ist der **Unter-**
**lassungsanspruch**.[353] Insofern gelten in Erweiterung der deliktischen Haftungszurech-
nungsregeln die **Grundsätze der Störerhaftung**.[354] Danach kann derjenige, der – ohne
Täter oder Teilnehmer zu sein – in irgendeiner Weise willentlich und adäquat kausal
zur Verletzung eines absoluten Rechts beiträgt, als Störer für eine Schutzrechtsverletzung auf Unterlassung in Anspruch genommen werden.[355] Bei objektiver Betrachtung
darf der rechtsverletzende Gebrauch nicht außerhalb jeder Wahrscheinlichkeit liegen.[356] Aufgrund dieser Grundsätze wurden **Plattformbetreiber** dazu verurteilt ihre
Rechner vom Netz zu nehmen, solange dort illegale Musikdateien zum Download angeboten wurden.[357] Gleichfalls als Störer haften die **Entwickler der Peer-to-Peer Soft-**
**ware** oder die Personen, die technische Einrichtungen zum Betrieb eines solchen Netz-
werks bereitstellen, zumindest sofern sie Werbung für die Missbrauchsmöglichkeit

**344** Wandtke/Bullinger/*Schäfer* § 85 UrhG
Rn 40 mit Hinweis auf § 53 Abs 6 UrhG;
*Gercke* ZUM 2007, 791, 797.
**345** Zu den strafrechtlichen Einschätzungen
vgl *Gercke* ZUM 2007, 791 ff. Es ist jedoch nur
vorsätzliches Handeln strafbar im Wege des
§ 106 UrhG.
**346** Ausf hierzu Wandtke/Bullinger/*Bohne* § 101
UrhG Rn 11, 14, 31 f; *Peukert/Kur* GRUR Int
2006, 292, 296 f; *Schwarz/Brauneck* ZUM
2006, 701, 702 ff.
**347** LG Köln ZUM 2007, 568, 571 ff.
**348** OLG Hamburg MMR 2006, 398 ff –
Cybersky.
**349** Nicht eindeutig LG Köln ZUM 2007,
568–574; vgl LG I München MMR 2007, 453,
454 f zur Frage der Haftung des UseNet-
Zugangsvermittlers; LG Hamburg MMR 2010,
833.

**350** S dazu Palandt/*Grüneberg* Vorb v § 249
BGB Rn 24 ff.
**351** LG München I MMR 2007, 453, 454; LG
Köln ZUM 2007, 568, 572; *Hoeren* NJW 2007,
801, 805.
**352** LG München I MMR 2007, 453, 454 f.
**353** LG München I MMR 2007, 453, 455;
LG Köln ZUM 2007, 568, 572; *Hoeren*
NJW 2007, 801, 805.
**354** Vgl zu der nicht unproblematischen Störerhaftung *Spindler* MMR 2006, 403, 404.
**355** BGH MMR 2001, 671 – ambiente.de;
LG Köln ZUM 2007, 568, 572; LG München I
MMR 2007, 453, 455.
**356** OLG Hamburg MMR 2006, 398, 400 –
Cybersky.
**357** LG Köln ZUM 2007, 568, 571 ff; LG Hamburg Az 308 O 273/07.

machen.[358] Die Frage der Mitverantwortung stellt sich auch bei Plattformen wie **Youtube, Myspace** und **facebook**. Diese Plattformen erfreuen sich großer Beliebtheit und auf ihren werden viele immaterielle Güter, insb Musik, nicht rechtmäßig verwendet. Die Betreiber weisen die Nutzer zwar regelmäßig daraufhin, dass es nicht zulässig sei Urheberrechte zu verletzen. Gleichzeitig wissen die Betreiber aber, dass jeder Nutzer Musik hochlädt und dieses in der Regel nicht in legaler Form. Es ist sehr zweifelhaft, ob man nicht zumindest einen bedingten Vorsatz bei den Betreibern sehen kann, so dass uU sogar ein Schadensersatzanspruch durchgehen könnte. Der Unterlassungsanspruch ist unter dem Gesichtspunkt der Störerhaftung gegeben.[359] Die Störer können unter Beachtung von zumutbaren **Prüfungspflichten** unter Umständen einer Haftung entgehen.[360] Eine Störerhaftung im Rahmen eines Unterlassungsanspruchs scheidet auch dann aus, wenn **mildere Mittel** zur Beseitigung der Rechtsverletzung möglich sind.[361]

**132**     Schließlich könnte die Person, die die Musik auf den **heimischen Computer herunterlädt** eine Rechtsverletzung begehen. Tatbestandlich stellt das anschließende **Downloading** von den Musikdateien eine **Vervielfältigung iSd § 16 UrhG** dar.[362] Das Herunterladen könnte durch § 53 UrhG gerechtfertigt sein. Entscheidende Bedeutung kommt insofern der Frage zu, ob die **Vorlage** offensichtlich rechtswidrig hergestellt war.[363] Die Frage, ob aus Nutzersicht bei Tauschbörsen von illegalen Uploads auszugehen ist, **ist umstritten**.[364] Im Rahmen der Urheberrechtsreform zum Korb 2 ist nunmehr bedeutend, wann es für den Nutzer offensichtlich ist, dass die **verwendete Vorlage offensichtlich rechtswidrig öffentlich zugänglich gemacht wurde**.[365] Damit scheidet eine Anwendbarkeit von § 53 UrhG in jedem Fall aus, wenn jemand eine zulässige Privatkopie seiner nicht kopiergeschützten Musik-CD macht, sie damit rechtmäßig herstellt und diese anschließend unzulässigerweise im Internet zum Download anbietet. Fraglich bleibt aber weiterhin, ob der Vorgang der Zugänglichmachung **für den Tauschbörsennutzer** offensichtlich rechtswidrig war.[366] Die öffentliche Zugänglichmachung ist rechtswidrig, wenn **keine ernsthaften Zweifel an ihrer Rechtswidrigkeit** bestehen und insb die Möglichkeit einer Erlaubnis durch den Rechtsinhaber ausgeschlossen ist.[367] Gerade letzteres ist zweifelhaft, zumal immer mehr Bands oder Künstler ihre Vertragsaufnahmen zum freien Download zur Verfügung stellen oder zumindest zum unentgeltlichen Download ihrer Musik aufrufen.[368] Die Situation auf dem Tauschbörsenmarkt ist keineswegs so eindeutig, wie es das Bundesjustizministerium oder die IFPI suggerieren.[369] Eindeutiger ist die Situation bei den **sog Torrent-**

---

**358** OLG Hamburg MMR 2006, 398, 400 – Cybersky.

**359** Youtube und die GEMA konnten sich immer noch nicht einigen, vgl MMR-Aktuell 2010, 303960.

**360** OLG Hamburg MMR 2006, 398, 401 – Cybersky; LG Köln ZUM 2007, 568, 572, 573; vgl zu den Problemen insoweit *Spindler* MMR 2006, 403, 405.

**361** OLG Hamburg MMR 2006, 398, 402 – Cybersky: Hinweise und die Verpflichtung zur Einholung einer Genehmigung reichen nicht aus.

**362** *Gercke* ZUM 2007, 791, 797.

**363** *Gercke* ZUM 2007, 791, 798.

**364** Dafür OLG Hamburg ZUM-RD 2007, 344,

346; Wandtke/Bullinger/*Schäfer* § 85 UrhG Rn 40; dagegen *Gercke* ZUM 2007, 791, 798.

**365** *Gercke* ZUM 2007, 791, 798.

**366** *Gercke* ZUM 2007, 791, 798.

**367** *Gercke* ZUM 2007, 791, 798.

**368** ZB die letzte CD von Radiohead oder Äußerungen von Dieter Bohlen in der Talkshow Menschen 2007 bei RTL; aA OLG Hamburg ZUM-RD 2007, 344, 346.

**369** Vgl den illegalen Downloadzähler der IFPI auf www.ifpi.de; sowie „Kabinett beschließt Novelle des Urheberrechts", Pressemitteilung des BMJ vom 22.3.2006; *Gercke* ZUM 2007, 791, 798; aA Wandtke/Bullinger/*Schäfer* § 85 UrhG Rn 40.

Sebastian Schunke

**Systemen** im Gegensatz zu den traditionellen Peer-to-Peer-Systemen. Der Download wird zwangsweise an einen Upload gekoppelt. Der Endabnehmer ist immer zugleich auch Inhaltsanbieter und damit nicht über § 53 UrhG vollständig gerechtfertigt.

### 3. Besonderheiten bei internationalen Sachverhalten

Es handelt sich in der Regel um Rechtsverletzungen mit **Auslandsbezug**, da die **133** Plattformbetreiber oder die Personen, die die Inhalte auf die Plattform gebracht haben oft im Ausland ihren Sitz haben, bzw dort wohnen. Die Zuständigkeit deutscher Gerichte für Ansprüche aus Urheberrechtsverletzungen ist nach der höchstrichterlichen Rechtsprechung bereits dann gegeben, wenn von Rechtsinhaberseite eine von Verletzerseite im Inland begangene Urheberrechtsverletzung schlüssig vorgetragen und eine solche nicht von vornherein ausgeschlossen ist.[370] Dazu ist es ausreichend, dass die Internetseite in Deutschland abrufbar ist und sich bestimmungsgemäß an deutsche Nutzer richtet. Letzteres kann auch schon angenommen werden, wenn die Inhalte lediglich in englischer Sprache angeboten werden.[371] Da **deutsche Gerichte zuständig** sind, ist auch deutsches IPR anwendbar, in der Regel die Art 27 ff EGBGB. Nach dem Schutzlandprinzip wird an das Recht des Schutzlandes angeknüpft, also desjenigen Landes, für das Schutz beansprucht wird.[372] Erforderlich, aber auch ausreichend ist daher, dass die betreffende Verletzungshandlung im Inland erfolgt.[373] Dies ergibt sich aus dem **Territorialitätsprinzip**. Die auf das Inland beschränkte Wirkung nationaler Regelungen bedingt, dass nur durch eine im Inland begangene Handlung ein deutsches Urheberrecht verletzt werden kann, nicht durch eine Verwertungshandlung, die ausschließlich im Ausland erfolgt.[374]

## IV. Internetradio – neue Formen der Musiknutzung ohne wirtschaftliche Beteiligung der Rechtsinhaber?

Als Zukunftsgeschäftsmodell der Musikbranche werden neben userfreundliche **134** Music-on-Demand Angeboten die **Internetradios** betrachtet. Bei Internetradios handelt es sich in rechtlicher Sicht um eine **Sendung iSd § 20 UrhG**. Immer wenn der Dienst eine **interaktive Einflussnahme** auf das Programm zulässt, ist § 19a UrhG betroffen und damit gelten die Regeln für den **Music-on-Demand** Dienst.[375] Die Abgrenzungen können mitunter schwierig sein, sind aber für die Frage des rechtmäßigen Sendens und der Beteiligung von Verwertungsgesellschaften bedeutend. **Webcasting** und **Simultancasting** fallen in den Anwendungsbereich des § 20 UrhG, bzw § 78 Abs 1 Nr 2 UrhG. Bei **Near-on-demand** Diensten kommt es auf die zeitlichen Abstände des neuen Programmstarts an.[376] Sofern es sich um ein interaktives Angebot handelt, greift § 19a UrhG und die GVL ist nicht mehr zuständig.[377]

**370** Vgl BGH GRUR 2005, 531; LG Köln ZUM 2007, 568, 571.
**371** Nicht ganz so weitgehend LG Köln ZUM 2007, 568, 571.
**372** LG Köln ZUM 2007, 568, 571; Dreier/Schulze/*Schulze* Vor §§ 120 ff UrhG Rn 30.
**373** Dreier/Schulze/*Schulze* Vor §§ 120 ff UrhG Rn 31; BGH GRUR 2004, 421; LG Köln ZUM 2007, 568, 571.

**374** Dreier/Schulze/*Schulze* Vor §§ 120 ff UrhG Rn 32; BGH GRUR 2004, 421; LG Köln ZUM 2007, 568, 571.
**375** Wandtke/Bullinger/*Büscher* § 78 UrhG Rn 8; vgl Rn 126 ff.
**376** Vgl Wandtke/Bullinger/*Büscher* § 78 UrhG Rn 8.
**377** Vgl die krit Anmerkungen bei *Ventroni/Poll* MMR 2002, 648, 652.

**135**      Liegt eine Sendung iSd § 20 UrhG und somit **keine interaktive Programmbeeinflus-sung** vor, muss der inländische Betreiber sich für eine inländische Ausstrahlung grundsätzlich nur an die Verwertungsgesellschaften **GEMA** und **GVL** wenden. Verwendet der Betreiber ausschließlich **GEMA-freie Musik** ist die GEMA nicht mehr zuständig. GVL-Gebühren werden von der GEMA normalerweise für diesen Bereich eingetrieben. Es ergibt sich für diesen Fall also eine Regelungslücke. Bei ausländischen Betreibern oder einer Ausstrahlung über die nationalen Grenzen hinaus, was bei Internetradio der Regelfall ist, ist fraglich, ob neben der im Ausland erworbenen Lizenz eine erneute Lizenz im jeweiligen Ausstrahlungsland erworben werden muss.[378]

**136**      Selbst erfolgreiche Downloadplattformen müssen die verschiedenen Ausgestaltungen von Internetradios fürchten, wenn darüber hinaus die Möglichkeit besteht die im Internetradio gespielten Songs am heimischen Computer aufzunehmen.[379] **Recording-Software** wird für diesen Bereich immer bekannter.[380] Bei Recording-Software nimmt der Kunde selbst die Vervielfältigungshandlung vor, die auf § 53 Abs 1 S 1 UrhG als zulässige Privatkopie gerechtfertigt sein kann.[381] Für die Rechtmäßigkeit der Vervielfältigungshandlung ist jedoch entscheidend, dass es sich um eine rechtmäßig veranstaltete Sendung handelt.

**137**      Davon zu unterscheiden ist das **Online-Recording**, wie der Dienst Mp3Flat.com. Mp3flat.com hat bis Februar 2007 für Radioprogramme die Aufnahmen auf eigenen Servern für den Nutzer im Internet zum späteren Download bereitgehalten, wodurch der Nutzer keine Recording-Software auf seinem eigenen Rechner installieren muss.[382] Beim Online-Recording ist der Betreiber des Dienstes Werknutzer. Er kann als Hersteller nur nach **§ 53 Abs 1 S 2 UrhG** gerechtfertigt sein.[383] Für den Betreiber kommt daher eine Rechtfertigung nur in Betracht, sofern er das Angebot unentgeltlich betreibt. Problematisch ist der Begriff der **Entgeltlichkeit** wie auch die Tatsache, dass der Betreiber die Internetradios überwacht und selektiert. Im Ergebnis wird man eine Entgeltlichkeit bereits dann bejahen müssen, wenn gerade aufgrund des Dienstes die Attraktivität der Seite gegeben ist und der Betreiber hohe Werbeeinnahmen erreichen kann.[384] Eine Rechtfertigung aus § 53 UrhG wird damit in den meisten Fällen ausscheiden. Der BGH hat die Frage zumindest für die **internetbasierten Videorecordern** (Online Videorecordern) beantwortet. § 53 Abs 1 S 2 UrhG erlaubt die Herstellung der Vervielfältigung zum privaten Gebrauch unter bestimmten Voraussetzungen durch Dritte. Dies gilt auch für die digitale Privatkopie, sofern sie unentgeltlich erfolgt. Hersteller ist derjenige, der tatsächlich vervielfältigt. Voraussetzung für die Zulässigkeit der Herstellung der Vervielfältigungsstücke durch einen Dritten ist, dass sich dessen Tätigkeit auf die technisch-maschinelle Vervielfältigung beschränkt und der Hersteller sich im Rahmen der Anweisung durch den Nutzer bewegt.[385] Bei den **internetbasierten Videorecordern** (Online-Videorecorder) ist es ebenso wie bei dem Online-Recording fraglich, ob der Nutzer Hersteller iSd § 53 UrhG ist und damit das Geschäftsmodell noch von § 53 Abs 1 S 1 UrhG gedeckt wäre.[386] Das Online-Recording ermöglicht dem Kunden über das Internet mit einem beliebigen PC Fernsehsendungen

---

[378] Vgl *von Zimmermann* MMR 2007, 553, 556.

[379] Vgl ausf zu dieser Frage *von Zimmermann* MMR 2007, 553, 554 ff.

[380] Vgl zu den technischen Fragen und deren rechtlicher Einordnung ausf *von Zimmermann* MMR 2007, 553, 554.

[381] *Von Zimmermann* MMR 2007, 553, 554.

[382] *Von Zimmermann* MMR 2007, 553, 554.

[383] *Von Zimmermann* MMR 2007, 553, 554.

[384] AA *von Zimmermann* MMR 2007, 553, 555.

[385] Wandtke/Bullinger/*Lüft* § 53 UrhG Rn 18; BGH GRUR 1997, 464 – CD-Infobank II.

[386] *Jani* Kap 1 Rn 146.

aufzuzeichnen, ohne dass der Kunde in seiner Wohnung sein muss oder über einen Videorecorder verfügen muss.[387] Die Herstellung von Kopien über den heimischen Videorecorder fällt unzweifelhaft unter § 53 Abs 1 S 1 UrhG, da Hersteller der Vervielfältigung der Nutzer selbst ist. Trotz des vergleichbaren Falles, geht die Rechtsprechung bei Online-Videorecorder davon aus, dass Hersteller der Kopie der Fernsehsendung nicht der Nutzer, sondern der Anbieter des Online-Videorecorders ist. Der BGH sieht dies zumindest für den Fall so, dass die Daten für den Kunden auf dessen „persönlichen" Videorecorder abgespeichert werden.[388] Da dieser Service nicht unentgeltlich oder aus privatem Grunde angeboten wird, scheidet eine zulässige Privatkopie sowohl unter dem Gesichtspunkt des § 53 Abs 1 S 1 UrhG wie auch Satz 2 aus, so dass eine Verletzung des Vervielfältigungsrechts des Sendeunternehmen nach § 87 Abs 1 Nr 2 UrhG gegeben ist.[389] Dem Kriterium der Entgeltlichkeit ist schon dann genüge getan, wenn der Anbieter den Dienst zwar unentgeltlich anbietet, sich selbst aber über Werbeeinnahmen finanziert. § 53 Abs 1 UrhG vermag in jedem Fall nicht einen Eingriff in § 19a UrhG zu rechtfertigen, der je nach Art und Weise des Anbietens zusätzlich betroffen sein kann. Wird verschiedenen Nutzern eine Zugriffsmöglichkeit auf dieselbe Kopie gewährt, ist ein Fall des § 19a UrhG gegeben. Anders verhält es sich, wenn die Aufnahme in einem gesonderten Bereich gespeichert wird, die nur einem individuellen Nutzer zugänglich ist.[390] Ebensowenig rechtfertigt § 53 UrhG einen Eingriff in § 20 UrhG.

## V. Fernsehshowformate – die neue Form der Leibeigenschaft?

Wohl auch von den Umsatzeinbußen des Tonträgermarktes bedingt, suchten sich die Plattenfirmen neue Partner und fanden sie im Fernsehen und zwar in neuen **Showformaten.** **138**

Dadurch ersparten sich die Plattenfirmen das Aufbauen von Bands, die oft mit erheblichen finanziellen Risiken verbunden waren. Zu solchen Showformaten zählen bspw „**Deutschland sucht den Superstar**" „Popstars", die „Talentshow" oder „Big Brother" und das „**Dschungelcamp**". Durch die Formate wurde es ermöglicht, dass die Qualität der Musik vollkommen belanglos wurde und nur die Persönlichkeit des Künstlers in Verbindung mit einer geschickten PR zu einem kurzfristigen Erfolg des Künstlers und der CD führte. Solche Showformate bringen es mit sich, dass die Halbwertzeit dieser Künstler bewusst kurz gehalten werden muss, da ein Jahr später bereits wieder der neue „Superstar" gefunden werden muss. Bei den Kandidaten handelt es sich in der Regel um unbekannte Künstler oder um ehemals bekannte Musiker, die mittlerweile alles daran setzen müssen, nicht in Vergessenheit zu geraten und somit notfalls auch Kakerlaken essen, damit vielleicht eine danach eingespielte Single wieder besser verkauft wird. Dies führt dazu, dass die Künstler bereit sind sehr scharfe **Künstlerexklusivverträge** zu unterschreiben. **139**

---

[387] Ausf *Graf Fringuelli/Nink* CR 2008, 791 ff.
[388] BGH ZUM-RD 2009, 369, 371 – Internet-Videorecorder.
[389] Vgl OLG Dresden CR 2007, 662, 664; OLG Dresden MMR 2007, 664, 665; OLG

Köln GRUR-RR 2006, 5 – Personal Videorecorder; dem zustimmend *Jani* Kap 1 Rn 146.
[390] Wandtke/*Schunke* Urheberrecht 5. Kap Rn 60 ff; Wandtke/Bullinger/*Bullinger* § 19a UrhG Rn 36.

**140**  Solche **Showformate** sind für sich genommen grundsätzlich **nicht urheberrechtlich schutzfähig**.[391] Umso mehr haben die Sender ein Interesse daran alle sonstigen Rechte umfassend zu erwerben. Fraglich ist, ob die Künstlerexklusivverträge wirksam sind oder **nach § 138 BGB sittenwidrig** sind, bzw unwirksam aufgrund einer **AGB-Kontrolle nach §§ 305 ff BGB**.[392] Es stellen sich insb Fragen der Wahrung der **Menschenwürde** gem Art 1 Abs 1GG.[393] Beim Fernsehen liegt die Gefahr der Verletzung der Menschenwürde in der Ökonomisierung und Kommerzialisierung des Menschen.[394] Die objektive Wertordnung ist dann verletzt, wenn bestimmte Gruppen in menschenverachtender Weise aus der Gesellschaft durch das Fernsehen ausgegliedert werden.[395] Gerade bei dem Fernsehformat „**Dschungelcamp**" liegt eine Verletzung der objektiven Wertordnung sehr nahe.

---

[391] BGH GRUR 2003, 876 ff – Sendeformat; Wandtke/Bullinger/*Bullinger* § 2 UrhG Rn 124, 126.
[392] Insofern gelten die Ausführungen zum Künstlerexklusivvertrag Rn 47 ff.

[393] *Dörr* 14 f.
[394] *Dörr* 14.
[395] Vgl BVerfGE 87, 209, 229 f.

Sebastian Schunke

# Kapitel 4

# Fotorecht

## Literatur

*Beater* Der Schutz von Eigentum und Gewerbebetrieb vor Fotografien JZ 1998, 1101; *von Becker* Parodiefreiheit und Güterabwägung GRUR 2004, 104; *ders* Grenzenlose Freiheit der Satire? NJW 2001, 583; *Berberich* Die Doppelfunktion der Zweckübertragungslehre bei der AGB-Kontrolle ZUM 2006, 205; *ders* Die urheberrechtliche Zulässigkeit von Thumbnails bei der Suche nach Bildern im Internet MMR 2005, 145; *Berger/Wündisch* Urhebervertragsrecht, Baden-Baden 2008 (zit Berger/Wündisch/*Bearbeiter*); *Berking* Kein Urheberrechtsschutz für Fernsehshowformate? GRUR 2004, 109; *Boeckh* Markenschutz an Namen und Bildnissen realer Personen GRUR 2001, 29; *Brandau/Gal* Strafbarkeit des Fotografierens von Messe-Exponaten GRUR 2009, 118; *Bullinger/Garbers-von Boehm* Der Blick ist frei – Nachgestellte Fotos aus urheberrechtlicher Sicht GRUR 2008, 24; *Chakraborty* Das Rechtsinstitut der freien Benutzung im Urheberrecht, Bern 1997; *Conrad* Anmerkung zu BGH Urteil vom 29. April 2010 – I ZR 69/08 – Vorschaubilder ZUM 2010, 585; *Dorf* Luftbildaufnahmen und Unverletzlichkeit der Wohnung NJW 2006, 951; *Dreier* Thumbnails als Zitate? Zur Reichweite von § 51 in der Informationsgesellschaft, in Blaurock/Bornkamm/Kirchberg (Hrsg) Festschrift für Achim Krämer zum 70. Geburtstag, Berlin New York 2009, 225 (zit *Dreier* FS Krämer); *ders* Sachfotografie, Urheberrecht und Eigentum, in Ganea/Heath/Schricker (Hrsg) Urheberrecht Gestern – Heute – Morgen, Festschrift für Adolf Dietz zum 65. Geburtstag München 2001, 235 (zit *Dreier* FS Dietz); *Dreier/Schulze* Urheberrechtsgesetz, Kommentar, 3. Aufl München 2008 (zit Dreier/Schulze/*Bearbeiter*); *Ebling/Schulze* Kunstrecht, München 2007 (zit Ebling/Schulze/*Bearbeiter*); *Eichmann/von Falckenstein* Geschmacksmustergesetz, 4. Aufl München 2010 (zit Eichmann/von Falckenstein/*Bearbeiter*); *Eichmann/Kur* Designrecht, Baden-Baden 2009 (zit Eichmann/Kur/*Bearbeiter*); *Ernst* Anmerkung zu LG Potsdam Urteile vom 21. November 2008 – 1 O 1616/08, 175/08 und 330/08 – Stiftung Preußische Schlösser ZUM 2009, 434; *ders* Zur Panoramafreiheit des Urheberrechts ZUM 1998, 475; *ders* Nochmals – zur Panoramafreiheit bei kurzlebigen und bei verfälschten Kunstwerken AfP 1997, 458; *Euler* Recht am Bild der eigenen Sache? – Wie frei sind gemeinfreie Kulturgüter? AfP 2009, 459; *Fezer* Markenrecht, Kommentar, 4. Aufl München 2009; *Finkenrath* Der Arbeitnehmerbegriff und kurzfristige Beschäftigung von Fotomodellen insbesondere im Hinblick auf das Arbeitsvermittlungsmonopol, München 1990; *Franzen/von Olenhusen* Lichtbildwerke, Lichtbilder und Fotoimitate. Abhängige Bearbeitung oder freie Benutzung? UFITA 2007, 435; *Fromm/Nordemann* Urheberrecht, Kommentar, 10. Aufl Stuttgart 2008 (zit Fromm/Nordemann/*Bearbeiter*); *Ganea* Ökonomische Aspekte der urheberrechtlichen Erschöpfung GRUR Int 2005, 102; *Gass* Digitale Wasserzeichen als urheberrechtlicher Schutz digitaler Werke? ZUM 1999, 815; *Gerstenberg* Fototechnik und Urheberrecht, in Herbst (Hrsg) Festschrift für Rainer Klaka München 1987, 120; *von Gierke* Die Freiheit des Straßenbildes (§ 59 UrhG), in Gloy/Starck/Bornkamm/Ahrens/von Ungern-Sternberg (Hrsg) Festschrift für Willi Erdmann, Köln 2002, 103; *Götting/Schertz/Seitz* Handbuch des Persönlichkeitsrechts München 2008 (zit Götting/Schertz/Seitz/*Bearbeiter*); *Griesbeck* Der „Verhüllte Reichstag" – und (k)ein Ende? NJW 1997, 1133; *Hamann* Grundfragen der Originalfotografie UFITA 1981, 45; *Hamm* Der neue Markt der Kunstszene, in Pues/Quadt/Rissa, Art-Investor – Handbuch für Kunst & Investment, München 2002, 150; *Heinker* Strafrechtlicher Schutz des gesprochenen Wortes und des Bildnisses bei „Spaßtelefonaten" und „versteckter Kamera" AfP 2008, 573; *Heitland* Der Schutz der Fotografie im Urheberrecht Deutschlands, Frankreichs und der Vereinigten Staaten von Amerika, München 1995; *Hertin* Zur urheberrechtlichen Schutzfähigkeit von Werbeleistungen unter besonderer Berücksichtigung von Werbekonzeptionen und Werbeideen GRUR 1997,

799; *Hess* Der „Verhüllte Reichstag" und § 59 Abs 1 S 1 UrhG: Was bleibt? in Zollner/Fitzner (Hrsg) Festschrift für Wilhelm Nordemann, Baden-Baden 1999, 89; *Hoeren/Nielen* (Hrsg) Fotorecht – Recht der Aufnahme, Gestaltung und Verwertung von Bildern, Berlin 2004 (zit Hoeren/Nielen/*Bearbeiter*); *Horst* Videoüberwachungskameras im Nachbarrecht NJW 2009, 1787; *Hüper* Zum Schutz vor Nachfotografie und Nachbildungen von urheberrechtlich geschützten Fotoaufnahmen AfP 2004, 511; *Jacobs* Photographie und künstlerisches Schaffen, in Westermann/Rosener (Hrsg) Festschrift für Karl-Heinz Quack zum 65. Geburtstag, Berlin 1991, 33; *Jostmeier* Reality Based Visualization, PHOTONEWS 10/06, 24; *Kakies* Kunstzitate in Malerei und Fotografie, Köln Berlin München 2007; *Karger* LG Braunschweig: Dauerhaftes Online-Presse-Archiv als privilegiertes Medium iSd § 50 UrhG GRUR-Prax 2009, 16; *Kassung* Hat der Künstlermanager entsprechend § 89b HGB Anspruch auf einen Handelsvertreterausgleich? AfP 2004, 89; *Katzenberger* Neue Urheberrechtsprobleme der Photographie GRUR Int 1989, 116; *Kochendörfer* Verletzerzuschlag auf Grundlage der Enforcement-Richtlinie? ZUM 2009, 389; *Köhler* Das Verhältnis des Wettbewerbsrechts zum Recht des geistigen Eigentums GRUR 2007, 548; *Köhler/Bornkamm* Gesetz gegen den unlauteren Wettbewerb, UWG-Kommentar, 28. Aufl München 2010 (zit Köhler/Bornkamm/*Bearbeiter*); *Lammek/Ellenberg* Zur Rechtmäßigkeit der Herstellung und Veröffentlichung von Sachaufnahmen ZUM 2004, 715; *Lansnicker/Schwirtzek* Die Betreuung von Künstlern durch eine Agentur – Arbeitsvermittlung oder Management? ZUM 2008, 48; *Lehment* Das Fotografieren von Kunstgegenständen Göttingen 2008; *Lindner* Persönlichkeitsrecht und Geo-Dienste im Internet – zB Google Street View/Google Earth ZUM 2010, 292; *Loewenheim* Handbuch des Urheberrechts, 2. Aufl München 2010 (zit Loewenheim/*Bearbeiter*); *Maaßen* Panoramafreiheit in den preußischen Schlossgärten GRUR 2010, 880; *ders* (Hrsg) BFF Handbuch Basiswissen, 4. Aufl Stuttgart 2010 (zit Maaßen Basiswissen); *ders* BFF Handbuch Verträge, 2. Aufl Stuttgart 2006 (zit Maaßen Verträge); *ders* Designers' Calculator, 2. Aufl Düsseldorf 2006 (zit Maaßen Calculator); *ders* Bildzitate in Gerichtsentscheidungen und juristischen Publikationen ZUM 2003, 830; *ders* Kunst oder Gewerbe? 3. Aufl Heidelberg 2001 (zit Maaßen Kunst oder Gewerbe); *ders* Urheberrechtliche Probleme der elektronischen Bildverarbeitung ZUM 1992, 338; *Martinek/Bergmann* Künstler-Repräsentanten, -Agenten und -Manager als Handelsvertreter: Konkurrenzvertretung und Interessenwahrnehmung als Grundlagenprobleme des Handelsvertreterrechts WRP 2006, 1047; *Möhring/Nicolini* Urheberrechtsgesetz, Kommentar, 2. Aufl München 2000 (zit Möhring/Nicolini/*Bearbeiter*); *Müller-Katzenburg* Offener Rechtsstreit um verhüllten Reichstag NJW 1996, 2341; *Nennen* Rechtsschutz von Akquiseleistungen der Werbebranche WRP 2003, 1076; *A Nordemann* Die künstlerische Fotografie als urheberrechtlich geschütztes Werk, Baden-Baden 1992; *JB Nordemann* Die MFM-Bildhonorare: Marktübersicht für angemessene Lizenzgebühren im Fotobereich ZUM 1998, 642; *W Nordemann* Lichtbildschutz für fotografisch hergestellte Vervielfältigungen? GRUR 1987, 15; *Ohly* Hartplatzhelden.de oder: Wohin mit dem unmittelbaren Leistungsschutz GRUR 2010, 487; *Oldekop* Elektronische Bildbearbeitung im Urheberrecht, Köln Berlin München 2006; *von Olenhusen/Ling* Parodie und Urheberrechtsverletzung in der Schweiz und in Deutschland, insbesondere im Bereich der bildenden Künste UFITA 2003, 695; *Ott* Bildersuchmaschinen und Internet ZUM 2009, 345; *ders* Zulässigkeit der Erstellung von Thumbnails durch Bilder- und Nachrichtensuchmaschinen? ZUM 2007, 119; *Palandt* Bürgerliches Gesetzbuch, 70. Aufl München 2011 (zit Palandt/*Bearbeiter*); *Peifer* Zur angemessenen Vergütung im Urheberrecht AfP 2008, 545; *Piper* Der Schutz der bekannten Marken GRUR 1996, 429; *Platena* Das Lichtbild im Urheberrecht, Frankfurt aM 1998; *Pöppelmann* Verhüllter Reichstag ZUM 1996, 293; *Prinz/Peters* Medienrecht, München 1999; *Reuter* Digitale Bild- und Filmbearbeitung im Licht des Urheberrechts GRUR 1997, 23; *Riedel* Fotorecht für die Praxis, 4. Aufl München 1988; *Ruijsenaars* Comic-Figuren und Parodien GRUR Int 1993, 811 und 918; *Schack* Kunst und Recht, 2. Aufl Tübingen 2009 (zit Schack Kunst und Recht); *ders* Rechtprobleme der Online-Übermittlung GRUR 2007, 639; *ders* Neue Techniken und Geistiges Eigentum JZ 1998, 753; *Schippan* Auf dem Prüfstand: Die Honorar- und Nutzungsrechtsregelungen zwischen Zeitungs- und Zeitschriftenverlagen und ihren freien Mitarbeitern ZUM 2010, 782; *Schricker* Werbekonzeptionen und Fernsehformate GRUR Int 2004, 923 ff; *ders* Der Urheberrechtsschutz von Werbeschöpfungen, Werbeideen, Werbekonzeptionen und Werbekampagnen GRUR 1996, 815; *Schricker/Loewenheim* Urheberrecht, Kommentar, 4. Aufl München 2010 (zit Schricker/Loewenheim/*Bearbeiter*);

Wolfgang Maaßen

*Schulze* Werke und Muster an öffentlichen Plätzen – Gelten urheberrechtliche Schranken auch im Geschmacksmusterrecht? in Ahrens/Bornkamm/Kunz-Hallstein (Hrsg) Festschrift für Eike Ullmann, Saarbrücken 2006, 93 (zit *Schulze* FS Ullmann); *ders* Der Schutz von technischen Zeichnungen und Plänen, Lichtbildschutz für Bildschirmzeichnungen? CR 1988, 181; *Schulze/Bettinger* Wiederaufleben des Urheberrechtsschutzes bei gemeinfreien Fotografien GRUR 2000, 12; *Seiler* Rechtsprobleme vertraglicher Vereinbarungen zwischen Verlag und Journalist K&R 2007, 561; *Spieker* Die fehlerhafte Urheberbenennung: Falschbenennung des Urhebers als besonders schwerwiegender Fall GRUR 2006, 118; *Spindler* Bildersuchmaschinen, Schranken und konkludente Einwilligung im Urheberrecht – Besprechung der BGH-Entscheidung „Vorschaubilder" GRUR 2010, 785; *Tetzner* Der Verletzerzuschlag bei der Lizenzanalogie GRUR 2009, 6; *von Ungern-Sternberg* Einwirkung der Durchsetzungsrichtlinie auf das deutsche Schadensersatzrecht GRUR 2009, 460; *ders* Schlichte einseitige Einwilligung und treuwidrig widersprüchliches Verhalten des Urheberberechtigten bei Internetnutzungen GRUR 2009, 369; *Wanckel* Foto- und Bildrecht, 3. Aufl München 2009; *Wandtke* Doppelte Lizenzgebühr im Urheberrecht als Modell für den Vermögensschaden von Persönlichkeitsrechtsverletzungen im Internet? GRUR 2000, 942; *Wandtke/Bullinger* Praxiskommentar zum Urheberrecht, 3. Aufl München 2009 (zit Wandtke/Bullinger/*Bearbeiter*); *Weberling* Keine Panoramafreiheit beim verhüllten Reichstag? AfP 1996, 34; *Weichert* Der Personenbezug von Geodaten DuD 2007, 17; *Wenzel* Das Recht der Wort- und Bildberichterstattung, 5. Aufl Köln 2003 (zit Wenzel/*Bearbeiter*); *Wüterich/Breucker* Wettbewerbsrechtlicher Schutz von Werbe- und Kommunikationskonzepten GRUR 2004, 389; *Zentek* Designschutz. 2. Aufl Dortmund 2008 (zit *Zentek* Designschutz); *dies* Präsentationsschutz WRP 2007, 507.

## Übersicht

Wolfgang Maaßen

# § 1
# Medium Fotografie

## I. Erscheinungsformen

### 1. Analoge und digitale Fotografie

Die **klassische Fotografie** entsteht in einem analogen Verfahren. Lichtstrahlen werden durch das optische System einer Kamera geführt und beim Auftreffen auf die lichtempfindliche Schicht eines Silberhalogenidfilms chemisch-physikalisch umgewandelt. Das Ergebnis des Belichtungsverfahrens ist ein Negativ oder ein Diapositiv, von dem Abzüge angefertigt werden können. **1**

Zwar wird heute nach wie vor analog fotografiert, doch hat die **digitale Fotografie** **2** die herkömmlichen Bildbelichtungsverfahren inzwischen weitgehend verdrängt. Digitale Bilder entstehen ebenso wie die auf Zelluloid fixierten Aufnahmen durch Lichteinwirkung. Allerdings treffen die Strahlen in einer Digitalkamera nicht auf einen beschichteten Film, sondern auf lichtempfindliche Sensoren, die das Licht in binäre Informationen umwandeln.[1] Diese Informationen werden in einer Bilddatei gespeichert.

Digitale Bilder entstehen auch dann, wenn analoge Fotos, Grafiken oder sonstige **3** Bildvorlagen mit einem Scanner erfasst werden. Der Scanner tastet das Bild mit einem Laserstrahl ab und wandelt jeden Bildpunkt in binäre Informationen um, die in einer Datei gespeichert werden. Die **Digitalisierung analoger Bilder** ist in der Druckvorstufe allgemein üblich, weil in der Regel nur noch digitale Druckvorlagen verarbeitet werden.

Die digitale Technik hat die Fotografie in den vergangenen Jahren stark verändert. **4** Weitere tiefgreifende Änderungen finden derzeit vor allem im Bereich der Produktfotografie statt. So werden bspw **Bilder von Automobilen** vielfach nicht mehr mit einer Kamera aufgenommen, sondern aus den bei den Automobilherstellern vorhandenen **3D-Daten des jeweiligen Modells** am Bildschirm generiert. Mit Hilfe der 3D-Daten lässt sich das Fahrzeug aus jedem Blickwinkel darstellen, wobei die von einer speziellen Software bereit gestellten Lack-, Stoff- und sonstigen Materialshader dafür sorgen, dass ein naturgetreues Abbild in bester Fotoqualität entsteht. Das Computerbild wird anschließend mit einer **HDR-Fotografie** kombiniert. HDR ist die Abkürzung für High Dynamic Range. Damit wird ein Aufnahmeverfahren beschrieben, das eine

---

[1] Vgl dazu *Maaßen* ZUM 1992, 338 f.

viel größere Bandbreite der Belichtung erlaubt als die herkömmliche digitale Fotografie. HDR-Aufnahmen erfassen eine Landschaft oder einen Raum mit einer 360-Grad-Rundumsicht und mit allen Helligkeitswerten vom direkten Sonnenlicht bis zum tiefsten Schatten. Die gespeicherten Belichtungsdaten decken einen Bereich ab, für den ein herkömmliches Kameraobjektiv bis zu 26 Blenden benötigt. Das bedeutet, dass es bei HDR-Bildern keine Über- oder Unterbelichtungen mehr gibt und ein Objekt exakt so fotografiert werden kann, wie es das menschliche Auge sieht. Wird eine HDR-Landschaftsfotografie mit dem aus 3D-Daten generierten Bild eines Automobils kombiniert, werden die zum Aufnahmezeitpunkt herrschenden Lichtverhältnisse auf der Fahrzeugkarosserie als Reflexe und Spiegelungen sichtbar, so dass der Eindruck entsteht, als sei ein reales Fahrzeug unmittelbar vor Ort fotografiert worden.[2]

## 2. Lichtbildwerke, Lichtbilder und Werke der angewandten Kunst

**5**   Das Urheberrecht schützt analoge Fotografien entweder als **Lichtbildwerke** (§ 2 Abs 1 Nr 5 UrhG) oder als **einfache Lichtbilder** (§ 72 UrhG). Bilder, die mit einer Digitalkamera aufgenommen werden, fallen ebenfalls unter diese Schutzvorschriften. Allerdings ist umstritten, ob digitale Aufnahmen als Lichtbildwerke bzw Lichtbilder oder lediglich als **lichtbildähnliche Erzeugnisse** einzustufen sind. Problematisch ist auch die rechtliche Einordnung von Bildern, die ohne eine Kamera mit Hilfe des Computers generiert werden, und von Bildcollagen, die bspw aus der Kombination einer Computergrafik mit einer HDR-Fotografie entstehen. Bei solchen Bildern stellt sich die Frage, ob für sie der Lichtbildschutz gilt oder ob sie nur dann geschützt sind, wenn sie den besonderen Anforderungen genügen, die an Werke der angewandten Kunst zu stellen sind.

**6**   Lichtbilder sind Abbildungen, die eine **Strahlungsquelle** (Licht, Wärme, Röntgenstrahlen) durch chemische oder physikalische Veränderungen auf strahlenempfindlichen Schichten hervorruft.[3] Lichtbildwerke unterscheiden sich von den einfachen Lichtbildern dadurch, dass sie zusätzlich das **Merkmal der persönlichen geistigen Schöpfung** (§ 2 Abs 2 UrhG) erfüllen. Den Lichtbildwerken sind diejenigen Werke rechtlich gleichgestellt, die ähnlich wie Lichtbildwerke geschaffen werden (§ 2 Abs 1 Nr 5 UrhG). Außerdem sind Erzeugnisse, die ähnlich wie Lichtbilder hergestellt werden, in gleicher Weise geschützt wie einfache Lichtbilder (§ 72 UrhG). Die vom Gesetz geforderte Ähnlichkeit der Herstellungsprozesse ist gegeben, wenn ein Bild zwar unter Verwendung einer Strahlungsquelle, aber nicht durch Veränderung einer lichtempfindlichen Schicht erzeugt wird.[4] Nach dieser Definition gehören die analogen Fotografien zu den Lichtbildern oder – falls es sich um persönliche geistige Schöpfungen handelt –

**2** Dazu auch *Jostmeier* PHOTONEWS 10/06, 24; *Spilker* Wirklicher als die Wirklichkeit, SPIEGEL ONLINE v 3.1.2007, www.spiegel.de/netzwelt/tech/0,1518,457359,00.html.
**3** Möhring/Nicolini/*Ahlberg* § 2 UrhG Rn 30; Schricker/Loewenheim/*Loewenheim* § 2 UrhG Rn 179; Schricker/Loewenheim/*Vogel* § 72 UrhG Rn 18; Hoeren/Nielen/*Fleer* Rn 129; *Platena* 86 ff; *Riedel* 18, 22 f; *Maaßen* ZUM 1992, 338, 339; anders wohl Wandtke/Bullinger/*Bullinger* § 2 UrhG Rn 113; Fromm/Nordemann/*A Nordemann* § 2 UrhG Rn 193 und § 72 UrhG Rn 8; *Ulmer* 153, 511; *Schack* Kunst und

Recht Rn 860; Hoeren/Nielen/*Nielen* Rn 225 und *A Nordemann* 65 f, die lediglich den Einsatz strahlender Energie für erforderlich und das Verfahren der Bildaufzeichnung für unerheblich halten.
**4** BGH GRUR 1962, 470, 471 – AKI; BGH GRUR 1990, 669, 673 – Bibelreproduktion; Möhring/Nicolini/*Ahlberg* § 2 UrhG Rn 31; Schricker/Loewenheim/*Loewenheim* § 2 UrhG Rn 180; Schricker/Loewenheim/*Vogel* § 2 UrhG Rn 19; Hoeren/Nielen/*Fleer* Rn 136; *Oldekop* Rn 375; *Maaßen* ZUM 1992, 338, 339 f.

zu den Lichtbildwerken. Dagegen sind die mit einer Digitalkamera aufgenommenen Bilder als Werke oder Erzeugnisse einzustufen, die ähnlich wie Lichtbildwerke oder Lichtbilder hergestellt werden, weil sie zwar unter Verwendung des Lichts als Strahlungsquelle, aber nicht durch chemische oder physikalische Veränderungen einer lichtempfindlichen Schicht entstehen.[5] Für den urheberrechtlichen Schutz ist diese Unterscheidung allerdings ohne Bedeutung.

**7** Wird ein analoges Foto mit Hilfe eines Scanners digitalisiert, entsteht kein neues Lichtbild, sondern lediglich eine **digitale Kopie** der als Vorlage verwendeten Fotografie.[6] Da auch einfache Lichtbilder nur dann geschützt sind, wenn sie ein Mindestmaß an persönlicher Leistung erkennbar werden lassen,[7] genügen solche Reproduktionen vorhandener Bilder nicht den Anforderungen des § 72 UrhG.[8]

**8** Bei einem Bild, das ohne eine Kamera ausschließlich mit Hilfe des Computers generiert wird, handelt es sich weder um ein Lichtbild noch um ein lichtbildähnliches Erzeugnis, weil bei der Herstellung keine Strahlungsquelle zum Einsatz kommt.[9] Das gilt auch dann, wenn das **Computerbild** wie ein Foto aussieht und das auf dem Bild dargestellte Objekt so realistisch wirkt, als sei es mit einer Kamera aufgenommen worden. Deshalb kann zB für eine Fahrzeugabbildung, die aus den 3D-Daten des Automobilherstellers entwickelt wird und bei der es sich um ein reines Computererzeugnis handelt, kein Schutz gem § 2 Abs 1 Nr 5 UrhG oder § 72 UrhG beansprucht werden. Ein solches Bild ist allenfalls als **Werk der angewandten Kunst (§ 2 Abs 1 Nr 4 UrhG)** schutzfähig.[10]

**9** Werden **verschiedene Fotografien** am Computerbildschirm **zu einem neuen Bild** zusammengefügt, kann für das Ergebnis dieser Bearbeitung nur dann ein eigenständiger Urheberrechtsschutz beansprucht werden, wenn es sich um eine persönliche geistige Schöpfung handelt (§ 3 UrhG). Das neue Bild ist ungeachtet der Tatsache, dass dafür ausschließlich Fotografien verwendet wurden, nicht als Lichtbildwerk (§ 2 Abs 1 Nr 5 UrhG), sondern als Werk der angewandten Kunst (§ 2 Abs 1 Nr 4 UrhG) einzuordnen.[11] Zwar sollte man meinen, dass das, was aus der Bearbeitung von Licht-

---

**5** Dreier/Schulze/*Schulze* § 2 UrhG Rn 199; Hoeren/Nielen/*Fleer* Rn 140; *Oldekop* Rn 385; *Maaßen* ZUM 1992, 338, 339 f; aA Schricker/Loewenheim/*Loewenheim* § 2 UrhG Rn 179: Die digitalen Aufnahmetechniken seien den analogen Verfahren gleichzusetzen und digitale Aufnahmen deshalb als Lichtbildwerke oder Lichtbilder und nicht als lichtbild(werk)ähnliche Erzeugnisse einzustufen; ebenso *Schack* Kunst und Recht Rn 860.
**6** Fromm/Nordemann/*A Nordemann* § 72 UrhG Rn 11; Hoeren/Nielen/*Fleer* Rn 141; *Maaßen* ZUM 1992, 338, 340; differenzierend *Oldekop* Rn 449 ff: bloße Vervielfältigung bei schlichtem Einscannen, dagegen (neues) lichtbildähnliches Erzeugnis, wenn der Scanvorgang gestaltend beeinflusst wird.
**7** Dazu Rn 44.
**8** BGH GRUR 1990, 669, 673 – Bibelreproduktion; Dreier/Schulze/*Schulze* § 72 UrhG Rn 9; Schricker/Loewenheim/*Vogel* § 72 UrhG Rn 23; Wandtke/Bullinger/*Thum* § 72 UrhG Rn 6; *Schack* Kunst und Recht Rn 861; *Heitland* 73 ff; *W Nordemann* GRUR 1987, 15, 17.

**9** So OLG Köln GRUR-RR 2010, 142 – 3D-Messestände; OLG Hamm ZUM 2004, 927, 928 – Webdesign; Schricker/Loewenheim/*Loewenheim* § 2 UrhG Rn 181; Schricker/Loewenheim/*Vogel* § 72 UrhG Rn 21; Wandtke/Bullinger/*Thum* § 72 UrhG Rn 12; Fromm/Nordemann/*A Nordemann* § 2 UrhG Rn 193 und § 72 UrhG Rn 8; Möhring/Nicolini/*Kroitzsch* § 72 UrhG Rn 3; *Heitland* 23 ff; *Oldekop* Rn 389 ff; *Maaßen* ZUM 1992, 338, 340 ff; *Schack* JZ 1998, 753, 754; aA Dreier/Schulze/*Schulze* § 2 UrhG Rn 200 und § 72 UrhG Rn 7; *Schulze* CR 1988, 181, 188 ff.
**10** Schricker/Loewenheim/*Loewenheim* § 2 Rn UrhG 181; *Schack* Kunst und Recht Rn 860; *Wanckel* Rn 371.
**11** Dreier/Schulze/*Schulze* § 3 UrhG Rn 40; Schricker/Loewenheim/*Loewenheim* § 3 UrhG Rn 34; *Riedel* 35; Hoeren/Nielen/*Nielen* Rn 229; aA offenbar *A Nordemann* 66, der auch das aus einzelnen Fotos zusammengesetzte Bild als Lichtbild einstufen will.

Wolfgang Maaßen

bildwerken oder Lichtbildern entsteht, ebenfalls ein Lichtbildwerk oder Lichtbild oder jedenfalls ein lichtbild(werk)ähnliches Erzeugnis sein muss. Diese Betrachtungsweise übersieht jedoch, dass die am Bildschirm entstandene Bildkomposition ohne die Einwirkung strahlender Energie geschaffen wurde. Deshalb kann es sich dabei auch nicht um ein Lichtbild oder ein lichtbildähnliches Erzeugnis handeln.[12]

**10**    Dementsprechend sind die für Lichtbildwerke und Lichtbilder geltenden Schutzvorschriften auf die in der Automobilbranche inzwischen üblichen Werbebilder, die eine computergenerierte Abbildung des beworbenen Fahrzeugs mit einer HDR-Landschaftsaufnahme kombinieren, nicht anwendbar. Da solche Bildkompositionen am Bildschirm entstehen, sind sie allenfalls als Werke der angewandten Kunst schutzfähig. Das bedeutet aber, dass sie die Hürde des § 2 Abs 2 UrhG überspringen müssen. Im Bereich der angewandten Kunst ist diese Hürde deutlich höher als bei den anderen Werkarten des § 2 Abs 1 UrhG, denn dort gibt es im Hinblick darauf, dass bei Werken der angewandten Kunst ein Geschmacksmusterschutz möglich ist, keinen Schutz der kleinen Münze.[13] Will man daher für eine **Bildkomposition, die mit dem Computer geschaffen wurde**, den für Werke der angewandten Kunst bestehenden Urheberschutz in Anspruch nehmen, ist der Nachweis zu führen, dass sich das neue Bild von der bloßen Durchschnittsgestaltung abhebt und sie deutlich überragt.[14] Damit sind die Schutzanforderungen bei Bildern und Bildkompositionen, die ausschließlich am Bildschirm entstehen, erheblich höher als bei den Bildern, die unter Verwendung des Lichts als Strahlungsquelle geschaffen werden und die deshalb auch ohne den Nachweis, dass sie die Durchschnittsgestaltung deutlich überragen, entweder als Lichtbildwerke oder als einfache Lichtbilder geschützt sind.

## II. Strukturen des Fotomarkts

### 1. Fotoproduzenten und Produktionsbeteiligte

**11**    a) **Fotografen.** Für Fotografen gibt es in Deutschland **unterschiedliche Ausbildungswege** und Ausübungsformen. Man unterscheidet zwischen den handwerklich ausgebildeten Fotografen, die eine **Gesellenprüfung** und eventuell auch eine **Meisterprüfung** abgelegt haben, und den akademisch ausgebildeten Fotografen, die an einer Fachhochschule oder Kunsthochschule das Fach Fotodesign, Kommunikationsdesign oder Visuelle Kommunikation studiert und ihr Studium mit einer **Diplom- oder Bachelorprüfung** abgeschlossen haben.[15] Die akademisch ausgebildeten Fotografen bezeichnen sich häufig als Fotodesigner, doch ist diese Berufsbezeichnung nicht geschützt, so dass sie auch von Fotografen, die lediglich über eine handwerkliche Ausbildung verfügen oder als Autodidakten in den Beruf gelangt sind, verwendet werden kann.[16]

**12**    Die Dualität der Ausbildung ist historisch bedingt. Früher war die Handwerkslehre der einzige Ausbildungsweg und eine selbständige Berufstätigkeit als Fotograf

---

[12] Hoeren/Nielen/*Fleer* Rn 142; Hoeren/Nielen/*Nielen* Rn 228; *Oldekop* Rn 389 ff; *Maaßen* ZUM 1992, 181, 341.
[13] BVerfG GRUR 2005, 410 – Laufendes Auge; Schricker/Loewenheim/*Loewenheim* § 2 UrhG Rn 160 mwN; krit dazu Fromm/Nordemann/ *A Nordemann* § 2 UrhG Rn 147.

[14] BGH GRUR 1995, 581, 582 – Silberdistel; Dreier/Schulze/*Schulze* § 2 UrhG Rn 160.
[15] Dazu *Maaßen* Kunst oder Gewerbe Rn 152 ff; Hoeren/Nielen/*Berndzen* Rn 43.
[16] *Maaßen* Kunst oder Gewerbe Rn 118.

war nur möglich wenn man die Meisterprüfung absolvierte und sich in die Handwerksrolle eintragen ließ. Die akademische Ausbildung wurde erst vor etwa 40 Jahren eingeführt, als sich nach und nach die Erkenntnis durchsetzte, dass die Fotografie (auch) ein künstlerisches Medium ist und eine kreative Bildgestaltung mit den Mitteln der Fotografie mehr erfordert als die Beherrschung handwerklicher Techniken. Die akademisch ausgebildeten Fotografen betrachten ihre Arbeit nicht als **Handwerk**, sondern als eine **künstlerische Tätigkeit.** Anders als die Handwerksfotografen deklarieren sie ihre Einkünfte deshalb auch nicht als **gewerbliche Einkünfte** (§ 15 EStG), sondern als **Einkünfte aus freiberuflicher Tätigkeit,** wozu auch die künstlerische Tätigkeit gehört (§ 18 Abs 1 Nr 1 EStG).[17] Als Freiberufler sind sie im Gegensatz zu den handwerklich arbeitenden Fotografen von der Verpflichtung befreit, sich bei der Handwerkskammer in das Verzeichnis der zulassungsfreien Handwerke (§ 18 Abs 2 HandwO) eintragen zu lassen und Kammerbeiträge zu entrichten.[18]

Als rein handwerkliche fotografische Leistungen gelten inzwischen nur noch die **Hochzeit-, Porträt- und Passbilder** sowie **Aufnahmen von Schulkindern** und Schulklassen. Die **Werbe- und Modefotografie** entwickelt sich dagegen immer mehr zu einer Domäne der freiberuflichen Fotografen (Fotodesigner). Auch die **Architekturfotografie** wird heute weitgehend von akademisch ausgebildeten Fotografen beherrscht. Die Handwerksfotografie verliert dagegen zunehmend an Bedeutung. **13**

Die allmähliche Verdrängung des Fotografenhandwerks durch die freiberufliche Fotografie erklärt sich vor allem daraus, dass die Einstufung als Handwerker mit erheblichen Nachteilen verbunden ist. Anders als ihre freiberuflichen Kollegen unterliegen die Handwerksfotografen der Gewerbesteuer und außerdem den Restriktionen der Gewerbe- und Handwerksordnung. Die einzige Möglichkeit, diesen Belastungen zu entgehen, ist der Nachweis einer freiberuflichen Tätigkeit. Dieser Nachweis ist problemlos möglich, wenn ein Fotograf als Bildberichterstatter arbeitet, denn **Bildberichterstatter (Bildjournalisten)** üben stets einen freien Beruf aus.[19] Ein Fotograf, der nicht im Bereich des Bildjournalismus tätig ist, kann dagegen den Status eines Freiberuflers nur erreichen, wenn seine Berufstätigkeit als künstlerisch anerkannt wird.[20] **14**

Der unterschiedliche Status der Fotografen hat bisher die Entstehung eines einheitlichen Berufsverbandes verhindert. Die Interessen der Fotografen, die eine künstlerische Tätigkeit ausüben, werden vor allem vom **Bund Freischaffender Foto-Designer (BFF)** wahrgenommen.[21] Die Handwerksfotografen sind im **Centralverband Deutscher Berufsphotographen (CV)** organisiert, der die Funktion eines Bundesinnungsverbandes gem § 85 HandwO wahrnimmt.[22] Die Fotojournalisten (Bildberichterstatter) haben sich in der Vereinigung **FreeLens** zusammengeschlossen.[23] **15**

---

**17** Zu der schwierigen steuerlichen Abgrenzung der freiberuflichen Fotografen von den Handwerksfotografen *Maaßen* Kunst oder Gewerbe Rn 279 ff; Hoeren/Nielen/*Doepner* Rn 323 ff; vgl auch Ebling/Schulze/*Ebling* 274 ff; *Schack* Kunst und Recht Rn 76 ff.
**18** *Maaßen* Basiswissen 240; zur Handhabung des Abgrenzungsproblems im Handwerksrecht *Maaßen* Kunst oder Gewerbe Rn 564 ff, 591 ff; Hoeren/Nielen/*Doepner* Rn 325 f; *Schack* Kunst und Recht Rn 73 ff.
**19** Zum Begriff des Bildberichterstatters

*Maaßen* Kunst oder Gewerbe Rn 292 ff und Rn 956.
**20** Zum Verfahren der steuerlichen Anerkennung der Künstlereigenschaft in den einzelnen Bundesländern *Maaßen* Kunst oder Gewerbe Rn 376 ff; Ebling/Schulze/*Ebling* 301 ff.
**21** Hoeren/Nielen/*Berndzen* Rn 46; weitere Informationen unter www.bff.de.
**22** Hoeren/Nielen/*Berndzen* Rn 45; weitere Informationen unter www.cvfoto.de.
**23** Informationen zu diesem Berufsverband unter www.freelens.com.

Wolfgang Maaßen

**16**    b) **Repräsentanten (Fotoagenten).** Selbständige Fotografen, insb Werbefotografen, arbeiten häufig mit Repräsentanten zusammen.[24] Repräsentanten sind Agenten, die für die von ihnen betreuten Fotografen Aufträge akquirieren und sich meist auch um die Vertragsabwicklung kümmern. Sie pflegen die Kontakte zu den Art-Buyern der großen Werbeagenturen, legen dort die Präsentationsmappen ihrer Fotografen vor und vermitteln so Vertragsabschlüsse über neue Fotoproduktionen oder die Nutzung bereits vorhandener Bilder. Die Repräsentanten verfassen in der Regel auch die Kostenvoranschläge, prüfen die Auftragsschreiben der Kunden oder bestätigen mündlich erteilte Aufträge und erteilen über die von den Fotografen erbrachten Leistungen eine Abrechnung. Sie handeln dabei in der Regel als Bevollmächtigte der Fotografen und in deren Namen. Diese **Agenten- und Managertätigkeit** wird dadurch abgegolten, dass die Repräsentanten für jeden Vertragsabschluss eine **Provision** in Höhe von 25 bis 35 % der Honorare erhalten, die der Fotograf mit dem von dem Repräsentanten vermittelten Auftrag verdient.[25]

**17**    Es ist umstritten, ob die Repräsentanten rechtlich als **Handelsvertreter** oder als **Makler** einzustufen sind.[26] Die Statusfrage ist von erheblicher praktischer Bedeutung, weil einem Handelsvertreter nach Beendigung des Vertragsverhältnisses ein Ausgleichsanspruch zusteht, der die Höhe einer Jahresprovision erreichen kann (§ 89b HGB). Gegen eine Einstufung als Handelsvertreter spricht, dass Repräsentanten im Regelfall mehrere Fotografen gleichzeitig betreuen und deshalb – anders als die Handelsvertreter – keine einseitige Interessenvertretung eines einzelnen Unternehmers, sondern – ähnlich wie die Makler – lediglich eine neutrale Vermittlungstätigkeit schulden.[27]

**18**    c) **Fotomodelle und Modellagenturen.** Fotografen und insb die Werbefotografen sind häufig auf die Mitwirkung von Fotomodellen angewiesen. Für Fotomodelle bestand früher ein staatliches Vermittlungsmonopol, das von der Bundesanstalt für Arbeit wahrgenommen wurde.[28] Heute erfolgt die Vermittlung in der Regel durch **Modellagenturen**, die dafür inzwischen keiner behördlichen Erlaubnis mehr bedürfen.[29] Außerdem können Fotomodelle weiterhin über die **Künstlervermittlung** der Bundesagentur für Arbeit gebucht werden.

**19**    Modellagenturen fordern für ihre Vermittlungsleistungen sowohl von dem Fotomodell als auch von dem Kunden, an den das Modell vermittelt wird, eine Provision. In den Fällen, in denen die Vermittlungstätigkeit zur Begründung eines abhängigen Beschäftigungsverhältnisses führt, sind bei der Festlegung der Vermittlungsprovision

---

[24] Vgl dazu die Vertragsmuster bei *Maaßen* Verträge 241 ff und 251 ff.

[25] Zur Tätigkeit der Repräsentanten vgl auch *Maaßen* Basiswissen 60 ff; *Martinek/Bergmann* WRP 2006, 1047, 1048; zu den typischen Regelungen in Repräsentantenverträgen *Maaßen* Verträge 241 ff.

[26] Gegen eine Einstufung als Handelsvertreter: OLG Hamburg GRUR 2006, 788 – Werbefotograf; LG Hamburg Urt v 24.6.2004 (309 O 384/02) – Repräsentantenvertrag III; LG Köln, Urt v 11.3.2002 (2 O 594/00) – Repräsentantenvertrag II; LG München I Urt v 4.12.1992 (13 HKO 9608/91) – Repräsen-

tantenvertrag I; *Maaßen* Basiswissen 65 ff; *Kassung* AfP 2004, 89, 91 ff; aA *Martinek/Bergmann* WRP 2006, 1047 ff.

[27] So auch OLG Hamburg GRUR 2006, 788, 789 – Werbefotograf.

[28] Dazu *Finkenrath* 93 ff.

[29] Die Regelung des § 291 SGB III, der zufolge die Vermittlung von Fotomodellen durch Modellagenturen nur mit einer staatlichen Arbeitsvermittlungserlaubnis zulässig war, wurde durch Art 3 Nr 3 des Gesetzes zur Vereinfachung der Wahl der Arbeitnehmervertreter in den Aufsichtsrat v 26.3.2002 (BGBl I S 1130) aufgehoben.

die Bestimmungen der **Vermittler-Vergütungsverordnung**[30] zu beachten. Die von dem Fotomodell zu zahlende Agenturvergütung darf dann bei einer Beschäftigung von mehr als sieben Tagen höchstens 14 % und bei einer kürzeren Beschäftigung maximal 18 % des Modellhonorars einschließlich der darauf entfallenden Mehrwertsteuer betragen.

Vielfach bleibt ungewiss, ob ein Fotomodell als **Arbeitnehmer** beschäftigt wird oder ob es eine **selbständige Tätigkeit** ausübt.[31] Es kann deshalb zweifelhaft sein, ob die Beschränkungen der Vermittler-Vergütungsverordnung und die weiteren gesetzlichen Beschränkungen, die für die Vermittlung von Arbeitnehmern gelten (zB §§ 296, 297 SGB III), im Einzelfall zu beachten sind. Um insoweit klare Verhältnisse zu schaffen, schließen die Modellagenturen mit den Fotomodellen zunehmend sogenannte **Managementverträge** ab.[32] Diese Verträge koppeln die Agenturvergütung zwar ebenso wie die **Vermittlungsverträge** an die Gage des Fotomodells, doch wird die Vergütung nach den Vertragsbestimmungen nicht mehr für die Vermittlung von Engagements, sondern für die Managementleistungen der Agentur geschuldet.[33] Wenn sich dann allerdings herausstellt, dass sich die Tätigkeit der Agentur im Wesentlichen in der Vermittlung von Engagements erschöpft, kann das Vertragsverhältnis ungeachtet der geänderten Etikettierung den gesetzlichen Beschränkungen unterliegen, die für die Vermittlung von abhängig beschäftigten Fotomodellen gelten.[34]

**20**

Modellagenturen schließen die Verträge mit ihren Kunden regelmäßig nicht im eigenen Namen, sondern im Namen der von ihnen vertretenen Fotomodelle ab. Dabei wird dem Vertragsabschluss in vielen Fällen das vom Bund Freischaffender Foto-Designer (BFF) herausgegebene **Buchungsreglement für Fotomodelle**[35] zugrundegelegt. Wird ein Fotomodell nicht über eine Modellagentur gebucht, verzichten die Beteiligten meist auf eine umfassende Regelung ihrer Vertragsbeziehung. Stattdessen lassen sich die Fotografen von dem Fotomodell eine einfache **Freigabeerklärung (Model Release)**[36] unterschreiben, die ihnen in der Regel das Recht zur umfassenden Nutzung der Aufnahmen sichert.

**21**

d) **Weitere Produktionsbeteiligte.** Werbe- und Modefotografen werden bei den Aufnahmearbeiten häufig von Assistenten unterstützt. **Fotoassistenten** arbeiten in der Regel weisungsgebunden. Sie erbringen keine eigenständigen schöpferischen Leistungen und gelten deshalb auch nicht als Künstler im Sinne des Künstlersozialversicherungsgesetzes.[37] Meist werden Fotoassistenten als freie Mitarbeiter geführt, obwohl sie vielfach wie Angestellte in den Betrieb des Fotografen eingebunden sind und ihre formale Selbständigkeit nur eine Scheinselbständigkeit ist.[38]

**22**

---

[30] Verordnung über die Zulässigkeit der Vereinbarung von Vergütungen von privaten Vermittlern mit Angehörigen bestimmter Berufe und Personengruppen (Vermittler-Vergütungsverordnung) v 27.6.2002 (BGBl I S 2439).
[31] Während die Finanzgerichte den Arbeitnehmerstatus bei Fotomodellen regelmäßig verneinen (vgl BFH BStBl II 2009, 931 mwN), wird er von einigen Sozialversicherungsträgern unter Berufung auf BSG NZA 1991, 907 bejaht.
[32] Dazu *Lansnicker/Schwirtzek* ZUM 2008, 48, 50 ff.

[33] Zur Abgrenzung der beiden Vertragstypen OLG Hamburg ZUM 2008, 144, 145 f – Nena; LG Düsseldorf ZUM 2009, 660, 661 – Servicevereinbarung.
[34] LG Düsseldorf ZUM 2009, 660, 661 – Servicevereinbarung.
[35] Abgedruckt bei *Maaßen* Verträge 219 ff.
[36] Vgl dazu das Muster bei *Maaßen* Verträge 230 ff.
[37] *Maaßen* Kunst oder Gewerbe Rn 832.
[38] Dazu *Maaßen* Verträge 269 f.

**23**    Zu den Aufnahmearbeiten im Bereich der Werbung und Mode werden in der Regel **Visagisten** und **Stylisten** hinzugezogen.[39] Visagisten sind für das Make-up und die Frisuren der Fotomodelle zuständig, während sich die Stylisten um die passende Kleidung, die richtige Ausstattung der dargestellten Szenen und um die Beschaffung der Requisiten kümmern, die für ein Shooting benötigt werden. An Food-Aufnahmen sind häufig **Food-Stylisten** beteiligt, die sich auf die optische Aufbereitung der aufzunehmenden Nahrungsmittel oder Speisen spezialisiert haben. Visagisten und Stylisten gelten im Bereich der Künstlersozialversicherung als Künstler, so dass die an sie gezahlten Entgelte der Künstlersozialabgabe unterliegen.[40] Daraus versuchen einige Visagisten und Stylisten neuerdings urheberrechtliche Mitspracherechte gegenüber den Fotografen abzuleiten.

**24**    Zu den weiteren Mitarbeitern im Team eines Werbe- und Modefotografen gehört bei größeren Fotoproduktionen meist auch ein **Locationscout**. Er hat die Aufgabe, vor Beginn der Aufnahmearbeiten einen passenden Aufnahmeort (Location) oder bestimmte Architektur- und Landschaftsmotive ausfindig zu machen. Ist ein geeigneter Aufnahmeort oder das gewünschte Motiv gefunden, kümmert sich der Locationscout um die Einholung der erforderlichen Aufnahmegenehmigungen und Einwilligungserklärungen sowie um die Durchführung eventuell notwendiger weiterer Maßnahmen (zB Straßensperrung, Abschluss von Versicherungen).

**25**    Von der eigentlichen Aufnahmetätigkeit (dem Shooting) zu unterscheiden ist die **Postproduktion**, die sich an das Shooting anschließt. In der Postproduktion werden die aufgenommenen Bilder mit Hilfe des Computers nachbearbeitet. Die digitale Nachbearbeitung erfolgt meist durch Fachleute, die mit der jeweils eingesetzten Bildbearbeitungssoftware umgehen können. Die **Bildbearbeiter** optimieren oder verändern die mit einer Digitalkamera aufgenommenen oder nachträglich digitalisierten Bilder und arbeiten dabei in der Regel nach den Vorgaben des Fotografen.[41]

### 2. Vermarkter

**26**    a) **Bildagenturen.** Fotografien werden nur dann neu produziert, wenn es die Bilder, die ein Verwerter benötigt, (noch) nicht gibt oder das in Frage kommende Bildmaterial für eine Verwertung blockiert ist. Da zahlreiche Bildagenturen eine Fülle von Fotografien zu allen denkbaren Themen und Motiven zur Nutzung bereithalten, suchen Werbeunternehmen, Verlage und andere Verwerter oft erst einmal in den Katalogen oder Online-Datenbanken der Agenturen nach geeignetem Material, bevor sie den Auftrag für eine aufwändige Fotoproduktion erteilen.

**27**    Bildagenturen sind das **Bindeglied zwischen den Fotografen und den Verwertern.** Sie kümmern sich um die Vermarktung von bereits produzierten Bildern.[42] Dabei handelt es sich meist um Bildmaterial, das Fotografen auf eigene Faust oder speziell für die Vermarktung durch eine Bildagentur produziert haben. In den Archiven und Datenbanken der Bildagenturen sind aber auch Bilder zu finden, die zunächst als Auf-

---

[39] Zum Inhalt einer Buchungsvereinbarung mit Visagisten und Stylisten vgl *Maaßen* Verträge 234 ff.
[40] BSG SGb 2006, 44 – Visagisten; *Maaßen* Basiswissen 286.
[41] Zu den Arbeitsabläufen bei der Postproduktion vgl *Maaßen* Basiswissen 51 ff.

[42] *Schack* (Kunst und Recht Rn 879) weist darauf hin, dass die Bilder der Fotojournalisten zu 80 bis 90 % über kommerzielle Bildagenturen vermarktet werden.

Wolfgang Maaßen

tragsarbeit entstanden sind und die nach Beendigung der primären Nutzung durch den Auftraggeber über die Agentur einer **Zweitverwertung** zugeführt werden. Da die Zweitverwertung durchaus lukrativ sein kann, nehmen große Zeitungs- und Zeitschriftenverlage dieses Geschäft bei Bildern, die in ihrem Auftrag für bestimmte Publikationen produziert worden sind, oft selbst in die Hand. Die Vermarktung der Zweitverwertungsrechte durch die Verlage bezeichnet man üblicherweise als **Syndication**.

Die Bildagenturen spielen auf dem Bildermarkt eine bedeutende Rolle. **Fotografen** **28** erhalten durch sie einen **besseren Marktzugang** und die Chance, ihre Bilder mehrfach zu verwerten. Den **Verwertern** ermöglichen die Kataloge und Datenbanken der Bildagenturen einen schnelleren Überblick über das Bildangebot und einen **leichteren Zugriff auf Bildmaterial**, das einzelne Fotografen in dieser Bandbreite niemals anbieten könnten.

Die Struktur des Marktes, auf dem die Bildagenturen tätig sind, hat sich in den **29** letzten Jahren stark verändert.[43] Während früher vor allem mittelständische Unternehmen das Marktgeschehen bestimmt haben, wird das Geschäft mit den Bildern jetzt weitgehend von zwei großen Agenturen, **Getty Images** und **Corbis**, dominiert. Es gibt zwar in Deutschland immer noch zahlreiche andere Anbieter, doch werden die Mitbewerber immer stärker durch die beiden Global Player der Branche verdrängt. Rund 80 kleinere Bildagenturen haben sich im **Bundesverband der Pressebild-Agenturen und Bildarchive (BVPA)** zusammengeschlossen. Dieser Verband hat einen Arbeitskreis eingerichtet, der unter der Bezeichnung „**Mittelstandgemeinschaft Foto-Marketing**" (**MFM**) eine jährlich aktualisierte Übersicht über die marktüblichen Honorare für Fotoveröffentlichungen herausgibt.[44]

**b) Kunsthandel.** Künstlerische Fotografien werden meist von Galerien und Auk- **30** tionshäusern vermarktet. Bis vor einigen Jahren war die **Fotografie als Kunstgattung** noch stark unterbewertet. Inzwischen haben jedoch Künstler wie *Andreas Gursky*, *Candida Höfer* und *Thomas Ruff* dafür gesorgt, dass auf dem Kunstmarkt auch mit Fotografien hohe Preise erzielt werden.[45]

Die Verwertung künstlerischer Fotografien erfolgt in der Form, dass **hochwertige** **31** **Abzüge in limitierter und signierter Auflage** angefertigt und über den Kunsthandel verkauft werden. Der Wert solcher Fotoabzüge hängt zum einen vom künstlerischen Renommee des Fotografen, zum anderen aber auch davon ab, wann und von wem und in welcher Auflage die Abzüge angefertigt werden. Ein hoher Preis lässt sich in der Regel nur mit solchen Abzügen erzielen, die der Fotograf selbst oder eine von ihm beauftragte Person kurz nach der Filmbelichtung vom Negativ anfertigt (**Vintage Prints**). Werden die Abzüge erst nach fünf bis zehn Jahren (**Period Prints**), nach mehr als zehn Jahren (**Modern Prints**) oder erst nach dem Tod des Fotografen von den Erben angefertigt (**Posthumous Prints**), fällt der auf dem Kunstmarkt erzielbare Preis deutlich geringer aus.

Bei der Vermarktung von künstlerischen Fotografien durch **Galerien** oder Auk- **32** tionshäuser geht es nicht um die Übertragung von Nutzungsrechten, sondern um die Einräumung von Eigentumsrechten an dem fotografischen Original.[46] Der Galerist

---

[43] Dazu *Maaßen* Basiswissen 76 ff.
[44] Dazu Loewenheim/*A Nordemann* § 73 Rn 29 ff; Hoeren/Nielen/*Berndzen* Rn 51; *Maaßen* Calculator 72 ff.
[45] Vgl *Hamm* 150 ff; Hoeren/Nielen/*Berndzen* 62.

[46] Ebling/Schulze/*G Schulze* 155 (Rn 5 f); zum Begriff des fotografischen Originals vgl Rn 130 f.

erwirbt ebenso wie der Auktionator in der Regel kein Eigentum an den Kunstwerken. Er verkauft sie im eigenen Namen, aber für Rechnung des Künstlers (Fotografen) und betätigt sich somit als Kommissionär (§§ 383 ff HGB).[47] Von dem Verkaufserlös erhält der Galerist eine Provision, die üblicherweise 30 % bis 50 % beträgt und bei jungen Künstlern auch 70 % erreichen kann.[48] Bei einer Versteigerung liegt die Provision des Auktionators bei etwa 10 % bis 15 % des Erlöses.[49]

**33**     **Auktionshäuser** haben die gesetzlichen Bestimmungen der Gewerbeordnung und der **Versteigererverordnung**[50] zu beachten. Ihre Tätigkeit bedarf einer behördlichen Erlaubnis (§ 34b Abs 1 GewO). Außerdem dürfen sie nur gebrauchte Sachen versteigern (§ 34b Abs 5 lit b GewO). Deshalb können künstlerische Fotografien, die eigens für den Verkauf produziert worden sind, nicht unter Umgehung des Kunsthandels auf dem Auktionsweg abgesetzt werden.[51]

### 3. Verwertungsgesellschaft Bild-Kunst

**34**     Einige Verwertungsrechte an Lichtbildwerken und Lichtbildern können auf Grund gesetzlicher Vorschriften (zB § 26 Abs 6, § 27 Abs 3, § 49 Abs 1 S 3, § 54h Abs 1 UrhG) oder aus praktischen Gründen nicht individuell von den Fotografen oder den Inhabern der Bildrechte, sondern nur durch eine Verwertungsgesellschaft wahrgenommen werden. Die **für die Fotografen zuständige Verwertungsgesellschaft** ist die VG Bild-Kunst. Sie ist als rechtsfähiger Verein kraft staatlicher Verleihung organisiert.

**35**     Die VG Bild-Kunst erwirbt die von ihr wahrzunehmenden Rechte und Vergütungsansprüche durch die **Wahrnehmungsverträge**, die sie mit den einzelnen Berechtigten (Urhebern, Rechtsinhabern) abschließt. In den Wahrnehmungsverträgen sind die kollektiv von der Verwertungsgesellschaft wahrgenommenen Rechte und Ansprüche in einem umfangreichen Katalog aufgelistet. Dieser Katalog wird laufend erweitert und der aktuellen Rechtsentwicklung angepasst.

**36**     Anders als eine Bildagentur bemüht sich die VG Bild-Kunst nicht aktiv um eine Vermarktung der von ihr wahrgenommenen Rechte. Sie vereinnahmt lediglich die Entgelte für gesetzliche Lizenzen und bietet den Verwertern den Abschluss von Verträgen über die Nutzungsrechte an, die ihr zur kollektiven Wahrnehmung übertragen worden sind. In Bezug auf diese Rechte besteht für die VG Bild-Kunst wie für jede andere Verwertungsgesellschaft ein **Abschlusszwang**, wobei das Gesetz eine Lizenzierung „zu angemessenen Bedingungen" vorschreibt (§ 11 Abs 1 WahrnG).[52] Die Lizenzgebühren werden mit den Verwertern in Gesamtverträgen oder Einzelverträgen vereinbart. Der Abschluss von Einzelverträgen erfolgt in der Regel auf der Basis der „Allgemeinen Konditionen der Rechtevergabe" der VG Bild-Kunst[53] und nach den Tarifen, die für die Nutzung von Fotografien in verschiedenen Medien ausgearbeitet wurden. Diese

[47] *Schack* Kunst und Recht Rn 109 (zum Auktionator) und Rn 657 (zum Galeristen); Ebling/Schulze/*G Schulze* 159, Rn 16.
[48] *Schack* Kunst und Recht Rn 645; vgl auch Ebling/Schulze/*G Schulze* 159, Rn 17.
[49] Ebling/Nielen/*Berndzen* Rn 56; vgl aber auch *Schack* Kunst und Recht Rn 113, dem zufolge Auktionshäuser wie *Sotheby's* und *Christie's* die Provision bereits auf 20% und im unteren Preissegment sogar auf 25% erhöht haben.

[50] Verordnung über gewerbsmäßige Versteigerungen (VerstV) v 24.4.2003 (BGBl I S 547).
[51] *Schack* Kunst und Recht Rn 108.
[52] Eine Kollision mit den geschäftlichen Interessen der Bildagenturen wird dadurch vermieden, dass die VG Bild-Kunst keine Reproduktionsrechte der Fotografen wahrnimmt; vgl *Schack* Kunst und Recht Rn 884.
[53] Abrufbar unter www.bildkunst.de > Tarife > AGB Reproduktionsrechte.

Tarife sind ähnlich strukturiert wie die Bildhonorarlisten der Mittelstandsgemein-schaft Foto-Marketing (MFM).

Die VG Bild-Kunst verteilt ihre Einnahmen nach den **Verteilungsplänen**, die von der Mitgliederversammlung beschlossen werden. Dabei gilt der allgemeine Grundsatz, dass jeder Berechtigte den auf die Nutzung seiner Werke entfallenden Anteil am Ertrag erhalten soll. Soweit allerdings der individuelle Anteil der Nutzung am Ertrag nicht oder nicht mit angemessenen Mitteln feststellbar ist, erfolgt die Verteilung des Erlöses pauschal nach allgemeinen Bewertungs- und Verteilungsregeln, also ohne Rücksicht auf die tatsächliche Nutzung der einzelnen Werke. **37**

### 4. Verwerter

**a) Erwerber von Nutzungsrechten.** Da Fotografien entweder als Lichtbildwerk oder als einfaches Lichtbild urheberrechtlich geschützt sind, ist ihre Verwertung nur auf der Grundlage eines Lizenzvertrags möglich. Das Spektrum der möglichen Partner eines Lizenzvertrages reicht von den **Zeitungs-, Zeitschriften- und Buchverlagen** über **Wirtschaftsunternehmen** und **Werbeagenturen** bis hin zu **Privatpersonen**, die ein Foto bspw für ihre Homepage verwenden wollen. **38**

Werden bereits vorhandene Bilder lizenziert, erwirbt der Verwerter meist nur die einfachen Nutzungsrechte, während in den Fällen, in denen der Fotograf die Bilder für einen Kunden neu produziert, die Übertragung von ausschließlichen (exklusiven) Nutzungsrechten die Regel ist. In welchem Umfang die (einfachen oder ausschließlichen) **Nutzungsrechte** übertragen werden, hängt sehr stark von der wirschaftlichen Machtposition des jeweiligen Verwerters ab. Bedeutende Verlage und Unternehmen, die das Markgeschehen stark beeinflussen und von denen die Fotografen in hohem Maße abhängig sind, bestehen vielfach darauf, dass ihnen die Nutzungsrechte zeitlich und geografisch unbeschränkt für alle in Betracht kommenden Nutzungsarten überlassen werden. Kleinere Verwerter werden ein solches **Buyout sämtlicher Rechte** dagegen meist nicht durchsetzen können. **39**

**b) Käufer von Kunstobjekten.** Im Kunsthandel geht es bei der Verwertung von Fotografien nicht um die Nutzungsrechte, sondern um das **Eigentum an den Originalen.** Die Erwerber wollen die Fotografien nicht vervielfältigen, verbreiten oder öffentlich wiedergeben, sondern über die Rechte verfügen können, die das Gesetz (§ 903 BGB) dem Eigentümer zubilligt. Dementsprechend werden im fotografischen Kunsthandel keine Lizenzverträge, sondern **Kaufverträge** abgeschlossen und im Zweifel auch nur Eigentumsrechte, aber keine urheberrechtlichen Nutzungsrechte übertragen (§ 44 Abs 1 UrhG). **40**

# § 2
# Rechte an der Fotografie

## I. Urheberrechte und Leistungsschutzrechte

### 1. Gegenstand des Urheber- und Leistungsschutzes

**41**     a) **Schutz der Lichtbildwerke und Lichtbilder.** § 2 Abs 1 Nr 5 UrhG schützt analoge Fotografien als **Lichtbildwerke** und die mit einer Digitalkamera aufgenommenen
Bilder als **lichtbildwerkähnliche Erzeugnisse**, sofern es sich um persönliche geistige
Schöpfungen handelt. Fotografien, die das Kriterium der persönlichen geistigen
Schöpfung nicht erfüllen, sind gem § 72 UrhG als **Lichtbilder** oder als **lichtbildähnliche Erzeugnisse** geschützt. Wird ein Bild ohne eine Kamera ausschließlich mit Hilfe
eines Computers erzeugt, kommt weder ein Schutz als Lichtbildwerk noch ein Licht-
bildschutz in Frage. Solche Bilder sind aber eventuell gem § 2 Abs 1 Nr 4 UrhG als
**Werke der angewandten Kunst** schutzfähig.[54]

**42**     Für Lichtbildwerke besteht ein uneingeschränkter **Urheberrechtsschutz**, für die einfachen Lichtbilder dagegen nur ein **Leistungsschutz**. Allerdings sind die Lichtbilder
den Lichtbildwerken weitgehend gleichgestellt, da die für Lichtbildwerke geltenden
Vorschriften des Urheberrechts auf Lichtbilder und lichtbildähnliche Erzeugnisse gem
§ 72 Abs 1 UrhG entsprechend anzuwenden sind. Unterschiede zeigen sich lediglich
bei den **Schutzfristen**, denn Lichtbilder sind nur für die Dauer von 50 Jahren ab ihrem
Erscheinen, der ersten erlaubten öffentlichen Wiedergabe oder der Herstellung geschützt (§ 72 Abs 3 UrhG), während für Lichtbildwerke eine Schutzdauer von 70 Jahren ab dem Tod des Urhebers gilt (§ 64 UrhG). Außerdem ist auch der **Schutzumfang**
unterschiedlich, denn einfache Lichtbilder sind zwar ebenso wie Lichtbildwerke gegen
Bearbeitungen und Umgestaltungen geschützt, doch genügen bei einem Lichtbild mangels ausreichender Individualität bereits geringfügige Änderungen, um die Grenze zwischen der unzulässigen Bearbeitung (§ 23 UrhG) und der zulässigen freien Benutzung
(§ 24 UrhG) zu überschreiten.[55] Bei Lichtbildern besteht somit nur ein Schutz gegen
identische oder nahezu identische Übernahmen, während der Schutzbereich bei Lichtbildwerken deutlich weiter gezogen ist.[56]

**43**     **Lichtbildwerke** unterscheiden sich von den Lichtbildern dadurch, dass sie eine **persönliche geistige Schöpfung** erkennbar werden lassen. Das Merkmal der persönlichen
geistigen Schöpfung ist bei Fotografien erfüllt, wenn sie von der Individualität ihres
Urhebers geprägt sind.[57] Es ist im Hinblick auf Art 6 der Schutzdauer-Richtlinie[58]
nicht erforderlich, dass die Bilder auch ein besonderes Maß an schöpferischer Gestaltung aufweisen.[59] Da auch die kleine Münze geschützt ist, genügt es für die Einstu-

---

**54** Dazu bereits Rn 8.
**55** Schricker/Loewenheim/*Vogel* § 72 UrhG
Rn 30; *Franzen/von Olenhusen* UFITA 2007,
435, 446.
**56** Vgl OLG Hamburg ZUM-RD 1997, 217,
219 – Troades; LG München I ZUM-RD 2002,
489, 493 – Rudolf der Eroberer I.
**57** Schricker/Loewenheim/*Loewenheim* § 2
UrhG Rn 182, 184; *Bullinger/Garbers-von
Boehm* GRUR 2008, 24, 26.
**58** Richtlinie 93/98/EWG des Rates v
29.10.1993 zur Harmonisierung der Schutz-

dauer des Urheberrechts und bestimmter ver-
wandter Schutzrechte.
**59** BGH ZUM 2000, 233, 234 – Werbefotos;
OLG Düsseldorf GRUR-RR 2009, 45, 46 –
Schaufensterdekoration; LG Hamburg ZUM
2009, 165, 166 – Mauerspringer; LG Hamburg
ZUM-RD 2008, 31 – Kanzler-Wahlkampfbild;
Schricker/Loewenheim/*Loewenheim* § 2 UrhG
Rn 184; Schricker/Loewenheim/*Vogel* § 72
UrhG Rn 22; *Heitland* 60 ff; *Platena* 237 f;
*Franzen/von Olenhusen* UFITA 2007, 435, 439.

fung als Lichtbildwerk, dass die Aufnahme eine individuelle Betrachtungsweise oder künstlerische Aussage des Fotografen zum Ausdruck bringt, die sie von der lediglich gefälligen und technisch einwandfreien Abbildung abhebt.[60] Entscheidend ist dabei, dass die Wahl des Motivs, des Bildausschnitts, der Perspektive, der Beleuchtung oder der Kontrastgebung eine individuelle Zuordnung von Fotografie und Fotograf ermöglicht.[61]

Im Gegensatz zu den gestalteten Lichtbildwerken (§ 2 Abs 1 Nr 4 UrhG) handelt es sich bei den **Lichtbildern** (§ 72 UrhG) um fotografische Abbildungen, die nicht die Qualität einer persönlichen geistigen Schöpfung aufweisen. Zwar erfordert auch der Lichtbildschutz ein **Mindestmaß an persönlicher Leistung**,[62] doch sind diese Mindestanforderungen in der Regel bei allen einfachen Fotografien erfüllt.[63] Entscheidend ist, dass eine natürliche Person die Aufnahmebedingungen bestimmt und das Lichtbild als Urbild, also nicht durch bloße Reproduktion eines bereits vorhandenen Bildes geschaffen wird.[64] Unerheblich ist die eingesetzte Technik. Deshalb sind nicht nur **Knipsbilder**, die ein Fotoamateur mit einer einfachen Digitalkamera anfertigt,[65] sondern auch die mit einer automatischen Kamera aufgenommen **Luftbilder**,[66] **Satellitenfotos**,[67] **Standbilder** einer Wetterkamera,[68] **Radarbilder**[69] und **Passbilder** aus dem Fotoautomaten[70] als Lichtbilder geschützt, sofern die eingesetzte Technik von einem Menschen programmiert wird.

**44**

Für die **rein technische Reproduktion einer Grafik** mit Hilfe einer Reprokamera besteht dagegen ebenso wenig ein eigenständiger Lichtbildschutz[71] wie für Reproduktionen bereits vorhandener Fotografien (Abzüge von Negativen, Diaduplikate, Scans, Fotokopien etc), da das notwendige Mindestmaß an persönlicher Leistung bei dem Reproduktionsvorgang nicht erreicht wird.[72] Dasselbe gilt für Bilder, die ohne be-

**45**

**60** Schricker/Loewenheim/*Loewenheim* § 2 UrhG Rn 184; *Franzen/von Olenhusen* UFITA 2007, 435, 439; vgl auch Schricker/Loewenheim/*Vogel* § 72 UrhG Rn 22; Dreier/Schulze/ *Schulze* § 2 UrhG Rn 195.
**61** OGH ZUM-RD 2002, 281, 283 f – EURO-BIKE; Schricker/Loewenheim/*Loewenheim* § 2 UrhG Rn 184.
**62** BGH GRUR 1993, 34, 35 – Bedienungsanweisung; BGH GRUR 1990, 669, 673 – Bibelreproduktion; Schricker/Loewenheim/ *Vogel* § 72 UrhG Rn 22; *Heitland* 73 ff; *Schack* Kunst und Recht Rn 861; aA *Platena* 149 ff, der dieses Schutzkriterium ablehnt.
**63** Dreier/Schulze/*Schulze* § 72 UrhG Rn 12.
**64** BGH GRUR 1990, 669, 673 – Bibelreproduktion; Schricker/Loewenheim/*Vogel* § 72 UrhG Rn 23; Fromm/Nordemann/*A Nordemann*§ 72 UrhG Rn 9; *W Nordemann* GRUR 1987, 15, 17.
**65** Dreier/Schulze/*Schulze* § 72 UrhG Rn 9; Hoeren/Nielen/*Fleer* Rn 134.
**66** Schricker/Loewenheim/*Vogel* § 72 UrhG Rn 20; Dreier/Schulze/*Schulze* § 72 UrhG Rn 4; Wandtke/Bullinger/*Thum* § 72 UrhG Rn 15; Hoeren/Nielen/*Fleer* Rn 132; *Wanckel* Rn 373; *Heitland* 80; *Platena* 105 ff; *Katzenberger* GRUR Int 1989, 116, 118 f; aA Möhring/Nicolini/*Kroitzsch* § 72 UrhG Rn 3.

**67** Schricker/Loewenheim/*Vogel* § 72 UrhG Rn 20; Dreier/Schulze/*Schulze* § 72 UrhG Rn 4; Wandtke/Bullinger/*Thum* § 72 UrhG Rn 15; Hoeren/Nielen/*Fleer* Rn 133; *Wanckel* Rn 373; *Heitland* 80 f; *Platena* 105 ff; *Katzenberger* GRUR Int 1989, 116, 118 f; aA Möhring/Nicolini/*Kroitzsch* § 72 UrhG Rn 3; offen gelassen von LG Berlin GRUR 1990, 270 – Satellitenfoto.
**68** OGH GRUR Int 2001, 351, 352 – Vorarlberg Online; Dreier/Schulze/*Schulze* § 72 UrhG Rn 4; *Wanckel* Rn 373.
**69** Schricker/Loewenheim/*Vogel* § 72 UrhG Rn 20; aA Wandtke/Bullinger/*Thum* § 72 UrhG Rn 17; Möhring/Nicolini/*Kroitzsch* § 72 UrhG Rn 3.
**70** Schricker/Loewenheim/*Vogel* § 72 UrhG Rn 20; Wandtke/Bullinger/*Thum* § 72 Rn 15; Möhring/Nicolini/*Kroitzsch* § 72 UrhG Rn 3; Hoeren/Nielen/*Fleer* Rn 131; *Wanckel* Rn 373; *Platena* 102 ff.
**71** BGH ZUM-RD 2001, 322, 325 – Telefonkarte; Fromm/Nordemann/*A Nordemann* UrhG Rn 9; Dreier/Schulze/*Schulze* § 72 Rn 10; *W Nordemann* GRUR 1987, 15, 17; *Franzen/ von Olenhusen* UFITA 2007, 435, 441.
**72** BGH GRUR 1990, 669, 673 – Bibelreproduktion; Schricker/Loewenheim/*Vogel* § 72 UrhG Rn 23; *Schack* Kunst und Recht Rn 861.

wusste Mitwirkung eines Menschen **durch Zufall entstehen.**[73] So sind bspw die Farbverläufe auf den Anfangsabschnitten entwickelter Diafilmstreifen, die manchmal wie Landschaftsbilder aussehen, dem Zufall zu verdanken und die „Landschafts-Epiphanien" des Künstlers *Timm Ulrichs*, die aus solchen zufällig entstandenen Filmschnipseln bestehen, weder als Lichtbildwerke noch als einfache Lichtbilder geschützt.

**46**  **b) Ungeschützte Werke und Leistungen. aa) Gemeinfreie Fotografien.** Ein urheberrechtlicher Schutz besteht nur für die Dauer der gesetzlichen Schutzfristen. Bei Fotografien ist die **Dauer der Schutzfristen** und das genaue Datum ihres Ablaufs oft schwierig zu bestimmen, weil die Schutzfristen im Laufe der Zeit immer wieder geändert und verlängert wurden.[74] So waren Fotografien ursprünglich nur für die Dauer von 5 Jahren ab ihrem Erscheinen geschützt. 1907 wurde die Schutzdauer auf 10 Jahre und 1940 auf 25 Jahre verlängert. Ab 1985 differenzierte das Gesetz bei den Schutzfristen zwischen den Lichtbildwerken, deren Schutzdauer auf 70 Jahre post mortem auctoris verlängert wurde, und den Lichtbildern, die für die Dauer von 50 Jahren ab ihrem Erscheinen geschützt waren, falls es sich um Dokumente der Zeitgeschichte handelte, und für die ansonsten weiterhin eine Schutzfrist von 25 Jahren galt. 1995 führte dann die Umsetzung der Schutzdauer-Richtlinie in das deutsche Recht zu einer erneuten Änderung. Die Schutzfrist für die einfachen Lichtbilder wurde einheitlich auf 50 Jahre ab dem erstmaligen Erscheinen festgesetzt und die Sonderregelung für die Dokumente der Zeitgeschichte aufgegeben.

**47**  Angesichts der wiederholten Änderung der Schutzfristen und der Differenzierung zwischen den Lichtbildwerken, den Dokumenten der Zeitgeschichte und sonstigen Lichtbildern ist bei älteren Fotografien eine sichere Aussage darüber, ob sie bereits gemeinfrei oder noch geschützt sind, häufig nicht möglich. Die Umsetzung der **Schutzdauer-Richtlinie** hat dieses Problem noch verschärft, denn die Übergangsregelung (§ 137 f Abs 2 UrhG) sieht ein **Wiederaufleben des urheberrechtlichen Schutzes** für Lichtbildwerke vor, deren Schutz nach deutschem Recht vor dem 1.7.1995 bereits abgelaufen war, die aber zu diesem Zeitpunkt in einem anderen EU- oder EWR-Staat noch geschützt waren. Eine solche längere Schutzdauer gab es bspw in Spanien.[75] Dort waren alle Fotografien, die einen gewissen Grad an Originalität aufweisen und eine persönliche Leistung des Urhebers erkennen lassen, bereits seit 1879 für die Dauer von 80 Jahren ab dem Tod des Urhebers geschützt. Deshalb bestand am 1.7.1995 für zahlreiche Bilder, die zu diesem Zeitpunkt in Deutschland wegen der früher üblichen kurzen Schutzfristen bereits gemeinfrei waren, zumindest in Spanien noch ein urheberrechtlicher Schutz. Bei solchen Fotografien ist der deutsche Urheberrechtsschutz zum 1.7.1995 wieder aufgelebt.[76] Er erlischt jetzt erst 70 Jahren nach dem Tod des Fotografen, der das Bild aufgenommen hat.

**48**  Man kann demnach bei **älteren Fotos** nicht ohne weiteres davon ausgehen, dass die Bilder wegen der früher gültigen kurzen Schutzfristen inzwischen gemeinfrei sind.

---

[73] Schricker/Loewenheim/*Vogel* § 72 UrhG Rn 23 aE; Hoeren/Nielen/*Fleer* Rn 135; aA *Gerstenberg* 124; differenzierend *Heitland* 79; *Platena* 107 ff.

[74] Vgl dazu auch die Übersicht bei Loewenheim/*A Nordemann* § 22 Rn 35 f.

[75] Dazu *Schulze/Bettinger* GRUR 2000, 12, 15 ff.

[76] Vgl OLG Hamburg ZUM-RD 2004, 303 – U-Boot-Krieg im Atlantik; Fromm/Nordemann/

*Dustmann* § 137 f UrhG Rn 13. Ein Wiederaufleben des Schutzes ist nicht nur bei Lichtbildwerken, sondern auch bei einfachen Lichtbildern möglich; Dreier/Schulze/*Schulze* § 72 UrhG Rn 41; Dreier/Schulze/*Dreier* § 137 f UrhG Rn 8; aA Fromm/Nordemann/*Dustmann* § 137 f UrhG Rn 13 und Loewenheim/*A Nordemann* § 22 Rn 8, die den Anwendungsbereich des § 137 f UrhG offenbar auf Lichtbildwerke beschränken wollen.

Wolfgang Maaßen

Selbst für Aufnahmen aus der Anfangszeit der Fotografie, deren Urheber schon vor mehr als 70 Jahren verstorben sind, kann heute noch ein urheberrechtlicher Schutz bestehen. Wenn nämlich solche Bilder bis zum Erlöschen des Urheberrechts nicht publiziert worden sind und erst nach diesem Zeitpunkt erscheinen, dann steht demjenigen, der die Fotografien **erstmals erscheinen lässt**, für die Dauer von 25 Jahren ab ihrem erstmaligen Erscheinen das ausschließliche Verwertungsrecht zu (§ 71 Abs 1 UrhG).[77] Ein gemeinfreier Gebrauch ist dann nicht möglich.

**bb) Methoden, Techniken, Stilelemente, Bildsprache.** Urheberrechtlich geschützt **49** ist immer nur das konkrete Foto. Nicht geschützt ist dagegen die **Methode** oder die **Technik**, mit der ein Foto geschaffen wird.[78] Deshalb kann bspw ein Fotograf, der eine technische Methode zur Darstellung von Bewegungsabläufen in einem einzigen Bild entwickelt, dafür keinen Urheberrechtsschutz beanspruchen.

Auch der Stil einer Fotografie ist als solcher nicht geschützt. Deshalb kann nie- **50** mand bestimmte fotografische **Stilmittel** unter Berufung auf den Urheberrechtsschutz für sich monopolisieren.[79] Dasselbe gilt für die von einem Fotografen entwickelte **Bildsprache**.

**cc) Bildideen, Bildkonzeptionen.** Die Gedanken sind frei. Deshalb besteht für **51** **Bildideen** kein Urheberrechtsschutz. Schutzfähig ist immer nur das konkrete Foto, in dem sich die Bildidee manifestiert. Solange deshalb die Idee zu einem Bild nur ein Gedanke ist und noch keine konkrete Ausformung in einer Skizze oder einem Probebild gefunden hat, scheidet ein urheberrechtlicher Schutz aus, auch wenn der Einfall noch so originell sein mag.[80]

Bei der **künstlerischen Konzeption einer Bildserie** ist die Rechtslage weniger ein- **52** deutig. Da für Werbekonzeptionen[81] und das Format einer Fernsehshowreihe (Sendekonzeption)[82] teilweise die urheberrechtliche Schutzfähigkeit bejaht wird, stellt sich die Frage, ob nicht auch für eine künstlerische Bildkonzeption unabhängig von ihrer jeweiligen Ausdrucksform ein Urheberrechtsschutz anzuerkennen ist. Die Schutzfähigkeit von Bildkonzeptionen widerspricht jedoch dem allgemeinen Grundsatz, dass die Gedanken (gemein)frei bleiben müssen und ein urheberrechtlicher Schutz deshalb nur für die äußere Formgebung, nicht dagegen für die der Formgebung zugrunde liegende Gestaltungsidee in Betracht kommt. Wollte man auch Bildkonzeptionen diesen Schutz zubilligen, wäre ein wesentliches Prinzip des Urheberrechts außer Kraft gesetzt. Dann könnten Gestaltungskonzepte und Ideen von denen, die diese Ideen und Konzepte entwickeln, monopolisiert werden. Zutreffend weist der BGH in der Sendeformat-Entscheidung[83] darauf hin, dass Gegenstand des Urheberrechtsschutzes immer nur das

[77] Dazu auch LG Magdeburg ZUM 2004, 580 – Himmelsscheibe von Nebra.
[78] Schricker/Loewenheim/*Loewenheim* § 2 UrhG Rn 49; *A Nordemann* 215 f.
[79] Dreier/Schulze/*Schulze* § 2 UrhG Rn 45; *Schack* Kunst und Recht Rn 234; *A Nordemann* 216.
[80] Schricker/Loewenheim/*Loewenheim* § 2 UrhG Rn 51; Dreier/Schulze/*Dreier* § 2 UrhG Rn 37; Fromm/Nordemann/*A Nordemann* § 2 UrhG Rn 44; *Schack* Kunst und Recht Rn 234.
[81] *Schricker* GRUR Int 2004, 923 ff; *ders* GRUR 1996, 815 ff; zust Möhring/Nicolini/*Ahlberg* § 2 UrhG Rd 23; Dreier/Schulze/*Schulze*

UrhG § 2 Rn 244; Fromm/Nordemann/ *A Nordemann* § 2 UrhG Rn 233; ablehnend *Schack* Kunst und Recht Rn 851; *Hertin* GRUR 1997, 799 f.
[82] *Schricker* GRUR Int 2004, 923 ff; *Berking* GRUR 2004, 109 ff; ablehnend BGH GRUR 2003, 876 – Sendeformat; differenzierend Fromm/Nordemann/*A Nordemann* § 2 UrhG Rn 232: Format einer Fernsehshow nicht geschützt, wohl aber das Konzept.
[83] BGH GRUR 2003, 876, 878; ebenso OLG Köln GRUR-RR 2010, 140, 141 – DHL im All.

Ergebnis der schöpferischen Formung eines bestimmten Stoffs sein kann. Die äußere Formgebung sei von der bloßen Anleitung zur Gestaltung gleichartiger anderer Stoffe zu unterscheiden. Das Urheberrecht schütze **nur die konkrete Formgebung** und es schütze diese Formgebung auch nur gegen eine unbefugte Verwertung in unveränderter oder bearbeiteter Form, nicht aber dagegen, dass das in der Formgebung manifestierte Gestaltungskonzept als Anleitung zur Gestaltung anderer Stoffe verwendet wird. Dementsprechend kann es für Bildkonzeptionen keinen Urheberrechtsschutz geben.[84] Denkbar ist allenfalls ein wettbewerbsrechtlicher Schutz.[85]

**53**     Der fehlende Urheberrechtsschutz wirft die Frage auf, wie sich ein Fotograf wirksam davor schützen kann, dass eine von ihm entwickelte Bildidee oder Bildkonzeption von Dritten einfach übernommen wird. Diese Frage stellt sich vor allem dann, wenn ein Fotograf vor einer Auftragserteilung zunächst gebeten wird, seine Ideen und Konzepte vorzustellen. Zwar gibt es **gesetzliche Regelungen**, die demjenigen, dem ein Fotograf bspw ein Scribble, eine Fotomontage oder ähnliche Vorlagen präsentiert, die unbefugte Verwertung solcher Vorlagen verbieten (§ 18 UWG) und einem potentiellen Auftraggeber, dem ein Fotograf in der Hoffnung auf einen Vertragsabschluss bestimmte Bildideen oder -konzeptionen offenbart, gewisse Schutzpflichten auferlegen, wozu auch die Verpflichtung zur Geheimhaltung der anvertrauten Dinge gehört (§ 311 Abs 2 Nr 2 BGB).[86] Es wird aber oft nur schwer nachzuweisen sein, dass sämtliche Voraussetzungen dieser Vorschriften im konkreten Fall erfüllt sind und welcher konkrete Schaden dem Fotografen durch die Verletzung der gesetzlichen Pflichten entstanden ist. Deshalb erweist sich eine **vertragliche Vereinbarung zum Ideenschutz**, die vor einer solchen Präsentation abgeschlossen wird, vielfach als die bessere Absicherung.[87]

**54**     dd) **Bildmotive.** Ebenso wenig wie die Bildidee ist das Bildmotiv geschützt.[88] Ein **Motivschutz** würde die Arbeits- und Gestaltungsmöglichkeiten anderer Fotografen derart einschränken, dass kein vernünftiges Arbeiten mehr möglich wäre.[89] Deshalb ist niemand daran gehindert, das gleiche Motiv vom gleichen Standort aus mit den gleichen technischen Apparaten und Hilfsmitteln erneut aufzunehmen.[90]

**55**     Wenn allerdings ein Fotograf bei Wiedergabe eines Landschaftsmotivs bestimmte schöpferische Gestaltungselemente verwendet (zB gezielter Einsatz von Gegenlicht, Wiedergabe von Personen als Silhouette, außergewöhnliche Einstellung der Brennweite, Wahl besonderer Lichtverhältnisse), kann die **erneute Ablichtung desselben Motivs** durch einen anderen Fotografen eine unzulässige Bildbearbeitung (§ 23 UrhG) darstellen, sofern das jüngere Bild außer dem Motiv und der Perspektive auch die

---

**84** *Bullinger/Garbers-von Boehm* GRUR 2008, 24, 30; so auch LG Hamburg Urt v 4.3.1997 (308 O 272/95) – Rote Couch I: Das von *Horst Wackerbarth* und *Kevin Clarke* entwickelte Konzept, Menschen aus aller Welt an unterschiedlichen Orten auf eine rote Couch zu setzen und sie zu fotografieren, ist urheberrechtlich nicht geschützt.
**85** Zum wettbewerbsrechtlichen Konzeptionsschutz *Wüterich/Breucker* GRUR 2004, 389 ff.
**86** Dazu *Zentek* WRP 2007, 507 ff; *Nennen* WRP 2003, 1076 ff.
**87** Vgl dazu das Muster einer Vereinbarung

über den Schutz einer Bildidee/Bildkonzeption bei *Maaßen* Verträge 100 ff.
**88** OLG Hamburg ZUM-RD 1997, 217, 221 – Troades; LG Hamburg ZUM 2009, 165, 167 – Mauerspringer; Wandtke/Bullinger/*Thum* § 72 UrhG Rn 22; *A Nordemann* 215 f; *Bullinger/Garbers-von Boehm* GRUR 2008, 24, 25 und 29 f.
**89** So auch *Bullinger/Garbers-von Boehm* GRUR 2008, 24 und 30.
**90** OLG München NJW-RR 1992, 369 – Hochzeits-Fotograf; OLG Hamburg ZUM-RD 1997, 217, 221 – Troades.

Wolfgang Maaßen

wesentlichen schöpferischen Gestaltungselemente des älteren Bildes übernimmt.[91] Zudem kann das Nachfotografieren eines Motivs wettbewerbswidrig sein, falls derjenige, der das ältere Foto nachstellt, die dafür erforderlichen Kenntnisse über den Standort des Objekts und die ideale Perspektive unredlich erlangt hat (§ 3 iVm § 4 Nr 9c UWG).[92]

Unzulässig ist die Übernahme eines Motivs auch in den Fällen, in denen das Motiv auf einem **künstlerischen Arrangement** des Fotografen beruht und eine schöpferische Leistung darstellt.[93] Da solche arrangierten Motive urheberrechtlich geschützt sind, dürfen sie nicht nachgestellt und erneut fotografiert werden.[94]    **56**

ee)  **Posen.** Wenn es zwar keinen Motivschutz, aber einen Schutz des künstlerischen Arrangements gibt, dann stellt sich die Frage, wie es mit dem **Schutz einer bestimmten Pose** aussieht, die von einem Fotografen abgelichtet wird. Dazu wird teilweise die Auffassung vertreten, dass menschliche Posen als solche nicht geschützt sind und deshalb nachgestellt werden dürfen.[95] Diese Rechtsauffassung wird man dahingehend einschränken müssen, dass auch für die Pose ein Urheberrechtsschutz beansprucht werden kann, sofern sie neu und eigentümlich ist und ein künstlerisches Arrangement des Fotografen erkennbar werden lässt.[96]    **57**

ff)  **Bildausschnitte. Teile eines Lichtbildwerkes** sind nur dann gegen eine Übernahme geschützt, wenn sie für sich genommen den Schutzvoraussetzungen des § 2 Abs 2 UrhG genügen, also eine persönliche geistige Schöpfung darstellen.[97] Dementsprechend ist bei der Entnahme von einzelnen Ausschnitten aus einer Fotografie zu prüfen, ob der entnommene Teil für sich betrachtet hinreichend individuell ist.[98] Ist diese Voraussetzung erfüllt, können auch kleinste Ausschnitte einer Fotografie geschützt sein. Auf das quantitative oder qualitative Verhältnis des entnommenen Ausschnitts zu der Gesamtfotografie kommt es dabei nicht an.[99]    **58**

Auch einzelne **Teile von Lichtbildern** können schutzfähig sein. Allerdings ist bei Lichtbildern nicht darauf abzustellen, ob der Bildausschnitt eine hinreichende Individualität aufweist. Maßgebend ist vielmehr, ob der aus einem Lichtbild entnommene Ausschnitt noch als Gegenstandsfotografie individualisiert und zugeordnet werden kann.[100]    **59**

---

**91** LG Mannheim ZUM 2006, 886 – Freiburger Münster; *Schack* Kunst und Recht Rn 866; aA *Hüper* AfP 2004, 511, 512 f.
**92** Vgl dazu auch OLG München NJW-RR 1992, 369 – Hochzeits-Fotograf; Schricker/Loewenheim/*Vogel* § 72 UrhG Rn 28; Wandtke/Bullinger/*Thum* § 72 UrhG Rn 57; Hüper AfP 2004, 511, 513.
**93** OLG Hamburg ZUM-RD 1997, 217, 221 – Troades; ebenso LG Hamburg ZUM 2009, 165, 167 – Mauerspringer; LG Hamburg Urt v 19.12.1997 (416 O 67/97) – New York City 1974; LG Hamburg Urt v 24.10.1995 (308 S 6/95) – Cowboy mit Baby; vgl auch OLG Köln GRUR 2000, 43, 44 – Klammerpose; aA *Hüper* AfP 2004, 511, 512 f.
**94** Dazu auch BGH GRUR 2003, 1035, 1037 – Hundertwasser-Haus; *Bullinger/Garbers-von Boehm* GRUR 2008, 24, 26.

**95** OLG Hamburg ZUM 1996, 315, 316 – Power of Blue.
**96** So OLG Köln, GRUR 2000, 43, 44 – Klammerpose.
**97** Schricker/Loewenheim/*Loewenheim* § 2 UrhG Rd 67.
**98** Wandtke/Bullinger/*Bullinger* § 2 UrhG Rn 42 f; Dreier/Schulze/*Schulze* § 2 UrhG Rn 76.
**99** Schricker/Loewenheim/*Loewenheim* § 2 UrhG Rd 68.
**100** Wandtke/Bullinger/*Thum* § 72 UrhG Rn 24; ähnl *Reuter* GRUR 1997, 23, 28; aA Schricker/Loewenheim/*Vogel* § 72 UrhG Rn 29; sehr großzügig Dreier/Schulze/*Schulze* § 72 UrhG Rn 15, der auch für kleinste Teile eines Lichtbildes einen Schutz anerkennen will.

## 2. Rechtsinhaber

**60**  a) **Urheber und Lichtbildner.** Das Urheberrecht an einem Lichtbildwerk steht dem **Urheber** und das Leistungsschutzrecht an einem Lichtbild dem **Lichtbildner** zu. Urheber ist der Schöpfer des Werkes (§ 7 UrhG). Lichtbildner ist derjenige, der das Lichtbild persönlich herstellt.[101]

**61**  Als Urheber und Lichtbildner kommen nur **natürliche Personen** in Betracht.[102] **Juristische Personen** können keine Urheber sein, so dass bspw die European Space Agency (ESA) weder Urheber noch Lichtbildner der Fotos sein kann, die von den Satelliten dieses Unternehmens aufgenommen werden.[103] Bei Satellitenbildern ist ebenso wie bei Luftbildern, die vom Flugzeug aus mit einer automatischen Kamera aufgenommen werden, derjenige als Lichtbildner anzusehen, der den Automaten konditioniert und damit die Herstellung des Lichtbildes bewirkt.[104]

**62**  Wer einen Fotografen beauftragt oder anregt, ein Bild aufzunehmen, wird dadurch nicht zum Urheber oder Lichtbildner. Auch die Lieferung der Idee zu einer Aufnahme oder die Formulierung inhaltlicher Vorgaben können für sich allein keine Urheberschaft begründen oder dem **Ideengeber** die Rechtsstellung eines Lichtbildners verschaffen.[105] Das Urheber- oder Leistungsschutzrecht an einem Foto steht daher regelmäßig nur dem Fotografen zu, der die Aufnahme eigenhändig angefertigt, indem er die Kamera einstellt und den Auslöser betätigt, nicht aber dem demjenigen, der das Thema oder bestimmte inhaltliche Anforderungen vorgibt. Folglich kann der **Auftraggeber** ebenso wie der **Arbeitgeber** eines Fotografen an den Lichtbildwerken und Lichtbildern, die aufgrund eines Werkvertrages oder im Rahmen eines Arbeitsverhältnisses geschaffen werden, zwar Nutzungsrechte, nicht aber das Urheberrecht oder das Leistungsschutzrecht eines Lichtbildners erwerben.[106]

**63**  Wird ein Fotograf bei den Aufnahmearbeiten von **Gehilfen** (zB Fotoassistenten) unterstützt, kommt bei einem Lichtbildwerk eine Urheberschaft oder Miturheberschaft der Gehilfen nur dann in Betracht, wenn sie eigene schöpferische Beiträge leisten.[107] Bei einem Lichtbild erwirbt der Gehilfe die Rechtsstellung eines Lichtbildners nur dann, wenn ihm der Fotograf die Aufnahmearbeiten zur selbständigen Erledigung überträgt und die Details der Bildgestaltung nicht vorher im Einzelnen festlegt.[108]

**64**  b) **Miturheber und Co-Lichtbildner.** Wenn mehrere Personen ein Lichtbildwerk gemeinsam schaffen, ohne dass sich ihre Anteile gesondert verwerten lassen, sind sie **Miturheber** (§ 8 UrhG). Bei einfachen Lichtbildern ist von einer Miturheberschaft (Co-Lichtbildnerschaft) auszugehen, wenn mehrere Personen einen Beitrag zu den Aufnahmen beisteuern und zwischen den Beteiligten kein Unterordnungsverhältnis,

---

[101] Schricker/Loewenheim/*Vogel* § 72 Rn UrhG 35; Dreier/Schulze/*Schulze* § 72 UrhG Rn 32; dazu auch *Platena* 195, der darauf abstellt, wer das Lichtbild „adäquat verursacht".
[102] Schricker/Loewenheim/*Loewenheim* § 7 UrhG Rn 2; *Schack* Kunst und Recht Rn 236.
[103] LG Berlin GRUR 1990, 270 – Satellitenfoto.
[104] Schricker/Loewenheim/*Vogel* § 72 UrhG Rn 20; Fromm/Nordemann/*A Nordemann* § 72 UrhG Rn 26; *Katzenberger* GRUR Int 1989, 116, 118.
[105] BGH GRUR 1995, 47, 48 – Rosaroter Elefant; OLG Hamburg GRUR-RR 2003, 33, 34 – Maschinenmensch; Schricker/Loewenheim/*Loewenheim* § 7 UrhG Rn 7; Dreier/Schulze/*Schulze* § 7 UrhG Rn 4; *Schack* Kunst und Recht Rn 239.
[106] Schricker/Loewenheim/*Loewenheim* § 7 UrhG Rn 4; Dreier/Schulze/*Schulze* § 7 UrhG Rn 4, 8 und § 72 Rn 32; *Schack* Kunst und Recht Rn 236 und Rn 451.
[107] BGH GRUR 1995, 47, 48 – Rosaroter Elefant; OLG Hamburg GRUR-RR 2003, 33, 34 – Maschinenmensch.
[108] *Heitland* 122.

Wolfgang Maaßen

sondern **Gleichrangigkeit** besteht.[109] Die Gleichrangigkeit fehlt, wenn der Fotograf bspw einen Fotoassistenten hinzuzieht, der ihn bei den Aufnahmearbeiten unterstützt. Sofern in einem solchen Fall alle wesentlichen Einstellungen durch den Fotografen selbst oder nach seinen Anweisungen von dem Assistenten vorgenommen werden, erwirbt der **Fotoassistent** als weisungsabhängige und damit untergeordnete Person keine eigenen Leistungsschutzrechte an den Lichtbildern, selbst wenn er nach Abschluss der Vorbereitungen den Auslöser betätigt.[110]

Ein **Bildbearbeiter**, der die von dem Fotografen angefertigten Aufnahmen in der Postproduktion mit Computerunterstützung optimiert, erbringt wegen der Bindung an die Gestaltungsvorgaben und Anweisungen des Fotografen in der Regel keine eigene schöpferische Leistung. Er vollendet lediglich ein weitgehend fertiggestelltes Lichtbildwerk und ordnet sich dabei der von dem Fotografen entwickelten Gestaltungsidee unter, so dass er durch die Bildbearbeitung nicht zum Miturheber des fertigen Bildes wird.[111] Eine Miturheberschaft kommt allenfalls dann in Frage, wenn die Bildbearbeitung für sich betrachtet eine persönliche geistige Schöpfung darstellt, wobei die Schöpfungshöhe den bei Werken der angewandten Kunst üblichen Anforderungen genügen muss.[112] **65**

Wenn es sich bei dem aufzunehmenden Motiv um ein künstlerisches Arrangement handelt, das als persönliche geistige Schöpfung urheberrechtlich geschützt ist, kann derjenige, der das Motiv in Zusammenarbeit mit dem Fotografen für die Aufnahme arrangiert (zB **Stylist**), ein Miturheberrecht an den Fotografien erwerben.[113] Dagegen wird ein **Fotomodell**, das sich für Aufnahmen zur Verfügung stellt und die von dem Fotografen gewünschten Posen einnimmt oder eine bestimmte Mimik präsentiert, dadurch nicht zum Miturheber der Fotografien, die bei dem Shooting entstehen.[114] **66**

Anders sind die Fälle zu beurteilen, in denen die **fotografierte Person den Auslöser betätigt** und somit selbst entscheidet, mit welcher Mimik und Pose sie auf dem Bild erscheint. So hat der Fotograf *Stefan Moses* für seine Bildserie „Spiegelbilder" berühmte Zeitgenossen (zB *Ernst Bloch*) vor einen Spiegel gestellt und seine Kamera jeweils hinter den aufzunehmenden Personen platziert, so dass sie auf den Fotos von hinten und zugleich als Spiegelbild von vorne zu sehen sind. Zwar bestimmt der Fotograf die Kameraposition und die Kameraeinstellungen, doch halten die Prominenten den Auslöser in der Hand und können daher selbst bestimmen, wann die Blende geöffnet und der Film belichtet wird. Damit nehmen die abgelichteten Personen einen entscheidenden gestalterischen Einfluss auf die Lichtbildwerke, so dass sie neben dem Fotografen, der das künstlerische Bildkonzept entwickelt und ihm durch die Aufstellung der Requisiten (Spiegel) und die Einstellung der Kamera auch eine konkrete Form gegeben hat, als Miturheber anzusehen sind. **67**

c) **Vermutung der Urheberschaft.** Wer bei der Veröffentlichung eines Lichtbildwerkes in Zeitschriften, Büchern oder anderen Printmedien in der üblichen Weise als Urheber benannt wird, wird **bis zum Beweis des Gegenteils als Urheber** des Werkes **68**

---

109 OGH GRUR Int 2001, 351, 353 – Vorarlberg Online; Schricker/Loewenheim/*Vogel* § 72 UrhG Rn 35; *Platena* 200.
110 OGH GRUR Int 2001, 351, 353 – Vorarlberg Online; *Platena* 200; *Heitland* 122.
111 Vgl auch Schricker/Loewenheim/*Loewenheim* § 8 UrhG Rn 8; Dreier/Schulze/*Schulze* § 8 UrhG Rn 2.

112 LG Köln ZUM 2008, 533, 535 f – Virtueller Kölner Dom.
113 Vgl Hoge Raad GRUR Int 1991, 649 – Fotostylist; aA LG Stuttgart Urt v 19.6.1998, Az 17 O 155/98 – Bier-Werbeplakat.
114 OLG Düsseldorf Urt v 25.3.1999, Az 5 U 217/98 – Dona Margarida.

angesehen (§ 10 Abs 1 UrhG). Diese Regelung gilt gem § 72 Abs 2 UrhG auch für einfache Lichtbilder.[115]

**69**     Das Gesetz verlangt ausdrücklich eine Urheberbezeichnung „auf den Vervielfältigungsstücken eines erschienenen Werkes". Die Namensnennung muss also auf einem körperlichen Werkstück erfolgen. Ein Namenshinweis bei einer unkörperlichen Werkwiedergabe reicht nicht aus, um die Vermutungswirkung zu begründen, so dass § 10 Abs 1 UrhG nicht anwendbar ist, wenn ein Fotograf nur im Internet als Urheber eines Fotos benannt wird.[116]

**70**     Die **Urheberbezeichnung** muss inhaltlich so gestaltet sein, dass sie eine **eindeutige Zuordnung** des gekennzeichneten Fotos zu dem Urheber ermöglicht. Eine solche Zuordnung ist nicht gewährleistet, wenn in einer Zeitschrift mehrere Bilder unterschiedlicher Fotografen auf einer Seite abgedruckt und sämtliche Fotografennamen in einem Sammelhinweis aufgelistet werden, so dass für die Leser nicht erkennbar ist, welcher Name zu welchem Foto gehört.[117]

**71**     Ob die Urheberbezeichnung „in der üblichen Weise" erfolgt ist, hängt von dem jeweiligen Medium ab. Der Name des Fotografen muss nicht immer direkt unter oder neben dem Bild platziert werden. Bei Büchern genügt eine Namensangabe auf der Titelseite oder dem Vorblatt, im Impressum oder in einem gesonderten **Bildquellennachweis**. Auch bei Zeitschriften kann es eventuell ausreichen, wenn im Impressum oder in einem Bildquellennachweis auf den Urheber der abgedruckten Fotos hingewiesen wird. Bei **Fotodateien**, die auf einer CD-ROM verbreitet werden, muss nicht jeder einzelne Datenträger mit einem Urhebernachweis versehen sein, vielmehr greift die Vermutungswirkung des § 10 Abs 1 UrhG auch dann, wenn sich aus einer ebenfalls auf der CD befindlichen Textdatei ergibt, wer Urheber der digitalen Bilder ist.[118]

**72**     d) **Nachweis der Urheberschaft.** Ein Fotograf, der sich nicht auf die Urhebervermutung des § 10 Abs 1 UrhG stützen kann, muss seine Urheberschaft im Streitfall nachweisen. Dazu reicht es unter Umständen aus, dass er Fotonegative oder Bilddateien vorlegt, die augenscheinlich bei demselben Shooting entstanden sind wie die streitgegenständliche Aufnahme, denn dann spricht der erste Anschein dafür, dass sämtliche Aufnahmen der Serie von ihm stammen.[119] Auch dann, wenn der Fotograf der Person, die die Aufnahmen später nutzt, die entsprechenden Bilddateien zuvor auf einem Speichermedium übergeben hat, spricht der **Anscheinsbeweis** für seine Urheberschaft.[120] Die Benennung des Fotografen in den Metadaten einer Bilddatei reicht dagegen als Nachweis der Urheberschaft nicht aus, da diese Daten manipulierbar sind und deshalb keine zuverlässigen Rückschlüsse auf die Wahrheit der darin enthaltenen Informationen zulassen.

---

[115] KG GRUR-RR 2002, 125, 126 – Gruß aus Potsdam; Schricker/Loewenheim/*Loewenheim* § 10 UrhG Rn 3.
[116] LG München I ZUM-RD 2009, 615, 618 – Stadtplan Ludwigshafen; Wandtke/Bullinger/*Thum* § 10 UrhG Rn 19; Dreier/Schulze/*Schulze* § 10 UrhG Rn 6; aA LG Frankfurt ZUM-RD 2009, 22, 23 – Homepage.
[117] LG München I ZUM 1995, 57 f – Venus der Lumpen; LG Düsseldorf GRUR 1993, 664 f – Urheberbenennung bei Foto; Wandtke/Bullinger/*Thum* § 72 UrhG Rn 32.

[118] LG Kiel ZUM 2005, 81, 83 – Ostseeheilbad Großebrode; Schricker/Loewenheim/*Loewenheim* § 10 UrhG Rn 8; *Wanckel* Rn 393.
[119] So LG München I GRUR-RR 2008, 291 – Digitalfotos; AG Düsseldorf NJOZ 2010, 685, 686 – Autogrammkarte; *Wanckel* Rn 370.
[120] LG München I GRUR-RR 2008, 291 – Digitalfotos; *Wanckel* Rn 370.

Wenn ein Fotograf bei einer Urheberrechtsverletzung substantiiert vorträgt, dass er der Urheber der streitgegenständlichen Aufnahme ist, kann sich der Rechtsverletzer nicht darauf beschränken, die Urheberschaft des Fotografen einfach mit Nichtwissen zu bestreiten. Er muss dann – parallel zu seiner materiellrechtlichen Erkundigungspflicht – substantiiert darlegen, wer seiner Meinung nach der Urheber des Fotos ist, und er muss diese Annahme auch begründen.[121]

### 3. Urheberpersönlichkeitsrechte

**a) Recht der Erstveröffentlichung.** Jeder Fotograf hat das Recht zu bestimmen, ob und wie sein Werk zu veröffentlichen ist (§ 12 Abs 1 UrhG). Dieses Recht gilt nur für die **Erstveröffentlichung.**[122] Es ist verbraucht, sobald ein Lichtbildwerk oder Lichtbild mit Zustimmung des Urhebers bzw Lichtbildners publiziert wird.
**73**

Durch die **Speicherung eines digitalen Bildes in einer Online-Datenbank** kommt es bereits zu einer Veröffentlichung mit der Folge, dass das Erstveröffentlichungsrecht erlischt. Bei späteren unerlaubten Publikationen kann deshalb der Fotograf keine Verletzung seines Veröffentlichungsrechts mehr geltend machen, selbst wenn das Bild bis dahin noch kein einziges Mal aus der Datenbank abgerufen wurde.[123]
**74**

**b) Anerkennung der Urheberschaft.** Der Urheber eines Lichtbildwerkes hat ebenso wie der Lichtbildner ein Recht auf **Anerkennung seiner Urheberschaft** an dem Werk bzw Lichtbild (§ 13 S 1 UrhG). Der Fotograf kann daher bestimmen, ob seine Aufnahmen mit einer Urheberbezeichnung zu versehen sind und welche Bezeichnung zu verwenden ist (§ 13 S 2 UrhG).
**75**

Die **Benennung als Urheber oder Lichtbildner** hat gerade für Berufsfotografen einen sehr wichtigen **Werbeeffekt.**[124] Der Werbeeffekt stellt sich nur ein, wenn eine eindeutige Zuordnung eines Fotos zu dem Fotografen möglich ist, der es aufgenommen hat. An der notwendigen Eindeutigkeit fehlt es, wenn die Urheber der Fotos, die in einer Zeitschrift oder in einem Buch abgedruckt sind, lediglich in einem Sammelnachweis benannt werden und keine konkrete Zuordnung der Namen zu den einzelnen Bildern erfolgt.[125]
**76**

Es ist Sache der Fotografen, die **Art der Urheberbezeichnung** zu bestimmen. Sie brauchen es nicht hinzunehmen, dass ihre Bilder mit dem Namen der Bildagentur oder der Kurzbezeichnung einer Nachrichtenagentur veröffentlicht werden.[126]
**77**

Die gesetzliche Verpflichtung zur Urheberbenennung kann durch **vertragliche Vereinbarungen** mit dem Fotografen ausgeschlossen werden und auch dann entfallen, wenn das Weglassen der Urheberbezeichnung einer allgemeinen **Branchenübung** entspricht. Meist wird in den Fällen, in denen die Veröffentlichung eines Fotos ohne Angaben zum Urheber erfolgt, kein Verzicht des Fotografen auf die Urheberbenennung nachweisbar sein. Die Verwerter berufen sich deshalb zu ihrer Rechtfertigung
**78**

---

[121] OLG Hamm ZUM 2009, 159, 161 – Fallschirmsprung; so auch *Wanckel* Rn 370.
[122] Fromm/Nordemann/*Dustmann* § 12 UrhG Rn 9 mwN.
[123] *Maaßen* ZUM 1992, 338, 343; Hoeren/Nielen/*Nielen* Rn 235.
[124] *Wanckel* Rn 394; *Platena* 180; *Spieker* GRUR 2006, 118, 120.

[125] LG München I ZUM 1995, 57 f – Venus der Lumpen; LG Düsseldorf GRUR 1993, 664 f – Urheberbenennung bei Foto; Wandtke/Bullinger/*Thum* § 72 UrhG Rn 32.
[126] Wandtke/Bullinger/*Thum* § 72 UrhG Rn 32; *Wanckel* Rn 394.

häufig auf eine Branchenübung, der zufolge Fotografien insb dann, wenn es sich um Werbefotos handelt, regelmäßig ohne Urheberbezeichnung abgedruckt werden. Die angebliche Branchenübung ist aber nichts weiter als eine weit verbreitete **Unsitte**, die sich nur deshalb durchsetzen konnte, weil die Fotografen wirtschaftlich meist in der schwächeren Position sind und sich gegen die Verletzung ihres Rechts auf Anerkennung der Urheberschaft nur selten zur Wehr setzen. Solche Unsitten sind rechtlich unbeachtlich.[127] Abgesehen davon könnte eine Branchenübung oder Verkehrsgepflogenheit die gesetzliche Pflicht zur Urheberbenennung nur dann außer Kraft setzen, wenn sie ausdrücklich oder zumindest stillschweigend Vertragsinhalt geworden wäre.[128] An den Nachweis einer **Einbeziehung der Branchenübung in den Vertrag** sind strenge Anforderungen zu stellen.[129] Die Veröffentlichung von Fotos ohne Urheberbenennung wird deshalb in der Regel[130] nicht mit dem Hinweis auf tatsächliche oder vermeintliche Branchengepflogenheiten zu rechtfertigen sein, so dass die Fotografen grundsätzlich auch bei der Wiedergabe ihrer Fotos in Werbeanzeigen oder Prospekten als Urheber kenntlich zu machen sind.[131]

**79**      c) **Entstellungsverbot.** Der Urheber eines Lichtbildwerkes hat das Recht, jede **Entstellung** oder **sonstige Beeinträchtigung** seines Werkes zu verbieten, die geeignet ist, seine berechtigten geistigen oder persönlichen Interessen an dem Werk zu gefährden (§ 14 UrhG). Es ist umstritten, ob diese Regelung auch bei einfachen Lichtbildern zur Anwendung kommt.[132]

**80**      Eine Fotografie kann zum einen durch eine direkte Veränderung des Originals oder der Bilddatei, zum anderen aber auch indirekt dadurch entstellt werden, dass sie in einen beeinträchtigenden Sachzusammenhang gestellt wird.[133] So kann zB eine Entstellung vorliegen, wenn ein Lichtbildwerk durch **starke Beschneidungen** auf einem Buchumschlag verstümmelt wiedergegeben[134] oder die Aufnahme eines renommierten Berufsfotografen durch eine **unzutreffende Legende** zum Urlaubsfoto eines Amateurs umfunktioniert wird.[135] Eine Entstellung kommt auch dann in Betracht, wenn bei einer Porträtaufnahme die Physiognomie oder die Gesichtsfarbe der dargestellten Person durch digitale Retuschen nachteilig verändert wird.[136] Dasselbe gilt in den Fällen, in denen künstlerische Fotografien in einer Ausstellung **herabwürdigend präsentiert** werden. Dagegen wird eine lediglich lieblose Hängung regelmäßig nicht zu einer Ent-

---

**127** So LG München I ZUM 1995, 57, 58 – Venus der Lumpen; Schricker/Loewenheim/*Dietz/Peukert* § 13 UrhG Rn 25; Fromm/Nordemann/*Dustmann* § 13 UrhG Rn 14; Dreier/Schulze/*Schulze* § 13 UrhG Rn 26.
**128** LG Hamburg ZUM 2004, 675, 678 – Copyright-Vermerk; Schricker/Loewenheim/*Dietz/Peukert* § 13 UrhG Rn 24.
**129** Möhring/Nicolini/*Kroitzsch* § 13 UrhG Rn 21; *Wanckel* Rn 395.
**130** *Riedel* Rn 4.533 nennt als denkbare Ausnahme die Verwendung eines Fotos für ein Wahlplakat.
**131** OLG München ZUM-RD 2010, 547, 551 – Pumuckl; LG München I ZUM-RD 1997, 249, 253 – „bike"-Werbeanzeige; Wandtke/Bullinger/*Thum* § 72 UrhG Rn 32; Dreier/Schulze/*Schulze* § 13 UrhG Rn 27 und § 72 Rn 27; anders wohl *Riedel* Rn 4.533.

**132** Für eine entsprechende Anwendung Wandtke/Bullinger/*Thum* § 72 UrhG Rn 33; Dreier/Schulze/*Schulze* § 72 UrhG Rn 16; einschränkend Fromm/Nordemann/*A Nordemann* § 72 UrhG Rn 17; aA Schricker/Loewenheim/*Vogel* § 72 UrhG Rn 31; Möhring/Nicolini/*Kroitzsch* § 72 UrhG Rn 6.
**133** Schricker/Loewenheim/*Dietz/Peukert* § 14 UrhG Rn 24; *Heitland* 89.
**134** BGH GRUR 1971, 525, 526 – Petite Jacqueline.
**135** OLG Köln Schulze OLGZ 129 – Mein schönstes Urlaubsfoto; dazu auch Schricker/Loewenheim/*Dietz/Peukert* § 14 UrhG Rn 23a; *Riedel* Rn 4.534.
**136** LG Hamburg ZUM-RD 2008, 30, 32 – Kanzler-Wahlkampfbild.

Wolfgang Maaßen

stellung führen.[137] Werden Fotografien mit **Bilderrahmen** versehen, die durch ihre Bemalung so wirken, als würden sich die fotografierten Bilder in den Rahmen fortsetzen, kann auch das den Tatbestand des § 14 UrhG erfüllen.[138] Ob dagegen die Wiedergabe eines digitalen Fotos im Internet mit einer **niedrigen Auflösungsfrequenz** zu einer Entstellung führen kann,[139] erscheint zweifelhaft.

Geht man mit der herrschenden Rechtsauffassung davon aus, dass das Entstellungsverbot auch für einfache Lichtbilder gilt, dürfte eine Anwendung des § 14 UrhG in der Regel jedenfalls daran scheitern, dass die **Veränderung eines Lichtbildes** nur selten geeignet sein wird, die ideellen Interessen des Fotografen zu gefährden.[140] So ist bspw bei Pressebildern, bei denen es in erster Linie um technische Perfektion und die authentische Wiedergabe der Realität geht, eine Entstellung im Grunde nur bei gravierenden Eingriffen in den tatsächlichen Aussagegehalt denkbar.[141] **81**

### 4. Verwertungsrechte

**a) Recht zur Verwertung in körperlicher und unkörperlicher Form.** Der Fotograf hat als Urheber bzw Lichtbildner das ausschließliche Recht, seine Aufnahmen zu verwerten und sich so eine angemessene Beteiligung an dem wirtschaftlichen Nutzen zu sichern, der aus seinen Bildern gezogen wird. Das **Verwertungsrecht** umfasst das Vervielfältigungsrecht (§ 16 UrhG), das Verbreitungsrecht (§ 17 UrhG), das Ausstellungsrecht (§ 18 UrhG) und das Recht der öffentlichen Wiedergabe (§§ 19 ff UrhG), wozu insb das Recht der öffentlichen Zugänglichmachung (§ 19a UrhG) gehört. Niemand darf daher ohne Zustimmung des Fotografen dessen Bilder reproduzieren, an Dritte weitergeben, öffentlich ausstellen oder im Internet verbreiten. **82**

Die Speicherung von digitalen Bildern im Arbeitsspeicher eines Computers oder auf externen Datenträgern berührt ebenso wie das Scannen analoger Fotografien das **Vervielfältigungsrecht** der Fotografen.[142] Auch die Erfassung von Fotos durch Internet-Suchmaschinen und ihre Wiedergabe in Form von **Thumbnails** führt zu einer Vervielfältigung.[143] Bislang war umstritten, ob die Anzeige solcher Vorschaubilder unzulässig[144] oder durch eine konkludent erteilte Einwilligung desjenigen gedeckt ist, der die von der Suchmaschine angezeigten Lichtbildwerke und Lichtbilder auf seiner Webseite online gestellt und damit allgemein zugänglich gemacht hat.[145] Teilweise wurde dazu auch der Standpunkt vertreten, dass Thumbnails durch das Zitatrecht (§ 51 **83**

---

[137] Vgl dazu den bei Wandtke/Bullinger/*Bullinger* § 14 UrhG Rn 49 geschilderten Fall.
[138] BGH GRUR 2002, 532, 534 – Unikatrahmen.
[139] So Hoeren/Nielen/*vom Hofe* Rn 117.
[140] So *Schack* Kunst und Recht Rn 865.
[141] *Wanckel* Rn 397; ähnl Hoeren/Nielen/*vom Hofe* Rn 116.
[142] KG ZUM-RD 2001, 485, 488 – Tagesspiegel-Homepage; Schricker/Loewenheim/*Loewenheim* § 16 UrhG Rn 17 ff; Fromm/Nordemann/*Dustmann* § 16 UrhG Rn 12; Dreier/Schulze/*Schulze* § 16 UrhG Rn 13; Möhring/Nicolini/*Kroitzsch* § 16 UrhG Rn 18; *Maaßen* ZUM 1992, 338, 344.

[143] BGH GRUR 2010, 628, 629, Tz 16 f – Vorschaubilder; Schricker/Loewenheim/*Loewenheim* § 16 UrhG Rn 9.
[144] So LG Hamburg ZUM 2009, 315 – Thumbnails V; LG Hamburg BeckRS 2008, 23065 – Thumbnails IV; LG Hamburg GRUR-RR 2004, 313, 316 ff – Thumbnails I; Dreier/Schulze/*Schulze* § 16 Rn 14 aE; *Schack* GRUR 2007, 639, 643; differenzierend *Ott* ZUM 2007, 119, 127: zulässig bei Bildersuchmaschinen, unzulässig bei Nachrichtensuchmaschinen.
[145] So OLG Köln ZUM 2010, 706, 707 – Personensuchmaschine; LG Erfurt ZUM 2007, 566, 567 f – Thumbnails II; *Ott* ZUM 2009, 345, 346 f; *Berberich* MMR 2005, 145, 147 f.

UrhG) gedeckt sind[146] oder dass ihre Wiedergabe zwar unzulässig, die Geltendmachung eines Unterlassungsanspruchanspruchs aber rechtsmissbräuchlich ist, wenn der Berechtigte den Suchmaschinen den Zugriff auf seine Bilder durch die Eingabe von META-Tags erleichtert.[147] Inzwischen hat der BGH[148] entschieden, dass das ungeschützte Einstellen von Bildern ins Internet zwar nicht als (rechtsgeschäftliche) Zustimmung zu deren Wiedergabe in den Trefferlisten der Suchmaschinen, wohl aber als eine die Rechtswidrigkeit ausschließende (schlichte) Einwilligung zu werten ist.[149] Die schlichte Einwilligung unterscheidet sich von einer rechtsgeschäftlichen Willenserklärung dadurch, dass sie lediglich zur Rechtmäßigkeit der Bildwiedergabe führt. Sie verschafft also den Betreibern der Suchmaschinen keinen Rechtsanspruch darauf, die Bilder als Thumbnails zeigen zu dürfen. Wer die Anzeige seiner Bilder in den Trefferlisten der Suchmaschinen verhindern will, kann einen solchen Zugriff durch Eingabe entsprechender Sperrcodes wirksam verhindern. Entsprechende Schutzmaßnahmen sind dem Berechtigten nach Auffassung des BGH ohne Weiteres zuzumuten. Nutzt er diese technische Möglichkeit nicht, führt die Anzeige der Vorschaubilder zwar zu einem Eingriff in seine Verwertungsrechte, doch ist dieser Eingriff nicht rechtwidrig und deshalb hinzunehmen.[150]

**84**     Wer eine Fotografie unerlaubt der Öffentlichkeit anbietet oder in den Verkehr bringt, verletzt das **Verbreitungsrecht** des Urhebers. Eine solche Rechtsverletzung ist allerdings auszuschließen, wenn Fotografien in einer Gaststätte lediglich als **Wanddekoration** verwendet werden, weil mit dem bloßen Aufhängen der Bilder weder ein Kauf- oder Mietangebot an die Öffentlichkeit noch ein Inverkehrbringen iSd § 17 Abs 1 UrhG verbunden ist.[151]

**85**     Für die **öffentliche Zugänglichmachung** eines digitalen Bildes genügt bereits das bloße Bereithalten der Bilddatei auf einem Server. Die Einbindung in einen Internetauftritt ist nicht erforderlich, so dass ein Foto auch bei einer fehlenden Verlinkung mit einer Webseite öffentlich zugänglich ist, sofern es von Bildersuchmaschinen auf dem Server entdeckt und in den Trefferlisten angezeigt werden kann.[152]

**86**     b) **Beschränkung durch das Werbehinweisrecht.** Werden Lichtbildwerke oder Lichtbilder für die Ausstattung von Produkten zur Verfügung gestellt, dürfen sie als Bestandteil der Produktausstattung in allen Werbeankündigungen verwendet werden, die der Absatzförderung der beworbenen Produkte dienen.[153] Dem liegt der Rechtsgedanke zugrunde, dass die Urheber- und Leistungsschutzrechte der Fotografen die

---

[146] *Dreier* FS Krämer 225, 233 ff; ebenso Schricker/Loewenheim/*Wild* § 97 UrhG Rn 118; vgl dazu die Kritik von Schricker/Loewenheim/*Schricker/Spindler* § 51 UrhG Rn 54; *Spindler* GRUR 2010, 785, 787 f.
[147] OLG Jena GRUR-RR 2008, 223, 227 f – Thumbnails III; krit dazu *Ott* ZUM 2009, 345, 349.
[148] BGH GRUR 2010, 628 – Vorschaubilder.
[149] So auch Schricker/Loewenheim/*von Ungern-Sternberg* § 19a UrhG Rn 47; *von Ungern-Sternberg* GRUR 2009, 369, 371 f; zur Kritik der BGH-Entscheidung *Spindler* GRUR 2010, 785 ff; *Conrad* ZUM 2010, 585 ff.
[150] Es kann aber evtl eine Vergütungspflicht des Suchmaschinenbetreibers bestehen; vgl dazu

BVerfG BeckRS 2010, 52956, Tz 66 – Geräteabgabe.
[151] So LG Köln GRUR-RR 2009, 47, 48 – Italienische Caffè-Bars.
[152] OLG Hamburg ZUM-RD 2010, 542, 543 – Stadtplan-Kartenausschnitt II; OLG Hamburg ZUM-RD 2009, 72, 74 – Stadtplan-Kartenausschnitt I; LG Berlin ZUM 2010, 609, 610 f – Kartenmaterial; LG Hamburg ZUM 2009, 251, 253 – Yehudi Menuhin; LG Leipzig BeckRS 2009, 28638 – Schlaganfall-Grafik; anders noch LG Berlin GRUR-RR 2008, 387 – Kartenkacheln.
[153] LG München I ZUM 2009, 681, 685 – CD-Cover.

**Verkehrsfähigkeit** von legal in den Verkehr gebrachten Waren nicht behindern dürfen. Wenn daher bspw ein Fotograf die Verwendung einer seiner Aufnahmen für ein CD-Cover gestattet, muss er es hinnehmen, dass das Cover und somit auch sein Foto in den Prospekten, Werbeanzeigen und sonstigen Werbemedien der Händler abgebildet werden, weil nur so ein Verkauf der CDs gewährleistet ist. Die Verwertungsrechte des Urhebers – insb das Vervielfältigungsrecht, das Verbreitungsrecht und das Recht der öffentlichen Zugänglichmachung – werden insoweit durch das aus dem Erschöpfungsgrundsatz (§ 17 Abs 2 UrhG) abgeleitete **Werbehinweisrecht** eingeschränkt.[154] Allerdings schränkt das Werbehinweisrecht lediglich das Vervielfältigungsrecht ein. Es entbindet den Werbenden daher nicht von der Verpflichtung zur Urheberbenennung.[155]

Das Werbehinweisrecht erlaubt lediglich Nutzungen, die sich im Rahmen der üblichen Absatzmaßnahmen halten. Deshalb dürfen Fotografien, die Bestandteil eines legal in den Verkehr gebrachten Produkts oder einer Produktausstattung sind, auch nur in dieser Form gezeigt werden. Es ist nicht zulässig, sie aus dem Produkt oder der Produktausstattung herauszulösen und **isoliert für Werbezwecke** einzusetzen, die über die Bewerbung des Produkts hinausgehen. Werden daher einzelne Aufnahmen aus einem Buch vergrößert und zur Dekoration von Schaufenstern verwendet, ist eine solche werbliche Nutzung selbst dann nicht mehr durch das Werbehinweisrecht gedeckt, wenn der Händler zusätzlich einige Exemplare des Buches in das Schaufenster stellt.[156]

**87**

**c) Einwilligungsvorbehalt bei Bearbeitungen und anderen Umgestaltungen.** **Bearbeitungen** und **andere Umgestaltungen** eines Lichtbildwerkes dürfen nur mit Einwilligung des Urhebers des bearbeiteten oder umgestalteten Werkes veröffentlicht oder verwertet werden (§ 23 UrhG). Im Gegensatz zu der Vervielfältigung, bei der das Lichtbildwerk unverändert übernommen wird, handelt es sich bei der Umgestaltung ebenso wie bei der Bearbeitung um eine Übernahme, bei der das Originalwerk einerseits verändert wird, andererseits aber **in seinen wesentlichen Zügen erhalten** bleibt.

**88**

Die Umgestaltung (Bearbeitung) setzt zwar eine **Veränderung des Original-Lichtbildwerkes,** aber nicht unbedingt einen Eingriff in dessen Substanz voraus. So kann eine Bearbeitung des Werkoriginals ausnahmsweise auch dann vorliegen, wenn es unverändert in ein neues „Gesamtkunstwerk" derart integriert wird, dass es als dessen Teil erscheint. Deshalb bedarf bspw die Verwertung künstlerische Fotografien oder andere Lichtbildwerke in Bilderrahmen, die durch ihre Bemalung so wirken, als würden sich die Fotografien in den Rahmen fortsetzen, gem § 23 UrhG der Einwilligung des Urhebers.[157] Werden dagegen legal erworbene Vervielfältigungsstücke eines Lichtbildwerkes für Zwecke verwendet, für die sie ursprünglich nicht gedacht waren, wird dadurch das Bearbeitungsrecht des Fotografen nicht berührt. Das Aufziehen von Posterbildern auf das Trägermedium eines Flachmembranlautsprechers ist deshalb

**89**

---

154 BGH GRUR 2001, 51, 53 – Parfumflakon; OLG Düsseldorf GRUR-RR 2009, 45, 46 – Schaufensterdekoration; OLG München ZUM-RD 2010, 547, 551 f – Pumuckl-DVD; LG München I ZUM 2009, 681, 685 – CD-Cover; LG München I ZUM-RD 2009, 352, 354 – Pumuckl-DVD; Dreier/Schulze/*Schulze* § 17 UrhG Rn 30; vgl dazu auch Rn 206 ff.

155 So OLG München ZUM-RD 2010, 547, 551 f – Pumuckl-DVD.
156 OLG Düsseldorf GRUR-RR 2009, 45, 47 – Schaufensterdekoration; ebenso LG München I ZUM-RD 2009, 352, 354 – Pumuckl-DVD.
157 BGH GRUR 2002, 532, 534 – Unikatrahmen.

keine Bearbeitung oder Umgestaltung, die der Einwilligung der Urheber der dafür verwendeten Bilder bedarf.[158]

**90**    Der Einwilligungsvorbehalt für Bearbeitungen und andere Umgestaltungen gilt zwar im Prinzip auch für Lichtbilder.[159] Da aber **einfache Lichtbilder** nur gegen eine identische oder nahezu identische Übernahme geschützt sind, genügen **bereits geringfügige Änderungen**, um den Schutzbereich des § 23 UrhG zu verlassen.[160]

**91**    d) **Zulässigkeit der freien Benutzung.** Im Gegensatz zur Bearbeitung und Umgestaltung ist die **freie Benutzung** eines fremden Lichtbildwerkes oder Lichtbildes auch ohne die Zustimmung des Urhebers des benutzten Bildes zulässig (§ 24 UrhG). Die freie Benutzung ist dadurch gekennzeichnet, dass das als Vorlage dienende Bild nicht in identischer oder umgestalteter Form übernommen wird, sondern lediglich als **Anregung für das eigene Werkschaffen** dient.[161] Während die Bildvorlage bei der bloßen Umgestaltung (Bearbeitung) zwar weiterentwickelt und umgeformt wird, dabei aber in ihrem Wesenskern und ihren Grundzügen erhalten bleibt, löst sich die freie Benutzung vom Original und schafft ein **neues Werk mit neuen, eigenen Wesenszügen.** Dieses neue Werk ist so eigentümlich, dass demgegenüber die **Wesenszüge des Originals verblassen.**[162]

**92**    Ob die für eine freie Benutzung erforderliche Neuschöpfung gelingt und der notwendige Abstand zu dem als Vorlage verwendeten Original gewahrt ist, hängt vom **Grad der Individualität** des benutzten und des neu geschaffenen Werkes ab. Je ausgeprägter die Individualität des benutzten Werkes ist, desto weniger werden seine Wesenszüge gegenüber dem neu geschaffenen Werk verblassen.[163] Umgekehrt wird das Original umso eher verblassen, je stärker die Individualität des neuen Werkes ist.[164] Übertragen auf die Fotografie bedeutet das, dass eine freie Benutzung bei einfachen Lichtbildern, die häufig keine oder nur eine sehr geringe Individualität aufweisen, sehr viel eher möglich ist als bei Fotografien, die auf Grund ihrer schöpferischen Eigenart und Individualität als Lichtbildwerke geschützt sind.[165]

**93**    Die Prüfung der Frage, ob im konkreten Fall eine Bearbeitung oder eine freie Benutzung vorliegt, erfordert eine **vergleichende Beurteilung** des benutzten und des neu geschaffenen Bildes.[166] Dabei ist nicht auf die Übereinstimmung der einzelnen Bildelemente abzustellen, sondern der schöpferische Gehalt der miteinander zu ver-

---

[158] OLG Hamburg GRUR 2002, 536 – Flachmembranlautsprecher.
[159] Schricker/Loewenheim/*Vogel* § 72 UrhG Rn 30.
[160] OLG Hamburg ZUM-RD 1997, 217, 219 – Troades; LG München I ZUM-RD 2002, 489, 493 – Rudolf der Eroberer I.
[161] BGH GRUR 2003, 956, 958 – Gies-Adler; BGH GRUR 1994, 191, 193 – Asterix-Persiflagen; OLG Hamburg GRUR-RR 2003, 33, 36 – Maschinenmensch; OLG Köln GRUR 2000, 43, 44 – Klammerpose; OLG Hamburg ZUM-RD 1997, 217, 219 – Troades; LG München I GRUR 1988, 36, 37 – Hubschrauber mit Damen; *Franzen/von Olenhusen* UFITA 2007, 435, 450 f.
[162] BGH GRUR 2003, 956, 958 – Gies-Adler; BGH GRUR 1994, 191, 193 – Asterix-Persiflagen; BGH GRUR 1971, 588, 589 – Disney-

Parodie; OLG Hamburg GRUR-RR 2003, 33, 36 – Maschinenmensch; Schricker/Loewenheim/*Loewenheim* § 24 UrhG Rn 10; Dreier/Schulze/*Schulze* § 24 UrhG Rn 8.
[163] BGH GRUR 1991, 531, 532 Brown Girl I; BGH GRUR 1991, 533, 534 – Brown Girl II; OLG Hamburg GRUR-RR 2003, 33, 36 – Maschinenmensch; *Franzen/von Olenhusen* UFITA 2007, 435, 453.
[164] BGH GRUR 1981, 267, 269 – Dirlada; Dreier/Schulze/*Schulze* § 24 UrhG Rn 8.
[165] *Heitland* 95; *Franzen/von Olenhusen* UFITA 2007, 435, 457 f.
[166] Schricker/Loewenheim/*Loewenheim* § 24 UrhG Rn 14; vgl zur Prüfungsmethode auch Dreier/Schulze/*Schulze* § 24 UrhG Rn 11 ff.

gleichenden Werke zu erfassen und zu klären, ob und inwieweit dieser Gehalt übereinstimmt.[167] Nur wenn sich die schöpferische Eigentümlichkeit des neuen Werkes so sehr von der des benutzten Werkes abhebt, dass das ältere Werk vollkommen in den Hintergrund tritt, ist von einer freien Benutzung auszugehen.

Diese Abgrenzungsmethode mag in der Theorie einleuchtend sein, doch erweist **94** sich ihre **Handhabung in der Praxis** als außerordentlich schwierig. Bereits die für eine vergleichende Beurteilung erforderliche Erfassung der „Individualität" und der „schöpferischen Eigentümlichkeit" einer Fotografie ist angesichts der Unschärfe dieser Begriffe ein problematisches Unterfangen. Wenn dann auch noch geprüft werden soll, ob die „individuellen Züge" des benutzten Bildes gegenüber denen des neuen Bildes „verblassen", dann gerät die Rechtsanwendung vollends in einen Bereich, in dem ein Richter nur noch seinem persönlichen Rechtsempfinden folgen und ein Anwalt nicht mehr beraten, sondern nur noch raten kann.

Die folgenden Beispiele[168] verdeutlichen, dass die Rechtsprechung gerade im Be- **95** reich der Fotografie bei der Abgrenzung der abhängigen Bearbeitung von der freien Benutzung häufig „schwimmt" und nicht in der Lage ist, eine klare Trennlinie aufzuzeigen:

„**Hubschrauber mit Damen**".[169] Gegenstand des Rechtsstreits war ein Ölbild mit dem Titel „Modell-Hubschrauber". Als Vorlage hatte der Maler zwei Fotografien verwendet, die jeweils ein nacktes Mädchen mit erhobenen Armen zeigen. Die Fotos waren zuvor als „stern"-Titelbilder erschienen. Auf dem Gemälde sind die Mädchenkörper in fotorealistischer Manier abgebildet. In Höhe der Köpfe ist außerdem ein roter Hubschrauber zu sehen.[170]

Das LG München I wertete das Gemälde als **abhängige Bearbeitung** (§ 23 UrhG) **96** der beiden Fotografien.[171] Zwar handele es sich bei den Fotos um Lichtbilder von geringer Eigenart und Ausdruckskraft. Es sei aber zu berücksichtigen, dass der Maler die Mädchenkörper nahezu identisch nachgebildet habe. Der in das Ölbild eingefügte Hubschrauber beeinträchtige den Eindruck einer nahezu identischen Nachbildung nicht entscheidend. Auch die „zweifellos vorhandene Eigenart" des Gemäldes und die Tatsache, dass es „von künstlerischem Rang" sei, rechtfertigten nicht die Annahme einer freien Benutzung und die Anwendung des § 24 UrhG.

Die Entscheidung ist vor allem deshalb bemerkenswert, weil die Übertragung eines **97** Werkes in eine andere Kunstform und insb die Benutzung einer Fotografie durch einen bildenden Künstler normalerweise als klassischer Fall der freien Benutzung gewertet wird.[172] Das LG München I vertritt jedoch die Auffassung, dass auch **Fotografien und Werke der bildenden Kunst untereinander bearbeitungsfähig** sind und dass es für die Annahme einer freien Benutzung nicht auf die Übertragung in eine andere

---

**167** BGH GRUR 2004, 855, 857 – Hundefigur; OLG Hamburg ZUM 1996, 315, 316 – Power of Blue; *Bullinger/Garbers-von Boehm* GRUR 2008, 24, 28.
**168** Weitere Beispiele aus der (überwiegend unveröffentlichten) Rechtsprechung bei *Hüper* AfP 2004, 511 ff.
**169** LG München I GRUR 1988, 36 – Hubschrauber mit Damen.
**170** Vgl dazu die Abbildungen bei *A Nordemann* 220.

**171** Zust Möhring/Nicolini/*Ahlberg* § 24 UrhG Rn 25; *Schack* Kunst und Recht Rn 342; *A Nordemann* 225 f; ablehnend Dreier/Schulze/*Schulze* § 24 UrhG Rn 36; *Chakraborty* 130.
**172** Dreier/Schulze/*Schulze* § 24 UrhG Rn 19; Schricker/Loewenheim/*Vogel* § 72 UrhG Rn 30; vgl auch RG RGZ 169, 109 – Hitler-Porträt; Schricker/Loewenheim/*Loewenheim* § 24 UrhG Rn 23; *Jacobs* 33, 39; ähnl *Bullinger/Garbers-von Boehm* GRUR 2008, 24, 29; aA *Schack* Kunst und Recht Rn 868.

Kunstform, sondern allein darauf ankommt, ob die individuellen Züge der Fotografien in dem neu geschaffenen Gemälde verblassen.[173]

**98**  „Galeriebilder".[174] In diesem Fall wurden nicht Fotos für ein Gemälde, sondern zwei Gemälde für ein Foto verwendet. Das Foto zeigt eine GORE-TEX-Jacke, die nahezu bildfüllend auf einem farbig gemusterten Untergrund liegt. Am oberen und unteren Bildrand sind Ausschnitte von zwei abstrakten Gemälden zu sehen. Die Gemälde werden teilweise von der Jacke verdeckt und befinden sind zum Teil auch außerhalb des Bildbereichs.

**99**  Das LG München I sah in der Einbindung der beiden Gemälde in das Werbefoto keine freie Benutzung, sondern eine **abhängige Bearbeitung**. Zwar seien die Bilder nur in Ausschnitten im Hintergrund zu sehen, doch hätten die verwendeten Bildausschnitte individuelle Züge, die gegenüber der Eigenart des Werbefotos nicht verblassten.

**100**  „WM-Fußballpokal". Bei diesem Fall ging es um ein Foto von *Annie Leibovitz*, das den nackten, bronzefarbenen Körper des Pop-Art-Künstlers *Jeff Koons* in der Pose eines griechischen Diskuswerfers mit herausgestreckter Zunge zeigt. Das Foto war von einer Zeitschrift für eine Montage verwendet worden, in der man den Kopf von *Jeff Koons* gegen den des Sängers *Campino* von der Punkgruppe *Die Toten Hosen* ausgetauscht, der Figur einen Fußball in die rechte Hand gelegt und sie außerdem auf ein stilisiertes Podest gestellt hatte, um ihr das Aussehen eines WM-Fußballpokals zu verleihen.[175]

**101**  Das **AG Hamburg**[176] sah in der Fotomontage ein selbständiges neues Lichtbildwerk mit einer eigenen künstlerischen Aussage. Das neue Bild habe nicht mehr den provozierenden Unterton der ursprünglichen Aufnahme, sondern erhalte durch die eingefügten Änderungen eine eher ironische und humorvoll-witzige Gesamtaussage. Dadurch werde die Grenze von der unzulässigen Bearbeitung zur zulässigen **freien Benutzung** deutlich überschritten.

**102**  Das **LG Hamburg**[177] kam in der Berufungsinstanz zu einem anderen Ergebnis. Seiner Meinung nach stellt der bronzefarbene Torso des gebückten männlichen Körpers für sich betrachtet (also auch ohne den Kopf von *Jeff Koons*) ein Lichtbildwerk dar. Dieses geschützte Werk sei unverändert für eine Fotomontage übernommen worden, die ihrerseits „keinen Werkcharakter" habe, sondern lediglich eine simple Collage sei, die „das allgemeine Durchschnittskönnen eines im Umgang mit Grafikprogrammen geschulten Gestalters nicht übersteigt". Die Fotomontage sei daher eine **„abhängige Vervielfältigung"**.

**103**  „Mauerspringer-Collage". Bei dem Rechtsstreit ging es um die berühmte Aufnahme „Sprung in die Freiheit", die im August 1961 unmittelbar nach Beginn des Mauerbaus entstanden ist und die einen DDR-Grenzpolizisten zeigt, der mit einem Sprung über eine Stacheldraht-Absperrung in den Westen flüchtet. Ein Verlag hatte für eine Postkarte aus verschiedenen historischen Berlin-Motiven eine Collage erstellt und dafür auch das Mauerspringer-Foto verwendet. Das AG Charlottenburg sah darin

---

[173] Vgl dazu auch den Fall LG Hamburg ZUM-RD 2008, 202, 204 – Pelé.
[174] LG München I Schulze LGZ 219 – Galeriebilder.
[175] Vgl dazu die Abbildungen in PHOTO-NEWS 3/1996, 15.

[176] AG Hamburg Urt v 2.8.1994, Az 36a C 1322/94 – WM-Fußballpokal.
[177] LG Hamburg Urt v 11.7.1995, AZ 308 S 3/94 – WM-Fußballpokal.

keine unzulässige Bearbeitung, sondern eine **freie Benutzung**.[178] Die Aufnahme des Grenzsoldaten werde in der Collage in einen völlig anderen Kontext gestellt, denn dort springe der Flüchtling nicht über einen Stacheldraht, sondern gleichsam in eine Phantasielandschaft aus Brandenburger Tor, Pariser Platz, Siegessäule und Fernsehturm. Diese Veränderung des Kontextes lasse die Wesenszüge der historischen Aufnahme ungeachtet der Tatsache, dass es sich dabei um ein Lichtbildwerk und nicht nur um ein einfaches Lichtbild handele, gegenüber der Eigenart der Collage verblassen und führe zur Entstehung eines neuen selbständigen Werkes. Damit argumentiert das AG Charlottenburg ähnlich wie das AG Hamburg in der „WM-Fußballpokal"-Entscheidung.

**„Cowboy mit Baby".** Ein Foto, das einen Mann mit Cowboyhut und einem schlafenden Baby in der Jacke zeigt, war für eine Werbeanzeige mit einem anderen Mann und einem anderen Baby nachgestellt worden. Auf dem älteren Bild neigt der Mann den Kopf nach rechts, auf dem jüngeren Bild nach links. Beide Männer tragen einen beigefarbenen Cowboyhut und eine gleichfarbige Winterjacke mit Pelzkragen.[179] **104**

Zu diesem Fall gibt es gegensätzliche Entscheidungen. Während das **AG Hamburg**[180] eine abhängige Bearbeitung verneinte, weil für das **Motiv** „Cowboy mit Baby" **kein Urheberrechtsschutz** bestehe und deshalb niemand gehindert sei, dasselbe Motiv unter identischen Bedingungen erneut aufzunehmen, hieß es in der Berufungsentscheidung des **LG Hamburg**[181], dass das auf dem Ursprungsfoto abgebildete Motiv des fürsorglichen Cowboys mit dem schlafenden Baby auf einem besonderen **künstlerische Arrangement** des Fotografen beruhe und deshalb Urheberrechtsschutz genieße. Das später aufgenommene Foto habe die Gestaltungsmerkmale, die den ästhetischen Gesamteindruck der Fotovorlage bestimmen, nahezu identisch übernommen, so dass die jüngere Aufnahme als unfreie Bearbeitung des älteren Lichtbildwerkes einzustufen sei. **105**

**„Rote Couch".** Für sein Projekt „Rote Couch" hat der Fotograf *Horst Wackerbarth* in den vergangenen 30 Jahren auf der ganzen Welt bekannte und unbekannte Personen fotografiert, die auf einer roten Couch sitzen. Vor einigen Jahren ließ ein Tabakkonzern nach diesem Konzept verschiedene Werbeanzeigen anfertigen. Auf einem Werbefotos war ein elegant gekleideter Mann zu sehen, der auf einer roten Couch über den Häusern von Manhattan schwebte. Ein ähnliches Foto hatte zuvor *Horst Wackerbarth* aufgenommen. Es zeigt einen Fensterputzer in luftiger Höhe auf einer roten Couch vor der Fassade eines New Yorker Wolkenkratzers. **106**

Das **LG Hamburg**[182] konnte sich trotz signifikanter Übereinstimmungen zwischen den beiden Bildern nicht dazu entschließen, das Werbefoto als abhängige Bearbeitung der *Wackerbarth*-Aufnahme einzustufen. Zur Begründung hieß es, dass *Horst Wackerbarth* für das **Bildkonzept** „Rote Couch" **keinen Urheberrechtsschutz** beanspruchen könne und niemand gehindert sei, dieses Konzept aufzugreifen und neu umzusetzen. Zwar könne für das besondere Arrangement der Szene mit dem Fensterputzer ein urheberrechtlicher Schutz bestehen, doch sei dieses Arrangement nicht übernommen worden, denn das Werbefoto unterscheide sich hinsichtlich des Blick- **107**

178 AG Charlottenburg ZUM-RD 2010, 373, 375 – Mauerspringer-Collage.
179 Vgl dazu die Abbildungen in PHOTO-NEWS 2/1996, 10.
180 AG Hamburg Urt v 17.1.1995, Az 36a C 3842/94 – Cowboy mit Baby.

181 LG Hamburg Urt v 24.10.1995, Az 308 S 6/95 – Cowboy mit Baby; dazu auch *Hüper* AfP 2004, 511, 512.
182 LG Hamburg Urt v 4.3.1997, Az 308 O 272/95 – Rote Couch I.

winkels, der Beleuchtung und der Aufhängung des Sofas deutlich von dem Fensterput-zer-Bild.

**108**    Acht Jahre später kam es zu einem weiteren Rechtsstreit, der **vor derselben Kammer des LG Hamburg** ausgetragen wurde. Diesmal ging es um eine Werbeanzeige, die drei junge Leute mit einem Bierglas auf einer roten Couch zeigt. Die Couch hängt über einer Wiese und ist wie eine Schaukel am Ast eines Baumes mit grünem Blattwerk befestigt. Zuvor hatte *Horst Wackerbarth* ein ähnliches Bild aufgenommen. Es zeigt zwei Mädchen auf einer roten Couch, die ebenfalls wie eine Schaukel an einem Ast hängt. Allerdings trägt der Baum auf dem *Wackerbarth*-Foto keine Blätter und die Couch schwebt über einem Kiesboden. Trotz dieser Unterschiede sah das LG Hamburg[183] in dem Werbefoto eine **abhängige Bearbeitung** der Aufnahme von *Horst Wackerbarth*. Das ältere Foto habe nicht nur als Anregung, sondern als Vorlage für die Werbeaufnahme gedient und es seien alle wesentlichen gestalterischen Elemente übernommen worden.

**109**    „Troades".[184] Der Fall betrifft ein Szenenfoto einer „Troades"-Inszenierung. Es zeigt die Darstellerin der *Hekabe* mit einer Krone auf dem Kopf, die sie mit beiden Händen festhält. Die Aufnahme wurde von einem Zeitungsverlag für eine Werbeanzeige nachgestellt. Das OLG Hamburg wertete das als **freie Benutzung** (§ 24 UrhG), da das Motiv der *Hekabe* mit der Krone auf dem Kopf nicht geschützt und niemand gehindert sei, dieses Motiv nachzustellen und ebenfalls zu fotografieren. Geschützt sei ein Motiv nur dann, wenn es auf einem künstlerischen Arrangement des Fotografen beruhe. Davon sei hier aber nicht auszugehen, denn die Theaterfotografin habe auf die „Troades"-Inszenierung keinen Einfluss gehabt und die von ihr aufgenommene Szene somit auch nicht selbst arrangiert.[185]

**110**    „Power of Blue".[186] In dem Rechtsstreit ging es um ein schwarz-weißes Aktfoto von *Helmut Newton*. Es zeigt eine nackte Frau, die mit einem hochgestellten Bein auf einem Hocker sitzt, den linken Arm angewinkelt nach oben hält und die Hand zu einer Faust geballt hat. Das Foto wurde von dem Maler *George Pusenkoff* für ein Gemälde mit dem Titel „Power of Blue" verwendet. Das Acrylbild zeigt die Frau in einer stilisierten und eher skizzenhaften Form vor einem blauen Hintergrund. In der Bildmitte befindet sich ein gelbes Quadrat, das die Frauenfigur vom Knie bis zum Nabel verdeckt.

**111**    Das OLG Hamburg sah in dem Bild von *Pusenkoff* (im Gegensatz zur Vorinstanz) eine **zulässige freie Benutzung** des Fotos von *Newton*.[187] Gegenstand der Fotografie sei ein Akt, also die Darstellung von Nacktheit und Erotik. Bei dem Gemälde von *Pusenkoff* gehe es dagegen nicht um die Darstellung des nackten weiblichen Körpers, sondern um die Farbe. Alles, was die Eigentümlichkeit und Schutzfähigkeit der Fotografie von *Newton* begründe, fehle in dem Bild „Power of Blue". Es bleibe eigentlich kaum etwas, was *Pusenkoff* noch hätte tun können, um sich von dem *Newton*-Bild zu

---

[183] LG Hamburg Urt v 21.9.2005, Az 308 O 435/05 – Rote Couch II; Urteilstext mit Abbildungen abrufbar unter www.lawmas.de > Gerichtsentscheidungen.
[184] OLG Hamburg ZUM-RD 1997, 217 – Troades; dazu auch *Wanckel* Rn 416; *Franzen/von Olenhusen* UFITA 2007, 435, 467 ff; *Hüper* AfP 2004, 511, 512.

[185] Krit dazu *Franzen/v Olenhusen* UFITA 2007, 435, 468.
[186] OLG Hamburg ZUM 1996, 315 – Power of Blue; dazu auch *Franzen/von Olenhusen* UFITA 2007, 435, 469.
[187] Zust Möhring/Nicolini/*Ahlberg* § 24 UrhG Rn 25 aE; vgl dazu auch Dreier/Schulze/*Schulze* § 24 UrhG Rn 36; *Schack* Kunst und Recht Rn 342; *Wanckel* Rn 418.

Wolfgang Maaßen

entfernen, ohne die Wiedererkennbarkeit zu gefährden und auf die beabsichtigte Bezugnahme ganz verzichten zu müssen.

**„Ärmelhochkrempeln".**[188] Die Entscheidung befasst sich mit einer Aufnahme des Fotografen *Charles Thatcher*, auf der ein Mann in einem weißen Hemd mit dunkler, gemusterter Krawatte zu sehen ist, der mit seiner energisch zupackenden linken Hand den rechten Ärmel hochkrempelt. Sein rechter Unterarm ist dabei leicht angewinkelt und die rechte Hand zu einer Faust geballt. Ein Beratungsunternehmen verwendete für eine Stellenanzeige ein Foto, das dieselbe Szene zeigt. Allerdings weicht das für die Anzeige verwendete Bild insofern von dem *Thatcher*-Foto ab, als es sich um eine Schwarz-Weiß-Aufnahme handelt, die den Vorgang des Ärmelaufkrempelns in einem etwas kleineren Ausschnitt und außerdem die rechte statt der linken Faust in der Bewegung zeigt.                                                                                         **112**

Das LG München I stufte die Aufnahme von *Thatcher* als ein Lichtbildwerk (§ 2 Abs 1 Nr 5 UrhG) ein. Sämtliche Gestaltungsmerkmale dieses Werkes seien **nahezu unverändert** in das später aufgenommene Anzeigenfoto **übernommen** worden. Da eine vom Original abweichende ästhetische Gesamtwirkung der Nachbildung nicht festgestellt werden könne, sei eine freie Benutzung der Vorlage auszuschließen.                     **113**

**„Klammerpose".**[189] Gegenstand des Rechtsstreits waren zwei Fotos, die einen aufrecht stehenden Mann mit seitlich ausgebreiteten Armen von hinten zeigen. Der Mann wird umklammert von einer Frau, die ihre Beine um seine Hüften schlingt und unter einem Arm des Mannes hervor auf den Betrachter schaut. Auf dem zuerst entstandenen Bild trägt der Mann ein Hemd und eine Hose, die seine Beine bedeckt, während der Mann auf dem später aufgenommenen Foto mit nacktem Oberkörper und einer kurzen Hose zu sehen ist. Die beiden Bilder unterscheiden sich außerdem dadurch, dass die Frau auf dem älteren Foto unter dem linken Arm und die auf dem jüngeren Foto unter dem rechten Arm des Mannes hervorschaut.                                      **114**

Für das OLG Köln waren diese Unterschiede unerheblich. Entscheidend sei der Gesamteindruck der prägenden Merkmale. Vergleiche man die beiden Fotos unter diesem Aspekt, dann zeige sich eine **Übereinstimmung in allen wesentlichen gestalterischen Elementen** (Klammerpose, Bildausschnitt). Die vorhandenen Abweichungen seien nicht geeignet, den für eine freie Bearbeitung notwendigen Abstand zu schaffen.       **115**

**„Rudolf der Eroberer".** Während eines umstrittenen Nato-Einsatzes deutscher Soldaten in Mazedonien erschien in der Zeitschrift BUNTE unter der Überschrift „Total verliebt auf Mallorca" ein Bildbericht, der den damaligen Bundesverteidigungsminister *Rudolf Scharping* mit seiner neuen Partnerin beim Bad in einem Swimmingpool zeigte. Eine Woche später war die Badeszene auch auf der Titelseite des Nachrichten-Magazins DER SPIEGEL in Form einer satirischen Illustration (Überschrift: „Rudolf der Eroberer") zu sehen. Allerdings schwamm das Paar dort nicht in einem Pool, sondern in einem umgestülpten, mit Wasser gefüllten Stahlhelm mit dem Aufkleber „Make love not war".                                                                         **116**

Das **LG München I**[190] stufte zwar das Foto, das in der Zeitschrift BUNTE erschienen war, als einfaches Lichtbild ein und bestätigte außerdem, dass bereits geringfügige Änderungen genügen, um den engen Schutzbereich des § 72 UrhG zu verlassen. Den-          **117**

---

[188] LG München I AfP 1999, 521 – Ärmelhochkrempeln; dazu auch *Wanckel* Rn 415.
[189] OLG Köln GRUR 2000, 43 – Klammerpose; dazu auch *Wanckel* Rn 416.

[190] LG München I ZUM-RD 2002, 489 – Rudolf der Eroberer.

noch wertete es die SPIEGEL-Illustration als **abhängige Bearbeitung** des zuvor erschienenen Fotos, weil der Illustrator das badende Paar nicht nachfotografiert, sondern das vorhandene Foto unmittelbar in seine Collage eingearbeitet hatte. Da sich somit das Lichtbild in der Illustration als integraler Bestandteil vollständig und weitestgehend identisch wiederfinde, sei eine freie Benutzung auszuschließen.

**118**    Auch das **OLG München**[191] bewertete die SPIEGEL-Illustration als **bloße Bearbeitung der Fotografie** zu dem BUNTE-Bericht. Zwar sei die Verlegung der Badeszene in einen umgestülpten Stahlhelm mit dem Aufkleber „Make love not war" in Verbindung mit der ironischen Überschrift „Rudolf der Eroberer" geeignet, der Illustration insgesamt einen Werkcharakter gem § 2 Abs 1 UrhG zu verleihen. Allerdings war das Oberlandesgericht ebenso wenig wie zuvor das Landgericht gewillt, das aus dem Foto übernommene badende Paar und die von dem Illustrator hinzugefügten satirischen Elemente als eine gestalterische Einheit zu betrachten. Stattdessen zerlegen beide Entscheidungen die SPIEGEL-Illustration in ihre Einzelteile und stellen ausschließlich darauf ab, dass eines dieser Teile – das badende Paar – mit dem als Vorlage verwendeten Lichtbild weitgehend übereinstimmt.

**119**    „TV-Man".[192] Ein Fotograf hatte einen Mann fotografiert, der in einem abgedunkelten Zimmer vor einem Fernsehapparat mit zwei Stabantennen sitzt. Der Mann ist von hinten zu sehen und so platziert, dass die beiden Antennenstäbe wie die Fühler eines Insekts aus seinem Kopf hervorzuwachsen scheinen. Ein später entstandenes Foto, das für eine Werbeanzeige verwendet wurde, zeigt ebenfalls einen Mann in einem abgedunkelten Zimmer vor einem Fernesehapparat mit Stabantennen, die scheinbar direkt auf seinem Kopf angebracht sind.

**120**    Für das LG Düsseldorf handelt es sich bei dem später entstandenen Foto um eine **unfreie Bearbeitung** des älteren Bildes. Alle Gestaltungselemente, die den Gesamteindruck der früheren Aufnahme prägen und ihre schöpferische Eigenart ausmachen, seien für das Werbefoto übernommen worden. Zwar vermittele das Werbefoto im Gegensatz zu dem als Vorlage verwendeten Bild einen „gestylten" Eindruck, doch lasse diese Abweichung den insgesamt übereinstimmenden Gesamteindruck unberührt.

**121**    „Freiburger Münster". Gegenstand des Rechtsstreits waren zwei Aufnahmen des Freiburger Münsters mit dem Karlssteg im Vordergrund. Beide Aufnahmen stimmen hinsichtlich der Perspektive, der Lichtverhältnisse, der Brennweite und der Anordnung der Aufnahmeobjekte (Kirchtürme, Karlssteg, Spaziergänger am Ende des Stegs) weitgehend überein.

**122**    Das **AG Freiburg**[193] konnte **keine Verletzung der Rechte des Fotografen** erkennen, der das ältere Bild aufgenommen hatte. Da es sich bei dieser Aufnahme lediglich um ein einfaches Lichtbild (§ 72 UrhG) mit beschränktem Schutzumfang handele, sei das Nachfotografieren des Motivs und die Anfertigung einer nahezu identischen Aufnahme vom gleichen Standort und unter denselben Lichtverhältnissen nicht zu beanstanden.

**123**    Das **LG Mannheim**[194] sah dagegen in der älteren Aufnahme ein Lichtbildwerk (§ 2 Abs 1 Nr 5 UrhG), das nicht einfach ein von der Natur vorgegebenes Motiv abbilde,

---

[191] OLG München AfP 2003, 553 – Rudolf der Eroberer.
[192] LG Düsseldorf BeckRS 2007, 11273; vgl dazu auch *Bullinger/Garbers-von Boehm* GRUR 2008, 24, 25 f; *Wanckel* Rn 416.
[193] AG Freiburg Urt v 29.8.2003, Az 10

C 943/03 – Freiburger Münster; zust *Hüper* AfP 2004, 511, 512 f.
[194] LG Mannheim ZUM 2006, 886 – Freiburger Münster; dazu *Franzen/von Olenhusen* UFITA 2007, 435, 466.

sondern durch den Einsatz schöpferischer Gestaltungselemente (Abendstimmung, gezielter Einsatz von Gegenlicht, Abbildung der Personen als Silhouette) eine besondere Bildwirkung erziele.[195] Diese schöpferischen Gestaltungselemente seien in dem jüngeren Bild nahezu vollständig wiederzufinden. Der Abstand zu dem älteren Foto sei so gering, dass man nicht von einer zulässigen freien Benutzung, sondern von einer **unzulässigen Übernahme** des älteren Bildes ausgehen müsse.

e) **Sonderfall der Doppelschöpfung.** Eine unzulässige Bearbeitung ist auszuschließen, wenn es zu einer Doppelschöpfung kommt. Eine Doppelschöpfung liegt vor, wenn zwei Fotografen **unabhängig voneinander übereinstimmende Aufnahmen** anfertigen, ohne dass der eine bewusst oder unbewusst auf das Werk des anderen zurückgreift.[196] Solche Doppelschöpfungen sind zwar theoretisch möglich, aber in der Praxis wohl eher eine seltene Ausnahme.[197] Ein solcher Ausnahmefall ist das berühmte Foto „V.J. Day at Times Square", das *Alfred Eisenstaedt* am 14.8.1945 in New York aufgenommen hat. Es zeigt einen Marinesoldaten, der ein Mädchen bei einer Siegesfeier auf dem Times Square stürmisch umarmt und küsst. Exakt dieselbe Szene hat der Fotograf *Victor Jorgensen* festgehalten, wobei seine Aufnahme erkennen lässt, dass beide Fotografen dicht nebeneinander gestanden und fast gleichzeitig auf den Auslöser gedrückt haben müssen. **124**

Da es im Urheberrecht weder den Grundsatz der Priorität noch das Erfordernis der absoluten Neuheit gibt, haben bei einer echten Doppelschöpfung beide Fotografen uneingeschränkte Rechte an ihren Bildern. Allerdings legen weitgehende Übereinstimmungen zwischen zwei Aufnahmen in der Regel die Annahme nahe, dass der Urheber des jüngeren Fotos das ältere Foto entweder bewusst nachgeahmt oder unbewusst benutzt hat. Die Rechtsprechung geht deshalb in solchen Fällen vom **Anscheinsbeweis einer Urheberrechtsverletzung** aus.[198] Dieser Anscheinsbeweis lässt sich nur durch den Nachweis entkräften, dass der Fotograf, der die jüngere Aufnahme angefertigt hat, das ältere Foto nicht kannte und deshalb auch nicht unbewusst darauf zurückgreifen konnte. Dieser Nachweis wird in der Praxis nur schwer zu führen sein.

f) **Zulässigkeit der Parodie.** Die Benutzung einer Fotografie für ein anderes Werk oder – umgekehrt – eines anderen Werkes für eine Fotografie kann in den Fällen, in denen sich das neue Werk mit dem als Vorlage benutzten Original künstlerisch oder kritisch auseinandersetzt, durch die **Parodiefreiheit** gedeckt sein. Das Wesensmerkmal der Parodie ist die spielerische Nachahmung, die – anders als das Plagiat – offen auf ein bereits vorhandenes Werk Bezug nimmt.[199] **125**

---

[195] Vgl dazu die Kritik von *Bullinger/Garbers-von Boehm* GRUR 2008, 24, 27 und 29.
[196] Schricker/Loewenheim/*Loewenheim* § 23 UrhG Rn 33; Fromm/Nordemann/*A Nordemann* §§ 23/24 UrhG Rn 64 f; Dreier/Schulze/*Schulze* § 23 UrhG Rn 29; Möhring/Nicolini/*Ahlberg* § 2 UrhG Rn 72; *Franzen/von Olenhusen* UFITA 2007, 435, 462.
[197] Dagegen meinen *Bullinger/Garbers-von Boehm* GRUR 2008, 24, 29, dass fotografische Doppelschöpfungen leichter vorstellbar sind als bei anderen Werkarten.

[198] BGH GRUR 1988, 810, 811 – Fantasy; OLG Köln GRUR 2000, 43, 44 – Klammerpose; Schricker/Loewenheim/*Loewenheim* § 23 UrhG Rn 34; Wandtke/Bullinger/*Bullinger* § 23 UrhG Rn 21; *Franzen/von Olenhusen* UFITA 2007, 435, 463 f.
[199] Zum Begriff der Parodie *von Olenhusen/Ling* UFITA 2003, 695, 697 ff; *von Becker* GRUR 2004, 104.

**126**     Nach herrschender Rechtsauffassung[200] ist die Zulässigkeit der Parodie prinzipiell nach denselben Regeln zu beurteilen, die für die freie Benutzung (§ 24 UrhG) gelten.[201] Allerdings sind diese Regeln nur in abgeschwächter Form anzuwenden. Wird ein geschütztes Werk für parodistische Zwecke benutzt, kann es nicht darauf ankommen, dass die entlehnten eigenpersönlichen Züge in dem neuen Werk verblassen. Denn der Sinn der Parodie besteht gerade darin, dass das ältere Werk und seine Eigenheiten in dem neuen Werk erkennbar bleiben. Deshalb ist bei einer Parodie nicht der äußere Abstand, sondern nur der **innere Abstand** zwischen dem parodierten und dem neuen Werk maßgebend.[202] Der notwendige innere Abstand wird in der Regel nur dann gewahrt sein, wenn sich das neue Werk mit dem älteren auseinandersetzt. Zwingend ist das jedoch nicht. Eine freie Benutzung kann durchaus auch dann vorliegen, wenn sich die kritische Auseinandersetzung nicht auf das parodierte Werk selbst, sondern auf dessen thematisches Umfeld bezieht.[203]

**127**     Ein markantes Beispiel dafür, wie eine Fotografie für parodistische Zwecke eingesetzt werden kann, ist der Fall „Rudolf der Eroberer".[204] Zwar setzt sich die SPIEGEL-Illustration, die für die Badeszene in einem umgestülpten Soldatenhelm ein Foto des damaligen Bundesverteidigungsministers und seiner neuen Freundin aus der Zeitschrift BUNTE verwendete, nicht mit dem als Vorlage dienenden Foto, sondern mit den auf dem Foto abgebildeten Personen und deren Verhalten auseinander. Eine solche kritische **Auseinandersetzung mit dem thematischen Umfeld** der Bildveröffentlichung reicht aber aus, um den für eine zulässige Parodie erforderlichen inneren Abstand herzustellen.[205]

**128**     Fehlt es an einer inhaltlichen (künstlerischen oder kritischen) Auseinandersetzung mit dem älteren Werk oder dessen thematischem Umfeld und wird das als Vorlage benutzte Werk nicht in einen neuen antithematischen Zusammenhang gestellt, sondern **lediglich verzerrt oder verfremdet**, dann handelt es sich auch dann, wenn durch die Verzerrung oder Verfremdung ein komischer Effekt erzielt wird, nicht um eine nach § 24 UrhG zulässige Parodie.[206] So mag es zwar sehr witzig sein, wenn bei dem bekannten Bild der Arbeiter, die beim Bau des Rockefeller Center im Jahre 1932 hoch über den Häusern von New York auf einem Stahlträger ihr Frühstück einnehmen, die wagemutigen Arbeiter durch kleine Kinder ersetzt werden. Da aber die digitale Collage „Kids over New York" keine Auseinandersetzung mit dem dafür benutzten Licht-

---

**200**  BGH GRUR 2003, 956, 958 – Gies-Adler; BGH GRUR 2000, 703, 704 – Mattscheibe; BGH GRUR 1994, 206, 208 – Alcolix; BGH GRUR 1994, 191, 193 – Asterix-Persiflagen; BGH GRUR 1971, 588, 589 f – Disney-Parodie; BGH GRUR 1958, 354, 356 – Sherlock Holmes; OLG Hamburg GRUR 1997, 822, 824 f – Edgar-Wallace-Filme; OLG Frankfurt ZUM 1996, 97, 99 – Magritte Kondomverpackung; LG Mannheim GRUR 1997, 364, 366 – Freiburger Holbein-Pferd; Schricker/Loewenheim/*Loewenheim* § 24 UrhG Rn 29; Fromm/Nordemann/*A Nordemann* §§ 23/24 UrhG Rn 89 f; Dreier/Schulze/*Schulze* § 24 UrhG Rn 25; *von Olenhusen/Ling* UFITA 2003, 695, 711 ff.
**201**  Teilweise wird die Zulässigkeit der Parodie aus dem Zitatrecht (§ 51 UrhG) abgeleitet;

Nachweise dazu bei *Rujsenaars* GRUR Int 1993, 918, 924; vgl auch *von Becker* NJW 2001, 583, 584 mit Hinweis auf BVerfG GRUR 2001, 149 – Germania.
**202**  BGH GRUR 1994, 206, 208 – Alcolix; BGH GRUR 1994, 191, 193 – Asterix-Persiflagen; dazu auch *von Becker* GRUR 2004, 104, 105 f.
**203**  BGH GRUR 2003, 956, 958 – Gies-Adler.
**204**  Dazu oben Rn 116 ff.
**205**  So auch *von Becker* GRUR 2004, 104, 106; anders dagegen OLG München AfP 2003, 553, 555 – Rudolf der Eroberer (das Urteil ist ca zwei Monate vor BGH GRUR 2003, 956, 958 – Gies-Adler ergangen).
**206**  OLG Frankfurt ZUM 1996, 97, 99 – Magritte Kondomverpackung; *Schack* Kunst und Recht Rn 361.

bildwerk oder dessen thematischem Umfeld erkennbar werden lässt, ist das neu entstandene Bild auch nicht als Parodie einzustufen.

### 5. Folgerecht und Begriff des Originals

Wird das **Original eines Lichtbildwerkes** weiterveräußert und ist hieran ein **Kunst-** **129**
**händler** oder **Versteigerer** als Erwerber, Veräußerer oder Vermittler beteiligt, muss der
Veräußerer einen gewissen Anteil des Verkaufspreises an den Urheber abgeben (§ 26
UrhG). Das gilt allerdings nicht, wenn der Verkaufserlös weniger als € 400,– beträgt.
Der Anteil an dem Verkaufserlös, den der Urheber (Fotograf) als **Folgerechtsvergütung**
beanspruchen kann, ist **degressiv gestaffelt**. Er liegt zwischen 4 % (bei Verkaufserlösen
bis zu € 50 000,–) und 0,25 % (bei Verkaufserlösen über € 500 000,–). Der Gesamtbetrag der möglichen Folgerechtsvergütung aus einer Weiterveräußerung beträgt unabhängig von dem jeweils erzielten Verkaufserlös maximal € 12 500,–.

Da das Folgerecht einem Fotografen nur dann Ansprüche gewährt, wenn Originale **130**
seiner Lichtbildwerke weiterveräußert werden, stellt sich die Frage, wie der **Begriff des**
**Originals** in der Fotokunst zu definieren ist. Gewisse Anhaltspunkte ergeben sich dazu
aus Art 2 Abs 2 der Folgerechts-Richtlinie.[207] Danach gelten außer den **Lichtbild-**
**werk-Unikaten** (Daguerreotypien, Fotogramme, Polaroidfotos, Negative, Diapositive)[208] auch diejenigen „Exemplare" von Lichtbildwerken als Originale im Sinne der
Richtlinie, „die vom Künstler selbst oder unter seiner Leitung in begrenzter Auflage
hergestellt wurden", wobei derartige Exemplare „in der Regel nummeriert, signiert
oder vom Künstler auf andere Weise ordnungsgemäß autorisiert sein" müssen. Fertigt
daher der Fotograf von einem Negativ oder Dia-Positiv, das er selbst belichtet hat,
oder von einer Bilddatei, die er selbst geschaffen hat, eigenhändig **Abzüge oder Aus-**
**drucke** in begrenzter Auflage, dann handelt es sich bei den Abzügen und Ausdrucken
um Originale. Dasselbe gilt in den Fällen, in denen Abzüge der belichteten Filme oder
Ausdrucke der digitalen Bilder unter der Aufsicht des Fotografen oder jedenfalls nach
seinen Weisungen erstellt werden. Es ist nicht unbedingt erforderlich, dass die Abzüge
oder Ausdrucke auch von dem Fotografen signiert werden.[209] Fehlt allerdings die **Sig-**
**natur**, ist der Nachweis erschwert, dass es sich um autorisierte Exemplare handelt.

Die Folgerechts-Richtlinie lässt offen, wie viele Abzüge oder Ausdrucke von einem **131**
Lichtbildwerk maximal gefertigt werden dürfen, damit die Abzüge und Ausdrucke
noch als Originale gelten können. Da allerdings Art 2 Abs 2 der Richtlinie ausdrücklich eine „begrenzte Auflage" fordert, ist auszuschließen, dass sämtliche vom Fotografen autorisierten Abzüge und Ausdrucke als Originale anzusehen sind.[210] Die **Be-**
**schränkung der Auflage** ist eine unabdingbare Voraussetzung dafür, dass der Kunstmarkt einen Fotoabzug oder -ausdruck als Original anerkennt. Zwar lässt sich nicht
exakt festlegen, ab welcher Auflagenhöhe die Abzüge und Ausdrucke ihre Singularität
einbüßen und nur noch als Kopien gehandelt werden. Man wird aber wohl davon
ausgehen müssen, dass die Auflagen, die renommierte Fotokünstler wie *Andreas Gur-*

---

**207** RL 2001/84/EG des Europäischen Parlaments und des Rates v 27.9.2001 über das
Folgerecht des Urhebers des Originals eines
Werkes.
**208** *Heitland* 90/91; speziell zu den Diapositiven OLG Düsseldorf GRUR 1988, 542 –
Warenkatalogfoto.

**209** Schricker/Loewenheim/*Vogel* § 44 UrhG
Rn 25; *Schack* Kunst und Recht Rn 24.
**210** So aber *Hamann* UFITA 1981, 45, 51 f;
Dreier/Schulze/*Schulze* § 44 UrhG Rn 19.

*sky, Candida Höfer* oder *Thomas Ruff* von ihren Werken erstellen lassen, einen gewissen Standard vorgeben und aufzeigen, wo etwa die Grenze zwischen der Herstellung von Originalen und der Produktion von Kopien verläuft. Im Falle von *Andreas Gursky* liegt diese Grenze bei maximal sechs signierten Exemplaren pro Bild. Hinzu kommen noch einzelne unsignierte Ausdrucke, die lediglich für Ausstellungszwecke bestimmt sind (exhibition copies) und die nach Beendigung der Ausstellung vernichtet werden.

### 6. Schranken der Urheber- und Leistungsschutzrechte an Fotografien

**132**     **a) Fotografien in amtlichen Werken.** Amtliche Werke genießen keinen Urheberrechtsschutz (§ 5 Abs 1 UrhG). Werden deshalb Fotografien in Gerichtsentscheidungen oder anderen amtlichen Werken wiedergegeben, stellt sich die Frage, ob sie dadurch ihren urheberrechtlichen Schutz verlieren mit der Folge, dass ihre Verwertung auch ohne Zustimmung der Urheber, der Lichtbildner und der Inhaber von Nutzungsrechten möglich ist.

**133**     Fotografien werden durch die Einbindung in ein amtliches Werk nur dann **gemeinfrei**, wenn das amtliche Werk die Fotografien **in zulässiger Weise** verwendet.[211] Werden also bspw in den Text einer Gerichtsentscheidung auch Fotos einbezogen, muss die Nutzung der Bilder durch das Zitatrecht (§ 51 UrhG) oder eine andere gesetzliche Bestimmung gedeckt sein. Ist das nicht der Fall, kann die Wiedergabe in dem amtlichen Werk nicht zu einem Verlust der Schutzrechte an den Lichtbildwerken oder Lichtbildern führen.

**134**     Sodann werden auch Fotografien, die in rechtlich zulässiger Weise Bestandteil eines amtlichen Werkes geworden sind, nur in beschränktem Umfang gemeinfrei. Nutzbar sind sie nur, soweit sie **in den Kontext** des amtlichen Werkes **eingebunden** bleiben. Werden sie aus dem Kontext herausgelöst und isoliert verwendet, ist ihre Verwertung nicht mehr durch § 5 Abs 1 UrhG gedeckt. Deshalb dürfen Bilder, die im Tenor, im Tatbestand oder in den Entscheidungsgründen eines Urteils wiedergegeben werden, nur als Bestandteil der Gerichtsentscheidung oder im Zusammenhang mit einer Besprechung der Entscheidung vervielfältigt, verbreitet oder öffentlich wiedergegeben werden.

**135**     **b) Weitere Schrankenregelungen.** Die Urheber- und Leistungsschutzrechte der Fotografen und die Nutzungsrechte der Verwerter fotografischer Arbeiten unterliegen grundsätzlich denselben **gesetzlichen Beschränkungen**, die auch für andere geschützte Werke gelten. Diese Schrankenregelungen (§§ 44a ff UrhG) werden im Zusammenhang mit den Rechten, die an den auf einer Fotografie abgebildeten Objekten bestehen, ausführlich erläutert.[212] Die nachfolgende Darstellung befasst sich lediglich mit den Einschränkungen, die das Gesetz speziell für Lichtbildwerke und Lichtbilder vorsieht, sowie mit Gerichtsentscheidungen, in denen es um die konkrete Anwendung der Schrankenregelungen auf Fotografien geht.

**136**     **aa) Vervielfältigung von Bildnissen durch Gerichte und Behörden.** Gerichte und Behörden dürfen Bildnisse für Zwecke der **Rechtspflege** und der **öffentlichen Sicherheit** vervielfältigen oder vervielfältigen lassen (§ 45 Abs 2 UrhG). Personenaufnahmen

---

[211] *Maaßen* ZUM 2003, 830, 833 f.          [212] Dazu Rn 209 ff.

Wolfgang Maaßen

können daher auch ohne Zustimmung der Fotografen zur Anfertigung von **Fahndungsfotos** oder **Steckbriefen** verwendet werden.

§ 45 Abs 2 UrhG beschränkt lediglich die Rechte de Bildurheber, nicht dagegen die **Persönlichkeitsrechte** der abgebildeten Personen. Ob auch die Abgebildeten die Wiedergabe ihrer Bildnisse hinnehmen müssen, ist nach § 24 KUG zu entscheiden.[213] **137**

**bb) Verwendung von Fotografien zur Berichterstattung über Tagesereignisse.** Im Rahmen der Berichterstattung über Tagesereignisse dürfen Lichtbildwerke und Lichtbilder, die im Verlauf dieser Ereignisse wahrnehmbar werden, in Zeitungen, Zeitschriften und anderen Medien, die im Wesentlichen Tagesinteressen Rechnung tragen, in einem durch den Zweck gebotenen Umfang vervielfältigt, verbreitet und öffentlich wiedergegeben werden (§ 50 UrhG). **138**

So durfte zB die Zeitschrift FOCUS über die als „Hamburger Rosenkrieg" bekannt gewordene Auseinandersetzung zwischen *Verona Feldbusch* und ihrem damaligen Ehemann *Dieter Bohlen* durch den Abdruck eines Fotos berichten, das kurz zuvor in der BILD-Zeitung erschienen war und das *Verona Feldbusch* mit einem blauen Auge, Pflaster und Verband zeigt.[214] Da der Ehestreit zum Zeitpunkt der FOCUS-Veröffentlichung noch ein **Tagesereignis** war und der von der Ehefrau erhobene Vorwurf, ihr Mann habe sie geschlagen, durch das Foto belegt werden konnte, war die Verwendung des Fotos aus der BILD-Zeitung gem § 50 UrhG zulässig. Ebenso war die Wiedergabe von Bildern, die den Zusammenbruch eines Kandidaten während der Casting-Show „Deutschland sucht den Superstar" zeigen, auch zwei Tage nach der erstmaligen Ausstrahlung der Sendung noch durch § 50 UrhG gedeckt, da das Ereignis von der Öffentlichkeit zu diesem Zeitpunkt weiterhin als tagesaktuell empfunden wurde.[215] **139**

Durch § 50 UrhG gedeckt war auch die SPIEGEL-Illustration „Rudolf der Eroberer", die auf ein Foto zurückgreift, das eine Woche vorher in der Zeitschrift BUNTE zu sehen war und das den damaligen Bundesverteidigungsminister *Scharping* mit seiner Freundin im Swimmingpool zeigt.[216] Zwar wird das Tagesereignis, auf das der SPIEGEL-Titel Bezug nimmt, nicht in Form eines nüchternen Tatsachenberichts, sondern ironisierend dargestellt, doch privilegiert § 50 UrhG auch solche **wertenden und kommentierenden Darstellungen**, solange die Information über die tatsächlichen Vorgänge noch im Vordergrund steht.[217] **140**

Fraglich ist, ob § 50 UrhG auch das **dauerhafte Bereithalten von Bildberichten in öffentlich zugänglichen Online-Archiven** von Tageszeitungen und Zeitschriften gestattet. Das LG Braunschweig[218] hält eine solche Archivierung für zulässig, da die Schrankenbestimmung auch die Berichterstattung in Online-Medien privilegiert[219] und es für den Aktualitätsbezug seiner Meinung nach ausschließlich auf die Tagesaktualität zum **141**

---

**213** Schricker/Loewenheim/*Melichar* § 45 UrhG Rn 2; *Maaßen* ZUM 2003, 830, 834; aA *Heitland* 108.
**214** BGH GRUR 2002, 1050 – Zeitungsbericht als Tagesereignis.
**215** OLG Köln GRUR-RR 2010, 151 f – Zusammenbruch bei Dieter Bohlen.
**216** Anders dagegen OLG München AfP 2003, 553, 556 – Rudolf der Eroberer: Das SPIEGEL-Titelbild sei keine zulässige Bildberichterstattung, weil nicht die Information über tatsächliche Vorgänge im Vordergrund stehe.

**217** So BGH GRUR 2002, 1050, 1051 – Zeitungsbericht als Tagesereignis; OLG Köln GRUR-RR 2010, 151 f – Zusammenbruch bei Dieter Bohlen.
**218** LG Braunschweig AfP 2009, 527, 528 – Pressearchiv.
**219** Vgl RegE UrhG BT-Drucks 15/38 S 19; Fromm/Nordemann/*W Nordemann* § 50 UrhG Rn 2; Dreier/Schulze/*Dreier* § 50 UrhG Rn 5.

Zeitpunkt der erstmaligen Veröffentlichung des Berichts ankommt. Die ursprünglich zulässige Nutzung werde nicht durch bloßen Zeitablauf unzulässig. Die damit befürwortete Ausdehnung des § 50 UrhG auf Berichte, die ihre Aktualität längst verloren haben, widerspricht jedoch dem Grundsatz, dass Schrankenbestimmungen eng auszulegen sind.[220] Abgesehen davon erscheint es widersprüchlich, die dauerhafte Online-Archivierung von längst überholten Berichten zu privilegieren, dieses Privileg aber einer Jahresdokumentation mit der Begründung zu verweigern, dass die in einer solchen Dokumentation veröffentlichten Berichte mehr aktuell genug sind.[221]

**142**     Ob § 50 UrhG die **Verwendung von Lichtbildern aus Fernsehsendungen** zur Ankündigung der betreffenden Sendungen in **Programmzeitschriften** oder in **elektronischen Fernsehprogrammführern** ohne den vorherigen Erwerb der entsprechenden Nutzungsrechte erlaubt, ist umstritten. Die Rspr geht inzwischen überwiegend davon aus, dass eine solche Nutzung fremden Bildmaterials nicht durch die Schrankenregelung gedeckt ist.[222] Grundsätzlich gestatte § 50 UrhG die Vervielfältigung, Verbreitung und öffentliche Wiedergabe geschützter Werke nur unter der Voraussetzung, dass die Zustimmung der Berechtigten vor der Veröffentlichung des aktuellen Berichts nicht mehr rechtzeitig eingeholt werden kann.[223] Den Verlagen, die laufend Programmzeitschriften herausgeben oder elektronische Programmführer anbieten, sei es aber ohne weiteres möglich und auch zumutbar, die bei solchen Publikationen absehbare Nutzung fremder Bildbeiträge vorab durch allgemeine Lizenzabsprachen zu klären. Ein Rückgriff auf die gesetzliche Schrankenbestimmung sei deshalb nicht erforderlich.

**143**     cc) **Verwendung von Fotografien zu Zitatzwecken.** Die Vervielfältigung, Verbreitung und öffentliche Wiedergabe von Lichtbildwerken und Lichtbildern ist auch dann zulässig, wenn dies zu Zitatzwecken geschieht (§ 51 UrhG). Dabei dürfen die Bilder auch in nichtwissenschaftlichen Werken in der Regel **vollständig** wiedergegeben werden, wenn anders ein sinnvolles Zitieren nicht möglich ist.[224]

**144**     Eine Fotografie darf in einem Zeitschriftenartikel, in einem Buch oder in einem anderen Werk nicht um ihrer selbst willen, sondern immer nur als **Beleg** oder zur **Erläuterung des Inhalts** des zitierenden Werkes wiedergegeben werden. Zwischen dem Foto und dem Werk, für das es verwendet wird, muss dabei ein **innerer Zusammenhang** hergestellt werden.[225] Diese Voraussetzung erfüllt zB eine Wahlkampfbroschüre, in der als Beleg für die dort angeprangerte „Diffamierungskampagne" gegen den damaligen CSU-Vorsitzenden *Franz-Josef Strauß* eine von *Klaus Staeck* gestaltete Fotocollage mit dem Titel „Entmannt alle Wüstlinge" abgedruckt war.[226] Dagegen fehlt es

---

**220** So auch *Karger* GRUR-Prax 2009, 16.
**221** Dazu LG Hamburg GRUR 1989, 591, 592 – Neonrevier; *Lehment* 76.
**222** OLG Dresden ZUM 2010, 362, 364 f – Elektronische Programmführer III; LG Dresden ZUM 2009, 980, 983 – Elektronische Programmführer II; LG Köln ZUM-RD 2010, 283, 297 – Elektronische Programmführer IV; anders noch OLG Köln GRUR-RR 2005, 105 – Elektronische Programmführer I; aA auch Wandtke/Bullinger/*Lüft* § 50 UrhG Rn 4.
**223** So OLG Dresden ZUM 2010, 362, 364 f – Elektronische Programmführer III; LG Köln

ZUM-RD 2010, 283, 297 – Elektronische Programmführer IV unter Hinweis auf BGH GRUR 2008, 693, 696 f – TV-Total.
**224** Schricker/Loewenheim/*Schricker/Spindler* § 51 UrhG Rn 45 mwN.
**225** BGH GRUR 2008, 693, 696 – TV-Total; BGH GRUR 1986, 59, 60 – Geistchristentum; OLG Köln GRUR 1994, 47, 48 f – Filmausschnitt; OLG Hamburg GRUR 1993, 666, 667 – Altersfoto.
**226** LG München I Schulze LGZ 182, 3 f – Entmannt alle Wüstlinge.

an dem notwendigen inneren Zusammenhang, wenn zu einem Zeitschriftenartikel über *Marlene Dietrich* und deren Klagen über die Veröffentlichung gefälschter Bilder ein Foto abgedruckt wird, auf dem *Marlene Dietrich* als alte Frau im Rollstuhl zu sehen sein soll, sofern das Foto nicht als Beleg für eine Fälschung, sondern nur zur Abrundung und Ausschmückung des Artikels gezeigt wird.[227] Ebenso wenig ist die Übernahme einzelner Bilder aus einem Fernsehbericht in einen Zeitungsartikel durch § 51 UrhG gedeckt, wenn sie nur deshalb erfolgt, weil sich der Verfasser des Artikels damit eigene Ausführungen ersparen will.[228] Dasselbe gilt für die bei Bildersuchdiensten übliche Wiedergabe von Fotografien in Form von Thumbnails, weil damit lediglich der Zweck verfolgt wird, dem Endnutzer das Auffinden der Bilder im Internet zu erleichtern.[229]

Fotozitate sind nur in dem durch den jeweiligen **Zitatzweck** gebotenen Umfang zulässig. Was durch den Zitatzweck geboten ist und was über den zulässigen Umfang hinausgeht, entscheiden die Gerichte anhand der konkreten Umstände des Einzelfalles und unter Berücksichtigung dessen, was allgemein üblich ist. So wurde etwa bei einer Zeitschriftenrezension zu einem Fotobuch die Wiedergabe von ein oder zwei repräsentativen Fotos als Beleg dafür, um was es in dem Buch geht und von welcher Machart die dort wiedergegebenen Fotos sind, als ausreichend erachtet.[230] In einem anderen Fall wurde entschieden, dass zu einem Artikel der Zeitschrift EMMA, der sich unter der Überschrift „Kunst oder faschistoide Propaganda?" mit dem Werk des Fotografen *Helmut Newton* befasst, statt der dort wiedergegebenen 19 *Newton*-Bilder nur 9 Fotos hätten zitiert werden dürfen.[231] **145**

Auch bei einer Beschränkung der Bildwiedergabe auf den durch den Zitatzweck gebotenen Umfang ist ein Fotozitat nur zulässig, wenn das **zitierende Werk** seinerseits **urheberrechtlich geschützt** ist.[232] Diese Voraussetzung ist nach Auffassung des OLG München bei der SPIEGEL-Illustration „Rudolf der Eroberer" nicht erfüllt, weil die Illustration ohne das aus der Zeitschrift BUNTE übernommene Foto mit der Badeszene „keinen Sinn macht".[233] Die urheberrechtliche Schutzfähigkeit eines Werkes der angewandten Kunst hängt jedoch nicht davon ab, ob das Werk – für sich betrachtet – einen Sinn ergibt. Maßgebend ist vielmehr, ob es sich um eine persönliche geistige Schöpfung iSd § 2 Abs 2 UrhG handelt. Das dürfte aber bei der SPIEGEL-Illustration auch dann noch der Fall sein, wenn man sich das badende Paar in dem mit Wasser gefüllten Soldatenhelm wegdenkt. Folglich kann die Verwendung der Badeszene für die SPIEGEL-Illustration auch durch das Zitatrecht gedeckt sein. **146**

**dd)** Vervielfältigung von Fotografien für den privaten Gebrauch. § 53 Abs 1 UrhG erlaubt die Anfertigung analoger und digitaler Vervielfältigungen von Fotografien zum (**ausschließlich**) **privaten Gebrauch.** Dient die Vervielfältigung zugleich beruf- **147**

---

227 OLG Hamburg GRUR 1993, 666, 667 – Altersfoto.
228 LG Berlin GRUR 2000, 797 – Screenshots; *Wanckel* Rn 101.
229 BGH GRUR 2010, 628, 630 (Tz 26) – Vorschaubilder.
230 OLG Hamburg GRUR 1990, 36, 37 – Foto-Entnahme.
231 LG München I AfP 1994, 326, 328 – Fotozitat.
232 Schricker/Loewenheim/*Schricker/Spindler*

§ 51 UrhG Rn 20; Fromm/Nordemann/*Dustmann* § 51 UrhG Rn 19; Wandtke/Bullinger/*Lüft* § 51 UrhG Rn 8; *Lehment* 79; anders *Dreier* FS Krämer 225, 232 und Dreier/Schulze/*Dreier* § 51 UrhG Rn 24, der eine Urheberrechtsschutzfähigkeit des zitierenden Werkes nach der Neufassung des § 51 UrhG nicht mehr für erforderlich hält.
233 OLG München AfP 2003, 553, 555 – Rudolf der Eroberer; vgl zum Sachverhalt Rn 116.

lichen Zwecken (etwa bei einem Theaterregisseur, der Theaterfotos zur Dokumentation seiner beruflichen Tätigkeit dupliziert), darf sie nur mit Zustimmung des Inhabers der Bildrechte durchgeführt werden.[234]

**148**     ee) **Vervielfältigung und Verbreitung von Bildnissen durch Besteller und Abgebildete.** Werden Personenaufnahmen auf Bestellung angefertigt (zB Pass- oder Porträtfotos), dürfen diese Bildnisse vom **Besteller** und – falls der Besteller und der Abgebildete
nicht identisch sind – auch von dem **Abgebildeten** vervielfältigt und unentgeltlich verbreitet werden, sofern die Verbreitung nicht zu gewerblichen Zwecken erfolgt (§ 60
UrhG). Die gleichen Rechte stehen dem Rechtsnachfolger des Bestellers und nach dem
Tod des Abgebildeten dessen Angehörigen zu.

**149**     Da das Gesetz nur die **unentgeltliche Verbreitung** von Bildniskopien erlaubt, darf
derjenige, der die Vervielfältigungsstücke verbreitet, weder unmittelbar noch mittelbar
irgendwelche Zahlungen oder Gegenleistungen erhalten. Der Abdruck eines Porträtfotos in einer Zeitung oder Zeitschrift ist demnach nicht durch § 60 UrhG gedeckt, da
solche Presseerzeugnisse nicht unentgeltlich verbreitet werden.[235] Dasselbe gilt für die
Verbreitung in kostenlos verteilten Anzeigenblättern, da deren Herstellung und der
Vertrieb mittelbar durch Werbeeinnahmen finanziert werden.

**150**     Die Verbreitung muss nicht nur unentgeltlich erfolgen, sondern darf darüber
hinaus auch **keinen gewerblichen Zwecken** dienen. Wer daher sein Porträtfoto für
Autogrammkarten verwendet, um damit Eigenwerbung zu treiben, kann sich nicht
auf § 60 UrhG berufen, auch wenn die Verbreitung der Autogrammkarten unentgeltlich erfolgt.[236] Ebenso ist die Verwendung eines Bildnisses zur Bewerbung eines „Be-
gleitservice", den die abgebildete Person anbietet, wegen des damit verfolgten gewerblichen Zwecks keine zulässige Nutzung iSd § 60 UrhG.[237]

**151**     Das Gesetz gestattet ausdrücklich nur die Vervielfältigung und die (unentgeltliche
sowie nichtgewerbliche) Verbreitung von Bildnissen. Nicht erlaubt ist dagegen die
**öffentliche Wiedergabe** von Personenbildern, die auf Bestellung angefertigt worden
sind. Deshalb dürfen solche Fotos nicht im Internet gezeigt werden, denn das ist keine
Verbreitung (§ 17 Abs 1 UrhG), sondern eine öffentliche Wiedergabe in Form der
öffentlichen Zugänglichmachung (§ 19a UrhG).[238]

### 7. Schadensersatz bei Verletzung von Urheber- und Leistungsschutzrechten

**152**     a) **Ersatz des materiellen Schadens.** Wer die Urheber- oder Leistungsschutzrechte
eines Fotografen widerrechtlich verletzt, kann vom Verletzten nicht nur auf Beseitigung der Beeinträchtigung und bei Wiederholungsgefahr auf Unterlassung (§ 97 Abs 1
UrhG), sondern auch auf Ersatz des materiellen Schadens in Anspruch genommen werden, sofern er vorsätzlich oder fahrlässig gehandelt hat (§ 97 Abs 2 UrhG).

---

[234] BGH GRUR 1993, 899, 900 – Dia-Dupli-
kate.
[235] Schricker/Loewenheim/*Vogel* § 60 UrhG
Rn 28; Fromm/Nordemann/*A Nordemann* § 60
UrhG Rn 10; Dreier/Schulze/*Dreier* § 60 UrhG
Rn 8.
[236] Schricker/Loewenheim/*Vogel* § 60 UrhG
Rn 29; Wandtke/Bullinger/*Lüft* § 60 UrhG
Rn 7; anders die Entscheidungen OLG Hamm
Schulze OLGZ 236 – Song-Do Kwan und OLG

Karlsruhe ZUM 1994, 737 – Musikgruppe S,
die aber noch zu § 60 UrhG aF ergangen sind.
[237] LG Köln ZUM-RD 2008, 437, 439 – Be-
gleitservice.
[238] OLG Köln ZUM 2004, 227, 228 – Porträtfoto im Internet; LG Köln ZUM 2008, 76 –
Bewerbungsfoto; Fromm/Nordemann/*A Nordemann* § 60 UrhG Rn 12 und Rn 14.

Falls der geschädigte Fotograf nachweisen kann, dass ihm durch die Rechtsverletzung eine konkrete Vermögenseinbuße entstanden oder ein Gewinn entgangen ist, hat er Anspruch auf **Ersatz des Vermögensschadens** einschließlich des **entgangenen Gewinns**. Hat der Rechtsverletzer durch seine Tat einen Gewinn erzielt, ist er zur **Herausgabe des Gewinns** verpflichtet (§ 97 Abs 2 S 2 UrhG). Wenn sich dagegen weder eine Vermögenseinbuße auf Seiten des Verletzten noch die Erzielung eines Gewinns auf Seiten des Rechtsverletzers nachweisen lässt, bleibt dem Geschädigten nur die Möglichkeit, als Schadensausgleich eine **Lizenzentschädigung** in Höhe des Betrages zu fordern, den der Rechtsverletzer bei einem ordnungsgemäßen Erwerb der Nutzungsrechte als angemessene Vergütung hätte entrichten müssen (§ 97 Abs 2 S 3 UrhG).[239]    **153**

Bei der Bemessung der Lizenzentschädigung wird der Abschluss eines Lizenzvertrages zu angemessenen Bedingungen fingiert.[240] Die auf dieser Basis ermittelte Lizenzgebühr entspricht der angemessenen Vergütung nach § 32 UrhG.[241] Maßgebend ist der **objektive Wert der Nutzungsberechtigung**.[242] Der objektive Nutzwert eines Bildes spiegelt sich in seinem Marktwert wider, so dass darauf abzustellen ist, welches Lizenzhonorar auf dem **Bildermarkt** für die in Frage stehenden Nutzungen üblicherweise gezahlt wird. „Marktüblich" bedeutet nicht, dass auf das günstigste und billigste Marktangebot abzustellen ist.[243]    **154**

Das marktübliche Honorar für Bildlizenzen wird vielfach anhand der **Bildhonorarempfehlungen der Mittelstandsgemeinschaft Foto-Marketing (MFM)** ermittelt.[244] Es gibt inzwischen eine Reihe von Gerichtsentscheidungen, in denen die jährlich aktualisierte MFM-Honorarliste als zuverlässige Richtlinie bei der Bestimmung der üblichen Vergütung für Bildlizenzen anerkannt wird.[245] Diese Rechtsprechung findet in der Literatur weitgehende Zustimmung.[246] Einzelne Gerichte bezweifeln allerdings, dass die Bildhonorarempfehlungen der MFM tatsächlich die marktüblichen Honorarsätze    **155**

[239] Zu dieser Schadensberechnungsmethode Schricker/Loewenheim/*Wild* § 97 UrhG Rn 152 ff; Fromm/Nordemann/*J B Nordemann* § 97 UrhG Rn 86 ff; Wandtke/Bullinger/*von Wolff* § 97 UrhG Rn 69 ff; Dreier/Schulze/*Dreier* § 97 UrhG Rn 61 ff.
[240] BGH GRUR 1993, 899, 900 – Dia-Duplikate.
[241] So OLG Brandenburg GRUR-RR 2009, 413 – MFM-Bildhonorartabellen; OLG Brandenburg ZUM 2009, 412, 413 – GPS-Empfänger.
[242] BGH GRUR 2009, 407, 409 (Tz 22) – Whistling for a train; BGH GRUR 2006, 136, 137 (Tz 23) – Pressefotos; OLG Brandenburg GRUR-RR 2009, 413 – MFM-Bildhonorartabellen.
[243] So zutreffend AG München GRUR-RR 2010, 95, 96 – Anfahrtskizze.
[244] Dazu Loewenheim/*A Nordemann* § 73 Rn 29 ff; *Wanckel* Rn 437; *Maaßen* Calculator 72 ff; *JB Nordemann* ZUM 1998, 642 ff.
[245] OLG Brandenburg GRUR-RR 2009, 413 f – MFM-Bildhonorartabellen; OLG Brandenburg ZUM 2009, 412, 413 – GPS-Empfänger; OLG Düsseldorf GRUR-RR 2006, 393, 394 – Informationsbroschüre; OLG Düsseldorf ZUM

1998, 668, 672 – Werbefotografien; OLG München ZUM 1992, 152, 153 – Ballon; LG Düsseldorf ZUM-RD 2008, 556, 558 – Designer-Modeartikel; LG München I ZUM 2006, 666, 669 f – Architekturfotografien; LG Kiel ZUM 2005, 81, 84 – CD-Nutzung; LG Berlin GRUR-RR 2003, 97, 98 – MFM-Empfehlungen II; LG Berlin GRUR 2000, 797, 798 – Screenshots; LG München I ZUM 2000, 519, 521 – Schülerkalender; LG Berlin ZUM 1998, 673, 674 – MFM-Empfehlungen I; LG Düsseldorf GRUR 1993, 664 – Urheberbenennung bei Foto; weitere Rechtsprechungshinweise im BVPA-Handbuch „Der Bildermarkt 2011" 89 ff.
[246] Schricker/Loewenheim/*Wild* § 97 UrhG Rn 156; Schricker/Loewenheim/*Vogel* § 72 UrhG Rn 47; Fromm/Nordemann/*Czychowski* § 32 UrhG Rn 110 f; Fromm/Nordemann/*JB Nordemann* § 97 UrhG Rn 94; Dreier/Schulze/*Schulze* Vor § 31 UrhG Rn 287 und § 32 Rn 40; Dreier/Schulze/*Dreier* § 97 UrhG Rn 63; Möhring/Nicolini/*Lütje* § 97 UrhG Rn 202; Wandtke/Bullinger/*von Wolff* § 97 UrhG Rn 77; *Wanckel* Rn 437.

widerspiegeln. Es wird der Verdacht geäußert, dass es sich lediglich um einseitige Vergütungsvorstellungen eines Interessenverbandes der Fotografen handelt.[247] Teilweise wird auch kritisiert, dass die in den MFM-Listen ausgewiesenen Vergütungspauschalen zu undifferenziert sind, weil sie Art, Qualität, Nutzungspotenzial und andere wertbildende Faktoren eines konkreten Lichtbildes unberücksichtigt lassen.[248] Der BGH, der diese Bedenken zu teilen scheint,[249] hat zwar bisher die Ermittlung der Lizenzentschädigung anhand der MFM-Honorartabellen nicht grundsätzlich in Frage gestellt. Er weist jedoch darauf hin, dass es im konkreten Einzelfall stets einer sachkundigen Prüfung bedarf, ob die Honorarempfehlungen der MFM tatsächlich den marktüblichen Honorarsätzen entsprechen, wobei diese Prüfung mangels hinreichender eigener Sachkunde der Gerichte in der Regel mit Hilfe eines Sachverständigen zu erfolgen hat.[250] Auch das OLG Hamburg, das sich in jüngster Zeit wiederholt kritisch zu den MFM-Bildhonoraren geäußert hat,[251] lehnt ihre Heranziehung bei der Ermittlung der angemessenen Lizenzvergütung nicht grundsätzlich ab. Es betrachtet sie weiterhin als eine im Rahmen der Schadensschätzung (§ 287 ZPO) zu berücksichtigende Kalkulationshilfe, die einen brauchbaren Überblick über die Möglichkeiten der Honorarbemessung bei den unterschiedlichen Arten der Bildnutzung gibt.[252]

**156**     Ob der **Tarifvertrag für arbeitnehmerähnliche freie Journalisten und Journalistinnen an Tageszeitungen** als Alternative zu den MFM-Bildhonorarempfehlungen in Frage kommt,[253] erscheint zweifelhaft. Zwar gilt dieser Tarifvertrag auch für Bildjournalisten, doch ist sein Anwendungsbereich stark eingeschränkt, weil er lediglich Vergütungstarife für Bildbeiträge in Tageszeitungen enthält.[254] Auch der **Vergütungstarifvertrag der Allianz deutscher Designer** (AGD) ist für die Ermittlung von Fotohonoraren ungeeignet, denn zum einen hat sich das für die Honorarberechnung verwendete Faktorensystem auf dem Bildermarkt bisher nicht durchgesetzt und zum anderen ist eine auf die konkrete Nutzung abgestimmte Lizenzhonorarbemessung damit nicht möglich.[255]

**157**     Die **Tarife der VG Bild-Kunst** kommen nur dann als Grundlage für die Bemessung der fiktiven Lizenzgebühr in Frage, wenn es um Nutzungen geht, die über die Verwertungsgesellschaft abgewickelt werden.[256] Das ist aber bei der rechtswidrigen Nutzung von Fotografien in der Regel nicht der Fall. Die Schadensersatzforderungen der Fotografen resultieren meist aus der unzulässigen Vervielfältigung, Verbreitung oder öffentliche Zugänglichmachung ihrer Bilder. Es geht also um Verwertungsformen, die zumindest bei den Fotografen nicht oder jedenfalls nur in sehr beschränktem Umfang zum Repertoire der Verwertungsgesellschaft gehören und für die es deshalb auch keine einschlägigen Tarife gibt.

---

247 Vgl OLG Hamburg ZUM-RD 2009, 382, 389 – YACHT II; OLG Hamburg GRUR-RR 2008, 378, 382 – Restwertbörse; LG Stuttgart ZUM 2009, 77, 82 – Fotojournalist.
248 So zB OLG Hamburg GRUR-RR 2008, 378, 382 – Restwertbörse.
249 Vgl BGH GRUR 2010, 623, 626 (Tz 36) – Restwertbörse; BGH GRUR 2006, 136, 138 (Tz 30) – Pressefotos.
250 BGH GRUR 2006, 136, 138 (Tz 27 ff) – Pressefotos.
251 OLG Hamburg MMR 2010, 196, 197 – Kochrezepte; OLG Hamburg ZUM-RD 2009, 382, 389 – YACHT II; OLG Hamburg GRUR-

RR 2008, 378, 382 – Restwertbörse; anders noch OLG Hamburg GRUR-RR 2008, 230, 234 – Chefkoch; OLG Hamburg ZUM 2002, 833, 836 – Internetnutzung.
252 Vgl OLG Hamburg MMR 2010, 196, 197 – Kochrezepte; OLG Hamburg ZUM-RD 2009, 382, 389 – YACHT II.
253 So LG Stuttgart ZUM 2009, 77, 82 – Fotojournalist.
254 Dazu *Maaßen* Basiswissen 223.
255 Vgl *Maaßen* Basiswissen 223 f.
256 So auch Dreier/Schulze/*Schulze* Vor § 31 UrhG Rn 287.

Umstritten ist, ob zur Ermittlung der fiktiven Lizenzgebühr in den Fällen, in denen **158** das rechtswidrig genutzte Foto bereits Gegenstand einer Lizenzvereinbarung war oder zwischen dem Rechtsverletzer und dem Fotografen bei anderer Gelegenheit bestimmte Lizenzbedingungen vereinbart wurden, auf diese früheren Vereinbarungen zurückgegriffen werden kann.[257] Ein solcher **Rückgriff auf frühere vereinbarte Lizenzhonorare** verbietet sich jedenfalls dann, wenn die bei früherer Gelegenheit gezahlte Vergütung niedriger war als das marktübliche Lizenzhonorar. Solche Divergenzen sind ein Indiz dafür, dass dem Vertragspartner abweichend von den üblichen Konditionen besondere Vorteile eingeräumt wurden, die dem Rechtsverletzer nicht zugute kommen können. Im Übrigen kann eine frühere Vergütung nur dann Maßstab für die Bemessung der Lizenzentschädigung sein, wenn sie iSd § 32 UrhG angemessen gewesen ist und dem objektiven Wert der Nutzungsberechtigung entsprochen hat.[258]

Das fiktive Lizenzhonorar lässt sich anhand der MFM-Bildhonorarempfehlungen **159** nur für Nutzungen ermitteln, die in dem Honorarwerk erfasst werden. Die Verwendung eines Fotos zur Überprüfung der Restwertermittlung für ein Unfallfahrzeug gehört nicht dazu, so dass eine Anwendung der MFM-Honorartabellen bei dieser **Art der Nutzung** nicht in Frage kommt.[259] Dagegen ist diese Kalkulationshilfe entgegen verbreiteter Ansicht[260] auch dann anwendbar, wenn das unerlaubt genutzte Foto **nicht von einem Berufsfotografen aufgenommen** wurde oder wenn es **von einer Privatperson verwendet** wird, sofern die Nutzung für redaktionelle Zwecke, für die Werbung oder für PR-Zwecke erfolgt. Denn die MFM-Tabellen stellen ausschließlich auf die Art der Bildverwertung und nicht darauf ab, wer das Bild aufgenommen hat und von wem es verwendet wird.

Auch wenn die Anfertigung des Fotos durch einen Laien und die Verwertung **160** durch private Nutzer einer Anwendung der MFM-Regeln nicht grundsätzlich entgegensteht, sind diese Faktoren – also insb der **Rang und Ruf des Fotografen**, aber auch die **Art und Qualität der Aufnahme** – bei der Ermittlung der marktüblichen Lizenzvergütung zu berücksichtigen.[261] Da die von der MFM vorgegebenen Honorartabellen lediglich darauf abstellen, in welchem Medium, in welchem Format und für welchen Zeitraum ein Bild genutzt wird, müssen solche qualitativen Kriterien über eine entsprechende Anpassung der MFM-Listenpreise in die Honorarkalkulation einfließen. Wie dabei im konkreten Fall vorzugehen ist, zeigt ein Urteil des LG Mannheim, das in dem konkret entschiedenen Fall wegen der besonderen Qualität der rechtswidrig genutzten Bilder einen Aufschlag von 20 % auf den MFM-Wert zuerkannt hat.[262]

---

**257** Für einen solchen Rückgriff OLG Hamburg ZUM-RD 2009, 383, 388 – YACHT II; OLG Hamburg MMR 2010, 196, 197 – Kochrezepte; LG München I ZUM-RD 1997, 249, 254 – „bike"-Werbeanzeige; dagegen LG Berlin ZUM 1998, 673 f – MFM-Empfehlungen I; LG Berlin GRUR-RR 2003, 97, 98 – MFM-Empfehlungen II.
**258** So BGH GRUR 2009, 407, 409 – Whistling for a train; vgl aber auch OLG Hamburg MMR 2010, 196, 197 – Kochrezepte.
**259** BGH GRUR 2010, 623, 626 (Tz 37) – Restwertbörse.

**260** LG Berlin GRUR-RR 2009, 215 f – Fotos im Hochzeitsforum (MFM gilt nur für Aufnahmen von Berufsfotografen); OLG Brandenburg ZUM 2009, 412, 413 – GPS-Empfänger (MFM gilt nicht für private Nutzer).
**261** Vgl OLG Hamburg GRUR 1990, 36, 37 – Foto-Entnahme.
**262** LG Mannheim ZUM 2006, 886, 888 – Freiburger Münster.

**161**     In den MFM-Tabellen werden die empfohlenen Honorartarife nach Auflagenmengen, Bildformaten und teilweise auch nach der Nutzungsdauer gruppiert. Da es marktüblich ist, die Bildrechte ohne Rücksicht auf den tatsächlichen Nutzungsumfang bis zu einer maximalen Auflagenhöhe, Abbildungsgröße oder Nutzungsdauer zu lizenzieren, kann es bei der Bemessung der Lizenzentschädigung anhand der MFM-Tarife nur darauf ankommen, in welche der vorgegebenen **Tarifgruppen** die zu bewertende Bildnutzung am besten passt. Auch wenn dann die tatsächliche Bildnutzung in Bezug auf Menge, Größe und Nutzungszeitraum die für die betreffende Tarifgruppe vorgegebenen Maximalwerte nicht vollständig ausschöpft, ist es nicht gerechtfertigt, das MFM-Honorar anteilig zu reduzieren, denn eine solche Honoraranpassung entspricht nicht den Marktgepflogenheiten.[263]

**162**     Bei der Ermittlung des fiktiven Lizenzhonorars ist auf die marktüblichen Werte zum **Zeitpunkt des Eingriffs** in die Bildrechte abzustellen.[264] Erfolgt der Eingriff über einen längeren Zeitraum, sind die am Ende des Verletzungszeitraums üblichen Bildhonorare maßgebend.[265] Dementsprechend ist die Lizenzentschädigung bei Anwendung der MFM-Bildhonorarempfehlungen nach den zu diesem Zeitpunkt gültigen Tarifen zu bestimmen. Dabei ist in einer ex-post-Betrachtung zu prüfen, welche Honorartarife unter Berücksichtigung der gesamten Dauer und des gesamten Umfangs der rechtswidrigen Nutzung einschlägig sind.[266]

**163**     Wenn der Erwerber einer Bildlizenz eine Urheberrechtsverletzung begeht, indem er ein Foto für andere als die vereinbarten Zwecke oder über den vereinbarten Zeitraum hinaus nutzt, ist es nicht gerechtfertigt, die rechtswidrige Nutzung als bloßen Annex der rechtmäßigen Nutzung einzustufen und bei der Bemessung der Lizenzentschädigung die bereits gezahlte Vergütung für die rechtmäßige Nutzung schadensmindernd zu berücksichtigen.[267] Grundsätzlich darf derjenige, der die Grenzen einer ordnungsgemäß erworbenen Bildlizenz überschreitet und dadurch eine Urheberrechtsverletzung begeht, nicht besser gestellt werden als derjenige, der ein Foto von vornherein ohne die Erlaubnis des Urhebers nutzt. Deshalb ist bei der Prüfung der Frage, welche Lizenzgebühr verständige Vertragsparteien für die rechtswidrige Nutzung vereinbart hätten, nicht darauf abzustellen, was zwischen den Parteien vereinbart worden wäre, wenn sie die spätere „Annexnutzung" bereits bei Abschluss des ursprünglichen Lizenzvertrages berücksichtigt hätten. Stattdessen ist die bei der Lizenzanalogie übliche Fiktion eines Vertragsabschlusses auf den Zeitpunkt zu beziehen, an dem mit der Rechtsverletzung begonnen wurde. Dabei sind die rechtswidrigen Nutzungen isoliert und ohne Rücksicht darauf zu bewerten, ob die Bildnutzung zu einem früheren Zeitpunkt oder für andere Zwecke eventuell rechtmäßig war. Wollte man anders verfahren, liefe das auf eine Besserstellung derjenigen Rechtsverletzer, die ein Foto ursprünglich einmal rechtmäßig genutzt haben, gegenüber den „normalen" Rechtsverletzern hinaus. Das wäre aber mit den Grundsätzen der Lizenzanalogie nicht zu vereinbaren.

---

**263** So auch LG München I GRUR-RR 2009, 92, 93 – Foto von Computertastatur; Fromm/Nordemann/*J B Nordemann* § 97 UrhG Rn 91; aA OLG Brandenburg ZUM 2009, 412, 413 – GPS-Empfänger: Bei Anwendung der MFM-Tarife sei eine Nutzungsintensität unterhalb der Tarifgrenze des an sich einschlägigen Tarifs zu berücksichtigen; ähnl OLG Hamburg ZUM-RD 2009, 382, 391 – YACHT II.

**264** LG Düsseldorf ZUM-RD 2008, 556, 558 – Designer-Modeartikel.
**265** Vgl BGH GRUR 1962, 401, 404 – Kreuzbodenventilsäcke III.
**266** OLG Brandenburg GRUR-RR 2009, 413 – MFM-Bildhonorartabellen.
**267** So aber OLG Hamburg ZUM-RD 2009, 382, 389 f – YACHT II; OLG Hamburg GRUR-RR 2008, 378, 382 – Restwertbörse.

Für die Bemessung der Lizenzgebühr ist unerheblich, welche Vergütungen der **164** Rechtsverletzer selbst üblicherweise für Fotonutzungen zahlt und ob er bereit gewesen wäre, für die rechtswidrig erfolgten Nutzungen die marktübliche Vergütung zu entrichten.[268] Ebenso wenig spielt es eine Rolle, ob und in welchem Umfang der Verletzer mit seiner unzulässigen Nutzung einen wirtschaftlichen Erfolg erzielt hat.[269] Deshalb ist für die Bereitstellung von Fotos auf einer Webseite auch dann eine Lizenzentschädigung zu zahlen, wenn die betreffende Seite kein einziges Mal aufgerufen und keines der zum Download angebotenen Bilder heruntergeladen wird.[270]

Ein pauschaler **Verletzerzuschlag** in Form einer Verdoppelung der üblichen Lizenz- **165** gebühr wird überwiegend abgelehnt.[271] Für manche Rechtsverletzer ist das geradezu ein Anreiz, fremdes Bildmaterial ohne die erforderliche Lizenz zu nutzen, da sie bei Entdeckung der Urheberrechtsverletzung letztlich nur das zu zahlen brauchen, was sie bei einem ordnungsgemäßen Erwerb der Nutzungsrechte ohnehin hätte zahlen müssen. Inzwischen wird diskutiert, ob nicht die **Enforcement-Richtlinie**[272] bei der Bemessung der Lizenzentschädigung einen Aufschlag auf die übliche Lizenzgebühr gebietet.[273] Art 3 Abs 1 der Richtlinie fordert von den Mitgliedstaaten wirksame, verhältnismäßige und abschreckende Maßnahmen zur Durchsetzung der Rechte des geistigen Eigentums. Außerdem ist nach Art 13 Abs 1 S 1 der Richtlinie bei Rechtsverletzungen ein angemessener Schadensausgleich sicherzustellen. Die bei der Lizenzanalogie bislang übliche Begrenzung des Schadensersatzes auf die marktübliche Lizenzgebühr ist aber alles andere als abschreckend. Abgesehen davon lässt eine solche Schadensbemessung auch unberücksichtigt, dass die rechtswidrige Aneignung von Nutzungsrechten für die Rechtsinhaber meist belastender und für die Rechtsverletzer erheblich vorteilhafter ist als ein ordnungsgemäße Lizenzierung der Nutzungen. Deshalb wird die Lizenzentschädigung bei einer **richtlinienkonformen Auslegung des § 97 Abs 2 S 3 UrhG** das marktüblichen Lizenzhonorar in der Regel übersteigen müssen.[274] Auch wenn das nicht einfach zu einer pauschalen Verdoppelung dieses Honorars führen kann, sind jedenfalls Aufschläge vorzunehmen, die zum einen die mit dem Eingriff in die Verfügungsbefugnis des Berechtigten verbundenen Nachteile und zum anderen auch die Vorteile berücksichtigt, die dem Rechtsverletzer aus seiner Tat erwachsen (zB Chance der Nichtinanspruchnahme, Fehlen vertragstypischer Verpflichtungen, späte

---

[268] BGH GRUR 2009, 407, 409, Tz 22 – Whistling for a train; BGH GRUR 2006, 136, 137, Tz 23 – Pressefotos.
[269] BVerfG NJW 2003, 1655, 1656 – Urheberrechtlicher Schadensersatzprozess; BGH GRUR 1990, 1008, 1009 – Lizenzanalogie; LG Kiel ZUM 2005, 81, 85 – CD-Nutzung; *Wanckel* Rn 438.
[270] OLG Hamburg ZUM-RD 2009, 382, 391 – YACHT II.
[271] OLG Düsseldorf ZUM 1998, 668, 672 – Werbefotografien; LG Kiel ZUM 2005, 81, 85 – CD-Nutzung; LG Berlin ZUM 1998, 673, 674 – MFM-Empfehlungen I; LG München I ZUM-RD 1997, 249, 254 f – „bike"-Werbeanzeige; Fromm/Nordemann/*JB Nordemann* § 97 UrhG Rn 98; anders dagegen LG Düsseldorf GRUR 1993, 664, 665 – Urheberbenennung bei Foto; *Wandtke* GRUR 2000, 942, 945 f.

[272] RL 2004/48/EG des Europäischen Parlaments und des Rates v 29.4.2004 zur Durchsetzung der Rechte des geistigen Eigentums (AblEG Nr L 195 v 2.4.2004).
[273] Nach Auffassung von *Tetzner* GRUR 2009, 6, 8 ff und *von Ungern-Sternberg* GRUR 2009, 460, 463 ff entspricht ein solcher Aufschlag den Vorgaben der Richtlinie; aA LG Berlin GRUR-RR 2010, 422, 424 f –Kartenkacheln; Fromm/Nordemann/*JB Nordemann* § 97 UrhG Rn 98; *Kochendörfer* ZUM 2009, 389, 392 f.
[274] *Tetzner* GRUR 2009, 6, 9; *von Ungern-Sternberg* GRUR 2009, 460, 464; vgl auch Schricker/Loewenheim/*Wild* § 97 UrhG Rn 163 und Rn 172 f.

Zahlung).[275] Welche Größenordnung diese Aufschläge haben können, zeigt ein von *Tetzner*[276] entwickeltes Berechnungsmodell. Danach kann sich bei einer Addition der einzelnen Bonus- und Malusfaktoren ein **Verletzerzuschlag von bis zu 65 %** des marktüblichen Lizenzhonorars ergeben.[277]

**166** Anders als bei einer Rechtsverletzung, die sich auf die unerlaubte Nutzung eines Fotos beschränkt, wird von der Rechtsprechung[278] in den Fällen, in denen zu der rechtswidrigen Nutzung noch eine **fehlende, unzureichende oder falsche Urheberbenennung** hinzukommt, üblicherweise ein **Aufschlag von 100 %** auf die marktübliche Lizenzgebühr zuerkannt.[279] Dabei ist nicht immer klar, ob die Gerichte den Aufschlag entsprechend den MFM-Empfehlungen als marktüblich und damit als Teil der Lizenzentschädigung (§ 97 Abs 2 S 3 UrhG)[280] oder aber als Ersatz für den immateriellen Schaden (§ 97 Abs 2 S 4 UrhG)[281] betrachten, der durch die Verletzung des Urheberbenennungsrechts entstanden ist.[282]

**167** Fehlt die Urheberbenennung, kann der Rechtsverletzer nicht geltend machen, dass eine Namensnennung bei den Nutzungen, für die er den Aufschlag zahlen soll, nicht branchenüblich ist. Denn eine **Branchenübung** kann das Benennungsrecht des Urhebers nur dann einschränken, wenn er sich dieser Übung im Rahmen einer vertraglichen Abrede ausdrücklich oder stillschweigend unterwirft.[283] Eine derartige Unterwerfung ist aber auszuschließen, wenn die Nutzung – wie es bei Urheberrechtsverletzung stets der Fall ist – ohne eine vertragliche Absprache mit dem Urheber erfolgt.[284]

---

[275] Dazu ausf *Tetzner* GRUR 2009, 6, 10 ff.
[276] GRUR 2009, 6, 10 ff.
[277] Vgl auch Fromm/Nordemann/*JB Nordemann* § 97 UrhG Rn 105 und Dreier/Schulze/*Dreier* § 97 UrhG Rn 63 aE, die die Lizenzentschädigung mit Verweis auf BGH GRUR 1982, 301 – Kunststoffhohlprofil II um einen Zinsaufschlag ab dem Zeitpunkt der Rechtsverletzung erhöhen wollen; ebenso OLG Düsseldorf GRUR-RR 2003, 209, 211 – Meißner Dekor (6 % Zinsaufschlag).
[278] OLG Brandenburg GRUR-RR 2009, 413, 414 – MFM-Bildhonorartabellen; OLG Düsseldorf GRUR-RR 2006, 393, 394 – Informationsbroschüre; OLG Düsseldorf ZUM 1998, 668, 673 – Werbefotografie; OLG Hamburg GRUR 1989, 912, 913 – Spiegel-Fotos; LG München I GRUR-RR 2009, 92, 94 – Foto von Computertastatur; LG Düsseldorf ZUM-RD 2008, 556, 559 – Designer-Modeartikel; LG Berlin GRUR 2006, 141; LG Hamburg ZUM 2004, 675, 679 – Syndication; LG München I ZUM 2000, 519, 522 – Schülerkalender; LG Berlin ZUM 1998, 673, 674 – MFM-Empfehlungen I; LG München I ZUM-RD 1997, 249, 254 – „bike"-Werbeanzeige; LG Münster NJW-RR 1996, 32, 33 – T-Magazin; LG München I ZUM 1995, 57, 58 – Venus der Lumpen; LG Düsseldorf GRUR 1993, 664, 665 – Urheberbenennung bei Foto; ebenso Wandtke/Bullinger/*Thum* § 72 UrhG Rn 32; abweichend AG Hamburg ZUM 2006, 586, 589 (nur 50 %

Aufschlag); ablehnend LG Kiel ZUM 2005, 81, 85 – CD-Nutzung; ebenso *Schack* Kunst und Recht Rn 575; offen gelassen in OLG Hamburg MMR 2010, 196, 197 – Kochrezepte.
[279] *Spieker* GRUR 2006, 118, 123 (Fn 52) hält bei einer Falschbenennung wegen der stärkeren Intensität des Eingriffs in das Urheberbenennungsrecht sogar einen Zuschlag von 200 % für angemessen.
[280] So wohl OLG Düsseldorf GRUR-RR 2006, 393, 394 – Informationsbroschüre; OLG Düsseldorf ZUM 1998, 668, 673 – Werbefotografien; LG Hamburg ZUM 2004, 675, 679 – Syndication; LG München I ZUM 2000, 519, 522 – Schülerkalender; LG München I ZUM 1995, 57, 58 – Venus der Lumpen; zust Fromm/Nordemann/*J B Nordemann* § 97 UrhG Rn 101.
[281] So LG Köln ZUM-RD 2008, 213, 215 – Wirtschaftsratgeber; LG Berlin GRUR 2006, 141 – Fehlerhafte Urheberbenennung; LG Berlin ZUM 1998, 673, 674 – MFM-Empfehlungen I; zust *Spieker* GRUR 2006, 118, 121.
[282] Vgl aber auch Schricker/Loewenheim/*Wild* § 97 UrhG Rn 183: Der Aufschlag von 100 % diene zur Hälfte dem materiellen Schadensausgleich und zur anderen Hälfte dem Ausgleich des immateriellen Schadens.
[283] Schricker/Loewenheim/*Dietz/Peukert* § 13 UrhG Rn 24.
[284] So auch LG Hamburg ZUM 2004, 675, 678 – Syndication.

**b) Bereicherungshaftung des Rechtsverletzers.** Ist dem Rechtsverletzer **kein Verschulden** nachzuweisen, lässt sich ein Anspruch auf Zahlung der üblichen Lizenzgebühr zwar nicht aus § 97 Abs 2 S 3 UrhG, wohl aber aus § 102a UrhG iVm § 812 BGB ableiten.[285] Der Bereicherungsanspruch gleicht einen Vermögenszuwachs auf Seiten des Rechtsverletzers aus, der ein Foto genutzt hat, ohne die für solche Nutzungen übliche Lizenzgebühr zu zahlen, und deshalb in Höhe der eingesparten Gebühr **grundlos bereichert** ist. Anders als die auf § 97 Abs 2 UrhG gestützten Ersatzansprüche, für die eine dreijährige Verjährungsfrist gilt, verjährt der Bereicherungsanspruch erst zehn Jahre nach seiner Entstehung (§ 102 UrhG iVm § 852 S 2 BGB). Er kann deshalb auch dann noch geltend gemacht werden, wenn der Schadensersatzanspruch bereits verjährt ist.[286]

**168**

**c) Ersatz des immateriellen Schadens.** Ein Fotograf kann bei einer Verletzung seiner Urheber- oder Leistungsschutzrechte auch **Ersatz des immateriellen Schadens** verlangen, der ihm durch die Rechtsverletzung entstanden ist. Allerdings besteht eine solche Schadensersatzpflicht nur, wenn und soweit dem Verletzer ein schuldhaftes Verhalten nachzuweisen ist und eine Entschädigung in Geld der Billigkeit entspricht (§ 97 Abs 2 S 4 UrhG).

**169**

Voraussetzung für die Zuerkennung einer Geldentschädigung für immaterielle Schäden ist eine **besonders schwerwiegende Verletzung von Urheberpersönlichkeitsrechten.** Es genügt also nicht, dass jemand ein Foto ohne die Zustimmung des Fotografen nutzt, denn dadurch werden lediglich dessen Verwertungsrechte, aber keine Urheberpersönlichkeitsrechte verletzt.[287] Auch der Abdruck eines Fotos in einer Zeitschrift, mit deren Inhalt sich der Fotograf nicht identifizieren kann, reicht zur Begründung eines Anspruchs auf immateriellen Schadensersatz nicht aus.[288] Dagegen kann ein solcher Anspruch entstehen, wenn das **Erstveröffentlichungsrecht** des Fotografen (§ 12 UrhG) in schwerwiegender Weise verletzt[289] oder ein künstlerisches Lichtbildwerk auf einem Buchumschlag **verstümmelt** wiedergegeben und dadurch das Recht des Urhebers auf die Integrität seines Werkes (§ 14 UrhG) erheblich beeinträchtigt wird.[290] Auch bei einer besonders dreisten **Anmaßung der Urheberschaft** an einem Lichtbildwerk oder Lichtbild kommt ein Schadensersatzanspruch gem § 97 Abs 2 S 4 UrhG in Betracht, weil dadurch das Recht des wirklichen Urhebers auf Anerkennung seiner Urheberschaft (§ 13 UrhG) beeinträchtigt wird.[291] Ob dagegen eine lediglich fehlende oder unvollständige Urheberbenennung ausreicht, um einen Anspruch auf immateriellen Schadensersatz zu begründen, erscheint zweifelhaft.[292] In solchen Fällen, in denen wegen der verhinderten Werbemöglichkeit vor allem kommerzielle Be-

**170**

---

285 BGH GRUR 1995, 673, 676 – Mauerbilder; OLG Hamburg ZUM-RD 1999, 69, 71 f – Heidemörder; Schricker/Loewenheim/*Wild* § 102a UrhG Rn 2 f; Fromm/Nordemann/ *JB Nordemann* § 102a UrhG Rn 4 ff; Dreier/ Schulze/*Dreier* § 102a UrhG Rn 3 ff.
286 LG Köln ZUM-RD 2009, 472, 474 – Bereicherungsausgleich; Wandtke/Bullinger/*Bohne* § 102 UrhG Rn 9 f.
287 OLG Hamburg ZUM 1997, 324, 325 – Verletzerzuschlag; OLG Hamburg NJW-RR 1995, 562, 563 – Maillol; Fromm/Nordemann/ *J B Nordemann* § 97 UrhG Rn 119; Dreier/ Schulze/*Dreier* § 97 UrhG Rn 73; aA Möring/

Nicolini/*Lütje* § 97 UrhG Rn 241; *Ulmer* 557; *Schack* Kunst und Recht Rn 576.
288 OLG München NJW-RR 1997, 493, 494 – Ausgleich Nichtvermögensschaden.
289 LG Berlin GRUR 1983, 761 – Porträtbild; Schricker/Loewenheim/*Wild* § 97 UrhG Rn 184.
290 BGH GRUR 1971, 525, 526 – Petite Jacqueline; vgl auch OLG Köln Schulze OLGZ 129 – Mein schönstes Urlaubsfoto.
291 *Wanckel* Rn 444.
292 So aber LG Berlin GRUR 2006, 141; LG Berlin ZUM 1998, 673, 674 – MFM-Empfehlungen I; *Spieker* GRUR 2006, 118, 121.

lange betroffen sind, führt wohl eher der in den MFM-Empfehlungen vorgesehene Aufschlag auf die marktüblichen Lizenzhonorare zu einem angemessenen Schadensausgleich.

**171**    Bei der Prüfung der Frage, ob die Zuerkennung einer Entschädigung der **Billigkeit** entspricht, ist die Bedeutung, der Umfang, die Intensität und die Dauer des Eingriffs in die Urheberpersönlichkeitsrechte zu berücksichtigen.[293] Außerdem ist zu prüfen, ob und wie sich der Eingriff auf den Ruf und den künstlerischen Rang des Geschädigten auswirkt und welche Beweggründe den Rechtsverletzer zu dem Eingriff veranlasst haben. Dabei wird man ein vorsätzliches Handeln **aus rein kommerziellen Gründen** oder die Verwertung einer Fotografie **gegen den ausdrücklichen Willen** des Fotografen als Indiz für eine besonders schwerwiegende Rechtsverletzung zu werten haben, die eine Geldentschädigung gem § 97 Abs 2 S 4 UrhG rechtfertigt.[294]

### 8. Technische Schutzmaßnahmen

**172**    a) **Schutz vor Umgehung (§ 95a UrhG).** Wirksame technische Maßnahmen zum Schutz von Lichtbildwerken, Lichtbildern und Bilddatenbanken dürfen ohne die Zustimmung des Urhebers, Lichtbildners oder sonstigen Rechtsinhabers nicht bewusst umgangen werden (§ 95a UrhG). Unerlaubte Eingriffe in solche technischen Schutzmaßnahmen erfüllen den Tatbestand der Urheberrechtsverletzung (§ 97 UrhG). Sie sind außerdem strafbar (§ 108b Abs 1 UrhG).

**173**    Bei den technischen Schutzmaßnahmen unterscheiden das Gesetz zwischen Zugangs- und Nutzungskontrollen. Eine **Zugangskontrolle** gewährleisten bspw **Passwörter** und **Verschlüsselungsverfahren**.[295] Eine **Nutzungskontrolle** wird bei Fotografien vor allem durch **digitale Wasserzeichen** ermöglicht.[296] Digitale Wasserzeichen enthalten Informationen zum Urheber und zu den Nutzungsbedingungen. Sie sind in die Bilddateien eingebettet. Der Zweck solcher Wasserzeichen besteht hauptsächlich darin, missbräuchliche Nutzungen zu verhindern oder – falls eine Verhinderung nicht gelingt – sie erkennen und verfolgen zu können. Außerdem lässt sich mit Hilfe der digitalen Wasserzeichen feststellen, ob unerlaubte Veränderungen an einer Bilddatei vorgenommen wurden. Man unterscheidet zwischen den sichtbaren Wasserzeichen und den zwar unsichtbaren, aber mit einer speziellen Software „lesbaren" Wasserzeichen. Sichtbare Wasserzeichen bestehen meist aus einem über das gesamte Bild verteilten ©-Zeichen mit dem Namen des Urhebers oder der Bildagentur, bei der man eine Lizenz erwerben kann. Sie haben den Zweck, eine ungenehmigte Nutzung des Bildes zu verhindern, indem sie es durch die visuelle Überlagerung mit dem ©-Zeichen oder sonstigen störenden Zeichen unbrauchbar machen. Unsichtbare, aber mit technischen Hilfsmitteln „lesbare" Wasserzeichen werden meist durch eine Veränderung der redundanten Bereiche des digitalen Bildes in die Bilddatei eingebunden. Diese Veränderung ist bei normaler Betrachtung des Bildes nicht sichtbar, so dass eine Nutzung möglich bleibt. Die in das Bild eingebetteten Metadaten können mit einer speziellen Software wieder ausgelesen werden, so dass sich die Herkunft des Bildes und die Identität des Urhebers unzweifelhaft ermitteln lässt.

---

[293] Fromm/Nordemann/*JB Nordemann* § 97 UrhG Rn 122; Dreier/Schulze/*Dreier* § 97 UrhG Rn 75.
[294] So auch *Wanckel* Rn 444.
[295] Vgl Wandtke/Bullinger/*Wandtke/Ohst* § 95a UrhG Rn 14 und Rn 19 f.

[296] Dazu Wandtke/Bullinger/*Wandtke/Ohst* § 95a UrhG Rn 24 f; Fromm/Nordemann/*Czychowski* § 95a UrhG Rn 16; *Gass* ZUM 1999, 815, 817.

**b) Schutz von Informationen zur Rechtewahrnehmung (§ 95c UrhG).** Ebenso wie **174** die technischen Schutzmaßnahmen sind auch Informationen geschützt, die ein Rechtsinhaber zur Wahrnehmung seiner Rechte mit einem digitalen Lichtbildwerk oder Lichtbild verknüpft. Solche Informationen dürfen, wenn sie an einem Vervielfältigungsstück des Bildes angebracht sind oder im Zusammenhang mit der öffentlichen Wiedergabe des Bildes erscheinen, nicht wissentlich unbefugt entfernt oder verändert werden (§ 95c Abs 1 UrhG). Zu den **geschützten Informationen** gehören alle Hinweise, die eine Identifizierung des Urhebers oder anderer Rechtsinhaber ermöglichen, ebenso Informationen über die Modalitäten und Bedingungen für die Nutzung der Bilder sowie die Zahlen und Codes, durch die derartige Informationen ausgedrückt werden (§ 95c Abs 2 UrhG).

Zu den üblichen Verfahren, die Informationen zur Rechtewahrnehmung mit einem **175** digitalen Bild zu verknüpfen, gehört die Einbindung eines **Wasserzeichens** in die Bilddatei. Auch das **Labeling** ist ein häufig verwendetes Verfahren, bei dem die Hinweise, die eine Identifizierung des Urhebers oder Rechtsinhabers ermöglichen, entweder in die zu jeder Bilddatei gehörenden Dateiinformationen eingegeben oder bspw dadurch mit der Bilddatei verknüpft werden, dass man den Namen des Fotografen oder die Bildnummer der Bildagentur als Dateibezeichnung verwendet.[297] Als weitere Möglichkeit zur Verknüpfung von Bildinformationen mit dem digitalen Bild wird häufig das **Tatooing** genannt, das aber nichts anderes ist als die Einbindung eines sichtbaren Wasserzeichens in eine Bilddatei. Beim Tatooing werden die Informationen in Klarschrift, als Logo, als Nummer oder als Code wie eine Tätowierung sichtbar in das Bild eingefügt.[298]

## II. Gewerbliche Schutzrechte

### 1. Wettbewerbsrechtlicher Schutz

**a) Schutz gegen Nachahmungen (§§ 3, 4 Nr 9 UWG).** Das Wettbewerbsrecht **176** schützt Fotografen unter den in §§ 3, 4 Nr 9 UWG genannten Voraussetzungen davor, dass ihre Leistungen nachgeahmt werden. Dieser **ergänzende Leistungsschutz** ist allerdings gegenüber dem Sonderschutz des Urheberrechtsgesetzes sekundär. Soweit sich daher ein Fotograf gegen das Nachstellen seiner Bilder mit urheberrechtlichen Mitteln zur Wehr setzen kann, scheidet ein Rückgriff auf die wettbewerbsrechtlichen Schutzvorschriften aus.[299]

Zu den Leistungen, für die kein urheberrechtlicher Schutz in Betracht kommt, **177** gehört bspw die **Entwicklung von Gestaltungskonzepten** oder die **Konzeption einer Bildserie**.[300] Deshalb kann bei der Übernahme solcher Leistungen durch Dritte unter Umständen der ergänzende Leistungsschutz des Wettbewerbsrechts eingreifen.

Voraussetzung für den wettbewerbsrechtlichen Schutz ist zunächst, dass zwischen **178** den Beteiligten ein Wettbewerbsverhältnis besteht und die zu schützende Leistung eine wettbewerbliche Eigenart hat. Das **Wettbewerbsverhältnis** ist ohne weiteres gegeben, wenn die Leistung, für die ein Fotograf den ergänzenden Leistungsschutz beansprucht,

---

**297** Hoeren/Nielen/*Stauder* Rn 520.
**298** Hoeren/Nielen/*Stauder* Rn 521; *Gass* ZUM 1999, 815, 816.
**299** Schricker/Loewenheim/*Loewenheim* Einl UrhG Rn 53; Fromm/Nordemann/*A Norde-*

*mann* §§ 23/24 UrhG Rn 99; *Franzen/v Olenhusen* UFITA 2007, 435, 473; krit dazu *Köhler* GRUR 2007, 548, 549 ff.
**300** Dazu oben Rn 51 f.

durch einen anderen Fotografen, eine Bildagentur, eine Werbeagentur oder andere Bildanbieter nachgeahmt wird. Die **wettbewerbliche Eigenart der Leistung** ist zu bejahen, wenn sie besondere Merkmale aufweist, die geeignet sind, auf ihre betriebliche Herkunft oder ihre Besonderheiten hinzuweisen.[301] In diesem Sinne hat zB das von dem Fotografen *Horst Wackerbarth* entwickelte Bildkonzept „Rote Couch"[302] eine wettbewerbliche Eigenart, weil die nach diesem Konzept erstellten Fotografien weltweit bekannt und wegen des ständig wiederkehrenden Motivs der roten Couch als Teil eines „Gesamtkunstwerks" erkennbar sind. Da die rote Couch in der öffentlichen Wahrnehmung außerdem eng mit dem Namen von *Horst Wackerbarth* verbunden ist, hat das Konzept zusätzlich eine herkunftshinweisende Funktion und damit die für den ergänzenden Leistungsschutz notwendige Eigenart.[303]

**179** Eine Leistung, die eine wettbewerbliche Eigenart aufweist, ist nicht gegen jede Nachahmung, sondern nur gegen unlautere Nachahmungen geschützt. Von einer **Nachahmung** ist auszugehen, wenn die Leistung unverändert übernommen wird (unmittelbare Leistungsübernahme), wenn sie mit geringfügigen Änderungen übernommen wird (fast identische Leistungsübernahme) oder wenn sie lediglich als Vorbild benutzt und dann nachschaffend unter Einsatz eigener Leistung wiederholt wird (nachschaffende Leistungsübernahme).[304] **Unlauter** ist die Nachahmung, wenn einer der Tatbestände des § 4 Nr 9 UWG erfüllt ist, wobei die dort aufgeführten Fälle unlauteren Verhaltens nicht abschließend sind.

**180** Bei der Übernahme eines Bildkonzepts, das eine wettbewerbliche Eigenart aufweist, kann unter Umständen der Tatbestand der **Herkunftstäuschung** (§ 4 Nr 9a UWG) erfüllt sein. Voraussetzung ist allerdings, dass das Konzept bei nicht unerheblichen Teilen der angesprochenen Verkehrskreise bereits eine gewisse Bekanntheit erlangt hat und – wie bei dem Bildkonzept „Rote Couch" – mit einem bestimmten Namen verbunden wird.

**181** Unlauter ist auch die **unangemessene Ausnutzung oder Beeinträchtigung der Wertschätzung** der nachgeahmten Leistung (§ 4 Nr 9b UWG). Lässt sich daher feststellen, dass das von einem Fotografen entwickelte Bildkonzept durch Fotoausstellungen oder Publikationen in der Wahrnehmung der Öffentlichkeit eine besondere Wertschätzung erworben hat, stellt die Realisierung dieses Konzepts durch einen anderen Fotografen eine unlautere Nachahmung dar, falls es dadurch zu einer Ausbeutung oder Beeinträchtigung der Wertschätzung des Bildkonzepts kommen kann.

**182** Von einer unlauteren Nachahmung ist schließlich auch in den Fällen auszugehen, in denen die für die Nachahmung erforderlichen **Kenntnisse oder Unterlagen unredlich erworben** wurden (§ 4 Nr 9c UWG). Hat bspw ein Fotograf einen Standort entdeckt, der eine besonders interessante Perspektive auf ein Landschaftsmotiv bietet, und hat er von diesem Standort aus Fotografien angefertigt, die durch Ausstellungen und Publikationen eine große öffentliche Aufmerksamkeit und Bekanntheit erlangt haben, dann ist es unredlich, wenn sich ein Berufskollege die für eine Wiederholung der Aufnahmen notwendigen Kenntnisse über den genauen Standort unter Ausnutzung einer Vertrauensbeziehung beschafft, die zwischen ihm und dem Urheber der Original-Aufnahmen besteht. In einem solchen Fall steht der wettbewerbsrechtliche

---

**301** BGH GRUR 2006, 79, 81 – Jeans; BGH GRUR 2005, 600, 602 – Handtuchklemmen; Köhler/Bornkamm/*Köhler* § 4 UWG Rn 9.24; *Franzen/v Olenhusen* UFITA 2007, 435, 476.
**302** Vgl Rn 106 ff.

**303** Abl LG Hamburg Urt v 4.3.1997, 308 O 272/95 – Rote Couch I.
**304** Köhler/Bornkamm/*Köhler* § 4 Rn 9.34 ff; dazu auch *Franzen/von Olenhusen* UFITA 2007, 435, 477 f.

Nachahmungsschutz ungeachtet der Tatsache, dass es für Motive und die fotografische Perspektive keinen Urheberrechtsschutz geben kann, einer Verwertung von Aufnahmen entgegen, die dasselbe Motiv vom gleichen Standort aus zeigen.

Da die Auflistung der unlauteren Umstände in § 4 Nr 9 UWG nicht abschließend ist, sind **weitere Fälle einer unlauteren Leistungsübernahme** denkbar. So handelt zB ein Fotograf unlauter, der eine Hochzeitsgesellschaft, die ein Mitbewerber auf einer eigens für diesen Zweck errichteten Tribüne aufstellt und fotografiert, unter Ausnutzung der Vorbereitungsmaßnahmen seines Mitbewerbers ebenfalls ablichtet, um mit seinen Bildern dem von den Brautleuten beauftragten Fotografen Konkurrenz zu machen. Eine Urheberrechtsverletzung ist in diesem Fall wegen der Motivfreiheit auszuschließen, doch fällt das Verhalten des Fotografen, der die Situation ausnutzt und ohne eigene Vorleistungen nahezu identische Bilder aufnimmt, unter das allgemeine Verbot unlauteren Wettbewerbs (§ 3 UWG).[305]   **183**

b) **Schutz gegen Vorlagenfreibeuterei (§ 18 UWG).** Wer Vorlagen, die ihm im geschäftlichen Verkehr anvertraut werden, zu Zwecken des Wettbewerbs oder aus Eigennutz unbefugt verwertet oder jemandem mitteilt, macht sich strafbar (§ 18 UWG). Als zivilrechtliche Folge der Vorlagenfreibeuterei kommen ua Unterlassungsansprüche (§ 18 UWG iVm §§ 823 Abs 2, 1004 BGB analog) und Schadensersatzansprüche (§ 18 UWG iVm § 823 Abs 2 BGB) in Frage.   **184**

Eine „Vorlage" kann zB die schriftlich ausgearbeitete Darstellung einer Bildkonzeption sein, die als Anleitung zur Anfertigung einer bestimmten Art von Fotografien dienen soll.[306] Eine besondere Eigenart, Individualität oder schöpferische Qualität der Bildkonzeption ist nicht erforderlich, denn das Verbot der Vorlagenfreibeuterei dient nicht dem Schutz von Leistungen oder Entwürfen, sondern der Verhinderung eines Wettbewerbsvorsprungs durch Vertrauensbruch.[307] „**Anvertraut**" ist eine Vorlage, wenn sie dem Empfänger vertraglich oder im Rahmen von Vertragsverhandlungen mit der ausdrücklich oder konkludent auferlegten Verpflichtung überlassen wurde, sie nur im Interesse des Anvertrauenden zu verwenden, und wenn die Vorlage nicht bereits offenkundig war.[308] Von einem unbefugten „**Verwerten**" ist dann auszugehen, wenn der in der Vorlage verkörperte Gedanke unmittelbar oder auch nur mittelbar wirtschaftlich genutzt wird und diese Nutzung dem Interesse des Anvertrauenden zuwiderläuft.[309] „**Mitgeteilt**" wird die Vorlage durch jede Weitergabe an Dritte.[310]   **185**

Werbefotografen werden häufig aufgefordert, für eine Anzeigenserie oder eine Plakataktion ein Bildkonzept zu erarbeiten und im Rahmen einer **Präsentation** vorzustellen. Wenn der Fotograf daraufhin eine schriftliche Darstellung seines Konzepts vorlegt, ist in der Regel davon auszugehen, dass es sich bei dieser Ausarbeitung um eine „anvertraute Vorlage" iSd § 18 UWG handelt. Das Unternehmen, das zu der Präsentation eingeladen hat, darf deshalb das Bildkonzept nur im Einvernehmen mit dem Fotografen in konkrete Fotos umsetzen oder an Dritte weitergeben.   **186**

---

**305** So OLG München NJW-RR 1992, 431 – Hochzeits-Fotograf; *Schack* Kunst und Recht Rn 866; Hoeren/Nielen/*Dierking* Rn 530; *Franzen/von Olenhusen* UFITA 2007, 435, 480.
**306** Vgl *Wüterich/Breucker* GRUR 2004, 389, 390 f; *Zentek* WRP 2007, 507, 512 f.

**307** *Zentek* WRP 2007, 507, 511.
**308** Köhler/Bornkamm/*Köhler* § 18 UWG Rn 11; *Wüterich/Breucker* GRUR 2004, 389, 391; *Zentek* WRP 2007, 507, 513 f.
**309** *Zentek* WRP 2007, 507, 515.
**310** Köhler/Bornkamm/*Köhler* § 17 UWG Rn 19.

## 2. Markenrechte

**187**  Bildnisse prominenter Personen werden zunehmend in der Werbung oder zur Ausstattung von Merchandising-Artikeln eingesetzt. Um diese Form der Verwertung rechtlich abzusichern und ein Monopolrecht zur Kennzeichnung von Waren und Dienstleistungen mit dem **Porträtfoto eines Prominenten** zu erlangen, wird häufig versucht, solche Bildnisse als Marke eintragen zu lassen.[311] Die **Registrierung als Marke** bietet insb dann, wenn sie nicht nur in Deutschland, sondern europaweit und auch international erfolgt, gegenüber dem urheberrechtlichen Schutz als Lichtbildwerk oder Lichtbild gewisse Vorteile.[312] So steht bei einer Markenanmeldung bspw die Schutzfähigkeit des Bildnisses auch in den Ländern, in denen es eine mit § 72 UrhG vergleichbare Regelung nicht gibt, außer Frage. Außerdem ist es mit Hilfe einer Markeneintragung möglich, selbst für solche Lichtbildwerke und Lichtbilder noch eine Schutzposition zu erwerben, die urheberrechtlich gemeinfrei sind.[313]

**188**  Prinzipiell ist die Eintragung eines Porträtfotos als Marke möglich.[314] Das zeigt das Beispiel des Rennfahrers *Michael Schumacher*, dessen Bildnis beim DPMA unter der Nr 39654239 als Bildmarke registriert ist. Das BPatG hat dem Bildnis eine ausreichende **Unterscheidungskraft** (§ 8 Abs 1 Nr 1 MarkenG) attestiert und ungeachtet der Tatsache, dass es sich bei *Michael Schumacher* um eine absolute Person der Zeitgeschichte handelt, ein **Freihaltebedürfnis** (§ 8 Abs 1 Nr 2 MarkenG) verneint.[315] Auch das allgemeine Bedürfnis, das Bildnis einer Person der Zeitgeschichte für **redaktionelle Zwecke** frei verwenden zu können, steht nach Auffassung des Gerichts einer Markeneintragung nicht entgegen, weil der Markeninhaber eine solche Verwendung gem § 23 Nr 2 MarkenG dulden muss.

**189**  Bei einem Porträtfoto von *Marlene Dietrich* hat das BPatG dagegen die Eintragung als Bildmarke für Waren wie Poster, Plakate, Bildkarten, Abziehbilder und Sammelalben abgelehnt.[316] Begründet wurde der Beschluss damit, dass dem Bildnis die für eine solche Eintragung erforderliche Unterscheidungskraft fehle. Das angesprochene Publikum nehme die Aufnahme von *Marlene Dietrich* als **reines Werbemittel** wahr und betrachte sie lediglich als Hinweis auf die Künstlerin selbst, nicht aber als Hinweis auf die Herkunft der Waren aus einem bestimmten Unternehmen.[317] Der BGH hat diese Entscheidung bestätigt,[318] aber bei einer markenmäßigen Verwendung des Fotos für Bekleidungsstücke, Schuhwaren, Kopfbedeckungen, Gürtel, Papier und Pappe, Tagebücher und sportliche Aktivitäten eine ausreichende Unterscheidungskraft angenommen.[319] Für dieses beschränkte Waren- und Dienstleistungssegment wurde deshalb die Markenanmeldung zugelassen.

---

[311] Götting/Schertz/Seitz/*Gauß* § 14 Rn 5 f; zu den Gründen für die Anmeldung von Bildnissen als Marke auch *Boeckh* GRUR 2001, 29, 30.
[312] Dazu Loewenheim/*Schertz* § 79 Rn 17.
[313] Vgl *Schack* Kunst und Recht Rn 211.
[314] BGH GRUR 2008, 1093, 1094 – Marlene-Dietrich-Bildnis; *Fezer* § 8 MarkenG Rn 135; Hoeren/Nielen/*Winzer* Rn 68.
[315] BPatG BlPMZ 1999, 43 – Porträtfoto Michael Schumacher; krit dazu *Boeckh* GRUR 2001, 29, 34 f.

[316] BPatG GRUR 2006, 333 – Porträtfoto Marlene Dietrich I.
[317] BPatG GRUR 2006, 333, 335, 337 – Porträtfoto Marlene Dietrich I.
[318] BGH GRUR 2008, 1093, 1094 f – Marlene-Dietrich-Bildnis I.
[319] BGH GRUR 2010, 825, 828 – Marlene-Dietrich-Bildnis II; aA BPatG GRUR 2010, 73 – Porträtfoto Marlene Dietrich II.

## III. Eigentumsrechte an analogen Bildträgern

Während das **Urheberrecht** die **geistige Leistung** schützt, die durch ein Lichtbild- **190**
werk dokumentiert wird, und das **Leistungsschutzrecht** des § 72 UrhG die mit der
Herstellung eines Lichtbildes verbundene **technische Leistung** honoriert, geht es beim
**Eigentumsrecht** um das **Recht an der Sache**, in der sich die geistige oder technische
Leistung materialisiert. Bei Fotografien erfolgt die Materialisierung in der Regel auf
einem Bildträger, wobei sich die Frage, wem das Eigentum an dem Bildträger zusteht,
normalerweise nur bei den analogen Bildträgern (Negativen, Diapositiven, Fotoabzügen) stellt. Das Eigentumsrecht an dem Bildträger besteht unabhängig von dem Ur-
heber- oder Leistungsschutzrecht an dem Lichtbildwerk oder Lichtbild, das der Bildträger verkörpert. Eigentümer des Bildträgers kann also jemand anderes sein als
derjenige, dem das Urheber- oder Leistungsschutzrecht an dem Bild zusteht.

Normalerweise erlangt der Fotograf mit der Belichtung des Films außer dem Ur- **191**
heber- oder Leistungsschutzrecht an den von ihm aufgenommenen Bildern auch das
Eigentumsrecht an dem Filmmaterial (§ 950 Abs 1 BGB).[320] Etwas anderes gilt in den
Fällen, in denen jemand ein Bild als angestellter Fotograf **im Rahmen eines Arbeitsverhältnisses** anfertigt. Bei solchen Fotoproduktionen wird das Sacheigentum unmittelbar
bei dem Arbeitgeber des Fotografen begründet, während dem Angestellten nur das
Urheber- oder Leistungsschutzrecht verbleibt.[321]

Überträgt der Fotograf die Nutzungsrechte an seinen Bildern auf Dritte, stellt sich **192**
die Frage, ob der Erwerber der Nutzungsrechte auch das Eigentum an den Negativen,
den Diapositiven oder den Fotoabzügen erwirbt, die ihm zur Nutzung überlassen werden. Die Beantwortung der Frage ist unproblematisch, wenn es zu den Eigentumsrechten klare **Vertragsabsprachen** gibt, bspw eine AGB-Klausel, die eine Übertragung des
Eigentums auf den Vertragspartner des Fotografen ausdrücklich vorsieht. Problematisch sind dagegen die Fälle, in denen über die Eigentumsrechte nicht gesprochen
wurde. Dann ist zu klären, ob die Eigentumsübertragung zu den vertraglich geschuldeten Leistungen des Fotografen gehört oder ob er lediglich zur Überlassung der Nutzungsrechte verpflichtet ist. Dabei ist die **Zweckübertragungsregel** zu berücksichtigen,
die zwar normalerweise nur im Urheberrecht gilt, deren Grundgedanke aber auch bei
der Klärung der Eigentumsfrage anwendbar ist.[322] Dementsprechend ist von einer
Eigentumsübertragung nur dann auszugehen, wenn die Überlassung des Eigentums
zur Erfüllung des Vertragszwecks zwingend notwendig ist.[323]

Die Rechtsprechung geht davon aus, dass die Ausübung der fotografischen Nut- **193**
zungsrechte regelmäßig auch ohne den Erwerb des Eigentums an den Bildträgern
(Negativen, Diapositiven, Abzügen) möglich ist und die Eigentumsrechte deshalb **bei
dem Fotografen verbleiben**, soweit nicht im Einzelfall ausnahmsweise etwas anderes
vereinbart wird.[324] Dieser Grundsatz gilt auch dann, wenn der Vertrag zwischen dem

---

**320** *Riedel* Rn 4.442; Fromm/Nordemann/
*J B Nordemann* Nach § 44 UrhG Rn 4; *Schack*
Kunst und Recht Rn 159.
**321** KG ZUM-RD 1998, 9, 10 – Theater-Plasti-
ker; Wandtke/Bullinger/*Wandtke* § 43 UrhG
Rn 37; Fromm/Nordemann/*J B Nordemann*
Nach § 44 UrhG Rn 4.
**322** So BGH GRUR 2007, 693, 695 (Tz 31) –
Archivfotos; OLG München GRUR 1984, 516,
517 – Tierabbildungen; *Riedel* Rn 4.443; aA

KG ZUM-RD 1998, 9, 10 – Theater-Plasti-
ker.
**323** Fromm/Nordemann/*JB Nordemann* Nach
§ 44 UrhG Rn 5.
**324** So bereits RGZ 108, 44 – Graf Zeppelin;
ebenso BGH GRUR 2007, 693, 695 – Archivfotos; LG Stuttgart Schulze LGZ 181; vgl auch
OLG Hamburg GRUR 1980, 909, 911 – Ge-
brauchsgrafik für Werbezwecke; OLG München
GRUR 1984, 516, 517 – Tierabbildungen;

Fotografen und dem Verwerter nicht nur die Einräumung oder Übertragung von Nutzungsrechten, sondern auch die Herstellung der Fotografien zum Gegenstand hat.[325]

**194** Bei **Hochzeitsbildern** war zeitweise die Auffassung vorherrschend, dass die Fotografen ihren Kunden außer den Fotoabzügen auch das Eigentum an den Negativen überlassen müssen.[326] In späteren Entscheidungen wurde dann aber geklärt, dass auch Hochzeitbildfotografen in der Regel das Eigentum an den Negativen behalten und deshalb nicht verpflichtet sind, die Filme an den Auftraggeber herauszugeben.[327]

**195** Streitig ist, ob Fotoabzüge, die einem Zeitschriftenverlag oder einem anderen Verwerter gegen Zahlung eines Honorars zur **Aufnahme in ein Bildarchiv** überlassen werden, in das Eigentum des Verwerters übergehen. Dazu wird teilweise die Auffassung vertreten, dass bei der Überlassung von Fotoabzügen zu Archivzwecken stets[328] oder jedenfalls dann eine Eigentumsübertragung stattfindet, wenn der Fotograf für die Abzüge eine Archivgebühr oder ein sonstiges Entgelt erhält, das unabhängig von der tatsächlichen Verwertung gezahlt wird.[329] Dem ist entgegenzuhalten, dass aus der Berechnung einer Archivgebühr oder eines ähnlichen Entgelts zumindest dann kein Wille des Fotografen zur Übertragung des Eigentums an den Archivbildern abgeleitet werden kann, wenn das Entgelt keinen realen Gegenwert für die überlassenen Abzüge darstellt.[330] Wenn zudem der Fotograf durch einen entsprechenden Vermerk auf der Rückseite der Abzüge oder auf andere Weise klarstellt, dass die Überlassung der Bilder nur „leihweise" erfolgt, dann schließt das eine Eigentumsübertragung definitiv aus.[331] Mit der Überlassung der Fotoabzüge zu Archivzwecken ist dann lediglich ein Leihvertrag oder ein gemischter Vertrag mit leih- und mietvertraglichen Elementen zustande gekommen, so dass der Fotograf seine Bilder nach Kündigung des Vertrages wieder zurückfordern kann.[332]

**196** Wird dagegen im **Kunsthandel** ein Fotoabzug als Original angeboten und einem Interessenten zu einem Preis überlassen, der dem Kunstwert des Lichtbildwerkes entspricht, ist regelmäßig von einem Kaufvertrag auszugehen, der den Verkäufer verpflichtet, dem Käufer das Eigentum an dem Lichtbildwerk-Original zu übertragen.[333] In solchen Fällen werden dem Erwerber im Zweifel nur die Eigentumsrechte, aber keine Nutzungsrechte eingeräumt (§ 44 Abs 1 UrhG). Allerdings darf er das Werk öffentlich ausstellen, sofern nicht auch das Ausstellungsrecht bei der Veräußerung des Originals ausdrücklich ausgeschlossen wurde (§ 44 Abs 2 UrhG).

---

Fromm/Nordemann/*JB Nordemann* Vor §§ 31 ff UrhG Rn 409 und Nach § 44 UrhG Rn 5; Dreier/Schulze/*Schulze* Vor § 31 Rn 39.
[325] Anders dagegen *Wanckel* Rn 353, der bei Fotoproduktionen unter Hinweis auf §§ 651, 433 BGB von einer Verpflichtung zur Eigentumsübertragung ausgeht. Diese Auffassung verkennt, dass bei einer Fotoproduktion kein Werklieferungsvertrag, sondern ein Werkvertrag abgeschlossen wird; dazu Rn 320.
[326] So AG Regensburg NJW-RR 1987, 1008 – Hochzeitsbilder I.
[327] Vgl LG Hannover NJW-RR 1989, 53 – Hochzeitsbilder II; LG Wuppertal GRUR 1989, 54 – Hochzeitsbilder III.

[328] So offenbar *Riedel* Rn 4.443 (S 74).
[329] OLG Hamburg GRUR 1989, 912, 914 – Spiegel-Fotos; OLG München GRUR-RR 2004, 220, 221 ff – Fotoabzüge; LG München I ZUM 2008, 78, 81 f – Diapositive.
[330] BGH GRUR 2007, 693, 695 (Tz 31 aE) – Archivfotos.
[331] BGH GRUR 2007, 693, 695 (Tz 29) – Archivfotos; Fromm/Nordemann/*JB Nordemann* Nach § 44 UrhG Rn 5.
[332] BGH GRUR 2007, 693, 695 (Tz 35 ff) – Archivfotos.
[333] *Wanckel* Rn 354.

# § 3
# Rechte am Aufnahmegegenstand

## I. Rechte der abgebildeten Personen

Bei Aufnahmen, auf denen Personen erkennbar sind, muss das Persönlichkeitsrecht **197** der Abgebildeten und insb deren **Recht am eigenen Bild** beachtet werden. Es gilt die Grundregel, dass die erkennbare Wiedergabe des äußeren Erscheinungsbildes einer Person, also ein Bildnis, nur mit **Einwilligung** des Abgebildeten verbreitet oder öffentlich zur Schau gestellt werden darf (§ 22 KUG). Von dieser Regel gibt es vier **Ausnahmen**. So ist die Verbreitung und Zurschaustellung eines Bildnisses auch ohne die Einwilligung des Abgebildeten zulässig, wenn es sich um ein Bildnis aus dem Bereich der Zeitgeschichte (§ 23 Abs 1 Nr 1 KUG) oder um ein Bild handelt, auf dem die abgebildete Person nur als Beiwerk neben einer Landschaft oder sonstigen Örtlichkeit erscheint (§ 23 Abs 1 Nr 2 KUG). Außerdem bedarf es der Einwilligung des Abgebildeten dann nicht, wenn es sich um Bilder von Versammlungen, Aufzügen und ähnlichen Vorgängen handelt, an denen die betreffende Person teilgenommen hat (§ 23 Abs 1 Nr 3 KUG), oder um Bildnisse, die nicht auf Bestellung angefertigt sind, sofern deren Verbreitung und Zurschaustellung einem höheren Interesse der Kunst dient (§ 23 Abs 1 Nr 4 KUG). Alle vier Ausnahmeregelungen stehen unter dem Vorbehalt, dass durch die Verbreitung und Zurschaustellung kein berechtigtes Interesse des Abgebildeten oder, falls dieser verstorben ist, seiner Angehörigen verletzt wird (§ 23 Abs 2 KUG).

Zu den Einzelheiten des Rechts am eigenen Bild wird auf die Erläuterungen Band 4 **198** Teil 2 Kap 3 verwiesen.

## II. Rechte an abgebildeten Objekten

### 1. Urheber- und Leistungsschutzrechte

Das **Fotografieren eines urheberrechtlich geschützten Werkes** führt zu einer **Ver-** **199** **vielfältigung** des abgelichteten Objekts und damit zu einem Eingriff in das Vervielfältigungsrecht des Urhebers, der das Werk geschaffen hat. Wird die fotografische Abbildung des geschützten Werkes verbreitet, ist auch das Verbreitungsrecht des Urhebers berührt.

a) **Geschützte Werke.** Zu den urheberrechtlich geschützten Werken, die für eine **200** fotografische Abbildung in Frage kommen, gehören insb die **Werke der bildenden Kunst** einschließlich der Werke der Baukunst und der angewandten Kunst (§ 2 Abs 1 Nr 4 UrhG), aber auch **pantomimische Werke** und **Werke der Tanzkunst** (§ 2 Abs 1 Nr 3 UrhG). Werden Pläne, Karten, Skizzen oder technische Modelle fotografiert, können die abgebildeten Objekte als **Darstellungen wissenschaftlicher oder technischer Art** (§ 2 Abs 1 Nr 7 UrhG) geschützt sein. Auch beim Abfotografieren von Fotos kann ein Eingriff in fremde Urheber- oder Leistungsschutzrechte vorliegen, da Fotografien entweder als **Lichtbildwerk** (§ 2 Abs 1 Nr 5 UrhG) oder als **Lichtbild** (§ 72 UrhG) geschützt sind.

Um feststellen zu können, ob ein fotografiertes Objekt urheberrechtlich geschützt **201** ist, reicht es nicht aus, die Möglichkeit einer Zuordnung des Objekts zu einer der in § 2 Abs 1 UrhG genannten Werkkategorien zu überprüfen. Vielmehr muss darüber hinaus auch geklärt werden, ob es sich bei dem Objekt um eine **persönliche geistige Schöpfung** iSd § 2 Abs 2 UrhG handelt. Mit dieser Klärung ist aber ein juristisch nicht vorgebildeter Fotograf angesichts der kontroversen Diskussionen, die es zu dem Begriff der „persönlichen geistigen Schöpfung" in der Rechtsprechung und juristischen Literatur gibt,[334] in der Regel vollkommen überfordert. Das führt vor allem beim Fotografieren von Gebrauchsobjekten, die aufgrund ihres Designs eventuell als Werke der angewandten Kunst geschützt sind, zu erheblichen Unsicherheiten.

**202**    Bei **klassischen Kunstwerken** – etwa einer Plastik von *Henry Moore* oder einem Gemälde von *Pablo Picasso* – mag die urheberrechtliche Schutzfähigkeit sofort erkennbar sein. Bei einem Bauwerk, einem Sitzmöbel, einer Lampe oder einem Bekleidungsstück ist dagegen nicht immer klar, ob es sich um eine persönliche geistige Schöpfung und damit um ein urheberrechtlich geschütztes Werk oder um ein ungeschütztes Objekt handelt, das ohne weiteres fotografiert werden darf. So wird den meisten Fotografen kaum bekannt sein, dass zB die Bauhaus-Leuchte von *Wilhelm Wagenfeldt*,[335] der Hocker B9 von *Marcel Breuer*,[336] die LC-Sesselserie von *Le Corbusier*,[337] der Tripp-Trapp-Kinderstuhl von *Peter Opsvik*[338] oder das USM-Haller-Möbelprogramm[339] als Werke der angewandten Kunst geschützt sind. Ebenso wenig werden sie wissen, dass sogar der Garten- und Flächengestaltung im Innenhof des Bundesfinanzministeriums,[340] einem Kleid mit der aufgedruckten Darstellung eines röhrenden Hirschen,[341] einem Ohrclip mit dem Motiv einer Silberdistel[342] und den *Swarovski*-Kristallfiguren[343] von der Rechtsprechung die urheberrechtliche Schutzfähigkeit attestiert wurde.[344] Angesichts der zunehmenden Ausdehnung des Urheberrechtsschutzes auf **Designobjekte**, die als Gebrauchsgegenstände überall sichtbar sind und deren Abbildung sich selbst beim Fotografieren von Alltagssituationen kaum vermeiden lässt, besteht ein erhöhtes Risiko, dass Fotografen mit ihren Bildern fremde Urheberrechte verletzen.[345]

**203**    b) **Fotografische Abbildungen geschützter Werke und Werbehinweisrecht.** Als Vervielfältigung iSd § 16 Abs 1 UrhG gilt **jede körperliche Festlegung** eines Werkes, die geeignet ist, das Werk den menschlichen Sinnen auf irgendeine Art mittelbar oder unmittelbar wahrnehmbar zu machen.[346] Eine solche körperliche Festlegung erfolgt auch beim Fotografieren von urheberrechtlich geschützten Werken, denn die Werke werden entweder auf einem analogen Film fixiert oder auf dem Datenträger einer

---

**334** Vgl dazu Schricker/Loewenheim/*Loewenheim* § 2 UrhG Rn 11 ff; Dreier/Schulze/*Schulze* § 2 UrhG Rn 6 ff jeweils mwN.
**335** OLG Düsseldorf GRUR 1993, 903 – Bauhaus-Leuchte.
**336** OLG Düsseldorf ZUM-RD 2002, 419 – Breuer-Hocker.
**337** Vgl dazu die Rechtsprechungsnachweise bei *Zentek* Designschutz 465 ff.
**338** OLG Hamburg ZUM-RD 2002, 181 – Tripp-Trapp-Stuhl.
**339** OLG Frankfurt GRUR 1990, 121 – USM-Haller.
**340** KG ZUM 2001, 590 – Gartenanlage.
**341** LG Leipzig GRUR 2002, 424 – Hirschgewand.

**342** OLG München ZUM 1994, 515 – Silberdistel.
**343** BGH GRUR 1988, 690 – Kristallfiguren I.
**344** Weitere Beispiele bei *Zentek* Designschutz 281 ff (Figuren), 353 ff (Mode- und Textildesign), 367 ff (Produktdesign).
**345** Vgl zu diesem Problem auch *Kur* GRUR Int 1999, 24, 26 (unter III 1).
**346** BGH GRUR 2001, 51, 52 – Parfumflakon; BGH GRUR 1983, 28, 29 – Presseberichterstattung und Kunstwerkwiedergabe II; Schricker/Loewenheim/*Loewenheim* § 16 UrhG Rn 5; Wandtke/Bullinger/*Heerma* § 16 UrhG Rn 2; Fromm/Nordemann/*Dustmann* § 16 UrhG Rn 9.

Wolfgang Maaßen

Digitalkamera gespeichert, was für eine Vervielfältigung ausreicht.[347] Unerheblich bleibt nach allgemeiner Auffassung, dass **dreidimensionale Objekte** beim Fotografieren **in ein zweidimensionales Bild übertragen** werden.[348] Zwar wird die Übertragung eines geschützten Werkes in eine andere Kunstform in der Regel nicht als Vervielfältigung, sondern als freie Benutzung (§ 24 UrhG) und die Übertragung in eine andere Werkart als Bearbeitung (§ 23 UrhG) eingestuft.[349] Bei der Übertragung eines Werkes der bildenden oder angewandten Kunst (§ 2 Abs 1 Nr 4 UrhG) in ein Lichtbildwerk (§ 2 Abs 1 Nr 5 UrhG) oder ein Lichtbild (§ 72 UrhG) soll das jedoch nicht gelten.[350] Auch die Tatsache, dass bspw ein LC-Sessel auf der fotografischen Abbildung seine Funktion verliert, weil die zweidimensionale Abbildung des Sessels im Gegensatz zu dem dreidimensionalen Original nicht als Sitzmöbel verwendbar ist, steht der Annahme, dass es sich bei der fotografischen Abbildung um eine Vervielfältigung des Sofas handelt, nicht entgegen. Eine solche Auslegung des Begriffs „Vervielfältigung" entspricht wohl kaum dem Alltagsverständnis, das von einer Vervielfältigung erwartet, dass sie in Form und Funktion mit dem Original übereinstimmt.

Rechtsdogmatisch ist zu bedenken, dass das Urheberrecht nicht die dem Werk zugrunde liegende Schöpfungsidee, sondern die konkrete Festlegung dieser Idee in einer sinnlich wahrnehmbaren Formgestaltung schützt.[351] Aus dem **Erfordernis der sinnlichen Wahrnehmbarkeit** folgt, dass das Ablichten eines geschützten Objekts nur dann zu einer Vervielfältigung führen kann, wenn das betreffende Objekt auf der Fotografie in seiner konkreten Formgestaltung sichtbar wird, also annähernd den sinnlichen Eindruck des Originalwerks in seinen wesentlichen schöpferischen Zügen vermittelt.[352] Ist daher bspw ein großformatiges Gemälde auf einer fotografischen Abbildung des Raumes, in dem es an der Wand hängt, lediglich in einer Größe von nicht einmal einem Hundertstel der Originalformats zu sehen, fehlt es bereits an einer Vervielfältigung des abgebildeten Kunstobjekts durch die Fotografie. Es kommt dann nicht mehr darauf an, ob eine Rechtsverletzung eventuell auch deshalb zu verneinen ist, weil das Gemälde auf dem Foto nur als unwesentliches Beiwerk (§ 57 UrhG) in Erscheinung tritt.

**204**

Die Tatsache, dass bereits das Ablichten eines geschützten Werkes zu dessen Vervielfältigung führen kann, schränkt die Arbeitsmöglichkeiten der Fotografen erheblich ein, weil sie unter Umständen für jedes Foto, auf dem ein solches Werk zu sehen ist, die Zustimmung des Werkurhebers einholen müssen. Eine Lösung des Problems könnte darin bestehen, dass man das Recht zur zweidimensionalen Reproduktion eines dreidimensionalen Werkes der angewandten Kunst nach dem ersten Inverkehrbringen des Werkes prinzipiell für erschöpft erklärt.[353] Es ist jedoch fraglich, ob die in § 17 Abs 2

**205**

---

347 Zur körperliche Festlegung bei einer digitalen Speicherung: Schricker/Loewenheim/*Loewenheim* § 16 UrhG Rn 17; Fromm/Nordemann/*Dustmann* § 16 UrhG Rn 12.
348 BGH GRUR 1983, 28, 29 – Presseberichterstattung und Kunstwerkwiedergabe II; Schricker/Loewenheim/*Loewenheim* § 16 UrhG Rn 9 aE; Fromm/Nordemann/*Dustmann* § 16 UrhG Rn 11; Dreier/Schulze/*Schulze* § 16 UrhG Rn 11; Möhring/Nicolini/*Kroitzsch* § 16 UrhG Rn 10, der dazu auf § 59 UrhG verweist.
349 Vgl Schricker/Loewenheim/*Loewenheim* § 23 UrhG Rn 8.

350 So Möhring/Nicolini/*Ahlberg* § 24 UrhG Rn 25; einschränkend LG Düsseldorf ZUM 2009, 975, 977 – Beuys-Happening: Einzelne Fotografien eines länger andauernden Happenings sind keine Vervielfältigungen, sondern Bearbeitungen (§ 23 UrhG), weil sie einen dynamischen Prozess in eine statische Form übertragen.
351 Vgl Schricker/Loewenheim/*Loewenheim* § 2 UrhG Rn 20 mwN.
352 OGH ZUM 2010, 629, 630 – Mozart-Symphonie.
353 Dazu *Kur* GRUR Int 1999, 24, 28.

UrhG geregelte Erschöpfung des Verbreitungsrechts auch auf andere Verwertungsrechte und insb auf das Vervielfältigungsrecht übertragbar ist. Zwar hat der BGH in einigen früheren Entscheidungen tendenziell die Auffassung vertreten, dass es sich bei dem **Erschöpfungsgrundsatz** um einen allgemeinen Rechtsgedanken handelt, der auch für andere Verwertungsrechte gilt.[354] Es besteht jedoch weitgehend Einigkeit darüber, dass sich aus diesem Grundsatz keine generelle Einschränkung des Vervielfältigungsrechts ableiten lässt.[355]

**206**     Allerdings werden gewisse Einschränkungen akzeptiert, soweit der mit der Erschöpfung verfolgte Zweck, die **Verkehrsfähigkeit** der legal in Verkehr gesetzten Werkstücke sicherzustellen, einen Eingriff in das Vervielfältigungsrecht erfordert. So darf ein urheberrechtlich geschützter Parfümflakon, der mit Zustimmung des Flakongestalters in Verkehr gebracht worden ist, nicht nur weiterverbreitet, sondern auch in Prospekten, Werbeanzeigen und anderen Publikationen, mit denen das Parfum beworben wird, abgebildet werden.[356] Um die ungehinderte Verbreitung der in zulässiger Weise in Verkehr gebrachten Werkstücke zu gewährleisten, muss also der Urheber einen Eingriff in sein Vervielfältigungsrecht hinnehmen.

**207**     Damit lässt sich aus dem Erschöpfungsgrundsatz ein allgemeines **Werbehinweisrecht** ableiten, das die fotografische Vervielfältigung urheberrechtlich geschützter Werke zumindest dann erlaubt, wenn die Fotografien für Werbeankündigungen, die das abgebildete Werk betreffen, eingesetzt werden.[357] Ist also zB auf einem Bucheinband ein Foto oder eine urheberrechtlich geschützte Illustration abgebildet, darf der Einband auch ohne die Zustimmung des Einbandgestalters und der Urheber der dort abgedruckten Bilder für Werbeanzeigen, Plakate oder Buchkataloge, die auf das Buch hinweisen sollen, abgelichtet werden. Dasselbe gilt für Designermöbel, die für die Werbeankündigungen eines Möbelhauses fotografiert werden.[358]

**208**     Wird dagegen ein urheberrechtlich geschütztes Werk auf Fotografien abgebildet, die nicht der Bewerbung dieses Werkes, sondern anderen Zwecken dienen, bedarf die fotografische Vervielfältigung der Zustimmung des Urhebers. Das Werbehinweisrecht deckt also zB nicht die Ausstattung einer Werbeszene mit einem Designersofa, für das Urheberrechtsschutz besteht, sofern mit dem Foto keine Sofawerbung betrieben, sondern ein anderer Werbezweck verfolgt wird.

**209**     **c) Schranken der Urheber- und Leistungsschutzrechte an abgebildeten Werken.** Ein Werk, das die Schutzkriterien des § 2 UrhG erfüllt, darf auch ohne Zustimmung des Rechtsinhabers fotografiert und damit vervielfältigt werden, wenn die **urheberrechtliche Schutzfrist bereits abgelaufen** und das Werk gemeinfrei geworden ist. Die Zustimmung braucht außerdem dann nicht eingeholt zu werden, wenn eine der **gesetzlichen Schrankenbestimmungen** (§§ 44a ff UrhG) eingreift, die im Hinblick auf die Sozialbindung des geistigen Eigentums eine Einschränkung der urheberrechtlichen Verwertungsrechte vorsehen.

---

[354] BGH GRUR 1995, 673, 676 – Mauer-Bilder; BGH GRUR 1981, 413, 416 – Kabelfernsehen in Abschattungsgebieten; anders dagegen BGH GRUR 2000, 699, 701 – Kabelweitersendung.
[355] BGH GRUR 2001, 51, 53 – Parfumflakon; Schricker/Loewenheim/*von Ungern-Sternberg* § 15 UrhG Rn 34 mwN; *Kur* GRUR Int 1999, 24, 28.

[356] BGH GRUR 2001, 51, 53 – Parfumflakon; Dreier/Schulze/*Schulze* § 17 UrhG Rn 30; *Ganea* GRUR Int 2005, 102, 107.
[357] Dazu bereits Rn 86 f.
[358] *Wanckel* Rn 91.

**aa) Rechtspflege und öffentliche Sicherheit.** § 45 Abs 1 UrhG erlaubt die Herstel-  **210**
lung einzelner Vervielfältigungsstücke geschützter Werke zur Verwendung in einem
**gerichtlichen** oder **behördlichen** Verfahren. Es ist daher zulässig, ein Werk der bildenden Kunst oder andere geschützte Werke zu fotografieren, um das Foto zB als Beweismittel in einem Zivil- oder Strafprozess vorlegen zu können. Die für ein Gerichtsverfahren angefertigten fotografischen Vervielfältigungen dürfen auch in dem Urteil
wiedergegeben werden, mit dem das Verfahren abgeschlossen wird.[359] Dagegen ist
eine Weitergabe der Bilder an Dritte (zB Presse) nicht zulässig.[360]

**bb) Berichterstattung über Tagesereignisse.** Im Rahmen der Berichterstattung über  **211**
Tagesereignisse dürfen geschützte Werke, die im Verlauf dieser Ereignisse wahrnehmbar werden, in Zeitungen, Zeitschriften und in anderen Druckschriften oder sonstigen
Datenträgern, die im Wesentlichen Tagesinteressen Rechnung tragen, in einem durch
den Zweck gebotenen Umfang fotografisch vervielfältigt werden (§ 50 UrhG). Unter
denselben Voraussetzungen ist auch die Verbreitung der fotografischen Abbildungen
und ihre öffentliche Wiedergabe im Fernsehen oder im Internet zulässig.

„Tagesereignis" ist jede aktuelle Begebenheit, die für die Allgemeinheit von Inte-  **212**
resse ist.[361] Die notwendige Aktualität ist gegeben, solange der Bericht über ein Ereignis von der Öffentlichkeit noch als Gegenwartsberichterstattung empfunden wird.[362]
Dazu genügt ein naher zeitlicher Zusammenhang zwischen dem Ereignis und der
Berichterstattung, wobei auch die Erscheinungsweise des jeweiligen Mediums zu
berücksichtigen ist. So ist ein Zeitungsbericht über die Eröffnung einer Kunstausstellung noch hinreichend aktuell, wenn die Eröffnung an einem Sonntag stattfindet und
der Bericht über dieses Ereignis erst am darauffolgenden Wochenende im Feuilleton-
teil der Zeitung erscheint.[363] Bei einer Monatsschrift kann ein solcher Bericht sogar
vier Wochen nach der Ausstellungseröffnung noch eine Berichterstattung über ein
Tagesereignis sein. Dagegen fehlt es an der notwendigen Aktualität, wenn über das
Ereignis erstmals in einem Jahresrückblick berichtet wird.[364]

Gegenstand der Berichterstattung muss stets das Tagesereignis sein. Das schließt  **213**
allerdings nicht aus, dass ein einzelnes Werk, das anlässlich des Tagesereignisses wahrnehmbar geworden ist, im Rahmen der Berichterstattung ohne einen konkreten **optischen Bezug** zu dem Ereignis gezeigt wird. So darf zB ein Gemälde, das neben anderen
Werken in einer Ausstellung zu sehen ist, im Rahmen der Berichterstattung über die
Ausstellungseröffnung selbständig abgebildet werden.[365] Es ist also nicht erforderlich,
dass das Bild nur im Hintergrund erscheint und im Vordergrund der Künstler mit einzelnen Teilnehmern der Vernissage zu sehen ist.

Das Werk, das im Rahmen der Berichterstattung über ein Tagesereignis fotogra-  **214**
fisch abgebildet wird, muss **im Verlauf dieses Ereignisses wahrnehmbar geworden**
sein. Ein bloßer sachlicher Zusammenhang zwischen dem Tagesereignis und dem
Werk reicht dazu nicht aus.[366] Wird daher in einem Bericht über eine Ausstellungs-

---

**359** *Maaßen* ZUM 2003, 830, 834 f.
**360** Schricker/Loewenheim/*Melichar* § 45 UrhG
Rn 6.
**361** BGH GRUR 2002, 1050, 1051 – Zeitungs-
bericht als Tagesereignis.
**362** Möhring/Nicolini/*Engels* § 50 UrhG Rn 5.
**363** KG Schulze KGZ 74, 11.
**364** LG Hamburg GRUR 1989, 591, 592 –

Neonrevier; *Lehment* 76; *Pöppelmann* ZUM
1996, 293, 297.
**365** BGH Schulze BGHZ 300, 6 – Presseberichterstattung und Kunstwerkwiedergabe I;
so auch *Lehment* 77 f.
**366** Schricker/Loewenheim/*Vogel* § 50 UrhG
Rn 22; Dreier/Schulze/*Dreier* § 50 UrhG Rn 7;
*Lehment* 77.

eröffnung eine Skulptur gezeigt, die zwar von einem auf der Ausstellung vertretenen Künstler geschaffen wurde, die aber in den Ausstellungsräumen nicht zu sehen ist, dann ist eine solche Werkwiedergabe nicht durch § 50 UrhG gedeckt.[367]

**215**     Da § 50 UrhG die Vervielfältigung, Verbreitung und öffentliche Wiedergabe geschützter Werke nur **„in einem durch den Zweck gebotenen Umfang"** erlaubt, darf in einem Bildbericht über die Eröffnung einer Kunstausstellung lediglich eine begrenzte Anzahl von Werken gezeigt werden. Eine starre Fixierung auf eine bestimmte Menge ist insoweit nicht möglich, weil das, was im Einzelfall „geboten" ist, von Art und Umfang des Berichts sowie von der Abbildungsgröße der einzelnen Werke abhängt.[368]

**216**     Privilegiert sind durch § 50 UrhG nur direkte fotografische Abbildungen der Werke, die im Verlauf eines Ereignisses wahrnehmbar werden, nicht dagegen Fotografien oder digitale Kopien von Fernsehbildern, die das Ereignis zeigen.[369] Das Recht, Einzelbilder von Fernsehsendungen herzustellen, haben gem § 87 Abs 1 Nr 2 UrhG ausschließlich die Sendeunternehmen.

**217**     cc) **Zitate.** Die fotografische Vervielfältigung geschützter Werke ist ebenso wie die Verbreitung und die öffentliche Wiedergabe der fotografischen Abbildungen zulässig, wenn dies zu Zitatzwecken geschieht. Allerdings erlaubt das Gesetz ein **Zitieren des vollständigen Werkes** normalerweise nur in einem selbständigen wissenschaftlichen Werk (§ 51 Nr 1 UrhG). In anderen Werken, die keinem wissenschaftlichen Zweck dienen, dürfen dagegen nur einzelne Stellen eines geschützten Werkes angeführt werden (§ 51 Nr 2 UrhG). Die herrschende Rechtsauffassung hält aber auch bei nichtwissenschaftlichen Werken ein Zitieren des ganzen Werkes ausnahmsweise für zulässig, wenn anders eine sinnvolle Bezugnahme auf das zitierte Werk nicht möglich ist.[370] Das betrifft vor allem die **Bildzitate**, die vielfach unverständlich blieben, wenn man nur einzelne Teile des Bildes wiedergeben könnte. Soweit es der Zitatzweck erfordert, dürfen deshalb Gemälde, Zeichnungen und Illustrationen auch in nichtwissenschaftlichen Werken vollständig abgebildet werden.

**218**     In allen Zitatfällen darf das zitierte Werk nicht um seiner selbst willen, sondern nur als Beleg oder zur Erläuterung des Inhalts eines anderen Werkes wiedergegeben werden.[371] Es muss also eine **innere Verbindung** zwischen dem zitierten und dem zitierenden Werk hergestellt werden. Diese Verbindung fehlt bei einem Werbefoto, das eine Jacke vor einem Hintergrund zeigt, in den zwei nur teilweise sichtbare Gemälde hineingeschoben sind. Durch eine in die Jackentasche eingesteckte Einladungskarte mit dem Aufdruck „Galerie" wird zwar ein gedanklicher Zusammenhang zwischen der Jacke, der Einladungskarte und den Gemälden erkennbar, doch handelt es sich dabei nach Auffassung des LG München I[372] nur „um eine äußere, künstliche und aufmontierte Verbindung", die für eine Anwendung des § 51 UrhG nicht ausreicht.

**219**     Die fotografische Abbildung eines geschützten Werkes in einem anderen Werk muss zwar einem **Zitatzweck** dienen, doch braucht der Zitatzweck nicht der einzige Zweck

---

367 Vgl auch LG München I Schulze LGZ 162, 6 f – Aufgeschlagenes Buch.
368 Anders wohl Schricker/Loewenheim/*Vogel* § 50 UrhG Rn 24, der sich auf „ein bis zwei Kunstwerke" als Regelfall festlegt.
369 Schricker/Loewenheim/*Vogel* § 50 UrhG Rn 26.
370 OLG Hamburg GRUR 1993, 666 – Altersfoto; OLG Hamburg GRUR 1990, 36, 37 – Foto-Entnahme; Schricker/Loewenheim/ *Schricker/Spindler* § 51 UrhG Rn 45 mwN.
371 Schricker/Loewenheim/ *Schricker/Loewenheim/Spindler* § 51 UrhG Rn 16 f; Dreier/ Schulze/*Dreier* § 51 UrhG Rn 3 f; *Maaßen* ZUM 2003, 830, 835.
372 Schulze LGZ 219, 6 f – Galeriebilder.

Wolfgang Maaßen

zu sein, der mit der Abbildung verfolgt wird. Es ist durchaus zulässig, ein fremdes Werk auch zu Schmuckzwecken oder als Blickfang einzusetzen, sofern der **Zitatzweck im Vordergrund** steht und gegenüber den sonstigen Zwecken überwiegt.[373]

Auch wenn ein Zitatzweck erkennbar ist und im Vordergrund steht, darf das **220** zitierte Werk nur **in einem durch den Zweck gebotenen Umfang** wiedergegeben werden (§ 51 S 1 UrhG). Diese Einschränkung betrifft in erster Linie die Anzahl der fotografischen Abbildungen, die als Beleg in dem zitierenden Werk verwendet werden dürfen. Lässt sich der Zitatzweck bereits dadurch erreichen, dass nur ein oder zwei Bilder gezeigt werden, dann geht die Wiedergabe von 15 bis 20 Bildern über den zulässigen Umfang hinaus.[374] Eine generelle Festlegung auf eine bestimmte Anzahl von Abbildungen ist allerdings nicht möglich. Maßgebend ist vielmehr, was der jeweilige Zitatzweck gebietet. Dabei kommt es nicht darauf an, ob das Zitat auch zwingend erforderlich ist. Es genügt, dass es sich den Umständen nach um eine sachgerechte und vernünftige Wahrnehmung des Zitatzwecks handelt.[375]

dd) **Sonderfall des Kunstzitats.** Eine **besondere Form des Zitats** ist das Kunstzitat. **221** Kunstzitate unterscheiden sich von herkömmlichen Zitaten dadurch, dass das zitierte Werk nicht in einem wissenschaftlichen Werk oder in einem Sprachwerk, sondern in einem Werk der bildenden Kunst wiedergegeben wird.[376] Das Kunstzitat hat nicht die Belegfunktion, die § 51 UrhG für das Zitat vorschreibt, da das zitierte Kunstwerk in der Regel nicht dazu bestimmt ist, den in dem zitierenden Werk offenbarten Gedankeninhalt aufzuhellen oder dem Verständnis zu erschließen. Meist dient das Kunstzitat ganz anderen Zwecken. So wird es häufig als **Stilmittel** eingesetzt oder als **Zeichen der Ehrerbietung** („Hommage") gegenüber einem großen Künstler verwendet.

Es fehlt zwar eine gesetzliche Bestimmung, die das Kunstzitat explizit regelt. Nach **222** Auffassung des BVerfG[377] lässt sich jedoch die Zulässigkeit des Kunstzitats aus § 51 UrhG ableiten, sofern man bei der Auslegung und Anwendung dieser Vorschrift das verfassungsrechtliche Gebot der **Kunstfreiheit** (Art 5 Abs 3 GG) ausreichend beachtet.[378] Die Kunstfreiheit gebietet es, ein Zitat über die bloße Belegfunktion hinaus auch als Mittel des künstlerischen Ausdrucks und der künstlerischen Gestaltung anzuerkennen. Deshalb kann die Zulässigkeit der Verwendung fremder Kunstwerke nicht davon abhängen, dass sich der zitierende Künstler mit dem von ihm zitierten Werk auseinandersetzt. Maßgebend ist vielmehr, ob sich das zitierte Werk in die künstlerische Gestaltung des neuen Werkes einfügt und zum integralen **Bestandteil einer eigenständigen künstlerischen Aussage** wird.[379] Unter dieser Voraussetzung dürfen fremde Kunstwerke in anderen Kunstwerken „zitiert" werden.

§ 51 UrhG erlaubt allerdings auch bei einer verfassungskonformen Auslegung **223** unter Berücksichtigung der Kunstfreiheit immer nur geringfügige Eingriffe in fremde Urheberrechte. Unzulässig sind daher Zitate, die für den Urheber des zitierten Kunst-

---

[373] BGHZ 50, 147, 155 – Kandinsky I; *Maaßen* ZUM 2003, 830, 835.
[374] OLG Hamburg GRUR 1990, 36, 37 – Foto-Entnahme; LG München I AfP 1994, 326, 328 – Fotozitat.
[375] Schricker/Loewenheim/ *Schricker/Spindler* § 51 UrhG Rn 19; *Maaßen* ZUM 2003, 830, 835.
[376] Dazu *Kakies* Rn 5 ff; *Schack* Kunst und Recht Rn 335 ff.

[377] BVerfG GRUR 2001, 149, 151 – Germania 3; ebenso *Kakies* Rn 113 ff; *von Becker* NJW 2001, 583, 584.
[378] Eine analoge Anwendung des § 51 Nr 2 UrhG ist nach der Neufassung des § 51 UrhG nicht mehr erforderlich; jetzt ist § 51 S 1 UrhG anwendbar; so auch *Kakies* Rn 269.
[379] BVerfG GRUR 2001, 149, 152 – Germania 3; dazu ausf *Kakies* Rn 142 ff, 159.

werks die **Gefahr merklicher wirtschaftlicher Nachteile** begründen.[380] In solchen Fällen hat das Interesse, ein fremdes Werk für das eigene künstlerische Werkschaffen nutzen zu können, hinter den Verwertungsinteressen desjenigen zurückzustehen, dessen Werk man zitieren will. Wenn daher ein Fotograf ein Gemälde fotografisch nachbildet und das dabei entstehende Lichtbildwerk als Hommage an den Maler kennzeichnet, um es dann in großem Stil als Poster oder Postkarte zu vermarkten, ist diese Vermarktung nicht mehr durch die Kunstfreiheit und das Zitatrecht gedeckt, sofern dadurch die wirtschaftlichen Interessen des Malers beeinträchtigt werden könnten.

**224**    **ee) Unwesentliches Beiwerk.** Werke der bildenden oder angewandten Kunst sind häufig als Wandschmuck, Dekorationsobjekte oder Einrichtungsgegenstände auf Fotografien zu sehen, die einen Wohn- oder Arbeitsraum oder eine sonstige Örtlichkeit zeigen. Wenn die geschützten Werke dabei nur als unwesentliches Beiwerk neben dem eigentlichen Gegenstand der Darstellung in Erscheinung treten, ist ihre Vervielfältigung, Verbreitung und öffentliche Wiedergabe auch ohne die Zustimmung der Urheber oder Nutzungsberechtigten zulässig (§ 57 UrhG).

**225**    Unwesentliches Beiwerk ist ein Gegenstand nur dann, wenn er zu dem, was sonst noch auf der Fotografie zu sehen ist, **keine inhaltliche Verbindung** aufweist und ohne Beeinträchtigung der Gesamtwirkung aus dem Bild entfernt oder unbemerkt gegen einen anderen Gegenstand ausgetauscht werden könnte.[381] Wenn dagegen das urheberrechtlich geschützte Werk innerhalb des Gesamtbildes eine **konkrete Funktion** erfüllt, weil es zB ein bestimmtes Milieu dokumentiert, ist es kein unwesentliches Beiwerk mehr und seine Abbildung deshalb auch nicht durch § 57 UrhG gedeckt.[382]

**226**    Die Frage, ob ein Kunstgegenstand oder ein anderes geschütztes Objekt unwesentliches Beiwerk ist, stellt sich besonders häufig bei Werbeaufnahmen, auf denen Möbel oder andere Produkte in einem sorgfältig gestalteten Umfeld zu sehen sind. Die Skulpturen, Gemälde oder Poster, die bei solchen Aufnahmen als **Wandschmuck** oder **Dekorationsobjekt** zum Einsatz kommen, sind in der Regel keine beliebigen Requisiten im Hintergrund, sondern bewusst gewählte Bildelemente, die ein **bestimmtes Milieu visualisieren** und eine wichtige optische Funktion zu erfüllen haben. Sie sind **nicht beliebig austauschbar** und somit auch kein unwesentliches Beiwerk neben dem eigentlichen Gegenstand des Interesses.[383] Ihre Verwendung für die Werbeaufnahmen bedarf daher der Zustimmung des Inhabers der Urheber- oder Leistungsschutzrechte, die an den Dekorationsobjekten bestehen.

**227**    Die Einstufung als wesentliches oder unwesentliches Beiwerk richtet sich zwar prinzipiell nach objektiven Maßstäben, doch sind auch die jeweiligen Umstände des Einzelfalles und insb die **inhaltlichen Zusammenhänge** zu beachten, in die ein geschütztes Werk hineingestellt wird. So kann ein Gemälde, das als Teil einer Werbeaufnahme eine wichtige optische Funktion hat, durchaus zu einem unwesentlichen Beiwerk werden, wenn die Aufnahme nicht mehr in einem werblichen Umfeld, sondern in einem anderen inhaltlichen Zusammenhang publiziert wird.[384]

---

**380** So BVerfG GRUR 2001, 149, 151 – Germania 3; dagegen schließt *Kakies* (Rn 160 ff, 171) diese Gefahr bei Kunstzitaten grundsätzlich aus.
**381** OLG München ZUM-RD 2008, 554 – T-Shirt; LG München I ZUM-RD 2008, 260 – T-Shirt; Schricker/Loewenheim/*Vogel* § 57 UrhG Rn 6; Dreier/Schulze/*Dreier* § 57 UrhG Rn 2; *Lehment* 83.

**382** Schricker/Loewenheim/*Vogel* § 57 UrhG Rn 9; *Lehment* 84.
**383** OLG München NJW 1989, 404 f – Kunstwerke in Werbeprospekten; *Wanckel* Rn 103.
**384** Dazu *Maaßen* ZUM 2003, 830, 837 f.

**ff) Werke in Ausstellungen, öffentlichem Verkauf und öffentlich zugänglichen Einrichtungen.** Geschützte Werke, die öffentlich ausgestellt oder zur öffentlichen Ausstellung bzw zum öffentlichen Verkauf bestimmt sind, dürfen von dem Veranstalter für die Werbung fotografiert und die Fotos zu Werbezwecken verbreitet und öffentlich zugänglich gemacht werden, soweit dies **zur Förderung der Veranstaltung erforderlich** ist (§ 58 Abs 1 UrhG). Außerdem dürfen fotografische Abbildungen solcher Werke in Verzeichnissen (zB Katalogen) abgedruckt werden, die von öffentlich zugänglichen Bibliotheken, Bildungseinrichtungen oder Museen in inhaltlichem und zeitlichem Zusammenhang mit einer Ausstellung oder zur Dokumentation von Beständen herausgegeben werden, sofern damit **kein eigenständiger Erwerbszweck verfolgt** wird (§ 58 Abs 2 UrhG).

**228**

Da § 58 Abs 1 UrhG einen **inhaltlichen** und **zeitlichen Zusammenhang** mit der Veranstaltung voraussetzt, entfällt die dort vorgesehene Nutzungsmöglichkeit mit dem Ende der Veranstaltung.[385] Außerdem besteht sie nur für den **Veranstalter** selbst (also zB nicht für den Sponsor einer Kunstausstellung) und sie gilt nur für Publikationen, mit denen **kein eigenständiger Erwerbszweck** verfolgt wird. Kommerzielle Publikationen sind daher durch § 58 UrhG ebenso wenig gedeckt wie bspw der Verkauf von Postkarten oder Plakaten mit den Werken, die in einer Ausstellung gezeigt werden.[386] Auch eine Publikation, die in erster Linie der **Selbstdarstellung** und der **Imagewerbung** des Veranstalters dient, ist durch die Katalogbildfreiheit des § 58 UrhG nicht gedeckt.[387]

**229**

**gg) Werke an öffentlichen Plätzen.** Werke, die sich **bleibend an öffentlichen Wegen, Straßen und Plätzen** befinden, dürfen mit Mitteln der Malerei oder Grafik, durch Lichtbild oder Film vervielfältigt, verbreitet und öffentlich wiedergegeben werden (§ 59 UrhG). Es ist deshalb zulässig, ein von der Straße aus sichtbares Kunstwerk oder Bauwerk abzulichten und die Ablichtung zB als Postkarte oder in Büchern und Zeitschriften zu vermarkten. Die Zustimmung des Künstlers oder des Architekten muss dazu nicht eingeholt werden.

**230**

Die damit vom Gesetzgeber gewährte **Panoramafreiheit (Straßenbildfreiheit)** berücksichtigt, dass Werke, die sich dauerhaft an öffentlichen Wegen, Straßen oder Plätzen befinden, in gewissem Sinne Gemeingut werden.[388] Wer als Urheber zustimmt, dass sein Werk an einem öffentlichen Ort aufgestellt wird, widmet das Werk dadurch in bestimmtem Umfang der Allgemeinheit.

**231**

„Öffentlich" sind Wege, Straßen oder Plätze dann, wenn sie jedermann **frei zugänglich** und **dem Gemeingebrauch gewidmet** sind, wobei allerdings eine formelle öffentlichrechtliche Widmung nicht erforderlich ist.[389] Dementsprechend gehören auch Privatwege und private Parks oder die Parkplätze eines Kaufhauses zu den

**232**

---

[385] Schricker/Loewenheim/*Vogel* § 58 UrhG Rn 21; Möhring/Nicolini/*Gass* § 58 UrhG Rn 35; *Lehment* 91; vgl dazu auch OLG Köln ZUM 2009, 68, 69 – Auktionsportal: Bei einem Verkauf von Kunstwerken über ein Internet-Auktionsportal endet das Nutzungsrecht des Portalbetreibers eine Woche nach Kaufabschluss.
[386] Schricker/Loewenheim/*Vogel* § 58 UrhG Rn 19; Dreier/Schulze/*Dreier* § 58 UrhG Rn 7; *Schack* Kunst und Recht Rn 283.

[387] LG Berlin ZUM-RD 2007, 421, 422 – Zeitschriftenbeilage eines Auktionshauses.
[388] BGH GRUR 2003, 1035, 1037 – Hundertwasser-Haus; BGH GRUR 2002, 605, 606 – Verhüllter Reichstag; *von Gierke* 103, 110.
[389] Schricker/Loewenheim/*Vogel* § 59 UrhG Rn 9; Dreier/Schulze/*Dreier* § 59 UrhG Rn 3; Wandtke/Bullinger/*Lüft* § 59 UrhG Rn 3.

öffentlichen Wegen und Plätzen, sofern nur für jedermann freier Zugang besteht.[390] Das gilt selbst dann, wenn solche Örtlichkeiten zeitweilig geschlossen werden, wie es zB bei Friedhöfen nachts der Fall ist. Dagegen gehören die Innenräume eines privaten Gebäudes selbst dann nicht zu den öffentlichen Plätzen, wenn sie – wie bspw Flughafen- oder Bahnhofshallen – bei Tag und Nacht frei betreten werden können.[391]

**233**    Ein Werk befindet sich „an" einem öffentlichen Weg, einer öffentlichen Straße oder einem öffentlichen Platz, wenn es von dort aus **ohne besondere Hilfsmittel** (zB Leiter, Hubschrauber, ausfahrbares Superstativ) **frei einsehbar** ist.[392] Ob Teleobjektive in diesem Sinne zu den unzulässigen Hilfsmittel gehören, ist umstritten.[393] Es ist nicht notwendig, dass sich das Werk seinerseits auf einem öffentlich zugänglichen Grundstück oder direkt an der Straße befindet, vielmehr können auch zurückgesetzte Gebäude oder weiter entfernt auf privatem Grund aufgestellte Kunstwerke frei fotografiert werden.[394] Dagegen befindet sich ein Werk nicht mehr „an" einer öffentlichen Straße, wenn es hinter Hecken, Zäunen oder sonstigen blickschützenden Vorrichtungen verborgen ist und erst nach Beseitigung dieser Hindernisse (zB durch Beiseitedrücken der Hecke) von der Straße aus sichtbar wird.

**234**    Zwar setzt § 59 Abs 1 UrhG seinem Wortlaut nach lediglich voraus, dass sich die geschützten Werke an öffentlichen Straßen oder Plätzen befinden. Daraus kann aber nicht abgeleitet werden, dass sich der **Standort**, von dem aus solche Werke fotografiert werden, auch außerhalb öffentlicher Straßen oder Plätze befinden darf.[395] Nach herrschender Rechtsauffassung ist durch die Panoramafreiheit nur der Blick von einem für das allgemeine Publikum zugänglichen Ort aus privilegiert.[396] Deshalb darf bspw das (als Werk der Baukunst geschützte) *Hundertwasser*-Haus, das sich in Wien in der sehr engen Löwengasse befindet, trotz der dort bestehenden optischen Beschränkungen nur von der Gasse aus fotografiert werden. Es ist nicht zulässig, dieses Bauwerk wegen der besseren Perspektive vom Balkon einer Privatwohnung im gegenüberliegenden Gebäude aufzunehmen.[397]

**235**    Die Panoramafreiheit deckt nur die Vervielfältigung, Verbreitung und öffentliche Wiedergabe von Werken, die sich „bleibend" an öffentlichen Wegen, Straßen oder Plätzen befinden. Das bedeutet nicht, dass das Werk selbst von Dauer sein muss. Deshalb dürfen auch **vergängliche Werke** (zB Schneeskulpturen, Pflastermalereien) fotografiert werden, sofern sie im öffentlichen Raum aufgestellt werden und dort für die

---

**390** LG Frankenthal GRUR 2005, 577 – Grassofa; Schricker/Loewenheim/*Vogel* § 59 UrhG Rn 9. Bei frei zugänglichen Passagen, Galerien, Hausdurchgängen und Atrien ist dagegen strittig, ob es sich um öffentliche Plätze handelt; dazu Dreier/Schulze/*Dreier* § 59 UrhG Rn 3 (bejahend) und Fromm/Nordemann/*W Nordemann* § 59 UrhG Rn 2 (verneinend).
**391** Schricker/Loewenheim/*Vogel* § 59 UrhG Rn 9; Fromm/Nordemann/*W Nordemann* § 59 UrhG Rn 2; aA Wandtke/Bullinger/*Lüft* § 59 UrhG Rn 3; *von Gierke* 103, 110.
**392** Schricker/Loewenheim/*Vogel* § 59 UrhG Rn 10; Dreier/Schulze/*Dreier* § 59 UrhG Rn 4.
**393** Bejahend Schricker/Loewenheim/*Vogel* § 59 UrhG Rn 10; Fromm/Nordemann/*W Norde-*

*mann* § 59 UrhG Rn 2; aA Dreier/Schulze/*Dreier* § 59 UrhG Rn 4.
**394** LG Berlin NJW 1996, 2380, 2381 – Verhüllter Reichstag als Postkartenmotiv; *Müller-Katzenburg* NJW 1996, 2341, 2344.
**395** So aber OLG München ZUM 2001, 76, 78 – Hundertwasser-Haus I.
**396** BGH GRUR 2003, 1035, 1037 Hundertwasser-Haus; Schricker/Loewenheim/*Vogel* § 59 UrhG Rn 10; Fromm/Nordemann/*W Nordemann* § 59 UrhG Rn 2; Dreier/Schulze/*Dreier* § 59 UrhG Rn 4.
**397** Anders die Rechtslage in Österreich, die auch ein Fotografieren aus dem gegenüberliegenden Haus erlaubt; dazu OLG München GRUR 2005, 1038, 1039 – Hundertwasser-Haus II.

Dauer ihrer Existenz verbleiben.[398] Auch Werke, die sich im Laufe der Zeit verändern und als **„work in progress"** konzipiert sind, gehören zu den bleibenden Werken iSd § 59 UrhG, wenn ihre Aufstellung im öffentlichen Raum auf Dauer erfolgt.[399] Umstritten ist dagegen, wie es sich mit Kunstwerken verhält, die von vornherein nur **zeitlich befristet** an öffentlichen Wegen, Straßen oder Plätzen aufgestellt werden. Wenn solche Werke (wie zB der „Verhüllte Reichstag" von *Christo* und *Jeanne-Claude*) nach Beendigung der Aktion abgebaut werden und nicht mehr weiterbestehen, stellt sich die Frage, ob es sich nicht ebenso wie bei der Pflastermalerei um „bleibende" Werke handelt, da sie sich während der gesamten Dauer ihrer Existenz im öffentlichen Raum befinden.

Setzt man das Tatbestandsmerkmal „bleibend" mit der Lebensdauer des Werkes gleich, dann hat man es in der Tat mit bleibenden Werken iSd § 59 UrhG zu tun.[400] Stellt man dagegen darauf ab, ob das Werk nach dem Willen des Künstlers dauerhaft oder nur vorübergehend der Öffentlichkeit gewidmet werden soll, dann ist bspw beim „Verhüllten Reichstag" davon auszugehen, dass es sich nicht um ein bleibendes Werk handelt, da die beiden Künstler dieses Werk erklärtermaßen nur für zwei Wochen im öffentlichen Raum präsentieren wollten.[401] Der BGH folgt weder der einen noch der anderen Rechtsauffassung und vertritt stattdessen den Standpunkt, dass es auf den **objektiven Zweck** ankommt, zu dem das geschützte Werk an dem öffentlichen Ort aufgestellt worden ist.[402] Dient die Aufstellung der **Werkpräsentation im Sinne einer zeitlich befristeten Ausstellung**, dann befindet sich das Werk nur vorübergehend im öffentlichen Raum, so dass eine Vervielfältigung, Verbreitung und öffentliche Wiedergabe nur mit Zustimmung des Künstlers zulässig ist. Wird dagegen mit der Installation im öffentlichen Raum eine **Werkpräsentation im Sinne einer Dauerausstellung** bezweckt, dann ist das Merkmal „bleibend" erfüllt und eine Anwendung des § 59 UrhG möglich.

**236**

Fraglich ist, ob **Fahrzeuge**, deren Formgestaltung urheberrechtlich geschützt ist,[403] zu den bleibenden Werken im öffentlichen Raum gehören. Stellt man darauf ab, dass ein Fahrzeug meist unterwegs und allenfalls als Museumsstück dauerhaft an einem Ort stationiert ist, scheitert die Anwendung des § 59 UrhG an dem Merkmal „bleibend". Wenn man dagegen der teilweise vertretenen Auffassung folgt, dass § 59 UrhG auch für Werke gilt, die sich dauerhaft an oder auf öffentlichen Verkehrsmitteln befinden,[404] dann wird man die Anwendbarkeit dieser Schrankenregelung in den Fällen, in denen das Verkehrsmittel als solches urheberrechtlich geschützt ist, nicht verneinen können.[405]

**237**

---

398 Schricker/Loewenheim/*Vogel* § 59 UrhG Rn 15; Dreier/Schulze/*Dreier* § 59 UrhG Rn 5; Möhring/Nicolini/*Gass* § 59 UrhG Rn 9.
399 LG Frankenthal GRUR 2005, 577 – Grassofa; ebenso *Wanckel* Rn 94 aE.
400 So zB *Pöppelmann* ZUM 1996, 293, 298 ff; *Griesbeck* NJW 1997, 1133, 1134; *Weberling* AfP 1996, 34, 35.
401 So KG GRUR 1997, 129, 130 – Verhüllter Reichstag II; LG Berlin NJW 1996, 2380, 2381 – Verhüllter Reichstag als Postkartenmotiv; LG Hamburg GRUR 1989, 591, 592 – Neonrevier; Fromm/Nordemann/*W Nordemann* § 59 UrhG Rn 3; Möhring/Nicolini/*Gass* § 59 UrhG Rn 12; *Hess* 89, 96 f; *Ernst* AfP 1997,

458, 459; *ders* ZUM 1998, 475, 476; *Müller-Katzenburg* NJW 1996, 2341, 2344.
402 BGH GRUR 2002, 605, 606 f – Verhüllter Reichstag; ebenso *Lehment* 86; Schricker/Loewenheim/*Vogel* § 59 UrhG Rn 14.
403 Vgl BGH GRUR 2002, 799 – Stadtbahnfahrzeug.
404 So Schricker/Loewenheim/*Vogel* § 59 UrhG Rn 15; Wandtke/Bullinger/*Lüft* § 59 UrhG Rn 5; *Ernst* ZUM 1998, 475, 480; aA Fromm/Nordemann/*W Nordemann* § 59 UrhG Rn 3; Möhring/Nicolini/*Gass* § 59 UrhG Rn 17; *von Gierke* 103, 109.
405 Zu dieser Argumentation *Schulze* FS Ullmann 93, 96.

**238**    Bei **Bauwerken** ist zu beachten, dass sich die Befugnis zur Vervielfältigung, Verbreitung oder öffentlichen Wiedergabe nur auf die **äußere Ansicht** erstreckt (§ 59 Abs 1 S 2 UrhG). Es ist deshalb nicht zulässig, ohne die Zustimmung des Berechtigten das Treppenhaus oder die Innenräume eines Hauses zu fotografieren.[406] Dasselbe gilt für das Ablichten geschützter Werke, die sich in Schaufenstern oder Schaukästen oder im Inneren eines Gebäudes befinden und durch ein geöffnetes Fenster oder eine Eingangstür von der Straße aus sichtbar sind.[407]

**239**    § 59 UrhG schränkt zwar die Verwertungsrechte, nicht aber die **Persönlichkeitsrechte des Urhebers** ein. Wird daher eine Skulptur, die im öffentlichen Raum aufgestellt ist, durch Bemalungen oder auf andere Weise entstellt, kann der Urheber die fotografische Abbildung des entstellten Werkes und die Verbreitung solcher Abbildungen untersagen, da die durch die Entstellung bewirkte Beeinträchtigung seines Urheberpersönlichkeitsrechts (§ 14 UrhG) durch die Vervielfältigung und Verbreitung vertieft würde.[408] Allerdings kann die Verbreitung von Abbildungen der bemalten Skulptur im Rahmen der aktuellen Berichterstattung über die Entstellungen zulässig sein (§ 50 UrhG).[409]

**240**    **hh) Weitere Schrankenbestimmungen.** Es gibt weitere Schrankenbestimmungen, die für Fotografen relevant sein können. So erlaubt § 46 UrhG gegen Zahlung einer angemessenen Vergütung die fotografische Abbildung geschützter Werke und die Verbreitung sowie öffentliche Zugänglichmachung solcher Abbildungen als Elemente von **Sammlungen,** die **für den Kirchen-, Schul- oder Unterrichtsgebrauch bestimmt** sind. Außerdem ist gem § 53 UrhG die Anfertigung von Vervielfältigungen **zum privaten und sonstigen eigenen Gebrauch** gestattet, so dass private Urlaubs- und Erinnerungsfotos von geschützten Werken zulässig sind. Die für den Privatgebrauch aufgenommenen Fotos dürfen allerdings weder verbreitet noch zur öffentlichen Wiedergabe verwendet, also insb nicht über das Internet öffentlich zugänglich gemacht werden (§ 53 Abs 6 UrhG).

### 2. Gewerbliche Schutzrechte

**241**    **a) Geschmacksmusterrechte.** Manche Objekte, die fotografiert werden, sind in ihrer äußeren Gestaltung als **Geschmacksmuster** gegen unbefugte Benutzungen geschützt (§ 38 Abs 1 GeschmMG). Auch ein Schutz als eingetragenes oder nicht eingetragenes **Gemeinschaftsgeschmacksmuster** kommt in Betracht (Art 19 Abs 1 GGV). So sind zB für die ICE-Züge der Deutschen Bahn AG diverse nationale und internationale Geschmacksmuster eingetragen. Damit ergibt sich die Frage, ob diese Züge problemlos fotografiert werden können oder ob das Ablichten bereits eine Benutzung darstellt, die der Zustimmung des Inhabers der Geschmacksmusterrechte bedarf.[410]

Zu den zustimmungspflichtigen **Benutzungshandlungen** gehört außer den in § 38 Abs 1 S 2 GeschmMG explizit aufgeführten Nutzungen auch die fotografische Wiedergabe von Erzeugnissen, in die das geschützte Geschmacksmuster aufgenommen

---

[406] Schricker/Loewenheim/*Vogel* § 59 UrhG Rn 7, 10.
[407] Schricker/Loewenheim/*Vogel* § 59 UrhG Rn 10; *Lehment* 86.
[408] LG Mannheim GRUR 1997, 364, 365 – Freiburger Holbein-Pferd; ebenso Schricker/Loewenheim/*Vogel* § 59 UrhG Rn 21;

aA AG Freiburg NJW 1997, 1160 – Holbein-Pferdchen.
[409] Dazu auch *Wanckel* Rn 95 aE.
[410] Vgl dazu LG Frankfurt Urt v 26.1.2000, Az 2/6 S 11/99 – ICE I und LG München I ZUM-RD 2005, 193, 195 – ICE II, die diese Frage offen lassen; *Schulze* FS Ullmann 93 f.

oder bei denen es verwendet wird.[411] Der Rechtsinhaber hat daher prinzipiell die Möglichkeit, gegen die Abbildung von mustergemäßen Erzeugnissen in Bildbänden, im Internet oder in sonstigen Medien vorzugehen.[412] Der Zustimmung des Inhabers der Geschmacksmusterrechte bedarf es allerdings nicht, soweit das Gesetz die fotografische Wiedergabe ausnahmsweise erlaubt. Dabei ist nur ein Rückgriff auf die **geschmacksmusterrechtlichen Ausnahmebestimmungen** zulässig. Die urheberrechtlichen Regelungen (§§ 44a ff UrhG) sind dagegen weder direkt noch analog anwendbar, da das Geschmacksmusterrecht eine eigenständige Rechtsmaterie darstellt.[413] Die Ausnahmen, die das Geschmacksmusterrecht zulässt, decken sich jedoch weitgehend mit den Ausnahmetatbeständen des Urheberrechts, so dass eine Anwendung der urheberrechtlichen Vorschriften auch nicht erforderlich ist.

So lässt sich aus § 48 GeschmMG und Art 21 GGV das Recht ableiten, fotografische Abbildungen mustergemäßer Erzeugnisse für Werbeankündigungen zu verwenden, die der verkehrsüblichen Unterstützung der Weiterverbreitung solcher Erzeugnisse dienen.[414] Dieses **Werbehinweisrecht** folgt aus der Erschöpfung der Geschmacksmusterrechte, die immer dann eintritt, wenn die mit dem Geschmacksmuster ausgestatteten Erzeugnisse legal in den Verkehr gebracht werden. Insoweit besteht eine vollständige Übereinstimmung mit dem Urheberrecht.[415] **242**

Zu der urheberrechtlichen Regelung, die eine fotografische Vervielfältigung geschützter Werke im Rahmen der **Berichterstattung über Tagesereignisse** erlaubt (§ 50 UrhG), findet sich zwar im GeschmMG und in der GGV keine direkte Entsprechung. Die Befugnis, ein geschmacksmusterrechtlich geschütztes Objekt zum Zwecke der Berichterstattung zu fotografieren, lässt sich jedoch unmittelbar aus der verfassungsrechtlichen Garantie der Pressefreiheit (Art 5 Abs 1 GG) ableiten, die insoweit den Geschmacksmusterschutz einschränkt.[416] **243**

Ausdrücklich gestattet ist im Geschmacksmusterrecht die Wiedergabe von mustergemäßen Erzeugnissen **zum Zwecke der Zitierung oder der Lehre**, allerdings nur unter der Voraussetzung, dass eine solche Wiedergabe mit den Gepflogenheiten des redlichen Geschäftsverkehrs vereinbar ist, dass sie die normale Verwertung des Geschmacksmusters nicht beeinträchtigt und dass die Quelle angegeben wird (§ 40 Nr 3 GeschmMG, Art 20 Abs 1 lit c GGV). Diese Bestimmung entspricht weitgehend der urheberrechtlichen Schrankenregelung zum **Zitatrecht** (§ 51 UrhG). **244**

Wird die fotografische Abbildung eines geschmacksmusterrechtlich geschützten Objekts für ein **Kunstzitat** verwendet, ist ein Rückgriff auf § 40 Nr 3 GeschmMG oder Art 20 Abs 1 lit c GGV in der Regel nicht möglich, weil es an dem Zitierungszweck fehlt. Dennoch sind solche Kunstzitate zulässig. Das ergibt sich aus der verfassungsrechtlich garantierten Kunstfreiheit (Art 5 Abs 3 GG), die ebenso wie die Pressefreiheit den Geschmacksmusterschutz einschränkt, allerdings nur mit dem Vorbehalt, **245**

---

[411] Eichmann/von Falckenstein/*Eichmann* § 38 GeschmMG Rn 19; Eichmann/Kur/*Eichmann* Rn 2-173.
[412] BGH GRUR 2006, 143, 145 – Catwalk; OLG Frankfurt GRUR-RR 2003, 204, 205 – Catwalk-Uhr.
[413] So Eichmann/von Falckenstein/*Eichmann* § 38 GeschmMG Rn 20; krit dazu *Schulze* FS Ullmann 93, 103 ff; weitere Nachweise zur

gegenteiligen Rechtsauffassung bei Eichmann/Kur/*Eichmann* Rn 2-185 f.
[414] Eichmann/von Falckenstein/*Eichmann* § 48 GeschmMG Rn 9; Eichmann/Kur/*Eichmann* Rn 2-172 und Rn 2-182 ff.
[415] Vgl Rn 207 f.
[416] So Eichmann/von Falckenstein/*Eichmann* § 38 Rn 20 aE; vgl auch Eichmann/Kur/*Eichmann* Rn 2-173 und Rn 187.

dass die normale Verwertung des Geschmacksmusters durch die Wiedergabe in Form eines Kunstzitats nicht über Gebühr beeinträchtigt werden darf.[417]

**246**     Die Benutzung von Geschmacksmustern ist auch im privaten Bereich **zu nicht-gewerblichen Zwecken** ohne Zustimmung des Rechtsinhabers zulässig (§ 40 Nr 1 GeschmMG, Art 20 Abs 1 lit a GGV). Für die Ablichtung von mustergemäßen Erzeugnissen gelten insoweit dieselben Bedingungen wie bei der Vervielfältigung von urheberrechtlich geschützten Werken zum privaten Gebrauch (§ 53 Abs 1 UrhG).

**247**     Erscheint ein geschmacksmusterrechtlich geschütztes Objekt auf einem Foto nur als **unwesentliches Beiwerk** neben dem eigentlichen Gegenstand der Darstellung, ist diese Form der fotografischen Wiedergabe zulässig.[418] Das steht zwar so nicht explizit im Gesetz, ergibt sich aber aus der Begründung zu § 40 GeschmMG, in der es heißt, dass die Wiedergabe als Beiwerk unter den in § 57 UrhG genannten Voraussetzungen gestattet ist.[419] Dogmatisch lässt sich diese Einschränkung des Geschmacksmuster-schutzes aus dem Grundsatz der Verkehrsfreiheit (§ 48 GeschmMG, Art 21 GGV) ableiten.

**248**     Zur urheberrechtlichen **Katalogbildfreiheit** (§ 58 UrhG)[420] findet sich im Geschmacksmusterrecht zwar keine direkte gesetzliche Entsprechung. Die Zulässigkeit der Abbildung von geschmacksmusterrechtlich geschützten Objekten in Ausstellungs- oder Versteigerungskatalogen dürfte sich jedoch aus dem Grundsatz der Verkehrsfrei-heit ergeben (§ 48 GeschmMG, Art 21 GGV).[421]

**249**     Das Fotografieren von geschützten Erzeugnissen, die sich **an öffentlichen Wegen, Straßen oder Plätzen** befinden, ist im Geschmacksmusterrecht nicht geregelt. Aller-dings werden solche Erzeugnisse regelmäßig nur dann als Abbildungsobjekt von Inte-resse sein, wenn es sich um persönliche geistige Schöpfungen handelt, für die Urheber-rechtsschutz besteht.[422] Die Zulässigkeit der fotografischen Wiedergabe lässt sich in solchen Fällen unmittelbar aus § 59 UrhG ableiten. Besteht für das abgebildete Objekt neben dem urheberrechtlichen Schutz auch ein Geschmacksmusterschutz, kann der Rechtsinhaber die fotografische Abbildung nicht unter Berufung auf sein Ge-schmacksmusterrecht untersagen, weil dadurch die Schrankenregelung des § 59 UrhG unterlaufen würde.[423]

**250**     **b) Markenrechte.** Fotografien können eventuell fremde Markenrechte verletzen, wenn auf den Bildern **Zeichen** zu erkennen sind, für die **Markenschutz** besteht. Wird zB bei Modeaufnahmen ein Luxusfahrzeug als Requisite verwendet und ist auf den Fotos die auf der Motorhaube angebrachte Marke des Fahrzeugs zu sehen, dann stellt sich die Frage nach einer möglichen Verletzung der Markenrechte des Automobilher-stellers.

---

[417] Vgl BVerfG GRUR 2001, 149/151 – Germa-nia 3.
[418] Eichmann/von Falckenstein/*Eichmann* § 38 Rn 20; Eichmann/Kur/*Eichmann* Rn 2-173 aE.
[419] BT-Drucks 15/1075 v 28.5.2003, 54.
[420] Dazu Rn 228 f.
[421] Dazu Eichmann/von Falckenstein/*Eich-mann* § 48 Rn 9.

[422] So auch Eichmann/von Falckenstein/*Eich-mann* § 38 Rn 20.
[423] Ähnl *Schulze* FS Ullmann 93, 106, der eine analoge Anwendung des § 59 UrhG im Geschmacksmusterrecht generell auch dann für möglich hält, wenn für das Muster nicht zugleich ein Urheberrechtsschutz besteht.

aa) **Markenmäßiger Gebrauch geschützter Zeichen.** Grundsätzlich kommt eine Markenrechtsverletzung nur dann in Frage, wenn das geschützte Zeichen markenmäßig verwendet wird.[424] Ein **markenmäßiger Gebrauch** setzt voraus, dass die Marke **zur Kennzeichnung der Herkunft** einer Ware oder Dienstleistung eingesetzt wird. Dieser Verwendungszweck fehlt, wenn die Abbildung einer Marke vom Verkehr nur als Sachhinweis zur Unterrichtung des Publikums verstanden wird.[425] Deshalb wird insb bei einer **redaktionellen Verwendung** von Markenabbildungen ein markenmäßiger Gebrauch und damit auch eine Markenrechtsverletzung regelmäßig auszuschließen sein.[426] Dasselbe gilt bei der Wiedergabe von Marken in einem Gemälde oder Lichtbildwerk, das ausschließlich **künstlerischen Zwecken** dient.[427]

Aber auch dann, wenn eine Markenabbildung für **werbliche Zwecke** verwendet wird, ist darin nicht immer ein markenmäßiger Gebrauch zu sehen. Das zeigt das Beispiel einer Werbeanzeige für einen amerikanischen Whiskey.[428] Auf dem für die Anzeige verwendeten Foto erkennt man die Vorderansicht eines Rolls-Royce-Automobils mit der bekannten Kühlerfigur („Flying Lady"), dem Emblem „RR" und dem charakteristischen Kühlergrill. Auf den Kotflügeln des Fahrzeugs sitzen zwei Texaner beim Kartenspiel und im Vordergrund des Bildes ist eine Flasche des beworbenen Whiskeys mit zwei gefüllten Gläsern dargestellt. Obwohl für die auf dem Bild deutlich sichtbaren Merkmale der Rolls-Royce-Kühlerpartie ein Markenschutz besteht, werden durch die Anzeige keine Markenrechte verletzt, weil die Abbildung der geschützten Zeichen nicht dazu dient, auf die Herkunft des Whiskeys hinzuweisen oder den Eindruck zu erwecken, dass die Firma Rolls-Royce wirtschaftlich oder organisatorisch mit dem Whiskey-Hersteller verbunden ist. Es fehlt damit an einem markenmäßigen Gebrauch, so dass die Anzeige markenrechtlich nicht zu beanstanden ist.[429]

An einem markenmäßigen Gebrauch fehlt es auch dann, wenn ein Hersteller von Aluminiumrädern in seiner Werbung ein Porsche-Fahrzeug abbildet, das mit den beworbenen Rädern ausgestattet ist und auf dessen Motorhaube man das als Marke geschützte Porsche-Wappen erkennen kann. Denn durch die fotografische Abbildung des Fahrzeugs mit dem geschützten Zeichen wird nicht auf die Herkunft der Aluminiumräder, sondern auf deren **Bestimmungszweck** hingewiesen und dem Betrachter verdeutlicht, dass die Räder auch für den abgebildeten Fahrzeugtyp verwendbar sind.[430] Solche Abbildungen, bei denen die abgebildete Marke auf die Bestimmung einer Ware hinweisen soll, erklärt § 23 Nr 3 MarkenG insb bei Zubehör- und Ersatzteilen ausdrücklich für zulässig, soweit ihre Verwendung für diesen Zweck notwendig ist und nicht gegen die guten Sitten verstößt.

Von einem markenmäßigen Gebrauch ist dagegen in den Fällen auszugehen, in denen eine fremde Marke für ein Produkt (zB eine Scherzpostkarte) übernommen und dabei in parodistischer Absicht verändert wird. Bei solchen **Markenparodien** ergibt sich der Witz gerade aus der erkennbaren Verbindung zwischen der benutzten Marke und dem, was daraus gemacht wurde. Da die parodistisch veränderte Markendarstel-

252

253

254

---

[424] BGH GRUR 2006, 329, 331 – Gewinnfahrzeug mit Fremdemblem; BGH GRUR 2005, 583 f – Lila-Postkarte mwN.
[425] BGH GRUR 2004, 775, 778 – EURO 2000.
[426] So auch *Wanckel* Rn 114.
[427] LG Düsseldorf GRUR-RR 2007, 201 – Borussia Mönchengladbach.

[428] Dazu BGH GRUR 1983, 247 – Rolls-Royce.
[429] Zu den alternativen Beanstandungsmöglichkeiten vgl Rn 258 f.
[430] BGH GRUR 2005, 163, 164 – Aluminiumräder.

lung unmissverständlich auf ihre Vorlage verweist, sind die Voraussetzungen für eine markenmäßige Benutzung erfüllt.[431] Dennoch ist in solchen Fällen eine Markenrechtsverletzung regelmäßig zu verneinen, weil entweder keine Verwechslungsgefahr besteht[432] oder die Parodie durch die **Kunstfreiheit** (Art 5 Abs 3 GG) gedeckt ist, die insoweit die Markenrechte einschränkt.[433] Vorrang haben die Markenrechte allenfalls dann, wenn die Parodie auf eine **Herabsetzung** oder **Verunglimpfung** der benutzten Marke abzielt oder die parodistische Verfremdung ausschließlich dazu dient, die Bekanntheit der Marke zur Absatzförderung für ein sonst nicht gut verkäufliches Produkt auszubeuten.[434]

**255** Ein markenmäßiger Gebrauch findet auch dann statt, wenn ein Ferrari-Sportwagen, den der Hersteller eines Kräuterlikörs bei einem Preisrätsel als Gewinn auslobt, in der Werbung für das Preisausschreiben abgebildet wird und dabei das als Marke geschützte „Ferrari-Pferd" zu erkennen ist. In diesem Fall dient die Abbildung der Marke zur Kennzeichnung der Herkunft des ausgelobten Preises. Allerdings werden dadurch keine Markenrechte verletzt, da das in der Preisrätselwerbung abgebildete Fahrzeug mit dem Ferrari-Emblem durch den Markeninhaber in den Verkehr gebracht wurde und die Markenrechte damit erschöpft sind (§ 24 Abs 1 MarkenG). Wegen der **Erschöpfung** seiner Rechte kann sich der Markeninhaber einer Benutzung seiner Marke im Zusammenhang der Auslobung des Ferrari-Sportwagens nur dann widersetzen, wenn es dafür berechtigte Gründe gibt (§ 24 Abs 2 MarkenG). Ein solcher Grund läge vor, wenn die Herkunfts- oder Garantiefunktion der Marke durch die Abbildung des Fahrzeugs in den Werbeankündigungen gefährdet wäre oder die Wertschätzung der Marke dadurch in unlauterer Weise ausgenutzt oder beeinträchtigt würde. Das ist aber bei der Auslobung von Markenwaren im Rahmen eines Preisrätsels in der Regel auszuschließen.[435]

**256** Da sich die Markenrechte mit dem Inverkehrbringen der gekennzeichneten Waren durch den Markeninhaber erschöpfen, ist es zulässig, den Absatz solcher Waren durch **Werbehinweise** zu fördern und dafür auch Abbildungen der geschützten Marken zu verwenden.[436] Wenn daher Markenwaren zu dem Zweck fotografiert werden, den legalen Vertrieb dieser Waren in Werbeveröffentlichungen anzukündigen, dann werden durch die Abbildung der geschützten Warenzeichen ungeachtet der Tatsache, dass es sich dabei um einen markenmäßigen Gebrauch handelt, keine Markenrechte verletzt.

**257** **bb) Schutz gegen nicht markenmäßigen Gebrauch.** Werden geschützte Zeichen nicht markenmäßig verwendet, kann die fotografische Abbildung solcher Zeichen dennoch rechtswidrig sein, wenn dadurch unlauterer Wettbewerb betrieben wird oder der Gebrauch zu einem Eingriff in den eingerichteten und ausgeübten Gewerbebetrieb des Inhabers der Markenrechte führt.

---

**431** So BGH GRUR 2005, 583, 584 – Lila-Postkarte; LG Nürnberg-Fürth GRUR-RR 2010, 384, 385 – Storch Heinar; LG Berlin GRUR-RR 2007, 40 – Stiftung Gentest.

**432** Vgl LG Nürnberg-Fürth GRUR-RR 2010, 384, 385 f – Storch Heinar.

**433** BGH GRUR 2005, 583, 584 f – Lila-Postkarte; vgl auch LG Düsseldorf GRUR-RR 2007, 201 f – Borussia Mönchengladbach.

**434** Vgl EuGH GRUR 2009, 759 – L'Oréal/Bellure.

**435** BGH GRUR 2006, 329, 332 – Gewinnfahrzeug mit Fremdemblem.

**436** EuGH GRUR Int 1998, 140, 143 – Dior/Evora.

Wolfgang Maaßen

Wenn fremde Marken nicht zur Kennzeichnung der Herkunft einer Ware einge- **258**
setzt werden, geht es bei der fotografischen Abbildung der geschützten Zeichen meist
darum, den guten Ruf der Waren, die mit diesen Zeichen ausgestattet sind, auf die
eigene Ware zu übertragen („Imagetransfer"). Eine solche Rufausnutzung erfüllt den
**Tatbestand des unlauteren Wettbewerbs**, sofern sie im Rahmen einer vergleichenden
Werbung erfolgt (§ 6 Abs 2 Nr 4 UWG) oder zu einer unzulässigen Behinderung (§ 4
Nr 10 UWG) führt.[437] In beiden Fällen muss allerdings zwischen demjenigen, der die
fremde Marke verwendet, und dem Inhaber der Markenrechte ein konkretes Wettbewerbsverhältnis bestehen (§ 2 Abs 1 Nr 3 UWG). Ein solches Wettbewerbsverhältnis
setzt voraus, dass die beteiligten Unternehmen entweder die gleichen oder gleichartige
Waren oder Dienstleistungen innerhalb desselben Abnehmerkreises abzusetzen versuchen[438] oder aber auf demselben relevanten Markt tätig sind.[439] Bei der Werbeanzeige
für einen amerikanischen Whiskey, die den guten Ruf der Rolls-Royce-Automobile
auf den Whiskey zu übertragen versucht, ist keine dieser Voraussetzungen erfüllt. Deshalb ist die in der Werbeanzeige erfolgte Abbildung eines Rolls-Royce mit seinen markenrechtlich geschützten Merkmalen auch nicht wettbewerbswidrig.[440]

Kommt das Markenrecht nicht zum Zuge, weil das geschützte Zeichen nicht mar- **259**
kenmäßig verwendet wird, und ist auch das Wettbewerbsrecht nicht anwendbar, weil
es an einem konkreten Wettbewerbsverhältnis fehlt, liegt dennoch eine Rechtsverletzung vor, wenn die Ausbeutung des guten Rufs einer Marke zu einem unzulässigen
Eingriff in das **Recht am eingerichteten und ausgeübten Gewerbebetrieb** führt.[441] In
dem Rolls-Royce-Fall[442] ist diese Situation gegeben, so dass sich die Unzulässigkeit
der Werbeanzeige, die den guten Ruf der Rolls-Royce-Automobile für einen amerikanischen Whiskey nutzbar zu machen versucht, aus § 823 Abs 1 BGB ableiten lässt.

### 3. Eigentums- und Besitzrechte

Werden bewegliche oder unbewegliche Sachen fotografiert, stellt sich die Frage, ob **260**
das Ablichten der Objekte und die anschließende Verwertung der Fotografien fremde
Eigentums- oder Besitzrechte berührt und deshalb der Zustimmung des jeweiligen
Eigentümers oder Besitzers bedarf.

a) **Grundsatz der Abbildungsfreiheit.** Es gibt **kein Recht am Bild der eigenen** **261**
**Sache**, denn das Fotografieren einer Sache ist ein Realakt, der in rechtlicher Hinsicht
weder das Sacheigentum (§ 903 BGB) noch den Besitz (§ 854 BGB) beeinträchtigt und
auch die tatsächliche Nutzung der Sache nicht behindert oder verhindert.[443] Deshalb
stehen dem Eigentümer und dem Besitzer einer Sache **keine Abwehransprüche** dagegen zu, dass diese von anderen Personen fotografiert wird. Sie können Dritten aufgrund ihrer Sachherrschaft lediglich den Zugang verwehren oder die freie Sicht auf
das Objekt einschränken und so dessen Ablichtung verhindern oder zumindest er-

---

**437** Dazu Köhler/Bornkamm/*Köhler* § 6 UWG
Rn 69 ff und § 4 UWG Rn 10.81 f.
**438** So die BGH-Rechtsprechung; vgl dazu die
Nachweise bei Köhler/Bornkamm/*Köhler* § 2
UWG Rn 97a.
**439** Köhler/Bornkamm/*Köhler* § 2 UWG Rn 98
und Rn 105.
**440** Anders noch BGH GRUR 1983, 247 –
Rolls-Royce.

**441** So *Piper* GRUR 1996, 429, 436; dazu auch
Köhler/Bornkamm/*Köhler* § 4 Rn 10.101.
**442** BGH GRUR 1983, 247 – Rolls-Royce.
**443** BGH GRUR 1990, 390 f – Friesenhaus;
OLG Bremen NJW 1987, 1420 – Friesenhaus;
*Lehment* 102; *Lindner* ZUM 2010, 292, 293;
*Euler* AfP 2009, 459, 460.

schweren. Dementsprechend dürfen Häuser und andere Objekte, die für jedermann sichtbar sind oder zu denen ein freier Zugang besteht, auch ohne die Erlaubnis des Eigentümers oder Besitzers fotografiert werden.[444]

**262**  Ebenso wie die Anfertigung einer Sachaufnahme lässt auch ihre anschließende **Verwertung** das Eigentums- und Besitzrecht unberührt. Die Verwertung solcher Aufnahmen bedarf deshalb selbst dann, wenn sie gewerblich erfolgt, grundsätzlich nicht der Zustimmung des Eigentümer oder des Besitzers der abgelichteten Objekte.[445] So ist es bspw zulässig, ein im typisch friesischen Stil errichtetes Haus mit Reetdach, ein altes Fachwerkhaus oder ein Haus mit einer schönen Jugendstilfassade zu fotografieren und die Fotos anschließend für Ansichtskarten, Werbedrucksachen oder sonstige gewerbliche Zwecke zu verwenden, weil die Eigentümer durch eine solche Nutzung der frei zugänglichen Außenansicht ihrer Häuser weder in ihren Eigentumsrechten noch in der tatsächlichen Nutzung ihres Eigentums beeinträchtigt werden.[446]

**263**  Ist die Anfertigung einer Sachaufnahme ohne Erlaubnis des Eigentümers zulässig, kann dieser bei einer späteren kommerziellen Verwertung der Aufnahme keinen bereicherungsrechtlichen Ausgleich fordern.[447] Gegen einen **Bereicherungsanspruch des Sacheigentümers** spricht bereits die Tatsache, dass das Gesetz (§§ 15 ff UrhG) den wirtschaftlichen Nutzen aus der fotografischen Wiedergabe einer Sache ausschließlich dem Urheber und nicht dem Eigentümer zuweist.[448] Außerdem würde eine solche Ausgleichszahlung die Abbildungsfreiheit in unzulässiger Weise einschränken.[449]

**264**  b) **Beschränkung der Abbildungsfreiheit.** Der Grundsatz der Abbildungsfreiheit gilt nach herrschender Rechtsauffassung allerdings nur für Sachaufnahmen, die von öffentlichen Wegen, Straßen oder Plätzen aus angefertigt werden. Erfolgt die Ablichtung eines Objekts dagegen von einer Stelle aus, die nicht öffentlich zugänglich ist, steht dem Eigentümer gegen die gewerbliche Verwertung der Aufnahmen ein Abwehrrecht gem § 1004 BGB zu.[450] Der Besitzer hat in einem solchen Fall die Möglichkeit, die Rechte aus §§ 858, 862 BGB geltend zu machen.

---

[444] BGH GRUR 1990, 390 f – Friesenhaus; OLG Köln GRUR 2003, 1066, 1067 – Wayanfiguren; OLG Brandenburg NJW 1999, 3339, 3340 – Wessi-Kuckuck; OLG Düsseldorf AfP 1991, 424, 425 – Jugendstilhaus; OLG Oldenburg NJW-RR 1988, 951, 952 – Luftaufnahmen; OLG Bremen NJW 1987, 1420 – Friesenhaus; OLG München Schulze OLGZ 293, 4 – Klinikum; OLG Celle Schulze OLGZ 222, 4 – Balkonfoto; LG Waldshut-Tiengen AfP 2000, 101, 102 – CityServer; LG Hamburg AfP 1994, 161 – Segelyacht; LG Oldenburg AfP 1988, 167 – Almwiese als Dach; LG Freiburg GRUR 1985, 544 – Fachwerkhaus; AG Köln BeckRS 2010, 17936 – Rinderkalb; VG Karlsruhe NJW 2000, 2222, 2223 – CityServer; Schricker/Loewenheim/*Vogel* § 59 Rn 3; Wenzel/*von Strobl-Albeg* Rn 7.88; *Prinz/Peters* Rn 886; *Wanckel* Rn 3 ff; *Lehment* 102 ff; anders dagegen *Dreier* FS Dietz 235, 248 ff, der von einem umfassenden Eigentumsschutz ausgeht und deshalb die Anfertigung von Sachaufnahmen als Eingriff in das Eigentumsrecht betrachtet.

[445] BGH GRUR 1990, 390 – Friesenhaus; OLG Düsseldorf AfP 1991, 424, 425 – Jugendstilhaus; OLG Bremen NJW 1987, 1420 – Friesenhaus; OLG München Schulze OLGZ 293, 4 – Klinikum; LG Waldshut-Tiengen AfP 2000, 101, 102 – CityServer; LG Freiburg GRUR 1985, 544 – Fachwerkhaus.

[446] BGH GRUR 1990, 390 – Friesenhaus; OLG Düsseldorf AfP 1991, 424, 425 – Jugendstilhaus; OLG Bremen NJW 1987, 1420 – Friesenhaus; LG Freiburg GRUR 1985, 544 – Fachwerkhaus.

[447] *Maaßen* GRUR 2010, 880, 884 f; ebenso *Schack* Kunst und Recht Rn 204; *Lehment* 107 f; *Beater* JZ 1998, 1101, 1105; vgl auch AG Köln BeckRS 2010, 17936 – Rinderkalb.

[448] BGH GRUR 1990, 390, 391 – Friesenhaus; LG Waldshut-Tiengen ZUM-RD 2000, 300, 303; *Lehment* 103 und 107.

[449] *Maaßen* GRUR 2010, 880, 884 f; ähnlich OLG Brandenburg GRUR 2010, 927, 930 – Preußische Schlossgärten (Bildagentur).

[450] BGH GRUR 1975, 500, 501 – Schloss Tegel; OLG Köln GRUR 2003, 1066, 1067 –

So darf der Besucher eines Museums oder einer Schlossanlage zwar auf dem priva- **265**
ten Gelände und innerhalb der Gebäude fotografieren, sofern die Gewährung des Zutritts nicht erkennbar mit einem Fotografierverbot verknüpft wird. Solche Aufnahmen
sind jedoch **nur für private Zwecke** verwertbar, weil es – so der BGH – „das natürliche Vorrecht des Eigentümers ist, den gewerblichen Nutzen, der aus seinem nur
gegen Erlaubnis zugänglichen Eigentum gezogen werden kann, für sich zu beanspruchen".[451] Begründet wird diese Beschränkung der Abbildungsfreiheit damit, dass ein
Eigentümer aufgrund seines Hausrechts ohne weiteres die Möglichkeit hat, den Zugang zu den Objekten, die in seinem Eigentum stehen, vollständig zu verbieten oder
nur unter der Bedingung zu erlauben, dass keine Fotos aufgenommen werden. Deshalb müsse dem Eigentümer auch das ausschließliche Recht zur gewerblichen Verwertung der Aufnahmen vorbehalten bleiben, die von solchen Objekten innerhalb des
Bereichs angefertigt werden, der seiner rechtlichen und tatsächlichen Sachherrschaft
unterstellt ist.[452]

Die Grenzen der Sachherrschaft des Eigentümers und des Besitzers werden üb- **266**
licherweise anhand des § 59 UrhG bestimmt, der das Fotografieren von Werken gestattet, die sich **bleibend an öffentlichen Wegen, Straßen und Plätzen** befinden. Zwar
beschränkt diese Regelung nur die Rechte der Urheber, doch besteht Einigkeit darüber, dass dieselben Beschränkungen auch für die Eigentümer und Besitzer solcher
Werke gelten.[453] Anderenfalls bliebe unverständlich, weshalb der Gesetzgeber die
Abbildung von Werken an öffentlichen Wegen, Straßen oder Plätzen urheberrechtlich
freigibt, wenn sie gleichwohl unter Berufung auf das bürgerlichrechtliche Eigentums-
oder Besitzrecht untersagt werden könnte.[454] Der Schutz des Eigentums und des Besit-
zes kann nicht weiter reichen als der Urheberschutz, so dass die Abbildung einer
Sache, die sich bleibend im öffentlichen Raum befindet, weder vom Eigentümer noch
vom Besitzer der Sache unterbunden werden kann. Dasselbe gilt für die gewerbliche
Verwertung solcher Abbildungen, die der Eigentümer und der Besitzer ebenso wie der
Urheber hinzunehmen haben.

Die Rechtsprechung verweist zwar einerseits auf § 59 UrhG, wenn es darum geht, **267**
wann ein Objekt ohne die Zustimmung des Eigentümers oder Besitzers fotografiert
werden darf und unter welchen Voraussetzungen eine gewerbliche Verwertung solcher
Aufnahmen zulässig ist. Auf der anderen Seite setzt sie sich aber über die Vorgaben
dieser Regelung immer wieder hinweg. So wird etwa die Abbildungsfreiheit und die
damit verbundene Beschränkung der Eigentums- und Besitzrechte auch bei Objekten
anerkannt, die sich **nicht bleibend, sondern nur zeitweise** im öffentlichen Raum befin-

---

Wayanfiguren; OLG München Schulze OLGZ
293, 5 – Klinikum; Wenzel/*von Strobl-Albeg*
Rn 7.89; *Prinz/Peters* Rn 887.
[451] BGH GRUR 1975, 500, 501 – Schloss
Tegel.
[452] BGH GRUR 1975, 500 – Schloss Tegel;
OLG München Schulze OLGZ 293, 5 – Klinikum; *Euler* AfP 2009, 459, 460 f, 462; differenzierend *Beater* JZ 1998, 1101, 1105 f, der dem
Eigentümer lediglich einen Unterlassungsanspruch, aber keinen Anspruch auf eine Beteiligung an dem wirtschaftlichen Nutzen aus der
Verwertung der Sachaufnahmen zugestehen
will.

[453] BGH GRUR 1990, 390, 391 – Friesenhaus; OLG Düsseldorf AfP 1991, 424, 425 f –
Jugendstilhaus; OLG Bremen NJW 1987,
1420 – Friesenhaus; LG Waldshut-Tiengen AfP
2000, 101, 102 – CityServer; LG Freiburg
GRUR 1985, 544 f – Fachwerkhaus; Schricker/
Loewenheim/*Vogel* § 59 Rn 3; Dreier/Schulze/
*Dreier* § 59 Rn 14; *Dreier* 235, 251; *Lammek/
Ellenberg* ZUM 2004, 715, 716; *Beater* JZ
1998, 1101, 1103.
[454] BGH GRUR 1990, 390, 391 – Friesenhaus.

---

Wolfgang Maaßen

den.[455] **Veränderungen**, die mittels Retusche oder auf andere Weise an den fotografierten Objekten vorgenommen werden und die bei urheberrechtlich geschützten Werken durch § 59 UrhG nicht gedeckt wären, sollen vom Eigentümer hinzunehmen sein.[456] Auch Fotos, die **nicht von der öffentlichen Straße**, sondern von einer Nachbarwohnung aus aufgenommen werden, halten die Gerichte für zulässig, ebenso **Luftaufnahmen** eines Hauses, sofern die Aufnahmen lediglich den Eigentümern zum Kauf angeboten und ansonsten nicht verwertet werden.[457] In der Literatur wird sogar unter Hinweis darauf, dass die Grenzen der Abbildungsfreiheit bei den Eigentums- und Besitzrechten weiter zu ziehen sind als bei den Urheberrechten, teilweise die vollständige Freigabe der Perspektive befürwortet, so dass Sachaufnahmen generell auch aus einem anderen Blickwinkel als dem von der öffentlichen Straße aus zulässig wären.[458]

**268**    c) **Fotografieren auf Grundstücken im Gemeingebrauch.** Auf Grundstücken, die dem Gemeingebrauch gewidmet und frei zugänglich sind, darf selbst dann, wenn es sich dabei um privates Eigentum handelt, ohne die Erlaubnis des Eigentümers fotografiert werden. Wird ein privates Grundstück dem Gemeingebrauch gewidmet, führt das zu einer Beschränkung der Eigentumsrechte mit der Folge, dass der Grundstückseigentümer alle Nutzungen zu dulden hat, die sich im Rahmen des Gemeingebrauchs halten.[459] Deshalb darf bspw der Eigentümer der **Schlösser und Gärten von Sanssouci, Charlottenburg und Rheinsberg** das Fotografieren in seinen Parkanlagen nicht von der vorherigen Einholung einer Fotografiererlaubnis abhängig machen.[460] Da diese Grundstücke durch einen Staatsvertrag der Länder Berlin und Brandenburg dem Gemeingebrauch gewidmet wurden, kann dort jedermann – auch zu gewerblichen Zwecken – frei fotografieren.[461] Erlaubnispflichtig ist das Fotografieren in den ehemaligen preußischen Schlossgärten nur, soweit dadurch der Gemeingebrauch anderer Parkbesucher beeinträchtigt wird. Das wäre etwa dann der Fall, wenn ein Hochzeitsfotograf einzelne Areale für den Publikumsverkehr blockiert, um dort Hochzeitspaare zu fotografieren. Eine solche Nutzung geht über den Gemeingebrauch hinaus und führt zu einer Sondernutzung, die der Erlaubnis des Eigentümers bedarf.[462]

**269**    d) **Abbildungserlaubnis und Zutrittsrecht.** Befindet sich ein Objekt **innerhalb eines befriedeten Besitztums** und kann es nur von dort aus fotografiert werden, hat der Inhaber des Hausrechts (Eigentümer, Mieter, Pächter) die Möglichkeit, anderen Personen den Zugang zu verwehren und so die Ablichtung des Objekts zu unterbinden. Ist das Objekt **von der öffentlichen Straße aus sichtbar**, darf derjenige, der die Sachherr-

---

455 LG Hamburg AfP 1994, 161 – Segelyacht.
456 OLG Düsseldorf AfP 1991, 424, 426 – Jugendstilvilla
457 OLG Celle Schulze OLGZ 222 – Balkonfoto; OLG Oldenburg NJW-RR 1988, 951 – Luftaufnahmen.
458 So *Lammek/Ellenberg* ZUM 2004, 715, 718.
459 Dazu *Maaßen* GRUR 2010, 880, 883 f.
460 OLG Brandenburg GRUR 2010, 927 – Preußische Schlossgärten (Bildagentur); OLG Brandenburg ZUM 2010, 356 – Preußische Schlossgärten (Internetportal); OLG Brandenburg BeckRS 2010, 4077 – Preußische Schlossgärten (Verlag); aA BGH BeckRS 2011, 02773,

Tz 19 ff – Preußische Schlossgärten (Bildagentur); BGH BeckRS 2011, 02772, Tz 8 – Preußische Schlossgärten (Internetportal); BGH BeckRS 2011, 02774, Tz 19 ff – Preußische Schlossgärten (Verlag).
461 *Maaßen* GRUR 2010, 880, 883 f; so iE auch OLG Brandenburg GRUR 2010, 927 – Preußische Schlossgärten (Bildagentur); *Ernst* ZUM 2009, 434 f.
462 *Maaßen* GRUR 2010, 880, 884; dazu auch *Lehment* 148 f, der das Fotografieren in Museen als Sondernutzung einstuft, weil durch den Aufbau von Beleuchtungs- und Fotoapparaturen der Kunstgenuss anderer Museumsbesucher beeinträchtigt werden kann.

schaft über das befriedete Besitztum ausübt, unerwünschte Ablichtungen des Objekts durch geeignete **Sichtschutzmaßnahmen** verhindern. Unterbleiben solche Maßnahmen oder sind sie aufgrund der örtlichen Verhältnisse nicht möglich, können Sachaufnahmen in der Regel nur dann untersagt werden, wenn ihre Anfertigung oder Verwertung fremde Persönlichkeitsrechte verletzt.[463]

**Erlaubt** der Inhaber des Hausrechts anderen Personen den **Zutritt** zu dem befriedeten Besitztum, kann die Erlaubnis unter der Bedingung erteilt werden, dass die Besucher keine Fotografien anfertigen oder die Aufnahmen nur für private Zwecke verwenden.[464] Wird der Zugang **ohne ein ausdrückliches Fotografierverbot** gewährt, kann sich aus den Umständen ergeben, dass Sachaufnahmen nicht erlaubt sind. Liegen auch dafür keine Anhaltspunkte vor, ist in der Regel davon auszugehen, dass mit der Gewährung des Zutritts jedenfalls die gewerbliche Verwertung von Sachaufnahmen, die innerhalb des befriedeten Besitztums entstehen, stillschweigend ausgeschlossen wird.[465] Erlaubt ist dann zwar das Fotografieren, doch dürfen die Aufnahmen **nur für private Zwecke** verwendet werden, wobei allerdings zur privaten Nutzung auch der Abdruck der Bilder in wissenschaftlichen Veröffentlichungen oder die Präsentation in nicht gewinnorientierten Ausstellungen gehören kann.[466] Allein daraus, dass für den Zutritt zu einem Objekt ein Entgelt gezahlt wird, lässt sich im Zweifel weder eine Fotografiererlaubnis noch das Recht zur gewerblichen Verwertung der Aufnahmen ableiten, die innerhalb des befriedeten Besitztums von dem Objekt angefertigt werden.[467]

**270**

Der Inhaber des Hausrechts ist in der Regel nicht dazu verpflichtet, anderen Personen den Zugang zu seinem befriedeten Besitztum zu gewähren und die Anfertigung von Sachaufnahmen zu dulden.[468] Eine solche Verpflichtung lässt sich auch nicht ohne weiteres aus den Landespressegesetzen oder dem Versammlungsgesetz ableiten.[469] **Bildjournalisten** haben deshalb **keinen klagbaren Anspruch auf freien Zutritt** zu einer Sportveranstaltung oder zu ähnlichen öffentlichen Veranstaltungen.[470] Ein solcher Anspruch kann sich allenfalls daraus ergeben, dass ein Veranstalter, der sich für die Zulassung von Bildjournalisten entscheidet, den **Gleichbehandlungsgrundsatz** sowie das **kartellrechtliche Diskriminierungsverbot** (§ 20 GWB) beachten muss und deshalb nicht einzelne Berichterstatter oder einzelne Formen der Bildberichterstattung willkürlich von der Veranstaltung ausschließen darf.[471]

**271**

Wird einem Bildberichterstatter der Zugang gewährt wird, dürfte er auch dazu berechtigt sein, innerhalb des befriedeten Besitztums zu fotografieren und die Aufnahmen **im Rahmen der aktuellen Berichterstattung** zu verwerten. Insoweit unterliegt der Inhaber des Hausrechts ähnlichen Beschränkungen, wie sie gem § 50 UrhG für den

**272**

---

463 Dazu ausf Rn 273 ff.
464 So verbietet etwa die auf allen Bahnhöfen ausgehängte Hausordnung der Deutschen Bahn die Anfertigung gewerblicher Foto-, Film- und Fernsehaufnahmen ohne vorherige Genehmigung; dazu *Wanckel* Rn 9.
465 So BGH GRUR 1975, 500, 501 – Schloss Tegel; OLG Köln GRUR 2003, 1066, 1067 – Wayanfiguren; vgl auch *Lammek/Ellenberg* ZUM 2004, 715, 718.
466 Vgl OLG Köln GRUR 2003, 1066, 1067 – Wayanfiguren.
467 So auch BGH GRUR 1975, 500, 501 –

Schloss Tegel; *Prinz/Peters* Rn 887; *Wanckel* Rn 8.
468 BGH GRUR 2006, 249, 251, Tz 25 – Hörfunkrechte.
469 Dazu *Wanckel* Rn 40 ff; vgl auch OVG Münster ZUM-RD 2010, 377 – Opern-Aufführung.
470 OLG München AfP 1985, 222 – Flohmarkt; *Wanckel* Rn 39.
471 Vgl OLG München GRUR-RR 2010, 258 – FC Bayern im Web-TV; OLG Köln NJW-RR 2001, 1051 – Sportredakteur; *Wanckel* Rn 42.

Urheber gelten.[472] Das betrifft allerdings nur Aufnahmen, die auf rechtmäßige Weise angefertigt werden. Knüpft bspw ein Veranstalter den Zugang zu seiner Veranstaltung an bestimmte Bedingungen, dürfen Aufnahmen, die diese Bedingungen nicht erfüllen, nur dann für die Berichterstattung verwertet werden, wenn daran ein überragendes öffentliches Interesse besteht.[473] Dasselbe gilt für die Verwertung von Aufnahmen, die der Bildberichterstatter nur deswegen anfertigen konnte, weil er sich den Zutritt zu dem befriedeten Besitztum ohne Wissen und Willen des Eigentümers oder Besitzers verschafft hat.[474]

### 4. Persönlichkeitsrechte

**273**  Das Fotografieren eines Objekts und die anschließende Verwertung der Aufnahmen kann auch dann, wenn weder fremde Urheber- oder Geschmacksmusterrechte noch irgendwelche Eigentums- oder Besitzrechte entgegenstehen, wegen Verletzung des allgemeinen Persönlichkeitsrechts unzulässig sein.

**274**  a) **Schutzbereich und Schutzberechtigte.** Das allgemeine Persönlichkeitsrecht schützt die Privat- und Intimsphäre sowie das Recht auf informationelle Selbstbestimmung. Sofern deshalb eine Sachfotografie unzulässige Einblicke in die **Intimsphäre** einer Person gewährt, unerlaubt in ihre **Privatsphäre** eindringt oder ihr **informationelles Selbstbestimmungsrecht** missachtet, kann die Anfertigung und Verbreitung der Aufnahme wegen Verletzung des Persönlichkeitsrechts gem §§ 1004 Abs 1, 823 Abs 1 BGB iVm Art 2 Abs 1 und Art 1 Abs 1 GG untersagt werden.

**275**  Das Recht auf informationelle Selbstbestimmung umfasst auch das im BDSG geregelte **Datenschutzrecht**.[475] Falls daher das Fotografieren eines Objekts und die Verwertung der Aufnahmen zu einer Erhebung, Verarbeitung und Nutzung personenbezogener Daten führt, muss dieser Eingriff in das informationelle Selbstbestimmungsrecht durch eine der datenschutzrechtlichen Ausnahmeregelungen (zB §§ 28, 29 oder § 41 BDSG) legitimiert sein.[476]

**276**  Wenn im Zusammenhang mit Sachfotografien eine Verletzung des allgemeinen Persönlichkeitsrechts in Frage steht, geht es meist um den räumlichen Schutz der Privatsphäre. Der **geschützte private Raum** entspricht dem Bereich, den auch das Grundrecht auf Unverletzlichkeit der Wohnung (Art 13 Abs 1 GG) erfasst.[477] Geschützt sind demnach nicht nur Wohnräume nebst Keller, Speicher, Garage, Balkon und Terrasse, sondern auch Betriebs- und Geschäftsräume, solange sie nicht allgemein zugänglich sind.[478] Ebenso fallen Gartenflächen, die durch eine Mauer, einen Zaun oder eine Hecke befriedet sind, unter den räumlichen Schutz des allgemeinen Persönlichkeitsrechts, wenn sie Teil eines Hausgrundstücks und damit als individueller Rückzugsbereich ausgewiesen sind.[479]

**277**  Ob nur natürliche Personen oder auch **juristische Personen** und **Personengesellschaften** eine Verletzung des Persönlichkeitsrechts geltend machen können, ist nicht

---

[472] So auch *Beater* JZ 1998, 1101, 1109; *Dreier* FS Dietz 235, 251.

[473] Vgl BVerfG NJW 1984, 1741, 1743 – Wallraff.

[474] So *Beater* JZ 1998, 1101, 1109; großzügiger offenbar BGH ZUM 1998, 566, 568 – Apartement-Anlage.

[475] *Lindner* ZUM 2010, 292, 295.

[476] Dazu ausf Rn 283 f.

[477] Vgl *Dorf* NJW 2006, 951, 952.

[478] Götting/Schertz/Seitz/*Wanckel* § 19 Rn 13; *Dorf* NJW 2006, 951, 953 f.

[479] Dazu *Dorf* NJW 2006, 951, 953 mwN.

vollständig geklärt.[480] Die zivilgerichtliche Rechtsprechung[481] vertritt dazu die Auffassung, dass auch bei Handels- und Personengesellschaften ein **Unternehmerpersönlichkeitsrecht** anzuerkennen ist, wobei dieses Recht allerdings auf den **räumlich-gegenständlichen Bereich des Unternehmens** beschränkt bleibt.[482] Wird daher auf dem Betriebsgelände fotografiert oder werden Aufnahmen der Betriebs- und Geschäftsräume von der Straße aus mit unzulässigen Hilfsmitteln angefertigt, kann das Unternehmen dagegen in gleicher Weise vorgehen wie eine natürliche Person, die sich gegen einen Eingriff in ihre Privatsphäre zur Wehr setzt.[483]

**b) Eingriff in den Schutzbereich. aa) Aufnahmestandort innerhalb des befriedeten** **278** **Besitztums.** Zu einem unzulässigen Eingriff in den räumlichen Schutzbereich des allgemeinen Persönlichkeitsrechts kommt es regelmäßig dann, wenn jemand **ohne Wissen und Willen des Eigentümers oder Besitzers** in dessen befriedetes Besitztum eindringt, um dort zu fotografieren,[484] oder der Zugang zu den privaten Räumlichkeiten zwar gestattet wird, die Anfertigung der Aufnahmen dann aber **heimlich** erfolgt.[485] Auch in den Fällen, in denen bspw ein Wohnungsmieter einem Beauftragten des Vermieters die Besichtigung der Wohnung erlaubt und der Beauftragte dann **gegen den Willen** des Mieters die einzelnen Räume fotografiert, führt die Anfertigung der Fotos zu einem Eingriff in das Persönlichkeitsrecht des Mieters.[486] Fraglich ist allerdings, ob es in diesen Fällen überhaupt eines Rückgriffs auf das allgemeine Persönlichkeitsrecht bedarf, da regelmäßig der Tatbestand des Hausfriedensbruchs erfüllt sein wird und die Verbreitung der rechtswidrig angefertigten Aufnahmen deshalb ohne weiteres gem § 1004 Abs 1 BGB analog iVm § 823 Abs 2 BGB, § 123 StGB unterbunden werden kann.

Das **Fotografieren in Betriebs- und Geschäftsräumen** kann das Unternehmer- **279** persönlichkeitsrecht beeinträchtigen und bedarf deshalb in der Regel der Zustimmung des Betriebsinhabers.[487] Das gilt auch für Aufnahmen von fingierten Diebstahlszenen, die in Zügen der Deutschen Bahn zur Dokumentation des dort bestehenden Diebstahlrisikos mit einer versteckten Kamera angefertigt werden,[488] sowie für verdeckte Filmaufnahmen eines Fernsehteams, die Wettbewerbsverstöße eines Kaufhauses bei der Preisauszeichnung belegen sollen.[489]

---

**480** Das BVerfG hat diese Frage bisher offen gelassen; vgl BVerfG ZUM 2005, 474, 475 – Tierversuche.
**481** Ebenso OVG Lüneburg NJW 2009, 2697 – Pressemitteilung.
**482** Abw LG Hamburg AfP 2008, 639 – Lohnsklaverei: Beschränkung auf den sozialen Geltungsbereich als Arbeitgeber oder Wirtschaftsunternehmen.
**483** OLG Hamm ZUM-RD 2005, 131, 132 f – Tierversuche; KG NJW 2000, 2210 f – Versteckte Kamera; LG Berlin ZUM-RD 2009, 667, 670 – Kopfgeld für Privatpatienten; LG Leipzig ZUM-RD 2009, 95 – Verdeckte Filmaufnahmen; LG Berlin ZUM 2004, 578, 579 – Autohaus; ebenso Wenzel/*von Strobl-Albeg* Rn 7.92; Götting/Schertz/Seitz/*Wanckel* § 19 Rn 49 ff.
**484** LG Düsseldorf NJW 1959, 629 – Wohnungsfotos.
**485** LG Hamburg ZUM-RD 2010, 275, 276 – Virtueller Rundgang.

**486** OLG Düsseldorf NJW 1994, 1971 – Unerlaubtes Fotografieren; LG Köln NJW 2009, 1825, 1826 – Penthousewohnung; AG Frankfurt NJW-RR 1999, 596 – Vermieterfotos; Wenzel/*von Strobl-Albeg* Rn 7.90; Götting/Schertz/Seitz/*Wanckel* § 19 Rn 14.
**487** OLG München AfP 1992, 78, 80 – Rechtsanwaltskanzlei; LG Berlin ZUM-RD 2009, 667, 670 – Kopfgeld für Privatpatienten; LG Leipzig ZUM-RD 2009, 95 – Verdeckte Filmaufnahmen; LG Hamburg AfP 2008, 639 – Lohnsklaverei; Götting/Schertz/Seitz/*Wanckel* § 19 Rn 52; *Prinz/Peters* Rn 888 mwN; vgl aber Rn 306 zum Sonderfall der Anfertigung von Testfotos in den Geschäftsräumen eines Konkurrenten.
**488** KG NJW 2000, 2210 f – Versteckte Kamera.
**489** LG Leipzig ZUM-RD 2009, 95 – Verdeckte Filmaufnahmen.

**280**    Die **verdeckte Videoüberwachung** eines Stellplatzes in einer Tiefgarage führt zu einem Eingriff in das Persönlichkeitsrecht aller Mitbenutzer der Garage, selbst wenn diese Maßnahme dazu dient, den Verursacher von wiederholten Beschädigungen an einem PKW zu überführen.[490] Die **offene Videoüberwachung** innerhalb eines Gerichtsgebäudes greift nicht nur in das Persönlichkeitsrecht der Besucher ein, sondern kann darüber hinaus zu einer Verletzung des Gebots der Gerichtsöffentlichkeit (§ 169 S 1 GVG) führen.[491]

**281**    bb) **Aufnahmestandort im öffentlichen Raum.** Bei Sachaufnahmen, die **von öffentlichen Wegen, Straßen und Plätzen aus** angefertigt werden, ist ein Eingriff in fremde Persönlichkeitsrechte in der Regel auszuschließen, denn solche Aufnahmen betreffen lediglich den der Öffentlichkeit zugewandten Bereich.[492] So wird das allgemeine Persönlichkeitsrecht des Eigentümers eines Miethauses nicht dadurch beeinträchtigt, dass die Fassade seines Hauses in einem Film über eine Prostituierte zu sehen ist, die in dem Haus gewohnt hat und dort auch ermordet wurde.[493] Auch das Fotografieren eines typischen Friesenhauses oder eines Jugendstilhauses von der öffentlichen Straße aus lässt das Persönlichkeitsrecht des Hauseigentümers unberührt, selbst wenn die Aufnahmen anschließend für Werbezwecke eingesetzt werden.[494] Dagegen führen die **bei Geschwindigkeitsmessungen üblichen Bildaufzeichnungen** zu einem Eingriff in das allgemeine Persönlichkeitsrecht in seiner Ausformung als Recht der informationellen Selbstbestimmung, weil die dabei angefertigten Aufnahmen die beobachteten Lebensvorgänge technisch fixieren und zu Beweiszwecken sowie zur Identifizierung des Fahrzeugs und der Fahrer verwendet werden können.[495] Solche Bildaufzeichnungen im Rahmen der Verkehrsüberwachung bedürfen deshalb einer gesetzlichen Grundlage, die dem rechtsstaatlichen Gebot der Normenklarheit und der Verhältnismäßigkeit entspricht.

**282**    Die **systematische fotografische Erfassung der Außenansicht von Gebäuden** und die Eingabe der Fotos in eine Datenbank mit genauen Angaben zur geografischen Position der einzelnen Gebäude wird nur in Ausnahmefällen zu einem unzulässigen Eingriff in den räumlichen Schutzbereich des Persönlichkeitsrechts der Hausbewohner und in deren Recht auf informationelle Selbstbestimmung führen, da die Anfertigung der Aufnahmen und deren gewerbliche Weiterverbreitung lediglich den Teil des Persönlichkeitsrechts berührt, der ohnehin der Öffentlichkeit zugewandt ist und für den deshalb auch nur ein begrenzter Schutz besteht.[496] Zwar werden die Aufnahmen für **Google Street View** mit einem Stativ deutlich über der Augenhöhe eines Passanten angefertigt, doch dient diese Kameraposition lediglich dazu, ein Fotografieren über Hindernisse am Straßenrand (zB geparkte Autos) hinweg zu ermöglichen und Aufnahmen direkt auf Gesichtshöhe von Passanten oder in das Innere von parallel fahrenden

---

**490**  OLG Karlsruhe NJW 2002, 2799 – Verdeckte Videoüberwachung; ebenso OLG Düsseldorf NJW 2007, 780 – Vandalismus auf Kfz-Stellplatz; dazu auch Götting/Schertz/Seitz/*Wanckel* § 19 Rn 58 mwN.
**491**  VG Wiesbaden NJW 2010, 1220.
**492**  *Lindner* ZUM 2010, 292 f.
**493**  BGH NJW 1960, 1614 – Rosemarie Nitribitt; einschränkend Wenzel/*von Strobl-Albeg* Rn 7.100.
**494**  So BGH GRUR 1990, 390, 391 – Friesenhaus; OLG Düsseldorf AfP 1991, 424, 425 – Jugendstilvilla.
**495**  BVerfG NJW 2009, 3239 f – Geschwindigkeitsmessung.
**496**  LG Köln NJOZ 2010, 1933, 1934 f – Stadt-Bilderbuch; LG Waldshut-Tiengen AfP 2000, 101, 102 f – CityServer; VG Karlsruhe NJW 2000, 2222, 2223 f – CityServer; Wenzel/*von Strobl-Albeg* Rn 7.101; *Lindner* ZUM 2010, 292 f.

Wolfgang Maaßen

Fahrzeugen zu vermeiden. Da sich die Kamera etwa in der Straßenmitte bewegt, zeigen die Bilder wegen des größeren Abstandes der Kamera zu dem Aufnahmeobjekt in der Regel nicht mehr als das, was auch ein Passant vom Bürgersteig aus sehen kann.[497]

Die von Geodatendiensten verwendeten Gebäude- und Grundstücksaufnahmen **283** werden regelmäßig mit Geokoordinaten verknüpft, so dass sich eine Verbindung zu bestimmten Personen (Hausbewohner, Grundstückseigentümer) herstellen lässt. Damit gehören die Bilddaten zwar zu den durch § 4 Abs 1 BDSG geschützten **personenbezogenen Daten**,[498] doch dürfte ihre Erhebung, Verarbeitung und Nutzung durch das BDSG gedeckt sein. Unklar ist lediglich, ob sich die **Zulässigkeit der Datenspeicherung** aus § 29 Abs 1 Nr 1 BDSG[499] oder aus § 29 Abs 1 Nr 2 BDSG[500] ergibt. Geht man davon aus, dass Aufnahmen von der Außenansicht eines Wohnhauses das informationelle Selbstbestimmungsrecht der Bewohner und Eigentümer nur marginal berühren, weil die durch solche Aufnahmen vermittelten Informationen jedem Passanten ohne weiteres zugänglich sind, ist bereits ein schutzwürdiges Interesse der Betroffenen an dem Ausschluss der Datenspeicherung zu verneinen (§ 29 Abs 1 Nr 1 BDSG). Will man dieses Schutzinteresse nicht von vornherein in Abrede stellen, wäre jedenfalls davon auszugehen, dass die Daten, die beim Ablichten der Häuserfronten von der öffentlichen Straße aus anfallen, allgemein zugänglich sind[501] und das Interesse der Betroffenen an dem Ausschluss der Datenspeicherung nicht höher zu bewerten ist als das allgemeine gesellschaftliche Interesse an der Bereitstellung solcher Geodaten (§ 29 Abs 1 Nr 2 BDSG). Führt aber die **Abwägung der kollidierenden Interessen** dazu, dass ein Vorrang des privaten Schutzinteresses vor dem ebenfalls schützwürdigen Informationsinteresse der Allgemeinheit zu verneinen ist, dann ist außer der Speicherung auch die Übermittlung der Bilddaten an die Nutzer der Geodatendienste zulässig (§ 29 Abs 2 BDSG).[502]

Werden die von den Geodatendiensten erhobenen Bilddaten nicht einfach nur an **284** die Nutzer weitergeleitet, sondern redaktionell aufbereitet und – wie etwa beim „Bilderbuch Köln"[503] – mit historischen und architektonischen Informationen zu einzelnen Gebäuden und Grundstücken verknüpft, kann die Erhebung, Verarbeitung und Nutzung der personenbezogenen Bilddaten auch durch das **Medienprivileg** (§ 41 BDSG) gedeckt sein.[504]

Von einem unzulässigen Eingriff in das Persönlichkeitsrecht der Betroffenen ist **285** dagegen in den Fällen auszugehen, in denen ein Objekt zwar von der öffentlichen Straße aus fotografiert, die Aufnahme anschließend aber **in einer irreführenden Art und Weise verwendet** wird. So beeinträchtigt bspw die fotografische Wiedergabe eines Landhauses auf Teneriffa in dem Werbeprospekt eines Immobilienunternehmens das allgemeine Persönlichkeitsrecht des Hauseigentümers, wenn dabei wahrheitswidrig der Eindruck erweckt wird, das abgebildete Haus liege in einem von dem Immobilienunternehmen erschlossenen Gebiet und sei von diesem Unternehmen erbaut worden.[505] Dagegen soll es für einen Eingriff in das Persönlichkeitsrecht nicht ausreichen,

---

**497** Vgl *Lindner* ZUM 2010, 292, 293.
**498** So LG Köln NJOZ 2010, 1933, 1935 – Stadt-Bilderbuch; *Lindner* ZUM 2010, 292, 296 f; aA AG München ZUM-RD 2010, 97, 98 – Luftbildaufnahmen.
**499** LG Köln NJOZ 2010, 1933, 1935 f – Stadt-Bilderbuch.
**500** *Lindner* ZUM 2010, 292, 297 ff.

**501** Dazu *Lindner* ZUM 2010, 292, 298.
**502** So LG Köln NJOZ 2010, 1933, 1935 f – Stadt-Bilderbuch.
**503** http://www.bilderbuch-koeln.de.
**504** LG Köln NJOZ 2010, 1933, 1935 – Stadt-Bilderbuch.
**505** BGH GRUR 1971, 417 – Landhaus auf Teneriffa.

wenn die Betrachter der Werbeanzeige eines Immobilienfinanzierers, in der ein Jugendstilhaus abgebildet ist, lediglich aufgrund dieser Abbildung fälschlicherweise von einer geschäftlichen Verbindung zwischen dem Eigentümer des Hauses und dem Finanzierungsunternehmen ausgehen.[506]

**286** Werden von der Straße aus Objekte fotografiert, die sich innerhalb eines Hauses befinden und nur **durch ein Fenster oder eine geöffnete Tür sichtbar** sind, ist trotz des Aufnahmestandortes im öffentlichen Raum eine Beeinträchtigung von Persönlichkeitsrechten denkbar. Da das Innere eines Hauses zur Privatsphäre gehört und die Fenster oder Türen nur einen eher zufälligen Blick in die privaten Räume ermöglichen, bedarf die Ablichtung dieses Bereichs in der Regel der Zustimmung der Betroffenen. Dasselbe gilt für Fotos von den Geschäftsräumen eines Autohauses, die **vom Gehsteig aus durch ein Schaufenster** angefertigt werden.[507]

**287** Zu einem Eingriff in fremde Persönlichkeitsrechte kommt es auch dann, wenn **besondere Hilfsmittel** (zB Leiter, ausfahrbares Superstativ) eingesetzt werden, um ein Objekt von der Straße aus fotografieren zu können. Fraglich ist allerdings, ob bereits der Einsatz eines Teleobjektivs zu den unerlaubten Hilfsmitteln gehört.[508]

**288** Eine Beeinträchtigung des allgemeinen Persönlichkeitsrechts ist schließlich in den Fällen denkbar, in denen **Häuser prominenter Personen** von der öffentlichen Straße aus fotografiert werden. Dazu reicht es allerdings nicht aus, dass die Außenansicht einer Prominentenwohnung von einer allgemein zugänglichen Stelle aus fotografiert wird, weil solche Abbildungen nur den ohnehin nach außen gewandten Bereich betreffen. Zu einem Eingriff in das Persönlichkeitsrecht kommt es erst dann, wenn die Aufnahmen unter Benennung der Eigentümer oder Bewohner veröffentlicht werden und dadurch die Gefahr entsteht, dass das Wohnhaus in seiner Eignung als Rückzugsbereich individueller Lebensgestaltung beeinträchtigt wird.[509] Eine solche Beeinträchtigung ist insb dann möglich, wenn es durch die Veröffentlichung zu einer erhöhten Beobachtung des Anwesens durch Dritte kommen kann oder Schaulustige angezogen werden.[510]

**289** Bislang war umstritten, ob es zusätzlich zu der Benennung des Prominenten einer konkreten **Ortsangabe** bedarf, um die Eignung seines Grundstücks als privater Rückzugsraum zu gefährden.[511] Inzwischen hat der BGH entschieden, dass eine solche Gefährdung auch bei einer fehlenden Ortsangabe möglich ist, sofern das Anwesen anhand der auf dem Foto sichtbaren Details durch andere Bewohner oder Besucher des Stadtteils lokalisiert werden kann.[512] Demnach reicht es aus, wenn Ortskundige,

---

**506** Vgl OLG Düsseldorf AfP 1991, 424, 426 – Jugendstilvilla; krit dazu Wenzel/*von Strobl-Albeg* Rn 7.99.

**507** LG Berlin ZUM 2004, 578, 579 – Autohaus; dazu auch Götting/Schertz/Seitz/*Wanckel* § 19 Rn 52.

**508** Bejahend BGH GRUR 2004, 438, 440 (unter 2 c) – Feriendomizil I; LG Berlin ZUM 2004, 578, 580 – Autohaus; verneinend Dreier/Schulze/*Dreier* § 59 Rn 4.

**509** BGH GRUR 2009, 1089 – Joschka Fischer; KG AfP 2008, 399, 400 – Joschka Fischer.

**510** KG AfP 2008, 399, 400 – Joschka Fischer; KG AfP 2006, 564 – Grönemeyer-Villa I; OLG Hamburg AfP 2005, 75 – Grönemeyer-Villa II; KG NJW 2005, 2320 – Jauch-Villa; LG Berlin

AfP 2004, 152, 154 – Villa in Potsdam; Götting/Schertz/Seitz/*Wanckel* § 19 Rn 18.

**511** Vgl dazu einerseits KG AfP 2006, 564 – Grönemeyer-Villa I; LG Berlin AfP 2004, 149, 150 – Villa in Harvestehude; LG Berlin AfP 2004, 152, 154 – Villa in Potsdam: Bloße Bekanntgabe des Stadtteils, in dem das Haus zu finden ist, reicht bei einer Großstadt nicht aus; andererseits OLG Hamburg AfP 2005, 75 – Grönemeyer-Villa II; KG NJW 2005, 2320 – Jauch-Villa: Allgemeine Ortsangaben wie „Potsdam" oder „Berlin-Zehlendorf" gefährden bereits die Anonymität.

**512** BGH GRUR 2009, 1089 f – Joschka Fischer; ebenso KG AfP 2008, 399, 400 – Joschka Fischer.

denen die Lage des Hauses bekannt ist, durch die Veröffentlichung in die Lage versetzt werden, das abgebildete Haus zu identifizieren und einer prominenten Person zuzuordnen. In diesem Zusammenhang kann es von Bedeutung sein, ob die Aufnahme der Prominentenwohnung in gedruckter Form erscheint oder nur im Fernsehen gezeigt wird, weil eine genaue Lokalisierung mit Hilfe eines gedruckten Fotos eher möglich ist als mit einem Bild, das man nur einmal flüchtig in einem Fernsehbeitrag gesehen hat.[513]

Ein Eingriff in das informationelle Selbstbestimmungsrecht des Betroffenen ist auf **290** jeden Fall dann zu bejahen, wenn die Abbildung des Hauses zusammen mit einer genauen **Wegbeschreibung** veröffentlicht wird und die Lage des Grundstücks nicht bereits einer breiten Öffentlichkeit bekannt ist oder problemlos anhand allgemein zugänglicher Quellen (zB Telefonverzeichnis) ermittelt werden kann.[514] Auch bei Personen, die nicht zu den Prominenten gehören, ist von einem solchen Eingriff auszugehen, wenn die Straßenansicht ihres Privathauses **unter Angabe ihres Familiennamens und Wohnorts** in einer Werbebroschüre veröffentlicht wird.[515]

cc) **Aufnahmestandort auf einem privaten Nachbargrundstück.** Besteht kein Zu- **291** gang zu dem befriedeten Besitztum, auf dem sich das Aufnahmeobjekt befindet, und ist es auch nicht möglich, das Objekt von der öffentlichen Straße aus zu fotografieren, stellt sich die Frage, ob die gewünschte **Aufnahme von einem Nachbargrundstück aus** angefertigt werden darf. Insoweit ist zu berücksichtigen, dass die Außenanlagen eines Hauses generell weniger geschützt sind als die eigentlichen Wohnräume, in denen sich die Bewohner nach allen Seiten gegen ein optisches Eindringen abschirmen können.[516] So wie jeder Eigentümer oder Besitzer eines Hauses den Blick des Nachbarn über den Gartenzaun oder aus einem Fenster des Nachbarhauses in Kauf nehmen muss, hat er auch die Ablichtung seines Hauses und der zum Haus gehörenden Außenanlagen hinzunehmen, sofern die Aufnahmen nur das zeigen, was jeder Nachbar wahrnehmen kann.[517] Zu einem Eingriff in das allgemeine Persönlichkeitsrecht kommt es in solchen Fällen erst, wenn die optische Erfassung des Hauses oder der Außenanlagen **mit Hilfe eines Teleobjektivs oder anderer Hilfsmittel** (zB Leiter) erfolgt, weil ein solcher Blick in die Privatsphäre über das sozialübliche Maß hinausgeht. Dasselbe gilt für das Fotografieren einer sonst **von außen praktisch nicht einsehbaren Dachterrasse** einer Penthousewohnung mit Saunabereich vom Dach eines Nachbarhauses aus, zumal der **Saunabereich** zur Intimsphäre der Bewohner gehört.[518] Von einer Beeinträchtigung des Persönlichkeitsrechts der Betroffenen ist außerdem dann auszugehen, wenn die vom Nachbargrundstück aus angefertigten Aufnahmen **für gewerbliche Zwecke** verwertet werden.

Das sozialübliche Maß dessen, was jeder Eigentümer oder Besitzer eines Grund- **292** stücks an Beobachtung durch seine Nachbarn hinzunehmen hat, wird auch durch die Installation einer **Videokamera** überschritten, die eine **Überwachung seines Grund-**

---

513 So OLG Hamburg AfP 2006, 182 – Wohnanlage in Köln.
514 BGH GRUR 2004, 438, 441 – Feriendomizil I; BVerfG NJW 2006, 2836, 2837, Tz 14 – Wohnhäuser auf Mallorca II.
515 AG Rüsselsheim AfP 2003, 83; *Wanckel* Rn 7.
516 Dazu *Dorf* NJW 2006, 951, 954; aA LG Berlin AfP 1999, 525, 527 – Star-Guide

Mallorca, das den Außenbereich (Garten, Balkon) offenbar in gleicher Weise geschützt sieht wie das Wohn- und Schlafzimmer.
517 So wohl auch OLG Celle Schulze OLGZ 222, 4 – Balkonfoto.
518 LG Köln NJW 2009, 1825 – Penthousewohnung.

**stücks** ermöglicht.[519] Wird bspw über der Eingangstür eines Hauses eine Videokamera installiert, kann diese Maßnahme ungeachtet der Tatsache, dass damit einem gehbehinderten Bewohner des Hauses die Eingangskontrolle ermöglicht werden soll, zu einem Eingriff in die Persönlichkeitsrechte der benachbarten Grundstückseigentümer und -besitzer führen, sofern die Kamera auch eine Beobachtung des Eingangsbereichs zu ihrem Grundstück ermöglicht.[520] Allerdings führt allein die hypothetische Möglichkeit einer Überwachung des Nachbargrundstücks durch eine Kamera noch nicht zu einer Beeinträchtigung der Persönlichkeitsrechte des Nachbarn. Notwendig ist vielmehr eine Situation, die den ernsthaften Verdacht einer solchen Überwachung begründet und dadurch einen **Überwachungsdruck** erzeugt.[521] Eine solche objektive Verdachtssituation wird man verneinen müssen, wenn das Nachbargrundstück nur durch eine äußerlich wahrnehmbare technische Veränderung der Überwachungskamera, also nicht einfach nur durch das Betätigen einer Steuerungsanlage, erfasst werden kann.

**293**    **dd) Satellitenbilder und Luftbildaufnahmen.** Werden Grundstücke, Häuser und andere Objekte von einem **Flugzeug** oder **Hubschrauber** aus fotografiert, geht die Rechtsprechung allgemein von einem Eingriff in den räumlichen Schutzbereich des allgemeinen Persönlichkeitsrechts aus.[522] Zur Begründung heißt es, dass niemand es hinnehmen müsse, wenn seine Privatsphäre gegen seinen Willen unter Überwindung bestehender Hindernisse oder mit geeigneten Hilfsmitteln (zB Teleobjektiv, Leiter, Flugzeug) ausgespäht werde, um daraus ein Geschäft zu machen und Dritten die so gewonnenen Einblicke gegen Bezahlung zur Verfügung zu stellen.[523] Eine Beeinträchtigung der Privatsphäre wird nur für den Fall verneint, dass die Luftbilder nicht an Dritte weitergegeben, sondern ausschließlich den Betroffenen zum Kauf angeboten werden.[524]

**294**    Bei konsequenter Anwendung dieser Rechtsprechung müsste auch die Bereitstellung von **Satellitenaufnahmen** und Luftbildern der Erde, wie sie der Geodatendienst **Google Earth**[525] anbietet, als Eingriff in das Persönlichkeitsrecht derjenigen eingestuft werden, deren Grundstücke und Häuser damit auf jedem Bildschirm sichtbar gemacht werden können. Es ist jedoch zu berücksichtigen, dass der Außenbereich eines Hauses gegen ein optisches Eindringen naturgemäß weniger geschützt ist als der Innenbereich.[526] Deshalb kann eine Beeinträchtigung der Privatsphäre nicht allein damit begründet werden, dass Google Earth dem Benutzer einen optischen Einblick verschafft, der von der Erde aus nicht möglich ist. Angesichts der weltweiten Verbreitung und Zustimmung, die dieses Programm mittlerweile gefunden hat, ist vielmehr darauf

---

[519] OLG Köln NJW 2009, 1827 – Nachbarrechtsstreit; vgl auch *Horst* NJW 2009, 1787 mwN.
[520] AG Spandau ZUM-RD 2005, 196 f – Videoüberwachung; vgl auch BGH AfP 1995, 597, 598 – Videoüberwachung; AG Frankfurt NJW-RR 2003, 158 – Videoüberwachung in Wohnanlage; zur Videoüberwachung auch *Götting/Schertz/Seitz/Wanckel* § 19 Rn 56 ff mwN.
[521] BGH NJW 2010, 1533, 1534 (Tz 13 f) – Überwachungskamera.
[522] BVerfG NJW 2006, 2836, 2837 (Abs 13) – Wohnhäuser auf Mallorca II; BGH GRUR 2004, 438, 440 – Feriendomizil I; LG Berlin

AfP 1999, 525, 527 – Star-Guide Mallorca; offen gelassen in KG ZUM 2001, 236, 237 – StarGuide Mallorca.
[523] So BGH GRUR 2004, 438, 440 – Feriendomizil I.
[524] OLG Oldenburg NJW-RR 1988, 951, 952 – Luftaufnahmen; weitergehend AG München ZUM-RD 2010, 97, 98 f – Luftbildaufnahmen: Auch ein Verkauf an Ständen in der näheren Umgebung des fotografierten Objekts ist zulässig.
[525] Das Programm ist im Internet unter http://earth.google.de abrufbar.
[526] *Dorf* NJW 2006, 951, 954.

abzustellen, ob sich der durch ein Satelliten- oder Luftbild gewährte Einblick in die Privatsphäre im Rahmen dessen hält, was – ähnlich wie der Blick des Nachbarn über den Gartenzaun – sozial allgemein akzeptiert wird. Wendet man diesen Maßstab an, dann kann in der fotografischen Erfassung der gesamten Erdoberfläche vom Weltall aus selbst dann, wenn dabei klare Bilder einzelner Grundstücke und Häuser entstehen, angesichts der breiten sozialen Akzeptanz solcher Aufnahmen kein Eingriff in die geschützte Privatsphäre gesehen werden.[527] Anders verhält es sich dagegen bei dem **gezielten Ausspähen** einzelner Prominentenvillen von einem Hubschrauber aus, denn es ist nicht erkennbar, dass dieses Verhalten als sozialüblich angesehen und allgemein akzeptiert wird.

Ob die Bereitstellung der Satelliten- und Luftbilder durch Google Earth mit dem **Datenschutzrecht** zu vereinbaren ist, erscheint fraglich. Auch wenn die Auflösung der Bilder derzeit noch nicht so hoch ist, dass man die örtlichen Gegebenheiten bis ins kleinste Detail erkennen kann, ermöglichen sie durchaus eine Einschätzung der Größe und Ausstattung eines Grundstücks (Swimming-Pool, Garage, Garten etc) sowie der Qualität und des Alters der Bebauung.[528] Der durch die Aufnahmen vermittelte optische Eindruck erlaubt damit gewisse Rückschlüsse auf die finanziellen oder sozialen Verhältnisse der Bewohner.[529] Abgesehen davon sind die Aufnahmen für Einbruchsplanungen nutzbar. Man wird daher den Betroffenen ein Schutzinteresse nicht von vornherein absprechen können, zumal Google Earth im Gegensatz zu Google Street View Einblicke vermittelt, die nicht jedem Passanten eröffnet sind. Folglich lässt sich die Zulässigkeit von Google Earth jedenfalls nicht aus § 29 Abs 1 Nr 1 BDSG ableiten. Ob § 29 Abs 1 Nr 2 BDSG anwendbar ist, ist schon deshalb zweifelhaft, weil die von Google Earth bereitgestellten Bilddaten nicht allgemein zugänglich sind.[530]

**295**

c) **Rechtswidrigkeit des Eingriffs.** Das allgemeine Persönlichkeitsrecht ist ein **Rahmenrecht**. Bei einem Eingriff in den Schutzbereich dieses Rechts muss die Rechtswidrigkeit des Eingriffs stets positiv festgestellt werden. Dabei ist eine umfassende Interessenabwägung unter Berücksichtigung der konkreten Umstände des Einzelfalls vorzunehmen, weil das Persönlichkeitsrecht wegen seines weiten Rahmens vielfach mit den Rechten Dritter kollidiert.[531] So kann es insb in den Fällen, in denen die Anfertigung oder Verwertung von Sachaufnahmen in die Privatsphäre des Eigentümers oder Besitzers einer Sache eingreift, zu einem Konflikt zwischen dem **allgemeinen Persönlichkeitsrecht** des Betroffenen (Art 2 Abs 1 iVm Art 1 Abs 1 GG) und der **Freiheit der Bildberichterstattung** (Art 5 Abs 1 GG) kommen.[532] Ergibt die Abwägung der kollidierenden Interessen, dass das öffentliche Informationsinteresse im konkreten Fall die

**296**

---

**527** Vgl dazu auch die Argumentation von *Lindner* ZUM 2010, 292, 299; ähnl *Dorf* NJW 2006, 951, 955 für Luftbildaufnahmen, die von Gemeinden zu Zwecken der Selbstdarstellung angefertigt werden, sowie für Aufnahmen der staatlichen Vermessungsämter und anderer öffentlicher Einrichtungen.

**528** *Weichert* DuD 2007, 17, 20.

**529** Das räumt auch *Lindner* ZUM 2010, 292, 298 ein.

**530** So *Weichert* DuD 2007, 17, 20 unter Hinweis auf BVerfG NJW 2006, 2836 – Wohnhäuser auf Mallorca; aA *Lindner* ZUM 2010, 292, 298.

**531** BGH GRUR 2004, 438, 440 – Feriendomizil I mwN.

**532** BGH GRUR 2004, 438, 440 – Feriendomizil I; KG AfP 2006, 564 – Grönemeyer-Villa I; OLG Hamburg AfP 2006, 182, 183 – Wohnanlage in Köln; OLG Hamburg AfP 2005, 75 – Grönemeyer-Villa II; KG NJW 2005, 2320, 2321 – Jauch-Villa; KG ZUM 2001, 236, 238 – Star-Guide Mallorca; KG NJW 2000, 2210, 2211 – Versteckte Kamera; LG Berlin ZUM 2004, 578, 580 - Autohaus; LG Berlin AfP 1999, 525, 527 – Star-Guide Mallorca; LG Oldenburg AfP 1988, 167 – Almwiese als Dach.

persönlichen Belange des Betroffenen überwiegt, muss das Persönlichkeitsrecht hinter dem Recht auf eine freie Berichterstattung zurückstehen mit der Folge, dass der Betroffene die Anfertigung und Verwertung der Sachaufnahmen hinzunehmen hat.

**297**    Die notwendige **Interessenabwägung**[533] erfordert auf der einen Seite eine Bewertung der **Intensität des Eingriffs** in die Privatsphäre. Auf der anderen Seite ist die **Bedeutung der Informationen** zu bewerten, die der Öffentlichkeit durch die Aufnahmen vermittelt werden. Bei Eingriffen, die nicht in den Kernbereich der Privatsphäre vordringen und ihren räumlich-gegenständlichen Schutzbereich nicht nachhaltig beeinträchtigen, muss das Schutzinteresse des Betroffenen eher hinter den Informationsbelangen der Öffentlichkeit zurücktreten. Umgekehrt hat wird man regelmäßig dem Schutz der Privatsphäre den Vorrang einräumen müssen, wenn die Sachaufnahmen nur einen geringen Informationswert für die Allgemeinheit haben.[534]

**298**    Bei der **Prüfung des Informationswertes** ist zu berücksichtigen, dass die Pressefreiheit nicht nur die Weitergabe „wertvoller" Informationen gewährleistet, sondern auch eine Berichterstattung schützt, die in erster Linie das Bedürfnis einer mehr oder minder breiten Leserschicht nach oberflächlicher Unterhaltung befriedigt. Deshalb darf der Wert einer Bildberichterstattung nicht allein deshalb, weil sie in erster Linie der Unterhaltung oder der Befriedigung der Neugier des Publikums dient, geringer bewertet werden als der Wert von Informationen über wichtige Belange der Allgemeinheit.[535]

**299**    Die Intensität des Eingriffs in das Persönlichkeitsrecht hängt davon ab, ob nur die **Randzone** oder der **Kernbereich der Privatsphäre** berührt ist. Außerdem kommt es darauf an, ob der Eingriff den räumlich-gegenständlichen Schutzbereich nur **geringfügig** oder **nachhaltig** beeinträchtigt. So wird etwa die Verbreitung von Luftbildaufnahmen, die lediglich die Außenanlagen eines Privathauses zeigen, allenfalls als Eingriff in die Randzone der Privatsphäre zu werten sein, sofern auf den Bildern nichts zu sehen ist, was als peinlich gelten oder nachteilige Reaktionen in der Öffentlichkeit auslösen könnte.[536] Als nachhaltig wird man die Beeinträchtigung durch einen solchen Eingriff in der Regel nur dann einstufen können, wenn der Betroffene dauerhaft oder über einen längeren Zeitraum in der Nutzung seines Grundstücks gestört wird, weil aufgrund der Bildveröffentlichung bspw mit einer Belästigung durch unerwünschte Besucher zu rechnen ist.[537]

**300**    Bei der Prüfung der Frage, wie schwerwiegend ein Eingriff in die Privatsphäre ist, sind alle Umstände des Einzelfalles zu berücksichtigen. Wenn zB bei der Veröffentlichung einer Sachaufnahme keine Informationen weitergegeben werden, die eine **Identifizierung** des Eigentümers oder Besitzers der Sache ermöglichen, ist die Schwere des Eingriffs geringer zu bewerten als bei der Bekanntgabe des Namens und der Adresse der Person, der die Sache gehört. Eine eher geringe Bedeutung wird dem Eingriff auch dann beizumessen sein, wenn der Teil der Privatsphäre, den die Sachaufnahmen zeigen, bereits von dem Betroffenen selbst durch eigene Veröffentlichungen oder

---

**533** Zu den dabei anzuwendenden Kriterien ausführlich Götting/Schertz/Seitz/*Schmelz* § 32 Rn 33 ff.
**534** BVerfG NJW 2000, 2194 – Fotos von Flick-Tochter; BVerfG NJW 2000, 1021 – Caroline von Monaco.
**535** BGH GRUR 2004, 438, 440 f – Feriendomizil I; OLG Hamburg AfP 2006, 182, 183 –

Wohnanlage in Köln; KG NJW 2005, 2320, 2321 – Jauch-Villa.
**536** BGH GRUR 2004, 438, 441 – Feriendomizil I.
**537** Vgl OLG Hamburg AfP 2005, 75 – Grönemeyer-Villa II; KG NJW 2005, 2320 – Jauch-Villa.

dadurch, dass er eine umfangreiche Bildberichterstattung über seine privaten Wohn- und Lebensverhältnisse zugelassen oder hingenommen hat, einem breiten Publikum bekannt gemacht worden ist.[538]

Werden **Betriebs- oder Geschäftsräume** fotografiert oder gefilmt und wird dadurch **301** in das Persönlichkeitsrechts eines Unternehmens eingegriffen, ist zu beachten, dass die berufliche Sphäre in weit geringerem Maße als die Privatsphäre gegen optische Eingriffe geschützt ist.[539] Dennoch können die besonderen Umstände eines solchen Eingriffs, insb der Einsatz unzulässiger Hilfsmittel oder die Anwendung rechtswidriger Methoden bei der Informationsbeschaffung, einen Vorrang der Belange des Unternehmens vor dem öffentlichen Informationsinteresse begründen.[540] Ob sich bei heimlich angefertigten Fotos oder Filmaufnahmen ein Vorrang des öffentlichen Informationsinteresses gegenüber den Interessen des Unternehmens allein damit begründen lässt, dass die Aufnahmen rechtswidrige Zustände oder Verhaltensweisen in dem betroffenen Unternehmen aufdecken und einen **Beitrag zum öffentlichen Meinungskampf** leisten,[541] erscheint fraglich. In solchen Fällen dürfte ein vorrangiges Informationsinteresse nur dann zu bejahen sein, wenn die Bedeutung der Information für die Unterrichtung der Öffentlichkeit und für die öffentliche Meinungsbildung eindeutig die Nachteile überwiegt, die der Rechtsbruch für das betroffene Unternehmen und die Geltung der Rechtsordnung nach sich zieht.[542]

Wie unterschiedlich die Abwägung zwischen dem Persönlichkeitsrecht und dem **302** Recht auf eine freie Berichterstattung ausfallen kann, zeigt sich am Beispiel der Luftbildaufnahmen, die ein Fotograf von verschiedenen **Prominentenvillen auf Mallorca** angefertigt hat und die in einem „Star-Guide Mallorca" unter Angabe des Namens der Villenbesitzer und Beifügung einer Wegbeschreibung veröffentlicht wurden. Während das LG Berlin[543] und das KG[544] in diesem Fall dem Schutz der Privatsphäre den Vorrang einräumen, weil die Bildveröffentlichung nur dem allgemeinen Unterhaltungsinteresse diene und die Betroffenen eine solche Kommerzialisierung ihrer Privatsphäre nicht hinnehmen müssten, stuft der BGH[545] die Pressefreiheit höher ein, da seiner Meinung nach nur die Randzone des Persönlichkeitsrechts betroffen ist und die Tatsache, dass die Aufnahmen in erster Linie das Publikums unterhalten sollen, keine Einschränkung der Freiheit der Berichterstattung rechtfertigt. Lediglich in Bezug auf die Veröffentlichung der **Wegbeschreibung** ist dem informationellen Selbstbestimmungsrecht der Betroffenen nach Auffassung des BGH ein höherer Stellenwert einzuräumen als dem Informationsanspruch der Öffentlichkeit.[546]

---

538 BGH GRUR 2004, 438, 441 – Feriendomizil I; BGH GRUR 2004, 442, 443 f – Feriendomizil II; zust BVerfG NJW 2006, 2838 – Wohnhäuser auf Mallorca I; BVerfG NJW 2006, 2836, 2837, Abs 17 – Wohnhäuser auf Mallorca II; dazu auch Götting/Schertz/Seitz/*Wanckel* § 19 Rn 25 f.
539 OLG Hamm ZUM-RD 2005, 131, 133 – Tierversuche; Götting/Schertz/Seitz/*Wanckel* § 19 Rn 50.
540 OLG Hamm ZUM-RD 2005, 131, 135 – Tierversuche; KG NJW 2000, 2210, 2211 – Versteckte Kamera; LG Berlin ZUM-RD 2009, 667, 671 – Kopfgeld für Privatpatienten; LG Düsseldorf AfP 2009, 529 – Fernsehaufnahmen in Arztpraxis; LG Hamburg ZUM 2008, 614 –

Ferkelaufzucht; LG Berlin ZUM 2004, 578, 580 – Autohaus.
541 So LG Hamburg AfP 2008, 639 f – Lohnsklaverei.
542 LG Berlin ZUM-RD 2009, 667, 671 – Kopfgeld für Privatpatienten.
543 LG Berlin AfP 1999, 525, 527 – Star-Guide Mallorca.
544 KG ZUM 2001, 236, 238 – Star-Guide Mallorca.
545 BGH GRUR 2004, 438, 441 – Feriendomizil I.
546 BGH GRUR 2004, 438, 441 f – Feriendomizil I; zust BVerfG NJW 2006, 2836, 2837, Abs 14 – Wohnhäuser auf Mallorca II.

**303**     Unterschiedlich fallen auch die Entscheidungen dazu aus, ob bei einer Veröffentlichung der Abbildung eines Hauses unter **Bekanntgabe des Namens** der Hausbewohner dem Schutz der Privatsphäre oder der Pressefreiheit der Vorzug zu geben ist. Während ein Teil der Rechtsprechung das Persönlichkeitsrecht durch die Namensnennung so schwerwiegend beeinträchtigt sieht, dass die Pressefreiheit dahinter zurückstehen muss,[547] messen andere Entscheidungen dem Schutzbedürfnis der Hausbewohner auch bei einer Bekanntgabe ihres Namens ein geringeres Gewicht zu als dem Schutz der Freiheit der Berichterstattung.[548] Von einem Vorrang des öffentlichen Informationsinteresses ist jedenfalls dann auszugehen, wenn das **Wohnhaus eines prominenten Politikers** von der öffentlichen Straße aus fotografiert wird und die Aufnahmen dazu dienen, die Öffentlichkeit über die Lebensumstände und Wohnverhältnisse des Politikers nach dessen Ausscheiden aus der Politik zu informieren.[549] Das Persönlichkeitsrecht des Betroffenen hat in diesem Fall nur ein geringes Gewicht, sofern keine Hinweise zur genauen Lage des Anwesens erfolgen und das Haus von Ortsfremden allein anhand der Fotos nicht einfach zu lokalisieren ist.

### 5. Sonstige Rechte

**304**     a) **Wettbewerbsrechtlicher Unterlassungsanspruch.** Das Fotografieren von Objekten und die Verwertung der Aufnahmen kann eventuell wettbewerbswidrig sein. Die Geltendmachung eines wettbewerbsrechtlichen Unterlassungsanspruchs kommt allerdings nur dann in Betracht, wenn zwischen dem Eigentümer oder Besitzer des fotografierten Objekts und demjenigen, der die Fotografien anfertigt oder verwertet, ein konkretes **Wettbewerbsverhältnis** besteht (§ 2 Abs 1 Nr 3 UWG) und die Fotografien **zu Zwecken des Wettbewerbs** eingesetzt werden (§ 2 Abs 1 Nr 1 UWG). Außerdem müssen besondere Umstände vorliegen, die das Fotografieren und die Verwertung der Aufnahmen **unlauter** erscheinen lassen. Fehlen solche Unlauterkeitsmomente, kann das Ausnutzen einer fremden Leistung nicht als Wettbewerbsverstoß geahndet werden.[550]

**305**     Ein Wettbewerbsverstoß kann zB darin zu sehen sein, dass sich jemand den Zutritt zu einem nicht frei zugänglichen Schlosspark erschleicht, um dort Motive für Ansichtskarten abzulichten, sofern der Eigentümer des Schlossparks ebenfalls Ansichtskarten verkauft und durch den Vertrieb der Konkurrenzprodukte benachteiligt werden könnte (§ 4 Nr 9c UWG).[551] Wettbewerbswidrig ist das Fotografieren von Objekten auch in den Fällen, in denen mit der Fotografie zugleich eine verkörperte Wiedergabe eines Geschäfts- oder Betriebsgeheimnisses hergestellt wird (§ 17 Abs 2 Nr 1a UWG).[552] Fraglich ist allerdings, ob von einer solchen unlauteren Sicherung geheimhaltungsbedürftiger Tatsachen bereits dann auszugehen ist, wenn ein komplexes Designprodukt vor der allgemeinen Markteinführung auf einer Fachmesse mit Zutrittbeschränkung fotografiert wird.[553]

---

[547] KG NJW 2005, 2320, 2321 f – Jauch-Villa; OLG Hamburg AfP 2005, 75 – Grönemeyer-Villa II.
[548] Vgl OLG Hamburg AfP 2006, 182, 183 – Wohnanlage in Köln; KG AfP 2006, 564 – Grönemeyer-Villa I; LG Oldenburg AfP 1988, 167 – Almwiese als Dach.
[549] BGH GRUR 2009, 1089, 1090 – Joschka Fischer; KG AfP 2008, 400 f – Joschka Fischer.

[550] Dazu *Ohly* GRUR 2010, 487, 490 ff.
[551] Vgl KG WRP 1974, 407 – Schloss Tegel.
[552] *Beater* JZ 1998, 1101, 1102.
[553] So aber *Brandau/Gal* GRUR 2009, 118, 119 ff.

Das unerlaubte **Fotografieren in den Geschäftsräumen** eines Mitbewerbers stellt **306**
dagegen nicht in jedem Fall eine Wettbewerbsverletzung dar.[554] Wenn Testpersonen
zur Dokumentation eines vermeintlichen oder tatsächlichen Wettbewerbsverstoßes in
fremden Geschäftsräumen ohne Genehmigung des Geschäftsinhabers einzelne Objekte
(zB Warenkörbe mit Werbeschildern) fotografieren, ist dieses Verhalten nach der aktuellen BGH-Rechtsprechung wettbewerbsrechtlich jedenfalls dann nicht zu beanstanden, wenn der behauptete Wettbewerbsverstoß ohne die Aufnahmen nicht hinreichend belegt werden könnte.[555] Die in früheren Entscheidungen für möglich gehaltene
Gefahr, dass der Geschäftsbetrieb durch das ungenehmigte Fotografieren erheblich
gestört werden könnte, schließt der BGH nunmehr aufgrund der geänderten Lebensverhältnisse aus. Da heute mit Kameras in Mobiltelefonen und kleinen Digitalkameras
jederzeit und überall fotografiert werde, sei die Anfertigung von Fotografien in Geschäftsräumen inzwischen nicht mehr als so ungewöhnlich anzusehen, dass man mit
einer Störung des Betriebs rechnen müsse.

b) **Recht am eingerichteten und ausgeübten Gewerbebetrieb.** Fotografien von **307**
Betriebs- oder Geschäftsräumen können unter Umständen das Recht am eingerichte-
ten und ausgeübten Gewerbebetrieb beeinträchtigen. Dieses Recht ist allerdings **subsi-
diär**. Es handelt sich um einen **Auffangtatbestand**, der nur eingreift, soweit die dem
Unternehmensschutz dienenden speziellen Deliktstatbestände keine abschließende
Regelung enthalten.[556]

Das Recht am Gewerbebetrieb schützt zwar alles, was der unternehmerischen **308**
Betätigung und Entfaltung im Wirtschaftsleben dient, doch können nur solche Eingriffe in den geschützten Bereich zu einer Rechtsverletzung führen, die **betriebsbezo-
gen** erfolgen. Außerdem muss der Eingriff eine **Schadensgefahr** begründen, die über
die bloße Belästigung oder sozialübliche Behinderung hinausgeht und geeignet ist, den
Betrieb in empfindlicher Weise zu beeinträchtigen. Diese Voraussetzungen werden bei
der Anfertigung und Verbreitung von Sachfotografien nur in seltenen Fällen erfüllt
sein.

So hat der BGH einen Eingriff in den eingerichteten und ausgeübten Gewerbe- **309**
betrieb durch ungenehmigte Filmaufnahmen in einer Hotel-Appartment-Anlage verneint. In dem Fall ging es um einen Fernsehbeitrag über unzufriedene Kunden eines
Reiseveranstalters, dem für diese Anlage ein Belegungsrecht zustand. Da der Reisever-
anstalter nicht Eigentümer des Hotels war, konnte er sich nur auf sein Recht am
Gewerbebetrieb berufen. Dieses Recht wurde jedoch nach Auffassung des BGH nicht
beeinträchtigt, weil die Appartement-Anlage **nicht zu den Betriebsmitteln** des Unternehmens gehörte und es somit an der notwendigen Betriebsbezogenheit des Eingriffs
fehlte.[557]

---

554 Anders noch BGH GRUR 1991, 843 – Test-
fotos I; BGH NJW-RR 1997, 104 – Testfotos II;
Wenzel/*von Strobl-Albeg* Rn 7.91.
555 BGH GRUR 2007, 802, 804 f – Testfotos
III; zust Köhler/Bornkamm/*Köhler* § 4 UWG
Rn 10.163.

556 Dazu BGH ZUM 1998, 566, 567 – Appartement-Anlage; *Beater* JZ 1998, 1101, 1107.
557 BGH ZUM 1998, 566, 567 – Appartement-
Anlage; krit dazu *Beater* JZ 1998, 1101,
1106 ff.

## III. Gesetzliche Fotografier- und Verwertungsverbote

### 1. Gerichtsverhandlungen

**310**    § 169 S 2 GVG verbietet Ton- und Fernseh-Rundfunkaufnahmen sowie Ton- und Filmaufnahmen während einer Gerichtsverhandlung zum Zwecke der öffentlichen Vorführung oder Veröffentlichung ihres Inhalts.[558] Dieses Verbot gilt nur für **Filmaufnahmen** (bewegte Bilder), so dass **Zeichnungen** und **Fotografien** (Standbilder) auch während einer Gerichtsverhandlung grundsätzlich zulässig sind.[559] Allerdings kann der Vorsitzende aufgrund der ihm übertragenen sitzungspolizeilichen Befugnisse (§ 176 GVG) das Fotografieren während der Sitzung ausschließen oder bspw anordnen, dass das Gesicht des Angeklagten auf Fotos verpixelt oder in sonstiger Weise anonymisiert werden muss.[560] Da solche Anordnungen in den Schutzbereich der Rundfunk- und Pressefreiheit (Art 5 Abs 1 S 2 GG) eingreifen, ist dabei das besondere Schutzbedürfnis der Prozessbeteiligten, also insb der Angeklagten und Zeugen, gegen das öffentliche Informationsinteresse abzuwägen und der Grundsatz der Verhältnismäßigkeit zu beachten.[561] Wenn dem Schutzbedürfnis einzelner Prozessbeteiligter durch die Anordnung einer Anonymisierung von Bildaufnahmen dieser Personen ausreichend Rechnung getragen werden kann, führt eine sitzungspolizeiliche Anordnung, die Bildaufzeichnungen unmittelbar vor und nach einer mündlichen Verhandlung grundsätzlich verbietet, zu einer unzulässigen Einschränkung der Freiheit der Bildberichterstattung.[562]

**311**    Sitzungspolizeiliche Anordnungen zur Anfertigung von Bildaufzeichnungen sind **im gesamten räumlichen Bereich der Sitzung** zulässig. Dazu gehören alle für die Verhandlung erforderlichen Räumlichkeiten, also nicht nur der Gerichtssaal selbst, sondern auch das Beratungszimmer des Gerichts und alle angrenzenden Räume wie Flure und Korridore. Deshalb darf der Vorsitzende zum Schutz der Verfahrensbeteiligten das Fotografieren von Zeugen verbieten, die vor dem Gerichtssaal auf ihre Vernehmung warten.[563]

### 2. Militärische Einrichtungen

**312**    § 5 Abs 2 des Schutzbereichsgesetzes[564] verbietet das Fotografieren von Gebieten, die als **Schutzbereich** gekennzeichnet sind. Das Fotografierverbot gilt auch für alle Anlagen, die sich innerhalb des geschützten Gebiets befinden. Schutzbereiche dienen zum Schutz und zur Erhaltung der Wirksamkeit von militärischen Verteidigungsanlagen.

**313**    Zusätzlich stellt § 109g StGB das Fotografieren von **Wehrmitteln, militärischen Einrichtungen oder Anlagen** und **militärischen Vorgängen** unter Strafe, soweit da-

---

**558** Abw § 17a BVerfGG für das Verfahren beim BVerfG.
**559** BVerfG ZUM 2001, 220, 226 – Rundfunkübertragung aus dem Gerichtssaal; BGH NJW 1970, 63, 64 – Filmaufnahmen in der Verhandlungspause; Wenzel/*von Strobl-Albeg* Rn 7.33; *Prinz/Peters* Rn 819; Hoeren/Nielen/*Jakublik* Rn 485; *Wanckel* Rn 22.
**560** Vgl dazu KG BeckRS 2010, 12514 – Sitzungspolizeiliches Verpixelungsgebot.

**561** Dazu BVerfG ZUM 2009, 216, 217 f – Holzklotz-Werfer; BVerfG AfP 2009, 244, 246 ff – Koma-Saufen.
**562** So BVerfG NJW 2008, 977, 978 ff – Bundeswehr-Rekruten.
**563** BGH NJW 1998, 1420 – Aufnahmen im Gerichtsflur; Wenzel/*von Strobl-Albeg* Rn 7.33.
**564** Gesetz über die Beschränkung von Grundeigentum für die militärische Verteidigung v 7.12.1956 (BGBl I S 899).

durch die Sicherheit der Bundesrepublik Deutschland oder die Schlagkraft der Truppe gefährdet werden.[565] Auch die Weitergabe solcher Aufnahmen ist strafbar. Diese Regelung gilt sowohl für Aufnahmen, die vom Boden aus angefertigt werden (§ 109g Abs 1 StGB), als auch für Luftbilder der geschützten Gebiete und Gegenstände (§ 109g Abs 2 StGB).

### 3. Luftbildaufnahmen

Der frühere § 27 Abs 2 LuftVG, der das Fotografieren aus einem Luftfahrzeug außerhalb des Fluglinienverkehrs nur mit behördlicher Erlaubnis gestattete, gilt seit Mitte 1990 nicht mehr.[566] Seitdem unterliegen Luftbilder nur noch den speziellen Beschränkungen, die für sicherheitsgefährdende Aufnahmen gem § 109g Abs 2 StGB bestehen, sowie den allgemeinen Beschränkungen, die sich aus dem Persönlichkeitsrecht der Eigentümer und Besitzer der Objekte ergeben, die aus der Luft fotografiert werden.[567]

**314**

### 4. Höchstpersönlicher Lebensbereich

§ 201a StGB stellt das unbefugte Fotografieren von Personen unter Strafe, die sich in einer **Wohnung** oder einem **gegen Einblick besonders geschützten Raum** befinden, sofern die Aufnahmen den höchstpersönlichen Lebensbereich dieser Personen verletzen. Diese Regelung verbietet nicht nur **Paparazzi-Fotos**, die von einem Beobachtungspunkt außerhalb des geschützten Lebensbereichs mit einem starken Teleobjektiv aufgenommen werden, sondern auch Aufnahmen, die ein Fotograf innerhalb dieses Bereichs mit **versteckter Kamera** anfertigt.[568] Auch die Weitergabe, der Gebrauch und die Zugänglichmachung solcher Aufnahmen ist strafbar. Damit werden die Absatzwege für unbefugt aufgenommene Personenbilder blockiert, da auch diejenigen strafrechtlich belangt werden können, die solche Fotos als Verleger oder Redakteure ankaufen und an die Öffentlichkeit bringen.

**315**

### 5. Weitere Beschränkungen

a) **Pornografische Aufnahmen.** § 184 Abs 1 Nr 8 StGB verbietet die Herstellung, den Bezug, die Lieferung, das Vorrätighalten und die Einfuhr pornografischer Schriften, soweit sie für die in § 184 Abs 1 Nr 1 bis 7 StGB genannten Zwecke verwendet werden sollen. Abbildungen stehen gem § 11 Abs 3 StGB den pornografischen Schriften gleich, so dass auch Fotografien von der Strafvorschrift des § 184 Abs 1 Nr 8 erfasst werden. Als **Pornografie** gilt die grobe Darstellung des Sexuellen, die den Menschen in einer den Sexualtrieb aufstachelnden Weise zum bloßen auswechselbaren Objekt geschlechtlicher Begierde degradiert und die ohne Sinnzusammenhang mit anderen Lebensäußerungen bleibt bzw minimale gedankliche Inhalte lediglich zum Vorwand für provozierende Sexualität nimmt.[569]

**316**

---

565 Dazu ausf *Wanckel* Rn 29 ff.
566 Die Regelung wurde durch Art 37 des Dritten Rechtsbereinigungsgesetzes v 28.6.1990 (BGBl I S 1221) aufgehoben, was Hoeren/Nielen/*Jakubik* Rn 488 offenbar entgangen ist.
567 Dazu Rn 293 ff.

568 *Heinker* AfP 2008, 573, 575.
569 OLG Düsseldorf NJW 1974, 1474, 1475 – Pornografie; ebenso KG NStZ 2009, 446.

**317**     **b) Werbung für Heilmittel und Heilbehandlung.** Für Arzneimittel darf außerhalb der Fachkreise nicht mit der bildlichen Darstellung von **Personen in der Berufskleidung** oder bei der Ausübung der Tätigkeit von Angehörigen der Heilberufe, des Heilgewerbes oder des Arzneimittelhandels geworben werden (§ 11 Abs 1 S 1 Nr 4 HWG). Dasselbe gilt für die Bewerbung von Verfahren, Behandlungen, Gegenständen und anderen Mitteln, soweit sich die Werbeaussage auf die Erkennung, Beseitigung oder Linderung von Krankheiten, Leiden, Körperschäden oder krankhaften Beschwerden bei Mensch oder Tier bezieht (§ 1 Abs 1 Nr 2 HGW). Zu den „Gegenständen", die von dem Werbeverbot erfasst werden, gehören auch Gegenstände zur Körperpflege (§ 1 Abs 2 S 2 HGW). Mit den „anderen Mitteln" sind kosmetische Mittel gemeint (§ 1 Abs 2 S 1 HGW).

**318**     § 11 Abs 1 S 1 Nr 4 HWG soll verhindern, dass durch Abbildungen der Eindruck erzeugt wird, das beworbene Mittel oder Verfahren werde fachlich empfohlen oder angewendet, und dass die **Autorität der Heilberufe** dazu ausgenutzt wird, direkt oder indirekt die Vorstellung besonderer Wirksamkeit bestimmter Präparate oder Behandlungen zu wecken.[570] Mit Rücksicht auf die durch Art 12 Abs 1 GG gewährleistete Berufsausübungsfreiheit ist die Regelung allerdings einschränkend auszulegen und nur bei Werbemaßnahmen anzuwenden, die geeignet sind, das Laienpublikum unsachlich zu beeinflussen und dadurch zumindest eine mittelbare Gesundheitsgefährdung zu bewirken.[571]

**319**     Ein weiteres „Bilderverbot" enthält § 11 Abs 1 S 1 Nr 5 HWG. Danach darf für medizinische Produkte, Verfahren und Behandlungen außerhalb der Fachkreise nicht mit Bildern geworben werden, die **Veränderungen des menschlichen Körpers** oder seiner Teile durch Krankheiten, Leiden oder Körperschäden (§ 1 Abs 1 S 1 Nr 5a HWG), die Wirkung der beworbenen Produkte, Verfahren oder Behandlungen durch eine vergleichende Darstellung des Körperzustandes oder des **Aussehens vor und nach der Anwendung** (§ 1 Abs 1 S 1 Nr 5b HWG) oder ihren **Wirkungsvorgang am menschlichen Körper** oder an seinen Teilen zeigen (§ 1 Abs 1 S 1 Nr 5c HWG).

§ 4
## Vertragsrecht

### I. Fotoproduktionsverträge

#### 1. Rechtliche Einordnung

**320**     Wird ein Fotograf mit der Herstellung neuer Bilder beauftragt, geht es nicht oder jedenfalls nicht vorrangig um die Herstellung einer beweglichen Sache, sondern um die schöpferische Gestaltung von Lichtbildwerken, auch wenn sich diese Gestaltungsarbeit letztlich in einem konkreten Werkstück (zB Dia, CD mit Bilddateien) manifestiert. Deshalb ist ein solcher Produktionsauftrag rechtlich als **Werkvertrag** (§ 631 BGB) und nicht als Werklieferungsvertrag (§ 651 BGB) einzustufen.[572]

---

[570] BGH GRUR 2001, 453, 455 – TCM-Zentrum; BGH GRUR 1985, 936 – Sanatorium II.
[571] So BGH GRUR 2007, 809, 810 – Krankenhauswerbung.
[572] OLG Karlsruhe GRUR 1984, 522, 523 – Herrensitze in Schleswig-Holstein; Fromm/

Nordemann/*JB Nordemann* UrhG Vor §§ 31 ff Rn 166; Loewenheim/*A Nordemann* § 73 Rn 36; Berger/Wündisch/*Mercker* § 29 Rn 4; *Schack* Kunst und Recht Rn 872; *Maaßen* Basiswissen 107 f; aA *Wanckel* Rn 321 und Rn 353.

Zusammen mit dem Werkvertrag, spätestens aber nach Ablieferung der Werkleistung, wird in der Regel noch ein zweiter Vertrag abgeschlossen, der dem Auftraggeber die Verwertung der Werkleistung ermöglicht. Der zweite Vertrag ist deshalb erforderlich, weil die von dem Fotografen aufgenommenen Bilder entweder als Lichtbildwerke (§ 2 Abs 1 Nr 5 UrhG) oder als einfache Lichtbilder (§ 72 UrhG) geschützt und deshalb für den Auftraggeber nur dann verwertbar sind, wenn er zuvor die entsprechenden Nutzungsrechte erwirbt. Für den **Nutzungsvertrag** gelten die Vorschriften des Allgemeinen Teils des BGB und die urheberrechtlichen Bestimmungen über die Einräumung von Nutzungsrechten (§§ 31 ff UrhG). Ergänzend sind die §§ 398 ff BGB heranzuziehen (arg. § 413 BGB).[573]

**321**

Die **Koppelung von Werkvertrag und Nutzungsvertrag** ist eine typische Erscheinung bei fast allen Fotoproduktionen.[574] Dabei sind **zwei Varianten** denkbar. Einmal kann bereits bei der Auftragserteilung festgelegt werden, dass und in welchem Umfang der Auftraggeber die Nutzungsrechte an den bestellten Bildern erwerben soll. Es besteht aber auch die Möglichkeit, dass der Auftrag zunächst auf die Fotoproduktion beschränkt wird und der Auftraggeber erst danach entscheidet, ob er die fertigen Bilder auch nutzen und welche Nutzungsrechte er im Einzelnen erwerben will. Bei der ersten Variante muss der Auftraggeber die Gesamtvergütung für die Herstellung und Nutzung auch dann zahlen, wenn ihm die Bilder nach der Fertigstellung nicht gefallen und eine Nutzung deshalb nicht stattfindet. Die zweite Variante bietet den Vorteil, dass der Auftraggeber zumindest das Nutzungshonorar einsparen kann, wenn die Fotoproduktion nicht seinen Vorstellungen entspricht und er deshalb auf eine Nutzungsrechtsübertragung verzichtet.

**322**

## 2. Vertragsabschluss

Die Aufforderung an einen Fotografen, eine **Kostenkalkulation** für eine Fotoproduktion vorzulegen, stellt noch kein Vertragsangebot dar. Anders verhält es sich dagegen in den Fällen, in denen ein Fotograf gebeten wird, Bildideen für einem bestimmten Thema zu entwickeln und dazu einige Probefotos vorzulegen. Da die **Entwicklung von Bildideen** und die fotografische Umsetzung solcher Ideen normalerweise die kreative Hauptleistung eines Fotografen darstellt, kann niemand erwarten, dass solche Arbeiten kostenlos vor Abschluss eines Vertrages ausgeführt werden.[575] Die Aufforderung, Bildideen und **Probefotos** zu präsentieren, ist daher im Regelfall bereits als Vertragsangebot zu werten. Kommt der Fotograf dieser Aufforderung nach, so liegt darin die Annahme des Angebots. Es wird also ein Werkvertrag abgeschlossen mit der Folge, dass die Entwicklung der Bildideen und die Anfertigung der Probefotos auch dann zu vergüten ist, wenn die Fotoproduktion nicht realisiert wird (§ 632 Abs 1 BGB). Ein Vergütungsanspruch wäre nur dann auszuschließen, wenn solche Vorarbeiten in erster

**323**

**573** Schricker/Loewenheim/*Schricker/Loewenheim* UrhG Vor § 28 Rn 77; Wandtke/Bullinger/ *Wandtke/Grunert* UrhG Vor §§ 31 ff Rn 22.
**574** Dreier/Schulze/*Schulze* (UrhG Vor § 31 Rn 165 ff und Rn 276) bezeichnet diese Koppelung als „Zwei-Stufen-Vertrag"; ebenso OLG Köln GRUR 1986, 889, 891 – ARD-1; Fromm/ Nordemann/*JB Nordemann* UrhG Vor §§ 31 ff Rn 306 und Rn 395.

**575** Vgl OLG Frankfurt NJW-RR 1997, 120 f – Gesellschaftsspiel; OLG Zweibrücken NJW-RR 1995, 1265 – Selbstdarstellungsbroschüre; OLG Köln NJW-RR 1994, 1208 – Lambada; OLG Düsseldorf GRUR 1991, 334 f – Firmenlogo; OLG Hamburg MDR 1985, 321 f – Künstlerischer Entwurf; Palandt/*Sprau* BGB § 632 Rn 10.

Linie der **Darstellung der eigenen Leistungsfähigkeit** dienen[576] oder wenn damit bezweckt wird, die **Grundlage für eine umfassende Zusammenarbeit** der Parteien zu schaffen, und sich die anfallenden Kosten über die angestrebte längerfristige Zusammenarbeit amortisieren sollen.[577]

**324**     Aufträge für Fotoproduktionen werden in der Praxis meist **mündlich** erteilt und anschließend **schriftlich bestätigt.** Solche Bestätigungen haben ungeachtet der Tatsache, dass die selbständigen Fotografen regelmäßig keine Kaufleute sind, dieselbe Wirkung wie ein **kaufmännisches Bestätigungsschreiben,** sofern Absender und Empfänger des Schreibens wie Kaufleute am geschäftlichen Verkehr teilnehmen. Wenn daher ein Fotograf mit einer Werbeagentur einen mündlichen Vertrag abschließt, diesen Vertrag anschließend gegenüber der Agentur schriftlich bestätigt und die Agentur dazu schweigt, wird das Schweigen in der Regel als Zustimmung zu dem Inhalt des Bestätigungsschreibens zu werten sein.[578]

### 3. Vertragspflichten

**325**     a) **Leistungspflichten der Fotografen. aa) Werkleistung.** Die Werkleistung, die der Fotograf zu erbringen hat, wird insb bei Fotoproduktion im Bereich der Werbung durch ein schriftliches oder mündliches **Briefing** des Auftraggebers festgelegt. Die Briefings sind häufig so formuliert, dass der schöpferischen Phantasie ein breiter Spielraum verbleibt. Diese **Gestaltungsfreiheit** darf der Fotograf so nutzen, wie er es nach seinem künstlerischen Ermessen für richtig hält.[579] Allerdings müssen sich die Aufnahmen stets im Rahmen dessen halten, was der Auftraggeber konkret vorgegeben hat. Eigenmächtige **Abweichungen von den Briefing-Vorgaben** berechtigen den Auftraggeber, die Abnahme der Fotos zu verweigern.

**326**     Eine Fotoproduktion besteht regelmäßig aus drei **Arbeitsphasen.** Die erste Phase dient der **Vorbereitung** der eigentlichen Aufnahmearbeiten. So werden etwa bei Werbeproduktionen geeignete Aufnahmeorte (Locations) gesucht, die weiteren Beteiligten (Fotomodelle, Stylisten, Visagisten) gebucht sowie eventuell benötigte Requisiten und Genehmigungen beschafft. In der zweiten Phase wird fotografiert. Diese Phase bezeichnet man im Werbebereich als **Shooting.** Als dritte Phase schließt sich die **Postproduktion** an, sofern die Aufnahmen – wie es inzwischen allgemein üblich ist – digital nachbearbeitet werden. Zur Postproduktion gehört auch die Digitalisierung analoger Aufnahmen, falls zuvor analog fotografiert wurde. Nach Abschluss der Produktion werden dem Auftraggeber die fertigen Bilder übergeben, wobei die Übergabe heute meist in Form von druckfähigen Bilddateien erfolgt.

**327**     bb) **Einräumung der Nutzungsrechte.** Zu den Vertragspflichten des Fotografen gehört in der Regel die Einräumung der urheberrechtlichen Nutzungsrechte an den Bildern, die der Auftraggeber als vertragsgemäße Werkleistung abnimmt. Davon ausgenommen sind Fotoproduktionen, die ausschließlich für private Zwecke des Auftraggebers bestimmt sind. So ist es zB bei **Hochzeitsbildern** oder **privaten Porträtfotos** nicht üblich, den Auftraggebern irgendwelche Nutzungsrechte zu überlassen, da solche

---

[576] OLG Frankfurt NJW-RR 1986, 931 – Etatpräsentation.
[577] BGH NJW-RR 2005, 19 – Werbekonzept.
[578] *Maaßen* Basiswissen 106 f; *Wanckel* Rn 320.

[579] BGHZ 19, 382, 384 – Gedächtniskapelle; KG ZUM-RD 1999, 337 – Dokumentarfilm; Dreier/Schulze/*Schulze* UrhG Vor § 31 Rn 34; Loewenheim/*Schulze* § 70 Rn 45; *Wanckel* Rn 322 und Rn 359.

Aufnahmen meist nur für den eigenen Gebrauch benötigt werden und die Anfertigung von Vervielfältigungsstücken ebenso wie die unentgeltliche Weitergabe der Bilder an Freunde oder Bekannte regelmäßig durch § 53 Abs 1 und § 60 UrhG gedeckt ist.[580]

Auch dann, wenn die Einräumung von Nutzungsrechten an sich zum vertraglichen Leistungsumfang gehört, ist der Fotograf **zu einer Rechtsübertragung nicht verpflichtet**, soweit der Auftraggeber die Abnahme der Werkleistung gem § 640 Abs 1 BGB und die Bezahlung der Fotoproduktion verweigert.[581] Denn die Verpflichtungen aus dem Nutzungsvertrag bestehen nur unter der aufschiebenden Bedingung, dass der vorgeschaltete Werkvertrag von beiden Parteien vollständig erfüllt wird (§ 158 Abs 1 BGB).

Wenn ein Fotograf zur Überlassung von Nutzungsrechten verpflichtet ist, ist anhand der Parteivereinbarungen zu prüfen, welche Rechte der Auftraggeber beanspruchen kann. Gibt es dazu keine klaren Festlegungen oder sind die getroffenen Vereinbarungen nicht nachweisbar, ist auf die **Zweckübertragungsregel** (§ 31 Abs 5 UrhG) zurückzugreifen. Es muss dann nach dem von beiden Parteien zugrundegelegten Vertragszweck bestimmt werden, auf welche Nutzungsarten sich das Nutzungsrecht erstreckt, ob es als einfaches oder ausschließliches Recht einzuräumen ist und welchen Einschränkungen es unterliegt. **328**

Bei der Anwendung der Zweckübertragungsregel ist zu berücksichtigen, dass die urheberrechtlichen Befugnisse die Tendenz haben, soweit wie möglich beim Fotografen zu verbleiben, damit dieser an der Verwertung seiner Bilder in angemessener Weise beteiligt wird.[582] Es gilt deshalb der Grundsatz, dass im Allgemeinen nur diejenigen Nutzungsrechte stillschweigend eingeräumt werden, die für das Erreichen des Vertragszwecks unerlässlich sind, und dass die Einräumung von Nutzungsrechten über den vom Vertragszweck geforderten Umfang hinaus nur angenommen werden kann, wenn sich den Begleitumständen oder dem schlüssigen Verhalten der Beteiligten ein entsprechender Parteiwille unzweideutig entnehmen lässt.[583] Die Darlegungs- und Beweislast dafür, dass die in Anspruch genommenen Nutzungsrechte dem Vertragszweck entsprechen, trägt der Verwerter.[584] Dabei ist als Vertragszweck nur zu berücksichtigen, was sich als **gemeinsam verfolgter Zweck** zweifelsfrei feststellen lässt.[585] **329**

Bei der Prüfung der Frage, welche Nutzungsrechte der Vertragszweck erfordert, sind alle Umstände des jeweiligen Einzelfalles zu berücksichtigen. So wird bei der Bereitstellung von Bildern für eine Fremdenverkehrsbroschüre zu beachten sein, dass die mit der Broschüre bezweckte Werbung ein **Daueranliegen** ist und der Verwerter deshalb die Einräumung der zeitlich und quantitativ unbegrenzten Nachdruckrechte erwartet.[586] Auch aus der **Höhe der gezahlten Vergütung** können sich Anhaltspunkte dafür ergeben, welche Nutzungsrechte damit abgegolten werden sollen.[587] **330**

---

[580] So auch *Schack* Kunst und Recht Rn 873.
[581] Dazu OLG Hamburg ZUM-RD 2006, 16, 24 – Musikvideo.
[582] BGH GRUR 1996, 121, 122 – Pauschale Rechtseinräumung.
[583] BGH GRUR 2010, 623, 624 (Tz 20) – Restwertbörse; BGH GRUR 2004, 938 f – Comic-Übersetzungen III; BGH GRUR 2002, 248, 251 – SPIEGEL-CD-ROM; BGH GRUR 2000, 144, 145 – Comic-Übersetzungen II; KG GRUR 2002, 252, 254 f – Mantellieferung; OLG Hamburg GRUR 2000, 45, 46 – CD-Cover.

[584] KG GRUR 2002, 252, 255 – Mantellieferung; *Wanckel* Rn 332.
[585] So OLG Hamburg GRUR 2000, 45, 46 – CD-Cover; Schricker/Loewenheim/*Schricker/Loewenheim* UrhG § 31 Rn 90.
[586] BGH GRUR 1988, 300, 301 – Fremdenverkehrsbroschüre; vgl auch OLG Thüringen ZUM 2003, 55, 58 – Rudolstädter Vogelschießen.
[587] So BGH GRUR 1986, 885, 886 – METAXA; Dreier/Schulze/*Dreier* UrhG Vor § 31 Rn 184.

**331**    Teilweise wird die Auffassung vertreten, dass bei **Auftragsproduktionen** generell von einer umfassenden Einräumung der Nutzungsrechte auszugehen ist.[588] Zur Begründung heißt es, dass man einem Auftraggeber, der bei solchen Produktionen sämtliche Kosten übernimmt und somit das wirtschaftliche Risiko trägt, als Äquivalent eine weitgehende **Dispositionsfreiheit** bei der Verwertung der Bilder zugestehen müsse. Es ist jedoch nicht erkennbar, wieso sich aus der Finanzierung der Produktionskosten durch den Auftraggeber die Notwendigkeit ergeben soll, ihm sämtliche Nutzungsrechte ohne Rücksicht auf die konkret beabsichtigte Verwendung der Bilder zu überlassen.[589] Zwar mag die Übernahme der Kosten ein Indiz dafür sein, dass der Auftraggeber an einer **exklusiven Auswertung** der Produktionsergebnisse interessiert ist und deshalb die Überlassung von ausschließlichen Nutzungsrechten erwartet. Dass diese Rechtseinräumung aber zugleich ohne jede inhaltliche, zeitliche und räumliche Beschränkung zu erfolgen hat, auch wenn die Bilder nur für einen bestimmten Verwendungszweck produziert werden, dürfte mit der **Zweckübertragungsregel** kaum zu vereinbaren sein. Insoweit ist auch zu bedenken, dass die Vergütung, die der Fotograf bei einer Auftragsproduktion für die Einräumung der Nutzungsrechte erhält, in der Praxis nach der jeweils beabsichtigten Verwendung der Fotos bemessen wird. Deshalb kann der Auftraggeber einer Fotoproduktion nicht erwarten, dass ihm sämtliche Nutzungsrechte überlassen werden, obwohl er den Fotografen nur für die Nutzungen bezahlt, die bei der Auftragserteilung konkret geplant sind. Eine solche Vertragsauslegung würde dem **Prinzip der angemessenen Vergütung** (§ 11 S 2 UrhG) zuwiderlaufen.

**332**    Bei der Anwendung der Zweckübertragungsregel ist zwar auch die **Branchenübung** zu berücksichtigen.[590] Gerade im Bereich der Fotografie sind aber die als branchenüblich akzeptierten Verhaltensweisen sorgfältig von den gerade in dieser Branche verbreiteten **Unsitten** zu unterscheiden.[591] So gibt es zwar immer wieder Versuche der Auftraggeber, von den Fotografen sämtliche Nutzungsrechte ohne jede inhaltliche, zeitliche oder räumliche Beschränkung gegen Zahlung eines geringen Pauschalhonorars zu erhalten, doch entspricht eine solche unbeschränkte Rechtseinräumung keineswegs einer allgemeinen Branchenübung. Abgesehen davon wäre eine solche Branchenübung selbst dann, wenn sie existieren sollte, bei der Anwendung der Zweckübertragungsregel nur zu berücksichtigen, wenn der betroffene Fotograf diese Übung gekannt und sich ihr erkennbar unterworfen hat.[592]

**333**    Erwirbt ein Auftraggeber – was der Regelfall sein dürfte – an der Werkleistung nur beschränkte Nutzungsrechte, kann der Fotograf nach **Treu und Glauben** verpflichtet sein, ihm bei Bedarf eventuell weitere Rechte gegen Zahlung einer Zusatzvergütung einzuräumen und einer entsprechenden **Vertragsanpassung** zuzustimmen.[593] Voraussetzung ist allerdings, dass die Nutzungsvereinbarung eine Lücke enthält, wie sie bspw

---

[588] OLG Karlsruhe GRUR 1984, 522, 523 – Herrensitze in Schleswig-Holstein; ebenso OLG Hamburg Urt v 30.8.1990, 3 U 50/90 – Auftragsproduktion; dazu auch Loewenheim/*A Nordemann* § 73 Rn 38.

[589] So auch OLG Hamburg GRUR 2000, 45, 47 f – CD-Cover; OLG Hamburg ZUM-RD 1999, 80, 85 – Deklaratorisches Anerkenntnis; ebenso Loewenheim/*A Nordemann* § 73 Rn 39.

[590] BGH GRUR 1986, 885, 886 – METAXA.

[591] Vgl LG München I ZUM 1995, 57, 58 –

Venus der Lumpen; Dreier/Schulze/*Schulze* UrhG § 31 Rn 125.

[592] BGH GRUR 2004, 938, 939 – Comic-Übersetzungen III; *Wanckel* Rn 333.

[593] OLG Hamburg GRUR 2000, 45, 48 – CD-Cover; Dreier/Schulze/*Schulze* UrhG § 31 Rn 139; Loewenheim/*A Nordemann* § 73 Rn 39; vgl aber BGH GRUR 2002, 248, 252 – SPIEGEL-CD-ROM: keine Verpflichtung, einer bereits erfolgten rechtswidrigen Nutzung nachträglich zuzustimmen.

dann entsteht, wenn sich neue technische Möglichkeiten der Werknutzung ergeben, die beiden Parteien zum Zeitpunkt des Vertragsabschlusses noch nicht bekannt waren. Der Auftraggeber kann in solchen Fällen nach dem Rechtsgedanken, der auch § 34 Abs 1 S 2 UrhG zugrunde liegt, die Zustimmung des Fotografen zu der erweiterten Nutzung einfordern, sofern er bereit ist, dafür eine **weitere angemessene Vergütung** zu zahlen.[594]

Zur Anwendung der Zweckübertragungsregel bei Fotoproduktionsverträgen gibt es inzwischen eine **umfangreiche Kasuistik.** So wurde entschieden, dass sich die exklusiven Abdruckrechte an einer Fotoserie, die dem Auftraggeber für eine deutschsprachige Illustrierte eingeräumt werden, auch auf das zum Kernverbreitungsgebiet der Zeitschrift gehörende deutschsprachige Ausland (Österreich, Schweiz) erstrecken.[595] Werbefotos, die ein Lampenfabrikant und -großhändler für seine Kataloge bestellt, dürfen nicht an die Einzelhändler für deren Werbezwecke weitergegeben werden, auch wenn die Weitergabe der Absatzförderung der Lampen dient.[596] Werden einer Haftpflichtversicherung im Zusammenhang mit der Regulierung eines Unfallschadens Aufnahmen des beschädigten Fahrzeugs vorgelegt, ist die Versicherung nicht berechtigt, die Fotos in eine Restwertbörse im Internet einzustellen, um den vom Sachverständigen ermittelten Restwert zu überprüfen.[597] Dagegen soll eine Fotomontage, die zunächst nur zu Präsentationszwecken für den Dummy eines Verkaufskartons angefertigt wurde, auch für die spätere Produktion des Verkaufskartons verwendet werden dürfen, falls die Präsentation für den Auftraggeber erfolgreich verläuft.[598] **334**

Generell dürfen Fotografien, die auf dem Titel einer Zeitschrift oder eines Buches erscheinen, von dem Nutzungsrechtsinhaber auch für Veröffentlichungen verwendet werden, die mit dem Titelbild für die betreffende Zeitschrift oder das Buch werben.[599] Eine Aufnahme, mit der für einen Kinofilm geworben wird, ist auch als Coverbild auf den Videokassetten dieses Films verwendbar, ohne dass es dazu besonderer Absprachen bedarf.[600] Dagegen ist ein Verleger nicht berechtigt, die für einen Ausstellungskatalog bestellten Bilder auch für eine Buchausgabe zu verwenden.[601] Wollen Dritte (zB Händler) ein Titel- bzw Cover-Foto dazu verwenden, um für das betreffende Produkt zu werben, ist diese Form der Nutzung allenfalls in dem durch das allgemeine Werbehinweisrecht gedeckten Umfang zulässig, da zwischen den werbenden Dritten und dem Urheber keine Vertragsbeziehung besteht.[602] **335**

Eine Reihe von Entscheidungen befasst sich mit der Frage, ob Fotos, die in einem herkömmlichen Medium erschienen sind, auch für die neuen Medien (zB Internet) verwendet werden dürfen. Die Rechtsprechung verfährt dabei grundsätzlich restriktiv. So dürfen Fotos, die ein Fotograf in den Jahren 1989 bis 1993 für die Printausgabe **336**

---

[594] Anders LG München I ZUM 2009, 681, 685 – LP-Cover: Die Nutzung einer LP-Covergestaltung für ein CD-Cover soll auch dann, wenn diese Nutzungsart zum Zeitpunkt des Vertragsabschlusses noch unbekannt war, bereits aufgrund der Zweckübertragungsregel zulässig sein.
[595] OLG Hamburg NJW-RR 1986, 996 f – Deutschsprachige Illustrierte.
[596] OLG Köln Urt v 13.10.2004, 6 U 104/04 – Lampenkatalog.
[597] BGH GRUR 2010, 623, 624 ff – Restwertbörse; OLG Hamburg GRUR-RR 2008, 378 – Restwertbörse.

[598] So BGH GRUR 1986, 885 – METAXA; krit dazu *Wanckel* Rn 334.
[599] LG Hamburg Urt v 28.3.1995 (308 O 351/93) – Titelfotos; vgl auch OLG Celle AfP 1998, 224, 225 – Cebit.
[600] OLG München ZUM 1995, 798 – Das Boot.
[601] LG München I ZUM 1995, 725 – Buchausgabe.
[602] Zum Werbehinweisrecht vgl Rn 86 f und Rn 206 ff.

einer Zeitschrift angefertigt hat, nicht für eine später erscheinende CD-ROM-Ausgabe der Jahrgangsbände dieser Zeitschrift verwendet werden.[603] Hat ein Verlag von einem Pressefotografen das Recht erworben, seine Fotos in der gedruckten Ausgabe einer Tageszeitung zu veröffentlichen, umfasst diese Rechtseinräumung nicht auch das Recht zur Nutzung der Fotos in der Online-Ausgabe oder in einem Internet-Archiv derselben Zeitung.[604] Werden dem Auftraggeber die Bildnutzungsrechte nicht allgemein „für Werbung", sondern „für Katalog und Folder" überlassen, ist er nicht berechtigt, die Bilder auch für die Werbung im Internet zu verwenden.[605] Dagegen darf ein Foto, das ein Musikproduzent im Jahre 1982 für das Cover einer Langspielplatte erworben hat, gegen Zahlung einer angemessenen Zusatzvergütung auch für das Cover einer später erscheinenden CD-Ausgabe verwendet werden.[606]

**337**   Gibt es keine klare Vereinbarung dazu, ob die Bildnutzungsrechte als einfache oder ausschließliche Rechte einzuräumen sind, wird man berücksichtigen müssen, dass der Auftraggeber im Hinblick auf die von ihm aufgewendeten Produktionskosten ein erkennbares Interesse an einer exklusiven Nutzung der Werkleistung für die vereinbarten Zwecke hat. Deshalb ist bei einer **Auftragsproduktion** in der Regel von einer Überlassung der **ausschließlichen Nutzungsrechte** auszugehen, wobei sich die Exklusivität allerdings nur auf den **jeweiligen Verwendungszweck** bezieht. So erwirbt zB ein Verlag, dem Fotografien für eine Buchveröffentlichung überlassen werden, zwar das exklusive Recht für eine Nutzung in Buchform, doch bleibt der Fotograf berechtigt, die Bilder für andere Zwecke zu verwenden oder entsprechende Nutzungsrechte an Dritte zu vergeben.[607] Teilweise wird allerdings die Auffassung vertreten, dass der Auftraggeber an den für ihn produzierten Fotos jedenfalls dann, wenn er für die geplante Verwertung keine weitergehenden Berechtigungen benötigt, **im Zweifel nur die einfachen Nutzungsrechte** (§ 31 Abs 2 UrhG) erwirbt.[608]

**338**   Werden Nutzungsrechte an Fotografien **zeitlich befristet** eingeräumt und die Bilder bspw für einen Werbekatalog verwendet, ist die Verbreitung des Katalogs nach Ablauf der vereinbarten Frist einzustellen, selbst wenn er weiterhin aktuell ist.[609] Stellt der Auftraggeber seinen Geschäftsbetrieb ein und ist es ihm verwehrt, die Nutzungsrechte auf Dritte zu übertragen, fallen diese Rechte mit der **Beendigung des Geschäftsbetriebs** an den Fotografen zurück.[610]

**339**   cc) **Eigentumsübertragung.** Die Frage, ob zu den Leistungspflichten des Fotografen auch die Übertragung des Eigentums an den Ergebnissen der Fotoproduktion gehört, stellt sich in der Regel nur dann, wenn analog fotografiert wird. Soweit es zur Eigentumsverschaffung keine klaren Vereinbarungen gibt, ist die **Zweckübertragungsregel** anzuwenden.[611] Danach besteht eine Verpflichtung zur Eigentumsübertragung nur dann, wenn die Verschaffung des Eigentums an den analogen Bildträgern (Negativen, Diapositiven, Fotoabzügen) zur Erreichung des Vertragszwecks zwingend erforderlich ist. Das wird aber bei der Abwicklung einer Fotoproduktion nur selten der

---

**603** BGH 2002, 248 – SPIEGEL-CD-ROM.
**604** KG GRUR 2002, 252 – Mantellieferung.
**605** OGH GRUR Int 2001, 186 – Für Katalog und Folder.
**606** OLG Hamburg GRUR 2000, 45 – CD-Cover.
**607** Vgl LG Köln ZUM-RD 2002, 307, 309 f – Erotic Acts I; LG Hamburg ZUM-RD 2002, 451, 452 – Erotic Acts II.

**608** So OLG Düsseldorf GRUR 1988, 541 – Warenkatalogfotos; so auch Loewenheim/ *A Nordemann* § 73 Rn 38.
**609** LG München I ZUM-RD 2007, 208, 211 f – Befristete Fotolizenz.
**610** OLG Hamburg ZUM-RD 1999, 80, 84 – Deklaratorisches Anerkenntnis.
**611** BGH GRUR 2007, 693, 695, Abs 31 – Archivfotos.

Fall sein, da die Verwertung der Bilder üblicherweise im Wege der Vervielfältigung, Verbreitung und öffentlichen Wiedergabe erfolgt. Eine solche Verwertung erfordert lediglich die Übertragung entsprechender Nutzungsrechte. Deshalb hat der Auftraggeber einer Fotoproduktionen keinen Anspruch darauf, dass ihm die Eigentumsrechte an den Bildträgern übertragen werden, sofern nicht ausnahmsweise auch die Überlassung dieser Rechte vertraglich vereinbart wurde.[612]

**dd) Nebenleistungen.** Die Abwicklung einer Fotoproduktion erfordert außer der Anfertigung der Fotografien und der Übertragung der Nutzungsrechte häufig weitere Leistungen. So müssen beispielsweise bei Werbeaufnahmen geeignete **Aufnahmeorte** gesucht, die **Fotomodelle** nebst **Visagisten** und **Stylisten** gebucht sowie alle notwendigen **Requisiten** beschafft werden. In der Regel erwarten die Auftraggeber, dass der Fotograf diese Aufgaben erledigt. Lässt sich der Fotograf darauf ein, können zu seinen Hauptleistungspflichten noch etliche Nebenverpflichtungen hinzukommen. Zugleich erhöht sich damit sein **Haftungsrisiko**, weil er sich nicht nur um den Abschluss der Verträge mit den Fotomodellen und den anderen Subunternehmern kümmern muss, sondern eventuell auch für mangelhafte Leistungen der von ihm engagierten Mitwirkenden einzustehen und deren Rechnungen selbst dann zu begleichen hat, wenn sein eigener Auftraggeber die Bezahlung verweigert oder zahlungsunfähig wird. **340**

Die komplette organisatorische Vorbereitung eines Shootings durch den Fotografen und insb die Übernahme der Verträge, die mit den weiteren Beteiligten abzuschließen sind, mag aus der Sicht des Auftraggebers vorteilhaft erscheinen, doch sind auch die Nachteile einer solchen Produktionsabwicklung zu bedenken. So kann die Beauftragung von Mitwirkenden, die künstlerische oder publizistische Leistungen erbringen, eine **doppelte Belastung mit der Künstlersozialabgabe** zur Folge haben. Die Doppelbelastung entsteht dadurch, dass zunächst für die Entgelte, die der Fotograf als Vertragspartner der mitwirkenden Künstler und Publizisten zu zahlen hat, eine Abgabe zu entrichten ist. Diese Kosten fließen dann in die Rechnung des Fotografen ein, die der Auftraggeber erhält und die ihrerseits in vollem Umfang – also einschließlich der darin enthalten Kosten der Subunternehmer – der Künstlersozialabgabe unterliegt, da auch die Fotografen zu den Künstlern gehören und die von ihnen berechneten Honorare und Kosten abgabepflichtig sind. Will der Auftraggeber eine solche Doppelbelastung vermeiden, muss er entweder die Verträge mit den künstlerischen oder publizistischen Mitwirkenden selbst abschließen oder dem Fotografen die Vollmacht erteilen, bei den Vertragsabschlüssen in seinem Namen zu handeln. **341**

**b) Abnahme- und Vergütungspflicht der Auftraggeber. aa) Abnahmepflicht.** Der Auftraggeber ist verpflichtet, die vertragsmäßig ausgeführte Fotoproduktion abzunehmen (§ 640 Abs 1 BGB). Stellt er bei der Abnahme sichtbare Mängel fest oder weiß er, dass versteckte Mängel vorhanden sind, muss er sich seine Rechte wegen dieser Mängel ausdrücklich vorbehalten. Geschieht das nicht, verliert er die in § 634 Nr 1 bis 3 BGB bezeichneten Gewährleistungsrechte (§ 640 Abs 2 BGB). **342**

Im Bereich der Werbefotografie kommt es sehr häufig zu einer **vorbehaltlosen Abnahme**, weil die Produktionsaufträge in vielen Fällen nicht direkt zwischen dem Auftraggeber und dem Fotografen, sondern über eine zwischengeschaltete Werbeagentur abgewickelt werden. Da die Agentur regelmäßig auch für die Abnahme der Bilder **343**

---

[612] Dazu auch Rn 192 ff.

zuständig ist, kann es passieren, dass die Agentur die Werkleistung des Fotografen als vertragsgemäß abnimmt und der Auftraggeber, dem die Bilder anschließend vorgelegt werden, die Produktionsergebnisse als mangelhaft beanstandet, weil sie nicht seinen Vorstellungen entsprechen. Da wesentliche Sachmängel gerade bei fotografischen Arbeiten in der Regel sofort sichtbar sind, muss sich der Auftraggeber in solchen Fällen entgegenhalten lassen, dass die in seinem Namen handelnde Werbeagentur die Aufnahmen in Kenntnis der Punkte, die er beanstandet, vorbehaltlos abgenommen hat und die Geltendmachung von Mängelrügen somit nicht mehr möglich ist.

**344**     **bb) Vergütung der Werkleistung.** Mit der Abnahme der Fotoproduktion wird die Vergütung fällig, die der Auftraggeber bei Abschluss des Werkvertrages mit dem Fotografen vereinbart hat (§ 641 Abs 1 BGB). Fehlt es an einer solchen Vereinbarung, besteht für den Auftraggeber dennoch eine Zahlungspflicht, da niemand von einem Berufsfotografen kostenlose Leistungen erwarten kann und eine Vergütung deshalb **als stillschweigend vereinbart gilt** (§ 632 Abs 1 BGB).[613] Ist die Höhe der Vergütung nicht bestimmt, hat der Fotograf Anspruch auf die **übliche Vergütung** (§ 632 Abs 2 BGB). Welche Vergütung für eine Fotoproduktion üblich ist, muss im Streitfall durch ein Sachverständigengutachten geklärt werden. Eine Heranziehung der MFM-Bildhonorarliste[614] kommt nicht in Frage, da sich diese Liste in erster Linie mit den üblichen Lizenzhonoraren für bereits produzierte Fotos befasst und insb für den Bereich der Werbefotografie ausdrücklich keine Richtlinien zur Honorierung von Auftragsarbeiten enthält.[615]

**345**     Kündigt der Auftraggeber den Produktionsvertrag, bevor der Fotograf mit den Aufnahmearbeiten begonnen hat, oder fordert er den Fotografen auf, die bereits begonnen Arbeiten abzubrechen, ist dennoch die **vereinbarte Vergütung** zu zahlen, sofern keine besonderen Gründe vorliegen, die den Auftraggeber zu einer vorzeitigen Vertragsauflösung berechtigen (§ 649 S 2 BGB). Allerdings muss sich der Fotograf **ersparte Kosten** und einen **eventuellen Ersatzverdienst** anrechnen lassen.[616] Da sich viele Auftraggeber die Möglichkeit offen halten wollen, den Produktionsvertrag jederzeit gem § 649 S 1 BGB kündigen zu können, zugleich aber die finanziellen Folgen vermeiden möchten, die § 649 S 2 BGB für diesen Fall vorsieht, wird häufig versucht, die Vergütungsansprüche des Fotografen bei einer vorzeitigen Vertragsauflösung auf die bereits erbrachten Leistungen zu beschränken. Solche Beschränkungen bleiben jedoch unwirksam, wenn sie in Allgemeinen Geschäftsbedingungen erfolgen, weil sie die Fotografen entgegen Treu und Glauben unangemessen benachteiligen und deshalb gegen § 307 Abs 1 S 1, Abs 2 Nr 1 BGB verstoßen.[617]

**346**     **cc) Vergütung der Nutzungsrechte.** Die Nutzungsrechte, die der Fotograf dem Auftraggeber einräumt, haben einen eigenen wirtschaftlichen Wert. Diesen Wert erhält der Auftraggeber zusätzlich zu der Werkleistung, so dass dafür auch eine gesonderte Vergütung zu zahlen ist.[618] Der **Vergütungsanspruch** ergibt sich entweder aus den vertraglichen Vereinbarungen oder – falls es solche Vereinbarung nicht gibt –

---

[613] Dazu auch Dreier/Schulze/*Dreier* UrhG Vor § 31 Rn 53.
[614] Dazu Rn 155.
[615] Vgl *Maaßen* Calculator 76.
[616] Dazu *Maaßen* Basiswissen 107 f; *Wanckel* Rn 348.

[617] BGH NJW 2007, 3423, 3424 – Vergütungsklausel.
[618] Fromm/Nordemann/*Czychowski* UrhG § 32 Rn 17.

unmittelbar aus § 32 Abs 1 S 2 UrhG. In beiden Fällen muss die Vergütung **angemessen** sein.

Die Vergütungen für die Werkleistung und die Einräumung der Nutzungsrechte **347** werden häufig in einem Betrag zusammengefasst. So decken bspw die für eine Fotoproduktion berechneten **Tagessätze** bei manchen Fotografen sowohl die Produktionsarbeiten als auch die Überlassung der jeweils benötigten Nutzungsrechte ab. Andere Fotografen weisen dagegen den Werklohn für die Anfertigung der Bilder und die Vergütung für die Nutzungsrechte in ihren Rechnungen getrennt aus. Die **Trennung der Nutzungsvergütung vom Werklohn** hat zum einen den Vorteil, dass damit die Überprüfung der Angemessenheit der Vergütung, die der Fotograf für die Nutzungsrechte erhält, erleichtert wird. Zum anderen kann eine solche Trennung in den Fällen, in denen die Fotoproduktion mit dem ermäßigten Mehrwertsteuersatz von derzeit 7 % abgerechnet wird, auch aus steuerlichen Gründen vorteilhaft sein, weil das **Mehrwertsteuerprivileg** nur dann in Anspruch genommen werden kann, wenn die Überlassung von Nutzungsrechten wesentlicher Teil der geschuldeten Leistung ist (§ 12 Abs 2 Nr 7c UStG).[619] Der Nachweis, dass diese gesetzliche Voraussetzung erfüllt ist, ist bei einem getrennten Ausweis der Nutzungsvergütung in der Rechnung leichter zu führen als bei einer Verschmelzung mit dem Werklohn.

Wird bei der Abrechnung einer Fotoproduktion für die Einräumung der Nutzungs- **348** rechte keine gesonderte Vergütung ausgewiesen, ist im Zweifel davon auszugehen, dass **mit dem Produktionshonorar** außer der Werkleistung **auch die Nutzungsrechte abgegolten** werden sollen. Um in einem solchen Fall feststellen zu können, ob die Nutzungsvergütung auch angemessen iSd § 32 Abs 1 UrhG ist, muss im Wege der Schätzung ermittelt werden, welcher Anteil des Produktionshonorars auf die Einräumung der Nutzungsrechte entfällt.[620] Dieser Anteil dürfte bei Fotoproduktionen regelmäßig mit 45 % anzusetzen sein.[621]

Ob die von dem Auftraggeber gezahlte Nutzungsvergütung angemessen ist, ist gem **349** § 32 Abs 2 UrhG zu klären. Maßgebender Vergleichsmaßstab ist dabei in erster Linie die nach einer **gemeinsamen Vergütungsregel** ermittelte Vergütung (§ 32 Abs 2 S 1 UrhG). Da es allerdings im Bereich der Fotografie zur Zeit noch keine gemeinsamen Vergütungsregeln gibt, ist jeweils individuell zu klären, ob die an den Fotografen gezahlte Vergütung dem entspricht, was im Geschäftsverkehr nach Art und Umfang der eingeräumten Nutzungsmöglichkeit unter Berücksichtigung aller Umstände üblicher- und redlicherweise zu leisten ist (§ 32 Abs 2 S 2 UrhG). Eine **branchenübliche Nutzungsvergütung** muss nicht unbedingt auch redlich sein.[622] **Redlich** ist eine Vergütung nur, wenn sie die Interessen des Urhebers neben den Interessen des Verwerters gleichberechtigt berücksichtigt.[623] Von einer ausreichenden Berücksichtigung der Urheberinteressen ist in der Regel nur dann auszugehen, wenn der Urheber an jeder wirtschaftlichen Nutzung seines Werkes angemessen beteiligt wird.[624] Dem **Beteiligungsgrundsatz** wird bei einer fortlaufenden Nutzung des geschützten Werkes am ehesten durch eine erfolgsabhängige Vergütung entsprochen. Allerdings kann bei einer

---

[619] Dazu ausf *Maaßen* Basiswissen 278 ff.
[620] Zu diesem Problem LG Stuttgart ZUM 2008, 163, 167, 168 – Kommunikationsdesigner.
[621] *Maaßen* Calculator 147.
[622] BGH GRUR 2009, 1148, 1150, Tz 22 – Talking to Addison; *Peifer* AfP 2008, 545, 547 f.

[623] Fromm/Nordemann/*Czychowski* § 32 UrhG Rn 45; Dreier/Schulze/*Schulze* § 32 Rn 50.
[624] So BGH GRUR 2009, 1148, 1150, Tz 23 – Talking to Addison; *Peifer* AfP 2008, 545, 547.

fortlaufenden Nutzung auch eine **Pauschalvergütung** der Redlichkeit entsprechen, sofern sie bei objektiver Betrachtung zum Zeitpunkt des Vertragsabschlusses eine angemessene Beteiligung am voraussichtlichen Gesamtertrag der Nutzung gewährleistet.[625] Unter dieser Voraussetzung können selbst **Buyout-Verträge**, durch die sich die Verwerter umfassende Nutzungsrechte für alle Nutzungsarten gegen pauschale Einmalzahlungen einräumen lassen, durchaus redlich sein.[626] Allerdings zeigt die Vertragspraxis, dass das bei den mit Fotografen vereinbarten Pauschalvergütungen für die Überlassung sämtlicher Nutzungsrechte vielfach nicht der Fall ist.[627]

**350**    Welche Nutzungsvergütungen im redlichen Geschäftsverkehr üblich und damit angemessen sind, lässt sich bei Fotografien prinzipiell anhand der **MFM-Bildhonorarliste** ermitteln.[628] Dabei ist jedoch zu berücksichtigen, dass diese Liste auf normale, durchschnittliche Bildqualitäten abgestimmt ist und deshalb nur begrenzt darüber Aufschluss geben kann, welche Nutzungsvergütungen bei Fotografen üblich sind, deren Arbeiten qualitativ über dem allgemeinen Durchschnittsniveau liegen.[629] Außerdem ist zu bedenken, dass es sich bei der Mittelstandsgemeinschaft Foto-Marketing (MFM) um eine Interessenvertretung der Bildagenturen handelt, so dass auch aus diesem Grunde stets sachkundig zu prüfen ist, ob die nach dem MFM-Liste ermittelten Honorare tatsächlich dem entsprechen, was im konkreten Einzelfall verkehrsüblich ist.[630]

### 4. Haftung bei Pflichtverletzungen

**351**    a) **Sach- und Rechtsmängel.** Der Fotograf, der mit einer Fotoproduktion beauftragt wird, hat das geschuldete Werk **frei von Sach- und Rechtsmängeln** abzuliefern (§ 633 Abs 1 BGB). Sind die Aufnahmen mangelhaft, kann der Auftraggeber die in § 634 BGB aufgeführten Gewährleistungsrechte geltend machen.

**352**    aa) **Sachmängel.** Fotografien sind frei von Sachmängeln, wenn sie die **vereinbarte Beschaffenheit** haben (§ 633 Abs 2 S 1 BGB). Wurde zur Beschaffenheit nichts vereinbart, ist darauf abzustellen, ob sich die Fotos **für die nach dem Vertrag vorausgesetzte Nutzung** eignen (§ 633 Abs 2 S 2 BGB). Die Frage, ob eine Fotoproduktion diesen Anforderungen genügt, ist einfach zu beantworten, wenn bspw sämtliche Bilder falsch belichtet sind. Eine solche Arbeit ist eindeutig mangelhaft. Schwieriger wird es dagegen, wenn der Fotograf eine ungewöhnliche Belichtung bewusst wählt, um damit einen bestimmten künstlerischen Effekt zu erzielen, und wenn diese Art der Belichtung dem Auftraggeber nicht gefällt. Hier zeigt sich, dass das Werk eines Fotografen immer auch das Produkt eines künstlerischen Prozesses ist, der sich bei der Auftragserteilung nur selten bis ins Detail festlegen lässt.

**353**    Grundsätzlich genießt ein Fotograf bei der Abwicklung einer Auftragsproduktion eine Gestaltungsfreiheit, die seiner künstlerischen Eigenart entspricht und die es ihm erlaubt, das Werk nach seinen individuellen schöpferischen Vorstellungen zu gestalten.[631] Die bestellten Fotografien müssen daher zwar die Beschaffenheit aufweisen, die bei der Auftragserteilung vereinbart oder vertraglich vorausgesetzt wurde. Es ist aber

---

[625] BGH GRUR 2009, 1148, 1150, Tz 24 – Talking to Addison; Fromm/Nordemann/*Czychowski* § 32 UrhG Rn 115 ff.
[626] Dazu Schricker/Loewenheim/*Schricker/Haedicke* § 32 UrhG Rn 35; Fromm/Nordemann/*Czychowski* § 32 UrhG Rn 118.

[627] Beispielhaft dazu LG Stuttgart ZUM 2009, 77 – Fotojournalist.
[628] Dazu bereits Rn 155.
[629] *Maaßen* Basiswissen 222.
[630] So BGH GRUR 2006, 136, 138 – Pressefotos.
[631] BGHZ 19, 382, 384 – Gedächtniskapelle;

nicht unbedingt erforderlich, dass sie dem Auftraggeber auch gefallen und seinem Geschmack entsprechen.[632] Wer einen Fotografen beauftragt, geht damit immer das Risiko ein, dass dieser seine **künstlerische Gestaltungsfreiheit** in einer Art und Weise nutzt, die den Vorstellungen des Auftraggebers zuwiderläuft. Dieses Risiko lässt sich nur dadurch vermeiden, dass sich der Auftraggeber vor Vertragsabschluss mit der künstlerischen Eigenart des Fotografen vertraut macht. Wenn er dies versäumt, muss er in Kauf nehmen, dass ihm das Werk nach der Fertigstellung möglicherweise nicht gefällt.

Bei Werbeproduktionen besteht allerdings die Besonderheit, dass die konkrete Gestaltung der Motive zum Zeitpunkt der Auftragserteilung häufig noch nicht in allen Einzelheiten feststeht. Der Auftraggeber und die von ihm eingeschaltete Werbeagentur müssen in solchen Fällen die Möglichkeit haben, ihre Vorstellungen noch während des Shootings zu konkretisieren und dem Fotografen entsprechende Anweisungen zu erteilen. Solche **Anweisungen** sind von dem Fotografen zu beachten, soweit sie sich im Rahmen der ursprünglichen Auftragserteilung bewegen und von ihm keine Gestaltung verlangt wird, die sein fachliches Ansehen beeinträchtigen könnte.[633]

**354**

**bb) Rechtsmängel.** Anders als bei den Sachmängeln geht es bei den Rechtsmängeln nicht um die optische oder funktionelle Beschaffenheit der Fotografien, sondern um die Frage, ob der Auftraggeber die Bilder auch **ungehindert nutzen** kann. Fotos sind frei von Rechtsmängeln, wenn Dritte in Bezug auf diese Arbeiten keine oder nur die in dem Werkvertrag übernommenen Rechte gegen den Auftraggeber geltend machen können. Besteht für Dritte (zB Fotomodelle, Urheber von abgebildeten Werken) die Möglichkeit, die vereinbarte bzw vertraglich vorausgesetzte Nutzung der Fotos unter Berufung auf Urheberrechte, Eigentumsrechte oder das Recht am eigenen Bild zu unterbinden, zu behindern oder einzuschränken, dann ist die Leistung des Fotografen mangelhaft.

**355**

**b) Verletzung der Treuepflicht.** Zu den vertraglichen Pflichten, die bei der Abwicklung einer Fotoproduktion zu beachten sind und deren Verletzung die in §§ 280 ff BGB geregelten Rechtsfolgen auslösen kann, gehört die Treuepflicht. Sie verpflichtet den Fotografen, alles zu unterlassen, was die **vertragsgemäße Auswertung** der von ihm angefertigten Fotografien durch den Auftraggeber **erheblich beeinträchtigen** könnte.[634] Das bedeutet allerdings nicht, dass die Motive oder Objekte, die der Fotograf für einen bestimmten Auftraggeber aufgenommen hat, für weitere Aufnahmen gesperrt sind. Da die urheberrechtlichen Befugnisse die Tendenz haben, soweit wie möglich beim Fotografen zu verbleiben, sind die aus der Treuepflicht erwachsenden Beschränkungen eng auszulegen. Deshalb darf zwar ein Fotograf die Fotos, die er für einen Auftraggeber aufgenommen hat, nicht genauso oder mit lediglich geringfügigen Änderungen nochmals aufnehmen und Dritten zur Nutzung überlassen, sofern dadurch die Verwertungsinteressen seines Auftraggebers beeinträchtigt werden.[635] Er ist ihm jedoch

**356**

---

KG ZUM-RD 1999, 337 – Dokumentarfilm; Dreier/Schulze/*Schulze* UrhG Vor § 31 Rn 34; Loewenheim/*Schulze* § 70 Rn 45; *Wanckel* Rn 322 und Rn 359.
[632] So OLG Köln MDR 1981, 757 – Musikalischer Geschmack.
[633] OLG Düsseldorf Urt v 11.4.2000, Az 23 U 137/99 – Londoner Anzeigenmotiv.

[634] Fromm/Nordemann/*J B Nordemann* Vor §§ 31 ff UrhG Rn 46 ff; Dreier/Schulze/ *Schulze* UrhG Vor § 31 Rn 42 und Rn 46; Loewenheim/*Schulze* § 70 Rn 146.
[635] Vgl BGH GRUR 1973, 426, 427 – Medizin-Duden; Fromm/Nordemann/*JB Nordemann* Vor §§ 31 ff UrhG Rn 46.

nicht verwehrt, dieselben Motive und Objekte nochmals zu fotografieren, wenn die neuen Aufnahmen in freier Benutzung (§ 24 UrhG) der früheren Bildern geschaffen werden, denn eine freie Benutzung ist auch Dritten ohne weiteres erlaubt.[636]

### 5. Musterverträge

**357** Fotoproduktionsverträge werden in der Praxis meist mündlich abgeschlossen. Zu schriftlichen Vertragsabschlüssen kommt es allenfalls dann, wenn ein langfristiges Projekt geplant ist oder zwischen den Parteien eine fortlaufende Zusammenarbeit stattfindet. Verschiedene Muster solcher Verträge sind in dem Vertragshandbuch des Berufsverbandes Bund Freischaffender Foto-Designer (BFF) zu finden.[637] Musterverträge für Bildjournalisten sind auch von der Webseite des Deutschen Journalistenverbandes (DJV) abrufbar.[638]

### 6. Allgemeine Geschäftsbedingungen

**358** Bei mündlich erteilten Aufträgen erfolgt häufig eine schriftliche Bestätigung der getroffenen Vereinbarungen. In solchen Bestätigungsschreiben wird in der Regel auf die Geltung der Allgemeinen Geschäftsbedingungen des Absenders verwiesen. Die Fotografen verwenden üblicherweise die vom BFF, der Fotografenvereinigung Free-Lens oder dem DJV empfohlenen Geschäftsbedingungen.[639] Die Verwerter, insb die Werbeagenturen und die großen Zeitschriftenverlage, haben teilweise eigene Geschäftsbedingungen für Fotoproduktionen entwickelt. Einige typische AGB-Klauseln, wie sie insb in den Geschäftsbedingungen der Zeitungs- und Zeitschriftenverlage zu finden sind, waren in den letzten Jahren Gegenstand von Unterlassungsklagen der Berufsverbände der Fotografen gem § 1 UKlaG.[640] Teilweise wurden diese Klauseln von den Gerichten für unwirksam erklärt.

**359** **a) Nutzungsrechte. aa) Einräumung umfassender Nutzungsrechte (Buyout).** AGB-Klauseln, die den Urheber zur Einräumung umfassender Nutzungsrechte verpflichten, sind grundsätzlich zulässig. Sofern die von dem Buyout umfassten Rechte in den AGB präzise bezeichnet werden, unterliegen die Regelungen keiner Inhaltskontrolle gem § 307 BGB.[641] Fehlt eine solche Auflistung der erworbenen Nutzungsrechte, erwirbt

---

[636] So auch Dreier/Schulze/*Schulze* UrhG Vor § 31 Rn 43.

[637] Vgl *Maaßen* Verträge 63 ff (Buchprojekt), 68 ff (Zeitschriftenbeitrag), 75 ff (Fotodokumentation eines Bauwerks), 82 ff und 89 ff (Rahmenverträge über ständige Zusammenarbeit).

[638] www.djv.de/Vertraege.548.0.html.

[639] Die AGB des BFF sind abgedruckt bei *Maaßen* Verträge 48 ff; die des DJV sind unter der in Fn 638 genannten Webadresse abrufbar.

[640] Umstritten ist, ob Berufsverbände der Fotografen bei Unterlassungsklagen gegen Zeitungs- und Zeitschriftenverlage auch gem § 8 Abs 3 Ziff 2 UWG klagebefugt sind; bejahend LG Hamburg ZUM 2010, 818, 821 – Heinrich Bauer III; LG Hamburg Urt v 22.9.2009,

Az 312 O 456/09 – Heinrich Bauer II; LG Hamburg ZUM 2010, 72 f – Heinrich Bauer I; LG Rostock ZUM 2010, 828, 830 – Nordkurier; LG Berlin BeckRS 2010, 2102 – Axel Springer II; LG Berlin ZUM-RD 2008, 18, 19 – Axel Springer I; verneinend KG AfP 2010, 388, 394 – Axel Springer.

[641] KG AfP 2010, 388, 394 – Axel Springer; LG Berlin BeckRS 2010, 2102 – Axel Springer II (unter IV 1a); LG Hamburg ZUM 2010, 818, 824 – Heinrich Bauer III; *Schippan* ZUM 2010, 782, 786; aA *Berberich* ZUM 2006, 208 ff; vermittelnd Fromm/Nordemann/*JB Nordemann* § 31 UrhG Rn 183: Inhaltskontrolle bei Gestaltungsmissbrauch ausnahmsweise zulässig.

Wolfgang Maaßen

der Verwerter gem § 31 Abs 5 UrhG nur diejenigen Rechte, die er zur Erreichung des jeweiligen Vertragszwecks benötigt.

**bb) Werbliche Nutzung und unbekannte Nutzungsarten.** Da ein vollständiges **360** Rechte-Buyout zulässig ist, können sich die Verwerter in ihren AGB auch das Recht zur unbeschränkten werblichen Nutzung der Werke ihres Vertragspartners einräumen lassen.[642] Dagegen scheitert die Wirksamkeit einer AGB-Regelung, die den Urheber zur Einräumung der Rechte für unbekannte Nutzungsarten verpflichtet, regelmäßig an dem Schriftformerfordernis des § 31a Abs 1 S 1 UrhG.[643] Zwar ist eine Rechtseinräumung für unbekannte Nutzungsarten auch in Formularverträgen möglich,[644] doch muss die Vertragsurkunde, die eine solche Klausel enthält, von beiden Parteien unterzeichnet werden (§ 126 Abs 2 BGB).

**cc) Weiterübertragung von Nutzungsrechten.** Ob sich ein Verwerter vom Urheber **361** vorab die formularmäßige Zustimmung zur Weiterübertragung von Nutzungsrechten oder zur Einräumung abgeleiteter Nutzungsrechte erteilen lassen kann, ist umstritten. Dazu wird teilweise die Auffassung vertreten, dass solche AGB-Klauseln rechtlich unbedenklich sind.[645] Die wohl überwiegende Rechtsauffassung hält sie jedoch gem § 307 Abs 2 Nr 1 BGB für unwirksam, weil die generelle Ermächtigung des Verwerters zur Weitergabe von Nutzungsrechten an Dritte von dem Grundgedanken des § 34 Abs 1 UrhG abweicht.[646]

**b) Vergütung. aa) Pauschalvergütung für Rechte-Buyout.** Es ist fraglich, ob eine **362** Klausel, die einen Fotografen zur **Einräumung umfassender Nutzungsrechte gegen Zahlung einer einmaligen Pauschalvergütung** verpflichtet, überhaupt einer Inhaltskontrolle gem § 307 BGB unterzogen werden kann. Zwar besteht Einigkeit darüber, dass AGB-Regelungen, die Art und Umfang der urhebervertraglichen Hauptleistungspflicht und die dafür zu zahlende Vergütung unmittelbar bestimmen, grundsätzlich kontrollfrei bleiben müssen.[647] Unklar ist allerdings, ob das auch für Buyout-Klauseln gilt, die eine pauschale Abgeltung der erworbenen Rechte vorsehen.

Überwiegend wird dazu der Standpunkt vertreten, dass solche Klauseln zu den **363** Vergütungsvereinbarungen gehören, die jeder **Inhaltskontrolle** entzogen sind.[648] Teil-

---

[642] KG AfP 2010, 388, 394 – Axel Springer; LG Berlin BeckRS 2010, 21022 – Axel Springer II (unter IV 1 a); LG Hamburg ZUM 2010, 818, 824 – Heinrich Bauer III; *Schippan* ZUM 2010, 782, 788; einschränkend *Seiler* K&R 2007, 561, 564; anders noch LG Hamburg Urt v 22.9.2009, Az 312 O 456/09 – Heinrich Bauer II.
[643] LG Hamburg ZUM 2010, 818, 824 – Heinrich Bauer III.
[644] So Fromm/Nordemann/*JB Nordemann* § 31a UrhG Rn 53.
[645] LG Hamburg Urt v 22.9.2009, Az 312 O 456/09 – Heinrich Bauer II; LG Berlin BeckRS 2010, 21022 (unter IV 1 B und IV 2 b); LG Berlin ZUM-RD 2008, 18, 22 f, 24 – Axel Springer I; Fromm/Nordemann/*JB Nordemann* § 34 UrhG Rn 41 f; *Schippan* ZUM 2010, 782, 788 f.
[646] KG AfP 2010, 388, 394 – Axel Springer; LG Rostock ZUM 2010, 828, 831 – Nordkurier; Wandtke/Bullinger/*Wandtke/Grunert* § 34

UrhG Rn 40; Dreier/Schulze/*Schulze* § 34 Rn 51; vgl auch Schricker/Loewenheim/ *Schricker/Loewenheim* § 34 UrhG Rn 28, die solche Klauseln grds für bedenklich und nur bei Vorliegen besonderer Umstände für zulässig halten.
[647] BGH NJW 2002, 2386 mwN; LG München I 2010, 825, 827 – Autorenanmeldeformular; Schricker/Loewenheim/*Loewenheim* § 11 UrhG Rn 8; Fromm/Nordemann/*JB Nordemann* Vor §§ 31 ff UrhG Rn 204.
[648] KG AfP 2010, 388, 394 – Axel Springer; LG Berlin BeckRS 2010, 21022 – Axel Springer II (unter IV 1 d und IV 2 d); LG Berlin ZUM-RD 2008, 18, 23, 24 – Axel Springer I; LG München I ZUM 2010, 825, 827 – Autorenanmeldeformular; Fromm/Nordemann/ *JB Nordemann* Vor §§ 31 ff UrhG Rn 206; *Schippan* ZUM 2010, 782, 785.

weise wird die Anwendung des § 307 BGB auch mit der Begründung ausgeschlossen, dass eine Überprüfung von AGB-Klauseln zur Nutzungsvergütung nur nach Maßgabe des § 32 Abs 1 S 3 UrhG möglich ist und dass diese Rechtsvorschrift nach dem Lex-specialis-Grundsatz den Vorrang vor § 307 BGB hat.[649] Nach anderer Auffassung[650] ist es dagegen zulässig, die Regelungen zur pauschalen Abgeltung eines Rechte-Buy-outs daraufhin zu überprüfen, ob sie dem Urheber den Weg zu einer angemessenen Vergütung von vornherein versperren.[651] Zwar dürfe im Rahmen des § 307 BGB nicht kontrolliert werden, ob die tatsächlich geleistete Zahlung eine angemessene Gegenleistung für die eingeräumte Nutzung darstellt, doch sei jedenfalls eine Prüfung der Frage möglich, ob der Urheber für seine Leistung überhaupt einen Anspruch auf eine Gegenleistung erhält. Ist das aufgrund der Struktur der Honorarklausel nicht gewährleistet, könne sie gem § 307 BGB für unwirksam erklärt werden.

**364**    Grundsätzlich ist eine Inhaltskontrolle bei allen AGB-Bestimmungen zulässig, die von einer gesetzlichen Regelung abweichen oder diese ergänzen (§ 307 Abs 3 BGB). Für die Einräumung von Nutzungsrechten und die Erteilung der Erlaubnis zur Werknutzung schreibt das Gesetz zwingend die Zahlung einer angemessenen Vergütung vor (§ 32 Abs 1 UrhG). Folglich dürfen die AGB der Verwerter daraufhin überprüft werden, ob sie eine vergütungsfreie Überlassung von Nutzungsrechten vorsehen oder unangemessen niedrige Vergütungen zulassen und damit von der Rechtsvorschrift des § 32 Abs 1 UrhG abweichen. Eine **Abweichung von § 32 Abs 1 UrhG** ist einmal in der Form denkbar, dass die AGB die Zahlung einer Vergütung für einzelne Werknutzungen ausdrücklich ausschließen. Aber auch dann, wenn die Einräumung der umfassenden Nutzungsrechte mit einem Pauschalhonorar abgegolten werden soll und die Abgeltungsklausel bereits auf Grund ihrer Struktur keine angemessene Vergütung aller in Frage kommenden Nutzungen gewährleistet, weichen die AGB von der gesetzlichen Regelung ab, weil sie für die Überlassung der umfassenden Nutzungsrechte zwar formal eine Vergütung vorsehen, diese Vergütung aber zur Abgeltung der eingeräumten Rechte nicht ausreicht. Solche Abweichungen von einer Gesetzesnorm unterliegen der Inhaltskontrolle gem § 307 BGB, auch wenn die betreffende AGB-Klausel zugleich eine Preisabsprache enthält.[652]

**365**    Eine Abweichung von der in § 32 Abs 1 UrhG geregelten Pflicht zur Vergütung sämtlicher Werknutzungen lässt sich bei einem Rechte-Buyout nur dann ausschließen, wenn das zur Abgeltung der Nutzungsrechte gezahlte Pauschalhonorar auf jeden Fall ausreicht, um den Urheber am voraussichtlichen Gesamtertrag der Nutzung angemessen zu beteiligen.[653] Fällt das Pauschalhonorar zu niedrig aus, ist eine angemessene Ertragsbeteiligung des Urhebers nur durch eine **Honoraranpassung** sicherzustellen. Die Buyout-Regelungen in den AGB der Verwerter schließen solche Honoraranpassungen jedoch regelmäßig dadurch aus, dass sie die eingeräumten Nutzungsrechte mit der ursprünglich vereinbarten Vergütungspauschale für vollständig und endgültig abgegolten erklären. Sie versperren damit dem Urheber in den Fällen, in denen das

---

[649] So LG München I ZUM 2010, 825, 827 f – Autorenanmeldeformular; zustimmend *Schippan* ZUM 2010, 782, 785; vgl auch *Fromm/Nordemann/J B Nordemann* § 31 UrhG Rn 181.
[650] LG Hamburg ZUM 2010, 818, 823 – Heinrich Bauer III; LG Hamburg Urt v 22.9.2009, Az 312 O 456/09 – Heinrich Bauer II; LG Hamburg ZUM 2010, 74 – Heinrich Bauer I.

[651] Vgl dazu auch Schricker/Loewenheim/*Loewenheim* § 11 UrhG Rn 8; Wandtke/Bullinger/*Wandtke/Grunert* Vor §§ 31 ff UrhG Rn 108.
[652] So auch BGH NJW 2002, 2386 für den umgekehrten Fall, dass eine AGB-Klausel ein Entgelt ohne entsprechende Gegenleistung festlegt.
[653] BGH GRUR 2009, 1148, 1150, Tz 24 – Talking to Addison.

individuell vereinbarte Pauschalhonorar zu gering ist, den Weg zu einer angemessenen Vergütung. Zugleich eröffnen sie den Verwertern die Möglichkeit, die Nutzungsrechte zumindest teilweise vergütungsfrei zu erwerben. Die in § 32 Abs 1 UrhG zwingend vorgeschriebene angemessene Beteiligung des Urhebers am Gesamtertrag der Nutzung kann dadurch unterlaufen werden. Deshalb sind Abgeltungsklauseln, die so etwas zulassen, gem § 307 Abs 2 Nr 1 BGB unwirksam.

Die Zulässigkeit eines Rechte-Buyouts gegen eine Einmalzahlung wird damit zwar **366** nicht grundsätzlich in Frage gestellt. § 307 BGB schließt aber jedenfalls die Möglichkeit aus, die pauschale Abgeltung der umfassenden Rechtseinräumung in Allgemeinen Geschäftsbedingungen zu regeln.

**bb) Zusätzliche Vergütung „nach Absprache".** Bei einer AGB-Klausel, die für **367** bestimmte Nutzungen die Zahlung einer bei Vertragsabschluss festgelegten Vergütung und für alle sonstigen Nutzungen eine Vergütung „nach Absprache" vorsieht, hängt es vom Verhandlungsgeschick des Fotografen ab, ob er für die sonstige Nutzung seiner Aufnahmen ein zusätzliches Entgelt erhält. Da der Erwerb der Nutzungsrechte nicht daran gekoppelt ist, dass sich die Vertragsparteien über die Zahlung einer zusätzlichen Vergütung einigen, sind grundsätzlich auch vergütungsfreie Nutzungen denkbar. Damit eröffnet die „Absprache"-Regelung aber die Möglichkeit einer Abweichung von § 32 Abs 1 UrhG, der für jede Nutzung die Zahlung einer Vergütung vorschreibt. Eine AGB-Klausel, die solche Abweichungen von einer zwingenden Gesetzesnorm erlaubt, verstößt gegen § 307 BGB und ist deshalb unwirksam.[654]

**cc) Ausfallhonorar.** Unwirksam ist auch eine AGB-Regelung, die den Vergütungs- **368** anspruch des Fotografen für den Fall, dass seine Aufnahmen nicht genutzt werden, auf 50 % des ursprünglich vereinbarten Honorars reduziert.[655] Da § 32 Abs 1 S 1 UrhG dem Urheber die vertraglich vereinbarte Nutzungsvergütung garantiert und der Anspruch auf diese Vergütung nicht davon abhängt, dass der Verwerter von den ihm eingeräumten Rechten auch Gebrauch macht,[656] weicht die vorgesehene Beschränkung des Vergütungsanspruchs von einer zwingenden gesetzlichen Norm ab. Eine solche Abweichung lässt § 307 BGB nicht zu.

**c) Sonstige Regelungen. aa) Bearbeitungsrecht.** Eine AGB-Klausel, die dem Ver- **369** werter das Recht zur Bearbeitung oder Umgestaltung des Werkes einräumt, ist nach herrschender Auffassung wirksam.[657] Zwar sieht § 37 Abs 1 UrhG vor, dass das Bearbeitungsrecht im Zweifel beim Urheber verbleibt. Dabei handelt es sich jedoch um eine Auslegungsregel, die den Vereinbarungen der Vertragsparteien grds den Vorrang einräumt und die nur dann eingreift, wenn es zur Zulässigkeit einer Bearbeitung und

---

[654] So auch KG AfP 2010, 388, 392 f – Axel Springer; LG Berlin BeckRS 2010, 2102 – Axel Springer II (unter III 1 a und III 2 b); LG Berlin ZUM-RD 2008, 18, 23, 19 f – Axel Springer I; *Seiler* K&R 2007, 561, 563.
[655] KG AfP 2010, 388, 393 – Axel Springer; LG Berlin BeckRS 2010, 2102 – Axel Springer II (unter III 2 e); LG Berlin ZUM-RD 2008, 18, 21 – Axel Springer I; *Seiler* K&R 2007, 561, 563.
[656] Dreier/Schulze/*Schulze* § 32 UrhG Rn 11.

[657] KG AfP 2010, 388, 394 – Axel Springer; LG Berlin BeckRS 2010, 21022 – Axel Springer II (unter IV 1 a); LG Berlin ZUM-RD 2008, 18, 21 – Axel Springer I; LG Hamburg Urt v 22.9.2009, Az 312 O 456/09 – Heinrich Bauer II; Schricker/Loewenheim/*Schricker/Peukert* § 37 UrhG Rn 3; Fromm/Nordemann/ *JB Nordemann* § 37 UrhG Rn 10; *Schippan* ZUM 2010, 782, 787 f; aA LG Rostock ZUM 2010, 828, 831 – Nordkurier; *Seiler* K&R 2007, 561, 564.

Umgestaltung keine Absprachen gibt. Da der Gesetzgeber die vertragliche Einräumung des Bearbeitungsrechts in § 37 Abs 1 UrhG ausdrücklich zugelassen hat, kann die Wahrnehmung dieser gesetzlich vorgesehenen Möglichkeit auch nicht zu einer Normabweichung führen, solange das Entstellungsverbot (§ 14 UrhG) beachtet wird. § 307 Abs 2 Nr 1 BGB ist daher nicht anwendbar.

**370**     **bb) Urheberbenennung.** Eine AGB-Klausel, die den Verwerter nur dann zur Benennung des Urhebers verpflichtet, wenn dies schriftlich vereinbart wird, ist gem § 307 Abs 2 Nr 1 BGB unwirksam.[658] Eine solche Regelung führt zu einer Umkehrung der gesetzlichen Norm (§ 13 UrhG) und zwingt den Urheber zu Verhandlungen, die ihm das Gesetz gerade ersparen will. Unwirksam ist auch der generelle Ausschluss der Haftung des Verwerters für einen fehlenden Urhebervermerk[659] sowie die formularmäßige Beschränkung des Schadensersatzanspruchs wegen einer unterbliebenen Urheberbenennung auf die Fälle, in denen der Urheber dem Verwerter ein vorsätzliches oder grob fahrlässiges Verhalten nachweisen kann.[660] Beide Regelungen widersprechen dem Grundgedanken des § 13 UrhG, so dass § 307 Abs 2 Nr 1 BGB zur Anwendung kommt. Die Klausel, die den Nachweis eines vorsätzlichen oder grob fahrlässigen Verhaltens des Verwerters fordert, ist außerdem gem § 307 Abs 1 BGB unwirksam, weil sie dem Urheber entgegen § 309 Nr 12 BGB die Beweislast für Umstände im Verantwortungsbereich des Verwerters auferlegt und ihn dadurch in unangemessener Weise benachteiligt.

**371**     **cc) Freistellungsverpflichtung.** Bei der Einräumung von Nutzungsrechten besteht uU die Gefahr, dass Dritte mit der Behauptung, die Werknutzung verletze ihre Rechte, Schadensersatz- oder Kostenerstattungsansprüche gegen den Rechtserwerber geltend machen. Um dieses Risiko auszuschließen, sehen manche Geschäftsbedingungen vor, dass der Urheber den Rechtserwerber von allen Forderungen Dritter freizustellen hat. Solche Freistellungsklauseln können unwirksam sein.

**372**     Ein Schuldner braucht im Rahmen eines Vertragsverhältnisses grds nur dann Schadensersatz zu leisten, wenn ihm eine Pflichtverletzung anzulasten ist und er die Pflichtverletzung auch zu vertreten hat (§ 280 Abs 1 BGB). Eine AGB-Klausel, die den Urheber unabhängig von dem Nachweis einer Pflichtverletzung oder der Feststellung seines Verschuldens zur Freistellung des Rechtserwerbers von den Schadensersatzforderungen und Kostenerstattungsansprüchen Dritter verpflichtet, weicht von diesem allgemeinen haftungsrechtlichen Grundsatz ab. Deshalb ist bspw eine Klausel, die den Urheber „auf erstes Anfordern" zur Freistellung verpflichtet, gem § 307 Abs 2 Nr 1 BGB unwirksam, weil eine solche Regelung alle Einwendungen und Einreden des Urhebers zunächst unberücksichtigt lässt und somit nicht einmal den Nachweis einer Pflichtverletzung erfordert.[661] Unwirksam ist eine formularmäßige Freistellung aber auch dann, wenn sie nur für den Fall gelten soll, dass die Schadensersatz- oder Kostenforderung im Verhältnis zwischen dem Dritten und dem Rechtserwerber rechtskräftig festgestellt ist, weil eine solche Feststellung für die Vertragsbeziehung

---

[658] LG Hamburg Urt v 22.9.2009, Az 312 O 456/09 – Heinrich Bauer II.

[659] KG AfP 2010, 388, 393 – Axel Springer; LG Berlin BeckRS 2010, 21022 – Axel Springer II (unter III 1 c); LG Berlin ZUM-RD 2008, 18, 20 – Axel Springer I; Dreier/Schulze/*Schulze* § 13 UrhG Rn 25; *Seiler* K&R 2007, 561, 563 f.

[660] LG Hamburg ZUM 2010, 818, 824 f – Heinrich Bauer III; aA *Schippan* ZUM 2010, 782, 791.

[661] So LG Hamburg Urt v 22.9.2009, Az 312 O 456/09 – Heinrich Bauer II.

zwischen dem Rechtserwerber und dem Urheber keine Klärung der Verschuldensfrage herbeiführt und eine Haftung des Urhebers ohne eigenes Verschulden somit möglich bleibt.[662]

**dd) Schriftformerfordernis.** Eine AGB-Bestimmung, die individuelle Vertragsabreden nur gelten lässt, wenn sie schriftlich festgehalten werden, verstößt gegen § 305b BGB und ist deshalb unwirksam.[663]   **373**

## II. Lizenzverträge

Werden die für eine bestimmte Nutzung benötigten Bilder nicht extra für den Verwerter produziert, sondern aus einem bereits vorhandenen Bestand ausgewählt, beschränkt sich die Vertragsbeziehung auf die Einräumung der urheberrechtlichen Nutzungsrechte an dem Bildmaterial. Die Rechtseinräumung erfolgt durch einen Lizenzvertrag, der den Verwerter in die Lage versetzt, die ausgewählten Bilder für die vereinbarten Zwecke zu nutzen. Solche Lizenzverträge werden vor allem mit Bildagenturen, aber auch mit Zeitungs-, Zeitschriften- und Buchverlagen abgeschlossen.   **374**

### 1. Verträge mit Bildagenturen

Bei der Lizenzierung von Bildern durch Bildagenturen sind **zwei Vertragsbeziehungen** zu unterscheiden.[664] Zunächst müssen die Agenturen bei den Fotografen die Nutzungsrechte erwerben, die sie an die Verwerter weitergeben wollen. Danach müssen sie dann mit den Verwertern regeln, für welche Zwecke und in welchem Umfang das Bildmaterial genutzt werden darf. Es werden also zwei eigenständige Lizenzverträge abgeschlossen. An dem ersten Vertrag sind die Fotograf als Lizenzgeber und die Bildagenturen als Lizenznehmer beteiligt, während bei dem zweiten Vertrag die Agenturen die Lizenzgeber und die Verwerter die Lizenznehmer sind.   **375**

**a) Verträge zwischen Agenturen und Fotografen.** Bei dem Vertrag, der zwischen der Bildagentur und dem Fotografen abgeschlossen wird, handelt es sich um einen **Geschäftsbesorgungsvertrag** in der Form eines Dienstvertrages (§§ 675, 611 BGB).[665] Der Vertrag verpflichtet die Agentur zur treuhänderischen Wahrnehmung der Bildrechte, die ihr der Fotograf zur Vermarktung überlässt.   **376**

Die Agentur erwirbt an dem Bildmaterial normalerweise die **ausschließlichen Nutzungsrechte** mit der Maßgabe, dass sie zur Einräumung weiterer Nutzungsrechte (§ 35 UrhG) berechtigt ist.[666] Die **Erlöse**, die durch die Lizenzierung der Bilder erzielt werden und über die regelmäßig eine Abrechnung zu erteilen ist, werden nach dem vereinbarten Schlüssel (meist 50 : 50) zwischen der Agentur und dem Fotografen aufgeteilt.   **377**

[662] LG Hamburg ZUM 2010, 818, 825 – Heinrich Bauer III.
[663] KG AfP 2010, 388, 393 f – Axel Springer; LG Berlin BeckRS 2010, 21022 – Axel Springer II (unter III 2 a); LG Rostock ZUM 2010, 828, 830 – Nordkurier.
[664] Dazu auch Loewenheim/*A Nordemann* § 73 Rn 4 ff; Dreier/Schulze/*Schulze* UrhG

Vor § 31 Rn 277 ff; Berger/Wündisch/*Mercker* § 29 Rn 19 ff.
[665] Loewenheim/*A Nordemann* § 73 Rn 5; Berger/Wündisch/*Mercker* § 29 Rn 20; *Schack* Kunst und Recht Rn 879.
[666] Loewenheim/*A Nordemann* § 73 Rn 6; Dreier/Schulze/*Schulze* Vor § 31 Rn 278.

**378**    Verschiedene Vertragsmuster werden im Handbuch des BFF[667] und im Münchener Vertragshandbuch[668] vorgestellt. Sie zeigen, welche Rechte und Pflichten im Verhältnis zwischen der Agentur und dem Fotografen zu regeln sind.

**379**    **b) Verträge zwischen Agenturen und Verwertern. aa) Bildlizenz für begrenzte Nutzungen.** Anders als die Rechtsbeziehung zwischen der Bildagentur und dem Fotografen, die langfristig angelegt ist und deshalb regelmäßig in einem schriftlichen Vertrag fixiert wird, geht es im Verhältnis zwischen der Agentur und den Verwertern um die häufig sehr **kurzfristige Lizenzierung einzelner Bildnutzungen.** Da die Anforderung des Bildmaterials durch die Verwerter vielfach telefonisch oder online erfolgt, kommen die Verträge meist dadurch zustande, dass die Agentur die gewünschten Bilder liefert und dabei auf die Geltung ihrer Allgemeinen Geschäftsbedingungen hinweist. In den Geschäftsbedingungen sind dann alle wesentlichen Punkte des Lizenzvertrages geregelt.

**380**    Früher war es allgemein üblich, dass die Verwerter zu einem bestimmten Thema zunächst eine **Bildauswahl** anforderten, die ihnen von der Agentur in analoger Form zur Verfügung gestellt wurde. Mit der Übersendung der Bildauswahl kam zwischen den Beteiligten ein **Leihvertrag** (§§ 598 ff BGB) mit einer **Option auf Abschluss eines Lizenzvertrages** zustande.[669] Inzwischen ermöglichen die meisten Bildagenturen einen direkten Zugriff auf ihr digitales Bildarchiv, so dass die Kunden das Bildangebot selbst durchsehen und **unmittelbar die Bilder auswählen** können, die sie für die beabsichtigte Nutzung benötigen. Analoges Bildmaterial wird nur noch selten übermittelt, so dass auch die damit verbundenen Rechtsprobleme (Beschädigung, Verlust oder verspätete Rückgabe des Bildmaterials)[670] kaum noch auftreten. Da die Verwerter die Bilder inzwischen selbst in der gewünschten Auflösung aus dem Bildarchiv der Agenturen abrufen können, kommen die Lizenzverträge heute in der Regel direkt, also **ohne vorherigen Abschluss eines Leihvertrages** zustande. Für den **Lizenzvertrag** gelten die Vorschriften des Allgemeinen Teils des BGB und die urheberrechtlichen Bestimmungen über die Einräumung von Nutzungsrechten (§§ 31 ff UrhG). Ergänzend sind die §§ 398 ff BGB heranzuziehen (arg. § 413 BGB).

**381**    Der Lizenzvertrag, der mit dem Abruf der Bilder aus dem Archiv zwischen der Agentur und dem Verwerter zustande kommt, regelt üblicherweise Art, Umfang und Dauer der Bildlizenz, die Höhe der dafür zu zahlenden Vergütung und die Frage, ob eine digitale Bearbeitung der Bilder zulässig und der Fotograf bei der Bildveröffentlichung als Urheber kenntlich zu machen ist. Der Bundesverband der Pressebild-Agenturen und Bildarchive (BVPA) hat zur Regelung der Rechtsbeziehungen zwischen den Bildagenturen und den Verwertern eine **Konditionsempfehlung** herausgegeben.[671]

**382**    **bb) Royalty-Free-Lizenz**[672]. Eine Reihe von Bildagenturen bietet inzwischen Royalty-Free-Bilder an. Das sind Fotografien, die den Verwertern **ohne jede Nutzungsbeschränkung** überlassen werden und für die sie **nur einmal eine Lizenzgebühr** zu bezahlen brauchen. Da Royalty-Free-Bilder für alle denkbaren Verwendungszwecke beliebig

---

**667** Vgl *Maaßen* Verträge 187 ff und 193 ff.
**668** Schütze/Weipert/*Vinck* Band 3 1300 ff.
**669** BGH GRUR 2002, 282, 283 – Bildagentur; ebenso Loewenheim/*A Nordemann* § 73 Rn 22; Berger/Wündisch/*Mercker* § 29 Rn 21.
**670** Dazu Loewenheim/*A Nordemann* § 73 Rn 32 f; Dreier/Schulze/*Schulze* UrhG Vor § 31

Rn 284 ff; Hoeren/Nielen/*Mercelot* Rn 355; *Wanckel* Rn 365 f.
**671** Abgedruckt bei *Maaßen* Verträge 211 ff.
**672** Vgl dazu das Vertragsmuster bei *Maaßen* Verträge 199 ff.

oft und unbefristet zur Verfügung stehen, bezeichnet man sie auch – juristisch nicht ganz korrekt – als „lizenzfrei". Für die Verwerter haben die Royalty-Free-Bilder den Vorteil, dass sie dauerhaft und weltweit in allen denkbaren Medien mehrfach verwendet werden können, ohne dass jedes Mal neue Lizenzgebühren anfallen.

Die Preise für Royalty-Free-Lizenzen sind meist sehr niedrig. Deshalb ist fraglich, **383** ob die Erwerber solcher Lizenzen erwarten können, dass sie das Bildmaterial frei von sämtlichen **Rechten Dritter** erhalten. Teilweise wird dazu die Auffassung vertreten, dass die Lizenzgebühren für Royalty-Free-Bilder lediglich den Erwerb der urheberrechtlichen Nutzungsrechte abdecken und dass sich die Verwerter deshalb selbst um den Erwerb der eventuell benötigten Bildnisrechte, Markenrechte, Geschmacksmusterrechte oder sonstigen Rechte Dritter kümmern müssen.[673]

### 2. Verträge mit Verlagen

a) **Verträge zwischen Fotografen und Buchverlagen**[674]. Auf einen Lizenzvertrag, **384** der die Überlassung von Bildnutzungsrechten für ein Buch zum Gegenstand hat, sind die **Vorschriften des Verlagsgesetzes** unmittelbar anwendbar, sofern der **Textanteil überwiegt** und die Fotografie lediglich zur Illustration als schmückendes Beiwerk abgedruckt werden.[675] Handelt es sich dagegen um einen **Bildband** oder einen **Fotokalender**, bei dem der Bildanteil überwiegt, kommt unter der Voraussetzung, dass sich der Verleger zur Vervielfältigung und Verbreitung der Bilder im Rahmen des Projekts verpflichtet, eine **analoge Anwendung der verlagsrechtlichen Bestimmungen** in Frage.[676] Falls daher die Beteiligten keine abweichenden Vereinbarungen treffen, erwirbt der Verleger die Nutzungsrechte an den Fotografien nur für eine Auflage (§ 5 Abs 1 S 1 VerlG analog) und im Zweifel auch nur für eine Auflage von maximal 1.000 Exemplaren (§ 5 Abs 2 S 1 VerlG analog).

Geht es um eine Publikation, bei der zwar die Bilder im Vordergrund stehen, der **385** Verleger aber **keine Verpflichtung zur Vervielfältigung und Verbreitung** übernimmt, sind die Vorschriften des Allgemeinen Teils des BGB, die urheberrechtlichen Bestimmungen über die Einräumung von Nutzungsrechten (§§ 31 ff UrhG) sowie ergänzend die §§ 398 ff BGB anzuwenden. Ob in solchen Fällen eine analoge Anwendung des Verlagsgesetzes möglich ist,[677] erscheint fraglich.

Das **Lizenzhonorar** wird **bei Buchveröffentlichungen** üblicherweise so bemessen, **386** dass der Fotograf unter Zugrundelegung des Nettoladenpreises prozentual an den Buchverkäufen beteiligt wird.[678] Handelt es sich bei dem Buch um einen Bildband, bei dem die Fotografie im Vordergrund steht, entspricht der Prozentanteil des Fotografen vielfach den Werten, die bei Textautoren üblich sind (zwischen 5 % und 15 % des Ladenpreises).[679] Steht dagegen nicht das Bild, sondern der Text im Vordergrund, erhält der Fotograf meist nur einen Bruchteil der Beteiligung des Textautors.

---

673 So LG München I ZUM-RD 2005, 193, 195 – ICE II.
674 Dazu *Maaßen* Verträge 63 ff und 109 ff.
675 Schricker/Loewenheim/*Schricker/Loewenheim* UrhG Vor § 28 Rn 127; Dreier/Schulze/*Schulze* UrhG Vor § 31 Rn 274.
676 Loewenheim/*A Nordemann* § 73 Rn 45
677 So Schricker/Loewenheim/*Schricker/Loewenheim* UrhG Vor § 28 Rn 117 aE.

678 Vgl Fromm/Nordemann/*J B Nordemann* UrhG Vor §§ 31 ff Rn 412; Loewenheim/*A Nordemann* § 73 Rn 47.
679 Dazu *Maaßen* Calculator 35 f; vgl auch Loewenheim/*A Nordemann* § 73 Rn 48 (10 % des Ladenpreises).

**387**      **b) Verträge zwischen Fotografen und Zeitungs-/Zeitschriftenverlagen**[680]. Überlässt ein Fotograf seine Bilder einem Zeitungs- oder Zeitschriftenverlag und verpflichtet sich der Verlag zur Vervielfältigung und Verbreitung des Bildmaterials, kommt ein **Verlagsvertrag** zustande, auf den die für **periodische Sammelwerke** geltenden Vorschriften der §§ 41 bis 46 VerlG und des § 38 UrhG anzuwenden sind.[681] Um eine Verpflichtung zur Vervielfältigung und Verbreitung zu begründen, reicht es aus, dass der Verleger den Zeitpunkt nennt, zu dem der Bildbeitrag des Fotografen erscheinen soll (§ 45 Abs 2 VerlG).

**388**      Besteht für den Verleger **keine Vervielfältigungs- und Verbreitungspflicht**, gelten nur die **Regelungen des § 38 UrhG.** Danach erwirbt der Verleger oder Herausgeber einer Zeitschrift im Zweifel das ausschließliches Recht zur Vervielfältigung und Verbreitung, allerdings beschränkt auf ein Jahr, so dass der Fotograf seine Bilder nach Ablauf der Jahresfrist anderweitig vervielfältigen und verbreiten darf, wenn nichts anderes vereinbart ist (§ 38 Abs 1 UrhG). Dagegen räumt der Fotograf dem Verleger oder Herausgeber nur ein einfaches Nutzungsrecht ein, wenn er die Fotografien nicht für eine Zeitschrift, sondern für eine Zeitung zur Verfügung stellt (§ 38 Abs 3 S 1 UrhG).[682] In diesem Fall darf der Fotograf seine Bilder also anderweitig verwerten, sofern nichts anderes vereinbart wird. Aber auch dann, wenn der Zeitungsverlag die ausschließlichen Nutzungsrechte erwirbt, ist der Fotograf sogleich nach dem Erscheinen seines Bildbeitrags berechtigt, ihn anderweitig zu vervielfältigen und zu verbreiten, falls es dazu keine abweichenden Vereinbarungen gibt (§ 38 Abs 3 S 2 UrhG).

**389**      Übernimmt ein Verlag die von einem Fotografen zugesandten Fotoabzüge in sein **Archiv**, um sie im Bedarfsfall für eine Zeitungs- oder Zeitschriftenveröffentlichung zu verwenden, verbleibt das **Eigentum an den Abzügen** beim Fotografen.[683] Das gilt auch dann, wenn der Fotograf für die Bereitstellung der Fotoabzüge eine Archivgebühr berechnet. Von einer Eigentumsübertragung auf den Verlag kann nur dann ausgegangen werden, wenn dafür besondere Anhaltspunkte vorliegen.

### III. Verträge über fotografische Kunstobjekte

#### 1. Ausstellungsverträge

**390**      Fotografien werden in zunehmendem Maße als **Kunstobjekte** ausgestellt. Gegenstand der Verträge, die die Fotografen zu diesem Zweck mit den Ausstellungsveranstaltern abschließen, ist das **Ausstellungsrecht** gem § 18 UrhG. Unter das Ausstellungsrecht fallen allerdings nur unveröffentlichte Lichtbildwerke und Lichtbilder. Bei bereits veröffentlichten Fotografien ist das Ausstellungsrecht verbraucht, so dass die Ausstellung nach einer rechtmäßig erfolgten Erstveröffentlichung auch ohne die Zustimmung der Fotografen durchgeführt werden kann und es keiner vertraglichen Einräumung des Ausstellungsrechts mehr bedarf.[684]

**391**      Erfolgt die Ausstellung künstlerischer Fotografien in einer **Galerie**, wird diese Gelegenheit häufig dazu genutzt, die ausgestellten Bilder zu verkaufen. Der Ausstel-

---

[680] Vertragsmuster dazu bei *Maaßen* Verträge 114 ff und 119 ff.
[681] Schricker/Loewenheim/*Schricker/Loewenheim* UrhG Vor § 28 Rn 117.
[682] Zum Unterschied zwischen einer „Zeitung" und einer „Zeitschrift" vgl Schricker/Loewen-

heim/ *Schricker/Loewenheim* UrhG § 38 Rn 13 f.
[683] BGH GRUR 2007, 693, 695 – Archivfotos.
[684] Schricker/Loewenheim/*Vogel* UrhG § 18 Rn 15; Dreier/Schulze/*Schulze* UrhG § 18 Rn 9.

lungsvertrag enthält dann auch Regelungen zur Durchführung der Verkäufe und zur Beteiligung der Galerie an den Verkaufserlösen.[685] Der Ausstellungsvertrag verpflichtet den Galeristen zur Durchführung der Ausstellung, so dass der Fotograf Schadensersatzansprüche geltend machen kann, wenn diese Pflicht verletzt wird.[686]

### 2. Kommissionsverträge[687]

Überlässt ein Fotograf seine Arbeiten einem **Kunsthändler** oder einem **Galeristen** zum Verkauf, wird in der Regel ein Kommissionsvertrag (§§ 383 ff HGB) abgeschlossen. Der **Kommissionsvertrag** regelt insb Art, Ausstattung und Verkaufspreise der Editionen, die der Fotograf bereitzustellen hat, die von dem Kommissionär geschuldeten Werbemaßnahmen und die an ihn zu zahlenden Provisionen. Werden die künstlerischen Fotografien im Internet vermarktet, sind in dem Kommissionsvertrag auch die besonderen Verhältnisse dieses Mediums zu berücksichtigen.

**392**

Der Fotograf hat einen Anspruch darauf, dass ihm der Kommissionär die Namen und Anschriften der Erwerber seiner Arbeiten bekannt gibt. Sein **Auskunftsanspruch** ergibt sich sowohl aus § 384 Abs 2 HGB als auch unmittelbar aus der besonderen Natur des Kommissionsgeschäfts.[688] Da es um den Verkauf urheberrechtlich geschützter Werke geht, muss der Urheber die Möglichkeit haben, die fortdauernde ideelle Beziehung zu seinen Werken zu realisieren und bspw sein Zugangsrecht (§ 25 UrhG) auszuüben. Wenn er dazu auf die Kontaktdaten der Erwerber angewiesen ist, ist der Kommissionär verpflichtet, ihm diese Daten zur Verfügung zu stellen. Die Auskunftspflicht des Kommissionärs kann allerdings vertraglich abbedungen werden.

**393**

### 3. Kaufverträge[689]

Bei einem **Verkauf künstlerischer Fotografien** werden im Zweifel nur Eigentumsrechte, aber keine Nutzungsrechte übertragen (§ 44 Abs 1 UrhG). Allerdings erwirbt der Käufer eines Originals[690] das Ausstellungsrecht, falls dazu keine abweichenden Vereinbarungen getroffen werden (§ 44 Abs 2 UrhG). Der Verkäufer hat dafür einzustehen, dass eine vertraglich zugesagte Limitierung der Auflage eingehalten wird und später nicht weitere Abzüge auf den Markt gelangen.[691]

**394**

---

685 Vgl dazu das Vertragsmuster bei *Maaßen* Verträge 169 ff.
686 OLG Düsseldorf ZUM-RD 1998, 513, 517 – Ausstellungsvertrag.
687 Vertragsmuster dazu bei *Maaßen* Verträge 173 ff (Galerie-Kommissionsvertrag) und 177 ff (Internet-Kommissionsvertrag).

688 LG Hamburg ZUM-RD 2008, 27, 28 – Galerievertrag.
689 Vgl dazu das Vertragsmuster bei *Maaßen* Verträge 183 f.
690 Zum Begriff des Originals vgl Rn 130 f.
691 Loewenheim/*A Nordemann* § 73 Rn 62.

# Kapitel 5

# Computerrecht – Computerspiele

## Literatur

*Anschütz/Nägele* Die Rechtsposition des Modellherstellers gegenüber dem Hersteller des Vorbilds in Deutschland WRP 1998, 937; *Arlt* Ansprüche des Rechtsinhabers bei Umgehung seiner technischen Schutzmaßnahmen MMR 2005, 148; *Baumann/Hofmann* Hybride Computer- und Videospiele aus jugendschutzrechtlicher Sicht ZUM 2010, 863; *Berberich* Virtuelles Eigentum, Tübingen 2010 (zit *Berberich*); *Berking* Kein Urheberrechtsschutz für Fernsehshowformate? – Anmerkung zum Urteil des BGH „Sendeformat" GRUR 2004, 109; *Bonnert* Attraktion für breite Massen c't 23/2007, 48; *Bürge* Online Gaming – Reale rechtliche Stolpersteine in virtuellen Welten sic! 11/2006, 802; *Braml/Hopf* Der neue Jugendmedienschutz-Staatsvertrag ZUM 2010, 645; *Cichon* Urheberrechte an Webseiten ZUM 1998, 897; *Diegmann/Kuntz* Praxisfragen bei Onlinespielen NJW 2010, 561; *Dreier/Schulze* Urheberrechtsgesetz, Kommentar, 3. Aufl München 2008 (zit Dreier/Schulze/*Bearbeiter*); *Erdemir* Killerspiele und gewaltbeherrschte Medien im Fokus des Gesetzgebers K&R 2008, 223; *Ernst* Recht kurios im Internet – Virtuell gestohlene Phönixschuhe, Cyber-Mobbing und noch viel mehr NJW 2009, 1320; *Esteve* Das Multimediawerk in der spanischen Gesetzgebung GRUR Int 1998, 858; *Fairfield* Virtual Property Boston University Law Review (85) 1047; *Festinger* Video Game Law Ontario 2005; *Fezer* Markenrecht, 4. Aufl München 2009 (zit *Fezer*); *Frey* Spiele mit dem Computer – SciFi, Fantasy, Rollenspiele & Co. Ein Reiseführer Kirchberg (Schweiz) 2004; *Fromm/Nordemann* Urheberrechtsgesetzkommentar, 10. Aufl Stuttgart 2008 (zit Fromm/Nordemann/*Bearbeiter*); *Gantert* Der virtuelle Gegenstand im Recht, München 2010; *Gauß* Oliver Kahn, Celebrity Deathmatch und das Right of Publicity – Die Verwertung Prominenter in Computer- und Videospielen in Deutschland und den USA GRUR Int 2004, 558; *Geis/Geis* Rechtsaspekte des virtuellen Lebens CR 2007, 721; *Gieselmann* Teilchenbeschleuniger – Was Physik-Karten in Spiele-PCs wirklich bringen c't 17/2006, 72; *ders* Wer spielt was? c't 22/2007, 80; *Habel* Eine Welt ist nicht genug – Virtuelle Welten im Rechtsleben MMR 2008, 71; *Härting/Kuon* Designklau CR 2004, 527; *Hefermehl/Köhler/Bornkamm* UWG, 27. Aufl München 2009 (zit Hefermehl/Köhler/Bornkamm/*Bearbeiter*); *Henkenborg* Der Schutz von Spielen Berlin 1994; *Hoeren* Werbung im WWW – aus der Sicht des neuen UWG MMR 2004, 643; *Hopf/Braml* Virtuelle Kinderpornografie vor dem Hintergrund des Online-Spiels Second Life ZUM 2007, 354; *Hoeren* Der urheberrechtliche Erschöpfungsgrundsatz bei der Online-Übertragung von Computerprogrammen CR 2006, 573; *Höynck/Pfeiffer* Verbot von „Killerspielen"? – Thesen und Vorschläge zu Verbesserung des Jugendmedienschutzes ZRP 2007, 91; *Hogben* (Hrsg) ENISA (European Network and Information Security Agency), Virtual Worlds, Real Money – Security and Privacy in Massively-Multiplayer Online Games and Social and Corporate Virtual Worlds, 2008, verfügbar unter http://www.enisa.europa.eu/ (zitert als ENISA); *Huizinga* Homo ludens. Vom Ursprung der Kultur im Spiel. Hamburg 1987; Ingerl/Rohnke Markengesetz, Kommentar, 4. Aufl München 2010 (zit Ingerl/Rohnke/*Bearbeiter*); *Jarass/Pieroth* Grundgesetz für die Bundesrepublik Deutschland, 9. Aufl München 2007 (zit Jarass/Pieroth/*Bearbeiter*); *Junker/Benecke* Computerrecht, 3. Aufl Baden-Baden 2003; *Katko/Maier* Computerspiele – die Filmwerke des 21. Jahrhunderts? MMR 2009, 306; *Kilian/Heussen* Computerrechtshandbuch – Informationstechnologie in der Rechts- und Wirtschaftspraxis, 28. Ergänzungslieferung 2010 (zit Kilian/Heussen/*Bearbeiter*); *Koch* Begründung und Grenzen des urheberrechtlichen Schutzes objektorientierter Software GRUR 2000, 191; *Koch* Die rechtliche Bewertung virtueller Gegenstände auf Online-Plattformen JurPC Web-Dok 57/2006; *Koesch/Magdanz/Stadler* Echte Telefonnummer für Handys in „Second Life"

24.11.2007 spiegel-online, www.spiegel.de/netzwelt/mobil/0,1518,519068,00.html (letzter Zugriff: 13.11.2010); *Köhne* Veraltete Indizierungen MMR 2003 Heft 4, XIV; *Körber/Lee* Rechtliche Bewertung der Markenbenutzung in Computerspielen nach dem Opel-Blitz-Urteil des EuGH WRP 2007, 609; *Krasemann* Onlinespielrecht – Spielwiese für Juristen MMR 2006, 351; *Kreutzer* Computerspiele im System des deutschen Urheberrechts. Eine Untersuchung des geltenden Rechts für Sicherungskopien und Schutz technischer Maßnahmen bei Computerspielen CR 2007, 1; *Lambrecht* Der urheberrechtliche Schutz von Bildschirmspielen, Baden Baden 2006; *Lehmann* Titelschutz für Software CR 1998, 2; *ders* Das neue Software-Vertragsrecht Verkauf und Lizenzierung von Computerprogrammen NJW 1993, 1822; *Liesching* Hakenkreuze in Film, Fernsehen und Computerspielen – Verwendung verfassungsfeindlicher Kennzeichen in Unterhaltungsmedien MMR 2010, 309; *ders* Internetcafés als „Spielhallen" nach Gewerbe- und Jugendschutzrecht NVwZ 2005, 898; *Liesching/Knupfer* Die Zulässigkeit des Betreibens von Internetcafés nach gewerbe- und jugendschutzrechtlichen Bestimmungen MMR 2003, 439; *Lischka* Spielplatz Computer – Kultur, Geschichte, Ästhetik des Computerspiels, Heidelberg 2002; *Lober* Jugendgefährdende Unterhaltungssoftware – kein Kinderspiel CR 2002, 397; *ders* Monopoly spielen verboten? „Social Games" und „Social Networks" im Lichte des Kartellrechts GRUR-Prax 2010, 453; *ders* Spiele in Internet-Cafés: Game Over? MMR 2002, 730; *ders* Spielend werben: Rechtliche Rahmenbedingungen des Ingame-Advertising MMR 2006, 643; *ders* Virtuelle Währungen c't 24/2007, 88; *ders* Virtuelle Welten werden real, Hannover 2007; *Lober/Karg* Unterlassungsansprüche wegen User Generated Content gegen Betreiber virtueller Welten und Online-Spiele CR 2007, 647; *Lober/Weber* Entgeltliche und freie Nutzung von Persönlichkeitsrechten zu kommerziellen Zwecken im deutschen englischen Recht ZUM 2003, 658; *dies* Money für Nothing? Der Handel mit virtuellen Gegenständen und Charakteren MMR 2005, 653; *dies* Den Schöpfer verklagen – Haften Betreiber virtueller Welten ihren Nutzern für virtuelle Güter? CR 2006, 837; *Loewenheim* Handbuch des Urheberrechts, 2. Aufl München 2010 (zit Loewenheim/*Bearbeiter*); *ders* Urheberrechtlicher Schutz von Videospielen, *Forkel/Kraft* (Hrsg) FS Hubmann Frankfurt aM 1985, 307 (zit *Loewenheim* FS Hubmann); *Loy* Zocken gegen die besten Spieler der Welt 13.11.2007 spiegel-online, www.spiegel.de/schulspiegel/leben/0,1518,515795,00.html (letzter Zugriff: 13.11.2010); *Marly* Urheberrechtsschutz für Computersoftware in der Europäischen Union, München 1995 (zit *Marly*); *ders* Softwareüberlassungsverträge, 3. Aufl München 2003 (zit J *Marly*); *Maume* Bestehen und Grenzen des virtuellen Hausrechts MMR 2007, 620; *Merschmann* Die Botschaft ist das Spiel 12.01.2007 spiegel-online, www.spiegel.de/netzwelt/spielzeug/0,1518,458953,00.html (letzter Zugriff: 13.11. 2010); *Mielke* Spiel mit Grenzen c't 12/2006, 200; *Müller-Lietzkow* Zwischen Rentabilität und Kulturmedium Politik und Kultur (Beilage kultur kompetenz bildung) (2) 2007, 8; *Nägele/Jacobs* Rechtsfragen des Cloud Computing ZUM 2010, 281; Nicolini/Ahlberg Urheberrechtsgesetz Kommentar, 2. Aufl München 2000 (zit Möhring/Nicolini/*Bearbeiter*); *Nordemann* Bildschirmspiele – eine neue Werkart im Urheberrecht GRUR 1981, 891; *Otto* Deutscher Verbotsaktionismus schadet der kulturellen Vielfalt, Politik und Kultur 3/2007, 14; *Palandt* Bürgerliches Gesetzbuch, 70. Aufl München 2011 (zit Palandt/*Bearbeiter*); *Piasecki* Für 8,50 Dollar in den Krieg gegen Israel 20.11.2003 faz.net, www.faz.net/s/Rub117C535CDF414415BB243B181B8B60AE/Doc~E9FF99B64BBAD41E08088E6CBD53B604F~ATpl~Ecommon~Scontent.html (letzter Zugriff: 13.11.2010); *Poll/Brauneck* Rechtliche Aspekte des Gaming-Markts GRUR 2001, 389; *Popitz* Spielen Göttingen 1994; *Pressemitteilung*-Interview „Ein mentaler Kampf" 12.02.2008 www.spiegel.de/netzwelt/spielzeug/0,1518,533843,00.html (letzter Zugriff: 13.11.2010); *Rebmann/Säcker/Rixecker* Münchener Kommentar zum BGB, 5. Aufl München 2010 (zit MüKo/*Bearbeiter*); *Rehbinder* Urheberrecht, 16. Aufl München 2010 (zit *Rehbinder*); *Rippert/Weimer* Rechtsbeziehungen in der virtuellen Welt ZUM 2007, 272; *Ritlewski* Virtuelle Kinderpornographie in Second Life K&R 2008, 94; *Rittmann* Hier Münze einwerfen 23.3.2009 www.spiegel.de/netzwelt/spielzeug/0,1518,613635,0.html (letzter Zugriff: 13.11.2010); *Rötzer* Computerspiele verbessern die Aufmerksamkeit 29.05.2003 www. heise.de/tp/r4/artikel/14/14900/1.html (letzter Zugriff: 13.11.2010); *Royla/Gramer* Urheberrecht und Unternehmenskauf CR 2005, 154; *Schaar* Rechtliche Grenzen des „In-Game-Advertising" GRUR 2005, 912; *Schack* Urheber- und Urhebervertragsrecht, 5. Aufl Tübingen 2010 (zit *Schack*); *Schmid-Petersen* Rechtliche Grenzen der Vermarktung von Persönlichkeiten: Computerspiel mit Oliver Kahn SpuRt 2004, 248; *Schönke/Schröder* Strafgesetzbuch, 28. Aufl München 2010;

*Schricker* Urheberrechtsschutz für Spiele GRUR Int 2008, 200; *Schricker* Urheberrecht, 4. Aufl München 2010 (zit Schricker/*Bearbeiter*); *Siemons* Chinas Geschäft mit der Lebenszeit 22.10.2006 spiegel-online, www.spiegel.de/netzwelt/web/0,1518,443947,00.html (letzter Zugriff: 13.11.2010); *Sosnitza* Das Koordinatensystem des Rechts des unlauteren Wettbewerbs im Spannungsfeld zwischen Europa und Deutschland – Zum Regierungsentwurf zur Reform des UWG vom 9.5.2003 GRUR 2003, 739; *Spindler* Die Verantwortlichkeit der Provider für „Sich-zu-Eigen-gemachte" Inhalte und für beaufsichtigte Nutzer MMR 2004, 440; *Stöcker* Die Pixel-Demagogen 16.10.2007 spiegel-online, www.spiegel.de/netzwelt/spielzeug/0,1518,511754,00.html (letzter Zugriff: 13.11.2010); *ders* Roboter nimmt Spielern das Spielen ab spiegel-online 18.4. 2008 http://www.spiegel.de/netzwelt/spielzeug/0,1518,547877,00.html (letzter Zugriff: 13.11.2010); *Ulbricht* Unterhaltungssoftware: Urheberrechtliche Bindungen bei Projekt- und Publishingverträgen CR 2002, 317; *Wabnitz/Janovsky* Handbuch des Wirtschafts- und Steuerstrafrechts, 3. Aufl München 2007 (zit Wabnitz/Janovsky/*Bearbeiter*); *Wandtke* (Hrsg) Urheberrecht, 2. Aufl Berlin 2010 (zit Wandtke/*Bearbeiter*); *Wandtke/Bullinger* Praxiskommentar zum Urheberrecht, 3. Aufl München 2009 (zit Wandtke/Bullinger/*Bearbeiter*); *Wemmer/Bodensiek* Virtueller Handel – Geld und Spiele K&R 2004, 432; *Wieduwilt* Cheatbots in Onlinespielen – eine Urheberrechtsverletzung? MMR 2008, 715; *Wirsing* Das große Lexikon der Computerspiele, Berlin 2003; *Zagouras/Körber* Rechtsfragen des Game-Designs – Die Gestaltung von Computerspielen und -animationen aus medien- und markenrechtlicher Sicht WRP 2006, 680; *Zahrnt* Titelschutz für Software-Produkte – ein Irrtum? BB 1996, 1570; *Zimmermann/Geißler* (Hrsg) Streitfall Computerspiele: Computerspiele zwischen kultureller Bildung, Kunstfreiheit und Jugendschutz, 2. Aufl Berlin 2008.

*Übersicht*

# § 1
# Einführung

**1**  „Machen **Killerspiele** Mörder aus unseren Kindern?"[1] In ähnlicher Aufmachung kann man seit geraumer Zeit tagtäglich Auseinandersetzungen mit dem Thema Computerspiele aus den Massenmedien erfahren. Über diese hitzigen Diskussionen hinaus, werfen die elektronischen Spielwelten eine breite Vielfalt ethischer wie rechtlicher Fragestellungen auf, deren Bedeutung angesichts der omnipräsenten Gewaltdebatte gering erscheint.[2] Das Computerspiel als „Medienprodukt" befindet sich in vielen Bereichen und aus verschiedenen Blickwinkeln gleichauf mit anderen Sparten der Medien.[3] In Computerspielen gab es **Multimedia** lange bevor dieser Begriff prägend für eine neue Generation von Unterhaltung war, denn in elektronischen Spielen wurden seither mehrere Ebenen der medialen Wahrnehmung(-smöglichkeiten) angesprochen. Als Medienprodukte gehören sie seit 50 Jahren zur Kultur und damit auch zum Kulturgut der Zivilisation.[4] Unter heutigen Jugendlichen ist der Computer das Informations- und Kommunikationsmittel Nummer 1. Von den 97 % der Jugendlichen, die Computer nutzen, spielen nur 28 % überhaupt nicht und 37 % intensiv.[5] Für den **E-Sport** gibt es mittlerweile Weltmeisterschaften die durch gut verdienende Profi-Computerspieler (**E-Sportler**)[6] ausgetragen werden.[7] Hinzu kommen die Nutzung von Handys und mobilen Konsolen. Von kaum einem anderen Medium wird eine derart intensive Be-

---

[1] Der reißerische Begriff Killerspiel entstammt nicht der Spielerszene, sondern von den politischen Gegnern dieser Spiele. In BR-Drucks 76/07, 5 wird der Begriff als „Spielprogramme, die grausame oder sonst unmenschliche Gewalttätigkeiten gegen Menschen oder menschenähnliche Wesen darstellen und dem Spieler die Beteiligung an dargestellten Gewalttätigkeiten solcher Art ermöglichen" umschrieben. Vgl *Erdemir* K&R 2008, 223.

[2] Vgl die Sammlung von Pressemeldungen und Aufsätzen unter www.kulturrat.de/text.php?rubrik=72.

[3] Vgl *Ulbricht* CR 2002, 317, 317 f.

[4] *Müller-Lietzkow* Politik und Kultur (Beilage kultur kompetenz bildung) (2) 2007, 8; vgl auch die Beiträge in *Zimmermann/Geißler*.

[5] Vgl die aktuelle JIM-Studie unter www.mpfs.de/fileadmin/JIM-pdf06/JIM-Studie_2006.pdf (36 f).

[6] *Pressemitteilung-Interview* „Ein mentaler Kampf".

[7] *Loy* spiegel-online.

Michael Kauert

einflussung des menschlichen Verhaltens erwartet wie von Computerspielen. Viel mehr als andere **Medienprodukte** werden Computerspiele mit Themen wie Sucht, Gewalt, Unsportlichkeit, ungesundem Lebenswandel und mangelnder Medienkompetenz in Verbindung gebracht. Die meisten Standpunkte sind dabei eher gefühlsmäßig eingeschätzt, denn wissenschaftlich belegt. Dennoch gibt es neben den umstrittenen und bisher unbewiesenen negativen Faktoren auch positive Fakten zum Umgang mit Computerspielen. Sie sollen zu einer verbesserten Hand-Auge-Koordination und je nach Art des Spiels auch das logische, strategische und kreative Denken anregen.[8] Weiterhin fördern gerade Online-Spiele durchaus auch die soziale Kompetenz, denn gespielt wird nicht gegen den Computer, sondern gegen andere Menschen. Computer stellen dafür lediglich die **virtuelle Arena** dar. Die Skepsis und Ignoranz breiter Schichten der Bevölkerung gegenüber Computerspielen ist in Deutschland ausgeprägter als in anderen Ländern. Besonders im asiatischen Raum gilt das Computerspiel als veritables Freizeitvergnügen.

Die **wirtschaftliche Bedeutung** des Mediums ist ungebrochen hoch.[9] Der Wettbewerb zwischen den Anbietern wird mit harten Bandagen geführt. Der Umsatz von Video- und Computerspielen in Deutschland steigt kontinuierlich.[10] Angesichts dieser Entwicklung ist es kaum verwunderlich dass auch Rechtsfragen um Computerspiele immer öfter vor die Kammern getragen werden.[11] Neben dem Konkurrenzkampf auf dem realen Markt steigt auch die kommerzielle Bedeutung der virtuellen Welten an sich.[12] Der Handel mit virtuellen Schwertern und Gold ist erst der Anfang von komplett **virtuellen Wirtschaftssystemen**. In Einzelfragen dieses virtuellen Handels entwickelt sich zaghaft eine rechtswissenschaftliche Diskussion. Haben die Möglichkeiten und die Teilnehmerzahlen erst eine kritische Masse erreicht, dürften die rechtlichen Auseinandersetzungen sprunghaft ansteigen. Dies hängt in erster Linie davon ab, wie viele Dauergäste wirklich in den virtuellen Welten „leben". Ähnlich wie andere Prognosen über andere vermeintlich zukunftsträchtige Märkte ist ein gesundes Misstrauen angebracht.

**2**

## I. Begriff der Computerspiele

**Computerspiele** sind eine Form des Spielens[13] unter Zuhilfenahme elektronischer Geräte und deshalb ein noch junges Kultur- und Medienprodukt.[14] Unter Computerspielen sind im Folgenden, unabhängig von der jeweiligen technischen Plattform, alle Medienprodukte zu verstehen, die durch Ton- und Grafikausgaben auf einem Bildschirm eine virtuelle Umgebung erzeugen, auf welche der Spieler durch Interaktion Einfluss nehmen kann.[15] Die **Interaktivität** grenzt das Medium von rein rezeptiven

**3**

---

8 *Rötzer.*
9 Vgl Rn 18.
10 Der Bundesverband Interaktiver Unterhaltungssoftware eV verzeichnete 2006 einen Umsatz von € 1,126 Mrd. Dies entspricht einem Zuwachs von 7,4% gegenüber 2005. S auch *Otto* Politik und Kultur 2007, 14.
11 Vgl auch *Krasemann* MMR 2006, 351.
12 *Koesch/Magdanz/Stadler* spiegel-online; *Ulbricht* CR 2002, 317, 317 f.
13 Unter dem Spielen an sich versteht *Huizinga* 37 „... eine freiwillige Handlung oder

Beschäftigung, die innerhalb gewisser festgesetzter Grenzen von Zeit und Raum nach freiwillig angenommen, aber unbedingt bindenden Regeln verrichtet wird, ihr Ziel in sich selber hat und begleitet wird von einem Gefühl der Spannung und Freude und einem Bewusstsein des „Andersseins" als das „gewöhnliche Leben". Vgl auch *Popitz* 20 ff; *Schricker* GRUR Int 2008, 200.
14 Zum Begriff *Habel* MMR 2008, 71, 73.
15 Vgl *Lambrecht* 22, der den Begriff Bildschirmspiele bevorzugt.

Produkten wie Musik, Filmen oder Büchern ab. Die Grenzen gestalten sich wie bei vielen anderen Medienprodukten mittlerweile fließend. Neue interaktive Inhalte auf **DVD** und besonders dem nachfolgenden HD-Format[16] **Blu-ray Disc**[17] können obige Definition erfüllen, ohne im klassischen Sinne als Computerspiele zu gelten. Mangels einer rechtlichen Anknüpfung an den Begriff selbst ist eine randscharfe Definition nicht erforderlich, sie soll lediglich den Bezug dieser Ausführungen eingrenzen.

**4**  Neben inhaltlichen Unterscheidungskriterien, die das Genre des Spiels betreffen[18], werden für die Spiele je nach der verwendeten technischen Plattform unterschiedliche Begriffe[19] verwendet. Die Unterscheidung in **PC-Spiele**, **Video-Spiele**, **Konsolen-Spiele**, **Handy-Spiele**, **Tele-Spiele** oder **Arcade-Spiele** ist zwar für die Werbung und die Nutzerkreise interessant.[20] Für die rechtliche Bewertung spielt die begriffliche Reichweite hingegen keine unmittelbare Rolle.[21]

## II. Stand der Entwicklung

### 1. Aussehen moderner Computerspiele

**5**  Grundlegendes Erfordernis aller Computerspiele ist eine **elektronische Datenverarbeitungsanlage**.[22] Diese erzeugt durch Auswertung der vom Nutzer getätigten Eingaben grafische und akustische Ausgaben nach den Algorithmen des Spielprogramms.[23] Die Möglichkeiten der Eingaben über Tastatur, Joystick, Gamepad, Maus, Trackball, Lenkrad, Lichtpistole, etc sind dabei extrem vielfältig. Meist kann der Nutzer sich seine bevorzugte Variante aussuchen. Eine der neuesten Errungenschaften dürfte das Eingabekonzept der Konsole Nintendo Wii sein, bei welcher Bewegungen des Arms in entsprechende Bewegungen des virtuellen Sportlers oder Kämpfers übertragen werden. Spiele auf Datenverarbeitungsanlagen gibt es seit den Anfängen der elektronischen Rechenmaschinen. Auch sie folgen dem für jede Software grundlegenden Arbeitsprinzip Eingabe – Verarbeitung – Ausgabe.

**6**  Nach dem ersten dokumentierten Spiel auf einem Computer 1958[24] und dem ersten Patent in Amerika 1968 wurden in den letzten 20 Jahren rasante Fortschritte gemacht. Die stetig steigende Rechen- und Grafikleistung erhöht sowohl die Realitätstreue, als auch die Komplexität der Computerspiele. In den Anfängen der Spiele stellten oft abstrakte Zeichen die Umgebung dar. Autos, Raumschiffe oder Tennisbälle wurden einst abstrakt durch Sternchen und Kästchen repräsentiert. Die Grafikleistung

---

[16] HD ist die geläufige Abkürzung für High Definition (1920 × 1080, 16 : 9, etwa 2,1 Megapixel), welche sich auf die gegenüber bisherigen Bewegtbildern (SD Standard Definition, 768 × 576, 4 : 3, 0,4 Megapixel) bis zu 5-fach höhere Auflösung bezieht.

[17] Das frühere Konkurrenzformat HD DVD hat den Formatwettstreit im Frühjahr 2008 durch den Ausstieg namhafter Filmproduzenten und Hersteller nicht überlebt.

[18] Vgl dazu Rn 12.

[19] Als Computerspiele werden diejenigen Spiele bezeichnet, die auf spezifischer Spielehardware, sondern allgemeiner Computerhardware laufen; zB IBM-kompatible PC (meist unter Windows),

Mac. Dagegen werden Spiele welche auf spielespezifischer Hardware laufen meist Video- oder Konsolenspiele genannt; Playstation 1–3, XBox, Gamecube, Playstation portable, Gameboy.

[20] Vgl die Aufstellung bei *Lambrecht* 39.

[21] Daher wird im Folgenden der Begriff Computerspiel für alle technischen Plattformen verwendet.

[22] Ausf *Lambrecht* 24.

[23] Zur Technik der Bildschirmausgabe *Nordemann* GRUR 1981, 891.

[24] „Tennis for two" auf einem Großrechner. Vgl zur Entwicklungsgeschichte der Computerspiele *Lambrecht* 45 ff; *Lischka* 22 ff; *Wirsing* 1 ff; www.8bit-museum.de/.

heutiger Konsolen und Computer kann dagegen eine virtuelle Realität schaffen, die auch auf den zweiten Blick verblüffend echt wirkt.

## 2. Plattformen für Computerspiele

Als **Plattformen** für Computerspiele eigenen sich sowohl für allgemeine Aufgaben **7** vorgesehene Computer (PC[25], Mac) als auch spezielle **Spielkonsolen** (**Playstation** 1–3, **XBox** (360), **Wii, Gamecube,** Playstation portable, **Gameboy** (DS)).[26] Beide Möglichkeiten für das elektronische Spielen entwickelten sich parallel. Die Realitätstreue in Grafik- und Tonausgabe unterscheidet sich nicht wesentlich. Hinsichtlich spezieller Parameter hat mal die eine, mal die andere Architektur ihre Vorzüge. In den letzten Jahren kommen auch immer mehr **Mobiltelefone** als Plattform hinzu. Die Grafik- und Soundqualität hinkt ihren großen Vorbildern noch um etwa 10 Jahre hinterher, kann jedoch zügig aufholen.

Die Grenzen zwischen den Plattformarchitekturen selbst und zwischen den Nut- **8** zungsmöglichkeiten verschwimmen immer mehr. So eignen sich moderne Spielkonsolen, zB Playstation 3 oder XBox 360 auch zum Surfen im Internet, DVD anschauen, als Fotospeicher, zur Kommunikation und zum Musikhören. Auch andere elektronische Plattformen werden zum Spielen benutzt. So sind ebenfalls aufgrund der enorm gestiegenen Rechenleistung bei gleichzeitiger Miniaturisierung selbst in Mobiltelefonen, Satellitenreceivern oder PDAs[27] Spiele integriert oder installierbar. Der Vorteil letzterer Integrierung ist die ständige Verfügbarkeit der Spielmöglichkeit.

Es liegt in allen Fällen eine mehr oder weniger spezialisierte Spiele-geeignete Hard- **9** ware und das Spiel an sich vor. Spielesoft- und Hardware sind tatsächlich und rechtlich voneinander zu trennen.

## 3. Ausblick

Die Entwickler arbeiten ständig an weiteren Verbesserungsmöglichkeiten. Dazu zählt **10** neben realistischen Grafik- und Soundeffekten auch eine **realistische Physik**.[28] Während in Simulationsspielen schon immer eine möglichst reale Welt erschaffen werden sollte, die dem Spieler die gleichen Risiken und Möglichkeiten der realen Welt nachzuahmen in der Lage war, gehen auch eher dem Spaß dienende Spiele mehr und mehr diesen Weg. Gegenstände fallen realitätsgetreu zu Boden und fliegen durch die Luft. Kollisionen führen zu realistischen Reaktionen, je nach Größe, Material, Masse und Geschwindigkeit der virtuellen Gegenstände. Zur Berechnung werden eigens dafür gefertigte **Physik-Beschleuniger-Chips** eingesetzt. Die virtuelle Welt der Computerspiele wird immer mehr der realen Umgebung angepasst bzw wird eine immer realer scheinende virtuelle Welt erzeugt.

Einer mit der technischen Verbesserung der Spiele gehen die Möglichkeiten der **11** Interaktion der Spieler untereinander. Die steigende Beliebtheit der Online-Spiele holt

---

[25] Unter PC versteht man gewöhnlich IBM-kompatible Rechner. Die meisten kommerziellen Spiele setzen das Betriebssystem Windows XP oder Windows Vista voraus. Sog Gamer-PC oder Gamer-Laptops sind besonders leistungsfähige und auf die Bedürfnisse von Spielern ausgerichtete Computer.

[26] Aufgrund der hohen Verbreitung von leistungsfähiger Hardware in Privathaushalten sind die Spielhallen-Computerspiele (sog Arcade-Games oder Automatenspiele) nahezu vollständig verschwunden.

[27] Abk für Personal Digital Assistent, ein elektronischer Terminplaner.

[28] *Gieselmann* c't 17/2006, 72.

das Computerspiel als vermeintlich einsame Beschäftigung zu fortgeschrittener Stunde auf die Stufe der Massenkommunikationsmittel und einer Zentrale der menschlichen Interaktion und Kommunikation.

## III.  Arten der Computerspiele

**12**     Ebenso wie bei Büchern, Filmen und Musik werden in Computerspielen sämtliche Themen der menschlichen **Kultur** und **Geschichte** behandelt.[29] Entsprechend vielfältig sind die verfügbaren **Arten der Computerspiele**.[30] Obwohl täglich neue Spiele erscheinen, ist die Anzahl der zugrundeliegenden Ideen begrenzt. Für die juristische Betrachtung ist die Einteilung nach den zu lösenden Aufgaben oder der simulierten Tätigkeit mithin also das Genre des Spiels indes nicht primär entscheidend.[31] Bedeutsam für eine Vielzahl von Rechtsfragen ist aber die Einteilung nach **Offline-Spielen** und **Online-Spielen**. Offline-Spiele stellen die klassischen Computerspiele dar. Sie sind für den einzelnen Spieler gedacht, welcher die durch die Spiele-Entwickler festgelegten Aufgaben bewältigen muss.

### 1. Online-Spiele

**13**     Immer größerer Beliebtheit erfreut sich die Gattung der Online-Spiele, welche über das Internet gegen andere von Menschen gesteuerte Alter-Egos (auch **Charaktere** oder **Spielfiguren**, im Szenejargon aber **Avatare**) gespielt werden. Die Möglichkeiten sind dabei äußerst vielfältig, von einzelnen Runden in Minutenlänge (Autorennen, Counterstrike) bis hin zu ganzen Parallelwelten (SecondLife, The Sims online, World of Warcraft).[32] Man bewegt sich in einer je nach Spiel mehr oder minder umfangreichen virtuellen Welt, deren Ausgestaltung, Detailreichtum sowie physisches und soziales Grundmodell kaum begrenzt ist. Die Nutzung der virtuellen Online-Welt setzt neben einem **Breitbandinternetanschluss**[33] und der **Spielplattform**[33] auch das meist kommerziell vertriebene Computerspiel voraus. Das erworbene Spiel ist in diesem Fall kein Produkt von selbstständigem Nutzen. Es handelt sich vielmehr um eine **Client-Software** die der Übertragung von Benutzernamen und Passwort dient und somit hilft, sich in den **Account**[34] einzuloggen, den man bei der Installation anlegen muss. Der eigentliche Spielverlauf, also die Interaktion und die Positionen der Avatare in der virtuellen Welt, wird von den Server-Computern berechnet. Der Client des Benutzers überträgt dessen Aktionen an den **Server** und setzt wiederum die vom Server erhaltenen Daten mithilfe des lokalen Computers in Echtzeit in eine für den Spieler wahrnehmbare virtuelle Welt um. Die Nutzung der Online-Spielmöglichkeit kann im Kaufpreis des Spiels enthalten[35] oder zusätzlich entgeltpflichtig sein.[36] Die Bezahlung der Zusatznutzung kann über monatliche **Abonnements**,[37] im Voraus zu bezahlende Zeitpakete oder in anderer Form realisiert werden. Bestimmte Bereiche der virtuellen Welten sind oft nur gegen Bezahlung oder den Kauf von **Erweiterungspaketen** gestattet.

---

**29** *Frey* 5 ff.
**30** Eine Übersicht und Beschreibung in Deutschland erhältlicher Unterhaltungssoftware finden sich samt der Jugendschutzeinstufung unter www.zavatar.de und www.usk.de.
**31** Vgl dazu *Lambrecht* 42.
**32** Zu Aufbau und Geschäftsmodellen *Habel* MMR 2008, 71.

**33** Computer oder Spielkonsole vgl Rn 7.
**34** Vgl dazu Rn 158 ff.
**35** So bei dem umstrittenen Spiel Counterstrike, bei Battlefield und weiteren.
**36** Das ist der Fall bei World of Warcraft oder dem Premiumaccount von SecondLife.
**37** Pro Monat etwa € 10,– bis € 30,– Nutzungsgebühren.

Durch die Interaktion mit anderen Charakteren, hinter denen letztlich ebenfalls **14**
Menschen stehen, ist die gesamte Bandbreite an zwischenmenschlichen Auseinandersetzungen und ihrer Fortsetzung vor Gericht möglich.[38] In einem Onlinespiel werden
häufig spielerisch genutzte Pendants von in der wirklichen Welt genutzten Internet-
funktionen eingebunden. Spiele enthalten **Auktionsplattformen, Chaträume, Diskus-
sionsboards, Geschäfte, presseähnliche Publikationen** uvm. Durch die prinzipielle Gren-
zenlosigkeit des Internets können selbst in einfachen Konstellationen schwierige
grenzüberschreitende Probleme auftreten.

## 2. Online-Offline Hybriden

Die Grenzen zwischen den Online- und Offline-Spielen kann nicht randscharf ge- **15**
zogen werden. Es gibt zwar reine Online- und Offline-Spiele, der weit überwiegende
Teil der verkauften Computerspiele besteht aus **Mischformen** mit variierenden Anteilen. Dies lässt sich aus der Entwicklungsgeschichte der Spiele heraus erklären.
Schon immer konnten mit Hilfe eines Computers zwei Personen gegeneinander antre-
ten. Gerade das erste Computerspiel überhaupt wurde von zwei menschlichen Gegnern ausgetragen.[39] Später wurden zwei Computer per seriellem Verbindungskabel
oder per Modem über die Telefonleitung verbunden. Noch heute ist die Verbindung
von zwei bis über tausend Computern auf LAN-Partys[40] durch ein lokales Netzwerk
sehr beliebt. Das Internet hat zunächst lediglich die Funktion dieser Kopplung der
Computer über große Distanzen übernommen. Schnell entwickelten sich daraus Plattformen um andere Spielwillige zu finden, wenn die eigenen Bekannten keine Zeit hatten. Der Schritt zur dauerhaften virtuellen Welt war schließlich nicht mehr groß.[41]

## 3. Browsergames

Nicht per se Online-Spiele im eigentlichen Sinne sind die sog **Browsergames.**[42] **16**
Dabei handelt es sich anfangs um einfache Spielkonzepte mit verhältnismäßig ge-
ringem Grafik- und Soundaufwand. Mit dem Aufkommen immer schnellerer Internetverbindungen und leistungsfähigeren Browsern haben sich die Qualität und Komplexität der Browsergames in den letzten Jahren stark verbessert. Sie können zwar nur
mit einer aktiven Internetverbindung gespielt werden. Die Art des Spiels unterscheidet
sich jedoch nicht von der eines lokal installierten Spiels. Das Internet und der **Browser**
werden nur als Distributionskanal und technische Plattform genutzt. Eine Unterform
der Browsergames sind die sog Social Games. Diese können zwischen den Nutzern der
sog **Social Networks,** wie zB facebook, StudiVZ ua, gespielt werden.[43] Grundsätzlich
sind die Browsergames gratis für den Nutzer verfügbar. Zum Geschäftsmodell wird es
für die Anbieter durch das sog **Micropayment** im Wege der **digitalen Distribution.**
Dabei wird der sog **Downloadable Content,** idR virtuelle Gegenstände, Figuren,
Fähigkeiten, Sound uä, gegen kleinste Geldbeträge vertrieben.[44] Der Nutzer ist bereit
für die Individualisierung seiner Spielfigur (Avatar) oder virtuellen Gegenstände, kleine

---

**38** *Krasemann* MMR 2006, 351.
**39** Vgl Rn 6 und Fn 23.
**40** LAN steht für Local Area Network, die
Vernetzung von Computern über kurze
Distanzen (bis zu 300 m).
**41** *Lober* 7 ff.
**42** Vgl auch *Lober* 33 ff.

**43** Zu den kartellrechtlichen Problemen der
faktischen und technischen Abhängigkeit eines
Herstellers von Social Games vom Betreiber des
jeweiligen Social Networks vgl *Lober* GRUR-
Prax 2010, 453.
**44** *Rittmann* spiegel-online.

Beträge zu investieren. Über alle Nutzer betrachtet kommen hier für den Anbieter veritable Summen zusammen. Auch diesen Spielen kann eine den herkömmlichen online-Spielen inhärente Interaktion mit anderen von Menschen gesteuerten Spielfiguren hinzugefügt werden, zB Poker oder Schiffeversenken gegen andere Internetnutzer. Neue Möglichkeiten erreicht das Browsergame als Ersatz für die bisher notwendige Clientsoftware zum Betreten virtueller Online-Welten. Mehrere Anbieter haben inzwischen eine Web-Oberfläche für eine derartige Nutzung entwickelt.[45] Die Qualität der audio-visuellen Ausgabe kommt mittlerweile derjenigen von dedizierter Clientsoftware sehr nahe. Es ist dadurch möglich, sich von jedem verfügbaren Internetanschluss aus in die virtuelle Welt einzuloggen. Dies kann zu komplizierten Fragen der Haftung und des anwendbaren Rechts führen.[46] Vorgelagert ist natürlich das Problem, einen etwaigen Schädiger beweissicher zu ermitteln.

## IV. Propagandaspiele

**17**   Der Mangel an wissenschaftlich erforschten Hintergründen der Zusammenhänge von Medienkonsum und Sozialverhalten, insb bei Jugendlichen hinsichtlich der Gewaltbereitschaft, behindert niemanden, Computerspielen starke Wechselwirkungen zwischen Spieleinhalt und Spieler nachzusagen. Während bei gewalthaltigen Spielen dieser Umstand als gefährdend befürchtet wird, hoffen die Vertreiber von **Propagandaspielen** geradezu auf diesen Zusammenhang. Unterschiedliche Interessengruppen von Umweltschützern über die US-Armee bis hin zu radikalen Gruppen versuchen mithilfe von inhaltlich indoktrinierten Spielen ihre Ansichten zu verbreiten.[47] Der Nutzen derartiger Beeinflussung ist wissenschaftlich nicht nachgewiesen.[48] In der rechtswissenschaftlichen Diskussion sind Progagandaspiele als Medienprodukte bisher nicht berücksichtigt. Da diese Spiele ob des erhofften beeinflussenden Hintergrundes nicht über die gewöhnlichen kommerziellen Vertriebswege das Zielpublikum erreichen, besteht die Gefahr einer nicht ausreichend überwachten Versorgung von Jugendlichen mit fragwürdigen Inhalten.

## V. Wirtschaftliche Bedeutung und Vermarktung

**18**   Wie andere Kulturprodukte besitzen auch Computerspiele ein erhebliches Marktpotenzial.[49] Die Spieleproduzenten, die etwa 5 000 Menschen Arbeitsplätze bieten, erfreuen sich an dem stärksten wachsenden Markt der Medienindustrie, insb bei den mobilen Spielekonsolen.[50] Im Jahr 2007 stieg der Umsatz der Spieleindustrie in Deutschland auf ca € 1,6 Mrd. Weltweit wurden im Jahr 2007 US-$ 42 Mrd umgesetzt.[51] Zwar leidet auch die Computerspiel-Industrie unter der **Piraterie**, jedoch sind anders als bei anderen Medienprodukten nicht so starke Einbußen verzeichnet wor-

---

**45** *Bonnert* c't 23/2007, 48.
**46** Vgl Rn 107 ff.
**47** *Merschmann* spiegel-online; *Piasecki* faz.net.
**48** *Stöcker* spiegel-online.
**49** *Baumann/Hofmann* ZUM 2010, 863; *Lambrecht* 57 f; *Gieselmann* c't 22/2007, 80; die Realität der Spieleproduktion verkennend Wandtke/Bullinger/*Manegold* § 95 UrhG Rn 16.

**50** Vgl die Daten des Bundesverbandes Interactive Unterhaltungssoftware unter www.biu-online.de/fakten/marktzahlen/. Daten der Kinoauswertung von Spielfilmen unter www.ffa.de/.
**51** *Katko/Maier* MMR 2009, 306.

den. Dies könnte unter anderem daran liegen, dass Spiele seit ihrem Aufkommen massiv kopiert werden und es niemals eine Zeit ohne Kopien gab, auf welche dann ein Einbruch erfolgte. Zur Robustheit der Branche hat sicherlich beigetragen, dass bei Computerspielen schon seit langem sehr effektive **Kopierschutzverfahren** eingesetzt werden, von denen manche selbst Jahre nach ihrem Erscheinen nicht geknackt wurden.[52] Im Gegensatz zum seit Jahren rückläufigen Tonträgermarkt ist der Markt für Computerspiele noch immer im Wachstum.

Aufgrund der Hardwareabhängigkeiten moderner Computerspiele besteht ein enger **19** Zusammenhang zwischen dem Markt für leistungsfähige Hardware und dem Computerspiele-Markt.[53] Moderne Computerspiele setzen leistungsfähige Rechner der neuesten Generation voraus. Zeitgleich erscheinende Spiele können einen nagelneuen Computer dennoch so sehr ausreizen, dass eigentlich ein schnellerer Rechner benötigt wird. Ein Computer zum Spielen muss daher immer auf dem neuesten Stand sein. Auf einem etwa zwei Jahre alten Rechner muss man schon erhebliche Abstriche bei der Darstellungsqualität oder bei der Geschwindigkeit machen. Die **Spieleentwickler** sind daher zur Verbesserung ihrer Spiele und zu Steigerung des Kaufanreizes auf immer leistungsfähigere Hardware angewiesen. Die **Hardwarehersteller** ihrerseits bauen auf die Zugkraft guter Spiele, denn die **Grafikleistung** selbst des langsamsten verfügbaren Chips reicht für normale Büroanwendungen bei weitem aus.

Dem Potenzial des Marktes folgt eine höchst professionell ausgerichtete Industrie, **20** die nicht hinter anderen Medienindustriezweigen zurückstehen muss. Während in der Anfangsphase der Computerspiele der Programmierer selbst seine eigene Idee und je nach seinen künstlerischen Fähigkeiten auch in Bild und Ton umsetzte, arbeiten heute an einem Spiel wie beim Film mehrere hundert Menschen. Die **Spieleproduktion** ist zwischen Designer, Autoren Grafiker, Komponisten, Sprecher, Sänger, sogar Schauspieler und natürlich auch Programmierer verteilt.[54] Sie ist durch sog **Publishingverträge** zwischen den Beteiligten geregelt.[55] Darin übertragen die Kreativen ihre Rechte an den Hersteller/Publisher. Aufgrund der unterschiedlichen Natur der Rechte und erbrachten Leistungen sind unterschiedliche Regelungen zu beachten.[56]

Das Katz- und Mausspiel zwischen Hard- und Software ist bei den Konsolen- **21** spielen nicht so stark ausgeprägt. Über 3–4 Jahre müssen sich neue Spiele mit den Möglichkeiten der jeweiligen Konsole begnügen und ihre Fähigkeiten so gut wie möglich ausnutzen. Neue **Konsolenspiele** führen daher insb dann zu einem Kaufanreiz, wenn sie exklusiv für eine bestimmte neue Konsole herausgebracht werden. Konsolen-Neuerscheinungen sind daher regelmäßig von besonderen Spiele-Neuerscheinungen begleitet, die teils speziell zu diesem Zweck entwickelt wurden.

## VI. Vertrieb und Erwerb von Computerspielen

Beim Erwerb von Computerspielen gelten die allgemeinen Regeln zum Erwerb von **22** Software, insb **Standardsoftware** und somit nach hM das **Kaufrecht** der §§ 433 ff

---

[52] ZB der „StarForce Professional" Kopierschutz.
[53] *Ulbricht* CR 2002, 317, 321.
[54] Zu den Entwicklungsphasen von Spielen *Lambrecht* 32. Zu den Problemen der Verträge zwischen den Programmierern, Grafikern,

Musikern und anderen an der Entstehung beteiligten Personen und den Herstellern bzw Publishern vgl *Ulbricht* CR 2002, 317, 321 f; *Poll/Brauneck* GRUR 2001, 389.
[55] Vgl dazu *Ulbricht* CR 2002, 317, 322 f.
[56] *Ulbricht* CR 2002, 317, 323.

BGB.[57] Der Erwerb von Computerspielen ist grds wie ein **Sachkauf** zu behandeln.[58] Hinzu kommen weitere Verträge und Vertragselemente, insb bei Online-Spielen.[59] Dies können dienstvertragliche (Servernutzungsverträge), werkvertragliche (Patches) oder mietrechtliche Regeln (Servermiete) sein.

**23**     Durch die auch für Computerspiele nach ihrem erstmaligen Inverkehrbringen durch einen Berechtigten eintretende **Erschöpfung** gem §§ 17, 69c Nr 3 S 2 UrhG kann der Datenträger mit Ausnahme der Vermietung frei auf dem Markt innerhalb der gesamten europäischen Union gehandelt werden. Nach Auffassung einiger Instanzgerichte ist der zweite Erwerber aber nicht schon aufgrund des Erschöpfungsgrundsatzes berechtigt, das gebraucht gekaufte Computerspiel auf einem Computer zu installieren.[60] Die dabei – zweifellos – vorgenommene Vervielfältigungshandlung sei nach dem eindeutigen Wortlaut des Gesetzes nicht von der Erschöpfung nach §§ 17, 69c Nr 3 S 2 UrhG erfasst. Infolgedessen käme es auf die dem Ersterwerber eingeräumten Rechte an. Diesem wird meist nur ein einfaches, nicht übertragbares Nutzungsrecht eingeräumt. Nach dieser Rechtsprechung darf der Rechtsinhaber dem Zweiterwerber wirksam untersagen, die Software zu vervielfältigen, also zu nutzen. Diese Rechtsauffassung wird von Teilen der Literatur heftig kritisiert.[61] Am 3.2.2010 hat der BGH erstmals seit dem OEM-Urteil[62] über einen solchen Fall entscheiden.[63]

**24**     Besonderheiten im Verhältnis zum allgemeinen Sachkauf bestehen hinsichtlich des Vertragsschlusses und der **Mängelgewährleistung**.[64] Mit dem Kauf und der meist begleitenden Übereignung des Datenträgers erwirbt der Käufer das Eigentum an dem Datenträger und dem Begleitmaterial sowie eine Lizenz zur Nutzung der enthaltenen Software. Entgegen den restriktiven Bestimmungen bzgl **Allgemeiner Geschäftsbedingungen** der §§ 305 ff BGB werden dem Verbraucher oft zweifelhafte Nutzungsbestimmungen, -bedingungen, Lizenzverträge und Haftungsausschlüsse suggeriert. Wegen der bei Vertragsschluss nicht vorhandenen Einsehbarkeit sind sämtliche, nicht ohne ein Öffnen der Verpackung zugängliche Bestimmungen unwirksam, zB regelmäßig die sog **EULA oder TOS**,[65] die erst beim Installieren eingesehen werden können und damit nicht die Voraussetzungen der §§ 305 Abs 1 iVm Abs 2 Nr 2 BGB erfüllen, an denen sie zu messen sind.[66] Auf der Verpackung angebrachte Hinweise müssen lesbar und verständlich sein.[67] Um in den Vertrag einbezogen zu werden, dürfen die Klauseln nicht überraschend sein (§ 305c Abs 1 BGB). Wird die Verkehrsfähigkeit von erworbenen Gütern eingeschränkt, ist dies für den Nutzer meist überraschend.[68]

---

**57** BGHZ 109, 97; BGHZ 102, 195; vgl *Marly* Rn 62 ff zu weiteren Meinungen und Nachweisen.
**58** So auch *Lober/Weber* MMR 2005, 653, 656.
**59** Zu den kartellrechtlichen Problemen zwischen Hersteller von Social Games und Betreiber von Social Networks vgl *Lober* GRUR-Prax 2010, 453.
**60** OLG München MMR 2008, 601 – Gebrauchtsoftware; LG Mannheim MMR 2010, 323, 324; OLG Frankfurt MMR 2009, 544; OLG Düsseldorf MMR 2009, 216; LG München I MMR 2008, 563.
**61** *Hoeren* CR 2006, 573; Wandtke/Bullinger/*Grützmacher* § 69c UrhG Rn 37; *Royla/Gramer* CR 2005, 154, 155; *Lehmann* NJW 1993, 1822, 1825.

**62** BGH GRUR 2001, 153 – OEM-Version.
**63** Ausf Wandtke/*Kauert* Kap 8 Rn 16 f; BGH I ZR 129/08 – UsedSoft.
**64** Vgl hierzu auch Rn 98 f.
**65** EULA engl für End User License Agreement, TOS engl für Terms of Service. Weitere Bezeichnungen für derartige Vertragsbestimmungen sind Terms of Use, Nutzungsbedingungen, Bedingungen.
**66** Vgl *Rippert/Weimer* ZUM 2007, 272, 275; *Krasemann* MMR 2006, 351, 352; Dreier/Schulze/*Schulze* § 69c UrhG Rn 33.
**67** Palandt/*Grüneberg* § 305 BGB Rn 39.
**68** *Lober/Weber* MMR 2005, 653, 359; aA *Koch, P* JurPC Web-Dok 57/2006, Abs 10.

Schließlich wird jedoch eine unangemessene Benachteiligung nach § 307 BGB idR vorliegen, da der Nutzer ohne ein berechtigtes Interesse des Herstellers/Betreibers in seiner Verfügungsmacht eingeschränkt werden soll.[69]

Etwas anderes kann beim **Softwareerwerb durch Download** gelten.[70] Im Falle eines **25** kostenpflichtigen Erwerbs sind etwaige Nutzungsbestimmungen jedoch auch hier zum Zeitpunkt des Kaufvertragsschlusses zu treffen. Auch wenn eine Software kostenlos erhältlich ist, sind die Bedingungen zum Zeitpunkt des Vertragsschlusses, hier im Zweifel der Beginn des Downloads, zugänglich zu machen. Einzig wenn eine Softwareinstallation direkt aus dem Internet her erfolgt, können EULA im Rahmen des Installationsvorganges Geltung entfalten, wenn der Nutzer noch die Wahl hat, die Installation abzubrechen.[71]

Probleme können sich beim Erwerb von reinen **Online-Spielen** ergeben.[72] Bei **26** ihnen ist der eigentliche Datenträger allein nicht zu gebrauchen. Gespielt werden kann nur bei einer Verbindung zum Server.[73] Kern des gekauften Gegendstandes ist hier also nicht allein die für sich selbst nutzlose Standardsoftware, sondern ein Nutzungsrecht des Serversystems zum Betreten und Nutzen der virtuellen Welt.[74] Ein solcher Kauf könnte sich als gemischter Sach- und Rechtskauf darstellen. Besser erscheint die Betrachtung als **Sachkauf** (§ 433 BGB) in Verbindung mit einem **Dienstvertrag** (§ 611 BGB).[75] Zu einer zweckmäßigen juristischen Betrachtung kommt man nur durch weitere Differenzierung. Dafür muss das konkrete Zahlungsmodell des Betreibers berücksichtigt werden. Im Kaufpreis enthalten ist zunächst der Preis für die gegenständlichen Sachen und ein in aller Regel zeitlich oder inhaltlich beschränktes Nutzungsrecht, mithin die Gegenleistung aus einem Dienstvertrag über eine bestimmte Zeit oder einen bestimmten Inhalt. Will der Spieler die Serverinfrastruktur weiter in Anspruch nehmen, werden neue Dienstverträge abgeschlossen (Paketmodelle) oder ein Dauerschuldverhältnis eingegangen (Abonnementmodelle). Dabei sind die Regeln zum Schutz der beschränkt Geschäftsfähigen (§§ 106 ff BGB) zu beachten. Da Dauerschuldverhältnisse ohne Zustimmung der Eltern nicht wirksam zustande kommen, sind Paketmodelle für den Anbieter die sicherere Wahl. Auch diese Verträge kann der Minderjährige zwar nicht allein rechtswirksam abschließen, jedoch kann zumindest über § 110 BGB eine Wirksamkeit durch die vollständige Bewirkung der Gegenleistung herbeigeführt werden.

Computerspiele teilen aufgrund ihres Softwarecharakters die Probleme, die gene- **27** rell beim Kauf von Software auftreten können. **Mängel** können sich zum einen aus der physischen Beschaffenheit der Datenträger und des Zubehörs ergeben. Nicht vollständig gelieferte Ware gilt nach § 434 Abs 3 BGB als mangelhaft und wird nach dem **Gewährleistungsrecht** behandelt. Nach § 434 Abs 2 S 2 BGB gelten Fehler in der Montageanleitung als Sachmangel. Diese IKEA-Klausel lässt sich ohne weiteres auf die **Installationsanleitung** zu einem Computerspiel übertragen. Enthält sie Fehler ist das Spiel mangelhaft, es sei denn das Spiel ist (zB aufgrund von Fachkenntnis oder

---

[69] *Koch, P* JurPC Web-Dok 57/2006, Abs 10; *Lober/Weber* MMR 2005, 653, 659.
[70] Neben dem Standard Anwendungsfall PC-Spiele können mittlerweile auch Konsolenspiele online erworben werden. Vgl Pressemeldung c't 25/2007, 34.
[71] Auch die Gegenleistung muss er dann natürlich zurückerhalten bzw etwaige, eingeleitete Zahlungsvorgänge abgebrochen werden.

[72] Insb zu Second Life *Habel* MMR 2008, 71, 73 ff.
[73] Vgl Rn 13.
[74] *Lober/Weber* MMR 2005, 653, 656 vergleichen den Erwerb eines Computerspiels mit einem prepaid-Mobiltelefon.
[75] *Lober/Weber* MMR 2005, 653, 656 erwägen auch einen Mietvertrag über virtuellen Raum.

Selbsthilfe) fehlerfrei installiert worden. Spezifische Probleme können hinsichtlich des Computerspiels an sich bestehen. Zum einen kann der in den meisten Spielen integrierte Kopierschutz für Unverträglichkeiten mit bestimmter Hardware oder anderer installierter Software sorgen. Zum anderen werden auch Computerspiele regelmäßig durch **Patches** und **Updates** nach dem Gefahrenübergang verändert. Dies erfolgt in erster Linie zur Fehlerbehebung oder Verbesserung. Zweifelhaft können insb Sammelupdates sein, die nicht nur Fehler ausmerzen, sondern vom Nutzer unerwünscht neue Beschränkungen in die Software integrieren.[76] Die Rechtsnatur von Updates kann somit einerseits geschuldete Fehlerbeseitigung im Rahmen der Gewährleistung sein, zum anderen ein vom Kaufvertrag unabhängiger Werkvertrag auf Integration neuer Bestandteile. Werden durch die Aufwertung des Spiels zugleich auch neue Fehler eingearbeitet, haftet der Herausgeber des Updates für Mängel nach §§ 634 ff BGB.

**28**  Weitere Besonderheiten bestehen im **Fernabsatz** durch die Einschränkung des Widerrufsrechts gem § 312d Abs 4 Nr 2 BGB für entsiegelte Datenträger und bei den für alle Formen des Handels zu beachtenden Regeln des Jugendschutzes, welche wie für andere Medienprodukte auch für Computerspiele gelten.[77]

<h2 style="text-align:center">§ 2<br>Recht und Gesetz in Computerspielen</h2>

**29**  Computerspiele unterliegen wie alle Medienprodukte den allgemeinen Regeln und Vorschriften. Dazu zählen das BGB, UWG,[78] GWB, StGB und immer mehr auch das TMG. Darauf wird im Folgenden nur bei Besonderheiten, die Computerspiele betreffen eingegangen. Daneben kommt ein Sonderschutz insb aus dem UrhG in Frage. Spezifische Sonderregeln gibt es auch im JuSchG.

## I. Rechtsnatur der Spiele

**30**  Um die Rechtsnatur und den damit verbundenen Schutz eines Computerspiels einordnen und bestimmen zu können, ist es notwendig zu differenzieren. Ein spezialgesetzlicher Schutz, der gerade auf Computerspiele ausgerichtet ist, besteht nicht.[79] Daher müssen im jeweiligen Einzelfall die allgemeinen immaterialgüterrechtlichen Vorschriften auf ihre konkrete Anwendbarkeit hin überprüft werden. Eine wesentliche Besonderheit der Computerspiele stellt die Eigenschaft als multimediale Mischform dar.[80]

**31**  Jedes Computerspiel besteht aus mehreren verschiedenen Elementen, deren Zusammenspiel erst das interaktive Spielerlebnis ermöglicht. Dazu gehören: die **Basissoftware**, zusätzliche Hilfsprogramme für Ein- und Ausgabe, **Treiberprogramme** für externe Spielgeräte[81], **Grafikdateien** für die Elemente des Spiels (**Texturen, Landkar-**

---

[76] Zum möglichen Mangel durch nachträglich eingearbeitete oder veränderte Werbung s Rn 98 f.
[77] Vgl Rn 175 ff.
[78] Zum Schutz von Computerspielen nach UWG vgl Kilian/Heussen/*Harte-Bavendamm/Wiebe* Teil 5 Rn 40.

[79] Zum Schutz „analoger" Spiele vgl S*chricker* GRURInt 2008, 200 ff.
[80] *Poll/Brauneck* GRUR 2001, 389; Für Spanien vgl *Esteve* GRUR Int 1998, 858.
[81] Vgl Rn 36.

Michael Kauert

ten, **Zwischengrafiken**, **Menüs**, **Personen**, **Gegenstände**, **Werbung** usw), Sounddateien für **Geräuscheffekte**, **Sprachausgabe**, **Musik** und **Videodateien** für Einblendungen und **Zwischensequenzen**. In die Basissoftware integriert sind die für die Grafik- und Soundausgabe hauptverantwortliche **Grafik-Engine** und die **Sound-Engine** sowie die grundlegende Spielfunktionen bereitstellende **Game-Engine**.[82] An einem solchen Computerspiel wirken zahlreiche Kreative mit. Dazu gehören Spieldesigner, Programmierer, Grafiker, Animatoren, Zeichner, Textautoren, Komponisten für die Zwischensequenzen aber auch typische Mitarbeiter für die Filmproduktion wie Regisseur, Kameramänner, Beleuchter und Cutter.[83] Je nach Plattform werden diese Programme und Daten in ein und derselben Datei gespeichert (Spiele für Mobiltelefone, PDA) oder teilen sich auf viele verschiedene Dateien (PC, Konsolen) oder sogar Datenträger (PC) auf. Diese Elemente werden immaterialgüterrechtlich teilweise recht unterschiedlich behandelt. Infrage kommen vor allem **Urheberrechte** und **Leistungsschutzrechte** an den Einzelelementen,[84] wie auch am Gesamtprodukt. Daher kann es keine allgemeingültigen Aussagen hinsichtlich des Schutzes des Spiels an sich geben.

### 1. Grundrechtsschutz

Als Werke und Leistungsschutzrechtsobjekte unterliegen Computerspiele grds der **32** **Eigentumsgarantie** aus Art 14 GG, welcher durch die immaterialgüterrechtlichen Sondervorschriften konkretisiert wird. Die Betätigung und den Wettbewerb am Markt schützt die **Berufsfreiheit** Art 12 GG. Zumindest den aufwendiger gestalteten Spielen muss auch die **Kunstfreiheit** aus Art 5 Abs 3 GG zur Seite stehen. Es lässt sich im Hinblick auf den offenen Kunstbegriff nicht rechtfertigen, warum Computerspiele als moderne Medienform im Gegensatz zu Spielfilmen, Romanen und Bildern vom Schutz dieses Grundrechts ausgeschlossen sein sollen.[85] Der primär kommerzielle Hintergrund der Herstellung besteht gerade auch bei der Filmwirtschaft und der Verlagsindustrie, deren Produkte unstreitig unter dem Schutz der Kunstfreiheit stehen.

### 2. Patentstreitigkeiten

Die ersten Spiele waren mit ihrer Hardware entweder fest verbunden und integriert **33** oder wurden in **Cartridges** ausgeliefert. In den frühen Jahren wurde aufgrund dieser Hardware-Nähe hauptsächlich im common-law Rechtskreis das **Patentrecht** zur Streitlösung herangezogen, da dort das Patentrecht einen weiteren Anwendungsbereich hat.[86] Aufgrund der Technikbezogenheit des deutschen Patentrechts verbietet sich eine Anwendung für bloße Software (§ 1 Abs 3 Nr 3 PatG).[87] Soweit mithilfe von Software ein technisches Problem gelöst werden kann, dass man bspw auch durch eine komplizierte Mechanik lösen könnte, ist in Einzelfällen auch Programmen der Patentschutz zuerkannt worden.[88] Bisher konnte sich die Auffassung, Software sei generell

---

**82** *Lambrecht* 34 ff.
**83** *Katko/Maier* MMR 2009, 306.
**84** Vgl Rn 34 ff.
**85** AA *Zagouras/Körber* WRP 2006, 680, 681, differenzierend OLG Hamburg ZUM 2004, 309, 310 – Oliver Kahn.
**86** Vgl *Festinger* 7.

**87** BPatG GRUR 2007, 316 – Bedienoberfläche; BPatG MMR 2005, 593 – Strukturierungsprogramm; BGHZ 67, 22, 26 ff – Dispositionsprogramm; BGH GRUR 1977, 657 – Straken.
**88** BGHZ 143, 255, 263 – Logikverifikation; BGH GRUR 1992, 430, 431 – Tauchcomputer.

auch über das Patentrecht schutzfähig, beim Gesetzgeber nicht durchsetzen.[89] Solange weder im deutschen, noch im europäischen Recht **Softwarepatente** für eine Software als solche eingetragen werden können, sind Computerspiele an sich nicht durch das Patentrecht geschützt, denn sie lösen keine technischen Probleme. Anderes kann aber für spezielle Eingabe- und Zusatzgeräte für die Spiele gelten; zB Spieletastaturen, Gamecontroller, Joysticks, Lenkräder, 3-D-Brillen und sogar kleine Windmaschinen. Wie bei anderen Medienprodukten sind die Geräte unverzichtbar für den Genuss der Medien. Die **technische Plattform** und deren Zubehörteile selbst sind jedoch nicht als Medienprodukte zu klassifizieren, da sie selbst lediglich Hilfsmittel für die Medienverwendung durch den Nutzer darstellen.

### 3. Urheberrecht

**34**    Die Einordnung der Computerspiele in den **Werkkatalog** des § 2 Abs 1 UrhG fällt auf den ersten Blick nicht ganz leicht.[90] Das Fehlen einer spezifischen Kategorie „Computerspiel" sollte nach der offenen Konzeption des **Werkbegriffes** und der lediglich beispielhaften Aufzählung der Werkarten unproblematisch sein.[91] Dennoch gelten für einige Werkkategorien Ausnahmen und Sonderregeln, die der eigentlich beispielhaften Aufzählung des § 2 Abs 1 UrhG trotzdem differenzierendes Gewicht verleihen. Daher ist der Rechtsanwender stets gehalten, ein Werk den Kategorien zuzuordnen. Computerspiele sind aufgrund ihres komplexen und collagenhaften Charakters nicht pauschal einer einzigen **Werkart** zuzuordnen.[92] Vielmehr können nur einzelne Elemente und Wesenszüge eines Spiels bestimmten Werkarten zugerechnet werden. Man kann von einer künstlerisch-technischen Doppelnatur sprechen.[93] Zutreffender ist jedoch eine Multinatur, denn auch künstlerisch treffen verschiedene Welten zusammen. Zu vermeiden sind deshalb Aussagen, die zu allgemeingültig aufgestellt sind oder verstanden werden können. Stets ist eine Differenzierung erforderlich.

### 4. Computerspiele als Software

**35**    Grds beinhaltet ein Computerspiel per definitionem ein ausführbares Programm[94] für eine **elektronische Datenverarbeitungsanlage** und ist somit als **Software**, welche gem § 2 Abs 1 Nr 1 UrhG zu den **Sprachwerken** zählt, urheberrechtlich geschützt.[95] Dieser Schutz für das **Softwarewerk** bezieht sich auf die konkrete Ausprägung des **Quelltextes** und der kompilierten Version. Gemäß dem obigen **Differenzierungsgebot**,

---

[89] Eine entsprechende Initiative des europäischen Gesetzgebers konnte sich nicht durchsetzen. Obwohl die Einordnung von Software als urheberrechtlich geschütztes Werk von der hM als eher unglücklich angesehen wird (*Marly*), ist auch die Zuordnung zum Patentrecht wegen der damit verbundenen Folgen sehr umstritten.

[90] *Poll/Brauneck* GRUR 2001, 389.

[91] *Schack* 248.

[92] OLG Köln GRUR 1992, 312 – Amiga Club; LG Bochum CR 1995, 274; OLG Düsseldorf MMR 1999, 602 – Die Siedler III; *Katko/Maier* MMR 2009, 306; Die urheberrechtliche

Behandlung dieser Mischform ist sowohl de lege lata als auch de lege ferenda stark im Fluss, vgl *Rehbinder* Rn 240 ff.

[93] Schricker/Loewenheim/*Loewenheim* § 2 UrhG Rn 76 f.

[94] Zum Programmbegriff BGH GRUR 1985, 1041, 1047 – Inkasso-Programm; OLG Frankfurt aM GRUR 1983, 753, 755 – Pengo; *Koch* GRUR 2000, 191, 195; *Rehbinder* 170.

[95] OLG Köln GRUR 1992, 312 – Amiga Club; OLG Hamburg NJW-RR 1999, 483 – Superfun II; OLG Hamburg ZUM-RD 1999, 14 – Superdead II; OLG Hamburg CR 1999, 298 – Perfect Alert; LG Bochum CR 1995, 274.

bezieht sich der Softwareschutz lediglich auf Elemente des Computerspiels, die auch ausführbaren **Programmcode** enthalten.

Nicht unter die **Programmdefinition** fallen mangels Ausführbarkeit und Steue- **36** rungsfunktion **Daten, Ausgangswerte** und bloße **Rechenergebnisse** durch die Anwen- dung der Software.[96] Diese reinen Daten werden vom urheberrechtlichen Software- schutz grds nicht erfasst.[97] Die durch die Entwickler geschaffenen, fertig vorbereiten **Grafiken, Töne** und **Videos,** die durch die Software lediglich wiedergegeben werden, sind nicht Bestandteil eines **ausführbaren Programms.** Die vorberechneten und fertig vorliegenden Einzelelemente selbst fallen demnach nicht unter den Softwarewerk- schutz. Sie werden nur als Objekte durch die Software genutzt. Die eigentliche Spiele- Software generiert mit ihrer Hilfe die **virtuelle Umgebung.** Durch die Verarbeitung dieser Daten werden selbige nicht zu einem ausführbaren Programm. Die audio-visu- ellen Daten werden durch die Software bearbeitet und zu einer wahrnehmbaren Aus- gabe verbunden. Die virtuellen Welten werden auf diese Weise mithilfe von digitalen Karten (maps), Objektbeschreibungen und **Texturen** und **Soundsamples** erzeugt und auf dem Bildschirm ausgegeben.

Die Auffassung, auch die **Bildschirmausgabe** eines Programms sei (zumindest auch) **37** konkreter Ausdruck des zugrundeliegenden **Quelltextes**[98], vermengt die urheberrecht- liche Einordnung der Software als **Sprachwerk** mit einem de lege ferenda möglicher- weise von manchen gewünschten Schutzumfang. Der Schutz eines Programms in jeder **Ausdrucksform,** meint eben das Programm an sich, nicht jedoch die notwendigen Dateneingaben und die Ergebnisse seiner Ausführung.[99] Die gleiche Ausgabe kann nämlich auf programm-technisch verschiedene Art und Weise erreicht werden. Die Gleichheit oder Ungleichheit einer Datenausgabe sagt über die Vergleichbarkeit des zugrundeliegenden Programms nichts aus. Gegen die Zugehörigkeit der Bildschirm- ausgabe zum **Softwareschutz** spricht auch, dass es auf modernen Betriebssystemen „die Bildschirmausgabe" kaum mehr gibt. Unzählige Parameter der Ausgabe kann der Nutzer nach seinem Geschmack anpassen und einstellen. Darauf hat der Entwickler eines Programms kaum Einfluss. Weiterhin würde die Abgrenzung reiner digitaler Daten von lauffähigen Programmen vermischt. Die bloße Wiedergabe von digitalisier- ten Inhalten könnte andernfalls Softwareschutz für diese Inhalte bewirken, was nicht die Absicht des Gesetzgebers war. Die Ausgabe, die Oberfläche und Aussehen eines Programms müssen daher getrennt von seinen ausführbaren Bestandteilen betrachtet werden.[100]

Hinsichtlich der Anforderungen an die urheberrechtliche Schutzfähigkeit ist zu **38** beachten, dass für Computerprogramme keine persönliche, sondern **eigene Schöpfung** vorliegen muss. Die hM folgert daraus, dass aber auch hier die **kleine Münze** aus- reichend ist.[101] Das OLG Düsseldorf hält sogar ein Schutzniveau unterhalb der klei-

---

**96** Vgl *Marly* Rn 26 ff; *Lambrecht* 74, 80, 92, der auch einen (möglichen) erweiterten Pro- grammbegriff ablehnt.
**97** LG Düsseldorf ZUM 2007, 559, 563.
**98** OLG Karlsruhe ZUM 1995, 143 – Bild- schirmmasken; *Härting/Kuon* CR 2004, 527, 530.
**99** So jetzt auch EuGH GRUR 2011, 220 – BSA/Kulturministerium; OLG Karlsruhe GRUR-RR 2010, 234 – Reisebürosoftware und die bisher hM vgl OLG Frankfurt aM MMR 2005, 705, 706 – Urheberrecht an Website- Gestaltung; OLG Düsseldorf MMR 1999, 729 –

baumarkt.de; OLG Düsseldorf MMR 1999, 602 – Die Siedler III; Schricker/Loewenheim/ *Loewenheim* § 69a Rn 7; Wandtke/Bullinger/ *Grützmacher* § 69a Rn 14 mwN; *Rehbinder* 169; *Poll/Braunek* GRUR 2001, 389, 390.
**100** *Poll/Braunek* GRUR 2001, 389, 390; Schricker/Loewenheim/*Loewenheim* § 69a UrhG Rn 7; Vgl zur differenzierten Diskussion *Lambrecht* 74 ff.
**101** BGH GRUR 2005, 860, 861 – Fash 2000; LG Düsseldorf ZUM 2007, 559, 563.

nen Münze für ausreichend.[102] Besondere, erhöhte Anforderungen an die **Gestaltungs-höhe**, wie sie die ältere Rechtsprechung verlangte, sind daher jedenfalls nicht mehr Schutzvoraussetzung.[103] Vielmehr besteht nach der heutigen Rechtsprechung bei komplexen Computerprogrammen eine Vermutung für die Schutzfähigkeit.[104] Die urheberrechtliche Schutzfähigkeit von Software nach dem UrhG ist demnach die Regel, Schutzunfähigkeit die Ausnahme. § 69a Abs 2 S 2 UrhG hat lediglich klarstellende Funktion und keinen eigenen Anwendungsbereich. Wird die notwendige Schöpfungshöhe durch die dem urheberrechtlichen Softwareschutz zugänglichen Programmteile erreicht,[105] genießen diese Bestandteile des Computerspiels den vollen **Schutzumfang** wie andere Softwarewerke. Unbestritten nicht unter den Softwareschutz fallen **Handbücher** und **Anleitungen**.[106]

**39**    Urheber des Programms ist der Softwareentwickler bzw. Programmierer. IdR werden verschiedene Programmierer als **Miturheber** zusammenwirken. Wer Miturheber ist und wer nicht, hängt von dem schöpferischen Beitrag des Einzelnen, also dem eingebrachten, individuellen Inhalt ab und lässt sich nicht generell feststellen. Keine Miturheber am Programmteil eines Computerspiels sind die Schöpfer der audiovisuellen Inhalte, der Spielgeschichte, der Dialoge, der Musik usw. Sie können aber eigene Schutzrechte an ihren Beiträgen erlangen. Miturheber bilden nach § 8 Abs 2 S 1 UrhG eine **Gesamthandsgemeinschaft** und können die Ansprüche, die die Verwertung des Werkes betreffen, gemäß § 8 Abs 2 S 3 UrhG nur gemeinsam geltend machen.[107] Sämtliche Verwertungsrechte an dem entwickelten Computerprogramm sind bei angestellten Entwicklern kraft Gesetzes nach § 69b UrhG auf den **Arbeitgeber** übertragen, soweit nicht vertraglich etwas anderes vertraglich vereinbart wurde. Das einem Computerspiel zugrundeliegende Programm wird allerdings oftmals nicht von Grund auf neu programmiert, sondern statt dessen eine weitgehend vom konkreten Spiel losgelöste, abstrakte Softwaregrundlage verwendet (**Game-Engine**).[108] Die Fähigkeiten und Besonderheiten der Game-Engine sind entscheidend für die technische Güte des fertigen Computerspiels.

### 5. Spiel als Filmwerk bzw Laufbild

**40**    Die **Bildschirmausgabe**,[109] die durch die Spiele-Software veranlasst und berechnet wird kann als visuelle Darstellung **Filmwerkschutz** nach § 2 Abs 1 Nr 6 UrhG und **Filmherstellerschutz** nach § 94 UrhG[110] oder **Laufbildschutz** nach § 95 UrhG erlangen.[111] Der an den Filmherstellerschutz angelehnte Laufbildschutz unterscheidet sich

---

**102** OLG Düsseldorf ZUM-RD 2009, 182.
**103** Wandtke/Bullinger/*Grützmacher* § 69a UrhG Rn 33.
**104** BGH GRUR 2005, 860, 861 – Fash 2000.
**105** Zu den Kriterien des Werkschutzes in Bezug auf Computerspiele/Software vgl LG Düsseldorf ZUM 2007, 559, 563; *Lambrecht* 98 f; *Marly* Rn 122 ff.
**106** Fromm/Nordemann/*Czychowski* § 69a Rn 12; Wandtke/Bullinger/*Grützmacher* § 69a UrhG Rn 13; Schricker/Loewenheim/*Loewenheim* § 69a UrhG Rn 6.
**107** OLG Düsseldorf ZUM-RD 2009, 182, 184.
**108** Vgl *Katko/Maier* MMR 2009, 306, 308.
**109** Dazu *Nordemann* GRUR 1981, 891.

**110** Filmwerke erlangen den eigentlichen urheberrechtlichen Werkschutz sowie das zusätzliche Leistungsschutzrecht des Filmherstellers. Laufbilder hingegen erlangen lediglich eine leistungsschutzrechtliche Position. Aus Gründen sprachlicher Vereinfachung wird auf die weitere besondere Erwähnung des Filmherstellerschutzes neben dem Filmwerkschutz verzichtet.
**111** Vgl Fromm/Nordemann/*Nordemann A* § 2 UrhG Rn 204; Wandtke/Bullinger/*Bullinger* § 2 UrhG Rn 129; Schricker/Loewenheim/*Loewenheim* § 2 UrhG Rn 188 mwN; *Ulbricht* CR 2002, 317, 320; für ältere Spiele abl und die Erforderlichkeit generell in Zweifel ziehend *Schack* Rn 731 f.

auf Tatbestandsebene von den Filmwerken hauptsächlich durch die fehlende **Individualität**. Die Art der Erzeugung der bewegten Bilder ist für die Erlangung des Schutzes im Gegensatz zum Lichtbild- und Lichtbildwerkschutz, die eine strahlende Energie voraussetzen, gleichgültig.[112] Auch das bildlich dargestellte Rechenergebnis eines Programms kann daher Lichtbild- oder Filmwerkschutz erlangen.[113] Abweichend vom üblichen Automatismus kann somit Laufbildschutz entstehen, ohne dass den einzelnen Bildern Lichtbildschutz nach § 72 UrhG zukommt.[114] Allerdings genießen auch Standbilder den Filmhersteller- oder Laufbildschutz.[115] Urheber des audiovisuellen Teils eines Computerspiels ist gleichsam einem Regisseur beim Film der Gesamtverantwortliche für das Spiel, idR der Game-Designer.[116]

Die **Bildschirmausgabe** selbst muss nach den interaktiven Teilen (dem eigentlichen Spiel) und in das Spiel eingearbeitete **Filmsequenzen** (**Intro, Zwischensequenzen, Trailer**) unterschieden werden. Die Zwischensequenzen sind meist aufwändig produziert. Sie können mithilfe echter Schauspieler und Kulissen durchgeführt werden. Oft sind die Sequenzen aber auch als reine Animation im Computer entstanden. Beide Varianten erzählen Geschichten, denen Drehbücher, Recherche und detaillierte Planung zugrunde liegen. Die fertigen Sequenzen genießen mittlerweile fast ausschließlich Filmcharakter und sind damit als Filmwerke, hilfsweise als Laufbilder, zu klassifizieren.[117] „Filmhersteller" nach den §§ 88 ff. UrhG ist bei der Herstellung von Computerspielen wohl idR das Entwicklungsstudio. Dieses hat die für den Herstellerbegriff notwendige wirtschaftliche Verantwortung und Organisation inne. Wesentlich für den Rechtserwerb von vorbestehenden Werken der beteiligten Kreativen des Computerspielherstellers bzgl der Teile des Computerspiels, welche als Filmwerke schutzfähig sind die Vorschriften der §§ 88, 89 UrhG. **41**

Bei gegebener Individualität ebenfalls grds als Filmwerke einzuordnen sind **Zwischensequenzen**, die zwar nicht als fertiger Film vorliegen, in denen die Abläufe jedoch fest vorprogrammiert sind und der Spieler diese lediglich aus verschiedenen Blickwinkeln betrachten kann.[118] Sie stellen gewissermaßen einen begehbaren Film dar und stehen zwischen dem interaktiven Spiel und einem gänzlich unbeeinflussbaren **Filmwerk**. **42**

Anders als bei herkömmlichen Filmen oder Laufbildern kann der Spieler auf die **Bildschirmausgabe** interaktiv Einfluss nehmen; dies ist gerade der Sinn des Mediums Computerspiel. Die Bildschirmausgabe ist deshalb nie völlig identisch und von den Eingaben der Spieler abhängig. Die Ansicht, alle möglichen Ausgaben seien schon im Spiel angelegt und vorprogrammiert[119] ist technisch nicht ganz sauber formuliert, trifft jedoch sinngemäß den Kern. Insb moderne virtuelle Welten sind programmiertechnisch von den automatisch ablaufenden Welten vergangener Spielegenerationen weit entfernt. Dennoch lässt sich sagen, dass die **Programmierer** den Aktionsradius **43**

---

[112] Dreier/Schulze/*Schulze* § 2 UrhG Rn 205, 207.
[113] OLG Hamburg GRUR 1983, 436, 437 – Puckman; OLG Hamburg GRUR 1990, 127 – Super Mario III; OLG Köln GRUR 1992, 312, 313 – Amiga Club; *Nordemann* GRUR 1981, 891, 893; *Lambrecht* 159.
[114] Vgl Rn 55 ff.
[115] OLG Köln ZUM 2005, 235 – Standbilder im Internet.

[116] *Katko/Maier* MMR 2009, 306, 310.
[117] *Schack* Rn 732.
[118] ZB die Zwischensequenzen im Spiel Half-Life 2.
[119] OLG Hamm ZUM 1992, 99, 100; BayObLG GRUR 1992, 508 – Verwertung von Computerspielen; *Loewenheim* FS Hubmann 307, 318; *Nordemann* GRUR 1981, 891, 893.

und die Ausgabemöglichkeiten des Computerspiels zwar nicht direkt und in allen Möglichkeiten festgelegt, jedoch durch ihr Programm die möglichen Ausgaben zumindest theoretisch determiniert haben.[120] Auch Zufallsmomente im Spielablauf können diese Bewertung nicht ändern,[121] denn deren Reichweite und Einsatz hat der Programmierer ebenfalls festgelegt. In der Software sind daher nicht sämtliche möglichen **Geschehensabläufe** abgelegt, sie bestimmt vielmehr funktionell die Möglichkeiten und Grenzen des Machbaren.

**44**    Während für Computerspiele älterer Machart überwiegend lediglich **Laufbild-schutz** bejaht wurde, muss man aufgrund der grafischen Weiterentwicklung der letzten Jahre und der damit verbundenen besseren erzählerischen Möglichkeiten immer häufiger den Filmwerkschutz annehmen.[122] Die gesamte Produktion von Computerspielen ist aufwändiger und professioneller geworden. In den Anfangszeiten hing die grafische Ausgabe eines Computerspiels hauptsächlich von den grafischen Fähigkeiten der Programmierer ab. Heute werden wie im Filmbusiness unzählige Spezialisten in die Entwicklung eines Spiels miteinbezogen. Die Spiele erhalten auf diese Art und Weise eine enorme Dichte an Handlung und einen komplexen, teilweise sogar nichtlinearen, Spielverlauf. Die auch für die **Bildschirmausgabe** von Computerspielen geltenden minimalen Individualitätskriterien der **kleinen Münze**[123] dürften somit in objektiver und subjektiver Hinsicht die meisten modernen Computerspiele erreichen.[124] Es dürfen daher nicht lediglich bekannte grafische Elemente aneinandergereiht werden. Vielmehr muss eine individuelle Gestaltung erfolgen.

**45**    Der Schutz über den 25 Jahre währenden **Laufbildschutz** weist einige Schwächen im Gegensatz zum **Filmwerkschutz** auf, der erst 70 Jahre nach dem Tod des Urhebers erlischt.[125] Dazu gehören die eingeschränkte Reichweite gegen starke Verfremdungen und die Unanwendbarkeit auf **im Ausland produzierter Computerspiele** ausländischer Hersteller, wenn nicht nach den §§ 128 Abs 2, 126 Abs 3 S 2, 121 Abs 4 UrhG die Gegenseitigkeit des Schutzes begründet werden kann. Schutz wird weiterhin gewährt, wenn das Spiel erstmals in Deutschland oder innerhalb von 30 Tagen nach dem Erscheinen im Ausland auch in Deutschland erschienen ist.

**46**    Die **Bildschirmausgabe** eines Computerspiels ist daher immer geschützt. Ihre Beeinträchtigung muss stets von der Verletzung an Urheberrechten der zugrundeliegenden **Software** getrennt betrachtet werden.[126]

### 6. Mehr als nur die Summe der Einzelteile – Spiele als Multimediawerke

**47**    Der Schutz von Computerspielen setzt sich als rechtlicher Fleckenteppich seiner geschützten Bestandteile zusammen.[127] Nach überwiegender Ansicht ist gerade auch in

---

**120** So iE auch die hM OLG Köln GRUR 1992, 312, 313 – Amiga Club; *Katko/Maier* MMR 2009, 306; Schricker/Loewenheim/*Loewenheim* § 2 UrhG Rn 188; Wandtke/Bullinger/*Bullinger* § 2 UrhG Rn 129; Dreier/Schulze/*Schulze* § 2 UrhG Rn 207; aA noch OLG Frankfurt aM GRUR 1983, 753 – Pengo.
**121** Kilian/Heussen/*Harte-Bavendamm/Wiebe* Teil 5 Rn 36; *Lambrecht* 131.
**122** AA Wabnitz/Janovsky/*Bär* 12. Kap Rn 82.
**123** OLG Hamburg GRUR 1983, 436, 437 – Puckman.

**124** Zu den Kriterien vgl *Nordemann* GRUR 1981, 891, 894; *Lambrecht* 139 ff.
**125** Der zeitliche Unterschied ist trotz der enormen Differenz kaum praktisch relevant. Mit der Einführung neuer Hardware, spätestens der übernächsten Generation laufen die meisten Spiele nicht mehr. Wirtschaftliche Bedeutsamkeit können sich nur die wenigsten Spiele über 1–2 Jahre sichern.
**126** Vgl Rn 37.
**127** *Junker/Benecke* Rn 54.

dieser spezifischen Zusammensetzung eine schöpferische Leistung zu sehen.[128] Letztlich müssen zu Beurteilung der Werkqualität die herkömmlichen Begriffe herangezogen werden. Die unmögliche Zuordnung des gesamten Computerspiels zum **Softwareschutz** wurde oben bereits dargestellt.[129] Mangels eines **allgemeinen Leistungsschutzrechts,** welches eine solche Leistung angemessen schützen würde und des abschließenden Kanons der **Leistungsschutzrechte,** bleibt nur der Rückgriff auf den offenen Werkbegriff. Unabhängig von Stilrichtung und Einordnung in klassische **Werkkategorien,** kann jede persönlich-geistige Schöpfung den Urheberschutz erlangen.[130] Für Computerspiele als Medienprodukte muss dies uneingeschränkt gelten. Ungeachtet des Schutzes des **Quellcodes** als Software und der einzelnen gestalteten grafischen und tonalen Elemente kann der Gesamteinheit des Spiels daher Schutz als **Werk** zukommen.[131] Die Besonderheit ist hier gerade die Verschmelzung altbekannter Werkarten zu einer neuen Einheit. Computerspiele stellen neben **Webseiten**[132] ein Paradebeispiel für solche **Multimediawerke** dar.[133]

Die schöpferische Betätigung müsste aber für ein solches Werk unabhängig von **48** den Rechten an **Bildschirmausgabe** und **Software** gerade in der Zusammenstellung der einzelnen Elemente liegen, denn die Werkqualität der **Einzelbestandteile** kann nicht auch die Werkeigenschaft in Form eines **Multimediawerkes** nach sich ziehen.[134] Diese übergeordnete Individualität erscheint auch unter Berücksichtigung der geringen Anforderungen der kleinen Münze für viele Computerspiele zweifelhaft. Der dogmatisch richtige Ansatzpunkt für einen solchen Schutz der Gesamtzusammenstellung wäre eher ein **Leistungsschutzrecht** für Computerspiele-Produzenten.[135] Die Organisation der Zusammenstellung und die Planung sind eher finanzielle und technisch-organisatorische Leistungen. Der praktische Nutzen eines übergeordneten Gesamtschutzes ist aufgrund der Reichweite des Schutzes der Einzelbestandteile fraglich. Wünschenswert wäre indes ein eigener Regelungskomplex für Multimediawerke, der die derzeit offenen Rechtsfragen klärt, Widersprüche auflöst[136] und der wirtschaftlichen und kulturellen Bedeutung des Multimediawerkes nachkommt.[137] Auf diese Weise könnten die aus der unterschiedlichen Natur des Rechtsschutzes der Bestandteile des Computerspiels resultierenden Folgen ausgeglichen werden.

## II. Einzelelemente des Computerspiels

Die einzelnen **Bestandteile** eines Computerspiels können ungeachtet der rechtlichen **49** Beurteilung von Steuersoftware und Bildschirmausgabe eigenständigen rechtlichen Schutz beanspruchen, wenn die erforderlichen Voraussetzungen vorliegen. Der urheber-

---

[128] *Schack* Rn 248.
[129] Vgl Rn 35 ff.
[130] *Schack* Rn 247.
[131] Vgl OGH ZUM-RD 2005, 11 – Fast Film; In der Entscheidung OGH erstmals mit der Frage beschäftigt, ob Computer- bzw Videospiele als Ganzes und in den einzelnen Teilen der Oberfläche urheberrechtlichen Schutz – unabhängig von der zugrunde liegenden Programmsoftware – genießen können.
[132] Dazu OLG Rostock GRUR-RR 2008, 1; *Cichon* ZUM 1998, 897.

[133] *Schack* Rn 248, 732.
[134] Dreier/Schulze/*Schulze* § 2 UrhG Rn 243.
[135] AA *Katko/Maier* MMR 2009, 306, 310, die eine Ausweitung des Filmwerks zum Multimediawerk befürworten.
[136] Vgl dazu hinsichtlich der unterschiedlichen Rechtsfolgen betreffend technische Schutzmaßnahmen und Schranken Rn 76 ff.
[137] Nach Schricker/Loewenheim/*Loewenheim* § 2 UrhG Rn 77 wäre der Gesetzgeber gut beraten, den Katalog des § 2 UrhG entsprechend zu ergänzen.

rechtliche Schutz eines **Einzelelements** eines Werks ist vom Schutz des Gesamtwerks grds unabhängig.[138] Ebenso unabhängig ist

### 1. Schutz von Spielidee, Spielaufgabe und Gamedesign

**50**    Ideen[139] sind nach den Leitvorstellungen des deutschen Immaterialgüterrechts nicht schutzfähig.[140] Nur die konkrete Ausprägung einer Idee kann nach den Sonderschutzgesetzen Schutz erlangen. Die zugrundeliegenden abstrakten Prinzipien und Abläufe aber auch die künstlerischen Stilmittel zur Gestaltung sind somit grds nicht als solche zu monopolisieren.[141] Die Entscheidungen für herkömmliche Spiele können hier analog angewendet werden.[142] Dies dient dem Interesse des Wettbewerbs und dem Freihaltebedürfnis für Kunst und Wissenschaft.[143] Wie bei anderen Softwareprodukten oder Medienprodukten kann daher auch eine noch so originelle Idee für das Grundprinzip eines Computerspieles nicht für sich geschützt werden.[144]

**51**    Von der Idee zu einem Spiel ist das **Spielkonzept** zu unterscheiden.[145] Es enthält in abstrakten Grundzügen den Kern der Aufgaben des Spiels.[146] Der Schutz des Konzeptes an sich wäre wirtschaftlich günstig für die jeweiligen Entwickler. Konkurrenzformate wären dann schwieriger zu entwickeln. Unabhängig von der konkreten Ausgestaltung des Spiels entscheidet das **Konzept** maßgeblich über den Spielspaß und die Annahme durch die Spieler. Problematisch am **Konzeptschutz** ist meist die Einfachheit der zugrundeliegenden Konzepte. Ein einfaches und leicht zu verstehendes Spielkonzept ist essentiell für die Benutzung, jedoch kaum geeignet, die Tatbestandsvoraussetzungen für den Werkschutz zu erfüllen.[147] Obwohl von manchen eine grundsätzliche Schutzversagung bezweifelt wird,[148] erreicht das Konzept bei Anwendung der Voraussetzungen des § 2 Abs 2 UrhG kaum je die erforderliche Individualität und Schöpfungshöhe. Dem abstrakten Spielkonzept fehlt es wohl meist an der persönlichen, individuellen Komponente, die in diesem Stadium der Entwicklung fast notwendigerweise noch nicht vorliegt.

**52**    Die dem Computerspiel zugrundeliegende **Spielidee** wie auch die **Spielaufgaben** sind daher nicht als losgelöste **Spielprinzipien** geschützt, sondern in nur ihrer konkreten Ausgestaltung im Spiel.[149]

---

**138** BGHZ 9, 262, 267 – Lied der Wildbahn I; BGHZ 9, 237, 241 – Gaunerroman.
**139** Problematisch ist die Reichweite des Begriffs „Idee" in Abgrenzung zum Konzept, vgl *Henkenborg* 107 ff.
**140** BGH GRUR 1962, 51, 52 – Zahlenlotto; Dreier/Schulze/*Schulze* § 2 UrhG Rn 37; Schricker/Loewenheim/*Loewenheim* § 2 UrhG Rn 51.
**141** BGH GRUR 1988, 690, 693 – Kristallfiguren; BGH GRUR 2003, 876, 877 – L'ecole des fans; Wandtke/Bullinger/*Bullinger* § 2 UrhG Rn 39; Schricker/Loewenheim/*Loewenheim* § 2 UrhG Rn 49.
**142** BGH GRUR 1962, 51, 52 – Zahlenlotto; OLG Frankfurt aM ZUM 1995, 795, 796 – Golfregeln.
**143** Möhring/Nicolini/*Ahlberg* § 2 UrhG Rn 96.
**144** LG Düsseldorf ZUM 2007, 559, 563; OLG

München GRUR 1991, 510 – Rätsel; OLG Hamburg GRUR 1983, 436 – Puckman; Wandtke/Bullinger/*Grützmacher* § 69a UrhG Rn 27; Schricker/Loewenheim/*Loewenheim* § 69a UrhG Rn 12; *Rehbinder* 171; Kilian/Heussen/*Harte-Bavendamm/Wiebe* Teil 5 Rn 36.
**145** Zum Konzeptschutz BGHZ 18, 175 – Werbeidee; BGH GRUR 2003, 876 – L'ecole des fans; OLG München ZUM 1999, 244.
**146** *Henkenborg* 114, 119 ff; *Loewenheim* FS Hubmann 307, 310 f.
**147** Vgl *Lambrecht* 177 f. Zum Parallelproblem bei Fernsehshowformaten BGH GRUR 2003, 876 – Sendeformat; *Berking* GRUR 2004, 109.
**148** *Henkenborg* 107, 119, 206.
**149** Ausf Darstellung und weitere Differenzierungen bei *Lambrecht* 161 ff.

Aus den gleichen Gründen ist der Schutz des bloßen **Spieldesigns** als solchem grds **53** nicht möglich. Zwar können einzelne Elemente Sonderschutzrechte in Anspruch nehmen, wenn sie die entsprechenden Voraussetzungen erfüllen. Die Atmosphäre und die designerische Gestaltung, die sich durch das Spiel ziehen, sind jedoch nicht ohne weiteres schutzfähig.

Für den Produzenten und die Spieleentwickler besteht somit die sehr anspruchs- **54** volle Aufgabe, die Leitideen und eine originelles Gameplay derartig mit schutzfähigen Elementen zu verweben, dass die bloße Übernahme der Idee kaum lohnenswert erscheint.

## 2. Screenshots

**Screenshots** sind Momentaufnahmen der **Bildschirmausgabe**. Sie können extern mit **55** einem **Fotoapparat** aufgenommen werden oder mittels der in fast allen Spielen enthaltenen Screenshot-Taste. Letzteres bewirkt die **Speicherung** des **Bildschirminhalts** im Augenblick des Tastendrucks in einer Grafikdatei. Dadurch können besonders witzige, originelle oder spannende Augenblicke im Spiel festgehalten werden.

Ob solche Bilder Schutz erlangen können, hängt von verschiedenen Parametern ab. **56** Infrage kommen der **Lichtbildschutz** aus § 72 UrhG und der **Lichtbildwerkschutz** aus § 2 UrhG. Dies hängt von der **Schöpfungshöhe** des Inhalts ab und von der Frage, ob man die Bildschirmausgabe als Erscheinungsform des Softwarewerkes per se mitumfasst sieht, was die hM verneint.[150]

Weiterhin drängt sich die Frage auf, ob es sich nicht um eine bloße Vervielfältigung **57** handelt. Dagegen könnte man anführen, dass die **Bildschirmausgabe** selbst flüchtig ist. Die Flüchtigkeit einer Wiedergabe beeinträchtigt jedoch weder ihre Schutzfähigkeit, noch ihre Eignung als Vervielfältigungsvorlage. Das **Fotografieren** des Computerbildschirms gleicht daher dem Fotografieren eines Kinofilms oder einer (live-)Fernsehsendung. Dagegen spricht auch nicht, dass das Computerspiel im Unterschied zum Film noch nicht in seiner Erscheinung festgelegt ist, sondern erst durch die immer wieder unterschiedliche Interaktion des Spielers einen anderen Verlauf nimmt. Es handelt sich somit sowohl beim Fotografieren, als auch beim Benutzen der Speichertaste um die **technische Reproduktion** eines bereits vorhandenen Bildes.

Ob die **Bildschirmausgabe** als bildlich dargestelltes Rechenergebnis in einem licht- **58** bildähnlichen Verfahren erzeugt worden und daher weder nach § 72 UrhG noch als Lichtbildwerk nach § 2 Nr 5 UrhG geschützt ist, ist umstritten.[151] Die generelle Schutzunfähigkeit der Vorlage oder eine schon eingetretene **Gemeinfreiheit** eines vormals geschützten Werkes begründen aber gerade keine andere rechtliche Bewertung des Reproduktions- oder Vervielfältigungsvorganges; etwa durch Abfotografieren.[152] Somit können weder die Bildschirmausgabe noch davon angefertigte Screenshots einen Lichtbild- oder Lichtbildwerkschutz erlangen. Durch das Fotografieren oder Abspeichern entstehen somit keine neuen originären Rechte an dem Bildmaterial.

---

**150** Vgl Rn 37.
**151** Dagegen Fromm/Nordemann/*Nordemann* A § 2 UrhG Rn 193; *Schack* Rn 721; Schricker/ Loewenheim/*Vogel* § 72 UrhG Rn 21; Schricker/Loewenheim/*Loewenheim* § 2 UrhG

Rn 188; für eine Schutzfähigkeit Dreier/ Schulze/*Schulze* UrhG § 2 Rn 200; Wandtke/ Bullinger/*Thum* § 72 UrhG Rn 12.
**152** BGH GRUR 1990, 669, 673 – Bibelreproduktion.

**59**    Dennoch können durch die Anfertigung von Screenshots die Schutzrechte der Inhaber der Laufbildrechte und gegebenenfalls Filmurheberrechte verletzt werden.[153] Im Rahmen der Schranken, insb § 53 UrhG,[154] können aber zB für private Zwecke Screenshots angefertigt werden.

### 3. Musik, Soundeffekte, Sprache

**60**    Die **Musik** in Computerspielen ist meist aufwändig produziert und unterliegt dem musikalischen Urheberschutz gem § 2 Abs 1 Nr 2 UrhG. **Umgebungsgeräusche** und **Soundeffekte** sind mangels der erreichten Schöpfungshöhe keine **Werke**. Sie fallen jedoch unter den **Tonträgerherstellerschutz**, den der wirtschaftliche Produzent[155] des aufgenommenen Tonträgers gem § 85 UrhG erlangt. Unerheblich für das Erlangen dieses Schutzes ist es, ob die aufgezeichneten Töne auf einem körperlichen Träger publiziert werden und zu welchem Zweck sie aufgenommen wurden.

**61**    **Sprachausgaben** im Spiel stellen eine **Vervielfältigung** und aufgezeichnete Wiedergabe des zugrundeliegenden **Sprachwerkes** dar, wenn die notwendige Individualität erreicht wird. Im Rahmen von Spielen kann das bei besonders originellen Textstellen und bei längeren Mono- und Dialogen der Fall sein. Zusätzlich besteht auch bei den Sprachaufnahmen der Tonträgerherstellerschutz.

**62**    Besonderheiten ergeben sich im Zusammenhang mit der Bildschirmausgabe. Erreicht diese aufgrund ausreichender Individualität und Schöpfungshöhe den Filmwerkschutz ist die Tonausgabe von diesem Filmwerkschutz mitumfasst. Ein eigenständiges Tonträgerherstellungsrecht entsteht in diesem Fall nicht. Neben dem Laufbildschutz kann und wird dagegen regelmäßig Tonträgerherstellerschutz vorliegen.

### 4. Der Name des Spiels – Titelschutz

**63**    Als Träger eines umsetzungsfähigen geistigen Gehalts können Computerspiele gem § 5 Abs 1 MarkenG nach ganz hM **Werktitelschutz** beanspruchen.[156] Der Titel muss den gleichen Anforderungen wie andere geschützte Titel genügen. Dazu gehört in erster Linie die **Unterscheidungskraft**.[157] Der Titel darf deshalb nicht nur den Inhalt des Computerspiels beschreiben. Für Ansprüche aus dem MarkenG ist die **Verwechslungsgefahr** entscheidend, daher muss der betreffende Titel in Beziehung zu anderen Produkten gesetzt werden. Das sind neben Computerspielen möglicherweise weitere interaktive Medien, aber nicht alle Unterhaltungsmedien schlechthin. Weiterhin darf der Titel insb nicht (Kennzeichen-)Rechte Dritter verletzen. Formell sind nur die Aufnahme der Benutzung oder die öffentliche Anzeige in einer Titelschutzanzeige erfor-

---

**153** Vgl Rn 40.

**154** Die Schranken der urheberrechtlichen Befugnisse zugunsten spezieller Berechtigter (§§ 44a ff UrhG) gelten nicht für Computerprogramme. Die dort geltenden Schranken regelt § 69d UrhG speziell und abschließend. Vgl Dreier/Schulze/*Dreier* Vor § 44a UrhG Rn 2. Da die Bildschirmausgabe kein Teil des Computerprogrammschutzes darstellt, sind für sie jedoch die allgemeinen Schranken (§§ 44a ff UrhG) maßgebend.

**155** Dies ist derjenige, welcher das finanzielle Risiko und die wirtschaftliche Verantwortung trägt.

**156** BGH GRUR 1993, 767 – Zappel-Fisch; KG GRUR-RR 2003, 372; LG Hamburg MMR 1998, 485 – emergency.de; *Fezer* § 15 MarkenG Rn 256; *Junker/Benecke* Rn 141; *Zagouras/Körber* WRP 2006, 680, 686; *Lehmann* CR 1998, 2; aA noch *Zahrnt* BB 1996, 1570, 1572.

**157** BGH MarkenR 2004, 342 – EURO 2000; OLG München CR 1995, 394 – Multimedia.

derlich (§ 5 Abs 3 MarkenG).[158] Einen stärkeren Schutz können die Titel erlangen wenn sie als Marke eingetragen werden.

### 5. Untertitel

Die in vielen Spielen eingeblendeten Untertitel[159] können bei Vorliegen der erforderlichen Individualität zumindest in Form der kleinen Münze einen Schutz als **Sprachwerke** gem § 2 Abs 1 Nr 1 UrhG erlangen. Dazu ist nicht der einzelne Untertitel zu betrachten sondern zB bei Dialogen die gesamte Sequenz.

**64**

### 6. Spielfiguren und andere Objekte der virtuellen Welt

Die in den virtuellen Welten agierenden **Spielfiguren** (auch **Avatare** genannt) sind aus mehreren Blickwinkeln interessant. Zum einen kann es um immaterialgüterrechtliche Fragen bzgl des rechtlichen Schutzes der Spielfiguren unabhängig vom konkreten Spiel und ihrer Ausgestaltung gehen. Andererseits können die Figuren zum Handelsobjekt unter den Spielern werden.[160]

**65**

Einzelne Objekte eines Werkes können eigenständigen **urheberrechtlichen Schutz** erlangen, wenn sie für sich allein betrachtet die Anforderungen des § 2 UrhG erfüllen.[161] Dies betrifft nicht nur die konkret dargestellte Figur, sondern deren Charakter mit all ihren spezifischen Merkmalen.[162] Somit kann auch Schutz für Darstellungen und Verwendungen einer Figur erlangt werden, wenn diese Darstellungen im Originalwerk in dieser Form überhaupt nicht vorkamen.[163] Nicht leicht zu beantworten, aber hauptsächlich von akademischer Natur, ist wiederum die Frage der Einordnung in den **Werkkatalog**. Infrage käme der Schutz als Teil eines Filmwerkes oder als Werk der bildenden Künste nach § 2 Nr 4 UrhG. Näher liegen aufgrund der dreidimensionalen Schöpfung Parallelen zur **bildenden Kunst**.[164] Zwar sind die virtuellen Objekte nicht greifbar wie die gängige bildende Kunst. Jedoch unterscheiden sie sich auch von den bloßen Abbildungen und Filmen durch ihre potentiell unendlichen Blickwinkel aus denen man sie virtuell betrachten kann. Es spricht daher viel dafür virtuelle Objekte als virtuelle bildende Kunst zu betrachten. Auch die Grundsätze der kleinen Münze sind bei virtueller bildender Kunst angebracht und reichen für die erforderliche Schöpfungshöhe aus.

**66**

**Figuren** und **Objekte** aus Computerspielen können somit eigenständigen und von sonstigen Elementen des Spiels unabhängigen Schutz erlangen.[165] Nicht einheitlich ist die Frage zu beantworten, wem das Urheberrecht an den einzelnen Figuren zusteht.[166] Soweit der Spieler die Figuren nicht weiter beeinflussen kann und sie vom Spiel vorgegeben sind, liegt das Urheberrecht beim dem angestellten Erschaffer dieser Figur und

**67**

[158] LG Hamburg MMR 1998, 485 – emergency.de.
[159] Untertitel sind keine Schutzobjekte des Titelschutzes nach dem MarkenG.
[160] Vgl dazu Rn 139 ff.
[161] Vgl BGH GRUR 1958, 500 Mecki-Igel; BGH GRUR 1992, 697 – ALF; BGH ZUM 1995, 482 – Rosaroter Elefant; OLG Frankfurt aM GRUR 1984, 520 – Schlümpfe; OLG Hamburg ZUM 1989, 359 – Pillhuhn.

[162] BGH GRUR 1994, 206, 207 – Alcolix; BGH GRUR 1991, 191, 192 – Asterix Persiflagen.
[163] Wenn sich zB ein urheberrechtlich geschützter Schlumpf in Kampfmontur durch eine Vampirwelt kämpft.
[164] Kilian/Heussen/*Harte-Bavendamm/Wiebe* Teil 5 Rn 37.
[165] Eingehend *Lambrecht* 182 ff.
[166] Hierzu *Rippert/Weimer* ZUM 2007, 272,

die Rechte beim Hersteller, § 69b UrhG. Sofern die Software dem Nutzer eine gewisse Gestaltungsfreiheit bietet, die über eine bloße Kombination vorgefertigter Elemente hinausgeht kann beim Nutzer ein Urheberrecht entstehen, wenn die Voraussetzungen des § 2 UrhG und insb eine ausreichend hohe Individualität vorliegen. Wegen § 29 UrhG kann der Nutzer sein Urheberrecht nicht auf den Betreiber der virtuellen Welt übertragen. Gemäß § 31 UrhG ist jedoch eine umfassende Nutzungsrechtseinräumung durch vertragliche Vereinbarung problemlos möglich.

### 7. Texturen

**68**  **Texturen** sind grafische Überzüge für dreidimensionale Körper in virtuellen Welten. Für eine Hauswand bspw wird auf ein Wandobjekt ein Bild von Ziegeln gelegt, um die Wand nicht nur monoton in einer Farbe darzustellen. Die verwendeten Darstellungen werden nur selten die für den Werkschutz erforderliche Schöpfungshöhe erreichen.[167] Abhängig von ihrer Entstehungsweise könnte in seltenen Fällen ein **Lichtbildschutz** nach § 72 gegeben sein. Dafür müsste die Grundlage der Textur in einer Fotografie oder in einem der Fotografie ähnlichen Verfahren unter Zuhilfenahme strahlender Energie gegeben sein. Die übliche Erstellung mit Hilfe von Grafikprogrammen kann nach überwiegender Meinung den Lichtbildschutz nicht erlangen. Texturen als solche sind daher regelmäßig nicht Gegenstand von Sonderschutzrechten.

**69**  Nicht zur eigentlichen Textur gehören Teile der Ausgaberoutinen der Spielesoftware, die mithilfe spezieller Algorithmen die Texturen noch realistischer aussehen lassen. Diese Programmteile werden als Software nach § 2 Abs 1 Nr 1 UrhG geschützt, was wiederum die Ausgabe der fertig bearbeiteten Textur an sich nicht umfasst.[168]

### 8. Die „Spielwelt" – Spieletopographie und Schutz der virtuellen Welt

**70**  **a) Geschichte.** Über die Kernaufgaben eines Spiels hinaus werden die spielerischen Grundkonzepte in eine bei den meisten Spielen recht liebevoll gestaltete Geschichte eingearbeitet. Anders als beim Roman oder Kinofilm kann der Spieler die Geschichte nicht nur aufnehmen sondern ist selbst für den Fortgang des Erzählten verantwortlich. Moderne Computerspiele werden mit ähnlich viel Energie und Aufwand vorbereitet, wie Spielfilme. Den Spieler erwartet zumeist eine spannende Story. Soweit sie wiederum die erforderliche Individualität aufweist, ist eine der Spielhandlung unterlegte **Geschichte** ohne weiteres urheberrechtlich schutzfähig.[169] Keine individuelle Geschichte liegt vor, wenn zB einfach nur ein Autorennen ausgetragen wird oder nur Tennis gespielt wird. Muss der Autofahrer hingegen Missionen erledigen, um Geld zu Verdienen und sein Auto zu verbessern, kann dies eine andere Bewertung nahelegen. Entscheidend ist die Bewertung der Geschichte im Einzelfall.

**71**  **b) Konkreter Spielablauf.** Viele Spiele gerade im offline-Bereich werden durch einen bestimmten zur Spielgeschichte passenden Ablauf geprägt. Der Spieler muss sich bei steigendem Schwierigkeitsgrad von Aufgabe zu Aufgabe durcharbeiten. Die Reihenfolge dieser Aufgaben ist meist linear durch die Entwickler vorgegeben. Auch bei nichtlinearen Ansätzen sind die Anzahl und die Art der Möglichkeiten vorgegeben.

---

[167] LG Köln CR 2008, 463; LG Düsseldorf ZUM 2007, 559, 563.

[168] Vgl dazu Rn 37.

[169] Vgl die Beispiele bei *Lambrecht* 180 ff.

Michael Kauert

Die Anpassung auf die Geschichte und die konkrete Aufgabenfolgen in ihrer individuellen Gestaltung kann durchaus urheberrechtlichen Schutz erlangen.[170]

**c) Freie virtuelle Welten.** Eine andere Gestaltung besitzen insb meist **Mehrspieler-Spiele**, die im **LAN** oder **Online** gespielt werden. Hier kann es die virtuelle Welt und eine klar definierte Aufgabe geben, deren Erfüllung über Sieg oder Niederlage entscheidet. So zB die Aufgabe im Spiel Counterstrike für die Polizisten, alle Geiseln unversehrt zu befreien oder die Bombe zu entschärfen. Die gegnerische Mannschaft muss genau dies verhindern. Die Spiele werden nach Runden ausgetragen. Es gibt keine übergeordnete Geschichte. Noch weniger Handlungsvorgaben hat das Spiel „Second Life".[171] Der Nutzer kann einfach nur in der **virtuellen Welt** herumschlendern, ohne spezielle Aufgaben erledigen zu müssen. Diese virtuelle Welt ist eine Nachbildung der realen Welt; man kann sich abmühen oder aber auf der faulen Haut liegen.

**72**

Bisher kaum diskutiert ist, ob die **Spielwelt** als solche Rechtsschutz erlangen kann. Die virtuelle Welt wird durch die Spieleserver berechnet und für den Menschen mithilfe der oben beschriebenen **Grafikdateien** und **Programmroutinen** in einen virtuellen, wahrnehmbaren Raum projiziert. Obwohl dabei keinerlei darstellerische Grenzen gesetzt sind, erfolgt die Abbildung auf gewohnte und vertraute Weise. Es gibt Wälder, Berge, Flüsse, Häuser, Dörfer, Straßen usw. Die virtuelle Welt gleicht der realen immer mehr. Die Welten der rundenbasierten Spiele unterscheiden sich von den **persistenten Welten** wie Second Life oder World of Warcraft in erster Linie durch die Größe. Grundlage für die Darstellung durch den Server sind sog „maps". Diese digitalen Karten beschreiben das Aussehen der Computerwelten vollständig. Sie sind keine **Software** sondern **reine Daten**, anhand derer die Spielsoftware die virtuelle Welt erzeugt.

**73**

Da solche **maps** allein den persönlichen Vorlieben und dem Geschmack ihres Entwicklers und seinem gestalterischen Talent unterliegen, können sie grds urheberrechtliche **Werke** sein. Dies kann auch bei zufällig durch den Computer erzeugten Karten der Fall sein, wenn sie zumindest der Intention und gewissen, durch den Entwickler bestimmten, Grundregeln folgen.[172] Der erforderliche geistige Gehalt und die notwendige Individualität richten sich nach den allgemeinen Maßstäben für bildende Künste, zu denen die visuell wahrnehmbaren Welten gehören dürften. In den meisten Fällen werden sich die aufwändigen und mit viel Liebe zum Detail aufgebauten Welten über das Alltägliche erheben. Urheber ist der Entwickler der einzelnen map. Geschützt ist dann die konkrete virtuelle Welt in ihrer individuellen Beschaffenheit und Komposition.

**74**

Bei den frei wachsenden Welten ist indes fraglich, wem die Urheberschaft zukommt. In einer Welt wie Second Life gibt es tausende Kreative. Die ganze Welt basiert auf der Kreativität der Nutzer. Es gibt keinen „Schöpfer". Auch entwickelt sich diese Welt nicht nach einem bewusst schaffenden Geist. Sie ist dem zufälligen und freien Spiel der Kräfte ihrer Nutzer ausgesetzt. Eine solche frei entstehende Welt kann daher nicht und das **Schöpferprinzip** des Urheberrechts subsumiert werden.

**75**

---

170 *Henkenborg* 120 ff; *Lambrecht* 179.
171 Die Spieleigenschaft von Second Life ließe sich durchaus kontrovers diskutieren, je nach der Definition eines „Spiels"; dazu *Habel* MMR 2008, 71, 73. Mangels rechtlicher Bedeutung kann eine solche Diskussion hier unterbleiben.

172 Vgl Schricker/Loewenheim/*Loewenheim* § 2 UrhG Rn 14; Wandtke/Bullinger/*Bullinger* § 2 UrhG Rn 17.

## III. Folgeprobleme der Multinatur von Computerspielen

**76**  Durch die **urheberrechtliche Ambivalenz** des Schutzgegenstands Computerspiel muss bei Feststellung der Schutzfähigkeit und Verletzung von Rechten besonders genau differenziert werden.[173] Die Verwendung der **Steuersoftware** mit anderen **Grafikdateien** durch Dritte kann ein gänzlich anderes Aussehen auf dem Bildschirm hervorrufen. Dadurch sind die Rechte an der (Original-)**Bildschirmausgabe** nicht verletzt, wohl aber die Rechte an dem Computerprogramm.[174] Umgekehrt ist es möglich mit einer vom ursprünglichen Programm völlig unabhängigen Spiele-Software die Bildschirmausgabe des ersten Spiels nachzuahmen. Dann wären die Rechte an der Software unberührt, jedoch die Urheber- und Leistungsschutzrechte an der audio-visuellen Ausgabe möglicherweise verletzt.[175]

### 1. Prozessual

**77**  Die gerichtliche Feststellung von Bestehen und Umfang der verschiedenen Rechte benötigt unterschiedlichen **prozessualen Aufwand**. Die Bildschirmausgabe kann ein Gericht meist aus eigener Sachkunde heraus beurteilen. Für die der Ausgabe zugrundeliegende Software ist dies oft nur durch Sachverständige möglich.[176] Zugunsten des Urhebers des Computerprogramms spricht allerdings eine Vermutung der Schutzfähigkeit.[177]

**78**  Die bisher lediglich für den Urheber geltende **Vermutung der Rechtsinhaberschaft** wurde in Umsetzung der Durchsetzungs-RL auf **Leistungsschutzrechtsinhaber** erweitert (§§ 94 Abs 4 iVm 10 Abs 1 UrhG), sodass der bisherige Streit um eine analoge Anwendung beigelegt ist. Der auf oder in einem Computerspiel bezeichnete Rechtsinhaber wird daher bis zur Entkräftung durch den Prozessgegner als Berechtigter vermutet.

### 2. Schranken

**79**  Unterschiedliche Ergebnisse bestehen auch hinsichtlich des **Eingreifens von Schranken** bei privilegierten Nutzungen nach den §§ 44a ff UrhG. Diese bestehen durch die grundsätzliche **Doppelnatur des Computerspiels** als Software und als Filmwerk bzw Laufbild. Für **Software** gelten nicht die allgemeinen Schranken der §§ 44a ff UrhG, sondern das spezielle System nach §§ 69c, d UrhG. Eine eigene Werkkategorie und ein einheitliches Schrankensystem wäre de lege ferenda wünschenswert.[178]

### 3. Technische Schutzmaßnahmen

**80**  Probleme bereitet das unterschiedliche Schutzinstrumentarium von Software und sonstigen Werken auch beim flankierenden Schutz über **technische Schutzmaßnahmen** iSd §§ 95a UrhG. Auf **Computerprogramme** finden diese Vorschriften nach § 69a Abs 5 UrhG keine Anwendung. Die Beurteilung von gemischten Produkten wie Com-

---

[173] Fromm/Nordemann/*Czychowski* § 69a UrhG Rn 11; *Ulbricht* CR 2002, 317, 321.
[174] Kilian/Heussen/*Harte-Bavendamm/Wiebe* Teil 5 Rn 38.
[175] So auch Schricker/Loewenheim/*Loewenheim* § 2 UrhG Rn 188.

[176] Kilian/Heussen/*Harte-Bavendamm/Wiebe* Teil 5 Rn 38.
[177] BGH GRUR 2005, 860 – Fash 2000.
[178] *Poll/Brauneck* GRUR 2001, 389, 392.

Michael Kauert

puterspielen ist gesetzlich nicht geregelt wird daher nicht einheitlich vorgenommen.[179] Nicht klar ist insb, ob die Kombination von Programm und anderem Werk zu eine vollen Anwendbarkeit der §§ 95a ff UrhG führt.[180] Dann liefe die Sperre des § 69a Abs 5 UrhG weitgehend leer. Die vermittelnde Ansicht will die Anwendbarkeit nach dem inhaltlichen **Schwerpunkt des Schutzes** ausmachen.[181]

Dieser Schwerpunkt ist jedoch gerade bei Computerspielen schwer zu bestimmen. **81** Schwerpunkt des Schutzansatzes ist nicht die Verhinderung der Vervielfältigung des Programmcodes, denn dieser kann trotz **Kopierschutzverfahren** problemlos vervielfältigt werden. Schwerpunkt ist vielmehr die **Lauffähigkeit** des Programms. Das Programm überprüft je nach verwendeter Kopierschutzmethode verschiedene Parameter zu Erkennung der Rechtmäßigkeit des Vervielfältigungsstücks. Liefert diese **Verifizierung** ein negatives Ergebnis, wird der Start des Spiels verhindert bzw eingeschränkt. Somit dient der Kopierschutz der meisten Spiele der Verhinderung der Lauffähigkeit der Spiele und somit auch der Lauffähigkeit vom enthaltenen Filmwerken, Laufbildern, Sounds, Figuren etc. Nach der vermittelnden Ansicht ist daher eine Anwendung der §§ 95a ff UrhG auf Computerspiele zu bejahen.[182]

Sämtliche Nutzungshandlungen sind deshalb an dem jeweils verletzten Gegenstand **82** und den für den konkreten Schutzgegenstand einschlägigen Vorschriften zu beurteilen. Für einzelne Elemente können sich unterschiedliche Bewertungen hinsichtlich der gesetzlichen Lizenzen ergeben.

## IV. In der Spielwelt – Das Betreten eines rechtsfreien Raumes?

Spielwelten existieren nicht real. Sie sind rein virtuelle Räume in dem sich von **83** Menschen gesteuerte **Avatare** bewegen.[183] Gerade in den großen persistenten Welten halten sich viele durch Menschen gesteuerte Avatare für eine lange Zeit auf. Wie beschrieben, können in den komplexen Welten mit ihren vielfältigen Kommunikationsmöglichkeiten zahlreiche reale Probleme zwischen den Avataren, respektive Menschen, auftauchen. Problematisch sind weiterhin virtuelles Eigentum als Handelsgegenstand und die Frage der Beurteilung echter wirtschaftlicher Betätigung wie In-Game-Advertising.[184] In der Welten-Simulation Second Life schaffen sich mittlerweile viele reale Wirtschaftsunternehmen eine zweite Existenz. Die auftretenden juristischen Probleme sind derzeit erst oberflächlich sichtbar.

### 1. In-Game-Advertising

„In-Game-Advertising" also eine Werbung im Spiel stellt eine der neueren Ent- **84** wicklungen in der Computerspiele- und Werbeindustrie dar und ist in der deutschen Rechtswissenschaft bisher spärlich durchdrungen.[185] Die Werbung in Computerspielen war bisher nicht Gegenstand von Gerichtsentscheidungen. Die Bewertung der Zuläs-

---

**179** Dazu Wandtke/Bullinger/*Grützmacher* § 69a UrhG Rn 83.
**180** *Arlt* MMR 2005, 148, 154 f.
**181** Loewenheim/*Peukert* § 34 Rn 8; Wandtke/Bullinger/*Grützmacher* § 69a UrhG Rn 83; *Kreutzer* CR 2007, 1, 6.
**182** LG München I MMR 2008, 839 –

Modchips; AA Wandtke/Bullinger/*Grützmacher* § 69a UrhG Rn 83; *Kreutzer* CR 2007, 1, 6.
**183** Vgl Rn 13.
**184** Zur virtuellen Bezahlung *Habel* MMR 2008, 71, 72; *Lober* c't 24/2007, 88.
**185** Grundlegend dazu *Schaar* GRUR 2005, 912; *Lober* MMR 2006, 643.

sigkeit der verschiedenen Werbemodelle durch die Gerichte ist daher weitgehend offen. In den Anfangszeiten der Computerspiele wurde **Werbung** lediglich als Stilmittel eingesetzt, damit das Spiel realistischer aussah. Geworben wurde entweder für den Hersteller des Spiels selbst oder für Fantasieprodukte.

**85**     Der Einsatz von Werbung in Spielen wird auch heute noch zu Realitätssteigerung genutzt, vor allem in Renn-, Simulations- und Sportspielen. Hinzu kommt jedoch echte Werbung im funktionellen Sinn. Die Werbeindustrie hat im Computerspiel ein neues Medium entdeckt, um ihre Botschaft zu übermitteln. Daher zahlen mittlerweile nicht mehr die Spielehersteller, um Lizenzen für die Verwendung von Markennamen zu erhalten, sondern die Werbenden für die Integration ihrer Produkte im Spiel. Es sind verschiedene Formen der Werbung zu unterscheiden.[186]

**86**     a) **Formen des In-Game-Advertising.** Werbung in Computerspielen kommt in qualitativ und quantitativ unterschiedlicher Ausprägung daher. Die Art und Weise der Einbettung hängt stark vom Spielgenre ab. Nur vergleichsweise wenige Spiele eignen sich für die Einbindung von aktueller Werbung. Notwendig ist eine Geschichte die zur Integration taugt. Das werden Situationen sein, die auch in der realen Welt Werbung enthalten.[187] Eine Klassifizierung der in Computerspielen vorkommenden Werbung kann nach AdGames, Sponsored Games, Product Placement und echter Werbung vorgenommen werden.

**87**     Die meist kostenlos erhältlichen **AdGames** sind speziell für die Werbung programmiert, während bei **Sponsored Games** ein großer Werbepartner die Herstellung unterstützt hat und so die ebenfalls kostenlose Verbreitung ermöglicht. Das Erdulden der dem Nutzer präsentierten Werbung ist daher gewissermaßen die Gegenleistung für die kostenlose Überlassung des Spiels. Anderseits ist der Unterschied zwischen gesponserten Spielen und lizenzierten Spielen, die für die Nutzung der Marken zahlen müssen, für Dritte in der Regel nicht erkennbar.

**88**     Beim **Product Placement** werden nicht einfach Fantasieprodukte verwendet, zB ein Auto einer nicht existierenden Marke, sondern echte und vor allem aktuelle Markenprodukte in die Spiele eingebunden.

**89**     **Echte Werbung im klassischen Sinne** kann außerhalb des Spielablaufs unabhängig vom eigentlichen Spiel auftauchen, etwa vor dem Start oder seltener in Zwischensequenzen. Sie ist dann vergleichbar mit Fernsehspots kurz vor dem Beginn einer Sendung. Häufiger wird sie aber im Spiel selbst in Form von virtuellen Werbetafeln, auf der Bekleidung der Charaktere, auf Rennwagen, Motorräder und dergleichen in der virtuellen Welt eingebunden sein.

**90**     Alle Formen der Werbung können **statisch** ins Spiel eingebunden sein oder ihre Inhalte **dynamisch** und eventuell auf den jeweiligen Nutzer **personalisiert** über eine Internetverbindung nachladen.[188] Beim Product Placement kommt die dynamische Werbung bisher nicht vor, wäre technisch jedoch ohne weiteres realisierbar.

**91**     b) **Anwendbare Rechtsnormen.** Sondervorschriften zur Werbung in Computerspielen gibt es derzeit nicht. Auftretende Fragen zur Werbung in Spielen müssen

---

[186] Vgl die Aufstellung bei *Lober* MMR 2006, 643, 643.

[187] Sportsimulationen, Darstellung von Straßenzügen, Medien im Spiel selbst.

[188] Vgl *Lober* MMR 2006, 643, 644; *Schaar* GRUR 2005, 912, 913.

Michael Kauert

mithilfe von **UWG, BGB** und dem **JuSchG** gelöst werden. Neben den grds für jede Werbung geltenden Vorschriften (vgl §§ 5, 6 UWG) wird diskutiert, ob für Computerspiele besondere Einschränkungen gelten. Werbung in Computerspielen berührt die Verbote der **verschleierten Werbung** (§ 4 Nr 3 UWG) und **belästigenden Werbung** (§ 7 UWG), das **Sachmängelgewährleistungsrecht** (§§ 434 BGB ff) sowie den Umgang mit **jugendgefährdenden Datenträgern** (§ 12 JuSchG). Nicht einschlägig sein dürfte hingegen das Verbot des § 3 Abs 3 UWG iVm Nr 11 Anhang zu § 3 Abs 3 UWG. Zwar gehört erfolgt das Product Placement zu Zwecken der Verkaufsförderung.[189] Computerspiele stellen jedoch keine redaktionellen Inhalte dar und enthalten auch keine solchen.

**aa) Lauterkeit von Werbung im Spiel – UWG.** Mangels eines spezialgesetzlichen Trennungsgebots[190], welches die klare Grenzziehung zwischen Werbung und redaktionellen Inhalten vorschreibt, ist die fließende Integration von Werbung in Computerspiele nicht grds verboten. Keinen speziellen Anwendungsbereich hat auch § 5 UWG, der die Irreführung bzgl des beworbenen Produkts verbietet. Hier unterscheidet sich die Werbung in Computerspielen nicht von anderen Werbemaßnahmen. Anspruchsgegner sind nach § 8 Abs 1 UWG neben dem Hersteller des Spiels auch das werbende Unternehmen. Der Kreis der Anspruchsberechtigten bestimmt sich nach § 8 Abs 3 UWG. **92**

**(1) Verschleierung.** Während sich bei AdGames, Sponsored Games und echter Werbung der Werbecharakter jedem erschließt, kann Product Placement mit dem Verbot der verschleierten Werbung gem § 4 Nr 3 UWG kollidieren.[191] Diese Norm enthält ein von der Art des Mediums unabhängiges **Trennungsgebot** für eine klare Differenzierung von Werbung und anderen Inhalten.[192] Sie ist ein alle Medienprodukte erfassendes **Schleichwerbungsverbot**.[193] Es greift, wenn ein vorliegender Werbezweck verschleiert wird. Ein Werbezweck liegt nach Auffassung der Rechtsprechung vor, wenn die Werbung gegen Entgelt von einigem Gewicht erfolgt,[194] was Beweis- und Bewertungsschwierigkeiten mit sich bringt. Nach anderer Auffassung ist Schleichwerbung dann gegeben, wenn der Werbezweck unmittelbar und offensichtlich hervortritt,[195] was höhere Anforderungen an die Verschleierung stellt. Die Maßstäbe für die Klarheit der Trennung von Inhalt und Werbung sind abhängig vom jeweiligen Medium.[196] **Unterhaltungsmedien** wie Spielfilme und Computerspiele sind nicht mit der gleichen Strenge wie wissenschaftliche und (vermeintlich) objektive Darstellungen zu behandeln.[197] Letztlich bestehen zwischen dem konkreten Inhalt des Spiels und dem Maßstab zur Beurteilung **Wechselwirkungen**. Bedeutend dafür ist die Erwartungshaltung des Verkehrs, also der Spieler, an die Kompetenz und Objektivität des Mediums Computerspiel.[198] **Lernspiele** und andere **Edutainment-Software**, die eine gewisse **93**

---

**189** Hefermehl/Köhler/Bornkamm/*Köhler* Anh zu § 3 III UWG Rn 11.3.
**190** Ein solches besteht nur für Rundfunk, Fernsehen und Presse.
**191** Vgl Hefermehl/Köhler/Bornkamm/*Köhler* § 4 UWG Rn 3.46.
**192** *Hoeren* MMR 2004, 643.
**193** BT-Drucks 15/1487, 17.
**194** BGHZ 130, 205 – Feuer, Eis und Dynamit I.

**195** Hefermehl/Köhler/Bornkamm/*Köhler* UWG § 4 Rn 3.46.
**196** BGHZ 130, 205 – Feuer, Eis und Dynamit I.
**197** *Lober* MMR 2006, 643, 645; *Schaar* GRUR 2005, 912, 914.
**198** BGHZ 130, 205 – Feuer, Eis und Dynamit I.

inhaltliche Ernsthaftigkeit vorgeben, müssen daher strenger betrachtet werden, als ein Autorennspiel, das für den Kunden erkennbar auf die Autos einer Marke zugeschnitten wurde.[199] Je stärker der Werbezweck für den Nutzer erkennbar wird, desto höher sind die Anforderungen an eine Verschleierung. Was sich dem Spieler unmittelbar aufdrängt, kann nicht gleichzeitig vor ihm verschleiert werden.

**94**  Keine Indizwirkung kann hier der **Preis** für ein Computerspiel haben.[200] Der Käufer eines Spiels kann wegen eines hohen Preises nicht von einer Werbefreiheit ausgehen, wenn sich der Werbecharakter zugleich aufdrängt. Selbst bei sich nicht aufdrängender Werbung kann der Käufer sich nicht automatisch darauf verlassen, dass das erworbene Produkt sich allein aus dem Verkaufspreis finanziert. Vielmehr ist es zB bei Sportveranstaltungen, DVDs, Konzerten, Kinos und Zeitschriften geläufig, dass sich die Verbraucher trotz hoher Preise der (zusätzlichen) Werbung aussetzen (müssen).

**95**  Eine den Verbrauchern unterstellte Naivität gegenüber dieser Werbeform und die Berücksichtigung der jugendlichen Zielgruppe kann keine Verschärfung der Kriterien gegenüber anderen reinen Unterhaltungsmedien bedingen.[201] Es ist nicht ersichtlich, weshalb Jugendliche in Computerspiele eingebettete Werbung schlechter erkennen können als solche in Spielfilmen oder Fernsehserien.

**96**  (2) **Belästigung.** Enthaltene Werbung kann für den Nutzer eine Belästigung sein. Diese zunächst subjektive Beurteilung wird jedoch nur dann unzulässig, wenn der Empfänger sie erkennbar nicht wünscht (§ 7 Abs 2 Nr 1 UWG). Wegen des Erfordernisses eines Empfängers und der Unmöglichkeit der Trennung zwischen einzelnen Betrachtern von allgemein zugänglicher Werbung wird diese Fallgruppe von vielen nur auf Individualwerbung wie Postwurfsendungen angewendet.[202] Beim Vertrieb von Computerspielen ist eine solche Erkennbarkeit für den Hersteller nicht gegeben. Die einzige Möglichkeit für den Nutzer besteht im Nichterwerb.

**97**  Die Grenze der Unlauterkeit wird somit erst überschritten, wenn es auf eine Erkennbarkeit für den Hersteller nicht mehr ankommt, weil die Unlauterkeit sich allein aus der Unzumutbarkeit ergibt (§ 7 Abs 1 UWG).[203] Dies kann sich nicht aus einer Senkung der Rechnerperformance ergeben, da die Darstellung von Werbung ebensoviel Rechenleistung erfordert, als wenn an ihrer Stelle andere Texturen gezeigt würden. Die Grenze der Unzumutbarkeit dürfte dann gegeben sein, wenn die Darstellung von Werbung das zur Authentizität der virtuellen Umgebung erforderliche Maß deutlich überschreitet. Das ist idR der Fall, wenn die Werbung von einem verobjektivierten Betrachter als Fremdkörper im Spiel betrachtet werden muss und in keiner Beziehung zum Spielgeschehen steht. Auf der sicheren Seite sind die Hersteller, wenn die Werbung auf Nutzerwunsch in neutrale Flächen geändert werden kann.[204]

**98**  bb) **Werbung – Ein Mangel im Spiel?** Probleme können sich aus der **Mängelgewährleistung** nach den §§ 434 ff BGB für das Computerspiel ergeben.[205] Das Vor-

---

**199** ZB Porsche in Need for Speed: Porsche oder Mercedes Benz Autos in World Racing 1.
**200** So aber *Schaar* GRUR 2005, 912, 914.
**201** AA *Schaar* GRUR 2005, 912, 915.
**202** Vgl *Sosnitza* GRUR 2003, 739, 744.
**203** So auch *Lober* MMR 2006, 643, 645; *Schaar* GRUR 2005, 912, 913.

**204** *Schaar* GRUR 2005, 912.
**205** *Lober* MMR 2006, 643, 646 weist auf die akademische Natur und die praktische Bedeutungslosigkeit der Sachmängelgewährleistung beim In-Game-Advertising hin.

liegen nicht erwarteter Werbung kann einen Mangel darstellen (§ 434 Abs 1 S 2 BGB). Mangels einer **Beschaffenheitsvereinbarung** und einer vom Vertrag konkludent vorausgesetzten Verwendung, ist das Computerspiel nur frei von Mängeln, wenn es sich für die gewöhnliche Verwendung eignet und Beschaffenheit aufweist, die bei Sachen der gleichen Art üblich ist und die der Käufer erwarten kann (§ 434 Abs 1 S 2 Nr 2 BGB).

Eine technische Beeinträchtigung des Spielablaufs wird nicht kausal gerade auf die **99** Werbung zurückführbar sein.[206] Kein Mangel ist somit auch ein redaktioneller Zuschnitt des Spielablaufs auf die Werbung. Die **Sollbeschaffenheit** richtet sich in erster Linie nach den Vorstellungen des Produzenten und nicht nach den Wünschen der Kunden. Trotz der enthaltenen Werbung eignen sich die Spiele für die gewöhnliche Verwendung und Werbung im Spiel ist auch üblich. Letztlich muss der Kunde seine Erwartungen an das Computerspiel am Angebot der Hersteller ausrichten. Ist eine gewünschte Situation oder Möglichkeit nicht enthalten, lohnt sich vielleicht der Kauf des Spiels nicht. Dennoch ist es nicht mangelhaft iSd BGB. Die Möglichkeiten des Mängelgewährleistungsrechts sind daher sehr begrenzt, wenn überhaupt relevant.[207]

cc) **Werbung als Gefahr für die Jugend und Sonderprobleme der dynamischen** **100** **Werbung.** Die Werbung muss neben den Inhalten für die entsprechende **Altersfreigabe** geeignet sein.[208] Ein besonderes Problem stellt die in Zukunft immer mehr verbreitete Möglichkeit der dynamischen virtuellen Umgebung dar. Inhalte, auch Im-Spiel-Werbung, kann über eine bei vielen Spielen ohnehin erforderliche Online-Verbindung nachgeladen werden. Die eingebettete Werbung bleibt so nicht nur auf dem aktuellen Stand, sondern kann sich auch an den Spieler und seine Gewohnheiten anpassen. Auf diese nachträglich ins Spiel eingebundenen Inhalte hat der Spieler keine Einwirkungsmöglichkeit.

Da die nachträglich eingespielte Werbung nicht das erforderliche Prüfungsverfah- **101** ren absolviert hat könnte daraus die Schlussfolgerung gezogen werden, dass die **Alterseinstufung** automatisch erlischt, weil das Spiel als ungeprüft gilt. Dies ist dann der Fall, wenn man die nachträglich geladene Werbung als elektronische Verbreitung von Medien gem § 1 Abs 2 S 2 JuSchG auffasst.

Andererseits könnten die dynamischen Inhalte als **Telemedien** (§ 1 Abs 3 JuSchG) **102** eingestuft werden, für die kein **Freigabeverfahren** erforderlich ist. Die Anforderungen an das Jugendschutzrecht müssen freilich dennoch eingehalten werden, da auch die Telemedien der Kontrolle unterliegen und **indiziert** werden können (§ 18 Abs 1 JuSchG). Weitere Rechtsfolgen richten sich nach Landesrecht (§ 16 JuSchG).

Eine Zuordnung durch die Rechtsprechung liegt bislang nicht vor und in der Lite- **103** ratur ist dieses Problem bisher kaum erörtert.[209] Die besseren Gründe sprechen für eine Klassifizierung der dynamisch nachgeladenen Bestandteile als Telemedien,[210] da das dynamische Nachladen weitgehend automatisch und unbemerkt vom Nutzer erfolgt. Die elektronische Verbreitung bezieht sich dagegen auf Surrogate der gegenständlichen Verbreitung von Medienträgern. Damit ist in erster Linie der Übergang vom Kauf einer CD oder DVD hin zum kostenpflichtigen Download des Spiels als ganzen gemeint. Dagegen spricht allerdings der durch das Freigabeverfahren gewährte

---

**206** Engere Auffassung *Schaar* GRUR 2005, 912, 917.
**207** *Lober* MMR 2006, 643, 646; zu den Rechtsfolgen *Schaar* GRUR 2005, 912, 917.

**208** S dazu Rn 176.
**209** Vgl *Baumann/Hofmann* ZUM 2010, 863.
**210** So auch *Baumann/Hofmann* ZUM 2010, 863.

effektive Schutz noch vor der Verbreitung. Ein solches Verfahren wäre jedoch bei dynamischer Werbung extrem aufwändig und kostenintensiv. Problematisch ist indes eine mögliche Rechtszersplitterung durch divergierendes Landesrecht im Bereich der Telemedien. Dem ist jedoch durch den Jugendmedienschutz-Staatsvertrag (JMStV) vorgebeugt. Dessen Rechtsfolgen entsprechen dem der Trägermedien (§ 4 JMStV). Daher besteht im Ergebnis lediglich ein Systemunterschied zwischen Verbot mit Erlaubnisvorbehalt (Trägermedien) und Erlaubnis mit Eingriffsvorbehalt (Telemedien).

**104**     Auf dynamische Werbung kann das Mängelgewährleistungsrecht keine Anwendung finden. Auch wenn der Kaufgegenstand ohne Zustimmung des Käufers nachträglich geändert wird, bezieht sich die Feststellung eines Mangels auf den Zeitpunkt der Übergabe der Kaufsache (§§ 434, 446 BGB) Eine Einwirkungsmöglichkeit auf die verkaufte Sache hat der Verkäufer danach eben normalerweise nicht. Bei Computerspielen mit Online-Funktionen ist keine unveränderliche Beschaffenheit gegeben. Mit dem ändernden Hersteller kommt bei einfachen Online-Funktionen selten ein Vertrag zustande. Vertragspartner des Kaufvertrags ist der Händler. Es liegt nahe ein konkludentes Einverständnis des Käufers anzunehmen, wenn dieser von der dynamischen Werbefunktion durch Information über das Spiel Kenntnis hat. Ob seine Informationspflichten vor dem Kauf derart weit reichen, ist zweifelhaft. Es ergeben sich mehrere Möglichkeiten. Entstehen durch die Datenübertragung zusätzliche Kosten für den Käufer, zB bei Zeittarifen, ist die gesamte Funktion der dynamischen Werbung grds ein Mangel. In der Regel ist der Hinweis auf die Notwendigkeit einer Kosten verursachenden Internetverbindung auf der Verpackung enthalten.

**105**     Ein nicht spezifisch werberechtliches Problem ist die Analyse des Nutzerverhaltens zur Personalisierung von Werbung. Aus dem Verhalten des Spielers in und außerhalb des Spieles können Informationen über den persönlichen Geschmack und Gewohnheiten gezogen werden. Ist der dynamischen Werbeeinblendung eine Analyse des Nutzerverhaltens vorgelagert, so hat dieser Eingriff in die **informationelle Selbstbestimmung** wenn dabei personenbezogene Daten gesammelt (§ 3 Abs 1 BDSG) werden, nach § 4 Abs 1 BDSG nur mit Einwilligung des Nutzers möglich. Eine solche Einwilligung liegt in der Regel nicht vor und ist auch nicht durch AGB einholbar (§ 4a Abs 1 BDSG). Bei Minderjährigen ist darüber hinaus die Einwilligung der Eltern maßgebend. Diese ist derzeit auf dem Online-Wege praktisch nicht beweissicher einzuholen. Die Nutzung von dynamischen Techniken in Spielen für Jugendliche ist damit ein hohes rechtliches Risiko für die Hersteller bzw die mit der Datensammlung befassten (Sub-)Unternehmen.

**106**     c) **Fazit.** Mangels Rechtsprechung zum Thema In-Game-Advertising sind zuverlässige praktische Hinweise schwer zu geben. In aller Regel dürfte Werbung, die nicht aus dem Spielablauf heraustritt, sich sinnvoll in das Geschehen einfügt und den Realismus steigert nicht zu beanstanden sein. Zu empfehlen sind Hinweise auf Sponsoren an geeigneter Stelle im Spiel, möglichst auf der Verpackung. Dem kommerziellen Interesse zuwiderlaufend, aber der Rechtsicherheit dienend wäre die Möglichkeit Werbung in ihrer Intensität abzumildern, durch Jugendfilter einzustellen oder ganz abzuschalten.

Michael Kauert

## 2. Mensch-ärgere-Dich-nicht – Kommunikation in virtuellen Welten

**a) Möglichkeiten.** Der **Serverbetreiber** von **Online-Spiel-Servern** ist Bereitsteller **107** einer **Plattform**.[211] Auf diesen Plattformen wird zwar hauptsächlich gespielt. Verbreitete Zusatzfunktionen sind jedoch **virtuelle Marktplätze, Foren, Newsgroups** und **Chaträume**. Sprachkommunikationsdienste gewähren Echtzeitkommunikation der Teilnehmer und verbinden durch transparente Anschlussnummern sogar die virtuelle mit der echten Welt.[212] Auf **Bewertungsfunktionen** über das Verhalten einzelner Spieler sind die Kriterien zu übertragen, die zum **ebay-Bewertungssystem** entwickelt wurden.[213] Viele dieser Dienste existieren anderweitig auch unabhängig von Computerspielen und sind bereits Gegenstand von gerichtlichen Auseinandersetzungen geworden. Die zunehmenden Kommunikations- und Handelsmöglichkeiten in Computerspielen machen den Betreiber selbst in immer größeren Umfang rechtlich angreifbar. Der Spieleplattformbetreiber tritt daher in vielen Funktionen auf, die unterschiedlichen Regelungen unterworfen sind.

**b) Formelles. Onlinespiele** sind wegen ihrer individuellen Online-Basierten Nut- **108** zungsmöglichkeiten zugleich als „Teledienste" im Sinne des Telemediengesetzes einzustufen. Somit besteht nach § 4 TMG keine Zulassungs- oder Anmeldepflicht. Weiter unterliegen sie keinen inhaltlichen Anforderungen und müssen aber nach § 6 TMG eine Anbieterkennzeichnung aufweisen.

**c) Haftung der Teilnehmer und anwendbares Recht.** Für ihre Handlungen müssen **109** die Teilnehmer von Onlinespielen, welche die zur Verfügung gestellten Kommunikationsmöglichkeiten nutzen, in vollem Umfang einstehen. Sie haften dabei aus den allgemeinen Normen. Schwierig kann die Bestimmung des anwendbaren Rechts werden, wenn erfolgreiche Online-Spiele weltweit angeboten und allen Teilnehmern eine einzige virtuelle Welt zur Verfügung steht (zB Second Life, World of Warcraft). Die Server wie auch die Clients können in den verschiedensten Ländern der Erde beheimatet sein. Selbst die grenzüberschreitende Nutzung ist mit funkgestützten Internetverbindungen und einem Laptop oder einer mobilen Spielekonsole realisierbar. Die gängigen Anknüpfungstheorien helfen hier nur bedingt.[214]

Bei unerlaubten Handlungen ist nach § 40 Abs 1 S 1 EGBGB deutsches Recht an- **110** wendbar, wenn der Handlungsort im Inland liegt. Soweit die Rom II VO Anwendung findet, gilt allerdings grundsätzlich das Recht des Erfolgsortes, Art 4 Abs 1 Rom II VO. Auf die in diesem Zusammenhang besonders bedeutsame Verletzung des allgemeinen Persönlichkeitsrechts ist diese Verordnung nach Art 1 Abs 2 lit f) Rom II VO aber nicht anwendbar. Gerade Persönlichkeitsrechtsverletzungen und Mediendelikten bilden den hauptsächlichen noch verbleibenden Anwendungsfall des deutschen IPR. Einen Ort der Handlung, zB bei Beleidigungen oder Verleumdungen, kann man indes nur schwer bestimmen, denn die Handlung findet primär in der virtuellen Welt statt. Bei den eher statischen Kommunikationsformen (Forum, Newsgroups) lässt sich der upload, der am Ort des Verletzers durchgeführt wird, als Handlungsort bestimmen.

---

**211** Zu Ansprüchen gegen die Betreiber virtueller Welten *Lober* MMR 2006, 643, 645; *Lober/Karg* CR 2007, 647.
**212** *Koesch/Magdanz/Stadler* spiegel-online.
**213** Dazu *Krasemann* MMR 2006, 351, 354.

**214** Darüber hinaus können die deutschen Regeln ohnehin nur die Anwendbarkeit des deutschen Rechts und die Zuständigkeit deutscher Gerichte statuieren. Andere Rechtsordnungen können dies unabhängig davon regeln.

Schwieriger wird es bei der live-Kommunikation in Chaträumen und durch Sprachkommunikation. Zum einen wirkt es gekünstelt bei zusammenhängenden live-Handlungen den Ort des uploads der Datenpakete als Handlungsort zu kennzeichnen. Zum anderen würde jede Handlung nach dem Recht des Landes des Handelnden bestimmt. So könnte sich dann derjenige mit dem liberalsten Recht das meiste herausnehmen und sich beleidigend durch die virtuelle Welt bewegen.

**111**     Die Anknüpfung an das Recht des Erfolgsortes gem Art 4 Abs 1 Rom II VO bzw § 40 Abs 1 S 2 EGBGB, also im Regelfall dem Aufenthaltsort des Verletzten[215], begründet wiederum für den Handelnden ein unvorhersehbares Risiko in globalen Ausmaßen. Dies gilt umso mehr bei der zukünftigen Verwendung des einfachen Internetbrowsers zum Einloggen in virtuelle Welten.[216] Für andere Teilnehmer ist sein Standort und der damit verbundene Rechtskreis nicht zu ermitteln.

**112**     Ort der virtuellen Handlung könnte dies auch der Standort des Servers sein, auf dem die virtuelle Welt berechnet wird.[217] Dies hilft indes auch nur solange weiter, wie alle diese Server im gleichen Land stehen, was technisch keinesfalls erforderlich ist. Im Bereich der Servertechnik werden zunehmend **virtualisierte Lösungen** wie das **Cloud Computing**[218] eingesetzt. Damit ist der **Spieleserver** nicht einfach ein Computer oder ein Verbund, sondern ein virtueller Computer, der die Rechenleistung vieler möglicherweise weit entfernt stehender Rechner nutzt. **Skalierte Serversysteme** führen in Zukunft zu einer bei Bedarf zu erwerbenden Rechnerleistung. Diese Rechenleistung wird den virtuellen Servern zur Verfügung gestellt. Ein realer Standort des Servers kann in diesem Fall nicht mehr benannt werden.[219] Da die Nutzer untereinander zunächst keine vertraglichen Bindungen eingehen, könnte somit eine Gerichtsstandsvereinbarung zwischen den Nutzern und dem Plattformbetreiber hilfreich sein, welche dann auch für die Nutzer untereinander gilt. Wegen der kommerziellen Natur der meisten Spieleplattformen wird in der Regel ein Nutzungsvertrag zwischen Plattformbetreiber und Nutzer abgeschlossen werden. Nach Art 4 Abs 4 Rom I VO[220] unterliegt ein Vertrag mangels Rechtswahl hilfsweise dem Recht, zu dem er den engsten Bezug aufweist. Fraglich ist dann aber, wonach sich dieser engste Bezug bestimmt. Der Bezug auf den Serverstandort weist einige Schwächen auf und sollte wegen oben genannter Entwicklungen keine überragende Rolle spielen. Die größte Rechtssicherheit in der Praxis bietet daher eine wirksam vertraglich einbezogene **Gerichtsstandklausel**.

**113**     Nicht hilfreich ist ein Blick auf das Spielgeschehen selbst.[221] Zwar wird die virtuelle Welt auf den Servern der Betreiber berechnet. Ohne die eingeloggten Clients gäbe es jedoch nur eine leere Welt und kein Geschehen. Das Spiel findet gerade durch die Echtzeitkommunikation zwischen den Clients und dem Server statt. Selbst wenn man das Spiel als alleinig auf dem Server laufend ansehen würde, hätte man wiederum das Folgeproblem der nicht immer zweifelsfreien Standortbestimmung des Servers. Zwar ist auch nach dieser Lösung das Haftungsrisiko für den Nutzer nur schwer einschätzbar, wenn er die Rechtsordnung des Serverstandortes nicht kennt. Tatsächlich maxi-

---

**215** Palandt/*Thorn* Rom II 4 (IPR) Rn 29; Art 40 EGBGB Rn 5.
**216** Vgl Rn 16.
**217** LG Düsseldorf NJW-RR 1998, 979.
**218** Hierzu *Nägele/Jacobs* ZUM 2010, 281.
**219** *Nägele/Jacobs* ZUM 2010, 281, 283 ff.

**220** VO EG 593/2008 – Verordnung über vertragliche Schuldverhältnisse (Rom I VO). Diese VO ist ab dem 17.12.2009 auf alle Verträge anzuwenden, Art 28 Rom I VO.
**221** Dieses Merkmal regt *Krasemann* MMR 2006, 351, 352 an.

miert sich das Risiko für den Nutzer, mit einer Vielzahl unbekannter Rechtsordnungen in Kontakt zu kommen, beträchtlich.

Keine Lösung ist auch die demokratische Variante nach dem Heimatland der meisten teilnehmenden Spieler, da sich diese Mehrheitsverhältnisse je nach Tageszeit ändern können und eine massive Rechtsunsicherheit zur Folge hätte. **114**

Der Teilnehmer von internationalen Plattformen setzt sich derzeit somit einem schwer kalkulierbaren Risiko bzgl des anwendbaren Rechts und der Reichweite seiner Haftung aus. Dies betrifft neben der zivilrechtlichen Haftung auch die staatliche Überwachung der Kommunikation. Kein Nutzer kann sich sicher sein, mit wem er gerade wirklich spricht und welche Behörde eines beliebigen Staates gerade nach dessen Gesetzeslage mithört. Abhilfe könnte nur der Gesetzgeber mit auf den virtuellen Raum angepassten Gesetzen schaffen. **115**

**d) Haftung des Betreibers von Spiele-Servern.** Grds haftet der Betreiber eines Spieleservers wie jeder für eigene Inhalte und selbst begangene Rechtsverstöße.[222] Gesetzliche Regelungen über die Haftung für fremde Handlungen existieren nur für den Serverbetreiber als Kommunikationsdienstleister iSd TMG. Andere ausdrückliche Normen für Plattformbetreiber außerhalb davon gibt es bisher nicht. Dennoch lässt sich aus der überwiegenden Rechtsprechung und Literatur zu Auktionsplattformen, zur Forenhaftung und zur Link-Haftung der gemeinsame Grundgedanke entnehmen, dass der Plattformbetreiber grds nicht für die Handlungen der User einzutreten hat, sich diese daher nicht wie eine eigene zurechnen lassen braucht.[223] **116**

Weitgehend Einigkeit besteht darüber, dass der Betreiber gegen ihm **bekannte Rechtsverletzungen** alles Zumutbare zu unternehmen hat. Eine Rechtsverletzung ist ihm bekannt, wenn eine positive Kenntnis über den konkreten Sachverhalt vorliegt und sich nach einer Parallelwertung in der Laiensphäre die Rechtswidrigkeit dieses Sachverhalts aufdrängt. Über den Grad der zumutbaren Möglichkeiten besteht bisher keine Einigkeit. Auf jeden Fall hat der Betreiber statische **rechtswidrige Inhalte**, zB Forenbeiträge, anzügliche Avatare, zu beseitigen und konkret hinsichtlich weiterer Rechtsverletzungen zu untersuchen. Problematischer ist die Situation bei dynamischen Inhalten, dh flüchtigen live-Inhalten. Dies betrifft vor allem Chaträume, Sprachkommunikation und das Verhalten in der virtuellen Welt selbst. Während es bei den textbasierten Chaträumen möglich und zumutbar ist aktuelle Filtersoftware-Lösungen einzusetzen, gibt es derzeit keine automatischen Lösungen für Sprache oder sonstiges virtuelles Verhalten. Eine manuelle Überprüfung ist nach dem BGH nicht ausgeschlossen.[224] Die zusätzliche personelle und finanzielle Belastung muss jedoch mit der Schwere der Rechtsverletzung abgewogen werden. **117**

Die Rechtslage hinsichtlich der Reichweite der Haftung des Plattformbetreibers für (ihm) **unbekannte Rechtsverletzungen** ist sehr umstritten. Die Meinungen reichen dabei von einer grundsätzlichen Haftung für jedwede durch die User begangenen Verstöße bis hin zu einer weitgehenden Haftungsverschonung. Kern des Anstoßes ist der Umfang der dem Plattformbetreiber obliegenden Kontrollpflichten. Einige Auffassungen gehen dabei, obschon einen gutgemeinten Schutz des Einzelnen installieren zu wollen, an der Realität und den Möglichkeiten der Inhaltskontrolle im Internet vor- **118**

---

[222] OLG München MMR 2004, 611 – Gewerbeschädigende Äußerungen.
[223] *Lober/Karg* CR 2007, 647.

[224] BGH GRUR 2007, 708 – Internetversteigerung.

bei. Die technischen und manuellen Kontrollmöglichkeiten auf Verdacht sind ebenso aufwändig wie die oben beschriebene Kontrollmöglichkeiten hinsichtlich der Unterlassung. Hintergrund des Streites um die Pflichten des Plattformbetreibers ist die weitgehende Anonymität der Plattformnutzer. Sie sind häufig nicht greifbar. Der Plattformbetreiber ist dagegen wohlbekannt und hat auch alle technischen Hebel in der Hand. Zumutbar für den Betreiber dürfte es bei Mitteilung eines rechtswidrigen Sachverhalts zumindest sein, die Identität des Rechtsverletzers mitzuteilen. Diese Möglichkeit greift auch die Auffassung von der vorrangigen Haftung des Verletzers auf.[225] Der Plattformbetreiber soll erst dann in die Haftung genommen werden können, wenn der Verletzer selbst nicht ermittelbar ist. Damit hätte der Betreiber die Möglichkeit zur Risikominderung. Er müsste lediglich Namen und ladungsfähige Anschrift der Nutzer zur Voraussetzung der Nutzung seines Systems machen.

**119**     Teilweise werden eine ausdrückliche Distanzierung und eine Kennzeichnung der fremden Beiträge gefordert.[226] Das wird von einigen in Form eines pauschalen Disclaimers gestattet.[227] Diese weitgehend ohne konkreten Bezug durchgeführte Formaldistanzierung wird wiederum von anderen als nicht ausreichend empfunden und eine konkrete Distanzierung in jedem Einzelfall gefordert[228], was wiederum an der Realität deutlich vorbeigehen dürfte. Eine einzelfallbezogene Distanzierung setzt gerade die Kenntnis des konkreten Beitrags voraus. Das Nichtzueigenmachen dieses Beitrags ist dann jedoch schon überflüssig, denn bei Kenntnis von etwaigen Rechtsverstößen muss der Betreiber sowieso handeln. Die pauschale wie konkrete Verwendung von Disclaimern ist daher weitgehend nutzlos. Eine Gewinnerzielungsabsicht des Betreibers kann für die Frage der Zurechnung von fremden Inhalten und Meinungen keine Rolle spielen. Die Zurechnung fremder Inhalte kann nicht von der kommerziellen oder nichtkommerziellen Ausrichtung des Betreibers abhängen. Aus der Sicht des Verletzten wäre eine solche Unterscheidung auch nicht nachvollziehbar. Eine Einzelfreigabe durch den Betreiber ist nicht nur unpraktikabel, sondern auch nicht finanzierbar. Den Betreibern eine generelle Gefährdung der Allgemeinheit durch die Zurverfügungstellung einer Kommunikationsinfrastruktur zu unterstellen, dürfte zu weit gehen.

**120**     Der gebotene rechtliche Kontrollumfang von Plattformbetreibern ist derzeit mehr als unklar. Klar ist hingegen, dass überzogene Pflichten direkt zum Aussterben dieser Kommunikationsform führen könnten oder die Problematik durch eine Abwanderung der Server ins Ausland verlagern würden. Für betroffene Nutzer in Deutschland würde der Schutz dann noch unübersichtlicher.

**121**     Spieleplattformbetreiber sind zunächst gut beraten, Hinweise auf Rechtsverletzungen Ernst zu nehmen und wo immer möglich, aktuelle technische Möglichkeiten für die Kontrolle von Rechtswidrigkeiten zu installieren. Des Weiteren sollte eine manuelle Überwachung zumindest stichprobenartig regelmäßig vorgenommen werden, um sich vor dem Vorwurf zu schützen, keine zumutbaren Maßnahmen getroffen zu haben. Weiterhin sollten sich sämtliche Teilnehmer mit ihren realen Namen und Anschriften registrieren lassen müssen.

---

[225] OLG Düsseldorf MMR 2006, 629.
[226] *Spindler* MMR 2004, 440, 442.
[227] Abl OLG München MMR 2002, 611, 613.
[228] LG Hamburg MMR 2007, 450.

Michael Kauert

### 3. Add-ons – Spielergänzungen

Neben den originalen Computerspielen werden seit langem – hauptsächlich im Bereich der PC-Spiele – sog **Add-Ons** angeboten. Diese Ergänzungen erweitern die Spiele um zusätzliche Möglichkeiten im Gegensatz zum ursprünglichen Computerspiel. Es kommen neue Charaktere, Levels, Gegenstände, Spielwelten, Fahrzeuge oder Missionen hinzu.[229] Manchmal kommt das Originalspiel nur als Basistechnik für ansonsten gänzlich eigenständige Spiele zum Einsatz.[230] Schon aus dem unterschiedlichen Umfang der **Spielergänzungen** ergibt sich, dass eine einheitliche Bewertung über die Zulässigkeit nicht getroffen werden kann. Die rechtliche Einordnung unterscheidet sich ebenfalls nach der Art der angebotenen Ergänzung. Grds kann es sich bei der Spielergänzung um Software oder nur schlichte Daten handeln. Keine rechtlichen Probleme ergeben sich, wenn die Spielergänzung vom Rechtsinhaber autorisiert ist.

**122**

**a) Spielstände – unechte Ergänzungen.** Eine eigentlich unechte Ergänzung stellen abgespeicherte **Spielstände** dar. Dabei handelt es sich um abgespeicherte Spielstände, mit deren Hilfe der Spieler Levels überspringen kann, bzw in höhere **Levels** gelangen kann, ohne sich dies „ehrlich" zu erarbeiten indem er die gestellten Aufgaben selbst meistert. Um eine unechte Ergänzung handelt es sich deshalb, weil den durch den Originalhersteller vorgesehene Möglichkeiten und Gestaltungen des Spiels nichts hinzugefügt wird. Der Spieler kann mit dem Spiel nur das machen, was der Hersteller so vorgesehen hat. Andererseits erreicht er höhere Levels des Spiels eben ohne die erforderliche eigene Anstrengung. Insoweit liegt eine **Gebrauchswertsteigerung** und -mehrung durch die angebotenen Spielstände vor.[231] Der Spieler betrügt sich selbst; der Hersteller wird dadurch nicht beeinträchtigt.

**123**

Die Produktion solcher Spielstände geschieht durch einfaches Spielen und die Nutzung von im Originalspiel vorgesehenen Möglichkeiten zum Abspeichern. Der Spielstand wird in Form von digitalen Daten in einer Datei abgelegt, die die relevanten Informationen enthält. Dabei handelt es sich nicht um Programmcode, sondern um schlichte digitale Daten, die als solche nicht dem Softwareschutz nach §§ 2, 69a ff UrhG zugänglich sind.[232] Werden durch den Anbieter von Spielständen lediglich digitale Daten und keine Teile urheberrechtlich geschützter Software vervielfältigt und verbreitet, kann dieses Verhalten aus urheberrechtlicher Sicht nicht beanstandet werden.[233] Einschlägig könnte hier evtl der Datenbankschutz nach § 87a UrhG sein. Eine Sammlung von Spielständen mag zwar der Datenbankdefinition durchaus entsprechen, jedoch wurde die Datenbank nicht durch den Originalhersteller erstellt, sondern lediglich seine Software dazu genutzt. Hersteller der Spielstände-Datenbank ist somit der Spieler, der die Spielstände abspeichert und nicht der Hersteller des Spiels.

**124**

Ein in Deutschland bisher nicht entschiedener Fall lag in Japan bzgl manipulierter Spielstände vor. Die angebotenen Spielstände wurden nicht nur normal erspielt und abgespeichert, sondern auch so manipuliert, dass man Spielkonstellationen und Punkte-

**125**

---

**229** *Lambrecht* 70 versteht darunter auch den Handel mit Avataren und sonstigen virtuellen Gegenständen, der aber von den add-ons zu differenzieren ist. Vgl Rn 139 ff.
**230** Dies ist zB beim umstrittenen Spiel „Counterstrike" der Fall, dass auf dem Spiel „Half-Life" basiert.

**231** OLG Hamburg MMR 1999, 230 – Unautorisierte Spielergänzung auf CD-ROM, Superfun II oder Tomb Raider.
**232** OLG Düsseldorf MMR 1999, 602 – Die Siedler III.
**233** OLG Hamburg MMR 1999, 230 – Unautorisierte Spielergänzung auf CD-ROM.

stände erreichen konnte, die über normales Spielen nicht möglich gewesen wären. Das japanische Gericht wertete dies als Urheberrechtsverstoß.[234] Nach deutschem Urheberrecht erscheint dies bedenklich. Wenn die gespeicherten Spielstand-Daten selbst keinen Schutz nach dem Urheberrecht beanspruchen können, so kann daran auch eine Manipulation nichts ändern. Eine zustimmungspflichtige Bearbeitung kann nur bei Werken iSd § 2 UrhG vorliegen. Etwas anderes würde gelten wenn man mit einer Mindermeinung auch die Ausgabe des Programms als Gegenstand des Urheberschutzes ansieht.[235]

**126**　　Denkbar wäre ein Verstoß gegen das Wettbewerbsrecht unter dem Gesichtspunkt der Leistungsübernahme und des Einschiebens in eine fremde Serie. In den von den Gerichten entschiedenen Fällen wurde dies zu Recht verneint.[236] Werden die Spielstände als „Neue Levels" bezeichnet, so kann eine Irreführung vorliegen, da es sich gerade nicht um etwas neues, im Originalspiel nicht Vorhandenes, sondern um die schnellere Erreichbarkeit ohnehin enthaltener Möglichkeiten handelt.[237] Nicht näher erwähnt wurden indes die Bestimmungen zum Titelschutz, Markenrecht und Namensrecht, welche durch die Ergänzungen verletzt werden können.

**127**　　Möglich wäre eine Bestimmung in den Nutzungsbedingungen, dass der Spieler seine Spielstände nicht an andere weiterreichen darf. Diese schuldrechtliche Verpflichtung scheitert zumeist an einer mangelnden Einbindung bei Vertragsschluss und ist daher unwirksam.[238]

**128**　　Das Anbieten und auch der Tausch von reinen Spielstand-Daten unter Vermeidung von irreführenden Angaben und Markenrechtsverletzungen sind daher zulässig.

**129**　　**b) Echte Spielergänzungen.** Echte **Spielergänzung** fügen dem Originalspiel Möglichkeiten hinzu, die noch nicht enthalten sind, zB gänzlich neue Spielsituationen, Levels, Charaktere usw.[239] Die Zulässigkeit von echten **Add-Ons** richtet sich nach den verletzten Schutzgegenständen. Werden Spielergänzungen angeboten, die urheberrechtlich geschützten **Programmcode, Grafiken, Sounds** oder geschützte Teile des Originalspiels enthalten, liegen unautorisierte Vervielfältigung und Verbreitung urheberrechtlich geschützten Materials vor. Somit ist die Verbreitung solcher Zusätze urheberrechtlich nicht zulässig.[240] Dabei ist die Schutzfähigkeit jedes Elements gesondert festzustellen.[241] Selbst wenn der Anbieter von Zusätzen keinerlei Material des Originalherstellers verwendet und die Spielergänzung lediglich auf dem unangetasteten Spiel aufbaut, können sich rechtliche Probleme ergeben.

**130**　　Unproblematisch ist die Veränderung der **Speicherstruktur** auf der Festplatte, solange die originalen Dateien nicht verändert werden. Das Anlegen zusätzlicher Ordner mit den Ergänzungsdaten oder das Anlegen von **Registrierungsdatenbankeinträgen** ist keine Bearbeitung von Programmcode und daher urheberrechtlich irrelevant. Auch das Verändern von Konfigurationsdateien ist, solange sie keinen Programmcode ent-

---

[234] Obergericht Osaka GRUR Int 2001, 256, 258 ff – Tokimeki Memorial; zust *Lambrecht* 71.
[235] Vgl Rn 35.
[236] OLG Düsseldorf MMR 1999, 602 – Die Siedler III; OLG Hamburg MMR 1999, 230 – Unautorisierte Spielergänzung auf CD-ROM.
[237] OLG Hamburg CR 1998, 332.

[238] Vgl Rn 23 ff.
[239] OLG Hamburg, CR 1999, 298 – Perfect Alert.
[240] OLG Hamburg, CR 1999, 298 – Perfect Alert; OLG Hamburg Urt v 12.3.1998, Az 3 U 206/97 – Command & Conquer.
[241] S dazu die Ausführungen unter Rn 49 ff.

halten, problemlos möglich. Die Grenzen werden allerdings oft nicht trennscharf gezogen. So bewertete das OLG Hamburg eine rules.ini-Datei als Programmcode, was bei der üblichen Gestaltung von **ini-Dateien** in tatsächlicher Hinsicht durchaus bezweifelt werden kann.[242]

**131** Probleme bei der Herstellung von Zusätzen für Spiele können sich aber aus dem UWG unter den Gesichtspunkten der Nachahmung, der unmittelbaren Leistungsübernahme und des Einschiebens in eine fremde Serie ergeben.[243] Hier ist die Rechtsprechung zu den auf Ergänzung und Komplettierung angelegten **Produktserien** anzuwenden.[244] So wie dies im Falle der Produktion von neuen Spielsituationen für ein Spiel, für das dessen Hersteller ebenfalls Ergänzungen auf den Markt bringen will, zu Recht bejaht wurde.[245]

**132** Unter dem Stichwort der Irreführung ist es wettbewerbsrechtlich untersagt, wenn einem Add-On Möglichkeiten oder Eigenschaften angeheftet werden, die aber auch schon im Originalspiel vorhanden sind.[246]

**133** c) **Andere Zusatzprodukte und Drittanbieter-Netzwerke.** Nicht im klassischen Sinne als Add-Ons zählen auch Zusatzprodukte, die nicht unmittelbar das Spiel selbst betreffen. Dazu gehört neben Lösungshandbüchern und speziellen Eingabegeräten auch Serversoftware von Drittanbietern.

**134** Im Gegensatz zu den Online-Verbindungsmöglichkeiten früherer Spiele benötigen viele heutige Computerspiele proprietäre Server der Hersteller für Mehrspielerfunktionen. Die Hersteller des Spiels oder von ihm autorisierte **Drittanbieter** stellen die erforderliche Infrastruktur zur Verfügung. Neben Vorteilen für die Spieler[247] kann der Hersteller auf diese Art und Weise sicherstellen, dass nur ordnungsgemäß erworbene Spiele verwendet werden können. Auch lassen sich Geschäftsmodelle mit **Abonnement** nur auf diese Weise realisieren. **Raubkopien,** die nicht über einen gültigen Schlüssel (**Key**) verfügen, werden so erfolgreich vom Online-Spiel ausgeschlossen. Auf diese Weise ist der Käufer der Originalspielsoftware gleichzeitig an das autorisierte Servernetz des Herstellers gebunden. Diese Bindung ist soweit ersichtlich noch nicht kartellrechtlich angegriffen worden, obwohl einige Zweifel der Bindung des Zweitmarktes bestehen. Auch ehrliche Spielekäufer empfinden diese Bindung oft als Belastung. So sind die Spieler hinsichtlich des Funktionsumfanges an die Vorstellungen des Herstellers und einzigen Anbieters gebunden. Unterstützt dessen System nur unzureichenden Schutz vor Spielbetrügern (**Cheater**)[248] kommt bei den ehrlichen Spielern oft Frust auf.

**135** Ein US-Bundesgericht hat das Anbieten von Spiel-Netzwerken durch Drittanbieter wegen Verletzung des **DMCA**[249] verboten.[250] Der US-amerikanische DMCA verbietet

---

**242** OLG Hamburg CR 1999, 298 – Perfect Alert.
**243** Wandtke/Bullinger/*Grützmacher* § 69g UrhG Rn 23 ff.
**244** BGH GRUR 2005, 349 – Klemmbausteine.
**245** LG Saarbrücken Urt v 22.12.1998, 7 IV O 126/98 – Anno 1602.
**246** OLG Hamburg MMR 1999, 230 – Unautorisierte Spielergänzung auf CD-ROM.
**247** Dazu gehören in der Regel ordentlich gepflegte Server, die leistungsfähig und ausfallsicher sind, weltweite Rangsysteme und automatische Updates der Software.

**248** Zum möglichen urheberrechtlichen Instrumentarium der Hersteller gegen das „cheating" näher *Widuwilt* MMR 2008, 715, der insb im Einsatz von sog Cheat-Bots eine neue Nutzungsart bzw einen besonderen Softwaregebrauch nach § 69f Abs 2 UrhG und damit eine Urheberrechtsverletzung sieht.
**249** Digital Millennium Copyright Act.
**250** Urteil im Volltext unter www.eff.org/IP/Emulation/Blizzard_v_bnetd/20050901_decision.pdf.

Michael Kauert

neben Reverse Engineering auch das Umgehen von Kopierschutzmaßnahmen, einem der wesentlichen Zwecke der originalen Herstellernetzwerke. Ob im Anbieten von nicht autorisierten Spiel-Netzwerken eine Umgehung von technischen Schutzmaßnahmen nach § 95a UrhG liegt, ist fraglich. Es ist zwischen der Nutzung des Drittanbieternetzwerks mit legal erworbenen Spielen und Raubkopien zu unterscheiden sowie die Software/Filmwerk Doppelnatur zu beachten.[251]

**136**     Die §§ 95a ff UrhG greifen nach § 69a Abs 5 UrhG nicht bei Software. Auf den Softwareteil des Computerspiels sind die Vorschriften über technische Schutzmaßnahmen im Gegensatz zum Laufbild/Filmwerkschutz deshalb nicht anwendbar. Daher gilt wegen der Doppelnatur letztlich immer das schärfere Sanktionssystem.[252] Das **Reverse Engineering** von Software ist nach § 69d Abs 3 UrhG zur Ermittlung der zugrundeliegenden Ideen und Grundsätze durch Beobachtung und Untersuchung des Ablaufs der Software grds erlaubt.[253] Nicht gestattet ist indes die **Dekompilierung** zum Programmverständnis.[254] Die §§ 69a ff UrhG verbieten die Schaffung von ähnlichen Programmen unter Verwendung legal erworbener Kenntnisse daher gerade nicht.

**137**     Die Nutzer legaler Computerspiele haben mit dem Datenträger ein entsprechendes Nutzungsrecht erworben. Nach hM ergibt sich bei medialen Vervielfältigungsstücken, zu der kommerzielle Computerspiele zweifellos gehören, das Nutzungsrecht aus der Eigentümerstellung am Trägermedium und nicht aus einem etwaigen Lizenzvertrag. Dem Eigentümer steht damit ein Benutzungsrecht am Computerspiel zu. Nach der Vorstellung des Anbieters sollte der Käufer eines Onlinespiels jedoch lediglich dessen eigenes System nutzen. Ist es mit dem Spiel möglich auch Drittanbieternetze zu nutzen, liegt darin keine Umgehung eines Schutzes, denn der rechtmäßige Eigentümer nutzt sein legales Spiel auf die gleiche Weise wie beim Einloggen in die Server des Originalanbieters.

**138**     Anders stellt sich die Lage dar, wenn das originale Serversystem durch Authentifizierungstechnologien die Echtheit des Spiels und damit die Berechtigung des Nutzers feststellt. Unabhängig vom Schutz des Trägermediums kann der Anbieter durch die Abgeschlossenheit und Einzigartigkeit seines Systems in Zusammenhang mit der Authentifizierung die Nutzung von unrechtmäßigen Vervielfältigungen (Raubkopien) verhindern. Das Computerspiel könnte somit zwar vervielfältigt werden, aber eine Online-Nutzung wäre ausgeschlossen. Bei reinen Online-Spielen ist die Vervielfältigung damit wertlos. Es handelt sich somit bei derartigen Authentifizierungstechnologien um geeignete technische Schutzmaßnahmen iSd § 95a Abs 2 UrhG, die eine Nutzung unrechtmäßiger Kopien wirksam verhindert. Dem Anbieter solcher Netze muss in der Regel bekannt sein, dass sein System auf die Authentifizierung verzichtet und damit auch die Nutzung unrechtmäßiger Vervielfältigungen ermöglicht. Aufgrund des Laufbild/Filmwerkschutzes von Computerspielen und den §§ 95a ff UrhG ist somit das Anbieten von Drittanbieternetzen grds rechtswidrig. Im Falle der missbräuchlichen Ausnutzung seiner Stellung als Alleinanbieter einer Infrastruktur können sich möglicherweise im konkreten Fall kartellrechtliche Einschränkungen ergeben. Da die

---

**251** Wandtke/Bullinger/*Wandtke*/*Ohst* § 95a UrhG Rn 8.
**252** Vgl Rn 80 ff; für die grundsätzliche Einordnung der Computerspiele als Software Loewenheim/*Peukert* § 34 Rn 8; aA wohl *Arlt* MMR 2005, 148, 154.

**253** Schricker/Loewenheim/*Loewenheim* § 69d UrhG Rn 21 ff; Wandtke/Bullinger/*Grützmacher* § 69d UrhG Rn 62 ff.
**254** Dekompilierung ist nur im engen Rahmen von § 69e UrhG gestattet.

Michael Kauert

Vorschriften zum Schutz vor Umgehungen von technischen Schutzmaßnahmen vorrangig die wirtschaftliche Verwertung urheberrechtlich geschützter Gegenstände schützen sollen, ist eine wirtschaftliche Abwägung unter Einbeziehung kartellrechtlicher Kriterien nicht von vornherein ausgeschlossen.

### 4. Realer Handel mit irrealer Ware – Der Wert virtueller Spielfiguren, Gegenstände und Immobilien

**a) Helden, Schwerter und magische Teppiche als reale Handelsware.** Im Laufe **139**
vieler **Online-Spiele,**[255] insb **MMORPGs,**[256] kann der Spieler seine Figur mit verschiedenen Kräften, Fähigkeiten, gesammelten Gegenständen und Erfahrungspunkten ausrüsten. Je mehr und besser gespielt wird, desto mächtiger wird die anfangs meist schwächliche Figur. Das Erarbeiten von nützlichen Utensilien und Superkräften kostet bei den meisten Spielen eine gehörige Portion Zeit und spielerisches Geschick. Spieler, die das eine oder andere nicht aufbringen (wollen) und über das nötige Kleingeld verfügen, kaufen sich die begehrte virtuelle Ware für reales Geld.[257] Neben einzelnen Gegenständen (**Items**) kann man sich auch gleich ganze **Spielfiguren** (**Avatare, Charaktere**) kaufen. Letztere definieren sich über den **Account** (auch **Spielzugang**) in Form eines Kontos beim Betreiber der Online-Plattform (**Server**), welches durch Benutzernamen und Passwort gesichert ist. Beim nachgelagerten Handel ist somit zwischen den Items, den Charakteren und dem Account zu differenzieren.[258] Wegen der Bindung der Charaktere an den Account durch die Serversoftware betrifft ein Übertragungsvorgang grds immer beides, obwohl es sich nicht und denselben Gegenstand handelt. Die Betreiber der Plattformen könnten es technisch unproblematisch ermöglichen, dass die Inhaber von Accounts ihre Avatare untereinander austauschen. Soweit ersichtlich, ist dies bisher bei keinem Anbieter der Fall. Daher wird auf diesen Sonderfall nicht näher eingegangen.

Man könnte die Situation bei oberflächlicher Betrachtung mit der des Verkaufs **140**
von Spielständen vergleichen.[259] Während bei Offline-Spielen beliebig viele Spieler die Spielstände kaufen können und somit schneller in höhere generelle Spielstufen (Levels) gelangen, wird bei Online-Spielen nicht nach einer erreichten generellen Stufe im Spiel gezählt, sondern die einzelne über den Account des Spielers definierte Spielfigur entwickelt sich weiter. Der Level der Spielfigur haftet daher nur dieser selbst an. Ein Account kann nur einmal gleichzeitig genutzt werden und bezieht sich immer auf einen Charakter. Da Nachfrage fast immer auch ein Angebot nach sich zieht, entwickelte sich schnell ein Markt für die virtuellen Gegenstände (items) und Figuren (zugeordnet zu Accounts). Die optimale Vertriebsplattform wurde zeitgleich mitgereicht – wiederum das Internet. Bei den großen Auktionsplattformen[260] werden für hochwertige Spielfiguren über € 800,– gezahlt![261]

---

**255** Zum Begriff vgl Rn 13.
**256** Engl Abk für „Massively Multiplayer Online Role-Playing Game". Darunter werden Rollenspiele verstanden, die nur über das Internet spielbar sind und in denen sich alle Spieler weltweit gleichzeitig in einer einzigen riesigen virtuellen Welt befinden. Erfolgreiche Spiele sind zB Everquest, World of Warcraft, Lineage, SecondLife, Ultima Online uvm. Abbildungen bei *Lober* 122 ff.
**257** Vgl ENISA 3.

**258** *Lober/Weber* MMR 2005, 653, 254.
**259** Vgl dazu Rn 122 ff.
**260** Neben der allgemeinen Plattform ebay.de gibt es mehrere spezialisierte Anbieter zB Itembay.com, Gameconomy.de,gamegoods. de,gamesavor.com und Ingameparadise.de.
**261** So sind jederzeit Auktionen zu beobachten bei welchen herausragende Figuren des Online-Rollenspiels „World of Warcraft" für € 500,– bis € 1500,– den Inhaber wechseln, obwohl das Originalspiel etwa € 20,– kostet.

**141**    Die **Internationale Dimension**[262] und der **europäische Bezug** der Geschäfte um Accounts und Items führt zu der vorab zu klärenden Frage, ob deutsches Recht auf die zugrundeliegenden Rechtsverhältnisse überhaupt Anwendung findet. Dies können die Parteien nach Art 3 Abs 1 Rom I VO grds vertraglich regeln. Wurde eine solche Regelung nicht getroffen, bestimmt sich das anwendbare Recht nach Art 4 Rom I VO. Da es sich bei Accounts und Items nicht um bewegliche Sachen handelt, greift Art 4 Abs 1 lit a) Rom I VO nicht ein. Das Vorhalten eines Servers und Anbieten von Spielmöglichkeiten auf einem Server dürfte indes eine Dienstleistung nach Art 4 Abs 1 lit b) darstellen und deshalb zwar grundsätzlich das Recht des Ortes des gewöhnlichen Aufenthalts des Dienstleisters anwendbar sein, wenn nicht der Vertrag zu einem anderen Staat eine offensichtlich engere Verbindung aufweist, (Art 4 Abs 3 Rom I VO). Allerdings werden die Vertragspartner des Dienstleisters fast ausschließlich **Verbraucher** sein, da die Spiele nahezu ausschließlich zum Freizeitvergnügen gespielt werden. Nach Art 6 Rom I VO unterliegen **Verbraucherverträge** dem Recht des gewöhnlichen Aufenthaltsortes des Verbrauchers, sofern der Unternehmer seine berufliche oder gewerbliche Tätigkeit in dem Staat ausübt, in dem der Verbraucher seinen gewöhnlichen Aufenthalt hat, oder eine solche Tätigkeit auf irgendeine Weise auf diesen Staat oder auf mehrere Staaten, einschließlich dieses Staates, ausrichtet und der Vertrag in den Bereich dieser Tätigkeit fällt. Ob ein Unternehmer und Serverbetreiber seine Dienstleistung auf einen bestimmten Staat ausrichtet, ist eine Frage des konkreten Einzelfalles. Kriterien können insoweit die Werbung, die Sprache der Serverplattform, die Abrechnungsmodalitäten usw sein. Eine Rechtswahlvereinbarung ist mit Verbrauchern nur unter der Einschränkung des Art 6 Abs 2 S 2 Rom I VO möglich, so dass zwingende Verbraucherschutznormen nicht durch eine Rechtswahl umgangen werden können. Hilfsweise findet das Recht des Staates Anwendung zu dem der Vertrag die engste Bindung aufweist (Art 4 Abs 4 Rom I VO). Die Bestimmung dieser engsten Bindung ist stets eine Frage des konkreten Einzelfalles, die anhand bestimmter Indizien zu ermitteln ist. Dazu können herangezogen werden: Gerichtsstandsklausel, Schiedsklausel, Bezugnahme auf ein Recht, Vertragssprache, Prozessverhalten, Abschlussort, Erfüllungsort, Mitwirkung Dritter, Staatsangehörigkeit bzw gewöhnlicher Aufenthalt, Beteiligung der öffentlichen Hand, Währung, Lageort des Vertragsgegenstandes, Hypothetischer Parteiwille.[263]

**142**    Neben der zivilrechtlichen, dogmatischen Problematik stecken hinter diesen Geschäften nicht selten mafiöse Strukturen, die Menschen ähnlich wie Sklaven zum „Produzieren der Figuren" – sog **Leveling** einsetzen. In China, Mexiko, Rumänien und anderen Schwellenländern „arbeiten" viele oft unterbezahlte Menschen in den sog **Goldfarmen** um Accounts und Items durch Spielen zu erzeugen.[264]

**143**    b) **Gegenstand des Handels mit Items.** Die Feststellung des anwendbaren rechtlichen Instrumentariums setzt die Bestimmung des Rechtscharakters der gehandelten Ware voraus.[265] Die Frage, was zwischen den Spielern überhaupt gehandelt wird, ist nicht leicht zu beantworten.[266] Dennoch sind auch nicht körperliche Gegenstände

---

262 Ausf *Berberich* 302 ff.
263 MüKo/Martiny Art 4 Rom I VO Rn 282 ff.
264 *Siemons* spiegel-online.
265 Zu dem diesem Problem ausf *Berberich* 82 ff; *Gantert* 16 ff. In den USA und China sprechen sich viele für die Anerkennung virtuellen Eigentums als vollwertiges Eigentum

aus, vgl *Geis/Geis* CR 2007, 721, 722; *Fairfield* Boston University Law Review (85) 1047. Zur Beurteilung nach schweizer Recht *Bürge* sic! 11/2006, 802.
266 *Koch, P* JurPC Web-Dok 57/2006, Abs 20 ff. Deutsche Rechtsprechung ist zu diesem Fragenkreis bisher nicht ergangen. In

dem Recht als Bezugsobjekte nicht grds fremd, wie das Immaterialgüterrecht beweist.[267]

*Krasemann* sieht die virtuellen Gegenstände als vertraglich beschriebene Pflichten.[268] Diese Ansicht nimmt jedoch zu wenig Rücksicht auf das Abstraktionsprinzip und differenziert nicht ausreichend. Ob ein Werkvertrag, Dienstvertrag oder Kaufvertrag vorliegt, hat nichts mit dem Bezugsgegenstand dieser schuldrechtlichen Verträge zu tun. Aus der Natur der schuldrechtlichen Beziehung kann daher kein Rückschluss auf die dingliche Einordnung des Gegenstandes dieses schuldrechtlichen Verhältnisses gezogen werden. **144**

Sachen sind nur körperliche Gegenstände (§ 90 BGB). Andere Gegenstände als körperliche werden vom BGB nicht ausdrücklich benannt, aber zB in § 453 BGB erwähnt. Der Gegenstandsbegriff wird nicht näher definiert. Gegenstand im Sinne des BGB ist alles, was Objekt von Rechten sein kann. Außerhalb der körperlichen Gegenstände sind dies Forderungen, Immaterialgüterrechte und alle sonstigen Vermögensrechte.[269] Mangels Körperlichkeit sind die virtuellen Sachen keine Sachen iSd § 90 BGB.[270] Sie entstehen zwar im Rahmen eines Nutzungsverhältnisses, stellen selbst aber keine Forderungen dar.[271] Ebenso werden die virtuellen Sachen kaum die Voraussetzungen der immaterialgüterrechtlichen Sondernormen erfüllen.[272] Die Betrachtung als bloßes Nutzungsrecht[273] schützt gerade die Interessen der Spieler nur unzureichend. Mangels einer absoluten Wirkung bietet es dem Spieler keine Handlungsoptionen gegen deliktische Handlungen Dritter und auch die Abhängigkeit vom Serverbetreiber ist eine starke Benachteiligung seiner Rechtsstellung. Obwohl vom Recht nicht ausdrücklich benannt, stellen die virtuellen Sachen zumindest unter den Teilnehmern von Online-Spielen vermögenswerte Objekte dar. Auch bei den körperlichen Sachen kann die Wertschätzung für bestimmte Objekte hohe Differenzen aufzeigen. Ein Oldtimer, der für einen Sammler unschätzbaren Wert hat, ist für den Pragmatiker einfach nur ein altes Auto. Die virtuellen Sachen sind auch keine Persönlichkeitsrechte, denn sie sind nicht der Person des Nutzers anhaftende Merkmale. Unproblematisch ist, dass die virtuellen Sachen nur in der virtuellen Welt wahrnehmbar sind.[274] Die Abhängigkeit im Bestand vom Willen des Betreibers kann nicht die Fähigkeit der virtuellen Sachen beeinträchtigen, Bezugspunkt von Rechten zu sein.[275] **145**

**aa) Virtuelle Sachen analog § 90 BGB.** Einige wollen auf die virtuellen Gegenstände die für körperliche bewegliche Sachen geltenden Vorschriften entsprechend anwen- **146**

---

der Literatur ist das Problem bisher nicht sehr breit diskutiert. Zum Ganzen jetzt aber *Berberich*, der die verschiedenen Lösungsansätze aufzeigt (82 ff) und eingehend analysiert (114 ff) und *Gantert* 16 ff. In China gibt es dagegen schon reale Auseinandersetzungen um virtuelle Gegenstände. Dort hat ein Spieler gegen den Betreiber einer Spieleplattform nach dem Verlust seiner Figur durch einen Hacker, welcher einen Fehler des Betreibers ausnutzte, erfolgreich auf Wiederherstellung „seiner" Figur geklagt. Das Gericht sprach dem Spieler die Eigentumsrechte an seiner Figur zu, vgl edition.cnn.com/2003/TECH/fun.games/12/19/china.gamer.reut/. Mit einer Übertragung

auf deutsche Terminologie sollte man indes vorsichtig sein, da China einen völlig anderen Eigentumsbegriff zugrunde legt.

267 Darauf weist *Festinger* 103 hin.
268 *Krasemann* MMR 2006, 351.
269 Palandt/*Ellenberger* § 90 BGB Rn 2.
270 Ganz hM vgl *Rippert/Weimer* ZUM 2007, 272.
271 So auch *Lober/Weber* MMR 2005, 653, 255.
272 Vgl die gleichgelagerte Problematik bei Figuren Rn 159.
273 *Wemmer/Bodensiek* K&R 2004, 432, 436.
274 *Lober/Weber* MMR 2005, 653, 655.
275 *Lober/Weber* MMR 2005, 653, 655.

den.[276] Sie beziehen sich auf die weitgehende Gleichartigkeit der virtuellen Sachen hinsichtlich der Übertragungsmöglichkeiten und der Beherrschung. Es sei offensichtlich, dass die Verkehrsanschauung den virtuellen Sachen keine Körperlichkeit iSd § 90 BGB zukommen lasse. Andererseits stünde der Verkehr den virtuellen Sachen als Handelsware offen gegenüber. Die nicht vorhandene Körperlichkeit sei somit für die Käufer und Verkäufer von virtuellen Gegenständen kein praktisches Problem. Diese Wertung dürfe das Recht nicht ignorieren.

**147**  Für diese Sicht spricht die wahrnehmbare virtuelle Sachqualität. Bis auf die Körperlichkeit teilen sich die virtuellen Sachen die meisten Eigenschaften mit den körperlichen Sachen. Die für das Sachenrecht des BGB wesentliche Differenzierung zwischen Mobilien und Immobilien erscheint für die virtuelle Welt entbehrlich. Die besondere Behandlung der Grundstücke in der realen Welt basiert unter anderem darauf, dass die Erdoberfläche endlich ist. Diese Beschränkung besteht in der virtuellen Welt nicht. Sie ist theoretisch unbegrenzt.

**148**  **bb) Schlichtes Dateneigentum.** Nicht der Bezug und die Handhabung in der virtuellen Welt sind für eine Beurteilung maßgebend, sondern die reale Entsprechung. Die Verkehrsanschauung muss zwar berücksichtigt werden, ist jedoch nicht das einzige Zuordnungskriterium.

**149**  Bezugspunkt bei virtuellen Sachen kann nicht die in der virtuellen Welt wahrnehmbare virtuelle Sachqualität sein, sondern die reale Anknüpfung. Dies sind die zugrundeliegenden digitalen Daten. Jede virtuelle Sache wird durch einen sie definierenden Datensatz im Serversystem dargestellt. Diese Daten sind nicht Teil der Software, da sie keinen ausführbaren Code enthalten. Sie stellen einen durch die Spielesoftware auswertbaren Datensatz dar. Mit der virtuellen Sache selbst haben diese digitalen Daten die fehlende Körperlichkeit gemeinsam. Bezugspunkt der Inhaberschaft einer virtuellen Sache ist daher die Rechtsmacht über die real vorliegenden Daten. Das besondere an diesen Daten ist ihre Schlichtheit und gleichzeitig doch ihr Wert. In Abgrenzung zu anderen durch das Recht geregelten Daten, geht es weder um Immaterialgüterrechte noch persönlichkeitsbezogene Daten.

**150**  Das Zivilrecht bietet keinen ausdrücklichen Ansatzpunkt für die Zuordnung solcher **schlichten Daten**.[277] Dabei handelt es sich nicht, wie teilweise undifferenziert behauptet wird, um Teile von Software.[278] Der Programmbegriff umfasst gerade nicht die reinen Daten. Ein virtueller Gegenstand ist eine Summe von digitalen Parametern, aus denen die Steuerungssoftware mit Hilfe verschiedener Ausgaberoutinen in einer virtuellen Welt die Darstellung eines Gegenstandes bewirkt. Die Eigenschaften dieses virtuellen Gegenstandes sind durch Datensätze vollständig beschrieben und werden durch Programme lediglich ausgewertet. Vergleichbar sind die tatsächliche Beschaffenheit und die rechtlichen Interessen bei etwa mp3-Dateien oder digitalen Fotos[279], die nicht lokal, sondern auf einem Serverlaufwerk abgespeichert sind. Durch eine Software werden sie angezeigt, aber es handelt sich um reine Daten. Unabhängig von

---

**276** *Lober/Weber* MMR 2005, 653, 654 f; zust *Geis/Geis* CR 2007, 721; das gleiche Ergebnis verschiedener Auffassungen betonend *Wemmer/Bodensiek* K&R 2004, 432, 435; aA *Krasemann* MMR 2006, 351.
**277** Zum Schadensersatz bei Datenverlust BGH NJW 2009, 1066.

**278** *Koch, P* JurPC Web-Dok 57/2006, Abs 14.
**279** Es schließen sich inbesondere bei der Speicherung auf Internetlaufwerken interessante Fragestellungen an, ob die Beeinträchtigung der abgelegten Daten des Nutzers nur schuldrechtliche Ansprüche oder auch dingliche Ansprüche auslösen kann.

Michael Kauert

der immaterialgüterrechtlichen Bewertung des Inhalts „gehören" diese Daten demjenigen, der sie dort abgelegt hat. Ein nicht urheberrechtsfähiger Text in Dateiform gehört grds demjenigen, der ihn auf „seinem" Internetspeicherlaufwerk abgespeichert hat. Fraglich ist dies bei nicht rechtmäßigem Verschaffen der Textdatei, jedoch ist die Textdatei wie auch körperliches Diebesgut zunächst im Besitz des Diebes. Die fortschreitende Digitalisierung schafft Probleme, die es in der körperlichen Welt nicht gibt. Der Verfasser eines urheberrechtlich nicht geschützten Briefes kann andere durch Wegschließen des Briefes vom Zugriff kraft seines Eigentums am Papier ausschließen. Diese Möglichkeit muss auch im digitalen Kontext gegeben sein. Nach der hier vertretenen **Theorie vom schlichten Dateneigentum**[280] und schlichten Datenbesitz müssen hinsichtlich digitaler Daten unabhängig von einer etwaigen immaterialgüterrechtlichen Sonderbehandlung des Inhalts die Daten selbst eindeutig zugeordnet werden können. Betrachtet wird also nicht der darstellbare oder immaterialgüterrechtliche Inhalt digitaler Daten, sondern die Zugehörigkeit der Daten an sich zur Rechtssphäre einer Person. Die Daten selbst sind vermögenswerte Gegenstände[281] und fallen somit unter den Schutz der Eigentumsgarantie aus Art 14 GG. Unabhängig vom zivilrechtlichen Eigentumsbegriff wird von Art 14 GG jede konkrete vermögenswerte Rechtsposition geschützt.[282]

Eine solche Betrachtungsweise kommt den Bedürfnissen der virtuellen Eigentümer **151** nach. Der **virtuelle Eigentümer** eines magischen Schwertes möchte nicht kraft eines Sonderschutzes andere vom Besitz eines ebensolchen Schwertes abhalten oder Lizenzgebühren einnehmen, sondern nur sein Schwert als vermögenswerten Gegenstand von der Rechtsordnung geschützt sehen. Somit unterscheidet ihn nichts vom Besitzer eines Serien-Kfz, der ebenfalls nur sein konkretes Kfz vor dem Zugriff Dritter abhalten möchte und zB nicht den Erwerb eines gleichartigen Fahrzeugs durch Dritte unterbinden möchte. Der **sachenrechtliche Typenzwang** verbietet einerseits die Schaffung neuer absoluter Rechte. Andererseits muss der Praktiker auftauchende Probleme und Streitigkeiten auch dann lösen, wenn das Gesetz dafür (noch) keine zufriedenstellende Konstruktion vorweisen kann.

Die Anknüpfung an real vorhandene auf den Server-Speichersystemen abgelegte **152** Daten erleichtert auch die Vollstreckung nach einer Klage auf Herausgabe. Die Vollstreckung kann sich nicht auf eine virtuelle Sache in einer virtuellen Welt beziehen, sondern auf reale Daten im Speichersystem des Servers.

Virtuelle Gegenstände beziehen ihren Rechtscharakter daher aus dem Rechts- **153** charakter der ihnen zugrundeliegenden Daten.

c) **Übertragung der Items.** Hinsichtlich der Übertragung von virtuellen Sachen **154** kommt es auf eine Übertragung dieser Daten an. Problematisch dabei ist, dass es anders als in der körperlichen Welt nicht zu einer echten Übertragung kommt. Rein technisch werden die Daten beim einen Nutzer gelöscht werden und beim anderen ein neuer Datensatz angelegt. Andererseits werden die konkreten Informationen die virtuelle Sache betreffend übertragen. Insofern kann nach der Verkehrsanschauung und

---

280 Eine ähnl Auffassung vertritt auch *Berberich* (299 f, 463 f) die diese Daten als sonstiges Recht iSd § 823 Abs 1 BGB versteht; *Rippert/Weimer* ZUM 2007, 272, 275 sprechen von einem immaterialgüterrechtsähnlichem Schutz.

281 *Koch, P* JurPC Web-Dok 57/2006, Abs 50 ff; *Lober/Weber* MMR 2005, 653, 655.
282 Jarass/Pieroth/*Jarass* Art 14 GG Rn 6.

einer technischen Gesamtbetrachtung von einer Übertragung der Daten des betreffenden virtuellen Gegenstands ausgegangen werden.

**155**     Der Betreiber kann durch Spielregeln frei festlegen, wie mit virtuellen Spielgegenständen im Spiel zu verfahren ist. Grds müssen alle Übertragungsformen gelten, die der Betreiber im Rahmen des Spiels zulässt. Wenn es im Rahmen der Regeln ist, kann dies also eine freie Übergabe eines Gegenstandes im Rahmen eines Handels sein. Jedoch kann auch virtueller Raub eine im Spiel erlaubte Möglichkeit sein, an einen begehrten Gegenstand zu gelangen.

**156**     Es kann somit **kein Typenzwang** wie im Recht der körperlichen Sachen bestehen. Die freie Schaffung von Übertragungsmöglichkeiten verbietet es jedoch nicht, eine Grundregel der Übertragung von virtuellen Sachen aufzustellen. Man könnte § 929 S 1 BGB insoweit analog anwenden.[283] Nach anderer Auffassung erfolgt die Rechtseinräumung durch Abtretungsvertrag nach § 31 UrhG iVm §§ 398, 413 BGB.[284] Im Hinblick auf die Typenfreiheit im Spiel ist bei der Prüfung allerdings zu beachten, dass eine Nichteinhaltung der Voraussetzungen nicht auch notwendig zu einer erfolglosen Übertragung führt. Insoweit kann nur gelten, dass jedenfalls die Erfüllung der Voraussetzungen des § 929 S 1 BGB (Einigung, Übergabe, Berechtigung des Veräußerers) zu einer wirksamen Übertragung des schlichten Dateneigentums führt. Bei der Verschaffung des schlichten Datenbesitzes durch einen scheinbar zur Veräußerung Berechtigten führt der gute Glaube (§ 932 BGB) des Erwerbers an die Eigentümerstellung des Veräußerers zum gutgläubigen Erwerb. Von der Eigentümerstellung darf der Erwerber idR ausgehen, wenn der Veräußerer die Zugangsdaten für die virtuellen Gegenstände kennt.

**157**     Ein Schutz der Items über das **Markenrecht, Geschmacksmusterrecht** oder **Urheberrecht**[285] kommt wegen des Grundsatzes der **Erschöpfung** zum Schutz der Verkehrsfähigkeit (§§ 17 UrhG, 24 MarkenG) grds nicht in Betracht.[286] Auch herkömmliche körperliche Sachen können vor allem wegen des Grundsatzes der Erschöpfung nach dem erstmaligen rechtmäßigen Inverkehrbringen frei gehandelt werden.

**158**     **d) Handel mit Figuren (Accounts).** Figuren (Avatare) in virtuellen Welten sind grds **Rechtsobjekte**. Sie sind Gegenstände und keine Personen. Einer Figur stehen damit keine Schutzmöglichkeiten zu, die gerade aus der Persönlichkeit des Individuums erwachsen. Avatare besitzen daher kein **allgemeines Persönlichkeitsrecht**, kein **Recht am eigenen Bild** und kein **Namensrecht**.[287] Diese Rechte können nur verletzt sein, wenn die Rechte der dahinterstehenden realen Person berührt werden.

**159**     Auch wenn die Figuren die Anforderungen an Sonderschutzrechte erfüllen, stehen diese Rechte zumeist den Betreibern als Erschaffer zu. Etwas anderes kann dann gelten, wenn die konkrete Ausprägung der Figur durch den Nutzer in der Art frei gestaltet werden kann, dass er selbst eine von Vorgaben der Betreiber unabhängige Gestaltung der Figuren kreieren kann.[288] Infolgedessen könnten die Figuren oder Gegenstände **urheberrechtlichen Schutz** erlangen und der Spieler als Urheber die benötigten Rechte ausschließlich einem Anderen einräumen. Zu beachten ist, dass nach

---

**283** *Berberich* 466; *Lober/Weber* MMR 2005, 653, 656.
**284** *Diegmann/Kuntz* NJW 2010, 561, 562.
**285** Vgl *Berberich* 339.
**286** Vgl dazu *Lober/Weber* MMR 2005, 653, 657 ff.

**287** *Geis/Geis* CR 2007, 721, 724.
**288** Solche Möglichkeiten sind in der virtuellen Welt etwa von SecondLife gegeben.

         Michael Kauert

der urheberrechtlichen Systematik die Rechte an den Figuren nicht übertragen werden können (§ 29 Abs 1 UrhG). Es besteht nur die Möglichkeit ausschließliche Nutzungsrechte daran einzuräumen. In der Realität werden dem Nutzer mangels der erforderlichen Schöpfungshöhe kaum Urheberrechte an der Figur entstehen.[289] Die meisten Spiele bieten derartig weitgehende Gestaltungsmöglichkeiten der Figuren und Gegenstände nicht an, sondern beschränken sich auf vorgegebene Veränderungs- und Entwicklungsmöglichkeiten der Figuren. Lediglich etwas Personalisierung durch Farbgebung, Logos und Namen oder auch eigene Töne werden gewährt.

Unabhängig von einem bestehenden **Sonderschutz** kommt hinsichtlich der Charaktere die **schlichte Dateneigenschaft** in Frage.[290] Eine Besonderheit bei der Übertragung von Charakteren ist die Bindung des Charakters an den **Account**. Der Account basiert wiederum auf einer schuldrechtlichen Vereinbarung zwischen Nutzer und Plattformbetreiber.[291] Ein Wechsel des Vertragspartners durch eine gesetzlich nicht geregelte **Vertragsübernahme** kommt regelmäßig nicht ohne Zustimmung des anderen Vertragspartners zustande.[292] Die Notwendigkeit der Zustimmung im Einzelfall hängt wiederum von den konkreten Vertragsbedingungen und dem zugrundeliegenden Zahlungsmodell ab. Einen Zwang zur Zustimmung gibt es grds nicht. Ihre Verweigerung ist eine zulässige Form der **Privatautonomie** und grds kein Verstoß gegen Treu und Glauben.[293] **160**

Bei vorausbezahlten Ratenzahlungsmodellen (**prepaid**) hat der Plattformanbieter allerdings kein schützenswertes Interesse an der Bonität seines Vertragspartners, da der Vertrag sich regelmäßig und nur dann erneuert, wenn der Nutzer weiteres Entgelt im Voraus entrichtet. Ist die Account-Nutzung nicht mehr von weiteren Zahlungen abhängig und mit dem Kauf des Original-Datenträgers abgegolten, besteht ebenfalls kein schützenswertes Interesse des Anbieters, die Verkehrsfähigkeit des Datenträgers durch die enthaltende Online-Nutzungsmöglichkeit einzuschränken. Der Anbieter hat nämlich auch beim Ersterwerb keinen Einfluss auf den Erwerber. Anderenfalls wäre der Grundsatz der Erschöpfung bzgl des Datenträgers leicht zu umgehen. Über die Möglichkeit der Zustimmungsverweigerung kann der Plattformbetreiber die weitere Verwertung seiner in Umlauf gebrachten Datenträger jederzeit kontrollieren. Verfügungsverbote in Nutzungsbedingungen sind meist wegen unwirksamer Einbindung[294] oder wegen § 137 S 1 BGB unwirksam. Weiterhin spricht die wirtschaftliche Interessenlage gegen eine Unterstellung der Verweigerung der Zustimmung. **161**

Unabhängig davon, ob die erschaffenen Gegenstände schutzrechtsfähig sind oder nicht, gewährt der zB Betreiber von SecondLife dem Nutzer die volle Verfügungsfreiheit über die geschaffenen Gegenstände. Dies unterscheidet SecondLife von den herkömmlichen Spielen, deren Betreiber in erster Linie das Spiel ermöglichen wollen und Übertragungen von Items eher kritisch gegenüberstehen. Die wirtschaftliche Ausrichtung des SecondLife-Paralleluniversums zeigt sich hier deutlich. **162**

e) **Schuldrechtliche Gestaltung.** In den allermeisten Fällen wird hinsichtlich der Items und Charaktere ein Kaufvertrag gem §§ 433, 453 BGB, seltener auch Tausch, Schenkung, Miete oder Leihe in Frage kommen. Mangels der Sachqualität kommt ein Rechtskauf in Frage, der nicht nur für gesetzlich anerkannte Rechte sondern auch für **163**

---

289 So auch *Geis/Geis* CR 2007, 721, 724.
290 Vgl Rn 148 ff.
291 *Wemmer/Bodensiek* K&R 2004, 432, 434.

292 BGHZ 96, 302.
293 So jetzt auch BGH NJW 2010, 2661 – Half Life 2.
294 Vgl Rn 24 ff.

sonstige (immaterialgüterrechtliche) Gegenstände die Anwendung der Vorschriften des Sachkaufs anordnet.[295] Soweit bisher ersichtlich gibt es einen Markt für Miete noch nicht. Es ist jedoch nicht undenkbar, dass gute Spieler gegen Geld die Möglichkeit anbieten, einmal mit einem mächtigen **Avatar** zu spielen.[296] Auch wenn die Rahmenbedingungen und die rechtliche Einordnung von Avataren und Items noch in den Anfängen stecken, darf das Abstraktionsprinzip nicht außer Acht gelassen werden, sodass zwischen Verpflichtungs- und Verfügungsgeschäft zu unterscheiden ist.[297]

**164**    Mangels direkt anwendbarer Rechtsnormen kommt der privatautonomen Gestaltung der Verhältnisse durch die Parteien ein hohes Gewicht zu.[298] Hier spielt nahezu das gesamte Vertragsrecht eine Rolle, so dass hier nicht alle möglichen Probleme aufgezeigt werden können. Viele Vereinbarungen zwischen den Parteien beim **Softwarekauf** und anderen Software-bezogenen Verträgen werden durch **Nutzungsbedingungen** geregelt. Diese sind nahezu immer vorformulierte Bedingungen der Anbieter und unterliegen somit den Regeln der AGB-Kontrolle. Scheitern die Vertragsbedingungen nicht schon an der wirksamen Einbeziehung,[299] stellen Verkaufsverbote für den Erwerber in aller Regel überraschende Klauseln (§ 305c Abs 1 BGB) oder eine unangemessene Benachteiligung dar. In den seltenen Fällen eines schuldrechtlich wirksamen vertraglichen Ausschlusses sind weiterhin die Vorschriften des europäischen (Art 81, 82 EG) und deutschen Kartellrechts (§§ 1, 19, 20 GWB) zu beachten.[300]

**165**    Die Gegenleistung kann in echtem Geld aber auch durch eine Bezahlung im Spiel[301] erfolgen. Durch die quasi-Handelbarkeit von beliebigen Spielwährungen wird zum einen das Notenbankmonopol infrage gestellt. Zum anderen werden Möglichkeiten der Geldwäsche geschaffen und ein Handelsbereich eröffnet, der bisher keinerlei Kontrollbehörden unterworfen ist.[302] Die Problematik des wertvollen Spielgeldes ist erst ansatzweise erkannt. Die Schaffung von Spielgeld ist mangels Körperlichkeit keine Geldfälschung iSd § 146 StGB, denn das Tatbestandsmerkmal Geld bezieht sich auf zugelassene Zahlungsmittel in Form von Münzen oder Scheinen.[303]

**166**    **f) Wiederherstellung von virtuellen Gegenständen durch den Betreiber.** In der realen Welt kann man eine beschädigte Sache reparieren, eine zerstörte durch Neubeschaffung funktionell ersetzen. Eine echte **Wiederherstellung der Originalsache** ist nicht möglich. In den digitalen Welten ist dies lediglich vom Willen des Plattformbetreibers abhängig. Er hat die umfassende Herrschaftsmacht über seine Spielwelt. Somit kann grds jede virtuelle Sache beliebig oft wiederhergestellt oder verändert werden. Eine derartig gottgleiche Institution gibt es im herkömmlichen zivilrechtlichen Aufbau verständlicherweise nicht.

**167**    Die virtuellen Gegenstände der Teilnehmer können zB durch **technische Defekte, Regeländerungen** oder vorsätzliches bzw fahrlässiges **Fehlverhalten anderer Teil-**

---

**295** Palandt/*Weidenkaff* § 453 BGB Rn 9.
**296** Dies kann daran liegen, dass für den Vermieter erhebliche tatsächliche Risiken bestehen. Ein unerfahrener Anfänger könnte die mühsam erspielte Erfahrung des Vermieters durch unbedachtes Handeln rasch zerstören. Dabei kann es zu erheblichen Werteinbußen kommen.
**297** Unklar hinsichtlich der Zuordnung von Verpflichtungs- und Verfügungsgeschäft *Krasemann* MMR 2006, 351, 353.

**298** Zu Nebenpflichten und Mängelgewährleistung *Lober/Weber* MMR 2005, 653, 657.
**299** Vgl Rn 23 ff.
**300** Dazu *Lober/Weber* MMR 2005, 653, 659 f.
**301** Kurse von Spielwährung zu US-Dollar sind zu finden unter www.gameusd.com.
**302** Dazu *Habel* MMR 2008, 71, 72; *Lober* c't 24/2007, 88.
**303** Schönke/Schröder/*Sternberg-Lieben* § 146 StGB Rn 2.

nehmer „beschädigt" oder „zerstört" werden. Für eigene Versäumnisse und Pflichtverletzungen haftet der der Betreiber dem Nutzer grds nach § 280 BGB iVm dem Nutzungsvertrag. Mit anderen Teilnehmern hat der Nutzer in der Regel keinen Vertrag geschlossen.[304] Insoweit muss daher eine vertragliche Pflicht des Betreibers nachgewiesen werden, die dessen Einstehen für die Handlungen Dritter verlangt. Unter der Prämisse des schlichten Dateneigentums oder der analogen Anwendung der Vorschriften über das Eigentum iSd BGB wäre eine solche Haftung auch über das Deliktsrecht zu bewerkstelligen. Allen Anspruchsgrundlagen kann entgegengehalten werden, dass regelkonformes Spiel nicht zu einer Haftung führen kann. Inwieweit der Betreiber die Spielregeln ändern darf, ist eine Frage des konkreten Vertrages.

### 5. Virtuelles Hausrecht

In der realen Welt verfügt der Berechtigte einer Räumlichkeit über das Recht, **168** anderen das Betreten zu untersagen und den Zutritt zu regeln.[305] Dieses **Hausrecht** gewährt auch die Befugnis, Regeln für den Aufenthalt zu bestimmen. Das dem Herrschaftsrecht des Eigentümers/Besitzers entspringende und aus §§ 903, 858, 862, 1004 BGB und § 123 StGB hergeleitete Hausrecht kann auf andere übertragen werden oder durch andere wahrgenommen werden. Auch in virtuellen Welten bedarf es für das Zusammenkommen der Menschen regeln. Diese kann auch hier grds der Berechtigte frei aufstellen. Aufgrund der vielfältigen Überwachungspflichten setzt das Gesetz ein solches Recht gewissermaßen voraus. In virtuellen Räumen (**Foren, Chats, Computerspiele**), muss daher ebenfalls ein Hausrecht des Betreibers bestehen.[306] Der Nutzer kann solchen Regeln vertraglich ausdrücklich zustimmen. Werden die Regeln aufgrund der Bestimmungen der §§ 305 ff BGB nicht Bestandteil des Vertrages, so kann sich hinsichtlich der spezifischen hausrechtlichen Bedingungen des Betreiber eine abweichende Betrachtung ergeben. Mit dem Betreten eines fremden virtuellen Raumes erkennt der Nutzer solche Regeln des Betreibers konkludent an, welche die Rechte und Pflichten in Bezug auf die Raumnutzung selbst unmittelbar bestimmen. Die Anerkennung der Hausordnung weicht damit von sonstigen Nutzungsbestimmungen ab. Damit ist nicht automatisch ein Vertragsverhältnis zwischen den Parteien begründet.

Kraft seines Hausrechts kann der Betreiber den Nutzern nur solche Verhaltens **169** weisen untersagen mit denen diese in Bezug auf in konkrete (Vertrags-) Verhältnis vernünftigerweise rechnen mussten. Allerdings kann es keinen generellen Maßstab geben, ab wann ein Verhalten ein virtuelles Hausverbot nach sich ziehen kann. Dieser wird sich vielmehr je nach der Art des Spiels verschieben und hängt von den im Spiel allgemein anerkannten, üblichen Gepflogenheiten und Sitten ab.[307] Soweit der Spielgedanke darauf beruht, Handlungen vorzunehmen, die nach der juristischen Bewertung in der realen Welt rechtswidrig wären, kann dies nicht zum Ausschluss aus dem Spiel bzw der virtuellen Welt führen. Dies betrifft zB Karambolage-Autorennen, Ego-Shooter oder Prügelspiele. Bei der Bestimmung der Reichweite der gegenseitigen Rechte und Pflichten sind selbstverständlich weitere vertragliche Pflichten der Parteien (insb § 242 BGB) und allgemeine Vorschriften (zB § 19 AGG)[308] zu berücksichtigen. Untersagt zB

---

**304** Weiterführend *Lober/Weber* CR 2006, 837, 838 ff.
**305** BGH GRUR 2006, 249, 251.
**306** OLG Hamm MMR 2008, 175; OLG Hamburg MMR 2008, 58; OLG Köln MMR 2001,

52; LG Bonn MMR 2000, 109; *Rippert/Weimer* ZUM 2007, 272, 276; *Maume* MMR 2007, 620.
**307** *Rippert/Weimer* ZUM 2007, 272, 276.
**308** Dagegen *Maume* MMR 2007, 620, 624.

ein Betreiber dem Nutzer endgültig das Betreten einer virtuellen Welt aufgrund der **Hausordnung** ist dies zugleich eine Kündigung des Nutzungsverhältnisses.

### 6. Zivilrechtliche Haftung

**170**     Ebenso wie die Frage nach der Rechtsnatur der virtuellen Welt und ihrer Gegenstände ist auch die Frage der **Haftung** für Handlungen und Rechtsgeschäfte in der virtuellen Spielwelt bislang weder geregelt noch durch Literatur und Rechtsprechung näher ausgeformt.[309] Der Hauptgrund dafür sind in erster Linie die bislang fehlenden, ernsthaften rechtlichen Auseinandersetzungen zwischen den Beteiligten.[310]

Bei Ansprüchen des Nutzers gegen den Betreiber sind grundsätzlich die Gewährleistungsvorschriften des jeweils zugrundeliegenden Vertrages anzuwenden. Dies wird zumeist ein Kauf- oder Dienstvertrag bzw ein typengemischter Vertrag sein. Zum Teil können auch mietvertragliche Elemente hinzukommen. Schadensersatzansprüche gegen den Betreiber werden in Form der Naturalrestitution nach § 249 Abs 1 BGB idR für diesen kostengünstig erfüllbar sein, da dieser zB zerstörte virtuelle Gegenstände neu erschaffen kann.

Zwischen den Nutzern kommen beim virtuellen Handel die entsprechenden kaufrechtlichen Normen des BGB (ggf analog) zur Anwendung, soweit nicht die Besonderheiten in der virtuellen Welt dem Gedanken einer Regelung zuwider laufen. Da es sich bei virtuellen Gegenständen nicht um Sachen handelt, scheidet eine direkte Anwendung der **Sachmängelgewährleistung** aus. Es spricht jedoch nichts gegen eine analoge Anwendung.[311]

**171**     **Schadensersatzansprüche** können sich aus den genannten Vertragstypen iVm §§ 280 ff BGB sowie aus Delikt nach § 823 Abs 1 und Abs 2 BGB ergeben. Deliktische Ansprüche spielen vor allem dann eine Rolle, wenn sich zwei Nutzer gegenüberstehen, da zwischen diesen allein durch die Teilnahme an derselben virtuellen Welt noch kein Vertragsverhältnis zustande kommt. Möglicherweise ist bei bestimmten **Schutzpflichten** ein Vertrag zugunsten Dritter (dem anderen Nutzer) zwischen Nutzer und Betreiber gegeben. Die Schutzpflichten ergeben sich dann aus den AGB des Betreibers und aus ergänzender Auslegung dieses Vertragsverhältnisses.

## § 3
## Rechtsverletzungen durch Spiele

### I. Rechte Dritter

**172**     Wie bei allen audiovisuellen Medien können durch Computerspiele Rechte Dritter verletzt werden. Dazu gehören Urheber- und Leistungsschutzrechte, Geschmacksmusterrechte, Markenrechte sowie Persönlichkeitsrechte. Unter letzteres fallen insb Bildnisrechte und Namensrechte.

---

[309] Vgl den Ansatz bei *Rippert/Weimer* ZUM 2007, 272, 279.
[310] Ein Schritt in diese Richtung war der Rechtsstreit um den Zugang zu dem Computerspiel „Half Life 2"; BGH NJW 2010, 2661 – Half Life 2. Darin ging es jedoch nicht um Handlungen in der virtuellen Welt sondern um den Zugang zu dieser durch einen Nutzer, der das Spiel gebraucht erworben hatte.
[311] *Rippert/Weimer* ZUM 2007, 272, 279.

Die Verwendung fremden **urheberrechtlich geschützten Materials** in Computerspielen stellt in der Regel eine Vervielfältigung (§ 16 UrhG), Verbreitung (§ 17 UrhG) und nicht selten auch eine öffentliche Zugänglichmachung (§ 19a UrhG) oder Wiedergabe durch Bild- und Tonträger (§ 21 UrhG) dar. Die Wiedergabe fremder Werke und Gegenstände des Leistungsschutzes in Computerspielen fallen in aller Regel nicht unter das Schrankensystem nach §§ 44a ff UrhG, insb das Zitatrecht nach § 51 UrhG.

**173**

**Marken** werden insbesondere zur realistischen Darstellung von Gegenständen verwendet. Anders als bei den realen Gegenständen werden jedoch dafür nicht die vom Hersteller in Verkehr gebrachten und mit seinen Marken versehenen Produkte benutzt, sondern grafisch dargestellt. Es handelt sich auch nicht um die bloße Wiedergabe fremder Produkte durch Fotografie oder Film bzw Video, sog **Markennennung**.[312] Die Markenrechte der Hersteller werden daher grds verletzt.[313] Anderseits ist nach der Wertung der **Opel-Logo-Entscheidung des EuGH**[314] besonders auf die Feststellung der markenmäßigen Benutzung zu achten. Selbst und gerade durch die detaillierte Nachbildung auch der Markenzeichen von Automobilherstellern werden nach dem EuGH nicht die Rechte der Inhaber verletzt. Die beteiligten Verkehrskreise erwarteten gerade eine möglichst realistische Nachbildung in dem vollen Bewusstsein, dass der Nachbildende eben nicht der Markeninhaber ist. Diese Wertung ist auf andere auf Genauigkeit ausgelegte Nachbildungen und insbesondere auf Simulationsspiele zu übertragen.[315] Ein Computerspiel mit Simulationscharakter gilt den Nutzern als besonders hochwertig, wenn die Realität so weit wie technisch möglich nachgebildet wird. Der Spieler erwartet deshalb nicht, dass die virtuellen Nachbildungen auf die Herkunft vom Markeninhaber hinweisen. Zugpferd des Spiels darf also nicht die verwendete Marke in ihrer Herkunftsfunktion, sondern die detaillierte virtuelle Nachbildung sein. Bildet sich der Kaufanreiz gerade aus der Marke selbst, liegt eine markenmäßige Benutzung vor. Liegt kein vertragliches Verhältnis mit dem Hersteller vor, durch das im Wege des Product Placement die Ware gezielt in den Computerspielen zu Werbezwecken platziert wird, sind idR Lizenzen einzuholen, wenn nicht die Darstellung den Anspruch einer möglichst genauen Abbildung der Realität ohne markenmäßige Benutzung hat. In jedem Falle anwendbar sind die Grundsätze der Rufbeeinträchtigung und Wertschätzung einer bekannten Marke.

**174**

Die Betrachtung von Eingriffen in das **allgemeine Persönlichkeitsrecht** richtet sich nach den allgemeinen Regeln. Hinsichtlich bildlicher **Abbildungen von Personen** gelten §§ 22, 23 **KUG** und bzgl des Namens § 12 BGB.[316] Somit ist von einer dargestellten, erkennbaren Person im Spiel grds eine Einwilligung erforderlich. Das LG München I konnte keine Rechtsverletzung bei der Verwendung des (Künstler-)Namens „Bully" durch ein ebenso benanntes Computerspiel feststellen, da der Begriff für unterschiedliche Gegenstände gebraucht werde und eine Verwechselungsgefahr durch die maßgebenden Verkehrskreise nicht bestehe.[317]

**175**

---

312 Vgl hierzu *Ingerl/Rohnke* § 14 MarkenG Rn 310 ff.
313 Vgl dazu *Zagouras/Körber* WRP 2006, 680, 688 ff.
314 EuGH GRUR 2007, 318 – Opel-Logo.
315 So schon *Anschütz/Nägele* WRP 1998, 937, 944; ausf *Körber/Lee* WRP 2007, 609, 612 ff.

316 Spezifisch zum Bildnisschutz in Computerspielen *Zagouras/Körber* WRP 2006, 680, 682. Vgl auch OLG Hamburg ZUM 2004, 309 – Oliver Kahn; dazu *Gauß* GRUR Int 2004, 558; *Schmid-Petersen* SpuRt 2004, 248; *Lober/Weber* ZUM 2003, 658.
317 LG München I ZUM 2009, 168 – Bully.

## II. Virtuelle Straftaten in Computerspielen?

**176**     Die Virtualität der Spielwelten setzt dem auf die reale Welt zugeschnittenen Strafrecht deutliche Grenzen.[318] Die Zerstörung von virtuellen Gegenständen kann nicht gem § 303 StGB wegen Sachbeschädigung geahndet werden, da eine Sache iSd Tatbestandes nicht vorliegt. Dennoch werden echte materielle Werte vernichtet, in die der Spieler möglicherweise viel Zeit und Geld investiert hat. Problematisch für die Anwendung des Strafrechts als hoheitlichem Recht sind die Spielnatur und die Virtualität der Spiele. Grds zieht ein Spiel keinerlei Folgen in der realen Welt nach sich. Werden die Grenzen zwischen Spielwelt und echter Welt derart miteinander vermengt, dass zB Spielgeld und reales Geld zu bestimmten Kursen getauscht werden kann, sind strafrechtlich relevante Absichten nicht fern. Problematisch für die Auslegung der einschlägigen Tatbestände ist die Hoheit des Spielbetreibers über seine Welt. Er kann Regeln und Grenzen weitgehend frei bestimmen. Ist es Ziel des Spiels, fremde Reiche und Besitztümer zu stehlen oder zu zerstören, kann dies nicht mit Hilfe des Strafrechts konterkariert werden. Über die Tatbestände zum Schutz von Daten ist ein Handeln in Spielwelten nicht sinnvoll erfassbar. Das Erobern und Zerstören feindlicher Gegenstände gehört bei vielen Spielen zur Grundidee. Wie in der realen Welt hört der Spaß bei Geld schnell auf.[319] Dafür existieren bislang keinerlei Regeln oder Kontrollmechanismen. Während der Kommunikation im Spiel können vor allem Straftaten gegen die Ehre eine Rolle spielen. Weiterhin müssen sich die Darstellungen und Handlungen im Spiel an den §§ 86, 86a;[320] 130; 131; 177 ff; 184; 201 ff; 240; 253; 263 ff StGB messen.[321]

## III. Jugendschutzrecht

**177**     Die eingangs erwähnte Killerspiel-Debatte sorgt de lege ferenda für viel Zündstoff.[322] **Killerspiele** werden nach Gewaltexzessen geächtet, obwohl zB im Falle des Erfurter Schulmassakers der Schüler das umstrittene Spiel Counterstrike gar nicht installiert gehabt haben soll. Die Diskussion lässt leider wissenschaftliche Fakten weitgehend vermissen und basiert hauptsächlich auf persönlichen Meinungen, Thesen, Erwartungshaltungen und Reaktionismus.[323] Es besteht enormer Bedarf an gesicherter Grundlagenforschung und belastbaren Beweisen.[324] Deutlichere Kausalzusammenhänge sind beim Suchtverhalten von Jugendlichen zu beobachten, jedoch handelt es sich bei den betreffenden Spielen gerade nicht um Ego-Shooter, sondern um Online-Rollenspiele. In China soll deshalb gegen die Spielsucht von Jugendlichen ein zeitliches Begrenzungssystem in die Spiele integriert werden.[325] Unklar ist die oft unter-

---

**318** *Ernst* NJW 2009, 1320.
**319** Vgl *Stöcker* spiegel-online.
**320** Zur Verwendung von verfassungsfeindlichen Kennzeichen, insb Hakenkreuzen in Computerspielen vgl *Liesching* MMR 2010, 309.
**321** Dazu *Rippert/Weimer* ZUM 2007, 272, 280 f; *Krasemann* MMR 2006, 351, 354 ff; zur virtuellen Kinderpornografie *Ritlewski* K&R 2008, 94; *Hopf/Braml* ZUM 2007, 354.
**322** Beachte hierzu die Ergänzung des § 15 Abs 2 JuSchG um eine Nr 3a, die Trägermedien verbietet, die „besonders realistische, grausame

und reißerische Darstellungen selbstzweckhafter Gewalt beinhalten, die das Geschehen beherrschen", vgl BT-Drucks 16/4707; *Erdemir* K&R 2008, 223, 226 f.
**323** Zu den spärlichen wissenschaftlichen Grundlagen *Lober* CR 2002, 397, 398 f.
**324** *Höynck/Pfeiffer* ZRP 2007, 91, 94.
**325** www.4players.de/4players.php/ spielinfonews/PC-CDROM/3933/64158/ Allgemein.html und english.people.com.cn/ 200704/10/eng20070410_364977.html.

schiedliche Bewertung von Computerspielen im Verhältnis zu „alten Medien" wie Filmen, obwohl die Inhalte und Produktionsstrukturen seit Jahren annähern und konvergieren. Auf diesen Themenkomplex kann in voller Breite hier nicht weiter eingegangen werden.[326]

Nach dem **JuSchG**[327] müssen alle auf dem **Datenträger** enthaltenen Inhalte der **178** inhaltlichen Überprüfung nach §§ 12, 14 JuSchG standhalten.[328] Dies gilt somit für Menüs, Spielgeschehen, Werbung und auch versteckte Funktionen.[329] Dem Vertrieb auf einem Datenträger gleichgestellt ist die elektronische Verbreitung, § 1 Abs 2 S 2 JuSchG. Ungeprüfte Spiele dürfen weder in Ladengeschäften noch im Versandhandel Kindern und Jugendlichen zugänglich gemacht werden (§ 12 Abs 3 JuSchG). Die Prüfungen von Computerspielen werden derzeit von der **USK** durchgeführt. Die Grundlage dafür bietet § 14 Abs 6 JuSchG.[330] Über die Aufnahme in die Liste jugendgefährdender Trägermedien (§ 24 JuSchG), sog **Indizierung**, entscheidet auf Antrag (§ 21 Abs 1 JuSchG) die Bundesprüfstelle. In besonders eiligen Fällen besteht die Möglichkeit eines vereinfachten Verfahrens (§ 23 JuSchG). Für indizierte Datenträger gelten enge Voraussetzung bzgl Vertrieb und Werbung (§ 15 JuSchG). Regelmäßig erlischt die Indizierung erst nach 25 Jahren (§ 18 Abs 7 S 2 JuSchG), kann jedoch nach 10 Jahren von Amts wegen gestrichen werden (§ 23 Abs 4 JuSchG), sowie auf Antrag wenn die Voraussetzungen der Indizierung nicht mehr vorliegen (§ 18 Abs 7 S 1 JuSchG).[331]

Schwieriger ist die rechtliche Bewertung von Computerspielen im Bereich des **179** Jugendschutzes für Spiele, die online gespielt werden oder Inhalte online nachladen, da das JuSchG grundsätzlich an einen Datenträger bzw. die gleichgestellte elektronische Verbreitung anknüpft.[332] Für den Bereich der datenträgerlosen Telemedien gilt hingegen der Jugendmedienschutz-Staatsvertrag (**JMStV**). Eine Zuordnung von Computerspielen mit Online-Inhalten hat der Gesetzgeber nicht vorgenommen. Reine Client-Spiele, die zwar auf einem Datenträger oder elektronisch vertrieben werden, jedoch ohne eine dauerhafte Online-Verbindung keinen nutzbaren Inhalt bieten, dürfte das JuSchG nicht anwendbar sein. Es kommt hierbei jedoch nicht (allein) darauf an, ob nur das Spiel ausschließlich online gespielt werden kann. Bereits die Menüs, Intro-Sequenzen oder Demos auf dem Datenträger machen eine jugendschutzrechtliche Vorabprüfung durch die USK notwendig.[333] Für Online-Inhalte, die nicht vom JuSchG erfasst werden, existiert grundsätzlich kein vorheriges Freigabeverfahren. Nach dem JMStV-Entwurf[334] bestünde allerdings für den Anbieter von Telemedien nach § 5 Abs 2 JMStV die Möglichkeit, die Alterseinstufung für ein Online-Angebot vorab freiwillig von der USK überprüfen zu lassen. Spieleherstellern ist dies zur Minimierung des Risikos späterer Verbote dringend zu empfehlen. Allerdings erwächst diese freiwillige Prüfung nicht in Bestandskraft, sodass ein späteres Verbot des unveränderten Spiel dennoch rechtlich möglich wäre. Dafür wäre dann aber aus Vertrauensschutz-

---

[326] Vgl hierzu die vielfältigen Beiträge in *Zimmermann/Geißler.*

[327] Zur alten Rechtslage nach GjSM *Lober* CR 2002, 397.

[328] Zur Trennung von Datenträgern und Telemediendiensten vgl Rn 100 ff.

[329] Inbesondere die Möglichkeit per „geheimer" Tastenkombination besonders gewalthaltige Effekte einzuschalten.

[330] Krit dazu *Höynck/Pfeiffer* ZRP 2007, 91,

92 f. Daten zur Alterskennzeichnung unter www.usk.de.

[331] Zu veralteten Indizierungen *Köhne* MMR 2003 Heft 4, XIV.

[332] Hierzu *Baumann/Hofmann* ZUM 2010, 863.

[333] Dies berücksichtigen *Baumann/Hofmann* ZUM 2010, 863 nicht.

[334] Vgl hierzu *Braml/Hopf* ZUM 2010, 645.

gesichtspunkten eine besonders tiefgreifende Begründung unter Darlegung der Gründe für eine nunmehr abweichende Beurteilung erforderlich. Die Rechtsfolgen bei Verstößen gegen die Vorgaben des JMStV ergeben sich aus den §§ 4 und 5 JMStV.[335]

**180** Klagen gegen die **Indizierung** von Spielen sind nur selten sinnvoll, da nach einer rechtskräftigen Hauptsacheentscheidung, die etwa 4–6 Jahre durch die Instanzen braucht, das Spiel am Markt keinerlei Bedeutung mehr hat. Oft ist nicht einmal mehr die ursprüngliche Plattform verfügbar. Den Hauptumsatz machen Computerspiele in den ersten beiden Monaten nach Erscheinen. Eine aufschiebende Wirkung von Klagen schließt § 25 Abs 4 JuSchG aus.[336] Dagegen kann zwar im Wege des vorläufigen Rechtsschutzes aus § 80 Abs 5 VwGO vorgegangen werden, jedoch wird der Jugendschutz idR die höheren Interessen vorweisen können. Daher wirkt es sich so aus, dass der **Bundesprüfstelle** im Hinblick auf das Recht auf rechtliches Gehör nach Art 19 Abs 4 GG relativ viel Macht verliehen wird.[337] Den Entwicklern ist somit zu raten sich nicht zu sehr darauf zu verlassen, dass man die eigene Rechtsauffassung in kalkulierbarer Zeit vor Gericht durchsetzen kann. Daher sind schon vor der Einstufung durch die **USK** Sondierungsgespräche notwendig.[338] Angesichts der Kontrolldichte kann von einem schwachen Jugendschutzrecht nicht gesprochen werden. Mehr Probleme bereitet eher die Machtlosigkeit gegenüber der Umgehung des Jugendschutzrechtes durch Tauschbörsennutzung.

**181** In Deutschland werden **Internet-Cafés** seltener als in anderen Ländern zum exzessiven Spielen genutzt. Dennoch ist das öffentliche Anbieten von Spielen nicht ungefährlich für die Betreiber.[339] Auch die Betreiber von öffentlichen und privaten **LAN-Partys** kommen sowohl mit dem Urheberrecht als auch mit dem Jugendschutzrecht und Gewerberecht in Kontakt.[340]

---

**335** *Baumann/Hofmann* ZUM 2010, 863, 868 ff.
**336** Dagegen kann zwar im Wege des vorläufigen Rechtsschutzes aus § 80 Abs 5 VwGO vorgegangen werden, jedoch wird der Jugendschutz idR die höheren Interessen vorweisen können.
**337** So auch *Lober* CR 2002, 397, 406, der einen finanziellen Ausgleichsanspruch bei rechtswidriger Entscheidung befürwortet.

**338** AA *Höynck/Pfeiffer* ZRP 2007, 91, 93, die gerade diese vorherigen Verhandlungen in der Entwicklungsphase für einen Interessenkonflikt halten.
**339** Dazu *Liesching* NVwZ 2005, 898; *Liesching/Knupfer* MMR 2003, 439; *Lober* MMR 2002, 730; vgl auch BVerwG CR 2005, 594 – Internet-Café als Spielhalle.
**340** Eingehend *Mielke* c't 12/2006, 200.

Michael Kauert

# Kapitel 6

# Verlagsrecht

**Literatur**

*Baumbach/Hopt* HGB, 34. Aufl München 2010 (zit Baumbach/Hopt/*Bearbeiter*); *Berking* Die Unterscheidung von Inhalt und Form im Urheberrecht, Baden-Baden 2002; *Blanke/Kitz* Grenzüberschreitende Buchpreisbindung und Europäisches Gemeinschaftsrecht JZ 2000, 118; *Blömeke/Clement/Mahmudova/Sambeth* Status quo der betriebswirtschaftlichen Erfolgsforschung bei Büchern M&K 2007, 412; *Börsenverein des Deutschen Buchhandels* Buchhandlungen und Neue Medien – Chancen, Visionen und Handlungskonzepte für den stationären Buchhandel aus Sicht strategischer Zielgruppen, Frankfurt aM 2006 (zit *Börsenverein* Neue Medien); *ders* Buch und Buchhandel in Zahlen 2010, Frankfurt aM 2010 (zit *Börsenverein* Buch und Buchhandel); *ders* Branchenbarometer Elektronisches Publizieren, Frankfurt aM 2007 (zit *Börsenverein* Branchenbarometer Elektronisches Publizieren); *ders* Report zur Branchenumfrage unter Hörbuchverlagen, Frankfurt aM 2006 (zit *Börsenverein* Branchenumfrage Hörbuch); *ders* Stellungnahme zur Preisbindung von E-Books Frankfurt 2008; *Delp* Der Verlagsvertrag, 8. Aufl München 2008 (zit *Delp* Verlagsvertrag); *ders* Kleines Praktikum für Urheber- und Verlagsrecht, 5. Aufl München 2005 (zit *Delp* Praktikum); *Dernbach/Roth* Literalität des Alltags: Von Scannern, Gehern und Direkteinsteigern M&K 2007, 24; *Dreier/Schulze* Urheberrechtsgesetz, 3. Aufl München 2008 (zit Dreier/Schulze/*Bearbeiter*); *Dreyer/Kotthoff/Meckel* Heidelberger Kommentar zum Urheberrecht, 2. Aufl Heidelberg 2008 (zit Dreyer/Kotthoff/Meckel/*Bearbeiter*); *von Eimeren/Frees* ARD/ZDF-Online-Studie 2007 – Internetnutzung zwischen Pragmatismus und YouTube-Euphorie Media Perspektiven 2007, 362; *Foerste* Die Produkthaftung für Druckwerke NJW 1991, 1433; *Franzen/Wallenfels/Russ* Preisbindungsgesetz – Die Preisbindung des Buchhandels, 5. Aufl München 2006; *Freytag/Gerlinger* Kombinationsangebote im Pressemarkt WRP 2004, 537; *Fromm/Nordemann* Urheberrecht, 10. Aufl Stuttgart 2008 (zit Fromm/Nordemann/*Bearbeiter*); *Fuhrmann/Wallenfels* Arbeitsbericht 2010 der Preisbindungstreuhänder, Wiesbaden 2010; *von Gamm* Der verlagsrechtliche Bestellvertrag GRUR 1980, 531; *Gergen* Zur Auswertungspflicht des Verlegers bei Übersetzungsverträgen NJW 2005, 569; *Gerhards/Mende* ARD/ZDF-Online-Studie 2007 – Offliner 2007 Media Perspektiven 2007, 379; *Goltz* Verramschen und Makulieren beim Verlagsvertrag, in: Jagenburg/Maier-Reimer/Verhoeven (Hrsg) FS Oppenhoff, München 1985, 101; *Gottschalk* Wettbewerbsverbote in Verlagsverträgen ZUM 2005, 359; *Grohmann* Leistungsstörungen im Musikverlagsvertrag, Jena 2006; *Haas/Trump/Gerhards/Klinger* Web 2.0: Nutzung und Nutzertypen Media Perspektiven 2007, 216; *Haupt* (Hrsg) Electronic Publishing, München 2002 (zit Haupt/*Bearbeiter*); *ders* Urheber- und verlagsrechtliche Aspekte bei der Hörbuchproduktion UFITA 2002/II, 323; *Heckmann* Zum Erfordernis der Einwilligung in eine retrospektive Digitalisierung von Printwerken zu Werbezwecken AfP 2007, 314; *Heinold/Huse* Bücher und Büchermacher, 6. Aufl Frankfurt 2009; *Höckelmann* Die Produkthaftung für Verlagserzeugnisse, Baden-Baden 1994; *Horz* Gestaltung und Durchführung von Buchverlagsverträgen, Berlin 2005; *Jungermann/Heine* Die Buchpreisbindung – elektronische Medien und der Markt für Verlagserzeugnisse CR 2000, 532; *Jessen/Meyer-Maluck/Schlück/Schlück* Literaturagentur. Erfolgreiche Zusammenarbeit Autor – Agentur – Verlag, Berlin 2006; *Junker* Die Rechte des Verfassers bei Verzug des Verlegers – Zugleich ein Beitrag zum Verhältnis des Verlagsrechts zum Bürgerlichen Recht GRUR 1988, 793; *Kitz* Anwendbarkeit urheberrechtlicher Schranken auf das E-Book MMR 2001, 727; *ders* Die Dauerschuld im Kauf – Interessen und Interessenschutz unter dem Einfluss der europäischen Privatrechtsentwicklung, Baden-Baden 2004; *ders* Die Herrschaft über Inhalt und Idee beim Sprachwerk GRUR-RR 2007, 217; *ders* The Difference Between Books and Chocolate Bars – How EC Treaty Art 151(4) Affects Community

Actions AIPLA Quarterly Journal 2004, 361; *Knaak* Der Verlagsvertrag im Bereich der Belletristik, in: Beier/Götting/Lehmann/Moufang (Hrsg) FS Schricker, München 1995, 263; *Köhler/Bornkamm* UWG Kommentar, 29. Aufl München 2011 (zit Köhler/Bornkamm/*Bearbeiter*); *Kraßer* Grundlagen des zivilrechtlichen Schutzes von Geschäfts- und Betriebsgeheimnissen sowie von Know-how GRUR 1977, 177; *Kuck* Kontrolle von Musterverträgen im Urheberrecht GRUR 2000, 285; *Larenz* Lehrbuch des Schuldrechts Bd I – Allgemeiner Teil, 14. Aufl München 1987; *von Lucius* Verlagswirtschaft, 2. Aufl Konstanz 2007; *Meder* Gottlieb Plancks Entwürfe zum Urheber- und Verlagsrecht UFITA 2010 (Heft 1), 11; *Möhring/Nicolini* Urheberrechtsgesetz, 2. Aufl München 2000 (zit Möhring/Nicolini/*Bearbeiter*); *Münchener Kommentar zum BGB* Band 2 Schuldrecht Allgemeiner Teil, 5. Aufl München 2007 (zit MüKo/*Bearbeiter*); *Nordemann* Neueinbindung von Büchern anderer Verlage ZUM 2009, 809; *H Oetker* Das Dauerschuldverhältnis und seine Beendigung, Tübingen 1994; *Piper/Ohly* UWG, 4. Aufl München 2006 (zit Piper/Ohly/*Bearbeiter*); *Palandt* Bürgerliches Gesetzbuch, 70. Aufl München 2011 (zit Palandt/*Bearbeiter*); *Pleister* Buchverlagsverträge in den Vereinigten Staaten – ein Vergleich zu Recht und Praxis Deutschlands GRUR Int 2000, 673; *Podszun* Wettbewerb im Buchhandel GRUR Int 2007, 485; *Prütting/Wegen/Weinreich* BGB, 5. Aufl Neuwied 2010 (zit Prütting/Wegen/Weinreich/*Bearbeiter*); *Rauda* Der Rückruf wegen gewandelter Überzeugung nach § 42 UrhG – vom Web 2.0 aus dem Dornröschenschlaf geweckt? GRUR 2010, 22; *Rehbinder* Urheberrecht, 16. Aufl München 2010; *Riesenhuber* Die Verwertungsgesellschaft iSv § 1 UrhWahrnG ZUM 2008, 625; *Schack* Urheber- und Urhebervertragsrecht, 5. Aufl Tübingen 2010; *Schmaus* Der E-Book-Verlagsvertrag, Baden-Baden 2002; *K Schmidt* Verbraucherbegriff und Verbrauchervertrag – Grundlagen des § 13 BGB JuS 2006, 1; *Schramm* Das Konkurrenzverbot im Verlagsvertrag UFITA Bd 64 (1972), 19; *Schricker* Verlagsrecht, 3. Aufl München 2001; *ders* Zum neuen deutschen Urhebervertragsrecht GRUR Int 2002, 797; *Schulze* Meine Rechte als Urheber, 6. Aufl München 2009; *ders* Rechtsfragen von Printmedien im Internet ZUM 2000, 432; *ders* Die Einräumung unbekannter Nutzungsrechte nach neuem Urheberrecht UFITA Bd 2007/III, 641; *Sieger* Die Literarische Agentur ZUM 1987, 541; *Spindler* Reform des Urheberrechts im „Zweiten Korb" NJW 2008, 9; *Sprang* Die Vereinbarung angemessener Vergütung in der Verlagsbranche ZUM 2010, 116; *Statistisches Bundesamt* Datenreport 2006 Bonn 2006; *Srocke* Das Abstraktionsprinzip im Urheberrecht GRUR 2008, 867; *Straus* Der Verlagsvertrag bei wissenschaftlichen Werken, in: Beier/Götting/Lehmann/Moufang (Hrsg) FS Schricker, München 1995, 291; *Waldenberger* Preisbindung bei Zeitungen und Zeitschriften: Der neue § 15 GWB NJW 2002, 2914; *Wandtke/Bullinger* Praxiskommentar zum Urheberrecht, 3. Aufl München 2009 (zit Wandtke/Bullinger/*Bearbeiter*); *Wegner/Wallenfels/Kaboth* Recht im Verlag, 2. Aufl München 2011 (zit Wegner/Wallenfels/Kaboth/*Bearbeiter*); *Wündisch* Wettbewerbsverbote im Verlagsvertrag, Berlin 2002; *Wüterich/Breucker* Wettbewerbsrechtlicher Schutz von Werbe- und Kommunikationskonzepten GRUR 2004, 389; *Zubayr/Gerhard* Tendenzen im Zuschauerverhalten Media Perspektiven 2007, 187.

## Übersicht

Volker Kitz

Volker Kitz

## § 1
### Einleitung: Das Buch im Zeitalter der neuen Medien

**1**     Inmitten der neuen Medienlandschaft hat das Buch nicht nur bis heute überlebt – was manche bezweifelt hatten. Es hat sich auch gut behauptet: Der **Umsatz der Buchbranche** stieg auch 2009 gegenüber dem Vorjahr wieder leicht an, und zwar auf € 9,7 Mrd.[1] Die Frankfurter Buchmesse erlebte in den letzten Jahren **Rekordzahlen** bei Ausstellern, Titeln und Besuchern. Jährlich erscheinen über 90.000 neue Titel in Deutschland.[2] Dies ist umso beachtlicher, als auch die Nutzung der meisten anderen Medien konsequent steigt: Die durchschnittliche tägliche Sehdauer beim Fernsehen nimmt immer noch weiter zu,[3] selbst der Teletext erfreut sich steigender Nutzerzahlen.[4] Die Zahl der Internetnutzer hat sich von 1997 bis 2010 verzwölffacht.[5]

**2**     Dass das Buch demgegenüber nicht an Zuspruch verliert, belegt anschaulich, dass es auch solche Nutzerbedürfnisse befriedigen kann, die mit den neuen Medien besonders in den Blickpunkt geraten sind und oft als revolutionär beschrieben werden: Das Buch ist erstens ein **mobiles Medium**. Während Fernsehen und Internet auf das Ziel hinarbeiten,[6] unterwegs auf jedem Mobiltelefon verfügbar zu werden, war das Buch schon immer mobil. Massenhafte Mediennutzung in der U-Bahn ist für das Fernsehen eine Vision, beflügelt von hochgesteckten Erwartungen in das Handy-TV; das Buch aber hat dieses Phänomen schon lange vorweg genommen. Das Buch ist zweitens auch in seiner klassischen gedruckten Form ein **On-Demand-Medium**: Der Nutzer bestimmt, wann, wie lange und wie oft er welchen Inhalt aus dem Buch rezipiert. Die **individuelle Nutzerauswahl** von Zeitpunkt und Inhalt wird oft als klassische Errungenschaft der neuen Medien gefeiert[7] – beim Buch hatte der Nutzer diese Möglichkeit schon immer. Schließlich bedient das Buch – drittens – ebenso wie das Internet unterschiedliche **Nutzungsmuster**:[8] Man kann es als ganzes – längeres – Werk rezipieren, man kann es ausschnittsweise lesen und von einer Stelle zur anderen „springen", und man kann Inhalt und Struktur überfliegen („scannen"). Dies gilt vor allem für Sachbücher; jedoch wird die Generation, die mit der Internetnutzung aufgewachsen ist, auch einen Roman nicht mehr zwingend linear von Anfang bis Ende durchlesen. Damit eignet sich das Buch nicht weniger als etwa das Internet zur **Parallelnutzung** neben einem anderen, im Hintergrund laufenden Medium (zB Rundfunk). Auch in einer Welt, in der die Parallelnutzung verschiedener Medien stetig zunimmt, ist das Buch daher für seinen Fortbestand gewappnet.[9]

**3**     Eine besondere Erfolgsgeschichte ist das **Hörbuch**: Umsätze und Novitätenzahl sind in letzter Zeit stark gestiegen.[10] Denn das Hörbuch spricht nicht nur einen neuen Sinneskanal, sondern auch einen zusätzlichen Nutzerkreis an: Eignet sich das Lesen eine Buchs eher für den aktiven Nutzertypen, so erschließt das Hörbuch nun auch

---

[1] *Börsenverein* Buch und Buchhandel 5.
[2] Die Branche betrachtet die Neuerscheinungsflut freilich inzwischen als Problem, nicht als Wachstumsindikator, s *Blömeke/Clement/Mahmudova/Sambeth* M&K 2007, 412, 415.
[3] ARD/ZDF-Online-Studie 2010, abrufbar unter www.ard-zdf-onlinestudie.de.
[4] Die Tagesreichweite hat sich von 1996 bis 2006 mehr als verdreifacht, *Zubayr/Gerhard* Media Perspektiven 2007, 187, 199.

[5] ARD/ZDF-Online-Studie 2010, abrufbar unter www.ard-zdf-onlinestudie.de.
[6] Vgl *Wandtke* Band 1 Kap 1.
[7] Vgl *Wandtke* Band 1 Kap 1.
[8] Zur entsprechenden Analyse des Zeitungsleseverhaltens s *Dernbach/Roth* M&K 2007, 24, 35 ff.
[9] Vgl auch *Wandtke* Band 1 Kap 1.
[10] *Börsenverein* Neue Medien 52; *Börsenverein* Branchenumfrage Hörbuch 5 f.

Volker Kitz

dem passiven Typen Buchinhalte, ähnlich wie umgekehrt die On-Demand-Verfügbarkeit von Videos neben den eher passiven Fernsehnutzern auch die eher aktiven Seher anspricht[11] und so insgesamt den Nutzerkreis erweitert.

Auch beim **E-Book** tut sich einiges: Hatte es zunächst als transportables Lesegerät **4** für elektronische Texte keinen Markt gefunden,[12] konnten sich in jüngster Zeit gleich eine Reihe neuer Lesegeräte etablieren, und der Markt schöpft neue Hoffnung.

Elektronisches Publizieren im **Internet** hat sich bei Nachschlagewerken und wis-**5** senschaftlicher Literatur bewährt – dort, wo nicht der Lesegenuss entscheidend ist, sondern das schnelle Auffinden und die unkomplizierte Verbreitung von Informationen im Vordergrund stehen. Insgesamt hingegen haben die Verlage mit elektronischem Publizieren eher durchwachsene Erfahrungen gemacht; noch auf der Buchmesse 2007 lautete der Tenor: Die **Digitalisierung** ist die größte Herausforderung.[13]

# § 2
# Verlagsvertrag

Ein Buch[14] entsteht durch die **Zusammenarbeit zwischen Verfasser und Verleger.** **6** Das Verhältnis zwischen beiden regelt der Verlagsvertrag. Für ihn gelten Sonderregeln im VerlG, die allerdings **dispositiv** sind.[15] Die Vertragsgestaltung bietet deshalb einen großen Spielraum;[16] für sie ist wiederum die Kenntnis des dispositiven Rechts nötig. Die folgende Darstellung erläutert dieses Wechselspiel.

## I. Anwendungsbereich des VerlG

### 1. Vertragsgegenstand

Ein Verlagsvertrag kann nach § 1 VerlG über einen Gegenstand geschlossen wer-**7** den, der **drei Voraussetzungen** erfüllt:
– Es muss sich um ein Werk handeln.
– Das Werk muss der Literatur oder der Tonkunst angehören.
– Das Werk muss – als ungeschriebene Voraussetzung – verlagsfähig sein.

Mit „**Werk**" meint das VerlG grds ein Werk iSd § 631 Abs 2 BGB, also das Ergeb-**8** nis einer Tätigkeit. Dieses Werk braucht kein urheberrechtlich schutzfähiges Werk im Sinne einer persönlich-geistigen Schöpfung nach § 2 Abs 2 UrhG zu sein;[17] in Betracht kommen daher auch Werke unterhalb der „kleinen Münze".

Die Formulierung „Werke der **Literatur und Tonkunst**" erklärt sich historisch[18] **9** und ist weit zu verstehen. Jedes Sprachwerk iSv § 2 Abs 1 Nr 1 UrhG ist ein Werk der

---

**11** *Haas/Trump/Gerhards/Klingler* Media Perspektiven 2007, 216, 216.
**12** Zur damaligen Aufbruchsstimmung auf dem Markt sowie den rechtlichen Implikationen s *Kitz* MMR 2001, 727, 727 f.
**13** Pressemitteilung der Frankfurter Buchmesse v 8.10.2007.
**14** Zumindest das herkömmliche gedruckte

Buch; zum elektronischen Selbstpublizieren s *Wandtke* Band 1 Kap 1.
**15** S Rn 94.
**16** S Rn 95 ff.
**17** *Wegner/Wallenfels/Kaboth/Wegner* 2. Kap Rn 17.
**18** Hierzu *Schricker* § 1 VerlG Rn 23.

Literatur. Damit kann grds auch der **Übersetzervertrag** unter das VerlG fallen,[19] wenn er nicht als Bestellvertrag nach § 47 VerlG einzuordnen ist.[20] Der **Herausgebervertrag** regelt die editorische Betreuung eines Werks (ua Autorenakquise, Beitragsbestellung und -prüfung, Anordnung der Beiträge) und vereint als gemischter Vertrag verlags-, dienst- und werkvertragliche Elemente.[21] Der Literaturbegriff des VerlG umfasst auch Werke der Wissenschaft, obwohl §§ 1 und 2 UrhG Literatur und Wissenschaft als unterschiedliche Gattungen nebeneinander stellen.

**10**    Auch der Begriff des **Sprachwerks** wiederum ist weit zu verstehen: Ausreichend ist jede Inhaltsäußerung mittels Schriftzeichen.[22] Es braucht sich nicht um eine gesprochene Sprache zu handeln; Symbole genügen.[23] Hierzu gehören etwa auch schriftlich fixierte **Tanz- und Choreografieanweisungen**. Da auch ein – für den Verlagsvertrag notwendigerweise[24] – durch Noten fixiertes Werk der **Tonkunst** einen Inhalt mittels Symbolen ausdrückt, kommt der zusätzlichen Nennung des Werks der Tonkunst in § 1 VerlG nur klar stellende Bedeutung zu. Auch der **Musikverlagsvertrag** unterfällt folglich dem VerlG.[25]

**11**    **Nicht** hingegen fallen Verträge über **Werke der bildenden Kunst** unter das VerlG.[26]

**12**    Das ungeschriebene Erfordernis der „**Verlagsfähigkeit**" folgt aus dem Wesen des Verlagsvertrags, das in der „Vervielfältigung eines bereits vollendeten Werks in unveränderter Formgebung besteht"[27] (vgl § 10 VerlG). Dies soll die Verlagspflicht des Verlegers bei Vertragsschluss für ihn überschaubar machen.[28] Verlagsfähig ist das Werk demnach, wenn es **in reproduzierbarer Form** vorliegt. Es muss dazu – wiederum im Unterschied zum urheberrechtlich schutzfähigen Werk[29] – analog (auf Papier) oder digital (zB auf einer Diskette) **fixiert** sein.[30]

## 2. Parteien und Pflichtenprogramm

**13**    Als Parteien des Verlagsvertrags nennt § 1 VerlG Verfasser und Verleger. Obwohl sein Werkbegriff mit § 631 BGB übereinstimmt, ist der Verlagsvertrag kein Werkvertrag, sondern ein urheberrechtlicher **Verwertungsvertrag sui generis**.[31] Ergänzend gelten die urhebervertragsrechtlichen Regelungen des UrhG sowie die allgemeinen vertragsrechtlichen Regelungen des BGB.

**14**    a) **Verfasser**. Der Verlagsvertrag verpflichtet den Verfasser dazu, dem Verleger das **Werk zur Vervielfältigung und Verbreitung für eigene Rechnung zu überlassen**. Dazu muss er dem Verleger nach § 8 VerlG auch die entsprechenden **Nutzungsrechte** an dem Werk **einräumen**.

---

**19** Wegner/Wallenfels/Kaboth/*Wegner* 2. Kap Rn 165.
**20** S Rn 59 ff.
**21** BGH GRUR 1954, 129, 130.
**22** BGH GRUR 1961, 85, 87.
**23** Wandtke/Bullinger/*Bullinger* § 2 UrhG Rn 46.
**24** Wegen der nötigen Verlagsfähigkeit; s Rn 12.
**25** BGH GRUR 2010, 1093 – Concierto de Aranjuez; BGH GRUR-RR 2011, 200 – Concierto de Aranjuez; *Schricker* § 1 VerlG Rn 82 f, allerdings mit dem zutreffenden Hinweis darauf, dass beim Musikverlag der wirtschaftliche Schwerpunkt auf der Verwertung der Neben-

rechte liegt. Zu einer Anwendbarkeit des VerlG bei Druckverzicht *Grohmann* 60 ff.
**26** *Schricker* § 1 VerlG Rn 33; *Delp* Verlagsvertrag 7.
**27** BGH GRUR 1958, 504, 506.
**28** Hierin liegt ein Unterschied etwa zum Verfilmungsvertrag, BGH GRUR 1958, 504, 507.
**29** Dieses braucht nicht fixiert zu sein, s *Jani* Kap 1 Rn 49.
**30** Zum verlagsrechtlichen Werkbegriff BGH GRUR 1953, 497, 498.
**31** BGH GRUR 1960, 642, 643; *Schricker* § 1 VerlG Rn 11.

Statt des Verfassers kann nach § 48 VerlG auch ein **Verlaggeber** der Vertragspartner des Verlegers sein. Der Verlaggeber hat das Werk nicht selbst verfasst, verpflichtet sich aber dazu, dem Verleger das Verlagsrecht an dem Werk einzuräumen. Damit ist das VerlG auch auf den **Lizenzvertrag** anwendbar, wenn er ein Werk iSd § 1 VerlG zum Gegenstand hat.[32]   **15**

b) **Verleger.** Der Verleger muss das Werk **vervielfältigen und verbreiten (Auswertungspflicht)**; eine Vergütungspflicht gehört hingegen nicht notwendigerweise zum Verlagsvertrag. Hierdurch unterscheidet sich der Verlagsvertrag vom Werkvertrag, bei dem es genau umgekehrt ist: Der Werkvertrag verpflichtet den Besteller nicht dazu, mit dem Werk in bestimmter Art und Weise zu verfahren. Dafür muss der Besteller dem Werkunternehmer für die Werkherstellung eine Vergütung zahlen – ohne Vergütungspflicht liegt kein Werkvertrag vor, sondern ein Gefälligkeitsverhältnis.   **16**

Eine Auswertungspflicht geht der Verleger auch dann ein, wenn er das Werk nur auf individuelle Kundenanforderung vervielfältigen und verbreiten muss (**Book-on-Demand**),[33] so dass das VerlG auch in diesem Fall anwendbar ist.[34]   **17**

Entscheidend ist, dass der Verleger das Werk nach dem Willen der Parteien **auf eigene Rechnung** herstellen und verbreiten muss.[35] Der BGH hat das einmal dahin gehend konkretisiert, dass den Verleger ein „ins Gewicht fallendes wirtschaftliches Risiko" treffen müsse,[36] womit er (nur) das Verlustrisiko meinte. Im entschiedenen Fall verneinte er diese Voraussetzung, weil das Reichspostministerium einen Verlag mit „drucktechnischer Herstellung, Verpackung und Versand" eines Kalenders beauftragt und sich gleichzeitig dazu verpflichtet hatte, selbst eine sehr hohe Stückzahl des Kalenders abzunehmen. Weil in dem Fall aber schon eine eigene Verbreitungspflicht nach § 1 VerlG fehlte, ist die Aussage ein obiter dictum, das man nicht überbewerten darf, obschon es allenthalben herausgestellt wird.[37] Ihre wortgetreue Anwendung würde das VerlG ohne sachlichen Grund auf einige übliche Vertragsgestaltungen unanwendbar machen: Gerade bei wissenschaftlichen Werken, zB im **Dissertationsverlag**, zahlen Verlage dem Verfasser oft nicht nur kein Honorar, sondern verlangen von ihm auch noch einen **Druckkostenzuschuss**.[38] Ob der Verleger hier noch ein verlegertypisches Verlustrisiko übernimmt, kann im Einzelfall fraglich sein. Gleiches gilt für kleinere Sachbuch- und Belletristikverlage, die dem Verfasser weitgehend auf dessen eigene Kosten den **Wunsch nach Veröffentlichung** erfüllen.[39] Es handelt sich hier um Fälle, in denen der Wunsch des Verfassers, seinen Text gedruckt zu sehen, eher im Vordergrund steht als ein verlegerisches Interesse.[40] Auch bei Publikumsverlagen ist in ausgewählten Fällen das Verlustrisiko minimiert bis nicht mehr nennenswert vorhanden, etwa wenn wegen der Bekanntheit des Verfassers der Handel bereits die   **18**

---

**32** Wegner/Wallenfels/Kaboth/*Wegner* 2. Kap Rn 176.
**33** S *Wandtke* Band 1 Kap 1.
**34** *Schricker* § 1 VerlG Rn 51; Haupt/*Kruse* Kap 6 Rn 9; *Schulze* Kap XVI 1. a).
**35** *Delp* Praktikum 27 will diese Pflicht stets dem Umstand entnehmen, dass ein Vertrag als „Verlagsvertrag" bezeichnet ist, was im Hinblick auf § 133 BGB fragwürdig sein dürfte.
**36** BGH GRUR 1959, 384, 387.
**37** Etwa *Schricker* § 1 VerlG Rn 7; Wegner/Wallenfels/Kaboth/*Wegner* 2. Kap Rn 16.

**38** Zur Anwendbarkeit des VerlG in diesem Fall *Schack* Rn 1129.
**39** Hierzu *von Lucius* 134.
**40** Vgl die Gemeinsamen Vergütungsregeln für Autoren belletristischer Werke in deutscher Sprache (erhältlich unter www.bmj.bund.de/files/-/962/GemVerguetungsreg.pdf), die hierzu aufzählen: Memoiren, private Familiengeschichten, Manuskripte unbekannter Autoren, an denen kaum Interesse der literarischen Öffentlichkeit zu erwarten ist und für die sich zu den allgemein üblichen Konditionen kein Verleger finden lässt.

Deckungsauflage vorbestellt hat[41] oder weil andere Absatz- oder Werbekooperationen bestehen, zB durch bereits verkaufte Anzeigenwerbung im Buch selbst.

**19**     Dass in solchen Fällen das VerlG nicht anwendbar sein sollte, ist ihm selbst nicht zu entnehmen; *warum* es so sein sollte, begründet weder der BGH noch die auf ihn verweisende Literatur. Der vom VerlG geregelten Interessenlage ist auch nicht eigentümlich, dass der Verleger ein bestimmtes Verlustrisiko übernimmt. Entscheidend ist vielmehr die gegenseitige Verpflichtung, die für den Verleger **Verlustrisiken** *und* **Gewinnchancen** mit sich bringen kann und auf welche die Regeln zu Leistungsstörungen und Lösungsrechten zugeschnitten sind.

**20**     Enthält der Vertrag also eine **Verpflichtung des Verlegers zur Vervielfältigung und Verbreitung** nach § 1 VerlG, so ist zu fragen, ob dem auch eine **echte Pflicht des Verfassers zur Manuskriptablieferung** gegenüber steht. Ist dies der Fall, ist das VerlG anwendbar. Verstehen die Parteien die Manuskriptablieferung hingegen als Mitwirkungsobliegenheit iSv § 642 BGB, so liegt ein Werkvertrag vor: Der Verfasser beauftragt dann den Verleger als Werkunternehmer mit der Vervielfältigung und Verbreitung des Werks und zahlt ihm dafür eine Vergütung. Er ist aber zur Manuskriptablieferung nicht verpflichtet, sondern kann den Werkvertrag nach Maßgabe des § 649 BGB kündigen. Dies ist das Spiegelbild des Bestellvertrags nach § 47 VerlG, der ebenfalls ein Werkvertrag ist.[42]

**21**     Übernimmt der Verleger die Vervielfältigung und Verbreitung direkt für Rechnung des Verfassers, so liegt erst recht kein Verlagsvertrag vor, sondern ein **Kommissionsgeschäft** nach §§ 383 ff HGB.[43]

## II. Personenmehrheit

### 1. Auf Verfasserseite

**22**     Oft wirken mehrere Verfasser an einem Werk mit, so dass sich die bereits bei der Vertragsverhandlung relevante Frage stellt, wie diese Personenmehrheit hinsichtlich ihrer vertraglichen Rechte und Pflichten zu behandeln ist. Weil eine **Verfassermehrheit** besonders häufig bei wissenschaftlichen Werken vorkommt, berücksichtigen etwa die **Vertragsnormen für wissenschaftliche Verlagswerke** zwischen dem Börsenverein des Deutschen Buchhandels und dem Deutschen Hochschulverband[44] ausdrücklich verschiedene Konstellationen.

**23**     Sonst gilt **allgemeines Recht der Schuldner- und Gläubigermehrheit**: Maßgebend sind die §§ 420 ff BGB, die grundlegend danach unterscheiden, ob eine teilbare oder unteilbare Leistung in Rede steht.

**24**     Auf der **Pflichtenseite** unterscheidet man insoweit sinnvoller Weise zwischen der Pflicht zur Ablieferung des Manuskripts einerseits und der Pflicht zur Rechtseinräumung andererseits:

Soll jeder Verfasser einen abtrennbaren Teil des Manuskripts erstellen, so ist die **Manuskriptablieferung** grds eine teilbare Leistung. Nach § 427 BGB haften die Verfasser gleichwohl im Zweifel als **Gesamtschuldner**. Dies kann selbst dann der Fall

---

[41] Zur großen Bedeutung der Bekanntheit des Verfassers für das Verlegerrisiko s *Blömeke/Clement/Mahmudova/Sambeth* M&K 2007, 412, 429 f.

[42] S Rn 57.
[43] *Rehbinder* Rn 663; *Schack* Rn 1131.
[44] Erhältlich unter www.boersenverein.de.

sein, wenn sie getrennte Verträge mit dem Verleger abschließen, sofern jeder subjektiv mit der Verpflichtung des anderen rechnet.[45]

§ 427 BGB ist aber nur eine **Auslegungsregel**;[46] machen die Parteien die Aufteilung im Vertrag oder in den Verträgen deutlich (zB durch Kapitelzuweisungen oder Autorenvermerke in der Gliederung etc), so schuldet jeder Verfasser nur „seinen" Teil des Manuskripts. **25**

Sollen die Verfasser das Werk nicht nach Stücken aufgeteilt, sondern gleichsam „aus einer Feder" schreiben, so liegt eine unteilbare Leistung vor. In diesem Fall sind die Verfasser nach § 431 BGB zur Manuskriptablieferung stets gesamtschuldnerisch verpflichtet. **26**

Hinsichtlich der **Rechtseinräumung** ist danach zu unterscheiden, ob eine Miturheberschaft nach § 8 UrhG oder eine bloße Werkverbindung nach § 9 UrhG vorliegt. **27**

**Miturheberschaft** besteht, wenn die einzelnen Werkbeiträge nicht gesondert verwertbar sind.[47] Das wird für Teile eines Sachbuchs nicht zwingend, für Teile eines gemeinsamen Romans hingegen regelmäßig der Fall sein. Die Miturheber bilden dann nach § 8 Abs 2 UrhG hinsichtlich der Veröffentlichungs- und Verwertungsrechte eine Gesamthandsgemeinschaft. Sie können also nur gemeinsam über diese Rechte verfügen. Zur Rechtseinräumung sind sie gemeinschaftlich verpflichtet, wobei jeder Verfasser einzeln auf seine Mitwirkung an dieser Gesamterfüllung in Anspruch genommen werden muss.[48] **28**

**Werkverbindung** nach § 9 UrhG liegt vor, wenn an sich selbstständige Werke nur zur gemeinsamen Verwertung miteinander verbunden sind. Ein Beispiel sind illustrierte Bücher, die Sprachwerke mit Werken der bildenden Kunst verbinden.[49] Auch ein Sachbuch *kann* durch die Kombination an sich selbstständiger Teile entstehen. Bei der Werkverbindung soll nach verbreiteter Meinung[50] stets eine Gesellschaft bürgerlichen Rechts vorliegen; der BGH hat dies freilich nicht ganz so klar gesagt, wie er oft zitiert wird.[51] Vieles spricht gegen eine solche Annahme;[52] insb der Umstand, dass § 9 UrhG dann überflüssig wäre. Die Frage hat neue Bedeutung erlangt, seit der BGH die **Rechtsfähigkeit der BGB-Gesellschaft** anerkannt hat:[53] Die Gesellschaft kommt selbst als Vertragspartnerin in Betracht und nicht mehr die einzelnen Verfasser; sie haften akzessorisch analog § 128 HGB.[54] Mehrere Verfasser sollten daher bereits im **Vertrag** deutlich machen, ob sie als Gesellschaft auftreten und kontrahieren oder ob sie persönlich Vertragspartner werden möchten. Sind nur mehrere Verfasser namentlich als Vertragspartner aufgelistet, ist im Zweifel davon auszugehen, dass bei der Werkver- **29**

---

**45** BGH NJW 1959, 2160, 2161.
**46** Prütting/Wegen/Weinreich/*H F Müller* § 427 BGB Rn 1.
**47** Wandtke/Bullinger/*Thum* § 9 UrhG Rn 8.
**48** OLG Hamburg UFITA 1957, 222, 227; Prütting/Wegen/Weinreich/*HF Müller* § 420 BGB Rn 5.
**49** LG München I ZUM-RD 2009, 134.
**50** Dreyer/Kotthoff/Meckel/*Dreyer* § 9 UrhG Rn 5; Fromm/Nordemann/*Nordemann* § 9 UrhG Rn 14.
**51** S zB die klare Unterscheidung zwischen Werkverbindung mit und ohne BGB-Gesellschaft in BGH GRUR 1973, 328, 329. Die Wortwahl in BGH NJW 1982, 641, 641 und

GRUR 1982, 743, 744 („Verwertungsgemeinschaft in Form einer Gesellschaft bürgerlichen Rechts") lässt ebenfalls den Schluss zu, dass es eben gerade noch urheberrechtliche Verwertungsgemeinschaften in anderer „Form" gibt. Schon in BGH GRUR 1964, 326, 330, fragte der BGH neben der Werkverbindung ausdrücklich nach Anhaltspunkten für die Gründung einer Gesellschaft.
**52** S die ausf Kritik bei Möhring/Nicolini/*Ahlberg* § 9 UrhG Rn 14; Wandtke/Bullinger/*Thum* § 9 UrhG Rn 7.
**53** BGH NJW 2001, 1056 ff.
**54** BGH NJW 2001, 1056, 1061.

bindung jeder Verfasser dem Verleger (nur) die Rechte an seinem Werkteil einräumen kann und muss.

**30**    Die Überlegungen zur Rechtseinräumung gelten entsprechend für **gestaltende Willenserklärungen**, die das Vertragsverhältnis insgesamt betreffen.[55]

**31**    Für die **Berechtigungsseite** gilt: Der Anspruch der Verfasser auf **Vervielfältigung und Verbreitung** ist unteilbar; mehrere Verfasser sind Mitgläubiger nach § 432 BGB.

**32**    Hingegen ist ein etwa vereinbarter **Vergütungsanspruch in Geld** stets eine teilbare Leistung. Sind nach der Vertragsauslegung die einzelnen Verfasser Vertragspartner geworden und nicht eine BGB-Gesellschaft, so kann nach § 420 BGB im Zweifel jeder Verfasser vom Verleger einen gleichen Anteil fordern. Bei der **Miturheberschaft** verdrängt § 8 Abs 3 UrhG diese Auslegungsregel; die Anteile bestimmen sich hier nach den Werkbeiträgen, die im Einzelfall schwer zu ermitteln sein können. Es kommt dabei nämlich nicht nur auf den Umfang der einzelnen Manuskriptteile an, sondern auf den Gesamtumfang der Mitarbeit, der auch nicht-schöpferische Arbeiten wie etwa Recherche oder Redaktion umfasst.[56] Die Parteien sollten daher die **Honoraraufteilung im Vertrag** ausdrücklich festlegen.

### 2. Auf Verlegerseite

**33**    Auf Verlegerseite ist eine Personenmehrheit seltener.[57] Beim **Gemeinschaftsverlag** bilden mehrere Verleger idR eine Gesellschaft,[58] die dann (einzige) Vertragspartnerin wird. Sollten die Voraussetzungen der Gesellschaft nicht erfüllt sein, sind mehrere Verleger im Zweifel Gesamtschuldner nach § 427 BGB, aber Mitgläubiger nach § 432 BGB, weil die Ansprüche auf Werkablieferung und Rechtseinräumung unteilbar sind.

## III. Mitwirkung literarischer Agenturen

### 1. Typische Tätigkeit der literarischen Agentur

**34**    Inzwischen hat sich auch im deutschsprachigen Raum ein lebhafter Markt für literarische Agenturen herausgebildet.[59] Sie beraten Autoren bei der Stoffentwicklung und der strategischen Karriereplanung, bringen Exposés und Manuskripte zur Angebotsreife, bieten sie Verlagen an und **vertreten die Interessen des Verfassers** bei den Vertragsverhandlungen mit dem Verleger. Wegen ihrer Spezialisierung haben seriöse Agenturen einen guten Marktüberblick und einen persönlichen Zugang zu den Entscheidungspersonen bei den Verlagen. Für ihre Tätigkeit erhalten sie vom Autor eine **Erfolgsprovision**; branchenüblich sind 15 % aller Autoreneinnahmen aus dem vermittelten Geschäft.[60] Anschließend überwacht die Agentur die Vertragserfüllung durch den Verlag, übernimmt idR das **Inkasso** und kontrolliert die Abrechnungen. Auftraggeber der Agentur ist der Verfasser. Insb bei der internationalen Vermittlung von **Übersetzungslizenzen** sind Agenturen aber auch zwischen Verlagen tätig; hier liegt der Provisionssatz meist höher, üblich sind 20 %.

---

[55] S etwa zur Kündigung bei verbundenem Werk BGH NJW 1982, 641, 641 und GRUR 1982, 743, 744.
[56] Wandtke/Bullinger/*Thum* § 8 UrhG Rn 36.
[57] Vgl etwa den Fall in OLG Hamburg ZUM-RD 2002, 537.

[58] Hierzu *Schricker* § 1 VerlG Rn 31.
[59] Zur Entwicklung in USA und Deutschland *Pleister* GRUR Int 2000, 673, 677 ff; *Sieger* ZUM 1987, 541, 542 ff.
[60] Vgl *Jessen/Meyer-Maluck/Schlück/Schlück* 98.

Volker Kitz

Die Tätigkeit der literarischen Agentur unterliegt nicht der Erlaubnispflicht aus § 1 **35**
Urheberrechtswahrnehmungsgesetz (WahrnG), weil die Agentur keine Rechte mehrerer Urheber zur gemeinsamen Auswertung[61] wahrnimmt.[62]

### 2. Vertragsgestaltung

Die Vertragsgestaltung variiert in der Praxis. Üblich sind folgende Vereinbarungen: **36**
Die Agentur verpflichtet sich, die **Interessen des Autors wahrzunehmen**, sein Werk anzubieten und die Vertragsverhandlungen zu führen. Dabei räumt der Autor der Agentur selbst **keine eigenen Nutzungsrechte** an dem Werk ein; die Zweckübertragungsregel des § 31 Abs 5 UrhG[63] gilt daher nicht. Es brauchen im Agenturvertrag also nicht alle Nutzungsrechte einzeln aufgeführt zu werden, hinsichtlich derer die Agentur einen Auswertungsvertrag vermitteln soll.

Oft ist ausdrücklich die Pflicht vereinbart, den Autor in allen beruflichen Belangen **37**
zu beraten. Da hierfür aber üblicherweise kein gesondertes Honorar vorgesehen ist, ist dies kein eigenständiges dienstvertragliches Element. Vielmehr ist die **Beratungspflicht** eine Nebenpflicht, die sich aus der Hauptpflicht der Interessenwahrnehmung auch ohne gesonderte Erwähnung ergibt. Das gilt zumindest dann, wenn der Vertrag sich nicht nur auf ein Einzelprojekt bezieht.

IdR wird der Agentur **keine Vollmacht zum Vertragsschluss** eingeräumt; die Agen- **38**
tur ist insoweit nicht Stellvertreterin iSv §§ 164 ff BGB. Die oft verwendete Formulierung, die Agentur „vertrete" einen Autor oder gar ein Werk, ist also nicht im rechtlichen Sinn gemeint.

Die Provision wird idR als **Abschlussprovision** vereinbart und ist ausschließlich **39**
vom Autor zu zahlen. Vermittelt die Agentur keinen Vertragsschluss, schuldet der Autor ihr, wenn sie seriös ist, nichts, auch keinen Aufwendungsersatz[64] – wer möglichen Streit vermeiden will, sollte dies so ausdrücklich im Vertrag klar stellen. Ist der Vertrag nicht als Alleinauftrag abgeschlossen, so kann der Autor auch selbst oder über eine weitere Agentur einen Vertragsschluss mit einem Verlag herbeiführen, ohne damit einen Provisionsanspruch der ersten Agentur auszulösen.[65]

Üblicherweise ermächtigt der Autor die Agentur zum **Inkasso** gegenüber dem Ver- **40**
lag. Die Agentur muss dann mit dem Autor abrechnen und ihm sein Honorar abzüglich der verdienten Provision weiterleiten.

### 3. Anwendbares Gesetzesrecht

**a) Beauftragung über gewissen Zeitraum.** Bezieht sich ein so gestalteter Vertrag **41**
nicht nur auf ein Einzelprojekt, sondern auf einen Zeitraum,[66] so wird er idR als **Handelsvertretervertrag** nach § 84 HGB einzuordnen sein.[67] Ein solcher liegt vor, wenn ein selbstständiger Gewerbetreibender ständig damit betraut ist, für einen ande-

---

**61** Hierzu *Riesenhuber* ZUM 2008, 625, 636.
**62** *Pleister* GRUR Int 2000, 673, 679.
**63** S Rn 69.
**64** *Jessen/Meyer-Maluck/Schlück/Schlück* 96 ff.
**65** Aus einer Alleinbeauftragung kann man zwar auf eine Pflicht zum Tätigwerden schließen (BGH NJW-RR 1987, 944, 944), dies gilt aber nicht umgekehrt.

**66** Ständige Betrauung iSd § 84 HGB erfordert keinen unbefristeten und auch keinen langfristigen Vertrag, vgl BGH NJW 1992, 2818, 2819. Ausreichend ist Betrauung auf gewisse Zeit, kalendermäßig oder mit anderer Bestimmung, Baumbach/Hopt/*Hopt* § 84 HGB Rn 42.
**67** Generell für Handelsvertretervertrag *Pleister* GRUR Int 2000, 673, 679 f.

Volker Kitz

ren Unternehmer Geschäfte zu vermitteln. Der Begriff des Unternehmers in § 84 HGB ist noch etwas weiter als in § 14 BGB;[68] jeder freiberuflich tätige Schriftsteller fällt hierunter, der seine Leistung am Markt anbietet.[69] Auf einen solchen Vertrag sind die **§§ 84 ff HGB** anwendbar, wie sie für den **Vermittlungsvertreter** ohne eigene Abschlussvollmacht gelten.

**42**     Das bedeutet ua: Überschreitet die Agentur ihre **Befugnisse als Vermittlungsvertreterin**, so muss der Autor nach § 91a Abs 1 HGB das Geschäft unverzüglich ablehnen, wenn er nicht daraus gebunden werden will. Auch als bloße Vermittlungsvertreterin kann und muss die Agentur aber nach § 91 Abs 2 HGB etwaige **Mängelrügen des Verlegers**[70] entgegen nehmen. Die vereinbarte Provision umfasst, wenn nicht von den Parteien ausdrücklich anders geregelt, die Abschlussprovision (§ 81 Abs 1 HGB) und die Inkassoprovision (§ 87 Abs 4 HGB). Ein **Aufwendungsersatz** nach § 87d HGB ist im literarischen Agenturgeschäft in Deutschland nicht branchenüblich. Der Autor muss der Agentur nach § 86a Abs 1 HGB alle für ihre Tätigkeit notwendigen Unterlagen (je nach Auftrag Exposé, Gliederung, Textproben oder gesamtes Manuskript, Vita) zur Verfügung stellen.

**43**     Grds anwendbar ist auch § 89b HGB, der einen **Ausgleichsanspruch** nach Beendigung des Vertragsverhältnisses vorsieht. Allerdings ist dieser Anspruch ein Billigkeitsanspruch, dessen Voraussetzungen bei der literarischen Agentur selten erfüllt sein werden. Hinter der Vorschrift steht der Kundenstamm-Gedanke:[71] Der Handelsvertreter hat dem Unternehmer mit Mühe einen Markt erschlossen, von dem der Unternehmer nun ohne viel eigenes weiteres Zutun durch Nach- und Neubestellungen profitiert. Dieser Gedanke verfängt bei der literarischen Agentur idR nicht. Auf dem Buchmarkt muss sich jeder neue Titel auch neu durchsetzen; es handelt sich nicht um eine einfache „Nachbestellung". Das gilt für den Handel ebenso wie für die Beziehung zwischen Verfasser und Verleger; der Autor muss daher auch innerhalb einer bestehenden Geschäftsbeziehung gegenüber seinem Verleger stets neue inhaltliche Überzeugungsarbeit leisten, wenn er ein weiteres, anderes Werk verlegt haben möchte. Der bloße Kontakt, den die Agentur geschaffen hat, dürfte demgegenüber selten ein „erheblicher" Vorteil iSv § 89b Abs 1 S 1 Nr 1 HGB sein.

**44**     **b) Beauftragung für Einzelprojekt.** Ist der Vertrag mit der Agentur auf ein Projekt beschränkt, so scheidet ein Handelsvertretervertrag nach § 84 HGB aus.[72] Die **§§ 84 ff HGB** – und damit insb der streitträchtige § 89b HGB – gelten bei der Einzelbeauftragung **nicht**.

**45**     Erwogen wird hier eine Einordnung als **Handelsmaklerverhältnis** nach § 93 HGB.[73] Der Handelsmakler unterscheidet sich vom Zivilmakler des § 652 BGB vor allem durch die Art des vermittelten Geschäfts:[74] Eine Vermittlung von Gegenständen des Handelsverkehrs unterfällt dem HGB, und Schutzrechte sind Gegenstände des Handelsverkehrs.[75] Allerdings passt das Handelsmaklerrecht des HGB nicht auf die oben

---

[68] S Rn 89.
[69] *Pleister* GRUR Int 2000, 673, 679; vgl auch Baumbach/Hopt/*Hopt* § 84 Rn 27.
[70] S Rn 273 ff.
[71] Vgl Baumbach/Hopt/*Hopt* § 89b BGB Rn 2.
[72] Vgl Baumbach/Hopt/*Hopt* § 84 BGB Rn 42: Entscheidend für § 84 HGB ist, dass der Vertrag auf eine unbestimmte Vielzahl von Abschlüssen angelegt ist, Betrauung mit der

Vermittlung nur bestimmter einzelner Geschäfte genügt selbst bei längerer Tätigkeit nicht.
[73] Hierfür offenbar generell *Sieger* ZUM 1987, 541, 546 f.
[74] Prütting/Wegen/Weinreich/*Deppenkemper* § 652 BGB Rn 2.
[75] Baumbach/Hopt/*Hopt* § 93 HGB Rn 12 für gewerbliche Schutzrechte, für Rechte aus dem UrhG kann nichts anderes gelten.

beschriebene Vertragsgestaltung: Der Handelsmakler ist nicht zum Tätigwerden verpflichtet. Er ist grds für beide Parteien tätig (s insb § 98 HGB), die ihm nach dem gesetzlichen Bild des § 99 HGB auch beide seinen Lohn zur Hälfte schulden. Zudem ist der Handelsmakler nach dem gesetzlichen Bild des § 97 HGB nicht zum Inkasso berechtigt. All diese Vorschriften wären durch die in der Praxis übliche Vertragsgestaltung modifiziert, so dass vom gesetzlichen Leitbild nichts mehr übrig bliebe. Die Einordnung als Handelsmaklerverhältnis hätte keinen Aussagewert.

Passender ist es hier, den von der Rechtsprechung[76] entwickelten **Maklerdienstvertrag** anzunehmen. Er verbindet eine Verpflichtung zum Tätigwerden mit einer Erfolgshonorierung in Form der Abschlussprovision. Hierauf sind die §§ 611 ff BGB und ergänzend die §§ 652 ff BGB anwendbar.[77] Kommt es zu einer erfolgreichen Vermittlung, ohne dass ein Provisionsanspruch ausdrücklich vereinbart wurde, so hat die Agentur gegen den Autor einen Anspruch auf **Abschlussprovision iHv 15 % aus §§ 612 Abs 1 und 2, 652 Abs 1 und 2 BGB.** **46**

## IV. Rechtverhältnisse bzgl Stoffentwicklung und Vorarbeiten

Die Werkentstehung gliedert sich in zwei grobe Phasen: die **Stoffentwicklung** und die **Stoffumsetzung.** Kernstück der Stoffentwicklung ist das **Exposé,** das auf wenigen Seiten Hauptidee und Inhalt des Werks vorausschauend beschreibt. Um festzustellen, ob der geplante Inhalt über ein ganzes Buch trägt, wird meist schon im Anfangsstadium ein **Gliederungsentwurf** angefertigt. In verschiedenen Stufen wird dann die Gliederung mit inhaltlichen Details angefüllt und kann die Form annehmen, die in der Filmsprache als **Treatment** bekannt ist. Hieraus entsteht dann das eigentliche Werk. **47**

Nach dem **Normalfall** des Verlagsgesetzes schließt der Verfasser mit dem Verleger einen Verlagsvertrag über ein fertiges Werk; dieses verkörpert das kombinierte Ergebnis von Stoffentwicklung und -umsetzung. Dieser Normalfall kommt in der heutigen Praxis aber kaum vor. Viel zu konkret sind die Bedürfnisse der Verlage, die sich aus Programm und hauseigenen Formaten ergeben: Der Buchmarkt verlangt präzise auf ihn zugeschnittene Projekte, und es ist selten, dass der außen stehende Verfasser dieses Bedürfnis genau trifft. **48**

Gerade beim Sachbuch kommt der Stoffentwicklung damit heute manchmal eine größere Bedeutung zu als der dann folgenden Umsetzung. Die Stoffentwicklung ist zu einem eigenständigen, auskoppelungsfähigen Arbeitsschritt neben Stoffumsetzung und Werkverwertung geworden, wie dies etwa auf dem Fernsehmarkt schon lange der Fall ist. Wie auf dem Fernsehmarkt hat auch die **Stoffentwicklung** für das Buch heute **einen eigenen Marktwert.** Es muss deshalb Klarheit darüber herrschen, wer die Leistung der Stoffentwicklung erbringen soll – und gegen welche Gegenleistung. **49**

Folgende Konstellationen sind denkbar:

### 1. Stoffentwicklung und Stoffumsetzung durch Verfasser

Dies ist der eingangs genannte **Normalfall,** von dem das VerlG ausgeht. Er bereitet keine Schwierigkeiten: Die Gegenleistung des Verlegers – Vervielfältigung und Verbrei- **50**

---

[76] BGH NJW-RR 1987, 944, 944.
[77] Vgl OLG München NJW-RR 1997, 1146, 1146 f.

tung und möglicherweise[78] ein Honorar – ist der Lohn an den Verfasser für beides, also für Stoffentwicklung und -umsetzung.[79] Dass das VerlG dies so sieht, verdeutlicht es in § 47 VerlG: Besorgt der Verfasser „nur" die Umsetzung eines vom Verleger entwickelten Stoffs, so liegt im Zweifel kein Verlagsvertrag vor.

### 2. Isolierte Stoffentwicklung durch Verfasser

**51**    Häufig entwickelt der Verfasser einen Stoff, **ohne dass es** für ihn **zum Abschluss eines Verlagsvertrags kommt.**

**52**    Hatte ihn der der Verleger dazu von vornherein **isoliert beauftragt** und dabei klar gemacht, dass ein Dritter den Stoff später umsetzen soll, so liegt idR ein **Werkvertrag** nach § 631 BGB vor. Wegen des eigenen Marktwerts von Exposé und Treatment ist deren Erstellung den Umständen nach grds nur gegen Vergütung zu erwarten (§ 632 Abs 1 BGB). Die Höhe der **Vergütung** sollte in einem solchen Fall von vornherein vereinbart werden, um einen späteren Streit über die „übliche Vergütung" nach § 632 Abs 2 BGB zu vermeiden.

**53**    Ebenso klar ist das andere Extrem zu beurteilen, bei dem der Verfasser völlig **unaufgefordert einen Stoff entwickelt** und (erfolglos) einem Verleger anbietet: Der Verfasser investiert hier auf eigenes Risiko in ein eigenes Vertragsangebot; Vergütungsansprüche bestehen nicht.

**54**    **Dazwischen** liegen Fälle, in denen der eine an den anderen mit einer vagen Idee herantritt und der Verfasser dann die Idee unter **Anleitung des Verlegers** weiterentwickelt. Folgt dem ein Verlagsvertrag, mündet die Interessenlage wieder in den oben[80] beschriebenen Normalfall. Nicht selten investiert der Verfasser in dieser Konstellation jedoch beträchtliche Arbeit in die weitere Stoffentwicklung nach den konkreten Vorgaben des Verlegers, ohne dass beide am Ende eine Einigung über das Projekt erzielen und einen Verlagsvertrag schließen. Für einen möglichen Vergütungsanspruch kommt es dann darauf an, ob die Vorgaben und „Ermunterungen" des Verlegers zur weiteren Stoffentwicklung ein **echter Auftrag** waren oder nur eine **gefällige Hilfestellung** an den Verfasser, damit der sein eigenes Angebot an den Verlag möglichst Erfolg versprechend überarbeiten kann. Der Verleger wird meist letzteres meinen, doch ist die Grenze fließend.

**55**    Als Anhaltspunkt kann die **Entwicklungstiefe** ebenso herangezogen werden wie die Frage, ob der Verleger das entwickelte Konzept später von einem anderen Verfasser umsetzen lässt. Jedenfalls wenn der Verleger dem Verfasser eine Stoffentwicklung anträgt, sollten sich beide sogleich ausdrücklich darüber einigen, ob dies ein Angebot zu einem eigenständigen **Stoffentwicklungsvertrag** ist oder eine invitatio ad offerendum für einen Verlagsvertrag an den Verfasser.

**56**    Stellt der Verleger dem Verfasser einen **Vertragsschluss als sicher in Aussicht** und lässt er den Verfasser konkrete Vorarbeiten erbringen, bricht dann aber ohne triftigen Grund die weiteren Vertragsverhandlungen ab, so kann er sich gegenüber dem Verfasser nach §§ 280 Abs 1, 311 Abs 2, 241 Abs 2 BGB **schadensersatzpflichtig** machen[81]. Umgekehrt gilt dies natürlich auch, wenn der Verfasser einen als sicher hingestellten Vertragsschluss torpediert und der Verleger im Vertrauen darauf bereits Aufwendungen getätigt hat. Da aber die Parteien bis zum Vertragsschluss grds frei sind, ist die

---

**78** S Rn 132 ff.
**79** OLG München ZUM 2000, 965, 967 f.

**80** S Rn 50.
**81** OLG München ZUM 2000, 965, 967.

Schwelle zum triftigen Grund nicht all zu hoch anzusetzen.[82] Sie wird idR nur unterschritten sein, wenn der Meinungswechsel bei gleich bleibender tatsächlicher Planungsgrundlage nur noch als völlig willkürlich, als launenhaft, bezeichnet werden kann.

### 3. Stoffentwicklung durch Verleger (Bestellvertrag)

**a) Bestellvertrag als Werkvertrag.** Entwickelt der Verleger den Stoff vollständig **57** selbst und beauftragt den Verfasser nur noch mit der Umsetzung, so liegt im Zweifel **kein Verlagsvertrag** vor, sondern ein **Bestellvertrag** iSv § 47 Abs 1 VerlG. Die Bestimmungen des VerlG finden keine, auch keine entsprechende Anwendung.[83]

Der Bestellvertrag ist ein echter **Werkvertrag**, für den die §§ 631 ff BGB gelten.[84] **58** Das bedeutet: Der Verleger, der dann „Besteller" heißt, ist nicht zur Auswertung (Vervielfältigung und Verbreitung) des Werks verpflichtet, jedoch muss er die ausdrücklich oder nach § 632 Abs 1 BGB fiktiv vereinbarte Vergütung zahlen.

**b) Abgrenzung zum Verlagsvertrag.** § 47 Abs 1 VerlG verlangt, dass der Besteller **59** einem Verfasser (den das Gesetz an dieser Stelle nur mit „jemand" bezeichnet) einen **Plan** vorlegt, der Inhalt des Werks sowie die Art und Weise der Behandlung genau vorschreibt.

Der **Inhalt** ist weit mehr als die Grundidee; er ist gleichbedeutend mit einem **60** Exposé, das der Besteller mindestens vorlegen muss.

Zusätzlich muss der Verlag als Besteller aber auch die **Art und Weise der Um- 61 setzung** genau vorschreiben. Dies erfordert mindestens eine **ausführliche Gliederung** sowie eine nähere Charakterisierung des **Schreibstils**, möglicherweise durch eine Textprobe oder eine Vorlage in Form eines bereits erschienen Titels derselben Reihe. Ein ausführliches Treatment wird hingegen idR nicht notwendig sein.

Bei der Beurteilung kann es helfen, die Bedeutung von **Stoffentwicklung und 62 -umsetzung** im **Verhältnis zueinander** zu sehen. Je nach Originalität des Stoffs einerseits und Umsetzungsaufwand andererseits kann der eine Beitrag neben dem anderen regelrecht verblassen. Der **Umsetzungsspielraum** des Verfassers braucht allerdings nicht derart eingeschränkt zu sein, dass er kein eigenständiges urheberrechtlich schutzfähiges Werk mehr schaffen kann, wenn er die Vorgaben ausfüllt.[85] Ein Bestellvertrag liegt stets vor, wenn der Verfasser die Änderungen des Bestellers nach der Vereinbarung hinnehmen muss.[86]

Entscheidend für einen Bestellvertrag ist nicht bereits, dass der genaue Plan iSd **63** § 47 Abs 1 VerlG Vertragsinhalt ist, sondern dass er vollständig gerade **vom Besteller vorgegeben** wird. Herangezogen werden kann hier der Begriff des „Stellens" aus dem Recht der AGB in § 305 Abs 1 S 1 BGB. Entsprechend detaillierte Vorgaben können nämlich auch dann Vertragsinhalt werden, wenn sie der Verfasser allein oder in Zusammenarbeit mit dem Verleger entwickelt hat, so dass bloß ein detailliertes vertragliches Pflichtenprogramm des Verfassers nichts über das Vorliegen eines Bestellvertrags besagt.[87]

---

[82] BGH NJW 1967, 2199, 2199; stRspr; Palandt/*Grüneberg* § 311 BGB Rn 32.
[83] BGH GRUR 1984, 528, 529.
[84] BGH GRUR 1984, 528, 529: „Werkvertrag besonderer Art"; *von Gamm* GRUR 1980, 531, 533.

[85] Wegner/Wallenfels/Kaboth/*Wegner* 2. Kap Rn 142.
[86] BGH GRUR 1984, 528, 529.
[87] S Rn 98 ff.

**64**     Maßgebliches Abgrenzungskriterium zum Verlagsvertrag ist die fehlende Auswertungspflicht des Verlegers.[88] Den **BGH** hat die Abgrenzung zwischen Verlags- und Bestellvertrag vor allem beim **Übersetzervertrag** beschäftigt: So hat er beim Übersetzervertrag für Comics ohne weiteres einen Bestellvertrag angenommen.[89] Später hat er klargestellt, dass keinesfalls jeder Übersetzervertrag von vornherein ein Bestellvertrag sei.[90] Dieser Entscheidung hat große Rechtsunsicherheit verursacht, weil der BGH viele Kriterien anspricht, sich aber nicht dazu bekennt, welche für die Unterscheidung zwischen Bestell- und Verlagsvertrag entscheidend sein sollen: So sucht der BGH im Vertrag nach „**Hinweisen" auf eine Auswertungspflicht** und findet sie etwa darin, dass die Regeln über Manuskriptrückgabe, Freiexemplare und Vergütung ihrer Formulierung nach eine Veröffentlichung als selbstverständlich voraussetzen.[91] Weder spricht aus Sicht des BGH dann aber eine Pauschalhonorierung für, noch eine Erfolgsbeteiligung ab einer bestimmten Verkaufszahl gegen einen Bestellvertrag. Der BGH bricht seine Überlegungen schließlich abrupt mit der Feststellung ab, dass allgemeine Geschäftsbedingungen vorlägen und die Unklarheit gem § 305c Abs 2 BGB zulasten des Verlegers gehe, so dass von einer Auswertungspflicht auszugehen sei – und damit von einem Verlagsvertrag. Man wird sagen dürfen, dass der BGH sich damit vorbehält, im **Einzelfall** zu entscheiden und anhand eher beliebiger Kriterien zu begründen, ob er eine Auswertungspflicht für gerechtfertigt hält oder nicht.

**65**     Es kann deshalb bei der **Vertragsgestaltung** nur dringend geraten werden, immer **ausdrücklich positiv oder negativ** zu **vereinbaren**, ob den Verleger einer Auswertungspflicht treffen soll oder nicht. Denn § 47 VerlG ist eine **Auslegungsregel**. Es steht den Parteien also frei, auch dann ausdrücklich einen Verlagsvertrag und keinen Werkvertrag zu schließen, wenn die Voraussetzungen der Vorschrift erfüllt sind.

**66**     Nach § 47 Abs 2 VerlG liegt ein Bestellvertrag im Zweifel auch bei der Mitarbeit an **Enzyklopädien, fremden Werken** oder **Sammelwerken** vor.

**67**     c) (**Verpflichtung zur**) **Rechtseinräumung.** Als Werkvertrag verlangt der Bestellvertrag vom Verfasser, dass er das **Manuskript erstellt und dem Besteller überlässt** (§§ 631 Abs 1, 633 Abs 1 BGB).

**68**     Erreicht das Werk des Verfassers trotz der Vorgaben des Bestellers eine eigene Schutzfähigkeit nach § 2 UrhG, so benötigt der Besteller zusätzlich entsprechende **urheberrechtliche Nutzungsrechte**, wenn er das Werk verwerten will.[92] Eine Pflicht zur Einräumung entsprechender Nutzungsrechte muss dann **zusätzlich vereinbart** werden.[93] Dies gilt insb für die Zahl der Auflagen und die Weiterübertragung von Nutzungsrechten.[94] Diese Pflicht und die Rechtseinräumung selbst werden aber oft **stillschweigend** vereinbart sein, wenn sie erforderlich sind, um einen beiden Parteien bekannten Zweck zu erreichen[95] oder wenn die bisherige[96] oder spätere[97] Geschäftsbeziehung oder die Korrespondenz[98] einen entsprechenden sicheren darauf Schluss zulässt.

---

[88] OLG München ZUM 2008, 875, 877.
[89] BGH GRUR 1998, 680, 682; ebenso Wegner/Wallenfels/Kaboth/*Wegner* 2. Kap Rn 153.
[90] BGH NJW 2005, 596, 598 f; dazu *Gergen* NJW 2005, 569 ff.
[91] BGH NJW 2005, 596, 599.
[92] BGH GRUR 1998, 680, 682; zur zweistufigen Vorgehensweise bei Auftragswerken Dreier/Schulze/*Schulze* Vorbem Rn 165 ff.

[93] BGH GRUR 1984, 528, 529.
[94] BGH GRUR 1984, 528, 529.
[95] BGH GRUR 1998, 680, 682.
[96] BGH GRUR 1984, 528, 529.
[97] BGH GRUR 1998, 680, 682.
[98] OLG Frankfurt GRUR 1991, 601, 602.

Für die Rechtseinräumung selbst gelten die allgemeinen urhebervertragsrechtlichen **69**
Regelungen.[99] Die Beschränkungen der §§ 4 ff VerlG finden keine Anwendung, wohl
aber der Zweckübertragungsgedanke des § 31 Abs 5 UrhG.[100] Der BGH hat klargestellt, dass beim Bestellvertrag von einer **umfassenden Rechtseinräumung** nur ausgegangen werden kann, wenn sich dies aus dem Parteiwillen unzweideutig ergibt.[101]
Anders als der BGH in der Entscheidung ausführt, dürfte dabei ein **Pauschalhonorar**
idR zumindest nicht *für* eine pauschale Rechtseinräumung sprechen. Gerade wenn das
Honorar absolut beschränkt ist, wird der Verfasser als Gegenleistung auch nur
beschränkte Rechte haben einräumen wollen.[102] Etwas anderes kann aber gelten,
wenn das Pauschalhonorar derart hoch ist, dass mit dem Vertrag ohne Zweifel nur ein
„**total buyout**" gemeint sein konnte.

Zur **Höhe der Vergütung** gelten die Ausführungen zum Verlagsvertrag.[103]    **70**

#### 4. Stoffentwicklung durch Dritte

Es kommt auch vor, dass weder Verfasser noch Verleger den Stoff entwickelt hat, **71**
sondern ein Dritter. Dies kann etwa eine Agentur sein oder ein externes Unternehmen.
Hier ist immer klar, dass der Dritte von seiner Tätigkeit **eigenständig profitieren** will.

Der Dritte kann den Stoff nach § 631 BGB für einen Verlag entwickeln, der dann **72**
einen Verfasser nach § 47 Abs 1 VerlG mit der Umsetzung beauftragt. Hat eine literarische Agentur den Stoff entwickelt, so wird sie sich einen Verfasser suchen, für den
sie den Stoff und dessen Umsetzung einem Verlag anbietet. Dass die Agentur selbst
den Stoff entwickelt hat, wird sie bei der Provisionshöhe berücksichtigen.

#### 5. Stoffschutz

Zu den größten Sorgen eines anbietenden Autors gehört oft, dass der Verlag ihm **73**
absagt, sein angebotenes Konzept aber dann mit einem anderen Verfasser verwirklicht. In **tatsächlicher Hinsicht** lässt sich dem dadurch **vorbeugen**, dass der Verfasser in
seinem Angebot möglichst überzeugend darlegt, dass und warum gerade er für die
Umsetzung des Stoffs kompetent ist. Eine solche Kompetenz kann er mit seiner Vita
ebenso belegen wie mit entsprechenden Textproben. Dann gibt es für den Verlag idR
schon gar keinen Anlass, das Konzept mit einem anderen Autor verwirklichen zu wollen: Bezahlen muss er ohnehin einen Autor, und warum sollte er dann den Stoff nicht
gleich von dem Verfasser umsetzen zu lassen, der ihn anbietet – vorausgesetzt, dieser
ist dafür kompetent?

**a) Konzeptschutz nach UrhG.** Aber auch rechtlich kann der Verfasser im Ange- **74**
botsstadium Schutz genießen: Zunächst kommt ein urheberrechtlicher Schutz in
Betracht. Er setzt voraus, dass das Angebot die notwendige **Gestaltungshöhe** eines
Werks iSd § 2 UrhG aufweist.[104]

---

**99** BGH GRUR 1998, 680, 683.
**100** BGH GRUR 1998, 680, 682.
**101** BGH GRUR 1998, 680, 682; OLG Frankfurt GRUR 1991, 601, 601: Bloße grundsätzliche Billigung des Vorhabens genügt nicht.
**102** S aber auch die Erwägungen in BGH
GRUR 1968, 152, 154; gegen die Zurückbehal-
tung eines Rechts zur Lizenzvergabe sprach in

diesem Fall, dass es sich um einen Übersetzervertrag handelte und der Übersetzer ohne ein
Recht am übersetzten Werk mit dem zurück-
behaltenen Recht ohnehin nichts hätte anfangen
können.
**103** S Rn 134 ff, 245 ff.
**104** S *Jani* Kap 1 Rn 51.

**75**    Dabei ist zu beachten, dass **Ideen und Konzepte** grds nicht urheberrechtlich schutzfähig sind.[105] So kann jeder Verlag etwa die bloße Idee übernehmen, ein Sachbuch zum Thema „Altersvorsorge" oder einen Roman über eine Försterfamilie[106] zu schreiben und mit einem anderen Verfasser umsetzen, ohne dass er dafür die Zustimmung des anbietenden Ideengebers benötigt.

**76**    Schutzfähig ist aber die **konkrete Ausgestaltung** einer Idee, wenn sie eine **individuelle Gedankenführung** oder **eine individuelle Auswahl und Anordnung des Inhalts** enthält.[107] Die frühere Annahme,[108] nur die Form eines Sprachwerks könne urheberrechtlich geschützt sein, nicht sein Inhalt, ist inzwischen aufgegeben:[109] Die Gesetzesbegründung[110] zum UrhG erkennt ebenso wie Rechtsprechung[111] und Literatur[112] die **Schutzfähigkeit von Inhalten** jenseits ihrer konkreten textlichen Ausgestaltung an. Dieser Schutz kommt bei belletristischen Werken vor allem für die **Fabel** sowie für die **Charakteristik und Rollenverteilung der handelnden Figuren** infrage.[113] Bei Sachbuchthemen kann die Schutzfähigkeit aus der **individuellen Gliederung, Gestaltung und Darstellung des Inhalts** folgen.[114] Hierin muss aber eine eigentümliche geistige Leistung zum Ausdruck kommen; sie fehlt, wenn sich etwa die Gliederung völlig aus der Natur der Sache ergibt oder ohnehin völlig üblich ist. Deshalb sollte der Verfasser bereits im ersten Angebot einige Sorgfalt darauf verwenden, die Fabel und Charaktere eines Romans bzw die von ihm ersonnene individuelle Gliederung eines Sachthemas so genau wie möglich zu beschreiben.

**77**    b) **Konzeptschutz nach UWG und BGB.** In Betracht kommt zudem ein Schutz nach § 18 UWG. Die Vorschrift stellt die sog „**Vorlagenfreibeuterei**" unter Strafe; sie schützt vor unbefugter Verwertung im geschäftlichen Verkehr anvertrauter Vorlagen.

**78**    **Vorlage** ist alles, was bei der Herstellung neuer Gegenstände als Vorbild dienen soll.[115] Unter den Begriff der Vorlage lässt sich auch ein gedankliches Muster für Texte oder Grafiken subsumieren.[116] So hat etwa das KG einen Werbeslogan als nach § 18 UWG schutzfähig erachtet.[117] Das OLG München hat das **Exposé** zu einer Fernsehserie grds als geeignete Vorlage iSd § 18 UWG angesehen, jedoch die Anforderungen an die **Gestaltungshöhe** aus § 2 UrhG einschränkend auch hier angewandt.[118] Das ist zustimmungswürdig: § 18 UWG kann nicht dazu dienen, bloße Ideen zu monopolisieren, die nach dem Urheberrecht frei sind. Zudem lässt sich allgemein Bekanntes nicht „anvertrauen".[119]

---

[105] BGH GRUR 1995, 47, 48; 1981, 520, 521; Wandtke/Bullinger/*Bullinger* § 2 UrhG Rn 39.
[106] Vgl hierzu OLG München GRUR 1990, 674, 675.
[107] StRspr, s etwa BGH GRUR 1980, 227, 230; 1981, 352, 353; Wandtke/Bullinger/*Bullinger* § 2 UrhG Rn 48 mwN.
[108] Zur Entwicklung *Berking* 22 ff.
[109] *Kitz* GRUR-RR 2007, 217 f.
[110] BGBl 1965 I S 1273.
[111] Grundlegend KG GRUR 1926, 441, 442.
[112] Möhring/Nicolini/*Ahlberg* § 2 UrhG Rn 53; Wandtke/Bullinger/*Bullinger* § 2 UrhG Rn 37; Dreyer/Kotthoff/Meckel/*Dreyer* § 2 UrhG Rn 30; *Rehbinder* Rn 164.

[113] BGH GRUR 1959, 379, 381; GRUR 1999, 984, 987; LG Hamburg GRUR-RR 2003, 233, 240.
[114] BGH GRUR 1981, 352, 353.
[115] KG GRUR 88, 702, 703; Piper/Ohly/*Ohly* § 18 UWG Rn 4.
[116] Ebenso *Wüterich/Breucker* GRUR 2004, 389, 390.
[117] KG GRUR 1988, 702, 703.
[118] OLG München GRUR 1990, 674, 676.
[119] BGH GRUR 1982, 225, 226; OLG München NJWE-WettbR 97, 38, 39; Köhler/Bornkamm/*Köhler* § 18 UWG Rn 9; Piper/Ohly/ *Ohly* § 18 UWG Rn 4.

Anders als bei § 17 UWG braucht es sich bei der Vorlage aber nicht um ein Geheimnis zu handeln,[120] so dass es unschädlich ist, wenn ein Konzept schon mehreren Verlagen angeboten worden ist. **79**

**Unbefugt** ist jede Verwertung der Vorlage, die ohne Einwilligung des Verfügungsberechtigten erfolgt.[121] **80**

§ 18 UWG ist **Schutzgesetz** iSd § 823 Abs 2 BGB.[122] **81**

Der Vertrauensbruch stellt zudem idR eine **vorvertragliche Pflichtverletzung** nach § 311 Abs 2 BGB mit der Folge eines Schadensersatzanspruchs nach § 280 Abs 1 BGB dar.[123] **82**

Hinsichtlich **unverlangt eingesandter Manuskripte** trifft den Verleger schließlich eine Obhutspflicht nach § 362 Abs 2 HGB.[124] **83**

## V. Vertragsschluss: Anforderungen an Form und Inhalt

Der Vertragsschluss kann grds **formlos** erfolgen. Eine **Ausnahme** gilt, wenn Nutzungsrechte an **unbekannten Nutzungsarten** eingeräumt werden sollen: Das ist seit 1.1.2008 nach § 31a Abs 1 UrhG möglich[125], hierfür ist ausnahmsweise Schriftform erforderlich.[126] Weitere Ausnahme ist wegen § 40 UrhG ein Vertrag über ein **künftiges Werk**. „Künftig" bedeutet dabei nicht nur, dass dieses Werk noch nicht hergestellt ist, sondern dass sein Inhalt noch unbestimmt und höchstens der Gattung nach vorgegeben ist.[127] **84**

Nach allgemeinen Regeln (§§ 133 ff BGB) kann der Vertragsschluss auch **stillschweigend** erfolgen. Entscheidend ist allein, dass sich die Parteien über die **essentialia negotii** einig sind, die nach § 1 VerlG (nur) die Pflicht zur Einräumung einerseits und Ausübung andererseits des Verlagsrechts umfassen. Dafür genügt grds, dass der Verleger mit Zustimmung des Verfassers mit dem Verlag beginnt.[128] Weitere Absprachen sind für den Vertragsschluss auch vor dem Hintergrund von §§ 154 f BGB nicht notwendig, weil das VerlG für die nähere Ausgestaltung dispositive Regeln bereithält.[129] **85**

In der Praxis verhandeln die Parteien aber regelmäßig über bestimmte Punkte, die vom dispositiven Recht abweichen sollen; meist geschieht dies vorab per Telefon oder E-Mail. Treten die Parteien überhaupt in nähere Verhandlungen ein, so besteht nach der Branchenübung eine gewisse Vermutung dafür, dass sie die unten[130] aufgelisteten Punkte iSd § 154 Abs 1 S 2 BGB regelungsbedürftig fanden. Zudem werden Verlagsverträge idR **schriftlich** geschlossen, so dass § 154 Abs 2 BGB den Vertragsschluss aufschiebt.[131] **86**

Verhandelt eine **literarische Agentur** den Vertrag, der – wie üblich – der Verfasser keine Abschlussvollmacht eingeräumt hat, so gelten die §§ 164 ff BGB nicht. Die Agentur führt nur die Verhandlungen; die zum Vertragsschluss führenden Willens- **87**

---

[120] BGH GRUR 1964, 31, 32; Piper/Ohly/*Ohly* § 18 UWG Rn 4; enger hingegen *Kraßer* GRUR 1977, 177, 180.
[121] Piper/Ohly/*Ohly* § 17 UWG Rn 15.
[122] Piper/Ohly/*Ohly* § 18 UWG Rn 11.
[123] OLG Hamm NJW-RR 1990, 1380, 1381.
[124] *Schack* Rn 1133.
[125] Im Einzelnen s *Jani* Kap 1 Rn 217 ff.
[126] Besondere über § 126 BGB hinausgehende

Anforderungen an die Schriftform stellt die Vorschrift nicht; aA wohl *Spindler* NJW 2008, 9, 10.
[127] OLG Frankfurt GRUR 1991, 601, 601.
[128] OLG Karlsruhe GRUR 1993, 992, 993; *Delp* Praktikum 25.
[129] OLG Frankfurt GRUR 1991, 601, 602.
[130] S Rn 95 ff.
[131] *Delp* Verlagsvertrag 8.

erklärungen gibt der Verfasser selbst ab. Ist aber Handelsvertreterrecht anwendbar[132] und überschreitet die Agentur ihre Befugnisse als Vermittlungsvertreterin, so muss der Verfasser nach § 91a Abs 1 HGB das Geschäft unverzüglich ablehnen, wenn er nicht daraus gebunden werden will.

### VI. Verlagsvertrag und allgemeine Geschäftsbedingungen

**88**    Wohl weil die §§ 305 ff BGB in erster Linie auf Verträge über Warenlieferungen und Dienstleistungen zugeschnitten sind, ist die Rechtsprechung zu Verlagsverträgen und allgemeinen Geschäftsbedingungen überschaubar. Dies darf aber nicht darüber hinwegtäuschen, dass die **Mehrzahl der geschlossenen Verlagsverträge** vollständig oder in Teilen allgemeine Geschäftsbedingungen iSd § 305 Abs 1 BGB darstellt.[133] Deren Wirksamkeit richtet sich nach §§ 305 ff BGB.

**89**    Einschränkungen gelten nach § 310 Abs 1 BGB gegenüber Unternehmern iSv § 14 BGB. **Unternehmer** kann auch der Verfasser sein.[134] Die dafür notwendige selbstständige berufliche Tätigkeit kann Haupt- oder Nebentätigkeit sein, sie muss aber auf Dauer angelegt sein und der Schaffung und Erhaltung der Lebengrundlage dienen.[135]

**90**    Allgemeine Geschäftsbedingungen sind alle für eine Vielzahl von Verträgen vorformulierte Vertragsbedingungen, die eine Vertragspartei als Verwender der anderen Vertragspartei bei Abschluss eines Vertrags stellt. Dies können verlagsintern für das Alltagsgeschäft **vorformulierte Vertragstexte** ebenso sein wie **Norm- und Musterverträge**.[136] Gebräuchlich sind zB[137] der **Normvertrag für den Abschluss von Verlagsverträgen**[138] und der **Normvertrag für den Abschluss von Übersetzungsverträgen** zwischen dem Verband deutscher Schriftsteller (VS) in der IG Medien und dem Börsenverein des Deutschen Buchhandels e.V. sowie die **Vertragsnormen für wissenschaftliche Verlagswerke**[139] zwischen dem Börsenverein des Deutschen Buchhandels und dem Deutschen Hochschulverband. Weil diese Normverträge jeweils zwischen Interessenverbänden verhandelt wurden, enthalten sie bereits einen Interessenausgleich. Das ist wohl auch ein Grund für die relativ seltenen AGB-Streitigkeiten beim Verlagsvertrag.[140] Sind in einem Standardvertrag aber auch individuelle Sonderregelungen eingearbeitet, so gilt für diese nicht das AGB-Recht.[141]

**91**    **Verwender** wird meist der Verleger sein. Denkbar ist aber auch, dass eine literarische Agentur für den Verfasser oder der Verfasser selbst vorformulierte Klauseln einführt.

**92**    Oft wird ein Muster aber nur als Verhandlungsgrundlage eingeführt. In diesem Fall ist bei jeder Klausel abzugrenzen zwischen allgemeiner Geschäftsbedingung und **individuell ausgehandelter Bestimmung** iSv § 305 Abs 1 S 3 BGB. Dabei setzt ein

[132] S Rn 41.

[133] *Rehbinder* Rn 664; *Schack* Rn 1010; ausf *Kuck* GRUR 2000, 285 ff.

[134] *Pleister* GRUR Int 2000, 673, 680 (Fn 138), geht davon aus, dass jeder Schriftsteller Unternehmer im Sinne des AGB-Rechts ist; vgl auch das Beispiel zum Schriftsteller bei *K Schmidt* JuS 2006, 1, 4 sowie zu § 84 HGB Baumbach/Hopt/*Hopt* § 84 HGB Rn 27.

[135] Palandt/*Ellenberger* § 14 BGB Rn 2;

Prütting/Wegen/Weinreich/*Prütting* § 14 BGB Rn 8 f.

[136] MüKo/*Basedow* § 305 BGB Rn 13.

[137] Alle erhältlich unter www.boersenverein.de.

[138] Zu Entstehung und Bedeutung s *Knaak* 263, 266 f.

[139] Zu Entstehung und Bedeutung *Straus* 291, 308 ff.

[140] *Meder* UFITA 2010 (Heft 1), 11, 62.

[141] LG München I ZUM-RD 2009, 624, 628.

„Aushandeln" nach der Rechtsprechung des BGH mehr als „Verhandeln" voraus:[142] Der Verwender muss den in seinen AGB enthaltenen gesetzesfremden Kerngehalt inhaltlich ernsthaft zur Disposition stellen und dem Verhandlungspartner Gestaltungsfreiheit zur Wahrung eigener Interessen einräumen. Der Vertragspartner muss also die reale Möglichkeit erhalten, den Inhalt der Vertragsbedingungen zu beeinflussen. Verhandelt aufseiten des Verfassers eine literarische Agentur, so wird diese Voraussetzung eher erfüllt sein als gegenüber einem einzelnen Verfasser.

Liegen nach diesen Maßstäben allgemeine Geschäftsbedingungen vor, so gehen **Auslegungszweifel** nach § 305c Abs 2 BGB zulasten des Verwenders. Ist nach dem Wortlaut zB unklar, ob der Verleger eine Auswertungspflicht übernommen hat, so kann § 305c Abs. 2 BGB dazu führen, dass die Formulierung im Sinne einer Pflicht auszulegen ist, wenn es sich um AGB handelt und Verwender der Verleger ist.[143] Auch auf die Auslegung einer Optionsklausel kann sich § 305c Abs. 2 BGB auswirken.[144] Nicht selten sind auch **überraschende Klauseln** iSd § 305c Abs 1 BGB, die nicht Vertragsbestandteil werden. Eine geringere Bedeutung hat hingegen bei Verlagsverträgen die **Inhaltskontrolle** nach §§ 307 ff BGB; eine wichtige Ausnahme stellt die Rechtsprechung zu Wettbewerbsverboten dar.[145] Auf Einzelheiten zu konkreten Klauseln wird im Folgenden jeweils bei den Ausführungen zu den entsprechenden Vertragsbestandteilen eingegangen.

**93**

## VII. Vertragsverhandlung und Vertragsinhalt

Das **gesamte Vertragsrecht des VerlG ist dispositiv.**[146] Das VerlG geht davon aus, dass jeder Vertragspartner innerhalb seines „Geschäftsbereichs" einen weiten Ermessensspielraum hat: der Verfasser hinsichtlich der Art und Weise der Manuskripterstellung, der Verleger bzgl Art und Weise der Vervielfältigung und Verbreitung. Die Vertragspraxis schränkt dieses Ermessen im Sinne einer besseren Planbarkeit idR durch genauere Vereinbarungen jeweils ein.

**94**

Folgende Punkte sind **üblicherweise Verhandlungsgegenstand:**

**95**

### 1. Vertragsgegenstand: Beschaffenheit des abzuliefernden Werks

a) **Ausgangslage nach dem VerlG.** Viele verlagsrechtliche Streitigkeiten entstehen, weil die Parteien den Vertragsgegenstand unzureichend bestimmt haben. Der Verfasser kann seine Ablieferungspflicht nur mit einem **vertragsgemäßen Manuskript** erfüllen, und nur ein solches muss der Verleger vervielfältigen und verbreiten. Das folgt aus § 31 VerlG. Was vertragsgemäß ist, sagt das VerlG aber – abgesehen von der formellen Anforderung in § 10 VerlG – noch nicht einmal mit dispositiven Regeln. Hier sind die Parteien also allein auf ihre Vereinbarungen gestellt.

**96**

Ohne nähere Vereinbarung liegen innerer Aufbau und Darstellungsweise des Werks grds im **Ermessen des Verfassers.**[147]

**97**

---

[142] StRspr; s etwa BGH NJW 2005, 2543, 2544; BGH NJW 2002, 2388, 2389; BGH NJW 2000, 1110, 1111; speziell zum Verlagsvertrag OLG München OLGR 2007, 737, 738.
[143] OLG München ZUM 2008, 875, 877.

[144] LG München I ZUM 2009, 594, 597.
[145] S Rn 171.
[146] *Schack* Rn 1080.
[147] RG GRUR 1937, 485, 488; *Schulze* Kap XVI 1. b) aa).

**98**   Es steht den Parteien aber frei, den **Vertragsgegenstand näher zu bestimmen,**[148] und dies sollten sie auch tun, um Streit zu vermeiden.[149] Die Frage, „ob und inwieweit etwa bei einem echten Verlagsvertrag, insb auch mit Rücksicht auf die für ein geistiges Schaffen notwendige Bewegungsfreiheit des Verfassers, der Zulässigkeit solcher einengenden Vereinbarungen und der Zulässigkeit von Rügen gegen Abweichungen von solchen Vereinbarungen Grenzen zu setzen sind" hat der BGH offen gelassen.[150] Das „ob" dieser Frage wird bereits zu verneinen sein, denn es spricht nichts dagegen, aber eine erhöhte Rechtssicherheit dafür, dass die Parteien den Vertragsgegenstand möglichst genau festlegen. Auch wird der Verlagsvertrag durch solche Vereinbarungen nicht zum Bestellvertrag nach § 47 VerlG: Die Abgrenzung zum Bestellvertrag erfolgt nicht über die Detaildichte der Vereinbarung, sondern über die Frage, ob die Details gerade vom Verleger vorgegeben werden.[151]

**99**   Schließen die Parteien einen Verlagsvertrag über ein bereits **fertiges Werk,** so machen sie dieses mit allen seinen Eigenschaften zum Vertragsgegenstand. Der Vertrag sollte sich dazu äußern, ob er über ein fertiges oder noch zu erstellendes Werk geschlossen wird, weil je nachdem unterschiedliche Regeln gelten können (zB in § 11 VerlG).

**100**   Bei einem noch zu **erstellenden Werk** kann und sollte eine nähere Bestimmung des Vertragsgegenstands hinsichtlich des Inhalts und der Form erfolgen:

**101**   b) **Festlegung der inhaltlichen Werkbeschaffenheit.** Der Inhalt des Werks lässt sich auf verschiedene Weise näher vertraglich festlegen. So hat die Rechtsprechung bereits den **vertraglichen Arbeitstitel** des Werks herangezogen, um die Pflichten des Verfassers zu bestimmen: Der Arbeitstitel „Die Memoiren" umfasse mehr als nur die Darstellung eines bestimmten Lebensabschnitts.[152] Der Arbeitstitel dient damit nicht nur der Unterscheidung des Werks im Entstehungsprozess, sondern sollte im Hinblick auf die vertragliche Pflichtenfestlegung mit Bedacht formuliert werden.

**102**   Weiterhin sollten die Parteien regelmäßig das **Exposé** ausdrücklich zum Vertragsinhalt machen. Aus dem Exposé sollten Grundinhalt und Charakter des Werks, bei einem Sachbuch die Hauptthesen,[153] hervorgehen. Idealerweise benennt das Exposé auch die **Zielgruppe** des Werks[154] und sagt etwas zu bereits existierende **Konkurrenztiteln** und dazu, wie sich das vertragsgegenständliche Werk von ihnen unterscheiden soll. Schließlich kann auch eine bereits vorliegende **Gliederung**[155] oder ein **Treatment** ausdrücklich zum Vertragsinhalt gemacht werden und so weiter Rechtsunsicherheit abbauen.

**103**   Hinsichtlich der **Art der Darstellung** fließen oft einige Seiten oder auch ganze Kapitel als **Textprobe** des Verfassers in die Verhandlungen ein. Auch auf sie kann und sollte der Vertrag Bezug nehmen.

**104**   Aus alledem kann sich dann zB ergeben, dass das Werk einen **provokanten Inhalt** haben soll, der auch die Gefahr gerichtlicher Auseinandersetzungen wegen Persönlichkeitsrechtsverletzungen der im Werk behandelten Personen mit sich bringen kann.[156]

---

[148]  BGH GRUR 1960, 642, 643 f.
[149]  Vgl *Delp* Verlagsvertrag 41.
[150]  BGH GRUR 1960, 642, 644.
[151]  S Rn 63.
[152]  OLG München NJW-RR 1995, 568, 569.
[153]  Vgl hierzu OLG München ZUM 2007, 863, 865.
[154]  Hierzu BGH GRUR 1960, 642, 644.
[155]  Hierzu OLG München ZUM 2007, 863, 864 f.
[156]  So im Fall BGH GRUR 1979, 396, 397 f, in dem sich der Verlag gerade von einem „brisanten Werk" einen besonderen Erfolg versprach.

Allerdings darf sich der Vertrag nicht „bewusst und gezielt" gegen ein **gesetzliches Verbot** oder gegen die **guten Sitten** richten, sonst ist er nach § 134 bzw § 138 BGB unwirksam.[157]

c) **Festlegung der formellen Werkbeschaffenheit.** Formell schuldet der Verfasser **105** nach § 10 VerlG ein Manuskript in einem für die **Vervielfältigung geeigneten Zustand.**[158] Abzuliefern ist nach dispositivem Gesetzesrecht ein Manuskript in **Papierform.**

Die Parteien können Abweichendes vereinbaren, etwa eine Ablieferung auf **Diskette** **106** oder per **E-Mail.** Auch sonstige Zusatzvereinbarungen sind möglich, zB zur **Manuskriptgestaltung** (Breite des Korrekturrands, Zeilenabstand etc). In jedem Fall sollten die Parteien auch vereinbaren, welche **Rechtschreibregeln** dem Werk zugrunde liegen sollen. Gängig sind die Kategorien alte Rechtschreibung, progressiv-neue Rechtschreibung und konservativ-neue Rechtschreibung.

Die Vollständigkeit des Werks richtet sich nach dem geschuldeten **Umfang**, der für **107** beide Parteien besonders wichtig ist. Er ist die Kenngröße, nach der jede Partei den Umfang ihrer jeweiligen Verpflichtung und somit Aufwand und Risiko am zuverlässigsten einschätzen kann. Der Umfang des Werks sollte daher nie unbestimmt oder einer Vertragspartei überlassen[159] bleiben. Er wird im Vertrag idR in Seiten angegeben.

Wenn nichts Abweichendes bestimmt ist, legt die Branche dabei die „**Normseite**" **108** zugrunde. Diese hat sie für den Übersetzervertrag definiert als eine Seite mit 30 Zeilen zu 60 Anschlägen[160]. Dabei gilt der normale Zeilenfall, so dass auch „leere Bereiche" wie Leerzeilen oder nicht ganz ausgefüllte Zeilen die Normseite mit füllen. In Zeiten der elektronischen Textverarbeitung kann man außerhalb des Übersetzervertrags beim Verlagsvertrag mit einem **Näherungswert** von 1600 (tatsächlichen) Zeichen inklusive Leerzeichen pro Normseite rechnen.

## 2. (Pflicht zur) Rechtseinräumung

a) **Verlagsrecht.** Nach § 8 VerlG muss der Verfasser dem Verleger das Verlagsrecht **109** an dem Werk verschaffen. Die Vorschrift definiert es legal als das **ausschließliche Recht zur Vervielfältigung und Verbreitung.** Die Branche bezeichnet dieses Recht auch als „**Hauptrecht**".

Parallel hierzu ist § 31 Abs 5 UrhG zu lesen, der die **Zweckübertragungsregel** verankert. Nach der Zweckübertragungsregel beschränkt sich der Umfang der eingeräumten Nutzungsrechte auf den mit dem Vertrag verfolgten Zweck, wenn nicht jedes Nutzungsrecht einzeln benannt ist.[161] Die Zweckübertragungsregel ist für die Rechtseinräumung selbst entwickelt worden, kann aber auch bereits für die Verpflichtung zur Rechtseinräumung fruchtbar gemacht werden, bei der sich oft die gleichen Auslegungsfragen stellen. Ohnehin formuliert die Praxis im Verlagsvertrag regelmäßig

---

**157** OLG Frankfurt NJW-RR 2006, 330, 331; *Nordemann* GRUR 1979, 399, 399.
**158** S Rn 182.
**159** Hierzu OLG Hamm Urt v 18.8.2009 – 4 U 52/09 (BeckRS 2009 27122).
**160** S § 6 des Übersetzernormvertrags zwischen

dem Verband deutscher Schriftsteller (VS) in der IG Medien und dem Verleger-Ausschuss des Börsenverein des Deutschen Buchhandels eV, erhältlich unter www.boersenverein.de; zuletzt BGH ZUM 2010, 48, 48.
**161** S *Jani* Kap 1 Rn 210.

nicht die Pflicht zur Rechtseinräumung, sondern gleich die Rechtseinräumung selbst. Die bloße **Duldung** einer späteren Nutzung ist allerdings keine Rechtseinräumung.[162]

**111**   Rechtsprechung und Literatur haben ein feines System einzelner Nutzungsarten innerhalb der urheberrechtlichen Verwertungsformen der §§ 15 ff UrhG entwickelt, für die jeweils eigene Nutzungsrechte vergeben werden können. Jede **nach der Verkehrsauffassung wirtschaftlich-selbstständige, abgrenzbare Art der Verwertung** ist eine **eigene Nutzungsart**.[163] So sind verschiedene Buchausgaben mit verschiedenen Gestaltungsmerkmalen (Format, Druckgröße, Einband) unterschiedliche Nutzungsarten, nicht aber schon wegen unterschiedlicher Preiskategorien.[164] Eigenständige Nutzungsarten sind danach etwa:[165] die Normalausgabe (**Hardcover**), die **Taschenbuchausgabe**[166] und – wegen des besonderen Vertriebswegs – auch die **Buchclubausgabe**.[167]

**112**   Den Erwerber trifft damit eine **Spezifizierungslast**[168]: Benennt er im Vertrag nicht jede eigenständige Nutzungsart ausdrücklich, so erwirbt er im Zweifel nur so viele Rechte, wie es der beiden Parteien bekannte, objektiv verfolgte Vertragszweck erfordert.[169]

**113**   Dies steht zunächst **scheinbar** im **Widerspruch zu dem pauschal formulierten § 8 VerlG**, weshalb teilweise geraten wird, alle vom Verlagsrecht umfassten Einzelnutzungsarten im Vertrag gesondert aufzuführen.[170] Die Praxis hingegen übernimmt oft die pauschale Formulierung aus § 8 VerlG und ergänzt „**für alle Ausgaben und Auflagen**". Das dürfte für den Erwerb des Hauptrechts ausreichend sein, weil sich § 8 VerlG durchaus sinnvoll mit der Zweckübertragungsregel vereinbaren lässt: Der Zweck des Verlagsvertrags besteht darin, dem Verleger alle Verwertungen zu ermöglichen, die zum verlegerischen Kerngeschäft gehören. Dies führt dazu, dass der Vervielfältigungsbegriff des § 8 VerlG nicht mit dem des § 16 UrhG übereinstimmt, sondern eben nur die **verlegertypischen Vervielfältigungsarten** umfasst: die Form des gedruckten Buchs,[171] allerdings *jede* Form des gedruckten Buchs. Innerhalb dieses verlagstypischen Vervielfältigungsbegriffs sind daher grds alle Ausgabenarten vom objektiven Zweck eines Verlagsvertrags gedeckt und brauchen nicht näher bezeichnet zu werden.[172]

**114**   Auch aus einem viel zitierten Urteil des KG[173] ergibt sich nichts anderes: Zwar sagt das KG an dieser Stelle, der Verleger komme mit der Formulierung „alle Ausgaben" seiner Spezifizierungslast nicht nach. Es stellt jedoch maßgeblich darauf ab, dass die Parteien mündlich über eine Buchclubausgabe gesprochen und damit „diese besondere Nutzungsart einzeln hervorgehoben" und ihre Absicht gezeigt hätten, „den Begriff der ‚Ausgabe' auszufüllen". Die Einräumung einer weiteren Nutzungsart hat das Gericht

---

162   OLG München ZUM 2008, 875, 877.
163   BGH GRUR 1997, 215, 217.
164   BGH GRUR 1992, 310, 312.
165   Vgl KG GRUR 1991, 596, 599; *Schricker* § 8 VerlG Rn 5e.
166   BGH GRUR 1992, 310, 312; KG GRUR 1991, 596, 599; OLG München ZUM 1989, 585, 587.
167   BGH GRUR 1959, 200, 202.
168   Wandtke/Bullinger/*Wandtke/Grunert* § 31 UrhG Rn 71; Möhring/Nicolini/*Spautz* § 31 UrhG Rn 47.
169   BGH GRUR 1959, 200, 203; allerdings kann die Zweckübertragungsregel nicht nur

rechtsbegrenzend wirken, sondern auch rechtsbegründend, vgl etwa OLG Hamburg ZUM 2004, 128, 129 f.
170   So etwa *Schricker* § 8 VerlG Rn 5 f; Wegner/Wallenfels/Kaboth/*Wegner* 2. Kap Rn 48.
171   *Schricker* § 1 VerlG Rn 51; *Delp* Verlagsvertrag 42 f.
172   Vgl die Formulierung in OLG Frankfurt ZUM 2000, 595, 596: Der Verleger hat das „Buchrecht erhalten", denn er „war und ist ein Buchverlag"; in diesem Sinne auch *Knaak* 263, 270.
173   KG GRUR 1991, 596 ff.

Volker Kitz

„damit" als ausgeschlossen angesehen.[174] Ohnehin ging es in diesem Fall nicht um eine eigene Ausübung des Verlagsrechts, sondern um eine Lizenzierung, die noch einmal anders zu beurteilen ist.[175] Das Urteil zeigt, dass es manchmal **eher nachteilig sein kann, überhaupt über bestimmte Ausgabenarten zu sprechen**, weil dies den sonst weiten Vertragszweck des VerlG im Einzelfall einschränken kann: Nach der Argumentation des Gerichts schränkte die mündliche Absprache den Ausgabenbegriff ein und verdrängte damit die dispositive, weitergehende Regel des § 8 VerlG. Für die **Vertragsverhandlung** ist daher zu empfehlen, innerhalb des verlagstypischen Vervielfältigungsbegriffs entweder keine Ausgabe besonders zu behandeln oder aber tatsächlich alle Ausgaben vollständig aufzuzählen, für die Rechte eingeräumt werden sollen.

Wird – wie es üblich ist – die Art der *Erstausgabe* im Vertrag näher bestimmt, so liegt hierin aber keine entsprechende Beschränkung des Vertragszwecks. Eine solche Festlegung konkretisiert lediglich die Auswertungspflicht des Verlegers. Deutlich wird dies durch eine Formulierung, nach der das Werk „zunächst" als ...-Ausgabe erscheinen soll. **115**

Weil die Einräumung des Verlagsrechts „für alle Auflagen und Ausgaben" weit verbreitet ist, scheitert sie auch nicht in **Formularverträgen** an § 305 Abs 1 BGB:[176] Der von der Rechtsprechung für § 305 Abs 1 BGB geforderte echte Überrumpelungseffekt liegt nämlich nicht vor, wenn eine breite Rechtseinräumung branchenüblich ist.[177] Auch bedeutet eine solche Rechtseinräumung ohne weitere Anhaltspunkte keine unangemessene Benachteiligung iSv § 307 Abs 1 BGB.[178] **116**

Allerdings umfasst das verlegerische Kerngeschäft nur die eigene Vervielfältigung und Verbreitung, nicht aber eine **Lizenzierung** an Dritte. So hat der BGH entschieden, dass die Einräumung des Rechts zur Verbreitung auf dem üblichen Absatzweg nicht das Recht zur Lizenzvergabe an eine Buchgemeinschaft umfasst.[179] Das Recht zur Lizenzvergabe muss daher – auch wegen § 34f UrhG – gesondert im Verlagsvertrag berücksichtigt werden. **117**

Auch das **Bearbeitungsrecht** und das Recht, das Werk auf **Bild- oder Tonträger zu übertragen**, sind nicht vom Verlagsrecht umfasst. Diese Rechte verbleiben nach § 37 Abs 1 und 2 UrhG im Zweifel beim Urheber.[180] § 2 Abs 2 VerlG, der einige Beispiele dieser Rechte ausdrücklich vom Verlagsrecht ausnimmt, ist daher rein deklaratorisch.[181] **118**

---

[174] KG GRUR 1991, 596, 599; ähnl OLG Köln ZUM-RD 1998, 213, 215, wo die Parteien zunächst über die Rechte für „all editions" verhandelt, sich dann aber im Vertrag nach den Umständen auf eine konkrete Ausgabenart festgelegt hatten, ebenso LG München I ZUM 1995, 725, 726, und OLG München ZUM 2000, 404, 407, wo jeweils nach den Umständen nur eine ganz bestimmte Ausgabe in Rede stand.
[175] S Rn 117, 121.
[176] Zweifelnd *Schricker* § 5 VerlG Rn 8.
[177] BGH NJW 1995, 1496, 1498; GRUR 1984, 119, 121.
[178] OLG Celle NJW 1987, 1423, 1424.

[179] BGH GRUR 1959, 200, 203; s aber für den Übersetzervertrag auch BGH GRUR 1968, 152, 154, wonach die Lizenzvergabe an eine Buchgemeinschaft vom Vertragszweck gedeckt sein kann.
[180] Zu weiteren im Zweifel beim Verfasser verbleibenden Rechten s *Delp* Verlagsvertrag 9 f.
[181] Vgl auch *Schricker* § 2 VerlG Rn 12 und 19: § 37 UrhG ist viel weiter als § 2 Abs 2 VerlG; ferner OLG Hamburg GRUR 1965, 689, 689, das hinsichtlich der Bearbeitung eines Kriminalromans in einem Comic auf eine klare Zuordnung zu einer der Alternativen des § 2 Abs 2 VerlG verzichtet.

Volker Kitz

**119**     Ebenso dürfte die **elektronische Vervielfältigung**, selbst wenn sie auf körperlichen Vervielfältigungsstücken erfolgt, auch heute noch[182] nicht zum verlegerischen Kerngeschäft gehören und deshalb nicht generell vom objektiven Vertragszweck eines Verlagsvertrags gedeckt sein.[183] Für den Erwerber riskant ist daher die Formulierung in § 2 Abs 1 des Normvertrags;[184] nach welcher der Verfasser dem Verleger das Verlagsrecht des Werks pauschal „für alle Druck- und körperlichen elektronischen Ausgaben" einräumt.

**120**     b) **Weitere Rechte.** Rechte, die nicht vom Verlagsrecht umfasst sind, bezeichnet die Branche als **Nebenrechte**. Bei ihnen führt die Zweckübertragungsregel in der Tat dazu, dass jedes Recht **im Vertrag einzeln benannt werden muss**. Seit 1.1.2008 können nach § 31a Abs 1 UrhG Nutzungsrechte an **unbekannten Nutzungsarten** eingeräumt werden; sie sind allerdings grds widerrufbar.[185] Auch hierfür gilt die Zweckübertragungsregel,[186] doch können unbekannte Nutzungsarten selbstverständlich nicht genau umschrieben werden. Ausreichend ist etwa, dass die Vereinbarung auch Nutzungsrechte an erst künftig entstehenden Technologien erfasst.[187] Nachdem der Gesetzgeber diese Möglichkeit ausdrücklich geschaffen hat, wird man auch eine Einräumung von Nutzungsrechten an unbekannten Nutzungsarten in **Allgemeinen Geschäftsbedingungen** idR nicht als Verstoß gegen § 307 BGB einstufen können.[188] Dafür spricht insb auch, dass der Urheber die Rechtseinräumung vor Nutzungsaufnahme ohnehin noch einmal widerrufen kann und seine Entscheidungsfreiheit bis dahin erhalten bleibt.

**121**     Die Nebenrechte betreffen Verwertungshandlungen, die nicht im verlegerischem Kerngeschäft[189] nach § 8 VerlG liegen. Nebenrechte sind etwa das **Vorabdruck- und Nachdruckrecht**, das **Übersetzungsrecht**, das **Vortragsrecht**, das **Senderecht**, das **Verfilmungsrecht**, das Recht zur Herstellung, Vervielfältigung und Verbreitung einer Aufzeichnung auf Tonträger (**Hörbuch**),[190] die sonstigen in § 2 Abs 2 VerlG genannten Rechte, das Recht auf Vervielfältigungen, die nicht verlagstypisch sind, zB Recht der elektronischen Vervielfältigung (**CD-ROM, E-Book,**[191] **Electronic Publishing**), Fotokopierrecht, das Recht zur **Aufnahme in elektronische Datenbanken** sowie das **Recht zur Lizenzvergabe** für die vom Verlagsrecht umfassten Rechte und die Nebenrechte. Auch lässt sich der Verleger oft das **Merchandising-Recht** im Hinblick auf Werkinhalte, insb Namen und Figuren, einräumen. Weil das **Schicksal der Nebenrechte** bei Beendigung des Verlagsrechts umstritten ist,[192] empfiehlt sich eine ausdrückliche Vereinbarung darüber, ob der Bestand der Nebenrechte an den Bestand des Verlagsrechts gekoppelt sein soll.

**122**     Hinsichtlich nicht vom Verlagsrecht nach § 8 VerlG umfasster Rechte enthält das VerlG **keine Auswertungspflicht**; sie kann sich uU nur aus Treu und Glauben er-

---

**182** Für einen weiteren verlagsrechtlichen Vervielfältigungsbegriff bzgl elektronischer Offline-Ausgaben *Schulze* ZUM 2000, 432, 448; *Schmaus* 47 ff und 90 ff, der auch ein Online-Verlagsrecht diskutiert.
**183** Ebenso *Rehbinder* Rn 667; Haupt/*Hölzer* Kap 4 Rn 17.
**184** S Rn 90.
**185** S Rn 227 und ausf *Jani* Kap 1 Rn 217 ff.
**186** *Schulze* UFITA Bd 2007/III, 641, 662.
**187** BT-Drucks 16/1828, 24.
**188** AA *Spindler* NJW 2008, 9, 10.

**189** S Rn 113.
**190** Vgl auch Haupt/*Haupt/Schmidt* Kap 5 Rn 102 ff; zu den für eine Hörbuchproduktion notwendigen Vereinbarungen mit den weiteren Beteiligten s Wegner/Wallenfels/Kaboth/*Haupt* 2. Kap Rn 250 ff; *Haupt* UFITA 2002/II, 323, 347 ff; zur Bearbeitung des Werks für die Hörbuchfassung LG Stuttgart GRUR 2004, 325, 326 ff.
**191** Zur E-Book-Edition als eigenständiger Nutzungsart *Schmaus* 25 ff.
**192** S Rn 308.

geben.[193] Jedoch lässt sie sich durch ausdrückliche Vereinbarung erreichen, was freilich in der Praxis so gut wie nicht vorkommt,[194] weil kaum ein Verleger ein solches Risiko eingehen möchte. Besonders bei **Formularverträgen** ist hier auf klare Sprache zu achten: Ist unklar, ob eine Auswertungspflicht bestehen soll, so ist nach der **Unklarheitenregel** des § 305 Abs 2 BGB zulasten des Verlegers als Verwender davon auszugehen, dass eine Verwertungspflicht besteht.[195]

**c) Beschränkungen der Rechtseinräumung.** Nach dispositivem Recht muss der **123** Verfasser dem Verleger das **ausschließliche** (§ 8 VerlG) Verlagsrecht **zeitlich und räumlich unbeschränkt**, jedoch nach § 5 VerlG nur für **eine (einzige) Auflage mit 1000 Exemplaren** einräumen. In diesem Umfang darf und muss der Verleger nach § 16 VerlG Abzüge des Werks herstellen.

**aa) Räumlich.** In räumlicher Hinsicht wird dies in der Praxis **selten modifiziert**; **124** der Verleger kann, wenn ihm auch das Recht zur Lizenzvergabe zusteht,[196] dann Lizenzen an ausländische Verlage vergeben. Möglich ist aber auch eine territoriale Beschränkung. Dann behält der Verfasser die Auslandsrechte. Eine geografische Beschreibung des Territoriums bietet dabei größere Rechtssicherheit als eine Abgrenzung nach Sprachräumen.

**bb) Zeitlich.** Zeitlich wird die Rechtseinräumung oft begrenzt. Oft vereinbaren **125** die Parteien eine Laufzeit für die **Dauer des gesetzlichen Urheberrechts**. Der Verleger profitiert dann von etwaigen Schutzfristverlängerungen.[197]

Ganz unproblematisch ist diese lange Bindung nicht:[198] Die Rechtsordnung ächtet **126** Ewigkeitsbindungen, weil sie das Selbstbestimmungsrecht in unverantwortlicher Weise beschneiden.[199] Deshalb sieht sie bei auf unbestimmte Zeit geschlossenen Verträgen ein (grundloses) ordentliches Kündigungsrecht vor.[200] Dieses ist für die meisten Dauerschuldverhältnisse gesetzlich normiert[201] und gilt analog für andere Dauerschuldverhältnisse.[202] Eine Bindung für die Dauer des Urheberrechts ist zwar keine ewige, sondern gerade eine befristete; sie überdauert aber das Leben des Urhebers und kommt aus seiner Sicht daher einer Ewigkeitsbindung gleich. Entscheidend ist jedoch, dass § 35 VerlG und § 42 UrhG Sondervorschriften enthalten, die das **Selbstbestimmungsrecht des Urhebers** auch während der langen Vertragsdauer schützen. Das OLG Celle hat eine Bindung für die Dauer des Urheberrechts ausdrücklich gebilligt, weil der Verfasser am Erlös aus jeder Auflage beteiligt war und weil §§ 30, 32 sowie 17 VerlG sicherstellen, dass seine Recht nicht gebunden sind, ohne ausgeübt zu werden.[203] Doch wird man eine solche Bindung auch bei einem Pauschalhonorar hinnehmen müssen, weil sich Unangemessenheiten bei der Vergütung über §§ 32 ff UrhG ausgleichen lassen.

---

[193] *Rehbinder* Rn 678.
[194] *Delp* Verlagsvertrag 52 f.
[195] S hierzu BGH GRUR 2005, 148, 151.
[196] S Rn 117, 121.
[197] Zu den Problemen *Schricker* § 29 VerlG Rn 9.
[198] Krit auch Wandtke/Bullinger/*Wandtke/Grunert* § 31 UrhG Rn 12.
[199] *Larenz* 30.

[200] *H Oetker* § 15 B II 3.
[201] So zB in §§ 542 Abs 1, 620 Abs 2, 723 Abs 1 S 1 BGB.
[202] Grundlegend RGZ 1978, 421, 424; vgl auch BGH LM § 242 Nr 8; BGH VersR 1960, 653, 654; NJW 1985, 2585, 2586; *H Oetker* § 15 B II 3.
[203] OLG Celle NJW 1987, 1423, 1424.

**127**    **cc) Inhaltlich.** Inhaltlich wird § 5 VerlG idR dahin gehend abbedungen, dass der Verleger das Verlagsrecht nicht nur für alle Ausgaben, sondern auch „**für alle Auflagen ohne Stückzahlbegrenzung**" erhält. Dies genügt der Spezifizierungslast, da eine einzelne Aufzählung der Auflagen wenig sinnvoll wäre.[204]

**128**    Genaue Stückzahlen werden selten im Vertrag vereinbart, sondern in das **Bestimmungsrecht des Verlegers** gestellt. Das ist gerechtfertigt: Die Auflagenhöhe ist eine der wichtigsten kalkulatorischen Entscheidungen, deren Entscheidungsgrundlagen sich oft erst nach Vertragsschluss offenbaren und die daher derjenige treffen sollte, der das unternehmerische Risiko trägt. Der Verleger berechnet aus Herstellungskosten und Ladenpreis die Höhe der Deckungsauflage, bei der er seine Kosten amortisieren kann.[205] Die tatsächliche Startauflage richtet sich dann idR nach den Vorbestellungen, die vom Handel aufgrund der Verlagsvorschau und der Vertreterreise beim Verlag eingehen.

**129**    Die 1000 Exemplare der ersten Auflage aus § 5 Abs 2 VerlG sind iVm § 16 VerlG **Mindest- und Höchststückzahl zugleich.** Ersetzt der Vertrag diese Zahl durch eine unbegrenzte Stückzahl, so darf der Verleger nicht nur *mehr* als 1000 Exemplare herstellen, sondern auch *weniger.* Selbstverständlich können die Parteien sich aber auch vertraglich auf eine feste Stückzahl oder eine andere Höchst- oder Mindestzahl einigen.

**130**    Schließen die Parteien einen Vertrag über eine Veröffentlichung als „**Book on Demand**", bei dem jedes einzelne Exemplar individuell auf Kundenwunsch gedruckt werden soll, so empfiehlt sich stets die Vereinbarung einer Höchstzahl, anhand derer sich später ein Vergriffensein iSd § 29 VerlG feststellen lässt.[206]

**131**    Auch können die Parteien entgegen § 17 VerlG vereinbaren, dass der Verleger zu **mehreren Auflagen** nicht nur berechtigt, sondern auch verpflichtet ist. Abweichend von § 8 VerlG können die Parteien schließlich statt des ausschließlichen Nutzungsrechts auch ein **einfaches Nutzungsrecht** vereinbaren.

### 3. Honorar

**132**    **a) Grundentscheidung über die Vergütungspflicht.** Ein Verfasserhonorar gehört **nicht zu den wesentlichen Erfordernissen des Verlagsvertrags** nach § 1 VerlG.[207] Wie oben ausgeführt,[208] gibt es Fälle, in denen der Verfasser nicht nur honorarfrei arbeitet, sondern dem Verleger auch noch einen Druckkostenzuschuss zahlt. Solche Vereinbarungen können gleichwohl Verlagsverträge sein und dem VerlG unterliegen.[209]

**133**    Das VerlG enthält eine Vermutung weder für noch gegen einen Honoraranspruch des Verfassers, so dass es entscheidend auf die Vereinbarung ankommt. Fehlt eine solche, steht eine streitträchtige Feststellung nach § 22 Abs 1 S 2 VerlG an,[210] was die Parteien vermeiden sollten. Der **Vertrag** sollte daher möglichst für jedes eingeräumte Recht **ausdrücklich – positiv oder negativ – regeln,** ob und in welcher Höhe eine Vergütungspflicht des Verlegers besteht.

---

[204] *Schricker* § 5 VerlG Rn 7.
[205] Zur Auflagenkalkulation *von Lucius* 150 ff.
[206] S Rn 294.
[207] *Schricker* § 22 VerlG Rn 1.
[208] S Rn 18.
[209] *Schack* Rn 1129.
[210] S Rn 242 ff.

**b) Art und Höhe der Vergütung.** Besteht ein Vergütungsanspruch dem Grunde **134** nach, so muss noch die Höhe bestimmt werden. Ohne Vereinbarung schuldet der Verleger dem Verfasser nach § 22 Abs 2 VerlG eine **angemessene Vergütung**, die zwingend in Geld besteht. Im Bereich der Vereinbarung hingegen herrscht **Vertragsfreiheit** hinsichtlich Art und Höhe. So kann das Honorar zB in Freiexemplaren bestehen oder auch in dem Recht, andere Werke aus dem Verlagsprogramm verbilligt beziehen zu können. Für eingeräumte Nutzungsrechte an **unbekannten Nutzungsarten** kann eine individuelle Vergütung noch nicht vor Bekanntwerden der Nutzungsart vereinbart werden (vgl § 31a Abs 2 S 1 UrhG). Wegen § 32c Abs 1 UrhG kann auch ein bei Vertragsschluss vereinbartes Pauschalhonorar die Nutzung des Werks in einer neuen Nutzungsart nicht im Voraus mit abdecken. Besteht aber für neue Nutzungsarten eine gemeinsame Vergütungsregel nach § 36 Abs 1 UrhG, zB in Form einer prozentualen Beteiligung, so entfällt das Widerrufsrecht des Urhebers nach § 31a Abs 2 UrhG.[211]

Mit Abstand am häufigsten wird ein **Absatzhonorar auf der Basis des Nettoladen- 135 verkaufspreises** vereinbart. Es ist sinnvoll (nur) bei verlagseigener Verwertung.[212] Üblich ist die Formulierung: „Der Verfasser erhält für jedes verkaufte Exemplar ein Honorar auf der Basis des um die darin enthaltene Mehrwertsteuer verminderten Ladenverkaufspreises." Weil diese Art der Honorierung so verbreitet ist, hat sie etwa das OLG Celle selbst aus einer Vertragsklausel „herausgelesen", deren Formulierung sich eindeutig auf die Druckauflage, nicht auf die verkauften Exemplare bezog.[213] Hierfür sprach, dass der Verleger eine vertragliche Abrechnungspflicht hatte, die § 24 VerlG nur beim Absatzhonorar vorsieht und die „auch allein bei einem Absatzhonorar sinnvoll" ist. Möchten die Parteien also tatsächlich etwas anderes als ein Absatzhonorar (zB ein **Auflagenhonorar**) vereinbaren, empfiehlt sich eine besonders klare Vertragssprache.

Keine Voraussetzung für den Honoraranspruch ist bei dieser Formulierung, dass **136** der Händler dem Verleger die gekauften Exemplare auch bezahlt; der Verleger trägt hier ohne anders lautende Vereinbarung das **Prozess- und Insolvenzrisiko**.[214] Wollen die Parteien dies abweichend regeln, müssen sie die Formulierung „**für jedes verkaufte und bezahlte Exemplar**" wählen.

Das Absatzhonorar folgt idR einem nach Verkaufszahlen **gestaffelten Beteiligungs- 137 satz** in Prozent. Die Beteiligungshöhe variiert meist nach Art der Ausgabe. Verfügt der Verlag also sowohl über ein Hardcover- als auch ein Taschenbuchprogramm, so sollten für beide Ausgaben entsprechende Beteiligungssätze vereinbart werden. Dies gilt auch, wenn das Werk als Taschenbuchoriginalausgabe erscheinen soll, da es durchaus zu einer Hardcoverausgabe als Zweitverwertung kommen kann. Üblich sind für Hardcoverausgaben Beteiligungssätze zwischen 8 und 12 %, bei Taschenbuchausgaben zwischen 5 und 8 %.[215]

Möglich ist auch ein Absatzhonorar auf **Grundlage des Nettoverlagsabgabepreises**. **138** In der Durchführung ist dies aber komplizierter, weil die Rabatte gegenüber den verschiedenen Abnehmern uneinheitlich sind.

Auch kann als Berechnungsgrundlage ein **fiktiver Stückpreis** vereinbart werden. **139** Verbreitet ist insoweit eine Berechnung vom Preis einer Paperbackausgabe, auch wenn

---

211 BT-Drucks 16/1828, 24.
212 Wegner/Wallenfels/Kaboth/*Wegner* 2. Kap Rn 90.
213 OLG Celle GRUR 1964, 333, 333.

214 So auch Wegner/Wallenfels/Kaboth/*Wegner* 2. Kap Rn 91.
215 So das Ergebnis der empirischen Erhebungen bei *Horz* 54.

das Werk nur gebunden erscheinen soll. Dies beruht auf der Überlegung, dass der Mehrwert in der materiellen Verarbeitung allein vom Verleger bezahlt und geschaffen wird. Daran ist etwas Wahres, doch nichts restlos Überzeugendes, denn bei einem Hardcover bestehen oft auch andere Anforderungen an Inhalt und Umsetzung des Werks, in die wiederum der Verfasser einen Mehraufwand investiert. In jedem Fall sollte der fiktive Ladenpreis des Paperbacks im Vertrag genannt oder wenigstens seine Berechnungsmethode beschrieben werden.

**140**     Das Honorar für die Auswertung von **Nebenrechten, insb Lizenzvergaben,** wird idR auf Grundlage des **Nettoerlöses** berechnet, den der Verleger mit Ausübung des jeweiligen Nebenrechts erzielt. „Nettoerlös" bedeutet dabei grds: der um die Mehrwertsteuer verminderte Umsatz. Sollen sonstige Kosten des Verlegers, etwa selbst geschuldete Agenturprovisionen, abzugsfähig sein, muss dies ausdrücklich bestimmt werden.

**141**     Auch kann der Vertrag eine **Aufteilungsquote für Zahlungen** enthalten, die der Verleger **aufgrund** tatsächlicher oder behaupteter **Urheberrechtsverletzungen** von Dritten erhält. Gerade bei Titeln, die als Hörbuch oder E-Book erscheinen, sind Urheberrechtsverletzungen etwa in Tauschbörsen im Internet nicht selten. Verlage ahnden solche Rechtsverletzungen mit Abmahnungen, einigen sich dann aber oft vergleichsweise mit dem (mutmaßlichen) Verletzer auf eine pauschale Ausgleichszahlung. Bei einigen besonders populären Titeln sind hieraus schon beachtliche Einnahmen jenseits des vertraglich vorgesehenen Auswertungsregimes entstanden. Möchte der Verfasser von diesen Einnahmen profitieren, sollte er eine Beteiligung im Vertrag festlegen.

**142**     Die Parteien können schließlich auch ein **Pauschalhonorar** vereinbaren. Da diese Fallgestaltung regelmäßig Anlass zu Streitigkeiten über die Rechtseinräumung gibt, ist hier eine ganz besondere Sorgfalt bei der Formulierung der Rechtseinräumungen angezeigt.[216] Auch birgt ein Pauschalhonorar heute mehr denn je die Gefahr, später von einem Gericht als unangemessen iSd § 32 UrhG eingestuft zu werden.[217]

**143**     Schließlich sollte bei jeder Honorierungsart eine Vereinbarung über die Pflicht zur **Umsatzsteuerzahlung** nicht fehlen.

**144**     Sollen verschiedene Berechnungssysteme nebeneinander gelten, so sollte genau abgegrenzt werden, für welche eingeräumten Nutzungsrechte welche Vergütungsmethode gelten soll.[218]

**145**     c) **Vorschuss und Garantiehonorar.** Anspruch auf eine Vorschusszahlung hat der Verfasser nur, wenn dies **ausdrücklich vereinbart** ist. Ist das der Fall, sollten die Parteien genau Höhe, Fälligkeit und die Frage der Rückzahlbarkeit regeln.

**146**     Die **Höhe** der Vorschusszahlung ist reine Verhandlungssache und richtet sich nach den kalkulierten Herstellungskosten, dem geplanten Ladenpreis sowie dem erwarteten Verkaufserfolg. Oft konkurrieren interessierte Verlage in erster Linie über die Vorschusshöhe um ein Projekt. Der Verfasser oder seine Agentur gibt das Konzept dann eine sog „Auktion", an der zwei oder mehrere Häuser teilnehmen, von denen der meistbietende Verlag am Ende den Zuschlag erhält.

---

[216] S Rn 69, 111 ff.
[217] S Rn 257.
[218] Wegner/Wallenfels/Kaboth/*Wegner* 2. Kap Rn 96, empfehlen eine Differenzierung zwi-

schen verlagseigener (Absatzhonorar) und nicht verlagseigener (Nettoerlösbeteiligung) Verwertung.

Berechnet sich das Honorar nach der von den Parteien gewählten Methode zuzüglich **Umsatzsteuer**, so erhöht sich auch der Vorschussbetrag um die gesetzliche Umsatzsteuer, selbst wenn dies im Vertrag nicht ausdrücklich geregelt ist.[219]

**147**

Die **Fälligkeit** wird meist in zwei oder drei **Raten** festgelegt, und zwar bei Vertragsschluss, bei Manuskriptabgabe und bei Erscheinen.

**148**

Ausdrücklich geregelt werden sollte zudem die streitige Frage, ob ein Vorschuss vom Verfasser **zurückzuzahlen** ist, soweit die später verdienten Honorare hinter dem Vorschussbetrag zurückbleiben.[220] Das OLG Karlsruhe spricht ohne Begründung von einem „Grundsatz, dass nach Treu und Glauben eine Vorschusszahlung, falls die Rückzahlbarkeit nicht bestimmt ist, dem Autor verbleibt, auch wenn das Abrechnungsergebnis sie endgültig nicht erreicht".[221] Zwar ist richtig, dass entsprechende Vereinbarungen allgemein üblich sind. Dies besagt aber nicht, dass es nach Treu und Glauben so sein *muss*; vielmehr wird üblicherweise gerade zwischen Vorschuss und Garantiehonorar deutlich unterschieden.[222] Die Aussage des OLG Karlsruhe ist ein obiter dictum, weil die Parteien in dem entschiedenen Fall in ergänzendem Schriftwechsel den Vorschuss gerade ausdrücklich „garantiert" hatten.

**149**

Damit ergeben sich folgende **Gestaltungsmöglichkeiten**: Ohne abweichende Zusatzvereinbarung ist ein Vorschuss eine Vorauszahlung auf künftige Forderungen.[223] Der Anspruch des Verfassers auf diese Zahlung steht unter der auflösenden Bedingung, dass die späteren Honoraransprüche endgültig hinter der Vorauszahlung zurückbleiben. In diesem Fall folgt ein Rückzahlungsanspruch aus § 812 Abs 1 S 2 Alt 1 BGB; der Verfasser kann sich unter den Voraussetzungen des § 818 Abs 3 BGB auf Entreicherung berufen.[224]

**150**

Soll der Verfasser den Vorschuss in jedem Fall behalten dürfen, sollte der Vertrag ihn als **„garantiertes Mindesthonorar"** bezeichnen. Üblich ist der Zusatz, dass die Zahlung „mit allen Ansprüchen des Verfassers aus diesem Vertrag verrechenbar ist". Dies folgt bereits aus der Wortwahl, wenn von einem „Vorschuss als garantiertem Mindesthonorar" die Rede ist; jedoch ist der Zusatz konstitutiv, wenn der Vertrag nur von einem „garantierten Mindesthonorar" spricht und die Worte „Vorschuss" oder „Vorauszahlung" nicht verwendet.

**151**

Grds für möglich erachtet wird auch eine **globale Verrechnungsklausel**, nach welcher der Verleger den Vorschuss zwar nicht soll zurückfordern, ihn jedoch mit Ansprüchen auch aus anderen Verlagsverträgen mit dem Verfasser verrechnen können.[225] Das

**152**

---

219 So OLG München NJW-RR 1995, 568, 569, denn der Vorschuss ist nur „eine besondere Art" des an anderer Stelle vereinbarten Honorars.
220 Vgl *Delp* Verlagsvertrag 54.
221 OLG Karlsruhe GRUR 1987, 912, 913, unter Berufung auf *Schricker* § 22 VerlG Rn 7, dort allerdings ebenfalls ohne Begründung. Das OLG Braunschweig NJW 1952, 310, 310, hat ausgeführt, durch die Vorschusszahlung entstehe „kein neues Schuldverhältnis, etwa ein Darlehensverhältnis zwischen den Parteien, das eine selbstständige Forderung auf Rückzahlung des vorgeschossenen Betrages und die Möglichkeit der Aufrechnung als Gegenforderung gegen den Honoraranspruch begründen könnte".

222 So schon OLG Dresden UFITA 1938, 162, 163; OLG Frankfurt NJW 1991, 1489; ebenso der Normvertrag für den Abschluss von Verlagsverträgen zwischen dem Verband deutscher Schriftsteller (VS) in der IG Medien und dem Verleger-Ausschuss des Börsenvereins des Deutschen Buchhandels eV in § 4 Abs 4.
223 RGZ 133, 249, 252; ebenso Wegner/Wallenfels/Kaboth/*Wegner* 2. Kap Rn 101 mit überzeugender Parallele zum Auftrags- und Handelsvertreterrecht.
224 Zu möglichen Entreicherungsposten s den Parteivortrag in BGH GRUR 1979, 396, 396.
225 OLG Frankfurt NJW 1991, 1489, 1489; Wegner/Wallenfels/Kaboth/*Wegner* 2. Kap Rn 103; zweifelnd OLG Karlsruhe GRUR 1987, 912, 913.

OLG Frankfurt hat eine solche Klausel aber als mit dem Wort „Garantiehonorar" für logisch unvereinbar erklärt.[226] Besser regelt man in einem solchen Fall, dass der Vorschuss „nicht rückzahlbar, jedoch mit allen Honoraransprüchen des Verfassers gegen den Verleger aus diesem und anderen Verträgen verrechenbar ist". Eine solche Regelung muss allerdings individualvertraglich erfolgen, weil sie sonst eine **überraschende Klausel** iSd § 305 Abs 1 BGB ist.[227]

### 4. Art der (Erst-)ausgabe

**153**     Nach § 14 S 2 VerlG bestimmt grds der Verleger Form und Ausstattung der Abzüge. Mit „Abzug" meint das VerlG das fertig hergestellte Werkexemplar.[228]

**154**     Zu dessen Form und Ausstattung gehört vor allem die Frage, ob das Werk zuerst als **Hardcover oder als Taschenbuch**, in diesem Fall als Taschenbuchoriginalausgabe, erscheinen soll. Diese Frage ist sehr bedeutsam, denn Hardcover sind im Gegensatz zu Taschenbüchern eher „Individuen" und finden daher in der Presse eine größere Beachtung. Zudem führt die Kombination eines höheren Ladenpreises mit einer höheren Beteiligungsstaffel zu einem beträchtlich höheren Absatzhonorar pro Stück beim Hardcover, falls ein solches vereinbart ist.

**155**     Ein „Hardcover zweiter Wahl" ist die Ausgabe als **Paperback**: Sie hat einen flexiblen Kartoneinband wie ein Taschenbuch, gleicht im größeren Format aber dem Hardcover.[229] Wie beim Hardcover kann der Erstausgabe als Paperback zudem eine Zweitverwertung als Taschenbuch folgen. Auch Presse und Bestsellerlisten behandeln das Paperback idR wie ein Hardcover.

**156**     Weil die Frage so bedeutsam und das Bestimmungsrecht des Verlegers sehr weitgehend ist,[230] empfiehlt sich zur Streitvermeidung eine **frühe vertragliche Festlegung**, die das einseitige Bestimmungsrecht des Verlegers einschränkt. Die Frage nach der Art der Erstausgabe ist in diesem Stadium der Vertragsverhandlung idR ohnehin bereits geklärt: Stellt der Verlag nur Hardcover oder nur Taschenbücher her, wird von vornherein nur über eine entsprechende Erstausgabe verhandelt. Aber auch ein Verlag, der beides herstellt, trifft die Entscheidung über die Aufnahme des Werks in sein Programm nicht unabhängig von der Entscheidung über die Art der Erstausgabe – zu unterschiedlich sind die beiden Herstellungsarten und Absatzmärkte.[231] Vereinbart wird dann, dass das Werk „zunächst" in einer bestimmten Ausgabe erscheint. Über etwaige Zweitverwertungen entscheidet der Verleger später anhand des bisherigen Markterfolgs. Auch bei Taschenbuchoriginalausgaben ist nicht ausgeschlossen, dass das Werk noch nachträglich als Hardcover erscheint, wenn es besonders erfolgreich war. Diese Ausgabe zielt dann meist auf den Geschenkmarkt.

**157**     Die verbreitete Formulierung, dass das Werk zunächst in einer bestimmten Ausgabe erscheinen „**soll**", ist idR nicht als harte Verpflichtung zu verstehen, **bindet** aber das **Ermessen des Verlegers** an sehr enge Grenzen: Sie drückt eine übereinstimmende Planung aus, von welcher der Verleger nur abweichen kann, wenn sich unvorhersehbar wesentliche Umstände ändern, auf denen diese Planung beruht.

---

**226** OLG Frankfurt NJW 1991, 1489, 1489; ähnlich OLG Karlsruhe GRUR 1987, 912, 913: Globale Verrechnungsklausel im Widerspruch zum Garantiehonorar, denn sie „liefe wirtschaftlich auf eine Rückzahlung des nicht verrechneten Honorarvorschusses für den bevorschussten Titel hinaus".

**227** OLG Frankfurt NJW 1991, 1489, 1490.
**228** *Delp* Praktikum 38.
**229** *Heinold* 383.
**230** S Rn 209 ff.
**231** Vgl *von Lucius* 123 f.

Zu Form und Ausstattung gehören weiterhin etwa **Art des Papiers, Drucktyp,** **158** **Layout und Umschlaggestaltung.** Auch hier lässt die Übung dem Verleger einen breiten Entscheidungsspielraum; vertragliche Vereinbarungen hierzu sind in der Praxis selten.

### 5. Fälligkeit der Hauptleistungen

a) **Leistung des Verfassers (Zeitpunkt der Manuskriptablieferung).** Ist der Vertrag **159** über ein **fertiges Manuskript** geschlossen, hat es der Verfasser nach dem dispositiven § 11 Abs 1 VerlG sofort abzuliefern. Das würde sich auch aus § 271 Abs 1 BGB ergeben.

Ist das **Werk erst noch zu erstellen,** gilt ohne besondere Vereinbarung die Fällig- **160** keitsregel des § 11 Abs 2 VerlG: Die Fälligkeit bestimmt sich dann nach dem Zweck des Werks, subsidiär nach dem Zeitraum, innerhalb dessen der Verfasser das Werk seinen persönlichen, subjektiven[232] Umständen nach herstellen kann. Das ist sehr vage;[233] die Fälligkeit der Manuskriptabgabe wird deshalb in der Praxis regelmäßig durch ein **eindeutiges Abgabedatum** bestimmt. Weniger ratsam, da streitträchtig, ist die Formulierung „in Absprache mit dem Lektorat".

b) **Leistung des Verlegers (Erscheinungstermin).** Nach § 15 S 1 VerlG muss der **161** Verleger mit der Vervielfältigung **sofort nach Erhalt** des vollständigen Manuskripts beginnen. Dies ist so zu verstehen, dass die Verlegerleistung nach § 1 VerlG insgesamt mit Ablieferung des vertragsgemäßen Manuskripts fällig wird, auch wenn das Gesetz über den Erscheinungstermin, also den Beginn der Verbreitung, nichts sagt.[234] Dabei hat der Verleger nach dem Gesetz nicht nur die Pflicht, sondern auch das Recht, sofort mit der Auswertung des Werks zu beginnen.[235]

Diese Vorschrift können die Parteien abbedingen,[236] indem sie etwa im Vertrag einen **162** **Erscheinungstermin festlegen** (Frühjahrs- oder Herbstprogramm eines bestimmten Jahres) oder ihn in das **Ermessen des Verlegers** stellen. Oft wird **beides kombiniert,** indem ein Erscheinungstermin als „geplant" genannt, dem Verleger aber ein einseitiges Änderungsrecht eingeräumt wird. Dies berücksichtigt, dass er eine integrierte Programmentscheidung treffen muss. Den Interessen des Verfassers trägt die Rechtsprechung dabei über den verlagsrechtlichen **Treuegrundsatz** Rechnung, nach dem der Verleger auch innerhalb seines Bestimmungsrechts binnen angemessener Frist mit der Drucklegung beginnen muss und sie nicht auf unbestimmte Zeit hinausschieben darf.[237] Allerdings sollten die Parteien Drucklegung und Erscheinen nicht derart vage im Vertrag ansprechen, dass zweifelhaft sein kann, ob der Verleger überhaupt zur Vervielfältigung und Verbreitung verpflichtet sein und somit ein Verlagsvertrag vorliegen soll.[238]

Schließen die Parteien einen Vertrag über eine Veröffentlichung als „**Book on** **163** **Demand**", bei der jedes einzelne Exemplar individuell auf Kundenwunsch gedruckt werden soll, wird die Pflicht zur Vervielfältigung und Verbreitung mit jedem Kundenauftrag fällig.

---

**232** *Schricker* § 11 VerlG Rn 7.
**233** Vgl hierzu OLG Düsseldorf GRUR 1978, 590, 590 f.
**234** *Junker* GRUR 1988, 793, 794.
**235** Zur ausnahmsweise unzulässigen Verbreitung zur Unzeit *Schricker* § 15 VerlG Rn 10.

**236** LG Stuttgart GRUR 1951, 524, 524.
**237** OLG Frankfurt NJW-RR 2006, 330, 331; LG Stuttgart GRUR 1951, 524, 524.
**238** Vgl hierzu OLG Frankfurt NJW-RR 2006, 330, 331.

### 6. Verramschung, Makulierung

**164**    Erweist sich die Restauflage eines Werks als nicht mehr verkäuflich, so behilft sich die Branche oft mit Verramschung und Makulierung. Unter Verramschung versteht man die **Aufhebung des Ladenpreises**[239] und den Absatz der Restauflage über einen Grossisten oder speziellen Restebuchhändler. Makulierung bedeutet die **Vernichtung der Restauflage**.

**165**    Beides allerdings kann nur aufgrund vertraglicher Vereinbarung erfolgen, denn es **fehlt eine gesetzliche Grundlage:**[240] § 21 S 2 VerlG ermöglicht dem Verleger zwar, den Ladenpreis zu ermäßigen, soweit dies nicht berechtigte Interessen des Verfassers verletzt. Eine Verramschung drückt dem Werk aber immer den öffentlichen Stempel der Unverkäuflichkeit auf und wird daher die Interessen des Verfassers stets verletzen.[241] Auch für eine Makulierung ist im Gesetz keine Grundlage ersichtlich: Aus §§ 9 und 16 VerlG folgt, dass der Verleger während der Vertragsdauer zumindest alle Exemplare der ersten Auflage lieferbar halten muss; eine Einschränkung bei schwerer Verkäuflichkeit kennen diese Vorschriften nicht. Ohne anders lautende Vereinbarung darf der Verleger daher das Werk nur mit Zustimmung des Verfassers verramschen oder makulieren.

**166**    Weil dies an den Bedürfnissen der Praxis vorbei geht, ist eine **vertragliche Regelung** üblich und empfehlenswert. Sie sieht idR vor, dass der Verleger die Restauflage verramschen darf, wenn der Verkauf stark nachlässt. Ein Recht zur Makulierung wird ihm üblicherweise eingeräumt, wenn sich auch ein Absatz zum Ramschpreis als nicht durchführbar erweist. Dem Verfasser wird das Recht eingeräumt, die Restauflage zum Ramschpreis oder – bei Makulierung – kostenlos zu übernehmen.

**167**    Zur Streitvermeidung sollten die **Voraussetzungen** für das Recht auf Verramschung mit klaren Angaben zu **Absatzschwelle und Messungszeitraum** geregelt werden. Sinnvoll ist eine Formulierung, nach welcher „der Absatz des Werks in zwei aufeinander folgenden Kalenderjahren jeweils unter … Exemplaren gelegen hat". Auch kann eine „Schonfrist" nach Erscheinen vereinbart werden, innerhalb derer eine Verramschung keinesfalls erfolgen darf. Hier ist zu berücksichtigen, dass § 8 Abs 1 BuchPrG eine Aufhebung des Ladenpreises ohnehin frühestens 18 Monate nach Erscheinen zulässt.[242]

**168**    Soll hinsichtlich der verramschten Exemplare eine andere **Honorierung** als die sonst vereinbarte gelten, so muss dies ebenfalls ausdrücklich geregelt werden. Möglich ist hier etwa ein besonderer Prozentsatz beim Absatzhonorar oder ein Systemwechsel vom Absatzhonorar zur **Reingewinnbeteiligung**: In diesem Fall schuldet der Verleger dem Verfasser kein Honorar, wenn der erzielte Ramschpreis unter den Herstellungskosten liegt. Das ist für den Verfasser allerdings schwer kontrollierbar.

### 7. Besondere Bindungen des Verfassers

**169**    Der Verleger möchte den Verfasser, in den er einmal investiert hat, idR möglichst auch über den konkreten Verlagsvertrag hinaus an sich binden. Hierzu bietet die Vertragsgestaltung in erster Linie zwei Möglichkeiten:

---

[239] S hierzu auch Rn 344.
[240] Ebenso *Schack* Rn 1164; *Goltz* 101, 102; aA nach Treu und Glauben und Verkehrssitte: *Rehbinder* Rn 702; offenbar auch *Schricker* § 21 VerlG Rn 12.

[241] So auch Wegner/Wallenfels/Kaboth/*Wegner* 2. Kap Rn 84; *Schulze* Kap XVI 1. c) ff).
[242] S Rn 344.

               Volker Kitz

**a) Wettbewerbsklausel.** Eine Wettbewerbsklausel kann die Tätigkeit des Verfassers **170** für andere Verlage einschränken.[243] Sie untersagt es dem Verfasser idR, an einem Werk zum gleichen Gegenstand für einen anderen Verlag mitzuwirken, das dem vertragsgegenständlichen Werk Konkurrenz machen kann.

Solche Klauseln sind grds zulässig, unterliegen aber **Beschränkungen:** Eine jüngere **171** Entscheidung des OLG München erklärte eine vom Verleger in **allgemeinen Geschäftsbedingungen** gestellte Klausel gem § 307 Abs 1 S 1 BGB für unwirksam, die dem Verfasser ein Wettbewerbsverbot für die gesamte Vertragslaufzeit auferlegte.[244] Das Gericht sah die Freiheit des geistigen Schaffens des Verfassers durch ein solches Wettbewerbsverbot unzulässig eingeschränkt.

Der sich aufdrängende Gegenschluss, einer unbefristeten Wettbewerbsabrede stehe **172** damit nichts im Wege, wenn sie nur individuell ausgehandelt ist, dürfte aber voreilig sein: Auch außerhalb des AGB-Rechts darf eine Wettbewerbsabrede nicht zu einer **sittenwidrigen Knebelung** führen.[245] Eine solche dürfte aber regelmäßig anzunehmen sein, wenn der Verfasser sich einem umfassenden Wettbewerbsverbot für die gesamte Vertragsdauer unterwirft. Es kommt dann eine Nichtigkeit nach § 138 Abs 1 BGB in Betracht. Das OLG Hamburg hat noch einen anderen Ansatz gewählt und eine solche Knebelung durch eine **enge Begrenzung des Wettbewerbsverhältnisses** in dem Sinne verhindert, dass beide Werke aus Endkundensicht austauschbar sein, also dieselbe Zielgruppe haben müssen.[246]

Anzuerkennen ist bei alledem aber jedenfalls ein **Interesse des Verlegers** an einem **173** gewissen zeitlichen Vorlauf.[247] Auf welche Zeit ein Wettbewerbsverbot **befristet** sein muss, um zulässig zu sein, dürfte sich dabei in erster Linie nach Genre und Herstellungskosten richten. So wird bei einem eher zeitlosen, umfangreichen Ratgeber oder Nachschlagewerk ein längerer Zeitraum als „Schonfrist" gerechtfertigt sein als bei einem broschierten Sachbuch zu einem aktuellen Thema.

**b) Option auf weitere Werke oder Nutzungsverträge.** Eine positive Bindung des Ver- **174** fassers erreicht der Verleger durch eine Optionsklausel. Sie kann den Verfasser dazu verpflichten, dem Verleger bestimmte künftige Werke zuerst („**first negotiation**"-Klausel) oder zuletzt („**last refusal**"-Klausel) anzubieten. Das ist ein „Optionsvertrag im weiteren Sinn".[248] Legen die Parteien schon im Voraus die Bedingungen fest, zu denen der Hauptvertrag im Optionsfall zustande kommt – meist sind dies die Bedingungen des aktuellen Verlagsvertrags –, so spricht man von einem Optionsvertrag im engeren Sinn.[249] Die Option im engeren Sinn ist also ein Gestaltungsrecht.[250] Bei der **„letzten Option"** kann der Berechtigte zu denselben Bedingungen annehmen, die der Verpflichtete einem Dritten angeboten hat.[251] Ist der Vertragswortlaut unklar und liegen

---

[243] Näher hierzu *Gottschalk* ZUM 2005, 359 ff; speziell zum Konkurrenzverbot bei wissenschaftlichen Werken *Straus* 291, 325 ff.
[244] OLG München OLGR 2007, 737, 738.
[245] *Schricker* § 2 VerlG Rn 7; *Schramm* UFITA Bd 64 (1972), 19, 26.
[246] OLG Hamburg GRUR-RR 2003, 95, 96; zur Wettbewerbsklausel beim Lizenzvertrag s auch KG GRUR 1984, 526, 527.
[247] Vgl auch *Wündisch* 74 f unter Hinweis auf

die Handelsvertreterentscheidung BVerfGE 81, 242, 261 ff.
[248] LG München I ZUM 2009, 594, 596.
[249] BGH GRUR 1957, 387, 388; Wandtke/ Bullinger/*Wandtke* § 40 UrhG Rn 7.
[250] LG München I ZUM 2009, 594, 596.
[251] Hierzu OLG München ZUM 2010, 427, 428: Die dem Dritten angebotenen Bedingungen können dabei durch ein „Deal Memo" ausreichend konkretisiert werden.

AGB vor,[252] so kann sich § 305 c Abs. 2 BGB auf die Auslegung der Optionsklausel auswirken.[253] Auch **zwei Verlage** können einen Optionsvertrag schließen.[254]

**175** Eine Optionsklausel ist grds zulässig,[255] doch unterliegt sie – jedenfalls, wenn sie einen Verfasser bindet[256] – **Beschränkungen**: Der BGH hat entschieden, dass sie nach § 138 Abs 1 BGB nichtig ist, wenn sie – kumulativ – ohne zeitliche oder gegenständliche Begrenzung für das gesamte künftige Schaffen des Verfassers gelten soll und der Verfasser für das Optionsrecht keine angemessene Gegenleistung erhält.[257] Heute ist der Optionsvertrag gem § 40 Abs 1 S 2 UrhG in jedem Fall **nach fünf Jahren kündbar,**[258] so dass eine lebenslange Bindung ohnehin nicht mehr eintreten kann. Gleichwohl dürfte die BGH-Rechtsprechung noch aktuell sein:[259] Auf dem heute sehr schnelllebigen Buchmarkt sind auch fünf Jahre für den Verfasser eine lange Zeitspanne, die seine Weiterentwicklung erheblich behindern kann, wenn er an *einen* Verleger gebunden ist.

**176** Entscheidend ist also, dass die Optionsabrede entweder eine **ausdrückliche Gegenleistung** enthält oder aber **zeitlich oder gegenständlich beschränkt** ist. Die Gegenleistung kann in Geld – nicht allerdings im Vorschuss für das aktuelle Werk – bestehen, aber auch in einem besonders hohen Verlegerrisiko,[260] zB wenn der Verleger den Verfasser auf dem Markt einführt.[261] Denkbar sind auch ganz besonders aufwändige Werbemaßnahmen, die nicht nur das Werk, sondern in erster Linie die Person des Verfassers bekannt machen. Gibt es eine solche Gegenleistung, sollte sie in der Optionsabrede konkret genannt werden. Eine gegenständliche Beschränkung ist erreicht, wenn der Verfasser nur sein „nächstes Werk"[262] oder – sinnvoller – sein „nächstes Werk aus demselben Genre" dem Verleger anbieten muss.

**177** Zu einer unzulässigen Bindung kann allerdings eine „**Kettenoption**" führen, wenn die Optionsklausel sich für den Folgevertrag immer wieder selbst erneuert.[263]

**178** In **Formularverträgen** dürfte eine Optionsklausel regelmäßig überraschend iSd § 305c Abs 1 BGB sein.

### 8. Rechtswahl bei internationalen Verträgen

**179** Bei internationalen Verträgen empfiehlt sich eine ausdrückliche Rechtswahlklausel. Fehlt eine Rechtswahlklausel in einem internationalen Verlagsvertrag so gilt als **Vertragsstatut** das Recht des Landes, in dem der Verleger seinen Geschäftssitz oder seine Hauptniederlassung hat.[264]

---

[252] Rn 90.
[253] LG München I ZUM 2009, 594, 597.
[254] LG München I ZUM 2009, 594, 596.
[255] BGH GRUR 1953, 497, 498; BGH GRUR 1957, 387, 388.
[256] Zur abweichenden Interessenlage bei einer Option zwischen zwei Verlagen LG München I ZUM 2009, 594, 596.
[257] BGH GRUR 1957, 387, 390.

[258] Wandtke/Bullinger/*Wandtke* § 40 UrhG Rn 6.
[259] Vgl KG NJWE-WettbR 1998, 269, 270.
[260] BGH GRUR 1957, 387, 390.
[261] *Delp* Verlagsvertrag 39, 67.
[262] Zur Frage, welches Werk das „nächste" ist, s BGH GRUR 1953, 497, 498.
[263] KG NJWE-WettbR 1998, 269, 270.
[264] LG Hamburg ZUM 2009, 667, 668.

## VIII. Vertragsdurchführung

### 1. Von der Manuskriptablieferung bis zur Druckreife

**a) Ablieferung des vertragsgemäßen Werks.** Der Verfasser muss das Werk **formell** **180**
**und inhaltlich vertragsgemäß** abliefern. Was dies bedeutet, folgt in erster Linie aus der
Vereinbarung.[265]

Auch wenn **Exposé, Gliederung oder Textproben** nicht ausdrücklich zum Vertrags- **181**
inhalt gemacht wurden, so können sie herangezogen werden, um die Anforderungen
an das Manuskript näher zu bestimmen.[266] Voraussetzung ist natürlich, dass die Parteien irgendwie Einigkeit über diese Vorgaben erzielt haben, entweder weil sie Ver-
tragsgrundlagen waren oder weil sich die Parteien durch spätere Korrespondenz auf
sie geeinigt haben. Übertragbar sind hier die Anforderungen an die „nach dem Vertrag vorausgesetzte Verwendung" aus dem Kaufrecht (§ 434 Abs 1 S 2 Nr 1 BGB), die
nach zutreffendem Verständnis im Bereich der gemeinsam zugrunde gelegten Vorstellungen, aber noch unterhalb der vertraglichen Vereinbarung liegen.[267]

**Formell** bestimmt § 10 VerlG – soweit nichts vertraglich vereinbart ist –, dass der **182**
Verfasser das Werk in einem für die Vervielfältigung geeigneten Zustand abzuliefern
hat. Dies meint ein **druckreifes Manuskript**, also eines, das vollständig ist und sich
in einer satzfähigen Form befindet.[268] Nach der Verkehrssitte dürfte heute nur ein
maschinengeschriebenes, nicht mehr ein handgeschriebenes Manuskript dieser Anforderungen entsprechen.

Hinsichtlich des **Umfangs** ist sowohl eine Unter- als auch eine Überschreitung ver- **183**
tragswidrig, weil beides die Kalkulation des Verlegers beeinträchtigt.[269]

**Inhaltlich** liegen, soweit eine nähere Vereinbarung fehlt, der innere Aufbau und die **184**
Darstellungsweise des Werks grds im **Ermessen des Verfassers**.[270] Die Rechtsprechung
hat mehrfach betont, dass dem **Rügerecht des Verlegers** in diesem Fall enge Grenzen
gezogen sind: So soll er Qualitätsmängel allgemein nicht rügen können,[271] etwa die
vom Verfasser „aufgestellten Thesen seien nicht ausreichend belegt, die Fundstellen-
angaben teilweise fehlerhaft oder nicht einschlägig".[272] Dieses Ermessen des Verfassers findet dort seine Grenze, wo es „offensichtlich fehlsam, das Interesse des Verlegers völlig aus den Augen setzend oder gar eigensüchtig" ist.[273] Das Werk ist dann
nicht „**ausgabefähig**".[274] Nicht zu dulden braucht der Verleger jedenfalls „unzweifelhaft falsche Angaben" in einem Sachbuch, sog „echte Fehler",[275] wozu – unabhängig
vom Genre – auch sprachliche Fehler gehören.

Allerdings unterscheidet der BGH hier zwischen **Vertragsgemäßheit und Satzreife**: **185**
Die Satzreife des Manuskripts ist nur dann beeinträchtigt, wenn solche Fehler in un-
vertretbarem Ausmaß vorhanden sind.[276] Im Übrigen muss der Verleger das Manu-

[265] OLG München ZUM 2007, 863, 864 f;
s Rn 96 ff.
[266] RG GRUR 1937, 485, 488; zu Abweichungen von vorläufiger Gliederung OLG München
ZUM 2007, 863, 864 ff.
[267] Prütting/Wegen/Weinreich/*D Schmidt* § 434
BGB Rn 46; *Kitz* 76.
[268] BGH GRUR 1960, 642, 643; Wegner/Wal-
lenfels/Kaboth/*Wegner* 2. Kap Rn 62.
[269] RG GRUR 1937, 485, 487 f.
[270] RG GRUR 1937, 485, 488; Wandtke/

Bullinger/*Wandtke/Grunert* Vor §§ 31 ff. UrhG
Rn 137.
[271] BGH GRUR 1960, 642, 644 mwN.
[272] So in OLG München ZUM 2007, 863,
865 f.
[273] RG GRUR 1937, 485, 488.
[274] OLG Frankfurt NJW-RR 2006, 330, 331;
näher *Reimer* GRUR 1960, 645, 646.
[275] BGH GRUR 1960, 642, 644.
[276] BGH GRUR 1960, 642, 644 f.

skript mit gewissen Fehlern erst einmal annehmen und setzen; der Verfasser muss dann im späteren Korrekturverfahren sein Werk vertragsgemäß machen.

**186**  Offen gelassen hat der BGH, „ob schon die durch den Inhalt des Werks begründete **Gefahr straf- oder zivilrechtlicher Sanktionen** die vertragsgemäße Beschaffenheit des Werks in Frage stellen kann".[277] Das Reichsgericht hatte dies bejaht.[278] Isoliert hilft diese Frage jedoch ohnehin nicht weiter: Jeder öffentlichen Äußerung und somit auch jedem verlegten Werk ist immer ein gewisses **Prozessrisiko** immanent. Wollte man mit dieser Kategorie arbeiten, so müsste man Kriterien für ein erlaubtes Risiko definieren und jedes Manuskript vor diesem Hintergrund einer Risikoanalyse unterziehen. Das ist nicht praktikabel. Entscheidend kann daher allein sein, ob das Werk in Inhalt und Form der vertraglichen Vereinbarung entspricht.[279] Ist das der Fall, so ist es unabhängig davon vertragsgemäß, welchen Grad an Prozessrisiko es in sich birgt. Es kann sogar sein, dass die Vertragsgemäßheit gerade eine gewisse „Brisanz" des Werks fordert.[280]

**187**  Eine Auslegung der vertraglichen Vereinbarung wird allerdings regelmäßig ergeben, dass das Werk zumindest **keine offensichtlichen Rechtsverletzungen** enthalten darf: Wegen rechtlicher Unmöglichkeit müsste der Verleger nach § 275 Abs 1 BGB das Werk nicht verlegen; er kann nicht dazu gezwungen werden, selbst eine Rechtsverletzung zu begehen.[281] Bei der Vertragsauslegung ist aber davon auszugehen, dass die Parteien im Zweifelsfall erfüllbare Leistungspflichten vereinbaren wollten.

**188**  Wurde der Vertrag über ein **fertiges Werk** geschlossen, so ist die zugrunde gelegte Werkfassung, wenn nichts anderes vereinbart wurde, grds die vertraglich geschuldete. Prüft der Verleger das Werk nicht bei Vertragsschluss, und behält er sich etwaige Rügen auch nicht ausdrücklich vor, so kann er sich später nicht mehr darauf berufen, die Leistung des Verfassers sei nicht vertragsgemäß.[282]

**189**  Der Verfasser behält das **Eigentum an seinem Manuskript**; jedoch schränkt § 27 VerlG seinen Rückgabeanspruch ein.[283] Möchte er sein Manuskript nach Abschluss der Vervielfältigung zurückerhalten, so muss er sich dies bis zum Beginn der Vervielfältigung gegenüber dem Verleger vorbehalten. Dies kann vor allem wichtig sein, wenn zum Manuskript Originalbildvorlagen gehören. Es empfiehlt sich, dass der Verfasser einen solchen **Rückgabevorbehalt** nach § 27 VerlG vor Abgabe auf dem Manuskript selbst vermerkt.

**190**  b) **Einräumung der vereinbarten Rechte.** Der Verfasser muss dem Verleger an dem abgelieferten Manuskript die vereinbarten[284] Rechte einräumen. Im seltenen Fall, dass der Vertrag keine Ausführungen dazu enthält, gelten §§ 1, 8 VerlG: Der Verfasser muss dem Verleger das Verlagsrecht in dem oben[285] beschriebenen Umfang einräumen.

**191**  Die Rechtseinräumung ist von der Verpflichtung zur Rechtseinräumung zu trennen.[286] Sie setzt zunächst eine Einigung nach den Regeln des **allgemeinen Urhebervertragsrechts**[287] voraus. Regelmäßig vereinbaren die Parteien bereits im Verlagsvertrag statt der Verpflichtung zur Rechtseinräumung bereits die Rechtseinräumung selbst.

---

277  BGH GRUR 1979, 396, 397.
278  RGZ 84, 294, 295.
279  S Rn 96 ff.
280  Vgl BGH GRUR 1979, 396, 397 f.
281  OLG Frankfurt NJW-RR 2006, 330, 331 f.
282  OLG Frankfurt NJW-RR 2006, 330, 331.

283  S Rn 238 f.
284  S Rn 109 ff.
285  S Rn 113.
286  Zum Trennungsprinzip *Schricker* § 9 VerlG Rn 3.
287  S *Jani* Kap 1 Rn 198 ff.

Volker Kitz

§ 9 Abs 1 VerlG schafft als zusätzliche Voraussetzung die **Ablieferung des Werks** **192** an den Verleger, so dass die Verschaffung des Verlagsrechts ein zweiaktiger Tatbestand ist. Besagt der Vertrag – wie üblich – nichts Abweichendes über das Entstehen des Verlagsrechts, so ist diese zusätzliche Voraussetzung nicht abbedungen. Rechtspolitischer Grund für die Regelung ist, dass der Verleger das Werk ohnehin erst dann nutzen kann, wenn er es in Händen hält.

Das Verlagsrecht muss zwar ausdrücklich eingeräumt werden, ist in Entstehen und **193** Bestand aber an Wirksamkeit und Fortbestand des Verlagsvertrags geknüpft (vgl § 9 Abs 1 VerlG). Das **Abstraktionsprinzip** gilt hier nicht.[288]

c) **Modifikationen an Manuskript und Satz.** Nach Ablieferung kann der Verfasser **194** Änderungen am Manuskript nur nach Maßgabe von § 12 VerlG vornehmen. Das Gesetz unterscheidet solche Änderungen von dem, was es Korrekturen nennt (§ 20 VerlG). Die **Korrekturen** beziehen sich nur auf Abweichungen des Satzes vom Manuskript, meinen also lediglich die Berichtigung von Satzfehlern.[289] Hingegen sind alle Modifikationen am Manuskript selbst **Änderungen** iSd Gesetzes, auch wenn es sich dabei zB um die Berichtigung sachlicher oder orthografischer Fehler handelt.

aa) **Änderungen.** Der **Verfasser** ist zu Änderungen nach Manuskriptablieferung **ver-** **195** **pflichtet**, soweit diese Änderungen notwendig sind, um das Werk in einen **vertrags-** **gemäßen Zustand** zu bringen.[290] Das gilt jedenfalls, so lange der Verleger nicht sein Rügerecht entsprechend § 640 Abs 2 BGB durch vorbehaltlose Annahme verloren hat. War das Manuskript bei Ablieferung vertragsgemäß, so muss es der Verfasser aber nicht aktualisieren, wenn es durch längere Untätigkeit des Verlegers seine **Aktualität** verloren hat.[291] Der Verleger muss das Manuskript dann in der abgelieferten Form veröffentlichen.

Zu sonstigen Änderungen nach Manuskriptablieferung ist der Verfasser nach **196** Maßgabe von § 12 VerlG **berechtigt.** Auch wenn § 12 VerlG Ausfluss des Urheberpersönlichkeitsrechts ist, so ist er gleichwohl **abdingbar.** Das – im Voraus unverzichtbare – Rückrufsrecht wegen gewandelter Überzeugung nach § 42 UrhG schützt den Urheber vor Härtefällen. Diese Vorschrift stellt den Urheber bewusst vor eine „Allesoder-nichts"-Entscheidung, die sein Persönlichkeitsrecht nach Ansicht des Gesetzgebers ausreichend schützt, so dass sich ein zwingender Charakter darüber hinaus auch von § 12 VerlG nur schwer begründen ließe.[292] Es steht dem Verleger aber selbstverständlich auch bei abbedungenem § 12 VerlG frei, einem drohenden Rückruf nach § 42 UrhG dadurch zuvorzukommen, dass er sich auf bestimmte Änderungen am Werk einlässt.

Zwischen Manuskriptablieferung und Beginn der Vervielfältigung muss der Ver- **197** leger Änderungen des Verfassers auf eigene **Kosten** ausführen. Die Vervielfältigung beginnt mit der Erstellung des Drucksatzes. Ab diesem Zeitpunkt kann der Verfasser zwar immer noch verlangen, dass seine Änderungen umgesetzt werden; er muss die Kosten hierfür jedoch selbst tragen, soweit seine Änderungen das übliche Maß übersteigen.

---

**288** *Schricker* § 9 VerlG Rn 3.
**289** OLG Frankfurt NJW-RR 2006, 330, 332; *Schricker* § 12 VerlG Rn 7.
**290** Zur Unterscheidung der Rechtsprechung zwischen Satzreife und Vertragsgemäßheit s Rn 185.

**291** OLG Frankfurt NJW-RR 2006, 330, 332.
**292** AA *Schricker* § 12 VerlG Rn 4: Im Anwendungsbereich des § 42 UrhG soll der Verfasser als „glimpflichere" Lösung alternativ ein zwingendes Änderungsrecht nach § 12 VerlG haben.

**198**     Als **übliches Maß** hat sich dabei in der Praxis eine Grenze bei 10 % der Satzkosten des Gesamtwerks herausgebildet.[293] Nach dem entsprechend heranzuziehenden Rechtsgedanken aus § 42 Abs 3 S 4 UrhG muss der Verleger den Verfasser vor Ausführungen der gewünschten Änderungen darüber informieren, dass diese Schwelle überschritten ist und welche Kosten der Verfasser bei Umsetzung der Änderungen zu tragen hätte. Ausnahmsweise muss der Verfasser auch **Kosten** für das übliche Maß übersteigende Änderungen nicht tragen, soweit diese Änderungen das Werk inzwischen, also nach Ablieferung des Manuskripts, eingetretenen Umständen anpasst. Gemeint sind äußere Umstände, nicht ein Sinneswandel oder neue Erkenntnis durch verspätete Recherchen des Verfassers. Weil diese Umstände auch für den Verfasser selbst unvorhergesehen kommen, kann seinem Anspruch ein widersprüchliches Verhalten selbst dann nicht entgegengehalten werden, wenn er den Drucksatz auf einem Korrekturabzug bereits als druckreif genehmigt hatte. Besonders relevant ist diese Bestimmung wegen der oft verstrichenen Zeit bei **Neuauflagen**; hier muss der Verleger nach § 12 Abs 1 S 2 VerlG etwaige Änderungswünsche beim Verfasser sogar ausdrücklich abfragen.

**199**     Ist die **Vervielfältigung** schließlich **beendet**, so hat der Verfasser keinen Anspruch mehr auf Umsetzung seiner Änderungen. Das ist erst dann der Fall, wenn der Druckvorgang abgeschlossen, das Werk tatsächlich fertig gedruckt ist.[294]

**200**     Die **inhaltliche Grenze des Änderungsrechts** bildet zum einen die vertragsgemäße Beschaffenheit des Werks: Der Verfasser kann keine Änderungswünsche geltend machen, die ein vertragsgemäß abgeliefertes Manuskript vertragswidrig machen würden. Zum anderen dürfen die Änderungen die berechtigten Interessen des Verlegers nicht verletzen. Eine solche Interessenverletzung liegt jedenfalls dann vor, wenn das Werk durch die Änderungen seine „Ausgabefähigkeit" verlöre.[295] Die Änderungen müssen sich also innerhalb des Ermessensspielraums des Verfassers bewegen, den er auch bei der Manuskripterstellung gehabt hätte.

**201**     **bb) Korrekturen.** Die **Korrekturen** im Sinne des VerlG, also die Berichtigung der Satzfehler, muss nach § 20 VerlG allein der **Verleger** vornehmen und auf eigene Kosten umsetzen. Das wäre auch ohne ausdrückliche Regelung selbstverständlich, denn der korrekte Satz ist von der Pflicht zur Vervielfältigung umfasst. Der Verfasser ist hierzu nur verpflichtet, wenn der Verleger – was allerdings gängiger Praxis entspricht – diese Pflicht im Vertrag auf ihn **abgewälzt** hat.[296] Nach § 39 Abs 1 UrhG darf der Verleger keine Änderungen an dem Manuskript selbst vornehmen.

**202**     Damit der Verfasser prüfen kann, ob der Verleger seiner Pflicht zum korrekten Satz nachkommt, muss ihm der Verleger nach § 20 Abs 1 S 2 VerlG rechtzeitig einen **Korrekturabzug** vorlegen. Rechtzeitig bedeutet sofort nach Fertigstellung.[297] Schweigt der Verfasser, gilt gem § 20 Abs 2 VerlG seine Genehmigung nach Ablauf einer angemessenen Frist als erteilt; er hat dann auf sein Rügerecht bzgl etwa noch enthaltener Fehler verzichtet.

**203**     Für die Dauer der **angemessenen Frist** kann der Rechtsgedanke aus § 11 Abs 2 VerlG herangezogen werden: Dieser stellt den Zweck des Werks über die subjektiven

---

[293] *Schricker* § 12 VerlG Rn 17; *Schulze* Kap XVI 1. b) aa); vgl auch § 8 Abs 2 des Normvertrags.
[294] AA *Schricker* § 12 VerlG Rn 6: wenn „der Drucksatz fertig vorliegt".

[295] S Rn 184.
[296] Zur Haftungsverteilung bei Druckfehlern in diesem Fall s Rn 189.
[297] *Schricker* § 20 VerlG Rn 2.

Volker Kitz

Umstände beim Verfasser. Übertragen auf § 20 Abs 2 VerlG bedeutet dies, dass die Frist sich nach der Zeit richtet, die noch verbleibt, um die Korrekturen umzusetzen und das Werk zum vorgesehenen Termin erscheinen zu lassen. Diese Frist kann sehr kurz sein, und sie ist es in der Praxis auch regelmäßig. Hat sie sich allerdings durch schuldhafte Verzögerungen des Verlegers im bisherigen Herstellungsprozess verkürzt, so ist dem Verfasser die Zeit zuzugeben, die ihm auch bei Einhaltung des Zeitplans zugestanden hätte. Nur wenn ein Erscheinungstermin noch nicht feststeht, können die in § 11 Abs 2 S 2 VerlG beschriebenen subjektiven Umstände beim Verfasser herangezogen werden.[298] Die angemessene Frist läuft auch, wenn der Verleger sie nicht oder zu kurz bestimmt. Setzt er dem Verfasser hingegen eine unangemessen lange Frist, muss er sich hieran auch festhalten lassen.

Bei sehr vielen Änderungen oder Korrekturen hat der Verfasser analog § 20 Abs 1 S 2 VerlG, der nur von „einem" Abzug spricht, Anspruch auf Vorlage eines weiteren Korrekturabzugs, des sog **Revisionsabzugs**. Ein Anspruch auf Vorlage eines weiteren (zweiten) Revisionsabzugs kann sich nur ganz ausnahmsweise daraus ergeben, dass der Verleger bisherige Korrekturen und Änderungen derart unzuverlässig umgesetzt hat, dass der Verfasser auf eine korrekte Umsetzung der neuerlichen Korrekturen nicht vertrauen kann. **204**

## 2. Verwertung des Werks durch den Verleger

a) **Ausübung des Verlagsrechts (Auswertungspflicht)**. Soweit dem Verleger das Verlagsrecht eingeräumt ist,[299] ist er – wenn ein Verlagsvertrag vorliegt[300] – zu dessen Ausübung nicht nur berechtigt, sondern dem Verfasser gegenüber auch verpflichtet. Das folgt aus § 1 S 2 VerlG. Liegen AGB vor[301] und ist unklar, ob die Parteien einen „echten" Verlagsvertrag mit Auswertungspflicht wollten, so kann § 305 c Abs. 2 BGB zu der Auslegung führen, dass der Verleger eine Auswertungspflicht übernommen hat, wenn er Verwender der AGB ist.[302] **205**

Quantitativ und qualitativ wird die Auswertungspflicht in erster Linie durch die **vertragliche Vereinbarung** konkretisiert,[303] also durch eine etwa vereinbarte Auflagenhöhe,[304] einen Erscheinungstermin[305] oder eine bestimmte Art der Erstausgabe.[306] **206**

Soweit nichts vereinbart ist,[307] gelten die **dispositiven** §§ 14–17 VerlG: Nach § 14 VerlG müssen Vervielfältigung und Verbreitung in einer **zweckentsprechenden und üblichen Weise** erfolgen. „Weise" meint **alle qualitativen Fragen** der Herstellung und Verbreitung, also alles außer dem Erscheinungstermin (hierzu § 15 VerlG) und der Anzahl der herzustellenden Exemplare (hierzu §§ 16 f, 5 VerlG). **207**

**Nicht** gemeint sind inhaltliche Fragen des Werks, sein Titel und der **Inhalt der Urheberbezeichnung**; all dies liegt nach § 39 UrhG im Ermessen des Verfassers. Der Verleger darf das Werk zB nicht eigenmächtig mit Illustrationen versehen.[308] Allerdings ist § 39 Abs 1 UrhG dispositiv. IdR sieht der Vertrag vor, dass der Verleger den endgültigen **Titel des Werks** bestimmt, wobei er die Interessen des Verfassers, insb **208**

---

**298** AA *Schricker* § 20 VerlG Rn 7.
**299** S Rn 109 ff.
**300** Abgrenzung zum Bestellvertrag Rn 59 ff.
**301** Rn 90.
**302** OLG München ZUM 2008, 875, 877.
**303** BGH GRUR 1988, 303, 305.
**304** S Rn 127 ff.

**305** S Rn 162.
**306** S Rn 153 ff.
**307** Zum Vorrang der Vereinbarung auch hinsichtlich der geschuldeten Form der Vervielfältigung BGH GRUR 1988, 303, 305.
**308** *Schricker* § 14 VerlG Rn 5.

dessen Persönlichkeitsrechte, zu berücksichtigen hat. Eine Ausnahme gilt nach § 39 Abs 2 UrhG zudem dann, wenn Treu und Glauben dies erfordern. Dies berücksichtigt, dass die Wahl des Titels auch für den Geschäftserfolg des Verlegers von herausragender Bedeutung sein kann.

**209**  **aa) Art und Weise der Vervielfältigung.** Hinsichtlich der Vervielfältigung betrifft die „Weise" etwa **Art der Ausgabe, Druckbild, Papier, Format, Umschlaggestaltung.** Für die Wahl der „Form und Ausstattung" statuiert § 14 S 2 VerlG scheinbar eine Sonderregel: Der Verleger soll sie bestimmen und hat dabei die im Verlagshandel herrschende Übung mit Rücksicht auf Zweck und Inhalt des Werks zu beachten. Diese Einschränkungen sind aber redundant; sie fügen dem Standard des Zweckentsprechenden und Üblichen, innerhalb dessen sich der Verleger grds bewegen darf, keine Substanz hinzu.[309]

**210**  Was **üblich und zweckentsprechend** ist, lässt sich durch einen Vergleich mit anderen Werken desselben Genres und mit derselben Zielgruppe ermitteln. Ist – wie etwa beim **Dissertationsdruck** – der Zweck in erster Linie die formelle Veröffentlichung und weniger die Erschließung des Massenmarkts, so können die Anforderungen an das Druckbild geringer sein als beim **Publikumsverlag**. Bei einem **Geschenkbuch** hingegen liegen die Anforderungen des Markts an die Ausstattung wesentlich höher, es muss äußerlich attraktiv wirken. Üblich ist auch verlagseigene **Werbung** im Anhang des Werks.[310]

**211**  Eingeschränkt wird das Ermessen des Verlegers durch die Pflicht zur **Urheberbenennung** nach § 13 S 2 UrhG; die Art und Weise (nicht der Inhalt der Urheberbenennung, vgl § 39 Abs 1 UrhG) der Urheberangabe richtet sich indes wieder nach dem Üblichen.

**212**  Ohne entsprechende Vereinbarung kommt der Verleger seiner Auswertungspflicht nicht nach, wenn er das Buch nur im **Book-on-Demand**-Verfahren herausbringt,[311] denn das ist nicht üblich.

**213**  Überschreitet der Verleger seinen **Ermessensspielraum**, kann der Verfasser auf ordnungsgemäße **Vertragserfüllung klagen.**[312] Dieses Recht kann er aber **verwirken**, wenn er gegenüber dem Verleger durch objektives Verhalten den Eindruck erweckt, er sei mit der Vorgehensweise einverstanden und der Verleger daraufhin weiter Geld in diese Vorgehensweise investiert. Das kann zB dann der Fall sein, wenn der Verfasser einen bestimmten Satz auf einem Korrekturabzug akzeptiert oder sich mit einer Vorankündigung des Verlags einverstanden erklärt, aus der sich bestimmte Ausstattungsmerkmale klar ergeben. Stets kommt es darauf an, ob der Verfasser schuldhaft einen Vertrauenstatbestand geschaffen hat und eine spätere Rüge sich als widersprüchliches Verhalten darstellen würde.

**214**  **bb) Art und Weise der Verbreitung.** Die Pflicht zur Verbreitung bedeutet, dass der Verleger **körperliche Werkexemplare so in den Verkehr bringen** muss, dass sie im **Sortimentseinzelhandel erhältlich** sind. Auf welchem Weg er dieses Ziel erreicht (Direktbelieferung, Belieferung über Zwischenhändler oder Kommissionäre), ist dem

---

**309** AA *Schricker* § 14 VerlG Rn 4: Entscheidungsspielraum bei S 2 weiter als bei S 1.
**310** *Schricker* § 14 VerlG Rn 6; weiter gehend Wegner/Wallenfels/Kaboth/*Wegner* 2. Kap Rn 75: auch Werbung für Fremdprodukte; zur

Werbung in einer Fachzeitschrift für Konkurrenten des Herausgebers OLG Düsseldorf AfP 2009, 508.
**311** Haupt/*Kruse* Kap 6 Rn 6 f.
**312** S Rn 284.

Verleger überlassen. Zum Sortimentseinzelhandel gehört auch der **Internetbuchhandel.** Der Verleger muss dafür sorgen, dass das Werk rechtzeitig und mit korrekten Angaben im **Verzeichnis lieferbarer Bücher (VlB)** aufgenommen wird. Denn dieses Verzeichnis genießt traditionell den Ruf der Vollständigkeit; ein hier nicht verzeichneter Titel gilt im Sortimentseinzelhandel idR als nicht lieferbar.

**cc) Auflagenzahl und -höhe.** Die **Zahl** der herzustellenden und zu verbreitenden **215** Exemplare richtet sich **bei fehlender Vereinbarung nach §§ 16, 17, 5 VerlG.**[313] Danach muss der Verleger auch dann grds **nur eine Auflage in Höhe von 1000 Exemplaren** veranstalten, wenn er das Verlagsrecht für mehrere Auflagen eingeräumt bekommen hat. Aus der Höhe eines vereinbarten Honorarvorschusses lässt sich nicht auf die nach dem Vertrag oder Gesetz geschuldete Auflagenhöhe schließen.[314]

**dd) Festsetzung und Änderung des Ladenpreises.** Nach § 21 VerlG setzt der Ver- **216** leger den Ladenpreis fest, wenn im Vertrag nichts anderes bestimmt ist. Hierzu ist er auch nach § 5 Abs 1 BuchPrG verpflichtet.[315] Die Bestimmung beruht allein auf der **Kalkulation des Verlegers;**[316] anders als bei § 14 VerlG ist sein Ermessen hier nicht durch Fragen der Üblichkeit oder Zweckdienlichkeit eingeschränkt.[317]

Hat der Verleger den Ladenpreis aber einmal bestimmt, so kann er ihn nur unter **217** engen Voraussetzungen ändern. „Bestimmt" iSv § 21 VerlG ist der Ladenpreis, wenn er gem § 5 Abs 1 BuchPrG veröffentlicht ist.[318] Nach diesem Zeitpunkt bedarf eine **Erhöhung** des Ladenpreises gem § 21 S 3 VerlG stets der Zustimmung des Verfassers, eine **Ermäßigung** nur dann, wenn sie berechtigte Interessen des Verfassers verletzt. Ist eine solche Ermäßigung nicht wegen eines nachlassenden Absatzes des Werks angezeigt, verletzt sie idR die Interessen des Verfassers.[319] Eine Aufhebung des Ladenpreises (**Verramschung**) bedarf, wenn Vereinbarungen hierüber fehlen, auch dann der Zustimmung des Verfassers, wenn das Werk sich nur noch schleppend oder nicht mehr verkauft.[320]

**ee) Werbung.** Die Pflicht, das Werk angemessen zu bewerben, ist **Teil der Verbrei-** **218** **tungspflicht.**[321] Sie besteht daher auch dann, wenn sie im Vertrag nicht ausdrücklich erwähnt ist. Über Inhalt und Umfang gibt es immer wieder Streit, wenn der Erfolg des Werks hinter den Erwartungen zurückbleibt.[322] Ein Misserfolg des Werks lässt aber natürlich nicht automatisch den Schluss darauf zu, dass der Verlag seine Werbepflicht verletzt hat.[323]

Das auch hier geltende **Maß des Üblichen** beschränkt sich auf einige **Standardmaß-** **219** nahmen: Weil der Endkunde nur über idR sehr teure Massenwerbekanäle zu erreichen ist, die Streuverluste dort aber hoch sind, setzen Publikumsverlage auf die **Bewerbung des Handels,** um dort einen „Push" zu erzeugen.[324] Üblich ist eine Ankündigung in der **Programmvorschau** des Verlags, die dem Handel und der Presse idR zweimal im

---

[313] S Rn 123, 127 ff.
[314] LG Stuttgart GRUR 1951, 524, 524.
[315] S Rn 343.
[316] Zur Kalkulation *von Lucius* 129 f.
[317] AA offenbar *Schricker* § 21 VerlG Rn 4 („zweckentsprechender Preis").
[318] S Rn 349; eine Preisankündigung in der Vorschau ist hingegen unverbindlich, *Schricker* § 21 VerlG Rn 4.

[319] OLG München ZUM 2001, 889, 893.
[320] S Rn 165.
[321] *Wegner/Wallenfels/Kaboth/Wegner* 2. Kap Rn 79; *Schulze* Kap XVI 1. c) ee).
[322] Vgl *Junker* GRUR 1988, 793, 794.
[323] OLG Celle GRUR 1964, 333, 333.
[324] *Heinold* 130.

Jahr die Neuerscheinungen der Saison vorstellt. Betreibt der Verlag aber Endkundenwerbung in Form von *Gesamt*katalogen, so muss er das Werk hierin aufnehmen. Gleiches gilt für einen **Onlinekatalog** auf der Website des Verlags. Auch muss der Verlag das Werk seinen Vertretern auf den üblicherweise halbjährlich stattfindenden **Vertreterkonferenzen** angemessen vorstellen.

**220** Schließlich muss sich der Verlag um **Rezensionen** des Werks in der Presse bemühen und hierzu Rezensionsexemplare versenden.[325] Neben der Vorschau, die sich auch an Journalisten richtet, ist er aber idR nicht zu weiteren Informationsaussendungen an die Presse verpflichtet.

**221** Alles, was darüber hinausgeht, zielt auf eine **exponierte Positionierung** eines bestimmten Titels innerhalb des Programms ab und ist nicht mehr üblich. Den Werbemöglichkeiten sind kaum Grenzen gesetzt; sie reichen von Flugblättern, Plakaten, Aufstellern, Teilnahme an besonderen Suchsystemen der Onlinehändler[326] bis hin zu Fernsehspots. Ohne anders lautende Vereinbarung[327] liegt die Entscheidung über solche besonderen Werbeformen auch dann im **Ermessen** des Verlegers, wenn ein Absatzhonorar vereinbart ist.[328]

**222** Die Pflicht zur Förderung eines Werks lässt zudem idR nach, je länger das **Erscheinungsdatum** zurückliegt. Der Geschmack des Publikums ändert sich schnell, und bei der Masse der jährlichen Neuerscheinungen wird die „Lebensdauer" eines Titels immer kürzer. Der Verleger muss sich daher nicht während der gesamten Vertragslaufzeit gleichermaßen für ein Werk einsetzen, wenn dieses beim Publikum nicht mehr gängig ist.[329]

**223** Der **Verfasser** ist zu honorarfreier **Mitwirkung an Werbeaktionen** nicht verpflichtet; er wird aber jedenfalls bei einem vereinbarten Absatzhonorar ein eigenes Interesse daran haben. Auch kann der Verleger Auszüge aus dem Werk oder das gesamte Werk, etwa zur digitalisierten Volltextsuche, zu Werbezwecken nur nutzen, soweit ihm ein entsprechendes Nutzungsrecht eingeräumt ist. Es soll aber buchhändlerischer Sitte entsprechen, kurze Passagen aus dem Werk auch ohne gesonderte Einwilligung des Verfassers als **Leseproben** zu veröffentlichen.[330]

**224** ff) **Fälligkeit des Auswertungsanspruchs.** Die Fälligkeit des Auswertungsanspruchs richtet sich ohne besondere Vereinbarung nach § 15 VerlG.[331] Auch wenn der Erscheinungstermin vertraglich in das Ermessen des Verlegers gestellt ist, darf er mit der Auswertung nach Manuskriptablieferung nicht unangemessen lange warten.[332]

**225** b) **Ausübung sonstiger Rechte.** Für Rechte, die dem Verleger neben dem Verlagsrecht eingeräumt wurden, gilt § 1 S 2 VerlG nicht. Eine **Auswertungspflicht** besteht hier **nur bei ausdrücklicher Vereinbarung**. Geht es allerdings um Verwertungen, die dem Verleger kein finanzielles Risiko aufbürden, so muss er sich bietende Gelegenheiten zur Ausübung dieser Rechte nach **Treu und Glauben**[333] jedenfalls dann wahr-

---

**325** *Delp* Verlagsvertrag 61.
**326** Zur Üblichkeit der Teilnahme an digitalisierter Volltextsuche *Heckmann* AfP 2007, 314, 318.
**327** In der Praxis gibt ein Verlag oft nur eine mündliche Zusicherung über besondere Werbemaßnahmen, s *Horz* 53 Fn 129.
**328** OLG Celle GRUR 1964, 333, 333.

**329** BGH NJW 1969, 2239, 2239.
**330** *Schricker* § 14 VerlG Rn 10.
**331** S Rn 161 ff.
**332** OLG Frankfurt NJW-RR 2006, 330, 331; LG Stuttgart GRUR 1951, 524, 524.
**333** *Rehbinder* Rn 678; zum „handelsüblichen Einsetzen" beim Musikverlag *Grohmann* 90 ff.

Volker Kitz

nehmen, wenn der Verfasser an den Einkünften aus dieser Verwertung beteiligt ist. Namentlich gilt dies für die Vergabe von **Lizenzen**.

Ist in **Formularverträgen** unklar, ob eine Auswertungspflicht bestehen soll, so ist nach der **Unklarheitenregel** des § 305 Abs 2 BGB zulasten des Verlegers als Verwender davon auszugehen, dass eine Verwertungspflicht besteht.[334] Ob der Verleger eigene Lizenzen vergeben können oder nur als **Agent** des Verfassers handeln können soll, kann sich im Zweifel aus der Formulierung des Honoraranspruchs ergeben.[335]   **226**

Hat sich der Verleger das Recht einräumen lassen, das Werk in einer **unbekannten Nutzungsart** zu nutzen, so kann er rechtssicher mit der Nutzung erst beginnen, wenn das **Widerrufsrecht** des Urhebers nach § 31a Abs 1 S 3 UrhG erloschen ist.[336] Das Widerrufsrecht erlischt nach § 31a Abs 1 S 4 UrhG, wenn der Verleger eine Mitteilung über die beabsichtigte neue Art der Werknutzung an die letzte bekannte Adresse des Urhebers abgeschickt hat und der Urheber nicht binnen drei Monaten widerspricht.[337] Nach § 31a Abs 2 UrhG erlischt es auch, wenn sich die Parteien nach Bekanntwerden der Nutzungsart auf eine angemessene Vergütung einigen oder wenn der Urheber verstorben ist. Für **Altverträge** gilt unter den Voraussetzungen des § 137l UrhG eine **Übertragungsfiktion** hinsichtlich bis zum 1.1.2008 bekannt gewordener Nutzungsarten, wenn der Urheber nicht bis 1.1.2009 widerspricht.[338] Diese Fiktion gilt nur, wenn der Urheber dem Verleger alle wesentlichen zum Zeitpunkt des Vertragsschlusses bekannten Nutzungsrechte ausschließlich sowie räumlich und zeitlich unbegrenzt eingeräumt hat. Was wesentlich ist, richtet sich dabei nach dem Vertragszweck;[339] beim Verlagsvertrag wird demnach die Einräumung des Verlagsrechts idR genügen.   **227**

**c) Schutz des Verlegers gegenüber dem Verfasser. aa) Enthaltungspflicht des Verfassers.** Neben der Pflicht zur Rechtseinräumung erlegt § 2 Abs 1 VerlG dem Verfasser **Unterlassungspflichten** auf: Während der Dauer des Verlagsvertrags darf er das Werk selbst nicht mehr vervielfältigen und verbreiten, soweit dies auch einem Dritten verboten wäre. Damit korrespondiert ein entsprechendes Verbotsrecht des Verlegers, das als negatives Verlagsrecht bezeichnet wird.   **228**

Auch wenn allenthalben betont wird, dieses **negative Verlagsrecht** gehe über das positive Nutzungsrecht des Verlegers hinaus,[340] so lässt sich diese Aussage in dieser Allgemeinheit nicht aufrecht erhalten;[341] sie ergibt sich jedenfalls nicht ohne Weiteres aus § 2 Abs 1 VerlG: Zum einen bleibt schon nach § 2 Abs 1 VerlG dem Verfasser erlaubt, was jeder Dritte nach dem UrhG darf. Der Verfasser kann sich also auf die Schranken des UrhG berufen[342] und sein Werk zB nach § 53 UrhG zum persönlichen Gebrauch vervielfältigen. Der Verleger kann ihm dies auch dann nicht verbieten, wenn sein Nutzungsrecht die gewählte Vervielfältigungsart umfasst. Insoweit geht nicht das negative Verlagsrecht weiter als das positive, sondern das Gegenteil ist der Fall.   **229**

Zum anderen definieren §§ 2 und 8 VerlG die negative und positive Seite des Verlagsrechts mit den gleichen Begriffen, nämlich der Vervielfältigung und Verbreitung. Nach dem dispositiven Gesetzesrecht haben positives und negatives Verlagsrecht   **230**

---

**334** S hierzu BGH GRUR 2005, 148, 151.
**335** OLG Frankfurt ZUM 2000, 595, 596.
**336** Im Einzelnen s *Jani* Kap 1 Rn 207.
**337** Näher zum Verfahren *Schulze* UFITA Bd 2007/III, 641, 664 ff.
**338** Im Einzelnen s *Jani* Kap 1 Rn 210 ff.

**339** BT-Drucks 16/1828, 33.
**340** *Schricker* § 8 VerlG Rn 9; zum Verbotsrecht hinsichtlich Bearbeitungen vor Inkrafttreten des UrhG s dort und BGH GRUR 1960, 636, 637.
**341** Vgl *Knaak* 263, 269.
**342** *Schricker* § 2 VerlG Rn 10.

daher im Ausgangspunkt zunächst einmal den gleichen Umfang. Ergibt sich aus dem Vertrag unter Berücksichtigung der **Zweckübertragungsregel**, dass das positive Verlagsrecht auf bestimmte Nutzungsarten beschränkt worden ist, so wird regelmäßig auch die aus § 2 Abs 1 VerlG folgende **Enthaltungspflicht entsprechend modifiziert** sein.[343] Alles andere ergäbe wenig Sinn: Dem Verfasser verblieben dann gewisse Nutzungsrechte, mit denen er aber nichts anfangen könnte. Er könnte sie allenfalls an denselben Verleger nachlizenzieren; mangels anderweitiger Verwertbarkeit ließe sich hierfür aber kein angemessener Marktpreis erzielen.

**231** Das negative Verlagsrecht geht aber dort über das positive hinaus, wo das Gesetz letzteres ausdrücklich einschränkt. Ein Beispiel ist § 4 VerlG: Danach darf der Verleger ein Einzelwerk nicht in einem Sammelwerk vervielfältigen, kann dies aber dem Verfasser nach § 2 Abs 1 VerlG verbieten. Gleiches gilt für Verwendung in einer Gesamtausgabe, nach der dispositiven Regel des § 2 Abs 3 VerlG aber nur, wenn seit Erscheinen des Werks noch keine 20 Jahre verstrichen sind.[344]

**232** **bb) Allgemeine Treuepflicht des Verfassers.** Erheblich ergänzt wird allerdings die aus § 2 Abs 1 VerlG folgende Unterlassungspflicht durch die **allgemeine vertragliche Treuepflicht**.[345] Danach haben beide Parteien alles zu unterlassen, was den Vertragszweck beeinträchtigen würde.

**233** Der Verfasser darf daher bei ihm **verbliebene Nutzungsrechte** nicht so ausüben, dass er damit die Auswertung der dem Verleger eingeräumten Rechte erheblich behindert. So darf der Verfasser zB nicht kurz nach Erscheinen einer Hardcoverausgabe eine ähnlich ausgestattete Sonderausgabe desselben Werks im selben Preissegment herausbringen, selbst wenn das Nutzungsrecht für Sonderausgaben bei ihm verblieben ist.

**234** Der BGH hat diesen Gedanken sogar auf andere Werke ausgeweitet, was bedenklich ist: Er möchte dem Verfasser grds Werke verbieten, die **denselben Gegenstand und dieselbe Zielgruppe** haben.[346] Sachgerecht dürfte es aber sein, für ein solches umfassendes Konkurrenzverbot eine ausdrückliche Wettbewerbsabrede[347] zu verlangen. Sonst würde das Geschäftsrisiko des Verlegers allzu sehr auf den Verfasser abgewälzt, dessen Schaffensfreiheit allzu sehr eingeschränkt. In diesem Sinne hat das OLG München jüngst klargestellt, dass allein aus §§ 157, 242 BGB kein allgemeines Wettbewerbsverbot zu Lasten des Verfassers abgeleitet werden kann.[348]

**235** **d) Schutz des Verlegers gegenüber Dritten.** Als Inhaber eines Nutzungsrechts kann der Verleger gem § 97 UrhG auch gegen Dritte vorgehen, die rechtswidrig in sein Nutzungsrecht eingreifen.[349] Dies stellt § 9 Abs 2 VerlG noch einmal ausdrücklich klar: Der Verleger geht insoweit – unabhängig vom Verfasser – aus **eigenem Recht** vor.[350]

**236** Er kann aus diesem Recht etwa einem anderen Verlag die Verbreitung von Vervielfältigungsstücken verbieten, an denen das **Verbreitungsrecht** nicht nach § 17 Abs 2 UrhG erschöpft ist. Das hat das OLG Karlsruhe in einem Fall entschieden, in dem der

---

**343** So auch *Schulze* Kap XVI 1. b) cc).
**344** Näher zur Gesamtausgabe OLG Karlsruhe GRUR 1993, 992, 993; LG Frankfurt NJW 1989, 403, 404.
**345** BGH GRUR 1973, 426, 427; Wegner/Wallenfels/Kaboth/*Wegner* 2. Kap Rn 34 ff.
**346** BGH GRUR 1973, 426, 427; ebenso

OLG Frankfurt GRUR-RR 2005, 361, 361.
**347** S Rn 170 ff.
**348** OLG München OLGR 2007, 737, 738.
**349** Wegner/Wallenfels/Kaboth/*Wegner* 2. Kap Rn 57.
**350** *Schricker* § 9 VerlG Rn 15.

Verleger remittierte Exemplare zum Makulieren weggab, die dann aber ihren Weg zu einem Konkurrenzverlag fanden, der sie stattdessen vertrieb.[351] Mit der Remission war das Verbreitungsrecht des Verlegers an den Exemplaren wieder aufgelebt und hatte sich nicht dadurch erneut erschöpft, dass der Verleger die Exemplare als Altpapier veräußerte.

Eine Störung des Verlagsrechts kann zudem auch einen unerlaubten **Eingriff in den eingerichteten und ausgeübten Gewerbebetrieb** des Verlegers darstellen,[352] den die Rechtsprechung als sonstiges Recht iSd § 823 Abs 1 BGB anerkennt.[353] Der BGH hat dies in einem Fall entschieden, in dem ein anderer Verlag mit dem Verfasser einen Verlagsvertrag über dasselbe Werk geschlossen und sich dabei fahrlässig darauf verlassen hatte, die Verlagsrechte des ursprünglichen Verlegers seien erloschen.[354] **237**

### 3. Manuskriptrückgabe

Das „Werk" hat der Verleger gem § 27 VerlG dem Verfasser nur dann zurückzugeben, wenn sich dieser die **Rückgabe vorbehalten** hat. Mit „Werk" meint diese Vorschrift alles, was der Verfasser dem Verleger nach § 10 VerlG als Vervielfältigungsvorlage überlassen hat. **238**

Diese Vorlagen bleiben im **Eigentum des Verfassers**; der Verleger hat ein schuldrechtliches Besitzrecht an ihnen, um von seinem Verlagsrecht Gebrauch machen zu können.[355] Ohne einen Rückgabevorbehalt iSd § 27 VerlG darf der Verleger die Vorlagen auch nach Druck der ersten Auflage für etwaige weitere Auflagen behalten. Auf jeden Fall muss er sie aber nach Beendigung des Verlagsvertrags auch dann zurückgeben, wenn eine Rückgabe nicht vorbehalten ist.[356] Weil Manuskripte heute idR elektronisch übermittelt werden, hat der Rückgabeanspruch praktische Bedeutung fast nur noch hinsichtlich etwaiger Bildvorlagen. **239**

Hinsichtlich **unverlangt eingesandter Manuskripte** trifft den Verleger eine Obhutspflicht nach § 362 Abs 2 HGB.[357] **240**

### 4. Vergütung des Verfassers

**a) Bestehen eines Vergütungsanspruchs.** Ob und in welcher Höhe der Verleger eine Vergütung schuldet, richtet sich zunächst nach der **Vereinbarung**.[358] Diese kann – im positiven wie im negativen Sinne – ausdrücklich oder konkludent erfolgt sein. Es gelten die allgemeinen Regeln der Vertragsauslegung. Eine **stillschweigende Honorarvereinbarung** kann sich zB aus der bisherigen Geschäftsbeziehung ergeben, wenn der Verfasser ähnliche Werke immer nur gegen ein entsprechendes Honorar verfasst hat. Erst wenn die Auslegung ergibt, dass die Parteien weder positiv noch negativ etwas zur Vergütung vereinbart haben, wenn also eine echte vertragliche Regelungslücke **241**

351 OLG Karlsruhe GRUR 1979, 771, 772 f.
352 *Deip* Praktikum 29.
353 BGH NJW 1959, 479, 480, stRspr.
354 BGH GRUR 1959, 331, 332 ff.
355 BGH GRUR 1969, 551, 552; s aber auch den Fall in OLG München NJW-RR 2000, 777 ff, in dem ein (Options-)Vertrag eine ausdrückliche Pflicht zur Manuskriptübereignung

enthielt; zur Möglichkeit der Ersitzung OLG München GRUR 1984, 516, 517 f.
356 BGH GRUR 1969, 551, 552 f, offen gelassen hat der BGH, ob § 27 VerlG vor Vertragsbeendigung den Rückgabeanspruch aus § 985 BGB einschränkt.
357 *Schack* Rn 1133.
358 S Rn 132 ff.

vorliegt, kommt § 22 Abs 1 S 2 VerlG ins Spiel.[359] Dieser Fall ist selten. Haben die Parteien zB einen ausführlicheren – also über den in § 1 VerlG bezeichneten Inhalt hinausgehenden – Vertrag geschlossen und eine Vergütung darin nicht geregelt, spricht dies ohne entgegenstehende Anhaltspunkte nicht für eine Regelungslücke, sondern für den stillschweigenden vertraglichen Ausschluss eines Vergütungsanspruchs. Haben die Parteien hingegen für bestimmte Verwertungsarten konkrete Vergütungshöhen vereinbart, für andere nicht, so spricht dies eher für eine stillschweigende Übereinkunft dahingehend, dass jede Verwertung honoriert werden soll.

**242**     Liegt danach tatsächlich eine **vertragliche Regelungslücke** vor, so fingiert § 22 Abs 1 S 2 VerlG eine stillschweigende Honorarvereinbarung, wenn die Überlassung des Werks den Umständen nach nur gegen Entgelt zu erwarten war. Diese Fiktion verhindert, dass sich eine Partei wegen eines offenen oder verdeckten Einigungsmangels auf §§ 154, 155 BGB berufen kann. Das Ergebnis der Fiktion ist nicht nach §§ 119 ff BGB anfechtbar.[360]

**243**     Die Tatbestandsvoraussetzungen der Vorschrift erfordern dabei keine Anhaltspunkte für eine stillschweigende Vereinbarung – läge diese vor, bedürfte es der Fiktion des § 22 Abs 1 S 2 VerlG gerade nicht. Ausschlaggebend ist allein, ob der Verleger zum Zeitpunkt der Manuskriptannahme nach den **objektiven Umständen** erwarten durfte, dass der Verfasser honorarfrei arbeitet. Subjektive Erwartungen des Verfassers spielen keine Rolle.

**244**     Eine **generelle Vermutung für einen Honoraranspruch** besteht dabei **nicht**.[361] Anders als beim gewöhnlichen Werkvertrag, zu dessen essentialia negotii nach § 631 Abs 1 BGB die Vergütung gehört, geht es hier nicht um eine Abgrenzung zwischen Vertrag und Gefälligkeitsverhältnis. Insb die beim gewöhnlichen Werkvertrag geltenden Kriterien Umfang, Art und Dauer der Werkleistung können daher beim Verlagsvertrag nicht fruchtbar gemacht werden. Ebenso wenig kommt es auf die Bekanntheit des Verfassers an;[362] veröffentlichen doch gerade im wissenschaftlichen Bereich nicht selten auch renommierte Verfasser aufwändige Werke ohne Honorar oder sogar mit eigenem Druckkostenzuschuss. Sachgerecht wird vielmehr in erster Linie ein Abstellen auf die **Art des Verlags** sein: Ein Publikumsverlag kann stets nur erwarten, dass ihm ein Manuskript – gleich welcher Art, welchen Umfangs und von welchem Verfasser – nur gegen Honorar überlassen wird. Für den Wissenschaftsverlag etwa gilt dies nicht. Ebenso wenig gilt es für die bereits erwähnten[363] Verlage, die ersichtlich[364] darauf spezialisiert sind, Verfassern den Wunsch nach Veröffentlichung zu erfüllen, anstatt mit dem Buch eine echte Nachfrage am Markt zu bedienen. Für Beiträge in **Fachzeitschriften** kann sich ein Honorar aus § 22 Abs 1 S 2 VerlG auch dann ergeben, wenn die Zeitschrift die Veröffentlichung nachträglich ablehnt.[365]

**245**     b) Höhe des Vergütungsanspruchs. aa) Vergütungshöhe bei vereinbarter Honorierungsart. Steht eine Vergütungspflicht fest, so richtet sich deren Höhe auch wieder zunächst nach der **Vereinbarung**.[366]

---

[359] BGH ZfBR 1995, 16; zum gleich lautenden § 632 Abs 1 BGB Prütting/Wegen/Weinreich/*Leupertz* § 632 BGB Rn 4; anders (Auslegungsregel) Soergel/*Teichmann* § 632 BGB Rn 2.
[360] Prütting/Wegen/Weinreich/*Leupertz* § 632 BGB Rn 2.
[361] *Schricker* § 22 VerlG Rn. 2.

[362] AA *Schricker* § 22 VerlG Rn 3.
[363] S Rn 18.
[364] ZB weil sie Anzeigen schalten mit dem Text „Autoren gesucht", „Schreiben Sie gerne?" oä.
[365] AG Starnberg GRUR-RR 2008, 190, 191.
[366] S Rn 134 ff.

Volker Kitz

Zunächst ist die vereinbarte **Berechnungsart** zu ermitteln: Ist – wie im häufigsten **246** Fall – ein Honorar auf Grundlage des Nettoladenpreises vereinbart, so ist auch ohne ausdrücklichen Zusatz idR davon auszugehen, dass dies pro verkauftem Exemplar, also als Absatzhonorar, gelten soll.[367] Eine – in der Praxis seltene – Berechnung nach der Höhe der Druckauflage kommt nur in Betracht, wenn sich aus dem Vertrag ein unmissverständlicher gemeinsamer Wille hierzu ergibt.[368]

Steht die Berechnungsart fest, sind die für sie notwendigen **Berechnungsgrößen** **247** auszumachen: Ist kein fiktiver Ladenpreis im Vertrag vereinbart, so ist für eine Berechnung nach dem Ladenpreis der tatsächliche Ladenpreis zugrunde zu legen, zu dem das jeweilige Exemplar verkauft wurde.[369] Das können auch die in § 5 Abs 4 BuchPrG aufgeführten Sonderpreise sein.[370] Bindet ein **anderer Verlag** ein gekauftes Buch neu ein und verkauft es als Luxusausgabe zu einem höheren Ladenpreis weiter, so hat dies allerdings keinen Einfluss auf die Honorierung des Verfassers, die ja bereits beim ersten Verkauf stattgefunden hat.[371]

Ohne weiteren Zusatz bedeutet „verkauftes Exemplar", dass ein wirksamer Kauf- **248** vertrag zwischen dem Verleger und seinem Abnehmer zustande gekommen ist. Ist dem Händler ein Remissionsrecht eingeräumt, so schließen beide den Kaufvertrag unter der auflösenden Bedingung der Remission. **Remittierte Exemplare** zählen dann nicht zu den „verkauften" Exemplaren. Hingegen sind auch **verramschte Exemplare** „verkaufte" Exemplare; ohne gegenteilige Vereinbarung[372] ist eine Absatzhonorarstaffel auf diese Exemplare unverändert anzuwenden.

Ist ein **Stückhonorar** ohne Bezugnahme auf den Ladenpreis vereinbart, so haben **249** spätere Veränderungen des Ladenpreises keinen Einfluss auf die vereinbarte Höhe des Stückhonorars.[373]

Für **Folgeauflagen** gilt nach § 5 Abs 1 S 2 VerlG im Zweifel die gleiche Honorar- **250** höhe wie für die erste Auflage. Die entsprechende Stufe eines nach Absatz gestaffelten Honorars errechnet sich ohne anders lautende Vereinbarung jedoch nach dem Gesamtabsatz über alle bisherigen Auflagen; das Werk wird forthonoriert.

Für das am häufigsten vereinbarte **Absatzhonorar** auf Grundlage des Nettoladen- **251** preises gilt bei einem Mehrwertsteuersatz von 7 % und einem Beteiligungssatz von B % folgende **Berechnungsformel**: (Ladenpreis/107) × 100 × B % × Anzahl der verkauften Exemplare.

Ist der Verfasser **mehrwertsteuerpflichtig**, so muss der Verleger die Mehrwertsteuer **252** auch dann zusätzlich zum Honorar zahlen, wenn dies nicht ausdrücklich im Vertrag steht.

**bb) Vergütungshöhe bei fehlender Vereinbarung.** Fehlen Bestimmungen über die **253** Höhe der Vergütung, so gilt nach § 22 Abs 2 VerlG eine **angemessene Vergütung** in Geld als vereinbart. Die Vorschrift deckt sich inzwischen mit § 32 Abs 1 S 2 UrhG, auf dessen Konkretisierung in § 32 Abs 2 UrhG man zurückgreifen kann.[374] Hat der Verleger sich Nutzungsrechte an **unbekannten Nutzungsarten** einräumen lassen, so

---

[367] So auch *Schricker* Rn 7.
[368] S Rn 135.
[369] Zum Schadensersatz bei unzulässiger Herabsetzung des Ladenpreises durch den Verleger s Rn 288.
[370] Für Subskriptionspreis LG Flensburg NJW-RR 1986, 1058, 1059.

[371] *Nordemann* ZUM 2009, 809, 812.
[372] S Rn 168.
[373] LG Berlin GRUR 1969, 554, 555.
[374] Im Einzelnen s Kap 1 Rn 237 ff sowie *Schricker* GRUR Int 2002, 797, 800 ff.

schuldet er dem Urheber nach § 32c UrhG eine zusätzliche angemessene Vergütung, wenn er mit der neuen Werknutzung beginnt.[375] Auch ihre Höhe richtet sich nach § 32 Abs 2 UrhG. Danach sind zunächst **gemeinsame Vergütungsregeln** nach § 36 UrhG heranzuziehen, soweit diese existieren. Solche konnten im Buchverlagsbereich bisher nur für einen Fall erreicht werden:[376]

**254**     Auf Vermittlung des Bundesministeriums der Justiz kam es im Juni 2005 zu einer **Vergütungsvereinbarung** zwischen dem Verband deutscher Schriftsteller in der Vereinigten Dienstleistungsgewerkschaft (ver.di) und einer Reihe von Belletristikverlagen.[377] Sie gilt ausschließlich für **belletristische Werke**. Der BGH hat den in ihr niedergelegten Grundsätzen inzwischen implizit zugestimmt.[378] Als angemessen wird dort beim Absatzhonorar vom Nettoladenverkaufspreis ein „Richtwert für den Normalfall" von 10 % festgelegt, mit ansteigender Vergütungsstaffel bei größeren Verkaufserfolgen. Das Honorar kann zwischen 8 und 10 % liegen, wenn besondere Gründe für eine Abweichung sprechen, etwa Struktur und Größe des Verwerters, mutmaßlich geringe Verkaufserwartung, Vorliegen eines Erstlingswerkes, beschränkte Möglichkeit der Rechteverwertung, außergewöhnlicher Lektoratsaufwand, Notwendigkeit umfangreicher Lizenzeinholung, niedriger Endverkaufspreis und genrespezifische Entstehungs- und Marktbedingungen. Nur in außergewöhnlichen Fällen kann die Beteiligung unter 8 % liegen. Für verlagseigene **Taschenbuchausgaben** sieht die Vereinbarung Beteiligungen von 5 % bis 20 000 verkaufte Exemplare, 6 % ab 20 000 Exemplaren, 7 % ab 40 000 Exemplaren und 8 % ab 100 000 Exemplaren vor. Aus **Lizenzerlösen** soll der Verfasser 60 % bei „buchfernen Nebenrechten (insb Medien- und Bühnenrechten)" und 50 % bei „buchnahen Nebenrechten (zB Recht der Übersetzung in eine andere Sprache, Hörbuch)" erhalten.

**255**     **Außenseiter**, also Verfasser, die nicht Mitglied im Verband deutscher Schriftsteller sind, werden durch diese Vergütungsvereinbarung nicht gebunden.[379] Sie hat aber eine **Indizwirkung** für die Angemessenheit iSd § 32 Abs 2 S 2 UrhG, der zum Tragen kommt, wenn keine gemeinsame Vergütungsvereinbarung besteht. Entscheidend ist dann, was üblich und redlich ist. Für die Üblichkeit ist zunächst die **Branchenübung** festzustellen, also was ein Verfasser mit vergleichbarem Bekanntheitsgrad im selben Genre und Marktsegment und einem vergleichbar großen Verlag üblicherweise erlöst. Dies ist allerdings noch einer Billigkeitskontrolle zu unterziehen, sonst wäre das Merkmal „redlich" überflüssig.[380] **Unredlich** ist ein übliches Honorar dann, wenn es unter treuwidriger Ausnutzung der schwachen Verhandlungsposition des Urhebers zu dessen Nachteil vereinbart ist.[381] Redlich ist es, wenn es die Interessen des Urhebers neben den Interessen des Verlegers gleichberechtigt berücksichtigt.[382]

**256**     cc) **Anspruch auf Vertragsanpassung.** Die Ermittlung des angemessenen Honorars nach den beschriebenen Grundsätzen kann aber auch relevant sein, wenn die Parteien die Höhe der Vergütung individuell vereinbart haben. Liegt diese Vereinbarung unter-

[375] Im Einzelnen s *Jani* Kap 1 Rn 223.
[376] Zu den praktische Schwierigkeiten *Sprang* ZUM 2010, 116, 118 f.
[377] Wortlaut unter www.bmj.bund.de/files/-/962/GemVerguetungsreg.pdf.
[378] BGH ZUM 2010, 48, 52.
[379] Wandtke/Bullinger/*Wandtke/Grunert* § 32 UrhG Rn 26; Dreyer/Kotthoff/Meckel/*Kotthoff*

§ 32 UrhG Rn 13; *Erdmann* GRUR 2002, 923, 925.
[380] BGH ZUM 2010, 48, 51.
[381] BVerfG GRUR 2005, 880, 882; Wandtke/Bullinger/*Wandtke/Grunert* § 32 UrhG Rn 29.
[382] BGH ZUM 2010, 48, 51, mwN.

halb der Schwelle der **Angemessenheit** und ist sie nicht Teil eines Tarifvertrags (§ 32 Abs 4 UrhG), so hat der Urheber nach § 32 Abs 1 S 3 UrhG einen Anspruch auf Vertragsanpassung. Der BGH hat sich mit dieser Vorschrift beim **Übersetzervertrag** beschäftigt:[383] Räumt ein Übersetzer dem Verleger zeitlich unbeschränkt und inhaltlich umfassend sämtliche Nutzungsrechte an seiner Übersetzung ein, so ist nach dem Urteil des BGH eine einmalige **Pauschalvergütung** grundsätzlich unangemessen, weil sie den Übersetzer nicht an der Chance einer erfolgreichen Verwertung beteiligt.[384] Dies wird man als einen auch außerhalb des Übersetzervertrags gültigen Grundsatz auffassen können. Angemessen ist es für den BGH, den Übersetzer mit 2 % des Nettoladenverkaufspreises am Hardcover zu beteiligen, beim Taschenbuch mit 1 %. Erhält der Übersetzer eine nicht verrechenbare, einzelfallbezogene angemessene Grundvergütung nach Anzahl der Normseiten, kann er eine zusätzliche Umsatzbeteiligung verlangen. Sie greift nach dem BGH bereits ab 5 000 Exemplaren[385] und liegt für Hardcover bei 0,8 % vom Nettoladenpreis, für Taschenbücher bei 0,4 %.[386] Der mit der Grundvergütung abgegoltene „Sockel" von 4.999 Exemplaren gilt dabei für jede Ausgabe erneut.[387] Denn für jede Ausgabe fallen Aktualisierungskosten und idR erneut Satz- und Werbekosten an. Auch geht der Verleger erneut mit den Herstellungskosten für die Erstauflage in Vorleistung. Es ist daher angemessen, ihm für jede Ausgabe einen neuen „Sockel" zur Deckung der Grundkosten zuzugestehen.

Bei den Nebenrechten sollte der Übersetzer ursprünglich mit der Hälfte am Nettoverlagsanteil beteiligt werden, der nach Vergütung des Autors und weiterer Rechtsinhaber übrig bleibt.[388] Diese Rechnung hat der BGH kurz darauf selbst korrigiert, da sie zu unsachgemäßen Unterschieden zwischen verlagseigener Verwertung und Lizenzvergabe führen konnte. Der aktuelle Grundsatz lautet nun: Der Übersetzer erhält ein Fünftel der Beteiligung des Autors des fremdsprachigen Werkes, jedoch darf sein Erlösanteil den des Verlags nicht übersteigen.[389] Außerdem verringert sich die Beteiligung des Übersetzers bei einer Auswertung, welche die Übersetzung in geringerem Maße nutzt als das Originalwerk.[390] Das ist zum Beispiel der Fall, wenn der Verlag an allein vom Autor geschaffenen Romanfiguren Merchandising-Rechte vergibt. Nur teilweise, nämlich in den Dialogen, wird die Übersetzung in einem Film genutzt. Eine Taschenbuchausgabe jedoch nutzt Originalwerk und Übersetzung stets gleichermaßen.

**257**

Ein Anspruch auf Vertragsanpassung kann sich auch aus dem **reformierten „Bestsellerparagrafen"** § 32a UrhG ergeben,[391] wenn ein Honorar zwar angemessen ist, aber gleichwohl in auffälligem Missverhältnis zu Erträgen und Vorteilen aus der Nutzung des Werks steht. Einzelheiten zu beiden Vorschriften finden sich im Teil zum allgemeinen Urhebervertragsrecht.[392]

**258**

---

383 BGH ZUM 2010, 48.
384 BGH ZUM 2010, 48, 51.
385 Eine Umsatzbeteiligung erst ab 30.000 Exemplaren (Hardcover) bzw 100.000 Exemplaren (Taschenbuch) stellte für den BGH keine angemessene Beteiligung an den Erfolgschancen des Werks dar, BGH ZUM 2010, 48, 51.
386 BGH ZUM 2010, 48, 54.
387 BGH Urt v 20.1.2011 – I ZR 19/09; aA OLG München ZUM 2010, 805, 806; 807, 808.

388 BGH ZUM 2010, 48, 53.
389 BGH Urt v 20.1.2011 – I ZR 19/09.
390 BGH ZUM 2010, 48, 53; BGH Urt v 20.1.2011 – I ZR 19/09.
391 Zum Verhältnis von Alt- und Neuregelung OLG Köln Urt v 6.11.2009, Az 6 U 47/09 (BeckRS 2010 46475).
392 S *Jani* Kap 1 Rn 237 ff.

**259**     c) **Fälligkeit und Abrechnung.** Die Fälligkeit der Vergütung richtet sich bei **fehlender Vereinbarung nach §§ 23, 24 VerlG.** Danach ist die Vergütung im Grundsatz bei
Ablieferung des Werks fällig. Das gilt vor allem für Pauschalhonorare. Wenn sie vom
Umfang der Vervielfältigung abhängt, tritt Fälligkeit nach Drucklegung ein. Gleiches
gilt, wenn die Vergütungshöhe unbestimmt ist, sich also nach § 22 Abs 2 VerlG richtet,
denn für die Angemessenheit können ebenfalls Art und Umfang der Vervielfältigung
eine Rolle spielen.

**260**     Ein **Absatzhonorar** wird, wie sich aus § 24 VerlG ergibt, jeweils nach Ablauf eines
Geschäftsjahrs innerhalb einer angemessenen Abrechnungsfrist fällig.[393] Angemessen
kann eine Abrechnungsfrist von bis zu drei Monaten sein; dies entspricht auch der
üblichen Vertragspraxis.

**261**     Der Verleger ist in diesem Fall zur **Rechnungslegung** verpflichtet, die der Verfasser
über ein **Recht auf Bucheinsicht** überprüfen kann.

### 5. Frei- und Autorenexemplare

**262**     Der Verleger muss dem Verfasser nach § 25 VerlG eine bestimmte Anzahl von **Freiexemplaren** nicht nur überlassen, sondern – ausdrücklich als Bringschuld – „liefern".
Dies gilt für jede Auflage und Ausgabe; die genaue Zahl wird meist in Abweichung
von § 25 VerlG vertraglich geregelt.

**263**     Der Verfasser kann über diese Exemplare grds frei verfügen; umstritten ist aber, ob
er sie **verkaufen** darf.[394] Das kann vor allem bei teuren Werken mit geringer Auflage
und auch deshalb relevant sein, weil sich Bücher heute leicht über Internetversand-
händler oder Auktionsplattformen privat verkaufen lassen. Soweit angenommen wird,
die Treuepflicht verbiete einen Verkauf,[395] ist dies wenig überzeugend. Dass der Verfasser die Freiexemplare jedenfalls unentgeltlich weggeben darf, kann nicht zweifelhaft sein, sonst beschränkte sich der Sinn des Anspruchs auf Freiexemplare darauf,
dass der Verfasser sie bei sich lagern, sonst aber nichts mit ihnen anfangen könnte.
Die Freiexemplare dienen nicht nur als Beleg, sonst würde ein Exemplar je Auflage
ausreichen. Ein Verkauf[396] beeinträchtigt die Interessen des Verlegers aber stets
weniger als ein Verschenken, denn letzteres macht dem Verleger Konkurrenz zum
Nulltarif.

**264**     Darüber hinaus muss der Verleger dem Verfasser nach § 26 VerlG vorhandene
Exemplare seines eigenen Werks zum niedrigsten Abgabepreis überlassen, ihm also
den größten Rabatt gewähren, den er grds anbietet. Da dieser Preis für den Verfasser
schwer zu ermitteln ist, bestimmen die Parteien meist abweichend von § 26 VerlG im
Vertrag den Preis für diese sog **Autorenexemplare.** Der Verfasser darf diese Exemplare
weiter verkaufen,[397] sofern der Vertrag nichts Gegenteiliges bestimmt.

---

[393]  *Schricker* § 23 VerlG Rn 7a.
[394]  Nachweise zum Streitstand bei *Schricker*
§ 25 VerlG Rn 5.
[395]  So etwa *Rehbinder* Rn 680, *Schack*
Rn 1161.

[396]  Zur Preisbindung auch des Verfassers
s Rn 353.
[397]  Zur Preisbindung auch des Verfassers
s Rn 353.

## 6. Neuauflagen

Ist dem Verleger abweichend von § 5 Abs 1 S 1 VerlG das Recht zu mehr als einer **265** Auflage eingeräumt, so besteht gleichwohl hinsichtlich der Neuauflagen nach § 17 VerlG **keine Auswertungspflicht.**

Jedoch kann ihm der Verfasser eine **Frist zur Veranstaltung einer Neuauflage** **266** setzen. Die Forderung einer Neuauflage kann dabei nur darauf zielen, das Werk unverändert erneut zu vervielfältigen oder allenfalls durch wenige Veränderungen ergänzt, aktualisiert oder korrigiert. Die Forderung nach einer vollständigen Neubearbeitung hingegen setzt keine Frist zur Veranstaltung einer Neuauflage in Gang.[398] Der Verleger braucht erst nach Absatz der Vorauflage über die Neuauflage zu entscheiden, weil er erst dann das wirtschaftliche Risiko angemessen abschätzen kann.[399] Die Frist muss so bemessen sein, dass sich eine neue Auflage rein technisch veranstalten lässt; drei Monate sind dafür jedenfalls zu kurz.[400] Verstreicht die Frist fruchtlos oder lehnt der Verleger eine Neuauflage ausdrücklich ab, kann der Verfasser vom Vertrag **zurücktreten.** Die Lizenzierung einer Taschenbuchausgabe ist dabei keine Neuauflage iSv § 17 VerlG.[401] Weil das Verlagsrecht des Verlegers im Fall des Rücktritts gem § 9 VerlG erlischt, kann der Verfasser es dann für eine Neuauflage einem anderen Verleger einräumen.

Findet eine Neuauflage statt, so gelten nach § 5 Abs 1 S 2 VerlG im Zweifel die **267** **gleichen Bedingungen** wie für die vorhergehende Auflage. Ist das Honorar nach der Zahl der verkauften oder gedruckten Exemplare gestaffelt, so ist für die **Forthonorierung** aber stets die Gesamtzahl aus allen Auflagen maßgeblich.

Der Verleger muss dem Verfasser nach § 12 Abs 1 S 2 VerlG ausdrücklich Gelegen- **268** heit zu **Änderungen** geben. Hierfür muss er ihm genügend Zeit einräumen, deren Dauer sich analog § 11 Abs 2 VerlG bestimmen lässt.[402] Das Änderungsrecht des Verfassers ist aber inhaltlich begrenzt;[403] er kann keine umfassende Neubearbeitung des Werks verlangen.[404]

Der Verfasser ist zu einer **Aktualisierung** gesetzlich nicht verpflichtet. Jedoch **269** nimmt die Vertragspraxis eine solche Pflicht regelmäßig auf. IdR wird auch bestimmt, dass der Verleger einen Dritten mit der Neubearbeitung beauftragen kann, wenn der Verfasser hierzu nicht imstande oder nicht bereit ist. Eine solche Klausel ist grds wirksam;[405] je nach Art des Werks setzt aber das Urheberpersönlichkeitsrecht einer Änderung durch Dritte Grenzen.[406]

Bei einem **Übersetzervertrag** mit Auswertungspflicht[407] (Übersetzerverlagsvertrag) **270** hat der BGH überzeugend dargelegt, dass § 17 VerlG nicht passt, weil der Übersetzer seine Übersetzung ohnehin nicht isoliert verwerten kann, solange er nicht die Rechte an dem übersetzten Werk hat.[408] Als „Ausgleich" muss aber der Verleger – wenn er

---

[398] LG Köln Urt v 1.7.2009, Az 28 O 603/08.

[399] LG Köln Urt v 1.7.2009, Az 28 O 603/08.

[400] LG Köln Urt v 1.7.2009, Az 28 O 603/08.

[401] OLG München ZUM 2008, 875, 879.

[402] *Schricker* § 12 VerlG Rn 9.

[403] Rn 200.

[404] LG Köln Urt v 1.7.2009, Az 28 O 603/08.

[405] RGZ 112, 173.

[406] Zu diesen Grenzen *Schricker* § 12 VerlG Rn 13.

[407] Zur Auswertungspflicht beim Übersetzervertrag s Rn 64.

[408] BGH NJW 2005, 596, 599 f; dem folgend LG München I GRUR-RR 2007, 195, 196; anders aber OLG München ZUM 2008, 875, 878.

sich für eine Neuauflage entscheidet – die Übersetzung der Vorauflage zugrunde legen, soweit nicht „vernünftige – bspw in der Qualität der Übersetzung liegende – Gründe" dagegen sprechen.[409]

### 7. Leistungsstörungen

**271**    **a) Störungen im Bereich vertragswesentlicher Pflichten (§ 1 VerlG).** Erfüllt eine Partei ihre vertraglichen Pflichten nicht, so kann der Vertragspartner auf **Erfüllung klagen** und nach **allgemeinem Nichterfüllungsrecht** vorgehen, insb unter den Voraussetzungen des § 320 BGB seine Gegenleistung verweigern. Dies gilt auch für einen im Gegenseitigkeitsverhältnis stehenden Honoraranspruch.[410]

**272**    Hinsichtlich der vertragswesentlichen Pflichten aus § 1 VerlG (hierzu gehört nicht eine Vergütungspflicht!) gibt das VerlG dem jeweiligen Vertragspartner zudem spezifische Rechtsbehelfe an die Hand:

**273**    **aa) Rechte des Verlegers.** Liefert der Verfasser das **vollständige und vertragsgemäße Werk nicht rechtzeitig**[411] ab, so kann der Verleger seinen Erfüllungsanspruch geltend machen oder nach folgenden Vorschriften vorgehen:
- **Rücktritt** nach § 30 (iVm § 31 Abs 1) VerlG
- Geltendmachung des **Nichterfüllungsschadens** nach §§ 280 Abs 1 u 3, 281 BGB iVm § 30 Abs 4 VerlG bzw § 31 Abs 2 VerlG (§ 30 Abs 4 VerlG verweist auf die Regeln des Schuldnerverzugs und meinte damit ehemals § 326 BGB aF. An dessen Stelle sind heute §§ 280 Abs 1 u 3, 281 BGB getreten: Sie regeln der Sache nach den Nichterfüllungsschaden bei Schuldnerverzug, auch wenn sie das nicht mehr wie § 326 BGB aF ausdrücklich so nennen.)

**274**    Voraussetzung ist in allen Fällen, dass der Verleger dem Verfasser eine angemessene **Nacherfüllungsfrist** setzt. Die angemessene Frist braucht nicht so bemessen zu sein, dass der Verfasser mit der Manuskriptherstellung erst noch beginnen kann; sie muss vielmehr nur eine Vollendung der bereits begonnenen Arbeit am Manuskript ermöglichen.

**275**    Eine Fristsetzung ist auch schon vor Fälligkeit möglich, wenn sich zeigt, dass der Verfasser das Manuskript nicht rechtzeitig abliefern wird. Andererseits **verwirkt** der Verleger sein Rücktrittsrecht nicht dadurch, dass er es erst viele Jahre nach Fälligkeit der nicht erfolgten Manuskriptabgabe ausübt, solange das Vorhaben nach dem Verhalten der Parteien „noch nicht aufgegeben war".[412] Das OLG München hat dies mit zutreffendem Hinweis darauf entschieden, dass in der Praxis oft Abgabetermine erheblich überschritten werden und die Parteien den Vertrag dennoch durchführen.

**276**    Die **Fristsetzung** ist **entbehrlich** bei Unmöglichkeit und ernsthafter und endgültiger Erfüllungsverweigerung. Gleiches gilt, wenn das Interesse des Verlegers einen sofortigen Rücktritt rechtfertigt. Das ist immer dann der Fall, wenn eine Nachfristsetzung den Vertragszweck vereiteln würde: Beispiele sind das geplante Erscheinen des Werks zu einem bestimmten Ereignis oder die Gefährdung eines Sammelwerks;[413] im Normal-

---

[409] LG München I GRUR-RR 2007, 195, 196.
[410] So BGH GRUR 1960, 642, 643, der allerdings wegen nur geringfügiger Mängel des Manuskripts § 320 Abs 2 BGB anwandte.
[411] Zum Fälligkeitszeitpunkt Rn 159 f.

[412] So im Fall OLG München GRUR 2002, 285, 286; anders indes OLG Frankfurt NJW-RR 2006, 330, 331.
[413] *Schricker* § 30 VerlG Rn 19.

fall aber nicht schon der bloße Umstand, dass ein mangelhaftes Manuskript überarbeitet werden muss.[414]

Hat eine **literarische Agentur** den Vertragsschluss vermittelt und sind die §§ 84 ff **277** HGB anwendbar,[415] so ist sie nach § 91 Abs 2 HGB **Empfangsvertreterin** des Verfassers in Bezug auf Mängelrügen des Verlegers.

Will der Verleger **zurücktreten**, so muss er mit der Nachfristsetzung ankündigen, **278** dass er die Leistung nach Fristablauf nicht mehr annehmen wird (§ 30 Abs 1 S 1 VerlG); in diesem Fall **erlischt der Anspruch auf Manuskriptablieferung** mit fruchtlosem Fristablauf.

Das Rücktrittsrecht gilt nach § 30 Abs 3 VerlG nicht in **Bagatellfällen**. Vertraglich **279** wird der dispositive § 30 VerlG oft dahin gehen abgeändert, dass der Verleger erst zurücktreten kann, nachdem er zwei erfolglose Nachfristen gesetzt hat.

Möchte der Verleger **Schadensersatz** verlangen, so kündigt er bei der Fristsetzung **280** nichts an. Sein Erfüllungsanspruch bleibt ihm gem § 281 Abs 4 BGB dann noch so lange erhalten, bis er seine Schadensersatzforderung geltend macht. Bis dahin hat er ein **Wahlrecht** zwischen Erfüllung und Schadensersatz. Ist das Manuskript zwar abgeliefert, aber vertragswidrig, so verhindert § 281 Abs 1 S 3 BGB ebenfalls in **Bagatellfällen** eine Lösung vom gesamten Vertrag.

Ist dem Verfasser die Leistung **dauerhaft unmöglich**, so gelten die allgemeinen **281** Unmöglichkeitsregeln, also §§ 275, 280 Abs 1 u 3, 283, 311a, 326 BGB. § 30 Abs 2 VerlG verdrängt diese nur, soweit eine *rechtzeitige* Ablieferung unmöglich ist.[416] Eine dauernde Unmöglichkeit ist etwa denkbar, wenn sich herausstellt, dass ein Werk überhaupt nicht vertragsgemäß hergestellt werden kann, zB weil es ohne Persönlichkeitsrechtsverletzungen nicht die vertraglich geforderten Eigenschaften erreichen kann.

Ein Sonderfall tritt ein, wenn das **Urheberrecht** an dem Werk **erlischt** und ein un- **282** befristeter Vertrag fortbesteht;[417] der Verfasser – oder besser: sein Rechtsnachfolger – kann seine Pflicht zur Verschaffung des Verlagsrechts dann nicht mehr erfüllen. §§ 39, 40 VerlG gelten in diesem Fall analog. Sie regeln den Fall, dass die Parteien bewusst einen Vertrag über ein gemeinfreies Werk geschlossen haben. Die Interessenlage ist vergleichbar, wenn sie eine Vertragslaufzeit vereinbaren, die über die Dauer des Urheberrechts hinausgeht: Dann ist ihnen bewusst, dass das Werk gemeinfrei werden *wird*. § 39 Abs 1 VerlG verdrängt die **Unmöglichkeitsregeln** der §§ 275, 326 BGB; er stellt nur den Verfasser von der Verschaffungspflicht, nicht aber den Verleger von seiner Gegenleistungspflicht frei. Auch das Rücktrittsrecht des § 326 Abs 5 BGB ist in diesem Fall verdrängt; in Betracht kommt aber regelmäßig ein ordentliches Kündigungsrecht.[418]

Einen gesonderten **Verzugsschaden** kann der Verleger schließlich unter den Voraus- **283** setzungen der § 30 Abs 4 VerlG, §§ 280 Abs 1 u 2, 286 BGB fordern.

**bb) Rechte des Verfassers.** Erfüllt der Verleger seine Pflicht zur **Vervielfältigung und** **284** **Verbreitung nicht vertragsgemäß**, so kann der Verfasser seinen Erfüllungsanspruch geltend machen[419] oder nach folgenden Vorschriften vorgehen:

---

[414] BGH GRUR 1979, 396, 398.
[415] S Rn 41 ff.
[416] *Schricker* § 30 VerlG Rn 26.
[417] S Rn 291.

[418] S Rn 300.
[419] Zur Vollstreckung *Junker* GRUR 1988, 793, 795.

- **Rücktritt** nach §§ 32, 30 VerlG
- Geltendmachung des **Nichterfüllungsschadens** nach §§ 280 Abs 1 u 3, 281 BGB iVm §§ 32, 30 Abs 4 VerlG

**285** Die Vorgehensweise ist entsprechend der des Verlegers;[420] Gleiches gilt für die Ausführungen zu Unmöglichkeit[421] und Verzug.[422]

**286** Sind die Voraussetzungen des § 41 UrhG erfüllt, so hat der Verfasser jedoch zusätzlich die Möglichkeit, das jeweils betroffene Recht **zurückzurufen**.[423] Der BGH will §§ 32, 30 VerlG vorrangig prüfen,[424] wofür er Gründe allerdings nicht nennt. § 41 UrhG sieht in Abs 3 eine ähnliche Vorgehensweise vor wie § 30 VerlG. Zur Vertragsbeendigung führt ein Rechterückruf aber nur, wenn dem Verleger nach dem Rückruf keine anderen Rechte an dem Werk mehr verbleiben.[425]

**287** **b) Störungen im Bereich sonstiger Pflichten.** Treten Leistungsstörungen bei anderen als den in § 1 VerlG genannten Pflichten – zB beim **Honoraranspruch** – auf, so gelten die §§ 30 ff VerlG nicht. Es gilt **allgemeines Vertragsrecht**, insb gelten die §§ 280 ff (Schadensersatz) und 323 ff (Rücktritt) BGB.

**288** So kann etwa **unzureichende Werbung** des Verlegers für das Werk einen **Schadensersatzanspruch** begründen.[426] Setzt der Verleger den **Ladenpreis** unzulässig herab, so hat der Verfasser gegen ihn einen Schadensersatzanspruch, soweit ihm hierdurch Honorare entgehen. Gleiches gilt, wenn eine **Verramschung** unzulässig war, weil der Verleger entgegen der Vereinbarung dem Verfasser nicht zunächst die Möglichkeit geboten hat, die Restauflage selbst zu verwerten.[427]

**289** Den entstandenen Schaden muss der Verfasser aber darlegen; bei der **Beweislast** helfen ihm dann Erleichterungen, soweit Vorgänge in der Sphäre des Verlegers betroffen sind.[428]

## IX. Vertragsbeendigung

### 1. Beendigungstatbestände

**290** **a) Zeitablauf oder Bedingungseintritt.** Der Vertrag endet zunächst, wenn er befristet oder bedingt[429] war. Eine Befristung des Vertrags bringen die Parteien oft durch eine Befristung der **Rechtseinräumung** zum Ausdruck. Ob die Parteien mit der Formulierung, die Rechte würden „zunächst" für eine bestimmte Zeit eingeräumt, eine Befristung oder eine automatische Vertragsverlängerung mit Kündigungsmöglichkeit vereinbaren wollten, ist durch Auslegung anhand der Gesamtumstände zu ermitteln.[430]

---

[420] S Rn 274 ff.
[421] S Rn 281.
[422] S Rn 283.
[423] OLG München ZUM-RD 1997, 451, 453; OLG München Urt v 6.12.2007, Az 29 U 2420/07; *Schricker* § 32 VerlG Rn 9 mwN auch zur Gegenmeinung.
[424] BGH GRUR 1988, 303, 305.
[425] S Rn 296.

[426] OLG Celle GRUR 1964, 333, 333.
[427] OLG Hamburg GRUR 1974, 413, 414.
[428] OLG Hamburg GRUR 1974, 413, 414.
[429] Bei einer aufschiebenden Bedingung tritt der Vertrag erst gar nicht in Kraft, s zB zur Koppelung der Wirksamkeit an die Ausstrahlung einer TV-Serie LG München I ZUM-RD 2009, 624.
[430] OLG Düsseldorf GRUR 2004, 53, 53.

Entgegen einer Reichsgerichtsentscheidung[431] und den überwiegenden Literatur- **291**
stimmen[432] gibt es allerdings keinen Grund dafür, dass das Vertragsverhältnis mit **Ablauf des Urheberrechts** automatisch enden sollte.[433] § 9 Abs 1 VerlG knüpft zwar den
Fortbestand des Verlagsrechts an den Fortbestand des Verlagsvertrags, nicht jedoch
umgekehrt.[434] Der Vertrag gilt dann mit Modifikationen[435] fort.

**b) Vergriffensein des Werks.** Nach § 29 Abs 1 VerlG endet der Verlagsvertrag auch **292**
dann, wenn das Verlagsrecht nur für eine bestimmte Zahl von Auflagen oder Abzügen
bestand und diese vergriffen sind. Das ist vor allem einschlägig, wenn § 5 VerlG nicht
abbedungen ist.

Vergriffen ist die Auflage allerdings erst dann, wenn dem Verleger **keine zum Ab-** **293**
**satz bestimmten Stücke mehr zur Verfügung stehen.**[436] Ist die Restauflage bloß unver-
käuflich, besteht der Vertrag grds fort.[437]

Beim „**Book on Demand**"-Verfahren ist das Werk vergriffen, wenn die vereinbarte **294**
Höchstzahl an Exemplaren hergestellt worden ist.[438] Haben es die Parteien hier versäumt, eine Höchstzahl zu vereinbaren, und ist der Vertrag auch nicht befristet, so
wird man ein Vergriffensein iSd § 29 VerlG ausnahmsweise annehmen können, wenn
die Nachfrage nach dem Werk praktisch beendet ist.

Das Gesetz geht davon aus, dass der Vertrag eine leere Hülse ist, wenn alle einge- **295**
räumten Rechte ausgeübt und das Werk vergriffen ist. Sind aber in dem Vertrag auch
**Nebenrechte** eingeräumt, so wird man nach § 139 BGB entscheiden müssen, ob der
Vertrag insoweit fortbesteht oder ebenfalls beendet ist.[439]

Wenn ein **Rechterückruf** des Verfassers nach §§ 41 oder 42 UrhG zum Rückfall **296**
des einzigen oder aller eingeräumten Rechte geführt hat, lässt sich ein Ende des Vertragsverhältnisses analog § 29 Abs 1 VerlG begründen. Verbleiben hingegen noch
Rechte beim Verleger, so führt der Rückruf nach § 41 oder 42 UrhG nicht zu einer
Beendigung des Verlagsvertrags. § 139 BGB gilt hier nicht, weil das Rückrufrecht des
Verfassers sonst über die bewusst engen Voraussetzungen der §§ 41 oder 42 UrhG
ausgedehnt würde. Ein Widerruf eines Nutzungsrechts für **unbekannte Nutzungsarten**
nach § 31a Abs 1 S 3 UrhG lässt den Vertrag iÜ bestehen.[440]

**c) Rücktritt und Kündigung.** Der Verlagsvertrag endet auch durch **Rücktritt** oder **297**
**Kündigung**, also durch den Zugang einer form- und fristgerechten Erklärung aufgrund eines Rücktritts- oder Kündigungsrechts.

**Rücktrittsrechte** sieht das Gesetz für den **Verfasser** vor in § 17 VerlG,[441] §§ 32, 30 **298**
VerlG,[442] § 35 VerlG[443] wegen veränderter Umstände, solange mit der Vervielfältigung noch nicht begonnen ist, sowie in § 36 Abs 3 bei Insolvenz des Verlegers.

---

**431** RGZ 79, 156, 160.
**432** *Schricker* § 29 VerlG Rn 7 mwN; Wegner/
Wallenfels/Kaboth/*Wegner* 2. Kap Rn 112.
**433** Wie hier auch *Schack* Rn 1167.
**434** Anderes folgt auch nicht aus BGH GRUR
1958, 504, 506; aA *Schricker* § 29 VerlG Rn 7.
**435** S Rn 282.
**436** BGH GRUR 1960, 636, 639.

**437** BGH GRUR 1960, 636, 640.
**438** Zur Vertragsgestaltung s Rn 130.
**439** Zu den Folgen s Rn 308.
**440** BT-Drucks 16/1828, 24.
**441** S Rn 266.
**442** S Rn 284 ff.
**443** Zur Anwendbarkeit neben § 42 UrhG
*Rauda* GRUR 2010, 22, 24.

**299**     Der **Verleger** hat **Rücktrittsrechte** in § 30 bzw §§ 31, 30 VerlG;[444] zudem gibt § 18 VerlG ihm ein gesetzliches **Kündigungsrecht**, wenn der Zweck[445] des Werks nach Vertragsschluss weggefallen ist oder ein geplantes Sammelwerk nicht hergestellt wird.

**300**     Ist der Vertrag nicht befristet und kein Kündigungsrecht vereinbart, so wird man beiden Parteien zumindest nach Ablauf des Urheberrechts ein **ordentliches Kündigungsrecht** analog §§ 542 Abs 1, 620 Abs 2, 723 Abs 1 S 1 BGB zugestehen müssen.

**301**     Schließlich besteht bei jedem Verlagsvertrag ein **außerordentliches Kündigungsrecht** nach § 314 BGB. Ein dafür erforderlicher **wichtiger Grund** liegt vor, wenn aus dem Verhalten des anderen Teils ersichtlich ist, dass er zur Erfüllung seiner vertraglichen Verpflichtungen nicht in der Lage oder nicht willens ist.[446]

**302**     Praktisch einschlägig war dies bisher vor allem bei **Unregelmäßigkeiten bei der Honorarzahlung**: Hier hängt es „von den Umständen ab, ob ein vereinzelter schwerer Verstoß oder dieser in Zusammenhang mit mehreren leichten Verstößen oder gar nur solche einen Kündigungsgrund abgeben".[447] Bejaht worden ist ein wichtiger Grund, wenn ein Verleger es über Jahre hinweg trotz Aufforderungen des Verfassers „ständig" versäumt hat, die Honorare pünktlich auszuzahlen.[448]

**303**     Die **Verramschung** einer Restauflage durch den Verleger kann eine Buchgemeinschaft dazu berechtigen, den Lizenzvertrag zu kündigen, weil das Buch dadurch auf dem Markt „disqualifiziert" wird.[449] Diese Überlegung lässt sich auch auf den Verlagsvertrag mit dem Verfasser übertragen: Eine Verramschung schadet seinem Ansehen dermaßen, dass sie ihn zur außerordentlichen Kündigung berechtigt, wenn sie unzulässig[450] erfolgte.

**304**     Auch herabsetzende **öffentliche Äußerungen** der Parteien übereinander können das Vertrauensverhältnis so zerstören, dass ein wichtiger Grund vorliegt.[451] Jedoch gilt dies nicht schon immer dann, wenn der Verfasser durch sein persönliches Verhalten nach Ansicht des Verlags in der öffentlichen Meinung eine Verschlechterung erfahren hat: Das LG Passau wies im Falle einer öffentlich gewordenen Geschlechtsumwandlung eines Verfassers zu Recht darauf hin, dass auch ein als unangenehm empfundener „Presserummel" dem Absatz des Werks und somit den Interessen des Verlegers oft mehr nützen als schaden kann.[452]

**305**     Ebenso wenig berechtigt der Umstand, dass der Verleger, wenn er hierzu nicht ausnahmsweise verpflichtet ist, keine **Neuauflage** veranstaltet, zur fristlosen Kündigung, weil sonst die Voraussetzungen des § 17 VerlG umgangen würden.[453] Auch ein Verstoß gegen die Pflicht aus § 12 Abs 1 S 2 VerlG, dem Verfasser vor einer Neuauflage Gelegenheit zu Änderungen zugeben, soll nicht ausreichen.[454]

---

**444** S Rn 273 ff.
**445** Nötig ist ein Sonderzweck, dessen Wegfall das Erscheinen praktisch sinnlos macht, bloße Verringerung der Absatzchancen genügt nicht, *Schricker* § 18 VerlG Rn 2.
**446** BGH GRUR 1974, 789, 793 zum Musikverlagsvertrag.
**447** BGH GRUR 1974, 789, 793 für Verstöße des Verlegers gegen Abrechnungs- und Zahlungspflicht.

**448** OLG Köln GRUR 1986, 679, 679; ähnl OLG Köln ZUM-RD 1998, 450, 451 und OLG Schleswig ZUM 1995, 867, 873.
**449** OLG Hamm GRUR 1978, 436, 436.
**450** S Rn 164 ff.
**451** BGH GRUR 1982, 41, 43.
**452** LG Passau NJW-RR 1992, 759, 760.
**453** BGH NJW 1969, 2239, 2239 f; OLG Celle NJW 1987, 1423, 1424 f.
**454** LG Köln Urt v 1.7.2009, Az 28 O 603/08.

## 2. Folgen der Vertragsbeendigung

Nach § 9 Abs 1 VerlG **erlischt das Verlagsrecht** mit Beendigung des Verlags-   **306**
vertrags – und damit auch die korrespondierende **Enthaltungspflicht** des Verfassers.[455]
Der Verleger darf das Werk ab diesem Zeitpunkt nicht mehr vervielfältigen und vorhandene Vervielfältigungsstücke nicht mehr verbreiten. Dass § 29 Abs 3 VerlG dies
für das Ende eines befristeten Vertrags ausdrücklich bestimmt, ist rein deklaratorisch.
Allerdings können die Parteien im Vertrag davon abweichende Regeln für den
Umgang mit einer Restauflage vorsehen.

Eine **Teilung der Beendigungsrechte** aus § 41 UrhG und sogar aus § 17 S 3 VerlG   **307**
wird teilweise für möglich gehalten.[456] Hinsichtlich der eingeräumten **Nebenrechte**
gilt dann: Ist der Vertrag nur teilweise beendet, so ist über das Schicksal des restlichen
Vertrags nach § 139 BGB zu entscheiden.[457]

Ist auch der Vertragsteil beendet, der die Einräumung der Nebenrechte enthält, so   **308**
ist umstritten, ob diese **automatisch zurückfallen oder** ob nur ein **Rückübertragungs-
anspruch** besteht. Der BGH hat es in einer älteren Entscheidung abgelehnt, § 9 Abs 1
VerlG analog auf ein eingeräumtes Wiederverfilmungsrecht anzuwenden, also einen
automatischen Rückfall verneint.[458] Begründet hat er dies damit, dass sich der Wieder-
verfilmungsvertrag vom Verlagsvertrag wesentlich unterscheide: Bei der Verfilmung
stehe nicht die Vervielfältigung eines bereits vollendeten Werks in Rede, sondern eine
neue Schöpfung, die ein erhebliches finanzielles Risiko mit sich bringe. Dies verbiete
es, den Berechtigten der Unsicherheit eines möglichen Rechterückfalls nach § 9 Abs 1
VerlG auszusetzen. Die Entscheidung ist in der Literatur weitgehend kritisiert
worden;[459] gleichwohl hat der BGH seine Linie neuerdings bekräftigt: Ein einfaches
Nutzungsrecht, das sich von einem ausschließlichen Nutzungsrecht ableitet, soll nicht
erlöschen, wenn das ausschließliche Nutzungsrecht aufgrund eines wirksamen Rück-
rufs wegen Nichtausübung (§ 41 UrhG) erlischt.[460] Andere Gerichte hatten abweichend entschieden: In der Regel sei § 9 Abs 1 VerlG **auch auf andere Urheberrechtsverträge anzuwenden**; dies betreffe auch das Schicksal von **Sublizenzen**.[461] Das ist
überzeugender, weil es dem Zweckübertragungsgedanken entspricht; sachgerecht ist
es, weil es in der Praxis zu einer einheitlichen Behandlung der im Verlagsvertrag eingeräumten Rechte führt. Hat ein Lizenznehmer mit der Ausübung seines Rechts bereits
begonnen und ist die Rückabwicklung schwierig, so lässt sich ein praktikables Ergebnis über eine **analoge Anwendung von § 38 VerlG** erzielen.[462]

Eine **Kündigung** beendet das Vertragsverhältnis ex nunc, ebenso ein Erlöschen der   **309**
Erfüllungsansprüche nach § 281 Abs 4 BGB. Ein gezahlter und nicht verbrauchter
**Vorschuss** ist in diesem Fall nach Bereicherungsrecht zurück zu gewähren.[463] Gleiches
gilt für ein übereignetes und wegen der vorzeitigen Vertragsbeendigung vom Verleger
nicht mehr benötigtes Manuskript: die vom BGH gewählte Konstruktion einer ergänzenden Vertragsauslegung[464] ist überflüssig.

---

**455** *Rehbinder* Rn 684.
**456** OLG München ZUM 2008, 875, 878.
**457** *Schricker* § 9 VerlG Rn 11a.
**458** BGH GRUR 1958, 504, 506.
**459** S *Schricker* § 9 VerlG Rn 11a mwN; zum
Streitstand auch *Reber* ZUM 2009, 855, 856.
**460** BGH NJW-RR 2010, 186.
**461** OLG Karlsruhe GRUR-RR 2007, 199;
OLG Hamburg GRUR 2002, 335, 336;

OLG Brandenburg NJW-RR 1999, 839, 840;
ebenso *Knaak* 263, 285; *Schricker* Vor § 28
VerlG Rn 61; aA *Schack* Rn 590 ff; zur Recht-
sprechungsentwicklung *Srocke* GRUR 2008,
867.
**462** So auch *Schricker* § 9 VerlG Rn 11a mwN.
**463** BGH GRUR 1979, 396, 399.
**464** BGH GRUR 1999, 579, 580.

**310** Der **Rücktritt** beendet den Vertrag ex tunc mit den Folgen der §§ 346 ff BGB (§ 37 VerlG). Es gibt aber **Besonderheiten**: Ist das Werk zum Zeitpunkt einer rückwirkenden Vertragsauflösung bereits **ganz oder teilweise abgeliefert**, so hängt es nach § 38 VerlG von den Umständen ab, ob der Vertrag trotz Rücktritt teilweise wirksam bleibt.

**311** Solche Umstände liegen dann vor, wenn die Rückabwicklung praktisch nicht möglich oder wenig sinnvoll ist – es geht um **Praktikabilitäts-, nicht Billigkeitserwägungen**.[465] Das ist nach § 38 Abs 2 VerlG im Zweifel der Fall, soweit es um frühere Auflagen oder Abteilungen geht. Diese Situation besteht bei einem Rücktritt nach § 17 VerlG.[466] Hinsichtlich der aktuellen Auflage besteht der Vertrag im Zweifel für die Vervielfältigungsexemplare fort, die den Herrschaftsbereich des Verlegers bereits verlassen haben. Dem lässt sich entnehmen, dass das Gesetz die Tatsache, dass das Werk bereits vervielfältigt, aber noch nicht verbreitet ist, idR nicht als Grund für eine teilweise Aufrechterhaltung des Vertrags ansieht.[467] Dies gilt erst recht, wenn mit der Vervielfältigung noch gar nicht begonnen worden ist.

## § 3
## Haftung für fehlerhafte Inhalte von Verlagserzeugnissen

**312** Sachbücher und Ratgeber dienen Lesern oft als Grundlage für teilweise weit reichende Entscheidungen und Handlungen. Fehlerhafte Aussagen können daher Schäden anrichten,[468] so dass sich die Frage nach einer Haftung der Beteiligten stellt. Hier ist zu differenzieren:

## I. Vertragliche Ansprüche

**313** Vertragliche Ansprüche können sich **nur gegen den Vertragspartner** richten; der Verlagsvertrag ist kein Vertrag mit Schutzwirkung für Dritte.[469]

**314** Eine **Schadensersatzpflicht** des Buchhändlers nach §§ 280 Abs 1, 437 Nr 3, 434 BGB wird regelmäßig ausscheiden: Weil er seine Bücher nicht auf inhaltliche Fehler zu überprüfen braucht, fehlt es an einem Vertretenmüssen.

**315** Etwas anderes kann gelten, wenn der Verleger das Buch selbst an den Geschädigten verkauft hat,[470] etwa beim **Internetdirektvertrieb**. Hier ist dann zunächst zu klären, ob tatsächlich ein **Mangel** nach § 434 BGB vorliegt. Sofern – wie regelmäßig – eine bestimmte Beschaffenheit und ein bestimmter Vertragszweck nicht vereinbart sind,

---

[465] AA OLG Frankfurt JW 1932, 1905 (Verfasser durfte Vorschuss behalten, weil Verleger die Veröffentlichung zu lange hinausgezögert hatte); krit hierzu auch *Junker* GRUR 1988, 793, 795.
[466] Vgl BGH NJW 1969, 2239, 2240: Rücktritt nach § 17 VerlG beendet das Vertragsverhältnis für die Zukunft und ist vergleichbar mit einem Rechtsrückruf.
[467] Zum Schicksal der – rechtmäßig – hergestellten Exemplare *Schricker* § 37/38 VerlG Rn 12.

[468] Etwa eine ärztliche Fehlbehandlung durch ein falsch gesetztes Komma, so in BGH GRUR 1971, 328 f.
[469] *Schack* Rn 1181.
[470] So im Fall BGH GRUR 1974, 50, in dem der BGH die inhaltliche Richtigkeit einer vom Verlag selbst verkauften Nottestamentmappe als zugesicherte Eigenschaft ansah. Einen eigenständigen Beratungsvertrag konstruierte BGH NJW 1978, 997, 997 f.

richtet sich die **Vertragsgemäßheit** eines Buchs nach § 434 Abs 1 S 2 Nr 2 BGB: Es muss sich für die gewöhnliche Verwendung eignen und eine übliche, erwartbare Beschaffenheit aufweisen. Eine etwa vorhandene spezielle Verwendungsabsicht des Käufers beeinflusst diesen gewöhnlichen Verwendungszweck nicht.[471] Anders als idR der Verleger gegenüber dem Verfasser[472] kann der Buchkäufer gegenüber dem Verkäufer wegen inhaltlicher Fehler grds Gewährleistungsrechte geltend machen.[473] Da aber praktisch kein Buch fehlerfrei ist, besteht die gewöhnliche Verwendung eines Buchs, selbst eines Fachbuchs, nicht darin, dass der Käufer seinem Inhalt blind vertraut. Eine gewisse, mit vertretbarem Aufwand **unvermeidbare Fehlerquote** entspricht vielmehr gerade der üblichen Beschaffenheit, die der Käufer auch nicht anders erwarten kann.[474] Je ausführlicher oder autoritärer eine wesentliche Aussage dargestellt wird, desto eher muss man aber einen Sachmangel annehmen, wenn sie falsch ist.[475] Persönliche Meinungen oder Ratschläge, die als solche erkennbar sind, werden einen Sachmangel hingegen grds nicht begründen können.

Ob der Verlag einen Mangel zu vertreten hat, hängt davon ab, wie die **Verantwortlichkeiten für Inhalt, Änderungen und Korrekturen** verteilt waren.[476] IdR hat der Verfasser die Inhaltshoheit; der Verleger braucht dessen Aussagen nicht nachzuprüfen. Anders liegen die Dinge bei einem Druckfehler, denn für den Satz ist grds der Verleger verantwortlich.[477] Diese Verantwortung verbleibt gegenüber dem geschädigten Vertragspartner auch dann beim Verleger, wenn er die Satzkorrektur vertraglich auf den Verfasser abgewälzt hat.[478] **316**

## II. Deliktische Ansprüche

Eine **Gefährdungshaftung** nach § 1 ProdHaftG kommt nur für Sach- und Personenschäden in Betracht. Das Buch ist als bewegliche Sache ein Produkt iSv § 2 ProdHaftG.[479] Hersteller nach § 4 Abs 1 S 1 ProdHaftG ist nur der Verleger.[480] Dass der Name des Verfassers auf dem Werk ebenso erscheint, macht ihn auch nicht nach § 4 Abs 1 S 2 ProdHaftG zum Hersteller – er gibt sich damit nur als Urheber des Textes, nicht als Hersteller des Produkts Buch aus. Ob das Buch einen Fehler iSv § 3 ProdHaftG hat, bestimmt sich nach den vorgenannten (restriktiven) Überlegungen zum Sachmangel beim Kauf.[481] **317**

Aus **allgemeinem Deliktsrecht** nach § 823 Abs 1 BGB können grds Verfasser und Verleger haften. Erforderlich ist ein Eingriff in eines der dort genannten Rechtsgüter oder absoluten Rechte; bloße Vermögensschäden reichen nicht aus.[482] Voraussetzung ist die schuldhafte Verletzung einer Verkehrssicherungspflicht. Wie weit diese Pflicht **318**

---

[471] *Kitz* 24; vgl hierzu den Fall BGH JZ 1958, 309 ff.
[472] Rn 184.
[473] Wandtke/Bullinger/*Wandtke/Grunert* Vor §§ 31 ff UrhG Rn 137.
[474] Zu § 823 BGB, aber der Sache nach ebenso BGH GRUR 1971, 328, 329; *Schack* Rn 1183.
[475] Zu verschiedenen Abstufungen *Foerste* NJW 1991, 1433, 1435.
[476] BGH GRUR 1971, 328, 329; s hierzu Rn 194 ff. Zur Überwachungspflicht des Verlegers beim Abdruck eines Bildes hinsichtlich

der Verletzung der Rechte Dritter s aber OLG München NJW 1975, 1129 f.
[477] S Rn 201 ff.
[478] Zur internen Haftungsaufteilung zwischen Verfasser und Verleger s Rn 320.
[479] *Schricker* § 31 VerlG Rn 23; *Höckelmann* 118 ff; krit *Schack* Rn 1184.
[480] *Schricker* § 31 VerlG Rn 23; *Höckelmann* 132 ff.
[481] S Rn 316.
[482] *Schack* Rn 1182.

geht, bestimmt sich wiederum nach dem **Gefährdungspotenzial**[483] und somit nach der Verkehrserwartung. Damit können auch hier die vorgenannten Grundsätze zu § 434 Abs 1 S 2 Nr 2 BGB[484] fruchtbar gemacht werden. Die Informations-, Meinungs- und Pressefreiheit (Art 5 Abs 1 GG) sowie die Wissenschaftsfreiheit (Art 5 Abs 3 GG) verlangen, dass der Sorgfaltsmaßstab nicht überspannt wird.[485] Entsprechendes gilt für das Verschulden.[486]

**319**     Für **Urheberrechtsverletzungen** durch die Verbreitung eines Buches kommt eine **Haftung des Buchhändlers** idR allenfalls als Störer in Betracht.[487] Nach den allgemeinen Grundsätzen der Störerhaftung setzt dies aber eine Verletzung zumutbarer Prüfpflichten voraus.[488] Ein Buchhändler ist ohne Anlass nicht gehalten, erschienene Bücher auf Urheberrechtsverletzungen hin zu überprüfen.[489] Erlangt er allerdings Kenntnis von dem rechtswidrigen Inhalt, so kann er einer Störerhaftung nur entgehen, indem er Maßnahmen ergreift, um den weiteren Vertrieb zu verhindern.[490]

## III. Haftung im Innenverhältnis

**320**     Die Haftung im Innenverhältnis zwischen Verfasser und Verleger beurteilt sich danach, in wessen **Verantwortungsbereich** der Fehler fällt,[491] soweit die Parteien hierüber keine gesonderte Vereinbarung getroffen haben. Hat der Verleger die Satzkorrektur vertraglich auf den Verfasser abgewälzt und beruht die Haftung auf einem Druckfehler, so kommt intern eine hälftige Aufteilung in Betracht: Den Verleger traf die Pflicht zum richtigen Satz, während der Verfasser einen Satzfehler hätte korrigieren müssen.

## § 4
## Preisbindung für Verlagserzeugnisse

## I. Einleitung

**321**     Die Preisbindung für Verlagserzeugnisse hat im deutschen Sprachraum eine über hundertjährige Tradition. Der Buch- und Zeitschriftenhandel hatte sich ursprünglich durch Vertrag gegenüber den Verlagen verpflichtet, die von den Verlagen festgesetzten Ladenpreise einzuhalten (so genannter „**Drei-Länder-Sammelrevers**"). Weil dieses System **nicht europafest** war,[492] gaben es die Beteiligten schließlich auf. Der Gesetzgeber regelte die Preisbindung durch Bundesgesetz, nämlich das Gesetz über die Preisbindung für Bücher (**Buchpreisbindungsgesetz** – BuchPrG). Der EuGH hat nun in

---

[483] Vgl BGH GRUR 1971, 328, 329 f; *Foerste* NJW 1991, 1433, 1438.
[484] S Rn 316.
[485] *Schricker* § 31 VerlG Rn 23; *Schack* Rn 1183.
[486] S Rn 317.
[487] Für eine Haftung als Täter oder Teilnehmer fehlt idR Täterwille bzw Gehilfenvorsatz, LG Berlin ZUM 2009, 163, 164 f.

[488] BGH GRUR 1997, 313, 315 ff; BGH ZUM 1999, 144; BGHZ 172, 119; ausf zur Störerhaftung *von Welser* Band 1 Kap 4.
[489] LG Berlin ZUM 2009, 163, 164; LG Düsseldorf MMR 2009, 505.
[490] LG Düsseldorf MMR 2009, 505.
[491] S Rn 201, 317.
[492] Ausf *Blanke/Kitz* JZ 2000, 118 ff; *Kitz* AIPLA Quarterly Journal 2004, 369 ff.

einer neueren Entscheidung grundsätzlich anerkannt, dass der Schutz von Büchern als Kulturgut eine Beschränkung der Warenverkehrsfreiheit rechtfertigen kann, wenn sie dafür geeignet und erforderlich ist.[493]

Als **Rechtfertigung** für die Preisbindung wird seit Beginn angeführt, sie ermögliche ein breites Netz von Buchhandlungen, eine große Titelvielfalt aufgrund von Mischkalkulationen sowie den flächendeckenden Beratungs- und Bestellservice im Buchhandel.[494]  **322**

## II. Sachlicher Anwendungsbereich

Der sachliche Anwendungsbereich des Gesetzes beschränkt sich auf Bücher und nicht mehr – wie noch der Sammelrevers – auf Verlagserzeugnisse.  **323**

### 1. Bücher

a) **Definition.** Den Begriff des Buchs definiert das Gesetz nicht. Gemeint ist damit zunächst jedes Exemplar eines Werks, das in **verlagstypischer Weise vervielfältigt** ist.[495]  **324**

b) **Gesetzliche Begriffserweiterungen und „Zukunftsklausel".** § 2 Abs 1 BuchPrG erweitert den Begriff des Buchs zudem um **Musiknoten, kartografische Produkte** sowie um Produkte, die solche Erzeugnisse **reproduzieren oder substituieren** und bei Würdigung der Gesamtumstände als überwiegend **verlags- oder buchhandelstypisch** anzusehen sind. Diese „Zukunftsklausel" ermöglicht eine Anwendung auf neue Verlagsprodukte.  **325**

**Reproduziert** wird ein Buch, wenn sein Inhalt unverändert – und vollständig[496] – anderweitig visuell dargestellt wird, zB auf **CD-ROM**[497] oder sonst im Wege **elektronischer Publikation.** Unter diesen Wortlaut fällt grundsätzlich auch das **E-Book.**[498] Allerdings muss es sich auch tatsächlich um eine Reproduktion handeln, der Käufer muss also ein Vervielfältigungsstück erhalten.  **326**

Reine **Onlineausgaben** eines Buchs fallen daher nicht unter § 2 Abs 1 BuchPrG. Zwar enthält § 2 Abs 1 Nr 3 BuchPrG keine Einschränkungen hinsichtlich Format und Vertriebsweg.[499] Jedoch ist Hauptzweck des Gesetzes der Schutz des mittelständi-  **327**

---

[493] EuGH EuZW 2009, 426, 428, zum österreichischen Bundesgesetz über die Preisbindung bei Büchern, zu den Grenzen Rn 339; zur Europarechtskonformität des deutschen Preisbindungsgesetzes LG Hamburg ZUM-RD 2010, 352.
[494] Vgl etwa BGH NJW 1986, 1256, 1257; BGH NJW 1997, 1911, 1912; *Blanke/Kitz* JZ 2000, 118, 118; heute sind diese Ziele teilweise ausdrücklich in § 1 BuchPrG genannt. Zur tatsächlichen Auswirkung der Buchpreisbindung auf den Markt *Podszun* GRUR Int 2007, 485, 491 f.

[495] S Rn 113.
[496] Das Gesetz gilt also nicht für die auszugsweise Werkverwertung zB in Datenbanken, *Wegner/Wallenfels/Kaboth/Wallenfels* 5. Kap Rn 14.
[497] Hierzu schon zum früheren Preisbindungssystem BGH NJW 1997, 1911, 1913.
[498] *Schmaus* 137 f; *Fuhrmann/Wallenfels* 5 ff; nach einigen Diskussionen in der Branche hat sich auch der Börsenverein des Deutschen Buchhandels dieser Auffassung angeschlossen, s *Börsenverein* Stellungnahme E-Books 1.
[499] *Franzen/Wallenfels/Russ* § 2 Rn 9.

schen Sortimentsbuchhandels.[500] Die Vielzahl der Verkaufsstellen mit ihrem flächendeckenden Bestellsystem kostet Geld, das der Handel leichter aufbringen kann, wenn
ihm das Gesetz eine planbare Gewinnspanne ermöglicht. Dagegen findet eine Online-
distribution idR direkt durch die Verlage selbst statt; jeder entlegene Winkel des
Landes kann durch sie mit einem finanziellen Aufwand erreicht werden, der nicht
ansatzweise mit den Kosten für die Aufrechterhaltung des Sortimentsbuchhandels vergleichbar ist.[501] Nach Sinn und Zweck des Gesetzes fallen völlig unkörperlich zugänglich gemachte Buchinhalte daher nicht in seinen Anwendungsbereich.[502]

**328**      Als Alternative („oder") zur Reproduktion des Buchs nennt das Gesetz dessen
**Substitution.** Dies soll die kulturpolitisch orientierte BGH-Rechtsprechung kodifi-
zieren, die bereits vor Inkrafttreten des Gesetzes auch neuartige Produkte als preis-
bindungsfähige Verlagserzeugnisse angesehen hatte, „wenn und soweit durch sie herkömmliche Verlagserzeugnisse substituiert" worden waren.[503]

**329**      Die Gesetzesfassung wirft die Frage auf, welches Produkt ein Buch zwar nicht
reproduzieren, aber dennoch substituieren könnte. Ton- oder Bewegtbilddarstellungen
kommen hier nicht in Betracht; sie sprechen einen anderen Abnehmerkreis an als die
verlagstypisch vervielfältigten Bücher. Daher besteht auch Einigkeit darüber, dass
**Bild- und Tonträger,** insb **Hörbücher,**[504] **nicht** in den Anwendungsbereich des Gesetzes fallen.[505] Wohl einzig sinnvoller Anwendungsbereich dieser Alternative sind
damit Produkte, die gar nicht erst als Buch erschienen sind und somit nicht reproduziert werden können, sondern gleich in einer neuartigen Form, zB als **CD-ROM,** hergestellt werden.[506] Entscheidend ist, dass der Inhalt auch als Buch hätte erscheinen
können.

**330**      Schließlich erfasst das Gesetz nach seinem § 2 Abs 1 Nr 4 auch **kombinierte Objekte,** deren Hauptsache eines der vorgenannten Erzeugnisse bildet. Wann das Buch
noch Hauptsache ist und wann es zur Nebensache wird, ist oft nicht leicht zu beurteilen. Der BGH hat zu § 30 Abs 1 S 2 GWB, der Parallelvorschrift für Zeitschriften,
eine Abgrenzung danach verworfen, ob die beigefügte Nebenware den Inhalt der Zeitschrift ergänzt oder ob es sich um eine branchenfremde Zugabe handelt.[507] Eine
Jugendzeitschrift blieb nach Ansicht des BGH auch durch Zugabe einer Sonnenbrille
im Vordergrund der Kombination. Entscheidend sei nach dem Zweck des Gesetzes,
ob nach Ankündigung, Aufmachung und Vertriebsweg aus **Sicht des Verbrauchers insgesamt** noch ein Zeitschriftenprodukt vorliege.[508] Das ist der Fall, wenn eine kostenlose Zugabe die Attraktivität der Zeitschrift steigern soll.

## 2. Ausnahmen

**331**      Ausnahmen vom sachlichen Anwendungsbereich enthält das Gesetz an verschiedenen Stellen. Dabei trifft den geschäftsmäßigen Verkäufer die **Darlegungs- und Beweis-**

---

**500** Vgl etwa § 1 S 3 u § 6 BuchPrG; s auch
*Franzen/Wallenfels/Russ* § 1 Rn 4 ff.
**501** Zur den rechtlichen Auswirkungen der
billigeren Vervielfältigungstechniken am
Beispiel des E-Books s *Kitz* MMR 2001, 727,
729 f.
**502** IE ebenso Haupt/*Hölzer* Kap 1 Rn 83;
*Jungermann/Heine* CR 2000, 532.
**503** BGH NJW 1997, 1911, 1912 f.

**504** BT-Drucks 14/9422, 11.
**505** *Franzen/Wallenfels/Russ* § 2 Rn 7.
**506** So auch *Franzen/Wallenfels/Russ* § 2 Rn 8.
**507** BGH NJW-RR 2006, 409, 411; ebenso
*Freytag/Gerlinger* WRP 2004, 537, 540;
*Waldenberger* NJW 2002, 2914, 2918;
aA OLG Hamburg NJW 1998, 1085, 1086.
**508** So auch *Freytag/Gerlinger* WRP 2004, 537,
540.

Volker Kitz

last dafür, aus welcher Quelle von ihm angebotene Bücher stammen und weshalb sie der Preisbindung nicht unterliegen sollen.[509]

**a) Fremdsprachige Bücher.** Für fremdsprachige Bücher gilt das Gesetz nach § 2 Abs 2 BuchPrG nur, wenn sie überwiegend für den **Absatz in Deutschland bestimmt** sind. „Überwiegend" bedeutet dabei mehr, als dass das Produkt für den Weltmarkt produziert worden ist und *auch* in Deutschland verkauft wird. Der deutsche Markt muss das **vorwiegende Ziel** der Publikation sein. Das ist idR nur denkbar bei fremdsprachigen Büchern, die für den deutschen Markt zum Erlernen oder Üben der Fremdsprache hergestellt werden.

**332**

**b) Gebrauchte Bücher.** Gebrauchte Bücher fallen nach § 3 S 2 BuchPrG nicht in den Anwendungsbereich des Gesetzes. Diese Vorschrift hat sich als vermeintliches „Schlupfloch" erwiesen, um Bücher auf **Internetplattformen** unter Ladenpreis zu verkaufen. Vor allem Autoren oder Journalisten, die Bücher zum Autorenpreis bzw als Rezensionsexemplare bezogen haben, bieten diese im Internet oft als gebraucht zum ermäßigten Preis an.

**333**

Jedoch kann ein Buch nur gebraucht sein, wenn es seinem **Gebrauchszweck zugeführt** wurde. Dieser besteht nicht schon darin, die Vertriebskette des Buchhandels zu verlassen,[510] sondern zumindest theoretisch darin, gelesen zu werden. Allerdings ist es auch kein Geheimnis, dass viele Bücher eben gerade nicht gelesen werden – sondern „nur" verschenkt oder zur eigenen Freude gekauft und dann im privaten Bücherregal aufbewahrt werden. Auch dies ist ein Gebrauch des Buchs. Nach Sinn und Zweck des Gesetzes ist daher darauf abzustellen, ob das Buch **Spuren eines dieser Gebrauchsarten** aufweist und daher auf dem Markt **nicht mehr mit einem Neuexemplar konkurrieren** kann. Das ist der Fall, wenn die Seiten ersichtliche Blätterspuren aufweisen, wie sie beim Lesen entstehen, oder wenn das Buch äußere Spuren einer Benutzung oder Lagerung im privaten Bücherregal aufweist. Keinesfalls als gebraucht kann ein Buch verkauft werden, das der Verkäufer selbst als „neu" oder „originalverpackt" bezeichnet.[511]

**334**

**c) Mängelexemplare.** Eine weitere Ausnahme vom sachlichen Anwendungsbereich gilt nach § 7 Abs 1 Nr 4 BuchPrG für Mängelexemplare. Voraussetzung ist, dass diese Exemplare als Mängelexemplare **gekennzeichnet** sind und dass dies seinen Grund in einem Fehler oder einer sonstigen Beschädigung hat. Die Kennzeichnung muss auf den Büchern selbst stattfinden (in der Praxis durch deutlich sichtbaren Stempel); eine Bezeichnung als Mängelexemplar nur am Verkaufsort oder nur auf dem Preisschild genügt nicht. Dies soll Missbrauch verhindern.

**335**

Das Buch muss aber auch **tatsächlich einen Schaden oder anderen Fehler aufweisen**, der über den Stempelaufdruck „Mängelexemplar" hinausgeht. Es muss sich dabei um einen **äußerlich erkennbaren** Fehler handeln, der einen Absatz zum regulären Neupreis nicht mehr zulässt[512]. Damit unterscheidet sich der Begriff des Fehlers in § 7 Abs 1 Nr 4 BuchPrG grundlegend vom Fehlerbegriff in § 434 BGB.

**336**

---

[509] OLG Frankfurt GRUR-RR 2010, 221, 223 f.
[510] So aber *Franzen/Wallenfels/Russ* § 3 Rn 30; wie hier OLG Frankfurt GRUR 2006, 520, 521.

[511] OLG Frankfurt NJW 2004, 2098, 2099.
[512] OLG Frankfurt NJW 2005, 3359, 3359 f.

**337** Ein remittiertes Exemplar ist nicht automatisch ein Mängelexemplar, sondern nur dann, wenn es eine äußerliche Beschädigung erlitten hat.

## III. Räumlicher Anwendungsbereich

**338** § 4 Abs 1 BuchPrG nimmt grenzüberschreitende Verkäufe innerhalb des Europäischen Wirtschaftsraums vom Anwendungsbereich des Gesetzes aus. Dies trägt den vorrangigen Wettbewerbsregeln aus Art 102 AEUV Rechnung.[513] Im deutschsprachigen Raum darf es daher keine Preisbindung für grenzüberschreitende Verkäufe zwischen Deutschland und Österreich geben.

**339** In Österreich existiert ein eigenes Bundesgesetz über die Preisbindung bei Büchern.[514] Dessen § 3 enthält dem deutschen § 5 BuchPrG[515] vergleichbare Regelungen über die Preisfestsetzungspflicht der Importeure. Als gemeinschaftsrechtswidrig erklärte der EuGH[516] dabei allerdings § 3 Abs. 2 aF des österreichischen Buchpreisbindungsgesetzes, wonach der Importeur einen vom Verleger im Verlagsstaat festgesetzten Preis nicht unterschreiten durfte. Nach dieser Regelung konnte ein deutscher Verlag keinen eigenen Ladenpreis für Österreich bestimmen, der österreichische Importeur durfte vielmehr den für Deutschland festgesetzten Ladenpreis nicht unterschreiten. Der EuGH sah hierin eine Schlechterstellung ausländischer Verlage, die – anders als österreichische Verlage – keine Möglichkeit hatten, einen Preis auf die besonderen Bedingungen des österreichischen Marktes abzustimmen. Der österreichische Gesetzgeber hat das Gesetz zum 1. August 2009 angepasst. Nach dem jetzt geltenden § 3 Abs. 2 hat ein deutscher Verlag zwei Möglichkeiten: Er kann einen eigenen Ladenpreis für Österreich empfehlen, an den der österreichische Importeur dann gebunden ist. Der deutsche Verlag ist dazu aber nicht verpflichtet. Empfiehlt er keinen eigenen Ladenpreis für Österreich, so darf der österreichische Importeur den für Deutschland festgesetzten Ladenpreis nicht unterschreiten.

**340** Der grenzüberschreitende Handel mit dem Nicht-EWR-Land Schweiz ist von § 4 BuchPrG nicht betroffen. In der Schweiz bestand das vertragliche Preisbindungssystem zunächst fort; so konnten deutsche Verlage ihre festgesetzten Preise auch in der Schweiz durchsetzen. Beim Import aus der Schweiz nach Deutschland gelten ohnehin die Verpflichtungen des Importeurs aus § 5 BuchPrG.[517] Mehrere Entscheidungen[518] haben das vertragliche Preisbindungssystem in der Schweiz schließlich für unzulässig erklärt. In der Schweiz gibt es daher derzeit für deutschsprachige Bücher keine Preisbindung. Die Bemühungen um ein nationales Preisbindungsgesetz („Loi Maitre") hatten bislang keinen Erfolg, laufen aber weiter.

**341** Die Preisbindungsregeln sind nach § 4 Abs 2 BuchPrG auch im grenzüberschreitenden Handel innerhalb der EWG anwendbar, wenn das Gesetz mittels einer beabsichtigten Wiedereinfuhr umgangen werden soll. Dies muss sich aus objektiven Umständen ergeben. Entscheidend ist, dass das Buch nach den objektiven Umständen nach dem Plan der Beteiligten beim Letztverkäufer in Deutschland landen soll.

---

[513] *Franzen/Wallenfels/Russ* § 4 Rn 1.
[514] BGBl 2000 I Nr 45 idF BGBl 2004 I Nr 113.
[515] S Rn 343, 348.

[516] EuGH EuZW 2009, 426, 427 ff.
[517] S Rn 343, 348.
[518] Historie und Nachweise bei *Franzen/Wallenfels/Russ* § 1 Rn 31.

## IV. Persönlicher Anwendungsbereich und Pflichten

Verpflichtete des Gesetzes sind gewerbs- oder geschäftsmäßige Verkäufer an Letzt- **342**
abnehmer einerseits sowie Verleger und Importeure andererseits:

### 1. Pflichten des Verlegers oder Importeurs

Wer Bücher verlegt oder importiert, muss nach § 5 Abs 1 BuchPrG einen **Endpreis** **343**
einschließlich Umsatzsteuer für den Verkauf an Letztabnehmer **festlegen und veröffentlichen**. Anders als vor Geltung des BuchPrG steht die Preisfestsetzung also nicht
mehr im Belieben des Verlegers oder Importeurs.

Nach § 8 Abs 1 BuchPrG darf die Preisbindung frühestens 18 Monate nach Er- **344**
scheinen der jeweiligen Ausgabe **aufgehoben** werden.

Dabei kann der Verpflichtete nach § 5 Abs 5 BuchPrG für **unterschiedliche Aus-** **345**
**gaben** unterschiedliche Preise festsetzen, wenn dies sachlich gerechtfertigt ist. Für die
sachliche Rechtfertigung können die so genannten Potsdamer Kriterien eine Rolle
spielen, in erster Linie Unterschiede bei Ausstattung und Erscheinungstermin.[519] So
unterscheidet sich zB eine E-Book-Ausgabe von der gebundenen Ausgabe. Ebenso
liegt eine preisbindungsrechtlich eigenständige Ausgabe vor, wenn ein Verlag Bücher
eines anderen Verlags neu mit einem Luxuseinband ausstattet.[520]

§ 5 Abs 5 BuchPrG gibt auch dem **Lizenznehmer** des Verlegers das Recht, einen **346**
abweichenden Preis für eine Lizenzausgabe festzulegen, sofern die Voraussetzungen
des sachlichen Grundes erfüllt sind. Dies ist vor allem für **Buchclubs** von Bedeutung.[521] Der Lizenznehmer hat aber nur das Recht, nicht die Pflicht, einen eigenen
Preis festzusetzen. Macht er von diesem Recht Gebrauch, muss er den eigenen Preis
veröffentlichen.

Nach § 5 Abs 4 BuchPrG besteht schließlich die Möglichkeit, innerhalb derselben **347**
Ausgabe bestimmte **Sonderpreise** festzusetzen.

**Importeure** haben nach § 5 Abs 2 BuchPrG bei der Festsetzung einen vom Verleger **348**
empfohlenen Preis zu beachten, dürfen nach Abs 3 aber gewisse Einkaufsvorteile
weitergeben.

Die Preise sind so zu **veröffentlichen**, dass alle belieferten Händler sich die erfor- **349**
derlichen Informationen über den jeweils geltenden Preis verschaffen können.[522] Die
Verpflichteten müssen die Informationen nur leicht zugänglich zur Verfügung stellen:
Sich aus diesen Quellen über die maßgeblichen gebundenen Preise zu informieren,
ist dann Sache desjenigen, der Bücher gewerbsmäßig anbietet.[523] Hierfür kommen
branchentypische Datenbanken wie das **Verzeichnis lieferbarer Bücher** (VlB) und
Mitteilungsorgane der Branche wie das **Börsenblatt** des Deutschen Buchhandels in
Betracht. Probleme tauchen auf, wenn unterschiedliche Datenbanken unterschiedliche
Preise ausweisen.[524] Inzwischen können Verlage bei Anmeldung von Titeln im VlB

519 OLG Düsseldorf Urt v 11.3.2008, Az 20 U
119/07; *Franzen/Wallenfels/Russ* § 5 Rn 22.
520 *Nordemann* ZUM 2009, 809, 813.
521 OLG Frankfurt GRUR 2006, 520, 521;
zu den Differenzierungserfordernissen bei der
Buchgemeinschaftsausgabe nach den sog
„Potsdamer Kriterien" s *Franzen/Wallenfels/
Russ* § 5 Rn 23 ff.

522 OLG Frankfurt GRUR 2006, 520, 521.
523 OLG Frankfurt GRUR-RR 2010, 221, 222;
GRUR 2006, 520, 521; ebenso *Franzen/Wallen-
fels/Russ* § 3 Rn 8.
524 Zu Festsetzungspflicht und falschen Daten-
beständen OLG Frankfurt GRUR-RR 2010,
221, 223.

angeben, dass das VlB ihre **Referenzdatenbank** sein soll. Das VlB ist dann in Zweifels-
fällen maßgeblich.

**350**     § 6 BuchPrG enthält zudem noch weitere Verpflichtungen der Verlage, die mit der
Bindung des Ladenpreises nichts zu tun haben, nämlich bestimmte **Diskriminierungs-
verbote** bei der Belieferung des Buchhandels.

### 2. Pflichten des Buchverkäufers

**351**     Wer gewerbs- oder geschäftsmäßig Bücher an Letztabnehmer verkauft, muss nach
§ 3 S 1 BuchPrG den gem § 5 BuchPrG **festgesetzten Preis einhalten**.

**352**     **Letztabnehmer** ist der Endkunde, der das Buch zu eigenen Gebrauchszwecken oder
zur unentgeltlichen Weitergabe erwirbt.[525] Das trifft auch auf den **Sammelbesteller**
zu, der im eigenen Namen für fremde Rechnung Bücher mitbestellt, weil er mit der
Weitergabe keine eigenen wirtschaftlichen Zwecke verfolgt.[526]

**353**     **Gewerbsmäßig** handelt nur derjenige, „der berufsmäßig in der Absicht dauernder
Gewinnerzielung geschäftlich tätig wird".[527] Das sind Sortimentsbuchhändler ebenso
wie Versandbuchhändler und Verlage, die ihre Bücher direkt an den Endkunden
verkaufen.[528] Auch Letztgenannte müssen dann den von ihnen festgesetzten Ladenpreis einhalten. Hingegen handelt **geschäftsmäßig** bereits derjenige, „der – auch ohne
Gewinnerzielungsabsicht – die Wiederholung gleichartiger Tätigkeiten zum wiederkehrenden Bestandteil seiner Beschäftigung macht".[529] Dies kann insb auch jemand
sein, der Bücher über **Internetplattformen** verkauft, wenn diese Verkäufe den Gelegen-
heitscharakter verlassen. Gleiches gilt, wenn Verfasser ihre eigenen Bücher verkaufen.[530]

**354**     Nach dem Gesetzeswortlaut müssen sich auch **Buchclubs** an den von ihnen selbst
festgesetzten Preis für die Clubausgabe halten. Das OLG Düsseldorf[531] will hier eine
teleologische Reduktion vornehmen, da die Clubausgabe ohnehin nur vom Club verkauft werde. Allerdings zeigt eine anders lautende Entscheidung des OLG Frankfurt[532], dass durchaus auch weitere Verkäufer der Clubausgabe am Markt auftreten
können. Insofern kann nichts anderes gelten als beim Direktvertrieb eines Verlags.

**355**     Einzuhalten ist grds der Endpreis als sofort zu entrichtender (**Brutto-)Laden-
preis**.[533] Eine **Bagatellgrenze** gibt es dabei nicht; das BuchPrG setzt keine Spürbarkeit
voraus wie etwa § 3 UWG.[534] Unzulässig ist daher ein **Skonto** für Barzahlung ebenso
wie dafür, dass ein etwa eingeräumtes Zahlungsziel nicht ausgeschöpft wird.[535] Der
Händler kann aber dadurch differenzieren, dass er einen Zuschlag verlangt, wenn er
dem Kunden ein Zahlungsziel einräumt. Auch darf ein Buch nicht als Prämie für ein
Zeitschriftenabonnement zu einem als „Zuzahlung" bezeichneten geringeren Preis als
dem festgesetzten Ladenpreis verkauft werden.[536] Ebenso stellen **Gratisexemplare** bei
Sammelbestellungen unzulässige Rabatte dar.[537] Gleiches gilt, wenn auf **nicht preisgebundene** Bücher ein Rabatt gewährt wird, der größer ist als die Handelsspanne, und
diese zusammen mit preisgebundenen Büchern abgegeben werden.[538]

---

[525] OLG Frankfurt NJW 2004, 2098, 2099.
[526] OLG München GRUR 2005, 71, 71 f.
[527] BT-Drucks 14/9196, 10; OLG Frankfurt
NJW 2004, 2098, 2099.
[528] *Franzen/Wallenfels/Russ* § 3 Rn 28.
[529] BT-Drucks 14/9196, 10; OLG Frankfurt
GRUR-RR 2010, 221, 223; NJW 2004, 2098,
2099.
[530] *Franzen/Wallenfels/Russ* § 3 Rn 29.

[531] OLG Düsseldorf Urt v 11.3.2008, Az 20
U 119/07.
[532] OLG Frankfurt GRUR 2006, 520.
[533] OLG Frankfurt NJW 2004, 2098, 2098.
[534] LG Hamburg ZUM-RD 2010, 352.
[535] BGH NJW 2003, 2525, 2526.
[536] OLG Hamburg GRUR-RR 2006, 200, 201.
[537] OLG München GRUR 2005, 71, 72.
[538] LG Wuppertal GRUR-RR 2010, 224.

Ein unzulässiger Rabatt liegt auch vor, wenn der Händler selbst „**Startgutscheine**" **356** über einen bestimmten Betrag ausgibt, den er dann bei einem Bücherkauf bei ihm anrechnet.[539] Gleiches gilt, wenn derselbe Verkäufer beim Kauf preisgebundener Bücher **Bonusmeilen** vergibt und diese so erworbenen Meilen später beim Kauf wiederum preisgebundener Bücher anrechnet[540] oder wenn er beim Verkauf eines Buchs Rabattgutscheine entgegen nimmt, die er vorher selbst ausgegeben hat.[541] Kein unzulässiger Rabatt liegt dagegen vor, wenn der Händler für den eingelösten Gutschein oder die eingelösten Meilen von dritter Seite den Differenzbetrag erhalten hat, so dass er effektiv den festgesetzten Preis für das Buch vereinnahmt. Das ist zB bei einem echten **Geschenkgutschein** der Fall.[542]

Als **Ausnahme** gestattet § 7 Abs 4 BuchPrG in beschränktem Ausmaß Zugaben und **357** **Kundenbindungssysteme**. Der Wert erlaubter Zugaben iSd § 7 Abs 4 Nr 1 BuchPrG darf 2 % des Buchpreises nicht übersteigen.[543] Innerhalb dieser Geringwertigkeitsschwelle bleibt es einem Händler zB unbenommen, **Meilen oder andere Bonuspunkte** beim Kauf preisgebundener Bücher auszugeben, sofern diese nur nicht für preisgebundene Bücher bei demselben Händler wieder eingelöst werden.[544]

Eine Ausnahme für **Räumungsverkäufe** findet sich in § 7 Abs 1 Nr 5 BuchPrG. **358** Weiterhin dürfen **wissenschaftlichen Bibliotheken** (§ 7 Abs 2 BuchPrG) und bei **Sammelbestellungen für den Schulunterricht** (§ 7 Abs 3 BuchPrG) bestimmte Rabatte eingeräumt werden. Schließlich privilegiert § 7 Abs 1 Nr 1–3 BuchPrG den Verkauf an bestimmte Personengruppen wie **Verlagsmitarbeiter, Autoren und Lehrer** zu Prüfungszwecken.

## V. Rechtsdurchsetzung

Bei Verstößen sieht § 9 BuchPrG **Schadensersatz- und Unterlassungsansprüche** vor. **359** Allerdings nennt Abs 2 für den Unterlassungsanspruch eine abschließende Liste **Anspruchsberechtigter**, die sich an § 8 UWG anlehnt.

Insb kann ein **Preisbindungstreuhänder** tätig werden (§ 9 Abs 2 Nr 3 BuchPrG).[545] **360** Gegen den Rechtsverletzer hat der Preisbindungstreuhänder einen Anspruch aus eigenem Recht auf Unterlassung und Anwaltskostenerstattung.[546] Für die Berechnung sollen konkreter Bearbeitungsaufwand und konkrete Kosten maßgeblich sein, nicht die Vergütung nach RVG.[547]

Nicht nur die Normadressaten des BuchPrG selbst können in Anspruch genommen **361** werden: Die nach § 9 Abs 2 BuchPrG Berechtigten können auch gegen **Anstifter oder Gehilfen** gem § 830 Abs 2 BGB vorgehen. Das hat der BGH in einem Fall entschieden, in dem ein Kunde Buchhändler dazu zu bewegen versuchte, ihm rechtswidrige Rabatte einzuräumen.[548]

---

[539] OLG Frankfurt NJW 2004, 2122, 2123.
[540] OLG Frankfurt NJW 2004, 3434, 3435.
[541] LG Ulm Urt v 5.3.2010, Az 11 O 60/09.
[542] LG Ulm Urt v 5.3.2010, Az 11 O 60/09.
[543] *Franzen/Wallenfels/Russ* § 3 Rn 18.
[544] OLG Frankfurt NJW 2004, 3434, 3436.
[545] Die Verlage haben damit den Rechtsanwalt *Dieter Wallenfels* aus Wiesbaden mit seiner Kanzlei beauftragt. OLG Frankfurt NJW 2004, 3122, 3122 stellt klar, dass die Funktion des

Preisbindungstreuhänders nicht nur von „einem" Rechtsanwalt, sondern auch von einer Sozietät wahrgenommen werden kann. Auch braucht der Treuhänder nicht von allen Verlagen gleichzeitig bestellt worden zu sein, OLG Frankfurt GRUR-RR 2010, 221, 222.
[546] AG Gelsenkirchen ZUM 2004, 587.
[547] OLG Frankfurt GRUR-RR 2010, 221, 223.
[548] BGH NJW 2003, 2525, 2526.

# Kapitel 7

# Geschmacksmusterrecht/Designrecht

– Medienrechtliches Designprodukt im Fokus des Geschmacksmusterrechts –

### Literatur

*Börsch* Webseiten schützen lassen?! MMR 2003, Heft 6, IX; *Büscher/Dittmer/Schiwy* Gewerblicher Rechtsschutz, Urheberrecht, Medienrecht, Kommentar, 2. Aufl Köln 2011 (zit Büscher/Dittmer/Schiwy/*Bearbeiter*); *Bulling/Langöhrig/Hellwig* Geschmacksmuster, Designschutz in Deutschland und Europa mit USA, Japan, China und Korea 3. Aufl Köln Berlin München 2011; *Dreier/Schulze* Urheberrecht Kommentar, 3. Aufl München 2008 (zit Dreier/Schulze/*Bearbeiter*); *Dörre/Maaßen* Das Gesetz zur Verbesserung der Durchsetzung von Rechten des geistigen Eigentums – Teil I: Änderungen im Patent-, Gebrauchsmuster-, Marken- und Geschmacksmusterrecht GRUR-RR 2008, 217; *Eichmann* Neues aus dem Geschmacksmusterrecht GRURPrax 2010, 279; *Eichmann/von Falckenstein* Geschmacksmustergesetz, Kommentar, 4. Aufl München 2010 (zit Eichmann/von Falckenstein/*Bearbeiter*); *Eichmann/Kur* Designrecht, München 2008 (zit Eichmann/Kur/*Bearbeiter*); *Enders* Beratung im Urheber- und Medienrecht, 2. Aufl Zwickau 2004; *Erdmann* Schutz der Kunst im Urheberrecht, FS von Gamm, Köln ua 1990, 389; *von Falckenstein* 40 Jahre Mitgestaltung des Geschmacksmusterrechts durch das Bundespatentgericht GRUR 2001, 672; *Finnie* Investors and IP risks, in Jolly/Philpott (Hrsg) The Handbook of European Intellectual Property Management, London Philadelphia 2007, 318; *Geiger* Zusammenfassung der Standpunkte – Entwickelte Thesen – Die Alternativen zum Schutz durch das Urheberrecht in Deutschland, in Hilty/Geiger (Hrsg) Impulse für eine europäische Harmonisierung des Urheberrechts, Berlin, Heidelberg, New York 2007, 257; *Gottschalk* Der Schutz des Designs nach deutschem und europäischem Recht, Baden-Baden 2005; *Hartwig* Das Prinzip der Reziprozität im Geschmacksmusterrecht GRUR-RR 2009, 201; *ders* Designschutz in Europa – Entscheidungen europäischer und nationaler Gerichte, Band 1, Köln Berlin München 2007; *Heutz* Freiwild Internetdesign? – Urheber- und geschmacksmusterrechtlicher Schutz der Gestaltung von Internetseiten MMR 2005, 567; *Hoeren/Holznagel/Ernstschneider* Handbuch Kunst und Recht, Frankfurt aM 2008 (zit Hoeren/Holznagel/Ernstschneider/*Bearbeiter*); *Jestaedt* Der Schutzbereich des eingetragenen Geschmacksmusters nach dem neuen Geschmacksmustergesetz GRUR 2008, 19; *ders* Die Ansprüche auf Rückruf und Entfernen schutzrechtsverletzender Gegenstände aus den Vertriebswegen GRUR 2009, 102; *Koschtial* Die Einordnung des Designschutzes in das Geschmacksmuster-, Urheber-, Marken- und Patentrecht, Berlin 2003; *dies* Zur Notwendigkeit der Absenkung der Gestaltungshöhe für Werke der angewandten Kunst im deutschen Urheberrecht GRUR 2004, 555; *dies* Das Gemeinschaftsgeschmacksmuster: Die Kriterien der Eigenart, Sichtbarkeit und Funktionalität GRUR Int 2003, 973; *Kur* Die Auswirkungen des neuen Geschmacksmusterrechts auf die Praxis GRUR 2002, 661; *dies* Die Alternativen zum Schutz durch das Urheberrecht in Deutschland, in Hilty/Geiger (Hrsg) Impulse für eine europäische Harmonisierung des Urheberrechts, Berlin, Heidelberg, New York 2007, 193; *dies* Die Zukunft des Designschutzes in Europa – Musterrecht, Urheberrecht, Wettbewerbsrecht GRUR Int 1998, 353; *Loewenheim* Höhere Schutzuntergrenze des Urheberrechts bei Werken der angewandten Kunst? GRUR Int 2004, 765; *Murray* Designs in: Jolly/Philpott (Hrsg) The Handbook of European Intellectual Property Management, London Philadelphia 2007, 71; *Mittelstaedt* Kommt es für die Feststellung der Geschmacksmusterverletzung auf die Unterschiede oder auf die Gemeinsamkeiten an? WRP 2007, 1161; *Nirk* Geschmacksmusterrecht, Urheberrecht, Designlaw, Heidelberg 2010; *A Nordemann/Heise* Urheberrechtlicher Schutz für Designleistungen in Deutschland und auf europäischer Ebene ZUM 2001, 128; *Ohly* Designschutz im Spannungsfeld von Geschmacks-muster-, Kennzeichen- und Lauterkeitsrecht GRUR 2007, 731; *Palandt* Bürgerliches Gesetzbuch, 70. Aufl München 2011 (zit Palandt/*Bearbeiter*); *Pierson/Ahrens/Fischer* (Hrsg) Recht des geistigen Eigentums, 2. Aufl München 2010; *Rahlf/Gottschalk* Neuland: Das nichteingetragene Gemeinschaftsgeschmacksmuster GRUR Int 2004, 821; *Rossnagel/Scheuer* Das europäische Medienrecht MMR 2005, 271; *Ruhl* Gemeinschaftsgeschmacksmuster, Kommentar, 2. Aufl Köln 2010; *ders* Fragen des Schutzumfangs im Geschmacksmusterrecht GRUR 2010, 289; *Sauer* Neue Wege im Designschutz, Edewecht 2007; *Schack* Urheber- und Urhebervertragsrecht, 5. Aufl Tübingen 2010; *Schickedanz* Zur Offenbarung des Geschmacksmusters, GRUR 1999, 291; *Schlötelburg* Musterschutz an Zeichen GRUR 2005, 123; *Schulze* Urheberrecht für Architekten – Teil 1 NZBau 2007, 537; *Schricker* Werbekonzeptionen und Fernsehformate – Eine Herausforderung für den urheberrechtlichen Werkbegriff? GRUR Int 2004, 923; *ders* Der Urheberrechtsschutz von Werbeschöpfungen, Werbeideen, Werbekonzeptionen und Werbekampagnen GRUR 1996, 815; *Schricker/Loewenheim* Urheberrecht Kommentar, 4. Aufl München 2010 (zit Schricker/Loewenheim/*Bearbeiter*); *Spaček* Schutz von TV-Formaten – eine rechtliche und ökonomische Betrachtung, Zürich 2005; *Stolz* Geschmacksmuster- und markenrechtlicher Designschutz, Baden-Baden 2002; *Tyler Eastman* Designing On-Air, Print and Online Promotion, in Tyler Eastman/Ferguson/Klein (Hrsg) Media Promotion & Marketing for Broadcasting, Cable & the Internet, Amsterdam Boston ua 2006, 127; *Wandtke* Urheberrecht, 2. Aufl Berlin 2010 (zit Wandtke/*Bearbeiter*); *Wandtke/Bullinger* Praxiskommentar zum Urheberrecht, 3. Aufl München 2009 (zit Wandkte/Bullinger/*Bearbeiter*); *Wandtke/Ohst* Zur Reform des deutschen Geschmacksmustergesetzes GRUR Int 2005, 91; *Weber* Entscheidungspraxis des HABM zur Wichtigkeit von Gemeinschaftsgeschmacksmustern GRUR 2008, 115; *Zech* Der Schutz von Werken der angewandten Kunst im Urheberrecht Frankreichs und Deutschlands, München 1999; *Zentek* Designschutz – Fallsammlung zum Schutz kreativer Leistungen, Dortmund 2003; *dies* Designspezifische Absenkungen der urheberrechtlichen Gestaltungshöhe – Keine Angst vorm BGH WRP 2010, 73; *Zwanzger* Das Gemeinschaftsgeschmacksmuster zwischen Gemeinschaftsrecht und nationalem Recht, Tübingen 2010.

## *Übersicht*

Kirsten-Inger Wöhrn

# § 1
## Einleitung

Heutzutage wird mittels diverser Medien kommuniziert, im Wesentlichen über **1** (audio-)visuelle Medien, dh Artikel, Berichte, Lichtbilder, Plattformen im Internet usw. Im Bereich des Visualisierens von Informationen ist das Mediendesign als gestalterischer Teil durch das Medienrecht geschützt. Es geht dabei darum, **Botschaften zu visuellen Informationen umzuarbeiten**, damit der entsprechende Adressatenkreis erreicht werden kann. Dieses gestalterische Entwerfen von Modellen oder Mustern (Formgebungen) kann über das Geschmacksmusterrecht geschützt werden.[1]

**Nur Gestaltungen von äußeren Formen** schützt das Geschmacksmusterrecht.[2] Bei **2** der Bestimmung der Schutzschwelle ist seit Umsetzung der RL 98/71/EG[3] nicht mehr von einer Abhängigkeit vom Urheberrecht auszugehen, denn der Schutz ist nunmehr durch Ermittlung der neu gefassten und der die Eigentümlichkeit ersetzenden geschmacksmusterrechtlichen Voraussetzung der Eigenart zu ermitteln.[4] Das Geschmacksmuster- bzw Designrecht ist ein eigenständiges Schutzrecht.[5]

---

[1] Vgl bereits einführend bei *Wandtke* Band 1 Kap 2 Rn 115.
[2] Pierson/Ahrens/Fischer/*Pierson* 127.
[3] ABl L 289/28 GRUR Int 1998, 959.
[4] S dazu näher unter Rn 21 ff.
[5] Pierson/Ahrens/Fischer/*Pierson* 128.

**3**    Das Design als **qualitätsbestimmende Eigenschaft** eines Medienproduktes kann im Wesentlichen zu dessen Absatzerfolg verhelfen.[6] Medienprodukte wie zB die Webseite eines Unternehmens, die Präsentation eines Unternehmens in der Werbung bzw auf Veranstaltungen wie Messen oder der auf dem Firmenbriefpapier verwendete Briefkopf sollen einen Wiedererkennungseffekt beim Verbraucher oder anderen Unternehmen hervorrufen. Das Design soll von Dritten identifiziert werden und einen Zusammenhang zu dem eigentlichen Unternehmen herstellen. Bei der äußeren Form geht es primär nicht um den Inhalt, sondern um die Form bzw die Art und Weise, wie das Unternehmen, der Einzelne oder die Information dargestellt wird. Diese **Investitionen** gilt es mittels des Geschmacksmusterrechts zu sichern, da sie produktspezifisch mehr oder minder auf einer zeit- und kostenintensiven Entwicklung eines Designs beruhen.

## § 2
## Begriff „Design"

**4**    **Im Sinne des Geschmacksmustergesetzes** kann Design als Erscheinung eines ganzen oder eines Teils eines Erzeugnisses,[7] das sich insb aus den unterschiedlichen Konturen, Formen, Farben, Materialien des Produktes und/oder seiner Bestandteile ergibt, verstanden werden, § 1 Nr 1 GeschmMG. Erzeugnis wird nach § 1 Nr 2 GeschmMG derart definiert, dass nicht nur das eigentliche Produkt oder Teile dessen erfasst werden, sondern darüber hinaus auch dessen Verpackung, grafische Symbole etc. Computerprogramme sind davon ausgenommen. Designschutz kann es aber für Computer Icons geben.[8]

## § 3
## Medienrechtliches Designprodukt

**5**    Hinterfragt man den eigentlichen Gegenstand der Medien, so ist es zunächst die Information, um die es geht.[9] Erst in zweiter Linie handelt es sich bei der Darstellung von Informationen um Erzeugnisse des Geschmacksmusterrechts (bzw Urheberrechts).[10] Sie sind jedoch nicht von minderer Relevanz, da das Geschmacksmusterrecht Erzeugnisse schützen kann, die Informationen wahrnehmbar werden lassen bzw visualisieren, in einen bestimmten Kontext setzen bzw adäquat präsentieren können. Damit steigt laut *Sauer*[11] die Bedeutung des Designs als Informationsträger, da die eigentliche Information dadurch unverwechselbar werden soll.

**6**    So können bspw eine Webseite, ein Bucheinband, ein Zeitungs- bzw Zeitschriftenlayout geschmacksmusterrechtlich geschützt sein. Diese Reihe von Produkten erfasst nicht die Information selbst, sondern stellt sie lediglich dar. Es geht um die „ästhetische" Verpackung bzw um die **Visualisierung der Information**.

---

**6** *Nirk* 105.
**7** Zum in unterschiedlichen Bereichen ausgeprägten Begriff Design *Sauer* 3 f, zum Ursprung des Begriffs s ebenfalls *Sauer* 5 f; Hoeren/Holznagel/Ernstschneider/*Schröler* 44.
**8** Vgl Rn 154 ff.
**9** Ähnl auch *Beater* Rn 10, der die Informationserlangung, -bewertung, -bearbeitung, -veröffentlichung als primären Gegenstand von Unternehmensgeschäften im Medienbereich beschreibt.
**10** *Enders* § 4 Rn 10.
**11** *Sauer* 16.

Medienprodukte können auch solche sein, die ursprünglich nicht als solche konzi- **7** piert wurden. Ein Fußball ist funktional betrachtet in erster Linie ein Sportgerät. Erscheint ein aus einem Stadion hoch hinausgeschossener Fußball auf einer Abbildung mittels derer Werbung für eine Fußballweltmeisterschaft gemacht wird,[12] so bleibt der Ball zwar als Sportgerät erkennbar, wird aber in seiner **Funktion** werbendes **Medienprodukt.**

## § 4
## Funktion des Designs

Der Medienmarkt ist mit Informationen und Produkten überflutet,[13] eine Orien- **8** tierung fällt zunehmend schwerer. Die Produkte bzw Informationen müssen einen besonderen **Wiedererkennungseffekt** beim Kunden erzeugen, so dass sie aus der Vielfalt von Erzeugnissen herausgefiltert werden können. Orientierungshilfe kann ein bestimmtes Design bieten, das das Produkt oder die Information einem bestimmten Kundenkreis näherbringt.

Die Entscheidung eines Produzenten für ein bestimmtes Design wird in der Regel **9** auf den Adressatenkreis bezogen getroffen. Die gewählte Art und Weise der Vermarktung bedeutet eine Reduzierung der Absatzchancen im Hinblick auf andere, nicht unter den Adressatenkreis fallende Marktteilnehmer. Im Gegensatz dazu erlangt das Produkt oder die Information im angestrebten Verbraucherkreis durch das Design idealerweise einen gewissen Wiedererkennungseffekt bzw hilft dem Kunden, sich zu orientieren. Der Kunde kann somit in die Lage versetzt werden, sich mit dem Produkt gefühlsmäßig zu identifizieren, seinen persönlichen Stil damit auszudrücken oder es als Statussymbol (bspw IPhone) zu nutzen.[14]

Ob die Vermarktungsart die **Designmöglichkeiten reduziert** bzw beschränkt, ist eine **10** andere Frage. Um ein Produkt konsequenterweise erfolgreich zu vermarkten, sind dem Produktdesigner Grenzen gezogen, wenn es um bestimmte Branchen geht. Eine Titelseite einer Modezeitschrift sollte nicht wie eine Titelseite eines Computerfachmagazins gestaltet sein. Damit reduziert die Vermarktungsstrategie in gewisser Weise bereits das Design. Das Design eines Medienproduktes muss sich in eine bestimmte Sparte einfügen können. Ein Comic-Heft in einem Fachbucheinband würde eher unattraktiv auf einen Comic-Leser wirken. Das Design muss sich also in den Grenzen des Bereichs halten, in dem es von seiner Produkteigenschaft her angesiedelt ist. Daher reduziert nicht nur die Marketingfunktion, sondern das Produkt selbst bereits das Design. Das Design des Produkts kann aber wiederum umsatzfördernd wirken[15] und damit eine gewinnbringende **Marketingfunktion** innehaben. Damit ist das Design als **gesellschaftlicher Mehrwert** zu verstehen. Es kann darüber hinaus Qualität vermittelnd zusätzlich den Wert eines Produktes bzw einer Information steigern[16] und somit zum Absatz- bzw Marketingerfolg beitragen. Das Design eines Medienprodukts oder einer Information kann als Qualitätsmerkmal von einem Laien gewertet werden (sog **Qualitätsfunktion des Designs**),[17] was wiederum zu einer Unterscheidung von Konkurrenzprodukten beiträgt.

---

**12** Nummer des beim HABM eingetragenen Geschmacksmusters: 000248760-0002, Tag der Veröffentlichung 2.11.2004, Ablaufdatum: 2.11.2009.
**13** *Breyer-Mayländer/Seeger* Medienmarketing 141; vgl auch zum Massenaspekt im Medienrecht *Beater* Rn 13 ff.

**14** *Gottschalk* 29; vgl auch Rn 98 zum Schutz von Medienprodukten vermittelnden Gegenständen.
**15** S auch zu IP Strategien: *Finnie* 321.
**16** *Sauer* 17; *Gottschalk* 27 ff; *Murray* 71, 76.
**17** Pierson/Ahrens/Fischer/*Pierson* 128; *Gottschalk* 29.

**11**  Die **Informationsfunktion** des Designs (auch **Zeichen- oder Signalfunktion** genannt) liegt nicht nur darin, dass Medienprodukte Informationen selbst beinhalten können (wie zB Zeitungen),[18] sondern das Produkt Informationen über sich selbst transportiert.[19] Durch das Verpackungs- oder Produktdesign wird ua über Qualität und Herkunft informiert.[20] Es kann sich somit wiederum von der Masse abheben.[21] Für den Marktwert eines Produktes kann uU ausschlaggebend sein, von welchem Designer es gestaltet wurde oder von welcher „Marke" es vertrieben wird (bspw IPhone von Apple).[22] Bestimmte (Design-)Produkte vermögen es, einem Verbraucher gar einen gewissen Status bzw ein bestimmtes Image durch dessen Erwerb zu vermitteln.[23]

**12**  Viele Produkte sind mittlerweile über das Internet käuflich oder in einer Art Selbstbedienungsladen (Kaufhaus etc) zu erwerben. Die Beratung im Laden durch einen Fachverkäufer fällt weg. In den sog Selbstbedienungsläden gibt es sie, wenn überhaupt, häufig nur unzureichend. Es kommt dann für das Produkt darauf an, dass es sich selbst gut verkaufen lässt. Die **Präsentation** des Mediengegenstandes bzw die Vermittlung der ihm innewohnenden Information oder Qualitäten (die sog „Aufmachung") muss daher adäquat gelingen, da der Verbraucher im Endeffekt die Entscheidung selbst fällt, ob er es erwerben möchte oder nicht. Die Qualitäts- und die Informationsfunktion kann gerade bei der Präsentation eines Produktes bzw im Hinblick auf dessen (inhaltliche) Aussage maßgeblich zu dessen Marketingerfolg beitragen.

# § 5
## Designschutzrechte

**13**  Das Rechtsgebiet „Designrecht" gibt es nicht.[24] Schutz für ein Design kann sich aus mehreren Rechtsgebieten einzeln, teils aber auch kumulativ ergeben. Sog Designschutzrechte sind solche, die sich ausschließlich mit dem Schutz der Gestaltung eines Produktes oder dessen Teilen, Formen, Farben, Materialien, in Kombination oder für sich genommen, befassen.[25] In Betracht kommen bspw urheber-,[26] geschmacksmuster-,[27] marken-[28] und wettbewerbsrechtlicher[29] Schutz.[30] Die Bestimmungen des

---

[18] *Beater* Rn 22 f.

[19] Vgl bereits einführend bei *Wandtke* Band 1 Kap 1.

[20] *Gottschalk* 30.

[21] *Ohly* GRUR 2007, 731, 731.

[22] *Gottschalk* 27.

[23] Vgl Rn 10 zur Qualitätsfunktion.

[24] Vgl auch Pierson/Ahrens/Fischer/*Pierson* 127; Eichmann/Kur/*Eichmann* § 1 Rn 1 ff.

[25] *Nirk* 107 ff.

[26] Vgl dazu näher zum urheberrechtlichen Schutz *Jani* Kap 1.

[27] In Großbritannien wird das Geschmacksmusterrecht als „Designright" bezeichnet, *Ohly* GRUR 2007, 731, 731; Pierson/Ahrens/Fischer/*Pierson* 127.

[28] Das Markengesetz bezweckt den Schutz von Produkten (Waren oder Dienstleistungen), die mittels der Marke identifiziert werden und somit vor Verwechslung ua schützen soll; vgl

näher zum markenrechtlichen Schutz *Hildebrandt/Hennig/Weichhaus* Band 3 Kap 5; vgl auch zur Überschneidung von Marken- und Geschmacksmusterrecht *Ohly* GRUR 2007, 731, 735 ff und zum Schutz von Design als Marke *Nirk* 115 ff.

[29] Wettbewerbsrechtlicher wird in aller Regel nicht kumulativ, sondern erst bei Schutzlücken Wirkung entfalten können. Im Geschmacksmusterrecht ist indes nach Art 96 abs 1 GGV klar gestellt, dass Schutz nach dem Wettbewerbsrecht unberührt bleibt, da beide Rechtsgebiete unterschiedliche Verletzungstatbestände und andere Schutzrichtungen aufweisen, vgl *Köhler* GRUR 2009, 445, 447. Vgl zum wettbewerbsrechtlichen Schutz von Medien *von Walter* Band 3 Kap 1.

[30] Vgl Hoeren/Holznagel/Ernstschneider/*Schröler* 36.

---

Kirsten-Inger Wöhrn

Bürgerlichen Gesetzbuches spielen hinsichtlich des Zustandekommens von Verträgen, der Vertragsauslegung, des Rechts der Leistungsstörungen etc eine Rolle.

Für den Mediendesigner enthalten das Urheber- und das Geschmacksmusterrecht **14** die wichtigsten Designschutzrechte.[31] Das Design eines Medienproduktes kann stofflich verkörpert oder stofflich nicht verkörpert sein. Letztgenannte Medienprodukte können sich bspw in Form von Webseiten- oder Homepagegestaltungen und On-Air-Design widerspiegeln.[32] Stofflich verkörperte Medienprodukte können in der Gestalt von Werbeplakaten, Broschüren, Etiketten etc auftreten.[33] Da es sich bei Medienprodukten in der Regel um **Industrie- bzw Produktdesign**[34] handelt, werden diese Erzeugnisse grundsätzlich unter das Geschmacksmusterrecht zu subsumieren sein. Urheberrechtlich sind Medienprodukte vornehmlich den Werken der angewandten Kunst iSd § 2 Abs 2 Nr 4 UrhG zuzuordnen.[35]

## I. Geschmacksmusterrechtlicher Schutz von Medienprodukten

Das Geschmacksmusterrecht bezweckt den Schutz von zweidimensionalen Mustern **15** bzw dreidimensionalen Modellen,[36] die die Voraussetzungen der Neuheit und Eigenart erfüllen. Das geschmacksmusterrechtlich geschützte Erzeugnis, dessen Produktschutz bezweckt wird,[37] muss optisch wahrnehmbar[38] sein, wobei technisch bedingte Erscheinungsmerkmale vom Schutz nicht erfasst werden, § 3 Abs 1 Nr 1 GeschmMG.[39]

### 1. Schutzbereich/Gegenstand des Geschmacksmusterschutzes

Nach § 2 Abs 1 GeschmMG muss es sich um ein Muster handeln, das zum einen **16** neu und zum anderen eigenartig ist. **Muster** sind nach § 1 GeschmMG zweidimensionale (Muster) oder dreidimensionale (Modelle) Darstellungen bzw Erscheinungsformen eines ganzen Erzeugnisses oder eines Teiles.[40] **Erzeugnisse** sind industriell oder handwerklich hergestellte Gegenstände.[41] Von dem Begriff Erzeugnis mit erfasst sind auch Einzelteile, die zu einem komplexen Erzeugnis zusammengebaut werden, bspw Verpackungen, Ausstattungen, grafische Symbole, typografische Schriftbilder, nicht aber Computerprogramme, § 1 Nr 2 GeschmMG.[42] Damit werden grds Gestaltungen der angewandten Kunst bzw Industrieprodukte wie zB Stühle, Kotflügel, Glühbirnen etc, erfasst. Erzeugnisse im medienrechtlichen Bereich sind davon abzugrenzen.

---

**31** *Sauer* spricht sich ganz allgemein, ua aufgrund der längeren Schutzdauer und den weitergehenden Rechten für den Schöpfer, für eine bedeutendere Position des Urheberrechts für Designleistungen aus, vgl *Sauer* 25.
**32** Vgl Rn 143 ff.
**33** Vgl Rn 131 ff.
**34** Die Begriffe Industrie- und Produktdesign erfassen aber weitaus mehr als lediglich Medienprodukte (sondern bspw auch Stühle, Tische, Modeerzeugnisse, Fahrzeuge jeglicher Art etc).
**35** S ausf zum urheberrechtlichen Schutz von Medienprodukten *Jani* Kap 1.
**36** Eine Differenzierung ist nunmehr obsolet geworden. Unter den Begriff „Muster" fallen

zweidimensionale Muster ebenso wie dreidimensionale Modelle; vgl dazu auch *Sauer* 31.
**37** Eichmann/von Falckenstein/*Eichmann* Allgemeines GeschmMG Rn 9.
**38** *Bulling/Langöhrig/Hellwig* Rn 21.
**39** Eichmann/von Falckenstein/*Eichmann* Allgemeines GeschmMG Rn 9.
**40** *Koschtial* 266.
**41** *Bulling/Langöhrig/Hellwig* Rn 25; Pierson/Ahrens/Fischer/*Pierson* 130.
**42** Vgl auch Wandtke/Bullinger/*Bullinger* § 2 UrhG Rn 98; Pierson/Ahrens/Fischer/*Pierson* 130; näher zu dem Begriff Erzeugnis *Bulling/Langöhrig/Hellwig* Rn 25 ff bzw Eichmann/von Falckenstein/*Eichmann* § 1 GeschmMG Rn 14 ff.

Medienprodukte sollen Informationen visuell darstellen. Dies kann bspw anhand von Zeitungs- oder Zeitschriftenlayouts, Bucheinbänden und Etiketten erfolgen.

**17** Motive, Moden, Konzeptionen, abstrakte Ideen sowie bestimmte Stile sind iSd Geschmacksmusterrechts nicht schutzfähig.[43] Auf den reinen Ideenschutz darf somit nicht vertraut werden, wenn es bspw um den Schutz einer Idee für ein Werbeplakat geht.

**18** Im Gegensatz zum Urheberrecht kann der nationale Geschmacksmusterschutz sich erst nach erfolgreicher Registrierung entfalten, § 27 Abs 1 GeschmMG, sofern nicht die Löschung durch ein Nichtigkeitsverfahren erwirkt wurde, vgl § 36 Abs 1 Nr 5 GeschmMG.

**19** In Abgrenzung zum Markenrecht zielt das Geschmacksmuster auf einen abstrakten Formenschutz; die Form oder das Muster wird nicht produktbezogen geschützt.[44] Da der Schutz eines Musters weder von der Registerklasse noch von den Erzeugnisangaben bei der Anmeldung abhängt, § 11 Abs 5 GeschmMG, wird der sachliche Schutzbereich nicht beschränkt.[45] Der Angabe einer Warenklasse kommt lediglich eine ordnende Funktion zu und dient der besseren Recherchierbarkeit von eingetragenen Mustern.[46]

### 2. Materielle Voraussetzungen

**20** Das zweidimensionale Muster bzw das dreidimensionale Modell muss **kumulativ** die Voraussetzungen der Eigenart und Neuheit erfüllen.

**21** a) **Eigenart.** Bei der Eigenart kommt es darauf an, dass sich der **Gesamteindruck des Musters deutlich von dem Gesamteindruck eines Musters aus dem vorbekannten Formenschatz unterscheidet.**[47] Maßgeblich ist damit die Unterschiedlichkeit im Vergleich mit einem ähnlichen Muster, um Eigenart befürworten zu können.[48] Insb die das Geschmacksmuster prägenden Merkmale sind für die Bestimmung des Gesamteindrucks entscheidend.[49]

**22** Das Muster muss sich deutlich abheben.[50] Mit dieser Wortwahl ist bezweckt, dass nicht jede auch nur geringe Abweichung zur Eigenart eines Modells führen kann. Ursprünglich wurde der Begriff des „wesentlichen" Unterschieds vorgeschlagen, der aber aufgrund der damit zu hoch angesetzten Schutzuntergrenze abgelehnt wurde.[51]

**23** Überdurchschnittlichkeit[52] wird nicht mehr gefordert, bzw es findet vielmehr nicht mehr eine qualitative Einschätzung des Modells oder Musters statt.[53] Es kommt nun-

---

[43] BGH GRUR 87, 903 – Le Corbusier-Möbel.
[44] Näher zum abstrakten bzw konkreten Formenschutz *Gottschalk* 60 f; *Bulling/Langöhrig/Hellwig* Rn 147.
[45] Eichmann/von Falckenstein/*Eichmann* § 11 GeschmMG Rn 87, § 38 GeschmMG Rn 12; *Bulling/Langöhrig/Hellwig* Rn 147.
[46] Eichmann/Kur/*Rehmann* § 7 Rn 19; Eichmann/von Falckenstein/*von Falckenstein* § 11 GeschmMG Rn 87.
[47] *Bulling/Langöhrig/Hellwig* Rn 62; Eichmann/von Falckenstein/*Eichmann* § 2 GeschmMG Rn 9; Pierson/Ahrens/Fischer/*Pierson* 130; *Koschtial* GRUR Int 2003, 973, 974.
[48] Näher zur Feststellung der Unterschiedlichkeit: Eichmann/von Falckenstein/*Eichmann* § 2 GeschmMG Rn 12 ff; *Bulling/Langöhrig/Hell-*

*wig* Rn 62; Pierson/Ahrens/Fischer/*Pierson* 131.
[49] *Bulling/Langöhrig/Hellwig* Rn 65.
[50] S näher Eichmann/von Falckenstein/*Eichmann* § 2 GeschmMG Rn 15.
[51] *Kur* GRUR 2002, 661, 666; Beier GRUR Int 1994, 716, 721.
[52] Vor der Umsetzung der Geschmacksmuster-RL 98/71/EG wurde Überdurchschnittlichkeit für die Voraussetzung der Eigentümlichkeit, die nunmehr durch die der Eigenart ersetzt wurde, verlangt. Beabsichtigt war damit die Abgrenzung zur urheberrechtlichen Gestaltungshöhe für Werke der angewandten Kunst, für die es (noch) einer deutlich überdurchschnittlichen Gestaltung bedarf, vgl näher dazu Rn 56 ff.
[53] Pierson/Ahrens/Fischer/*Pierson* 132; *Kur*

Kirsten-Inger Wöhrn

mehr auf die Unterschiedlichkeit an, so dass auch alltägliche bzw durchschnittliche Gestaltungen geschmacksmusterrechtlichen Schutz genießen können.[54] Diese wird mittels Einzelvergleich festgestellt.[55]

**aa) Informierter Benutzer.** Nach § 2 Abs 3 GeschmMG hat ein Muster Eigenart, **24** wenn sich der Gesamteindruck, den es bei einem informierten Benutzer hervorruft, von dem Gesamteindruck unterscheidet, den ein anderes Muster bei diesem Benutzer erweckt, das vor dem Anmeldetag offenbart worden ist.

Bei der Unterscheidung kommt es demnach auf die Sicht eines informierten Be- **25** nutzers an.[56] Die Gruppe des „informierten Benutzers" kann einen auf ein bestimmtes Gebiet spezialisierten Designer, einen Designer, der sich ganz allgemein auf dem Markt auskennt oder einen aufmerksamen Konsumenten am Markt erfassen; dabei ist nicht von einer realen Person, sondern von einer Rechtsfigur auszugehen.[57] Der informierte Benutzer kann mithin Designunterschiede feststellen, die dem gewöhnlichen Verbraucher entgehen würden.[58] Daher ist **weder auf einen Laien** wie etwa im Architektenrecht **noch auf den Gesamteindruck eines Designexperten** abzustellen.[59]

**bb) Gesamteindruck des informierten Benutzers.** Für die Bestimmung der Eigenart **26** eines Musters oder Modells ist der **Gesamteindruck** eines informierten Benutzers entscheidend, der **durch prägende Merkmale des Musters maßgeblich bestimmt** wird.[60] Eine vollständige Übereinstimmung wird daher nicht verlangt, um eine Verletzung annehmen zu können.[61] Je eher sich die prägenden Merkmale vom Vorbekannten abheben, desto eher kann Eigenart und damit ein Schutz nach dem Geschmacksmusterrecht angenommen werden. Hierbei ist nach dem Wortlaut vom Unterschied des hervorgerufenen Gesamteindrucks der zu vergleichenden Muster auszugehen, § 2 Abs 3 S 1 GeschmMG.[62]

GRUR Int 1998, 353, 355; *Kur* GRUR 2002, 661, 665; Eichmann/von Falckenstein/*Eichmann* § 2 GeschmMG Rn 12, 15.
54 Büscher/Dittmer/Schiwy/*Steinberg* Teil 1 Kap 5 § 2 GeschmMG Rn 5; Pierson/Ahrens/ Fischer/*Pierson* 132; Eichmann/von Falckenstein/*Eichmann* § 2 GeschmMG Rn 15; *Kur* GRUR 2002, 661, 665.
55 BGH WRP 2010, 896 – Verlängerte Limousinen; ausf zum Einzelvergleich Eichmann/ von Falckenstein/*Eichmann* § 2 GeschmMG Rn 14; *Bulling/Langöhrig/Hellwig* Rn 62, 98 f; *Sauer* 39.
56 S zur genauen Entwicklung des Begriffs „informierter Benutzer" Eichmann/von Falckenstein/*Eichmann* § 2 GeschmMG Rn 27; *Bulling/Langöhrig/Hellwig* GeschmMG Rn 103 ff und *Koschtial* GRUR Int 2003, 973, 974 f.
57 S auch HABM Mitt 2004, 323 – Barhocker mit Lehne; Büscher/Dittmer/Schiwy/*Steinberg* Teil 1 Kap 6 Art 6 GGV Rn 6; Hoern/Holznagel/Ernstschneider/*Schröler* 46; *Gottschalk* 74; Es kommt also weder auf die Sicht eines Designexperten noch eines Laien an – OLG Hamburg NJOZ 2007, 3055, 3059 – Handydesign.

58 OLG Hamburg NJOZ 2007, 3055, 3055 – Handydesign; Eichmann/von Falckenstein/ *Eichmann* § 38 GeschmMG Rn 15.
59 Der Begriff des „informierten Benutzers" hat sich erst mit der Zeit herausgebildet. Zu Beginn der Reformentwicklung stand zur Diskussion, dass die Unterscheidung durch die Sicht eines gewöhnlichen Verbrauchers bzw eines potentiellen Käufers ermittelt werden sollte, vgl Grünbuch Punkt 5.5.6.2. Vgl auch *Bulling/ Langöhrig/Hellwig* GeschmMG Rn 103; *Wandtke/Ohst* GRUR Int 2005, 91, 96; *Koschtial* GRUR Int 2003, 976; *Eichmann* GRUR Int 1996, 859; *Sauer* 44. Entscheidend wird im Verletzungsverfahren sein, welche vorbekannten Muster ordnungsgemäß im Zivilverfahren, das auf dem Beibringungsgrundsatz basiert, eingeführt wurden. Daraus ergibt sich dann im Wesentlichen der Kenntnisstand des informierten Benutzers.
60 BGH GRUR 1980, 235, 237 – Play-family; Eichmann/von Falckenstein/*Eichmann* § 38 GeschmMG Rn 17; eingehender zum Gesamteindruck mit unterschiedlichen Fallgruppen *Ruhl* GRUR 2010, 289, 291 ff.
61 *Nirk* 26.
62 Nach *Mittelstaedt* (*Mittelstaedt* WRP

**27**     cc) **Unterschiedlichkeit des Musters.** Maßgebliches Kriterium bei der Ermittlung der Eigenart ist also die Unterschiedlichkeit, nicht die gestalterische Leistung (in Abgrenzung zum Markenrecht wurde bewusst nicht der Begriff der Unterscheidungskraft gewählt, sondern der der Unterschiedlichkeit).[63] Ist die **Musterdichte** in dem zu überprüfenden Bereich besonders groß, so sind geringere Anforderungen an die Unterschiedlichkeit zu stellen. Ist sie hingegen besonders klein, so sind sie dementsprechend höher anzusetzen.[64] Da es nunmehr nicht mehr auf die individuelle Leistung des Entwerfers ankommt, sondern darauf, dass ein Muster sich vom vorbekannten Formenschatz unterscheidet, können auch durchschnittliche Leistungen geschützt werden.[65]

**28**     b) **Neuheit.** Das Kriterium der Neuheit ist erfüllt, wenn es kein identisches Muster im vorbekannten Formenschatz gibt.[66] Es kommt auf eine objektiv-relative[67] Neuheit an.[68] Die prägenden und die die Eigenart begründenden Gestaltungselemente dürfen im Anmeldezeitpunkt den inländischen Fachkreisen nicht bekannt sein, § 2 Abs 2 GeschmMG.[69] Dies wird mittels eines Einzelvergleichs durch Gegenüberstellung von einzelnen Erzeugnissen aus dem vorbekannten Formenschatz überprüft.[70] Marginale Abweichungen sollen bereits für die Neuheit ausreichen.[71] Bei Überprüfung der Neuheit gilt es, drei Kriterien – die Identität des Musters, den Anmeldetag und die Offenbarung – zu beachten.

**29**     aa) **Identität der Muster.** Identität von Mustern liegt nach § 2 Abs 2 GeschmMG vor, wenn sich ihre Merkmale nur in unwesentlichen Einzelheiten unterscheiden, dh, wenn absolute Identität besteht. Es kommt also auf die Unterschiede der zu vergleichenden Muster oder Modelle an.[72] Ob Merkmale prägender Natur für die Gesamtbetrachtung sind, ist bei der Beurteilung der Neuheit nicht beachtlich.[73]

---

10/2007, 1161, 1164) soll es aber auf die Gemeinsamkeiten ankommen. Da § 38 Abs 2 S 1 GeschmMG davon ausgeht, dass kein anderer Gesamteindruck entstehen darf, mithin hier auf die Gemeinsamkeiten des verletzten und des verletzenden Musters abgestellt werden soll, soll auch bei der Ermittlung des Schutzumfangs auf die Gemeinsamkeiten abgestellt werden. Erwägungsgrund 13 der RL 98/71/EG stellt allerdings – ebenso wie die allgemeine Ansicht (Eichmann/von Falckenstein/*Eichmann* § 2 Rn 12; Pierson/Ahrens/Fischer/*Pierson* 132; *Bulling/Langöhrig/Hellwig* Rn 65) – auf den Unterschied gegenüber dem vorbekannten Formenschatz ab.
[63] *Ruhl* GRUR 2010, 289, 291 f; Eichmann/von Falckenstein/*Eichmann* § 2 GeschmMG Rn 12; *Kur* GRUR 2002, 661, 665; *Sauer* 42.
[64] *Bulling/Langöhrig/Hellwig* Rn 64, 146; Pierson/Ahrens/Fischer/*Pierson* 132; Hoeren/Holznagel/Ernstschneider/*Schröler* 46; *Sauer* 50; auf zum Schutzumfang und Abstand zum Formenschatz *Ruhl* GRUR 2010, 289, 293 ff.
[65] Pierson/Ahrens/Fischer/*Pierson* 132; Büscher/Dittmer/Schiwy/*Steinberg* Teil 1 Kap 5 § 2 GeschmMR Rn 5.

[66] Eichmann/von Falckenstein/*Eichmann* § 2 GeschmMG Rn 5.
[67] Im Gegensatz zur subjektiven Neuheit im Urheberrecht; *Ohly* GRUR 2007, 731, 732.
[68] Pierson/Ahrens/Fischer/*Pierson* 130; *Nordemann, A*/Heise ZUM 2001, 128, 134; *Kur* GRUR 2002, 661, 665; *Koschtial* ZUM 2004, 555, 556; *Koschtial* 269; *Stolz* 113.
[69] BGH GRUR 69, 90 – Rüschenhaube; Eichmann/von Falckenstein/*Eichmann* § 2 GeschmMG Rn 3 f, 5; *Kur* (GRUR 2002, 661, 665) stellt dabei fest, dass die Darlegungs- und Beweislast damit dem Musterinhaber obliegt, was zu einer Verschärfung der Anforderungen an den Neuheitsbegriff gegenüber der bisherigen Rechtslage führt.
[70] BGH GRUR 1960, 256, 257 – Chérie; GRUR 1996, 767, 769 – Holzstühle; Eichmann/von Falckenstein/*Eichmann* § 2 GeschmMG Rn 5; *Sauer* 39.
[71] BGH GRUR 1966, 681, 683 – Laternenflasche; Eichmann/von Falckenstein/*Eichmann* § 2 GeschmMG Rn 6.
[72] Vgl bereits Rn 21 ff; *Bulling/Langöhrig/Hellwig* GeschmMG Rn 43.
[73] *Nirk* 25.

Maßgeblich sind die zu vergleichenden Geschmacksmuster, nicht die auf den Ge-  **30**
schmacksmustern beruhenden Produkte.[74] Beim Einzelvergleich müssen die Muster
unmittelbar gegenübergestellt werden und nicht nacheinander, da es nicht um die
Feststellung einer markenrechtlichen Verwechslung geht.[75]

**bb) Anmeldetag.** Gem § 13 Abs 1 GeschmMG ist der Anmeldetag eines Musters  **31**
der Tag, an dem die Unterlagen mit den Angaben nach § 11 Abs 2 GeschmMG beim
DPMA oder einem dazu bestimmten Patentinformationszentrum eingegangen sind.
Ab dem Anmeldetag wird der Schutzumfang festgelegt und ist danach Erweiterungen
in der Regel nicht mehr zugänglich.[76] Darüber hinaus ist dieses Datum ausschlaggebend für die Beurteilung der Neuheit und Eigenart.[77]

**cc) Offenbarung.** Ein Muster ist iSd § 5 S 1 HS 1 GeschmMG offenbart, wenn es  **32**
bekannt gemacht, ausgestellt, im Verkehr verwendet oder auf sonstige Weise der Öffentlichkeit zugänglich gemacht worden ist. Konnte es den in der Gemeinschaft tätigen
Fachkreisen nicht bekannt sein, so liegt keine Offenbarung vor, § 5 S 1 HS 2
GeschmMG. Dabei kommt es auf die objektive Möglichkeit der Kenntnisnahme an.[78]
Ist ein Muster unter der ausdrücklichen oder stillschweigenden Bedingung der Vertraulichkeit bekannt gemacht worden, so gilt es als nicht offenbart, § 5 S 2
GeschmMG. Mit Fachkreisen sind diejenigen, des jüngeren, angegriffenen Musters
gemeint.[79] Es kommt mithin nicht auf Fachkreise des entgegenzuhaltenden Musters
an. Für diese Ansicht spricht laut OLG Hamburg, dass „ein gerissener Anmelder sein
Muster nur für eine bestimmte Warenklasse anmelden könne, in deren Fachkreisen
das Muster neu sei, um so die Neuheitsschädlichkeit eines älteren Musters, das in
einer anderen Warenklasse längst bekannt sei, zu umgehen."[80] Dieses Argument geht
indes fehl: Zum einen hinge bei Abstellen auf Fachkreise des entgegenstehenden
Musters die Beurteilung dann vom Kenntnisstand von ggf ganz entfernten Fachkreisen
ab.[81] Zum anderen dient § 5 S 1 HS 2 GeschmMG nach Sinn und Zweck als sog
Schutzklausel vor Nichtigkeitsklagen, die darauf zurückgeführt werden, dass irgend-
wo ein älteres Muster in Gebrauch ist, das bspw der europäischen Industrie nicht
bekannt sein konnte. Die Rechtssicherheit gebietet es, dass über Art und Zeit der
Offenbarung und darüber, ob sie den jeweiligen Fachkreisen bekannt sein konnte,
keine Zweifel bestehen.

**c) Abstrahierter Musterschutz.** Eine Möglichkeit den Schutzumfang uU zu erwei-  **33**
tern, liegt in der Abstrahierung des Geschmacksmusters, indem der Anmelder lediglich eine verallgemeinerte Wiedergabe seines Musters einreicht. Dies hat den Vorteil,
dass bspw ein Muster unabhängig von seiner farblichen Gestaltung oder unabhängig
von austauschbaren Elementen wie zB Etiketten oder Schildern geschützt wird. Abzugrenzen ist die Abstrahierung von sog negativen Merkmalen.[82] Problematisch kann

---

74 BGH GRUR 1980, 235, 237 – Play-family;
OLG Hamburg NJOZ 2007, 3055, 3059 –
Handydesign.
75 OLG Hamburg NJOZ 2007, 3055, 3059 –
Handydesign; Eichmann/von Falckenstein/
*Eichmann* § 38 GeschmMG Rn 18.
76 Zu Ausnahmen s näher Eichmann/
von Falckenstein/*von Falckenstein* § 13
GeschmMG Rn 2, 5.
77 Eichmann/von Falckenstein/*von Falckenstein*
§ 13 GeschmMG Rn 2; *Bulling/Langöhrig/
Hellwig* Rn 60.

78 Eichmann/von Falckenstein/*Eichmann* § 5
GeschmMG Rn 12.
79 OLG Hamburg Urt v 1.7.2009 Az 5 U
183/07, Rz 63.
80 OLG Hamburg Urt v 1.7.2009, Az 5 U
183/07, Rz 60.
81 OLG Hamburg Urt v 1.7.2009 Az 5 U
183/07, Rz 66 f.
82 *Ruhl* GRUR 2010, 289, 297.

ggf auch die Prüfung des Schutzumfangs im Verletzungsverfahren sein, wenn sich die Frage stellt, ob zur Verlgeichbarkeit der angegriffene Gegenstand ebenfalls zu abstrahieren ist oder das geschützte Muster konkretisiert wird. Erstere Variante ist vorzugswürdig, denn nur so kann ein konkreter Vergleich des Gesamteindrucks zwischen den Gegenständen erfolgen.[83]

### 3. Schutzausschluss

**34**  Für die Beurteilung des geschmacksmusterrechtlichen Schutzes ist der erfolgte Arbeitsaufwand nicht maßgeblich. Ebenso wenig ist bspw die für die Erstellung eines Handy-Logos erforderliche und genutzte Software für einen Schutzausschluss beachtlich, sofern dem Entwerfer genügend eigene Gestaltungsmöglichkeiten verbleiben.[84]

**35**  In § 3 GeschmMG ist der geschmacksmusterrechtliche Schutzausschluss geregelt. Ist ein Erzeugnis rein technisch bedingt gestaltet worden, so muss der gewünschte Geschmacksmusterschutz verwehrt bleiben, § 3 Abs 1 Nr 1 GeschmMG. Technische Innovationen werden durch technische Schutzrechte (Patent-/Gebrauchsmusterrecht) geschützt.[85]

**36**  Beachtlich dürfte im Bereich der Medien der Schutzausschlussgrund nach § 3 Abs 1 Nr 3 GeschmMG sein, da es dabei um den Schutzausschluss von Mustern geht, die gegen die **öffentliche Ordnung** oder gegen die **guten Sitten** verstoßen. Muster, die politisch oder religiös diskriminierender Art sind, sind keinem geschmacksmusterrechtlichen Schutz zugänglich, da dies gegen die öffentliche Ordnung[86] verstoßen würde.[87] Die Benutzung von Hoheitszeichen ist in § 3 Abs 1 Nr 4 GeschmMG speziell erfasst. Bei deren Verwendung darf es sich bspw nicht lediglich um die Verbindung eines Alltagsgegenstandes mit einem Hoheitszeichen handeln, sondern muss den ideellen Wert des Zeichens beeinträchtigen.[88]

**37**  Bei einem Verstoß gegen die guten Sitten ist das Anstandsgefühl aller billig und gerecht Denkenden verletzt.[89] Im Bereich der Medien ist dies bspw der Fall, wenn eine Werbung sittlich anstößig ist, wobei Peinlichkeiten oder schlechter Geschmack für sich genommen noch nicht zum Schutzausschluss führen.[90]

### 4. Rechte aus dem Geschmacksmuster

**38**  Gem § 38 Abs 1 S 1 GeschmMG gewährt das Geschmacksmuster seinem Rechtsinhaber das ausschließliche Recht das Geschmacksmuster zu (be)nutzen. Die Nutzung durch Dritte ohne Zustimmung kann er verbieten.[91] Von der Benutzung sind nach § 38 Abs 1 S 2 GeschmMG die Herstellung, das Anbieten, das Inverkehrbringen, die

---

[83] Vgl ausf *Ruhl* GRUR 2010, 289, 297 ff.
[84] OLG Hamburg MMR 2004, 407, 407; vgl zum geschmacksmusterrechtlichen Schutz von Logos *Klett* Band 3 Kap 7.
[85] *Bulling/Langöhrig/Hellwig* Rn 130; Pierson/Ahrens/Fischer/*Pierson* 133; Patent- bzw Gebrauchsmusterrechtsschutz kann allerdings kumulativ neben geschmacksmusterrechtlichem Schutz bestehen, sofern dem Entwerfer über die technische Bedingtheit hinaus noch gewisse Gestaltungsmöglichkeiten verbleiben, vgl Eichmann/von Falckenstein/*Eichmann* Allgemeines GeschmMG Rn 49 f.
[86] Der Begriff der öffentlichen Ordnung

bezeichnet die Gesamtheit der wesentlichen Grundsätze der Rechtsordnung.
[87] Eichmann/von Falckenstein/*von Falckenstein* § 3 GeschmMG Rn 18; Pierson/Ahrens/Fischer/*Pierson* 134.
[88] Vgl auch Pierson/Ahrens/Fischer/*Pierson* 134; Eichmann/von Falckenstein/*von Falckenstein* § 3 GeschmMG Rn 18, 23.
[89] BGHZ 10, 228, 232; *Bulling/Langöhrig/Hellwig* Rn 128.
[90] Eichmann/von Falckenstein/*von Falckenstein* § 3 GeschmMG Rn 19.
[91] Dies gilt auch für den Rechtsinhaber des eingetragenen Gemeinschaftsgeschmacksmusters,

Kirsten-Inger Wöhrn

Einfuhr, die Ausfuhr, der Gebrauch eines Erzeugnisses, in das das Geschmacksmuster aufgenommen oder bei dem es verwendet wird sowie der Besitz[92] eines solchen Erzeugnisses zu den genannten Zwecken erfasst. Die in § 38 Abs 1 GeschmMG ausdrücklich genannten Benutzungshandlungen sind nicht abschließend, weshalb hierunter bspw auch das Bewerben eines Produktes fällt.

Insb ist der **Gebrauch** hervorzuheben, da dieser geschmacksmusterrechtlich in Abgrenzung zum Urheberrecht bereits eine Rechtsverletzung darstellt.[93]  **39**

Nicht in § 38 Abs 1 S 2 GeschmMG aufgezählt ist die Handlung der **Wiedergabe**.  **40** Als Wiedergabe ist die zweidimensionale Darstellung eines geschützten Erzeugnisses zu verstehen.[94] Bspw können verkörperte Abbildungen in Prospekten ebenso wie unkörperliche Darstellungen auf Bildschirmen als Wiedergabe gelten.[95] Sie ist in § 38 Abs 1 S 2 GeschmMG nicht mit aufgeführt; aufgrund ihrer Nennung in § 40 Nr 3 GeschmMG als Rechtebeschränkung folgt aber, dass sie zu den Benutzungshandlungen des § 38 Abs 1 S 2 GeschmMG zu zählen ist.[96]

Bei Geltendmachung der Rechte aus dem Geschmacksmuster nach § 38 GeschmMG  **41** müssen einerseits die materiellen Voraussetzungen der Eigenart und Neuheit vorliegen und dürfen andererseits keine Schutzausschließungsgründe bestehen.

## 5. Übertragung von Nutzungsrechten

Das Geschmacksmusterrecht kann **durch Rechtsgeschäft** (im Gegensatz zum Urheberrecht, § 29 UrhG) übertragen werden. Der Rechtsinhaber kann dann wirtschaftlichen Nutzen aus dem Muster ziehen. So kann bspw der Rechtsinhaber eines Bucheinbandes einem Dritten gegen Vergütung das Musterrecht daran übertragen.  **42**

## 6. Sammelanmeldungen/Setanmeldungen

Es lassen sich auch mehrere Muster in einer **Sammelanmeldung** zusammenfassen.  **43** Bis zu hundert Muster die derselben Warenklasse angehören müssen, § 12 Abs 1 S 2 GeschmMG, können gemeinsam angemeldet werden. Beabsichtigt ist dadurch eine einheitliche auch kostengünstigere Durchführung der Anmeldung.[97] Die angemeldeten Muster bleiben eigenständige Anmeldeobjekte, so dass für jedes der maximal hundert Muster der Schutzgegenstand gesondert ermittelt wird und gesonderte Rechte bestehen.[98]

Von der Sammelanmeldung ist die **Setanmeldung** zu unterscheiden. Bei letzterer  **44** handelt es sich um eine Anmeldung eines Satzes von Mustern, die in einem gestalterischen Zusammenhang stehen, wobei ein lediglich gemeinsamer Verwendungszweck nicht ausreicht.[99] Ein Set ist bspw ein optisches Gerät mit Zubehörteil.[100]

---

vgl Art 19 Abs 1 GGV – s dazu *Bulling/Langöhrig/Hellwig* Rn 214; *Mittelstaedt* WRP 2007, 1161, 1161.
[92] Der Besitz muss in der tatsächlichen Verfügungsgewalt gem § 854 BGB liegen; mittelbarer Besitz iSd § 868 BGB reicht nicht aus.
[93] Eichmann/von Falckenstein/*Eichmann* § 38 GeschmMG Rn 42.
[94] Eichmann/von Falckenstein/*Eichmann* § 38 GeschmMG Rn 44.
[95] Eichmann/von Falckenstein/*Eichmann* § 38 GeschmMG Rn 44; vgl zur fotografischen

Wiedergabe von geschmacksmusterrechtlich geschützten Erzeugnissen *Maaßen* Kap 4 Rn 241 ff.
[96] Mehr dazu bei Eichmann/von Falckenstein/*Eichmann* § 38 GeschmMG Rn 44.
[97] Eichmann/von Falckenstein/*von Falckenstein* § 12 GeschmMG Rn 2.
[98] Näher dazu Eichmann/von Falckenstein/*von Falckenstein* § 12 GeschmMG Rn 3.
[99] Eichmann/von Falckenstein/*von Falckenstein* § 12 GeschmMG Rn 8.
[100] *Bulling/Langöhrig/Hellwig* Rn 39.

### 7. Beschränkungen des Geschmacksmusters

**45**  Aus § 40 GeschmMG ergeben sich Beschränkungen der Rechte aus dem Geschmacksmuster. Im Wesentlichen geht es darum, dass der Musterinhaber nach Nr 1 Handlungen, die zu privaten und nicht gewerblichen Zwecken vorgenommen werden, nicht verbieten kann. Dies gilt ebenfalls bei Handlungen zu Versuchszwecken nach Nr 2 und für Wiedergaben zum Zwecke der Veranschaulichung oder der Lehre nach Nr 3.[101] Damit kann zB im privaten Bereich ein Zeitschriftenlayout nachgebildet werden, sofern dies nicht gewerblich verwertet wird.

**46**  Das **Vorbenutzungsrecht** aus § 41 Abs 1 S 1 GeschmMG regelt eine weitere Beschränkung des Geschmacksmusterrechts: Rechte nach § 38 GeschmMG können gegenüber einem Dritten dann nicht geltend gemacht werden, wenn er vor dem Anmeldetag im Inland ein identisches Muster, das unabhängig vom eingetragenen Muster entwickelt wurde, gutgläubig in Benutzung genommen oder wirklich und ernsthafte Anstalten dazu getroffen hat. Der Dritte wird damit nicht Inhaber des Geschmacksmusters, er kann es aber gem des Vorbenutzungsrechtes, § 41 Abs 1 S 2 GeschmMG, verwerten. Somit können im Falle des Vorbenutzungsrechts bspw Lizenzen nicht eingeräumt werden.[102] Eine Übertragung der Rechte ist grds ausgeschlossen, § 41 Abs 2 GeschmMG, kann aber erfolgen, wenn der Dritte ein Unternehmen betreibt und die Übertragung zusammen mit dem Unternehmensteil erfolgt, in dessen Rahmen die Benutzung erfolgte.

**47**  Der **Erschöpfung**seinwand, § 48 GeschmMG, ist wie bei anderen Immaterialgüterrechten auch im Geschmacksmusterrecht anerkannt und hat Eingang durch Art 15 der RL 98/71/EG gefunden.[103] Ist das geschmacksmusterrechtliche Erzeugnis vom Rechtsinhaber, mit seiner Zustimmung in einem Mitgliedstaat der Europäischen Union oder in einem anderen Vertragsstaat des Abkommens über den Europäischen Wirtschaftsraum in den Verkehr gebracht worden, so kann der Rechtsinhaber keine Rechte aus dem Geschmacksmuster geltend machen. Inverkehrbringen bedeutet dabei, dass die Verfügungsgewalt übertragen wurde und das Erzeugnis in den Warenverkehr gelangt ist.[104] Erschöpfung kann aber nur an den konkret in Verkehr gebrachten Erzeugnissen eintreten und nicht an einzelnen Merkmalen des geschützten Musters.[105]

### 8. Rechtswirkungen des Geschmacksmusters

**48**  Das Geschmacksmuster enthält eine positive, eine negative und eine strafrechtliche Wirkung. **Positiv** gewährt es dem Musterinhaber ein Verwertungsrecht nach § 38 Abs 1 S 1 GeschmMG.[106] Der Rechtsinhaber hat das ausschließliche Nutzungsrecht. Die **negative** Wirkung beinhaltet eine Sperrwirkung des Geschmacksmusters: Ein Dritter darf in den Schutzbereich nicht unbefugt eingreifen. Auf die Kenntnis von dem Muster kommt es dabei nicht an. Hat ein Dritter ein geschmacksmusterrechtlich geschütztes Zeitschriftenlayout ohne vorherige Nutzungsrechtseinräumung kopiert, so kann der Rechtsinhaber nach § 42 Abs 1 GeschmMG die Beseitigung, im Falle einer

---

**101** Vgl zur fotografischen Abbildung von Geschmacksmustern *Maaßen* Kap 4 Rn 241 ff.
**102** *Bulling/Langöhrig/Hellwig* Rn 228; Pierson/Ahrens/Fischer/*Pierson* 146; vgl näher zur Vergabe von Lizenzen an Geschmacksmusterrechten Band 1 Kap 6.
**103** BGH GRUR 1986, 736, 737 – Schallplattenvermietung; BGH GRUR 1981, 587,

589 – Schallplattenimport I; Eichmann/ von Falckenstein/*Eichmann* § 48 GeschmMG Rn 1.
**104** Vgl eingehender Eichmann/von Falckenstein/*Eichmann* § 48 GeschmMG Rn 5.
**105** Vgl BGH GRUR 2010, 718, 722.
**106** Vgl dazu bereits Rn 38 ff.

Wiederholungsgefahr die Unterlassung und nach § 42 Abs 2 GeschmMG bei vorsätzlichem oder fahrlässigem Handeln einen Schadensersatzanspruch geltend machen.[107] **Strafrechtlicher** Schutz eines Musters ergibt sich aus § 51 GeschmMG.[108] Liegen die geschmacksmusterrechtlichen Voraussetzungen (formelle sowie materielle) vor und hat ein Dritter ein Muster vorsätzlich ohne Nutzungsrecht entgegen § 38 Abs 1 S 1 GeschmMG benutzt, so wird er mit einer Freiheitsstrafe von bis zu drei Jahren oder mit einer Geldstrafe bestraft.

### 9. Dauer und Beendigung des Geschmacksmusters

Der Schutz des Geschmacksmusters beträgt maximal 25 Jahre ab dem Anmelde-   **49**
tag, § 27 Abs 2 GeschmMG. Durch Zahlung einer Gebühr (alle fünf Jahre) kann der Schutz aufrecht erhalten werden, §§ 28 Abs 1, 27 Abs 2 GeschmMG. Nach Ablauf dieser Frist kann das Muster von Dritten beliebig genutzt werden.

### 10. Formelle Voraussetzungen

Das Geschmacksmuster ist ein förmliches Recht. Es bedarf einer schriftlichen   **50**
Anmeldung beim Deutschen Patent- und Markenamt (DPMA), vgl § 11 Abs 1 S 1 GeschmMG, oder einem nationalen Patentinformationsamt, vgl § 11 Abs 1, S 2 GeschmMG. Diese kann auch elektronisch erfolgen, § 25 Abs 1 GeschmMG. Gem § 11 Abs 2 S 1 Nr 1–4 GeschmMG muss die Anmeldung enthalten: (1) einen Antrag auf Eintragung, (2) Angaben, die es erlauben, die Identität des Anmelders festzustellen, (3) eine zur Bekanntmachung geeignete Wiedergabe des Musters und (4) eine Angabe der Erzeugnisse, in die das Geschmacksmuster aufgenommen oder bei denen es verwendet werden soll. Eine Beschreibung des Dargestellten ist nicht notwendig.[109]

Eine materielle Prüfung der Mustervoraussetzungen erfolgt weder mit der Anmel-   **51**
dung noch mit der Eintragung.[110] Das DPMA weist den Eintragungsantrag nach § 18 GeschmMG nur ab, wenn es sich nicht um ein Muster iSd § 1 Nr 1 GeschmMG handelt, wenn die Anmeldung gegen die öffentliche Ordnung oder die guten Sitten verstößt bzw wenn das Muster gem § 3 Abs 1 Nr 3, 4 GeschmMG eine missbräuchliche Benutzung eines in Art 6ter PVÜ aufgeführten Zeichens darstellt. Damit ist das **Geschmacksmusterrecht** ein **ungeprüftes Schutzrecht.**

Die Wiedergabe iSd § 11 Abs 2 S 1 Nr 3 GeschmMG ist von zentraler Bedeutung,   **52**
da sich aus der eingereichten Darstellung der Schutzumfang des Geschmacksmusters ergibt.[111] Bzgl der zur Anmeldung eingereichten Darstellung prüft das DPMA lediglich die technische und optische Qualität. Die zur Anmeldung eingereichte Wiedergabe des Musters muss aus mindestens einer fotografischen oder sonstigen grafischen

---

**107** Vgl dazu eingehender Rn 58 ff.
**108** Es handelt sich bei § 51 Abs 1 GeschmMG um ein Antragsdelikt. Qualifiziert kann es nach § 51 Abs 2 GeschmMG durch gewerbsmäßiges Handeln begangen werden. Der Versuch ist ebenfalls strafbar, § 51 Abs 3 GeschmMG; vgl näher zum Medienstrafrecht *Heinrich* Band 5 Kap 5.
**109** Laut BGH GRUR 1963, 329 ist die entscheidende, geschmackliche Wirkung für die Schutzfähigkeit nicht den Angaben einer dem Muster zugrunde liegenden Beschreibung,

sondern grds dem niedergelegten Muster zu entnehmen; vgl auch *Schickedanz* GRUR 1999, 291, 296; vgl zu den Gebühren für eine Anmeldung Eichmann/Kur/*Rehmann* § 7 Rn 32 f, 36, 41.
**110** Erst im Verletzungsverfahren werden die materiellen Voraussetzungen geprüft, wofür der Anspruchsteller darlegungs- und beweispflichtig ist; *Bulling/Langöhrig/Hellwig* Rn 331; Hoeren/Holznagel/Ernstschneider/*Schröler* 51.
**111** Vgl auch *Weber* GRUR 2008, 115, 116.

Abbildung bestehen. Maximal dürfen bis zu sieben Darstellungen eingereicht werden. Dabei ist darauf zu achten, dass Beiwerk, das nicht (Bestand-)Teil des Musters sein soll, nicht abgebildet bzw umgekehrt alles von der Darstellung erfasst wird, was zum Schutzrechtsgegenstand gehören soll, da nur Schutz für das Wiedergegebene gewährt wird.[112] In Löschungs- und Verletzungsverfahren wird nur die zur Registrierung eingereichte Wiedergabe berücksichtigt, nicht hingegen das Original.[113] Schutz für ein Geschmacksmuster kann noch innerhalb eines Jahres nach der erstmaligen Offenbarung bzw „Veröffentlichung" beantragt werden. Diese sog **Neuheitsschonfrist** ermöglicht es dem Entwerfer, vor einer Anmeldung sein Muster oder Modell bekannt zu machen, um bspw den Marktwert zu ermitteln, ohne die Wirkung einer neuheitsschädlichen Offenbarung zu erreichen.[114]

**53** Durch die Angabe des Erzeugnisses und damit der Anmeldung und Einstufung des Geschmacksmusters in eine Klasse nach dem Abkommen von Locarno über die internationale Klassifikation von gewerblichen Mustern und Modellen (Locarno-Klassifikation)[115] wird der **sachliche Schutzbereich nicht beschränkt**, § 11 Abs 5 GeschmMG. Eine Verletzung des Musters liegt auch dann nicht vor, wenn die das Muster verletzende Erscheinungsform einer anderen Erzeugnisklasse entstammt.[116]

**54** Erzeugnisse, die geschmacksmusterrechtlich registriert werden sollen, können nicht unter mehreren Klassen angemeldet werden. **Für jedes angemeldete Muster** darf nur **eine Klasse** angegeben werden (zB Klasse 19).[117] Den Warenbegriff (Unterklasse) muss der Anmelder ebenfalls angeben und aus der Locarno-Warenklassifikation auswählen.[118] Es können hierbei allerdings **mehrere Unterklassen** aus der Warenliste angegeben werden (bspw erfolgte die Anmeldung einer Musterkombination von farbigen Flächen mit Schriftzug[119] unter den Warenklassen 19-02, 19-03, 19-04, 19-08, dh unter den Warenbegriffen „Kalender, Werbematerialien, Zeitschriften, Journale, Büroartikel, Bücher, Hefte und äußerlich ähnlich aussehenden Gegenständen, Drucksachen (einschließlich Reklamematerial), Schreibsets").[120]

## II. Europäischer, internationaler Geschmacksmusterschutz

### 1. Europäischer Geschmacksmusterschutz

**55** Auf europäischer Ebene existiert Schutz für das Design von Medienprodukten über das eingetragene **Gemeinschaftsgeschmacksmuster** wie über das nicht eingetragene, jedoch kürzeren Schutz gewährende Gemeinschaftsgeschmacksmuster.[121] Beide erfordern ähnliche Voraussetzungen wie das deutsche Geschmacksmuster,[122] vgl ua Art 3

---

**112** BGH GRUR 2001, 503, 505 – Sitz-Liegemöbel; BGH GRUR 1977, 602, 604 – Trockenrasierer; BGH GRUR 1976, 377; BGH GRUR 1962, 144, 146 – Buntstreifensatin I.
**113** Eichmann/von Falckenstein/*von Falckenstein* § 11 GeschmMG Rn 28.
**114** Eichmann/von Falckenstein/*von Falckenstein* § 6 GeschmMG Rn 2; *Bulling/Langöhrig/ Hellwig* Rn 167.
**115** Die Klasseneinteilung und Warenliste der Locarno-Klassifikation ist auf der Internetseite des DPMA (www.dpma.de) veröffentlicht, sowie beim BAnz-Verlag als Anlageband zum BGBl I Nr 22 vom 14.5.2004 erhältlich.

**116** *Bulling/Langöhrig/Hellwig* Rn 147; Eichmann/von Falckenstein/*Eichmann* § 38 GeschmMG Rn 12, vgl auch Rn 19.
**117** *Bulling/Langöhrig/Hellwig* Rn 274.
**118** Vgl Fn 98.
**119** HABM Musterregisternr 000044557-001 – die Voraussetzungen einer internationalen Musteranmeldung sind mit den nationalen nahezu identisch, vgl Rn 53 ff.
**120** Eingehender dazu Eichmann/von Falckenstein/*von Falckenstein* § 11 GeschmMG Rn 62 ff.
**121** *Schlötelburg* GRUR 2005, 123, 124.
**122** BGH GRUR 2010, 718, 720 f – Verlängerte

GGV[123] oder Art 6 Abs 1 GGV.[124] Die Anmeldung für ein eingetragenes Gemeinschaftsgeschmacksmuster kann nach Art 35 Abs 1 GGV beim Harmonisierungsamt
für den Binnenmarkt (HABM) in Alicante oder bei einer nationalen Zentralbehörde,
bspw dem DPMA, eingereicht werden.[125] Sie kann wahlweise neben oder statt einer
nationalen Anmeldung erfolgen, Art 27 GGV. Bei der Anmeldung und Eintragung findet keine Prüfung der materiellen Voraussetzungen durch das Harmonisierungsamt
statt.[126] **Maximal kann das eingetragene Gemeinschaftsgeschmacksmusterrecht wie
auch das deutsche Geschmacksmusterrecht 25 Jahre Schutz iSd Art 12 GGV
gewähren.**[127] Es kommt weder auf einen bestimmten, Medienprodukten in der Regel
unterliegenden Gebrauchszweck noch auf ein konkretes Erzeugnis an.[128] Der Schutz
eines europäischen Mitgliedstaates bleibt daneben unberührt.[129] Auch Sammelanmel-
dungen können eingereicht werden.[130]

Für das **nicht eingetragene Gemeinschaftsgeschmacksmuster**[131] wird **Schutz für** **56**
**3 Jahre** ohne Anmeldung und Eintragung, also formlos, von dem Tag an geboten, da
das Muster der Öffentlichkeit zugänglich gemacht wird, Art 11 GGV.[132] Die gleichen

---

Limousinen; KG ZUM 2005, 230, 231; vgl ausf
Bulling/Langöhrig/Hellwig vgl eingehend die
Ausführungen zum Prinzip der Reziprozität im
Geschmacksmusterrecht von *Hartwig* GRUR-
RR 2009, 201 und zum Streitstand, ob ein einheitlicher Maßstab für den Gesamteindruck
anzusetzen ist: *Ruhl* GRUR 2010, 289; vgl zu
den Gebühren Eichmann/Kur/*Rehmann* § 7
Rn 73 ff, 85.
**123** Art 3 GGV: „Im Sinne dieser Verordnung
bezeichnet: a) „Geschmacksmuster" die
Erscheinungsform eines Erzeugnisses oder eines
Teils davon, die sich insb aus den Merkmalen
der Linien, Konturen, Farben, der Gestalt,
Oberflächenstruktur und/oder der Werkstoffe
des Erzeugnisses selbst und/oder seiner Verzie-
rung ergibt; b) „Erzeugnis" jeden industriellen
oder handwerklichen Gegenstand, einschließlich – unter anderem – der Einzelteile, die zu
einem komplexen Erzeugnis zusammengebaut
werden sollen, Verpackung, Ausstattung, grafischen Symbolen und typografischen Schrift-
bildern; ein Computerprogramm gilt jedoch
nicht als Erzeugnis; c) „komplexes Erzeugnis"
ein Erzeugnis aus mehreren Bauelementen, die
sich ersetzen lassen, so dass das Erzeugnis aus-
einander- und wieder zusammengebaut werden
kann."
**124** Art 6 Abs 1 GGV: „(1) Ein Geschmacksmuster hat Eigenart, wenn sich der Gesamteindruck, den es beim informierten Benutzer
hervorruft, von dem Gesamteindruck unterscheidet, den ein anderes Geschmacksmuster
bei diesem Benutzer hervorruft, das der Öffentlichkeit zugänglich gemacht worden ist, und
zwar: a) im Fall nicht eingetragener Gemeinsamer
Geschmacksmuster vor dem Tag, an dem
das Geschmacksmuster, das geschützt werden
soll, erstmals der Öffentlichkeit zugänglich

gemacht wird, b) im Fall eingetragener Gemein-
schaftsgeschmacksmuster vor dem Tag der
Anmeldung zur Eintragung oder, wenn eine
Priorität in Anspruch genommen wird, vor dem
Prioritätstag."
**125** Erfolgt die Anmeldung eines Gemein-
schaftsgeschmacksmusters beim DPMA, Art 35
Abs 2 GGV, so wird der Eingangstag vermerkt
und die Anmeldung ungeprüft unverzüglich an
das HABM weitergeleitet, vgl § 62 GeschmMG.
**126** *Weber* GRUR 2008, 115; vgl auch zur
Erzeugnisangabepflicht für eingetragene
Gemeinschaftsgeschmacksmustern BGH
GRUR-RR 2010, 189, 191 Rz 55.
**127** Eichmann/von Falckenstein/*Eichmann*
Gemeinschaftsgeschmacksmuster Rn 1;
*Rahlf/Gottschalk* GRUR Int 2004, 821, 822.
**128** *Kur* GRUR 2002, 661; *Schlötelburg* GRUR
123, 124.
**129** Eichmann/von Falckenstein/*Eichmann*
Gemeinschaftsgeschmacksmuster Rn 1 aE.
**130** *Gottschalk* 57.
**131** Die Schutzmöglichkeit über das nicht eingetragene Gemeinschaftsgeschmacksmuster gibt
es erst seit dem Inkrafttreten der Gemein-
schaftsgeschmacksmuster-Verordnung am
6.3.2002.
**132** In der Entscheidung Gebäckpresse setzt der
BGH (GRUR 2009, 79 – Gebäckpresse) sich
damit auseinander, warum eine Veröffentlichung eines nicht eingetragenen Gemeinschaftsgeschmacksmusters nur innerhalb der
Gemeinschaft Schutz begründen kann. Vgl auch
*Rahlf/Gottschalk* (GRUR Int 2004, 821, 824)
insb zur Veröffentlichung des nicht eingetragenen Gemeinschaftsgeschmacksmusters innerhalb der Gemeinschaft und Möglichkeiten einer
Veröffentlichung und Schutzbegründung außerhalb der Gemeinschaft.

Voraussetzungen wie beim deutschen Geschmacksmuster gelten auch hier.[133] Das nicht eingetragene Gemeinschaftsgeschmacksmusterrecht unterscheidet sich vom zuletzt genannten und vom eingetragenen Gemeinschaftsgeschmacksmusterrecht: Es entfaltet zum einen keine absolute Sperrwirkung und zum anderen **nur Schutz gegenüber Nachahmungen**.[134] Es soll vorhandene Schutzlücken ausfüllen, um bspw auch Erzeugnisse von nur kurzer Lebensdauer zu schützen.[135]

### 2. Internationaler Geschmacksmusterschutz

**57**      Bei Geschmacksmustern, die international bei der **WIPO** in Genf angemeldet werden (wahlweise in englischer oder französischer Sprache), erfolgt die Prüfung der Voraussetzungen nach dem deutschen Geschmacksmusterrecht.[136] Dh, dass alle Voraussetzungen nach nationalem Recht bei internationaler Anmeldung vorliegen müssen.[137] Damit besteht zwar kein absolut weltweit wirksamer Schutz, aber ein beschränkt internationaler Schutz in den Mitgliedstaaten, die dem Haager Abkommen über die Hinterlegung gewerblicher Muster oder Modelle beigetreten sind. Eine nationale Anmeldung ist nicht Voraussetzung.

### III. Schutz gegen Rechtsverletzungen

**58**      § 42 GeschmMG enthält in Abs 1 den verschuldensunabhängigen Unterlassungs- sowie den in der Praxis unwichtigeren Beseitigungsanspruch. In Abs 2 ist der verschuldensabhängige Anspruch auf Schadensersatz geregelt. § 43 GeschmMG sieht in Abs 1 einen Anspruch auf Vernichtung, in Abs 2 einen Anspruch auf Rückruf und in Abs 3 einen Anspruch auf Überlassung der Erzeugnisse vor. Ansprüche aus anderen gesetzlichen Vorschriften bleiben gem § 50 GeschmMG unberührt.[138]

**59**      Vor einer gerichtlichen Geltendmachung von geschmacksmusterrechtlichen Ansprüchen sollten aus Klägersicht die außergerichtlichen Möglichkeiten wie die der Berechtigungsanfrage und der Abmahnung in Betracht gezogen werden. Eine **Berechtigungsanfrage** ist immer dann geboten, wenn dem vermeintlichen Verletzer ggf selbst ein Recht an dem Geschmacksmuster zusteht.[139] Eine Abmahnung würde in derartigen Fällen fehlgehen und zudem das Kostenrisiko einer Gegenabmahnung[140] herausfordern. Eine **Abmahnung**[141] stellt für den Verletzten keine Rechtspflicht zum Handeln dar. Sie soll den Rechtsinhaber davor schützen, dass im Falle des Obsiegens in einem anschließenden Prozess der Verletzer die Kosten des Verfahrens nicht durch ein

---

[133] *Rahlf/Gottschalk* GRUR Int 2004, 821, 822.
[134] *Gottschalk* 89; *Rahlf/Gottschalk* GRUR Int 2004, 821, 822; da für das nicht eingetragene Gemeinschaftsgeschmacksmuster keine Neuheitsschonfrist gilt, bietet es keinen Schutz, sofern in einem Land außerhalb der EU das Muster erstmals bekannt gemacht worden ist.
[135] Die Anmeldung ist oft kostspielig und die Anmeldung bspw für Betriebe aus dem Mittelstand zu aufwendig. Sie sollen ua vom nicht eingetragenen Gemeinschaftsgeschmacksmuster profitieren – vgl dazu *Gottschalk* 62.
[136] OLG Hamburg NJOZ 2007, 3055, 3056 – Handydesign.

[137] BGH GRUR 1998, 379, 382 – Lunette; Eichmann/von Falckenstein/*Eichmann* Internationales Rn 7, § 66 GeschmMG Rn 6; vgl zu den Gebühren Eichmann/Kur/*Rehmann* § 7 Rn 98 ff.
[138] Vgl zum Anspruch auf Bereicherungsherausgabe Rn 85.
[139] Eichmann/Kur/*Hess* § 11 Rn 3 ff; Eichmann/von Falckenstein/*Eichmann* § 42 GeschmMG Rn 52.
[140] Vgl zur Gegenabmahnung *von Welser* Band 1 Kap 5.
[141] Eichmann/Kur/*Hess* § 11 Rn 8 ff; vgl auch generell zur Abmahnung *von Welser* Band 1 Kap 5.

Anerkenntnis iSd § 93 ZPO dem Kläger auferlegt. In der Regel wird die Abmahnung eine strafbewehrte Unterlassungserklärung enthalten mit der Androhung bei Ablauf einer bestimmten Frist gerichtlich gegen die Geschmacksmusterverletzung vorzugehen. Da das Geschmacksmusterrecht indes nur ein formales Recht ist, dh keine materiell-rechtliche Prüfung bei der Eintragung stattfindet, sollte zuvor das vermeintlich verletzte Recht auf Neuheit und Eigenart im Vergleich zum vorbekannten Formenschatz überprüft werden. Die Abmahnung sollte dann auch enthalten, welche Merkmale den Gesamteindruck prägen und welche verletzt sind. Ist eine Abmahnung erfolgt, sollte der Abgemahnte ebenfalls prüfen, ob die Einreichung einer **Schutzschrift** in Betracht zu ziehen ist.[142] Wurde bereits Klage erhoben, so ist aus Beklagtensicht an die **Einrede** der mangelnden Bestandskraft eines eingetragenen Geschmacksmusters zu denken.

## 1. Nationaler Schutz

**a) Unterlassungsanspruch.** Der in § 42 Abs 1 S 1 Alt 2 GeschmMG normierte **60** Unterlassungsanspruch orientiert sich insb an den in § 38 Abs 1 S 2 GeschmMG enthaltenen Benutzungshandlungen (Herstellung, Anbieten, Inverkehrbringen, Einfuhr, Ausfuhr, Gebrauch eines Erzeugnisses, in das das Muster aufgenommen wurde oder bei dem es verwendet wird und den Besitz eines Erzeugnisses zu den genannten Zwecken).[143] Um einen Unterlassungsanspruch begründen zu können, bedarf es einer widerrechtlichen Rechtsverletzung. Verschulden ist nicht erforderlich.[144] Ferner wird wie bei jedem Unterlassungsanspruch die Erstbegehungs- oder Wiederholungsgefahr[145] vorausgesetzt. Die **Erstbegehungsgefahr**, die bereits bei unmittelbar bevorstehender Rechtsverletzung angenommen wird, ist in § 42 Abs 1 S 2 GeschmMG normiert.[146] Dafür müssen konkrete und greifbare Anhaltspunkte vorliegen, dass eine ernsthafte Verletzungshandlung beabsichtigt sei.[147] Die Anforderungen an das Wegfallen der Erstbegehungsgefahr sind weniger streng als bei der Wiederholungsgefahr.[148] Wird ein Anspruch auf Unterlassung wegen Erstbegehungsgefahr indes erhoben, so ist Voraussetzung für einen vorbereitenden Anspruch auf Rechnungslegung, Bereicherungsherausgabe und Beseitigung, dass eine festzustellende Benutzungshandlung vorliegt.[149] Die **Wiederholungsgefahr** wird grundsätzlich bereits durch die begangene Zuwiderhandlung begründet und in der Regel nur durch Abgabe eines gesicherten Unterlassungsanspruches ausgeräumt. Der Umstand, dass der Vertrieb bspw eines beanstandeten geschmacksmusterrechtlich geschützten Produktes durch ein anderes Prdoukt abgelöst wurde, räumt die Gefahr der Wiederholung nicht aus.[150] Dadurch, dass Geschmacksmusterschutz insb für Industrieerzeugnisse gewährt wird und diese ästhetischen Muster und Modelle für ein späteres Produkt bspw Wiederverwendung finden können, sind an die Beseitigung der Wiederholungsgefahr daher strengste

---

**142** Vgl zur Schutzschrift ausf *von Welser* Band 1 Kap 5.
**143** Eichmann/von Falckenstein/*Eichmann* § 42 GeschmMG Rn 12.
**144** Eichmann/von Falckenstein/*Eichmann* § 42 GeschmMG Rn 12.
**145** BGH GRUR 1984, 214, 216 – Copy-Charge; BGH GRUR 1983, 127, 129 – Vertragsstrafeversprechen.
**146** BGH GRUR 1994, 530, 532 – Beta; BGH GRUR 1962, 34, 35 – Torsana.

**147** BGH GRUR 1991, 607, 608 – VISPER; BGH GRUR 1990, 687, 688 – Anzeigenpreis II; vgl Eichmann/von Falckenstein/*Eichmann* § 42 GeschmMG Rn 14.
**148** BGH GRUR 1992, 116 – Topfgucker-Scheck.
**149** BGH GRUR 1964, 496, 497 – Formsand; Eichmann/von Falckenstein/*Eichmann* § 42 GeschmMG Rn 14.
**150** BGH GRUR 1965, 198, 202 – Küchenmaschine.

Anforderungen zu stellen.[151] Durch die Vereinbarung einer Vertragsstrafe wird die Wiederholungsgefahr regelmäßig beseitigt.[152]

**61**    **b) Beseitigungsanspruch.** Der Beseitigungsanspruch iSv § 42 Abs 1 S 1 Alt 1 GeschmMG hat, wie eingangs erwähnt, nur geringe praktische Bedeutung. Dies beruht darauf, dass es sich bei geschmacksmusterrechtlich geschützten Erzeugnissen um Industrieprodukte handelt und der Verletzer regelmäßig nicht mehr über die Muster bzw Modelle verfügt. Zudem stehen dem Musterinhaber ua mittels des Unterlassungs- sowie Schadenersatzanspruches und insb mit dem Vernichtungsanspruch nach § 43 Abs 1 GeschmMG ausreichende Sanktionsmaßnahmen zur Verfügung.[153] Somit bleiben für den Beseitigungsanspruch in der Regel nur die Fälle der rechtswidrigen Benutzung. Verschulden ist nicht Voraussetzung.

**62**    **c) Schadenersatzanspruch.** Der geschmacksmusterrechtliche Schadenersatzanspruch iSv § 42 Abs 2 S 1 GeschmMG ist wie die anderen Immaterialgüterrechte auf Geldentschädigung gerichtet, § 251 Abs 1 BGB. Fahrlässiges oder (auch nur bedingt) **vorsätzliches** Handeln wird dafür vorausgesetzt. **Fahrlässig** handelt bereits, wer keine sorgfältige Prüfung der Geschmacksmusterschutzfähigkeit vornimmt.[154] An die Prüfungspflichten bestehen erhöhte Anforderungen, sofern das Geschmacksmuster eine besonders hohe Eigenart aufweist.[155] Als Berechnungsmethoden für den Schadenersatz kommt die Zahlung des eingetretenen Schadens bzw entgangenen Gewinns, des Verletzergewinns oder der Lizenzgebühr in Betracht.[156] Der Verletzte hat diesbezüglich ein **Wahlrecht** bis zur Erfüllung oder rechtskräftigen Zuerkennung des Anspruchs.[157]

**63**    Als Ausgangswert für die Berechnung des **entgangenen Gewinns** ist der üblicherweise erzielte Gewinn des Schutzrechtsinhabers anzusetzen. Dass die Gewinnerzielung des Verletzers keine Rolle bei dieser Berechnungsmethode spielt, ist ua darauf zurückzuführen, dass das Verletzermuster mit geringeren Produktionskosten hergestellt und somit auch preiswerter verkauft werden kann.

**64**    Der **Verletzergewinn** ist in der Regel in vollem Umfang herauszugeben. Er zielt nicht auf den konkreten Schaden ab, sondern auf einen billigen Ausgleich des Vermögensnachteils, den der verletzte Rechtsinhaber erlitten hat.[158] Seit der Gemeinkosten-Entscheidung des BGH[159] kann der Verletzer nunmehr bei der Bestimmung der Höhe des Verletzergewinns nicht mehr geltend machen, dass dieser teilweise auf besonderen eigenen Vertriebsleistungen beruhe. Gemeinkosten dürfen nur abgezogen werden, wenn und soweit sie ausnahmsweise den schutzrechtsverletzenden Gegenständen unmittelbar zugerechnet werden können. Dieser Gedanke resultiert daraus, dass

---

**151** BGH GRUR 1965, 198, 202 – Küchenmaschine.
**152** Vgl eingehender zur Beseitigung der Wiederholungsgefahr Eichmann/von Falckenstein/*Eichmann* § 42 GeschmMG Rn 15.
**153** Eichmann/von Falckenstein/*Eichmann* § 42 GeschmMG Rn 10.
**154** BGH GRUR 1958, 509, 511 – Schlafzimmermodell.
**155** BGH GRUR 1958, 509, 511 – Schlafzimmermodell; vgl auch BGH GRUR 1960, 256, 260 – Chérie; vgl ausf Eichmann/von Falckenstein/*Eichmann* § 42 GeschmMG Rn 19.

**156** BGH GRUR 1974, 53 – Nebelscheinwerfer; BGH GRUR 1963, 640, 642 – Plastikkorb; ausf auch Eichmann/von Falckenstein/*Eichmann* § 42 GeschmMG Rn 21 ff; vgl auch *von Welser* Band 1 Kap 4.
**157** BGH GRUR 1993, 55 –Tchibo/Rolex II.
**158** BGH GRUR 2001, 329, 330 f – Gemeinkosten; BGH GRUR 1995, 349, 352 – Objektive Schadensberechnung.
**159** BGH GRUR 2001, 329 – Gemeinkosten.

wegen der besonderen Verletzlichkeit und Schutzbedürftigkeit des Geschmacksmuster-rechts als Immaterialgüterrecht der Verletzte bereits bei fahrlässigem Handeln so gestellt wird wie der Geschäftsherr bei der angemaßten Eigengeschäftsführung, § 687 Abs 2 BGB.[160] Der Gewinn des Verletzers wird dabei im Sinne einer Fiktion als Gewinn des Rechtsinhabers zugrunde gelegt.[161] Deshalb ist der Verletzergewinn von dem Gewinn eines Unternehmens, das auch Gemeinkosten erwirtschaften muss, um lebensfähig zu bleiben, zu unterscheiden.[162] Es dürfen indes variable Kosten, die vom Beschäftigungsgrad abhängig sind, für die Herstellung und den Vertrieb abgezogen werden. Fixkosten, also unabhängige Kosten von der jeweiligen Beschäftigung, wie etwa Mieten sind nicht abzugsfähig.[163] Die Beweislast dafür, dass bspw Fixkosten doch den schutzrechtsverletzenden Gegenständen zuzurechnen sind, trägt der Ver-letzer.[164]

Die Berechnungsart der **Lizenzanalogie** ist darauf gerichtet, den verletzten Rechts-inhaber so zu stellen, als hätte der Verletzer eine Lizenz zur Nutzung erworben. Bei dieser Berechnungsmethode handelt es sich um einen dem Bereicherungsanspruch, § 812 Abs 1 S 1 Alt 2 BGB, entsprechenden Anspruch. Unbeachtlich ist, ob tatsäch-lich zwischen den Parteien ein Lizenzvertrag zustande gekommen wäre.[165] Grundlage für die Festlegung einer angemessenen Lizenzgebühr können – bei Vorhandensein – branchenübliche Vergütungssätze und Tarife bilden.[166] Die Berechnung mittels der Lizenzanalogie muss darüber hinaus zulässig sein. Dies ist sie nur, wenn die entgelt-liche Überlassung von Ausschließlichkeitsrechten zur Nutzung durch Dritte rechtlich möglich und verkehrsüblich ist.[167] Da die Nutzung von Geschmacksmusterrechten ihrer Art nach durch Erteilung einer Lizenz eingeräumt wird, vgl § 31 GeschmMG, ist von der Verkehrsüblichkeit einer Überlassung regelmäßig auszugehen.

**65**

Der Verletzer, der im Wege der Lizenzanalogie in Anspruch genommen wird, darf weder besser noch schlechter stehen als ein vertraglicher Lizenznehmer. Es darf aber die Tatsache, die sich aus einem ggf ergebenden Risiko der Prestigewertminderung ergibt, durch Erhöhung einer üblichen Lizenz berücksichtigt werden.[168]

**66**

d) **Gewohnheitsrechtlich anerkannter Auskunfts- und Rechnungslegungsanspruch.** Der sog unselbstständige Auskunfts- und Rechnungslegungsanspruch dient der Vorbe-reitung zur Berechnung des jeweiligen Schadens nach jeder der drei Berechnungs-arten[169] und ist gewohnheitrechtlich anerkannt.[170] Sein Umfang ist nach Gesichts-punkten der Billigkeit unter Abwägung der Parteiinteressen und Einzelfallumstände zu

**67**

---

160 BGH GRUR 2001, 329, 331– Gemein-kosten.
161 BGH GRUR 1995, 349 – Objektive Schadenberechnung; BGH GRUR 1973, 478 – Modeneuheit; BGH GRUR 1972, 189 – Wand-steckdose II.
162 BGH GRUR 2001, 329, 331 – Gemein-kosten.
163 Ausf Eichmann/von Falckenstein/*Eichmann* § 42 GeschmMG Rn 25.
164 BGH GRUR 2001, 329, 331 – Gemein-kosten.
165 BGH GRUR 2006, 143, 145 – Catwalk; BGH GRUR 1993, 55 – Tchibo/Rolex II.
166 Eichmann/von Falckenstein/*Eichmann* § 42 GeschmMG Rn 27; Büscher/Dittmer/Schiwy/ *Steinberg* Teil 1 Kap 5 § 42 GeschmMG Rn 15.

167 BGH GRUR 2006, 143, 145 – Catwalk; BGH GRUR 1990, 1008, 1009 – Lizenz-analogie.
168 BGH GRUR 2006, 143, 146 – Catwalk; BGH GRUR 1993, 55 – Tchibo/Rolex II; vgl ausf zur Lizenzermittlung Eichmann/ von Falckenstein/*Eichmann* § 42 GeschmMG Rn 27.
169 BGH GRUR 1960, 256, 259 – Chérie; Eichmann/Kur/*Hess* § 11 Rn 83 ff; Eichmann/ von Falckenstein/*Eichmann* § 42 GeschmMG Rn 29; vgl zu den drei Berechnungsarten ausf *von Welser* Band 1 Kap 4.
170 BGH GRUR 1980, 227, 232 – Monumenta Germania Historia; BGH GRUR 1962, 398, 400 – Kreuzbodenventilsäcke II.

ermitteln.[171] Grundsätzlich kann der Verletzte Rechnungslegung für alle drei Arten der Schadenberechnung verlangen.[172] Entfällt allerdings eine Berechnungsart wie zB der Verletzergewinn, so beschränkt sich die Pflicht zur Rechnungslegung.[173] Bis zur Erfüllung des Ersatzanspruches behält der Verletzte die Möglichkeit, Auskunft- und Rechnungslegung nach einer anderen Berechnungsmethode zu verlangen, sofern sich die Angaben nicht bereits aus der erfolgten Auskunft- und Rechnungslegung zu anderen Berechnungsarten ergibt.[174] Die **Rechnungslegung** kann dabei Einkaufspreise, Mehrwertsteuer oder Zölle[175] umfassen sowie Lieferdaten oder -preise.[176]

**68**     Alle weiteren Informationen, die nicht Teil der Rechnungslegung, aber für die Berechnung des Schadens notwendig sind wie etwa der Empfänger, bilden die **Auskunft**. Eine Beschränkung des Auskunftsanspruchs ergibt sich, sofern er zur unzulässigen prozessualen Ausforschung verwandt wird[177] oder sich eine unbillige Belastung für den Auskunftsschuldner ergeben würde.[178] Der Anspruch auf Auskunft ist indes nicht ausgeschlossen, wenn die Auskunftserteilung für den Schuldner lediglich mit Mühen verbunden ist. Die Auskunft muss dem Schuldner „unschwer", dh, „ohne unbillig belastet zu sein" möglich sein, was eine Frage des Einzelfalles sein wird.[179] Ist die mit der Auskunft verbundene Belastung beträchtlich, so kann sie dennoch zumutbar sein, wenn in Anbetracht der Darlegungs- und Beweisnot des Gläubigers die verlangte Auskunft für die Darlegung derjenigen Umstände, die für die Beurteilung des Grundes oder der Höhe des in Frage stehenden Hauptanspruchs wesentlich ist.[180]

**69**     e) **Vernichtungsanspruch.** Der Vernichtungsanspruch nach § 43 Abs 1 S 1 GeschmMG bezweckt neben der Beseitigung der durch die Rechtsverletzung unmittelbar entstandenen Erzeugnisse und Vorrichtungen zur Herstellung auch die Abschreckung von weiteren Verletzungshandlungen (Generalprävention). Der Vernichtungsanspruch ist gegen den Verletzer gerichtet, dh er kann gegenüber dem Hersteller und gegenüber dem Verbreitenden bzw demjenigen, der die rechtsverletzenden Erzeugnisse zur Verbreitung vorrätig hält, geltend gemacht werden.[181] Verschulden ist nicht Voraussetzung, wohl aber muss die Verletzung rechtswidrig erfolgt sein. Der Verletzer muss Eigentum bzw Besitz an den rechtswidrigen Erzeugnissen haben, wobei mittelbarer Besitz ausreicht.[182]

**70**     § 43 Abs 1 S 2 GeschmMG erfasst die Vernichtung der Vorrichtungen zur Herstellung von rechtswidrigen Erzeugnissen. Diese Vorrichtungen müssen zwar nicht ausschließlich, aber **überwiegend** zu deren Herstellung genutzt oder bestimmt sein.

---

[171] BGH GRUR 1981, 535 – Wirtschaftsprüfervorbehalt; BGH GRUR 1980, 227, 232 – Monumenta Germania Historia; BGH GRUR 1963, 640, 642 – Plastikkorb; Eichmann/von Falckenstein/*Eichmann* § 42 GeschmMG Rn 29.
[172] BGH GRUR 1980, 227, 232 – Monumenta Germania Historia; BGH GRUR 1957, 336 – Rechnungslegung.
[173] BGH NJW 1995, 1420, 1423 – Objektive Schadensberechnung; vgl auch BGH GRUR 1993, 55, 57 f – Tchibo/Rolex II.
[174] BGH GRUR 1974, 53, 54 – Nebelscheinwerfer; vgl auch BGH GRUR 1993, 55 – Tchibo/Rolex II.
[175] BGH GRUR 1974, 53, 55 – Nebelscheinwerfer.

[176] BGH GRUR 1980, 233.
[177] LG München I GRUR-RR 2008, 74, 76.
[178] BGH GRUR 2007, 532 – Meistbegünstigungsvereinbarung.
[179] BGH GRUR 2002, 238 – Nachbau-Auskunftspflicht; BGH GRUR 1995, 386 – Copolyester; BGH GRUR 1986, 62; BGH NJW 1986, 1244 – GEMA-Vermutung.
[180] BGH GRUR 2007, 532, 533 – Meistbegünstigungsvereinbarung.
[181] Eichmann/von Falckenstein/*Eichmann* § 43 GeschmMG Rn 3.
[182] *Dörre/Maaßen* GRUR-RR 2008, 217, 218 f; Eichmann/von Falckenstein/*Eichmann* § 43 GeschmMG Rn 3.

Finden sie auch zur Herstellung von anderen Erzeugnissen Verwendung, so ist die überwiegende Nutzung oder Bestimmung festzustellen.[183]

Der Anspruch ist indes nach § 43 Abs 4 GeschmMG ausgeschlossen, sofern die Maßnahme **unverhältnismäßig** ist. Dh, dass bei der Prüfung eines Antrags auf Anordnung von sog Abhilfemaßnahmen (wie ua die Vernichtung, Überlassung nach §§ 42, 43 GeschmMG) die Notwendigkeit eines angemessenen Verhältnisses zwischen der Schwere der Verletzung und den angeordneten Abhilfemaßnahmen sowie die Interessen Dritter zu berücksichtigen sind, Art 10 Abs 3 Enforcement-RL. Die Unverhältnismäßigkeit ist unter Berücksichtigung aller Umstände des Einzelfalles zu prüfen. Es muss also eine umfassende Abwägung zwischen dem Interesse an der Maßnahme des Verletzten – hier der Vernichtung – und dem Erhaltungsinteresse des Verletzers erfolgen.[184] Anhaltspunkte bieten dabei die Schuldlosigkeit oder der Grad der Schuld des Verletzers, die Schwere des Eingriffs – unmittelbare Übernahme oder Verletzung im Randbereich – und der Umfang des bei bspw der Vernichtung für den Verletzer entstehenden Schadens im Vergleich zu dem durch die Verletzung eingetretenen wirtschaftlichen Schaden des Rechtsinhabers.[185] Hierbei hat eine schematische Prüfung zu unterbleiben. **71**

Zum Vernichtungsanspruch sei zusätzlich angemerkt, dass der Folgenbeseitigung auch eine Art Sanktionscharakter zukommt und sie wegen des damit verbundenen Eingriffs in das durch Art 14 GG geschützte Eigentum in besonderem Maße dem Verhältnismäßigkeitsgrundsatz unterworfen ist.[186] **72**

In § **43 Abs 5 GeschmMG** sind für die Ansprüche aus § 43 Abs 1–3 GeschmMG **Ausnahmetatbestände** normiert, die von Amts wegen zu berücksichtigen sind.[187] Es geht darum, dass wesentliche Gebäudebestandteile iSv § 93 BGB sowie ausscheidbare Teile von Erzeugnissen und Vorrichtungen, deren Herstellung und Verbreitung nicht rechtswidrig sind, nicht von den Ansprüchen nach § 43 Abs 1–3 GeschmMG erfasst werden. **73**

f) **Rückrufsanspruch.** Der Rückrufsanspruch gem § 43 Abs 2 Alt 1 GeschmMG dient dazu, rechtswidrige Erzeugnisse aus dem Verkehr zu ziehen. Dazu bedarf es grundsätzlich der rechtlichen Verfügungsgewalt des Verletzers. Teilweise dürfte bereits die tatsächliche Möglichkeit ausreichen, wenn sich Nutzer der rechtswidrigen Erzeugnisse durch deren Weitervertrieb im Sinne eines Anbietens oder Inverkehrbringens selbst geschmacksmusterrechtlichen Ansprüchen ausgesetzt sehen.[188] Der Rückruf muss gegenüber den Abnehmern in einer ernsthaften unmissverständlichen Art und Weise unter Erstattung des Kaufpreises und von Transportkosten erfolgen.[189] Der Endverbraucher wird in der Regel nicht zum Personenkreis der Abnehmer gehören, da Art 10 Abs 1 lit a Enforcement-RL lediglich den Rückruf aus den Vertriebswegen erfasst. **74**

Der Anspruch kann wegen **Unverhältnismäßigkeit** iSv § 43 Abs 4 GeschmMG sowie bei Eingreifen eines Ausnahmetatbestandes nach § 43 Abs 5 GeschmMG ausgeschlossen sein.[190] **75**

---

**183** Ausf Eichmann/von Falckenstein/*Eichmann* § 43 GeschmMG Rn 4. ·
**184** BGH GRUR 1997, 899, 901 – Vernichtungsanspruch; vgl auch zur Unverhältnismäßigkeit eines Vernichtungsanspruches BGH GRUR 2006, 504 ff – Parfümtestkäufe.
**185** BGH GRUR 1997, 899, 901 – Parfümtestverkäufe.
**186** BGH GRUR 2006, 504, 508. – Parfümtestkäufe.

**187** Büscher/Dittmer/Schivy/*Steinberg* Teil 1 Kap 5 § 43 GeschmMG Rn 15.
**188** Eichmann/von Falckenstein/*Eichmann* § 43 GeschmMG Rn 5.
**189** *Jestaedt* GRUR 2009, 102, 103.
**190** Vgl zur Unverhältnismäßigkeit Rn 71 und zu § 43 Abs 5 GeschmMG Rn 73.

**76**     g) **Entfernungsanspruch.** Der Anspruch auf Entfernung gem § 43 Abs 2 Alt 2 GeschmMG ist ein eigenständiger Anspruch. Der Vertrieb darf hierfür noch nicht abgeschlossen sein.[191] Aus Art 10 Abs 1 lit b Enforcement-RL ergibt sich, dass der Endverbraucher vom Entfernungsanspruch nicht erfasst ist, da es nach der Richtlinie nur auf die endgültige Entfernung aus den Vertriebswegen, dh beim Händler, ankommt. Die Entfernung von Werbematerialien ist von dem Anspruch in der Regel nicht erfasst.[192] Der Anspruch auf Entfernung ist dabei weiter zu verstehen als der Anspruch auf Rückruf. Eine Lagerung der rechtswidrigen Erzeugnisse in Hallen reicht dafür bspw nicht aus, da damit nicht eine endgültige Entfernung aus dem Vertriebsweg gegeben ist. Für den Anspruch auf Rückruf oder Entfernung besteht ein Wahlrecht des Verletzten.[193] Liegt Unmöglichkeit iSv § 275 BGB vor, so entfällt der Anspruch.[194] Bei **Unverhältnismäßigkeit** ist der Entfernungsanspruch ausgeschlossen, § 43 Abs 4 GeschmMG.[195] Ausnahmetatbestände sind in § 43 Abs 5 GeschmMG geregelt.[196]

**77**     h) **Überlassungsanspruch.** Statt der Vernichtung kann der Verletzte verlangen, dass ihm die rechtswidrigen Erzeugnisse überlassen werden, § 43 Abs 3 GeschmMG, sofern der Verletzer noch Eigentum an den Erzeugnissen hat.[197] Indes kann der Verletzte die Überlassung nur gegen eine angemessene Vergütung, welche die Herstellungskosten nicht übersteigen darf, fordern. Er erfasst nicht die Überlassung der zur Herstellung verwendeten Vorrichtungen. Ist der Unterlassungsanspruch **unverhältnismäßig**, so ist ein Anspruch nach § 43 Abs 4 GeschmMG ausgeschlossen.[198] In § 43 Abs 5 GeschmMG sind Ausnahmetatbestände zu den Ansprüchen nach § 43 Abs 1–3 GeschmMG normiert.[199]

**78**     i) **Auskunftsanspruch.** Der (selbstständige) Auskunftsanspruch nach § 46 GeschmMG dient im Unterschied zum gewohnheitsrechtlich anerkannten, unselbstständigen Auskunfts- und Rechnungslegungsanspruch,[200] der die Vorbereitung eines Anspruches nach § 42 GeschmMG bezweckt und Auskunft über den Umsatz geben soll, der Aufdeckung der Quellen und Vertriebswege von schutzrechtsverletzenden Erzeugnissen.[201] Er beruht auf Art 8 der Enforcement-RL, wodurch die Auskunftsansprüche ausgeweitet wurden und erfasst nunmehr auch unbeteiligte Dritte, § 46 Abs 2 GeschmMG, und nicht mehr nur den Verletzer. **§ 46 Abs 1 GeschmMG** setzt kein Verschulden des Verletzers voraus, aber eine widerrechtliche Rechtsverletzung.[202] Ebenfalls besteht keine Auskunftspflicht, wenn es sich um Handlungen handelt, die nicht zu gewerblichen Zwecken erfolgten, vgl § 40 Nr 1 GeschmMG. Der Auskunftsanspruch setzt daher ein **gewerbliches Ausmaß** sowohl des Verletzers als auch des Dritten voraus. Nach dem 14. Erwägungsgrund der Enforcement-RL zeichnen sich gewerblich vorgenommene Rechtsverletzungen dadurch aus, dass sie zwecks Erlangung eines unmittelbaren oder mittelbaren wirtschaftlichen oder kommerziellen Vorteils

---

**191** Eichmann/von Falckenstein/*Eichmann* § 43 GeschmMG Rn 6.
**192** *Jestaedt* GRUR 2009, 102, 105.
**193** Eichmann/von Falckenstein/*Eichmann* § 43 GeschmMG Rn 6.
**194** *Jestaedt* GRUR 2009, 102, 105.
**195** Vgl zur Unverhältnismäßigkeit Rn 71.
**196** Vgl zu § 43 Abs 5 GeschmMG Rn 73.
**197** Eichmann/von Falckenstein/*Eichmann* § 43 GeschmMG Rn 7.
**198** Vgl zur Unverhältnismäßigkeit Rn 71

(Unverhältnismäßigkeit zum Vernichtungsanspruch).
**199** Vgl zu § 43 Abs 5 GeschmMG Rn 73.
**200** Vgl zum gwohnheitsrechtlich anerkannten Auskunfts- und Rechnungslegungsanspruch Rn 67 f.
**201** BGH GRUR 1995, 338, 340 – Kleiderbügel; Eichmann/von Falckenstein/*Eichmann* § 46 GeschmMG Rn 3.
**202** Eichmann/von Falckenstein/*Eichmann* § 46 GeschmMG Rn 4.

vorgenommen werden. Gutgläubige Handlungen von Endverbrauchern werden durch diese Formulierung ausgeschlossen.[203]

Der **Auskunftsanspruch gegenüber Dritten**, § 46 Abs 2 GeschmMG, besteht nur **79** bei offensichtlicher Rechtsverletzung oder, wenn bereits Klage gegenüber dem Verletzer erhoben wurde. Letztere Voraussetzung dient dazu, dass ein Ausforschungsmissbrauch unterbunden werden soll, da die Vorschrift den Kreis der Verpflichteten sehr erweitert hat.[204] Offensichtlichkeit verlangt die Art 8 Enforcement-RL nicht. In Art 8 Abs 3 lit a) ist indes festgelegt, dass dem Rechtsinhaber weitergehende Rechte eingeräumt werden können. Von **Offensichtlichkeit** ist auszugehen, wenn ein in rechtlicher und tatsächlicher Hinsicht eindeutiger Sachverhalt vorliegt, bei dem die ungerechtfertigte Inanspruchnahme des Gegners ausgeschlossen ist.[205] Durch den Auskunftsanspruch darf indes nicht ein mögliches Zeugnisverweigerungsrecht nach §§ 383–385 ZPO umgangen werden, weshalb dies auch in der Norm in Abs 2 S 1 aE festgehalten wird.[206] **Inhaltlich** richtet sich die Auskunftspflicht nach § 46 Abs 3 GeschmMG: Erfasst sind bspw die Angabe von Namen und Anschriften der Hersteller, Lieferanten und anderer Vorbesitzer der Erzeugnisse oder Dienstleistungen sowie der gewerblichen Abnehmer und Verkaufsstellen, für die sie bestimmt waren, § 46 Abs 3 Nr 1 GeschmMG. Nach Nr 2 muss der Auskunftspflichtige Angaben von Mengen der hergestellten, ausgelieferten, erhaltenen oder bestellten Erzeugnisse sowie über Preise, die für die Erzeugnisse oder Dienstleistungen gezahlt wurden, machen. Die Auskunftserteilung hat in der Regel **unverzüglich** zu erfolgen, dh eine Wochenfrist ist noch angemessen.[207]

Nach § 46 Abs 4 GeschmMG ist die Auskunftspflicht ausgeschlossen, sofern eine **80** Inanspruchnahme **unverhältnismäßig** ist. Es bedarf damit einer Abwägung im Einzelfall, um festzustellen, ob ein ausreichendes Informationsinteresse des Verletzten oder ein Geheimhaltungsinteresse des Verletzers besteht, wobei im Sinne einer Verhältnismäßigkeitsprüfung nach Geeignetheit, Erforderlichkeit und Angemessenheit vorzugehen ist.[208] Eine Schadenersatzpflicht für vorsätzlich oder grob fahrlässig **falsche oder unvollständig erteilte Auskunft** ist in § 46 Abs 5 GeschmMG normiert.

§ 46 Abs 9 GeschmMG beinhaltet einen **Auskunftsanspruch von Verkehrsdaten**. **81** Es geht hierbei um die Auskunft von bspw IP-Adressen, um gegen Rechtsverletzungen im Internet vorgehen zu können wie etwa im Falle von Tauschbörsen,[209] denn Rechtsverletzer sind in der Regel nicht unmittelbar über Bestandsdaten ermittelbar, sondern nur über Verkehrsdaten.[210] Der Auskunftsanspruch steht unter **Richtervorbehalt**, so dass es eines Antrags durch den Verletzen bedarf. Die ausschließliche sachliche **Zuständigkeit** dieser gerichtlichen Entscheidung ergibt sich für die Landgerichte in entsprechender Anwendung des § 143 Abs 1 PatG.[211] Die örtliche Zuständigkeit rich-

---

203 Vgl BT-Drucks 16/5048, 38.
204 BT-Drucks 16/5048, 38; Büscher/Dittmer/ Schivy/*Steinberg* Teil 1 Kap 5 § 46 GeschmMG Rn 10.
205 BT-Drucks 16/5048, 39; *Dörre/Maaßen* GRUR-RR 2008, 217, 220.
206 Dies beruht auf Art 8 Abs 3 lit d Enforcement-RL.
207 Eichmann/von Falckenstein/*Eichmann* § 46 GeschmMG Rn 8.
208 BT-Drucks 16/5048, 39OLG Düsseldorf BGH GRUR 1993, 818, 820 – Mehrfachkleider-

bügel; Eichmann/von Falckenstein/*Eichmann* § 46 GeschmMG Rn 9; Büscher/Dittmer/ Schivy/*Steinberg* Teil 1 Kap 5 § 46 GeschmMG Rn 17.
209 Das aufgrund Eingriffs in Art 10 Abs 1 GG verfassungsrechtlich gebotene Zitiergebot gem Art 19 Abs 1 S 2 GG ist mittels § 46 Abs 10 GeschmMG gewahrt.
210 BT-Drucks 16/5048, 39; vgl ausf Band 5 Kap 3 *Ohst*.
211 BT-Drucks 16/5048, 40.

tet sich nach dem Wohnsitz, Sitz oder Niederlassung des zur Auskunft Verpflichteten, wobei sich eine Konzentration nach § 52 Abs 2 GeschmMG ergeben kann. Gegen diese Entscheidung ist lediglich die sofortige Beschwerde an das OLG statthaft, dh es findet nur eine Überprüfung in rechtlicher Hinsicht statt.

**82**     j) **Vorlage- und Besichtigungsanspruch.** In § 46a GeschmMG ist der Vorlage- und Besichtigungsanspruch normiert. Er regelt die Verpflichtung des Verletzers zur Vorlage einer Urkunde oder zur Besichtigung einer Sache. Voraussetzung ist, dass die Vorlage oder Besichtigung zur Begründung von Ansprüchen **erforderlich** ist, wodurch etwa ein Ausforschungsmissbrauch unterbunden werden soll. Weiterhin wird die hinreichende Wahrscheinlichkeit einer Rechtsverletzung vorausgesetzt, welche der Rechtsinhaber glaubhaft machen muss. Er muss alle verfügbaren Beweismittel zur hinreichenden Begründung der Ansprüche vorgelegt haben, um den Anspruch nach § 46a Abs 1 GeschmMG geltend zu machen.[212] Der Anspruchsgeger muss die Urkunde oder die Sache, die der Rechtsinhaber genau bezeichnen muss, in Verfügungsgewalt haben. § 46a Abs 1 S 3 GeschmMG bezweckt die **Geheimhaltung von vertraulichen Informationen**, so dass der Anspruchsgegner die Vertraulichkeit nicht als Einwendung entgegen halten kann.[213] Dem Richter obliegt es dann über erforderliche Maßnahmen zu entscheiden, die diesen Aspekt berücksichtigen. Der Anspruch muss nach § 46a Abs 2 GeschmMG wiederum **verhältnismäßig** sein. Durch S 3 ist nicht ausgeschlossen, dass im Rahmen der Verhältnismäßigkeit die Vertraulichkeit nicht Teil der Abwägung der beiderseitigen Parteiinteressen ist.

**83**     Nach § 46b GeschmMG kann der Verletzte den Verletzer bei einer in gewerblichem Ausmaß begangenen Rechtsverletzung in den Fällen des § 42 Abs 2 GeschmMG auch auf Vorlage von Bank-, Finanz- oder Handelsunterlagen oder einen geeigneten Zugang zu den entsprechenden Unterlagen in Anspruch nehmen, die sich in der Verfügungsgewalt des Verletzers befinden und für die Durchsetzung des Schadenersatzanspruches erforderlich sind, wenn ohne die Vorlage die Erfüllung des Schadenersatzanspruches fraglich ist.[214]

**84**     k) **Anspruch auf Urteilsbekanntmachung.** Der Anspruch auf Urteilsbekanntmachung nach § 47 GeschMG ist darauf gerichtet, dass die Öffentlichkeit von dem Ausgang eines Verfahrens informiert wird, so dass bspw Störungen unterbunden werden oder die Bekanntmachung präventiv abschreckende Wirkung entfalten kann.[215] Anspruchsberechtigter ist die obsiegende Partei, die ein berechtigtes Interesse an der Urteilsbekanntmachung darlegen muss. Dieses Interesse liegt in der Regel vor, wenn eine besonders verwerfliche Rechtsverletzung vorliegt oder sich eine erhebliche Öffentlichkeitswirkung entfaltet.[216]

**85**     l) **Anspruch auf Herausgabe der Bereicherung.** Hat der Verletzer nicht schuldhaft gehandelt, so kommt insb ein Anspruch auf Bereicherungsherausgabe iSv § 50 GeschmMG iVm §§ 812 ff BGB in Betracht, wobei das erlangte Etwas im Gebrauch

---

212 BT-Drucks 16/5048, 40.
213 BT-Drucks 16/5048, 40.
214 Vgl ausf *Dörre/Maaßen* GRUR-RR 2008, 217, 221.
215 Erwägungsgrund 27 Enforcement-RL zu

§ 42 Rn 1; BGH GRUR 2002, 799, 801 – Stadtbahnfahrzeuge; Eichmann/von Falckenstein/ *Eichmann* § 47 GeschmMG Rn 2.
216 Eichmann/von Falckenstein/*Eichmann* § 47 GeschmMG Rn 2.

des immateriellen Rechtsgutes liegt. Mangels Herausgabemöglichkeit wird nach § 818 Abs 2 BGB hierfür Wertersatz geschuldet.[217]

**m) Verjährung.** § 49 GeschmMG regelt die Verjährung von geschmacksmuster-rechtlichen Ansprüchen und verweist dabei auf das BGB. Die Verjährung beginnt iSv § 199 Abs 1 Nr 1 BGB mit dem Schluss des Jahres, in dem der Anspruch entstanden ist. Bei **Unterlassungsansprüchen** ist nicht auf den Zeitpunkt des Entstehens des An-spruches abzustellen, sondern auf den der Zuwiderhandlung, § 199 Abs 5 BGB. Dauert diese Zuwiderhandlung noch an, so hat die Verjährungsfrist noch nicht begonnen.[218] Die Verjährung des **Schadenersatzanspruches** beginnt mit der Beendigung der schädi-genden Handlung. Handelt es sich um mehrere Verletzungshandlungen, so beginnt die Verjährung für jede Handlung gesondert.[219]

**86**

**n) Darlegungs- und Beweislast.** Nach § 1 Nr 5 GeschmMG gilt derjenige als Rechtsinhaber, der in das Register eingetragen ist, was widerleglich vermutet wird.[220] In § 39 GeschmMG ist eine weitere gesetzliche Vermutung zugunsten des Rechtsinha-bers dahingehend normiert, dass bei Eintragung eines Geschmacksmusters davon aus-gegangen wird, dass es alle tatsächlichen Voraussetzungen (Musterfähigkeit, Eigenart, Neuheit, kein Schutzausschluss) erfüllt.[221] Beruft sich der Kläger darauf, trägt er die Darlegungs- und Beweislast für die Tatbestandsmerkmale des von ihm erhobenen Anspruchs. Bei Erhebung geschmacksmusterrechtlicher Ansprüche greift zugunsten des Klägers grundsätzlich die Vermutungsregel für die Neuheit des Musters ein, bis der Beklagte das Gegenteil bewiesen hat.[222] Ob das Muster indes auch die für den geschmacksmusterrechtlichen Schutz erforderliche Eigenart erfüllt, ist in der Regel gesondert zu prüfen und festzustellen.[223] Unterlässt es der Beklagte hingegen gänzlich im Verletzungsprozess, ein dem Klagemuster nahe kommendes vorbekanntes Modell vorzulegen, ist nicht nur von der Schutzfähigkeit des Musters, sondern auch von einem weiten Schutzumfang auszugehen.[224]

**87**

**o) Nationale Zuständigkeit.** Die ausschließliche **sachliche** Zuständigkeit der **Land-gerichte** ergibt sich ohne Berücksichtigung des Streitwertes aus § 52 Abs 1 GeschmMG.[225] Die Länder sind befugt die Zuständigkeit auf ein Landgericht des eigenen oder eines anderen Bundeslandes zur sachlichen Förderung bzw schnelleren Erledigung zu konzentrieren, § 52 Abs 2, 3 GeschmMG. **Örtlich** bleiben die Gerichte nach §§ 12 ff ZPO zuständig, wobei einschränkend Regelungen nach § 52 Abs 2, 3 GeschmMG wirken. In der Regel finden die Verhandlungen am Landgericht vor der jeweiligen Zivilkammer statt. Möglich ist indes auch eine Verhandlung vor der **Kam-**

**88**

---

**217** Eichmann/von Falckenstein/*Eichmann* § 50 GeschmMG Rn 3.
**218** BGH NJW 1974, 99, 100 – Brünova; vgl eingehender Eichmann/von Falckenstein/ *Eichmann* § 49 GeschmMG Rn 2.
**219** BGH GRUR 1984, 820, 822 – Inter-markt II; BGH GRUR 1978, 492, 495 – Fahr-radgepäckträger II; Eichmann/von Falckenstein/ *Eichmann* § 49 GeschmMG Rn 2; Palandt/ *Ellenberger* § 199 BGB Rn 14 ff, 27.
**220** Eichmann/Kur/*Hess* § 11 Rn 122.
**221** Büscher/Dittmer/Schivy/*Auler* Teil 1 Kap 5 § 39 GeschmMG Rn 3.

**222** BGHGRUR 2010, 166, 168 – Gelände-wagen; BGH GRUR 1981, 269, 269 – Haus-haltsschneidemaschine II; BGH GRUR 1958, 509, 510 – Schlafzimmermodell.
**223** Vgl auch BGH GRUR 1958, 509, 510 – Schlafzimmermodell.
**224** OLG Frankfurt GRUR-Prax 2010, 393; Eichmann/von Falckenstein/*Eichmann* § 38 GeschmMG Rn 20.
**225** Vgl zur Zuständigkeit beim Auskunfts-anspruch von Verkehrsdaten nach § 46 Abs 9 GeschmMG Rn 81.

**mer für Handelssachen,** wofür es indes eines Antrags durch den Kläger iSv § 96 GVG oder eines Verweisungsantrags durch den Beklagten nach § 98 Abs 1 S 1 GVG bedarf.

89 Gem § 53 GeschmMG können geschmacksmuster- und wettbewerbsrechtliche Ansprüche vor dem für das Geschmacksmusterverfahren zuständigen Gericht geltend gemacht werden.

90 In zweiter Instanz ist die Berufung zum entsprechenden OLG nach § 511 ZPO und für die dritte Instanz ist die Revision zum BGH nach § 542 ZPO statthaft.

### 2. Internationaler Schutz gegen Rechtsverletzungen

91 **a) Ansprüche nach Art 89 GGV.** Art 19 Abs 1 GGV normiert nahezu wortgleich mit § 38 Abs 1 GeschmMG Rechte aus dem Gemeinschaftsgeschmacksmuster. Um die Rechte aus Art 19 Abs 1 GGV durchzusetzen, enthält Art 89 Abs 1 lit a) GGV den **gemeinschaftsgeschmacksmusterrechtlichen Unterlassungsanspruch.** Er bedingt Wiederholungs- oder Erstbegehungsgefahr. Grundsätzlich besteht der Anspruch **gemeinschaftsweit.** Er kann indes **territorial beschränkt** sein, sofern bspw geographisch begrenzt Nutzungsrechte eingeräumt wurden.[226]

92 Art 89 Abs 1 lit b GGV regelt zwar wortwörtlich eine Beschlagnahmeanordnung von verletzenden Erzeugnissen. Erfasst werden davon indes sämtliche Erzeugnisse, die in den Schutzbereich des verletzten Gemeinschaftsgeschmacksmusters fallen und in rechtsverletzender Weise genutzt werden.[227] In Abs 1 lit c) ist die Beschlagnahme von Herstellungsmaterialien sowie Werkzeugen festgehalten.

93 **Art 89 Abs 1 lit d GGV** ermöglicht den Gerichten **Anordnungen, durch die andere, den Umständen angemessene Sanktionen** auferlegt werden, die in der Rechtsordnung einschließlich des Internationalen Privatrechts des Mitgliedstaates vorgesehen sind, in dem die Verletzungshandlungen begangen worden sind oder drohen. Mithin kann ein in der GGV nicht geregelter Anspruch angeordnet werden. So können auf Art 89 Abs 1 lit c GGV Ansprüche auf Herausgabe der Bereicherung, § 50 GeschmMG iVm §§ 812 ff BGB, Ansprüche auf Auskunft- und Rechnungslegung iSv § 46 GeschmMG,[228] Ansprüche auf Erstattung der Abmahnkosten ebenso wie Ansprüche auf Vernichtung, Rückruf und Überlassung, § 43 GeschmMG und Urteilsbekanntmachung, § 47 GeschmMG, sowie Ansprüche auf Entschädigung, § 45 GeschmMG, gestützt werden.[229] Voraussetzung für die Geltendmachung eines Anspruches nach Art 89 Abs 1 lit d GGV in Deutschland ist, dass die Schutzrechtsverletzung auch hier stattgefunden hat.

94 Ob auch **Schadenersatzansprüche** unter Art 89 Abs 1 lit d GGV gefasst werden können, ist umstritten. Der BGH[230] befürwortet eine analoge Anwendung des geschmacksmusterrechtlichen Schadenersatzanspruches iSv Art 89 Abs 1 lit d GGV iVm § 42 Abs 2 GeschmMG analog damit, dass das deutsche Geschmacksmusterrecht über keine Bestimmung, nach der § 42 Abs 2 GeschmMG auf Gemeinschaftsgeschmacksmuster entsprechend anwendbar ist, verfügt. Zwar enthält das Markengesetz eine derartige Verweisung in § 125b Nr 2 MarkenG. Der BGH will eine entsprechende Anwendung des § 42 Abs 2 GeschmMG indes nicht ausschließen, denn die fehlende

---

226 Büscher/Dittmer/Schivy/*Steinberg* Art 89 GGV Rn 5.
227 Büscher/Dittmer/Schivy/*Steinberg* Art 89 GGV Rn 7.
228 *Zwanzger* erläutert ausf auf 83 ff, weshalb Art 89 Abs 1 lit d GGV ebenfalls den Aus-

kunftsanspruch erfasst, obwohl die Vorschrift vom Wortlaut her nur Sanktionen für Verletzungshandlungen enthält.
229 *Zwanzger* 86.
230 BGH GRUR 2010, 718, 723 – Verlängerte Limousinen.

Verweisung stelle eine planwidrige Regelungslücke dar, die durch eine analoge Anwendung der Vorschrift zu schließen sei. Auch aus dem Umstand, dass die §§ 62–65 GeschmMG einzelne Regelungen zum Gemeinschaftsgeschmacksmuster enthalten, folge kein Ausschluss für eine analoge Anwendung.

*Eichmann* kritisiert, dass der BGH Art 88 Abs 2 GGV außer Acht gelassen hätte, **95** auf den bereits der Schadenersatzanspruch gestützt werden könne. Art 88 Abs 2 GGV enthalte insb Vorschriften zum materiellen Recht (da Art 88 Abs 3 GGV in Abgrenzung dazu verfahrensrechtliche Regelungen treffe).[231] Diese Ansicht geht vor dem Hintergrund fehl, dass zum einen Art 88 Abs 2 GGV lediglich eine Art Auffangnorm, die nur Anwendung findet, sofern eine andere speziellere Norm nicht eingreift, darstellt.[232] Dies geht bereits aus dem Wortlaut der Norm hervor („In allen Fragen, die nicht durch diese Verordnung erfasst werden, wenden die Gemeinschaftsgeschmacksmustergerichte ihr nationales Recht […] an."). Zum anderen ermächtigt Art 89 Abs 1 lit d GGV die Auferlegung von Sanktionen, wovon sinnvoller Weise im Sinne einer **weiten Auslegung** ebenfalls Maßnahmen, die auf die Unterbindung von Rechtsverletzungen als auch deren Folgen – also Schadenersatz – gerichtet sind, erfasst sind.[233]

Ebenso wie der Schadenersatzanspruch für das eingetragene Gemeinschaftsge- **96** schmacksmuster von Art 89 Abs 1d) GGV gedeckt ist, gilt er auch für das nicht eingetragene Gemeinschaftsgeschmacksmuster. Der Anspruch für das **nicht eingetragene Gemeinschaftsgeschmacksmuster** ist entgegen anderer Ansicht[234] nicht auf Art 96 Abs 1 GGV zu stützen. Nach Sinn und Zweck kann das nicht eingetragene Gemeinschaftsgeschmacksmuster nicht von der Verordnung unberührt bleiben, da es durch die GGV begründet wird, so dass die Auflistung in Art 96 Abs 1 GGV zu weit gefasst ist.[235]

b) **Internationale Zuständigkeit.** Die internationale Zuständigkeit der Gemein- **97** schaftsgeschmacksmustergerichte richtet sich nach Art 82 GGV. Danach sind die Gemeinschaftsgeschmacksmustergerichte für alle in Art 81 GGV bezeichneten Klagen zuständig. Die Reichweite der Zuständigkeit für Verletzungen ergibt sich aus Art 83 GGV. In erster Instanz sind in Deutschland die Landgerichte als **Gemeinschaftsgeschmacksmustergerichte** zuständig ohne Rücksicht auf deren Streitwert, § 63 Abs 1, 2 GeschmMG, Art 80 GGV. Eine Übersicht über die in Deutschland zuständigen Gerichte in erster und zweiter Instanz für Gemeinschaftsgeschmacksmusterrechtsstreitigkeiten befindet sich auf der Webseite des HABM unter http://oami.europa.eu/pdf/design/cdcourts.pdf.

c) **Parallele Klagen aus Gemeinschaftsgeschmacksmustern und aus nationalen** **98** **Schutzrechten.** Ein und dasselbe Muster kann Schutz nach dem **nationalen Geschmacksmusterrecht** wie auch Schutz nach den Regeln des Gemeinschaftsgeschmacksmusterrechts beanspruchen. In Art 95 GGV wird die gerichtliche Zuständigkeit geregelt, sofern national wie international gegen eine Verletzung vorgegangen wird. Werden Klagen wegen Verletzung oder drohender Verletzung wegen derselben Handlung und zwischen denselben Parteien bei Gerichten verschiedener Mitgliedstaaten anhängig

---

[231] *Eichmann* GRUR-Prax 2010, 279, 283.
[232] *Ruhl* Art 88 GGV Rn 12; *Zwanzger* 204.
[233] Ausf *Zwanzger* 83 ff, die überzeugend darstellt, wieso eine weite Auslegung vorzugswürdig ist.

[234] AA *Rahlf/Gottschalk* GRUR Int 2004, 821, 825.
[235] Vgl *Ruhl* Art 96 GGV Rn 3.

gemacht, von denen ein Gericht wegen Verletzung eines Gemeinschaftsgeschmacksmusters und das andere wegen der Verletzung eines nationalen Musterrechts, das gleichzeitig Schutz gewährt, angerufen wird, so hat sich das später angerufene Gericht von Amts wegen für unzuständig zu erklären, Art 95 Abs 1 GGV. Das nationale Gericht muss ebenfalls eine Klage wegen Verletzung eines nationalen Musterrechts abweisen, sofern bereits ein rechtskräftiges Urteil über ein Gemeinschaftsgeschmacksmuster, das gleichzeitig Schutz gewährt, zwischen den Parteien ergangen ist, Art 95 Abs 3 GGV. Gleiches gilt für das Gemeinschaftsgeschmacksmustergericht, sofern bereits eine rechtskräftige Entscheidung über ein nationales Musterrecht ergangen ist, Art 95 Abs 2 GGV. Auf einstweilige Maßnahmen, einschließlich Sicherungsmaßnahmen, ist Art 95 Abs 1, 2 und 3 nicht anwendbar, Art 95 Abs 4 GGV.

**99** Gem Art 96 Abs 1 und 2 GGV werden andere Bestimmungen des Gemeinschaftsrechts sowie nationales Recht wie bspw Marken-, Patent-, Gebrauchsmuster-, Wettbewerbs- oder Urheberrecht ebenso wie die zivilrechtliche Haftung nicht berührt. Sofern neben einem gemeinschaftsgeschmacksmusterrechtlichen Anspruch ein **wettbewerbsrechtlicher** geltend gemacht wird, so ist nach §§ 63 Abs 4, 53 GeschmMG das Gericht zuständig, das auch für das Geschmacksmusterverfahren zuständig ist.

## IV. Designer – Entwerfer von Medienprodukten

**100** Der Designer[236] bzw Entwerfer eines Geschmacksmusters kann selbstständig oder aufgrund eines Angestelltenverhältnisses tätig werden.[237]

**101** Das sich aus dieser Entwurfstätigkeit ergebende Recht steht dem Entwerfer oder seinem Rechtsnachfolger nach § 7 Abs 1 S 1 GeschmMG zu. Juristische Personen können nicht selbst Entwerfer iSd Geschmacksmusterrechts sein,[238] sie können aber durch Musteranmeldung Rechtsinhaber werden.[239] Eine Beschränkung hinsichtlich der Staatsangehörigkeit besteht nicht,[240] der Anmelder muss lediglich rechts- und parteifähig sein. Die Entwurfstätigkeit selbst ist **Realakt**.[241]

**102** Liegt eine **gemeinsame Entwurfstätigkeit** vor, so besteht auch ein gemeinschaftliches Recht daran, § 7 Abs 1 S 2 GeschmMG.[242] Ist der Geschmacksmusterentwurf innerhalb eines Arbeitsverhältnisses entstanden, so steht dem Arbeitgeber das Recht daran zu, soweit vertraglich nichts anderes vereinbart wurde, § 7 Abs 2 GeschmMG.

**103** Nach § 10 S 1 GeschmMG hat der Entwerfer ein Recht gegenüber dem Anmelder oder dem Rechtsinhaber, im Verfahren vor dem DPMA und im Register als Entwerfer

---

[236] Dem Designer stehen neben den Designschutzrechten, die sein entworfenes Erzeugnis betreffen, andere ihn in seiner Person betreffende Schutzgesetze wie zB das sog Designerpersönlichkeitsrecht (vgl dazu Eichmann/von Falckenstein/*Eichmann* Allgemeines GeschmMG Rn 15 ff) die Künstlersozialversicherung (KSK), Bestimmungen über die Umsatzsteuer etc zu.
[237] Nach *Nordemann, A/Heise* sind Designer als arbeitnehmerähnliche Personen grds selbstständig tätig und würden in der Regel Einzelbüros ohne Angestellte betreiben, vereinzelt würden sie auch in Gesellschaften des bürger-

lichen Rechts oder Partnerschaftsgesellschaften zusammengeschlossen sein – vgl ZUM 2001, 128, 128.
[238] *Bulling/Langöhrig/Hellwig* Rn 205; Eichmann/von Falckenstein/*Eichmann* § 7 GeschmMG Rn 4.
[239] Eichmann/von Falckenstein/*von Falckenstein* § 11 GeschmMG Rn 10.
[240] Eichmann/von Falckenstein/*von Falckenstein* § 11 GeschmMG Rn 10.
[241] BGH GRUR 1979, 145, 148 – Aufwärmvorrichtung; Eichmann/von Falckenstein/*Eichmann* § 7 GeschmMG Rn 4.
[242] *Bulling/Langöhrig/Hellwig* Rn 202.

genannt zu werden.[243] Es geht dabei um die Anerkennung der eigentlichen (Design-) Leistung.[244]

## V. Abgrenzung zum Urheberrecht

In der Regel erfasst das Geschmacksmusterrecht angewandte Kunst und damit auch medienrechtlich relevante Erzeugnisse wie Computer Icons, Studioausstattungen uvm. Problematisch ist das Verhältnis zum Urheberrecht hinsichtlich der urheberrechtlichen Schutzschwelle. Zwar können beide Schutzrechte nebeneinander bestehen,[245] **noch** wird allerdings ein **hoher Maßstab** an die urheberrechtliche Gestaltungshöhe für Werke der angewandten Kunst gesetzt, so dass das Geschmacksmusterrecht damit eher zu einer Art „Auffangdesignschutzrecht" verfällt. Produkten simplerer Art, die zwar unter den urheberrechtlichen Schutz der Kleinen Münze fallen würden, wird mangels Absenkung der Gestaltungshöhe bei Werken der angewandten Kunst der effektivere Schutz des Urheberrechts verwehrt.

**104**

Das Problem liegt zunächst in der Ansicht, dass das Geschmacksmusterrecht als kleines Urheberrecht bzw Auffangrecht im Vergleich zum Urheberrecht bezeichnet wird. Wäre dem so, müssten sich beide Rechtsgebiete gleichen. Dies misslingt bereits bei den unterschiedlich ausgestalteten Schrankenregelungen.

**105**

### 1. Schutz des deutlich Überdurchschnittlichen?

a) **Rechtsprechungsansicht.** Die Rechtsprechung beharrt – trotz Reform des Geschmacksmusterrechts[246] – auf der Ansicht, dass Urheber- und Geschmacksmusterrecht in eine Art **Stufenverhältnis** zueinander zu setzen sind, weil nur ein gradueller Unterschied zwischen beiden Gebieten bestünde und kein wesentlicher.[247] Da das Geschmacksmusterrecht bereits Erzeugnisse der angewandten Kunst schützt, die „über das Alltägliche hinausgehen müssen", muss aus diesem Grund die urheberrechtliche Gestaltungshöhe noch höher angesetzt werden.[248] Die Rechtsprechung bezieht diese Ansicht auf sämtliche Gestaltungen und Erzeugnisse der angewandten Kunst,

**106**

---

[243] Das Benennungsrecht aus § 10 GeschmMG ist Teil des Designerpersönlichkeitsrechts, vgl Eichmann/von Falckenstein/*Eichmann* Allgemeines GeschmMG Rn 15.
[244] Eichmann/von Falckenstein/*von Falckenstein* § 10 GeschmMG Rn 2.
[245] Wandtke/Bullinger/*Bullinger* § 2 UrhR Rn 98; Eichmann/von Falckenstein/*Eichmann* Allgemeines GeschmMG Rn 32; *Zech* 159; es kann aber auch genauso gut eine eigenpersönliche Schöpfung vorliegen, der mangels Erreichens der Gestaltungshöhe kein urheber-, aber geschmacksmusterrechtlicher Schutz zukommen kann. Ebenso kann es bei Vorliegen der urheberrechtlichen Gestaltungshöhe an der geschmacksmusterrechtlichen gewerblichen Verwertbarkeit fehlen, so dass nur urheberrechtlicher Schutz in Betracht kommt. Vgl Schricker/Loewenheim/*Schricker/Loewenheim*

Einl UrhG Rn 47; Schricker/Loewenheim/*Loewenheim* § 2 UrhG Rn 159; *Kur* FS Schricker, 503, 510; *Zech* 159.
[246] Vgl Fn 3; *Zentek* WRP 2010, 73, 75.
[247] BVerfG GRUR 2005, 410, 410; BGH GRUR 1995, 581, 582 – Silberdistel; Möhring/Nicolini/*Ahlberg* UrhG § 2 Rn 68, 110; *Ulmer* Urheber- und Verlagsrecht 149; Schricker/Loewenheim/*Loewenheim* UrhG § 2 Rn 160; *Koschtial* GRUR 2004, 555, 555; *Wandtke/Bullinger* GRUR 1997, 573, 573 ff; *Zentek* 63 mit weiteren Ausführungen zu der Entstehungsgeschichte dieser Ansicht.
[248] BGH GRUR 1993, 34 – Motorsäge II; OLG Köln GRUR 1986, 889 – ARD-1; OLG Frankfurt aM GRUR 1987, 44 – WM-Slogan; *Kur* Die Alternativen zum Schutz durch das Urheberrecht in Deutschland, 194 f – mit weiteren Ausführungen zur Stufentheorie.

Kirsten-Inger Wöhrn

mithin auch auf Gebrauchsgrafiken und sogar Schriftwerke, die einem Anwendungszweck dienen.[249]

**107**      **b) Literaturansicht.** Die herrschende Meinung in der Literatur befürchtet bei Gewährung eines Schutzes durch die Kleine Münze[250] für Werke der angewandten Kunst eine Umgehung der formellen Voraussetzungen des Geschmacksmusterrechts. Daher spricht sich auch die herrschende Literatur für eine **Beibehaltung der erhöhten Gestaltungshöhe** für diese Werkart aus,[251] da sie davon ausgeht, dass durch das Bestehen des geschmacksmusterrechtlichen Schutzes eine Durchbrechung der Gleichbehandlung der Werkarten erforderlich wird. Der Grundsatz der „unité de l'art" ist also nicht anwendbar.[252]

**108**      Es gibt aber auch andere Stimmen der Literatur, die sich von dem Stufenverhältnis von Urheber- und Geschmacksmusterrecht distanzieren. Diese Ansichten neigen dazu, dass Erzeugnisse der angewandten Kunst anders zu erfassen sind.[253] So soll bspw lediglich das Geschmacksmusterrecht Erzeugnissen Schutz gewähren können, wenn deren Gebrauchsweck vorrangiger als deren Ästhetik ist.[254]

## 2. Schutz des Unterdurchschnittlichen?

**109**      Die These der Einführung eines urheberrechtlichen Schutzes für Unterdurchschnittliches[255] bezweckt die Gleichschaltung aller Werkkategorien, verkennt aber die Gefahr der Beschränkung des Formenschatzes. Dadurch wird ein weitergehender Schutz von Designleistungen gefordert, so dass darüber hinaus auch urheberrechtliche Persönlichkeitsrechte geltend gemacht und nicht nur geschmacksmusterrechtlicher Nachahmungsschutz eingeklagt werden können.[256] Die einzige Einschränkung, die sich diese Ansicht auferlegt, ist, dass ein Werk individuell sein muss.[257]

## 3. Splittung der Schutzuntergrenze je nach Erzeugnisart

**110**      *Zentek* spricht sich dafür aus, dass bspw im Bereich des Produktdesigns und bei Gebrauchsgrafiken eine **unterschiedliche urheberrechtliche Schutzuntergrenze** angesetzt werden sollte.[258] Für letztere sollte lediglich eine überdurchschnittliche – im Gegensatz zu einer (noch) geforderten deutlich überdurchschnittlichen – Leistung verlangt werden, da weder Geschmacksmuster- noch Wettbewerbsrecht einen Auffangschutz bieten könnten und zu nicht zufrieden stellenden Ergebnissen führen würden.[259] Das OLG Jena hat sich dieser Meinung angeschlossen, indem es ausführt, dass „ein grafisch gestaltetes, eindimensionales Plakatmotiv [...] im Gegensatz etwa zu einem Stoffdesign keinen Geschmacksmusterschutz in Anspruch nehmen [kann], da es sich nicht

---

[249] *Zentek* 63.
[250] Die Kleine Münze bezweckt den Schutz einfachster, gerade noch die Gestaltungshöhe erreichenden, Gestaltungen – BGH GRUR 1995, 581 – Silberdistel; *Zentek* 51.
[251] Wandtke/Bullinger/*Bullinger* § 2 UrhG Rn 95; *Schack* Rn 202; *Ulmer* 149 f; *Erdmann* FS von Gamm, 389, 402 f; *Loewenheim* GRUR Int 2004, 765, 765.
[252] „Unité de l'art" bedeutet „Einheit der Kunst". Dieser Grundsatz liegt dem französischen Recht zugrunde – *Gottschalk* 136,

Fn 194; *Kur* Die Alternativen zum Schutz durch das Urheberrecht in Deutschland, 195.
[253] *Zech* 162.
[254] *Nordemann* UFITA Band 50 (1967), 906, 911 f; *Zech* 163.
[255] *Nordemann, A/Heise* ZUM 2001, 128.
[256] *Zentek* 65.
[257] *Nordemann, A/Heise* ZUM 2001, 128, 139.
[258] *Zentek* 74 und Grafik auf 75.
[259] Vgl neben *Zentek* 74 auch *Schricker* GRUR 1996, 815, 819; Schricker/Loewenheim/*Loewenheim* Urheberrecht § 2 Rn 35.

um ein gewerbliches Muster handelt. [...] Geschützt ist auch die sog „Kleine Münze".["260]

### 4. Alternative Schutzmöglichkeiten?

*Geiger*[261] regt an, den Schutzumfang zu differenzieren und die Schutzgrenzen je **111** nach Schöpfung festzulegen. Neben dem Urheberrecht dürfte ergänzender Schutz (bspw über das Geschmacksmusterrecht) nicht bestehen, damit das damit modifizierte Freihaltebedürfnis anderer nicht erfasster Schöpfungen nicht umgangen wird. Zum anderen schlägt *Geiger*[262] vor, dass das Geschmacksmusterrecht einen selbstständigen Bereich an zu schützenden Erzeugnissen zugesprochen erhält, damit andere Schöpfungen nicht mehr unter den längeren und effektiveren Urheberrechtsschutz fallen können. Diese Alternative deckt sich mit der Ansicht der Rechtsprechung zum Stufenmodell mit der Ergänzung, dass eine Vermutung für das Geschmacksmusterrecht anhand des Gebrauchszwecks eingeführt werden soll.

### 5. Schutz der Kleinen Münze – Europäische Urheberrechtsentwicklung

Ausdrücklich wird in den einschlägigen Richtlinien[263] für Datenbankwerke, Com- **112** puterprogramme und Werke der Fotografie bestimmt, dass nur anhand der Kriterien der eigenpersönlichen, geistigen Schöpfung die Schutzfähigkeit ermittelt werden kann. Dies bedeutet eine Zurückweisung der Forderung nach einer überdurchschnittlichen Gestaltungshöhe.[264] Problematisch wird es, wenn sog einfachste Formen bereits urheberrechtlichen Schutz erlangen.

*Peifer*[265] befürchtet im Bereich der Präsentation von Medien insofern Probleme bei **113** Absenkung der urheberrechtlichen Gestaltungshöhe, da der Schutzumfang auch banalste Gestaltungen erfassen würde. Er weist darauf hin, dass dann selbst bei Kurzberichterstattungen darauf geachtet werden müsste, wessen Bildmaterial verwendet wird. Bei Großveranstaltungen gibt er zu Bedenken, dass Film- und Fotografierverbote die Konsequenz sein werden, da selbst Abbildungen von gemeinfreien Werken leistungsschutzrechtlich als Lichtbild geschützt sein können.[266] Er vermutet eine Ausuferung der Lizenzvergabe als Folge.

### 6. Wertung der unterschiedlichen Standpunkte und Kritik

Das Geschmacksmustergesetz ist spätestens seit der Umsetzung der Geschmacks- **114** muster-RL 98/71/EG[267] vom 13.10.1998[268] als eigenständiges, vom Urheberrecht

---

**260** OLG Jena GRUR-RR 2002, 379 – Rudolstädter Vogelschießen.
**261** *Geiger* Zusammenfassung der Standpunkte – Entwickelte Thesen, 257.
**262** S näher zu den Einzelheiten dieser Theorie: *Geiger* Zusammenfassung der Standpunkte – Entwickelte Thesen, 257.
**263** Schutzdauer-RL Art 6 (93/98/EWG, ABl Nr L 290/9 vom 24.11.1993, 13 – GRUR Int 1994, 141); Computerprogramm-RL Art 1 Abs 2 S 3 (91/250/EWG, Abl Nr L 122 vom 17.5.1991, 42 – GRUR Int 1991, 545); Datenbank-RL Art 3 Abs 1 (96/9/EG, Abl Nr 77 vom 27.3.1996, 20 – GRUR Int 1996, 806).

**264** Schricker/Loewenheim/*Loewenheim* § 2 UrhG Rn 33; Büscher/Dittmer/Schiwy/*Obergfell* Teil 1 Kap 10 § 2 UrhG Rn 47.
**265** *Peifer* UFITA 2007/II, 327, 336.
**266** *Peifer* UFITA 2007/II, 327, 335.
**267** Umsetzung der Richtlinie durch Inkrafttreten des Geschmacksmusterrechts erfolgte am 12.3.2004; s auch Wandtke/Bullinger/*Bullinger* § 2 UrhG Rn 98; *Wandtke/Ohst* GRUR Int 2005, 91, 92.
**268** Abl 289, 28; vgl auch Fn 2.

getrennt aufzufassendes Rechtsgebiet zu begreifen.[269] Die geschmacksmusterrechtlichen Voraussetzungen und Wirkungen heben sich deutlich von denen des Urheberrechts[270] ab, so dass die Auffassung von einer Wesensgleichheit nicht mehr haltbar ist. Für die Mustervoraussetzung der Eigenart wird nunmehr nicht mehr von einer individuellen Leistung ausgegangen. In der Begründung des BVerfG zu der Entscheidung „Laufendes Auge"[271] wird noch zur alten Rechtslage vom Begriff der geschmacksmusterrechtlichen Eigentümlichkeit ausgegangen, dh, dass für die Schutzfähigkeit ein überdurchschnittliches Erzeugnis vorliegen muss. Seit der Geschmacksmuster-RL 98/71/EG ist dieser Begriff durch den der Eigenart ersetzt worden, nach dem es nicht mehr um die individuelle Leistung geht, sondern um die Unterschiedlichkeit eines Musters im Vergleich mit anderen Mustern des vorbekannten Formenschatzes.[272] Damit hebt sich der neue Begriff der Eigenart grundlegend ab, da nunmehr auch durchschnittliche Leistungen Schutz erfahren können. Die Aufrechterhaltung der Stufentheorie lässt sich somit nicht mehr nachvollziehen.[273] Das Geschmacksmusterrecht ist als selbstständiges vom Urheberrecht **unabhängiges Schutzrecht** zu verstehen.[274]

**115** Da die Stufentheorie konsequenterweise damit hinfällig wird, entsteht eine Schutzlücke. Ob es dafür eines neuen verwandten Schutzrechts bedarf, wie *Kur*[275] es vorschlägt, erscheint zweifelhaft, wenn der Schutz über die kleine Münze für Werke der angewandten Kunst adäquat abgesenkt werden kann. Ein Beibehalten der im Vergleich zu Werken der bildenden Kunst höheren Gestaltungshöhe erscheint nicht mehr haltbar. Laut BGH darf keine Inhaltskontrolle zwischen beiden Werkarten angestellt werden, damit keine Rangbildung entsteht, die bereits im Vorfeld eine Höher- bzw Minderwertigkeit der einen oder anderen Werkart indiziert.[276] Auch vermag das nicht eingetragene Gemeinschaftsgeschmacksmuster diese Lücke nicht schließen. Es scheint zwar zunächst als eine Art Rechteerweiterung für eigentlich unter die Kleine Münze fallende Erzeugnisse der angewandten Kunst, die nach dem momentanen Rechtsverständnis nicht mangels Absenkung der Gestaltungshöhe unter urheberrechtlichen Schutz fallen. Allerdings wird dieser Schutz nur für drei Jahre ab der ersten Zugänglichmachung gewährt. Verletzungsfälle können aber noch Jahrzehnte danach auftreten, da ein Produktzyklus von längerer Dauer als der drei gewährten Jahre sein kann.[277]

**116** **Gesetzessystematisch** betrachtet, kann es auf urheberrechtlicher Ebene keine Differenzierung zwischen Werken der angewandten und der bildenden Kunst, bspw an einem Gebrauchszweck orientiert, geben. Beide Werkkategorien sind in § 2 Abs 1 Nr 4 UrhG ohne erkennbare Abstufung genannt. Der Schutz durch die Kleine Münze für Werke der angewandten Kunst dürfte damit grds möglich sein. Einer Differenzierung nach Schöpfungsarten ist kein Raum geboten, da das Urheberrecht den Schutz ästhetischer Formen bezweckt und nicht nach der Gebrauchsbestimmung eines Werkes unterscheidet.[278] Der Schutz der Kleinen Münze wird durch den 3-jährigen Schutz über das nicht eingetragene Gemeinschaftsgeschmacksmuster nicht umgangen. Die Schutzuntergrenze der urheberrechtlichen Kleinen Münze wird höher angesetzt

---

[269] *Zentek* WRP 2010, 73, 75.
[270] Vgl zu den urheberrechtlichen Voraussetzungen *Jani* Kap 1 Rn 49 ff.
[271] BVerfG GRUR 2005, 410 – Laufendes Auge.
[272] Eichmann/von Falckenstein/*Eichmann* § 2 GeschmMG Rn 12; *Jestaedt* GRUR 2008, 19; *Sauer* 42.
[273] So ua auch *Sauer* 89.
[274] Wandtke/Bullinger/*Bullinger* § 2 UrhR

Rn 98; *Koschtial* ZUM 2004, 555, 556; *Wandtke/Bullinger* GRUR 1997, 573, 575; *Sauer* 26.
[275] *Kur* Die Alternativen zum Schutz durch das Urheberrecht in Deutschland, 194.
[276] Vgl dazu auch RGZ 76, 339, 344 – Schulfraktur.
[277] *Hartwig* 8.
[278] S dazu auch *Zech* 163 f.

Kirsten-Inger Wöhrn

sein, bzw nach Umsetzung der Geschmacksmuster-RL 98/71/EG anders zu definieren sein als der Schutz des nicht eingetragenen Gemeinschaftsgeschmacksmusters.[279]

Natürlich darf eine Absenkung der Gestaltungshöhe nicht zur Abschwächung des **117** Freihaltebedürfnisses führen. Es kann nicht Sinn einer europäischen Harmonisierung sein, dass kreative Spielräume im Bereich der Digital- und Printmedien zunichte gemacht werden. Bei Printmedien müssen zB bereits gewisse Formen wie das bisher bekannte Taschenbuch- oder gebundene Format (Buchdeckel/-rücken/-einband) eines Buches frei bleiben, da sie als funktionsgebundene Gestaltungselemente nicht schutzfähig sein können.

Der Gebrauchszweck wird von der Literatur und der Rechtsprechung immer wieder **118** kritisch im Zusammenhang mit Werken der angewandten Kunst genannt. Sie verlangen daher mehr Individualität als bei anderen Werken. Zweck des Urheberrechts ist es, den ästhetischen Formen Schutz zu gewähren. Ein Gebrauchszweck spielt bei der Beurteilung, ob einer eigenpersönlich gestalteten Form oder einem Erzeugnis ein ästhetischer Gehalt innewohnt, keine Rolle. Maßgeblich ist der sog „ästhetische Überschuss".

Die **europäische Harmonisierung** hat bereits einen sog Unterbau für Lichtbilder **119** (den Lichtbildschutz nach § 72 UrhG) und Datenbanken (§§ 87 ff UrhG) eingeführt, ohne dass die Gestaltungshöhe bei derartigen Leistungen angehoben wurde.

Selbst bei Beibehaltung der höheren Anforderungen an die urheberrechtliche Gestaltungshöhe für Werke der angewandten Kunst ist die Abkopplung des Geschmacksmusterrechts vom Urheberrecht durch Umsetzung der RL 98/71/EG nicht zu verkennen. Beide Rechtsgebiete können zwar kumulativ Schutz gewähren, sind aber voneinander selbstständig zu betrachtende Schutzrechte. **120**

# § 6
## Verwertungsmöglichkeiten von Design

Die eigentliche Designleistung kann in einem einzelnen Element, das für sich oder **121** als Bestandteil eines Komplexes besteht, erfasst sein. Sie kann aber auch aus unterschiedlichen Elementen zu einem „übergreifenden Ganzen" zusammengefasst und damit als Gesamtkonzept zu begreifen sein. Es kommt auf die im Zusammenhang oder einzeln zu betrachtende Designleistung an, inwiefern sie geschmacksmusterrechtlichem Schutz zugänglich ist.

### I. Gesamte Konzepte – Formate

Zu der Schutzfähigkeit von **TV-Formaten** hat der BGH in seiner Entscheidung **122** „Fernsehformat" geäußert, dass das Format einer Fernsehshow dieser als Konzept zugrunde liegen würde und daher *urheberrechtlich* nicht schutzfähig sei.[280] Der BGH unterscheidet das Fernsehformat von der Fernsehserie, die durch ihren fiktiven Inhalt gekennzeichnet ist und durch ihre sich immer weiterentwickelnde und fortlaufende

---

[279] Vgl zu den Voraussetzungen des nicht eingetragenen Gemeinschaftsgeschmacksmusters Rn 56.

[280] BGH NJW 2003, 2828, 2829 – Sendeformat; vgl auch BGH GRUR 2003, 876; *Spacek* 112 f; *Schricker* GRUR Int 2004, 923, 925.

Handlung durchaus einem Schutz zugänglich sein kann. Das Format hingegen hält keine derartigen zusammenhängenden fiktiven Inhalte bereit. Nach Auffassung des BGH ist es „ein einheitliches Konzept von individueller Eigenart".[281] Es ist daher „unabhängig von der schöpferischen Leistung, auf der es beruht", nicht urheberrechtlich schutzfähig, da es lediglich auf einer individuellen geistigen Tätigkeit beruht.[282]

**123**   Fraglich ist, ob diese Entscheidung auf das *Geschmacksmusterrecht* übertragbar ist. Betont man, dass ein Format lediglich auf einem **Konzept** beruht, so muss auch hierfür geschmacksmusterrechtlicher Schutz versagt bleiben.[283] Geht man allerdings von der Gesamtgestaltung (dem Aufbau des Studios, der Studioeinrichtung, der Platzierung der einzelnen Sitzelemente bzw Moderatorenpositionen, Podeste, Podien, Schaufenster etc) aus, so muss diese sich vom sog vorbekannten Formenschatz unterscheiden, um geschmacksmusterrechtliche Eigenart annehmen und von einer möglichen Schutzfähigkeit ausgehen zu können. Dann ist allerdings wie im Urheberrecht nicht das eigentliche Konzept geschützt, sondern die dem TV-Format zugrunde liegende „Verpackung", dh die (ästhetische) **Gestaltung des Formats.**

**124**   Bei anderen Formaten wie bspw XING, facebook, StudiVZ etc kommt es für die Schutzfähigkeit darauf an, inwiefern eigengestalterische Möglichkeiten für den Nutzer verbleiben. Bei den gerade genannten Seiten, den sog **Web-Adressbüchern** ist die Gestaltung der Seite(n) in der Regel vorgegeben.[284] Auch wenn der Nutzer bei facebook die einzelnen Elemente seiner „eigenen" Seite selbstständig verschieben kann und damit jede Seite durch Hinzufügen oder Weglassen etwaiger Applikationen differieren wird, verschiebt oder verfügt der Nutzer lediglich über Vorgegebenes. Eine sich vom vorbekannten Formenschatz abhebende Seite kann sich somit grds nicht ergeben. Vom Musterschutz einer derartigen durch den Nutzer individuell auf seine Interessen abgestimmten Seite durch Anordnung bereits gestalteter Elemente kann in der Regel mangels Eigenart nicht ausgegangen werden.

**125**   Handelt es sich dahingegen um Plattformen, auf denen der Nutzer frei gestalterisch tätig werden kann, hängt die geschmacksmusterrechtliche Schutzfähigkeit davon ab, ob diese sich vom vorbekannten Formenschatz von registrierten Seiten abhebt und ob die Neuheit gewahrt ist.[285] Bspw kann ein Nutzer auf seiner selbstständig gestalteten Homepage individuell entworfene Icons präsentieren, die sich von den bereits registrierten Mustern unterscheiden. Ein geschmacksmusterrechtlicher Schutz könnte dafür unter der Bedingung des Vorliegens der weiteren Mustervoraussetzungen bestehen.

## II. Einzelne Elemente

**126**   Nach § 1 Nr 1 GeschmMG sind auch einzelne Teile schutzfähig, sofern diese **selbstständig die geschmacksmusterrechtlichen Voraussetzungen erfüllen.** So können bspw Verzierungen von Druckerzeugnissen, Rechnungen, Etiketten, Postern, Werbematerial als einzelne Elemente vom Schutz erfasst sein.

---

**281** BGH NJW 2003, 2828, 2829 – Sendeformat.
**282** BGH NJW 2003, 2828, 2830 – Sendeformat.
**283** Vgl auch Wandtke/*Wöhrn* 2. Kap Rn 71.
**284** Wandtke/Bullinger/*Bullinger* § 2 UrhR

Rn 159 zur urheberrechtlichen Schutzfähigkeit dieser Systeme.
**285** Wandtke/Bullinger/*Bullinger* § 2 UrhR Rn 159 zur urheberrechtlichen Schutzfähigkeit der eingestellten Videos als Filmwerk.

Ein einzelnes Element kann wiederum selbst aus einzelnen Elementen bestehen, die **127** in ihrer Gesamtbetrachtung ein geschmacksmusterrechtliches Muster darstellen. Einzelne Elemente können aber auch in einem Komplex integriert (lösbar oder verbunden) zur Schutzfähigkeit beitragen, indem alle Einzelelemente kumuliert den Gesamteindruck derart prägen, so dass ein Unterschied zu Vorbekanntem vorliegt und damit geschmacksmusterrechtliche Eigenart aufweist.[286]

## § 7
## Geschützte Designprodukte/Mediengestaltungen – Schutzmöglichkeiten

Das Erscheinungsbild, also das Design von Medien – seien sie stofflich verkörpert **128** oder nicht – kann ein maßgeblicher Faktor dafür sein, ob das Auge oder Ohr des Empfängers die Information erhält oder nicht.[287]

Vor Inanspruchnahme eines gesetzlich verankerten „Medienrechtsschutzes" kön- **129** nen bereits **produktpolitische Maßnahmen** ein Nachahmen von Designprodukten erschweren. Als Know-How-Barrieren benennt *Gottschalk* Gestaltungen, deren Nachahmung mit hohen Investitionskosten verbunden ist.[288] Ebenso spricht sie sich für sichtbare, bspw in Form von Hologrammen, und unsichtbare, zB technische Sicherungen als Kontrollmerkmale aus, die einen Nachahmungsschutz bilden können.

Reichen diese beispielhaft genannten Maßnahmen gegen Nachahmungen nicht **130** aus, so kann sich der Registerschutz über das Geschmacksmusterrecht zwar als aufwendiger hinsichtlich der Formalitäten, aber womöglich als effektiver erweisen.

### I. Stofflich verkörperte Medien

Designleistungen können stofflich verkörpert als Layout von Printmedien (Zeitun- **131** gen, Zeitschriften, Buchdeckel, Kochbuchseiten, Illustrationen etc) wiedergegeben sein. Stofflich verkörperte Corporate Designs[289] treten bspw auf Visitenkarten, Plakaten, Postern, in der Werbung in Zeitschriften und Zeitungen, auf Etiketten sowie auf Briefbögen in Erscheinung. Unter der Voraussetzung, dass Eigenart, Neuheit und keine Schutzausschlussgründe vorliegen,[290] muss geschmacksmusterrechtlicher Schutz für fast alle denkbaren stofflich verkörperten, medienrechtlichen Designleistungen in Betracht gezogen werden. Da die Biegsamkeit, das Gewicht oder die Handhabung in der zur Musterregistrierung einzureichenden Darstellung nicht wahrnehmbar gemacht werden kann, ist ein Schutz dahingehend ausgeschlossen. Musterschutz nach dem nicht eingetragenen Gemeinschaftsgeschmacksmuster kann aber derartige Merkmale mit umfassen.[291]

---

**286** Vgl Eichmann/von Falckenstein/*Eichmann* § 1 GeschmMG Rn 21.
**287** *Tyler Eastman* 153.
**288** *Gottschalk* 34.
**289** S näher zum Corporate Design unter Rn 162 ff.

**290** S näher zu den Voraussetzungen und den Schutzausschlussgründen Rn 20 ff.
**291** *Bulling/Langöhrig/Hellwig* Rn 23.

### 1. Printmedien – Printdesign

**132**     Je nach Printmedium rückt die Gestaltung mehr oder weniger in den Vordergrund. Bei Büchern wird in der Regel dem Inhalt Priorität beizumessen sein. Dem Trägermedium Buch, das zur Verbreitung des Inhalts beiträgt, kommt trotz Einführung von E-Books noch große Bedeutung zu.[292] Die (ästhetische) Gestaltung eines Bucheinbandes soll Interesse wecken, dekorativ wirken, Qualität vermitteln oder einen Wiedererkennungseffekt erzeugen.[293] Wichtig ist bei Zeitungen und Zeitschriften ein einheitliches Gesamtkonzept. Dieses ist insb neben einem bereits bestehenden Titel bei der Gestaltung von neu einzuführenden Titeln und Themenbereichen zu berücksichtigen.[294] Schutzfähigkeit kann der einzelnen Überschrift,[295] der einzeln gestalteten Seite oder dem dem Printmedium zugrunde liegenden gesamten Konzept zukommen.

**133**     a) **Layout von Printmedien.** Dem Layout von Printmedien kommt je nach Art unterschiedliche Bedeutung zu. **Nicht periodisch erscheinende Printmedien** können, sofern der Inhalt nicht bereits selbst überzeugt oder bislang unbeachtet blieb, über ein bestimmtes auf den Inhalt abgestimmtes Layout Interesse beim Verbraucher wecken. Bei **periodisch erscheinenden Produkten** wie zB einer wissenschaftlichen Buchreihe oder einer Reihe eines bestimmten Buchautors, die sich auf dem Markt etabliert hat, bedarf es einer einheitlichen Gestaltung des Layouts, damit der Verbraucher neu erscheinende Bände dieser Reihe wiedererkennen und zuordnen kann. Der **Wiedererkennungseffekt** bzw die **Kontinuität** ist hierbei von übergeordneter Bedeutung. Erscheinen Printprodukte von Dritten mit einem ähnlichen Layout, so kann dies zu einer Verwechslung auf dem Absatzmarkt führen und für die ursprünglich Veröffentlichenden qualitativ abträglich sein, da sich die Etablierung einer besonderen Reihe in der Regel als Qualitätsmerkmal darstellen wird. Die Gestaltung eines Bucheinbands, eines Buchdeckels, von Kochbuchseiten bzw von Illustrationen verhilft dem einzelnen Printprodukt, sich von anderen Gestaltungen aus dem vorbekannten Formenschatz abzusetzen und somit geschmacksmusterrechtlichen Schutz zu erlangen.

**134**     b) **Plakate und Poster.** Auch Plakate und Poster sind dem Geschmacksmusterschutz zugänglich. Grds sind sie nach dem Abkommen von Locarno über die internationale Klassifikation von gewerblichen Mustern und Modellen unter der Klasse 19 Unterklasse 8 eingegliedert. Insb sind Filmposter wichtige Werbemittel, die bspw bei einem dargestellten Film für einen hohen Wiedererkennungseffekt sorgen können.[296] Häufig werden anschließend CD- und DVD-Cover sowie andere Fanartikel identisch oder ähnlich gestaltet. Auch Großveranstaltungen wie Sportereignisse können durch Plakate und Poster einen einheitlichen Gesamtauftritt erreichen. Für den Zeitraum der Veranstaltung kann somit für Sportler und für Zuschauer ein Zugehörigkeitsgefühl bzw ein Wiedererkennungseffekt generiert werden, der dieses Ereignis identifizierbar werden lässt. Beim HABM sind diverse unterschiedliche Poster und Plakate von der FIFA angemeldet worden, auf denen zB ein Fußball aus einem Stadion herausgeschossen kommt[297] oder ein Löwe (genannt „Goleo") bekleidet mit einem Fußballtrikot in triumphierender Pose mit einem Fußball abgebildet ist.[298]

---

[292] Im Jahr 2003 gab es bspw in Deutschland 80.971 Neuerscheinungen und eine Gesamtauflage von ca 774 Mio Büchern, vgl *Wirtz* 210.
[293] Zu den Funktionen eines Designs Rn 8 ff.
[294] *Wirtz* 195.
[295] Vgl näher dazu Rn 114.

[296] *Wirtz* 311.
[297] Nummer des beim HABM eingetragenen Geschmacksmusters: 000248760-0002, Tag der Veröffentlichung 2.11.2004, Ablaufdatum: 2.11.2009.
[298] Nummer des beim HABM eingetragenen

**c) Werbung und Werbetexte.** Eine stofflich verkörperte Werbung bzw ein Werbetext (Slogan) besteht in der Regel aus Schriftzeichen und/oder Grafiken. Typografische Schriftzeichen und grafische Symbole sind grds dem Musterschutz zugänglich, vgl § 1 Nr 2 GeschmMG, so dass eine Kombination derer als Teil einer Schrift- und Bildwerbung oder Schriftzeichen allein als Werbetext geschmacksmusterrechtsschutzfähig sein können. Der Inhalt der verkörperten Schriftzeichen kann durch das Geschmacksmusterrecht nicht geschützt werden.[299] Demgemäß ist nicht maßgeblich, ob es sich dabei um eine politische Werbung oder um eine herkömmliche Produktwerbung handelt.          **135**

Der Werbung kann somit als Gesamterzeugnis Musterschutz zukommen, es können aber auch einzelne grafische Elemente selbstständig schutzfähig sein.          **136**

**d) Verpackungen und Etiketten. Verpackungen** sind dem geschmacksmusterrechtlichen Schutz unabhängig davon zugänglich, ob deren Inhalt ebenfalls musterschutzfähig ist.[300] Ebenso wenig maßgeblich ist, ob die Verpackung lediglich dem Schutz der Ware dient oder darüber hinaus die Ware in einer besonderen Art und Weise vermarkten soll. Sie wird in der Regel neben Zeitungs-, Zeitschriften- und Buchprodukten für Medienprodukte von Bedeutung sein, die einen Träger benötigen wie zB Computer- und Videospiele sowie Musik-CDs und DVDs.[301]          **137**

Hiervon abzugrenzen ist die **Ausstattung.** Sie bezieht sich auf die „Aufmachung" der Ware bzw Verpackung[302] und ist ebenfalls dem Musterschutz zugänglich. **Etiketten** sind als Hinzufügung einer Ausstattung integriert musterschutzfähig[303] bzw sind auch allein dem Geschmacksmusterschutz zugänglich, selbst wenn sie Teil eines eigenständigen Erzeugnisses sind.[304]          **138**

**e) Briefbögen, Visitenkarten, Flyer.** Briefbögen, Visitenkarten, Flyer und dergleichen können Mediengegenstände darstellen, mittels derer sich ein Unternehmen eine sog Corporate Identity gibt.[305]          **139**

Grds gilt für derartige Gegenstände ebenfalls, dass Musterschutz bei Vorliegen der geschmacksmusterrechtlichen Voraussetzungen möglich ist. Bei der Gestaltung von Briefen und Postsendungen ist es jedoch empfehlenswert, zumindest die gängigen Formate von Sendungen zu beachten, da sie in den üblichen Briefversandzentren maschinen-lesefähig sein müssen.          **140**

## 2. Sonstige Designprodukte

**a) Schutz für Medienprodukte vermittelnde Gegenstände.** Gegenstände, die Medienprodukte beinhalten, ausstellen oder veröffentlichen, können ebenfalls geschmacksmusterrechtlich geschützt sein. So sind bspw beim HABM Gegenstände wie          **141**

---

Geschmacksmusters: 000298724-0009, Tag der Veröffentlichung 21.2.2005, Ablaufdatum: 21.2.2009, als Angabe des Erzeugnisses sind neben den Begriffen Poster und Plakat auch Logos angegeben.
[299] Eichmann/von Falckenstein/*Eichmann* § 1 GeschmMG Rn 28.
[300] Eichmann/von Falckenstein/*Eichmann* § 1 GeschmMG Rn 17.

[301] *Wirtz* 105.
[302] Eichmann/von Falckenstein/*Eichmann* § 1 GeschmMG Rn 18.
[303] Eichmann/von Falckenstein/*Eichmann* § 1 GeschmMG Rn 18.
[304] Eichmann/von Falckenstein/*Eichmann* § 1 GeschmMG Rn 38; *Eichmann* Mitt 1989, 191, 195.
[305] S näher zur Corporate Identity Rn 162 ff.

eine SD-Karte[306] zur Speicherung von Fotos, eine Litfaßsäule[307] oder eine Präsentationsmappe[308] registriert.

**142**    b) **Oberflächenstrukturen.** Einige stofflich verkörperte Medien wie bspw Einbände für Kinderbücher werden mit originellen Stoffen oder Materialien eingefasst, so dass die Sinneswahrnehmung des Fühlens und Ertastens gefördert wird. Derartige Oberflächenstrukturen sind als plastisch wahrnehmbare Modelle musterschutzfähig. Sie können lediglich stofflich verkörpert geschützt sein. Original-Modelle dürfen seit Inkrafttreten des neuen Geschmacksmusterrechts nicht mehr eingereicht werden; allerdings kann gem § 11 Abs 2 S 2 GeschmMG die Wiedergabe durch einen flächenmäßigen Musterabschnitt ersetzt werden.[309] Somit kommt es bei der einzureichenden Darstellung auf eine qualitativ hochwertige Abbildung an. Oberflächenstrukturen können zweidimensional, aber auch dreidimensional gestaltet sein.[310]

## II. Stofflich nicht verkörperte Medien

**143**    Das Geschmacksmusterrecht schützt ebenfalls Erzeugnisse, die nicht stofflich verkörpert sein müssen – wie zB Bildschirmlayouts –, wenn der anzumeldende Gegenstand ein zwei- bzw dreidimensionales Muster darstellt und die Voraussetzungen der Neuheit und Eigenart erfüllt.

**144**    Stofflich nicht verkörperte Designleistungen können stofflich verkörpert als Layout von Printmedien (Zeitungen, Zeitschriften, Buchdeckel, Kochbuchseiten, Illustrationen etc) wiedergegeben sein.

**145**    Auf geschmacksmusterrechtlicher Ebene existiert allerdings mangels Wahrnehmungsmöglichkeiten als Gegenstand kein den **Hör- oder Geruchsmarken** entsprechender Schutz.[311]

### 1. Bild- und Tondesign

**146**    Zwar sind Computerprogramme grds nicht vom Geschmacksmusterschutz erfasst, dennoch können auch Bildschirmlayouts ebenfalls bei Vorliegen von Neuheit und Eigenart geschmacksmusterrechtlich geschützt sein.[312] Ein „**Tondesign**" kann mangels zwei- bzw dreidimensionaler Darstellung nicht über das Geschmacksmusterrecht geschützt sein.[313]

**147**    a) **Fernseh-/TV-Design bzw On-Air Design.** Das Erscheinungsbild eines Fernsehsenders oder einer Sendung wird in der Regel als **Fernsehdesign, TV-Design** bzw im

---

**306** Beim HABM eingetragen unter der Nr: 000283544-0001 Anmeldetag: 21.1.2005, Ablaufdatum: 21.1.2010.
**307** Beim HABM eingetragen unter der Nr: 000090170-0001 Anmeldetag: 22.10.2003, Ablaufdatum: 22.10.2008.
**308** Unter der Angabe Buchdeckel lässt sich eine Art Präsentationsmappe im Register des HABM finden, eingetragen unter der Nr: 000037437-0001 Anmeldetag: 6.6.2003, Ablaufdatum: 6.6.2008.
**309** Vgl Eichmann/von Falckenstein/ *von Falckenstein* § 11 GeschmMG Rn 54 ff.

**310** Eichmann/von Falckenstein/*Eichmann* § 1 GeschmMG Rn 11.
**311** Eichmann/von Falckenstein/*Eichmann* § 1 GeschmMG Rn 14.
**312** Beim HABM eingetragen unter Klasse 14-04 als Bildschirmlayout: Nr: 000536131-0001 Anmeldetag: 30.5.2006, Ablaufdatum: 30.5.2011.
**313** Eichmann/von Falckenstein/*Eichmann* § 1 GeschmMG Rn 14.

englischsprachigen Raum **On-Air Design** bezeichnet. Es ist als Teil des Corporate Designs bzw der Corporate Identity des Senders zu verstehen und wird idR nach dem Aufrufen des Fernsehsenders oder der Webseite des Senders durch den Zuschauer sichtbar.[314] Sinn und Zweck ist es, dass der Zuschauer das entsprechend ausgestrahlte Programm bzw den gewählten Sender unmittelbar (wieder)erkennen kann. Die eigentliche „Verpackung" im TV-Bereich besteht aus **optischen und akustischen Elementen**.[315] Letztere sind geschmacksmusterrechtlichem Schutz nicht zugänglich, da akustische Elemente keine Erzeugnisse darstellen, die zwei- oder dreidimensional als Muster oder Modell wahrnehmbar sind. Allerdings können optische Elemente wie zB Logos[316] von Sendern, Studiogestaltungen, die Moderatoren- und Geschäftsausstattung sowie die Einleitung und Beendigung von Werbeblöcken durch sendereigene Symbole als wahrnehmbares Element geschützt werden.

**Grafische Bildschirmdarstellungen** werden mittlerweile von sämtlichen Fernsehsendern verwendet, um Programmhinweise (wie zB Programmtafeln, eingeblendete Hinweise am unteren oder oberen Bildschirmrand), Eilmeldungen, Börsendaten oä dem Zuschauer mitzuteilen. Derartige Bildschirmelemente erfahren idR als zweidimensionale Erscheinungsformen geschmacksmusterrechtlichen Schutz.[317] Deren Sichtbarkeit auf dem Bildschirm reicht aus. Geschützt wird nur die Darstellung **eines einzelnen stehenden Bildes oder Elementes**, nicht dahingegen eine Abfolge von Bewegtbildern bzw ein Film, vgl auch § 6 Abs 1 GeschmMV (Wiedergabe des Musters).[318] **148**

b) **Film-/Videodesign.** Grds kann Filmen und Videos bzw bewegten Bildern in ihrer Abfolge **kein Geschmacksmusterschutz** zukommen, da nur die Darstellung an sich schutzfähig ist, vgl auch § 6 Abs 1 GeschmMV. Für derartige Bildabläufe kann hingegen urheberrechtlicher Schutz in Betracht kommen.[319] **149**

Geht es darum, ein bestimmtes Genre oder ein Konzept in einem Film oder Video (bspw in einem Musikvideo) schützen zu lassen, so wird ein geschmacksmusterrechtlicher Schutz häufig am **Freihaltebedürfnis** scheitern. Eine Indiander-Szenerie in einem Film ist in der Regel nicht geschmacksmusterrechtlich schutzfähig, da es sich lediglich um ein Konzept handeln wird, das sich nicht konkret individualisieren lässt. Schutzfähigkeit kann aber vorliegen, wenn die Ausstattung selbst wie zB Indianerzelte und entsprechende Kleidung der Schauspieler, neu und eigenartig ist. Ebenso kann bspw eine die Ausstattung umgebende Kulisse geschmacksmusterrechtlichen Schutz erlangen. Die einzelne Gestaltung eines bestimmten Bildes in einem Film[320] wie zB die konkrete Ausgestaltung einer Küchenszenerie in einer Kochserie, kann somit schutzfähig sein. **150**

Der dem Film oder dem Video (**Sounddesign**) zugrunde liegende Ton kann geschmacksmusterrechtlich nicht geschützt werden.[321] Der Ton bzw Sound ist kein Erzeugnis im geschmacksmusterrechtlichen Sinn, der zwei- oder dreidimensional als Muster oder Modell wahrnehmbar ist. **151**

---

[314] S auch zum Corporate Design unter Rn 162 ff.
[315] *Wirtz* 392.
[316] Vgl zum geschmacksmusterrechtlichen Schutz von Logos ausf *Klett* Band 3 Kap 7.
[317] Eichmann/von Falckenstein/*Eichmann* § 1 GeschmMG Rn 27, 14.

[318] Vgl auch zum Film-/Videodesign Rn 149 ff.
[319] Eichmann/von Falckenstein/*Eichmann* § 1 GeschmMG Rn 27; vgl näher zum Filmrecht *Czernik* Kap 2.
[320] Vgl näher zum Filmrecht *Czernik* Kap 2.
[321] Eichmann/von Falckenstein/*Eichmann* § 1 GeschmMG Rn 14.

### 2. Rundfunk/Telemedien

**152**      Im Gegensatz zum Markenrecht (Hörmarken) gewährt das Geschmacksmuster keinen Schutz für Gehörtes oder Gesprochenes, da Akustisches kein Erzeugnis iSd § 1 GeschmMG darstellt.[322] Für **Rundfunksender** kann allerdings geschmacksmusterrechtlicher Schutz über das Coporate Design[323] in Betracht kommen. Zwar sind Logos[324] oder die Aufmachung eines Rundfunksenders für den einzelnen Zuhörer nicht über das Radio wahrnehmbar, dennoch präsentiert sich der Sender im alltäglichen Geschäftsverkehr bspw bei Zusendung von Informationsmaterial bzw Gewinnpreisen oder bei Veranstaltungen mittels seiner Corporate Identity.

**153**      Entsprechendes gilt für **Telemedien**. Sie präsentieren sich Dritten gegenüber mittels Ihrer Corporate Identity.[325] Gegenstände, Erzeugnisse etc, die Informations- und Kommunikationsdienste im Geschäftsverkehr verwenden, können wiederum selbst geschmacksmusterrechtlich geschützt sein.

### 3. Internet – Websitedesign

**154**      Eine Internetseite oder Webseite stellt im Grunde genommen keinen Gegenstand im herkömmlichen Sinne dar. Geschmacksmusterrechtlich wird eine Internet- oder eine Webseite als **zweidimensionale Form** erfasst, die sichtbar ist und damit im Gegensatz zu Computerprogrammen durchaus geschmacksmusterrechtlichen Schutz erlangen kann.[326]

**155**      Wird eine Webseite von einem ausgebildeten (Web-)Designer, einem Designbüro oder einer Werbeagentur individuell gestaltet, so wird in der Regel von einem geschmacksmusterrechtlichen Schutz dieser Seite ausgegangen, da sich der Gesamteindruck der einzelnen Seiten von den bereits bestehenden Seiten unterscheiden wird.[327] Der geschmacksmusterrechtliche Schutzumfang von Internetseiten wird umso größer sein, je eher sich die Gestaltung der Seite von bereits offenbarten Seiten abhebt.[328]

**156**      Musterschutz kann sich auch für die Gestaltung einzelner **Icons** ergeben. **Datenträger** für Homepages oder Icons etc[329] sind vom Schutz ebenso wie Computerprogramme[330] aufgrund der ihnen zugrunde liegenden technischen Bedingtheit ausgenommen.[331]

### III. Schutz von Schrifttypen

**157**      Der Schutz von Schrifttypen ist für stofflich verkörperte wie für stofflich nicht verkörperte Medien gleichermaßen von Interesse. **Typografische Schriftzeichen**[332] kön-

---

[322] Eichmann/von Falckenstein/*Eichmann* § 1 GeschmMG Rn 14.
[323] Vgl näher zum Coporate Design Rn 162 ff.
[324] Vgl auch *Klett* Band 3 Kap 7.
[325] Vgl Rn 162 ff.
[326] Eichmann/von Falckenstein/*Eichmann* § 1 GeschmMG Rn 27; *Murray* 71, 72.
[327] *Börsch* MMR 2993, IX, X.
[328] *Heutz* MMR 2005, 567, 571.
[329] Eichmann/von Falckenstein/*Eichmann* § 38 GeschmMG Rn 13; *Murray* 71, 72.
[330] Eichmann/von Falckenstein/*Eichmann* § 3 GeschmMG Rn 3 ff, § 38 GeschmMG Rn 13.

[331] Allerdings müssen technisch bedingte Merkmale einer Gestaltung einen Schutz nicht gänzlich ausschließen, sofern das Erzeugnis prägende Merkmale aufweist, die die geschmacksmusterrechtlichen Voraussetzungen erfüllen. Das Muster kann in seiner Gesamtheit geschützt sein. Schutz lässt sich allerdings daraus nicht für die technisch bedingten Merkmale im Einzelnen ableiten.
[332] Unter typografischen Schriftzeichen versteht man Alphabete inklusive Akzente, Satzzeichen, Ziffern, Symbole. Bei der Anmeldung beim DPMA muss die Wiedergabe des Musters

---

nen als Erzeugnisse nach § 1 Nr 2 GeschmMG geschützt sein. Ist ein Zeichen bzw eine Schriftart eigenartig und neu ausgestaltet, so ergibt sich dafür geschmacksmusterrechtlicher Schutz im herkömmlichen Sinne. Der Schutz kann für die Gestaltung einer Schriftart, einzelner Buchstaben oder auch für Zeichen bestehen, denen als integriertem Bestandteil eines Geschmacksmusters Schutz auch über die Gesamtbetrachtung zukommen kann. Im Gegensatz dazu ist der daraus entstehende Inhalt geschmacksmusterrechtlich wiederum nicht geschützt.[333]

Die Verkehrsfähigkeit spielt für die Musterfähigkeit von Schrifttypen oder -zeichen keine Rolle und beeinflusst sie nicht.[334] Somit wird eine Schrift zunächst in der Regel Zwischenprodukt sein und erst später bspw auf einem Werbeplakat seine bestimmungsgemäße Verwendung finden. **158**

Geschmacksmusterrechtlichen Schutz können **digitalisierte Schriften** (wie Times New Roman, Arial etc) nicht erlangen, wenn man den Schutz wie im Urheberrecht[335] über den Schutz des ihnen zugrunde liegenden Computerprogramms bzw „die eigenschöpferische Programmierleistung der Schriftendesigner"[336] ableitet. Geschmacksmusterrechtlich stellt ein Computerprogramm keine grafische Darstellung dar und kann daher keinen Schutz erreichen. Schutzfähigkeit können digitalisierte Schriften dennoch erlangen, wenn auf ihre Form abgestellt wird und diese ein Erzeugnis iSd § 1 Nr 2 GeschmMG darstellen. **159**

## IV. Medienunternehmen

Traditionelle Medienunternehmen wie zB Verlage und Rundfunksender sind für die Bündelung von Inhalten zuständig.[337] Diese sind allerdings nicht allein verantwortlich für die Produktion von Medien. Auch solche Unternehmen, die vorab Medieninhalte produzieren, diese zusammenfassen bzw verteilen, müssen berücksichtigt werden. Firmen, die Medieninhalte erstellen, sind zumeist Agenturen aus der Werbebranche, Nachrichtendienste oÄ. Der Vertrieb von Medien erfolgt dann durch den Handel.[338] **160**

Bei Medienunternehmen hängt dessen Marktposition in der Regel von dem zu produzierenden Produkt ab.[339] Es kann mithin bei derartigen Unternehmen zu einer Bündelung von unterschiedlichen Rechten an diversen Geschmacksmustern kommen. Ein Medienunternehmen wird in der Regel Erzeugnisse vertreiben, die geschmacksmusterrechtlich schutzfähig sein können. Bspw kann ein Verlag eine Zeitung publizieren, deren Titelblatt geschmacksmusterrechtlich geschützt ist. Darüber hinaus kann das Unternehmen das eigene sog Corporate Design als Geschmacksmuster schützen lassen. **161**

---

alle Buchstaben des Alphabets in Groß- und Kleinschreibung, alle arabischen Ziffern sowie fünf Zeilen Text, jeweils in Schriftgröße 16 Punkt umfassen, § 6 Abs 6 GGV. Der Schutz erstreckt sich auf das Schriftbild als Gesamtheit.
[333] Eichmann/von Falckenstein/*Eichmann* § 1 GeschmMG Rn 28.
[334] Eichmann/von Falckenstein/*Eichmann* § 1 GeschmMG Rn 38.

[335] Urheberrechtlicher Schutz ergibt sich dann nach den § 69 ff UrhG; LG Köln CR 2000, 431 – Computerschriften; *Zentek* 56 f.
[336] LG Köln NJW-RR 2000, 1150.
[337] *Breyer-Mayländer/Seeger* Medienmarketing 4.
[338] *Breyer-Mayländer/Seeger* Medienmarketing 4.
[339] *Breyer-Mayländer/Seeger* Medienmarketing 3.

## V. Corporate Design eines Unternehmens

**162**  Unternehmen investieren in ihre Marktstrategie oft hohe Summen, um sich von der Konkurrenz abheben zu können. Sie benötigen ein **einheitliches Erscheinungsbild bzw eine Unternehmensidentität (sog Corporate Identity)**, das bzw die sich wie ein „roter Faden" durch alle vom Unternehmen benutzten Medien (wie zB Visitenkarten, Firmenlogos,[340] Briefköpfe, Firmenwebseiten, Präsentationsstände, Plakate, Flyer, Werbepost etc) zieht. Das **Corporate Design**, das die Visualisierung des Unternehmens nach innen und außen prägt, muss mit einem Blick erfassbar, zeitgemäß bzw mit dem Unternehmen identifizierbar sein und eine hohe Wiedererkennungsrate aufweisen. Es gilt die vom Unternehmen in seine Vermarktungsstrategie getätigten **Investitionen zu schützen**, so dass Dritte die Corporate Identity nicht durch simple Nachahmung schwächen oder verfälschen können. Das Corporate Design ist als Teil der Corporate Identity zu verstehen. Abgesehen vom akustischen Auftritt (Corporate Sound)[341] können Produkte, die mit dem Coporate Design ausgestattet sind, geschmacksmusterrechtlich schutzfähig sein, solange es sich um zwei- oder dreidimensionale Erscheinungen eines ganzen Erzeugnisses oder eines Teils davon handelt, § 1 GeschmMG.

**163**  *Börsch*[342] geht davon aus, dass ähnlich wie bei Webseiten eine Einschaltung eines Designers für die Gestaltung des Corporate Designs zu 80 % garantieren kann, dass geschmacksmusterrechtlicher Schutz dafür bestehen wird.[343]

**164**  Abzugrenzen ist das Corporate Design von der **Corporate Identity** (Unternehmensidentität oder Firmenpersönlichkeit), die sich über das von einem Unternehmen hergestellte Produkt (erst) ergeben kann. *Gottschalk*[344] führt dazu aus, dass die Corporate Identity den europäischen Industrien die Möglichkeit gibt, sich von konkurrierenden Erzeugnissen aus Billiglohnländern mit einem firmeneigenen entworfenen Produkt abzusetzen.

## § 8
## Designvertrag

**165**  Der einem Auftragswerk zugrunde liegende Designvertrag ist zumeist **zweistufig**,[345] bestehend aus einem Werkvertrag für die Erstellung und einem zusätzlichen Lizenzvertrag zur Einräumung der Nutzungsrechte, ausgestaltet.[346] Es gilt hierbei auf der

---

**340**  Vgl *Klett* Band 3 Kap 7.
**341**  Vgl dazu bereits Rn 146, 151 f.
**342**  *Börsch* MMR 2003, IX, XI.
**343**  *Börsch* bezieht sich dabei auf die mathematischen Berechnungen nach der Gauss'schen Glockenformel über die Schutzmöglichkeiten von Durchschnittlichem, Überdurchschnittlichem bzw deutlich Überdurch-schnittlichem aus dem Artikel von *Nordemann/Heise* ZUM 2001, 128, 136, wobei nach der Reform des Geschmacksmusterrechts durch die RL 98/71/EG nunmehr Musterschutz für durchschnittliche Leistungen bestehen kann, sofern diese sich vom vorbekannten Formenschatz abheben können. Es ist damit nicht mehr von

einer überdurchschnittlichen Leistung auszugehen – vgl auch Rn 23.
**344**  *Gottschalk* 28.
**345**  S näher zum Zweistufenvertrag Loewenheim/*G Schulze* § 70 Rn 120 ff; Dreier/Schulze/*Schulze* Vor § 31 UrhG Rn 165 ff.
**346**  Vgl Ausführungen von *Schulze* NZBau 2007, 537, 541 zu Designverträgen in Abgrenzung zu Architektenverträgen. Designer erstellen nach *Schulze* grds ein Design oder einen Entwurf, der anschließend auf dieser Grundlage vervielfältigt wird; Dreier/Schulze/*Schulze* Vor § 31 UrhG Rn 165; Loewenheim/*G Schulze* § 70 Rn 120.

einen Seite, die Rechte des Designers (Entwerfers) weitestgehend zu schützen und auf der anderen Seite für den Nutzer (bspw ein Unternehmen, den Betreiber einer Webseite, den Herausgeber eines Buches) soweit Rechte einzuräumen, dass eine effektive Ausnutzung des Designs stattfinden kann. Die erste Stufe beinhaltet damit in der Regel den **Auftrag für ein bestimmtes Design** und die zweite die entsprechende **Nutzungsrechtseinräumung**. In einfacher gelagerten Verträgen findet man die Nutzungsrechtseinräumung häufig im eigentlichen (Werk-)Vertrag mitenthalten.[347]

Ist in Designverträgen die Vorgabe durch den Besteller nicht exakt beschrieben, **166** kann der Designer sich auf seine Gestaltungsfreiheit bei vermeintlichen Mängeln des Designs berufen.[348] Daher sollte die Aufgabe in der ersten Stufe des Vertrages so genau wie möglich dargestellt werden.[349] In der zweiten Stufe des Designvertrages ist der Umfang der Nutzung durch den Besteller so genau wie möglich in zeitlicher, inhaltlicher und räumlicher Hinsicht festzuhalten.[350]

Die Festlegung der Vergütung sollte sich dann in beiden Stufen widerspiegeln, in- **167** dem zum einen die ursprüngliche Entwurfstätigkeit und zum anderen die anschließende Nutzungsrechtseinräumung berücksichtigt werden.

---

**347** S zB Nutzungsrechtseinräumung in einem Webdesign-Vertrag www.haerting.de/downloads/vertragstexte/design.pdf – dort unter § 5.
**348** Loewenheim/*G Schulze* § 70 Rn 122.
**349** S näher zur ersten Stufe des Designvertrages

Loewenheim/*G Schulze* § 70 Rn 121 ff; Dreier/Schulze/*Schulze* Vor § 31 UrhG Rn 166.
**350** Loewenheim/*G Schulze* § 70 Rn 126; Dreier/Schulze/*Schulze* Vor § 31 UrhG Rn 167.

# Kapitel 8
# Patent-/Gebrauchsmusterrecht

## Literatur

*Bartenbach* Patent- und Know-How-Lizenzvertrag, 6. Aufl Köln 2007; *Beier* Gebrauchs-musterreform auf halbem Wege: Die überholte Raumform GRUR 1986, 1; *Benkard* EPÜ, 1. Aufl München 2002; *Benkard* Patentgesetz, 10. Aufl München 2006; *Betten* Patentschutz von Computerprogrammen GRUR 2000, 501; *Brändel* Offene Fragen zum „ergänzenden Schutzzertifikat" GRUR 2001, 875; *Brandi-Dohrn* Arbeitnehmererfindungsschutz bei Softwareerstellung CR 2001, 285; *Bühring* GebrMG 7. Aufl Köln 2007; *Busse* PatG 6. Aufl Berlin 2003; *Czekay* Nochmals zur deduktiven Formulierung von Patentansprüchen GRUR 1985, 477; *Eisenmann/ Jautz* Grundriss Gewerblicher Rechtsschutz und Urheberrecht, 8. Aufl Heidelberg 2009; *Goden-hielm* Ist die Erfindung etwas Immaterielles? GRUR Int 1996, 327; *Holzer* Gewerbliche Anwend-barkeit: Säule oder Krücke des Systems? Von Anwendbarkeit zu Betriebsmäßigkeit in: von Bom-hard ua (Hrsg) Festschrift für Pagenberg, Köln 2005; *Hufnagel* Wann endet der Patentschutz? – Hindernisse für den Markteintritt von Generika PharmaRecht 2003, 267; *Jestaedt* Patentrecht, 2. Aufl Köln 2008; *Kraßer* Patentrecht, 6. Aufl München 2009; *Kühnen/Geschke* Die Durchset-zung von Patenten in der Praxis, 4. Aufl Köln 2010; *Lindenmaier* Das Patentgesetz, 6. Aufl Köln 1973; *Meineke* Nachahmungsschutz für Industriedesign im deutschen und amerikanischen Recht, Heidelberg 1991; *Mes* Patentgesetz, 2. Aufl München 2005; *Nielsen* Grundfragen einer Reform des deutschen Gebrauchsmusterrechts, Berlin 1982; *Papke* Der „allwissende" Durch-schnittsfachmann GRUR 1980, 147; *Pietzcker* Gebrauchsmuster – das technische Schutzrecht der Zukunft? GRUR Int 2004, 380; *Roberts* Paper, Scissors, Stone EIPR 1998, 89; *Schulte* Patent-gesetz mit EPÜ, 8. Aufl Köln 2008; *Weber* Ästhetische Wirkungen als Grundlage des Erfindungs-schutzes GRUR 1939, 452; *Teufel* Patentschutz für Software in: Einsele/Franke (Hrsg) Festschrift 50 Jahre VPP, Duisburg 2005.

## *Übersicht*

# § 1
## Nationales und europäisches Patentrecht

**1**    Dem technische Erfindungen schützenden **Patent bzw Gebrauchsmuster** kommt in der Praxis eine **erhebliche Bedeutung** zu; im Jahr 2010 wurden beim Deutschen Patent- und Markenamt (DPMA) in München 59.245 Patentanmeldungen registriert. Im Bestand des DPMA befanden sich – einschließlich der mit Wirkung (auch) für die Bundesrepublik Deutschland erteilten Europäischen Patente – im Jahr 2010 knapp 526.000 Patente. Die besondere Bedeutung wird insb durch die Möglichkeit unterstrichen, entsprechende Schutzrechtspositionen an Dritte aus- bzw solche von Dritten einzulizenzieren.[1]

**2**    Trotz dieser Bedeutung mag es überraschend anmuten, dass der **Begriff der „Erfindung"** weder im Patentrecht noch in einem sonstigen Gesetz des Gewerblichen Rechtsschutzes legal definiert ist; sämtliche gesetzlichen Regelungen, die sich auf Erfindungen beziehen, setzen den Begriff der „Erfindung" vielmehr voraus. *Weiss* hat seinerzeit ausgeführt, dass eine Erfindung „ein überragendes Problem der Philosophie sei, das unendlich viele Möglichkeiten der Auslegung und Lösung biete".[2]

**3**    Dies rührt auch daher, dass der Begriff der „Erfindung" im heutigen Sprachgebrauch sehr breit eingesetzt wird: So findet er Verwendung nicht nur in technischen Lebensbereichen, in denen es um „technische" Erfindungen geht, sondern auch in anderen Lebenssachverhalten; wer hat zB nicht schon einmal im Zusammenhang mit Erzählungen davon gehört, dass eine Geschichte „erfunden" wurde. Aufgrund dieses Sprachgebrauchs des Begriffs „Erfindung" ließe sich auch daran denken, diese – zumindest auch – in Richtung Urheberrecht zu interpretieren bzw zu verorten.

**4**    Und tatsächlich begegnet einem der Begriff des „Urhebers" auch bei Erfindungen, und zwar selbst dann, wenn man den Begriff der „Erfindung" im engeren, also im technischen Sinne, versteht. In diesen Fällen geht es oft darum, zu kennzeichnen, wer Urheber (= Erfinder) der der (technischen) Erfindung zugrunde liegenden technischen Lehre ist (dazu noch sogleich unter Rn 5 ff).

## I. Erfindung als Gegenstand des Patents

**5**    Unabhängig vom allgemeinen Sprachgebrauch ist allerdings festzuhalten, dass das zum Gewerblichen Rechtsschutz zählende **Patent- und Gebrauchsmusterrecht** den Begriff der **„Erfindung" allein in einem engen, rein technischen Sinne** versteht:

**6**    Nationales und europäisches Patentrecht gewähren – wie auch das deutsche Gebrauchsmusterrecht – einen **Schutz für schöpferische Arbeitsergebnisse**, die **auf dem Gebiet der Technik** erzielt worden sind. Der Schutzgegenstand eines Patents- bzw Gebrauchsmusters betrifft allein technische Erfindungen.[3]

**7**    In diesem Zusammenhang wird eine **Erfindung von der Rechtsprechung definiert als** eine bisher noch nicht bekannte Lehre zur Lösung eines technischen Problems, also als eine vom Menschen stammende Regel zum planmäßigen Handeln unter Einsatz

---

[1] Vgl dazu Band 1 Kap 6 (Lizenzvertragsrecht) sowie *Bartenbach* Patentlizenz- und Know-how-Vertrag Rn 1 ff.
[2] *Lindenmaier/Weiss* PatG aF § 1 Rn 4.

[3] *Kraßer* PatR § 1 AII; *Benkard/Bacher/Melullis* PatG § 1 Rn 40 ff; *Schulte/Moufang* PatG Art 52 EPÜ Rn 9 ff; *Benkard/Melullis* EPÜ Art 52 Rn 1 ff.

beherrschbarer Naturkräfte zur Herbeiführung eines kausal übersehbaren Erfolges; diese Lehre muss wiederholbar, ausführbar und fertig sein.[4] Eine in der wissenschaftlichen Literatur verwendete Definition beschreibt eine „Erfindung" wie folgt: „Eine Erfindung im Sinne des Patentrechts ist eine technische Lehre. Dies setzt voraus, dass sie eine konkrete Handlungsanweisung gibt, einen praktischen Nutzen hat, in wiederholbarer Weise realisierbar ist und die technische Lösung einer technischen Aufgabe durch technische Überlegungen darstellt."[5]

Nach § 9 PatG werden zwei Kategorien von Patenten unterschieden:                            **8**

- **Erzeugnispatent**; dabei betrifft eine Erzeugniserfindung zB den Aufbau einer Maschine bzw den eines chemischen Stoffes oder die Anordnung zB einer elektrischen Schaltung;
- **Verfahrenspatent**; ein solches betrifft eine Verfahrenserfindung, zB die Art und Weise eines Herstellungsverfahrens oder ein Arbeitsverfahren, zB die Arbeitsweise eines Rechners.

Die Voraussetzung einer **Lehre zum technischen Handeln**[6] grenzt das Patentrecht   **9** zugleich ab; denn die **erforderliche Technizität** macht es für nichttechnische Leistungen, etwa auf dem Gebiet der Wissenschaft, Wirtschaft, Kunst und Literatur, unanwendbar.[7] Dieser Ausschluss lässt es zunächst paradox erscheinen, wenn man im Zusammenhang mit Medien auch von Patenten spricht; wie jedoch die Einleitung des Herausgebers in Band 1 Kap 1 bereits darstellt, können Patente einen unmittelbaren Einfluss auf Medienprodukte haben. Patente schützen im Hinblick auf Medien insofern allerdings nicht den mit den „Medien" verbreiteten Inhalt, sondern Patente können ebenso wie Gebrauchsmuster – soweit ihre Schutzvoraussetzungen erfüllt sind (vgl nachfolgend Rn 11 ff) – das den Inhalt enthaltende Produkt, also den Träger der Information (wie zB bestimmte Formen von Datenträgern etc) schützen.

**Computerprogramme** (vgl auch §§ 69a ff UrhG) als solche sind **mangels techni-**   **10** **schen Charakters vom Patent- bzw Gebrauchsmusterschutz ausgeschlossen, § 1 Abs 2 Nr 3 PatG, Art 52 EPÜ.** Dieser Ausschluss betrifft reine Computerprogramme, also den bloßen Programmtext,[8] bzw reine Verfahrensansprüche. Selbst der Umstand, dass die Ergebnisse der eingesetzten Software auch oder sogar primär einen technischen Bereich betreffen, verleiht der Software noch nicht die **erforderliche Technizität.**[9] Handelt es sich hingegen um datenverarbeitungsbezogene Erfindungen, wie zB bei Verfahren zur Verbesserung der Arbeitsweise einer Datenverarbeitungsanlage, betrifft sie also die Funktionsfähigkeit der Anlage als solche,[10] ist ein Patentschutz denkbar.[11] **Entscheidend** ist insoweit, **ob eine Lehre für ein Programm** für Datenverarbeitungsanlagen **durch eine Erkenntnis geprägt ist,** die **auf technischen Überlegungen beruht.**[12]

---

[4]  BGH GRUR 1986, 531, 533 – Flugkostenminimierung; BGH GRUR 1981, 39 f – Walzstababteilung; BGH GRUR 1980, 849, 850 – Antiblockiersystem; BGH GRUR 1977, 152, 153 – Kennungsscheibe; *Schulte/Moufang* PatG Art 52 EPÜ Rn 17 ff; zum Begriff „fertige Erfindung" vgl auch BGH GRUR 1971, 210, 212 – Wildverbissverhinderung; s auch Gesetzesbegründung zur Umsetzung der Biopatent-RL BT-Drucks 15/1709, 5 ff.

[5]  *Schulte/Moufang* PatG § 1 Rn 18.

[6]  *Benkard/Melullis* EPÜ Art 52 Rn 50 ff; vgl auch BGH GRUR 1965, 533, 534 – Typensatz.

[7]  Vgl die zahlreichen Beispiele bei *Benkard/Bacher/Melullis* PatG § 1 Rn 95 ff; s insoweit auch die nicht abschließende, negative Aufzählung in § 1 Abs 3 PatG.

[8]  BGH GRUR 2001, 155 – Wetterführungspläne I.

[9]  BGH GRUR 2001, 155 – Wetterführungspläne I.

[10]  BGH GRUR 1992, 33 – Seitenpuffer; vgl *Betten* GRUR 2000, 501.

[11]  Dazu *Teufel* FS 50 Jahre VPP 608 ff; ders Mitt 2008, 196 ff.

[12]  BGH CR 2000, 281 – Logikverifikation.

Auch Datenverarbeitungsanlagen kann technischer Charakter zukommen.[13] Ein Patent-/ Gebrauchsmusterschutz kommt insgesamt allerdings nur in Betracht, wenn der Patentanspruch über die Computernutzung hinaus **weitere Anweisungen** enthält, denen ein **konkretes technisches Problem** zugrunde liegt.[14] Der Schutz von Software durch Patente ist international sehr unterschiedlich geregelt; während er in Deutschland nur eingeschränkt zu erlangen ist (vgl die vorstehenden Anforderungen an den unmittelbaren Zusammenhang mit technischen Prozessen), ist er zB in den USA leichter zugänglich; zwar war dort für die Patentierung von Software früher ebenfalls ein technischer Zusammenhang gefordert, diese Maxime hat das USPTO (US Patent and Trademark Office) jedoch zunehmend aufgeweicht, so dass es heute in den USA auch möglich ist, sogar Geschäftsideen („buisness methods") für den räumlichen Geltungsbereich der USA patentieren zu lassen.

## II. Materielle Voraussetzungen eines Patents

**11**  § 1 Abs 1 PatG bzw Art 52 Abs 1 EPÜ nennen als materielle Voraussetzungen des Patentschutzes[15]:
- die Lösung eines technischen Problems aufgrund **erfinderischer Tätigkeit**,
- deren **Neuheit** sowie
- ihre **gewerbliche Anwendbarkeit.**

### 1. Erfinderische Tätigkeit

**12**  Dabei normieren § 4 PatG bzw Art 56 EPÜ, dass das Erfordernis der erfinderischen Tätigkeit nur erfüllt ist, wenn sich die gefundene **Lösung nicht bereits naheliegend aus dem Stand der Technik** ergibt. Dieses Kriterium wird oftmals auch als „Erfindungshöhe" beschrieben.

**13**  Als Beurteilungsmaßstab für die Frage, ob die erfinderische Tätigkeit anzunehmen bzw die Erfindungshöhe zu bejahen ist, ist auf die **Kenntnis des sog „Durchschnittsfachmanns"** auf dem einschlägigen Fachgebiet abzustellen.[16] Das, was ein Durchschnittsfachmann zu leisten imstande ist, wird nicht als erfinderische Tätigkeit iSd § 4 PatG bzw Art 56 EPÜ angesehen.[17]

**14**  Gleichwohl ist klarzustellen, dass als Erfindungen nicht nur sog Pioniererfindungen gelten, also solche, die einen besonders großen technologischen Sprung bedeuten, sondern auch kleine Weiterentwicklungen, die eine bisherige Technik bzw Technologie nur leicht verbessern.

**15**  Dabei ist anerkannt, dass sich die für eine Patentfähigkeit erforderliche Erfindungshöhe auch daraus ergeben kann, dass die neue technische Lehre eine besondere ästhetische Wirkung hervorruft.[18]

---

[13] BGH CR 2002, 88 – Zeichenketten; *Brandi-Dohrn* CR 2001, 285, 289.
[14] BGH GRUR 2004, 667, 669 – Elektronischer Zahlungsverkehr; BGH GRUR 2002, 143 – Suche fehlerhafter Zeichenketten.
[15] Vgl dazu insgesamt ausf *Jestaedt* PatR Rn 187 ff.
[16] Vgl BGH GRUR 1952, 120 – Erfindungshöhe sowie BGH GRUR 1953, 120, 122 – Rohrschelle zur Frage, was von einem Durch-

schnittsfachmann zu erwarten ist; *Benkard/ Melullis* EPÜ Art 56 Rn 39 ff; *Schulte/Moufang* PatG § 4 Rn 42 ff; s dazu auch *Czekay* GRUR 1985, 477, 478; *Papke* GRUR 1980, 147 ff.
[17] BGH GRUR 1954, 107, 110 – Mehrfachschelle.
[18] Vgl BGH Mitt 1972, 235 f – Rauhreifkerze; BGH GRUR 1967, 590, 591 – Garagentor; BGH GRUR 1966, 249, 250 – Suppenrezept.

## 2. Neuheit

Neuheit der Erfindung bedeutet nach der Legaldefinition in § 3 Abs 1 PatG bzw **16**
Art 54, 55 EPÜ, dass die **Erfindung nicht zum Stand der Technik** gehören darf.

Der **Stand der Technik bestimmt sich durch die öffentlich für jedermann zugäng-** **17**
**lichen Kenntnisse**; er umfasst also alle Informationen, die vor einem bestimmten Stichtag durch schriftliche oder mündliche Beschreibung, durch Benutzung oder in sonstiger Weise der Öffentlichkeit zugänglich gemacht worden sind. Ob dies im Inland
oder Ausland erfolgt ist, also wo zB ein neuheitsschädliches Dokument veröffentlicht
wurde, spielt dabei keine Rolle. Insofern wird auch von einem **absoluten Neuheits-**
**begriff** gesprochen.

Der entscheidende **Stichtag** für die Frage, welche Informationen für die Bewertung **18**
der Neuheit einer Erfindung heranzuziehen sind, ist der für den Zeitrang der Schutzrechtsanmeldung maßgebliche Tag.

## 3. Gewerbliche Anwendbarkeit

Darüber hinaus ist Voraussetzung, dass die Erfindung gewerblich anwendbar ist, **19**
wobei der **Begriff der gewerblichen Anwendbarkeit** in § 5 Abs 1 PatG bzw Art 52
Abs 4, Art 57 EPÜ **legal definiert** ist.[19] Danach ist eine Erfindung gewerblich anwendbar, wenn ihr Gegenstand auf irgendeinem gewerblichen Gebiet einschließlich der
Landwirtschaft hergestellt oder benutzt werden kann. Durch die Voraussetzung der
gewerblichen Anwendbarkeit lässt sich das Patentrecht – ebenso wie das Gebrauchsmusterrecht – **vom Urheberrecht abgrenzen**, da letzteres für seine Entstehung gerade
keine gewerbliche Anwendbarkeit erfordert.

## III. Erteilungsverfahren

Der **Schutz durch ein Patent entsteht noch nicht allein durch die fertige Erfindung.** **20**
Er entfaltet sich erst durch Erteilung eines Patents durch das Deutsche Patent- und
Markenamt in München (DPMA) bzw eine sonstige nationale oder internationale
Erteilungsbehörde (zB das Europäische Patentamt – EPA), nachdem die Erfindung
schriftlich zum Schutzrecht, dem Patent, angemeldet worden ist (vgl §§ 35 ff PatG;
Art 75 ff EPÜ).

Die Anmeldung muss nach § **34 Abs 3 PatG** den Namen des Anmelders, einen An- **21**
trag auf Patenterteilung, einen Patentanspruch, eine Beschreibung der Erfindung sowie
erforderliche Zeichnungen enthalten. Von erheblicher Bedeutung ist in diesem Zusammenhang der Patentanspruch; in ihm ist anzugeben, was unter Schutz gestellt werden
soll bzw wofür Schutz beansprucht wird. Dementsprechend bestimmt § 14 PatG, dass
der Schutzbereich eines Patents durch den Inhalt des Patentanspruchs bestimmt wird.

Die **Erteilungsbehörde prüft die formellen und materiellen Voraussetzungen** der **22**
Anmeldung bzw der Erfindung. Das Schutzrecht wird erst erteilt, wenn die Anmeldung sowohl die formellen als auch die materiellen Voraussetzungen erfüllt (vgl § 49
Abs 1 PatG; Art 97 Abs 2 EPÜ). Diese Prüfung kann sich über mehrere Jahre hin-
ziehen.

---

**19** Vgl dazu *Holzer* FS Pagenberg 19 ff; s auch  EPÜ Art 57 Rn 1 ff sowie *Schulte/Moufang*
die Kommentierungen bei *Benkard/Jestaedt*  PatG § 5 Rn 5 ff.

**23**  **18 Monate nach der Anmeldung** – und damit regelmäßig vor Patenterteilung – wird im Patentblatt auf die Möglichkeit der Einsichtnahme in die Patentanmeldungsakte hingewiesen. Zugleich veröffentlicht das DPMA den Inhalt der Patentanmeldung in der sog Offenlegungsschrift, § 32 Abs 1 und 2 PatG (sog **Offenlegung**); ab Offenlegung des Patents bis zu dessen Erteilung besteht für den Anmelder bei unbefugter Benutzung ein **Entschädigungsanspruch nach § 33 PatG**, s Rn 42.

**24**  Für die tatsächliche Erlangung des Schutzrechts sind zum einen eine Prüfungsgebühr (vgl § 44 Abs 3 PatG; Art 94 Abs 2 EPÜ) und – bei späterer Schutzrechtserteilung – ab dem dritten Patentjahr auch Jahresgebühren für die Aufrechterhaltung der Patentanmeldung bzw des Patents zu entrichten.

**25**  **Mit der Patenterteilung ist das Patent allerdings noch nicht endgültig, dh rechtsbeständig, erteilt**; denn innerhalb eines in den jeweiligen nationalen Rechtsordnungen definierten Zeitraums nach Veröffentlichung im Patentblatt kann jeder Dritte schriftlich **Einspruch** gegen das Patent erheben; im deutschen Patentrecht sind dies drei Monate, im europäischen Patentrecht beträgt die Einspruchsfrist neun Monate. Die Einspruchsgründe sind im PatG bzw EPÜ jedoch enumerativ aufgezählt, dh auf andere, als die dort angegebenen, kann ein Einspruch nicht gestützt werden. Erfolgt im Rahmen eines Einspruchsverfahrens ein Widerruf des Patents, so gelten dessen Wirkungen als von Anfang an nicht eingetreten.

**26**  Ist die Einspruchsfrist abgelaufen und kein Widerspruch erfolgt bzw hat ein solcher nicht zum Erfolg geführt, ist das Patent rechtsbeständig erteilt. Für Dritte besteht nun lediglich noch die Möglichkeit, gegen das Patent eine **Nichtigkeitsklage** vor den jeweils zuständigen nationalen Gerichten zu erheben, doch auch diese ist in ihren Gründen – wie der Einspruch – beschränkt, in Deutschland ist dies das Bundespatentgericht (§ 81 PatG).

**27**  Vorstehende Ausführungen zum Erteilungsverfahren zeigen, dass auch insoweit ein **Unterschied zum Urheberrecht** besteht; denn dieses entsteht mit der Schöpfung des Werkes, es bedarf insofern insb keiner Anmeldung, formalen Eintragung bzw Hinterlegung etc.

## IV. Rechtsnatur und Wirkungen des Patents

**28**  Das Patent ist als Immaterialgüterrecht ein absolutes Recht und damit ein Vermögensrecht an einem verselbstständigten, verkehrsfähigen sowie unkörperlichen geistigen Gut, das von dem Entwickler der dem Patent zugrunde liegenden Erfindung unabhängig ist.[20]

**29**  Es gewährt seinem Inhaber die gesetzlich normierten **positiven wie negativen Befugnisse**:

**30**  Dem Recht des Patentinhabers zur **alleinigen Nutzung** als positivem Benutzungsrecht nach § 9 S 1 PatG steht korrespondierend sein Recht, Dritte von der Benutzung auszuschließen, als **negatives Untersagungsrecht** gegenüber (§ 9 S 2 PatG).

**31**  Ist ein Erzeugnis Gegenstand eines Patents, so ist es Dritten ohne Zustimmung des Inhabers untersagt, dieses Erzeugnis herzustellen, anzubieten, in Verkehr zu bringen

---

[20]  Vgl *Kraßer* PatR § 1 A II 2; *Benkard/Bacher/Melullis* § 1 PatG Rn 2c sowie *Benkard/Melullis* § 6 PatG Rn 14; ähnl auch *Busse/Keuken-schrijver* § 6 PatG Rn 13; *Godenhielm* GRUR Int 1996, 327 ff.

Soenke Fock

oder zu gebrauchen oder es zu den genannten Zwecken entweder einzuführen oder zu besitzen, § 9 S 2 Ziff 1 PatG.

Ist Gegenstand eines Patents ein Verfahren, ist es Dritten untersagt, das Verfahren anzuwenden (§ 9 S 2 Ziff 2 PatG), es anderen Personen zur Anwendung anzubieten (§ 9 S 2 Ziff 2 PatG) sowie das durch ein Verfahren, das Gegenstand des Patents ist, unmittelbar hergestellte Erzeugnis anzubieten, in Verkehr zu bringen oder zu gebrauchen bzw zu den genannten Zwecken entweder einzuführen oder zu besitzen (§ 9 S 2 Ziff 3 PatG) **32**

Das Untersagungsrecht erstreckt sich auch auf die in § 10 PatG genannten mittelbaren Benutzungsarten. Danach ist es Dritten verboten, ohne Zustimmung des Patentinhabers in Deutschland anderen als zur Benutzung der patentierten Erfindung berechtigten Personen Mittel, die sich auf ein wesentliches Element der Erfindung beziehen, zur Benutzung der Erfindung in Deutschland anzubieten oder zu liefern, wenn der Dritte weiß oder wenn es aufgrund der Umstände offensichtlich ist, dass diese Mittel dazu geeignet und bestimmt sind, für die Benutzung der Erfindung verwendet zu werden.[21] **33**

Nach **Art 64 EPÜ** gilt dies entsprechend für ein europäisches Patent, bei dem Deutschland in der Patentanmeldung als Vertragsstaat benannt worden ist; denn ein **europäisches Patent** ist insofern kein für alle Benennungsstaaten einheitliches Schutzrecht, sondern ein **Bündel separater, jeweils territorial begrenzt geltender Patente**; lediglich ihre Entstehung ist im Rahmen einer Singulären Europäischen Patentanmeldung einheitlich.[22] **34**

Das dem Schutzrechtsinhaber zustehende Verbietungsrecht kann selbst gegenüber einem **Doppelerfinder** geltend gemacht werden, also demjenigen, der dieselbe Erfindung durch eigene, unabhängige Leistung erbracht, für die von ihm zuvor gemachte Erfindung jedoch kein Schutzrecht, insb ein Patent, erwirkt hat (sog „first-to-file"-Grundsatz)[23]. Diese „Sperrwirkung des Patents" ist in § 6 S 3 PatG sowie in **Art 60 Abs 2 EPÜ** niedergelegt.[24] **35**

**Keine Wirkung** entfaltet das Patent allerdings gegenüber demjenigen, der sich nach § 12 PatG auf ein **Vorbenutzungsrecht** berufen kann. **Voraussetzungen** eines solchen Vorbenutzungsrechts sind der Erfindungsbesitz des Dritten, dessen Ausübung vor dem Zeitrang des Patents, keine dauerhafte Unterbrechung des Erfindungsbesitzes sowie fehlende Bösgläubigkeit bei Ausübung des Erfindungsbesitzes durch den Dritten.[25] **36**

**Wichtigste Anspruchsgrundlage** im Patent(verletzungs)recht ist § 139 PatG; während § 139 Abs 1 PatG dem Inhaber gegen den Verletzer einen Unterlassungsanspruch zuspricht, gewährt § 139 Abs 2 PatG bei Verschulden des Verletzers auch einen Schadensersatzanspruch. Letzterer kann entweder auf den konkret entstandenen Schaden ausgerichtet sein oder aber der Schaden kann – und das ist, da sich der konkret entstandene Schaden meist nur schwer (und nachweisbar) beziffern lässt, die Regel – **37**

---

21 Vgl dazu im Einzelnen *Kühnen/Geschke* Patente Rn 126 ff.
22 BGH GRUR 2007, 705 – Aufarbeitung von Fahrzeugkomponenten.
23 Anders in den USA, wo bislang noch der Grundsatz „first-to-invent" gilt, vgl *Roberts* EIPR 1998, 89 ff; zu Harmonisierungsbemühungen vgl auch *Bardehle* GRUR 1998, 182, 183 f; mehrere Gesetzgebungsvorhaben (ua der sog *Patent Reform Act of 2006*), die zu

wesentlichen Änderungen des US-amerikanischen Patentrechts und ua zu einer Annäherung an die ansonsten weltweit geltende „first to file"-Regel führen sollten, sind bis heute nicht wesentlich vorangekommen.
24 S dazu *Busse/Keukenschrijver* § 6 PatG Rn 44 ff; *Schulte/Kühnen* § 6 PatG Rn 23.
25 BGH GRUR 1964, 673 – Kasten für Fußabtrittsroste.

nach einer der drei von der Rechtsprechung entwickelten objektiven Schadensberechnungsarten ermittelt werden; in Rede stehen die Methode der Lizenzanalogie, die Herausgabe des Verletzergewinns sowie die Schadensschätzung.[26]

**38** Neben diesen Ansprüchen kennt das PatG – unabhängig von den allgemeinen Ansprüchen auf Auskunft aus § 242 BGB – eine Reihe weiterer, Unterlassung und Schadensersatz oftmals **flankierender Ansprüche**, und zwar insb den Anspruch auf **Vernichtung bzw Beseitigung** (§ 140a PatG) sowie auf detaillierte **Auskunft** über den Vertriebsweg patentverletzender Gegenstände (§ 140b PatG).

## V. Aufrechterhaltung und Laufzeit des Patents

**39** Die Schutzdauer bzw die Laufzeit eines Patents ist – sieht man von der Möglichkeit der Beantragung eines ergänzenden Schutzzertifikats für auf zulassungspflichtige Produkte bezogene Erfindungen nach § 16a PatG (Art 63 Abs 2 EPÜ) einmal ab[27] – gem § 16 Abs 1 S 1 PatG bzw Art 63 Abs 1 EPÜ auf **maximal 20 Jahre** begrenzt. Die Laufzeit beginnt ab dem Tag, der auf die Anmeldung folgt.

**40** Sie ist zudem abhängig von der rechtzeitigen Zahlung der ab dem dritten Jahr ab Patentanmeldung anfallenden **Aufrechterhaltungsgebühren**.

**41** Obwohl die Schutzwirkung grds einen Tag nach der Anmeldung zum Schutzrecht beginnt, entfalten die aus dem Patent selbst ableitbaren **positiven und negativen Rechte der §§ 9 ff PatG erst mit der Veröffentlichung der Erteilung des Schutzrechts** ihre Wirkung (§ 58 PatG) erst ab diesen Zeitpunkt können zB Unterlassungs- und Schadensersatzanspruch geltend gemacht werden.

**42** Im **davor liegenden Zeitraum** besteht bei Nutzung des Gegenstands einer deutschen Patentanmeldung ab Offenlegung der Patentanmeldung zwar ein Anspruch des Inhabers gegen den Nutzer. Dieser entspricht jedoch nicht den Ansprüchen aus §§ 139 ff PatG, sondern es handelt sich insofern lediglich um einen **Entschädigungsanspruch** des späteren Schutzrechtsinhabers nach § 33 PatG; bei europäischen Patentanmeldungen kann sich ein solcher Entschädigungsanspruch aus Art II § 1 IntPatÜG ergeben.[28]

§ 2
**Gebrauchsmusterrecht**

## I. Gegenstand des Gebrauchsmusters

**43** Das Gebrauchsmusterrecht steht dem Patentrecht zur Seite. Beide Gesetze sind weitestgehend **parallel ausgestaltet**.[29] Da es wie das Patentgesetz einen Schutz für schöpferische Leistungen auf dem Gebiet der Technik gewährt, stellt es ebenfalls einen (technischen) Erfindungsschutz dar.[30]

**44** Gegenstand des Gebrauchsmusterrechts ist deshalb auch hier eine **unkörperliche Lehre zum technischen Handeln**. Eine wichtige Einschränkung des Gebrauchsmuster-

---

[26] Vgl Band 1 Kap 4.
[27] Hierzu *Hufnagel* PharmaRecht 2003, 267 ff; *Brändel* GRUR 2001, 875 ff.
[28] Vgl dazu *Schulte/Schulte* PatG, Art 1 und II IntPatÜG Rn 7.
[29] So wurden von der Rechtsprechung immer

wieder patentrechtliche Entscheidungen in Gebrauchsmustersachverhalten angeführt, vgl etwa BGH GRUR 1977, 152, 153 – Kennungsscheibe; vgl auch *Weber* GRUR 1939, 452 ff.
[30] S auch *Beier* GRUR 1986, 1, 3 ff.

schutzes ergibt sich allerdings daraus, dass mit einem Gebrauchsmuster **keine technischen Verfahren** geschützt werden können, § 2 Nr 3 GebrMG.[31]

Wie das Patent wird auch das Gebrauchsmuster von der Praxis nachgefragt, wenngleich nicht in demselben Umfang: So wurden im Jahr 2010 beim Deutschen Patent- und Markenamt rund 17.000 Gebrauchsmusteranmeldungen eingereicht; der derzeitige Gebrauchsmuster-Bestand beläuft sich auf rund 95.600. Zu beachten ist, dass es nicht in allen Auslandsstaaten entsprechende Pendants zum deutschen Gebrauchsmuster gibt; entweder unterfällt der in Deutschland durch ein Gebrauchsmuster vermittelte Schutz auch dort dem Oberbegriff „Patent" oder aber Leistungen von geringerer erfinderischer Höhe (vgl dazu nachstehend Rn 47) werden dort jedenfalls nicht über das dortige Schutzrecht eines „Patents" geschützt. **45**

## II. Materielle Voraussetzungen eines Gebrauchsmusters

Nach § 1 GebrMG können Erfindungen als Gebrauchsmuster geschützt werden, die **46**
- **neu** sind,
- auf einem **erfinderischen Schritt** beruhen und
- **gewerblich anwendbar** sind.

### 1. Erfinderischer Schritt

Der **Unterschied zum Patentrecht** drückt sich bei einem Gebrauchsmuster insb in **47** der für dieses geforderten „Erfindungshöhe" aus. Insofern werden nach dem Gesetzeswortlaut an die Qualität der erfinderischen Leistung beim Gebrauchsmuster **geringere Anforderungen** gestellt als bei einem Patent; denn während für ein Patent eine „erfinderische Tätigkeit" vorausgesetzt wird, genügt für das Gebrauchsmuster ein „erfinderischer Schritt". Insofern handelt es sich um ein qualitatives, nicht ein quantitatives Kriterium;[32] die Frage, ob ein erfinderischer Schritt vorliegt, richtet sich nach dem zum Patentrecht Gesagten (vgl oben Rn 12 ff).

### 2. Neuheit

**Unterschiede** bestehen vor allem bei dem Erfordernis der Neuheit. Wie bei dem **48** Patent ist ein Gebrauchsmustergegenstand neu, wenn er nicht zum Stand der Technik gehört.

Was zu diesem Stand der Technik gehört, ist in § 3 S 2 und 3 GebrMG zwar in **49** Anlehnung an § 3 PatG definiert, jedoch geben § 3 Abs 1 S 2 und 3 GebrMG gegenüber dem Patent Einschränkungen vor, die es rechtfertigen, lediglich von einem **eingeschränkten absoluten Neuheitsbegriff** zu sprechen;[33] denn gegenüber dem Patent
- bleiben **öffentliche mündliche Beschreibungen unberücksichtigt** und
- **Vorbenutzungen sind nur neuheitsschädlich, wenn sie im Inland erfolgten.**

Schließlich kann sich der Anmelder eines Gebrauchsmusters im Rahmen der Neu- **50** heit auch auf eine sog **Erfinderschonfrist** von 6 Monaten berufen; sie hat zur Folge,

---

[31] S zuletzt BGH GRUR 2006, 135 – Arzneimittelgebrauchsmuster und BGH GRUR 2004, 495 – Signalfolge.
[32] S aber BGH GRUR 2006, 842 – Demonstrationsschrank.

[33] Vgl *Busse/Keukenschrijver* § 3 GebrMG Rn 6 f.

dass solche Beschreibungen bzw Benutzungshandlungen der Neuheit der Erfindung nicht entgegen stehen, die innerhalb von sechs Monaten vor dem für den Zeitrang der Anmeldung maßgeblichen Tag (idR der Anmeldetag) erfolgt sind, sofern diese auf einer Ausarbeitung des Anmelders bzw seines Rechtsvorgängers beruhen.

### 3. Gewerbliche Anwendbarkeit

**51**    Wie bei einem Patent ist auch für ein Gebrauchsmuster Voraussetzung, dass die zugrunde liegende Erfindung gewerblich anwendbar ist. Insofern ergeben sich keine Besonderheiten.

### III. Eintragungs-/Registrierungsverfahren

**52**    Wie das Patent entsteht auch das Gebrauchsmuster nicht bereits mit der Fertigstellung des Gebrauchsmustergegenstandes, sondern nach § 8 Abs 1 GebrMG iVm § 11 GebrMG erst durch **Eintragung in die Gebrauchsmusterrolle.**

**53**    Hierfür ist wiederum eine ordnungsgemäße **Anmeldung** beim Deutschen Patent- und Markenamt in München (§§ 4, 10 GebrMG) erforderlich.

**54**    Im Gegensatz zum Patentrecht findet beim Gebrauchsmuster – und das ist der weitere wesentliche Unterschied – nach § 8 Abs 1 GebrMG **nur eine Prüfung der formellen, nicht aber der materiellen Voraussetzungen** (Erfindungshöhe, Neuheit, gewerbliche Anwendbarkeit) des Gebrauchsmusters statt. Es handelt sich insofern um ein reines Registerrecht, weshalb die Eintragung eines Gebrauchsmusters auch wesentlich schneller als bei Patenten erfolgt.

**55**    Ein **Einspruchsverfahren** – wie bei Patenten – **kennt das Gebrauchsmusterrecht nicht.** Das ist einer der **Vorteile des Gebrauchsmusters;** denn mit ihm kann ein schneller und effizienter Sonderrechtsschutz erwirkt werden.[34] Das Gebrauchsmuster stellt deshalb auch nicht nur eine Ergänzung zum Patent dar, sondern es tritt selbstständig neben das Patent.[35]

**56**    Dabei kann das Gebrauchsmuster, wenn der Anmelder für denselben Erfindungsgegenstand auch einen parallelen Schutz als Patent anstrebt, den lediglich durch einen Entschädigungsanspruch nach § 33 PatG abgedeckten Zeitraum zwischen Anmeldung bis zur Eintragung des Patents (vgl oben Rn 42) überbrücken und so für den beim Schutz von Erfindungen sehr bedeutsamen Zeitfaktor, wann eine Erfindung erstmals angemeldet (und in das Register eingetragen) wurde, eine nicht zu unterschätzende Rolle spielen. Letztlich kann das Gebrauchsmuster aufgrund seiner geringeren Anforderungen an die Erfindungshöhe damit auch eine Art **Auffangfunktion für an der Erfindungshöhe gescheiterte Patentanmeldungen** darstellen.[36] In diesen Fällen kann es sich anbieten, aus der Patentanmeldung ein **Gebrauchsmuster abzuzweigen,** § 5 GebrMG.

---

[34] So *Meineke* 34.
[35] Mitunter wurde es auch als Schutzrecht für „kleine Erfindungen" bezeichnet, s AmtlBegr BT-Drucks 10/3903, oder als „Mini-Patent", s *Eisenmann/Jautz* Rn 173.

[36] Vgl *Meineke* 34 Fn 29 mit Hinweis auf *Nielsen* 27 ff; s auch *Benkard/Goebel* Vorb GebrMG Rn 3 ff sowie *Pietzcker* GRUR Int 2004, 380 f.

## IV. Rechtsnatur und Wirkungen des Gebrauchsmusters

Das Gebrauchsmuster ist – wie das Patent – als **absolutes Recht** ausgestaltet. Es ent-    **57**
faltet damit als Ausschließlichkeitsrecht für den Gebrauchsmusterinhaber dieselben **positiven und negativen Rechte** wie sie einem Patentinhaber zustehen, §§ 11, 24 GebrMG.
Dies umfasst auch die Sperrwirkung des Gebrauchsmusters gegenüber einem Doppelerfinder. Wie das Patentrecht kennt auch das Gebrauchsmusterrecht den Unterlas-
sungs- und Schadensersatzanspruch flankierende Ansprüche in Form der Vernichtung
sowie Auskunft, § 24a Abs 1, § 24b GebrMG.

## V. Aufrechterhaltung und Laufzeit des Gebrauchsmusters

Die Schutzdauer des Gebrauchsmusters beträgt gem § 23 Abs 1 GebrMG zunächst    **58**
drei Jahre, ist nach § 23 Abs 2 GebrMG aber – abhängig von der Zahlung der Verlän-
gerungsgebühren – mehrmals auf insgesamt **maximal 10 Jahre** verlängerbar.

# Stichwortverzeichnis

Die fetten Zahlen verweisen auf die Kapitel, die mageren Zahlen verweisen auf die Randnummern